Diccionario
Junior

Español-Inglés / English-Spanish

Diccionario Junior

Junior

Español-Inglés / English-Spanish

Idea original y diseño de la obra
Martyn Back

Redacción
Kim Blasco, Tony Gálvez

Coordinación técnica e informatización de la obra
Andrew Hastings

Cubierta
Francesc Sala

Primera edición, abril de 2004
© Dictionnaires Le Robert

Distribuido en España por
SPES Editorial, S.L.
Aribau 197-199, 3ª planta
08021 Barcelona
España
www.vox.es

ISBN: 84-8332-509-8

Marcas registradas
Las palabras consideradas marcas registradas vienen señaladas en este diccionario con una ®. Sin embargo, la presencia o ausencia de tal distintivo no implica juicio alguno acerca de la situación legal de la marca registrada.

ÍNDICE

PRÓLOGO

Un diccionario sin guía de uso.

El Vox Junior no se parece a ningún otro diccionario. Como todos los diccionarios bilingües, responde a dos preguntas básicas: **¿cómo se dice eso?** y **¿qué quiere decir eso?** Pero contesta a estas dos preguntas de forma novedosa.

En la parte español-inglés presenta las palabras a través de ejemplos de uso para que se pueda ver cómo funcionan en contexto. Luego explica de manera clara y pedagógica todas las particularidades de las traducciones inglesas: las formas irregulares, los plurales, los pasados y participios de los verbos, los comparativos y superlativos; el uso de las mayúsculas y del artículo indefinido y, muy especialmente, la pronunciación, aspecto que ha sido especialmente cuidado en este diccionario.

En la parte inglés-español la presentación es diferente porque la expresión y la comprensión no requieren el mismo tipo de conocimientos. Hemos hecho todo lo posible para facilitar el acceso a la información y para evitar las trampas. Las formas irregulares, por ejemplo, se encuentran en el sitio alfabético que les corresponde, de manera que hay entradas para *thin*, pero también para *thinner* y *thinnest*, para *fall*, pero también para *fell* y *fallen*. Las notas sobre los *phrasal verbs* y los verbos modales ayudan a comprender mejor su funcionamiento, y los falsos amigos están claramente señalados.

El VOX Junior prima sobre todo la comunicación, no solo presenta el vocabulario básico del inglés, sino también ayuda activamente a emplear este vocabulario y a evitar los errores.

Es un diccionario concebido para que se utilice sin guia de uso: no presupone ninguna experiencia previa en el manejo de los diccionarios bilingües (que a menudo son demasiado complicados para los principiantes) ni tampoco conocimientos del idioma extranjero.

Estamos convencidos de que el diccionario bilingüe, siempre que esté bien adaptado a las necesidades específicas de sus usuarios, juega un importante papel en el aprendizaje de los idiomas extranjeros. Confiamos en que el VOX Junior sabrá desempeñar ese papel de forma eficaz, fiable y entretenida.

Martyn Back
Creador y director de la obra

SÍMBOLOS EMPLEADOS EN EL DICCIONARIO

ejemplo de uso

expresión idiomática o construcción típica

información importante

pronunciación

¡ojo! falso amigo o trampa

inglés británico y americano

EL ALFABETO FONÉTICO

En inglés, a veces las mismas letras se pronuncian de forma distinta en diferentes palabras, de manera que puede resultar difícil saber cómo se pronuncia una palabra inglesa si solo la hemos visto escrita. Por eso en este diccionario se emplea el Alfabeto fonético internacional; una vez sepas interpretar los símbolos fonéticos de este alfabeto sabrás pronunciar correctamente cualquier palabra inglesa que busques en el diccionario. Los símbolos que pueden plantearte alguna duda acerca de su pronunciación se encuentran explicados en la solapa de la cubierta, al principio del diccionario.

español

inglés

A

La letra **A** se pronuncia /eɪ/ en inglés.

A rima con **day, grey** y **weigh**.

a

1 ▷ Vamos a ir a una fiesta esta noche.
   We're going to a party tonight.
   ▷ Vamos a la playa mañana.
   We're going to the seaside tomorrow.
   ▷ Tengo que ir al colegio.
   I have to go to school.
2 ▷ Llegaré a Madrid a las 11.
   I'll arrive in Madrid at 11 o'clock.
3 ▷ Estaré delante del cine a las cinco.
   I'll be in front of the cinema at five o'clock.
4 ▷ Tengo inglés de tres a cinco.
   I've got English from three to five.

1 (= para hablar del lugar al que se va)
to /tʊ/

2 (= para hablar del lugar al que se llega) in /ɪn/

3 (= para hablar de la hora) at /æt/
► **de... a...:** from... to...

abajo

1 ▷ Tira hacia abajo de la cuerda.
   Pull down on the rope.
2 ▷ Está en el cajón de abajo.
   It's in the bottom drawer.
   ▷ El libro está aquí abajo.
   The book is down here.
   ▷ Había una etiqueta en la parte de abajo de la caja.
   There was a label on the bottom of the box.
3 ▷ Los vecinos de abajo son muy simpáticos.
   The neighbours downstairs are very nice.

1 (= indicando dirección descendiente) down /daʊn/

2 ► (= indicando posición inferior) **de abajo:** bottom /ˈbɒtəm/
► **aquí abajo:** down here

► **la parte de abajo:** the bottom

3 (= el piso de abajo) downstairs /daʊnˈsteəz/

abandonar

1 ▷ Lo abandonaron en el medio del bosque.
   They abandoned him in the middle of the forest.

1 (= para hablar de una persona, un animal o un lugar) abandon /əˈbændən/

Sigue en la página siguiente

2 ▷ Abandonó los estudios y se fue a vivir a Brasil.
She gave up her studies and went to live in Brazil.

2 (= renunciar) give up /gɪv ˈʌp/
(gave up /geɪv/, given up /ˈgɪvən/)

abarrotado, abarrotada

▷ El estadio de fútbol estaba abarrotado.
The football stadium was packed

packed /pækt/
◀)) packed rima con act.

abeja

▷ Una abeja le picó en el brazo.
A bee stung her on the arm.

bee /biː/

abecedario

▷ Mi hermana pequeña está aprendiendo el abecedario.
My little sister is learning the alphabet.

alphabet /ˈælfəbet/
◀)) El acento recae sobre la primera sílaba al-.

abierto, abierta

▷ ¿Está abierto el museo?
Is the museum open?

open /ˈəʊpən/

abogado, abogada

▷ Mi madre es abogada.
My mother is a lawyer.

lawyer /ˈlɔːjəʳ/
ℹ No te olvides de colocar el artículo a o an delante del nombre de la profesión cuando aparece detrás de los verbos be o become.

abrazo

▷ Pedro le dio un abrazo a su madre.
Pedro gave his mother a hug.

► dar un abrazo a alguien: give somebody a hug /hʌg/
ℹ También se puede decir hug somebody

abreviatura

▷ "PC" es la abreviatura de "personal computer".
"PC" is the abbreviation of "personal computer".

abbreviation /əbriːvɪˈeɪʃən/
❧ Fíjate que en inglés abbreviation se escribe con doble b.

abrigarse

▷ Si vas a salir abrígate porque hace mucho frío.
If you're going out, wrap up because it's very cold.

wrap up /ræp/
ℹ La p de wrap se convierte en pp en el gerundio (wrapping /ˈræpɪŋ/) y en el pasado (wrapped /ræpt/).

abrigo

▷ Ponte el abrigo, hace frío.
Put your coat on, it's cold.

coat /kəʊt/
◀)) coat rima con note.

abril

▷ Nos vamos de vacaciones en abril.
We're going on holiday in April.

▷ Nací el doce de abril.
I was born on the twelfth of April.

April /ˈeɪprɪl/
◀) La **A** se pronuncia como la **a** de make.
ℹ En inglés se escribe siempre con mayúscula, como el resto de los nombres de los meses.
ℹ Fíjate cómo en inglés se usa **on** y **of** con las fechas.
ℹ Se escribe 12 April.

abrir

1 ▷ Hace calor, abre la ventana.
It's hot, open the window.

2 ▷ Abrí el grifo pero no salía agua.
I turned the tap on but the water wasn't running.

3 ▷ La puerta se abrió de repente.
All of a sudden, the door opened.

1 La traducción más frecuente de **abrir** es open /ˈəʊpən/
2 (refiriéndose a un grifo) **abrir algo**: turn something on.

3 ▶ **abrirse**: open /ˈəʊpən/

abrocharse

▷ Abróchate la camisa antes de salir.
Do your shirt up before you go out.

▷ Por favor, abróchense los cinturones de seguridad.
Please fasten your seat belts

▶ **abrocharse algo** (una camisa, una chaqueta): do something up /ʌp/ (did /dɪd/, done /dʌn/)
ℹ Con **cinturón** se utiliza el verbo fasten /ˈfɑːsən/.
◀) La **t** de **fasten** no se pronuncia.

absurdo, absurda

▷ Tus excusas son absurdas.
Your excuses are absurd.

absurd /əbˈsɜːd/ (más absurdo more absurd, el más absurdo the most absurd)

abuela

▷ ¿Cuántos años tiene tu abuela?
How old is your grandmother?

grandmother /ˈɡrænmʌðəʳ/

abuelo

▷ Mi abuelo era zapatero.
My grandfather was a shoemaker.

▷ Mis abuelos van a cenar con nosotros.
My grandparents are going to have dinner with us.

grandfather /ˈɡrændfɑːðəʳ/
ℹ Cuando se usa **abuelos** para referirse al abuelo y a la abuela al mismo tiempo, en inglés se traduce como grandparents /ˈɡrændpeərənts/

aburrido, aburrida

1 ▷ Es el profesor más aburrido que conozco.
He's the most boring teacher I know.

1 (= que produce aburrimiento) boring /ˈbɔːrɪŋ/ (más aburrido more boring, el más aburrido the most boring)

Sigue en la página siguiente

2 ▷ Estoy aburrido y no hay nada interesante en la tele.
I'm bored and there's nothing interesting on TV.

> **2 estar aburrido** (= no tener nada que hacer) **be bored** /bɔːd/

aburrimiento

▷ La película fue un aburrimiento.
The film was boring.
▷ ¡Qué aburrimiento de fiesta!
What a boring party!

> **ser un aburrimiento** (un libro, una película, una persona): **be boring** /ˈbɔːrɪŋ/

aburrirse

▷ Me aburro mucho en mi casa por las tardes.
I get really bored at home in the evenings.
▷ Nos aburrimos mucho en casa de mis abuelos.
We were really bored at my grandparents'.

> **get bored** /bɔːd/ (got, got /gɒt/)
> **i** Cuando **aburrirse** se usa en el pasado en inglés se usa el verbo **be +** **bored** también en pasado.

acabar

▷ Todavía no he acabado mis deberes.
I haven't finished my homework yet.
▷ El concierto acabó a las diez.
The concert finished at ten o'clock.
▷ Cuando acabes de estudiar, ¿me podrías ayudar?
When you finish studying, could you help me?
▷ Acabo de hablar con ella.
I've just spoken to her.
▷ Verónica acabó por aceptar.
Verónica eventually accepted.

▷ Se ha acabado el pan.
We've run out of bread.

> **finish** /ˈfɪnɪʃ/
> 🔊 Fíjate en la pronunciación de **finished** /ˈfɪnɪʃt/.
>
> ▶ **acabar de** (= terminar) **+** infinitivo: **finish + -ing**
> ▶ **acabar de hacer algo** (= haber hecho ahora mismo): **have just done** something
> **i** Para decir en inglés que alguien **acabó por hacer** algo, se coloca **eventually** /ɪˈventʃuəlɪ/ delante del verbo.
> **i** Para decir en inglés que **se ha acabado** algo (= nos hemos quedado sin algo) se usa **we've run out of** something (**ran, ran** /ræn/).

acampar

▷ Acampamos al lado del río.
We camped by the river.

> **camp** /kæmp/
> 🔊 Pronuncia bien la **m** y la **p**. La **a** es como la de **apple**.

acariciar

▷ Celia acariciaba el pelo de su bebé.
Celia stroked her baby's hair.
▷ El gato ronronea cuando lo acaricias.
The cat purrs when you stroke him.

> (a una persona, el pelo, un animal) **stroke** /strəʊk/
> **i** Fíjate como se construye la forma que acaba en **ing**: **stroking**.

accidente

▷ Fue un accidente.
It was an accident.

accident /ˈæksɪdənt/
⚡ ¡Atención, accident en inglés no acaba en e! Además, el acento recae sobre la primera sílaba -ac-.

▷ Hubo un accidente de coche delante del colegio.
There was a car crash in front of the school.

► **accidente de coche:** car crash /kɑː kræʃ/ (plural: **car crashes** /kɑː kræʃɪz/)

▷ Está subiendo el número de accidentes de carretera.
The number of road accidents is rising.

► **accidente de carretera:** road accident /rəʊd ˈæksɪdənt/ (plural: **road accidents**)

acción

1 ▷ Me encantan las películas de acción.
I love action movies.

1 (de una película, una novela) action /ˈækʃən/

2 ▷ ¡Venga, haz una buena acción y ayúdalos!
Come on, do a good deed and help them!

2 ► (= algo que se hace) **hacer una buena acción:** do a good deed /gʊd diːd/ (**did, done**)

3 ▷ Mi padre compró varias acciones.
My father bought several shares.

3 (= hablando de la Bolsa) share /ʃeəʳ/

🔊 share rima con fair.

aceite

▷ No pongas demasiado aceite en la sartén.
Don't put too much oil in the frying pan.
▷ Prefiero el aceite de oliva al de girasol.
I prefer olive oil to sunflower oil.

oil /ɔɪl/
ℹ Para especificar de qué tipo de aceite se habla se coloca el nombre del fruto o del grano delante de la palabra oil: **aceite de oliva** (olive oil), **aceite de girasol** (sunflower oil).

aceituna

▷ Prefiero las aceitunas negras a las verdes.
I prefer black olives to green ones.

olive /ˈɒlɪv/
🔊 El acento recae sobre la primera sílaba -o-.

acelerador

▷ ¿Dónde está el acelerador?
Where is the accelerator?

accelerator /əkˈseləreɪtəʳ/
⚡ Se escribe con doble c. La segunda a es como la de make.

acelerar

1 ▷ Aquí puedes acelerar, que la carretera es recta.
You can accelerate here, the road is straight.

1 (en el coche) accelerate /ækˈseləreɪt/
⚡ Se escribe con doble c. La segunda a es como la de make.

2 ▷ Acelera, que si no vamos a llegar tarde.
Hurry up or we'll be late.

2 (= darse prisa) hurry up /ˈhʌri ʌp/
ℹ La y de hurry se convierte en ie en la tercera persona del singular del presente de indicativo (hurries /ˈhʌriz/), en el pasado y el participio pasado (hurried /ˈhʌrid/).

acento

▷ Mónica habla inglés con un poco de acento.
Mónica has a slight accent when she speaks English.
▷ Tiene acento español.
She has a Spanish accent.
▷ ¿La e lleva acento?
Is there an accent on the e?

accent /ˈæksənt/
❦ Fíjate que en inglés accent se escribe con doble c.
◀ cc se pronuncia "ks".
ℹ Fíjate: tener acento español = to have a Spanish accent

acentuarse

▷ La palabra "imagen" no se acentúa.
The word "imagen" doesn't have an accent.

have an accent /ˈæksənt/ (had, had /hæd/)
❦ Fíjate que en inglés accent se escribe con doble c.

aceptar

▷ Aceptaron nuestra oferta.
They accepted our offer.

accept /əkˈsept/
❦ Fíjate que en inglés accept se escribe con doble c.

acera

▷ Esta acera es muy estrecha.
This pavement is very narrow.

pavement /ˈpeɪvmənt/
✄ acera se dice pavement en inglés británico y sidewalk /ˈsaɪdwɔːk/ en inglés americano.

acercar

1 ▷ ¿Me podrías acercar el teléfono, por favor?
Could you pass me the phone, please?

▷ ¿Podrías acercar la silla a la ventana?
Could you bring the chair a bit nearer to the window?

▷ ¿Me podrías acercar al centro?
Could you give me a lift to the town centre?

2 ▷ Me voy a acercar un momento a casa de Natalia para saludarla.
I'm going to go to Natalia's to say hello.

1 acercar algo a alguien (= traer más cerca): **pass** somebody something /pɑːs/
▶ **acercar algo a algo** (= poner más cerca): **bring** something nearer to something (**brought, brought** /brɔːt/)
▶ **acercar a alguien a un lugar** (= llevar en un vehículo): **give** somebody a **lift** somewhere (**gave** /geɪv/, **given** /ˈgɪvən/)
2 ▶ **acercarse** (ir a un lugar): **go** /gəʊ/ (**went** /went/, **gone** /gɒn/)

acero

▷ La profesora explicó cómo se fabrica el acero.
The teacher explained how steel is made.
▷ Estas tijeras son de acero.
These scissors are made of steel.
▷ Una puerta de acero.
A steel gate.

steel /stiːl/
▶ **ser de acero:** be made of steel
▶ **de acero:** steel

ácido, ácida

▷ Esta naranja es muy ácida.
This orange is very sour.

sour /ˈsaʊəʳ/
ℹ sour es un adjetivo. El nombre **ácido** (= sustancia química) se traduce por acid /ˈæsɪd/.

acompañar

1 ▷ ¿Me acompañas hasta el pueblo?
Are you coming with me to the village?
2 ▷ Acompañé a Carla a la parada de autobús.
I went with Carla to the bus stop.
3 ▷ Acompaña a la cantante al piano.
He accompanies the singer on the piano.

1 (= venir con) come with /kʌm wɪð/ (came with, come with)
2 (= ir con) go with /wɪð/ (went with, gone with)
3 (en música) accompany /əˈkʌmpənɪ/
ℹ La y se convierte en ie en la tercera personal del singular del presente de indicativo (accompanies /əˈkʌmpənɪz/), en el pasado y el participio pasado (accompanied /əˈkʌmpənɪd/).
◀) El acento recae sobre la segunda sílaba -com-.

acordarse

▷ ¿Te acuerdas de Lola?
Do you remember Lola?

▷ Acuérdate de llamarnos en cuanto llegues a Pamplona.
Remember to call us when you get to Pamplona.

► **acordarse de algo/alguien:** remember something/somebody /rɪˈmembəʳ/
► **acordarse de hacer algo:** remember to do something

acordeón

▷ Mi abuelo tocaba el acordeón.
My grandfather played the accordion.

accordion /əˈkɔːdɪən/
◀) El acento recae sobre la segunda sílaba -cor-.
⚡ Fíjate que en inglés accordion se escribe con doble c.

acostado, acostada

▷ Habla en voz baja que mis padres están acostados.
Speak quietly, my parents are in bed.

► **estar acostado** (= estar en la cama): be in bed /ɪn bed/

acostarse

▷ Siempre se acuestan muy temprano.
They always go to bed very early.

(= ir a la cama): go to bed /tʊ bed/ (went /went/, gone /gɒn/)

acostumbrado, acostumbrada

▷ Bea está acostumbrada a compartir su cuarto.
Bea is used to sharing her bedroom.

► **estar acostumbrado a algo:** be used to /ˈjuːzd tʊ/ + -ing
◀) Aquí la palabra used se pronuncia como si tuviera una t al final. Used rima con boost.

acostumbrarse

▷ Teresa no se ha acostumbrado a su nuevo colegio.
Teresa hasn't got used to her new school.
▷ Pronto te acostumbrarás a levantarte pronto.
You'll soon get used to getting up early.

▶ **acostumbrarse a algo:** get used /juːzd/ to something (**got used to, got used to**)
▶ **acostumbrarse a + infinitivo:** get used /juːzd/ to + -ing (**got used to, got used to**)
◀⑴ Aquí la palabra used se pronuncia como si tuviera una t al final; used rima con boost.

actividad

▷ Una de las actividades del club es el kárate.
One of the activities of the club is karate.

activity /ækˈtɪvɪtɪ/ (plural: activities /ækˈtɪvɪtɪz/)
ⓘ Cuidado, la y se convierte en ie en el plural.

activo, activa

▷ Para su edad no es muy activo.
He's not very active for his age.

active /ˈæktɪv/ (más activo more active, el más activo the most active)

actor

▷ Es mi actor favorito.
He's my favourite actor.

actor /ˈæktər/
◀⑴ Cuidado, el acento recae sobre la primera sílaba ac-.

actriz

▷ Es una actriz excelente.
She's an excellent actress.

actress /ˈæktrəs/ (plural: actresses /ˈæktrəsɪz/)
◀⑴ Cuidado, el acento recae sobre la primera sílaba ac-.

actual

1 ▷ Es un asunto muy actual.
It's a very topical issue.

1 (= refiriéndose a un problema o tema que es importante hoy) topical /ˈtɒpɪkəl/ (más actual more topical, el más actual the most topical)

2 ▷ Es el actual campeón del mundo.
He's the current world champion.

2 (= del momento presente) current /ˈkʌrənt/ (más actual more current, el más actual the most current)

3 ▷ Siempre viste unas ropas muy actuales.
She always wears very modern clothes.

3 (= de moda) modern /ˈmɒdən/ (más actual more modern, el más actual the most modern)
⚕ ¡Cuidado! actual no se traduce por actual.

actualmente

1 ▷ Actualmente vivo en Madrid.
At the moment I live in Madrid.

1 (= ahora mismo) at the moment /ˈməʊmənt/

2 ▷ Actualmente casi nadie tiene tocadiscos.
Nowadays hardly anyone's got a record player.

2 (= en estos tiempos) nowadays /ˈnaʊədeɪz/

ψ ¡Cuidado! Actualmente no se traduce por **actually**.

actuar

▷ Antes de actuar párate a pensar.
Think before you act.
▷ No sé actuar muy bien.
I can't act very well.

(hablando de hacer alguna cosa, y también del teatro) act /ækt/

acuarela

▷ Me encantan sus acuarelas.
I love her watercolours.

watercolour /ˈwɔːtəkʌləʳ/

⌐ En inglés americano se escribe **watercolor**.

acuario

▷ Mañana inauguran el acuario de la ciudad.
Tomorrow they are opening the city's aquarium.
▷ Me dieron un pez de colores para mi acuario.
They gave me a goldfish for my fish tank.

aquarium /əˈkweərɪəm/

ⓘ En inglés **aquarium** se puede referir tanto a una piscina grande como al edificio en el que se encuentran varias de ellas. Para referirse a la pecera pequeña que se tiene en casa se usa **fish tank**.

acuerdo

1 ▷ Los dos países firmaron un acuerdo.
The two countries signed an agreement.
2 ▷ Tu hermana está de acuerdo.
Your sister agrees.
▷ No estoy de acuerdo.
I don't agree.

1 (= pacto) agreement /əˈgriːmənt/

2 estar de acuerdo: agree /əˈgriː/

ψ ¡Cuidado! No se usa el auxiliar **be** con **agree**. Y no se dice "I am not agree"!

▷ Elena no está de acuerdo con sus padres.
Elena doesn't agree with her parents.
▷ Nos hemos puesto de acuerdo.
We have come to an agreement.
▷ De acuerdo, iré contigo.
OK, I'll go with you.

► **estar de acuerdo con alguien:** agree with somebody
► **ponerse de acuerdo:** come to an agreement (came, come)
► **de acuerdo:** OK!

acusar

▷ El profesor acusó a Daniel de copiar.
The teacher accused Daniel of cheating.

accuse /əˈkjuːz/

ψ Fíjate que en inglés **accuse** se escribe con doble **c**.

► **acusar a alguien de +
infinitivo:** accuse somebody of +
-ing

adaptarse

▷ Todavía no me he adaptado a las costumbres de aquí.
I still haven't adjusted to the customs here.

▶ **adaptarse a algo:** adjust /əˈdʒʌst/ **to** something

adelantar

▷ ¡En ese coche que nos ha adelantado iba Jorge!
Jorge was in the car that overtook us!

(un vehículo a otro) overtake /əʊvəˈteɪk/ (overtook /əʊvəˈtʊk/, overtaken /əʊvəˈteɪkən/)

adelante

1 ▷ Siéntate adelante.
Sit in the front.

1 (indicando la posición dentro de un coche) in the front /ɪn ðə frʌnt/

2 ▷ No te eches hacia adelante, te vas a caer.
Don't lean forwards, you're going to fall.

▶ **hacia adelante:** forwards /ˈfɔːwədz/

3 ▷ De ahora en adelante tendréis que venir a clase con los deberes acabados.
From now on you will have to come to class with your homework done.

▶ **de ahora en adelante:** from now on /frɒm naʊ ɒn/

adelgazar

▷ Estoy intentando adelgazar.
I'm trying to lose weight.

lose weight /luːz weɪt/ (lost, lost /lɒst/)

además

1 ▷ Es simpático y además es guapo.
He's nice and handsome also.

1 (= también) also /ˈɔːlsəʊ/

2 ▷ No me apetece ir al cine y además no tengo dinero.
I don't feel like going to the cinema and besides I don't have any money.

2 (= lo que es más) besides /bɪˈsaɪdz/

adhesivo

▷ Los libros están cubiertos de adhesivos.
The books are covered in stickers.

sticker /ˈstɪkəʳ/

adiós

▷ Adiós, te veré mañana.
Goodbye, I'll see you tomorrow.

goodbye /ɡʊdˈbaɪ/
i También se puede decir bye /baɪ/.

adjetivo

▷ "Cansado" es un adjetivo.
"Cansado" is an adjective.

adjective /ˈædʒɪktɪv/
i Fíjate bien en cómo se escribe adjective.

admirar

▷ Todos admiran a la profe de física.
Everybody admires the physics teacher.

admire /ədˈmaɪəʳ/
◀ La i de admire se pronuncia como la i de like.

admitir

▷ Admito que me equivoqué.
I admit that I was wrong.

admit /ədˈmɪt/

ℹ La t de admit se convierte en tt en el gerundio (admitting /ædˈmɪtɪŋ/) y en el pasado y el participio (admitted /ədˈmɪtɪd/).

▷ No me admitieron en la discoteca.
I wasn't allowed into the night club.

► ser admitido en: be allowed into

adolescente

▷ Sus hijos son adolescentes.
Her children are teenagers.

teenager /ˈtiːneɪdʒəʳ/

◀ El acento recae sobre la primera sílaba tee-.

adoptar

▷ Luisa y Pedro adoptaron una niña china.
Luisa and Pedro adopted a Chinese girl.

adopt /əˈdɒpt/

adorar

▷ ¡Adoro los cómics!
I love comics!

adore /əˈdɔːʳ/

adornar

▷ Adornaron el salón para su fiesta de cumpleaños.
They decorated the living room for her birthday party.

decorate /ˈdekəreɪt/

◀ El acento recae sobre la primera sílaba de-.

adorno

▷ ¿Te gustan los adornos que he puesto en la pared de mi cuarto?
Do you like the decorations that I've put up on my bedroom wall?

decoration /dekəˈreɪʃən/

◀ El acento recae sobre la tercera sílaba -a-. La a es como la de make.

adulto, adulta

▷ Muchas veces los adultos no nos entienden.
Often grown-ups don't understand us.

► un adulto, una adulta (= persona mayor): a grown-up /ˈɡrəʊnʌp/ (plural: grown-ups)

ℹ También se puede utilizar la palabra adult /ˈædʌlt/, por ejemplo en these books are for adults (estos libros son para adultos).

adverbio

▷ "Ayer" es un adverbio.
"Ayer" is an adverb.

adverb /ˈædvɜːb/

◀ El acento recae sobre la primera sílaba ad-.

aeropuerto

▷ Fuimos al aeropuerto en autobús.
We went to the airport by bus.

airport /ˈeəpɔːt/

◀)) El acento recae sobre la primera sílaba air-.

Afganistán

▷ ¿Cuál es la capital de Afganistán?
What's the capital of Afghanistan?

Afghanistan /æfgænɪˈstæn/

🌶 Fíjate que Afghanistan se escribe con h y sin acento.

África

▷ África me fascina.
I'm fascinated by Africa.

Africa /ˈæfrɪkə/

africano, africana

1 ▷ Me gusta la música africana.
I like African music.
▷ Karim es africano.
Karim's African.

2 ▷ Hay un africano en mi clase.
There is an African in my class.

1 (adjetivo) African /ˈæfrɪkən/

ℹ Se escribe siempre con mayúscula, como todos los adjetivos y nombres ingleses que se refieren a la nacionalidad.

2 (nombre) **un africano, una africana:** an African

afueras

▷ Vivo en las afueras de Salamanca.
I live on the outskirts of Salamanca.

► (= de una ciudad) **las afueras: the outskirts** /ˈaʊtskɜːts/

ℹ Fíjate en el uso de la preposición: on the outskirts.

agarrar

▷ Agárrate a mí.
Hold on to me!

▷ La profesora me agarró del brazo.
The teacher grabbed me by the arm.

► **agarrarse a alguien** (para no caerse): **hold on to** somebody /həʊld/

► **agarrar a alguien de...** (para que no se vaya): **grab** somebody **by...** /græb/

ℹ La b de grab se convierte en bb en el gerundio (grabbing) y en el pasado y el participio (grabbed /græbd/).

agenda

▷ Voy a anotar tu dirección en mi agenda.
I'm going to write your address in my diary.

diary /ˈdaɪəri/ (plural: diaries /ˈdaɪəriz/)

🌶 agenda en español no se traduce por la palabra inglesa agenda, que significa **orden del día.**

agente de policía

▷ Hay un agente de policía delante del ayuntamiento.
There is a policeman in front of the town hall.

policeman /pə'liːsmən/ (plural: policemen /pə'liːsmən/)

ℹ Cuando se trata de una mujer, se dice policewoman /pə'liːswumən/ (plural: policewomen /pə'liːswɪmɪn/)

ágil

▷ Las ardillas son animales muy ágiles.
Squirrels are very agile animals.

agile /'ædʒaɪl/ (más ágil more agile, el más ágil the most agile)

agitar

1 ▷ Agita la botella antes de abrirla.
Shake the bottle before opening it.

2 ▷ Blanca agitaba los brazos para llamar nuestra atención.
Blanca was waving her arms to attract our attention.

1 (hablando de una botella) shake /ʃeɪk/ (shook /ʃuk/, shaken /'ʃeɪkən/)

2 (hablando de los brazos) wave /weɪv/

◀ La a de wave se pronuncia como la a de make.

agosto

▷ En agosto siempre hace mucho calor.
It's always very hot in August.

▷ Nací el doce de agosto.
I was born on the twelfth of August.

August /'ɔːgəst/

ℹ En inglés se escribe siempre con mayúscula, como el resto de los nombres de los meses.

ℹ Fíjate cómo en inglés se usa on y of con las fechas.

ℹ Se escribe 12 August.

agradable

1 ▷ Los padres de Susana son muy agradables.
Susana's parents are very nice.

2 ▷ Dimos un paseo muy agradable.
We went for a very pleasant walk.

1 (hablando de una persona) nice /naɪs/ (más agradable nicer /'naɪsə/, el más agradable the nicest /'naɪsɪst/)

2 (hablando de un lugar, un sabor, el tiempo) pleasant /'plezənt/

◀ Aquí -ea- se pronuncia como la e de bed.

agresivo, agresiva

▷ ¡No seas tan agresivo!
Don't be so aggresive!

aggressive /ə'gresɪv/ (más agresivo more aggressive, el más agresivo the most aggressive)

🖑 Fíjate que en inglés aggressive se escribe con doble g y doble s.

agrícola

▷ Exportan productos agrícolas.
They export agricultural products.

agricultural /ægrɪ'kʌltʃərəl/

◀ El acento recae sobre la tercera sílaba -cul-.

agricultor, agricultora

▷ Los agricultores se manifestaron en Madrid.
The farmers demonstrated in Madrid.
▷ Mi tío es agricultor.
My uncle is a farmer.

farmer /ˈfɑːməʳ/
ℹ No te olvides de colocar el artículo a o an delante del nombre de la profesión cuando aparece detrás de los verbos be o become.

agricultura

▷ La agricultura es la principal actividad de este país.
Agriculture is the main activity of this country.

agriculture /ˈægrɪkʌltʃəʳ/
ℹ También se dice farming /ˈfɑːmɪŋ/.

agua

▷ ¿Quieres un vaso de agua?
Do you want a glass of water?
▷ Una botella de agua mineral, por favor.
A bottle of mineral water, please.
▷ Una jarra de agua del grifo, por favor.
A jug of tap water, please.

water /ˈwɔːtəʳ/
◀) water rima con daughter.
▶ agua mineral: mineral water /ˈmɪnərəl ˈwɔːtəʳ/
▶ agua del grifo: tap water /tæp ˈwɔːtəʳ/

aguantar

1 ▷ Es un pesado, ¡no lo aguanto!
He's such a bore, I can't stand him!
▷ No aguanta el ruido del aspirador.
She can't bear the noise of the vacuum cleaner.
▷ No aguantaba vivir con ella.
I couldn't stand living with her.

2 ▷ Esta cuerda no va a aguantar, es muy fina.
This rope isn't going to hold, it's too thin.
▷ ¿Me podrías aguantar estos libros un momento?
Could you hold these books for me for a moment?

1 Para decir en inglés que alguien no aguanta algo o a alguien se utiliza la expresión can't stand... /kɑːnt stænd/
ℹ También se puede decir can't bear /kɑːnt beəʳ/.
ℹ En pasado la expresión se transforma en couldn't stand... /ˈkʊdənt stænd/ o couldn't bear... /ˈkʊdənt beəʳ/.
2 (= resistir un peso, sostener algo con las manos) hold /həʊld/ (held, held /held/)

águila

▷ Hay un águila en el cielo.
There's an eagle in the sky.

eagle /ˈiːgəl/

aguja

1 ▷ Mamá compró unas agujas para coser mi vestido.
Mum bought some needles to sew my dress.
2 ▷ Se han parado las agujas de mi reloj.
The hands on my watch have stopped moving.

1 (para coser) needle /ˈniːdəl/
2 (de un reloj) hand /hænd/

agujero

▷ Tienes un agujero en los pantalones.
You have a hole in your trousers.

hole /həʊl/

ahí

1 ▷ Tu reloj está ahí, en la mesa.
Your watch is there, on the table.

2 ▷ Se fue por ahí.
He went that way.

1 (= en ese lugar) there /ðeə^r/

2 (para indicar la dirección por la que se viene o se va) that way /ðæt weɪ/

ahogarse

▷ Se ahogó porque no sabía nadar.
He drowned because he couldn't swim.

drown /draʊn/
◀) La ow se pronuncia como la ou de house. Drown rima con town.

ahora

▷ ¿Y ahora qué vas a hacer?
And what are you going to do now?

▷ Ahora que ha acabado el curso, no voy a tener que estudiar por las tardes.
Now that classes have finished, I won't have to study in the afternoons.

now /naʊ/

► ahora que...: now that... /naʊ ðət/

ahorrar

▷ Tenemos que ahorrar energía.
We must save energy.

▷ César consiguió ahorrar mil euros.
César managed to save a thousand euros.

(hablando de energía, dinero) save /seɪv/

aire

▷ El aire de la ciudad está muy contaminado.
The air in the city is very polluted.

▷ La oficina de mi padre tiene aire acondicionado.
My father's office has air conditioning.

air /eə^r/
◀) air rima con where.
► aire acondicionado: air conditioning /ˈeəkəndɪʃnɪŋ/

ajedrez

▷ Aprendí a jugar al ajedrez con mi padre.
I learnt to play chess with my father.

chess /tʃes/
► jugar al ajedrez: play chess

ajo

▷ Esta salsa tiene demasiado ajo.
This sauce has too much garlic in it.

garlic /ˈgɑːlɪk/
◀) El acento recae sobre la primera sílaba gar-.

ala

▷ El pájaro tiene un ala rota.
The bird has a broken wing.

▷ Me senté cerca del ala.
I sat near the wing.

(de pájaro, avión) wing /wɪŋ/

alarma

▷ Afortunadamente saltó la alarma del coche.
Fortunately, the car alarm went off.
▷ El conserje dio la alarma en cuanto vio las llamas.
The caretaker raised the alarm as soon as he saw the flames.

alarm /əˈlɑːm/

► **dar la alarma:** raise /reɪz/ the alarm

Albania

▷ Albania es un país pequeño.
Albania is a small country.

Albania /ælˈbeɪnɪə/

◀) La segunda a de Albania se pronuncia como la a de make.

albañil

▷ El albañil acabó de construir la pared.
The bricklayer finished building the wall.
▷ Mi abuelo era albañil.
My grandfather was a bricklayer.

bricklayer /ˈbrɪkleɪəʳ/

ℹ No te olvides de colocar el artículo a o o delante del nombre de la profesión cuando aparece detrás de los verbos be o become.

albaricoque

▷ Me encantan los albaricoques.
I love apricots.

apricot /ˈeɪprɪkɒt/

◀) La a de apricot se pronuncia como la a de make.

álbum

▷ Enséñanos tu álbum de fotos.
Show us your photo album.

album /ˈælbəm/

alcalde, alcaldesa

▷ El alcalde inauguró la nueva piscina.
The mayor opened the new swimming pool.

mayor /meəʳ/, mayoress /ˈmeəres/

◀) mayor rima con hair y where.

alcanzar

1 ▷ Alcánzame el aceite.
Could you pass me the oil?
2 ▷ Si no salimos ahora no vamos a alcanzar el tren de las 12.
If we don't leave now we won't catch the 12 o'clock train.
2 ▷ Podéis salir ahora, que yo os alcanzaré más tarde.
You can leave now, I'll catch up with you later.

1 (= pasar) pass /pɑːs/

2 (= llegar a tiempo de coger) catch /kætʃ/ (caught, caught /kɔːt/)

3 (= llegar a la altura de) catch up with /kætʃ ʌp wɪð/

alcohol

▷ Los niños no deben beber alcohol.
Children shouldn't drink alcohol.
▷ La enfermera puso alcohol en la herida.
The nurse put some alcohol on his wound.

(= para desinfectar o refiriéndose a vino, cerveza, etc.) alcohol /ˈælkəhɒl/

◀) En inglés la h de alcohol se pronuncia.

alcohólico, alcohólica

1 ▷ No me gustan las bebidas alcohólicas.
I don't like alcoholic drinks.

▷ Su hermano es alcohólico.
Her brother is an alcoholic.

2 ▷ Mi vecino es un alcohólico.
My neighbour is an alcoholic.

1 (adjetivo) alcoholic /ˌælkəˈhɒlɪk/
◀) En inglés la h de alcoholic se pronuncia.
▶ **ser alcohólico** (una persona): be an alcoholic
2 (nombre) alcoholic /ˌælkəˈhɒlɪk/

aldea

▷ Sus padres son de una aldea en las montañas.
Her parents are from a little village in the mountains.

little village /ˈlɪtəl ˈvɪlɪdʒ/
◀) village rima con bridge.

alegrarse

▷ Se alegró mucho cuando supo la noticia de su boda.
He was really pleased to hear the news of her wedding.

be pleased /pliːzd/

alegre

▷ Es un niño muy alegre.
He's a very happy child.

happy /ˈhæpɪ/ (más alegre happier /ˈhæpɪəʳ/, el más alegre the happiest /ˈhæpɪɪst/)

alegría

▷ La noticia me llenó de alegría.
The news filled me with happiness.

happiness /ˈhæpɪnəs/
◀) El acento recae sobre la primera sílaba hap-.

alejar

1 ▷ Aleja un poco más la silla de la pared.
Move the chair a bit further away from the wall.

2 ▷ Aléjate del fuego o te vas a quemar.
Stay away from the fire or you'll get burnt.

1 (= separar) move away /muːv əˈweɪ/

2 ▶ **alejarse de algo** (= no acercarse a algo): stay away from something /steɪ əˈweɪ frɒm/

alemán, alemana

1 ▷ Es la capital alemana.
It's the German capital.

▷ Martin es alemán.
Martin's German.

2 ▷ Vive con dos alemanes.
He lives with two Germans.

3 ▷ El alemán es una lengua difícil.
German is a difficult language.

1 (adjetivo) German /ˈdʒɜːmən/
ℹ Se escribe siempre con mayúscula, como todos los adjetivos y nombres ingleses que se refieren a la nacionalidad.
2 (nombre) **un alemán, una alemana:** a German
3 (el idioma) German
ℹ Los nombres de los idiomas se escriben siempre con mayúscula en inglés.

Alemania

▷ Viajamos por Alemania el año pasado.
We travelled round Germany last year.

Germany /ˈdʒɜːmənɪ/

alergia

▷ Tengo muchas alergias.
I have a lot of allergies.

allergy /ˈælədʒɪ/ (plural: allergies)
ⓘ Fíjate que allergy se escribe con doble l.

▷ Tiene alergia al polvo.
He's allergic to dust.

▶ tener alergia a algo: be allergic /əˈlɜːdʒɪk/ to something

alérgico, alérgica

▷ Es alérgico a la penicilina.
He's allergic to penicillin.

▶ ser alérgico a algo: be allergic /əˈlɜːdʒɪk/ to something
ⓘ Fíjate que allergic se escribe con doble l.

aleta

1 ▷ Nos asustamos mucho cuando vimos la aleta de un tiburón.
We got really scared when we saw a shark's fin.

1 (de un pez) fin /fɪn/

2 ▷ Voy a comprar aletas para poder ir a bucear.
I'm going to buy some flippers so I can go diving.

2 (para bucear) flipper /ˈflɪpəʳ/

alfiler

▷ En el vestido que me hizo mi madre todavía quedan alfileres.
There are still some pins left in the dress my mother made for me.

pin /pɪn/

alfombra

▷ Levanta la alfombra que voy a pasar el aspirador.
Lift the carpet up, I'm going to vacuum.

carpet /ˈkɑːpɪt/
ⓘ Cuando la alfombra es pequeña, como la que colocas delante de la chimenea, se le llama rug /rʌg/.

alfombrilla

▷ Tengo una alfombrilla con una foto muy bonita de la Torre Eiffel.
I've got a mouse mat with a lovely photo of the Eiffel Tower.

mouse mat /maʊs mæt/

algas

▷ Las rocas están cubiertas de algas.
The rocks are covered with seaweed.

seaweed /ˈsiːwiːd/
ⓘ Se usa siempre con un verbo en singular: seaweed has an interesting flavour (las algas tienen un sabor interesante).

algo

1 ▷ Estoy buscando algo más grande.
   I'm looking for something bigger.
   ▷ Llevad algo de beber.
   Bring something to drink.
2 ▷ ¿Te pasa algo? Te veo muy triste.
   Is anything the matter? You look very sad.
3 ▷ Estoy algo mejor.
   I'm a bit better.

1 (una cosa) something /ˈsʌmθɪŋ/

2 (en frases interrogativas) anything /ˈenɪθɪŋ/

3 (un poco) a bit /ə bɪt/

algodón

1 ▷ El algodón es muy agradable en verano.
   Cotton is very pleasant to wear in summer.
   ▷ Esta camiseta es de algodón.
   This T-shirt is made of cotton.
   ▷ Los calcetines de algodón son más caros.
   Cotton socks are more expensive.
2 ▷ ¡Rápido, necesito algodón, me sale sangre de la nariz!
   Quick, I need some cotton wool, I've got a nosebleed!

1 (el tejido) cotton /ˈkɒtən/

► **ser de algodón:** be made of cotton
► **de algodón:** cotton

2 (para curar una herida, etc.) cotton wool /ˈkɒtən wʊl/

alguien

1 ▷ Va a venir alguien a reparar el tejado.
   Somebody is going to come and repair the roof.
2 ▷ ¿Hay alguien ahí?
   Is anybody there?

1 (= alguna persona) somebody /ˈsʌmbədɪ/
ℹ También se puede decir someone /ˈsʌmwʌn/.

2 (en frases interrogativas) anybody /ˈenɪbɒdɪ/
ℹ También se puede decir anyone /ˈenɪwʌn/.

alguno, alguna

1 ▷ Voy a ir al cine con algunas amigas.
   I'm going to the cinema with some friends.
   ▷ Compré algunos caramelos.
   I bought some sweets.
   ▷ Algún día te contaré lo que ocurrió.
   Some day I will tell you what happened.
2 ▷ ¿Tienes algún otro CD de ese grupo?
   Do you have any other CDs by that band?

1 (para referirse a alguna persona o cosa indeterminada) some /sʌm/

2 (= en frases interrogativas) any /ˈenɪ/

alimentación

   ▷ Hay una tienda de alimentación en la esquina.
   There's a grocer's on the corner.

► **tienda de alimentación:** grocer's /ˈɡrəʊsəz/

alimentar

   ▷ ¿Cada cuánto tiempo alimentas a tu perro?
   How often do you feed your dog?

feed /fiːd/ (fed, fed /fed/)

alimento

▷ El pan es un alimento muy importante en España.
Bread is a very important food in Spain.

food /fuːd/

allá

▷ Pon esas cajas allá, aquí no caben.
Put those boxes over there, there's no room for them here.

over there /ˈəʊvəˈ ðeəˈ/

allí

1 ▷ El agua está allí, al lado del vino.
The water's there, next to the wine.

2 ▷ Se fue por allí.
He went that way.

1 (= en ese lugar) there /ðeəˈ/

2 (para indicar la dirección por la que se viene o se va) that way /ðæt weɪ/

almacén

▷ Mi hermano trabaja en el almacén de un supermercado.
My brother works in a supermarket warehouse.

▷ En los grandes almacenes encuentras de todo.
You can find everything in department stores.

warehouse /ˈweəhaʊs/

► gran almacén: department store /dɪˈpɑːtmənt stɔːˈ/ (plural: department stores)

almeja

▷ Limpia bien las almejas antes de cocinarlas.
Clean the clams thoroughly before cooking them.

clam /klæm/

almendra

▷ Compré un paquete de almendras.
I bought a pack of almonds.

almond /ˈɑːmənd/
◀) La l de almond no se pronuncia.

almohada

▷ Esta almohada es demasiado blanda.
This pillow is too soft.

pillow /ˈpɪləʊ/

Alpes

▷ Nunca he estado en los Alpes.
I've never been to the Alps.

► los Alpes: the Alps /ælps/

alpinismo

▷ El alpinismo es un deporte difícil.
Mountaineering is a difficult sport.

► el alpinismo: mountaineering /maʊntəˈnɪərɪŋ/
◀) El acento recae sobre la tercera sílaba -nee-.

alquilar

1 ▷ Podríamos alquilar un apartamento para las vacaciones.
   We could rent an apartment for the holidays.

2 ▷ Alquilé una bicicleta para pasear por el lago.
   I hired a bike to ride round the lake.

3 ▷ En invierno alquilamos la casa de campo.
   We rent out our house in the country during the winter.

1 (tomar en alquiler, refiriéndose a una casa, un apartamento) rent /rent/

2 (tomar en alquiler, refiriéndose a una bicicleta, un coche, esquís) hire /ˈhaɪəʳ/

3 (dejar en alquiler, refiriéndose a una casa, un apartamento) rent out /rent aʊt/

alrededor

1 ▷ Hay una verja alrededor del jardín.
   There is a fence around the garden.
   ▷ Mis tíos llegarán alrededor del mediodía.
   My uncle and aunt will arrive around midday.

2 ▷ Viven en los alrededores de Sevilla.
   They live near Seville.

1 (en el espacio, en el tiempo) around /əˈraʊnd/

2 ► en los alrededores de: near /nɪəʳ/

altavoz

▷ Compré dos altavoces pequeños para el ordenador.
   I bought two small speakers for the computer.

speaker /ˈspiːkəʳ/

altitud

▷ Estamos a una altitud de 3.000 metros.
   We are at an altitude of 3,000 metres.

altitude /ˈæltɪtjuːd/
◀ altitude rima con food.

alto, alta

1 ▷ Su hermana es más alta que él.
   Her sister is taller than him.

2 ▷ El Everest es la montaña más alta del mundo.
   Mount Everest is the highest mountain in the world.

3 ▷ En verano la temperatura siempre es más alta.
   The temperature is always higher in the summer.

4 ▷ No pongas la música tan alta.
   Don't play your music so loud.

1 (hablando de una persona, un edificio) tall /tɔːl/ (más alto taller /ˈtɔːləʳ/, el más alto the tallest /ˈtɔːlɪst/)

2 (hablando de una montaña) high /haɪ/ (más alto higher /ˈhaɪəʳ/, el más alto the highest /ˈhaɪɪst/)

3 (hablando de fiebre, de temperaturas, de las notas escolares) high /haɪ/ (más alto higher /ˈhaɪəʳ/, el más alto the highest /ˈhaɪɪst/)

4 (hablando del volumen de la voz, la música) loud /laʊd/ (más alto louder /ˈlaʊdəʳ/, el más alto the loudest /ˈlaʊdɪst/)

altura

▷ Midieron la altura del muro.
   They measured the height of the wall.
▷ La torre tiene diez metros de altura.
   The tower is ten metres high.

height /haɪt/
◀ height rima con night y quite.
ⓘ Para expresar la altura de algo en inglés se utiliza be + high /haɪ/.

alud

▷ El alud mató a varios esquiadores.
The avalanche killed several skiers.

avalanche /ˈævəlɑːnʃ/ (plural: avalanches /ˈævəlɑːnʃɪz/)

alumno, alumna

▷ Claudia es la mejor alumna de la clase.
Claudia is the best student in the class.

student /ˈstjuːdənt/

ℹ Para los alumnos más jóvenes se puede usar también la palabra pupil /ˈpjuːpəl/.

amable

▷ Es una persona muy amable.
He's a very kind person.

kind /kaɪnd/ (más amable kinder /ˈkaɪndəʳ/, el más amable the kindest /ˈkaɪndɪst/)

▷ Tus padres fueron muy amables con nosotros.
Your parents were very kind to us.

► ser amable con alguien: be kind to somebody

amanecer

▷ Saldremos al amanecer.
We'll leave at dawn.

► el amanecer: dawn /dɔːn/
► al amanecer: at dawn

amapola

▷ Los campos estaban cubiertos de amapolas.

poppy /ˈpɒpɪ/ (plural: poppies /ˈpɒpɪz/)

amar

▷ Me parece que Juliana ama a Carlos.
I think Juliana loves Carlos.

love /lʌv/

amarillo, amarilla

1 ▷ Llevaba una camiseta amarilla.
She was wearing a yellow T-shirt.

1 (color) yellow /ˈjeləʊ/

2 ▷ El amarillo es un color alegre.
Yellow is a cheerful colour.

2 el amarillo (= el color amarillo): yellow

ℹ Fíjate que en inglés yellow no se escribe con artículo.

ambiente

▷ En mi clase hay un ambiente muy bueno.
There's a very good atmosphere in my class.

(hablando de una situación) atmosphere /ˈætməsfɪəʳ/

◀ atmosphere rima con fear.

ambulancia

▷ ¡Rápido, llama una ambulancia!
Quick, call an ambulance!

ambulance /ˈæmbjʊləns/

◀ El acento recae sobre la primera sílaba -am-.

América

▷ América es un continente enorme.
America is a huge continent.
▷ América del Norte es una región rica.
North America is a rich region.
▷ Nicaragua está en América Central.
Nicaragua is in Central America.
▷ Esta música viene de América del Sur.
This music comes from South America.

America /əˈmerɪkə/

► **América del Norte:** North America /nɔːθ əˈmerɪkə/
► **América Central:** Central America /ˈsentrəl əˈmerɪkə/
► **América del Sur:** South America /ˈsaʊθ əˈmerɪkə/

americano, americana

1 ▷ Viajó por varios países americanos.
She travelled through several American countries.
▷ Osvaldo es americano.
Osvaldo's American.
2 ▷ Hay un americano en mi clase.
There is an American in my class.

1 (adjetivo) American /əˈmerɪkən/
ℹ Se escribe siempre con mayúscula, como todos los adjetivos y nombres ingleses que se refieren a la nacionalidad.
2 (nombre) **un americano, una americana:** an American

amigo, amiga

1 ▷ Fernando es mi mejor amigo.
Fernando is my best friend.

2 ▷ Me presentó a su nueva amiga.
He introduced me to his new girlfriend.

1 (= persona con la que se tiene amistad) friend /frend/
🔊 La ie de friend se pronuncia como la e de bed.
2 ► **amigo** (novio): boyfriend
► **amiga** (novia): girlfriend

amistad

▷ La amistad es algo muy importante.
Friendship is a very important thing.

friendship /ˈfrendʃɪp/
🔊 La ie de friendship se pronuncia como la e de bed.

amo, ama

▷ Este perro sólo obedece a su amo.
This dog only obeys its owner.

(de un animal) owner /ˈəʊnəʳ/

amor

▷ No es amistad, es amor.
It's not friendship, it's love.
▷ Guarda todas sus cartas de amor.
She keeps all his love letters.

love /lʌv/

► **carta de amor:** love letter /lʌv ˈletəʳ/ (plural: **love letters**)

ampliar

▷ Mis padres van a ampliar la casa.
My parents are going to extend the house.

(= hacer más grande) extend /ɪkˈstend/

ampolla

▷ Tengo ampollas en el pie.
I've got blisters on my foot.

blister /ˈblɪstəʳ/

añadir

▷ Añade un poco más de sal a la ensalada.
Add a little more salt to the salad.

add /æd/

ancho

1 ▷ La calle no es muy ancha, no caben dos coches.
The street isn't very wide, there isn't enough room for two cars.

2 ▷ Miguel es ancho de hombros.
Miguel has got broad shoulders.

3 ▷ El salón mide seis metros de ancho.
The living room is six metres wide.

▷ ¿Cuánto mide de ancho la cocina?
How wide is the kitchen?

1 (una puerta, una carretera) wide /waɪd/ (más ancho wider /ˈwaɪdəʳ/, el más ancho the widest /ˈwaɪdɪst/)

2 (hablando de una parte del cuerpo) broad /brɔːd/ (más ancho broader /ˈbrɔːdəʳ/, el más ancho the broadest /ˈbrɔːdɪst/)

3 Cuando queremos hablar de la anchura exacta de algo, utilizamos la expresión be... wide.
i Para preguntar la anchura de algo, se dice how wide...?

anchura

▷ Medimos la anchura del despacho.
We measured the width of the study.

▷ El río tiene una anchura de treinta metros.
The river is thirty metres wide.

▷ ¿Cuál es la anchura de la mesa?
How wide is the table?

width /wɪdθ/

i Para hablar de la anchura exacta de algo, se emplea la expresión be... wide /waɪd/.
i Para preguntar la anchura de algo, se dice how wide...?

anciano, anciana

▷ Mi vecina es una anciana muy simpática.
My neighbour is a very nice old woman.

► **un anciano:** an old man /əʊld mæn/
► **una anciana:** an old woman /əʊld ˈwʊmən/
► **los ancianos:** old people /əʊld ˈpiːpəl/

Andalucía

▷ Mis primos viven en Andalucía.
My cousins live in Andalusia.

Andalusia /ændəˈluːzɪə/

andar

▷ Normalmente voy andando al colegio con Tere.
I usually walk to school with Tere.

walk /wɔːk/

Andes

▷ Nunca he estado en los Andes.
I've never been to the Andes.

► **los Andes:** the Andes /ðɪ ˈændiːz/
◀ Andes rima con cheese.

anfibio

▷ La rana es un anfibio.
Frogs are amphibians.

amphibian /æmˈfɪbɪən/
🖋 Fíjate bien en cómo se escribe amphibian.

ángel

▷ Mi madre tiene en su cuarto la estatuilla de un ángel.
My mother has a little statue of an angel in her room.

angel /ˈeɪndʒəl/
🔊 La a de angel se pronuncia como la a de make.

anginas

▷ Falté porque tenía anginas.
I was off because I had a sore throat.

sore throat /sɔːˈ θrəʊt/
► **tener anginas:** have a sore throat (had, had)

ángulo

▷ El profesor me pidió que dibujara un ángulo recto.
The teacher asked me to draw a right angle.

(= en geometría) angle /ˈæŋgəl/

anilla

▷ El cisne tenía una anilla en la pata.
The swan had a ring on its leg.
▷ Me compré un cuaderno de anillas para guardar los apuntes.
I bought a ring binder to keep my notes in.

ring /rɪŋ/

► **cuaderno de anillas:** ring binder

anillo

▷ Lleva tres anillos en la mano derecha.
She wears three rings on her right hand.

ring /rɪŋ/

animado, animada

1 ▷ El centro de la ciudad es una zona muy animada.
The town centre is a very lively area.

1 (hablando de un lugar con mucha vida) lively /ˈlaɪvli/ (más animado livelier /ˈlaɪvliəˈ/, el más animado the liveliest /ˈlaɪvliɪst/)
ℹ Cuidado: la y se convierte en ie en el comparativo y el superlativo.

2 ▷ Está muy animado porque ha estudiado mucho y cree que va a aprobar.
He's feeling good because he's studied a lot and he thinks he's going to pass the exam.

2 (hablando de una persona, con buen ánimo) estar animado: be feeling good /ˈfiːlɪŋ gʊd/

animal

▷ Mi animal favorito es el tigre.
My favourite animal is the tiger.

▷ ¿Tienes algún animal doméstico?
Do you have any pets?

animal /ˈænɪməl/
🖋 El acento recae sobre la primera sílaba a-.
► **animal doméstico:** pet /pet/

aniversario

▷ Mañana es el aniversario de boda de mis padres.
Tomorrow is my parents' wedding anniversary.

anniversary /ænɪˈvɜːsərɪ/ (plural: anniversaries /ænɪˈvɜːsərɪz/)

ⓘ Fíjate bien en cómo se escribe anniversary.

◀ El acento recae sobre la tercera sílaba -ver-.

anoche

▷ Anoche fui al teatro con Carolina y Eva.
Last night I went to the theatre with Carolina and Eva.

last night /lɑːst naɪt/

anochecer (nombre)

▷ Saldremos al anochecer.
We'll leave at dusk.

► el anochecer: dusk /dʌsk/

anochecer (verbo)

▷ En invierno anochece antes.
It gets dark earlier in winter.

(= hacerse de noche) get dark /dɑːk/ (got, got)

ⓘ En inglés, los verbos que se usan para describir los fenómenos del tiempo y el clima llevan it delante.

anorak

▷ Ponte un anorak para salir.
Wear an anorak to go out.

anorak /ˈænəræk/

♥ El acento recae sobre la primera sílaba a-.

anteayer

▷ Llamé a Paco anteayer pero no estaba en casa.
I called Paco the day before yesterday but he wasn't at home.

the day before yesterday /deɪ bɪˈfɔːʳ ˈjestədɪ/

antena

▷ La antena de la radio está rota.
The radio's aerial is broken.

▷ Hay una antena parabólica en la pared.
There's a satellite dish on the wall.

(= de radio, televisión) aerial /ˈeərɪəl/

► antena parabólica: satellite dish /ˈsætəlaɪt dɪʃ/ (plural: satellite dishes /ˈsætəlaɪt dɪʃɪz/)

anterior

▷ El nuevo coche de mis padres se parece mucho al anterior.
My parents' new car is very similar to the previous one.

previous /ˈpriːvɪəs/

◀ La e de previous suena como la ea de tea.

antes

1 ▷ ¡Habérmelo dicho antes!
You could have told me before!

▷ Elena acabó su redacción antes que los demás.
Elena finished her essay before all the others.

2 ▷ ¿Por qué no comemos algo antes?
Why don't we have something to eat first?

3 ▷ No te olvides de lavarte las manos antes de comer.
Don't forget to wash your hands before you eat.

4 ▷ Tengo que enseñarle una cosa a Joaquín antes de que se vaya.
I must show Joaquín something before he leaves.

5 ▷ Antes nadie tenía teléfonos móviles.
In the past nobody had mobile phones.

6 ▷ Cuando vuelva Luisa dile que me llame lo antes posible.
When Luisa gets back tell her to phone me as soon as possible.

1 (= con anterioridad) before /brɪˈfɔːʳ/
► antes que: before

2 (= primero) first /fɜːst/

3 ► antes de hacer algo: before + sujeto + presente de indicativo, o before + -ing

4 ► antes de que + subjuntivo: before + sujeto + presente de indicativo

5 (= hace tiempo) in the past /ɪn ðə pɑːst/

6 ► lo antes posible: as soon as possible /əz suːn əz ˈpɒsɪbəl/

antibiótico

▷ El médico me recetó antibióticos.
The doctor gave me antibiotics.

antibiotic /æntɪbaɪˈɒtɪk/
◀》 La segunda i de antibiotic se pronuncia como la i de like.

antiguo, antigua

1 ▷ Esta radio es antigua, era de mi abuelo
This radio is old, it was my grandfather's.

2 ▷ Me encontré a mi antiguo profe de matemáticas.
I met my old maths teacher.

1 (= viejo) old /əʊld/ (más viejo older /ˈəʊldəʳ/, el más viejo the oldest /ˈəʊldɪst/)

2 (= de antes) old /əʊld/ (más viejo older /ˈəʊldəʳ/, el más viejo the oldest /ˈəʊldɪst/)

ℹ Cuando **antiguo** significa "de antes", se puede traducir también por former /ˈfɔːməʳ/.

antipático, antipática

▷ La novia de Raúl es muy antipática.
Raúl's girlfriend is really horrible.

horrible /ˈhɒrɪbəl/ (más antipático more horrible, el más antipático the most horrible)

antivirus

▷ He instalado un antivirus en mi ordenador.
I've installed an antivirus program on my computer.

antivirus program /ˈæntɪvaɪrəs ˈprəʊgræm/ (plural: antivirus programs)
◀》 La segunda i de antivirus se pronuncia como la i de like.

anunciar

▷ Mañana anunciarán los resultados.
They will announce the results tomorrow.

▷ La profesora nos anunció que el viernes iríamos al museo.
The teacher told us that we would go to the museum on Friday.

(= hacer público) **announce** /əˈnaʊns/

▶ **anunciar algo a alguien:** **tell** /tel/ somebody something (**told,** **told** /təʊld/).

anuncio

▷ La música de ese anuncio es genial.
The music in that advert is great.

(en televisión, un periódico) **advert** /ˈædvɜːt/

ℹ También se puede decir **advertisement** /ədˈvɜːtɪsmənt/.

▷ Encontré a alguien que vendía una bici en los anuncios por palabras.
I found someone selling a bike in the classified adverts.

▶ **anuncios por palabras** (en el periódico): **classified adverts** /ˈklæsɪfaɪd ˈædvɜːts/

ℹ También se puede decir **classified ads** /ˈklæsɪfaɪd ˈædz/.

año

1 ▷ Este año tenemos un profesor de inglés nuevo.
This year we have a new English teacher.

▷ El año escolar comienza en septiembre.
The school year starts in September.

▷ ¡Feliz Año Nuevo!
Happy New Year!

1 (= doce meses) **year** /jɪəʳ/

▶ **año escolar:** **school year** /skuːl jɪəʳ/

ℹ Para desearle a alguien un **feliz año** en inglés se dice **Happy New Year!** /ˈhæpɪ njuː ˈjɪəʳ/.

2 ▷ Begoña tiene quince años.
Begoña is fifteen.

▷ Tengo trece años.
I'm thirteen years old.

▷ ¿Cuántos años tienes?
How old are you?

2 Para expresar la edad de alguien en inglés se utiliza el verbo **be** seguido del número de años.

ℹ Se puede añadir también ... **years** **old:** Begoña is fifteen **years old.**

ℹ Para preguntar la edad de alguien en inglés se dice **how old are you?**

apagar

1 ▷ Apaga la luz, por favor.
Switch off the light, please.

1 (hablando de la luz, un aparato eléctrico) **switch off** /swɪtʃ ɒf/

ℹ También se puede decir **turn off** /tɜːn ɒf/.

2 ▷ Los bomberos consiguieron apagar el incendio.
The firemen managed to put out the fire.

2 (hablando de un incendio, una vela, un cigarrillo) **put** /pʊt/ **out** (put out, put out)

3 ▷ Las luces se apagaron de repente.
All of a sudden, the lights went out.

▷ La radio se apaga automáticamente después de diez minutos.
The radio goes off automatically after ten minutes.

3 ▶ **apagarse** (hablando de una lámpara, el fuego, una vela): **go out** /gəʊ aʊt/ (**went out** /went aʊt/ **gone out** /gɒn aʊt/). (hablando de la televisión, la radio): **go off** (**went off,** **gone off**)

aparcamiento

▷ El aparcamiento estaba lleno.
The car park was full.

car park /ˈkɑːʳ pɑːk/ (plural: car parks /ˈkɑːʳ pɑːks/)

⌐¬ En inglés americano se dice parking lot /ˈpɑːkɪŋ lɒt/.

aparcar

▷ No aparques delante de la puerta.
Don't park in front of the gate.

park /pɑːk/

aparecer

▷ Apareció un globo en el cielo.
A balloon appeared in the sky.

appear /əˈpɪəʳ/

apartamento

▷ Tenemos un apartamento en la playa.
We have an apartment at the seaside.

apartment /əˈpɑːtmənt/

i Fíjate bien en cómo se escribe la palabra inglesa apartment.

apellido

▷ Su apellido es Jiménez.
His surname is Jiménez.

surname /ˈsɜːneɪm/

i Los ingleses sólo tienen un apellido, el de su padre. Nunca usan el apellido de su madre.

aplastar

▷ ¡Cuidado, vas a aplastar la caja de los pasteles!
Be careful, you're going to squash the box with the cakes in it!

squash /skwɒʃ/

◀)) squash rima con posh.

aplaudir

1 ▷ Toda la clase aplaudió a Trini.
The whole class applauded Trini.
2 ▷ Aplaudieron muy fuerte.
They clapped very loudly.

1 ▶ aplaudir a alguien:
applaud somebody /əˈplɔːd/
2 (= batir palmas) clap /klæp/
i La p de clap se convierte en pp en el gerundio (clapping /ˈklæpɪŋ/) y en el pasado y el participio (clapped /klæpt/).

aplauso

▷ Los aplausos ahogaban su voz.
His voice was drowned out by the applause.
▷ Dieron un fuerte aplauso al conferenciante.
They gave the speaker a big round of applause.

▶ aplausos: applause /əˈplɔːz/

i Cuando se usa en singular en inglés se dice round of applause /raʊnd ɒv əˈplɔːz/.

apoyar

1 ▷ Todos mis compañeros apoyaron la propuesta.
All my classmates supported the proposal.

1 ▶ apoyar a alguien o algo
(= estar a favor de): support somebody o something /səˈpɔːt/

Sigue en la página siguiente

2 ▷ No te apoyes en esa mesa, está rota.
Don't lean on that table, it's broken.

> 2 ► **apoyarse en algo** (= inclinarse):
> **lean on** something /liːn/ (**leaned
> on** /liːnd/ o **leant on** /lent/
> **leaned on** o **leant on**)

aprender

▷ Estoy aprendiendo ruso.
I'm learning Russian.

▷ Ya me he aprendido tu número de teléfono.
I've already learnt your telephone number.

▷ Víctor está aprendiendo a nadar.
Víctor is learning to swim.

> (= estudiar) **learn** /lɜːn/ (**learned**
> /lɜːnəd/ o **learnt** /lɜːnt/, **learned** o
> **learnt**)
> ► **aprenderse algo:** **learn**
> something
> ► **aprender a hacer algo:** **learn**
> **to do** something

apretar

1 ▷ Aprieta ese botón para encender el ordenador.
Press that button to switch the computer on.

2 ▷ He engordado bastante y ahora los pantalones
me aprietan.
*I've put on quite a lot of weight and now my
trousers are too tight.*

> 1 (un botón, una tecla) **press** /pres/
>
> 2 **apretarle a alguien** (ropa): **be
> too tight** /tuː taɪt/

aprobar

▷ El hermano de Ángel aprobó el examen.
Ángel's brother passed the exam.

▷ Me han aprobado en geografía.
I passed my geography exam.

> (un examen) **pass** /pɑːs/
> ◀) Fíjate en la pronunciación de
> passed /pɑːst/.

aprovechar

1 ▷ Aprovechamos el día y nos fuimos a la playa.
*We made the most of our day and went to
the seaside.*

2 ▷ Sus compañeros se aprovechan de él.
His classmates take advantage of him.

3 ▷ El camarero dijo: ¡que aproveche!
The waiter said: "enjoy your meal!"

> 1 (una ocasión) **make the most of**
> /məʊst ɒv/
>
> 2 ► **aprovecharse de alguien**
> (= abusar): **take advantage of**
> somebody
>
> 3 Para desearle a alguien que le
> siente bien la comida en inglés se dice
> enjoy your meal! /enˈdʒɔɪ jɔː miːl/.

apuntar

1 ▷ Apunté todo lo que dijo la profesora.
I noted down everything the teacher said.

2 ▷ El vigilante apuntó al atracador con su pistola.
The guard aimed his gun at the robber.

> 1 ► **apuntar algo** (tomar notas):
> **note** something **down** /nəʊt
> daʊn/
>
> 2 ► **apuntar a alguien con
> algo** (con un arma): **to aim**
> something **at** somebody /æt/

apuntes

▷ ¿Me podrías dejar tus apuntes de inglés?
Could you lend me your English notes?
▷ Cojo apuntes en todas las clases.
I take notes in every class.

(en el colegio): notes /nəʊts/

► **coger apuntes:** take notes
/teɪk nəʊts/ (took /tʊk/, taken
/ˈteɪkən/)

aquel, aquella (adjetivo)

▷ Aquel perro cerca de la puerta es de mi tío.
That dog near the door is my uncle's.
▷ Me gustaría tener aquellas zapatillas del escaparate.
I'd love to have those trainers in the window.

that /ðæt/ (plural: those /ðəʊz/)

aquél, aquella (nombre)

▷ Me gusta más aquél.
I like that one best.
▷ Estos pantalones no están mal pero yo prefiero aquéllos de ahí.
These trousers are not bad but I prefer those ones over there.

that one /ðæt wʌn/ (plural: those
ones /ˈðəʊz wʌnz/)

aquí

▷ Siéntate aquí.
Sit here.
▷ El colegio no está lejos de aquí.
The school is not far from here.

here /hɪəʳ/
◀» here rima con near.

árabe

1 ▷ Varios países árabes producen petróleo.
Several Arab countries produce oil.

▷ Kamil es árabe.
Kamil's an Arab.
2 ▷ Susana está aprendiendo árabe.
Susana is learning Arabic.

1 (adjetivo y nombre) Arab /ˈærəb/
i Se escribe siempre con mayúscula, como todos los adjetivos y nombres ingleses que se refieren a la nacionalidad.
► **ser árabe:** be an Arab

2 (idioma) Arabic /ˈærəbɪk/
i Los nombres de los idiomas se escriben siempre con mayúscula en inglés.
¥ Fíjate que no se usa artículo delante del nombre del idioma, no se dice the Arab.

araña

▷ Natalia odia las arañas.
Natalia hates spiders.

spider /ˈspaɪdəʳ/
◀» La i de spider se pronuncia como la i de like.

árbitro, árbitra

▷ El árbitro ayudó al otro equipo.
The referee helped the other team.

referee /refə'riː/

◀)) El acento recae sobre la tercera sílaba -ree.

árbol

▷ Hay muchos árboles en el jardín.
There are a lot of trees in the garden.

▷ Vamos a decorar el árbol de Navidad.
We're going to decorate the Christmas tree.

tree /triː/

▶ árbol de Navidad: Christmas tree /'krɪsməs triː/ (plural: Christmas trees)

arbusto

▷ Nos escondimos entre los arbustos.
We hid in the bushes.

bush /bʊʃ/ (plural: bushes /'bʊʃɪz/)

archivador

▷ Guardo mis apuntes en un archivador.
I keep my notes in a ring binder.

(= carpeta con anillas) ring binder /'rɪŋ 'baɪndə'/ (plural: ring binders /'rɪŋ 'baɪndəz/)

arco

▷ Los indios cazaban con arcos y flechas.
The Indians hunted with bows and arrows.

▷ Mira, ¡el arco iris!
Look at the rainbow!

bow /bəʊ/

◀)) bow rima con go y Joe.

▶ arco iris: rainbow /'reɪnbəʊ/

arder

1 ▷ El teatro está ardiendo.
The theatre is burning.

2 ▷ ¡Esta sopa está ardiendo!
This soup is boiling hot!

1 (= incendiarse) burn /bɜːn/ (burnt, burnt /bɜːnt/)

2 (= estar muy caliente) be boiling hot /'bɔɪlɪn hɒt/

ardilla

▷ En este parque hay muchas ardillas.
There are a lot of squirrels in this park.

squirrel /'skwɪrəl/

área

▷ Esta área de la ciudad es muy tranquila.
This is a very quiet area of the city.

(= región, barrio, superficie) area /'eərɪə/

ℹ Fíjate con cuidado en la pronunciación de la palabra. La primera a se pronuncia como la ai de air.

arena

▷ Feli escribió su nombre en la arena.
Feli wrote her name in the sand.

sand /sænd/

⚑ ¡Cuidado! Arena no se traduce por la palabra inglesa arena.

Argelia

▷ Me gustaría mucho visitar Argelia.
I'd really like to visit Algeria.

Algeria /ælˈdʒɪərɪə/
❡ Fíjate con cuidado en cómo se escribe Algeria.

Argentina

▷ Mi madre nació en Argentina.
My mother was born in Argentina.

Argentina /ɑːdʒənˈtiːnə/

argentino, argentina

1 ▷ La capital argentina.
The Argentinian capital.
▷ Diego es Argentino.
Diego's Argentinian.

2 ▷ Conozco a un argentino muy simpático.
I know a very nice Argentinian.

1 (adjetivo) Argentinian /ɑːdʒənˈtɪnɪən/
ℹ Se escribe siempre con mayúscula, como todos los adjetivos y nombres ingleses que se refieren a la nacionalidad.
2 (nombre) **un argentino, una argentina:** an Argentinian.

arma

▷ Las armas en el colegio están prohibidas.
Weapons are forbidden at school.

weapon /ˈwepən/
◀) La ea de weapon se pronuncia como la e de bed.

armario

1 ▷ Tus pantalones están en el armario.
Your trousers are in the wardrobe.
2 ▷ Papá tiene un armario para archivos en el despacho.
Dad has a cupboard for files in the study.

1 (para guardar ropa) wardrobe /ˈwɔːdrəʊb/
2 (para guardar objetos) cupboard /ˈkʌbəd/
◀) La p de cupboard no se pronuncia.

arquitecto, arquitecta

▷ Mi madre es arquitecta.
My mother is an architect.

architect /ˈɑːkɪtekt/
ℹ No te olvides de colocar el artículo a o an delante del nombre de la profesión cuando aparece detrás de los verbos be o become.
◀) La ch de architect se pronuncia como una k.

arrancar

1 ▷ César arrancó tres páginas de su cuaderno de ejercicios.
César tore three pages out of his exercise book.

2 ▷ Mi madre me pidió que arrancara las malas hierbas.
My mother asked me to pull out the weeds.

1 (hablando de una hoja de un cuaderno o un libro) **arrancar algo:** tear something out /aʊt/ (tore /tɔːʳ/, torn /tɔːn/)
◀) tear rima con there y fair.
2 (hablando de plantas o de dientes) pull out /pʊl aʊt/

Sigue en la página siguiente

▷ El dentista me arrancó un diente.
The dentist pulled out one of my teeth.
3 ▷ El ladrón le arrancó el bolso a una señora.
The thief snatched a lady's handbag.
4 ▷ Arranca la moto.
Start the bike.

3 ► arrancar algo a alguien:
snatch /snætʃ/ something from
somebody

4 (= poner en marcha) start

arrastrar

▷ David arrastraba la cartera del colegio.
David was dragging his school bag.

(= por el suelo) drag /dræg/
i La g de drag se convierte en gg en
el gerundio (dragging /ˈdrægɪŋ/) y en el
pasado y el participio (dragged
/drægd/).

arreglar

▷ Vino alguien a arreglar la televisión.
Somebody came to repair the TV.

repair /rɪˈpeəʳ/
🔊 repair rima con there y fair.

arrepentirse

▷ Me arrepiento de haberla insultado.
I regret having insulted her.

► arrepentirse de haber hecho
algo: regret having done
something /rɪˈgret ˈhævɪŋ dʌn/

arriba

1 ▷ Una vista de la ciudad desde arriba.
A view of the city from above.
▷ Está en el cajón de arriba.
It's in the top drawer.
▷ El libro está allí arriba.
The book is up there.
▷ Había una etiqueta en la parte de arriba de la
caja.
There was a label on the top of the box.
2 ▷ Los vecinos de arriba son muy simpáticos.
The neighbours upstairs are very nice.

1 (= indicando posición superior)
above
► de arriba: top /tɒp/

► allí arriba: up there

► la parte de arriba: the top

2 (= el piso de arriba) upstairs
/ʌpˈsteəz/

arroba

▷ Mi correo electrónico es ana arroba net punto
es.
My e-mail address is ana at net dot es.

(en dirección de correo electrónico) at
/æt/
i Tanto en español como en inglés se
escribe @ pero se lee arroba y at
respectivamente.

arroyo

▷ Nos quitamos los zapatos para cruzar el
arroyo.
We took our shoes off to cross the stream.

stream /striːm/

arroz

▷ No me gusta el arroz.
I don't like rice.
▷ Hay arroz con leche de postre.
There's rice pudding for dessert.

rice /raɪs/

► **arroz con leche:** rice pudding /raɪs ˈpʊdɪŋ/

arte

▷ Fuimos al museo de arte moderno.
We went to the museum of modern art.
▷ Es un experto en artes marciales.
He's a martial arts expert.

art /ɑːt/

► **artes marciales:** martial arts /ˈmɑːʃəl ˈɑːts/

artículo

1 ▷ ¿Leíste el artículo sobre Toledo?
Did you read the article on Toledo?
2 ▷ Faltaba uno de los artículos que pedí.
One of the items I had ordered was missing.
3 ▷ "el" y "la" son artículos.
"el" and "la" are articles.

1 (en periódico, revista) article /ˈɑːtɪkəl/

2 (= producto) item /ˈaɪtəm/

3 (hablando de gramática) article /ˈɑːtɪkəl/

artificial

▷ Hay un lago artificial en el centro del parque.
There's an artificial lake in the middle of the park.

artificial /ɑːtɪˈfɪʃəl/
🕯 El acento recae sobre la tercera sílaba -fi-.

artista

▷ Picasso fue un artista muy famoso.
Picasso was a very famous artist.

artist /ˈɑːtɪst/

asado, asada

▷ Quiero pollo asado con patatas fritas.
I want roast chicken with chips.

roast /rəʊst/

asar

1 ▷ Mi madre está asando castañas.
My mother is roasting some chestnuts.
2 ▷ Abre la ventana, me estoy asando de calor.
Open the window, I'm boiling hot.

1 (= cocinar) roast /rəʊst/

2 ► **asarse de calor** (= tener mucho calor): be boiling hot /ˈbɔɪlɪŋ hɒt/

ascensor

▷ Coge el ascensor hasta el décimo piso.
Take the lift to the tenth floor.

lift /lɪft/
🗝 En inglés americano se dice elevator /ˈelɪveɪtəʳ/.

asco

▷ Me dan asco las babosas.
I find slugs disgusting.
▷ ¡Qué asco! Este baño está todo sucio.
How disgusting! This toilet is all dirty.

► **me da asco algo:** I find something disgusting /dɪsˈɡʌstɪŋ/
ℹ Para expresar asco en inglés se dice how disgusting!

aseos

▷ ¿Dónde están los aseos, por favor?
Where is the toilet, please?

▶ **aseos** (= cuarto): **toilet** /ˈtɔɪlət/

🔔 En inglés americano se dice **rest room** /rest ruːm/.

asesinar

▷ Asesinó a varias personas.
He murdered several people.

murder /ˈmɜːdəʳ/

🔊 La ur de **murder** se pronuncia como la er de **her**.

ℹ El verbo inglés **assassinate** se usa sólo para hablar del asesinato de personajes célebres, como un presidente o un rey.

asesino, asesina

▷ Detuvieron al asesino.
The murderer was arrested.

murderer /ˈmɜːdərəʳ/

ℹ El nombre inglés **assassin** se usa sólo para hablar del asesino de personajes célebres, como un presidente o un rey.

así

▷ Aguanta la cuerda así.
Hold the rope like this.

(= de esta forma) **like this** /laɪk ðɪs/ o **like that** /laɪk ðæt/

ℹ Cuando lo que se enseña está cerca, o se habla de algo que está haciendo uno mismo, se usa **like this**.

▷ Nunca había visto una casa así.
I had never seen a house like that.

ℹ Cuando lo que se enseña está un poco más lejos, o si se habla de alguna cosa que está haciendo otra persona, se dice **like that**.

Asia

▷ Me encantaría visitar Asia.
I'd love to visit Asia.

Asia /ˈeɪʃə/

🔊 La a inicial se pronuncia como la a de **make**.

asiático, asiática

1 ▷ Me gusta la comida asiática.
I like Asian food.

1 (adjetivo) **Asian** /ˈeɪʃən/

ℹ Se escribe siempre con mayúscula, como todos los adjetivos y nombres ingleses que se refieren a la nacionalidad.

🔊 La a inicial se pronuncia como la a de **make**.

🔔 Ten cuidado con el uso de **Asian** en el Reino Unido: muchas veces se usa para referirse a personas originarias de la India, Pakistán y Bangladesh.

▷ David es asiático.
David's Asian.

2 ▷ Hay un asiático en mi clase.
There is an Asian in my class.

2 (nombre) **un asiático, una asiática**: an Asian

asiento

▷ ¿Está libre este asiento?
Is this seat free?

seat /siːt/

asignatura

▷ Mi asignatura favorita es geografía.
My favourite subject is geography.

subject /ˈsʌbdʒekt/

asomarse

▷ ¡No te asomes a la ventana, es peligroso!
Don't stick your head out of the window, it's dangerous!

▶ **asomarse a algo:** stick one's head out of something (**stuck, stuck** /stʌk/)

ℹ El pronombre en inglés funciona de la siguiente forma: I stick my head out, you stick your head out, he sticks his head out, she sticks her head out, we stick our heads out, they stick their heads out.

aspecto

1 ▷ Su aspecto ha cambiado mucho.
Her appearance has changed a lot.
2 ▷ Este es uno de los aspectos más interesantes de su trabajo.
This is one of the most interesting aspects of his work.

1 (= apariencia) appearance /əˈpɪərəns/
2 (= característica, rasgo) aspect /ˈæspekt/

aspirador

▷ Este aspirador no funciona.
This vacuum cleaner isn't working.
▷ Mamá me pidió que pasara el aspirador por el salón.
Mum asked me to vacuum the living room.

vacuum cleaner /ˈvækjʊəm ˈkliːnəʳ/ (plural: vacuum cleaners)
▶ **pasar el aspirador por:** vacuum /ˈvækjʊəm/

aspirina

▷ ¿Tienes una aspirina?
Have you got an aspirin?

aspirin /ˈæspɪrɪn/
◀ꓺ La primera i de aspirin no se pronuncia.

asqueroso, asquerosa

▷ Esta sopa está asquerosa.
This soup is disgusting.

disgusting /dɪsˈɡʌstɪŋ/ (más asqueroso more disgusting, el más asqueroso the most disgusting)

astronauta

▷ Quería ser astronauta.
She wanted to be an astronaut.

astronaut /ˈæstrənɔːt/
ℹ No te olvides de colocar el artículo a o an delante del nombre de la profesión cuando aparece detrás de los verbos be o become.

asustado, asustada

▷ Parecían muy asustados.
They looked really frightened.

frightened /ˈfraɪtənd/ (más asustado more frightened, el más asustado the most frightened)

ℹ También se puede decir scared.

asustar

▷ A mi tío le encanta asustarnos con sus historias de fantasmas.
My uncle loves scaring us with his ghost stories.

scare /skeəʳ/

ℹ También se puede decir frighten.

atacar

▷ Atacaron la ciudad.
They attacked the city.

attack /əˈtæk/

ataque

▷ Se defendieron del ataque enemigo.
They defended themselves against the enemy attack.

attack /əˈtæk/

atar

1 ▷ Ataron el perro con una cuerda.
They tied up the dog with a rope.

1 (un perro o un preso) tie up /taɪ ʌp/ (tied up, tied up /taɪd ʌp/)

ℹ La ie de tie se convierte en y en el gerundio (tying).

2 ▷ Carlitos es muy pequeño pero ya sabe atarse los cordones.
Carlitos is very small but he can already tie his shoelaces.

2 ► **atarse los cordones** (del zapato): tie one's shoelaces

Atenas

▷ Visité Atenas el año pasado.
I visited Athens last year.

Athens /ˈæθənz/

atención

1 ▷ Prestad atención o no entenderéis la explicación.
Pay attention or you won't understand the explanation.

1 ► **prestar atención:** pay attention /peɪ əˈtenʃən/ (paid, paid /peɪd/)

2 ▷ La profesora nos llamó la atención.
The teacher told us off.

2 ► (= reñir) **llamar la atención a alguien:** tell somebody off /ɒf/ (told, told /təʊld/)

3 ▷ Con ese sombrero vas a llamar la atención.
With that hat on you are going to attract attention.

3 ► (= provocar interés) **llamar la atención:** attract attention /əˈtrækt əˈtenʃən/

atender

▷ Y ahora atended a lo que os voy a explicar.
And now pay attention to what I'm going to explain to you.

pay attention /peɪ əˈtenʃən/ (paid, paid /peɪd/)

atentado

▷ Hubo un atentado en el centro de la ciudad.
There was a terrorist attack in the city centre.

terrorist attack /ˈterərɪst əˈtæk/
(plural: terrorist attacks /ˈterərɪst əˈtæks/)

atento, atenta

▷ Tenéis que estar atentos a lo que dice la profesora.
You have to pay attention to what the teacher says.

► **estar atento a algo:** pay attention to something /peɪ əˈtenʃən tʊ/ (paid, paid /peɪd/)

aterrizar

▷ El avión aterrizará en Londres a las cinco.
The plane will land in London at five o'clock.

land /lænd/

atlas

▷ Busca Kosovo en el atlas.
Look for Kosovo in the atlas.

atlas /ˈætləs/ (plural: atlases /ˈætləsɪz/)

atleta

▷ Los mejores atletas europeos estarán ahí.
The best European athletes will be there.

athlete /ˈæθliːt/
◀ La ete de athlete se pronuncia como la eet de sweet.

atletismo

▷ El campeonato del mundo de atletismo.
The world athletics championships.

athletics /æθˈletɪks/
ℹ Se usa siempre con un verbo en singular: athletics is my favourite sport.

atmósfera

▷ Estamos estudiando las diferentes capas de la atmósfera.
We are studying the different layers in the atmosphere.

atmosphere /ˈætməsfɪəʳ/
🖐 Fíjate que atmosphere se escribe con ph.
◀ El acento recae sobre la primera sílaba at-.

atómico, atómica

▷ Las armas atómicas son muy peligrosas.
Atomic weapons are very dangerous.

atomic /əˈtɒmɪk/

átomo

▷ ¿Habéis estudiado ya los átomos?
Have you studied atoms yet?

atom /ˈætəm/

atrapar

▷ ¡Atrapa la pelota!
Catch the ball!

catch /kætʃ/ (caught, caught /kɔːt/)
◀ caught rima con sort y bought.

atrás

1 ▷ Siéntate atrás.
Sit at the back.

2 ▷ No te eches hacia atrás, te vas a caer.
Don't lean backwards, you're going to fall.

1 (indicando la posición dentro de un coche) at the back /æt ðə bæk/

2 ▶ hacia atrás: backwards /ˈbækwədz/

atravesar

▷ Tuvimos que atravesar el río en una barca.
We had to cross the river in a boat.

(= ir de un lugar a otro) cross /krɒs/

atropellar

▷ Mi padre atropelló un perro.
My dad ran over a dog.

▷ La atropelló un autobús.
She was run over by a bus.

run over /rʌn ˈəʊvəʳ/ (ran over, run over)

▶ ser atropellado por algo: be run over by something

atún

▷ Comimos atún asado.
We ate grilled tuna.

tuna /ˈtjuːnə/

◀» La u de tuna se pronuncia como la ew de few.

aula

▷ Este año el aula es más grande.
This year the classroom is bigger.

classroom /ˈklɑːsruːm/

aumentar

▷ El precio del libro ha aumentado tres euros.
The price of the book has increased by three euros.

increase /ˈɪnkriːs/

ℹ Fíjate en el uso de la preposición: increase by.

aún

1 ▷ Aún tengo hambre.
I'm still hungry.

▷ Aún no han llegado mis amigos.
My friends haven't arrived yet.

2 ▷ ¡Ella es aún más tonta que su hermano!
She's even more stupid than her brother!

1 (= todavía) still /stɪl/

ℹ Cuando aún se utiliza en una frase negativa se traduce por yet, que se coloca al final de la frase.

2 (en comparaciones) even /ˈiːvən/

aunque

▷ Te voy a ayudar aunque estoy muy cansado.
I'm going to help you although I'm very tired.

although /ɔːlˈðəʊ/

ℹ although rima con grow y go.

Australia

▷ Mi hermana vive en Australia.
My sister lives in Australia.

Australia /ɒˈstreɪlɪə/

♥ Fíjate bien en la pronunciación de Australia.

australiano, australiana

1 ▷ ¿Cuál es la moneda australiana?
What's the Australian currency?
▷ Brett es australiano.
Brett's Australian.

1 (adjetivo) Australian /ɒˈstreɪlɪən/
i Se escribe siempre con mayúscula, como todos los adjetivos y nombres ingleses que se refieren a la nacionalidad.
Fíjate bien en la pronunciación de Australian.

2 ▷ Había un australiano visitando la catedral.
There was an Australian visiting the cathedral.

2 (nombre) **un australiano, una australiana:** an Australian

Austria

▷ ¿Cuál es la capital de Austria?
What's the capital of Austria?

Austria /ˈɒstrɪə/
Fíjate bien en la pronunciación de Austria.

austriaco, austriaca

1 ▷ El equipo austriaco ganó el campeonato.
The Austrian team won the championship.
▷ Hans es austriaco.
Hans is Austrian.

1 (adjetivo) Austrian /ˈɒstrɪən/
i Se escribe siempre con mayúscula, como todos los adjetivos y nombres ingleses que se refieren a la nacionalidad.

2 ▷ Conocí a un austriaco durante las vacaciones.
I met an Austrian during the holidays.

2 (nombre) **un austriaco, una austriaca:** an Austrian

autobús

▷ El autobús para delante de la iglesia.
The bus stops in front of the church.
▷ Muchos niños van al colegio en autobús.
A lot of children go to school by bus.

bus /bʌs/ (plural: buses /ˈbʌsɪz/)

▶ **en autobús:** by bus

autoestop

▷ Fuimos hasta la playa haciendo autoestop.
We hitch-hiked to the beach.

▶ **hacer autoestop:** hitch-hike /ˈhɪtʃhaɪk/ (hitch-hiked, hitch-hiked /ˈhɪtʃhaɪkt/)

automático, automática

▷ Los padres de Emilio tienen un coche automático.
Emilio's parents have an automatic car.

automatic /ɔːtəˈmætɪk/
La au de automatic se pronuncia como la palabra or.

automóvil

▷ Mi padre trabaja en una fábrica de automóviles.
My father works in a car factory.

car /kɑːʳ/

autopista

▷ Siempre vamos por la autopista.
We always go on the motorway.

motorway /ˈməʊtəweɪ/
En inglés americano se dice freeway.

autor, autora

▷ Estamos estudiando un libro escrito por una autora americana.
We're studying a book written by an American author.

author /ˈɔːθəʳ/
◀ᴗ La th se pronuncia como la de thing.

autorización

▷ ¿Has pedido autorización a tus padres?
Have you asked your parents for permission?

permission /pəˈmɪʃən/

avanzar

▷ El profe dice que he avanzado mucho este trimestre.
The teacher says I've made a lot of progress this term.

(= progresar) make progress /ˈprəʊgres/ (made, made /meɪd/)

ave

▷ A Elena le encantan las aves.
Elena loves birds.

bird /bɜːd/

avellana

▷ ¿Quieres unas avellanas?
Do you want some hazelnuts?

hazelnut /ˈheɪzəlnʌt/
◀ᴗ La a es la de make.

avenida

▷ Mis abuelos viven en una gran avenida.
My grandparents live on a big avenue.

avenue /ˈævənjuː/
◀ᴗ La ue de avenue se pronuncia como you.

aventura

▷ Sandra describió sus aventuras en Francia.
Sandra described her adventures in France.

adventure /ədˈventʃəʳ/
◀ᴗ Fíjate bien en la pronunciación de adventure.

▷ Fuimos a ver una película de aventuras.
We went to see an adventure film.

▶ película de aventuras: adventure film (plural: adventure films)

averiguar

▷ Están intentando averiguar quién robó los libros.
They are trying to find out who stole the books.

find out /faɪnd aʊt/ (found, found /faʊnd/)

avestruz

▷ Hay varias avestruces en el zoo.
There are several ostriches in the zoo.

ostrich /ˈɒstrɪtʃ/ (plural: ostriches /ˈɒstrɪtʃɪz/)

avión

▷ Me gusta ver los aviones despegando.
I like watching planes take off.
▷ Fuimos a Roma en avión.
We went to Rome by plane / we flew to Rome.

plane /pleɪn/

► **en avión: by plane**
ⓘ Para decir en inglés **ir a algún lugar en avión** se puede decir go by plane (went, gone) o fly /flaɪ/ (flew /fluː/, flown /fləʊn/).

avioneta

▷ Volamos hasta la isla en avioneta.
We flew to the island in a light aircraft.

light aircraft /laɪt ˈeəkrɑːft/
ⓘ light aircraft es invariable en plural: one light aircraft, two light aircraft.

avisar

1 ▷ Si no vas a poder ir tienes que avisar al profesor.
If you aren't going to be able to attend, you have to tell the teacher.
2 ▷ Se estropeó la televisión y tuvimos que avisar al electricista.
The TV broke and we had to call the electrician.

1 (=informar) **avisar a alguien de algo: tell** somebody something /tel/ (told, told /təʊld/)
2 (=llamar) call

avispa

▷ Me picó una avispa.
A wasp stung me.

wasp /wɒsp/
◀) La a de wasp se pronuncia como la o de dog.

ay

▷ ¡Ay! ¡Me haces daño!
Ouch! You're hurting me!

ouch! /aʊtʃ/
◀) La ou de ouch se pronuncia como la ow de cow.

ayer

▷ Ayer fuimos al museo.
We went to the museum yesterday.

yesterday /ˈjestədɪ/

ayuda

▷ ¿Necesitas ayuda?
Do you need help?

help /help/

ayudar

▷ Natalia no quiso ayudarme.
Natalia refused to help me.
▷ ¿Me puedes ayudar a lavar los platos?
Can you help me to do the washing-up?

help /help/

► **ayudar a alguien a hacer algo: help** somebody **to** + verbo

ayuntamiento

▷ La oficina de turismo está en el ayuntamiento.
The tourist office is in the town hall.

town hall /taʊn hɔːl/ (plural: town halls)

ℹ Para las grandes ciudades se dice city hall /ˈsɪtɪ hɔːl/ (plural: city halls)

azafata

▷ Quiero ser azafata.
I want to be an air hostess.

air hostess /eəʳ ˈhəʊstəs/ (plural: air hostesses /eəʳ ˈhəʊstəsɪz/)

ℹ No te olvides de colocar el artículo a o an delante del nombre de la profesión cuando aparece detrás de los verbos be o become.

azotea

▷ Desde la azotea se ve toda la ciudad.
You can see the whole city from the terrace roof.

terrace roof /ˈterəs ruːf/ (plural: terrace roofs)

azúcar

▷ ¿Tomas el café con azúcar?
Do you take sugar in your coffee?

sugar /ˈʃʊgəʳ/

🔊 La s de sugar se pronuncia como la sh de shop.

azul

1 ▷ Llevaba una camiseta azul.
She was wearing a blue T-shirt.

2 ▷ Mi color favorito es el azul.
Blue is my favourite colour.

1 (color) **blue** /bluː/

2 **el azul** (= el color azul): **blue**

ℹ Fíjate que en inglés blue no se escribe con artículo.

▷ Los policías llevan un uniforme azul marino.
Policemen wear navy blue uniforms.

► **azul marino:** navy blue

azulejo

▷ Los azulejos de la cocina son blancos.
The tiles in the kitchen are white.

tile /taɪl/

🔊 La i de tile se pronuncia como la i de like.

B

La letra **B** se pronuncia /biː/ en inglés.

B rima con **free, key** y **tea**.

babosa

▷ La babosa se comió la lechuga.
The slug ate the lettuce.

slug /slʌg/

🔊 La u de **slug** se pronuncia como la u de **duck**.

babucha

▷ Me puse las babuchas y bajé a preparar el desayuno.
I put my slippers on and I went down to prepare breakfast.

slipper /ˈslɪpəʳ/

baca

▷ Papá puso las maletas en la baca.
Dad put the suitcases on the roof rack.

roof rack /ˈruːf ræk/

ℹ roof = tejado. rack = estante.

bacalao

▷ Me encanta el bacalao con aceite de oliva.
I love cod with olive oil.

cod /kɒd/

bache

▷ Esta carretera es muy peligrosa, está llena de baches.
This road is very dangerous, it's full of potholes.

pothole /ˈpɒthəʊl/

ℹ Se pronuncia **pot** + **hole**.

bahía

▷ Nuestro hotel está muy cerca de la bahía.
Our hotel is very near the bay.

bay /beɪ/

bailar

▷ Bailamos toda la tarde.
We danced all evening.

dance /dɑːns/

ℹ En pasado, **danced** se pronuncia /dɑːnst/.

bailarín, bailarina

▷ El bailarín era muy ágil.
The dancer was very agile.

dancer /ˈdɑːnsəʳ/

baile

▷ El vals es un baile anticuado.
The waltz is an old-fashioned dance.

▷ Pedro hace baile clásico.
Pedro does ballet.

dance /dɑːns/

▶ baile clásico: ballet /ˈbæleɪ/

◀) Cuidado con la pronunciación de ballet en inglés: la t no se pronuncia.

bajar

1 ▷ ¿Podrías bajar la persiana, por favor?
Could you lower the blind, please?

2 ▷ Dice que no quiere bajar la radio.
He says he doesn't want to turn the radio down.

3 ▷ Han bajado los precios de las entradas del cine.
The price of cinema tickets has fallen.

4 ▷ El ascensor está bajando, vamos a cogerlo.
The lift is coming down, let's take it.

▷ El profesor nos dijo que bajáramos las escaleras.
The teacher told us to come down the stairs.

▷ ¿Puedes bajar, por favor? Te tengo que decir una cosa.
Can you come downstairs, please? I've got something to tell you.

5 ▷ Tenemos dos horas para bajar la montaña antes de que oscurezca.
We have two hours to go down the mountain before it gets dark.

▷ Bajé a hablar con el vecino.
I went downstairs to talk to the neighbour.

6 ▷ Nos bajamos en la próxima parada.
We get off at the next stop.

7 ▷ ¡Bájate del muro, te vas a matar!
Come down from the wall, you're going to kill yourself!

▷ Nos bajamos del tren los primeros.
We got off the train first.

▷ Cuando se bajó del coche estaba muy pálida.
She was very pale when she got out of the car.

1 (una ventana, una persiana) lower /ˈləʊəʳ/

2 ▶ bajar algo (el volumen, la televisión, la radio): turn something down /daʊn/

3 (un precio, la temperatura) fall /fɔːl/ (fell /fel/, fallen /ˈfɔːlən/)

4 (= venir hacia abajo, cuando la persona que habla ya está abajo) come down /ˈkʌm ˈdaʊn/ (came down /keɪm ˈdaʊn/, come down)

ⓘ Dentro de una casa se dice come downstairs /kʌm daʊnˈsteəz/ (came /keɪm/, come).

5 (= ir hacia abajo, cuando la persona que habla ya está arriba) go down /daʊn/ (went down /went ˈdaʊn/, gone down /gɒn ˈdaʊn/)

ⓘ Dentro de una casa se dice go downstairs /daʊnˈsteəz/ (went /went/, gone /gɒn/).

6 (hablando de un tren, el metro, un autobús) get off /ɒf/ (got off, got off /gɒt ˈɒf/)

7 ▶ bajarse de (hablando de una escalera, un muro, un tejado): come down from (came down /keɪm ˈdaʊn/, come down)

▶ bajarse de (hablando de un tren, el metro, un autobús): get off /ɒf/ (got off, got off /gɒt ˈɒf/)

▶ bajarse del coche: get out of the car (got out, got out /gɒt ˈaʊt/)

8 ▷ ¿Me podrías ayudar a bajar esas cajas?
Could you help me to take those boxes down?

8 ► **bajar algo** (= colocar abajo): take something down (took /tʊk/, taken /ˈteɪkən/)

9 ▷ Me bajo mis canciones favoritas de Internet.
I download my favourite songs from the Internet.

9 ► **bajarse algo** (de Internet): download something

bajo, baja

1 ▷ Karina es muy baja.
Karina is very short.

1 (hablando de la altura de una persona) short /ʃɔːt/ (más bajo shorter /ˈʃɔːtəʳ/, el más bajo the shortest /ˈʃɔːtɪst/)

2 ▷ Puedes saltar por encima del muro, es bastante bajo.
You can jump over the wall, it's quite low.
▷ Los precios aquí son bajos.
The prices are low here.

2 (hablando de un muro, un precio, una cantidad) low /ləʊ/ (más bajo lower /ˈləʊəʳ/, el más bajo the lowest /ˈləʊɪst/)

3 ▷ Habla más bajo o te va a oír el profesor.
Speak more softly, the teacher is going to hear you.

3 (= no tan fuerte) softly /ˈsɒftlɪ/

bala

▷ El vaquero metió dos balas en su revólver.
The cowboy put two bullets in his revolver.

bullet /ˈbʊlɪt/

balancearse

▷ El acróbata se balanceaba por encima de nuestras cabezas.
The acrobat was swinging above our heads.

swing /swɪŋ/ (swung, swung /swʌŋ/)
ℹ️ Fíjate que al verbo pronominal español (**balancearse**) no le corresponde un verbo pronominal en inglés.

balancín

▷ El parque tiene un balancín.
The park has a seesaw.

(= en los columpios) seesaw /ˈsiːsɔː/

balanza

▷ Pésate en la balanza.
Weigh yourself on the scales.

scales /skeɪlz/
ℹ️ scales es un nombre en plural: por ejemplo, se dice the scales are broken (= la balanza está estropeada).

balcón

▷ Mi casa tiene un balcón enorme.
My house has a huge balcony.

balcony /ˈbælkənɪ/ (plural: balconies /ˈbælkənɪz/)
🔊 El acento recae sobre la primera sílaba bal-.

baldosa

▷ Las baldosas de la cocina son de mármol.
The tiles in the kitchen are marble.

tile /taɪl/
🔊 La i es la de like.

Baleares

▷ Viví tres años en las Baleares.
I lived in the Balearic Islands for three years.

► **las Baleares:** the Balearic Islands /bælɪˈærɪk aɪləndz/

ballena

▷ Vimos una ballena cerca de la costa.
We saw a whale near the coast.

whale /weɪl/
◄》 whale rima con tail y nail.

balneario

▷ Mis abuelos pasaron las vacaciones en un balneario.
My grandparents spent their holidays at a spa.

spa /spɑː/

balón

▷ ¡Pásame el balón!
Pass me the ball!

ball /bɔːl/

▷ Tengo un balón de fútbol nuevo.
I've got a new football.

► **balón de fútbol:** football /ˈfʊtbɔːl/

▷ Me regalaron un balón de baloncesto para mi cumpleaños.
I got a basketball for my birthday.

► **balón de baloncesto:** basketball /ˈbɑːskɪtbɔːl/

baloncesto

▷ El baloncesto es mi deporte favorito.
Basketball is my favourite sport.

basketball /ˈbɑːskɪtbɔːl/
ℹ️ Fíjate que en este ejemplo basketball se utiliza sin artículo en inglés.

▷ Edu juega al baloncesto en el equipo del colegio.
Edu plays basketball in the school team.

► **jugar al baloncesto:** play basketball

balonmano

▷ El balonmano es el deporte favorito de mi hermana.
Handball is my sister's favourite sport.

handball /ˈhændbɔːl/
ℹ️ Fíjate que en este ejemplo handball se utiliza sin artículo en inglés.

▷ Mi hermano juega al balonmano.
My brother plays handball.

► **jugar al balonmano:** play handball

balsa

▷ Construyeron una balsa para salir de la isla.
They built a raft to leave the island.

(= embarcación) raft /rɑːft/

bambas

▷ ¡Tus bambas son geniales!
Your trainers are great!

(= zapatillas) trainers /ˈtreɪnəz/
ℹ️ En inglés americano se dice sneakers /ˈsniːkəz/.

banco

1 ▷ Si estás cansado siéntate en el banco.
If you are tired sit on the bench.

1 (para sentarse) bench /bentʃ/
(plural: benches /ˈbentʃɪz/)

2 ▷ El padre de Daniel trabaja en un banco.
Daniel's father works in a bank.

2 (para guardar dinero) bank /bæŋk/

banda

1 ▷ Le gustaría tocar en una banda de rock.
He'd like to play in a rock band.

2 ▷ La policía ha cogido a todos los miembros de la banda de ladrones.
The police have caught all the members of the gang of thieves.

1 (de música) band /bænd/

2 (de ladrones) gang /gæŋ/

bandada

▷ Hay una bandada de palomas en la plaza.
There is a flock of pigeons in the square.

flock /flɒk/

bandeja

▷ Nos sirvieron el desayuno en una bandeja.
They served us breakfast on a tray.

tray /treɪ/

bandera

▷ ¿Sabes cómo es la bandera portuguesa?
Do you know what the Portuguese flag looks like?

flag /flæg/

banquero, banquera

▷ Mi tío es banquero.
My uncle is a banker.

banker /ˈbæŋkər/

i No te olvides de colocar el artículo a o an delante del nombre de la profesión cuando aparece detrás de los verbos be o become.

banqueta

▷ Se subió a la banqueta para abrir el armario.
She climbed onto the stool to open the cupboard.

stool /stuːl/

banquillo

▷ Débora se pasó la primera parte sentada en el banquillo.
Débora spent the first half sitting on the bench.

(en deportes) bench /bentʃ/ (plural: benches /ˈbentʃɪz/)

bañador

▷ ¡El bañador de Jorge es muy pequeño!
Jorge's swimming trunks are too small!

(para chicos) swimming trunks /ˈswɪmɪŋ trʌŋks/

i swimming trunks es un nombre en plural, como trousers, pants, jeans y shorts. Se utiliza con un verbo en plural.

▷ Lucía tiene un bañador muy bonito.
Lucía has a very nice swimsuit.

Para chicas: swimsuit /ˈswɪmsuːt/

◀) swimsuit rima con root y flute.

bañarse

1 ▷ Me bañé antes de acostarme.
  I had a bath before going to bed.

2 ▷ ¡Vamos a bañarnos, que el agua está muy buena!
  Let's go for a swim, the water is really nice!

1 (en la bañera de casa) have a bath /bɑːθ/ (had, had /hæd/)

2 (en el mar, en el río) go for a swim /gəʊ fɔːr ə ˈswɪm/ (went /went/, gone /gɒn/)

bañera

▷ La bañera de mi casa es muy pequeña.
  The bath in my house is very small.

bath /bɑːθ/

baño

1 ▷ Date un baño antes de acostarte.
  Have a bath before you go to bed.

2 ▷ Vamos a darnos un baño antes de que oscurezca.
  Let's go for a swim before it gets dark.

3 ▷ Mi casa tiene dos baños.
  My house has two bathrooms.

4 ▷ ¿Dónde está el baño, por favor?
  Where is the toilet, please?

1 ► darse un baño (en la bañera de casa): have a bath /bɑːθ/ (had, had /hæd/)

2 ► darse un baño (en el mar, en el río): go for a swim /gəʊ fɔːr ə ˈswɪm/ (went /went/, gone /gɒn/)

3 (= cuarto de baño en una casa) bathroom /ˈbɑːθruːm/

4 (= cuarto de baño en un lugar público) toilet /ˈtɔɪlət/

⌇ En inglés americano se dice restroom /ˈrestruːm/.

bar

▷ Te esperaré delante del bar.
  I'll wait for you outside the bar.

bar /bɑːr/

baraja

▷ No te olvides de llevar una baraja.
  Don't forget to take a pack of cards.

pack of cards /pæk əv ˈkɑːdz/ (plural: packs of cards)

⌇ En inglés americano se dice deck of cards.

barato, barata

▷ Estas flores son baratas.
  These flowers are cheap.

cheap /tʃiːp/ (más barato cheaper /ˈtʃiːpər/, el más barato the cheapest /ˈtʃiːpɪst/)

barba

▷ Mi abuelo tiene una barba blanca.
  My grandfather has got a white beard.

▷ Mi hermano se está dejando barba.
  My brother is growing a beard.

beard /bɪəd/

► dejarse barba: grow a beard (grew /gruː/, grown /grəʊn/)

barbacoa

▷ Hicimos una barbacoa en la playa.
  We had a barbecue on the beach.

barbecue /ˈbɑːbəkjuː/

ℹ Fíjate bien en cómo se escribe barbecue.

► hacer una barbacoa: have a barbecue (had, had /hæd/)

barbilla

▷ Tienes tomate en la barbilla.
You have tomato on your chin.

chin /tʃɪn/

barca

▷ Dimos un paseo en una barca.
We went for a trip in a boat.

boat /bəʊt/

barómetro

▷ En clase tenemos un termómetro y un
barómetro.
*We have a thermometer and a barometer in
our classroom.*

barometer /bəˈrɒmɪtəʳ/

barra

▷ El hombre les atacó con una barra de hierro.
The man attacked them with an iron bar.
▷ Compra dos barras de pan.
Buy two French sticks.

bar /bɑːʳ/

▶ **barra de pan:** French stick
/frentʃ ˈstɪk/ (plural: **French sticks**)

barranco

▷ El coche se cayó por un barranco muy
profundo.
The car fell into a very deep ravine.

ravine /rəˈviːn/
◀ ravine rima con screen.

barranquismo

▷ A mis amigos les encanta el barranquismo.
My friends love canyoning.

canyoning /ˈkænjənɪŋ/

barrendero, barrendera

▷ El barrendero estaba limpiando la acera.
*The street sweeper was cleaning the
pavement.*

street sweeper /striːt ˈswiːpəʳ/
(plural: street sweepers /ˈstriːt swiːpəʳ/)

barrer

▷ Mi madre me pidió que barriera la cocina.
My mother asked me to sweep the kitchen.

sweep /swiːp/ (swept, swept
/swept/)

barrera

1 ▷ El aduanero levantó la barrera para dejarnos
pasar.
*The customs officer lifted the barrier to let us
through.*
2 ▷ La pelota chocó contra la barrera.
The ball hit the wall.

1 (para controlar el paso) barrier
/ˈbærɪəʳ/

2 (en fútbol) wall /wɔːl/

barriga

1 ▷ Me duele mucho la barriga.
   My stomach hurts a lot.

1 ► **me duele la barriga** (estómago): my stomach hurts /maɪ ˈstʌmək hɜːts/

ℹ Fíjate cómo se conjugan las diferentes personas: te duele la barriga your stomach hurts, le duele la barriga his/her stomach hurts, etc.

2 ▷ Luis tiene una barriga muy grande.
   Luis has a really fat tummy.

2 (= abultamiento) fat tummy /fæt ˈtʌmɪ/

barril

▷ Encargaron dos barriles de cerveza para la fiesta.
   They ordered two barrels of beer for the party.

barrel /ˈbærəl/

barrio

▷ Vivo en un barrio muy tranquilo.
   I live in a very quiet neighbourhood.

neighbourhood /ˈneɪbəhʊd/

barro

▷ Los pantalones de Begoña están cubiertos de barro.
   Begoña's trousers are covered in mud.

mud /mʌd/

barrote

▷ El preso intentó cortar los barrotes.
   The prisoner tried to cut the bars.

bar /bɑːʳ/

barullo

1 ▷ El barullo de la calle no nos deja estudiar.
   The racket from the street is stopping us from studying.

1 (= ruido) racket /ˈrækɪt/

▷ Niños, ¡no arméis barullo!
   Don't make a racket, children!.

► **armar barullo** (= hacer ruido): make a racket /ˈrækɪt/ (made, made /meɪd/)

2 ▷ Me armé un barullo con las sumas y divisiones del examen.
   I got in a muddle with the addition and division in the exam.

2 ► **armarse un barullo** (= confundirse): to get in a muddle /ɪn ə ˈmʌdəl/ (got, got /gɒt/)

basar

▷ La película está basada en una novela.
   The film is based on a novel.

base /beɪs/
► **estar basado en algo**: be based /beɪst/ on something

báscula

▷ Pésate en la báscula.
   Weigh yourself on the scales.

scales /skeɪlz/

ℹ scales es un nombre en plural: por ejemplo, se dice the scales are broken (= la báscula está estropeada).

base

1 ▷ Señala la base del triángulo.
  Point out the base of the triangle.
2 ▷ Su padre guarda todas las direcciones en una base de datos.
  His father keeps all the addresses in a database.

1 (en geometría, matemáticas, química) base /beɪs/
2 ► **base de datos:** database /ˈdeɪtəbeɪs/
🔊 La s de base es la de sea.

básico, básica

▷ Estamos aprendiendo el vocabulario básico de alemán.
  We are learning basic vocabulary in German.

basic /ˈbeɪsɪk/
🔊 La a de basic se pronuncia como la a de make y la ei de weight.

basta

▷ ¡Basta de conversación! ¡Volved a estudiar!
  That's enough talking! Start studying again!

that's enough! /ðæts ɪˈnʌf/
► **basta de algo:** that's enough something

bastante

1 ▷ ¿Has comido bastante?
  Have you eaten enough?
  ▷ Ya eres lo bastante mayor para decidir por ti mismo.
  You're old enough to decide for yourself.

2 ▷ La película es bastante divertida.
  The film is quite funny.

1 (lo suficiente) enough /ɪˈnʌf/
🔊 enough rima con stuff.
ℹ️ Fíjate dónde se coloca enough, siempre después del verbo y el adjetivo que lo acompaña (por ejemplo, Have you eaten enough?, You don't work enough, You're old enough, It isn't long enough).
2 (= muy) quite /kwaɪt/

bastar

▷ Con dos horas me basta para hacer los deberes.
  Two hours is enough for me to do my homework.

► **bastar a alguien:** be enough /ɪˈnʌf/ for somebody
🔊 enough rima con stuff.

bastón

▷ Mi abuelo camina con bastón.
  My grandfather walks with a stick.

stick /stɪk/

bastoncillo

▷ Límpiate los oídos con un bastoncillo.
  Clean your ears with a cotton bud.

cotton bud /ˈkɒtən bʌd/ (plural: cotton buds /ˈkɒtən bʌdz/)
🔊 bastoncillo se dice cotton bud en inglés británico y Q-tip® /ˈkjuː tɪp/ en inglés americano.

basura

▷ ¿Dónde colocáis la basura?
Where do you put the rubbish?

▷ Había basura por todas partes.
There was litter everywhere.

▷ Tira ese bolígrafo a la basura, está roto.
Throw that pen away, it's broken.

(= desperdicios) rubbish /ˈrʌbɪʃ/
⌐ En inglés americano se dice
garbage /ˈgɑːbɪdʒ/ o trash /træʃ/.
ℹ Cuando se habla de basura que se
ha tirado en la calle, se usa la palabra
litter /ˈlɪtəʳ/.
► tirar algo a la basura: throw
something away /əˈweɪ/ (threw
/θruː/, thrown /θrəʊn/)

basurero, basurero

▷ Los basureros no vienen los domingos.
The dustmen don't come on Sundays.

dustman /ˈdʌstmən/ (plural:
dustmen /ˈdʌstmən/)
⌐ basurero se dice dustman en
inglés británico y garbage man /ˈgɑːbɪdʒ
mæn/ (plural: garbage men /ˈgɑːbɪdʒ
men/) en inglés americano.

bata

▷ Mi bata del colegio está muy sucia.
My school overall is very dirty.

overall /ˈəʊvərɔːl/

batacazo

▷ Tropecé con una silla y me di un batacazo.
I tripped over a chair and banged myself.

► darse un batacazo: bang
/bæŋ/ oneself

batalla

▷ Alemania perdió la batalla.
Germany lost the battle.
▷ Hicimos una batalla de bolas de nieve.
We had a snowball fight.

battle /ˈbætəl/

► hacer una batalla de bolas de
nieve: have a snowball fight
/ˈsnəʊbɔːl faɪt/ (had, had /hæd/)

bate

▷ Compré un bate de béisbol.
I bought a baseball bat.

bat /bæt/
► bate de béisbol: baseball bat
/ˈbeɪsbɔːl bæt/ (plural: baseball
bats)

batería

1 ▷ Nadia toca la batería.
Nadia plays the drums.

2 ▷ Compré una batería nueva para mi portátil.
I bought a new battery for my laptop.

1 (musical) drums /drʌmz/
ℹ drums es un nombre en plural. Se
dice, por ejemplo, my drums are
broken (mi batería está rota).
2 (de coche, portátil, móvil) battery
/ˈbætərɪ/ (plural: batteries /ˈbætərɪz/)

batido

▷ Me encantan los batidos de fresa.
I love strawberry milk shakes.

milk shake /ˈmɪlk ʃeɪk/ (plural: milk shakes)

baúl

▷ Mi abuelo guardaba un montón de cosas viejas en un baúl.
My grandfather kept lots of old things in a trunk.

trunk /trʌŋk/

bautizar

▷ Bautizarán a mi hermano la próxima semana.
My brother will be christened next week.

christen /ˈkrɪsən/
◀» La te no se pronuncia. Se dice krisn.
ℹ También se puede decir baptize /ˈbæpˈtaɪz/.

bautizo

▷ Mañana es el bautizo de mi sobrino.
Tomorrow's my nephew's christening.

christening /ˈkrɪsənɪŋ/
◀» La te no se pronuncia. Se dice krisning.
ℹ También se puede decir baptism /ˈbæptɪzəm/.

bayeta

▷ Limpié la mesa con una bayeta húmeda.
I cleaned the table with a damp cloth.

cloth /klɒθ/ (plural: cloths)

bebé

▷ Mi hermano pequeño todavía es un bebé.
My little brother is still a baby.

baby /ˈbeɪbɪ/ (plural: babies /ˈbeɪbɪz/)
◀» La a de baby se pronuncia como la a de make.

beber

▷ ¿Qué quieres beber?
What do you want to drink?

drink /drɪŋk/ (drank /dræŋk/, drunk /drʌŋk/)

bebida

▷ La leche es una bebida muy sana.
Milk is a very healthy drink.
▷ Tenemos bebidas refrescantes y también cerveza.
We have soft drinks and beer too.

drink /drɪŋk/

► bebida refrescante: soft drink /ˈsɒft ˈdrɪŋk/ (plural: soft drinks)

beca

▷ Mi hermana consiguió una beca para estudiar en el extranjero.
My sister got a grant to study abroad.

grant /grɑːnt/

beicon

▷ Quiero huevos fritos con beicon, por favor.
I'd like fried eggs and bacon, please.

bacon /ˈbeɪkən/
🔊 La a de bacon se pronuncia como la a de make.

beis

1 ▷ Llevaba pantalones beis.
He was wearing beige trousers.

2 ▷ El beis es un color bonito.
Beige is a nice colour.

1 (color) beige /beɪʒ/

2 el beis (= el color amarillo): beige
ℹ️ Fíjate que en inglés beige no se escribe con artículo.
🔊 La g se pronuncia como la j del nombre francés Jacques.

béisbol

▷ El béisbol es un deporte popular en Cuba.
Baseball is a popular sport in Cuba.

baseball /ˈbeɪsbɔːl/

belén

▷ El belén de mi abuela es muy grande.
My grandmother's Nativity scene is very big.

Nativity scene /nəˈtɪvɪtɪ siːn/
ℹ️ También se puede decir crib.

belga

1 ▷ Me encantan los bombones belgas.
I love Belgian chocolates.
▷ Philippe es belga.
Philippe is Belgian.

2 ▷ Conocí a un belga durante las vacaciones.
I met a Belgian during the holidays.

1 (adjetivo) Belgian /ˈbeldʒən/
ℹ️ Se escribe siempre con mayúscula, como todos los adjetivos y nombres ingleses que se refieren a la nacionalidad.
2 (nombre) un belga, una belga: a Belgian

Bélgica

▷ ¿Cuál es la capital de Bélgica?
What's the capital of Belgium?

Belgium /ˈbeldʒəm/

belleza

▷ Cleopatra era famosa por su belleza.
Cleopatra was famous for her beauty.

beauty /ˈbjuːtɪ/
🔊 beauty rima con duty.

bello, bella

▷ Vimos una bella puesta de sol.
We saw a beautiful sunset.

beautiful /ˈbjuːtɪfʊl/ (más bello more beautiful, el más bello the most beautiful)

bendecir

▷ Mi padre siempre bendice la mesa.
My father always says grace.

▶ bendecir la mesa: say grace /seɪ ˈɡreɪs/ (said, said /sed/)

benéfico, benéfica

▷ Los sábados trabajo de voluntario en una entidad benéfica.
I do voluntary work for a charity on Saturdays.

► **entidad benéfica:** charity /'tʃærɪtɪ/ (plural: **charities** /'tʃærɪtɪz/)

beneficioso, beneficiosa

▷ El ejercicio físico es beneficioso para la salud.
Physical exercise is good for your health.

► **ser beneficioso para algo:** be good for /ˈgʊd fɔːʳ/ something (was /wɒz/, were /wɜːʳ/)

berenjena

▷ Comimos berenjenas fritas.
We ate fried aubergines.

aubergine /ˈəʊbəʒiːn/

🗝 berenjena se dice aubergine en inglés británico y eggplant /ˈeɡplɑːnt/ en inglés americano.

bermudas

▷ ¿Te gustan mis nuevas bermudas?
Do you like my new Bermuda shorts?

Bermuda shorts /bəˈmjuːdə ˈʃɔːts/

besar

▷ ¡Paula me intentó besar!
Paula tried to kiss me!
▷ Daniel y Laura se besaron.
Daniel and Laura kissed.

kiss /kɪs/

► **besarse:** kiss

beso

▷ Dame un beso.
Give me a kiss.
▷ Un beso, Julio.
Love, Julio.

kiss /kɪs/ (plural: **kisses** /ˈkɪsɪz/)

ℹ La traducción de un beso cuando se escribe como forma de despedida al final de una carta es love.

betún

▷ Mi madre me limpió los zapatos con betún.
My mother cleaned my shoes with shoe polish.

shoe polish /ʃuː ˈpɒlɪʃ/

biberón

▷ Llené el biberón con leche.
I filled the bottle with milk.
▷ Mis padres dan el biberón a mi hermanita cada tres horas.
My parents bottle-feed my little sister every three hours.

bottle /ˈbɒtəl/

► **dar el biberón a alguien:** bottle-feed somebody (**bottle-fed, bottle-fed** /ˈbɒtəlfed/)

biblia

▷ Mi madre guarda una biblia en su cuarto.
My mother keeps a bible in her room.

bible /ˈbaɪbəl/

🔊 La i es la de like.

biblioteca

▷ La biblioteca del colegio es muy pequeña.
The school library is very small.

library /ˈlaɪbrərɪ/ (plural: libraries /ˈlaɪbrərɪz/)
🔊 La i es la de like.

bicho

▷ La lechuga estaba llena de bichos.
The lettuce was full of creepy-crawlies.

creepy-crawly /kriːpɪˈkrɔːlɪ/
(plural: creepy-crawlies /kriːpɪˈkrɔːlɪz/)

bici

▷ ¿Dónde guardáis las bicis?
Where do you keep your bikes?

bike /baɪk/

bicicleta

▷ La bicicleta de mi hermana está rota.
My sister's bicycle is broken.

bicycle /ˈbaɪsɪkəl/
🔊 La sílaba bi de bicycle se pronuncia como la palabra buy.

▷ Estoy aprendiendo a montar en bicicleta.
I'm learning to ride a bicycle.

► **montar en bicicleta:** ride a bicycle (rode /rəʊd/, ridden /ˈrɪdən/)

▷ Siempre voy al colegio en bicicleta.
I always cycle to school.

► **ir en bicicleta:** cycle

▷ ¿Has visto mi nueva bicicleta de montaña?
Have you seen my new mountain bike?

► **bicicleta de montaña:** mountain bike /ˈmaʊntən baɪk/

bien

1 ▷ ¡Buenos días! ¿Has dormido bien?
Good morning! Did you sleep well?

1 (= de forma satisfactoria) well /wel/

▷ El examen me salió muy bien.
My exam went very well.

▷ No me encuentro bien.
I don't feel well.

2 (para hablar de la salud) well /wel/

2 ▷ ¿Cómo estás? –Bien, gracias.
How are you? –Fine, thank you.

ℹ Para responder a alguien que te pregunta cómo estás, se usa fine.

3 ▷ Aquí huele muy bien.
It smells really good here.

3 (para referirse a olores y sabores) good /gʊd/

ℹ También se puede decir nice: it smells really nice here.

4 ▷ Mira bien la foto. ¿Me reconoces?
Look at the photograph carefully. Do you recognize me?

4 (= con atención) carefully /ˈkeəfʊlɪ/

5 ▷ Ya he acabado –¡Bien! Ya podemos salir.
I've finished –Good! Now we can leave.

5 (como exclamación) good /gʊd/

bienvenido, bienvenida

▷ Bienvenida a Valencia, Jenny.
Welcome to Valencia, Jenny.

welcome /ˈwelkəm/

bigote

▷ Jaime se está dejando bigote.
Jaime is growing a moustache.

(de persona) moustache /məs'tɑːʃ/
► **dejarse bigote:** grow a moustache (grew /gruː/, grown /grəʊn/)
ℹ En inglés a los bigotes de un gato se les llama whiskers /'wɪskəz/.

billete

1 ▷ Dame un billete de diez euros.
Give me a ten euro note.

1 (de banco) note /nəʊt/
🖐 En inglés americano se dice bill /bɪl/: a ten dollar bill (un billete de diez dólares).

2 ▷ Los billetes de tren cuestan noventa euros.
The train tickets cost ninety euros.

2 (para el autobús, el tren, el cine) ticket /'tɪkɪt/

biografía

▷ Estoy leyendo la biografía de mi cantante favorito.
I'm reading my favourite singer's biography.

biography /baɪ'ɒgrəfɪ/ (plural: biographies /baɪ'ɒgrəfɪz/)
🌱 Fíjate que esta palabra se escribe con ph.

biología

▷ Mi asignatura preferida es biología.
My favourite subject is biology.

biology /baɪ'ɒlədʒɪ/

biquini

▷ Te tengo que enseñar mi nuevo biquini.
I must show you my new bikini.

bikini /bɪ'kiːnɪ/
ℹ Fíjate bien en cómo se escribe bikini.

bisabuelo, bisabuela

▷ Mi bisabuelo era sastre.
My great-grandfather was a tailor.
▷ Mi bisabuela todavía está viva.
My great-grandmother is still alive.
▷ Mis bisabuelos eran italianos.
My great-grandparents were Italian.

► **bisabuelo:** great-grandfather /greɪt'grændfɑːðəʳ/
► **bisabuela:** great-grandmother /greɪt'grænmʌðəʳ/
ℹ Cuando se usa bisabuelos para referirse al abuelo y a la abuela al mismo tiempo, en inglés se traduce como great-grandparents /greɪt'grænpeərənts/

bisiesto

▷ El año que viene es un año bisiesto.
Next year is a leap year.

► **año bisiesto:** leap year /liːp jɪəʳ/ (plural: leap years)

bistec

▷ Comí un bistec con patatas fritas.
I had a steak and chips.

steak /steɪk/
🔊 steak rima con make.

bisturí

▷ Los cirujanos usan bisturís.
Surgeons use scalpels.

scalpel /ˈskælpəl/

bizco

▷ Gema es bizca.
Gema is cross-eyed.

► **ser bizco:** be cross-eyed
/ˈkrɒsˈaɪd/

◀) -eyed rima con hide.

bizcocho

▷ Me encanta la tarta de bizcocho.
I love sponge cake.

sponge /spʌndʒ/

◀) sponge rima con plunge.

blanco, blanca

1 ▷ Llevaba una camiseta blanca.
She was wearing a white T-shirt.

1 (color) white /waɪt/

2 ▷ Mi color favorito es el blanco.
White is my favourite colour.

2 el blanco (= el color blanco):
white

i Fíjate que en inglés white no se
escribe con artículo.

3 ▷ Carla dio en el blanco.
Carla hit the target.

3 (= lugar al que se dispara) target
/ˈtɑːgɪt/

◀) La g de target se pronuncia como
la g de go.

blando, blanda

▷ Esta cama es demasiado blanda.
This bed is too soft.

soft /sɒft/ (más blando softer /ˈsɒftəʳ/,
el más blando the softest /ˈsɒftɪst/)

bloc

▷ Tengo dos blocs de dibujo.
I have two sketch pads.

pad /pæd/

▷ Necesito comprar un bloc de notas.
I need to buy a notepad.

► **bloc de notas:** notepad
/ˈnəʊtpæd/ (plural: **notepads**
/ˈnəʊtpædz/)

bloque

▷ Un iceberg es un bloque gigante de hielo.
An iceberg is a huge block of ice.

block /blɒk/

▷ Vivo en un bloque de pisos.
I live in a a block of flats.

blusa

▷ Me gusta mucho tu blusa.
I really like your blouse.

blouse /blaʊz/

◀) blouse rima con cows.

bobo, boba

▷ Tu hermana es muy boba.
Your sister is really stupid.

(= poco inteligente) stupid /ˈstjuːpɪd/
(más bobo more stupid, el más bobo
the most stupid)

◀) La u de stupid se pronuncia como
la palabra inglesa you.

boca

1 ▷ Límpiate la boca.
  Wipe your mouth.

2 ▷ Nos veremos delante de la boca del metro.
  We'll meet in front of the underground entrance.

1 (en persona o animal) mouth /maʊθ/

🔊 mouth rima con south.

2 ► boca de metro (entrada): underground entrance /ˌʌndəɡraʊnd ˈentrəns/ (plural: underground entrances /ˌʌndəɡraʊnd ˈentrənsɪz/)

bocadillo

▷ Me estoy comiendo un bocadillo de queso.
  I'm eating a cheese sandwich.

sandwich /ˈsænwɪdʒ/ (plural: sandwiches /ˈsænwɪdʒɪz/)

ℹ️ Fíjate en el orden de los ingredientes: un bocadillo de queso = a cheese sandwich.

bocado

▷ Dale un bocado a mi pastel.
  Have a bite of my cake.

► dar un bocado a algo: have a bite of something /ˈbaɪt əv/ (had, had /hæd/)

bocata

▷ Dos bocatas de atún, por favor.
  Two tuna sandwiches, please.

sandwich /ˈsænwɪdʒ/ (plural: sandwiches /ˈsænwɪdʒɪz/)

ℹ️ Fíjate en el orden de los ingredientes: un bocata de atún = a tuna sandwich.

bocina

▷ ¿Dónde está la bocina en este coche?
  Where's the horn in this car?
▷ Le dije que tocara la bocina.
  I told him to sound his horn.

horn /hɔːn/

► tocar la bocina: sound one's horn /hɔːn/

ℹ️ El pronombre en inglés funciona de la siguiente forma: I sound my horn, you sound your horn, he sounds his horn, she sounds her horn, we sound our horns, they sound their horns.

boda

▷ Pili nos invitó a su boda.
  Pili invited us to her wedding.

wedding /ˈwedɪŋ/

bodega

▷ Está muy oscuro en la bodega.
  It's very dark in the cellar.

(= habitación en el sótano, lugar para guardar vino) cellar /ˈselər/

bofetada

▷ ¡Como sigas te voy a dar una bofetada!
  If you carry on, I'm going to slap you!

► dar una bofetada a alguien: slap somebody

bol

▷ El bol amarillo es el mío.
The yellow bowl is mine.

bowl /bəʊl/
◀» bowl rima con hole.

bola

▷ ¡Pásame la bola!
Pass me the ball!
▷ Me tiró una bola de nieve.
He threw a snowball at me.

(= pelota) ball /bɔːl/

► bola de nieve: snowball
/ˈsnəʊbɔːl/

boli

▷ ¿Tienes un boli?
Have you got a pen?

(= bolígrafo) pen /pen/

bolígrafo

▷ ¿Me podrías dejar tu bolígrafo rojo?
Could you lend me your red pen?

pen /pen/

Bolivia

▷ ¿Cuál es la capital de Bolivia?
What's the capital of Bolivia?

Bolivia /bəˈlɪvɪə/

boliviano, boliviana

1 ▷ Conoce muy bien la cultura boliviana.
She knows Bolivian culture very well.
▷ Alcides es boliviano.
Alcides is Bolivian.

2 ▷ Se casó con una boliviana.
He married a Bolivian.

1 (adjetivo) Bolivian /bəˈlɪvɪən/
ℹ Se escribe siempre con mayúscula,
como todos los adjetivos y nombres
ingleses que se refieren a la
nacionalidad.
2 (nombre) **un boliviano, una
boliviana:** a Bolivian

bollo

▷ Nos llevamos unos bollos para comer.
We took some buns with us for our lunch.

bun /bʌn/

bolo

1 ▷ Derribé tres bolos.
I knocked down three bowls.
2 ▷ ¿Te vienes a jugar a los bolos con nosotros?
Do you want to go bowling with us?

1 (pieza) bowl /bəʊl/
◀» bowl rima con hole.
2 ► **bolos** (juego): bowling
/ˈbəʊlɪŋ/
► **jugar a los bolos:** go bowling
(**went** /went/, **gone** /gɒn/)

bolsa

1 ▷ Puso el libro en una bolsa.
He put the book in a bag.
▷ Pon la basura en una bolsa de plástico.
Put the rubbish in a plastic bag.
2 ▷ A mi padre le interesa mucho la bolsa.
*My father is very interested in the stock
market.*

1 (saco para llevar objetos) bag /bæg/

► **bolsa de plástico:** plastic bag
/ˈplæstɪk bæg/
2 ► **la bolsa** (en economía): the
stock market /ˈstɒk mɑːkɪt/

bolsillo

▷ Guarda las llaves en el bolsillo.
  Keep the keys in your pocket.

pocket /ˈpɒkɪt/

bolso

▷ Ángeles perdió el bolso.
  Ángeles lost her handbag.

handbag /ˈhændbæg/

⌐ **bolso** se dice **handbag** en inglés
británico y **purse** /pɜːs/ en inglés
americano.

bomba

▷ Explotó una bomba en el centro comercial.
  A bomb exploded in the shopping centre.

bomb /bɒm/

◀) La **b** final no se pronuncia.
bomb rima con **Tom.**

bombero, bombera

▷ Alberto sueña con ser bombero.
  Alberto dreams of becoming a firefighter.

firefighter /ˈfaɪəfaɪtəʳ/

ℹ También se puede decir **fireman**
/ˈfaɪəmən/ para referirse a un hombre y
firewoman /ˈfaɪəwʊmən/ para referirse
a una mujer.

ℹ No te olvides de colocar el artículo
a o **an** delante del nombre de la
profesión cuando aparece detrás de los
verbos **be** o **become.**

▷ Los bomberos llegaron inmediatamente.
  The fire brigade arrived straight away.

▶ **los bomberos: the fire
brigade** /ˈfaɪə brɪˈɡeɪd/

bombilla

▷ Voy a cambiar la bombilla del cuarto de baño.
  *I'm going to change the light bulb in the
  bathroom.*

light bulb /ˈlaɪt bʌlb/ (plural: light
bulbs /ˈlaɪt bʌlbz/)

bombón

▷ Se comió una caja de bombones entera.
  He ate a whole box of chocolates.

chocolate /ˈtʃɒkələt/

◀) La segunda **o** no se pronuncia.

bombona

▷ Tenemos que comprar otra bombona de
  butano.
  We have to buy another gas cylinder.

cylinder /ˈsɪlɪndəʳ/
▶ **bombona de butano: gas
cylinder**

bonito, bonita

▷ Es una niña muy bonita.
  She's a very pretty girl.
▷ Tienen un piso bonito.
  They've got a lovely flat.
▷ ¡Qué película tan bonita!
  What a nice film!

pretty /ˈprɪtɪ/ o lovely /ˈlʌvlɪ/ o
nice /naɪs/

ℹ **pretty** se emplea especialmente
cuando se habla de una persona. Para el
resto de los contextos se utiliza **lovely**
/ˈlʌvlɪ/ o **nice** /naɪs/. (más bonito
prettier /ˈprɪtɪəʳ/, **lovelier** /ˈlʌvlɪəʳ/,
nicer /ˈnaɪsəʳ/, el más bonito the
prettiest /ˈprɪtɪɪst/, the **loveliest**
/ˈlʌvlɪɪst/, the **nicest** /ˈnaɪsɪst/)

borde

1 ▷ ¡No te acerques al borde del acantilado!
Don't go near the edge of the cliff!
2 ▷ El borde de la botella está roto.
The rim of the bottle is broken.
3 ▷ Vimos un perrito al borde de la carretera.
We saw a little dog at the side of the road.
4 ▷ Los padres de Álvaro tienen una casa al borde del mar.
Álvaro's parents have a house by the sea.

1 (de un precipicio, una silla) edge /edʒ/
2 (de una botella, un vaso) rim /rɪm/
3 ► al borde de la carretera: at the side /saɪd/ of the road
4 ► al borde del mar: by the sea /baɪ ðə ˈsiː/

bordillo

▷ No aparques encima del bordillo.
Don't park on the kerb.

kerb /kɜːb/
⌐ Se escribe kerb en inglés británico y curb /kɜːb/ en inglés americano.
◀)) kerb y curb se pronuncian de la misma forma.

borracho, borracha

▷ Creo que Ana estaba un poco borracha.
I think Ana was a bit drunk.

drunk /drʌŋk/

borrador

1 ▷ El profesor no encontraba el borrador.
The teacher couldn't find the board duster.
2 ▷ Primero haz un borrador.
Make a rough draft first.

1 (para borrar en la pizarra) board duster /ˈbɔːd dʌstəʳ/ (plural: board dusters /ˈbɔːd dʌstəz/)
2 (texto provisional) rough draft /rʌf ˈdrɑːft/ (plural: rough drafts /rʌf ˈdrɑːfts/)

borrar

1 ▷ Borra la palabra y escríbela de nuevo.
Rub the word out and write it again.
2 ▷ El profesor me pidió que borrara la pizarra.
The teacher asked me to wipe the blackboard.
3 ▷ ¡He borrado el archivo equivocado!
I've deleted the wrong file!

1 borrar algo (con una goma): rub something out /rʌb ˈaʊt/
ℹ La b de rub se convierte en bb en el gerundio (rubbing/ˈrʌbɪŋ/) y en el pasado y el participio (rubbed /rʌbd/).
2 (hablando de la pizarra) wipe /waɪp/
3 (hablando de un fichero informático) delete /dɪˈliːt/

Bosnia

▷ ¿Cuál es la capital de Bosnia?
What's the capital of Bosnia?

Bosnia /ˈbɒznɪə/

bosnio, bosnia

1 ▷ Tiene varios amigos bosnios.
She's got several Bosnian friends.
▷ Emir es bosnio.
Emir is Bosnian.

1 (adjetivo) Bosnian /ˈbɒznɪən/
ℹ Se escribe siempre con mayúscula, como todos los adjetivos y nombres ingleses que se refieren a la nacionalidad.

2 ▷ Se casó con un bosnio.
She married a Bosnian.

2 (nombre) un **bosnio**, una **bosnia**: a Bosnian

bosque

▷ Buscamos setas en el bosque.
We looked for mushrooms in the wood.

wood /wʊd/

i Cuando el bosque es pequeño, en inglés se utiliza **wood**. Para referirse a un bosque grande, se utiliza **forest**, por ejemplo, un bosque tropical es a tropical **forest**.

bostezar

▷ Estás bostezando mucho, ¿estás aburrido?
You're yawning a lot, are you bored?

yawn /jɔːn/

◀ La aw de **yawn** se pronuncia como la palabra inglesa **or**.
yawn rima con **born**.

bota

▷ ¿Dónde están mis botas negras?
Where are my black boots?

▷ Había un par de botas de agua en la puerta.
There was a pair of wellingtons by the door.

boot /buːt/

◀ **boot** rima con **flute**.

▶ **botas de agua**: wellingtons /ˈwelɪŋtənz/

botar

▷ Bota la pelota antes de tirar.
Bounce the ball before you throw.

bounce /baʊns/

◀ La ou de **bounce** se pronuncia como la ow de **cow**.

bote

1 ▷ Necesito un bote de mermelada.
I need a jar of jam.

1 (para comida) jar /dʒɑːʳ/

i Cuando el bote es de cristal se le llama **jar**; cuando es metálico, se dice **tin** /tɪn/ o **can** /kæn/.

2 ▷ El lago estaba lleno de botes de remos.
The lake was full of rowing boats.

2 (barco) boat /bəʊt/

▶ **bote de remos**: rowing boat /ˈrəʊɪŋ bəʊt/ (plural: rowing boats /ˈrəʊɪŋ bəʊts/)

botella

▷ Reciclamos las botellas vacías.
We recycle the empty bottles.

bottle /ˈbɒtəl/

botiquín

▷ Hay algunas aspirinas en el botiquín.
There are some aspirins in the first-aid kit.

(= caja para los primeros auxilios)
first-aid kit /ˈfɜːstˈeɪd kɪt/ (plural: first-aid kits /ˈfɜːstˈeɪd kɪts/)

i Cuando el botiquín tiene forma de mueble se llama **first-aid cabinet** /ˈfɜːstˈeɪd ˈkæbɪnət/.

botón

▷ He perdido un botón.
I've lost a button.
▷ Aprieta el botón de la derecha.
Press the button on the right.

button /ˈbʌtən/

boxeador, boxeadora

▷ Mi primo es boxeador.
My cousin is a boxer.

boxer /ˈbɒksəʳ/

boxeo

▷ El boxeo es un deporte violento.
Boxing is a violent sport.

boxing /ˈbɒksɪŋ/

ℹ Fíjate que en este ejemplo boxing se utiliza sin artículo en inglés.

bragas

▷ Se le veían las bragas por debajo de la falda.
You could see her knickers under her skirt.

knickers /ˈnɪkəz/

◀ La primera k de knickers no se pronuncia.

⬦ bragas se dice knickers en inglés británico y panties /ˈpæntɪz/ en inglés americano.

▷ Compré unas bragas nuevas.
I bought a new pair of knickers.

▶ **unas bragas:** a pair of knickers /peər əv ˈnɪkəz/

bragueta

▷ Llevas la bragueta abierta.
Your flies are undone.

flies /flaɪz/

ℹ Fíjate que flies es un nombre en plural y se usa con un verbo en plural.

◀ flies rima con size.

⬦ bragueta se dice flies en inglés británico y zipper /ˈzɪpəʳ/ en inglés americano.

Brasil

▷ ¿Cuál es la capital de Brasil?
What's the capital of Brazil?

Brazil /brəˈzɪl/

⚑ Cuidado, se escribe con z en inglés.

brasileño, brasileña

1 ▷ Me encanta la música brasileña.
I love Brazilian music.
▷ Eliane es brasileña.
Eliane is Brazilian.

1 (adjetivo) Brazilian /brəˈzɪlɪən/

ℹ Se escribe siempre con mayúscula, como todos los adjetivos y nombres ingleses que se refieren a la nacionalidad.

⚑ Fíjate que Brazilian se escribe con z.

2 ▷ Se casó con una brasileña.
He married a Brazilian.

2 (nombre) **un brasileño, una brasileña:** a Brazilian

bravo

1. ▷ ¡Bravo! Tu redacción está muy bien.
Well done, your essay is very good!

2. ▷ El público gritaba "¡bravo!".
The spectators shouted "bravo!".

1 (para felicitar a alguien) well done!
/wel ˈdʌn/
2 (en un concierto, en el fútbol)
bravo! /brɑːˈvəʊ/

braza

▷ Sólo sé nadar a braza.
I can only do the breast-stroke.

breast-stroke /ˈbreststrəʊk/
► nadar a braza: do the
breast-stroke

brazo

▷ Andrés cogió a Paloma por el brazo.
Andrés took Paloma by the arm.

arm /ɑːm/

brillante (adjetivo)

▷ Es un estudiante brillante.
He's a brilliant student.

(= excelente) brilliant /ˈbrɪljənt/
ⓘ Fíjate bien en cómo se escribe
brilliant.

brillante (nombre)

▷ Beatriz tiene un anillo con un brillante.
Beatriz has a ring with a diamond.

(= diamante) diamond /ˈdaɪəmənd/
◀) La ia de diamond se pronuncia
como la i de like.

brillar

▷ Brillaba el sol.
The sun was shining.

shine /ʃaɪn/ (shone, shone /ʃɒn/)

brindar

▷ ¡Brindemos por todos nosotros!
Let's drink to all of us!

▷ Brindamos por la salud de mi abuelo.
We drank to my grandfather's health.

► brindar por alguien: drink to
somebody /ˈdrɪŋk tʊ/ (drank
/dræŋk/, drunk /drʌŋk/)
► brindar por la salud de
alguien: drink to somebody's
health /helθ/

brisa

▷ Soplaba una brisa agradable.
There was a pleasant breeze.

breeze /briːz/
◀) breeze rima con please.

británico, británica

1. ▷ Una foto de familia real británica.
A photo of the British royal family.

▷ Karen es británica.
Karen is British.

1 (adjetivo) British /ˈbrɪtɪʃ/
ⓘ Se escribe siempre con mayúscula,
como todos los adjetivos y nombres
ingleses que se refieren a la
nacionalidad.

Sigue en la página siguiente

2 ▷ Se casó con una británica.
He married a British woman.

2 **un británico, una británica:**
(= hombre) a British man; (=
chico) a British boy; (= mujer)
a British woman; (= chica) a
British girl.
▶ **los británicos:** the British

▷ Los británicos cenan antes que nosotros.
The British have dinner earlier than us.

brocha

▷ Pintó la pared con una brocha.
He painted the wall with a brush.

brush /brʌʃ/ (plural: brushes /ˈbrʌʃɪz/)
◀) La u de brush se pronuncia como
la u de cut.

broche

▷ Este broche era de mi abuela.
This brooch was my grandmother's.

(= joya) brooch /brəʊtʃ/ (plural:
brooches /ˈbrəʊtʃɪz/)
◀) La oo de brooch se pronuncia
como la o de rope y la oa de boat.

broma

▷ Su broma no me hizo mucha gracia.
I didn't find his joke very funny.
▷ Los niños le gastaron una broma al profesor.
The children played a joke on the teacher.

joke /dʒəʊk/

▶ **gastar una broma a alguien:**
play a joke on somebody

bromista

▷ Luis es muy bromista.
Luis is a real joker.

joker /ˈdʒəʊkəʳ/

bronca

▷ Sus padres le echaron la bronca.
Her parents told her off.

▶ **echar la bronca a alguien:** tell
somebody off /ɒf/ (told, told
/təʊld/)

bronce

▷ Una estatua de bronce.
A bronze statue.

▷ España ganó dos medallas de bronce.
Spain won two bronze medals.

bronze /brɒnz/
🖐 Cuidado, bronze se escribe con z
en inglés.
▶ **de bronce:** bronze
▶ **medalla de bronce** (en
deportes): bronze medal /brɒnz
ˈmedəl/ (plural: bronze medals)

bronceador

▷ No te olvides de llevar el bronceador.
Don't forget to take the suntan lotion.

suntan lotion /ˈsʌntæn ˈləʊʃən/

broncearse

▷ Va todos los días a la playa para broncearse.
She goes to the beach every day to get a tan.

get a tan /tæn/ (got, got /gɒt/)

bruja

▷ Mi hermana me contaba historias de brujas.
My sister told me stories about witches.

witch /wɪtʃ/ (plural: witches /wɪtʃɪz/)

brújula

▷ Encontramos el camino gracias a la brújula.
We found our way thanks to the compass.

compass /ˈkʌmpəs/ (plural: compasses /ˈkʌmpəsɪz/)
🔊 La o de compass se pronuncia como la u de duck.

Bruselas

▷ Bruselas es la capital de Bélgica.
Brussels is the capital of Belgium.

Brussels /ˈbrʌsəlz/
✋ Fíjate que en inglés Brussels se escribe con doble s y sin a.
🔊 El acento recae sobre la primera sílaba Bru-.

bruto, bruta

1 ▷ Nacho es muy bruto y siempre pega a sus compañeros.
Nacho is very rough and is always hitting his classmates.

2 ▷ Como es muy bruto, la profesora le tiene que repetir todo dos veces.
Because he's really thick, the teacher has to repeat everything twice for him.

1 (= violento) rough /rʌf/ (más bruto rougher /ˈrʌfəʳ/, el más bruto the roughest /ˈrʌfɪst/)
🔊 rough rima con stuff.
2 (= poco inteligente) thick /θɪk/ (más bruto thicker /ˈθɪkər/, el más bruto the thickest /ˈθɪkɪst/)

buceador, buceadora

▷ Había dos buceadores en el puerto.
There were two divers in the harbour.

diver /ˈdaɪvəʳ/
🔊 La i de diver se pronuncia como la i de like.

bucear

▷ Estuvimos buceando cerca de una barrera de coral.
We were diving near a coral reef.

dive /daɪv/
🔊 La i de dive se pronuncia como la i de like.

bueno, buena

1 ▷ ¡Este pastel está muy bueno!
This cake is really good!
▷ Es una película muy buena.
It's a very good film.
▷ Ya sé que mis notas de inglés no son muy buenas.
I know that my marks in English aren't very good.

1 (para referirse a la calidad de algo) good /gʊd/

Sigue en la página siguiente

2 ▷ Tómate esta pastilla y te pondrás bueno rápidamente.
Take this tablet and you'll get better quickly.

3 ▷ Buenas, ¿cómo estáis?
Hello, how are you?

4 ▷ ¿Te apetecería ir al cine? –Bueno.
Would you like to go to the cinema? –All right.

2 (para hablar de la salud) well /wel/
► ponerse bueno: get well (got, got /gɒt/)

3 (para saludar)
► buenas: hello /heˈləʊ/

ⓘ Busca las traducciones de **buenos días, buenas tardes** y **buenas noches** en las entradas correspondientes a **día, tarde** y **noche** respectivamente.

4 (para expresar acuerdo) all right /ɔːl ˈraɪt/

buey

▷ Un buey tiraba del arado.
An ox was pulling the plough.

ox /ɒks/ (plural: oxen /ˈɒksən/)

búfalo

▷ Vimos varios búfalos en el zoo.
We saw some buffaloes at the zoo.

buffalo /ˈbʌfələʊ/ (plural: buffaloes /ˈbʌfələʊz/)

⚑ Fíjate que en inglés buffalo se escribe con doble f.

bufanda

▷ No te olvides la bufanda, hace mucho frío.
Don't forget your scarf, it's very cold.

scarf /skɑːf/ (plural: scarves /skɑːvz/)

búho

▷ Los búhos duermen durante el día.
Owls sleep during the day.

owl /aʊl/

◀ La ow de owl rima con la ow de cow.

buitre

▷ Los buitres estaban esperando a que el animal muriera.
The vultures were waiting for the animal to die.

vulture /ˈvʌltʃəʳ/

bulbo

▷ Plantamos varios bulbos en el jardín.
We planted several bulbs in the garden.

bulb /bʌlb/

Bulgaria

▷ ¿Cuál es la capital de Bulgaria?
What's the capital of Bulgaria?

Bulgaria /bʌlˈgeərɪə/

búlgaro, búlgara

1 ▷ Visitaremos varias ciudades búlgaras.
We'll visit several Bulgarian cities.
▷ Georgi es búlgaro.
Georgi is Bulgarian.

2 ▷ Se casó con un búlgaro.
She married a Bulgarian.

1 (adjetivo) Bulgarian /bʌlˈgeərɪən/
ℹ Se escribe siempre con mayúscula, como todos los adjetivos y nombres ingleses que se refieren a la nacionalidad.
2 (nombre) un búlgaro, una búlgara: a Bulgarian

bulto

▷ Tengo un bulto en la rodilla.
I have a bump on my knee.

(como resultado de un golpe) bump /bʌmp/

buque

▷ Había tres buques enormes en el puerto.
There were three huge ships in the harbour.

ship /ʃɪp/

burlarse

▷ Sus compañeros de clase se burlaban de él.
His classmates made fun of him.

▶ burlarse de alguien: make fun of somebody /ˈfʌn əv/ (made, made /meɪd/)

burro, burra

1 ▷ El burro rebuznó.
The donkey brayed.

2 ▷ No seas burro, tres y dos no son cuatro.
Don't be stupid, three plus two isn't four.

3 ▷ Yo no le dejo mi bici, que es muy burro y me la romperá.
I'm not lending him my bike, he's really careless and he'll break it.

1 (= animal) donkey /ˈdɒŋkɪ/
2 (= poco inteligente) stupid /ˈstjuːpɪd/ (más burro more stupid /mɔː ˈstjuːpɪd/, el más burro the most stupid /məʊst ˈstjuːpɪd/)
3 ▶ ser burro (= no ser cuidadoso): be careless /ˈkeələs/

buscar

1 ▷ Estoy buscando mi boli.
I'm looking for my pen.

2 ▷ Busqué la palabra en el diccionario.
I looked up the word in the dictionary.

3 ▷ Iremos a buscar a Sharon al aeropuerto.
We'll meet Sharon at the airport.

▷ Mi madre me viene a buscar al colegio todas las tardes.
My mother picks me up from school every afternoon.

1 (= intentar encontrar) look for /ˈlʊk fɔːʳ/
2 (en un diccionario) look up
3 ▶ ir a buscar a alguien: meet /miːt/ somebody (met, met /met/)
▶ venir a buscar a alguien: pick /pɪk/ somebody up

butaca

▷ Las butacas de este cine son muy cómodas.
The seats in this cinema are very comfortable.

(en cine, teatro) seat /siːt/

butano

▷ Se nos ha acabado el butano.
We've run out of butane.

butane /ˈbjuːteɪn/
◀ butane rima con Jane.

buzo

▷ Varios buzos estaban buscando el barco que se hundió.
Several divers were looking for the ship that had sunk.

diver /ˈdaɪvəʳ/
◀ La i se pronuncia como la i de like.

buzón

▷ Hay un buzón al otro lado de la calle.
There's a post box on the other side of the street.

post box /ˈpəʊst bɒks/ (plural: post boxes /ˈpəʊst bɒksɪz/)
✍ En inglés británico también se puede decir letterbox /ˈletəbɒks/ y en inglés americano mailbox /ˈmeɪlbɒks/.

C

La letra **C** se pronuncia /siː/ en inglés.

C rima con **free, key** y **tea**.

caballo

▷ Había cuatro caballos en la cuadra.
There were four horses in the stable.

horse /hɔːs/
◀ El plural horses se pronuncia
/ˈhɔːsɪz/.

cabaña

▷ Sandra y Santi construyeron una cabaña en el bosque.
Sandra and Santi built a cabin in the forest.

cabin /ˈkæbɪn/
◀ El acento recae sobre la primera sílaba ca-.

cabello

▷ Tania tiene el cabello largo.
Tania has long hair.

hair /heəʳ/
ℹ Fíjate cómo en inglés no se utiliza artículo delante de hair.

caber

▷ No cabe en la caja porque es demasiado grande.
It doesn't fit in the box because it's too big.
▷ ¿Cabremos todos en tu coche?
Will we all fit in your car?
▷ No me caben estos pantalones.
These trousers don't fit me.

fit /fɪt/
ℹ En pasado: fit o fitted.

ℹ Para decir en inglés, por ejemplo, **no me cabe esta falda** se emplea el verbo fit de la siguiente forma: this skirt doesn't fit me.

cabeza

▷ Ignacio se dio un golpe en la cabeza.
Ignacio banged his head.
▷ Me duele la cabeza.
I have a headache.

(parte del cuerpo) head /hed/
◀ head rima con red.
ℹ Para decir que te duele la cabeza en inglés, se emplea la expresión have a headache (had, had /hæd/).
◀ headache rima con make.

cabina

▷ Te llamaré desde una cabina telefónica.
I'll call you from a phone box.

► **cabina telefónica:** phone box
/ˈfəʊn bɒks/ (plural: **phone boxes**
/ˈfəʊn bɒksɪz/)

cable

▷ ¿Cuál es el cable de la impresora?
Which one is the printer cable?

cable /ˈkeɪbəl/
🌶 Ten cuidado con la pronunciación
de cable. La a se pronuncia como la a
de make.

cabra

▷ El granjero tenía varias cabras.
The farmer had several goats.

goat /ɡəʊt/
🔊 goat rima con note.

cacahuete

▷ Compré un paquete de cacahuetes.
I bought a packet of peanuts.

peanut /ˈpiːnʌt/
🔊 La ea de peanut se pronuncia
como la ee de keep.

cachorro

▷ Se pasó la tarde jugando con el cachorro.
*He spent the afternoon playing with the
puppy.*

puppy /ˈpʌpɪ/ (plural: puppies
/ˈpʌpɪz/)
ℹ La palabra inglesa puppy se utiliza
para referirse al cachorro de un perro.
Para el cachorro de un gato se utiliza
kitten /ˈkɪtən/ y para el cachorro de un
león o un oso se usa cub /kʌb/.

cada

1 ▷ Le dieron un regalo a cada niño.
They gave a present to each child.
▷ No sabía qué camisa elegir, y compré una
de cada.
*I didn't know which shirt to choose, so I
bought one of each.*
2 ▷ Llama a su madre cada día.
She calls her mother every day.

1 (refiriéndose a varias personas o
cosas) each /iːtʃ/
► **uno de cada, una de cada:**
one of each /wʌn əv ˈiːtʃ/

2 (para expresar la frecuencia con la
que se hace algo) every

cadena

1 ▷ ¡Qué cadena tan bonita! ¿Es de oro?
What a lovely chain! Is it made of gold?
2 ▷ ¿Hay alguna película en alguna otra cadena?
Is there a film on another channel?
3 ▷ Marta tiene una cadena de música estupenda.
Marta's got a great sound system.

1 (con eslabones) chain /tʃeɪn/

2 (de televisión) channel /ˈtʃænəl/

3 ► **cadena de música**
(aparato): sound system /ˈsaʊnd
sɪstəm/ (plural: **sound systems**
/ˈsaʊnd sɪstəmz/)

cadera

▷ Mi abuela tiene problemas con la cadera.
My grandmother has got problems with her hip.

hip /hɪp/
◀ No confundas la pronunciación de hip con la de heap (= montón).

caer

1 ▷ ¡Cuidado, te vas a caer!
Be careful, you're going to fall!

▷ Lucía se cayó del caballo.
Lucía fell off her horse.

2 ▷ Se me han caído dos dientes.
Two of my teeth have fallen out.

3 ▷ Se me ha caído un botón.
One of my buttons has fallen off.

1 caerse (hablando de una persona): fall /fɔːl/ (fell /fel/, fallen /ˈfɔːlən/)
► caerse de algo: fall off something

2 caerse (hablando de un diente): fall out

3 caerse (hablando de un botón): fall off

café

1 ▷ Un café y un vaso de agua, por favor.
One coffee and a glass of water, please.

▷ Siempre bebo un café con leche en el desayuno.
I always have white coffee for breakfast.

▷ Quería un café solo.
I wanted an expresso.

2 ▷ Me encontré con Silvia en el café de cerca del colegio.
I met Silvia at the café near the school.

1 (= bebida) coffee /ˈkɒfɪ/
► café con leche: white coffee /waɪt ˈkɒfɪ/ (plural: white coffees /waɪt ˈkɒfɪz/)
► café solo: expresso /ɪkˈspresəʊ/

2 (= lugar) café /ˈkæfeɪ/
◀ Fíjate bien en la pronunciación de la palabra inglesa café. El acento recae sobre la primera sílaba ca-.

cafetería

▷ Comimos un bocadillo en una cafetería.
We had a sandwich in a café.

café /ˈkæfeɪ/
◀ Fíjate bien en la pronunciación de la palabra inglesa café. El acento recae sobre la primera sílaba ca-.
ℹ Cuando la **cafetería** se encuentra en un hospital o un colegio se llama cafeteria en inglés.

caja

1 ▷ ¿Qué has metido en esa caja?
What did you put in that box?

2 ▷ Como sólo habíamos comprado tres cosas pasamos por la caja rápida.
As we had only bought three items we went through the express checkout.

1 (para guardar cosas) box /bɒks/ (plural: boxes /ˈbɒksɪz/)

2 (en el supermercado) checkout /ˈtʃekaʊt/

cajón

▷ Pon los calcetines en el cajón.
Put the socks in the drawer.

(en un mueble) drawer /ˈdrɔːəʳ/
◀ drawer se pronuncia como una sola sílaba, y rima con more y law.

calabaza

▷ ¡Esta calabaza es gigante!
This pumpkin is huge!

pumpkin /ˈpʌmpkɪn/

calambre

1 ▷ Toqué el enchufe y me dio un calambre.
I touched the plug and got a shock.

1 (eléctrico) shock /ʃɒk/
► darse un calambre: get a shock (got, got)

2 ▷ Le dio un calambre en la pierna.
He got cramp in his leg.

2 (muscular) cramp /kræmp/
► darse un calambre: get cramp (got, got)
ⓘ Fíjate que cramp se utiliza sin artículo en inglés.

calavera

▷ Había una calavera dibujada en la pared.
There was a skull drawn on the wall.

skull /skʌl/
◀ La u de skull se pronuncia como la u de duck.

calcetín

▷ ¿Has visto mis calcetines rojos?
Have you seen my red socks?

sock /sɒk/

calculadora

▷ No dejan usar calculadoras durante el examen.
You're not allowed to use calculators in the exam.

calculator /ˈkælkjəleɪtəʳ/
◀ El acento recae sobre la primera sílaba cal-. La segunda a es la de make.

calcular

▷ ¿Has calculado cuánto costará?
Have you calculated how much it will cost?

calculate /ˈkælkjəleɪt/
◀ El acento recae sobre la primera sílaba cal-.

cálculo

▷ Hicimos cálculos para saber si teníamos suficiente dinero.
We did some calculations to see if we had enough money.

► hacer cálculos: do some calculations /kalkjəˈleɪʃənz/ (did /dɪd/, done /dʌn/)
◀ El acento de la palabra calculation recae sobre la tercera sílaba -la-.

▷ Según mis cálculos llegaremos a las 5.
According to my calculations we will arrive at five o'clock.

► según mis cálculos: according to my calculations

calefacción

▷ Hace mucho frío, voy a encender la calefacción.
It's very cold, I'm going to turn the heating on.
▷ Mi casa tiene calefacción central.
My house has got central heating.

heating /ˈhiːtɪŋ/

► calefacción central: central heating /ˈsentrəl ˈhiːtɪŋ/

calendario

▷ Había un calendario en la pared.
There was a calendar on the wall.

calendar /ˈkælɪndəʳ/
🔊 El acento recae sobre la primera sílaba cal-.

calentar

1 ▷ Voy a calentar un poco de sopa.
I'm going to heat some soup.
2 ▷ Ven a calentarte al sol.
Come and get warm in the sun.
3 ▷ Es muy importante calentar antes de comenzar a correr.
It's very important to warm up before starting to run.

1 (una comida, una habitación) heat /hiːt/
2 ▶ calentarse (una persona): get warm /wɔːm/ (got, got)
3 (antes de hacer deporte): warm up /wɔːm ˈʌp/

caliente

▷ ¡Esta sopa está demasiado caliente!
This soup is too hot!

hot /hɒt/ (más caliente hotter /ˈhɒtəʳ/, el más caliente the hottest /ˈhɒtɪst/)

calificación

▷ El año pasado saqué muy buenas calificaciones.
I got very good marks last year.

(en el colegio) mark /mɑːk/
🗝 En inglés americano se dice grade /ɡreɪd/.

caligrafía

▷ Mi profesora me dijo que tengo que mejorar mi caligrafía.
My teacher told me I have to improve my handwriting.

(forma de escribir) handwriting /ˈhændraɪtɪŋ/

callado, callada

▷ Los alumnos estaban callados.
The pupils were quiet.

▶ estar callado (sin hablar): be quiet /ˈkwaɪət/
🔊 Fíjate en la pronunciación de quiet, que es diferente de la de quite; quiet tiene dos sílabas.

callar

1 ▷ ¡Cállate, no me puedo concentrar!
Be quiet, I can't concentrate!

1 ▶ callarse (= no hablar): be quiet /ˈkwaɪət/
ℹ Cuando se está muy enfadado con la persona que está hablando, se puede utilizar shut up! /ʃʌt ˈʌp/.

2 ▷ Los alumnos se callan cuando entra la profesora.
The pupils stop talking when the teacher comes in.

2 ▶ callarse (= parar de hablar): stop talking /stɒp ˈtɔːkɪŋ/
ℹ stop se escribe con dos p en el gerundio (stopping /ˈstɒpɪŋ/) y el pasado y el participio (stopped /stɒpt/).

calle

▷ Coge la segunda calle a la derecha.
Take the second street on the right.

street /striːt/

callejón

▷ El centro de la ciudad está lleno de callejones oscuros.
The centre of the city is full of dark alleys.

alley /ˈælɪ/
◀ La ey de **alley** se pronuncia como la ee de **tree**.

calmar

1 ▷ Nadie consiguió calmar a Pili.
Nobody managed to calm Pili down.

2 ▷ ¡Cálmate, no es nada grave!
Calm down, it's nothing serious!

1 ► **calmar a alguien:** calm somebody **down** /daʊn/
◀ La l de **calm** no se pronuncia. **Calm** rima con **farm**.
2 ► **calmarse:** calm down /kɑːm ˈdaʊn/

calor

▷ No aguanto este calor.
I can't stand this heat.
▷ Tengo calor, me voy a quitar el jersey.
I'm hot, I'm going to take my jumper off.
▷ Hace calor, voy a ir al colegio sin abrigo.
It's warm, I'm going to school without my coat.
▷ Hace demasiado calor, abre la ventana.
It's too hot, open the window.

heat /hiːt/

► **tener calor:** be hot /hɒt/

► **hace calor** (= la temperatura es agradable): it's warm /ɪts ˈwɔːm/

► **hace calor** (= la temperatura es desagradable): it's hot /ɪts ˈhɒt/
ⓘ En inglés hay dos formas de decir que hace **calor**: it's warm (cuando la temperatura es agradable) y it's hot (cuando la temperatura es muy alta o desagradable).

caluroso, calurosa

▷ En el sur de España el tiempo es muy caluroso.
In the south of Spain the weather is very hot.

hot /hɒt/ (más caluroso hotter /ˈhɒtəʳ/, el más caluroso the hottest /ˈhɒtɪst/)

calvo, calva

▷ Mi padre se está quedando calvo.
My father is going bald.

bald /bɔːld/
► **quedarse calvo:** go bald /bɔːld/ (went /went/, gone /gɒn/)
◀ **bald** rima con **called**.

calzar

▷ Cálzate o te vas a enfriar.
Put your shoes on or you'll catch a cold.

▶ **calzarse** (= ponerse los zapatos): put one's shoes on /pʊt wʌnz ˈʃuːz ɒn/ (put, put)

ℹ El pronombre en inglés funciona de la siguiente forma: I put my shoes on, you put your shoes on, he puts his shoes on, she puts her shoes on, we put our shoes on, they put their shoes on.

▷ ¿Qué número calza? - Calza el 39.
What size does she take? - She takes a 39.

ℹ Para preguntar el tamaño de zapato que una persona calza en inglés se pregunta what size do you take? /wɒt ˈsaɪz də juː teɪk/ (¿qué número calzas?) o what size does he/she take? (¿qué número calza?). Para responder a esa pregunta se utiliza el verbo take + a + (el número): "calzo el 40" se dice I take a 40.

calzoncillos

▷ Andrés lleva unos calzoncillos azules.
Andrés is wearing blue underpants.

underpants /ˈʌndəpænts/

ℹ A los calzoncillos que parecen un pantalón corto se les llama boxer shorts /ˈbɒksə ʃɔːts/.

cama

▷ Esta cama es muy dura.
This bed is very hard.
▷ Estuvimos en una habitación con una cama individual y una cama de matrimonio.
We stayed in a room with a single bed and a double bed.

▷ ¡Son las doce y Víctor todavía está en la cama!
It's twelve o'clock and Víctor's still in bed!
▷ ¿A qué hora te vas normalmente a la cama?
What time do you usually go to bed?
▷ Mi madre me riñó porque no había hecho la cama.
My mother told me off because I hadn't made my bed.

bed /bed/

▶ **cama individual:** single bed /ˈsɪŋɡəl bed/ (plural: single beds)
▶ **cama de matrimonio:** double bed /ˈdʌbəl bed/ (plural: double beds)
▶ **estar en la cama:** be in bed /ɪn ˈbed/
▶ **irse a la cama:** go to bed /bed/ (went /went/, gone /ɡɒn/)
▶ **hacer la cama:** make one's bed /meɪk/ (made, made /meɪd/)

ℹ El pronombre en inglés funciona de la siguiente forma: I make my bed, you make your bed, he makes his bed, she makes her bed, we make our beds, they make their beds.

cámara

▷ Me regalaron una cámara para Navidad.
I got a camera for Christmas.

camera /ˈkæmərə/

〽 Fíjate bien en cómo se escribe camera.

Sigue en la página siguiente

▷ Papá quiere comprar una cámara de vídeo.
Dad wants to buy a camcorder.

► **cámara de vídeo:** camcorder /ˈkæmkɔːdəʳ/

camarote

▷ Dormimos en un camarote muy pequeño.
We slept in a very small cabin.

cabin /ˈkæbɪn/

cambiar

▷ Deberías cambiar el título de la redacción.
You should change the title of the essay.
▷ Quería cambiar cien euros en dólares.
I'd like to change a hundred euros into dollars.
▷ Voy a cambiarme de zapatos.
I'm going to change my shoes.

change /tʃeɪndʒ/

► **cambiar algo en algo:** change something into something

i cambiar de se traduce por change + **adjetivo posesivo** cuando se habla de alguna cosa que se posee o que se viste en ese momento. Por ejemplo, se dice they changed their car (cambiaron de coche).

▷ ¿Quieres cambiar de asiento?
Do you want to change seats?

i Cuando se habla de un lugar, en inglés se usa change + **nombre en plural.** Por ejemplo, Sarah wants to change schools (Sarah quiere cambiar de colegio).

▷ Me cambié antes de salir a jugar.
I got changed before going out to play.

► **cambiarse** (= cambiar de ropa): get changed /get ˈtʃeɪndʒd/ (got, got /gɒt/).

cambio

1 ▷ Me gustaría hacer varios cambios.
I'd like to make some changes.
2 ▷ ¿Tienes cambio?
Have you got any change?
▷ ¿Tienes cambio de cincuenta euros?
Have you got change for fifty euros?

1 (= modificación) change /tʃeɪndʒ/

2 (= monedas) change /tʃeɪndʒ/

i Fíjate en la preposición utilizada en inglés: cambio de = change for.

camello

▷ Los camellos tienen dos jorobas.
Camels have two humps.

camel /ˈkæməl/

camilla

▷ Lo llevaron hasta la ambulancia en una camilla.
They carried him to the ambulance on a stretcher.

stretcher /ˈstretʃəʳ/

caminar

▷ Normalmente voy caminando al colegio con Félix.
I usually walk to school with Félix.

walk /wɔːk/

◀ La l de walk no se pronuncia.

camino

1 ▷ Ve por el camino de la derecha.
  Take the path on the right.
2 ▷ Te voy a mostrar el camino.
  I'll show you the way.

3 ▷ Paramos en el camino para comer.
  We stopped on the way to eat.

1 (= sendero) path /pɑ:θ/

2 ► mostrar el camino a
alguien: show somebody the
way /weɪ/

3 ► en el camino: on the
way /ɒn ðə ˈweɪ/

camión

▷ Un camión enorme paró delante de la casa.
  A huge lorry stopped in front of the house.

lorry /ˈlɒrɪ/ (plural: lorries /ˈlɒrɪz/)
⚐ También se dice truck /trʌk/,
especialmente en inglés americano.

camioneta

▷ Alquilamos una camioneta para transportar los
  muebles.
  We hired a van to transport the furniture.

van /væn/
◀ Recuerda que en inglés la v se
pronuncia como una f que vibra.

camisa

▷ El profesor de inglés siempre lleva una camisa
  azul.
  The English teacher always wears a blue shirt.

shirt /ʃɜːt/

camiseta

1 ▷ Fui a la playa con el bañador y una camiseta.
  *I went to the beach wearing my swimsuit and
  a T-shirt.*
2 ▷ Ponte camisa y camiseta, hace frío.
  Wear a shirt and a vest, it's cold.

3 ▷ Fue al colegio con su camiseta del Real Madrid.
  *He went to school wearing his Real Madrid
  shirt.*

1 (de manga corta) T-shirt /ˈtiːʃɜːt/
(plural: T-shirts)

2 (para llevar debajo de la camisa) vest
/vest/
⚐ Este significado de camiseta se dice
vest en inglés británico y undershirt
/ˈʌndəʃɜːt/ en inglés americano.

3 (de un equipo deportivo) shirt /ʃɜːt/

campamento

▷ El verano pasado fuimos de campamento a los
  Pirineos.
  *Last summer we went on a summer camp in
  the Pyrenees.*

► ir de campamento (durante las
vacaciones): go on a summer
camp /ˈsʌmə kæmp/ (went,
gone/been)

campana

▷ Desde casa se escuchaban las campanas de la
  iglesia.
  We could hear the church bells from home.

bell /bel/

campeón, campeona

▷ Miguel Indurain fue un gran campeón.
Miguel Indurain was a great champion.

▷ ¿De dónde es el nuevo campeón del mundo?
Where is the new world champion from?

champion /ˈtʃæmpɪən/
◀) El acento recae sobre la primera sílaba cham-.
► campeón o campeona del mundo: world /wɜːld/ champion (plural: **world champions**)

campeonato

▷ El próximo año nuestro equipo no participará en el campeonato.
Next year our team will not take part in the championship.

▷ Ganaron el campeonato del mundo de baloncesto.
They won the world basketball championship.

championship /ˈtʃæmpɪənʃɪp/
◀) El acento recae sobre la primera sílaba cham-.
► campeonato del mundo: world /wɜːld/ championship (plural: **world championships**)

camping

1 ▷ Está prohibido hacer camping aquí.
You're not allowed to camp here.

▷ Todos los veranos vamos de camping.
We go camping every summer.

2 ▷ ¿Sabes dónde está el camping?
Do you know where the campsite is?

1 ► hacer camping (= poner la tienda de campaña): camp /kæmp/
► ir de camping: go camping /ˈkæmpɪŋ/ (went, gone/been)
2 (= lugar para acampar) campsite /ˈkæmpsaɪt/

campo

1 ▷ Un campo de trigo.
A field of wheat.

2 ▷ Les encantaría vivir en el campo.
They would love to live in the countryside.

3 ▷ El campo de fútbol del colegio está inundado.
The school football field is flooded.

4 ▷ Hay un campo de tenis cerca del colegio.
There's a tennis court near the school.

1 (= terreno cultivado) field /fiːld/
2 ► el campo (= en contraste con la ciudad): the countryside /ˈkʌntrɪsaɪd/
3 (para jugar al fútbol) field /fiːld/
ℹ Cuando **campo de fútbol** se refiere al estadio de un equipo profesional se le llama ground /graʊnd/.
4 (para jugar al baloncesto, tenis) court /kɔːt/
◀) court rima con short.

campus

▷ La biblioteca está en el centro del campus.
The library is in the middle of the campus.

campus /ˈkæmpəs/ (plural: campuses /ˈkæmpəsɪz/)
◀) La u se pronuncia como la u de duck. El acento recae sobre la primera sílaba cam-.

cana

▷ Mi abuela tiene muchas canas.
My grandmother has a lot of grey hair.

grey hair /greɪ ˈheər/
ℹ Fíjate cómo para decir que alguien tiene muchas canas en inglés se utiliza el singular: grey hair.

caña

▷ Julián me dejó su caña de pescar.
Julián lent me his fishing rod.

► **caña de pescar:** fishing rod
/ˈfɪʃɪŋ rɒd/ (plural: **fishing rods** /ˈfɪʃɪŋ rɒdz/)

Canadá

▷ ¿Cuál es la capital de Canadá?
What's the capital of Canada?

Canada /ˈkænədə/
◀) Cuidado, el acento recae sobre la primera sílaba Ca-.

canadiense

1 ▷ Visitaron varias ciudades canadienses.
They visited several Canadian cities.
▷ Mark es canadiense.
Mark is Canadian.

2 ▷ Se casó con una canadiense.
He married a Canadian.

1 (adjetivo) Canadian /kəˈneɪdɪən/
ℹ Se escribe siempre con mayúscula, como todos los adjetivos y nombres ingleses que se refieren a la nacionalidad.
2 (nombre) un **canadiense**, una **canadiense:** a Canadian
◀) La segunda a se pronuncia como la a de make, y el acento recae sobre la segunda sílaba na-.

canal

1 ▷ Fuimos a pasear a lo largo del canal.
We went for a walk by the canal.

2 ▷ Cruzamos el Canal de la Mancha.
We crossed the English Channel.
3 ▷ ¿Hay alguna película en algún otro canal?
Is there a film on another channel?

1 (= con agua) canal /kəˈnæl/
◀) El acento recae sobre la segunda sílaba -nal.
2 Cuando el canal se encuentra entre dos mares se le llama channel /ˈtʃænəl/
3 (de televisión) channel /ˈtʃænəl/

Canarias

▷ Todos los años va a las Canarias.
He goes to the Canary Islands every year.

► **las Canarias:** the Canary Islands /kəˈneərɪ aɪləndz/

canario

▷ Tiene un canario en una jaula.
She's got a canary in a cage.

(pájaro) canary /kəˈneərɪ/ (plural: canaries /kəˈneərɪz/)
◀) canary rima con fairy.

canasta

▷ Marcó una canasta en el último segundo.
She scored a basket in the last second.

(en baloncesto) basket /ˈbɑːskɪt/
ℹ La palabra basket sirve para referirse tanto al aro con la red como a la introducción del balón en él.

cáncer

▷ El cáncer es una enfermedad muy grave.
Cancer is a serious illness.
▷ Tiene cáncer.
She has cancer.

cancer /ˈkænsəʳ/
ℹ Fíjate que cancer nunca se escribe con artículo en inglés.

canción

▷ ¿Cuál es tu canción favorita?
What's your favourite song?

song /sɒŋ/

candado

▷ No te olvides de ponerle un candado a la bici.
Don't forget to put a padlock on your bike.

padlock /ˈpædlɒk/

canela

▷ Me encanta la canela.
I love cinnamon.

cinnamon /ˈsɪnəmən/
◀ El acento recae sobre la primera sílaba ci-.

cañería

▷ El fontanero vino a desatascar la cañería
The plumber came to unblock the pipe.

pipe /paɪp/
ℹ La i de pipe se pronuncia como la i de like.

cangrejo

▷ Cogí un cangrejo pequeño en la playa.
I caught a small crab on the beach.

crab /kræb/

canguro

1 ▷ ¿Viste algún canguro cuando estuviste en Australia?
Did you see any kangaroos when you were in Australia?
2 ▷ La canguro llegará a las ocho.
The babysitter will arrive at eight o'clock.

1 (= animal) kangaroo /kæŋɡəˈruː/
◀ El acento recae sobre la última sílaba -roo.

2 (= persona que cuida de niños) babysitter /ˈbeɪbɪsɪtəʳ/
◀ La a de babysitter se pronuncia como la a de make.

canica

▷ Perdí dos canicas debajo del sillón.
I lost two marbles under the armchair.
▷ Cuando era pequeño jugaba a las canicas.
When I was little I played marbles.

(= bola) marble /ˈmɑːbəl/

► jugar a las canicas: play marbles

caniche

▷ Mi madre quiere comprar un caniche.
My mother wants to buy a poodle.

poodle /ˈpuːdəl/

canoa

▷ Bajamos por el río en una canoa.
We went down the river in a canoe.

canoe /kəˈnuː/
◀ La oe de canoe se pronuncia como la oo de too.

cansado, cansada

▷ Estoy muy cansado, ¿por qué no paramos para descansar?
I'm very tired, why don't we stop for a rest?

tired /taɪəd/ (más cansado more tired, el más cansado the most tired)
◀) No confundas la pronunciación de tired con la de tied (= atado).

cansancio

▷ Estamos muertos de cansancio, necesitamos dormir.
We are exhausted, we need to sleep.

▶ muerto de cansancio: exhausted /ɪgˈzɔːstɪd/
◀) La au se pronuncia como la palabra or. La h no se pronuncia.

cansar

1 ▷ La caminata nos cansó a todos.
The hike tired us all out.
2 ▷ Me estoy cansando, ¿podríamos parar un poco?
I'm getting tired, can we stop for a while?

1 ▶ cansar a alguien: tire somebody out /aʊt/
2 ▶ cansarse: get tired /taɪəd/ (got, got /gɒt/)
◀) No confundas la pronunciación de tired con la de tied (= atado).

cantante

▷ ¿Cuál es tu cantante favorito?
Who's your favourite singer?

singer /ˈsɪŋəʳ/

cantar

1 ▷ ¡Cántanos algo!
Sing us something!
2 ▷ El gallo canta todas las mañanas a las cinco.
The cock crows every morning at five o'clock.

1 (hablando de una persona, un pájaro) sing /sɪŋ/ (sang /sæŋ/, sung /sʌŋ/)
2 (hablando de un gallo) crow /krəʊ/
◀) crow rima con grow y toe.

cantidad

▷ Había grandes cantidades de agua.
There were large amounts of water.

▷ Compramos una gran cantidad de bebidas.
We bought a lot of drinks.

amount /əˈmaʊnt/
ⓘ La palabra quantity existe en inglés pero es menos frecuente que amount.
▶ una gran cantidad de: a lot of /ə ˈlɒt əv/

cantimplora

▷ No os olvidéis de traer vuestra cantimplora.
Don't forget to bring your water bottle.

water bottle /ˈwɔːtə ˈbɒtəl/ (plural: water bottles /ˈwɔːtə ˈbɒtəlz/)

canto

1 ▷ Mi hermana estudia canto.
My sister studies singing.
2 ▷ Oíamos el canto de un pájaro.
We could hear the song of a bird.

1 (el arte) singing /ˈsɪŋɪŋ/
2 (canción) song /sɒŋ/

cañón

▷ Hay un cañón antiguo en medio de la plaza.
There's an old cannon in the middle of the square.

(= arma) cannon /ˈkænən/
◀) El acento recae sobre la primera sílaba ca-.

capa

▷ El pastel tiene dos capas de chocolate y una de nata.
The cake has two layers of chocolate and one of cream.

▷ La capa de ozono está cada vez más delgada.
The ozone layer is getting thinner and thinner.

(hablando de un pastel, de la nieve, el terreno) layer /ˈleɪəʳ/

◀ No confundas la pronunciación de layer con la de liar (= mentiroso).

► **la capa de ozono:** the ozone layer /ˈəʊzəʊn ˈleɪəʳ/

capaz

▷ Es capaz de mentir a su profesor.
He's capable of lying to his teacher.

► **ser capaz de hacer algo:** be capable of doing something /ˈkeɪpəbəl əv ˈduːɪŋ/

◀ La primera a de capable se pronuncia como la a de make.

capilla

▷ Hay una capilla dentro del colegio.
There's a chapel in the school.

chapel /ˈtʃæpəl/

◀ El acento recae sobre la primera sílaba cha-. Chapel rima con apple.

capital

▷ Oslo es la capital de Noruega.
Oslo is the capital of Norway.

capital /ˈkæpɪtəl/

❦ Cuidado, el acento recae en la primera sílaba ca-.

capitán

▷ Soy el capitán del equipo de fútbol.
I'm the captain of the football team.

(en el ejército, en un equipo deportivo) captain /ˈkæptɪn/

ℹ Fíjate cómo se escribe captain en inglés.

capítulo

▷ El último capítulo del libro es muy interesante.
The last chapter of the book is very interesting.

chapter /ˈtʃæptəʳ/

◀ El acento recae sobre la primera sílaba chap-.

cápsula

▷ Tengo que tomar una cápsula dos veces al día.
I have to take a capsule twice a day.

▷ La cápsula espacial fue lanzada con éxito.
The space capsule was launched successfully.

capsule /ˈkæpsjuːl/

◀ Fíjate bien en la pronunciación de capsule.

► **cápsula espacial:** space capsule /speɪs ˈkæpsjuːl/ (plural: space capsules /speɪs ˈkæpsjuːlz/)

capturar

▷ Capturaron el tigre que se había escapado del zoo.
They captured the tiger that had escaped from the zoo.

(un animal, a una persona) capture /ˈkæptʃəʳ/

◀ El acento recae sobre la primera sílaba cap-.

capucha

1 ▷ Quiero una chaqueta con capucha.
   I'd like a jacket with a hood.
2 ▷ No sé dónde dejé la capucha de este boli.
   I don't know where I put the cap for this pen.

1 (en ropa) hood /hʊd/
2 (de bolígrafo) cap /kæp/

capuchón

▷ No muerdas el capuchón.
   Don't bite the cap.

(de bolígrafo) cap /kæp/
i cap significa también una gorra.

capullo

▷ Se están abriendo los capullos de las rosas.
   The rose buds are opening.

bud /bʌd/
◀ La u de bud se pronuncia como la u de duck.

cara

1 ▷ Tenía una cara muy bonita.
   She had a very beautiful face.

▷ Tienes cara de cansado.
   You look tired.
2 ▷ ¿Qué quieres, cara o cruz?
   What do you want, heads or tails?
3 ▷ Mira en la otra cara.
   Look on the other side.

4 ▷ Tiene mucha cara, no nos ha ayudado a limpiar.
   He's got a cheek, he didn't help us do the cleaning.

1 (= de una persona) face /feɪs/
(plural: faces /ˈfeɪsɪz/)
◀ La a de face se pronuncia como la a de make.
► **tener cara de + adjetivo** (= parecer): look + adjetivo /lʊk/
2 (de una moneda) heads /hedz/
3 (de un cubo, un disco, una hoja) side /saɪd/
◀ La i de side se pronuncia como la i de like.
4 ► **tener mucha cara** (= ser un caradura): have a cheek /tʃiːk/ (had, had /hæd/)

caracol

▷ Los caracoles se mueven muy despacio.
   Snails move very slowly.

snail /sneɪl/
◀ snail rima con pale y male.

caracola

▷ Encontré una caracola muy bonita en la playa.
   I found a really nice conch on the beach.

conch /kɒnʃ/

carácter

▷ Eva tiene buen carácter.
   Eva is a nice person.
▷ Mi hermano tiene mal carácter.
   My brother is not a very nice person.

► **tener buen carácter:** be a nice person /naɪs ˈpɜːsən/
► **tener mal carácter:** not be a nice person

caradura

▷ Javi es un caradura, se comió todos los pasteles.
   Javi's got a cheek, he ate all the cakes.

► **ser un caradura:** have a cheek /tʃiːk/ (had, had /hæd/)

caramelo

1 ▷ Mis padres nunca me compran caramelos.
My parents never buy me sweets.

▷ Un paquete de caramelos de fresa, por favor.
A packet of strawberry sweets, please.
▷ ¿Te gustan los caramelos de menta?
Do you like mints?

2 ▷ El helado está cubierto por una capa de
caramelo.
The ice cream is covered in a layer of caramel.

1 (= pastilla dulce) sweet /swiːt/
◀) sweet rima con meat.
◥ En inglés americano caramelos se
dice candy /ˈkændɪ/.
ⓘ Para hablar del sabor de los
caramelos ("caramelos de...") en inglés
se coloca el nombre del sabor delante.
Así, **caramelos de café** = coffee
sweets. Hay una excepción, los
caramelos de menta se llaman mints
/mɪnts/.

2 (= azúcar fundido) caramel
/ˈkærəmel/
💡 Fíjate que caramel se escribe sin o
al final y que el acento recae en la
primera sílaba ca-.

caravana

1 ▷ Se han comprado una caravana grande para
ir de vacaciones.
*They have bought a big caravan to go on
holiday.*
2 ▷ Tardamos mucho en llegar a casa porque había
caravana.
*It took us a long time to get home because
there was a tailback.*

1 (= remolque) caravan /kærəˈvæn/
◀) El acento recae sobre la primera
sílaba ca-.

2 (= atasco) tailback /ˈteɪlbæk/
▶ hay/había caravana: there
is/was a tailback
◥ caravana se dice tailback en inglés
británico y backup /ˈbækʌp/ en inglés
americano.

carbón

▷ Hay una mina de carbón cerca de mi ciudad.
There is a coal mine near my town.

coal /kəʊl/
◀) coal rima con goal y hole.

carcajada

▷ Cuando le conté lo que había pasado soltó
una carcajada.
*When I told him what had happened he burst
out laughing.*

▶ soltar una carcajada: burst
out laughing /bɜːst aʊt ˈlɑːfɪŋ/
(burst, burst)
◀) laugh- rima con staff.

cárcel

▷ Mis abuelos viven cerca de una cárcel.
My grandparents live near a prison.
▷ El hermano de Carmen está en la cárcel.
Carmen's brother is in prison.

prison /ˈprɪzən/
ⓘ También se puede decir jail /dʒeɪl/.
▶ estar en la cárcel: be in
prison

cardenal

▷ Santi tiene un cardenal en el brazo.
Santi has a bruise on his arm.

(= moradura) bruise /bruːz/
◀) bruise rima con choose y shoes.

cardo

▷ Me pinché con un cardo.
I pricked myself on a thistle.

thistle /ˈθɪsəl/
◀ La segunda t no se pronuncia.

careta

▷ Fuimos a la fiesta con caretas.
We went to the party wearing masks.

mask /mɑːsk/

cargar

▷ Cargad el coche, que ya es la hora de salir.
Load the car, it's time to leave.

(= un coche, un camión) load /ləʊd/
◀ load rima con code.

caries

▷ En el colegio nos enseñan a combatir la caries.
At school we learn how to fight tooth decay.

(= problema) la caries: tooth
decay /ˈtuːθ dɪkeɪ/
ℹ Fíjate que en inglés tooth decay no lleva artículo.

cariño

▷ Siento mucho cariño por mis abuelos.
I'm very fond of my grandparents.
▷ Trata a sus hijos con mucho cariño.
She's very affectionate to her children.

▶ sentir cariño por alguien: be
fond of somebody /ˈfɒnd əv/
▶ tratar a alguien con cariño: be
affectionate to somebody
/əˈfekʃənət tʊ/

cariñoso, cariñosa

▷ Mi tía Pilar es muy cariñosa.
My aunt Pilar is very affectionate.

affectionate /əˈfekʃənət/ (más
cariñoso more affectionate /mɔːr
əˈfekʃənət/, el más cariñoso the most
affectionate /məʊst əˈfekʃənət/)

carnaval

▷ ¿Te vas a disfrazar para el carnaval?
Are you going to dress up for the carnival?

carnival /ˈkɑːnɪvəl/
ℹ Fíjate bien en cómo se escribe
carnival.
◀ El acento recae sobre la primera
sílaba car-.

carne

▷ Esta carne está muy tierna.
This meat is very tender.

(= comida) meat /miːt/
◀ meat rima con street.

carnet

▷ Todavía no tengo carnet de conducir.
I still haven't got a driving licence.

▶ carnet de conducir: driving
licence /ˈdraɪvɪŋ ˈlaɪsəns/ (plural:
driving licences /ˈdraɪvɪŋ
ˈlaɪsənsɪz/)
✄ Carnet de conducir se dice driving
licence en inglés británico y driver's
license /ˈdraɪvrz ˈlaɪsəns/ en inglés
americano. Fíjate que en inglés británico
se escribe licence con c y en inglés
americano se escribe license con s.

carnicería

▷ Fui con mi madre a la carnicería.
I went to the butcher's with my mother.

butcher's /ˈbʊtʃəz/
◀ La u se pronuncia como la oo de look.

carnicero, carnicera

▷ Pídele un kilo de salchichas al carnicero.
Ask the butcher for a kilo of sausages.
▷ El padre de Ana es carnicero.
Ana's father is a butcher.

butcher /ˈbʊtʃəʳ/
◀ La u se pronuncia como la oo de look.
ℹ No te olvides de colocar el artículo a o an delante del nombre de la profesión cuando aparece detrás de los verbos be o become.

caro, cara

▷ Esa tienda es muy cara.
That shop is very expensive.

expensive /ɪkˈspensɪv/ (más caro more expensive, el más caro the most expensive /məʊst ɪkˈspensɪv/)

carpeta

▷ Puse las fotocopias en una carpeta.
I put the photocopies in a folder.
▷ Guárdalo en la carpeta "Mis Documentos".
Save it in the "My Documents" folder.

(de cartón, para guardar documentos, y también en el ordenador) folder /ˈfəʊldəʳ/

carpintero, carpintera

▷ La mesa de mi cuarto la hizo un carpintero.
The table in my room was made by a carpenter.
▷ Mi abuelo era carpintero.
My grandfather was a carpenter.

carpenter /ˈkɑːpɪntəʳ/
◀ El acento recae sobre la primera sílaba car-.
ℹ No te olvides de colocar el artículo a o an delante del nombre de la profesión cuando aparece detrás de los verbos be o become.

carrera

▷ Felipe ganó la carrera.
Felipe won the race.

(= competición de velocidad) race /reɪs/
◀ La a de race se pronuncia como la a de make.

carrete

▷ ¿Me podrías prestar un carrete?
Could you lend me a roll of film?

(de fotos) roll of film /ˈrəʊl əv ˈfɪlm/
◀ roll rima con hole.

carretera

▷ Ten cuidado al cruzar la carretera.
Be careful when you cross the road.

road /rəʊd/
◀ road rima con code.

carretilla

▷ Puso los ladrillos en una carretilla.
He put the bricks in a wheelbarrow.

wheelbarrow /ˈwiːlbærəʊ/
◀) El acento recae sobre la primera sílaba wheel-.

carril

▷ Quédate en el carril de la derecha.
Stay in the right-hand lane.

(en carretera) lane /leɪn/
◀) La a de lane se pronuncia como la a de make.

carril-bici

▷ No salgas del carril-bici.
Stay in the cycle lane.

cycle lane /ˈsaɪkəl leɪn/ (plural: cycle lanes /ˈsaɪkəl leɪnz/)
◀) La y de cycle se pronuncia como la i de like.

carrito

▷ Pon la leche en el carrito.
Put the milk in the trolley.

(en el supermercado, el aeropuerto)
trolley /ˈtrɒlɪ/
⑂ carrito se dice trolley en inglés británico y cart /kɑːt/ en inglés americano.

carro

1 ▷ Dimos una vuelta en un carro tirado por un caballo.
We went for a ride in a horse-drawn cart.

2 ▷ ¿Dónde están los carros para equipaje en este aeropuerto?
Where are the luggage trolleys in this airport?

1 (= vehículo) cart /kɑːt/

2 (en el supermercado, el aeropuerto)
trolley /ˈtrɒlɪ/
⑂ carrito se dice trolley en inglés británico y cart /kɑːt/ en inglés americano.

carroza

1 ▷ Los reyes llegaron a la iglesia en una carroza.
The king and queen arrived at the church in a carriage.

2 ▷ Fuimos a ver las carrozas del desfile.
We went to see the floats in the procession.

1 (= coche de caballos) carriage /ˈkærɪdʒ/
◀) carriage rima con bridge.

2 (en fiestas, durante el carnaval) float /fləʊt/

carta

1 ▷ Cristian me escribió una carta la semana pasada.
Cristian wrote me a letter last week.

2 ▷ Si estás aburrido podemos jugar a las cartas.
We can play cards if you are bored.

3 ▷ Mira en la carta y elige qué quieres comer.
Look at the menu and choose what you want to eat.

1 (= papel escrito) letter /ˈletəʳ/

2 (= naipe) card /kɑːd/
► jugar a las cartas: play cards /pleɪ ˈkɑːdz/

3 (en un restaurante) menu /ˈmenjuː/
◀) menu se pronuncia como men you, y el acento recae sobre la primera sílaba me-.

cartel

▷ Vimos un cartel anunciando el concierto.
We saw a poster advertising the concert.

poster /ˈpəʊstəʳ/
🔊 La o se pronuncia como la o de go.

cartelera

▷ Voy a consultar la cartelera para ver dónde ponen esa película.
I'm going to have a look at the film listings to see where that film is showing.

(= lista de películas) film listings /ˈfɪlm lɪstɪŋz/
ℹ film listings está en un plural y se usa con un verbo en plural.

cartera

1 ▷ Le robaron la cartera.
He had his wallet stolen.

1 (= para llevar dinero, tarjetas de crédito) wallet /ˈwɒlɪt/
🔊 La a de wallet se pronuncia como la o de dog.
⌐ En inglés americano **cartera** se dice billfold /ˈbɪlfəʊld/.

2 ▷ ¡Mi cartera pesa demasiado!
My schoolbag is too heavy!

2 (= para llevar los libros del colegio) schoolbag /ˈskuːlbæg/

carterista

▷ Ten cuidado con los carteristas en el metro.
Watch out for the pickpockets in the underground.

(= ladrón de carteras) pickpocket /ˈpɪkpɒkɪt/
🔊 El acento recae sobre la primera sílaba pick-.

cartero, cartera

▷ ¿Ha pasado ya el cartero?
Has the postman been yet?

► **cartero:** postman /ˈpəʊstmən/ (plural: **postmen** /ˈpəʊstmən/)
► **cartera:** postwoman /ˈpəʊstwʊmən/ (plural: **postwomen** /ˈpəʊstwɪmɪn/)

cartón

▷ ¿Esa caja es de cartón?
Is that box made of cardboard?

(= material) cardboard /ˈkaːdbɔːd/
► **ser de cartón:** be made of cardboard
► **de cartón:** cardboard

▷ Ani hizo un avión de cartón.
Ani made a cardboard plane.

🔊 cardboard rima con lord.

cartucho

▷ Tengo que comprar otro cartucho de tinta.
I have to buy another ink cartridge.

(de tinta, de armas) cartridge /ˈkaːtrɪdʒ/
► **cartucho de tinta:** ink cartridge /ˈɪŋk kaːtrɪdʒ/ (plural: **ink cartridges**)

cartulina

▷ Pegué el póster encima de un trozo de cartulina.
I stuck the poster on a piece of card.

card /kaːd/

casa

1 ▷ La casa de Irene es preciosa.
   Irene's house is beautiful.
2 ▷ Anoche me quedé en casa.
   I stayed at home last night.
   ▷ ¡Vete a casa ahora mismo!
   Go home right now!

1 (= edificio) house /haʊs/ (plural: houses /ˈhaʊzɪz/)
2 ► en casa: at home /həʊm/
► ir a casa: go home /həʊm/ (went /went/, gone /gɒn/)

casado

▷ Viven juntos pero no están casados.
They live together but they aren't married.

► estar casado: be married /ˈmærɪd/

casarse

▷ Se casaron el año pasado.
   They got married last year.
▷ Susana se va a casar con Carlos.
   Susana is going to marry Carlos.

get married /ˈmærɪd/ (got, got /gɒt/)
► casarse con alguien: marry /ˈmæri/ somebody
ℹ La y de marry se convierte en ie en la tercera persona del singular del presente de indicativo (marries /ˈmæriz/), en el pasado y el participio (married /ˈmærɪd/).

cascabel

▷ Su perro tiene un cascabel colgado del cuello.
Her dog has a bell around its neck.

bell /bel/

cascada

▷ Hay una cascada muy bonita cerca de aquí.
There's a very beautiful waterfall near here.

waterfall /ˈwɔːtəfɔːl/
◄» El acento recae sobre la primera sílaba wa-.

cascar

▷ ¿Podrías cascar dos huevos, por favor?
Could you crack two eggs, please?

crack /kræk/

cáscara

1 ▷ Ana rompió la cáscara del huevo con la cuchara.
   Ana broke the shell of the egg with her spoon.
2 ▷ ¡No te comas la cáscara de la naranja!
   Don't eat the orange peel!

1 (de un huevo, una nuez) shell /ʃel/
2 (de una naranja) peel /piːl/
ℹ A la cáscara del plátano se le llama skin /skɪn/.

casco

1 ▷ ¡Es un irresponsable, va en moto sin casco!
   He's so irresponsible, he rides a motorbike without a crash helmet!
2 ▷ A Ricardo le gusta escuchar música con cascos.
   Ricardo likes listening to music with headphones.

1 (para ir en moto) crash helmet /ˈkræʃ helmɪt/ (plural: crash helmets /ˈkræʃ helmɪts/)
2 ► cascos (para escuchar música): headphones /ˈhedfəʊnz/

casete

▷ Me dio una casete con sus canciones favoritas.
She gave me a cassette with her favourite songs.

(= cinta) **cassette** /kəˈset/
ⓘ Fíjate bien en cómo se escribe cassette, con dos s y dos t.

casi

▷ Casi he acabado.
I've almost finished.
▷ Casi no queda pan.
There's hardly any bread left.
▷ Casi nunca voy al cine.
I hardly ever go to the cinema.

almost /ˈɔːlməʊst/
ⓘ También se puede decir nearly /ˈnɪəlɪ/.
ⓘ Con frases negativas o que incluyen la palabra **nunca** se utiliza hardly /ˈhɑːdlɪ/.

casilla

1 ▷ Pon tu ficha en la primera casilla.
Put your counter on the first square.

2 ▷ Pon una marca en la casilla "sí".
Put a tick in the box that says "yes".

1 (en un tablero de juegos) **square** /skweəʳ/
🔊 square rima con air y there.
2 (en un impreso) **box** /bɒks/ (plural: boxes /ˈbɒksɪz/)

caso

1 ▷ Es un caso especial.
It's a special case.
2 ▷ Haz caso a lo que te estoy diciendo.
Pay attention to what I'm telling you.

1 (= situación) **case** /keɪs/
🔊 case rima con place.
2 ► **hacer caso:** pay **attention** /peɪ əˈtenʃən/ (paid, paid /peɪd/)

caspa

▷ Tiene caspa.
He has dandruff.

dandruff /ˈdændrəf/
► **tener caspa:** have dandruff /ˈdændrəf/ (had, had /hæd/)

castaña

▷ Voy a hacer castañas asadas.
I'm going to make roast chestnuts.

chestnut /ˈtʃesnʌt/

castañuela

▷ No sabe tocar las castañuelas.
She doesn't know how to play the castanets.

castanet /kæstəˈnet/

castellano

▷ Está aprendiendo castellano.
He's learning Spanish.

(= la lengua) **Spanish** /ˈspænɪʃ/

castigar

▷ El profesor castigó a Luis.
The teacher punished Luis.

punish /ˈpʌnɪʃ/
🔊 La u de punish se pronuncia como la u de duck. Punished se pronuncia /ˈpʌnɪʃt/.

castigo

▷ ¿Qué castigo te puso tu madre?
What sort of punishment did your mother give you?

punishment /ˈpʌnɪʃmənt/
◀» La u de punishment se pronuncia como la u de duck.

castillo

▷ Visitamos varios castillos durante las vacaciones.
We visited several castles during our holidays.

castle /ˈkɑːsəl/
◀» La t de castle no se pronuncia.

casualidad

▷ ¡Qué casualidad, yo también pensaba escribirte!
What a coincidence, I was also thinking of writing to you!
▷ Me enteré de lo que había pasado por casualidad.
I found out what had happened by chance.
▷ Si por casualidad ves a Elena, dile que me llame.
If by any chance you see Elena, tell her to call me.

coincidence /kəʊˈɪnsɪdəns/
ℹ Fíjate cómo en el ejemplo en inglés se utiliza el artículo a.

▶ **de casualidad: by chance** /baɪ ˈtʃɑːns/

▶ **si por casualidad...: if by any chance...** /ˈtʃɑːns/

catalán, catalana

1 ▷ Visitaron varias ciudades catalanas.
They visited several Catalan cities.
▷ Andreu es catalán.
Andreu is Catalan.

2 ▷ Se casó con una catalana.
He married a Catalan.

1 (adjetivo) Catalan /ˈkætəlæn/
ℹ Se escribe siempre con mayúscula, como todos los adjetivos y nombres ingleses que se refieren a la nacionalidad.
◀» El acento recae sobre la primera sílaba Ca-.

2 (nombre) **un catalán, una catalana: a Catalan**

Cataluña

▷ Se fue a vivir a Cataluña hace 10 años.
He went to live in Catalonia 10 years ago.

Catalonia /kætəˈləʊnɪə/

catálogo

▷ Compré el catálogo de la exposición.
I bought the exhibition's catalogue.

catalogue /ˈkætəlɒg/
ℹ Fíjate bien en cómo se escribe catalogue.
◀» El acento recae sobre la primera sílaba ca-.

cataratas

▷ Fuimos a visitar las cataratas del Niágara.
We went to visit the Niagara Falls.

falls /fɔːlz/
◀» La a de falls se pronuncia como la a de call.

catarro

▷ Abrígate o vas a coger un catarro.
Wrap up or you'll catch a cold.

cold /kəʊld/
► **coger un catarro**: catch a
cold /kætʃ ə ˈkəʊld/ (caught,
caught /kɔːt/)

catástrofe

▷ Murieron más de cien personas en la
catástrofe aérea.
*More than a hundred people died in the air
disaster.*

disaster /dɪˈzɑːstəʳ/

cate

▷ Tuve un cate en inglés.
I failed English.

► **tener un cate en algo**: fail
something /feɪl/

catear

▷ Cateé física.
I failed physics.

fail /feɪl/

catedral

▷ La catedral de Milán es espectacular.
Milan cathedral is spectacular.

cathedral /kəˈθiːdrəl/
ℹ Fíjate que cathedral se escribe con
una h.
◀) La e de cathedral se pronuncia
como la ee de week, y el acento recae
sobre la segunda sílaba -the-.

categoría

▷ Las preguntas del examen estaban agrupadas
en dos categorías.
*The questions in the exam were grouped into
two categories.*

category /ˈkætəgərɪ/ (plural:
categories /ˈkætəgərɪz/)
◀) El acento recae sobre la primera
sílaba cat-.

católico, católica

▷ Mis padres son católicos.
My parents are Catholic.

Catholic /ˈkæθəlɪk/
ℹ Catholic se escribe en mayúscula
en inglés, como todos los adjetivos
referidos a las religiones.
◀) El acento recae sobre la primera
sílaba Cath-.

catorce

▷ En mi clase sólo hay catorce alumnos.
There are only fourteen pupils in my class.
▷ Esteban tiene catorce años.
Esteban is fourteen.
▷ Hoy es catorce de mayo.
Today is the fourteenth of May.
▷ Nos veremos el catorce de julio.
We'll see each other on the fourteenth of July.

fourteen /fɔːˈtiːn/

ℹ Con las fechas se usa the
fourteenth /fɔːˈtiːnθ/ en inglés.
ℹ Fíjate cómo en inglés se usa on y of
con las fechas.
ℹ Se escribe 14 April, 14 May, etc.

causa

▷ Se desconoce la causa del accidente.
The cause of the accident is unknown.
▷ Llegamos tarde por causa del tráfico.
We arrived late because of the traffic.

(= razón) cause /kɔːz/
◀ cause rima con doors.
▶ por causa de algo: because
of something /bɪˈkɒz əv/

cavar

▷ Papá cavó un hoyo en el jardín para plantar
un árbol.
Dad dug a hole in the garden to plant a tree.

dig /dɪg/ (dug, dug /dʌg/)

caverna

▷ Visitamos unas cavernas prehistóricas.
We visited some prehistoric caves.

cave /keɪv/
ℹ La a de cave se pronuncia como la
a de make. Cave rima con gave y wave.

caza

▷ Los Verdes están contra la caza del zorro.
The Greens are opposed to fox hunting.

▶ la caza: hunting /ˈhʌntɪŋ/

cazador, cazadora

▷ Nos encontramos con un grupo de cazadores
en el bosque.
We met a group of hunters in the forest.

hunter /ˈhʌntəʳ/

cazadora

▷ Laura se ha comprado una cazadora de cuero.
Laura has bought a leather jacket.

jacket /ˈdʒækɪt/

cazar

▷ En Inglaterra cazaban los zorros con perros.
In England, they hunted foxes with dogs.

hunt /hʌnt/

cazuela

▷ Pon las cebollas en la cazuela.
Put the onions in the saucepan.

saucepan /ˈsɔːspən/
◀ sauce rima con horse y course.

CD

▷ Le regalé un CD para su cumpleaños.
I gave her a CD for her birthday.

CD /ˈsiːˈdiː/
◀ Fíjate en la pronunciación.

CD-ROM

▷ Santi tiene una enciclopedia en CD-ROM.
Santi has got an encyclopedia on CD-ROM.

CD-ROM /ˈsiːˈdiːˈrɒm/
◀ Fíjate en la pronunciación.

cebolla

▷ No pongas cebolla en la ensalada, no me
gusta.
Don't put onion in the salad, I don't like it.

onion /ˈʌnɪən/
◀ La primera o de onion se
pronuncia como la u de duck.

cebra

▷ Los leones atacaron a la cebra.
The lions attacked the zebra.

zebra /ˈziːbrə/
ⓘ Atención, se escribe con z en inglés.

ceja

▷ Mi profesor de inglés tiene las cejas muy grandes.
My English teacher has very big eyebrows.

eyebrow /ˈaɪbraʊ/
◀) eyebrow rima con now.

celda

▷ El preso estaba en una celda muy pequeña.
The prisoner was in a very small cell.

cell /sel/

celebrar

▷ Celebramos el cumpleaños de Víctor en una hamburguesería.
We celebrated Víctor's birthday in a hamburger joint.

(= hacer una fiesta) celebrate
/ˈselɪbreɪt/
◀) El acento recae sobre la primera sílaba cel-.

celo

1 ▷ Puse un poco de celo para cerrar el sobre.
I put a bit of Sellotape to close the envelope.

1 (= cinta adhesiva) Sellotape®
/ˈseləteɪp/
✎ celo se dice Sellotape® en inglés británico y Scotch® tape /ˈskɒtʃ teɪp/ en inglés americano.

2 ▷ Pedro tiene muchos celos de su novia.
Pedro is very jealous of his girlfriend.

2 ▶ tener celos de alguien:
be jealous of somebody /ˈdʒeləs əv/
◀) La ea de jealous se pronuncia como la e de bed.

celoso, celosa

▷ No le hagas caso, está celosa.
Don't take any notice of her, she's jealous.

jealous /ˈdʒeləs/ (más celoso more jealous /mɔː ˈdʒeləs/, el más celoso the most jealous /məʊst ˈdʒeləs/)
◀) La ea de jealous se pronuncia como la e de bed.

▷ Sandra está celosa de Patricia porque saca buenas notas.
Sandra is jealous of Patricia because she gets good marks.

▶ estar celoso de alguien: be jealous of somebody

célula

▷ El cuerpo humano está formado por millones de células.
The human body is made of millions of cells.

cell /sel/

cementerio

▷ Vivo enfrente del cementerio.
I live opposite the cemetery.

cemetery /ˈsemətrɪ/ (plural: cemeteries /ˈsemətrɪz/)

ℹ Fíjate bien en cómo se escribe cemetery.

cemento

▷ Han construido un muro de cemento en torno al colegio.
They have built a concrete wall around the school.

concrete /ˈkɒŋkriːt/

🔊 concrete rima con meet.

▶ de cemento: concrete

cena

▷ La cena está lista.
Dinner is ready.

dinner /ˈdɪnəʳ/

cenar

▷ ¿A qué hora cenan los ingleses?
What time do the English have dinner?

have dinner /ˈdɪnəʳ/ (had, had /hæd/)

cenicero

▷ ¿Me podrías traer un cenicero?
Could you bring me an ashtray?

ashtray /ˈæʃtreɪ/

ceniza

▷ La chimenea está llena de cenizas.
The fireplace is full of ashes.

ash /æʃ/ (plural: ashes /ˈæʃɪz/)

centenar

▷ Había un centenar de niños en la piscina.
There were about a hundred children at the swimming pool.

un centenar de...: about a hundred... /əˈbaʊt ə ˈhʌndrəd/

centímetro

▷ La foto mide diez por quince centímetros.
The photograph measures ten centimetres by fifteen.

centimetre /ˈsentɪmiːtəʳ/

🔊 El acento recae sobre la primera sílaba cen-.

céntimo

▷ ¿Me puedes prestar cincuenta céntimos?
Can you lend me fifty cents?

cent /sent/

central

▷ Quieren construir una central nuclear cerca del mar.
They want to build a nuclear power station near the sea.

power station /ˈpaʊə ˈsteɪʃən/ (plural: power stations /ˈpaʊə ˈsteɪʃənz/)

centro

1 ▷ Pon un punto en el centro del círculo.
Put a dot in the centre of the circle.

  ▷ Están construyendo un centro comercial cerca de la estación.
They're building a shopping centre near the station.

2 ▷ El centro está lleno de calles peatonales.
The town centre is full of pedestrianized streets.

1 (= punto central) centre /ˈsentəʳ/

► **centro comercial:** shopping centre /ˈʃɒpɪŋ ˈsentəʳ/ (plural: **shopping centres** /ˈʃɒpɪŋ ˈsentəz/).
⌐ En inglés americano se dice shopping mall /ˈʃɒpɪŋ mæl/ (plural: shopping malls /ˈʃɒpɪŋ mælz/).

2 (de una ciudad) town centre /taʊn ˈsentəʳ/

Centroamérica

▷ Santi y Marga pasaron su luna de miel en Centroamérica.
Santi and Marga spent their honeymoon in Central America.

Central America /ˈsentrəl əˈmerɪkə/

centroamericano, centroamericana

1 ▷ Visitaron varios países centroamericanos.
They visited several Central American countries.

  ▷ Carlos es centroamericano.
Carlos is Central American.

2 ▷ Se casó con un centroamericano.
She married a Central American.

1 (adjetivo) Central American /ˈsentrəl əˈmerɪkən/
ℹ Se escribe siempre con mayúsculas, como todos los adjetivos y nombres ingleses que se refieren a la nacionalidad.

2 (nombre) un **centroamericano**, una **centroamericana:** a Central American

centrocampista

▷ David es el mejor centrocampista de nuestro equipo.
David is the best midfielder in our team.

midfielder /mɪdˈfiːldəʳ/

cepillar

▷ Voy a cepillar al perro aunque no le guste.
I'm going to brush the dog even if he doesn't like it.

▷ No te olvides de cepillarte los dientes.
Don't forget to brush your teeth.

brush /brʌʃ/

► **cepillarse los dientes:** brush one's teeth
ℹ Fíjate que en inglés se utiliza adjetivo posesivo donde en español se utiliza el artículo "los": I brush my teeth, you brush your teeth, he brushes his teeth, she brushes her teeth, we brush our teeth, they brush their teeth.
ℹ Lo mismo ocurre con **cepillarse el pelo:** I brush my hair, you brush your hair, etc.

▷ Silvia se está cepillando el pelo.
Silvia is brushing her hair.

cepillo

▷ Voy a limpiar mis zapatos con un cepillo.
I'm going to clean my shoes with a brush.
▷ ¿Quién se ha llevado mi cepillo de dientes?
Who took my toothbrush?

▷ Necesito un nuevo cepillo para el pelo.
I need a new hairbrush.

brush /brʌʃ/ (plural: brushes /ˈbrʌʃɪz/)

▶ cepillo de dientes:
toothbrush /ˈtuːθbrʌʃ/ (plural:
toothbrushes /ˈtuːθbrʌʃɪz/)
▶ cepillo para el pelo:
hairbrush /ˈheəbrʌʃ/ (plural:
hairbrushes /ˈheəbrʌʃɪz/)

cera

1 ▷ Las velas se hacen con cera.
Candles are made of wax.
▷ Límpiate la cera del oído.
Clean the wax out of your ears.
2 ▷ No os olvidéis de traer la caja de ceras.
Don't forget to bring the box of crayons.

1 (para hacer velas, en el oído) wax
/wæks/

2 ▶ ceras (para pintar): crayons
/ˈkreɪɒnz/

cerámica

1 ▷ Ésta es una cerámica muy antigua.
This is a very old piece of pottery.

2 ▷ Esta región es famosa por su cerámica.
This region is famous for its pottery.

1 una cerámica (= un objeto de
cerámica): a piece of pottery /piːs
əv ˈpɒtəri/
2 (= los objetos): pottery /ˈpɒtəri/

cerca

▷ Vivo muy cerca.
I live very near.

▷ El colegio está cerca del ayuntamiento.
The school is near the town hall.

▷ Nos llevará cerca de dos semanas.
It will take us nearly two weeks.

(en el espacio) near /nɪəʳ/
ℹ También se puede decir close
/kləʊz/.
◀ No confundas la pronunciación del
verbo close (con /z/) con la del adjetivo
close (con /s/).
▶ cerca de (un lugar): near
/nɪəʳ/
ℹ También se puede decir close to.
▶ cerca de (aproximadamente):
nearly /ˈnɪəli/

cercano, cercana

▷ Voy a un colegio cercano al centro.
I go to a school near the town centre.

▶ cercano a (en el espacio): near
/nɪəʳ/
ℹ También se puede decir close to
/kləʊs tʊ/.
◀ No confundas la pronunciación del
verbo close (con /z/) con la del
adjetivo close (con /s/).

cerdo

▷ El granjero fue a dar de comer a los cerdos.
The farmer went to feed the pigs.

pig /pɪg/

cereales

▷ Rosa y Salva comen cereales todas las mañanas.
Rosa and Salva eat cereal every morning.

(para el desayuno) cereal /ˈsɪərɪəl/
◀ Las dos e de cereal se pronuncian como la ea de fear.
ℹ Con este significado de cereales para el desayuno, la palabra inglesa cereal es incontable: se dice, por ejemplo, this cereal is very good (estos cereales están muy buenos).

cerebro

▷ Vimos un programa sobre el cerebro humano.
We watched a programme about the human brain.

brain /breɪn/
◀ La ai de brain se pronuncia como la a de make.

ceremonia

▷ Estuvimos en la ceremonia inaugural de los Juegos Olímpicos.
We were at the opening ceremony of the Olympic Games.

ceremony /ˈserɪmənɪ/ (plural: ceremonies /ˈserɪmənɪz/)
ℹ Fíjate bien en cómo se escribe ceremony.
◀ El acento recae sobre la primera sílaba ce-.

cereza

▷ Lo que me gusta de este pastel es la cereza que lleva encima.
What I like about this cake is the cherry on the top.

cherry /ˈtʃerɪ/ (plural: cherries /ˈtʃerɪz/)

cerilla

▷ ¡No juegues con esas cerillas, es peligroso!
Don't play with those matches, it's dangerous!

match /mætʃ/ (plural: matches /ˈmætʃɪz/)

cero

1 ▷ Te has olvidado de un cero al final.
You've forgotten a zero at the end.
▷ Saqué un cero en biología.
I got zero in biology.
2 ▷ El Valencia ganó tres a cero.
Valencia won three nil.
3 ▷ Costa gana por treinta a cero en el segundo juego.
Costa is leading thiry love in the second game.
4 ▷ Mi número es el treinta y ocho, cuarenta y dos, cero uno.
My number is three eight, four two, O one.

1 (en números, temperaturas, calificaciones) zero /ˈzɪərəʊ/
ℹ Fíjate como en inglés no se utiliza el artículo en este ejemplo.
2 (en los marcadores de fútbol) nil /nɪl/
3 (en los marcadores de tenis) love /lʌv/
4 Al leer un número de teléfono en inglés, el cero se pronuncia como la letra O /əʊ/.

cerrado, cerrada

▷ Como el museo estaba cerrado nos volvimos a casa.
As the museum was closed we went back home.

▷ La puerta estaba cerrada con llave.
The door was locked.

closed /kləʊzd/
◀) La palabra closed tiene una sola sílaba.

▶ cerrado con llave: locked /lɒkt/

cerradura

▷ Después del robo tuvimos que cambiar las cerraduras.
After the burglary we had to change the locks.

lock /lɒk/

cerrar

1 ▷ Hace frío, cierra la ventana.
It's cold, close the window.

▷ Cierra la puerta con llave cuando salgas.
Lock the door when you leave.

2 ▷ Cierra los grifos.
Turn the taps off.

3 ▷ La puerta se cerró de repente.
All of a sudden, the door closed.

1 La traducción más frecuente de cerrar es close /kləʊz/

▶ cerrar una puerta con llave: lock a door /lɒk ə ˈdɔːʳ/

2 (refiriéndose a un grifo) cerrar algo: turn something off

3 ▶ cerrarse: close /kləʊz/

◀) No confundas la pronunciación del verbo close (con /z/) con la del adjetivo close (con /s/).

cerrojo

▷ Echa el cerrojo antes de irte a dormir.
Bolt the door before you go to sleep.

▶ echar el cerrojo (a una puerta): bolt the door /ˈbəʊlt ðə ˈdɔːʳ/

cerveza

▷ ¡Dos cervezas, por favor!
Two beers, please!

beer /bɪəʳ/
◀) beer rima con here.

césped

▷ Mi padre corta el césped todos los domingos.
My father mows the lawn every Sunday.

lawn /lɔːn/
◀) lawn rima con horn.

cesta

1 ▷ Pusimos la compra en la cesta.
We put the shopping in the basket.

2 ▷ Marcó una cesta en el último segundo.
She scored a basket in the last second.

1 (canasta, cesto para llevar cosas) basket /ˈbɑːskɪt/

2 (en baloncesto) basket /ˈbɑːskɪt/

ℹ La palabra basket sirve para referirse tanto al aro con la red como a la introducción del balón en él.

chabola

▷ Diez personas vivían en una sola chabola.
Ten people lived in a single shack.

▷ Hay un barrio de chabolas cerca de mi casa.
There's a shanty town near my house.

shack /ʃæk/

▶ barrio de chabolas: shanty town /ˈʃæntɪ taʊn/ (plural: shanty towns /ˈʃæntɪ taʊnz/)

chafar

▷ ¡Cuidado, vas a chafar la caja de los pasteles!
*Be careful, you're going to squash the box
with the cakes in it!*

chalado, chalada

▷ Tu amigo Esteban está un poco chalado.
Your friend Esteban is a bit crazy.

▷ Maricris está chalada por las motos.
Maricris is crazy about motorbikes.

chaleco

▷ Llevaba un traje con un chaleco rojo.
He was wearing a suit with a red waistcoat.

chalet

1 ▷ Carmen vive en un chalet en las afueras de
   Madrid.
   *Carmen lives in a detached house on the
   outskirts of Madrid.*

2 ▷ Todos los veranos mis padres alquilan un chalet
   en los Pirineos.
   *Every summer my parents rent a chalet in the
   Pyrenees.*

champán

▷ Abrimos una botella de champán para mi
cumpleaños.
*We opened a bottle of champagne for my
birthday.*

champiñón

▷ Lava estos champiñones, vamos a hacer una
tortilla.
*Wash these mushrooms, we're going to make
an omelette.*

champú

▷ Se nos ha acabado el champú.
We've run out of shampoo.

chancla

▷ Siempre voy a la playa con chanclas.
I always go to the beach in flip-flops.

---

squash /skwɒʃ/
◀ La a de squash se pronuncia como
la o de dog.

(= loco) crazy /ˈkreɪzɪ/ (más chalado
crazier /ˈkreɪzɪəʳ/, el más chalado the
craziest /ˈkreɪzɪɪst/)
► estar chalado por algo: be
crazy about something

waistcoat /ˈweɪskəʊt/
⌐ chaleco se dice waistcoat en inglés
británico y vest /vest/ en inglés
americano.

1 (= casa unifamiliar en una
urbanización) detached house
/dɪˈtætʃt haʊs/ (plural: detached
houses /dɪˈtætʃt ˈhaʊzɪz/)
2 (= casa en la montaña) chalet
/ˈʃæleɪ/ (plural: chalets /ˈʃæleɪz/)
◀ Fíjate en la pronunciación, la t final
no se pronuncia y la ch se pronuncia
"sh".

champagne /ʃæmˈpeɪn/
◀ Fíjate en la pronunciación, la g no
se pronuncia. Champagne rima con
stain y lane.

mushroom /ˈmʌʃruːm/
ℹ mushroom también significa seta
en inglés.

shampoo /ʃæmˈpuː/
ℹ Fíjate bien en cómo se escribe
shampoo.

flip-flop /ˈflɪpflɒp/ (plural: flip-flops
/ˈflɪpflɒps/)
⌐ chancla se dice flip-flop en inglés
británico y thong /θɒŋ/ en inglés
americano.

chándal

▷ Me puse el chándal para ir a hacer footing.
I put my tracksuit on to go jogging.

tracksuit /ˈtræksuːt/
🔊 tracksuit rima con root.
✐ chándal se dice tracksuit en inglés británico y sweatsuit /ˈswetsuːt/ en inglés americano.

chao

▷ ¡Chao, hasta mañana!
Bye, I'll see you tomorrow!

(= adiós) bye /baɪ/
🔊 bye rima con lie y eye.

chaparrón

▷ Cayó un chaparrón y llegué a casa empapado.
There was a heavy shower and I arrived home soaked.

heavy shower /ˈhevɪ ˈʃaʊəʳ/
► cayó un chaparrón: there was heavy shower

chapuzón

▷ Como hacía calor nos dimos un chapuzón.
As it was hot we went for a dip.

dip /dɪp/
► darse un chapuzón: go for a dip (went /went/, gone /gɒn/)

chaqueta

▷ Puedes colgar la chaqueta detrás de la puerta.
You can hang your jacket behind the door.

jacket /ˈdʒækɪt/
ℹ A la chaqueta de punto se le llama cardigan /ˈkɑːdɪgən/.

chaquetón

▷ En invierno siempre lleva un chaquetón.
He always wears a short coat in winter.

short coat /ʃɔːt ˈkəʊt/ (plural: short coats)

charco

▷ Me encanta saltar en los charcos.
I love jumping in the puddles.

puddle /ˈpʌdəl/
🔊 La u de puddle se pronuncia como la u de duck.

charla

1 ▷ Tuvimos una charla muy interesante.
We had a very interesting chat.
2 ▷ Hoy tuvimos una charla sobre el medio ambiente en el colegio.
Today we had a talk about the environment at school.

1 (= conversación) chat /tʃæt/

2 (= conferencia) talk /tɔːk/

charlar

▷ Mi madre se pasó toda la mañana charlando con mi tía.
My mother spent the whole morning chatting with my aunt.

chat /tʃæt/
ℹ chat se escribe con dos t en el gerundio (chatting /ˈtʃætɪŋ/) y el pasado y el participio (chatted /ˈtʃætɪd/).

charlatán, charlatana

▷ Mi hermana es una charlatana, no para de hablar nunca.
My sister is a real chatterbox, she never stops talking.

► ser charlatan(a) o ser un(a) charlatan(a): be a chatterbox /ˈtʃætəbɒks/ (plural: **chatterboxes** /ˈtʃætəbɒksɪz/)

checo, checa

1 ▷ Visitamos varias ciudades checas.
We visited several Czech cities.
▷ Pavla es checa.
Pavla is Czech.

1 (adjetivo) Czech /tʃek/
ℹ Se escribe siempre con mayúscula, como todos los adjetivos y nombres ingleses que se refieren a la nacionalidad.
ℹ Fíjate bien en cómo se escribe la palabra Czech.
◀) Czech se pronuncia como check.

2 ▷ Se casó con una checa.
He married a Czech.

2 (nombre) un checo, una checa: a Czech

cheque

▷ ¿Aceptan cheques?
Do you accept cheques?

cheque /tʃek/ (plural: cheques /tʃeks/)
◀) La palabra inglesa cheque se pronuncia como la palabra check. cheques rima con sex.
⑦ En inglés americano se escribe check /tʃek/.

▷ Me dio un cheque de diez euros.
He gave me a cheque for ten euros.

► un cheque de...: a cheque for...

chica

▷ Ainoa es una chica muy rara.
Ainoa is a very strange girl.

girl /ɡɜːl/

chichón

▷ Tina tiene un chichón en la frente.
Tina has a bump on her forehead.

bump /bʌmp/

chicle

▷ ¿Quieres un chicle?
Do you want a piece of chewing gum?
▷ María compró chicles.
María bought some chewing gum.

► un chicle: a piece of chewing gum /piːs əv ˈtʃuːɪŋɡʌm/
► chicles: chewing gum

chico

▷ En mi clase sólo hay chicos.
There are only boys in my class.

boy /bɔɪ/

chiflar

▷ Me chiflan las películas de miedo.
I'm mad about horror films.

ℹ Para decir que te chifla algo, se emplea la expresión be mad about something.

Chile

▷ ¿Cuál es la capital de Chile?
What's the capital of Chile?

Chile /ˈtʃɪlɪ/
🔊 Rima con Billy.

chileno, chilena

1 ▷ Subieron a varios volcanes chilenos.
They climbed several Chilean volcanoes.
▷ Pablo es chileno.
Pablo is Chilean.

2 ▷ Se casó con un chileno.
She married a Chilean.

1 (adjetivo) Chilean /ˈtʃɪlɪən/
ⓘ Se escribe siempre con mayúscula, como todos los adjetivos y nombres ingleses que se refieren a la nacionalidad.
2 (nombre) **un chileno, una chilena:** a Chilean

chillar

1 ▷ Todos los niños chillaron cuando apareció el asesino en la pantalla.
All the children screamed when the killer appeared on the screen.

2 ▷ ¡No chilles que no estoy sordo!
Don't shout, I'm not deaf!
▷ ¿Podrías chillar un poco más? No te oigo.
Could you speak a bit louder? I can't hear you.

1 (= dar un grito) scream /skriːm/

2 (= hablar alto) shout /ʃaʊt/
ⓘ Fíjate que para pedirle a alguien que hable más alto se le dice speak louder.

chillido

▷ Oímos un chillido aterrador.
We heard a terrifying scream.
▷ Cuando se apagó la luz Juli dio un chillido.
When the lights went out Juli screamed.

scream /skriːm/

► **dar un chillido:** scream /skriːm/

chimenea

1 ▷ Las chimeneas de la fábrica están muy sucias.
The factory's chimneys are very dirty.
2 ▷ Siéntate cerca de la chimenea.
Sit near the fireplace.

1 (fuera de una casa, una fábrica) chimney /ˈtʃɪmnɪ/
2 (= hogar, dentro de la casa) fireplace /ˈfaɪəpleɪs/

China

▷ ¿Cuál es la capital de China?
What's the capital of China?

China /ˈtʃaɪnə/
🔊 La i de China se pronuncia como la i de like.

chincheta

▷ Coloqué el póster con cuatro chinchetas.
I put the poster up with four drawing pins.

drawing pin /ˈdrɔːɪŋ pɪn/ (plural: drawing pins /ˈdrɔːɪŋ pɪnz/)
✐ chincheta se dice drawing pin en inglés británico y thumbtack /ˈθʌmtæk/ en inglés americano.

chino, china

1 ▷ Hay un restaurante chino muy bueno en esta calle.
There is a very good Chinese restaurant in this street.
▷ Wang es chino.
Wang is Chinese.

2 ▷ Se casó con una china.
He married a Chinese woman.

▷ Los chinos comen mucho arroz.
The Chinese eat a lot of rice.

1 (adjetivo) Chinese /tʃaɪˈniːz/
ℹ️ Se escribe siempre con mayúscula, como todos los adjetivos y nombres ingleses que se refieren a la nacionalidad.

2 (nombre) **un chino, una china:**
(= hombre) a Chinese man;
(= chico) a Chinese boy;
(= mujer) a Chinese woman;
(= chica) a Chinese girl.
▶ **los chinos:** the Chinese

Chipre

▷ ¿Cuál es la capital de Chipre?
What's the capital of Cyprus?

Cyprus /ˈsaɪprəs/
🔊 La y de Cyprus se pronuncia como la i de like.

chispa

▷ Una chispa provocó el incendió.
The fire was caused by a spark.

spark /spɑːk/

chiste

▷ Pablo siempre cuenta chistes muy divertidos.
Pablo always tells very funny jokes.

joke /dʒəʊk/
▶ **contar un chiste:** tell a joke
(**told, told** /təʊld/)

chivarse

▷ Te vi escribiendo en la pared y me voy a chivar.
I saw you writing on the wall and I'm going to tell on you.
▷ Se chivó al profesor de que estábamos copiando.
She told the teacher that we were copying.

▶ **chivarse de alguien:** tell on somebody /ˈtel ɒn/

ℹ️ En inglés no existe una forma parecida de decir que **se chivó a alguien de algo.** Como en el ejemplo a la izquierda, hay que decir que he/she told somebody that somebody was doing something.

chivato

▷ No tiene muchos amigos porque es un chivato.
He doesn't have many friends because he's a telltale.

telltale /ˈtelteɪl/

chocar

▷ Chocó contra una moto.
He crashed into a motorbike.

(sufrir un accidente) crash /kræʃ/
▶ **chocar contra algo:** crash into something
🔊 crashed se pronuncia /kræʃt/.

chocolate

▷ Me encanta el chocolate.
I love chocolate.

(para comer) chocolate /ˈtʃɒkələt/
◀ La secunda o no se pronuncia. El acento recae sobre la primera sílaba choc-.

▷ ¿Quieres un poco de chocolate con leche?
Do you want some milk chocolate?

► **chocolate con leche:** milk chocolate /mɪlk ˈtʃɒkələt/

chocolatina

▷ Tengo varias chocolatinas en la mochila.
I've got some chocolate bars in my rucksack.

chocolate bar /ˈtʃɒkələt bɑːʳ/
(plural: chocolate bars /ˈtʃɒkələt bɑːz/)
◀ La secunda o no se pronuncia. El acento recae sobre la primera sílaba choc-.

choque

▷ Hubo un choque de trenes.
There was a train crash.

(entre vehículos) crash /kræʃ/ (plural: crashes /ˈkræʃɪz/)

chorizo

▷ Un bocadillo de chorizo, por favor.
A chorizo sandwich, please.

chorizo /tʃəˈriːθəʊ/
ℹ El chorizo no es tan conocido en el Reino Unido como en España. Para explicar lo que es, puedes decir que se trata de a type of spicy sausage.

choza

▷ Pasaron la noche en una choza abandonada.
They spent the night in an abandoned hut.

hut /hʌt/

chubasquero

▷ No te olvides de llevar un chubasquero por si lloviera.
Don't forget to bring a cagoule in case it rains.

cagoule /kəˈɡuːl/
◀ cagoule rima con fool.

chucherías

▷ Mis padres no quieren que coma chucherías.
My parents don't want me to eat sweets.

(= golosinas) sweets /swiːts/
🕎 chucherías se dice sweets en inglés británico y candy /ˈkændɪ/ en inglés americano.

chucho

▷ Estuvimos jugando con un chucho que encontramos en la calle.
We were playing with a dog we found in the street.

dog /dɒɡ/

chuleta

1 ▷ Quiero chuletas de cordero, por favor.
I'd like lamb chops, please.

2 ▷ Llevé una chuleta con las respuestas al examen.
I took a cheat sheet with the answers into the exam.

1 (de carne) chop /tʃɒp/

2 (en examen) cheat sheet /ˈtʃiːt ʃiːt/

chulo, chula

1 ▷ David es un chulo, no me cae nada bien.
David's really cocky, I don't like him at all.

2 ▷ El móvil de Valeria es muy chulo.
Valeria's mobile is really cool.

1 ► ser un chulo (= arrogante): be cocky /ˈkɒki/

2 (bonito) cool /kuːl/

chupado, chupada

▷ El examen estaba chupado.
The exam was really easy.

(= muy fácil): really easy /ˈrɪəli ˈiːzi/

chupar

1 ▷ El perro me chupó la cara.
The dog licked my face.

2 ▷ Mi hermana pequeña todavía se chupa el dedo.
My little sister still sucks her thumb.

1 (= lamer) lick /lɪk/
◀ licked se pronuncia /lɪkt/.

2 ► chuparse el dedo: suck one's thumb

ⓘ El pronombre en inglés funciona de la siguiente forma: I suck my thumb, you suck your thumb, he sucks his thumb, she sucks her thumb.

chupete

▷ ¡Dale el chupete a tu hermano!
Give your brother his dummy!

dummy /ˈdʌmi/ (plural: dummies /ˈdʌmiz/)

⌐ chupete se dice dummy en inglés británico y pacifier /ˈpæsɪfaɪər/ en inglés americano.

cibercafé

▷ ¿Hay algún cibercafé cerca de aquí?
Is there an Internet café near here?

Internet café /ˈɪntənet kæfeɪ/
(plural: Internet cafés /ˈɪntənet kæfeɪz/)

cicatriz

▷ Emilio tiene una cicatriz grande en el brazo.
Emilio has a big scar on his arm.

scar /skɑːr/

ciclismo

▷ El ciclismo es un deporte muy popular en España.
Cycling is a very popular sport in Spain.

cycling /ˈsaɪklɪŋ/
◀ La y de cycling se pronuncia como la i de like.

ciclista

▷ Adelantamos a un grupo de ciclistas.
We overtook a group of cyclists.

cyclist /ˈsaɪklɪst/
◀ La y de cyclist se pronuncia como la i de like.

ciclomotor

▷ Mis padres me van a comprar un ciclomotor.
My parents are going to buy me a moped.

moped /ˈməʊped/
◀) La o de moped se pronuncia como la o de bone.

ciego, ciega

▷ Mi tía es ciega.
My aunt is blind.

▷ Ayudé a cruzar la calle a un ciego.
I helped a blind man cross the road.

blind /blaɪnd/
◀) La i de blind se pronuncia como la i de like.
► **un ciego:** a blind man
► **una ciega:** a blind woman

cielo

▷ Hoy el cielo está muy azul.
The sky is very blue today.

sky /skaɪ/
◀) La y de sky se pronuncia como la i de like.
ℹ Cuando se habla del cielo con el signiﬁcado de paraíso, en inglés se usa la palabra heaven /ˈhevən/.

ciempiés

▷ Había un ciempiés subiendo por el árbol.
There was a centipede climbing up the tree.

centipede /ˈsentɪpiːd/
◀) La segunda e se pronuncia como la ee de week.

cien

1 ▷ La bisabuela de Trini tiene cien años.
Trini's great-grandmother is a hundred years old.
▷ Gastarán cien mil euros en el proyecto.
They will spend one hundred thousand euros on the project.
2 ▷ Los precios han subido el tres por cien.
Prices have increased by three per cent.

1 a hundred /ˈhʌndrəd/
ℹ Fíjate cómo en el ejemplo hundred se escribe con el artículo a delante.
► **cien mil:** one hundred thousand /wʌn ˈhʌndrəd ˈθaʊzənd/
2 ► **por cien:** per cent /pɜː ˈsent/

ciencia

▷ A Natalia le interesan muchísimo las ciencias.
Natalia is really interested in science.

▷ A Pepe le encantan las películas de ciencia ﬁcción.
Pepe loves science ﬁction ﬁlms.

science /ˈsaɪəns/
◀) La i de science se pronuncia como la i de like.
ℹ Con frecuencia science se usa en singular en inglés.
► **ciencia ﬁcción:** science fiction /ˈsaɪəns ˈfɪkʃən/
ℹ A menudo se emplea también la abreviatura sci-fi /ˈsaɪˈfaɪ/.

cientíﬁco, cientíﬁca

1 ▷ Ese método no es muy cientíﬁco.
That method isn't very scientiﬁc.

1 (= adjetivo, que se reﬁere a la ciencia) scientific /saɪənˈtɪfɪk/

Sigue en la página siguiente

ciento

2 ▷ Los científicos canadienses han hecho un descubrimiento importante.
Canadian scientists have made an important discovery.

2 (= la persona) scientist
/ˈsaɪəntɪst/
◀) La primera **i** de scientific y scientist se pronuncia como la **i** de like.

ciento

▷ Había ciento sesenta pasajeros en el avión.
There were one hundred and sixty passengers in the plane.

one hundred /wʌn ˈhʌndrəd/
i Fíjate cómo en el ejemplo one hundred se escribe con el artículo **a** delante.
i Cuando one hundred va seguido por otra cifra, como en el ejemplo, se coloca **and** entre los dos números.

▷ El padre de Rosa tiene cientos de libros.
Rosa's father has hundreds of books.

▷ Los precios han subido el tres por ciento.
Prices have increased by three per cent.

► **cientos de** (= muchos):
hundreds of
► **por ciento:** per cent /pɜːˈsent/

cierto, cierta

▷ Lo que te contó Aurora no es cierto.
What Aurora told you isn't true.

(= verdadero) true /truː/

ciervo

▷ Vimos un ciervo cerca de la carretera.
We saw a deer near the road.

deer /dɪəʳ/
i deer es una palabra invariable, se escribe igual en singular y en plural (algunos ciervos = some deer).
◀) deer rima con fear y here.

cifra

▷ Piensa en una cifra entre el uno y el nueve.
Think of a number between one and nine.

number /ˈnʌmbəʳ/

cigarrillo

▷ La madre de Isabel descubrió varios cigarrillos en su bolsillo.
Isabel's mother found some cigarettes in her pocket.

cigarette /sɪgəˈret/
🖐 Fíjate bien en cómo se escribe cigarette.

cigarro

▷ Mi tío fuma cigarros.
My uncle smokes cigars.

cigar /sɪˈgɑːʳ/

cigüeña

▷ Hay una pareja de cigüeñas viviendo en la torre de la iglesia.
There's a couple of storks living in the church tower.

stork /stɔːk/

cimientos

▷ Vimos cómo echaban los cimientos del edificio.
We saw them laying the foundations of the building.

foundations /faʊnˈdeɪʃənz/
► **echar los cimientos:** lay the foundations

cinco

▷ En mi clase sólo hay cinco alumnos.
There are only five pupils in my class.
▷ Alicia tiene cinco años.
Alicia is five.
▷ Hoy es cinco de mayo.
Today is the fifth of May.
▷ Nos veremos el cinco de julio.
We'll see each other on the fifth of July.

five /faɪv/

ℹ Con las fechas se usa the fifth /fɪfθ/ en inglés.
ℹ Fíjate cómo en inglés se usa on y of con las fechas.
ℹ Se escribe 5 April, 5 May, etc.

cincuenta

▷ Mi padre tiene cincuenta años.
My father is fifty.
▷ Invitó a cincuenta y dos amigos.
He invited fifty-two friends.

fifty /ˈfɪftɪ/

ℹ Fíjate cómo en inglés para construir un número formado por una decena y una unidad no se coloca y sino un guión: cincuenta y uno = fifty-one, cincuenta y dos = fifty-two, etc.

cine

▷ Hay seis cines en la ciudad.
There are six cinemas in the town.
▷ Vamos al cine todos los miércoles.
We go to the cinema every Wednesday.

cinema /ˈsɪnəmə/

◀ En inglés americano a cinema se dice a movie theater.
◀ En inglés americano the cinema se dice the movies.

cinta

1 ▷ Beatriz lleva una cinta negra en el pelo.
Beatriz is wearing a black ribbon in her hair.
▷ ¿Me podrías dejar un poco de cinta adhesiva?
Could you lend me some sticky tape?
2 ▷ ¿Te queda alguna cinta virgen?
Do you have any blank tapes left?
▷ Te daré una cinta de vídeo para que grabes el concierto.
I'll give you a video so you can record the concert.

1 (= tira flexible) ribbon /ˈrɪbən/
► **cinta adhesiva:** sticky tape /ˈstɪkɪ teɪp/
2 (casete, para música o para el vídeo) tape /teɪp/
► **cinta de vídeo:** video /ˈvɪdɪəʊ/

cintura

▷ Susana tiene la cintura muy delgada.
Susana has a very slim waist.

waist /weɪst/
◀ waist se pronuncia igual que waste.

cinturón

▷ Si los pantalones te quedan grandes ponte un cinturón.
If your trousers are too big, put a belt on.
▷ Ponte el cinturón de seguridad.
Fasten your seat belt.

belt /belt/

► cinturón de seguridad: seat belt /ˈsiːt belt/ (plural: seat belts /ˈsiːt belts/)

circo

▷ Dani y Ester fueron al circo ayer.
Dani and Ester went to the circus yesterday.

circus /ˈsɜːkəs/ (plural: circuses /ˈsɜːkəsɪz/)

◀) cir- se pronuncia como la palabra sir.

circuito

1 ▷ Fuimos al circuito a ver la carrera de Fórmula 1.
We went to the race track to watch the Formula 1 race.
2 ▷ Hicimos un circuito por el norte de Italia.
We did a tour through the north of Italy.

1 (de carreras) race track /ˈreɪs træk/ (plural: race tracks)

2 (= viaje) tour /tʊəʳ/

circular (adjetivo)

▷ Un diseño circular.
A circular design.

(= en forma de círculo) circular /ˈsɜːkjələʳ/

◀) cir- se pronuncia como la palabra sir.

circular (verbo)

1 ▷ Es muy difícil circular por Madrid.
It's very difficult to drive in Madrid.
2 ▷ ¿Los autobuses circulan el domingo?
Do the buses run on Sundays?

1 (= conducir) drive /draɪv/ (drove /drəʊv/, driven /ˈdrɪvən/)

2 (funcionar, hablando del transporte público) run /rʌn/ (ran /ræn/, run)

círculo

▷ Dibuja un círculo con el compás.
Draw a circle with your compasses.

circle /ˈsɜːkəl/

◀) cir- se pronuncia como la palabra sir.

ciruela

▷ Mi madre hizo mermelada con ciruelas del jardín.
My mother made jam with plums from the garden.

plum /plʌm/

ℹ La u de plum se pronuncia como la u de duck.

cirujano, cirujana

▷ El cirujano que me operó es amigo de mi madre.
The surgeon who operated on me is a friend of my mother.
▷ Cuando sea mayor quiero ser cirujana.
When I grow up I want to be a surgeon.

surgeon /ˈsɜːdʒən/

ℹ No te olvides de colocar el artículo a o an delante del nombre de la profesión cuando aparece detrás de los verbos be o become.

◀) sur- se pronuncia como la palabra sir.

cisne

▷ Había patos y cisnes en el lago.
There were ducks and swans on the lake.

swan /swɒn/
🔊 swan rima con gone y John.

cita

1 ▷ Se me pasó la cita con el dentista.
I missed my appointment with the dentist.

2 ▷ Tengo una cita con Andrés a las 8.
I'm meeting Andrés at 8 o'clock.

3 ▷ Marcos está nervioso porque es su primera cita
con Lucía.
*Marcos is nervous because it's his first date
with Lucía.*

1 (= encuentro con el médico, el
dentista, la peluquera) appointment
/əˈpɔɪntmənt/
2 Cuando se trata de un encuentro
con un amigo, se utiliza el verbo
meet /miːt/ (met, met /met/)
💡 En este contexto no se utiliza la
palabra appointment.
3 Cuando se trata de un encuentro
amoroso, **cita** se traduce por date
/deɪt/

ciudad

▷ La ciudad más cercana está a diez kilómetros.
The nearest town is ten kilometres away.
▷ Barcelona es una de las ciudades más grandes
de España.
Barcelona is one of the biggest cities in Spain.
▷ Vivo muy cerca de la ciudad universitaria.
I live very near the university campus.

town /taʊn/
ℹ Cuando se trata de una ciudad
grande, se utiliza city /ˈsɪti/ (plural: cities
/ˈsɪtiz/)

► **ciudad universitaria:**
university campus /juːnɪˈvɜːsəti
ˈkæmpəs/ (plural: **university**
campuses /juːnɪˈvɜːsəti ˈkæmpəsɪz/)

civilización

▷ Hemos estudiado ya la civilización romana.
We have already studied Roman civilization.

civilization /sɪvɪlaɪˈzeɪʃən/
🔊 El acento recae sobre la cuarta
sílaba -za-.

clara de huevo

▷ Hacen falta cuatro claras de huevo para esta
receta.
You need four egg whites for this recipe.

(de huevo) egg white /eg ˈwaɪt/

claro, clara

1 ▷ Esta es la habitación más clara de la casa.
This is the brightest room in the house.

2 ▷ Los colores claros están de moda.
Light colours are in fashion.

3 ▷ La explicación del profesor no fue muy clara.
The teacher's explanation wasn't very clear.

1 (hablando de la luminosidad) bright
/braɪt/ (más claro brighter /ˈbraɪtəˈ/, el
más claro the brightest /ˈbraɪtɪst/)
2 (hablando de colores) light /laɪt/
(más claro lighter /ˈlaɪtəˈ/, el más claro
the lightest /ˈlaɪtɪst/)
3 (= que se entiende fácilmente) clear
/klɪəˈ/ (más claro clearer /ˈklɪərəˈ/, el
más claro the clearest /ˈklɪərɪst/)

Sigue en la página siguiente

4 ▷ ¿Te gustaría venir al cine con nosotros? - ¡Claro!
Would you like to come to the cinema with us?
- Of course!

4 (= por supuesto) of course /əv
ˈkɔːs/

clase

1 ▷ Hay 25 alumnos en mi clase.
There are twenty-five pupils in my class.
▷ La clase de hoy fue muy aburrida.
Today's class was really boring.
▷ Tengo clases particulares de inglés.
I have private English classes.
2 ▷ La clase estaba vacía cuando llegamos.
The classroom was empty when we arrived.
3 ▷ ¿Qué clase de música te gusta más?
What kind of music do you like best?

1 (= grupo de alumnos, lección) class
/klɑːs/ (plural: classes /ˈklɑːsɪz/)

► clases particulares: private
classes /ˈpraɪvət ˈklɑːsɪz/
2 (= aula) classroom /ˈklɑːsruːm/

3 (= tipo) kind /kaɪnd/
ℹ También se puede decir sort /sɔːt/.
◀) La i de kind se pronuncia como la i
de like.

clásico, clásica

▷ Mi padre escucha música clásica.
My father listens to classical music.

classical /ˈklæsɪkəl/
ℹ Fíjate que classical se escribe con
doble s.

clasificar

▷ El profesor nos pidió que clasificáramos estos
animales en tres categorías.
The teacher asked us to classify these animals
into three categories.

classify /ˈklæsɪfaɪ/
ℹ La y de classify se convierte en ie
en la tercera persona del singular del
presente de indicativo (classifies
/ˈklæsɪfaɪz/), en el pasado y el participio
pasado (classified /ˈklæsɪfaɪd/).

clavar

▷ Se clavó una chincheta en el dedo.
He got a drawing pin in his finger.

► clavarse algo en algo: get
something in something /ɪn/
(got, got /gɒt/)
ℹ Fíjate que aunque en español se usa
el artículo delante de la parte del cuerpo
(el dedo) en inglés se usa el adjetivo
posesivo correspondiente (his finger).

clave

▷ Me he olvidado de la clave para entrar a mi
correo electrónico.
I've forgotten the password to access my e-
mail.

(hablando de una clave informática)
password /ˈpaːswɜːd/

clavo

▷ Esta herramienta sirve para arrancar clavos.
This tool is for pulling nails out.

nail /neɪl/
◀) nail rima con pale.

clic

▷ Haz click en ese cuadro.
Click on that box.

▷ Haz doble clic en este icono.
Double-click on this icon.

(con el ratón del ordenador) click
/klɪk/
► **hacer clic en algo:** click on
something
► **hacer doble clic en algo:**
double-click on something
/dʌbəlˈklik/

cliente

▷ La tienda estaba llena de clientes.
The shop was full of customers.

(de una tienda) customer
/ˈkʌstəmər/
◀) La u de customer se pronuncia
como la u de duck.

clima

▷ El clima escocés es muy frío.
The Scottish climate is very cold.

climate /ˈklaɪmət/
◀) La i de climate se pronuncia como
la i de like, y la a se pronuncia como la i
de big.

clínica

▷ Fuimos a la clínica a visitar a mi abuela.
We went to the clinic to visit my grandmother.

clinic /ˈklɪnɪk/
❦ Fíjate que clinic se escribe sin a al
final.

clip

1 ▷ Dame un clip para agrupar las hojas.
*Give me a paper clip to fasten the sheets
together.*
2 ▷ ¿Has visto el clip de Madonna?
Have you seen Madonna's video?

1 (= para juntar papeles) paper clip
/ˈpeɪpə klɪp/ (plural: paper clips
/ˈpeɪpə klɪps/)
2 (= videoclip musical) video
/ˈvɪdɪəʊ/

cloro

▷ Esta piscina tiene demasiado cloro.
This swimming pool has too much chlorine.

chlorine /ˈklɔːriːn/
◀) La i de chlorine se pronuncia como
la ee de week.

club

▷ ¿Quieres ir al club de tenis mañana?
*Would you like to go to the tennis club
tomorrow?*

club /klʌb/
◀) club rima con pub.

cobarde

▷ Es un cobarde, no hizo nada para ayudarme.
He's a coward, he did nothing to help me.

► **ser cobarde o ser un cobarde:**
be a coward /ˈkaʊəd/

cobaya

▷ La mascota de Diana es una cobaya.
Diana's pet is a guinea pig.

guinea pig /ˈgɪnɪ pɪg/ (plural: guinea
pigs)

cobre

▷ Esta tubería es de cobre.
This pipe is made of copper.

▷ Un cable de cobre.
A copper wire.

copper /ˈkɒpəʳ/
► ser de cobre: be made of copper
► de cobre: copper

coca

▷ Una coca y un zumo de naranja, por favor.
A Coke and an orange juice, please.

(= bebida) Coke® /kəʊk/

cocer

▷ Cuece bien las zanahorias.
Cook the carrots well.

cook /kʊk/
◄» cook rima con book.

coche

1 ▷ El coche está en el garaje.
The car is in the garage.

▷ Iremos en coche.
We'll go by car.

2 ▷ ¿Has viajado alguna vez en coche cama?
Have you ever travelled in a sleeper?

1 (= automóvil) car /kɑːʳ/

► en coche: by car

2 ► coche cama (en tren):
sleeper /ˈsliːpəʳ/

cochecito

▷ A mi hermanita le encanta salir a pasear en su cochecito.
My little sister loves going for a ride in her pram.

(para bebé) pram /præm/
⌐ cochecito se dice pram en inglés británico y baby carriage /ˈbeɪbɪ ˈkærɪdʒ/ (plural: baby carriages /ˈbeɪbɪ ˈkærɪdʒɪz/) en inglés americano.

cochino, cochina

▷ ¡No seas cochino y vete a lavar las manos ahora mismo!
Don't be filthy, go and wash your hands right now!

(= sucio, refiriéndose a una persona o a una habitación) filthy /ˈfɪlθɪ/ (más cochino filthier /ˈfɪlθɪəʳ/, el más cochino the filthiest /ˈfɪlθɪɪst/)

cocido

▷ El cocido que prepara mi madre es riquísimo.
My mother's stew is delicious.

(= guiso) stew /stjuː/
◄» stew rima con you.

cocina

1 ▷ Eva está en la cocina.
Eva's in the kitchen.

2 ▷ Mi madre dice que la cocina es fácil.
My mother says that cooking is easy.

3 ▷ Me encanta la cocina mexicana.
I love Mexican food.

1 (= el lugar en el que se preparan las comidas) kitchen /ˈkɪtʃɪn/

2 (= la preparación de las comidas) cooking /ˈkʊkɪŋ/

3 (los alimentos) food /fuːd/

cocinar

▷ Mi abuela cocina muy bien.
My grandmother cooks really well.
▷ Cocina primero la pasta.
Cook the pasta first.

cocinero, cocinera

▷ El cocinero del colegio es muy simpático.
The school cook is very nice.
▷ Amalia quiere ser cocinera.
Amalia wants to be a cook.

coco

▷ Me encanta el helado de coco.
I love coconut ice cream.

cocodrilo

▷ Hay unos cocodrilos enormes en el zoo.
There are some huge crocodiles at the zoo.

código

▷ ¿Te sabes el código para entrar en el edificio?
Do you know the code to get into the building?
▷ ¿Cuál es el código postal de Bilbao?
What's the postcode for Bilbao?

▷ Mi hermano mayor está aprendiendo el código de circulación.
My older brother is learning the highway code.

codo

▷ Me he dado un golpe en el codo, ¡me duele!
I've banged my elbow, it hurts!

cofre

▷ Los piratas estaban buscando el cofre del tesoro.
The pirates were looking for the treasure chest.

cook /kʊk/
◀) cook rima con book. En pasado cooked se pronuncia /kʊkt/.

cook /kʊk/
◀) cook rima con book.
ⓘ No te olvides de colocar el artículo a o an delante del nombre de la profesión cuando aparece detrás de los verbos be o become.

coconut /ˈkəʊkənʌt/
◀) La primera o es la de bone. La segunda se pronuncia como la a de about.

crocodile /ˈkrɒkədaɪl/
🖐 Fíjate bien en cómo se escribe crocodile.
◀) La i de crocodile se pronuncia como la i de like. Crocodile rima con mile y while.

(= serie de letras y números) code /kəʊd/

► código postal: postcode /ˈpəʊstkəʊd/
✄ código postal se dice postcode en inglés británico y zip code /ˈzɪp kəʊd/ en inglés americano.
► el código de circulación: the highway code /ˈhaɪweɪ kəʊd/

elbow /ˈelbəʊ/
◀) elbow rima con go y Joe; elbows rima con rose y nose.

chest /tʃest/

coger

1 ▷ Coge mi boli, tengo otro.
  Take my pen, I've got another one.
  ▷ ¿Vas a coger el tren que va a Madrid?
  Are you taking the train to Madrid?
  ▷ La profesora me cogió del brazo.
  The teacher grabbed me by the arm.

1 La traducción más común de coger es take /teɪk/ (took /tʊk/, taken /ˈteɪkən/)

► **coger a alguien de...** (para que no se vaya): grab somebody by... /græb/

ℹ La b de grab se convierte en bb en el gerundio (grabbing /ˈgræbɪŋ/) y en el pasado y el participio (grabbed /græbd/).

2 ▷ Elvira cogió la goma, que se había caído al suelo.
  Elvira picked up the rubber which had fallen on the floor.
3 ▷ El profesor me cogió copiando.
  The teacher caught me copying.

2 (= recoger algo que se había caído): pick up /pɪk ʌp/
🔊 picked se pronuncia /pɪkt/.

3 ► **coger a alguien haciendo algo** (= sorprender): catch somebody doing something /ˈduːɪŋ/ (caught, caught /kɔːt/)

cohete

▷ El cohete estalló en el espacio.
The rocket exploded in space.

rocket /ˈrɒkɪt/
🔊 La e de rocket se pronuncia como la i de pig.

coincidencia

▷ ¡Qué coincidencia, yo también voy a ir al concierto!
What a coincidence, I'm going to the concert too!

coincidence /kəʊˈɪnsɪdəns/
🖋 Fíjate bien en cómo se escribe coincidence.
🔊 El acento recae sobre la segunda sílaba -in-.

cojear

▷ ¿Por qué cojeas? ¿Te has hecho daño?
Why are you limping? Have you hurt yourself?

limp /lɪmp/
🔊 En pasado limped se pronuncia /lɪmpt/.

cojín

▷ Los cojines del sofá son muy cómodos.
The sofa cushions are very comfortable.

cushion /ˈkʊʃən/
🔊 La u de cushion se pronuncia como la oo de book.

col

▷ Esta sopa tiene col, no me gusta.
There's cabbage in this soup, I don't like it.

cabbage /ˈkæbɪdʒ/
🔊 cabbage rima con bridge.

cola

1 ▷ El perro está intentando morderse la cola.
  The dog is trying to bite its tail.

1 (de un animal, un avión) tail /teɪl/

2 ▷ Hay una cola de más de cien personas.
  *There's a queue of more than one hundred
  people.*

▷ Estuvimos dos horas haciendo cola.
  We queued for two hours.

3 ▷ Necesito comprar un tubo de cola.
  I need to buy a tube of glue.

2 (= fila de personas) queue /kjuː/
☞ cola se dice line /laɪn/ en inglés
americano.
◀) queue rima con you.
► hacer cola: queue /kjuː/
☞ hacer cola se dice line up /laɪn ˈʌp/
en inglés americano.
3 (= pegamento) glue /gluː/
◀) glue rima con blue y do.

colarse

▷ ¡Eh, tú, no te cueles!
  Hey, you, don't jump the queue!

(= saltarse la cola): jump the
queue /ˈdʒʌmp ðə ˈkjuː/
☞ colarse se dice jump the queue en
inglés británico y cut in /kʌt ˈɪn/ en
inglés americano.

colcha

▷ Tania tiene una colcha muy bonita que le hizo
  su abuela.
  *Tania has a really nice bedspread that her
  grandmother made for her.*

bedspread /ˈbedspred/
◀) La ea de bedspread se pronuncia
como la e de red.

colchón

▷ Este colchón es muy cómodo.
  This mattress is very comfortable.

mattress /ˈmætrəs/ (plural:
mattresses /ˈmætrəsɪz/)

colchoneta

▷ Hay muchas colchonetas en el gimnasio.
  There are lots of mats in the gym.

(= para hacer gimnasia) mat /mæt/

cole

▷ Mañana no tenemos cole.
  There's no school tomorrow.

school /skuːl/
ℹ Aunque cole es una palabra
coloquial en español, school no lo es en
inglés.

colección

▷ ¿Has visto mi colección de sellos?
  Have you seen my stamp collection?

collection /kəˈlekʃən/
ℹ Fíjate bien en cómo se escribe
collection.
◀) El acento recae sobre la segunda
sílaba -llec-.

coleccionar

▷ Álvaro colecciona monedas.
  Álvaro collects coins.

collect /kəˈlekt/
ℹ Fíjate bien en cómo se escribe
collect.

colega

▷ Mi padre va a viajar con varios colegas de trabajo.
My father is going to travel with several work colleagues.

colleague /ˈkɒliːɡ/
ℹ Fíjate bien en cómo se escribe colleague.
🔊 La **-gue** de **colleague** se pronuncia como la **g** de **big**. El acento recae sobre la primera sílaba **co-**.

colegio

1 ▷ El colegio está muy cerca de mi casa.
The school is very near my house.
▷ Mañana no tengo que ir al colegio.
I don't have to go to school tomorrow.
2 ▷ El colegio comienza en septiembre.
School starts in September.

1 (= edificio) school /skuːl/

► **ir al colegio:** go to school /skuːl/ (went /went/, gone /ɡɒn/)

2 ► **el colegio** (= las clases): school /skuːl/

colgar

▷ ¿Dónde vas a colgar el cuadro?
Where are you going to hang the painting?
▷ Se estaba colgando de una rama.
He was hanging from a branch.

hang /hæŋ/ (hung, hung /hʌŋ/)

► **colgarse de algo:** hang from something /ˈhæŋ frɒm/

coliflor

▷ Odio el olor de la coliflor.
I hate the smell of cauliflower.

cauliflower /ˈkɒlɪflaʊəʳ/
🔊 La **au** de **cauliflower** se pronuncia como la **o** de **bottle**.

colilla

▷ Había un montón de colillas en el suelo.
There were lots of cigarette butts on the floor.

cigarette butt /sɪɡəˈret bʌt/ (plural: cigarette butts /sɪɡəˈret bʌts/)

colina

▷ Había una iglesia en lo alto de la colina.
There was a church at the top of the hill.

hill /hɪl/

colmena

▷ Ten cuidado, hay varias colmenas cerca de aquí.
Be careful, there are several beehives near here.

beehive /ˈbiːhaɪv/ (plural: beehives /ˈbiːhaɪvz/)
ℹ La **i** de **beehive** se pronuncia como la **i** de **like**.

colmillo

1 ▷ Los perros tienen los colmillos grandes.
Dogs have big canines.

1 (= de persona, perro) canine /ˈkeɪnaɪn/
🔊 La **a** de **canine** se pronuncia como la **a** de **make**, y la **i** como la **i** de **like**.

2 ▷ En el zoo hay un elefante con colmillos enormes.
There's an elephant at the zoo with huge tusks.

2 (= de elefante) tusk /tʌsk/
🔊 La **u** de **tusk** se pronuncia como la **u** de **duck**.

colocar

▷ Coloca los juguetes en el armario.
Put the toys in the wardrobe.

(= poner) **put** /pʊt/ (put, put)

Colombia

▷ ¿Cuál es la capital de Colombia?
What's the capital of Colombia?

Colombia /kəˈlʌmbɪə/
◀) La segunda o de Colombia se pronuncia como la u de duck.

colombiano, colombiana

1 ▷ Han contratado a un jugador colombiano.
They've signed a Colombian player.
▷ Gabriel es colombiano.
Gabriel is Colombian.

1 (adjetivo) **Colombian** /kəˈlʌmbɪən/
ℹ Se escribe siempre con mayúscula, como todos los adjetivos y nombres ingleses que se refieren a la nacionalidad.

2 ▷ Se casó con un colombiano.
She married a Colombian.

2 (nombre) **un colombiano, una colombiana:** a **Colombian**
◀) La segunda o de Colombian se pronuncia como la u de duck.

colonia

1 ▷ Me gusta mucho la colonia de Victoria.
I really like Victoria's cologne.

1 (= perfume) **cologne** /kəˈləʊn/
◀) La g de cologne no se pronuncia. Cologne rima con bone.

2 ▷ Mis amigos fueron de colonias a Navarra.
My friends went on a summer camp in Navarra.

2 ▶ **ir de colonias** (durante las vacaciones): go on a **summer camp** /ˈsʌmə kæmp/ (went /went/, gone /gɒn/)

color

▷ El color favorito de Inma es el rojo.
Inma's favourite colour is red.

▷ ¿De qué color es el coche de tu hermano?
What colour is your brother's car?
▷ Mi padre se ha comprado una impresora en color.
My dad has bought a colour printer.

colour /ˈkʌləʳ/
✄ En inglés americano se escribe color.
▶ **¿de qué color...?:** what colour...?
▶ **en color** (hablando de una foto, una película, una impresora): colour /ˈkʌləʳ/

colorear

▷ Tienes que colorear el dibujo.
You have to colour in the picture.

colour in /ˈkʌlər ɪn/
✄ En inglés americano se escribe color in.

columna

▷ Escribe estas cifras en dos columnas.
Write these figures in two columns.

column /ˈkɒləm/
◀) La n de column no se pronuncia.

columpiarse

▷ Estuvimos columpiándonos en el parque.
We were playing on the swings in the park.

(en el parque) **play on the swings**
/ˈpleɪ ɒn ðe ˈswɪŋz/

ⅈ Fíjate que al verbo pronominal **columpiarse** no le corresponde un verbo pronominal en inglés.

columpio

▷ En el parque hay columpios.
There are swings in the park.

swing /swɪŋ/

coma

1 ▷ Te has dejado una coma ahí.
You've missed a comma there.

1 (= signo ortográfico) **comma**
/ˈkɒmə/

ⅈ Fíjate que **comma** se escribe con dos **m**.

◀ La **o** de **comma** se pronuncia como la **o** de **dog**.

2 ▷ El padre de Dani sufrió un accidente y está en coma.
Dani's father had an accident and he's in a coma.

2 ▶ **estar en coma** (hablando de una persona que está muy grave): **be in a coma** /ɪn ə ˈkəʊmə/

ⅈ Fíjate que en inglés se utiliza el artículo **a** delante de **coma**.

◀ La **o** de **coma** se pronuncia como la **o** de **go**.

comba

▷ Había diez niños saltando a la comba.
There were ten children skipping.

▶ **saltar a la comba: skip** /skɪp/

ⅈ **skip** se escribe con dos **p** en el gerundio (**skipping** /ˈskɪpɪŋ/) y el pasado y el participio (**skipped** /ˈskɪpt/).

🖐 En inglés americano **saltar a la comba** se dice **jump rope** /ˈdʒʌmp rəʊp/.

comedia

▷ Esa película es una comedia muy divertida.
That film is a very funny comedy.

comedy /ˈkɒmədɪ/ (plural: **comedies** /ˈkɒmədɪz/)

◀ El acento recae sobre la primera sílaba **co-**.

comedor

1 ▷ Cuando tenemos invitados comemos en el comedor.
When we have guests we eat in the dining room.

2 ▷ El comedor de mi colegio es enorme.
The dining hall at my school is huge.

1 (habitación de una casa) **dining room** /ˈdaɪnɪŋ ruːm/ (plural: **dining rooms**)

2 (en un colegio): **dining hall** /ˈdaɪnɪŋ hɔːl/ (plural: **dining halls**)

comentario

▷ Hizo un comentario muy interesante.
He made a very interesting comment.

comment /ˈkɒment/

ℹ Fíjate que comment se escribe con doble m.

◀) El acento recae sobre la primera sílaba co-.

comenzar

▷ ¡Eva comenzó el libro ayer y ya lo ha acabado!
Eva started the book yesterday and she's already finished it!
▷ El colegio comienza en septiembre.
School starts in September.
▷ Comenzó a estudiar a las 10.
He began studying at 10 o'clock.

start /stɑːt/

ℹ El verbo inglés begin /brˈɡɪn/ significa lo mismo que start pero es irregular: (began /brˈɡæn/, begun /brˈɡʌn/)

▶ comenzar a hacer algo: start doing something

comer

1 ▷ Comimos muy bien en el restaurante.
We ate very well at the restaurant.

▷ ¿Le diste de comer al perro?
Did you feed the dog?
2 ▷ En casa normalmente comemos a las tres.
At home we usually have lunch at three o'clock.
▷ Comimos paella.
We had paella for lunch.

1 (hablando de comida en general, a cualquier hora del día) eat /iːt/ (ate /et/, eaten /ˈiːtən/)

▶ dar de comer a: feed (fed, fed /fed/)

2 (hablando de la comida del mediodía) have lunch /lʌntʃ/ (had, had /hæd/)

▶ comer algo: have something for lunch

comerciante

▷ Los comerciantes están contra la abertura del hipermercado.
The shopkeepers are against the opening of the hypermarket.

(= persona que tiene una tienda) shopkeeper /ˈʃɒpkiːpəʳ/

comercio

1 ▷ Hay muchos comercios en nuestro barrio.
There are a lot of shops in our neighbourhood.
2 ▷ El comercio entre los dos países se ha intensificado.
Trade between the two countries has increased.

1 (= tienda) shop /ʃɒp/

2 (entre países) trade /treɪd/

cometa

1 ▷ ¿Viste el cometa Halley?
Did you see Halley's comet?
2 ▷ Nuria quiere una cometa para su cumpleaños.
Nuria wants a kite for her birthday.

1 (= astro) comet /ˈkɒmɪt/

2 (= juguete volador) kite /kaɪt/

cómic

1 ▷ Tintín es un cómic muy famoso.
   Tintin is a very famous comic strip.

2 ▷ ¿Me dejas tus cómics?
   Can you lend me your comic books?

1 (= historia en viñetas) comic strip /'kɒmɪk strɪp/ (plural: comic strips /'kɒmɪk strɪps/)

2 (= libro con historias en viñetas) comic book /'kɒmɪk bʊk/ (plural: comic books)

cómico, cómica

▷ El profesor nos contó una historia muy cómica.
   The teacher told us a really funny story.

(= divertido) funny /'fʌnɪ/ (más cómico funnier /'fʌnɪə'/, el más cómico the funniest /'fʌnɪɪst/)

comida

1 ▷ No preparamos suficiente comida.
   We didn't prepare enough food.

2 ▷ Las comidas del hotel son excelentes.
   The hotel's meals are excellent.

3 ▷ ¡La comida está lista!
   Lunch is ready!

1 (= alimentos) food /fuːd/
🔊 La oo de food se pronuncia como la oo de soon y too.

2 (hablando de lo que se come a cualquier hora del día) meal /miːl/

3 (hablando de los alimentos que se comen al mediodía) lunch /lʌntʃ/ (plural: lunches)

comillas

▷ Es un diálogo, tienes que usar comillas.
   It's a dialogue, you have to use inverted commas.

▷ La palabra estaba entre comillas.
   The word was in inverted commas.

inverted commas /ɪn'vɜːtɪd 'kɒməz/

► entre comillas: in inverted commas

como

1 ▷ Arturo es como yo, no le gustan las matemáticas.
   Arturo is like me, he doesn't like maths.

▷ Nunca había visto una casa como esa.
   I had never seen a house like that.

2 ▷ Como llegábamos tarde, corrimos.
   As we were late, we ran.

3 ▷ Lalo se comportaba como si estuviera cansado.
   Lalo was behaving as if he was tired.

1 (para comparar) like /laɪk/

2 (= puesto que) as /æz/

3 ► como si: as if /æz 'ɪf/

cómo

1 ▷ ¿Cómo vamos a ir a la playa?
   How are we going to go to the beach?

▷ Merche me enseñó cómo hacer un pastel.
   Merche showed me how to make a cake.

2 ▷ ¿Cómo estás?
   How are you?

1 (hablando de la forma como se hace algo) how /haʊ/

2 Fíjate en la forma de preguntar si alguien está bien: how are you? (¿cómo estás?), how is he/she? (¿cómo está?), how are they? (¿cómo están?)

cómodo, cómoda

▷ Los asientos del cine son muy cómodos.
The seats at the cinema are very comfortable.

comfortable /ˈkʌmfətəbəl/ (más cómodo more comfortable, el más cómodo the most comfortable)

compacto

▷ ¿Tienes el último compacto de Alejandro Sanz?
Have you got Alejandro Sanz's latest CD?

(= disco) CD /ˈsiːˈdiː/
◀) Fíjate en la pronunciación.

compadecerse

▷ Con esos amigos tan tontos que tiene realmente la compadezco.
I really feel sorry for her with those silly friends she has.

► compadecerse de alguien:
feel sorry for somebody /fiːl ˈsɒrɪ fɔːʳ/ (felt, felt /felt/)

compañero, compañera

▷ Mi madre a veces sale a cenar con sus compañeros.
My mother sometimes goes out for dinner with her colleagues.
▷ Fui al cine con mis compañeros de clase.
I went to the cinema with my classmates.

colleague /ˈkɒliːg/
◀) La -gue de colleague se pronuncia como la g de big. El acento recae sobre la primera sílaba co-.

► compañero de clase:
classmate /ˈklɑːsmeɪt/

compañía

1 ▷ La madre de Quique trabaja para una compañía de seguros.
Quique's mother works for an insurance company.
2 ▷ Todos los sábados hago compañía a mis abuelos.
Every Saturday I keep my grandparents company.

1 (= empresa) company /ˈkʌmpənɪ/ (plural: companies /ˈkʌmpənɪz/)

2 ► hacer compañía a alguien (= estar con alguien): keep somebody company /ˈkʌmpənɪ/ (kept, kept /kept/)

comparación

▷ Tenemos que establecer una comparación entre dos textos.
We have to compare two texts.
▷ Fabio mide un metro cincuenta, en comparación yo soy un gigante.
Fabio is one metre fifty tall, I'm a giant in comparison.

► establecer una comparación entre...: compare... /kəmˈpeəʳ/

► en comparación: in comparison /ɪn kəmˈpærɪsən/

comparado, comparada

▷ Comparado con Míchel, Mario es muy bajo.
Compared with Míchel, Mario is very short.

► comparado con: compared with /kɒmˈpeəd wɪð/

comparar

▷ No se pueden comparar, son muy diferentes.
You can't compare them, they're very different.
▷ Carmina me comparó con su hermana.
Carmina compared me with her sister.

compare /kəmˈpeəʳ/

► **comparar con:** compare with

compartimento

▷ ¡Qué pena, no estamos en el mismo compartimento!
What a shame we aren't in the same compartment!

(en un tren) compartment /kəmˈpɑːtmənt/
❦ Fíjate cómo se escribe compartment: no tiene ni i en medio ni o al final.

compartir

▷ Compartí el premio entre mis amigos.
I shared the prize among my friends.
▷ Comparto el dormitorio con mi hermano.
I share my bedroom with my brother.

share /ʃeəʳ/
◀ share rima con hair y where.
ⓘ La e desaparece en el gerundio: sharing.

compás

▷ Dibuja un círculo con el compás.
Draw a circle with a pair of compasses.

pair of compasses /peər əv ˈkʌmpəsɪz/ (plural: pairs of compasses)

compatible

▷ Mi ordenador no es compatible con el tuyo.
My computer is not compatible with yours.

compatible /kəmˈpætɪbəl/
◀ El acento recae sobre la segunda sílaba -pa-.

competencia

▷ En este barrio hay mucha competencia entre las tiendas.
In this neighbourhood there is a lot of competition between the shops.

competition /kɒmpəˈtɪʃən/
◀ El acento recae sobre la tercera sílaba -ti-.

competición

▷ Este fin de semana hay una competición de atletismo entre los dos colegios.
There's an athletics competition between the two schools this weekend.

competition /kɒmpəˈtɪʃən/
◀ El acento recae sobre la tercera sílaba -ti-.

completar

▷ Tengo que completar estas diez frases con un verbo.
I have to complete these ten sentences with a verb.

complete /kəmˈpliːt/

completo, completa

1 ▷ Javier tiene la colección completa de películas de James Bond.
Javier has the complete collection of James Bond films.
2 ▷ El aparcamiento estaba completo.
The car park was full.

1 (= sin que falte ningún elemento)
complete /kəmˈpliːt/

2 (= lleno, hablando de un autobús, un hotel, un aparcamiento) full /fʊl/

complicado, complicada

▷ ¡No consigo resolver este problema, es demasiado complicado!
I can't solve this problem, it's too complicated!

complicated /ˈkɒmplɪkeɪtɪd/ (más complicado more complicated, el más complicado the most complicated)
◀)) El acento recae sobre la primera sílaba com-.

comportamiento

▷ No entiendo su comportamiento.
I don't understand his behaviour.

behaviour /bɪˈheɪvjəʳ/
⌐| En inglés americano se escribe behavior.

comportarse

▷ ¡Te estás comportando como un niño!
You are behaving like a child!
▷ ¡Compórtate bien o no irás al cine!
Behave or you won't go to the cinema!
▷ Se comportó mal y sus padres lo castigaron.
He behaved badly and his parents punished him.

behave /bɪˈheɪv/

► **comportarse bien:** behave (sin adverbio)
► **comportarse mal:** behave badly

compra

▷ Pusimos la compra en el coche.
We put the shopping in the car.
▷ Iremos de compras al centro.
We'll go shopping in the town centre.

(= objetos comprados) shopping /ˈʃɒpɪŋ/
► **ir de compras:** go shopping /ˈʃɒpɪŋ/ (went /went/, gone/been /gɒn/biːn/)

comprar

▷ ¿Dónde compraste tu reproductor de DVD?
Where did you buy your DVD player?
▷ Le voy a comprar un libro para su cumpleaños.
I'm going to buy him a book for his birthday.
▷ Me he comprado una camiseta nueva.
I have bought a new T-shirt.

buy /baɪ/ (bought, bought /bɔːt/)

► **comprar algo a alguien** (hablando de un regalo): buy somebody something /baɪ/
► **comprarse algo:** buy something

comprender

▷ No comprendí lo que dijo.
I didn't understand what she said.

(= entender) understand /ʌndəˈstænd/ (understood, understood /ʌndəˈstʊd/)

compresa

▷ Necesito comprar compresas.
I need to buy some sanitary towels.

(para las mujeres) **sanitary towel**
/ˈsænɪtəri taʊəl/ (plural: sanitary
towels /ˈsænɪtəri taʊəlz/)

✐ **compresa** se dice sanitary towel
en inglés británico y **sanitary napkin**
/ˈsænɪtəri ˈnæpkɪn/ en inglés
americano.

comprimido

▷ El médico me dijo que tomara dos
comprimidos por la mañana.
*The doctor told me to take two pills in the
morning.*

pill /pɪl/

comprobar

▷ Comprueba que la puerta esté cerrada con
llave.
Check that the door is locked.

check /tʃek/
◀)) En pasado, checked rima con
elect.

común

1 ▷ Es un pájaro muy común en esta región.
It's a very common bird in this region.

2 ▷ Maripili y Concha tienen muchas cosas en
común.
*Maripili and Concha have a lot of things in
common.*

1 (= normal, frecuente) **common**
/ˈkɒmən/

2 ▶ **en común** (= compartido):
in common /ɪn ˈkɒmən/

comunicar

1 ▷ Te llamé pero estaba comunicando.
I phoned you but the line was engaged.

2 ▷ Me comunico con mis amigos por correo
electrónico.
I communicate with my friends by e-mail.

1 ▶ **está comunicando** (el
teléfono): **the line is engaged**
/enˈgeɪdʒd/

✐ Este significado de **comunicar** se
dice the line is engaged en inglés
británico y the line is busy /laɪn ɪz ˈbɪzi/
en inglés americano.

2 ▶ **comunicarse con alguien**:
communicate with somebody
/kəˈmjuːnɪkeɪt wɪð/

comunión

▷ Mi hermano pequeño todavía no ha hecho la
primera comunión.
*My little brother hasn't taken his first
Communion yet.*

▶ **hacer la primera comunión**:
take one's **first Communion**
/fɜːst kəˈmjuːnjən/ (took /tʊk/, taken
/ˈteɪkən/)

ⓘ Fíjate que en inglés se utiliza el
adjetivo posesivo donde en español se
utiliza el artículo **"la"**: I take my first
Communion, you take your first
Communion, he takes his first
Communion, she takes her first
Communion.

con

▷ Ángel vino con sus abuelos.
Ángel came with his grandparents.
▷ Corta la cuerda con tijeras.
Cut the string with scissors.

with /wɪð/

concentrarse

▷ ¡Intenta concentrarte!
Try to concentrate!

concentrate /ˈkɒnsəntreɪt/

concha

▷ Tiene una colección muy bonita de conchas.
She has a lovely collection of shells.

shell /ʃel/

concierto

▷ Hay un concierto en el colegio hoy por la noche.
There's a concert at school tonight.
▷ Nunca he ido a un concierto de rock.
I've never been to a rock concert.

concert /ˈkɒnsət/
◀ El acento recae sobre la primera sílaba con-.
► concierto de rock: rock concert /rɒk ˈkɒnsət/ (plural: rock concerts)
ⓘ Se dice a jazz concert (un concierto de jazz), a classical music concert (un concierto de música clásica).

concurso

▷ Rogelio ganó un reloj en un concurso en la radio.
Rogelio won a watch in a competition on the radio.

competition /kɒmpəˈtɪʃən/
◀ El acento recae sobre la tercera sílaba -ti-.

condenar

▷ El tribunal lo condenó a un año de cárcel.
The court sentenced him to one year's imprisonment.

► condenar a alguien a algo: sentence /ˈsentəns/ somebody to something

condición

▷ Viven en unas condiciones terribles.
They live in terrible conditions.

▷ Lo haré pero con una condición: tienes que ayudarme.
I'll do it but on one condition: you must help me.

condition /kənˈdɪʃən/
◀ El acento recae sobre la segunda sílaba di-.
► con una condición: on one condition

conducir

▷ En Inglaterra conducen por la izquierda.
In England, they drive on the left.

(hablando de un coche) drive /draɪv/
(drove /drəʊv/, driven /ˈdrɪvən/)

conductor, conductora

▷ El conductor del coche estaba borracho.
The driver of the car was drunk.

driver /ˈdraɪvəʳ/
🔊 La i de **driver** se pronuncia como la i de **like**.

conejo

▷ Había varios conejos en el campo.
There were several rabbits in the field.

rabbit /ˈræbɪt/

conexión

▷ ¿Tienes conexión a Internet en tu casa?
Do you have an Internet connection at home?

connection /kəˈnekʃən/
ℹ Fíjate que **connection** se escribe con doble **n**.

► **conexión a Internet**: Internet connection /ˈɪntənet kəˈnekʃən/

conferencia

▷ Fuimos a una conferencia sobre el calentamiento global.
We went to a lecture on global warming.

(= charla) lecture /ˈlektʃəʳ/

confesar

▷ Confesó que fue él quien se comió los pasteles.
He confessed that he was the one who ate the cakes.

confess /kənˈfes/
🔊 El acento recae sobre la secunda sílaba **-fess**.

confianza

▷ Tengo confianza en él.
I trust him.

► **tener confianza en alguien**: trust somebody /trʌst/

confiar

▷ Confío en mis amigos.
I trust my friends.

► **confiar en alguien**: trust somebody /trʌst/

confundir

▷ Se parecen tanto que siempre los confundo.
They look so alike that I always get them mixed up.
▷ Siempre confundo a Silvia con su hermana.
I always mistake Silvia for her sister.

▷ Me confundí de autobús.
I got the wrong bus.

► **confundir algo**: get something mixed up /mɪkst ˈʌp/ (got, got /gɒt/)
► **confundir... con**: mistake /mɪsˈteɪk/... for (mistook /mɪsˈtʊk/, mistaken /mɪsˈteɪkən/)
► **confundirse de + nombre** (de autobús, tren, piso): get the wrong /rɒŋ/ + nombre (got, got /gɒt/)

congelador

▷ ¿Metiste el pan en el congelador?
Did you put the bread in the freezer?

freezer /ˈfriːzəʳ/

congelar

1 ▷ No congeles esa carne.
  Don't freeze that meat.

1 (= poner en el congelador) **freeze**
/friːz/ (froze /frəʊz/, frozen /ˈfrəʊzən/)
ℹ **congelado** se dice frozen en inglés;
frozen foods son alimentos congelados.

2 ▷ ¡Cierra la ventana, me estoy congelando de frío!
  Shut the window, I'm freezing!

2 ► **congelarse de frío** (= pasar
mucho frío): **be freezing**
/ˈfriːzɪŋ/

conjunción

▷ "y" es una conjunción.
  "y" is a conjunction.

conjunction /kənˈdʒʌŋkʃən/
ℹ Fíjate bien en cómo se escribe
conjunction.

conmigo

▷ ¿Quieres ir al cine conmigo?
  Do you want to go to the cinema with me?

with me /wɪð ˈmiː/

conocer

1 ▷ ¿Conoces a José Miguel?
  Do you know José Miguel?

1 (conocer a una persona, una
dirección, una palabra, un lugar) **know**
/nəʊ/ (knew /njuː/, known /nəʊn/)
◄) La k de know no se pronuncia.
Know rima con go y Joe.

2 ▷ Marga conoció a Santi en Marbella.
  Marga met Santi in Marbella.

2 (= encontrarse con alguien por
primera vez) **meet** /miːt/ (met, met
/met/)

3 ▷ Se conocieron hace tres años.
  They met three years ago.

3 **conocerse** (= encontrarse por
primera vez) **meet** /miːt/ (met, met)

conocido, conocida

▷ Es un cantante muy conocido.
  He's a very famous singer.

(= famoso) **famous** /ˈfeɪməs/ (más
famoso more famous, el más famoso
the most famous)
◄) La a de famous se pronuncia como
la a de make.

consciente

1 ▷ El conductor del coche seguía consciente.
  The driver of the car was still conscious.

1 (= despierto) **conscious** /ˈkɒnʃəs/

2 ▷ ¡Espero que seas consciente de lo que has hecho!
  I hope you're aware of what you have done!

2 ► **ser consciente de algo:**
be aware /əˈweəʳ/ **of** something

consejo

▷ ¡Gracias por el consejo que me diste!
  Thanks for that piece of advice you gave me!

► **un consejo: a piece of
advice** /piːs əv ədˈvaɪs/

Sigue en la página siguiente

▷ No necesito tus consejos.
I don't need your advice.

► **consejos:** advice

ℹ La palabra **advice** es incontable: no se puede poner en plural y no se usa con el artículo **un**. Por ejemplo, se dice his **advice** wasn't very good (sus consejos no fueron muy buenos).

conserva

1 ▷ No es bueno para la salud comer muchas conservas.
It's not good for your health to eat a lot of tinned food.

2 ▷ Compra tomate en conserva.
Buy some tinned tomatoes.

1 ► **conservas:** tinned food /tɪnd ˈfuːd/

2 ► **en conserva:** tinned /tɪnd/

⌐ En inglés americano se dice canned /kænd/.

conservar

1 ▷ La leche no se puede conservar mucho tiempo.
You can't keep milk for very long.

2 ▷ Estas salsas se conservan bien en el congelador.
These sauces keep well in the freezer.

1 (hablando de alimentos) keep /kiːp/ (kept, kept /kept/)

2 ► **conservarse:** keep (kept, kept)

conservatorio

▷ Jaime estudió violín en el conservatorio.
Jaime studied the violin at music school.

music school /ˈmjuːzɪk skuːl/ (plural: music schools)

consola de videojuegos

▷ Si quieres, podemos jugar en mi consola de videojuegos.
If you like, we can play on my games console.

games console /ˈɡeɪmz kɒnsəl/ (plural: games consoles)

◀ El acento en la segunda palabra recae sobre la primera sílaba con-.

consolar

▷ Gloria estaba llorando e intenté consolarla.
Gloria was crying and I tried to console her.

console /ˈkɒnsəʊl/

◀ Aquí el acento recae sobre la última sílaba -sole.

consonante

▷ La palabra "sport" tiene cuatro consonantes.
The word "sport" has four consonants.

consonant /ˈkɒnsənənt/

◀ El acento recae sobre la primera sílaba con-.

constipado

▷ Ponte un abrigo o vas a coger un constipado.
Wear a coat or you'll catch a cold.

▷ No fui al colegio porque estaba constipado.
I didn't go to school because I had a cold.

cold /kəʊld/

► **estar constipado:** have a cold (had, had /hæd/)

constiparse

▷ Hacía mucho frío y me constipé.
It was very cold and I caught a cold.

catch a cold /kætʃ ə ˈkəʊld/
(caught, caught /kɔːt/)

constitución

▷ Ayer tuvimos una clase sobre la constitución
española.
*Yesterday we had a class on the Spanish
constitution.*

constitution /kɒnstɪˈtjuːʃən/
◀)) El acento recae sobre la tercera
sílaba -tu-.

construcción

▷ La construcción del nuevo colegio comenzó
hace un año.
*The construction of the new school started a
year ago.*
▷ El nuevo cine todavía está en construcción.
The new cinema is still under construction.

construction /kənˈstrʌkʃən/
◀)) La u se pronuncia como la u de
duck.

► en construcción: under
construction

construir

▷ Los vecinos quieren construir un garaje en su
jardín.
*The neighbours want to build a garage in their
garden.*

build /bɪld/ (built, built /bɪlt/)
◀)) La u de build no se pronuncia.
Build rima con filled y built rima con
kilt.

consumir

1 ▷ Este coche consume mucha gasolina.
This car uses a lot of petrol.

2 ▷ Los japoneses consumen mucho pescado.
The Japanese eat a lot of fish.
3 ▷ En su casa consumen mucha leche.
They drink a lot of milk at home.

1 (hablando de energía, combustible)
use /juːs/
◀)) use rima con news.
2 (hablando de comida) eat /iːt/ (ate
/et/, eaten /ˈiːtən/)
3 (hablando de bebida) drink /drɪŋk/
(drank /dræŋk/, drunk /drʌŋk/)

contacto

1 ▷ No mantuvimos el contacto, qué pena.
We didn't keep in touch, it's a shame.

2 ▷ Dale al contacto cuando te lo diga.
Switch the engine on when I tell you.

1 ► mantener el contacto
(entre personas): keep in touch
/kiːp ɪn tʌtʃ/ (kept, kept /kept/)
2 ► darle al contacto (de coche):
switch the engine on /swɪtʃ
ði ˈendʒɪn ɒn/

contagioso, contagiosa

▷ ¡Espero que ese resfriado no sea contagioso!
I hope that cold isn't contagious!

contagious /kənˈteɪdʒəs/
◀)) La a de contagious se pronuncia
como la a de make.

contaminación

▷ La contaminación es un problema muy grave
en las grandes ciudades.
Pollution is a very serious problem in big cities.

pollution /pəˈluːʃən/

contaminar

▷ La fábrica contaminó el río.
  The factory polluted the river.

pollute /pəˈluːt/

contar

1 ▷ El profesor contó a los alumnos en el autobús.
  The teacher counted the pupils in the bus.
2 ▷ Cuéntanos qué te pasó.
  Tell us what happened to you.
3 ▷ ¡Puedes contar con nosotros!
  You can count on us!

1 (= calcular) count /kaʊnt/

2 (= relatar) tell /tel/ (told, told /təʊld/)

3 ► contar con alguien (confiar en alguien): count on somebody

contener

▷ ¿Sabes qué contiene esta caja?
  Do you know what this box contains?

contain /kənˈteɪn/

contento, contenta

▷ No pareces contento, ¿qué te pasa?
  You don't look happy, what's the matter?

happy /ˈhæpɪ/ (más contento happier /ˈhæpɪəʳ/, el más contento the happiest /ˈhæpɪɪst/)

contestar

▷ Le hice una pregunta a Ángeles pero no me contestó.
  I asked Ángeles a question but she didn't answer me.
▷ No contestan, ya deben de haber salido.
  There's no answer, they must have left already.

answer /ˈɑːnsəʳ/
◀) La w de answer no se pronuncia. Answer rima con dancer.

► no contestan (al teléfono, en casa): there's no answer
◀) Fíjate en la pronunciación de answered: /ˈɑːnsəd/.

contigo

▷ ¿Quieres que vaya al concierto contigo?
  Do you want me to go to the concert with you?

with you /wɪð ˈjuː/

continente

▷ África es un continente enorme.
  Africa is a huge continent.

continent /ˈkɒntɪnənt/
◀) El acento recae sobre la primera sílaba con-.

continuar

▷ Continúa, lo estás haciendo muy bien.
  Carry on, you're doing very well.
▷ Continúe hasta la iglesia.
  Carry on as far as the church.

(= seguir haciendo lo mismo) carry on /ˈkærɪ ɒn/
ⓘ La y de carry se convierte en ie en la tercera persona del singular del presente de indicativo (carries /ˈkærɪz/), en el pasado y el participio (carried /ˈkærɪd/).

▷ Si continúas haciendo el payaso, me voy.
If you carry on fooling around, I'm leaving!

► **continuar haciendo algo:
carry on doing** something

ℹ También se puede decir **keep on
doing** something (kept, kept /kept/).

contra

▷ El Deportivo juega contra el Betis este fin de
semana.
*Deportivo are playing against Betis this
weekend.*
▷ Estoy contra vuestra decisión.
I'm against your decision.
▷ ¡No te apoyes contra el muro, lo acabo de
pintar!
*Don't lean against the wall, I've just painted
it!*

against /əˈgenst/

contradecir

▷ ¡Siempre me contradices!
You always contradict me!

contradict /kɒntrəˈdɪkt/
◀ El acento recae sobre la última
sílaba -dict.

contrario, contraria

▷ Lo contrario de "frío" es "caliente".
The opposite of "cold" is "hot".
▷ No me molesta, al contrario.
It doesn't bother me, quite the opposite.

(= opuesto) **opposite** /ˈɒpəzɪt/
◀ **opposite** rima con **hit** y **bit**.
► **al contrario** (= en absoluto):
quite the opposite /kwaɪt ðə
ˈɒpəzɪt/

contraseña

▷ Me he olvidado de la contraseña para entrar a
mi correo electrónico.
*I've forgotten the password to access my e-
mail.*

(hablando de una contraseña
informática) **password** /ˈpɑːswɜːd/

control

1 ▷ Saqué un nueve en el control de geografía.
I got nine in the geography test.
2 ▷ No hay control de pasaportes en la frontera.
There is no passport control at the border.

1 (= examen) **test** /test/

2 ► **control de pasaportes:
passport control** /ˈpɑːspɔːt
kənˈtrəʊl/

controlar

▷ La profesora controla nuestros deberes.
The teacher checks our homework.

(= verificar) **check** /tʃek/
◀ En pasado **checked** se pronuncia
/tʃekt/ y rima con **elect**.

convencer

▷ Intenté convencer a Natalia pero no lo conseguí.
I tried to convince Natalia but I didn't manage it.

convince /kən'vɪns/

conversación

▷ Tuvimos una conversación muy interesante.
We had a very interesting conversation.

conversation /kɒnvə'seɪʃən/
◀) El acento recae sobre la tercera sílaba -sa.

copa

1 ▷ ¿Quieres una copa de vino?
Do you want a glass of wine?
2 ▷ Tengo entradas para la final de la copa.
I have tickets for the cup final.

1 (= vaso) **glass** /glɑːs/ (plural: glasses /'glɑːsɪz/)
2 (competición deportiva) **cup** /kʌp/

Copenhague

▷ Visité Copenhague el verano pasado.
I visited Copenhagen last summer.

Copenhagen /kəʊpən'heɪgən/
Fíjate muy bien en cómo se escribe Copenhagen.
◀) La a se pronuncia como la a de make.

copia

▷ Voy a hacer una copia de este artículo.
I'm going to make a copy of this article.
▷ ¿Has hecho una copia de seguridad de la redacción?
Have you made a backup of the essay?

copy /'kɒpɪ/ (plural: copies /'kɒpɪz/)

► **copia de seguridad** (de un archivo informático): **backup** /'bækʌp/

copiar

▷ Carolina copió el dibujo.
Carolina copied the drawing.

▷ ¡Te has copiado de mí!
You copied me!

copy /'kɒpɪ/
La y de copy se convierte en ie en la tercera persona del singular del presente de indicativo (copies /'kɒpɪz/), en el pasado y el participio (copied /'kɒpɪd/).

► **copiarse de alguien**: **copy somebody**

copo de nieve

▷ Tienes un copo de nieve en la nariz.
You've got a snowflake on your nose.

snowflake /'snəʊfleɪk/

corazón

▷ Dibujó un corazón en la pizarra.
She drew a heart on the blackboard.

heart /hɑːt/
◀) heart rima con art y start.

corbata

▷ El hermano de Conchi llevaba una corbata horrible.
Conchi's brother was wearing a horrible tie.

tie /taɪ/
◀ tie rima con fly y high.

corcho

▷ Guarda el corcho que la botella no se ha acabado.
Keep the cork, the bottle isn't finished yet.

(hablando del material o del tapón de una botella) cork /kɔːk/

cordero

▷ Anoche comimos cordero.
We had lamb last night.

(el animal, la carne) lamb /læm/
◀ La b de lamb no se pronuncia.
lamb rima con ham y tram.

cordón

▷ Llevas los cordones desatados.
Your shoelaces are undone.

(de zapato) shoelace /ˈʃuːleɪs/
◀ La a de shoelace se pronuncia como la a de make.

córner

▷ El equipo lanzó tres córners durante la primera mitad.
The team had three corners during the first half.

(en fútbol) corner /ˈkɔːnəʳ/

coro

▷ Francisco canta en el coro del colegio.
Francisco sings in the school choir.

choir /ˈkwaɪəʳ/
◀ choir rima con fire y hire.

corona

▷ El rey llevaba una corona de oro.
The king was wearing a gold crown.

crown /kraʊn/

corral

▷ Las gallinas estaban en un corral.
The chickens were in a run.

run /rʌn/

correa

▷ La correa de mi reloj está rota.
My watch strap is broken.

(de reloj) strap /stræp/

correcto, correcta

▷ Esa respuesta no es correcta.
That answer is not correct.

correct /kəˈrekt/

corredor, corredora

1 ▷ Los corredores cubanos fueron los más rápidos.
The Cuban runners were the fastest.

2 ▷ Agustín quiere ser corredor de Fórmula 1.
Agustín wants to be a Formula 1 racing driver.

1 (= atleta) runner /ˈrʌnəʳ/

2 (automovilístico) racing driver /ˈreɪsɪŋ ˈdraɪvəʳ/ (plural: racing drivers)

corrección

▷ Las correcciones del profesor no estaban
claras.
The teacher's corrections weren't clear.

correction /kəˈrekʃən/
🔊 El acento recae sobre la segunda
sílaba -rec-.

corregir

1 ▷ Te olvidaste de corregir este error.
You forgot to correct this mistake.
2 ▷ El profesor corregirá los exámenes la próxima
semana.
The teacher will mark the exams next week.

1 (un error, una falta) correct
/kəˈrekt/
2 (un examen) mark /mɑːk/

correo

1 ▷ Nunca envíes dinero por correo.
Never send money by post.

1 (hablando del sistema que transporta
las cartas) post /pəʊst/
🔲 correo se dice post en inglés
británico y mail /meɪl/ especialmente en
inglés americano.

▷ Eché las postales al correo.
I posted the postcards.
▷ En casa tenemos correo electrónico.
We have e-mail at home.
▷ Me puedes enviar el archivo por correo
electrónico.
You can e-mail the file to me.
2 ▷ Tengo que ir a Correos a comprar sellos.
I have to go to the post office to buy stamps.

► echar algo al correo: post
something
► correo electrónico: e-mail
► enviar algo por correo
electrónico a alguien: e-mail
something to somebody
2 ► Correos (hablando del
edificio): post office
ℹ Fíjate que en inglés post office se
usa con el artículo the delante.

correr

▷ Lidia corre muy rápida.
Lidia runs very fast.
▷ Merche entró corriendo.
Merche ran in.
▷ El ladrón salió corriendo.
The thief ran off.

run /rʌn/ (ran /ræn/, run /rʌn/)
ℹ Para decir que algo se hace
corriendo, en inglés se utiliza el verbo
run seguido de la partícula
correspondiente: run in para indicar que
se entra corriendo, run off para indicar
que se sale corriendo.

cortar

1 ▷ Estoy cortando la tarta, ¿quién quiere un trozo?
I'm cutting the cake, who wants a piece?
▷ Corta la hoja en dos.
Cut the sheet in two.
▷ Mamá cortó el pollo en pedazos.
Mum cut the chicken into pieces.
2 ▷ Papá cortó el árbol porque las raíces eran
demasiado largas.
*Dad cut the tree down because the roots were
too long.*

1 (hablando de un alimento, un papel,
un hilo) cut /kʌt/ (cut, cut)
► cortar algo en dos: cut
something in two
► cortar algo en pedazos: cut
something into pieces
2 (hablando de un árbol) cut down
/kʌt ˈdaʊn/ (cut down, cut down)

3 ▷ Este cuchillo no corta bien.
This knife doesn't cut well.

4 ▷ ¡Ten cuidado, te vas a cortar!
Be careful, you're going to cut yourself!

▷ Me corté con un trozo de cristal.
I cut myself on a piece of glass.

5 ▷ Tengo que cortarme el pelo.
I need to have my hair cut.

3 (hablando de un cuchillo, una herramienta) cut /kʌt/ (cut, cut)

4 ► cortarse: cut oneself (cut, cut)

ℹ️ Fíjate como se usa el pronombre reflexivo en inglés: I cut myself, you cut yourself, he cut himself, she cut herself, etc.

5 ► cortarse el pelo: have one's hair cut /heə kʌt/ (had, had /hæd/)

ℹ️ I have my hair cut, you have your hair cut, he has his hair cut, she has her hair cut, etc.

corte

▷ Dani tiene un corte pequeño en el dedo.
Dani has a small cut on his finger.

▷ Me hice un corte en la rodilla.
I cut my knee.

▷ Hay cortes de luz constantemente.
There are power cuts all the time.

▷ Me gusta mucho tu corte de pelo.
I really like your haircut.

cut /kʌt/

► hacerse un corte en algo: cut something
► corte de luz: power cut /paʊə kʌt/ (plural: power cuts /paʊə kʌts/)
► corte de pelo: haircut /heəkʌt/

corto, corta

▷ Las faldas cortas están de moda.
Short skirts are in fashion.

short /ʃɔːt/

cosa

▷ Tengo muchas cosas que hacer.
I have a lot of things to do.

thing /θɪŋ/

coser

▷ Mi madre me está enseñando a coser.
My mother is teaching me to sew.

▷ ¡Juan no sabe ni coser un botón!
Juan can't even sew a button on!

(= hacer costura) sew /səʊ/ (sewed /səʊd/, sewn /səʊn/)

🔊 La palabra sew se pronuncia exactamente igual que la palabra so. Sewed rima con road, y sewn con stone.

► coser algo (por ejemplo, un botón): sew something on

cosquillas

▷ A Elvira le encanta hacer cosquillas a su hermana.
Elvira loves to tickle her sister.

▷ No tengo cosquillas.
I'm not ticklish.

► hacer cosquillas a alguien: tickle somebody /tɪkəl/

► tener cosquillas: be ticklish /tɪkəlɪʃ/

Costa Rica

> ¿Cuál es la capital de Costa Rica?
> *What's the capital of Costa Rica?*

Costa Rica /ˈkɒstə ˈriːkə/

costa

> Condujimos por la costa.
> *We drove along the coast.*

(a la orilla del mar) coast /kəʊst/

costar

> La comida cuesta diez euros.
> *The meal costs ten euros.*
> ¿Cuánto cuesta?
> *How much is it?*

cost /kɒst/ (cost, cost)

ℹ️ Para preguntar **cuánto cuesta algo** es más frecuente decir how much is it? que utilizar el verbo cost.

costarricense

1 > Han contratado a un jugador costarricense.
> *They've signed a Costa Rican player.*
> Elíades es costarricense.
> *Elíades is Costa Rican.*

1 (adjetivo) Costa Rican /ˈkɒstə ˈriːkən/

ℹ️ Se escribe siempre con mayúsculas, como todos los adjetivos y nombres ingleses que se refieren a la nacionalidad.

2 > Se casó con un costarricense.
> *She married a Costa Rican.*

2 (nombre) **un costarricense, una costarricense**: a Costa Rican

costilla

1 > Andrea se fracturó una costilla.
> *Andrea broke a rib.*
2 > Hay costillas de cerdo para cenar.
> *There are pork chops for dinner.*

1 (parte del cuerpo humano) rib /rɪb/

2 (de un cordero o un cerdo) chop /tʃɒp/

costra

> La herida se ha secado y ahora hay una costra.
> *The wound has stopped bleeding and now there is a scab.*

(en una herida) scab /skæb/

costumbre

> Es una costumbre inglesa muy antigua.
> *It's a very old English custom.*

(= tradición) custom /ˈkʌstəm/

🔊 El acento recae sobre la primera sílaba cus-.

cráneo

> Encontramos el cráneo de una oveja en el campo.
> *We found a sheep's skull in the field.*

skull /skʌl/

🔊 La u se pronuncia como la u de duck.

crecer

> ¡Si Javi sigue creciendo va a ser un gigante!
> *If Javi keeps growing he's going to be a giant!*

(hablando de personas, animales o plantas) grow /ɡrəʊ/ (grew /ɡruː/, grown /ɡrəʊn/)

creer

1 ▷ ¡No te creo!
  I don't believe you!
2 ▷ Creo que la película es a las ocho.
  I think the film is at eight o'clock.

1 (confiar en una persona, una historia)
believe /bɪˈliːv/

2 ► **creer que...** (= pensar):
think that... /ˈθɪŋk ðæt/ (**thought, thought** /θɔːt/)

i A menudo la palabra that se omite, como en el ejemplo de la izquierda.

3 ▷ Mis padres creen en Dios.
  My parents believe in God.
4 ▷ Se cree muy inteligente.
  He thinks he's very intelligent.

3 ► **creer en: believe in**

4 ► **creerse + adjetivo:**
think + pronombre personal + be + adjetivo

creído, creída

▷ ¡No aguanto a Paula, es una creída!
  I can't stand Paula, she's a bighead!

► **ser un creído: be a bighead** /ˈbɪghed/

crema

▷ Mi madre se pone crema en la cara todas las mañanas.
  My mother puts cream on her face every morning.

cream /kriːm/

cremallera

▷ Súbete la cremallera.
  Do your zip up.

zip /zɪp/

⌐ **cremallera** se dice zip en inglés británico y zipper /ˈzɪpəʳ/ en inglés americano.

criminal

▷ El criminal se escapó después de asesinar al ministro.
  The criminal escaped after killing the minister.

criminal /ˈkrɪmɪnəl/

⚡ ¡Atención! El acento recae sobre la primera sílaba cri-.

crisis

▷ Hay una crisis económica en Japón.
  There is an economic crisis in Japan.

crisis /ˈkraɪsɪs/ (plural: crises)

◄ La primera i de crisis se pronuncia como la i de like.

cristal

1 ▷ Había trozos de cristal en el suelo.
  There were pieces of glass on the ground.
2 ▷ El cristal se rompe fácilmente.
  Crystal breaks easily.

1 (= vidrio) **glass** /glɑːs/

2 (hablando de un tipo de vidrio muy fino) **crystal** /ˈkrɪstəl/

i Fíjate bien en cómo se escribe crystal.

► **ser de cristal: be made of crystal**
► **de cristal: crystal**

▷ Este jarrón es de cristal.
  This vase is made of crystal.
▷ La abuela puso los vasos de cristal en la mesa.
  Grandmother put the crystal glasses on the table.

cristiano, cristiana

▷ Mis padres son cristianos.
My parents are Christians.

Christian /ˈkrɪstɪən/

ℹ Christian se escribe con mayúscula en inglés, como todos los adjetivos y nombres referidos a las religiones.

criticar

▷ ¡Deja de criticarnos y haz algo!
Stop criticizing us and do something!

criticize /ˈkrɪtɪsaɪz/

Croacia

▷ ¿Cuál es la capital de Croacia?
What's the capital of Croatia?

Croatia /krəʊˈeɪʃə/
◀) La t se pronuncia "sh".

croata

1 ▷ El tenista croata ganó el torneo.
The Croatian tennis player won the tournament.
▷ Janica es croata.
Janica is Croatian.
2 ▷ Se casó con un croata.
She married a Croatian.

1 (adjetivo) Croatian /krəʊˈeɪʃən/
ℹ Se escribe siempre con mayúscula, como todos los adjetivos y nombres ingleses que se refieren a la nacionalidad.
2 (nombre) **un croata, una croata:** a Croatian
◀) La t se pronuncia "sh".

crol

▷ Sólo sé nadar a crol.
I can only do the crawl.

crawl /krɔːl/
► **nadar a crol:** do the crawl

cromo

▷ ¿Quieres cambiar cromos?
Do you want to swap picture cards?

picture card /ˈpɪktʃə kɑːd/ (plural: picture cards /ˈpɪktʃə kɑːd/)

croqueta

▷ Me encantan las croquetas de pollo de mi madre.
I love my mother's chicken croquettes.

croquette /krəʊˈket/
ℹ Fíjate bien en cómo se escribe croquette.
◀) croquette rima con get.

cruasán

▷ Quería dos cruasanes, por favor.
I'd like two croissants, please.

croissant /ˈkrwɑːsɒŋ/
◀) La t final no se pronuncia.

crucero

▷ Mis padres se fueron a hacer un crucero por las Bahamas.
My parents went on a cruise to the Bahamas.

cruise /kruːz/
◀) cruise rima con lose y blues.
► **hacer un crucero:** go on a cruise (gone /gɒn/, went /went/)

crucigrama

▷ Mi padre estaba haciendo un crucigrama.
My father was doing a crossword.

crossword /ˈkrɒswɜːd/

crudo, cruda

▷ Los japoneses comen mucho pescado crudo.
The Japanese eat a lot of raw fish.

(= sin cocinar) raw /rɔː/

◀) raw rima con door. No confundas raw con row (= remar o hilera).

cruz

▷ Pon una cruz al lado de la respuesta correcta.
Put a cross opposite the right answer.

cross /krɒs/ (plural: crosses /ˈkrɒsɪz/)

cruzar

1 ▷ Mamá cruzó los brazos.
Mum crossed her arms.

2 ▷ ¡Ten cuidado al cruzar la calle!
Be careful when you cross the road!

2 ▷ Me crucé con Aurelio en la calle.
I passed Aurelio in the street.

1 (hablando de brazos, piernas) cross /krɒs/

2 (hablando de atravesar un lugar de un lado a otro) cross /krɒs/

3 ► cruzarse con alguien (= encontrarse con alguien): pass somebody /pɑːs/

cuaderno

▷ ¡Es mi cuaderno, no el tuyo!
It's my exercise book, not yours!

(en el colegio) exercise book /ˈeksəsaɪz bʊk/ (plural: exercise books)

cuadrado, cuadrada

▷ La pantalla de mi ordenador es casi cuadrada.
My computer screen is almost square.

▷ Dibuja un cuadrado y un círculo.
Draw a square and a circle.

square /skweəʳ/

◀) square rima con hair y where.

cuadro

▷ Me gustan mucho los cuadros de Miró.
I really like Miró's paintings.

(de un pintor) painting /ˈpeɪntɪŋ/

cuál

▷ ¿Cuál prefieres?
Which one do you prefer?

▷ No sé cuál de las dos motos me gusta más.
I don't know which of the two bikes I like best.

(cuando hay una elección) which one /wɪtʃ ˈwʌn/
► cuál de...: which of...

cualquiera

▷ Puedes venir a cualquier hora.
You can come at any time.

▷ Cualquiera de esas bolsas sirve.
Any of those bags will do.

any /ˈenɪ/

◀) La a de any se pronuncia como la e de bed.

cuando

▷ Cuando acabes este libro, te dejaré otro.
When you finish this book, I'll lend you another one.

when /wen/

ℹ Atención, siempre que en español se utiliza el subjuntivo con **cuando**, en inglés se usa el presente con when.

cuándo

▷ ¿Cuándo te vas?
When are you leaving?

when /wen/

cuanto

▷ Tenemos que entregar la redacción cuanto antes.
We have to hand in the essay as soon as possible.

► **cuanto antes:** as soon as possible /əz suːn əz ˈpɒsɪbəl/

cuánto

1 ▷ ¿Cuánto es un café aquí?
How much is a coffee here?
▷ ¿Cuánto pesas?
How much do you weigh?
▷ ¿Cuánto es?
How much is it?

1 (hablando de un precio, una medida) **how much** /haʊ ˈmʌtʃ/

2 ▷ ¿Cuánto azúcar quieres?
How much sugar do you want?

▷ ¿Cuántos profesores están en huelga?
How many teachers are on strike?

2 **cuánto** se traduce por how much cuando le sigue un nombre en singular (**azúcar** en nuestro ejemplo)

ℹ **cuánto** se traduce por how many /haʊ ˈmenɪ/ cuando le sigue un nombre en plural (**profesores** en nuestro ejemplo).

cuarenta

▷ Mi padre tiene cuarenta años.
My father is forty.
▷ Invitó a cuarenta y dos amigos.
He invited forty-two friends.

forty /ˈfɔːtɪ/

ℹ Fíjate cómo en inglés para construir un número formado por una decena y una unidad no se coloca y sino un guión: cuarenta y uno = forty-one, cuarenta y dos = forty-two, etc.

cuarto

1 ▷ Blanca está estudiando en su cuarto.
Blanca is studying in her room.

1 (= habitación) **room** /ruːm/

2 ▷ Me llevará un cuarto de hora.
It will take me a quarter of an hour.

2 ► (con las horas) **un cuarto de hora:** a quarter of an hour /ˈkwɔːtər əv ən ˈaʊə/

▷ Son las cinco y cuarto.
It's a quarter past five.

► ...y cuarto: a quarter past... /ˈkwɔːtə pɑːst/

▷ La reunión es a las dos menos cuarto.
The meeting is at a quarter to two.

► ...menos cuarto: a quarter to... /ˈkwɔːtə tʊ/

cuarto, cuarta

▷ Es la cuarta vez que visito Londres.
It's the fourth time I visit London.

fourth /fɔːθ/

cuatro

▷ En mi clase sólo hay cuatro alumnos.
There are only four pupils in my class.
▷ Sandra tiene cuatro años.
Sandra is four.
▷ Hoy es cuatro de mayo.
Today is the fourth of May.
▷ Nos veremos el cuatro de julio.
We'll see each other on the fourth of July.

four /fɔːʳ/

ℹ Con las fechas se usa the fourth
/fɔːθ/ en inglés.
ℹ Fíjate cómo en inglés se usa on y of
con las fechas.
ℹ Se escribe 4 April, 4 May, etc.

cuatrocientos

▷ La universidad fue construida hace
cuatrocientos años.
*The university was built four hundred years
ago.*

four hundred /fɔː ˈhʌndrəd/

Cuba

▷ ¿Cuál es la capital de Cuba?
What's the capital of Cuba?

Cuba /ˈkjuːbə/
◀ᴼ La u de Cuba se pronuncia como la
palabra inglesa you.

cubano, cubana

1 ▷ Me gusta mucho la música cubana.
I like Cuban music a lot.
▷ Vilma es cubana.
Vilma is Cuban.

1 (adjetivo) Cuban /ˈkjuːbən/
◀ᴼ La u de Cuban se pronuncia como
la palabra inglesa you.
ℹ Se escribe siempre con mayúscula,
como todos los adjetivos y nombres
ingleses que se refieren a la
nacionalidad.

2 ▷ Se casó con una cubana.
He married a Cuban.

2 (nombre) un cubano, una
cubana: a Cuban

cubito de hielo

▷ Los cubitos de hielo están en el congelador.
The ice cubes are in the freezer compartment.

ice cube /aɪs kjuːb/ (plural: ice
cubes)
◀ᴼ La u de cube se pronuncia you.

cubo

▷ Alicia llevaba agua en un cubo.
Alice was carrying water in a bucket.

(= recipiente para líquidos) bucket
/ˈbʌkɪt/

cubrir

▷ Cubrió al bebé con su abrigo.
She covered the baby with her coat.

cover /ˈkʌvəʳ/

cucaracha

▷ Me dan asco las cucarachas.
I find cockroaches disgusting.

cockroach /ˈkɒkrəʊtʃ/

cuchara

▷ Las cucharas están en el cajón.
The spoons are in the drawer.

▷ Tengo que tomar dos cucharas de jarabe para la tos todas las mañanas.
I have to take two spoonfuls of cough syrup every morning.

spoon /spuːn/

i Cuando se habla del contenido de la cuchara, se dice spoonful /ˈspuːnfʊl/.

cucharada

▷ Tengo que tomar dos cucharadas de jarabe para la tos todas las mañanas.
I have to take two spoonfuls of cough syrup every morning.

spoonful /ˈspuːnfʊl/

cuchillo

▷ ¡Cuidado no te vayas a cortar con ese cuchillo!
Be careful you don't cut yourself with that knife!

knife /naɪf/ (plural: knives /naɪvz/)
◀) La k no se pronuncia.

cucurucho

▷ Quería un cucurucho de vainilla, por favor.
I'd like a vanilla cone, please.

(= helado) cone /kəʊn/

cuello

▷ Las jirafas tienen el cuello muy largo.
Giraffes have very long necks.

neck /nek/

cuenta

1 ▷ Isabel ya tiene una cuenta en el banco.
Isabel already has an account at the bank.

2 ▷ ¿Te das cuenta de lo que has hecho?
Do you realize what you have done?

▷ Ani no se dio cuenta de que llegaba tarde.
Ani didn't realize that she was late.

1 (en un banco) account /əˈkaʊnt/

2 ► darse cuenta de algo:
realize something /ˈrɪəlaɪz/
► darse cuenta de que...:
realize that...

cuento

▷ Mi abuelo siempre me contaba cuentos de miedo.
My grandfather always told me frightening stories.

story /ˈstɔːrɪ/ (plural: stories /ˈstɔːrɪz/)

cuerda

▷ La cuerda se rompió y Esteban se cayó.
The rope broke and Esteban fell.

▷ Estoy aprendiendo a saltar a la cuerda.
I'm learning to skip.

rope /rəʊp/

ℹ rope se refiere a una cuerda gruesa. La cuerda fina que se utiliza para atar paquetes, por ejemplo, se llama string /strɪŋ/.

▶ **saltar a la cuerda** (como entretenimiento): skip /skɪp/

⌐ En inglés americano **saltar a la cuerda** se dice jump rope /ˈdʒʌmp rəʊp/.

cuerno

▷ Esas vacas tienen los cuernos largos.
Those cows have long horns.

horn /hɔːn/

cuero

▷ Este año el cuero está de moda.
Leather is in fashion this year.

▷ La chaqueta de Pedro es de cuero.
Pedro's jacket is made of leather.

▷ Karina lleva una falda de cuero.
Karina is wearing a leather skirt.

leather /ˈleðəʳ/

◀ La ea de leather se pronuncia como la e de bed.

▶ **ser de cuero:** be made of leather

▶ **de cuero:** leather

cuerpo

▷ Quique tiene un cuerpo muy musculoso.
Quique has a very muscular body.

body /ˈbɒdɪ/ (plural: bodies /ˈbɒdɪz/)

cuesta

▷ Nos costó mucho subir la cuesta.
We had a lot of trouble going up the slope.

slope /sləʊp/

cueva

▷ Entramos en una cueva muy oscura.
We entered a very dark cave.

cave /keɪv/

ℹ La a de cave se pronuncia como la a de make. Cave rima con save y wave.

cuidado

▷ Ten cuidado o te quemarás.
Be careful or you'll get burnt.

▷ ¡Cuidado, viene un coche!
Careful, there's a car coming!

▶ **tener cuidado:** be careful /ˈkeəfʊl/

◀ care- rima con there.

ℹ Para alertar a alguien de algún peligro se utiliza careful!

cuidadoso, cuidadosa

▷ Marcos no es nada cuidadoso.
Marcos isn't at all careful.

careful /ˈkeəfʊl/ (más cuidadoso more careful, el más cuidadoso the most careful)

◀ care- rima con there.

cuidar

▷ César cuida muy bien de su hermanita.
César looks after his little sister very well.

► **cuidar a alguien, cuidar de alguien**: look after somebody /lʊk ˈɑːftəʳ/

culo

▷ ¡Me dio un pellizco en el culo!
He pinched my bottom!

bottom /ˈbɒtəm/

culpable

1 ▷ Todos creen que Jorge es culpable.
Everyone thinks that Jorge is guilty.

1 (cuando alguien ha hecho algo malo) guilty /ˈgɪltɪ/ (más culpable guiltier /ˈgɪltɪəʳ/, el más culpable the guiltiest /ˈgɪltɪɪst/)

2 ▷ La policía detuvo al culpable.
The culprit was arrested by the police.

2 el culpable o la culpable (= la persona que ha hecho algo malo): the culprit /ˈkʌlprɪt/

cultivar

▷ En esta región los agricultores cultivan trigo.
In this region the farmers grow wheat.

(hablando de cereales o legumbres) grow /grəʊ/ (grew /gruː/, grown /grəʊn/)

cultivo

▷ ¿Cuál es el principal cultivo de esta región?
What is the main crop in this region?

(plantas cultivadas) crop /krɒp/

cultura

▷ Es una revista de arte y cultura.
It's a magazine about art and culture.

culture /ˈkʌltʃəʳ/

▷ Me hicieron varias preguntas de cultura general.
I was asked several general knowledge questions.

► **cultura general**: general knowledge /ˈdʒenərəl ˈnɒlɪdʒ/

cumbre

▷ Casi hemos llegado a la cumbre.
We've almost reached the summit.

(de una montaña) summit /ˈsʌmɪt/

cumpleaños

▷ Mañana es mi cumpleaños.
Tomorrow is my birthday.

(de una persona) birthday /ˈbɜːθdeɪ/

▷ ¡Feliz cumpleaños, Ester!
Happy birthday, Ester!

► **¡feliz cumpleaños!**: happy birthday!

cuna

▷ El bebé dormía en la cuna.
The baby was sleeping in the cradle.

cradle /ˈkreɪdəl/
◀) La a de **cradle** se pronuncia como la a de **make**.

cura

1 ▷ Todavía no hay cura para el resfriado.
  There is still no cure for the cold.
2 ▷ Mi padre conoce muy bien al cura del pueblo.
  My father knows the village priest very well.

1 (= remedio) cure /kjʊəʳ/
2 (= sacerdote) priest /priːst/
🔊 priest rima con east.

curado, curada

▷ No irás al colegio hasta que no estés curado.
  You won't go to school until you're better.

(de una enfermedad) better /ˈbetəʳ/

curar

▷ El cáncer no puede ser curado.
  Cancer can't be cured.

cure /kjʊəʳ/

curiosidad

▷ Me muero de curiosidad por saber lo que pasó.
  I'm dying of curiosity to know what happened.

curiosity /kjʊərɪˈɒsətɪ/
🔊 El acento recae sobre la o.

curioso, curiosa

1 ▷ Es un niño muy curioso.
  He's a very curious child.

2 ▷ Qué curioso, creía que la puerta estaba cerrada.
  How strange, I thought the door was shut.

1 (= con ganas de saber) curious /ˈkjʊərɪəs/ (más curioso more curious, el más curioso the most curious)
2 (= raro) strange /streɪndʒ/ (más curioso stranger /ˈstreɪndʒəʳ/, el más curioso the strangest /ˈstreɪndʒɪst/)

cursillo

▷ Voy a hacer un cursillo de informática.
  I'm going to do a short computing course.

short course /ˈʃɔːt ˈkɔːs/
🔊 course rima con horse.

cursiva

▷ Escribe tu nombre en cursiva.
  Write your name in italics.

► en cursiva: in italics /ɪn ɪˈtæliks/

curso

▷ Voy a hacer un curso de alemán.
  I'm going to do a German course.

(= clases) course /kɔːs/
🔊 course rima con horse.

curva

▷ Esa curva es muy peligrosa.
  That bend is very dangerous.

bend /bend/

D

La letra **D** se pronuncia /di:/ en inglés.

D rima con **free, key** y **tea**.

dado

▷ Te toca tirar los dados.
It's your turn to throw the dice.

dice /daɪs/

i dice es invariable en plural: one dice, two dice.

daltónico, daltónica

▷ Mi abuelo es daltónico.
My grandfather is colour blind.

colour blind /ˈkʌlə blaɪnd/

◀)) La i de blind se pronuncia como la i de like.

damas

▷ Juego mucho a las damas con Lucía.
I often play draughts with Lucía.

draughts /drɑːfts/

◀)) draughts rima con rafts.

► **jugar a las damas:** play draughts

⌐ damas se dice draughts en inglés británico y checkers /ˈtʃekəz/ en inglés americano.

danés, danesa

1 ▷ La capital danesa.
The Danish capital.

▷ Lars es danés.
Lars is Danish.

1 (adjetivo) Danish /ˈdeɪnɪʃ/

◀)) La a de Danish se pronuncia como la a de make.

i Se escribe siempre con mayúscula, como todos los adjetivos y nombres ingleses que se refieren a la nacionalidad.

2 ▷ Vive con dos daneses.
He lives with two Danes.

2 (nombre) **un danés, una danesa:** a Dane

Sigue en la página siguiente

3 ▷ El danés es una lengua difícil.
Danish is a difficult language.

3 (el idioma) Danish

ℹ Los nombres de los idiomas se escriben siempre con mayúscula en inglés.

❦ Fíjate que no se usa artículo delante del nombre del idioma, no se dice the Danish.

danza

▷ Los lunes tengo clases de danza.
On Mondays I have dance lessons.

dance /dɑːns/

daño

▷ ¡Me estás haciendo daño!
You're hurting me!

▷ Me caí y me hice daño en la rodilla.
I fell and hurt my knee.

► **hacer daño a alguien:** hurt somebody /hɜːt/ (**hurt, hurt**)
► **hacerse daño en algo:** hurt something /hɜːt/ (**hurt, hurt**)

dar

1 ▷ ¡Dame el mando a distancia!
Give me the remote control!

▷ Sandra le dio un libro a Fernando.
Sandra gave a book to Fernando.

2 ▷ La caminata me ha dado hambre.
The walk has made me hungry.

▷ ¿No te da sed comer tantos caramelos?
Doesn't eating all those sweets make you thirsty?

1 La traducción más frecuente de **dar** es give /ɡɪv/ (gave /ɡeɪv/, given /ˈɡɪvən/)
► **dar algo a alguien:** give somebody something o give something to somebody

2 ► **dar hambre a alguien:** make somebody hungry /ˈhʌŋɡri/ (**made, made** /meɪd/)
► **dar sed a alguien:** make somebody thirsty /ˈθɜːsti/ (**made, made** /meɪd/)

dardo

▷ Los ingleses juegan a los dardos en los pubs.
The English play darts in pubs.

dart /dɑːt/
► **jugar a los dardos:** play darts

dátil

▷ Compramos dátiles en el mercado.
We bought dates at the market.

date /deɪt/
🔊 La a de date se pronuncia como la a de make; date rima con eight y state.

dato

1 ▷ Me faltan varios datos para poder resolver el problema.
I need certain information to be able to solve the problem.

2 ▷ Escribe aquí tus datos personales.
Write your personal details here.

1 ► **datos** (= información): information /ɪnfəˈmeɪʃən/
ℹ Fíjate que information es un nombre incontable y por tanto no se puede colocar en plural ni se puede usar con el artículo an.

2 ► **datos personales:** personal details /ˈpɜːsənəl ˈdiːteɪlz/

de

1 ▷ La cartera de Carla pesa mucho.
  Carla's schoolbag is very heavy.
  ▷ El collar del perro es de cuero.
  The dog's collar is made of leather.
  ▷ La puerta del coche estaba rota.
  The car door was broken.

2 ▷ Una botella de agua mineral, por favor.
  A bottle of mineral water, please.
  ▷ Luis se comió dos paquetes de caramelos.
  Luis ate two packets of sweets.

3 ▷ Soy de Barcelona.
  I'm from Barcelona.

4 ▷ Es una película de Almodóvar.
  It's a film by Almodóvar.

5 ▷ Marina tiene una hermana de cinco
    años.
  Marina has a five-year-old sister.
  ▷ Hicieron un viaje de tres semanas por
    Sudamérica.
  *They went on a three-week trip to South
    America.*

6 ▷ Gerardo se irá de vacaciones del 8 al 25 de julio.
  *Gerardo will be on holiday from 8 to
    25 July.*
  ▷ Hicimos el viaje de Madrid a Barcelona en
    tren.
  *We did the journey from Madrid to Barcelona
    by train.*

7 ▷ Estuvimos hablando de su familia.
  We were talking about his family.

1 Cuando se habla de algo que pertenece a una **persona** o a un **animal**, en inglés se usa el genitivo sajón ('s)

i Cuando se trata de un **objeto** o un **lugar** se coloca generalmente el nombre del objeto delante de la cosa que le pertenece. Así, the car door, the bedroom window, the kitchen floor, etc.

2 Cuando se habla del **contenido** de algo, se usa of /ɒv/

3 Cuando se hablar del **lugar** del que viene alguien o alguna cosa, se usa from /frɒm/

4 Cuando se habla del **autor** de un libro, una película o una canción, se usa by /baɪ/

5 Cuando se habla de **dimensiones**, de la **edad**, de la **duración**, se coloca la medida delante del nombre al que se refiere, juntando las palabras con guiones como en los ejemplos de la izquierda

6 **de... a** se traduce por from... to cuando se trata de una distancia, una duración o un número

7 Cuando se habla de un **asunto** o se hace referencia a algo, se usa about /əˈbaʊt/

debajo

1 ▷ El cuaderno de matemáticas está ahí y el de
    francés está debajo.
  *The maths exercise book is there and the
    French one is underneath.*
  ▷ Ponlo debajo de la mesa.
  Put it under the table.

2 ▷ Los vecinos de debajo son muy simpáticos.
  The downstairs neighbours are very nice.

1 (= en una posición inferior)
underneath /ʌndəˈniːθ/

▶ **debajo de:** under /ˈʌndəʳ/

2 ▶ **de debajo** (en una casa):
downstairs /daʊnˈsteəz/

debate

▷ Había un debate político en la tele y me fui a dormir.
There was a political debate on TV and I went to sleep.

debate /dɪˈbeɪt/
🔊 Fíjate bien en la pronunciación de debate: la a se pronuncia como la a de make.

debatir

▷ Debatimos en clase la pena de muerte.
We debated the death penalty in class.

debate /dɪˈbeɪt/
🔊 La a se pronuncia como la a de make.

deber (nombre)

1 ▷ Tu deber es ayudar a tus padres.
It's your duty to help your parents.

1 (= obligación) duty /ˈdjuːtɪ/ (plural: duties /ˈdjuːtɪz/)

2 ▷ El profesor no nos puso deberes para el fin de semana.
The teacher didn't give us any homework for the weekend.

2 ► deberes (en el colegio): homework /ˈhəʊmwɜːk/
ℹ️ homework es incontable: no se usa nunca en plural, y nunca se dice 'a homework'; se dice, por ejemplo, this homework is easy (estos deberes son fáciles).

▷ Voy a hacer los deberes y después veré la televisión.
I'm going to do my homework and afterwards I'll watch TV.

► hacer los deberes: do one's homework (did /dɪd/, done /dʌn/)
ℹ️ Fíjate que en inglés se utiliza un adjetivo posesivo donde en español se utiliza el artículo "los": I do my homework, you do your homework, he does his homework, she does her homework, we do our homework, they do their homework.

deber (verbo)

1 ▷ No puedo salir, debo estudiar.
I can't go out, I have to study.

1 ► deber hacer algo (= tener la necesidad de hacer algo): have to do something /hæv tə ˈduː/ (had, had /hæd/)

2 ▷ No debes tomar drogas.
You mustn't take drugs.
▷ Debes pagar impuestos.
You must pay your taxes.

2 Para expresar la prohibición u obligación de hacer algo se utiliza must /mʌst/

3 ▷ Deberías decírselo a tus padres.
You should tell your parents.

3 Para dar un consejo o una opinión, se emplea should /ʃʊd/
🔊 La l de should no se pronuncia; should rima con good.

4 ▷ Debes estar muy cansado.
You must be very tired.

4 Para decir que algo es probable, en el presente, se utiliza must /mʌst/
ℹ️ ¡Cuidado! must y should nunca van ni precedidos ni seguidos de la palabra to.

5 ▷ ¡Me debes 10 euros!
You owe me ten euros!

5 ► deber algo a alguien (dinero): owe /əʊ/ somebody something
🔊 owe rima con go. En el pasado owed rima con road.

débil

▷ Hoy me siento débil.
I feel weak today.

weak /wiːk/ (más débil weaker
/ˈwiːkəʳ/, el más débil the weakest
/ˈwiːkɪst/)

década

▷ Ocurrió hace una década.
It happened a decade ago.

▷ Esta canción fue un éxito en la década de los sesenta.
This song was a hit in the sixties.

decade /ˈdekeɪd/

🔊 La a se pronuncia como la a de make.

ℹ Para referirse a una década específica, en inglés se utiliza únicamente la cifra correspondiente a la década, en plural. Así, la década de los cincuenta son **the fifties**, la década de los sesenta **the sixties**, etc.

decena

▷ Había una decena de niños en la piscina.
There were about ten children at the swimming pool.

▶ **una decena de...**: about ten...
/əˈbaʊt ten/

decepción

▷ Suspendieron la excursión. ¡Qué decepción!
The trip was cancelled. What a disappointment!

disappointment /dɪsəˈpɔɪntmənt/

🔊 El acento recae sobre la tercera sílaba -point-.

decepcionado, decepcionada

▷ Espero que no estés muy decepcionado.
I hope you are not too disappointed.

disappointed /dɪsəˈpɔɪntɪd/ (más decepcionado more disappointed, el más decepcionado the most disappointed)

🔊 El acento recae sobre la tercera sílaba -point-.

decepcionar

▷ No quiero decepcionarte, pero...
I don't want to disappoint you, but...

disappoint /dɪsəˈpɔɪnt/

🔊 El acento recae sobre la tercera sílaba -point-.

decidir

1 ▷ La profesora ha decidido que tendremos un control el martes.
The teacher has decided that we will have a test on Tuesday.

2 ▷ Salvador decidió pintar la cocina.
Salvador decided to paint the kitchen.

1 (= tomar una decisión) decide
/dɪˈsaɪd/

2 ▶ **decidirse a hacer algo:**
decide to do something

Sigue en la página siguiente

3 ▷ ¡Decídete, tengo prisa!
Make up your mind, I'm in a hurry!

3 decidirse: make up one's mind /maɪnd/ (made, made /meɪd/)

ℹ️ El adjetivo posesivo se usa en inglés de la siguiente forma: I make up **my** mind, you make up **your** mind, he makes up **his** mind, she makes up **her** mind, we make up **our** minds, they make up **their** minds.

décima

▷ Ganó la carrera por una décima de segundo.
He won the race by a tenth of a second.

tenth /tenθ/

décimo, décima

▷ Es la décima carta que me ha enviado.
It's the tenth letter she's sent me.

tenth /tenθ/

decir

1 ▷ Perdona, ¿qué has dicho?
Sorry? What did you say?

▷ ¿Cómo se dice "colegio" en inglés?
How do you say "colegio" in English?

▷ Pili me dijo que no estaba contenta.
Pili told me that she wasn't happy.

2 ▷ Irene les dijo a sus hijos que se dieran prisa.
Irene told her children to hurry up.

1 say /seɪ/ (said, said /sed/)
🔊 said rima con bed y head.
► decir a alguien que...: say to somebody that... o tell /tel/ somebody that... (told, told /təʊld/)
2 ► decir a alguien que haga algo: tell somebody to do something (told, told)

decisión

▷ Fue una decisión muy injusta.
It was a very unfair decision.

decision /dɪˈsɪʒən/
🔊 Fíjate bien en la pronunciación de decision. El acento recae sobre la segunda sílaba -ci-.

▷ Tomamos la decisión juntos.
We made the decision together.

► tomar una decisión: make a decision (made, made /meɪd/)

declaración

▷ Los presidentes firmaron la declaración.
The presidents signed the declaration.

declaration /dekləˈreɪʃən/
🔊 El acento recae sobre la tercera sílaba -ra-.

declarar

1 ▷ Como no tenemos nada que declarar, no pasaremos mucho tiempo en la aduana.
As we don't have anything to declare, we won't spend much time at customs.

1 declare /dɪˈkleəʳ/
🔊 declare rima con hair, bear y care.

2 ▷ Pablo se declaró a Ani.
Pablo told Ani he was in love with her.

▷ Ani se declaró a Pablo.
Ani told Pablo she was in love with him.

2 ► **se le declaró** (su amor, él a ella): he told her he was in love with her
► **se le declaró** (su amor, ella a él): she told him she was in love with him

decorado

▷ Los decorados de esta película son preciosos.
The sets in this film are really beautiful.

(de película, obra de teatro) set /set/

decorar

▷ Decoró su habitación con fotos de sus cantantes favoritos.
She decorated her room with pictures of her favourite singers.

decorate /ˈdekəreɪt/
◀)) El acento recae sobre la primera sílaba de-.

dedicado, dedicada

▷ Susana tiene fotos dedicadas de varios futbolistas famosos.
Susana has got signed photographs of several famous footballers.

(= autografiadas) signed /saɪnd/
◀)) La g de signed no se pronuncia; signed rima con mind y find.

dedicarse

▷ ¿A qué te dedicas?
What do you do for a living?

ℹ Para preguntar en inglés cuál es la actividad de una persona se pregunta what do you do for a living?

dedo

1 ▷ Elena se torció el dedo jugando a voleibol.
Elena twisted her finger playing volleyball.

2 ▷ Sebastián tenía ampollas en los dedos del pie.
Sebastián had blisters on his toes.

1 (parte de la mano) finger /ˈfɪŋgəʳ/

2 ► **dedo del pie**: toe /təʊ/
◀)) toe rima con go

deducir

▷ Si deduces el alquiler del total no es muy caro.
If you deduct the rent from the total, it's not very expensive.

► **deducir algo de algo**: deduct something from something /frɒm/

defecto

▷ Todo el mundo tiene sus defectos.
Everybody has their faults.

(de una persona) fault /fɔːlt/

defender

▷ ¿Por qué lo defiendes siempre?
Why do you always defend him?

defend /dɪˈfend/
► **defenderse**: defend oneself /dɪˈfend/

Sigue en la página siguiente

▷ No dejes que te critique, ¡defiéndete!
Don't let her criticize you, defend yourself!

i El pronombre reflexivo en inglés funciona de la siguiente forma: I defend **myself**, you defend **yourself**, he defends **himself**, she defends **herself**, we defend **ourselves**, you defend **yourselves**, they defend **themselves**.

defensa

1 ▷ El gobierno gasta mucho dinero en defensa.
The government spends a lot of money on defence.

1 (de un país, por ejemplo) defence /dɪˈfens/

☞ En inglés americano se escribe defense.

2 ▷ La defensa de nuestro equipo es muy buena.
Our team's defence is really good.

2 (parte de un equipo deportivo) defence /dɪˈfens/

☞ En inglés americano se escribe defense.

3 ▷ Los defensas no consiguieron pararlo.
The defenders couldn't stop him.

3 ► un defensa, una defensa (jugador): a defender /dɪˈfendəʳ/

definición

▷ Busca la definición en el diccionario.
Look the definition up in the dictionary.

definition /defɪˈnɪʃən/

definir

▷ Es una palabra difícil de definir.
It's a word that is difficult to define.

define /dɪˈfaɪn/

◀) La i de define se pronuncia como la i de like.

dejar

1 ▷ Tengo que dejaros, tengo una reunión.
I have to leave you, I have a meeting.
▷ No seas egoísta y déjame chocolate.
Don't be selfish and leave me some chocolate.
▷ Te dejé un mensaje en el contestador automático.
I left you a message on your answering machine.
▷ ¡Déjame en paz!
Leave me alone!

1 La traducción más frecuente de **dejar** es leave /liːv/ (left, left /left/)

2 ▷ Los padres de Patricia la dejan salir los sábados.
Patricia's parents let her go out on Saturdays.

2 ► dejar a alguien hacer algo (= autorizar): let /let/ somebody do something (**let, let**)

3 ▷ ¿Me podrías dejar tu cámara?
Could you lend me your camera?
▷ Me dejó su moto.
She lent her motorbike to me.

3 ► dejar algo a alguien (= prestar): lend somebody something, o lend something to somebody

4 ▷ Me dejé el paraguas en el autobús.
I left my umbrella on the bus.

4 ► dejarse (= olvidar): leave /liːv/ (left, left /left/)

delantal

▷ Si vas a cocinar ponte un delantal.
  If you are going to cook, wear an apron.

apron /ˈeɪprən/
◀) La a de apron se pronuncia como la a de make.

delante

1 ▷ Aparcamos delante de la panadería.
   We parked in front of the bakery.
  ▷ Había diez personas delante de mí en la cola.
   There were ten people in front of me in the queue.
  ▷ ¡No digas eso delante de Sabrina!
   Don't say that in front of Sabrina!
2 ▷ Los alumnos más pequeños se tienen que sentar delante.
   The smallest pupils have to sit at the front.
3 ▷ ¿Quieres sentarte delante?
   Do you want to sit in the front?

1 ▶ delante de (= situado enfrente de un objeto o una persona): in front of /ɪn ˈfrʌnt əv/
◀) front rima con hunt.

2 (= en la parte de enfrente, en una foto o una clase) at the front /frʌnt/

3 (= en la parte de delante, en un coche) in the front /ɪn ðə ˈfrʌnt/

delantero, delantera

▷ El delantero marcó tres goles.
  The forward scored three goals.

forward /ˈfɔːwəd/

delegado, delegada

▷ Natalia es nuestra delegada.
  Natalia is our class representative.

(= representante de los alumnos en el colegio) class representative /klɑːs reprɪˈzentətɪv/ (plural: class representatives)

delfín

▷ Varios delfines nadaban cerca del barco.
  There were several dolphins swimming near the boat.

dolphin /ˈdɒlfɪn/
❦ Fíjate bien en cómo se escribe dolphin.

delgado, delgada

▷ Patricia es muy delgada.
  Patricia is very thin.

thin /θɪn/ (más delgado thinner /ˈθɪnəʳ/, el más delgado the thinnest /ˈθɪnɪst/)

delicado, delicada

▷ La seda es un material delicado.
  Silk is a delicate material.
▷ La salud de mi abuelo es muy delicada.
  My grandfather's health is very delicate.

delicate /ˈdelɪkət/ (más delicado more delicate, el más delicado the most delicate)
◀) -cate se pronuncia como la palabra cut; delicate no rima con mate.

delicia

▷ Esta sopa es una delicia.
  This soup is delicious.

▶ ser una delicia: be delicious /dɪˈlɪʃəs/

delicioso, deliciosa

▷ La comida estaba deliciosa, gracias.
The meal was delicious, thank you.

delicious /dɪˈlɪʃəs/ (más delicioso more delicious, el más delicioso the most delicious)

delincuencia

▷ Las autoridades están intentando reducir la delincuencia.
The authorities are trying to reduce crime.

► la delincuencia: crime /kraɪm/
ℹ En inglés no se utiliza artículo delante de crime.

delincuente

▷ La policía ha detenido a un delincuente famoso.
The police have arrested a famous criminal.

criminal /ˈkrɪmɪnəl/

delito

▷ Lo acusaron de cometer varios delitos.
He was accused of committing several crimes.

crime /kraɪm/
► cometer un delito: commit a crime /kəˈmɪt ə kraɪm/
ℹ La t de commit se convierte en tt en el gerundio (committing /kəˈmɪtɪŋ/) y en el pasado y el participio (committed /kəˈmɪtɪd/).

demás

▷ Diles a los demás que esperen fuera.
Tell the others to wait outside.

► los demás: the others /ˈʌðəz/

demasiado, demasiada

1 ▷ No comas demasiado, te vas a poner enfermo.
Don't eat too much, you'll be sick.
2 ▷ El examen fue demasiado difícil.
The exam was too difficult.
▷ No conduzcas demasiado rápido.
Don't drive too fast.
3 ▷ Hay demasiado azúcar en este café.
There's too much sugar in this coffee.
4 ▷ Había demasiados turistas en el museo.
There were too many tourists in the museum.

1 (con un verbo) too much /tu: ˈmʌtʃ/
2 ► demasiado + adjetivo o adverbio: too... /tu:/
3 ► demasiado + nombre en singular: too much... /tu: ˈmʌtʃ/
4 ► demasiado + nombre en plural: too many... /tu: ˈmenɪ/

democracia

▷ España es una democracia.
Spain is a democracy.

democracy /dɪˈmɒkrəsɪ/ (plural: democracies /dɪˈmɒkrəsɪz/)
🔊 El acento recae sobre la segunda sílaba -mo-.

democrático, democrática

▷ Las primeras elecciones democráticas fueron en 1977.
The first democratic elections were in 1977.

democratic /deməˈkrætɪk/
🔊 El acento recae sobre la tercera sílaba -cra-.

demoler

▷ Demolieron el viejo cine.
They demolished the old cinema.

demolish /dɪˈmɒlɪʃ/
◀) El acento recae sobre la segunda
sílaba -mo-.

demonio

▷ El demonio siempre aparece vestido de rojo.
The devil always appears wearing red.

devil /ˈdevəl/
◀) La i es casi muda. Se pronuncia
"devl".

demostrar

1 ▷ Nos demostró cómo se usaba la impresora.
He showed us how to use the printer.

1 (= enseñar) show /ʃəʊ/ (showed
/ʃəʊd/, shown /ʃəʊn/)

2 ▷ Si me demuestras que es posible, lo haré.
If you prove to me that it's possible, I'll do it.

2 (= probar) prove /pruːv/
◀) La o de prove se pronuncia como
la oo de too.

dentadura

▷ En el colegio nos enseñan a cuidar de la
dentadura.
*At school we learn how to look after our
teeth.*
▷ Mi abuelo lleva dentadura postiza.
My grandfather wears dentures.

(= dientes) teeth /tiːθ/

► dentadura postiza: dentures
/ˈdentʃəz/
ℹ teeth y dentures son palabras en
plural.

dentífrico

▷ ¡Me he olvidado el dentífrico!
I forgot the toothpaste!

toothpaste /ˈtuːθpeɪst/
◀) La a de toothpaste se pronuncia
como la a de make.

dentista

▷ Mi dentista es muy simpático.
My dentist is very nice.
▷ Mi padre está en el dentista.
My father is at the dentist's.
▷ Silvia quiere ser dentista.
Silvia wants to be a dentist.

dentist /ˈdentɪst/
► en el dentista (= en su consulta):
at the dentist's

◀) No te olvides de colocar el artículo
a o an delante del nombre de la
profesión cuando aparece detrás de los
verbos be o become.

dentro

1 ▷ Quédate dentro, hace demasiado frío fuera.
Stay inside, it's too cold outside.
▷ Es una caja con bombones dentro.
It's a box with sweets in it.
▷ Unas cajas con bombones dentro.
Boxes with sweets in them.

1 (lo contrario de fuera) inside
/ɪnˈsaɪd/
ℹ Cuando dentro va después de un
nombre, como en el ejemplo de la
izquierda, se traduce por in it si el
nombre está en singular y por in them
si el nombre está en plural.

Sigue en la página siguiente

2 ▷ Dentro de dos semanas empiezan las
     vacaciones.
     The holidays begin in two weeks.

> **2** ► **dentro de** (hablando de un
> espacio de tiempo): **in**

denunciar

▷ Denunciaron el robo a la policía.
  They reported the theft to the police.

> ► **denunciar algo a alguien** (un
> delito): **report** something **to**
> somebody /tʊ/

departamento

▷ Trabaja en el mismo departamento que mi
  padre.
  *She works in the same department as my
  father.*

> department /dɪˈpɑːtmənt/
> **i** Fíjate bien en cómo se escribe
> department.
> ◀) El acento recae sobre la segunda
> sílaba -part-.

depender

▷ El resultado dependerá del número de
  alumnos.
  *The result will depend on the number of
  pupils.*
▷ ¿Vas a ir a la fiesta? - Depende.
  Are you going to the party? - It depends.

> ► **depender de algo: depend**
> /dɪˈpend/ **on** something
> **i** Fíjate en la preposición: **depend
> on**.
> ► **depende: it depends**

dependiente, dependienta

▷ La dependienta me ayudó a encontrar mi talla.
  The shop assistant helped me to find my size.

> (en una tienda) shop assistant /ʃɒp
> əˈsɪstənt/ (plural: shop assistants)
> ⌐ **dependiente** se dice **shop assistant**
> en inglés británico y **sales clerk**
> /ˈseɪlz klɑːk/ (plural: **sales clerks**) en
> inglés americano.

deporte

▷ Prefiero los deportes de equipo.
  I prefer team sports.
▷ Me gusta hacer deporte.
  I like doing sports.

> sport /spɔːt/
> ► **hacer deporte: do sports**

deportista

▷ Los futbolistas son los deportistas mejor
  pagados.
  Footballers are the best-paid sportsmen.

> ► **un deportista: a sportsman**
> /ˈspɔːtsmən/ (plural: **sportsmen**
> /ˈspɔːtsmən/)
> ► **una deportista: a
> sportswoman** /ˈspɔːtswʊmən/
> (plural: **sportswomen**
> /ˈspɔːtswɪmɪn/)

depósito

▷ Había un agujero en el depósito de gasolina.
  There was a hole in the petrol tank.

> (recipiente) tank /tæŋk/

deprimente

▷ Este tiempo es deprimente.
This weather is depressing.

depressing /dɪˈpresɪŋ/ (más deprimente more depressing, el más deprimente the most depressing)

deprimido, deprimida

▷ Maricris parece deprimida.
Maricris looks depressed.

depressed /dɪˈprest/ (más deprimido more depressed, el más deprimido the most depressed)
◀) depressed rima con rest.

deprisa

▷ No camines tan deprisa.
Don't walk so fast.
▷ ¡Deprisa, dame las llaves!
Quick, give me the keys!

fast /fɑːst/
► ¡deprisa!: quick! /kwɪk/

derecha

1 ▷ Quería el pastel de la derecha.
I'd like the cake on the right.
▷ El colegio está a la derecha, después de la gasolinera.
The school is on the right, after the petrol station.
▷ Gira a la derecha en el semáforo.
Turn right at the traffic lights.

▷ A la derecha del cine hay un restaurante chino.
To the right of the cinema there's a Chinese restaurant.
2 ▷ La derecha está en el gobierno hace diez años.
The right has been in government for ten years.
▷ Son de derechas.
They're right-wing.

1 (= el lado derecho) right /raɪt/
❋ right rima con bite.
► a la derecha (= situado a la derecha): on the right

► girar a la derecha: turn right
🕯 ¡Cuidado! ¡En inglés no se dice 'turn on the right'!

► a la derecha de: to the right of

2 ► la derecha (en política): the right

► de derechas: right-wing

derecho, derecha

1 ▷ Esa línea no está derecha.
That line isn't straight.

▷ Siéntate derecho cuando estés estudiando.
Sit up straight when you're studying.
▷ ¿El museo? Gire a la izquierda y siga todo derecho.
The museum? Turn left and carry on straight ahead.

1 (= no desviado, no inclinado) straight /streɪt/ (más derecho straighter /ˈstreɪtəʳ/, el más derecho the straightest /ˈstreɪtɪst/)
◀) straight rima con late y weight.
► sentarse derecho: sit up straight (sat, sat)
► todo derecho (para mostrar el camino): straight ahead

Sigue en la página siguiente

2 ▷ Me duele la mano derecha.
My right hand hurts.

2 (lo contrario de "izquierdo") right /raɪt/

🔊 right rima con bite.

derecho

1 ▷ La hermana de Carmen estudia derecho.
Carmen's sister is studying law.

1 (= las leyes) law /lɔː/

🔊 law rima con bore y more. Haz bien la distinción entre law y low. Este último rima con Joe y so.

2 ▷ Mis padres me hablaron de mis derechos.
My parents talked to me about my rights.

2 (lo contrario de deber) right

🔊 right rima con bite.

derramar

▷ Andrés derramó el café.
Andrés spilled the coffee.

spill /spɪl/

derrapar

▷ El coche derrapó.
The car skidded.

skid /skɪd/

ℹ La d de skid se convierte en dd en el gerundio (skidding /ˈskɪdɪŋ/) y en el pasado (skidded /ˈskɪdɪd/).

derretirse

▷ La nieve se derritió.
The snow melted.

melt /melt/

derrota

▷ La derrota dejó al equipo muy triste.
The defeat made the team very unhappy.

defeat /dɪˈfiːt/

🔊 defeat rima con meet.

derrotar

▷ Derrotaron al Real Madrid en la final.
They defeated Real Madrid in the final.

defeat /dɪˈfiːt/

🔊 defeat rima con meet.

desagradable

▷ Tiene un olor desagradable.
It has an unpleasant smell.

unpleasant /ʌnˈplezənt/ (más desagradable more unpleasant. el más desagradable the most unpleasant)

▷ Estuvo muy desagradable con sus padres.
He was very unpleasant to his parents.

ℹ Fíjate en la preposición que se usa en inglés: unpleasant to.

desanimado, desanimada

▷ Tina sonaba desanimada.
Tina sounded downhearted.

downhearted /daʊnˈhɑːtɪd/ (más desanimado more downhearted. el más desanimado the most downhearted)

desaparecer

▷ Me han desaparecido las gafas.
My glasses have disappeared.

disappear /dɪsəˈpɪəʳ/

ℹ Fíjate que en inglés no se usa el pronombre (me, en este ejemplo).

desastre

▷ He suspendido, ¡qué desastre!
I failed, what a disaster!

disaster /dɪˈzɑːstər/

desastroso, desastrosa

▷ Los resultados de mis exámenes fueron
desastrosos.
My exam result were disastrous.

disastrous /dɪˈzɑːstrəs/

desatar

▷ Alguien desató al perro y se marchó
corriendo.
Somebody untied the dog and it ran away.

(hablando de un animal, un prisionero,
un nudo) untie /ʌnˈtaɪ/
◀ untie rima con why.

desayunar

▷ Siempre desayuno cereales.
I always have cereal for breakfast.

▶ **desayunar algo:** have
something for breakfast /fə
ˈbrekfəst/ (had, had /hæd/)
◀ La break- de breakfast rima con
neck. No se pronuncia igual que la
palabra break, que rima con make.

▷ ¿Qué quieres para desayunar?
What do you want for breakfast?

▶ **para desayunar:** for
breakfast

desayuno

▷ Todavía no he tomado el desayuno.
I haven't had breakfast yet.

breakfast /ˈbrekfəst/
◀ La break- de breakfast rima con
neck. No se pronuncia igual que la
palabra break, que rima con make.

descalzarse

▷ Antes de entrar en las casas japonesas hay que
descalzarse.
*Before going into Japanese houses you have to
take your shoes off.*

take one's shoes off /teɪk wʌnz
ʃuːz ɒf/ (took /tʊk/, taken /ˈteɪkən/)
ⓘ Fíjate cómo se usa el pronombre
posesivo en inglés: I take my shoes off,
you take your shoes off, he takes his
shoes off, she takes her shoes off, we
take our shoes off, they take their shoes
off.

descalzo, descalza

▷ No corras descalzo por casa.
Don't run around the house barefoot.

barefoot /ˈbeəfʊt/
◀ bare- rima con where y hair.

descansar

▷ Deberías descansar antes de salir.
You should rest before leaving.

rest /rest/

descanso

▷ El médico dijo que Pepe necesitaba un buen descanso.
The doctor said that Pepe needed a good rest.

rest /rest/

descarado, descarada

▷ ¡Su hermana es muy descarada!
Her sister is very cheeky!

cheeky /ˈtʃiːkɪ/ (más descarado cheekier /ˈtʃiːkɪəʳ/, el más descarado the cheekiest /ˈtʃiːkɪɪst/)

descarga

▷ Me dio una descarga cuando toqué el cable.
I got a shock when I touched the cable.

(eléctrica) shock /ʃɒk/

descargar

1 ▷ Ayúdame a descargar el coche.
Help me to unload the car.

1 (hablando de un vehículo, de equipajes) unload /ʌnˈləʊd/

2 ▷ Descargué este programa de Internet.
I downloaded this program from the Internet.

2 (hablando de Internet) download /ˈdaʊnˈləʊd/

descarrilar

▷ No se sabe por qué descarriló el tren.
Nobody knows why the train derailed.

derail

descolgar

1 ▷ Ayúdame a descolgar la ropa.
Help me to take the washing down.

1 ► descolgar algo (hablando de algo que está en alto): take something down /daʊn/ (took /tʊk/, taken /ˈteɪkən/)

2 ▷ Eva es la que siempre descuelga el teléfono.
Eva is always the one who picks up the phone.

2 ► descolgar el teléfono: pick up /ˈpɪk ʌp/ the phone

3 ▷ Las cortinas se han vuelto a descolgar.
The curtains have fallen down again.

3 ► descolgarse (hablando de algo que estaba en alto): fall down /fɔːl ˈdaʊn/ (fell down /fel ˈdaʊn/, fallen down /ˈfɔːlən daʊn/)

desconcentrarse

▷ El accidente se produjo porque se desconcentró.
The accident happened because he got distracted.

get distracted /dɪˈstræktɪd/ (got, got /gɒt/)

desconectado, desconectada

1 ▷ Antes de abrir la radio asegúrate de que esté desconectada.
Before you open the radio make sure it is unplugged.

1 (= desenchufado) unplugged /ʌnˈplʌgd/

2 ▷ Comprueba que la televisión esté desconectada
antes de irte a la cama.
*Make sure the TV is switched off before you
go to bed.*

2 (= apagado) switched off /swɪθft
ˈɒf/

desconectar

1 ▷ Voy a desconectar la lavadora.
I'm going to unplug the washing machine.

2 ▷ Desconecta la televisión antes de irte a la cama.
Switch off the TV before you go to bed.

1 (= desenchufar) unplug /ʌnˈplʌg/

ℹ La **g** de unplug se convierte en **gg**
en el gerundio (unplugging /ʌnˈplʌgɪŋ/)
y en el pasado (unplugged /ʌnˈplʌgd/).

2 (= apagar) switch off /swɪtʃ ˈɒf/

descongelar

1 ▷ Voy a descongelar una pizza para cenar.
I'm going to defrost a pizza for dinner.
2 ▷ Todavía no se ha descongelado el pan.
The bread hasn't defrosted yet.

1 (= sacar del congelador) defrost
/diːˈfrɒst/
2 ► descongelarse: defrost
/diːˈfrɒst/

desconocido, desconocida

1 ▷ Es una novela de un autor desconocido.
It's a novel by an unknown writer.

2 ▷ No hables con desconocidos.
Don't talk to strangers.

1 (= que no es conocido) unknown
/ʌnˈnəʊn/
◄) La **k** de unknown no se pronuncia.
2 ► un desconocido, una
desconocida: a stranger
/ˈstreɪndʒəʳ/

descontar

▷ Me descontaron tres euros.
They gave me a discount of three euros.

► descontar algo (= dar un
descuento): give a discount of
something /gɪv ə ˈdɪskaʊnt/ (gave,
gave /geɪv/)

describir

▷ Describió todo lo que había visto en el viaje.
*She described everything she had seen during
her trip.*

describe /dɪˈskraɪb/
◄) La **i** de describe se pronuncia
como la **i** de like.

descripción

▷ Su descripción de la excursión del colegio fue
muy divertida.
*His description of the school trip was very
funny.*

description /dɪˈskrɪpʃən/
◄) El acento recae sobre la segunda
sílaba -scrip-.

descubrimiento

▷ Unos científicos europeos han hecho un
descubrimiento muy importante.
*Some European scientists have made a very
important discovery.*

discovery /dɪˈskʌvərɪ/ (plural:
discoveries /dɪˈskʌvərɪz/)
► hacer un descubrimiento:
make a discovery (made, made
/meɪd/)

descubrir

▷ Han descubierto un barco en el fondo del mar.
*They have discovered a boat at the bottom of
the sea.*

▷ Isabel descubrió que había perdido el bolso.
Isabel discovered that she had lost her bag.

(= encontrar) discover /dɪˈskʌvəʳ/
🔊 La o de discover se pronuncia
como la u de duck.

descuento

▷ Me hicieron un descuento muy bueno.
They gave me a very good discount.

discount /ˈdɪskaʊnt/
► **hacer un descuento:** give a
discount /gɪv ə ˈdɪskaʊnt/ (gave
/geɪv/, given /ˈgɪvən/)

desde

1 ▷ Estamos de vacaciones desde el viernes.
We have been on holiday since Friday.

▷ Estoy enfermo desde ayer.
I've been ill since yesterday.

▷ Vivo aquí desde 1999.
I have lived here since 1999.

▷ ¿Desde cuándo lo conoces?
How long have you known him?

▷ El museo está abierto desde las 9 hasta las 5.
The museum is open from 9 to 5.

2 ▷ Desde aquí se ve la isla.
You can see the island from here.

▷ Vinieron desde Granada para mi fiesta.
They came from Granada for my party.

▷ Tengo que leer desde la página 10 hasta la
100.
I have to read from page 10 to page 100.

3 ▷ ¿Te gustaría ayudarnos? - ¡Desde luego!
Would you like to help us? - Of course!

1 (indicando el momento en el que
ocurre algo) since /sɪns/
ℹ En las expresiones con since, en
inglés se usa el pasado perfecto (en los
ejemplos have been, have lived) en los
lugares en los que en español se usa el
presente (estamos, vivo, estoy).
► **¿desde cuándo...?:** how
long...? /haʊ ˈlɒŋ/
ℹ Fíjate de nuevo en el uso del
pasado perfecto (en el ejemplo, have
known) con how long?

► **desde... hasta...:** from... to...

2 (indicando un lugar) from /frɒm/
► **desde... hasta...:** from... to...

3 ► **desde luego:** of course
/əv ˈkɔːs/

desear

▷ Mis padres me desearon suerte.
My parents wished me luck.

► **desear algo a alguien:** wish
/wɪʃ/ somebody something

desembarcar

▷ Desembarcamos por la puerta de atrás del
avión.
*We disembarked through the plane's rear
door.*

(hablando de pasajeros de un barco o
de un avión) disembark
/dɪsɪmˈbɑːk/

desembocar

▷ El Ebro desemboca en el Mediterráneo.
The Ebro flows into the Mediterranean.

► **desembocar en:** flow into
/fləʊ ˈɪntʊ/

desempleado, desempleada

▷ El padre de Carolina está desempleado.
Carolina's father is unemployed.

unemployed /ˌʌnɪmˈplɔɪd/

desenchufar

1 ▷ Voy a desenchufar la lavadora.
I'm going to unplug the washing machine.

1 (= quitar el enchufe) unplug
/ʌnˈplʌg/

ℹ La g de unplug se convierte en gg
en el gerundio (unplugging /ʌnˈplʌgɪŋ/)
y en el pasado (unplugged /ʌnˈplʌgd/).

2 ▷ Desenchufa la televisión antes de irte a la cama.
Switch off the TV before you go to bed.

2 (= apagar) switch off /swɪtʃ ˈɒf/

desenfocado, desenfocada

▷ Esa foto está desenfocada.
That photograph is out of focus.

out of focus /aʊt əv ˈfəʊkəs/
◀ La o de focus se pronuncia como la
oe de toe.

deseo

▷ Pide un deseo.
Ask for a wish.

wish /wɪʃ/ (plural: wishes)

desfilar

▷ Los militares desfilaron por la calle.
The soldiers marched along the street.

march /mɑːtʃ/

desfile

1 ▷ Fuimos a ver el desfile militar.
We went to see the military parade.

2 ▷ Invitaron a Trini a un desfile de moda.
They invited Trini to a fashion show.

1 (militar) parade /pəˈreɪd/
◀ parade rima con made y laid.

2 ► **desfile de moda:** fashion
show /ˈfæʃən ʃəʊ/ (plural: fashion
shows)

desgraciadamente

▷ Desgraciadamente, los médicos no pudieron
hacer nada para salvarlo.
*Unfortunately, the doctors couldn't do
anything to save him.*

unfortunately /ʌnˈfɔːtʃənətlɪ/
◀ El acento recae sobre la secunda
sílaba -for-.

deshacer

1 ▷ Deshicimos las maletas cuando llegamos al hotel.
*We unpacked our cases when we arrived at
the hotel.*

2 ▷ No consigo deshacer este nudo.
I can't undo this knot.

1 (maleta, equipaje) unpack /ʌnˈpæk/
◀ unpacked rima con act.

2 (nudo) undo /ʌnˈduː/ (undid
/ʌnˈdɪd/, undone /ʌnˈdʌn/)

Sigue en la página siguiente

3 ▷ Quiero deshacerme de estos pantalones viejos.
I want to get rid of these old trousers.

3 ► **deshacerse de** (= librarse): get rid of (got /gɒt/, got /gɒt/)

deshincharse

▷ La pelota se ha deshinchado.
The ball has gone down.

go down /daʊn/ (went /went/, gone /gɒn/)

desierto

▷ Pasamos tres días en el desierto.
We spent three days in the desert.

desert /ˈdezət/

◀) El acento recae sobre la primera sílaba des-.

ℹ Ten mucho cuidado para no confundirte con la pronunciación de dessert (= **postre**), en la que el acento recae sobre la última sílaba -ssert.

desierto, desierta

▷ A partir de las once las calles están desiertas.
After eleven o'clock, the streets are deserted.

(= vacío) deserted /dɪˈzɜːtɪd/

desinfectar

▷ Deberías desinfectar el dedo.
You should disinfect your finger.

disinfect /dɪsɪnˈfekt/

ℹ Fíjate bien en cómo se escribe disinfect.

desinflarse

▷ La pelota se ha desinflado.
The ball has gone down.

go down /daʊn/ (went /went/, gone /gɒn/)

desmayarse

▷ Cuando vi tanta sangre casi me desmayé.
When I saw so much blood I almost fainted.

faint /feɪnt/

desmontar

1 ▷ Miguel desmontó su bici para arreglarla.
Miguel took his bike to pieces to repair it.

1 (hablando de un aparato, una bici) take to pieces /teɪk tə ˈpiːsɪz/ (took /tʊk/, taken /ˈteɪkən/)

2 ▷ Desmontamos la tienda en diez minutos.
We took the tent down in ten minutes.

2 (hablando de una tienda de campaña) take down (took, taken)

desnatado, desnatada

▷ Laura sólo bebe leche desnatada.
Laura only drinks skimmed milk.

skimmed /skɪmd/

desnudar

1 ▷ Alicia desnudó al bebé para lavarlo.
Alicia undressed the baby to wash him.

1 (quitar la ropa) undress /ʌnˈdres/

2 ▷ No me gusta desnudarme delante de otros.
I don't like to undress in front of others.

2 ► **desnudarse**: undress

desnudo, desnuda

▷ Me da vergüenza estar desnudo delante del
  médico.
  *It embarrasses me to be naked in front of the
  doctor.*

naked /ˈneɪkɪd/
◀ La a de naked se pronuncia como
la a de make, y la e se pronuncia como
la i de big.

desobedecer

▷ No me atrevo a desobedecer a mi padre.
  I don't dare to disobey my father.

disobey /dɪsəˈbeɪ/
◀ En el pasado, disobeyed rima con
made.

desobediente

▷ Dani es muy desobediente.
  Dani is very disobedient.

disobedient /dɪsəˈbiːdiənt/ (más
desobediente more disobedient, el
más desobediente the most
disobedient)
◀ La e de disobedient se pronuncia
como la ee de speed.

desodorante

▷ No te olvides de ponerte desodorante.
  Don't forget to put deodorant on.

deodorant /diːˈəʊdərənt/
ℹ Fíjate bien en cómo se escribe
deodorant, no lleva s.
◀ La e de deodorant se pronuncia
como la ee de speed.

desorden

▷ No sé cómo consigue encontrar las cosas
  entre tanto desorden.
  *I don't know how she manages to find her
  things in all this mess.*

(en una habitación, una casa) mess
/mes/

despacho

▷ Mi padre está trabajando en su despacho.
  My father is working in his office.

office /ˈɒfɪs/

despacio

▷ No camines tan despacio.
  Don't walk so slowly.

slowly /ˈsləʊlɪ/

despedida

▷ Las despedidas me parecen muy tristes.
  I think goodbyes are very sad.
▷ Fuimos al aeropuerto a dar la despedida a mis
  abuelos.
  *We went to the airport to see my
  grandparents off.*

goodbye /ɡʊdˈbaɪ/

▶ dar la despedida a alguien:
see somebody off /ɒf/ (saw /sɔː/,
seen /siːn/)

despedir

1 ▷ Despidieron a 300 trabajadores.
   They made 300 workers redundant.
▷ El padre de Ester fue despedido.
   Ester's father was made redundant.

2 ▷ Me fui sin despedirme de ellos.
   I left without saying goodbye to them.

1 ► **despedir a alguien** (de trabajo): make somebody redundant /rɪˈdʌndənt/ (made, made /meɪd/)
► **ser despedido**: be made redundant

2 ► **despedirse de alguien** (decir adiós): say goodbye to somebody /seɪ ɡʊdˈbaɪ tʊ/ (said, said /sed/)

despegar

1 ▷ El avión despegará a las tres y cinco.
   The plane will take off at five past three.
2 ▷ La etiqueta se despegó.
   The label came unstuck.

1 (avión) take off /teɪk ˈɒf/ (took /tʊk/, taken /ˈteɪkən/)

2 ► **despegarse** (caerse): come unstuck /kʌm ʌnˈstʌk/ (came /keɪm/, come /kʌm/)

despegue

▷ Se puso muy nerviosa durante el despegue.
   She got very nervous during the take-off.

(de avión) take-off /ˈteɪkɒf/

despeinarse

▷ Con tanto viento me despeiné.
   With all that wind I got my hair messed up.

get one's hair messed up /get wʌnz ˈheə mest ʌp/ (got, got /ɡɒt/)
i El pronombre reflexivo en inglés funciona de la siguiente forma: I get my hair messed up, you get your hair messed up, he gets his hair messed up, she gets her hair messed up, we get our hair messed up, they get their hair messed up.

desperdiciar

▷ No me gusta la gente que desperdicia comida.
   I don't like people who waste food.

waste /weɪst/
◀ La a de waste se pronuncia como la a de make.

desperdicio

▷ ¿Usaste diez hojas de papel? ¡Qué desperdicio!
   You used ten sheets of paper? What a waste!

waste /weɪst/
◀ La a de waste se pronuncia como la a de make.

despertador

▷ El despertador sonó a las siete.
   The alarm clock rang at seven o'clock.

alarm clock /əˈlɑːm klɒk/ (plural: alarm clocks)
◀ También se puede decir simplemente alarm.

▷ Puse el despertador para las ocho.
I set the alarm for eight o'clock.

► poner el despertador para las + hora: set /set/ the alarm for + hora (**set, set**)

despertar

1 ▷ Me despertaron las campanas de la iglesia.
The church bells woke me up.

1 ► despertar a alguien: wake /weɪk/ somebody up (**woke** /wəʊk/, **woken** /ˈwəʊkən/)

2 ▷ Mario se despertó de mal humor.
Mario woke up in a bad mood.

2 ► despertarse: wake up /weɪk ˈʌp/ (**woke up** /wəʊk ˈʌp/, **woken up** /ˈwəʊkən ʌp/)

despierto, despierta

▷ Cuando la llamé ya estaba despierta.
When I called her she was already awake.

awake /əˈweɪk/
🔊 awake rima con make.

despistado, despistada

1 ▷ Juli es muy despistada, nunca recuerda dónde dejó las cosas.
Juli is very absent-minded, she never remembers where she has left things.

1 ► ser despistado: be absent-minded /ˌæbsəntˈmaɪndɪd/ (más despistado **more absent-minded,** el más despistado **the most absent-minded**)

2 ▷ Estaba despistado y no la vi entrar.
I was distracted and I didn't see her come in.

2 ► estar despistado: be distracted /dɪˈstræktɪd/

después

1 ▷ ¿Y qué paso después?
And what happened then?

▷ Voy a ver la televisión y después haré los deberes.
I'm going to watch TV and then I'll do my homework.

1 (= entonces) then /ðen/

2 ▷ Poco después llegó la policía.
Shortly afterwards the police arrived.

2 Cuando **después** se refiere a algo que ocurre a continuación de lo que se ha mencionado, se traduce como afterwards /ˈɑːftəwədz/

3 ▷ Pasaré por tu casa después del colegio.
I'll come to your house after school.

▷ La iglesia está después de la gasolinera.
The church is after the petrol station.

3 ► después de: after /ˈɑːftəʳ/

destino

▷ ¿De qué andén sale el tren con destino a Edimburgo?
From which platform does the train to Edinburgh leave?

► con destino a (hablando de un vuelo, un tren, un autobús): to /tʊ/

destornillador

▷ Pásame un destornillador más grande.
Pass me a bigger screwdriver.

screwdriver /ˈskruːdraɪvəʳ/

destruir

> La bomba destruyó el edificio.
> *The bomb destroyed the building.*

destroy /dɪˈstrɔɪ/

desván

> Mis padres guardan muchos muebles en el desván.
> *My parents keep a lot of furniture in the attic.*

attic /ˈætɪk/
🔊 El acento recae sobre la primera sílaba a-.

desviar

> Han vuelto a desviar el tráfico.
> *They've diverted the traffic again.*

divert /daɪˈvɜːt/
🔊 La i de divert se pronuncia como la i de like.

detalle

> Hay un detalle que no entendí.
> *There's one detail that I didn't understand.*

detail /ˈdiːteɪl/
🔊 La e se pronuncia como la ee de week.

detective

> El protagonista de la película es un detective privado.
> *The main character in the film is a private detective.*

detective /dɪˈtektɪv/
🔊 Fíjate bien en la pronunciación de detective. El acento recae sobre la segunda sílaba -tec-, y la e al final no se pronuncia.

detener

1 > La policía detuvo al ladrón.
  The police arrested the thief.

2 > El coche se detuvo delante de la estación.
  The car stopped in front of the station.

1 (a un ladrón, un delincuente) arrest /əˈrest/

2 ▶ detenerse (= pararse): stop /stɒp/
ℹ La p de stop se convierte en pp en el gerundio (stopping /ˈstɒpɪŋ/) y en el pasado (stopped /stɒpt/).

detergente

1 > No uses demasiado detergente.
  Don't use too much washing-up liquid.

2 > El detergente está en ese armario.
  The washing powder is in that cupboard.

1 (para lavar los platos) washing-up liquid /ˌwɒʃɪŋˈʌp lɪkwɪd/
🚩 Este significado de detergente se dice washing-up liquid en inglés británico y dish liquid /dɪʃ ˈlɪkwɪd/ en inglés americano.

2 (para lavar la ropa en la lavadora) washing powder /ˈwɒʃɪŋ ˈpaʊdər/

detrás

1 > Aparcamos detrás del colegio.
  We parked behind the school.

> Había diez personas detrás de mí en la cola.
  There were ten people behind me in the queue.

1 ▶ detrás de (= situado detrás de un objeto, o una persona): behind /bɪˈhaɪnd/

2 ▷ Los alumnos más altos se pondrán detrás para la foto.
The tallest pupils will stand at the back for the photograph.
▷ Siéntate detrás.
Sit at the back.

2 (= en la parte de atrás, en una foto, una clase, un coche) **at the back** /bæk/

deuda

▷ Mi tío tiene muchas deudas.
My uncle has a lot of debts.

debt /det/

◀ La **b** de **debt** no se pronuncia; **debt** rima con **let** y **set**.

devolver

1 ▷ Diana no quería devolverme mi lápiz.
Diana didn't want to give my pencil back to me.

1 ► devolver algo a alguien (= dar de vuelta): **give** /gɪv/ something **back to** somebody (**gave** /geɪv/, **given** /ˈgɪvən/)

2 ▷ Se mareó y acabó devolviendo.
He got sick and ended up throwing up.

2 (= vomitar) **throw up** /θrəʊ ˈʌp/ (**threw up** /θruː ˈʌp/, **thrown up** /θrəʊn ˈʌp/)

devorar

▷ Pilar devoró el bocadillo en cinco minutos.
Pilar devoured the sandwich in five minutes.

(hablando de comida, de un libro) **devour** /dɪˈvaʊəʳ/

día

1 ▷ El viaje en tren dura dos días.
The train journey takes two days.
▷ ¿Qué día es hoy?
What day is it today?
▷ Buenos días, ¿habéis dormido bien?
Good morning, have you slept well?
▷ Dani va a la piscina todos los días.
Dani goes to the swimming pool every day.
▷ Veo a mis abuelos cada dos días.
I see my granparents every other day.
▷ Tengo que tomarme una pastilla dos veces al día.
I have to take a tablet twice a day.
▷ El día de Año Nuevo toda la familia se reúne para cenar.
On New Year's Day, the whole family gets together for dinner.

2 ▷ Está al día de todo lo que pasa en el colegio.
He's up to date with everything that's going on at the school.

1 (periodo de 24 horas) **day** /deɪ/

ℹ Para saber la fecha en inglés se pregunta **what day is it today?**
► buenos días: **good morning** /gʊd ˈmɔːnɪŋ/
► todos los días: **every day** /ˈevrɪ deɪ/

► cada dos días: **every other day** /ˈevrɪ ʌðə ˈdeɪ/
► dos veces al día: **twice a day** /twaɪs ə ˈdeɪ/

► el día de Año Nuevo: **New Year's Day** /ˈnjuː jɪəz ˈdeɪ/
ℹ Fíjate como en el ejemplo se utiliza la preposición **on**.

2 ► estar al día (= saber lo que ocurre): **be up to date** /ʌp tə ˈdeɪt/

diabetes

▷ Mi abuelo tiene diabetes.
My grandfather has diabetes.

diabetes /daɪəˈbiːtiːz/

💡 ¡Cuidado con la pronunciación en inglés de diabetes! Las dos e de diabetes se pronuncian como la ee de week.

diablo

▷ El diablo siempre aparece vestido de rojo.
The devil always appears wearing red.

devil /ˈdevəl/

🔊 La i es casi muda. Se pronuncia 'devl'.

diadema

▷ Eva llevaba una diadema verde.
Eva was wearing a green hairband.

hairband /ˈheəbænd/

diálogo

▷ Los diálogos de la película son muy divertidos.
The film's dialogues are very funny.

dialogue /ˈdaɪəlɒg/

🔊 La i de dialogue se pronuncia como la i de like y la última sílaba -gue se pronuncia como la g de dog.

diamante

▷ Beatriz tiene un anillo con un diamante.
Beatriz has a ring with a diamond.

▷ La modelo llevaba un collar de diamantes.
The model was wearing a diamond necklace.

diamond /ˈdaɪəmənd/

🔊 La ia de diamond se pronuncia como la i de like.

▶ de diamantes: diamond

diámetro

▷ La rueda mide 50 cm de diámetro.
The wheel is 50 cm in diameter.

diameter /daɪˈæmɪtəʳ/

ℹ Fíjate en la preposición que se usa en inglés (in).

diana

▷ No consiguió dar en la diana.
She didn't manage to hit the target.

(a la que se dispara con una pistola, un arco) target /ˈtɑːgɪt/

🔊 La g se pronuncia como la g de go.

diapositiva

▷ El profesor nos mostró unas diapositivas de Londres.
The teacher showed us some slides of London.

slide /slaɪd/

🔊 La i de slide se pronuncia como la i de like.

diario, diaria

1 ▷ Tomo mi ducha diaria a las ocho de la mañana.
I take my daily shower at 8 o'clock in the morning.

▷ Voy a la piscina a diario.
I go to the swimming pool every day.

1 (= que ocurre todos los días) daily /ˈdeɪlɪ/

▶ a diario (= todos los días): every day /ˈevrɪ deɪ/

2 ▷ Descubrí a mi hermana leyendo mi diario.
  I found my sister reading my diary.

2 (= relato de lo que ocurre todos los días) diary /ˈdaɪərɪ/ (plural: diaries /ˈdaɪərɪz/)

🔊 La i de diary se pronuncia como la i de like.

diarrea

▷ Tuve diarrea durante del viaje.
  I had diarrhoea during the trip.

diarrhoea /daɪəˈrɪə/

🔊 La i de diarrhoea se pronuncia como la i de like.

dibujar

▷ Amalia todavía no sabe dibujar.
  Amalia can't draw yet.
▷ Arturo dibujó un pájaro.
  Arturo drew a bird.

draw /drɔː/ (drew /druː/, drawn /drɔːn/)

🔊 draw rima con more; drew rima con too; drawn rima con corn.

dibujo

▷ ¿Quién hizo este dibujo? Es muy bonito.
  Who did this drawing? It's very nice.
▷ Inma está viendo dibujos animados en la tele.
  Inma is watching cartoons on TV.

drawing /ˈdrɔːɪŋ/

🔊 draw- rima con more.

▶ dibujos animados: cartoons /kɑːˈtuːnz/

diccionario

▷ Mira en el diccionario.
  Look in the dictionary.

dictionary /ˈdɪkʃənərɪ/ (plural: dictionaries /ˈdɪkʃənərɪz/)

🔊 El acento recae sobre la primera sílaba dic-.

diciembre

▷ En diciembre siempre hace mucho frío.
  It's always very cold in December.

▷ Nací el doce de diciembre.
  I was born on the twelfth of December.

December /dɪˈsembəʳ/

ℹ En inglés se escribe siempre con mayúscula, como el resto de los nombres de los meses.
ℹ Fíjate cómo en inglés se usa on y of con las fechas.
ℹ Se escribe 12 December.

dictado

▷ El dictado fue muy difícil.
  The dictation was very difficult.

dictation /dɪkˈteɪʃən/

🔊 La a de dictation se pronuncia como la a de make.

dictador

▷ El dictador gobernó el país durante 40 años.
  The dictator ruled the country for 40 years.

dictator /dɪkˈteɪtəʳ/

🔊 La a de dictator se pronuncia como la a de make.

dictadura

▷ Mis padres vivieron durante la dictadura.
  My parents lived during the dictatorship.

dictatorship /dɪkˈteɪtəʃɪp/

🔊 La a de dictatorship se pronuncia como la a de make.

dictar

▷ El profesor nos dictó dos párrafos.
The teacher dictated two paragraphs to us.

dictate /dɪkˈteɪt/

🔊 La a de dictate se pronuncia como la a de make.

diecinueve

▷ En mi clase sólo hay diecinueve alumnos.
There are only nineteen pupils in my class.
▷ Nuria tiene diecinueve años.
Nuria is nineteen.
▷ Hoy es diecinueve de mayo.
Today is the nineteenth of May.
▷ Nos veremos el diecinueve de julio.
We'll see each other on the nineteenth of July.

nineteen /naɪnˈtiːn/

ℹ Con las fechas se usa the nineteenth /naɪnˈtiːnθ/ en inglés.

ℹ Fíjate cómo en inglés se usa on y of con las fechas.

ℹ Se escribe 19 April, 19 May, etc.

dieciocho

▷ José Miguel tiene dieciocho años.
José Miguel is eighteen.

▷ Hoy es dieciocho de mayo.
Today is the eighteenth of May.
▷ Nos veremos el dieciocho de julio.
We'll see each other on the eighteenth of July.

eighteen /eɪˈtiːn/

🔊 La eight de eighteen se pronuncia como la palabra inglesa ate.
ℹ Con las fechas se usa the eighteenth /eɪˈtiːnθ/ en inglés.
ℹ Fíjate cómo en inglés se usa on y of con las fechas.
ℹ Se escribe 18 April, 18 May, etc.

dieciséis

▷ Tuvimos dieciséis días de vacaciones.
We had sixteen days of holidays.
▷ Elvira tiene dieciséis años.
Elvira is sixteen.
▷ Hoy es dieciséis de mayo.
Today is the sixteenth of May.
▷ Nos veremos el dieciséis de julio.
We'll see each other on the sixteenth of July.

sixteen /sɪksˈtiːn/

ℹ Con las fechas se usa the sixteenth /sɪksˈtiːnθ/ en inglés.

ℹ Fíjate cómo en inglés se usa on y of con las fechas.
ℹ Se escribe 16 April, 16 May, etc.

diecisiete

▷ Quedaban diecisiete caramelos.
There were seventeen sweets left.
▷ Quique tiene diecisiete años.
Quique is seventeen.
▷ Hoy es diecisiete de mayo.
Today is the seventeenth of May.
▷ Nos veremos el diecisiete de julio.
We'll see each other on the seventeenth of July.

seventeen /sevənˈtiːn/

ℹ Con las fechas se usa the seventeenth /sevənˈtiːnθ/ en inglés.
ℹ Fíjate cómo en inglés se usa on y of con las fechas.
ℹ Se escribe 17 April, 17 May, etc.

diente

▷ Se me ha caído un diente.
One of my teeth has fallen out.

tooth /tuːθ/ (plural: teeth /tiːθ/)

diestro, diestra

▷ ¿Eres zurdo o diestro?
Are you left-handed or right-handed?

right-handed /raɪtˈhændɪd/

dieta

▷ Lalo está a dieta, quiere adelgazar.
Lalo is on a diet, he wants to lose weight.

diet /ˈdaɪət/

🔊 La i de diet se pronuncia como la i de like.

diez

▷ En mi clase sólo hay diez alumnos.
There are only ten pupils in my class.

▷ Merche tiene diez años.
Merche is ten.

▷ Hoy es diez de mayo.
Today is the tenth of May.

▷ Nos veremos el diez de julio.
We'll see each other on the tenth of July.

ten /ten/

ℹ️ Con las fechas se usa the tenth /tenθ/ en inglés.

ℹ️ Fíjate cómo en inglés se usa on y of con las fechas.
ℹ️ Se escribe 10 April, 10 May, etc.

diferencia

▷ Hay una gran diferencia entre los dos libros.
There is a big difference between the two books.

difference /ˈdɪfərəns/

🌱 Fíjate que en inglés difference se escribe con doble f.

diferente

▷ Merche y su hermana son muy diferentes.
Merche and her sister are very different.

▷ El clima inglés es diferente del español.
The English climate is different from the Spanish climate.

different /ˈdɪfərənt/ (más diferente more different, el más diferente the most different)
🌱 Fíjate que different se escribe con doble f.
▶ **diferente de: different from**

difícil

▷ El examen fue muy difícil.
The exam was very difficult.

difficult /ˈdɪfɪkəlt/ (más difícil more difficult, el más difícil the most difficult)
🌱 Fíjate que difficult se escribe con doble f.

digital

▷ Me he comprado una cámara digital.
I have bought a digital camera.

digital /ˈdɪdʒɪtəl/

🔊 La g de digital se pronuncia como la j de jam.

diluviar

▷ No salgas ahora, está diluviando.
Don't go out now, it's pouring with rain.

▶ **estar diluviando: be pouring with rain** /ˈpɔːrɪŋ wɪð reɪn/
🔊 pouring rima con boring.

dimensión

▷ No sé cuáles son las dimensiones de la mesa.
I don't know the dimensions of the table.

dimension /dɪˈmenʃən/

◀) El acento recae sobre la segunda sílaba -men-.

dimitir

▷ El jefe de mi padre acaba de dimitir.
My father's boss has just resigned.

resign /rɪˈzaɪn/

◀) resign rima con line y shine.

Dinamarca

▷ ¿Cuál es la capital de Dinamarca?
What's the capital of Denmark?

Denmark /ˈdenmɑːk/

◀) El acento recae sobre la primera sílaba Den-.

dineral

▷ Esa moto cuesta un dineral.
That bike costs a fortune.

fortune /ˈfɔːtʃən/

◀) La u de fortune se pronuncia como la palabra inglesa you.

dinero

▷ Los abogados ganan mucho dinero.
Lawyers earn a lot of money.

money /ˈmʌnɪ/

◀) La o de money se pronuncia como la u de duck; money rima con funny.

dinosaurio

▷ Hay un esqueleto de dinosaurio en el museo.
There's a dinosaur skeleton in the museum.

dinosaur /ˈdaɪnəsɔːʳ/

◀) La i de dinosaur se pronuncia como la i de like y la última sílaba -saur se pronuncia como la palabra inglesa saw.

Dios

▷ ¿Crees en Dios?
Do you believe in God?
▷ ¡Dios mío, qué horrible!
My God, how awful!

God /gɒd/

► ¡Dios mío!: my God!

dirección

1 ▷ Me he olvidado de la dirección de Fabio.
I have forgotten Fabio's address.

▷ ¿Cuál es tu dirección electrónica?
What's your e-mail address?
2 ▷ Se fueron en la dirección equivocada.
They went in the wrong direction.

▷ ¿En qué dirección se fueron?
Which way did they go?

1 (datos personales de una persona) address /əˈdres/ (plural: addresses /əˈdresɪz/)
► dirección electrónica: e-mail address /ˈiːmeɪl əˈdres/
2 (= sentido) direction
◀) La i de direction se pronuncia como la i de like.
► ¿en qué dirección...?: which way...? /wɪtʃ ˈweɪ/

directamente

1 ▷ Voy directamente a Madrid, sin pasar por Zaragoza.
I'm going straight to Madrid, without going through Zaragoza.

2 ▷ Tienes que preguntar directamente a tu padre.
You have to ask your father directly.

1 (= sin paradas, sin dar vueltas)
straight /streɪt/
🔊 straight rima con gate y late.

2 (= sin intermediario) **directly**
/dɪˈrektlɪ/

directo, directa

1 ▷ Fuimos en un vuelo directo a Nueva York.
We went on a direct flight to New York.

2 ▷ Transmitieron el partido en directo.
They broadcast the match live.

1 (= sin paradas, sin dar vueltas)
direct /dɪˈrekt/

2 ► **en directo** (hablando de un programa de televisión): **live** /lɪv/
🔊 La i de live se pronuncia como la i de like.

director

1 ▷ El director pidió a todos los padres que fueran a la reunión.
The headmaster asked all the parents to go to the meeting.

2 ▷ Mi padre dijo que quería hablar con el director del banco.
My father said that he wanted to speak to the bank manager.

1 (hablando de un colegio)
headmaster /ˈhedˌmɑːstəʳ/
🔊 El acento recae sobre la segunda sílaba -ma-.

2 (hablando de una empresa, una tienda, un banco) **manager**
/ˈmænɪdʒəʳ/

directora

1 ▷ La directora pidió a todos los padres que fueran a la reunión.
The headmistress asked all the parents to go to the meeting.

2 ▷ Mi padre dijo que quería hablar con la directora del banco.
My father said that he wanted to speak to the bank manager.

1 (hablando de un colegio)
headmistress /ˈhedˌmɪstrəs/ (plural: headmistresses /ˈhedˌmɪstrəsɪz/)
🔊 El acento recae sobre la segunda sílaba -mis-.

2 (hablando de una empresa, una tienda, un banco) **manager**
/ˈmænɪdʒəʳ/

dirigir

1 ▷ Su padre dirige una pequeña agencia de viajes.
His father runs a small travel agency.

2 ▷ Carmina se dirigía hacia la puerta pero Gloria la paró.
Carmina was heading for the door but Gloria stopped her.

1 (hablando de una empresa, una tienda) **run** /rʌn/ (ran /ræn/, run /rʌn/)

2 ► **dirigirse hacia**: **head for**
/ˈhed fɔːʳ/

discapacitado, discapacitada

1 ▷ Es discapacitado y usa silla de ruedas.
He's disabled and he uses a wheelchair.

1 (= minusválido) **disabled**
/dɪsˈeɪbəld/
🔊 disabled se pronuncia como dis + able (que rima con table) + d.

Sigue en la página siguiente

2 ▷ Los discapacitados pueden usar este cuarto
de baño.
The disabled can use this toilet.

2 ► **los discapacitados:** the
disabled /dɪsˈeɪbəld/

ℹ Para decir en inglés **un
discapacitado, una discapacitada** se usa
la expresión a disabled person.

disciplina

▷ La disciplina en ese colegio no es muy rígida.
Discipline isn't very strict at that school.

discipline /ˈdɪsɪplɪn/

◀ El acento recae sobre la primera
sílaba dis- y la c no se pronuncia. La
tercera i se pronuncia como la i de big.

disco

1 ▷ Ése es mi disco favorito.
That's my favourite record.
2 ▷ El disco duro está casi lleno.
The hard disk is almost full.

1 (= de música) record /ˈrekɔːd/

2 ► **disco duro** (de un
ordenador): hard disk /ˈhɑːd ˈdɪsk/
(plural: **hard disks**)

discoteca

▷ Anoche fui a la discoteca con mis amigas.
*Last night I went to the nightclub with my
friends.*

nightclub /ˈnaɪtklʌb/

discretamente

▷ ¿Le podrías dar esta nota a Marcos
discretamente?
Could you give this note to Marcos discreetly?

discreetly /dɪsˈkriːtlɪ/

discreto, discreta

▷ No se lo cuentes a ella, es muy poco discreta.
Don't tell her, she's not very discreet.

discreet /dɪˈskriːt/ (más discreto
more discreet, el más discreto the
most discreet)

disculpas

▷ Se negó a pedir disculpas.
He refused to apologize.

► **pedir disculpas:** apologize
/əˈpɒlədʒaɪz/

◀ La i de apologize se pronuncia
como la i de like.

▷ Pidió disculpas por llegar tarde.
She apologized for being late.

► **pedir disculpas por +
infinitivo:** apologize for + -ing

discurso

▷ El profesor de historia pronunció un discurso
muy largo.
The history teacher made a very long speech.

speech /spiːtʃ/ (plural: speeches
/ˈspiːtʃɪz/)
► **pronunciar un discurso:** make
/meɪk/ a speech (made, made
/meɪd/)

discusión

1 ▷ Tuvimos una discusión muy interesante.
   We had a very interesting discussion.

1 (= conversación) discussion
/dɪˈskʌʃən/

ℹ Fíjate bien en cómo se escribe
discussion.

2 ▷ No quise intervenir en su discusión.
   I didn't want to get involved in their argument.

2 (= pelea) argument /ˈɑːgjʊmənt/

◀◣ La u de argument se pronuncia
como la palabra inglesa you.

discutir

1 ▷ Discutimos sobre la excursión del colegio.
   We discussed the school trip.

1 ► discutir sobre algo (=
conversar): discuss /dɪˈskʌs/
something

ℹ También se puede decir talk about
something pero no se dice "discuss
about something"!

2 ▷ Mis padres se pasaron la tarde discutiendo.
   My parents spent the afternoon arguing.

2 (= pelearse) argue /ˈɑːgjuː/

ℹ En el gerundio la e de argue
desaparece (arguing /ˈɑːgjuːɪŋ/).

◀◣ La ue de argue se pronuncia como
la palabra inglesa you.

diseñar

▷ Los científicos diseñaron una máquina
  revolucionaria.
  *The scientists designed a revolutionary
  machine.*

design /dɪˈzaɪn/

◀◣ La g de design no se pronuncia y la
i se pronuncia como la i de like; design
rima con mine.

diseño

▷ El diseño de ese coche es muy original.
  The design of that car is very original.

design /dɪˈzaɪn/

◀◣ La g de design no se pronuncia y la
i se pronuncia como la i de like; design
rima con mine.

disfraz

▷ Joaquín llevaba un disfraz de Batman.
  Joaquín was wearing a Batman costume.

(para ir a una fiesta) costume
/ˈkɒstjuːm/

◀◣ La u de costume se pronuncia
como la palabra inglesa you.

disfrazarse

1 ▷ ¿Te vas a disfrazar para la fiesta de Lucía?
   Are you going to dress up for Lucía's party?
  ▷ Mauro quiere disfrazarse de elefante.
   Mauro wants do dress up as an elephant.

1 (para ir a una fiesta) dress up /dres
ˈʌp/
► disfrazarse de...: dress up as...

ℹ Fíjate que en inglés se utiliza el
artículo a o an (dress up as an
elephant) mientras que en español no
hay artículo (de elefante).

Sigue en la página siguiente

2 ▷ Los terroristas se disfrazaron para engañar a la policía.
The terrorists disguised themselves to deceive the police.

2 (para engañar a alguien) **disguise** oneself /dɪsˈɡaɪz/

🔊 disguise rima con size.

ℹ El pronombre reflexivo en inglés funciona de la siguiente forma: I disguised myself, you disguised yourself, he disguised himself, she disguised herself, etc.

disfrutar

▷ Mis amigos disfrutaron en la playa.
My friends enjoyed themselves at the beach.

enjoy oneself /ɪnˈdʒɔɪ/

ℹ El pronombre reflexivo en inglés funciona de la siguiente forma: I enjoyed myself, you enjoyed yourself, he enjoyed himself, she enjoyed herself, we enjoyed ourselves, they enjoyed themselves.

disléxico, disléxica

▷ Juan Carlos es disléxico, lee con dificultad.
Juan Carlos is dyslexic, he has trouble reading.

dyslexic /dɪsˈleksɪk/

ℹ Fíjate bien en cómo se escribe dyslexic.

disminución

▷ Ha habido una disminución del número de parados.
There has been a decrease in the number of unemployed.

decrease /dɪˈkriːs/

ℹ Fíjate en la preposición que se usa en inglés: una disminución **de** algo = a decrease **in** something.

disminuir

1 ▷ El número de alumnos ha disminuido este año.
The number of pupils has decreased this year.

2 ▷ Han disminuido las temperaturas.
Temperatures have fallen.

1 (hablando de una cifra o de un volumen) **decrease** /dɪˈkriːs/

2 (hablando del precio o de las temperaturas) **fall** /fɔːl/ (fell /fel/, fallen /ˈfɔːlən/)

disolver

1 ▷ Disuelve los polvos en un vaso de agua y bébetelo despacio.
Dissolve the powder in a glass of water and drink it slowly.

2 ▷ Esta pastilla no se disuelve bien en la boca.
This pill doesn't dissolve properly in the mouth.

1 **dissolve** /dɪˈzɒlv/

🔊 La ss se pronuncia como la z de jazz.

2 ▶ **disolverse: dissolve**

disparar

1 ▷ Los policías dispararon contra los terroristas.
The policemen shot at the terrorists.

1 ▶ **disparar contra alguien** (con un arma): **shoot** /ʃuːt/ at somebody (**shot, shot** /ʃɒt/)

2 ▷ Ester disparó y marcó un gol.
    Ester shot and scored a goal.

2 (en fútbol y otros deportes) shoot
/ʃuːt/ (shot, shot /ʃɒt/)

disparo

▷ Oímos varios disparos.
    We heard several shots.

(con un arma, en deportes) shot /ʃɒt/

disquete

▷ ¿Me podrías prestar un disquete virgen?
    Could you lend me a blank diskette?

diskette /dɪsˈket/

distancia

▷ La distancia aparece en el mapa.
    The distance appears on the map.

distance /ˈdɪstəns/
◀) El acento recae sobre la primera
sílaba dis-.

distinguir

▷ Me cuesta distinguir a Agustín de su hermano
    gemelo.
    *I have trouble telling Agustín from his twin
    brother.*

▶ **distinguir a alguien o algo
de:** tell /tel/ somebody o something
from (told, told /təʊld/)

distinto, distinta

▷ Lucía y su madre son muy distintas.
    Lucía and her mother are very different.

different /ˈdɪfərənt/
⚠ Fíjate que en inglés different se
escribe con doble f.

▷ El clima inglés es distinto del español.
    *The English climate is different from the
    Spanish one.*

▶ **distinto de:** different from

distraer

1 ▷ Estoy intentando distraer a mi hermanito.
    I'm trying to entertain my little brother.
2 ▷ Castigaron a Paula por distraer a sus
    compañeros.
    *Paula was punished because she distracted
    her classmates.*
3 ▷ Deberías distraerte, trabajas demasiado.
    You should have fun, you work too much.

1 (= divertir) entertain /entəˈteɪn/

2 (= hacer que alguien deje de prestar
atención) distract /dɪˈstrækt/

3 ▶ **distraerse** (= divertirse):
have fun /fʌn/ (had, had /hæd/)

distraído, distraída

1 ▷ Juli es muy distraída, nunca recuerda dónde dejó
    las cosas.
    *Juli is very absent-minded, she never
    remembers where she has left things.*

1 ▶ **ser distraído:** be absent-
minded /æbsəntˈmaɪndɪd/ (más
distraído **more absent-minded,** el
más distraído **the most absent-
minded**)

2 ▷ Estaba distraído y no la vi entrar.
    I was distracted and I didn't see her come in.

2 ▶ **estar distraído:** be
distracted /dɪˈstræktɪd/

diversión

▷ Su diversión favorita es jugar al baloncesto.
His favourite pastime is playing basketball.

(= pasatiempo) **pastime** /ˈpɑːstaɪm/

divertido, divertida

▷ Es una película muy divertida.
It's a very funny film.

funny /ˈfʌni/ (más divertido **funnier** /ˈfʌniəʳ/, el más divertido **the funniest** /ˈfʌniɪst/)

divertirse

▷ Nos divertimos mucho en la fiesta.
We really enjoyed ourselves at the party.

enjoy oneself /ɪnˈdʒɔɪ/

ℹ El pronombre reflexivo en inglés funciona de la siguiente forma: I enjoy **myself**, you enjoy **yourself**, he enjoys **himself**, she enjoys **herself**, we enjoy **ourselves**, they enjoy **themselves**.

dividir

▷ Si dividimos el total entre cuatro, cada uno debemos diez euros.
If we divide the total by four, we owe ten euros each.

divide /dɪˈvaɪd/

◀) La segunda i de **divide** se pronuncia como la i de **like**.

▶ **dividir... entre...: divide... by...**

división

▷ Sin calculadora no sé hacer esa división.
I can't do that division without a calculator.

division /dɪˈvɪʒən/

◀) El acento recae sobre la segunda sílaba -**vi**-.

▶ **hacer una división: do a division** (**did** /dɪd/, **done** /dʌn/)

divorciado

▷ Los padres de Jorge están divorciados.
Jorge's parents are divorced.

divorced /dɪˈvɔːst/

◀) **divorced** se pronuncia como si acabara en -**st**.

divorciarse

▷ Los padres de Andrea se divorciaron el año pasado.
Andrea's parents got divorced last year.

get divorced /get dɪˈvɔːst/ (**got**, **got** /gɒt/)

◀) **divorced** se pronuncia como si acabara en -**st**.

doblar

1 ▷ Dobla tus pantalones con cuidado.
Fold your trousers carefully.
2 ▷ En Gran Bretaña no doblan las películas extranjeras.
In Britain they don't dub foreign films.

1 (= plegar) **fold** /fəʊld/

2 (= sustituir la voz de un actor en una película) **dub** /dʌb/

ℹ La b de **dub** se convierte en **bb** en el gerundio (**dubbing** /ˈdʌbɪŋ/) y en el pasado (**dubbed** /dʌbd/).

3 ▷ El número de alumnos se ha doblado en diez años.
The number of pupils has doubled in ten years.

3 ► **doblarse** (= multiplicarse por dos): **double** /ˈdʌbəl/
◀) La ou de double se pronuncia como la u de duck; double rima con bubble.

doble

1 ▷ Quería una habitación doble.
I'd like a double room.

1 (= hablando de algo que está compuesto de dos partes o que es el doble de grande) **double** /ˈdʌbəl/
◀) La ou de double se pronuncia como la u de duck; double rima con bubble.

2 ▷ El viaje costó el doble de lo que esperábamos.
The trip cost twice as much as what we expected.

2 ► **el doble de...: twice as much as...** /ˈtwaɪs əz ˈmʌtʃ əz/

doce

▷ En mi clase sólo hay doce alumnos.
There are only twelve pupils in my class.
▷ Míchel tiene doce años.
Míchel is twelve.
▷ Hoy es doce de mayo.
Today is the twelfth of May.
▷ Nos veremos el doce de julio.
We'll see each other on the twelfth of July.

twelve /twelv/
ℹ Con las fechas se usa the twelfth /twelfθ/ en inglés.

ℹ Fíjate cómo en inglés se usa on y of con las fechas.
ℹ Se escribe 12 April, 12 May, etc.

docena

▷ Una docena de huevos, por favor.
A dozen eggs, please.

► **una docena de...: a dozen...** /ˈdʌzən/
◀) La e de dozen es casi muda, y la o se pronuncia como la u de duck.

doctor, doctora

▷ El doctor dijo que debía descansar.
The doctor said that I should rest.
▷ Pili quiere ser doctora.
Pili wants to be a doctor.

doctor /ˈdɒktəʳ/
◀) El acento recae sobre la primera sílaba doc-.
ℹ No te olvides de colocar el artículo a o an delante del nombre de la profesión cuando aparece detrás de los verbos be o become.

documental

▷ ¿Viste anoche el documental sobre los dinosaurios?
Did you see the documentary on dinosaurs last night?

documentary /dɒkjəˈmentərɪ/
(plural: documentaries /dɒkjəˈmentərɪz/)
◀) El acento recae sobre la tercera sílaba -men-.

documento

▷ Hay algunos documentos que no se pueden sacar de la biblioteca.
There are certain documents that you can't borrow from the library.
▷ ¿Qué nombre le diste al documento?
What name did you give the document?

document /ˈdɒkjəmənt/
◀) El acento recae sobre la primera sílaba doc-.

dólar

▷ Necesito cambiar euros en dólares.
I need to change euros into dollars.

dollar /ˈdɒləʳ/
ℹ Fíjate que este palabra se escribe con ll en inglés.

doler

▷ Me duele el brazo.
My arm hurts.
▷ ¿Te duele?
Does it hurt?

ℹ Para expresar que algo duele en inglés se usa el verbo hurt /hɜːt/ (hurt, hurt) como en los ejemplos de la izquierda.

ℹ Para algunas partes del cuerpo, en inglés existe un término para referirse al dolor:

▷ Si te duele la cabeza toma una aspirina.
If you have a headache take an aspirin.
▷ A Concha le duele el estómago.
Concha has a stomachache.

► me duele la cabeza: I have a headache /hæv ə ˈhedeɪk/
► me duele el estómago: I have a stomachache /hæv ə ˈsʌməkeɪk/

dolor

▷ Tengo un dolor en el brazo.
I have a pain in my arm.

pain /peɪn/
◀) pain rima con lane.
ℹ Para algunos tipos de dolores, en inglés existe un término específico:

▷ Tengo dolor de cabeza.
I have a headache.

► dolor de cabeza: headache
ℹ Fíjate que en inglés se usa el artículo a delante de headache.

▷ José Carlos tenía dolor de estómago.
José Carlos had a stomachache.
▷ Tengo un dolor de muelas terrible.
I have terrible toothache.

► dolor de estómago: stomachache
► dolor de muelas: toothache
ℹ Fíjate que en inglés no se usa el artículo a delante de toothache.
◀) -ache rima con make.

doloroso, dolorosa

▷ Parece que es una operación muy dolorosa.
It seems it's a very painful operation.

painful /ˈpeɪnfʊl/ (más doloroso more painful, el más doloroso the most painful)

doméstico, doméstica

▷ Mis padres no me dejan tener animales domésticos.
My parents don't allow me to have pets.

► animal doméstico: pet /pet/

▷ Mi madre quiere que le ayude con las tareas domésticas.
My mother wants me to help her with the housework.

► **tareas domésticas:** housework /ˈhaʊswɜːk/

ℹ️ housework es incontable: no se usa nunca en plural, y nunca se dice 'a housework'; se dice, por ejemplo, I don't like doing the housework (no me gusta hacer las tareas domésticas).

domicilio

▷ En esa casilla tienes que escribir tu domicilio.
You have to write your address in that box.

(= dirección) address /əˈdres/ (plural: addresses /əˈdresɪz/)

domingo

▷ Hoy es domingo.
Today is Sunday.

Sunday /ˈsʌndɪ/

ℹ️ En inglés se escribe siempre con mayúscula, como el resto de los días de la semana.

▷ Saldremos el domingo.
We will leave on Sunday.

▷ Los domingos vamos siempre a la iglesia.
We always go to church on Sundays.

▷ El próximo domingo iremos a la playa.
We'll go to the beach next Sunday.

► **el domingo:** on Sunday

► **los domingos** (= todos los domingos): on Sundays

► **el próximo domingo:** next Sunday

dominicano, dominicana

1 ▷ La capital dominicana.
The Dominican capital.

▷ Ángela es dominicana.
Ángela is Dominican.

1 (adjetivo) Dominican /dəˈmɪnɪkən/

🔊 El acento recae sobre la segunda sílaba -mi-.

ℹ️ Se escribe siempre con mayúscula, como todos los adjetivos y nombres ingleses que se refieren a la nacionalidad.

2 ▷ Se casó con un dominicano.
She married a Dominican.

2 (nombre) un dominicano, una dominicana: a Dominican

dominó

▷ Juego mucho con mi abuelo al dominó.
I often play dominoes with my grandfather.

dominoes /ˈdɒmɪnəʊz/

ℹ️ Fíjate bien en cómo se escribe dominoes.

► **jugar al dominó:** play dominoes

don

▷ Don Jesús Jiménez fue mi profesor de historia.
Mr Jesús Jiménez was my history teacher.

Mr /ˈmɪstər/

ℹ️ Mientras que en español la palabra don acompaña al nombre, en inglés Mr sólo se usa cuando aparece el apellido de la persona.

donante

▷ Mis padres son donantes de sangre.
My parents are blood donors.

donor /ˈdəʊnəʳ/

◀) La primera o de donor se
pronuncia como la oe de Joe.

donde

▷ La playa donde nos bañamos está muy cerca.
The beach where we go swimming is very near.

where /weəʳ/

◀) where rima con chair.

dónde

▷ ¿Dónde estabas?
Where were you?
▷ No sé dónde viven.
I don't know where they live.
▷ ¿De dónde viene esta postal?
Where does this postcard come from?

where /weəʳ/

◀) where rima con chair.

▶ de dónde...?: where... from?

doña

▷ Doña Ángeles Castillo era mi profesora de
química.
*Mrs Ángeles Castillo was my chemistry
teacher.*

Mrs /ˈmɪsɪs/

ℹ Mientras que en español la palabra
doña acompaña al nombre, en inglés
Mrs sólo se usa cuando aparece el
apellido de la persona.

ℹ Cuando la persona a la que nos
estamos refiriendo está casada se utiliza
Mrs. Cuando está soltera, se usa Miss
/mɪs/. Cuando no sabemos si está
casada o soltera, se usa Ms /məz/.

dorado, dorada

▷ Ainoa tiene el cabello dorado.
Ainoa has golden hair.

golden /ˈgəʊldən/

dormido, dormida

▷ Mi abuelo estaba dormido en el sofá.
My grandfather was asleep on the sofa.
▷ Me quedé dormido viendo la televisión.
I fell asleep watching television.

asleep /əˈsliːp/

▶ **quedarse dormido:** fall
asleep /fɔːl əˈsliːp/ (fell /fel/, fallen
/ˈfɔːlən/)

dormilón, dormilona

▷ Maripili es una dormilona, nunca se levanta
antes de las 11.
*Maripili is a sleepyhead, she never gets up
before 11 o'clock.*

▶ **ser un dormilón:** be a
sleepyhead /ˈsliːpɪhed/

dormir

1 ▷ ¿Dormiste bien?
Did you sleep well?

1 sleep /sliːp/ (slept, slept /slept/)

2 ▷ Me dormí escuchando la radio.
  I fell asleep listening to the radio.

3 ▷ Se me ha dormido la mano.
  My hand has gone to sleep.

2 ► **dormirse** (una persona, un animal): fall asleep /fɔːl əˈsliːp/ (fell /fel/, fallen /ˈfɔːlən/)

3 ► **dormirse** (el pie, la mano): go to sleep /sliːp/ (went /went/, gone /gɒn/).

dormitorio

▷ Tengo que compartir mi dormitorio con mi hermano.
  I have to share my bedroom with my brother.

bedroom /ˈbedruːm/

dos

▷ Tengo dos hermanos.
  I have two brothers.
▷ Conchita tiene dos años.
  Conchita is two.
▷ Hoy es dos de mayo.
  Today is the second of May.
▷ Nos veremos el dos de julio.
  We'll see each other on the second of July.
▷ Los dos colegios están en la misma calle.
  Both schools are in the same street.
▷ ¿Os vais a ir los dos?
  Are both of you going?
▷ Vinieron los dos.
  Both of them came.

two /tuː/

ℹ Con las fechas se usa the second /ˈsekənd/ en inglés.

ℹ Fíjate cómo en inglés se usa on y of con las fechas.

ℹ Se escribe 2 April, 2 May, etc.

► **los dos** (= ambos): both /bəʊθ/

► **los dos** (= vosotros dos): both of you /ˈbəʊθ əv juː/

► **los dos** (= ellos dos): both of them /ˈbəʊθ əv ðəm/

doscientos, doscientas

▷ La iglesia tiene doscientos años.
  The church is two hundred years old.
▷ Gastarán doscientos mil euros en el proyecto.
  They will spend two hundred thousand euros on the project.

two hundred /tuː ˈhʌndrəd/

► **doscientos mil**: two hundred thousand /tuː ˈhʌndrəd ˈθaʊzənd/

dramático, dramática

▷ Fue un rescate dramático.
  It was a dramatic rescue.

dramatic /drəˈmætɪk/ (más dramático more dramatic, el más dramático the most dramatic)

droga

▷ La heroína es una droga.
  Heroin is a drug.

drug /drʌg/

drogadicto, drogadicta

▷ Su primo era drogadicto.
  His cousin was a drug addict.

drug addict /ˈdrʌg ædɪkt/ (plural: drug addicts /ˈdrʌg ædɪkts/)
► **ser drogadicto**: be a drug addict

drogarse

▷ La hermana de mi amiga se droga.
My friend's sister takes drugs.

take drugs /teɪk ˈdrʌgz/ (took /tʊk/, taken /ˈteɪkən/)

ducha

▷ Me voy a dar una ducha.
I'm going to have a shower.

shower /ˈʃaʊəʳ/
► **darse una ducha:** have a shower (had, had /hæd/)

ducharse

▷ Me ducho todas las mañanas.
I have a shower every morning.

have a shower (had, had /hæd/)
⌐ En inglés americano se dice take a shower (took, taken).

duda

▷ Al principio, tenía mis dudas.
At the beginning, I had my doubts.

▷ Es, sin duda, el mejor ordenador que hay en el mercado.
It is, without doubt, the best computer on the market.

doubt /daʊt/
◀ La b no se pronuncia; doubt rima con out y about.
► **sin duda:** without doubt /wɪˈðaʊt daʊt/

dudar

▷ Dudo que funcione.
I doubt it will work.
▷ Dudamos que vengan.
We doubt they'll come.

► **dudar que + subjuntivo:** doubt /daʊt/ + futuro
◀ La b no se pronuncia; doubt rima con out y about.

duende

▷ El protagonista de la película es un duende.
The main character in the film is a goblin.

goblin /ˈgɒblɪŋ/

dueño, dueña

▷ No conseguimos encontrar al dueño del gatito.
We couldn't find the owner of the kitten.

(de una tienda, un animal) owner /ˈəʊnəʳ/

dulce

▷ Esta tarta es demasiado dulce.
This cake is too sweet.

sweet /swiːt/ (más dulce sweeter /ˈswiːtəʳ/, el más dulce the sweetest /ˈswiːtɪst/)

duna

▷ La playa está después de las dunas.
The beach is after the dunes.

dune /djuːn/
◀ La u de dune se pronuncia como la palabra inglesa you.

dúo

▷ Los dos cantantes son un dúo muy famoso.
The two singers are a very famous duo.

duo /ˈdjuːəʊ/

🔊 La u de **duo** se pronuncia como la palabra inglesa **you**.

duración

▷ ¿Sabes cuál es la duración de la película?
Do you know the length of the film?

length /leŋθ/

durante

1 ▷ Conocí a Cecilia durante las vacaciones.
I met Cecilia during the holidays.

1 Cuando **durante** va seguido del nombre de una actividad o de un acontecimiento (durante la reunión, durante el festival, etc.) se traduce por **during** /ˈdjʊərɪŋ/

2 ▷ Estuvimos hablando durante una hora.
We talked for an hour.

2 Cuando **durante** va seguido de una expresión de tiempo (durante dos semanas, durante cuatro horas, etc.) se traduce por **for** /fɔː^r/

durar

1 ▷ El buen tiempo no va a durar.
The good weather won't last.

1 (= continuar) last /lɑːst/

2 ▷ El vuelo dura dos horas.
The flight takes two hours.

2 (= llevar) take /teɪk/ (took /tʊk/, taken /ˈteɪkən/)

duro, dura

1 ▷ Esta mesa está hecha de una madera muy dura.
This table is made of a very hard wood.

1 (hablando de un material o de una cama) hard /hɑːd/ (más duro harder /ˈhɑːdə^r/, el más duro the hardest /ˈhɑːdɪst/)

2 ▷ La comida estaba buena pero la carne estaba un poco dura.
The meal was good but the meat was a bit tough.

2 (hablando de carne) tough /tʌf/ (más duro tougher /ˈtʌfə^r/, el más duro the toughest /ˈtʌfɪst/)

🔊 **tough** rima con **stuff**.

DVD

▷ Le compraron un DVD para su cumpleaños.
They bought her a DVD for her birthday.

DVD /diː viː ˈdiː/

🔊 Fíjate bien en la pronunciación.

E

La letra **E** se pronuncia /iː/ en inglés.
E rima con **free, key** y **tea**.

echar

1 ▷ Echa la basura en la papelera.
Throw the rubbish in the wastepaper basket.

2 ▷ Echa esos pantalones a la lavadora.
Put those trousers in the washing machine.
▷ Voy a echar las cartas en el buzón.
I'm going to post the letters.

3 ▷ Échame un poco más de zumo.
Pour me some more juice.

4 ▷ Lo echaron del examen por hablar con un compañero.
They threw him out of the exam for talking to a classmate.

5 ▷ Se cayó de la bicicleta y se echó a llorar.
She fell off the bicycle and started crying.

6 ▷ Cuando estuvo en Inglaterra echó de menos a sus padres.
He missed his parents when he was in England.

1 (= hablando de tirar la basura, una pelota) throw /θrəʊ/ (threw /θruː/, thrown /θrəʊn/)

2 (= poner) put /pʊt/ (put, put)

► **echar algo en el buzón:** post something

3 (= servir en un vaso) pour /pɔːˈ/
◀) Fíjate en la pronunciación de poured /pɔːd/ que rima con lord.

4 (= expulsar de algún lugar) throw out /θrəʊ ˈaʊt/ (threw out /θruː ˈaʊt/, thrown out /θrəʊn ˈaʊt/)

5 (= comenzar a hacer algo) start /staːt/
► **echarse a hacer algo:** start doing something

6 ► **echar de menos a alguien:** miss somebody

eclipse

▷ Mañana habrá eclipse de sol.
There will be an eclipse of the sun tomorrow.

eclipse /ɪˈklɪps/
◀) eclipse rima con tips.

eco

▷ En esta cueva hay eco.
There's an echo in this cave.

echo /ˈekəʊ/ (plural: echoes /ˈekəʊz/)
◀) La ch de echo se pronuncia como una k.
ℹ Fíjate cómo en el ejemplo se usa el artículo an en inglés.

ecológico, ecológica

1 ▷ Se ha producido un desastre ecológico en el mar Mediterráneo.
There has been an ecological disaster in the Mediterranean.

2 ▷ Mi madre usa productos de limpieza ecológicos.
My mother uses eco-friendly cleaning products.

1 (= referido al medio ambiente) ecological /iːkəˈlɒdʒɪkəl/

2 (= que es respetuoso con el medio ambiente) eco-friendly /iːkəʊˈfrendlɪ/ (más ecológico more eco-friendly, el más ecológico the most eco-friendly)

ecologista

▷ Los ecologistas se oponen a la construcción de la central nuclear.
The environmentalists are opposed to the building of the nuclear power station.

(= defensor del medio ambiente) environmentalist /ɪnvaɪərənˈmentəlɪst/

◀ El acento recae sobre la cuarta sílaba -men-.

economía

1 ▷ Tenemos clases de economía.
We have economics classes.

1 (= asignatura, ciencia) economics /ekəˈnɒmɪks/

ℹ Aunque se escribe con una s al final, la palabra economics está en singular: por ejemplo, se dice economics is his favourite subject (su asignatura preferida es la economía).

2 ▷ La economía argentina está en crisis.
The Argentinian economy is in crisis.

2 (hablando de un país) economy /ɪˈkɒnəmɪ/ (plural: economies /ɪˈkɒnəmɪz/)

◀ En la palabra economics el acento recae sobre la tercera sílaba -no-. En economy el acento recae sobre la segunda sílaba -co-.

económico, económica

1 ▷ Rusia tiene muchos problemas económicos.
Russia has a lot of economic problems.

1 (hablando de la economía de un país) economic /ekəˈnɒmɪk/

◀ El acento recae sobre la tercera sílaba -no-.

2 ▷ Sale más económico comprar un paquete grande.
It's cheaper to buy a big packet.

2 (= barato) cheap /tʃiːp/ (más económico cheaper /ˈtʃiːpəʳ/, el más económico the cheapest /ˈtʃiːpɪst/)

economizar

▷ Tenemos que economizar energía.
We must save energy.

(= disminuir los gastos) save /seɪv/

◀ La a se pronuncia como la a de make.

ecuación

▷ Estamos aprendiendo a hacer ecuaciones en el colegio.
We're learning to do equations at school.

equation /ɪˈkweɪʒən/

◀ equation rima con Asian.

ecuador

▷ ¿Japón está al norte o al sur del ecuador?
Is Japan north or south of the equator?

equator /ɪˈkweɪtəʳ/
ℹ Fíjate bien en cómo se escribe equator.
🔊 El acento recae sobre la segunda sílaba -qua-.

Ecuador

▷ ¿Cuál es la capital de Ecuador?
What's the capital of Ecuador?

Ecuador /ˈekwədɔːʳ/
🔊 El acento recae sobre la primera letra E-.

ecuatoriano, ecuatoriana

1 ▷ La capital ecuatoriana.
The Ecuadorian capital.
▷ Gustavo es ecuatoriano.
Gustavo's Ecuadorian.

1 (adjetivo) Ecuadorian /ekwəˈdɔːrɪən/
🔊 El acento recae sobre la tercera sílaba -dor-.
ℹ Se escribe siempre con mayúscula, como todos los adjetivos y nombres ingleses que se refieren a la nacionalidad.

2 ▷ Se casó con una ecuatoriana.
He married an Ecuadorian.

2 (nombre)
► un ecuatoriano, una ecuatoriana: an Ecuadorian /ekwəˈdɔːrɪən/

edad

▷ La edad no es importante.
Age isn't important
▷ Tiene veinte años de edad.
She's twenty years old.

age /eɪdʒ/
ℹ Para hablar de la edad de alguien, en inglés se utiliza el verbo be + el número de años + la expresión years old.

edificio

▷ Ese edificio es realmente horrible.
That building is really horrible.

building /ˈbɪldɪŋ/
🔊 La u no se pronuncia.

editorial

▷ Mi padre trabaja en una editorial.
My father works for a publisher.

publisher /ˈpʌblɪʃəʳ/
⚠ Cuidado, la palabra inglesa editorial no significa editorial con el significado de empresa que produce libros.

educación

▷ La educación es una cosa muy importante.
Education is something which is very important.
▷ No tenemos clases de educación sexual.
We don't have sex education classes.

education /edjʊˈkeɪʃən/
🔊 El acento recae sobre la tercera sílaba -ca-.
► educación sexual: sex education

educado, educada

▷ Es una persona muy educada.
She's a very polite person.

▷ ¡Este niño está muy mal educado!
This boy is really rude!

polite /pəˈlaɪt/
◀) La i de polite se pronuncia como la i de like.
► mal educado: rude /ruːd/

efectivamente

▷ ¿Aprobaste todas las asignaturas? -
Efectivamente.
Did you pass all your subjects? Yes.

▷ Efectivamente, esta semana me toca ordenar el cuarto a mí.
Yes, it is my turn to tidy the room this week.

(= sí, eso es) yes /jes/
❦ Cuidado, la palabra inglesa effectively significa eficazmente.

efecto

1 ▷ Nuestra broma no tuvo el efecto que habíamos previsto.
Our joke didn't have the effect we intended.

▷ La aspirina no me hizo ningún efecto.
The aspirin didn't have any effect on me.

▷ Los efectos especiales de esa película son geniales.
The special effects in that film are brilliant.

2 ▷ Te has equivocado ahí - En efecto, tienes razón.
You've made a mistake there - Yes, you're right.

1 (= resultado) effect /ɪˈfekt/
❦ Fíjate que en inglés effect se escribe con doble f.
► hacer efecto a alguien: have an effect on somebody
► efectos especiales: special effects /ˈspeʃəl ɪˈfekts/

2 ► en efecto (= sí, eso es): yes /jes/

eficaz

1 ▷ Enhorabuena, ¡fuiste muy eficaz!
Well done, you were very efficient!

2 ▷ Estos comprimidos no son muy eficaces.
These tablets aren't very effective.

1 (hablando de una persona) efficient /ɪˈfɪʃənt/
(más eficaz more efficient, el más eficaz the most efficient)

2 (hablando de un medicamento, de una medida) effective /ɪˈfektɪv/
(más eficaz more effective, el más eficaz the most effective)

egipcio, egipcia

1 ▷ Visitamos varias pirámides egipcias.
We visited several Egyptian pyramids.

▷ Munir es egipcio.
Munir is Egyptian.

2 ▷ Se casó con un egipcio.
She married an Egyptian.

1 (adjetivo) Egyptian /ɪˈdʒɪpʃən/
◀) El acento recae sobre la segunda sílaba -gyp-.
ℹ Se escribe siempre con mayúscula, como todos los adjetivos y nombres ingleses que se refieren a la nacionalidad.

2 (nombre) un egipcio, una egipcia: an Egyptian

Egipto

▷ ¿Cuál es la capital de Egipto?
What's the capital of Egypt?

Egypt /ˈiːdʒɪpt/
🔊 El acento recae sobre la primera letra E-.
ℹ Fíjate bien en cómo se escribe y cómo se pronuncia Egypt.

egoísta

▷ ¡No seas egoísta, préstame tu libro!
Don't be selfish, lend me your book!

selfish /ˈselfɪʃ/ (más egoísta more selfish, el más egoísta the most selfish)

ejemplo

▷ ¿Me podrías dar un ejemplo?
Could you give me an example?

▷ Tendrías que dar ejemplo a tus hermanos.
You ought to set your brothers an example.

▷ Algunos mamíferos, por ejemplo el león, ...
Some mammals, for example the lion.

example /ɪgˈzɑːmpəl/

► dar ejemplo a alguien: set somebody an example /ɪgˈzɑːmpəl/ (set, set)
► por ejemplo: for example /fɔːr ɪgˈzɑːmpəl/

ejercicio

▷ El primer ejercicio de matemáticas fue muy difícil.
The first maths exercise was very difficult.

▷ El médico ha aconsejado a mi padre que haga ejercicio.
The doctor has advised my father to do some exercise.

exercise /ˈeksəsaɪz/

► hacer ejercicio: do some exercise /sʌm ˈeksəsaɪz/

ejército

▷ Mi hermano mayor está en el ejército.
My older brother is in the army.

▷ Es piloto en el ejército del aire.
He's a pilot in the air force.

(= de tierra) army /ˈɑːmɪ/ (plural: armies /ˈɑːmɪz/)

► ejército del aire: air force /ˈeə fɔːs/

el, la, los, las (artículo)

1 ▷ El niño que estaba jugando contigo va a mi clase.
The boy who was playing with you is in my class.

▷ La profe ha dicho que podemos salir.
The teacher said that we can go.

▷ Faltan dos días para las vacaciones.
There are two days to go until the holidays.

▷ Mis vecinos son muy simpáticos.
My neighbours are very nice.

▷ Me encanta el chocolate.
I love chocolate.

▷ El chocolate que compré no es muy bueno.
The chocolate I bought isn't very good.

1 (para referirnos a una cosa o una persona determinada) the /ðə/ delante de consonante, /ðɪ/ delante de vocal)
ℹ Los nombres ingleses no tienen género (es decir, no son ni masculinos ni femeninos). La palabra the corresponde a el, la, los y las.
ℹ Cuando se habla de una cosa o de una persona en general, en inglés no se utiliza el artículo. Cuando se habla de cualquier cosa en particular, se coloca delante el artículo the. Para entender esta diferencia, compara los ejemplos que aparecen a la izquierda.

Sigue en la página siguiente

2 ▷ ¡Cierra los ojos! Tengo una sorpresa para ti.
  Close your eyes! I've got a surprise for you.
  ▷ Le puso una tirita en el dedo.
  She put a plaster on his finger.
  ▷ El perro se ha hecho daño en la pata.
  The dog has hurt its leg.

i Con las partes del cuerpo, donde en español se usa **el**, **la**, **los** o **las**, en inglés se usa el adjetivo posesivo (my, your, his, her, its, our, their).

i Aquí sólo hemos hablado del artículo definido **el**. Para el pronombre **él**, pasa a la entrada siguiente.

él (pronombre)

1 ▷ Él es amigo de mi hermana.
  He is a friend of my sister.
  ▷ Tengo dos ponis, un macho y una hembra. Él es mucho más grande que ella.
  I've got two ponies, one male and one female. He is much bigger than she is.
2 ▷ No te enfades con el ordenador. Él no tiene la culpa de ser tan lento.
  Don't get angry with the computer. It isn't to blame for being so slow.
3 ▷ Compré este CD para él.
  I bought this CD for him.

4 ▷ El gato cazó un ratón y comenzó a jugar con él.
  The cat caught a mouse and started playing with it.

i Cuando **él** es sujeto y se refiere a una persona o un animal doméstico, se traduce en inglés como he /hiː/.

i Cuando **él** es sujeto y se refiere a una cosa o a cualquier animal, se traduce en inglés como it /ɪt/.

i Cuando **él** es complemento y se refiere a una persona o un animal doméstico, se traduce en inglés como him /hɪm/.

i Cuando **él** es complemento y se refiere a una cosa o a cualquier animal, se traduce en inglés como it /ɪt/.

elástico, elástica

  ▷ Este material es elástico.
  This material is elastic.

elastic /ɪˈlæstɪk/ (más elástico more elastic, el más elástico the most elastic)

elecciones

  ▷ Los resultados de las elecciones serán anunciados mañana.
  The election results will be announced tomorrow.
  ▷ Ignacio se presentó a las elecciones para delegado de clase.
  Ignacio stood for the class representative election.

election /ɪˈlekʃən/

i La palabra inglesa election se utiliza a menudo en singular, como en los ejemplos que aparecen aquí.

► **presentarse a unas elecciones: stand for an election** (stood, stood /stʊd/)

electricidad

  ▷ Los obreros cortaron la electricidad.
  The workers cut off the electricity.

electricity /ɪlekˈtrɪsɪtɪ/

◀) El acento recae sobre la tercera sílaba -tri-.

electricista

▷ El electricista vino para reparar el televisor.
The electrician came to repair the TV.

▷ Pablo está estudiando para ser electricista.
Pablo is studying to be an electrician.

electrician /ɪlekˈtrɪʃən/

◄ El acento recae sobre la tercera sílaba **-tri-**.

ℹ No te olvides de colocar el artículo **a** o **an** delante del nombre de la profesión cuando aparece detrás de los verbos **be** o **become**.

eléctrico, eléctrica

▷ En casa tenemos calefacción eléctrica.
We have electric heating at home.

electric /ɪˈlektrɪk/

◄ El acento recae sobre la segunda sílaba **-lec-**.

electrocutarse

▷ Javi casi se electrocuta con un secador de pelo.
Javi almost electrocuted himself with a hairdryer.

electrocute /ɪˈlektrəkjuːt/ oneself

ℹ El pronombre reflexivo en inglés funciona de la siguiente forma: I electrocuted myself, you electrocuted yourself, he electrocuted himself, she electrocuted herself, etc.

electrodoméstico

▷ Mis padres ya han comprado los electrodomésticos para nuestra nueva casa.
My parents have already bought the electrical appliances for our new home.

electrical appliance /ɪˈlektrɪkəl əˈplaɪəns/ (plural: electrical appliances)

◄ La i de **appliance** se pronuncia como la i de **like**.

electrónica

▷ Irene estudia electrónica.
Irene is studying electronics.

electronics /ɪlekˈtrɒnɪks/

ℹ Aunque acabe en **s**, la palabra **electronics** está en singular. Por ejemplo, se dice **electronics is a fascinating subject** (la electrónica es una materia fascinante).

electrónico, electrónica

▷ A Diana le encanta la música electrónica.
Diana loves electronic music.

(hablando de aparatos, de música)
electronic /ɪlekˈtrɒnɪk/

◄ El acento recae sobre la tercera sílaba **-tron-**.

elefante

▷ Los elefantes viven en África y Asia.
Elephants live in Africa and Asia.

elephant /ˈelɪfənt/

❢ Fíjate cómo la palabra inglesa se escribe con **ph** y no con **f**.

◄ El acento recae sobre la primera sílaba **-e-**.

elegante

▷ La mujer de Rafael es muy elegante.
Rafael's wife is very elegant.

elegant /ˈelɪɡənt/ (más elegante more elegant, el más elegante the most elegant)

🔊 El acento recae sobre la primera sílaba e-.

elegir

1 ▷ Tengo que elegir un regalo para Cris.
I have to choose a present for Cris.

2 ▷ Mañana elegiremos a los delegados de clase.
Tomorrow we will elect the class representatives.

▷ ¿A quién eligieron?
Who was elected?

1 (= escoger) **choose** /tʃuːz/ (chose /tʃəʊz/, chosen /ˈtʃəʊzən/)
2 (en una elección) **elect** /ɪˈlekt/

elemento

▷ Estamos estudiando los elementos químicos.
We are studying the chemical elements.

element /ˈelɪmənt/

🔊 El acento recae sobre la primera sílaba e-.

eliminar

▷ Los eliminaron en semifinales.
They knocked them out in the semifinals.

(hablando de un concurso, una competición) **knock out** /nɒk ˈaʊt/

🔊 La k inicial de knock no se pronuncia.

ella

1 ▷ Ella es amiga de mi hermano.
She is a friend of my brother.

▷ Tengo dos ponis, un macho y una hembra. Ella es mucho más pequeña que él.
I've got two ponies, one male and one female. She is much smaller than he is.

2 ▷ No te enfades con la televisión. Ella no tiene la culpa de la programación.
Don't get angry with the television set. It isn't to blame for the programmes.

3 ▷ Compré este CD para ella.
I bought this CD for her.

4 ▷ El gato cazó una rata y comenzó a jugar con ella.
The cat caught a rat and started playing with it.

ℹ Cuando **ella** es sujeto y se refiere a una persona o un animal doméstico, se traduce en inglés como she /ʃiː/.

ℹ Cuando **ella** es sujeto y se refiere a una cosa o a cualquier animal, se traduce en inglés como it /ɪt/.

ℹ Cuando **ella** es complemento y se refiere a una persona o un animal doméstico, se traduce en inglés como her /hɜːʳ/.

ℹ Cuando **ella** es complemento y se refiere a una cosa o a cualquier animal, se traduce en inglés como it /ɪt/.

ellos, ellas

1 ▷ Ellos son amigos de mis padres.
   They are friends of my parents.

   ▷ Tengo tres ponis, dos machos y una hembra.
   Ellos son mucho más grandes que ella.
   *I've got three ponies, two male and one
   female. They are much bigger than she is.*

2 ▷ Compramos este libro para ellos.
   We bought this book for them.

   ▷ El gato cazó varios ratones y comenzó a jugar
   con ellos.
   *The cat caught several mice and started
   playing with them.*

ℹ Cuando **ellos** es sujeto se traduce
en inglés como they /ðeɪ/, tanto si se
refiere a personas como a cosas o
animales.

ℹ Cuando **ellos** es complemento se
traduce en inglés como them /ðem/
tanto si se refiere a personas como a
cosas o animales.

embajada

▷ ¿Sabes la dirección de la embajada de España?
   *Do you know the address of the Spanish
   embassy?*

embassy /ˈembəsɪ/ (plural:
embassies)
◀ El acento recae sobre la primera
sílaba em-.

embalse

▷ Fuimos a pescar a un embalse cerca del
   pueblo.
   We went fishing to a reservoir near the village.

reservoir /ˈrezəvwɑːʳ/
◀ reservoir rima con far.

embarazada

▷ Mi prima está embarazada.
   My cousin is pregnant.

▷ Se quedó embarazada cuando sólo tenía 15
   años.
   She got pregnant when she was only fifteen.

pregnant /ˈpregnənt/

► **quedarse embarazada:** get
pregnant (**got pregnant, got
pregnant**)

embarcar

▷ Embarcamos a las tres.
   We boarded at three o'clock.

(= subirse a un avión, un barco)
board /bɔːd/

emborracharse

▷ Paco y Chusa se emborracharon en la fiesta.
   Paco and Chusa got drunk at the party.

get drunk /drʌŋk/ (got drunk, got
drunk)

embotellamiento

▷ Llegamos tarde porque había un
   embotellamiento.
   *We arrived late because there was a traffic
   jam.*

traffic jam /ˈtræfɪk dʒæm/ (plural:
traffic jams)

embrague

▷ ¿Dónde está el embrague?
   Where is the clutch?

clutch /klʌtʃ/

embudo

▷ Javi llenó la botella con un embudo.
Javi filled the bottle with a funnel.

funnel /ˈfʌnəl/

◀ La u de funnel se pronuncia como la u de duck.

emigrante

▷ Hay muchos emgirantes españoles viviendo en Argentina.
There are lots of Spanish emigrants living in Argentina.

emigrant /ˈemɪgrənt/

◀ El acento recae sobre la primera sílaba em-.

emigrar

▷ Mis abuelos emigraron a Argentina después de la guerra.
My grandparents emigrated to Argentina after the war.

emigrate /ˈemɪgreɪt/

◀ El acento recae sobre la primera sílaba em-. La a se pronuncia como la a de make.

emilio

▷ Te mandaré un emilio desde un cibercafé.
I'll send you an e-mail from an Internet café.

(= correo electrónico) e-mail /ˈiːmeɪl/

ℹ Mientras que emilio es un término familiar, e-mail no lo es y se puede utilizar en cualquier situación.

emisora

▷ ¿Cuál es tu emisora favorita?
What's your favourite radio station?

radio station /ˈreɪdɪəʊ ˈsteɪʃən/ (plural: radio stations)

◀ La a de radio se pronuncia como la a de make.

emoción

▷ Su voz temblaba de emoción.
His voice trembled with emotion.

emotion /ɪˈməʊʃən/

◀ El acento recae sobre la segunda sílaba -mo-.

▷ ¡Qué emoción, voy a ver a mi grupo favorito en concierto!
How exciting, I'm going to see my favourite band live!

► ¡qué emoción! (expresando entusiasmo): how exciting /haʊ ɪkˈsaɪtɪŋ/

◀ La primera i de exciting se pronuncia como la i de like. Fíjate también que la c no se pronuncia.

emocionante

1 ▷ El final de la película me pareció muy emocionante.
I thought the end of the film was very moving.

1 (= conmovedor) moving /ˈmuːvɪŋ/ (más emocionante more moving, el más emocionante the most moving)

◀ La o de moving se pronuncia como la oo de food.

2 ▷ El final del partido fue muy emocionante.
The end of the match was very exciting.

2 (= disputado) exciting /ɪkˈsaɪtɪŋ/
◀) La primera i de exciting se
pronuncia como la i de like. Fíjate
también que la c no se pronuncia.

emocionar

▷ Me emocionó verla llorar.
It moved me to see her crying.

move /muːv/
◀) La o de move se pronuncia como
la oo de food.

empañarse

▷ Se empañaron las ventanas.
The windows steamed up.

steam up /stiːm ˈʌp/

empapado, empapada

▷ Llegaron a casa empapados.
They arrived home soaked.

soaked /səʊkt/
◀) La oa de soaked rima con la o de
note. Soaked se pronuncia como si
acabara en -ct.

empaparse

▷ No salgas sin paraguas o te vas a empapar.
*Don't go out without an umbrella or you'll get
soaked.*

get soaked /səʊkt/ (got soaked, got
soaked)
◀) La oa de soaked rima con la o de
note. Soaked se pronuncia como si
acabara en -kt.

empatar

▷ España empató con Italia.
Spain drew with Italy.

draw /drɔː/ (drew /druː/, drawn
/drɔːn/)
◀) draw rima con floor y tour.

empate

▷ El partido terminó en empate.
The match ended in a draw.

draw /drɔː/
◀) draw rima con floor y tour.

empeorar

▷ El tiempo ha empeorado en los últimos días.
*The weather has got worse in the last few
days.*

(hablando del tiempo, de un enfermo)
get worse /wɜːs/ (got worse, got
worse)

emperador

▷ Visitamos el palacio en el que vivió el
emperador.
*We visited the palace where the emperor
lived.*

emperor /ˈempərəʳ/
ℹ Fíjate bien en cómo se escribe
emperor.

empezar

▷ ¡Alicia empezó el libro ayer y ya lo ha
acabado!
*Alicia started the book yesterday and she's
already finished it!*

start /stɑːt/
ℹ El verbo inglés begin /bɪˈgɪn/
significa lo mismo que start pero es
irregular: (began /bɪˈgæn/, begun
/bɪˈgʌn/).

Sigue en la página siguiente

▷ El colegio empieza en septiembre.
School starts in September.

▷ Empezó a estudiar a las 10.
He started studying at 10 o'clock.

► **empezar a hacer algo:** start doing something

empinado, empinada

▷ La calle era muy empinada.
The street was very steep.

steep /stiːp/ (más empinado steeper, el más empinado the steepest)

empleado, empleada

▷ Mi padre se reunió con varios de sus empleados.
My father had a meeting with several of his employees.

employee /emˈplɔɪiː/
◀ El acento recae sobre la última sílaba -ee.

emplear

1 ▷ Miguel empleó una palabra que no conocía.
Miguel used a word that I didn't know.

1 (= usar) **use** /juːs/
◀ use rima con news.

2 ▷ Nadie quiere emplearla porque no tiene experiencia.
Nobody wants to employ her because she hasn't got any experience.

2 (= dar trabajo) **employ** /ɪmˈplɔɪ/

empleo

▷ La hermana de Jorge ha encontrado un empleo en el supermercado.
Jorge's sister has found a job at the supermarket.

(= puesto de trabajo) **job** /dʒɒb/

empollar

▷ Pasamos todo el fin de semana empollando.
We spent all weekend swotting.

(= estudiar) **swot** /swɒt/
ℹ La t de swot se convierte en tt en el gerundio (swotting /ˈswɒtɪŋ/) y en el pasado (swotted /ˈswɒtɪd/).
ℹ Tanto el término español **empollar** como el término inglés **swot** son familiares, por lo que sólo debes usarlo con personas a las que conoces.

empollón, empollona

▷ Emilio es un empollón.
Emilio is a swot.

swot /swɒt/
ℹ Tanto el término español **empollón** como el término inglés **swot** son familiares, por lo que sólo debes usarlo con personas a las que conoces.

empresa

▷ El padre de Nuria trabaja en una empresa de informática.
Nuria's father works for a computer company.

company /ˈkʌmpənɪ/ (plural: companies /ˈkʌmpənɪz/)

🔊 La o de company se pronuncia como la u de duck.

empujar

▷ ¡No me empujes!
Don't push me!

push /pʊʃ/

🔊 La u de push se pronuncia como la oo de look.

empujón

▷ Me dio un empujón y me caí.
He pushed me and I fell.

push /pʊʃ/ (plural: pushes /ˈpʊʃɪz/)

▶ dar un empujón a alguien: push somebody

🔊 La u de push se pronuncia como la oo de look.

en

1 ▷ Los calcetines están en el cajón.
The socks are in the drawer.

▷ Carlos y su familia vivieron en Portugal.
Carlos and his family lived in Portugal.

▷ Te esperaré en casa.
I'll wait for you at home.

2 ▷ Tus libros están en la mesa.
Your books are on the table.

▷ Colgó el cuadro en la pared.
He hung the painting on the wall.

3 ▷ Mi hermanito nació en febrero.
My little brother was born in February.

▷ Leyó el libro en tres días.
He read the book in three days.

4 ▷ Podemos ir en tren o en autobús.
We can go by train or by bus.

ℹ Para referirse a algo que está dentro de un lugar se usa in /ɪn/.

▶ en casa: at home

ℹ Para referirse a algo que está sobre un lugar se usa on /ɒn/.

ℹ Para referirse a los meses y a los años se usa in. Para hablar de plazos y periodos de tiempo también se utiliza in.

ℹ Para referirse a un medio de transporte se utiliza by /baɪ/.

enamorado, enamorada

▷ Me parece que nuestro profesor está enamorado.
I think our teacher is in love.

▷ Rafa está enamorado de Elena.
Rafa is in love with Elena.

in love /ɪn ˈlʌv/

▶ estar enamorado de alguien: be in love with somebody

enamorarse

▷ ¿Cuándo te enamoraste por primera vez?
When did you fall in love for the first time?

▷ Andrea se ha enamorado de Fabio.
Andrea has fallen in love with Fabio.

fall in love /fɔːl ɪn ˈlʌv/ (fell in love /fel ɪn ˈlʌv/, fallen in love /ˈfɔːlən ɪn lʌv/)

▶ enamorarse de alguien: fall in love with somebody

enano

▷ El protagonista de la historia era un enano.
The main character in the story was a dwarf.

dwarf /dwɔ:f/ (plural: dwarves
/dwɔ:vz/)

🔊 La ar de dwarf se pronuncia como
la a de all.

encantado, encantada

1 ▷ Los padres de Paula están encantados con sus
resultados escolares.
*Paula's parents are delighted with her school
results.*

1 (= muy contento) delighted
/dɪˈlaɪtɪd/

2 ▷ Buenos días, me llamo José Carlos. - ¡Encantado!
*Good morning, my name's José Carlos. -
Pleased to meet you!*

2 Cuando te presentan a alguien,
se dice pleased to meet you!
/pliːzd tə ˈmiːt juː/

encantador, encantadora

▷ Los padres de Aurora son encantadores.
Aurora's parents are charming.

charming /ˈtʃɑːmɪŋ/ (más
encantador more charming, el más
encantador the most charming)

encantar

▷ Le encanta la música rock.
He loves rock music.

ℹ Para decir que te encanta algo, se
emplea el verbo love.
ℹ Fíjate cómo se construyen las
demás formas: te encanta = you love,
le encanta = he/she loves, nos encanta
= we love, os encanta = you love,
les encanta = they love.

▷ Nos encanta ir a la playa.
We love going to the beach.

► encantar + infinitivo: love +
gerundio

encargado, encargada

▷ Estoy encargado de borrar la pizarra todos los
días.
*I'm in charge of wiping the blackboard every
day.*

► estar encargado de hacer
algo: be in charge of doing
something /ɪn ˈtʃɑːd/

encargar

▷ Me encargó que le despertara a las ocho.
He asked me to wake him up at eight o'clock.

► encargar a alguien que haga
algo (= pedir): ask somebody to
do something /duː/

encargo

▷ Quería hacerte un encargo, ¿me podrías traer
algún CD de música cubana?
*I'd like to ask you to do something for me,
could you bring me a CD of Cuban music?*

► hacer un encargo a alguien:
ask somebody to do something
for you/me/him, etc.

encendedor

▷ ¿Tienes un encendedor?
Have you got a lighter?

lighter /ˈlaɪtəʳ/
◀ lighter rima con whiter.

encender

1 ▷ Enciende la luz, por favor.
Switch on the light, please.

1 (hablando de la luz, un aparato eléctrico) switch on /swɪtʃ ˈɒn/
ℹ También se puede decir turn on /tɜːn ˈɒn/.

2 ▷ Encendió un cigarrillo.
He lit a cigarette.

2 (hablando de una vela, un cigarrillo) light /laɪt/ (lit, lit /lɪt/)

3 ▷ Las luces se encendieron de repente.
The lights came on all of a sudden.

▷ La calefacción se enciende automáticamente.
The heating comes on automatically.

3 ▶ encenderse (hablando de la calefacción, una bombilla, una luz): come on (came on /keɪm ˈɒn/, come on /kʌm ˈɒn/)

encendido, encendida

▷ Te has dejado la luz encendida.
You've left the light on.

on /ɒn/

encestar

▷ Dani encestó en el último segundo.
Dani scored in the last second.

(en baloncesto) score /skɔːʳ/
◀ scored rima con lord.

enchufar

1 ▷ Voy a enchufar la lavadora.
I'm going to plug the washing machine in.

1 ▶ enchufar algo (= poner el enchufe): plug something in /ɪn/
ℹ La g de plug se convierte en gg en el gerundio (plugging /ˈplʌgɪŋ/) y en el pasado (plugged /plʌgd/).

2 ▷ Enchufa la televisión.
Switch on the TV.

2 (= encender) switch on /swɪtʃ ˈɒn/

enchufe

1 ▷ No juegues con el enchufe, es peligroso.
Don't play with the plug, it's dangerous.

1 (al final de un cable) plug /plʌg/

2 ▷ ¿Hay algún enchufe en esta pared?
Is there a socket on this wall?

2 (en la pared) socket /ˈsɒkɪt/

encías

▷ Esta pasta de dientes es muy buena para las encías.
This toothpaste is very good for your gums.

gums /gʌmz/

enciclopedia

▷ Voy a mirar en la enciclopedia.
I'm going to look in the encyclopedia.

encyclopedia /ensaɪkləˈpiːdɪə/
⚠ Atención, fíjate que encyclopedia se escribe con y.
◀ La segunda e de encyclopedia se pronuncia como la ee de week.

encima

1 ▷ El cuaderno de matemáticas está ahí y el de
      francés está encima.
      The maths exercise book is there and the
      French one is on top.

   ▷ Ponlo encima de la mesa.
      Put it on top of the table.

2 ▷ Los vecinos de encima son muy simpáticos.
      The upstairs neighbours are very nice.

3 ▷ El examen fue muy difícil y encima tuvimos
      poco tiempo para hacerlo.
      The exam was very difficult and on top of that
      we had very little time to do it.

1 (en una posición superior) **on top**
/ɒn ˈtɒp/

► **encima de: on top of** /ɒn
ˈtɒp əv/

2 ► **de encima** (en una casa):
upstairs /ʌpˈsteəz/

3 (= además) **on top of that** /ɒn
ˈtɒp əv ðat/

encoger

   ▷ ¡Oh, no, mi jersey ha encogido al lavarlo!
      Oh, no, my jumper has shrunk in the wash!

shrink /ʃrɪŋk/ (shrank /ʃræŋk/, shrunk
/ʃrʌŋk/)

encontrar

1 ▷ ¿Encontraste la solución?
      Did you find the solution?

   ▷ No encuentro mi reloj.
      I can't find my watch.

2 ▷ Me encontré con Rosa en la calle.
      I met Rosa on the street.

3 ▷ ¿Cómo te encuentras? - No me encuentro
      muy bien.
      How do you feel? - I don't feel very well.

1 (= hallar) **find** /faɪnd/ (found,
found /faʊnd/)

i Fíjate cómo cuando no encuentras
algo en inglés se usa la expresión **can't
find**.

2 ► **encontrarse con alguien:
meet** somebody (**met, met** /met/)

3 ► **encontrarse** (= sentirse):
feel /fiːl/ (**felt, felt** /felt/)

encuesta

   ▷ Una mujer joven me paró en la calle; era para
      una encuesta.
      A young woman stopped me in the street; it
      was for a survey.

survey /ˈsɜːveɪ/
◄ El acento recae sobre la primera
sílaba sur-.

enemigo, enemiga

   ▷ Maricris es la mayor enemiga de Inma.
      Maricris is Inma's biggest enemy.

enemy /ˈenəmɪ/ (plural: enemies)
◄ El acento recae sobre la primera
sílaba en-.

energía

   ▷ Tenemos que ahorrar energía.
      We must save energy.

energy /ˈenədʒɪ/
◄ El acento recae sobre la primera
sílaba en-.

enero

   ▷ En enero siempre hace mucho frío.
      It's always very cold in January.

January /ˈdʒænjʊərɪ/
i En inglés se escribe siempre con
mayúscula, como el resto de los
nombres de los meses.

▷ Nací el doce de enero.
I was born on the twelfth of January.

ℹ️ Fíjate cómo en inglés se usa on y of con las fechas.
ℹ️ Se escribe 12 January.

enfadado, enfadada

▷ Carmen está muy enfadada porque no le han invitado a la fiesta.
Carmen is very angry because she hasn't been invited to the party.
▷ Estoy enfadado con mis padres porque no me dejan salir durante la semana.
I'm angry with my parents because they don't let me go out during the week.

angry /ˈæŋgrɪ/ (más enfadado angrier /ˈæŋgrɪəʳ/, el más enfadado the angriest /ˈæŋgrɪɪst/)

► **estar enfadado con alguien:** be angry with somebody

enfadarse

▷ Ester se enfadó porque no la llamamos.
Ester got angry because we didn't call her.
▷ Mis padres se enfadaron mucho conmigo porque suspendí varias asignaturas.
My parents got very angry with me because I failed several subjects.

get angry /ˈæŋgrɪ/ (got angry, got angry)

► **enfadarse con alguien:** get angry with somebody

enfermedad

▷ Tiene una enfermedad grave.
He's got a serious illness.

illness /ˈɪlnəs/
🔊 Cuando se habla de un tipo específico de enfermedad, se suele utilizar la palabra disease /dɪˈziːz/.

enfermería

▷ Rosa tuvo que ir a la enfermería.
Rosa had to go to the sickroom.

(= en un colegio) sickroom /ˈsɪkruːm/
ℹ️ sick = enfermo, room = habitación.

enfermero, enfermera

▷ El enfermero me tomó la temperatura.
The nurse took my temperature.
▷ Me gustaría ser enfermera.
I'd like to be a nurse.

nurse /nɜːs/
ℹ️ No te olvides de colocar el artículo a o an delante del nombre de la profesión cuando aparece detrás de los verbos be o become.

enfermo, enferma

▷ Rafa no fue al colegio porque está enfermo.
Rafa didn't go to school because he's ill.
▷ Las enfermeras se ocupan de los enfermos.
The nurses look after the patients.

ill /ɪl/ (más enfermo more ill, el más enfermo the most ill)
► **un enfermo** (en un hospital): a patient /ˈpeɪʃənt/

enfrente

▷ Viven enfrente.
They live opposite.

opposite /ˈɒpəzɪt/
🔊 La i de opposite se pronuncia como la i de pig.

Sigue en la página siguiente

▷ Sandra se sentó enfrente de mí.
Sandra sat opposite me.

► **enfrente de: opposite**
/ˈɒpəzɪt/

enfriarse

1 ▷ Espera a que se enfríe la sopa.
Wait for the soup to cool down.

2 ▷ Come o se va a enfriar.
Eat or it will get cold.

1 (hablando de algo que está demasiado caliente) **cool down** /kuːl ˈdaʊn/

2 (= ponerse demasiado frío) **get cold** /kəʊld/ (got cold, got cold)

engañar

1 ▷ Intentó engañar a sus padres pero no lo consiguió.
He tried to deceive his parents but he didn't manage to.

2 ▷ Si no me engaño, es la hermana de Salvador.
If I'm not mistaken, she's Salvador's sister.

1 (= mentir) **deceive** /dɪˈsiːv/
◀)) deceive rima con leave.

2 ► **si no me engaño...** (= si no me equivoco): **if I'm not mistaken...** /ɪf aɪm nɒt mɪsˈteɪkən/

engordar

▷ He vuelto a engordar.
I've put on weight again.

put on weight /pʊt ɒn ˈweɪt/ (put, put)
◀)) weight rima con late.

enhorabuena

▷ ¿Te has sacado el carnet de conducir? ¡Enhorabuena!
You got your driving licence? Congratulations!

▷ ¡Enhorabuena por tus excelentes notas!
Congratulations on your excellent marks!

congratulations /kənˈɡrætjəleɪʃənz/

► **enhorabuena por...:** **congratulations on...**

enlace

▷ Este enlace te lleva a un sitio sobre música rock.
This link takes you to a site on rock music.

(en una página en Internet) **link** /lɪŋk/

enmarcar

▷ Esperanza enmarcó una foto de su actor favorito.
Esperanza framed a photograph of her favourite actor.

frame /freɪm/

enorme

▷ Había una fila enorme.
There was an enormous queue.

enormous /ɪˈnɔːməs/

enriquecerse

▷ Nadie sabe cómo se enriquecieron.
Nobody knows how they became rich.

become rich /bɪˈkʌm ˈrɪtʃ/ (became rich, become rich /bɪˈkeɪm, bɪˈkʌm/)

ensalada

▷ Comí una ensalada y un filete de pescado.
I ate a salad and a fish fillet.
▷ Me encanta la ensalada de frutas.
I love fruit salad.

salad /ˈsæləd/

► **ensalada de frutas:** fruit salad
/fruːt ˈsæləd/

ensaladilla (rusa)

▷ Me encanta la ensaladilla que hace mi madre.
I love the Russian salad my mother makes.

Russian salad /ˈrʌʃən ˈsæləd/

ensanchar

1 ▷ Van a ensanchar la avenida.
They are going to widen the avenue.

1 (hablando de una calle, un agujero)
widen /ˈwaɪdən/
◀ La i de widen se pronuncia como la i de like.

2 ▷ La carretera se ensancha después de esta curva.
The road widens after this bend.

2 ► **ensancharse** (hablando de una calle, un agujero): widen
/ˈwaɪdən/

ensayar

▷ Ensayamos todos los viernes.
We rehearse every Friday.

(hablando de una obra de teatro)
rehearse /rɪˈhɜːs/
◀ rehearse rima con nurse y worse.

ensayo

▷ No te olvides de que el ensayo es a las seis.
Don't forget that the rehearsal is at six o'clock.

(hablando de una obra de teatro)
rehearsal /rɪˈhɜːsəl/
◀ En la palabra rehearsal la -hear- se pronuncia exactamente igual que la palabra her.

enseguida

▷ ¡Ven aquí enseguida!
Come here immediately!

immediately /ɪˈmiːdɪətlɪ/
ℹ Fíjate bien en cómo se escribe immediately.

enseñanza

1 ▷ La enseñanza es gratuita y obligatoria.
Education is free and compulsory.
2 ▷ Susana quiere dedicarse a la enseñanza.
Susana wants to work in teaching.

1 ► **la enseñanza** (= la educación): education /edjʊˈkeɪʃən/
2 ► **la enseñanza** (= la profesión de enseñante): teaching
/ˈtiːtʃɪŋ/

enseñar

1 ▷ Mi hermana enseña matemáticas en un colegio.
My sister teaches maths at a school.

1 (en colegio) teach /tiːtʃ/ (taught, taught /tɔːt/)
◀ taught rima con sport.

2 ▷ Carmen me enseñó su nuevo ordenador.
Carmen showed her new computer to me / Carmen showed me her new computer.

2 (= mostrar) show /ʃəʊ/ (showed /ʃəʊd/, shown /ʃəʊn/)
► **mostrar algo a alguien:** show something to somebody o show somebody something

ensuciar

1 ▷ A Eva le echaron la bronca por ensuciar su
   camiseta.
   Eva got told off for getting her T-shirt dirty.
2 ▷ Me ensucié jugando al fútbol.
   I got dirty playing football.

1 ► **ensuciar algo**: get
something dirty /ˈdɜːtɪ/ (got dirty,
got dirty)
2 ► **ensuciarse**: get dirty /ˈdɜːtɪ/
(got dirty, got dirty)

entender

▷ ¿Entendiste lo que dijo el profesor?
   Did you understand what the teacher said?

▷ Perdona, te entendí mal.
   I'm sorry, I misunderstood you.

(= comprender) understand
/ʌndəˈstænd/ (understood,
understood /ʌndəˈstʊd/)
► **entender mal**:
misunderstand /mɪsʌndəˈstænd/
(misunderstood, misunderstood
/mɪsʌndəˈstʊd/)

enterarse

1 ▷ Me he enterado de que Juan está enamorado
   de Marina.
   I've found out that Juan is in love with Marina.
2 ▷ No me enteré de lo que dijo el profesor.
   I didn't understand what the teacher said.

1 ► **enterarse de algo**
(= descubrir): find out something
/faɪnd ˈaʊt/ (found, found /faʊnd/)
2 ► **enterarse de algo**
(= entender): understand something
/ʌndəˈstænd/ (understood,
understood /ʌndəˈstʊd/)

entero, entera

▷ ¡Las chicas se comieron un pollo entero!
   The girls ate a whole chicken!
▷ Es famoso en el mundo entero.
   He's famous all over the world.

(= completo) whole /həʊl/

► **en el mundo entero**: all over
the world /ɔl əʊvə ðə ˈwɜːld/

enterrar

▷ El perro enterró los huesos en el jardín.
   The dog buried the bones in the garden.
▷ ¿Dónde está enterrado?
   Where is he buried?

bury /ˈberɪ/

ℹ La y de bury se convierte en ie en
la tercera persona del singular del
presente de indicativo (buries /ˈberɪz/),
en el pasado y el participio (buried /ˈberɪd/).
◀ La u de bury se pronuncia como la
e de bed, bury y berry se pronuncian
igual.

entierro

▷ Mañana es el entierro del padre de José
   Ángel.
   Tomorrow is the funeral of José Ángel's father.

funeral /ˈfjuːnərəl/
◀ La u de funeral se pronuncia como
la palabra inglesa you.

entonces

▷ Entonces vivíamos en Madrid.
   We lived in Madrid then.
▷ Entonces tendremos que intentarlo otra vez.
   Then we will have to try again.

La traducción más frecuente de
entonces es then /ðen/

entrada

1 ▷ Me esperaba en la entrada.
  She was waiting for me in the entrance.
2 ▷ Sabrina me vendió su entrada para el concierto porque no podía ir.
  Sabrina sold me her ticket to the concert because she couldn't go.

1 (de una casa, edificio) entrance /ˈentrəns/
2 (para el cine, teatro, una exposición) ticket /ˈtɪkɪt/

entrar

1 ▷ Entra, está abierto.
  Come in, it's open.
 ▷ Entra en mi despacho, te voy a enseñar mi nuevo ordenador.
  Come into my office, I'm going to show you my new computer.
2 ▷ Entra primero, por favor.
  Go in first, please.
 ▷ Entramos en un café porque estaba lloviendo.
  We went into a café because it was raining.

1 (= venir dentro) come in /kʌm ˈɪn/ (came in /keɪm ˈɪn/, come in)
► entrar en: come into

2 (= ir dentro) go in /ɪn/ (went in /went ˈɪn/, gone in /ɡɒn ˈɪn/)
► entrar en: go into

entre

1 ▷ Marcos está sentado entre Beatriz y Carla.
  Marcos is sitting between Beatriz and Carla.
 ▷ Estaré en casa entre las nueve y las diez.
  I'll be home between nine and ten.
2 ▷ No conseguía ver a Mauro entre los invitados.
  I couldn't see Mauro among the guests.
 ▷ Estaban, entre otros, el director y su mujer.
  The headmaster and his wife were there, among others.

ℹ Cuando algo o alguien está entre otras **dos** cosas o personas en inglés se usa between /bɪˈtwiːn/.

ℹ Cuando algo o alguien está entre más de dos cosas o personas en inglés se usa among /əˈmʌŋ/.
► entre otros: among others

entregar

 ▷ Tenemos que entregar la redacción mañana.
  We have to hand in the essay tomorrow.

(hablando de un trabajo escolar) hand in /hænd ˈɪn/

entrenador, entrenadora

 ▷ Laura es nuestra entrenadora de baloncesto.
  Laura is our basketball coach.

coach /kəʊtʃ/ (plural: coaches /ˈkəʊtʃɪz/)

entrenamiento

 ▷ Tenemos dos entrenamientos de fútbol por semana.
  We have two football training sessions a week.

training session /ˈtreɪnɪŋ ˈseʃən/ (plural: training sessions)

entrenar

 ▷ Los sábados nos entrena el señor Jiménez.
  Mr Jiménez trains us on Saturdays.

(en deportes) train /treɪn/

Sigue en la página siguiente

▷ Tenemos que entrenar más si queremos
derrotar al equipo del otro colegio.
*We must train more if we want to beat the
team from the other school.*
▷ Me entreno todos los días.
I train every day.

▶ **entrenarse:** train /treɪn/

entretener

1 ▷ Estoy intentando entretener a mi hermanito.
I'm trying to entertain my little brother.
2 ▷ Deberías entretenerte, trabajas demasiado.
You should have fun, you work too much.

1 (= divertir) **entertain** /entəˈteɪn/

2 ▶ **entretenerse** (= divertirse):
have fun /fʌn/ (**had, had**)

entretenido, entretenida

▷ Es una película muy entretenida.
It's a very entertaining film.

(= hablando de un libro, una película,
una persona) **entertaining**
/entəˈteɪnɪŋ/ (más entretenido more
entertaining, el más entretenido the
most entertaining)

entrevista

▷ ¿Viste la entrevista con el presidente?
Did you see the interview with the president?

interview /ˈɪntəvjuː/
◀ El acento recae sobre la primera
sílaba in-.

entrevistar

▷ El periodista entrevistó a varios agricultores.
The journalist interviewed several farmers.

interview /ˈɪntəvjuː/
◀ El acento recae sobre la primera
sílaba in-.

entusiasmado, entusiasmada

▷ No parecían muy entusiasmados cuando
sugerí ir a la piscina.
*They didn't look very excited when I suggested
going to the swimming pool.*

excited /ɪkˈsaɪtɪd/ (más
entusiasmado more excited, el más
entusiasmado the most excited)
◀ La i de excited se pronuncia como
la i de like.

entusiasmarse

▷ Se entusiasmaron cuando les dijimos que
íbamos a ir de vacaciones a Italia.
*They got excited when we told them we were
going on holiday to Italy.*

get excited /ɪkˈsaɪtɪd/ (got excited,
got excited)
◀ La i de excited se pronuncia como
la i de like.

envenenado, envenenada

▷ La comida del rey estaba envenenada.
The king's food was poisoned.

poisoned /ˈpɔɪzənd/
◀ La s de poisoned se pronuncia
como la z de zip.

envenenar

▷ Los ladrones envenenaron la comida del perro.
The burglars poisoned the dog's food.

poison /ˈpɔɪzən/
◀ La s de poison se pronuncia como la z de zip.

enviar

▷ ¿Te olvidaste de enviar mi carta?
Did you forget to send my letter?

send /send/ (sent, sent /sent/)

envidia

▷ David me dijo que no le gustaba mi bici nueva, pero es sólo envidia.
David said he doesn't like my new bike, but that's just jealousy.

▷ Maripili tiene envidia de Mauro porque saca buenas notas.
Maripili is jealous of Mauro because he gets good marks.

jealousy /ˈdʒeləsɪ/
◀ La ea se pronuncia como la e de bed. La ou se pronuncia como la a de about.
► **tener envidia de alguien:** be jealous of somebody /ˈdʒeləs əv/

envidiar

▷ ¿Te vas de vacaciones a Italia? ¡Te envidio!
You're going on holiday to Italy? I'm jealous of you!

be jealous of /ˈdʒeləs əv/
◀ La ea se pronuncia como la e de bed. La ou se pronuncia como la a de about.

envidioso, envidiosa

▷ No seas envidioso.
Don't be jealous.

jealous /ˈdʒeləs/
◀ La ea se pronuncia como la e de bed. La ou se pronuncia como la a de about.

epidemia

▷ Hay una epidemia de gripe en el colegio.
There's a flu epidemic at school.

epidemic /epɪˈdemɪk/
ℹ Fíjate bien en cómo se escribe epidemic.

episodio

▷ El último episodio de la serie fue genial.
The last episode of the series was brilliant.

episode /ˈepɪsəʊd/
◀ La o de episode se pronuncia como la o de go.

época

▷ Era una época difícil.
It was a difficult time.

▷ En esa época los niños no tenían tanta libertad.
At that time, children didn't have so much freedom.

time /taɪm/

► **en esa época:** at that time

equilibrio

▷ Amalia perdió el equilibrio y se cayó.
Amalia lost her balance and fell.

▷ Conseguí mantener el equilibrio apoyándome en Pepe.
I managed to keep my balance by leaning on Pepe.

► **perder el equilibrio: lose** /luːz/ one's **balance (lost, lost** /lɒst/)

► **mantener el equilibrio: keep** /kiːp/ one's **balance (kept, kept** /kept/)

ℹ El adjetivo posesivo se usa de la siguiente forma en inglés: I lost/kept **my** balance, you lost/kept **your** balance, he lost/kept **his** balance, she lost/kept **her** balance, etc.

equipaje

▷ Deja tu equipaje en el hotel.
Leave your luggage in the hotel.

luggage /ˈlʌgɪdʒ/

◀) La **a** de **luggage** se pronuncia como la **i** de **big**, **luggage** rima con **bridge**.

equipo

▷ Nuestro equipo ganó el partido.
Our team won the match.

team /tiːm/

equitación

▷ Uno de sus deportes favoritos es la equitación.
Horse riding is one of his favourite sports.

horse riding /hɔːs ˈraɪdɪŋ/

⌐ **equitación** se dice **horse riding** en inglés británico y **horseback riding** /ˈhɔːsbæk ˈraɪdɪŋ/ en inglés americano.

▷ Gloria hace equitación todos los miércoles.
Gloria goes horse riding every Wednesday.

► **hacer equitación: go horse riding (went** /went/, **gone** /gɒn/)

equivaler

▷ Un euro equivale a 166 pesetas.
One euro is equivalent to 166 pesetas.

► **equivaler a: be equivalent to** /ɪˈkwɪvələnt tʊ/

equivocarse

▷ Te has equivocado, Carolina no vive aquí.
You've made a mistake, Carolina doesn't live here.

(= cometer un error) **make a mistake** /mɪsˈteɪk/ (made, made)

era

▷ Estamos estudiando las eras geológicas.
We're studying the geological eras.

era /ˈɪərə/

✹ ¡Cuidado con la pronunciación! La **e** de **era** se pronuncia como la **ee** de **week**.

erizo

▷ Había un erizo muerto en la carretera.
There was a dead hedgehog on the road.

hedgehog /ˈhedʒhɒg/

error

▷ Hay varios errores en los cálculos.
There are several mistakes in the calculations.

▷ Has cometido un error aquí.
You've made a mistake here.

▷ Me llevé el paraguas de Sebastián por error.
I took Sebastián's umbrella by mistake.

mistake /mɪsˈteɪk/

► **cometer un error:** make a mistake (made, made)

► **por error:** by mistake /baɪ mɪsˈteɪk/

escala

1 ▷ ¿Cuál es la escala de este mapa?
What's the scale of this map?

2 ▷ Haremos una breve escala en Miami.
We will make a brief stopover in Miami.

▷ Es un vuelo sin escalas.
It's a nonstop flight.

1 (hablando de un mapa, un plano)
scale /skeɪl/

2 (hablando de un avión) stopover
/ˈstɒpəʊvəʳ/

► **sin escalas:** nonstop
/ˈnɒnˈstɒp/

escalada

▷ Me encantaría ir a hacer escalada en los Alpes.
I'd love to go climbing in the Alps.

climbing /ˈklaɪmɪŋ/

◀ᵝ La b de climbing no se pronuncia.
climbing rima con timing.

escalar

▷ Los presos escalaron el muro y se escaparon.
The prisoners climbed the wall and escaped.

climb /klaɪm/

◀ᵝ La b de climb no se pronuncia.
climb rima con time.

escalera

▷ Lucía subió rápidamente por la escalera.
Lucía quickly went up the stairs.

▷ José Miguel se cayó de la escalera.
José Miguel fell off the ladder.

▷ Sube por la escalera mecánica, es más rápido.
Go up the escalator, it's quicker.

stairs /steəz/

ℹ stairs es un nombre en plural; por ejemplo, se dice the stairs are dirty (la escalera está sucia).

ℹ A la escalera de mano que se pliega para poder guardarla se le llama ladder /ˈlædəʳ/.

► **escalera mecánica:** escalator /ˈeskəleɪtəʳ/

◀ᵝ La segunda a de escalator se pronuncia como la a de make.

escalerilla

▷ Me caí bajando la escalerilla del avión.
I fell coming down the steps of the plane.

steps /steps/

ℹ steps es un nombre en plural; por ejemplo, se dice the stairs are dirty (la escalerilla está sucia).

escalón

▷ Ten cuidado, el último escalón es más alto.
Be careful, the last step is higher.

step /step/

escama

▷ El pescadero le quitó las escamas al pescado con un cuchillo.
The fishmonger scraped the scales off the fish with a knife.

scale /skeɪl/
🔊 La a de scale se pronuncia como la a de make.

escándalo

1 ▷ ¡Esto es un escándalo!
This is outrageous!

2 ▷ Mi padre armó un escándalo porque había un pelo en la sopa.
My father made a fuss because there was a hair in the soup.

1 Para expresar indignación en inglés se utiliza el adjetivo outrageous /aʊtˈreɪdʒəs/

2 ► armar un escándalo: make a fuss /fʌs/ (made, made)

escandaloso, escandalosa

▷ Lo que le hicieron a Iñaqui es escandaloso.
What they did to Iñaqui is outrageous.

(= indignante) outrageous /aʊtˈreɪdʒəs/ (más escandaloso more outrageous, el más escandaloso the most outrageous)

escaparse

▷ Es un juego en el que los prisioneros tienen que intentar escaparse.
It's a game where the prisoners have to try to escape.

▷ Se escaparon de la cárcel en helicóptero.
They escaped from jail in a helicopter.

escape /ɪˈskeɪp/
🔊 La a se pronuncia como la a de make.

ℹ Fíjate bien en la preposición que se utiliza en inglés: escaparse de = escape from.

escaparate

▷ Hay pasteles de chocolate en el escaparate de la pastelería.
There are chocolate cakes in the cake shop window.

▷ Fui de escaparates con Maritere.
I went window-shopping with Maritere.

(de una tienda) window /ˈwɪndəʊ/
🔊 window rima con go.

► ir de escaparates: go window-shoppping /ˈwɪndəʊʃɒpɪŋ/ (went /went/, gone /gɒn/)

escasear

▷ En verano en mi pueblo escasea el agua.
In summer, water is scarce in my village.

be scarce /skeəs/
🔊 La ar de scarce se pronuncia como la palabra inglesa air.

escayola

▷ Todos sus amigos firmaron en la escayola.
All his friends signed his plaster cast.

(para inmovilizar un brazo o una pierna) plaster cast /ˈplɑːstə ˈkɑːst/ (plural: plaster casts /ˈplɑːstə ˈkɑːsts/)

escena

1 ▷ Arturo estaba muy nervioso cuando salió a escena.
Arturo was very nervous when he went on stage.

1 (= escenario de un teatro) stage /steɪdʒ/
► **salir a escena**: go on stage /ɒn ˈsteɪdʒ/ (went /went/, gone /ɡɒn/)

2 ▷ Ensayamos la primera escena de la obra.
We rehearsed the first scene of the play.

2 (= parte de una obra de teatro) scene /siːn/
◀) scene se pronuncia igual que seen.

escenario

▷ Necesitaron un día entero para montar el escenario.
They needed a whole day to put up the stage.

(para una obra de teatro, un concierto de música) stage /steɪdʒ/

esclavo, esclava

▷ ¡Hazlo tú mismo, no soy tu esclavo!
Do it yourself, I'm not your slave!

slave /sleɪv/
◀) La a de slave se pronuncia como la a de make.

escoba

▷ Estoy buscando una escoba para limpiar mi cuarto.
I'm looking for a broom to clean my bedroom.

broom /bruːm/

escocés, escocesa

1 ▷ Vamos a visitar varios castillos escoceses.
We're going to visit several Scottish castles.
▷ Sean es escocés.
Sean is Scottish.

1 (adjetivo) Scottish /ˈskɒtɪʃ/
ℹ️ Se escribe siempre con mayúscula, como todos los adjetivos y nombres ingleses que se refieren a la nacionalidad.

2 ▷ Se casó con un escocés.
She married a Scot.

2 (nombre) **un escocés, una escocesa**: a Scot /skɒt/

Escocia

▷ Edimburgo es la capital de Escocia.
Edinburgh is the capital of Scotland.

Scotland /ˈskɒtlənd/

escoger

▷ Escoge el que más te guste.
Choose the one you like best.

(= elegir) choose /tʃuːz/ (chose /tʃəʊz/, chosen /ˈtʃəʊzən/)

escolar

▷ Necesito un nuevo uniforme escolar.
I need a new school uniform.

(= del colegio) school /skuːl/
ℹ️ Con este significado, school es un nombre usado como adjetivo. Sólo se puede colocar delante del nombre, nunca después.

escombros

▷ Encontraron varios cuerpos entre los escombros.
They found several bodies among the rubble.

rubble /ˈrʌbəl/
🔊 rubble rima con trouble.

esconder

▷ ¡Esconde los cigarrillos! ¡Viene mi madre!
Hide the cigarettes! My mother's coming!
▷ Francisco se escondió debajo de las escaleras.
Francisco hid under the stairs.

hide /haɪd/ (hid /hɪd/, hidden /ˈhɪdən/)
► **esconderse:** hide (hid, hidden)

escondidas

▷ Conchi y Esteban fuman a escondidas.
Conchi and Esteban smoke in secret.

► **a escondidas:** in secret /ɪn ˈsiːkrət/
🔊 La primera e de secret se pronuncia como la ee de week.

escondite

1 ▷ No conseguimos encontrar su escondite.
We couldn't find his hiding place.
2 ▷ Nos pasamos toda la tarde jugando al escondite.
We spent the whole afternoon playing hide-and-seek.

1 (= escondrijo) hiding place /ˈhaɪdɪŋ pleɪs/ (plural: hiding places)
2 ► **el escondite** (juego): hide-and-seek /haɪdənˈsiːk/

escondrijo

▷ Pedro Luis esperó varios minutos antes de salir de su escondrijo.
Pedro Luis waited several minutes before leaving his hiding place.

hiding place /ˈhaɪdɪŋ pleɪs/ (plural: hiding places)
🔊 La primera i de hiding se pronuncia como la i de like.

escopeta

▷ Vimos a varios cazadores con escopetas.
We saw several hunters with shotguns.

shotgun /ˈʃɒtɡʌn/

escorpión

▷ Nos asustamos mucho cuando vimos un escorpión en la playa.
We were very frightened when we saw a scorpion on the beach.

scorpion /ˈskɔːpiən/
ℹ Fíjate bien en cómo se escribe scorpion.
🔊 El acento recae sobre la primera sílaba scor-.

escribir

1 ▷ Tenemos que escribir el nombre al comienzo de la página.
We have to write our name at the top of the page.
▷ Escríbeme cuando vuelvas a casa.
Write to me when you get back home.
▷ Nuria y Míchel se escriben todos los días.
Nuria and Míchel write to each other every day.

1 write /raɪt/ (wrote /rəʊt/, written /ˈrɪtən/)
🔊 La i de write se pronuncia como la i de like.
► **escribir a alguien:** write to somebody
► **escribirse** (hablando de dos personas): write to each other /raɪt tʊ iːtʃ ˈʌðəʳ/

2 ▷ ¿Sabes cómo se escribe su nombre?
Do you know how to spell her name?

2 (preguntando cómo se escribe una palabra) spell /spel/

ℹ El pasado y el participio de spell pueden ser tanto spelled /speld/ como spelt /spelt/.

ℹ Para preguntar cómo se escribe una palabra se dice how do you spell it?

▷ ¿Cómo se escribe?
How do you spell it?

escrito, escrita

▷ El examen escrito fue más fácil que el oral.
The written exam was easier than the oral one.

written /ˈrɪtən/

escritor, escritora

▷ ¿Cuál es tu escritor favorito?
Who is your favourite writer?

writer /ˈraɪtəʳ/

🔊 La i de writer se pronuncia como la i de like.

escuchar

▷ Escucho este programa de radio todos los domingos.
I listen to this radio programme every Sunday.

▷ Mi hermano nunca escucha mis consejos.
My brother never listens to my advice.

▷ Perdona, no estaba escuchando.
Sorry, I wasn't listening.

listen /ˈlɪsən/ to

🔊 La t de listen no se pronuncia.

ℹ No te olvides de la preposición to cuando haya un complemento directo (es decir, cuando se hable de escuchar alguna cosa o escuchar a alguien).

ℹ Cuando no hay complemento, se dice simplemente listen, como en el ejemplo de al lado.

escudo

1 ▷ Mi jersey tiene el escudo del colegio.
My jumper has the school badge on it.

2 ▷ En la película los soldados luchaban con espadas y escudos.
In the film the soldiers fought with swords and shields.

1 (= símbolo) badge /bædʒ/

2 (= arma) shield /ʃiːld/

escuela

▷ La escuela está muy cerca de mi casa.
The school is very near my house.

▷ Voy a la escuela con mi madre.
I go to school with my mother.

school /skuːl/

🔊 La ch de school se pronuncia como la k de keep.

▶ ir a la escuela: go to school /skuːl/ (went /went/, gone /gɒn/)

escultor

▷ Chillida fue un escultor muy famoso.
Chillida was a very famous sculptor.

sculptor /ˈskʌptəʳ/

ℹ Fíjate bien en cómo se escribe sculptor.

🔊 La u de sculptor se pronuncia como la u de duck.

escultora

▷ Su mujer era escultora.
His wife was a sculptress.

sculptress /ˈskʌlptrəs/

ℹ Fíjate bien en cómo se escribe sculptress.

◀ La u de **sculptress** se pronuncia como la u de **duck**.

escultura

▷ Las esculturas de Rodin son hermosas.
Rodin's sculptures are beautiful.

sculpture /ˈskʌlptʃəʳ/

◀ La u de **sculpture** se pronuncia como la u de **duck**.

escupir

▷ ¡No escupas en el suelo!
Don't spit on the floor!

spit /spɪt/ (spat, spat /spæt/)

ese, esa (adjetivo)

▷ Ese perro cerca de la puerta es de mi tío.
That dog near the door is my uncle's.
▷ Me gustaría tener esas zapatillas del escaparate.
I'd love to have those trainers in the window.

that /ðæt/ (plural: **those** /ðəʊz/)

ése, ésa (pronombre)

▷ Me gusta más ése.
I like that one better.
▷ Estos pantalones no están mal pero yo prefiero esos de ahí.
These trousers aren't bad but I prefer those ones over there.

that one /ˈðæt wʌn/ (plural: **those ones** /ˈðəʊz wʌnz/)

esencial

▷ La profesora dijo que era esencial aprobar todas las pruebas.
The teacher said that it was essential to pass all the tests.

essential /ɪˈsenʃəl/

ℹ Fíjate bien en cómo se escribe essential.

◀ El acento recae sobre la segunda sílaba **-sen-**.

esfera

▷ La Tierra es una esfera.
The Earth is a sphere.

sphere /sfɪəʳ/

ℹ Fíjate bien en cómo se escribe sphere (con ph).

esférico, esférica

▷ La Tierra es esférica.
The Earth is spherical.

spherical /ˈsferɪkəl/

ℹ Fíjate bien en cómo se escribe spherical. La f se convierte en inglés en ph.

◀ La e de **spherical** se pronuncia como la e de **bed**.

esforzarse

▷ Si no te esfuerzas no vas a conseguir aprobar todas las asignaturas.
If you don't make an effort you won't pass all the subjects.

make an effort /ˈefət/ (made, made)

esfuerzo

▷ ¡Ánimo, haz un esfuerzo!
Come on, make an effort!

effort /ˈefət/
► hacer un esfuerzo: make an effort (made, made)

eslogan

▷ El eslogan de esa campaña es muy pegadizo.
The slogan of that campaign is really catchy.

slogan /ˈsləʊgən/
ℹ Fíjate bien en cómo se escribe slogan.

eslovaco, eslovaca

1 ▷ Visitaremos varias ciudades eslovacas.
We'll visit several Slovakian cities.

▷ Jan es eslovaco.
Jan is Slovakian.

2 ▷ Se casó con un eslovaco.
He married a Slovak.

1 (adjetivo) Slovakian /sləʊˈvækɪən/
ℹ Se escribe siempre con mayúscula, como todos los adjetivos y nombres ingleses que se refieren a la nacionalidad.
2 (nombre) un eslovaco, una eslovaca: a Slovak

Eslovaquia

▷ ¿Cuál es la capital de Eslovaquia?
What's the capital of Slovakia?

Slovakia /sləʊˈvækɪə/

Eslovenia

▷ ¿Cuál es la capital de Eslovenia?
What's the capital of Slovenia?

Slovenia /sləʊˈviːnə/
🔊 La e se pronuncia como la ee de week.

esloveno, eslovena

1 ▷ Trabaja en la embajada eslovena.
He works in the Slovenian embassy.

▷ Matej es esloveno.
Matej is Slovenian.

2 ▷ Se casó con un esloveno.
He married a Slovenian.

1 (adjetivo) Slovenian /sləˈviːnjən/
ℹ Se escribe siempre con mayúscula, como todos los adjetivos y nombres ingleses que se refieren a la nacionalidad.
2 (nombre) un esloveno, una eslovena: a Slovenian
🔊 La e se pronuncia como la ee de week.

esmeralda

▷ Mi madre tiene un anillo con una esmeralda.
My mother has a ring with an emerald.

emerald /ˈemərəld/
ℹ Fíjate bien en cómo se escribe emerald.
🔊 El acento recae sobre la primera sílaba em-.

eso

▷ Eso es el botón de pausa.
That's the pause button.

that /ðæt/

espacial

▷ Me encantaría poder ir en un vuelo espacial.
I'd love to be able to go on a space flight.

(del espacio más allá de la atmósfera)
space /speɪs/

i Con este significado, **space** es un nombre usado como adjetivo. Sólo se puede colocar delante del nombre, nunca después.

espacio

1 ▷ Rusia enviará un cohete al espacio.
Russia will sent a rocket into space.

2 ▷ Aquí no hay suficiente espacio para todos.
There isn't enough space for everyone here.

1 (hablando del lugar más allá de la atmósfera de la Tierra) space /speɪs/

2 (= sitio) space /speɪs/

i También se puede decir **room** /ruːm/.

espacioso, espaciosa

▷ Esta cocina es espaciosa.
This kitchen is spacious.

spacious /ˈspeɪʃəs/ (más espacioso more spacious, el más espacioso the most spacious)

◀)) La **a** se pronuncia como la **a** de **make**.

espada

▷ Es un arte marcial en el que se usa la espada.
It's a martial art in which you use a sword.

(arma) sword /sɔːd/

◀)) La **w** de **sword** no se pronuncia. **Sword** rima con **lord**.

espaguetis

▷ Se comió un plato de espaguetis.
He ate a plate of spaghetti.

▷ Compra espaguetis.
Buy some spaghetti.

spaghetti /spəˈgetɪ/

i Fíjate bien en cómo se escribe **spaghetti**.

i **spaghetti** es una palabra en singular; por ejemplo, se dice **this spaghetti is delicious** (estos espaguetis están deliciosos).

espalda

1 ▷ Tengo una picadura de mosquito en la espalda.
I have a mosquito bite on my back.

▷ Me duele la espalda.
I have backache.

1 (parte del cuerpo) back /bæk/

i Para decir que te duele la espalda, se emplea **have backache** (had, had /hæd/).

i Fíjate como se construyen las diferentes personas en inglés: me duele la espalda **I have backache**, te duele la espalda **you have backache**, le duele la espalda **he/she has backache**, etc.

◀)) **backache** rima con **make**.

2 ▷ No sé nadar de espalda.
I can't do the backstroke.

2 (en natación) backstroke
/ˈbækstrəʊk/
► **nadar de espalda:** do the
backstroke (**did** /dɪd/, **done** /dʌn/)

espantapájaros

▷ Había un espantapájaros en medio del campo.
There was a scarecrow in the middle of the field.

scarecrow /ˈskeəkrəʊ/
◀» scare (= espantar) rima con hair.
crow (= cuervo) rima con Joe.

espantoso, espantosa

1 ▷ Llevaba una chaqueta de cuero espantosa.
She was wearing a horrible leather jacket.

1 (= muy feo) horrible /ˈhɒrɪbəl/
(más espantoso more horrible, el más
espantoso the most horrible)

2 ▷ Hace un frío espantoso.
It's absolutely freezing!

▷ ¡Tenemos un hambre espantosa!
We're absolutely starving!

2 ► (= muy grande) **hacer un
frío espantoso:** be absolutely
freezing /ˈæbsəluːtlɪ ˈfriːzɪŋ/
► **tener un hambre espantosa:**
be absolutely starving
/ˈæbsəluːtlɪ ˈstɑːvɪŋ/

España

▷ Vivo en España.
I live in Spain.

Spain /speɪn/
◀» Spain rima con lane.

español, española

1 ▷ Amalia es española.
Amalia is Spanish.

1 (adjetivo) Spanish /ˈspænɪʃ/
ℹ Se escribe siempre con mayúscula,
como todos los adjetivos y nombres
ingleses que se refieren a la
nacionalidad.

2 ▷ Se casó con un español
She married a Spaniard.
▷ A los españoles les encanta el fútbol.
The Spanish love football.
3 ▷ Kevin está aprendiendo español.
Kevin is learning Spanish.

2 ► **un español, una española:**
a Spaniard.
► **los españoles:** the Spanish

3 (= idioma) Spanish

esparadrapo

▷ Natalia se puso un trozo de esparadrapo en el dedo.
Natalia put a piece of plaster on her finger.

plaster /ˈplɑːstəʳ/

espárragos

▷ No me gustan nada los espárragos.
I don't like asparagus at all.

asparagus /æsˈpærəgəs/
ℹ asparagus es incontable: no se usa
nunca en plural, y nunca se dice 'an
asparagus'; se dice, por ejemplo, this
asparagus is delicious (**estos espárragos
están buenísimos**). Para referirse a un solo
espárrago se dice a piece of asparagus.

especia

▷ A mi madre le gusta cocinar con muchas especias.
My mother likes to cook with lots of spices.

spice /spaɪs/
◀◦ La i de **spice** se pronuncia como la i de like.

especial

▷ Ayer no hicimos nada especial.
We didn't do anything special yesterday.

special /ˈspeʃəl/
ℹ Fíjate bien en cómo se escribe special.
◀◦ El acento recae sobre la primera sílaba spe-.

especialidad

▷ ¿Cuáles son las especialidades de esta región?
What are the specialities of this region?

speciality /speʃɪˈælɪtɪ/ (plural: specialities /speʃɪˈælɪtɪz/)
ℹ Fíjate bien en cómo se escribe speciality.
◀◦ El acento recae sobre la tercera sílaba -al-.

especialista

▷ El Dr. Fernández es especialista en cáncer.
Dr. Fernández is a cancer specialist.

specialist /ˈspeʃəlɪst/
ℹ Fíjate bien en cómo se escribe specialist.
◀◦ El acento recae sobre la primera sílaba spe-.

especie

1 ▷ Este árbol no es de la misma especie.
This tree is not of the same species.

1 (= variedad de animal, planta)
species /ˈspiːʃiːz/
ℹ La palabra **species** es invariable, se escribe igual en singular y en plural.
◀◦ La primera e se pronuncia como la ee de week.

2 ▷ Es una especie de herramienta con dos puntas.
It's a sort of tool with two points.

2 ► una especie de... (para describir un objeto): a sort of... /ə ˈsɔːt əv/

espectacular

▷ Fue un concierto de rock espectacular.
It was a spectacular rock concert.

spectacular /spekˈtækjələʳ/ (más espectacular more spectacular, el más espectacular the most spectacular)
ℹ Fíjate bien en cómo se escribe spectacular.
◀◦ El acento recae sobre la segunda sílaba -ta-.

espectáculo

▷ Estamos preparando un espectáculo en el colegio.
We are preparing a show at school.

(de música, teatro) show /ʃəʊ/

espectador, espectadora

1 ▷ Un espectador le hizo una pregunta al político.
A member of the audience asked the politician a question.

▷ Los espectadores aplaudieron mucho.
The audience applauded a lot.

2 ▷ Los espectadores armaban mucho ruido cada vez que el equipo marcaba un gol.
The spectators made a lot of noise every time the team scored a goal.

1 (en un espectáculo) member of the audience /ˈmembər əv ðɪ ˈɔːdjəns/

► **los espectadores:** the audience /ˈɔːdɪəns/

2 (en un encuentro deportivo) spectator /spekˈteɪtəʳ/

ⓘ La a de spectator se pronuncia como la a de make.

espejo

▷ Mírate en este espejo.
Look at yourself in this mirror.

mirror /ˈmɪrəʳ/

espera

▷ Tras una larga espera, anunciaron los resultados de los exámenes.
After a long wait, they announced the exam results.

wait /weɪt/

esperanza

▷ Mi hermano es mi última esperanza.
My brother is my last hope.

▷ Tengo la esperanza de que le guste.
I hope she will like it.

hope /həʊp/

► **tener la esperanza de algo:** hope something /həʊp/

ⓘ Fíjate cómo en donde en español se usa el subjuntivo (le guste) en inglés se usa el futuro (she will like it).

esperar

1 ▷ César espera aprobar el examen.
César hopes to pass the exam.

▷ Espero que estés bien.
I hope you're well.

2 ▷ ¡Esperadme, ya voy!
Wait for me, I'm coming!

▷ Pilar esperó a que sus padres se durmieran.
Pilar waited for her parents to fall asleep.

3 ▷ Espera, Enrique, ya casi he acabado.
Wait, Enrique, I've almost finished.

4 ▷ Merche está esperando un hijo.
Merche is expecting a baby.

1 (= tener la esperanza) hope /həʊp/

► **esperar que...:** hope that...

ⓘ A menudo la palabra that se omite, como en el ejemplo.

2 (esperar a alguien o esperar algo) wait for /ˈweɪt fɔːʳ/

► **esperar a que alguien haga algo:** wait for somebody to do something

ⓘ Esta estructura también funciona con las cosas: estoy esperando a que se seque la pintura = I'm waiting for the paint to dry.

3 (sin complemento) wait /weɪt/

4 ► **estar esperando** (estar embarazada): be expecting /ɪkˈspektɪŋ/

espeso

espeso, espesa

▷ Esta sopa está muy espesa.
This soup is very thick.

thick /θɪk/ (más espeso thicker, el más espeso the thickest)

espía

▷ James Bond es un espía inglés.
James Bond is an English spy.

spy /spaɪ/ (plural: spies /spaɪz/)
◀) spies rima con size.

espiar

▷ ¡Deja de espiarnos!
Stop spying on us.

spy /spaɪ/ on
ℹ La y de spy se convierte en ie en la tercera persona del singular del presente de indicativo (spies /spaɪz/), en el pasado y el participio (spied /spaɪd/).

espina

1 ▷ Esas rosas tienen muchas espinas.
Those roses have a lot of thorns.
2 ▷ ¡Ten cuidado con las espinas!
Be careful with the bones!

1 (de una planta) thorn /θɔːn/
2 (de un pez) bone /bəʊn/

espinacas

▷ Otra vez había espinacas para comer.
There was spinach for lunch again.
▷ Las espinacas son buenas para la salud.
Spinach is good for your health.

spinach /ˈspɪnɪdʒ/
ℹ La palabra spinach no se usa en plural. Por ejemplo, se dice this spinach is excellent (estas espinacas están estupendas).
◀) La a de spinach se pronuncia como la i de pig.

espinilla

▷ Tengo una espinilla en la nariz.
I've got a blackhead on my nose.

(= grano) blackhead /ˈblækhed/

espléndido, espléndida

▷ Hacía un día espléndido.
It was a wonderful day.

(muy bueno) wonderful /ˈwʌndəful/
ℹ La palabra splendid existe en inglés, pero no se usa muy a menudo.

esponja

▷ Pásame la esponja, voy a limpiar la ventana.
Pass me the sponge, I'm going to clean the window.

sponge /spʌndʒ/
◀) La o de sponge se pronuncia como la u de duck.

espontáneo, espontánea

▷ Me gusta Idoia porque es muy espontánea.
I like Idoia because she's very spontaneous.

spontaneous /spɒnˈteɪnɪəs/ (más espontáneo more spontaneous, el más espontáneo the most spontaneous)
ℹ Fíjate bien en cómo se escribe spontaneous.

esposa

▷ Es la esposa del señor García.
She's Mr García's wife.

(= mujer) wife /waɪf/ (plural: wives /waɪvz/)

esposo

▷ El marido de Sofía es muy alto.
Sofia's husband is very tall.

(= marido) husband /ˈhʌzbənd/

espuma

▷ No queda espuma de afeitar.
There is no shaving foam left.

foam /fəʊm/
◀ foam rima con home.
► espuma de afeitar: shaving foam /ˈʃeɪvɪŋ fəʊm/

esqueleto

▷ Hay un esqueleto de dinosaurio en el museo.
There is a dinosaur skeleton at the museum.

skeleton /ˈskelɪtən/
◀ El acento recae sobre la primera sílaba ske-.

esquí

1 ▷ Aquí podemos alquilar esquís.
We can hire skis here.
2 ▷ El esquí es mi deporte favorito.
Skiing is my favourite sport.
▷ Prefiero el esquí de fondo al esquí alpino.
I prefer cross-country skiing to downhill skiing.

1 (= tabla) ski /skiː/
2 ► el esquí (deporte): skiing /ˈskiːɪŋ/
► esquí alpino: downhill skiing /daʊnˈhɪl ˈskiːɪŋ/
► esquí de fondo: cross-country skiing /krɒsˈkʌntrɪ ˈskiːɪŋ/

esquiador

▷ El pueblo estaba lleno de esquiadores.
The village was full of skiers.

skier /ˈskɪəʳ/
◀ skier rima con near.

esquiar

▷ ¿Sabes esquiar?
Can you ski?

ski /skiː/
ℹ El pasado y el participio: skied /skiːd/
◀ skied rima con feed.

esquimal

▷ Los esquimales viven en el Ártico.
Eskimos live in the Arctic.

Eskimo /ˈeskɪməʊ/
ℹ En inglés Eskimo se escribe con mayúscula, como los nombres de otros pueblos.

esquina

▷ La tienda está en la esquina de la calle.
The shop is on the corner of the street.

(de calle, mueble) corner /ˈkɔːnəʳ/
► en la esquina: on the corner

establo

1 ▷ Ruth fue a ver al caballo en el establo.
Ruth went to see the horse in the stable.

2 ▷ Las vacas duermen en el establo.
The cows sleep in the cowshed.

1 (para caballos) stable /ˈsteɪbəl/
◀) La a de stable se pronuncia como la a de make.

2 (para vacas) cowshed /ˈkaʊʃed/

estación

1 ▷ ¿Me podrías llevar a la estación?
Could you take me to the station?
▷ Vivo muy cerca de la estación de tren.
I live very close to the train station.

2 ▷ Carmina siempre va a la misma estación de esquí.
Carmina always goes to the same ski resort.

1 (de autobús, tren, metro) station /ˈsteɪʃən/
► estación de tren: train station
ℹ estación de autobús es bus station /bʌs ˈsteɪʃən/, estación de metro es underground station /ˈʌndəɡraʊnd ˈsteɪʃən/ en inglés británico y subway station /ˈsʌbweɪ ˈsteɪʃən/ en inglés americano.

2 ► estación de esquí: ski resort /skiː rɪˈzɔːt/ (plural: ski resorts)

estadio

▷ Fuimos al nuevo estadio a ver un partido de fútbol.
We went to the new stadium to see a football match.

stadium /ˈsteɪdɪəm/
◀) La a de stadium se pronuncia como la a de make.

estado

1 ▷ Rafa estaba en un estado terrible.
Rafa was in a terrible state.

▷ El anuncio decía que la moto estaba en buen estado.
The advert said that the motorbike was in good condition.
▷ El tejado está en mal estado, mi padre va a repararlo.
The roof is in poor condition, my father is going to repair it.
2 ▷ Las pensiones las paga el Estado.
Pensions are paid by the State.
3 ▷ La ciudad del Vaticano es uno de los estados más pequeños del mundo.
Vatican City is one of the smallest states in the world.
▷ Los Estados Unidos son un país muy poderoso.
The United States is a very powerful country.

1 (= condición) state /steɪt/
◀) La a de state se pronuncia como la a de make.
► en buen estado: in good condition /ɪn ɡʊd kənˈdɪʃən/

► en mal estado: in poor condition /ɪn pʊə kənˈdɪʃən/

2 ► el Estado (= el gobierno): the State /ðəˈsteɪt/
3 (= país) state /steɪt/

► los Estados Unidos: the United States /ðə juːˈnaɪtɪd ˈsteɪts/
ℹ Fíjate que se usa en singular: the United States is...

estadounidense

1 ▷ Visitaron varias ciudades estadounidenses.
They visited several American cities.

▷ Mark es estadounidense.
Mark is American.

1 (adjetivo) American /əˈmerɪkən/

i Se escribe siempre con mayúscula, como todos los adjetivos y nombres ingleses que se refieren a la nacionalidad.

i Aunque **American** también significa **americano**, se utiliza frecuentemente para referirse únicamente a los Estados Unidos.

2 ▷ Se casó con un estadounidense.
He married an American.

2 (nombre) **un estadounidense, una estadounidense: an American**

estallar

▷ La bomba estalló muy cerca del mercado.
The bomb exploded very near the market.

(una bomba) explode /ɪkˈspləʊd/

estallido

▷ ¿Oísteis el estallido?
Did you hear the explosion?

(de una bomba) explosion /ɪkˈspləʊʒən/

estanco

▷ Fui al estanco a comprar tabaco para mi padre.
I went to the tobacconist's to buy tobacco for my father.

tobacconist's /təˈbækənɪsts/

i Los estancos no existen en el Reino Unido. Para explicarle a alguien lo que es un estanco le puedes decir que it's a kind of tobacconist's that also sells stamps.

estanque

▷ El estanque está helado.
The pond is frozen.

pond /pɒnd/

estante

▷ La sal está en el estante de arriba.
The salt is on the top shelf.

shelf /ʃelf/ (plural: shelves /ʃelvz/)

estantería

▷ Los padres de Emilio tienen una estantería con cientos de libros.
Emilio's parents have a bookcase with hundreds of books.

(para libros) bookcase /ˈbʊkkeɪs/ (plural: bookcases /ˈbʊkkeɪsɪz/)

estar

▷ La ventana está rota.
The window is broken.

i La traducción más frecuente del verbo **estar** es be /biː/.

Sigue en la página siguiente

▷ ¿Dónde está Andrés?
Where is Andrés?
▷ Estaba muy cansado.
I was very tired.
▷ ¿Has estado alguna vez en Italia?
Have you ever been to Italy?

▷ ¿Cómo está tu padre?
How is your father?

▷ Hola, ¿cómo estás?
Hello, how are you?

i En presente se conjuga así: I am, he/she is, we/you/they are. En pasado: I/he/she was, we/you/they were. El participio es been.
i Para preguntar si alguien ha estado alguna vez en un lugar se dice have you been to...?
i Para preguntar cómo se encuentra alguien de salud también se usa el verbo be.
i Para saludar se utiliza how are you? /haʊ ˈɑː juː/.

estatua

▷ Hay una estatua de la reina en la plaza.
There's a statue of the queen in the square.

statue /ˈstætjuː/

este (nombre)

▷ Llueve mucho más en el este.
It rains a lot more in the east.
▷ Mi pueblo queda al este de Bilbao.
My village is east of Bilbao.

▶ el este: the east /iːst/

▶ al este de...: east of...

este, esta (adjetivo)

▷ Esta chaqueta es demasiado pequeña.
This jacket is too small.
▷ Estos pasteles son mis favoritos.
These cakes are my favourite ones.

this /ðɪs/ (plural: these /ðiːz/)

éste, ésta (pronombre)

▷ Me gusta más éste.
I like this one better.
▷ Esos pantalones no están mal pero yo prefiero estos de aquí.
Those trousers aren't bad but I prefer these ones over here.

this one /ˈðɪs wʌn/ (plural: these ones /ˈðiːz wʌnz/)

estilo

▷ No me gusta su estilo.
I don't like his style.

style /staɪl/
◀) style rima con while y smile.

estirar

▷ ¡No estires la goma, la vas a romper!
Don't stretch the elastic band, you're going to break it!
▷ Vamos a parar quince minutos para estirar las piernas.
Let's stop for fifteen minutes to stretch our legs.

stretch /stretʃ/

▶ estirar las piernas: stretch one's legs /ˈstretʃ wʌnz ˈlegz/

> Iñaqui se estiró y bostezó.
> *Iñaqui stretched and yawned.*

i El adjetivo posesivo se usa de la siguiente forma en inglés: I stretch **my** legs, you stretch **your** legs, he stretches **his** legs, she streches **her** legs, etc.

► **estirarse** (hablando de una persona, un animal): **stretch**

esto

> Esto que hay aquí es una antigua máquina de coser.
> *This thing here is an old sewing machine.*

this thing /ˈðɪs ˈθɪŋ/

Estocolmo

> Estocolmo es la capital de Suecia.
> *Stockholm is the capital of Sweden.*

Stockholm /ˈstɒkhəʊm/

i Fíjate bien en cómo se escribe Stockholm.

estómago

> Tengo el estómago vacío.
> *I have an empty stomach.*

stomach /ˈstʌmək/

◄» La ch de stomach se pronuncia como una k.

> Me duele el estómago.
> *I have stomachache.*

► **me duele el estómago:** I have stomachache /aɪ hæv ˈstʌməkeɪk/

◄» stomachache rima con make.

Estonia

> ¿Cuál es la capital de Estonia?
> *What's the capital of Estonia?*

Estonia /eˈstəʊnɪə/

estonio, estonia

1 ▷ Tiene varios amigos estonios.
> *She's got several Estonian friends.*
> Jan es estonio.
> *Jan is Estonian.*

1 (adjetivo) Estonian /eˈstəʊnɪən/

i Se escribe siempre con mayúscula, como todos los adjetivos y nombres ingleses que se refieren a la nacionalidad.

2 ▷ Se casó con un estonio.
> *She married an Estonian.*

2 (nombre) **un estonio, una estonia:** an Estonian

estornudar

> Amalia estornudó cinco veces.
> *Amalia sneezed five times.*

sneeze /sniːz/

◄» sneeze rima con peas.

estrangular

> El asesino estranguló a su víctima.
> *The murderer strangled his victim.*

strangle /ˈstræŋgəl/

estrecho (nombre)

> Cruzamos el estrecho de Gibraltar en ferry.
> *We crossed the strait of Gibraltar by ferry.*

(entre mares) **strait** /streɪt/

estrecho, estrecha (adjetivo)

▷ Esta calle es demasiado estrecha para dos coches.
This street is too narrow for two cars.

narrow /ˈnærəʊ/ (más estrecho narrower /ˈnærəʊəʳ/, el más estrecho the narrowest /ˈnærəʊɪst/)

estrella

▷ Esta noche hay muchas estrellas.
There are lots of stars tonight.
▷ Ángeles encontró dos estrellas de mar en la playa.
Ángeles found two starfish on the beach.

star /stɑːʳ/

► **estrella de mar:** starfish /ˈstɑːfɪʃ/
ℹ La palabra **starfish** es invariable, se escribe igual en singular y en plural.

estrenar

▷ Hoy estreno esta falda.
I'm wearing this skirt for the first time today.

► **estrenar algo** (hablando de ropa que todavía no ha sido usada): wear something for the first time /ˈweə sʌmθɪŋ fə ðə ˈfɜːst ˈtaɪm/ (wore /wɔːʳ/, worn /wɔːn/)

estreno

▷ Hoy es el estreno de la película.
Today is the premiere of the film.

premiere /ˈpremɪeəʳ/
◀) premiere rima con there.

estresado, estresada

▷ Mi madre tiene que descansar, está estresada.
My mother has to rest, she's stressed out.

stressed out /strest ˈaʊt/ (más estresado more stressed out, el más estresado the most stressed out)

estresante

▷ Es un trabajo muy estresante.
It's a very stressful job.

stressful /ˈstresfʊl/ (más estresante more stressful, el más estresante the most stressful)

estribillo

▷ Sólo me sé el estribillo.
I only know the chorus.

(de una canción) chorus /ˈkɔːrəs/
◀) La ch se pronuncia como una k.

estribo

▷ Pon el pie en el estribo y súbete al caballo.
Put your foot in the stirrup and mount the horse.

stirrup /ˈstɪrəp/

estricto, estricta

▷ Mis padres son muy estrictos conmigo.
My parents are very strict with me.

strict /strɪkt/ (más estricto stricter /ˈstrɪktəʳ/, el más estricto the strictest /ˈstrɪktɪst/)

estropajo

▷ Pásame el estropajo, voy a lavar las sartenes.
Pass me the scourer, I'm going to wash the pans.

scourer /ˈskaʊrəʳ/

estropeado, estropeada

▷ La televisión está estropeada, vamos a tener que llamar al técnico.
The TV is broken, we'll have to call the repairman.

broken /ˈbrəʊkən/

estropear

▷ ¡No golpees el ordenador, lo vas a estropear!
Don't bang the computer, you're going to break it!

▷ ¡Se ha vuelto a estropear la impresora!
The printer has broken down again!

(hablando de un aparato, un electrodoméstico, un vehículo) break /breɪk/ (broke /brəʊk/, broken /ˈbrəʊkən/)

► **estropearse:** break down (broke down, broken down)

estuche

▷ El sacapuntas está en mi estuche.
The pencil sharpener is in my pencil case.

(para guardar lápices) pencil case /ˈpensəl keɪs/ (plural: pencil cases /ˈpensəl keɪsɪz/)

◀) La a de case se pronuncia como la a de make.

estudiante

▷ Había un grupo de estudiantes celebrando el final del curso.
There was a group of students celebrating the end of the year.

student /ˈstjuːdənt/

ℹ Para referirse a un estudiante de enseñanza primaria en inglés se usa pupil /ˈpjuːpəl/.

◀) La u de student y de pupil se pronuncia igual que la palabra inglesa you.

estudiar

▷ Laura estudia ruso.
Laura is studying Russian.

study /ˈstʌdɪ/

ℹ La y de study se convierte en ie en la tercera persona del singular del presente de indicativo (studies /ˈstʌdɪz/), en el pasado y el participio (studied /ˈstʌdɪd/).

estudio

1 ▷ Han hecho un estudio sobre la violencia en los colegios.
They've done a study on violence in schools.

2 ▷ ¿Qué tal te van los estudios?
How are you studies going?

3 ▷ Nos invitaron a visitar los estudios de televisión.
We were invited to visit the television studios.

1 (= investigación) study /ˈstʌdɪ/ (plural: studies /ˈstʌdɪz/)

2 ► **estudios** (en el colegio, la universidad): studies /ˈstʌdɪz/

3 (= de televisión) studio /ˈstjuːdɪəʊ/

◀) La u de studio se pronuncia igual que la palabra inglesa you.

estudioso, estudiosa

▷ La profesora le dijo a mi madre que yo era un alumno estudioso.
The teacher told my mother I was a hard-working pupil.

hard-working /ˈhɑːdˈwɜːkɪŋ/ (más estudioso more hard-working, el más estudioso the most hard-working)

estufa

▷ Si tienes frío encenderé la estufa.
If you are cold I'll turn the heater on.

heater /ˈhiːtəʳ/

estupendamente

▷ Lo pasamos estupendamente en la playa.
We had a wonderful time at the beach.

► pasarlo estupendamente: have a wonderful time /ˈwʌndəfʊl taɪm/ (had, had)

estupendo, estupenda

▷ Es una película estupenda.
It's a wonderful film.
▷ ¿Te apetecería venir a pasar el fin de semana en mi casa? - ¡Estupendo!
Would you like to come and spend the weekend at my place? - Wonderful!

wonderful /ˈwʌndəfʊl/ (más estupendo more wonderful, el más estupendo the most wonderful)

estúpido, estúpida

▷ No seas estúpido y devuélveme la bici.
Don't be stupid and give me the bike back.

stupid /ˈstjuːpɪd/ (más estúpido more stupid, el más estúpido the most stupid)

◀ La u de stupid se pronuncia igual que la palabra inglesa you.

etapa

▷ Haremos el trabajo por etapas.
We will do the work in stages.

stage /steɪdʒ/

◀ La a de stage se pronuncia como la a de make.

► por etapas: in stages

etiqueta

▷ Está en la carpeta con la etiqueta azul.
It's in the folder with the blue label.

label /ˈleɪbəl/

◀ La a de label se pronuncia como la a de make.

▷ ¡Me olvidé de quitarle la etiqueta del precio al regalo de José Carlos!
I forgot to remove the price tag from José Carlos' present!

► etiqueta del precio: price tag /ˈpraɪs tæg/ (plural: price tags)

euro

▷ Quería cambiar cien euros en libras.
I'd like to change a hundred euros into pounds.

euro /ˈjʊərəʊ/

◀ Fíjate bien en la pronunciación. La primera sílaba eu- se pronuncia igual que la palabra inglesa you.

Europa

▷ España es parte de Europa.
Spain is part of Europe.

Europe /ˈjʊərəp/

ℹ️ Fíjate bien, **Europe** acaba en **e** en inglés.

🔊 Fíjate bien en la pronunciación. La primera sílaba **eu-** se pronuncia igual que la palabra inglesa **you**.

europeo, europea

▷ Italia es un país europeo.
Italy is a European country.
▷ Los europeos tienen un nivel de vida alto.
Europeans have a high standard of living.

European /jʊərəˈpɪən/

ℹ️ Se escribe siempre con mayúscula, como todos los adjetivos y nombres ingleses que se refieren a la nacionalidad.

🔊 Fíjate bien en la pronunciación. La primera sílaba **eu-** se pronuncia igual que la palabra inglesa **you**.

evacuar

▷ Los bomberos evacuaron a los alumnos.
The firefighters evacuated the pupils.

evacuate /ɪˈvækjʊeɪt/

🔊 El acento recae sobre la segunda sílaba **-va-**.

evaporarse

▷ El agua se ha evaporado.
The water has evaporated.

evaporate /ɪˈvæpəreɪt/

🔊 El acento recae sobre la segunda sílaba **-va-**.

evidente

▷ Es evidente que es culpable.
It's obvious that she's guilty.

obvious /ˈɒbvɪəs/ (más evidente **more obvious**, el más evidente **the most obvious**)

evitar

▷ El conductor dio un volantazo para evitar la moto.
The driver swerved to avoid the motorbike.
▷ Evita comer demasiado chocolate.
Avoid eating too much chocolate.

avoid /əˈvɔɪd/

► evitar + infinitivo: avoid + -ing

ex

▷ Dani está saliendo con la ex de Jesús.
Dani is going out with Jesús' ex.

(= antiguo novio) **ex** /eks/

exactamente

▷ Las dos camisetas son exactamente iguales.
The two T-shirts are exactly the same.

exactly /ɪgˈzæktlɪ/

exacto, exacta

▷ No me acuerdo de sus palabras exactas.
I don't remember her exact words.

exact /ɪgˈzækt/

exagerar

▷ Pili siempre exagera.
Pili always exaggerates.

exaggerate /ɪɡˈzædʒəreɪt/

i Fíjate bien en cómo se escribe exaggerate.

🔊 El acento recae sobre la segunda sílaba -xa-.

examen

1 ▷ Arturo va a hacer su examen de química mañana.
Arturo is taking his chemistry exam tomorrow.
▷ ¿Aprobaste el examen?
Did you pass the exam?

2 ▷ Todos los alumnos tienen que pasar un examen médico.
All the students must have a medical examination.

1 (en el colegio) exam /ɪɡˈzæm/
► **hacer un examen:** take an exam (**took** /tʊk/, **taken** /ˈteɪkən/)
i Fíjate en la diferencia entre take an exam (hacer un examen) y pass an exam (aprobar un examen).

2 ► **examen médico:** medical examination /ˈmedɪkəl ɪɡzæmɪˈneɪʃən/ (plural: medical examinations)
i Fíjate en la traducción de **hacer** en este caso: have (had, had).

examinar

▷ El doctor me examinó y dijo que no tenía ningún problema.
The doctor examined me and said that there was no problem.

examine /ɪɡˈzæmɪn/

🔊 La i de examine se pronuncia como la i de pig.

excavadora

▷ Había una excavadora en medio de la calle.
There was a digger in the middle of the street.

digger /ˈdɪɡəʳ/

excavar

▷ El perro excavó un hoyo para enterrar el hueso.
The dog dug a hole to bury the bone.

dig /dɪɡ/ (dug, dug /dʌɡ/)

excelente

▷ ¡Este queso es excelente!
This cheese is excellent!

excellent /ˈeksələnt/

i Fíjate bien en cómo se escribe excellent.

excepción

▷ Por lo general me gustan sus películas, pero hay excepciones.
In general I like his films but there are exceptions.
▷ ¡Podrías hacer una excepción conmigo!
You could make an exception for me!

exception /ɪkˈsepʃən/

🔊 El acento recae sobre la segunda sílaba -cep-.

► **hacer una excepción:** make an exception (made, made)

excepcional

▷ Fernando es un chico excepcional.
Fernando is an exceptional boy.

exceptional /ɪkˈsepʃənəl/ (más excepcional more exceptional, el más excepcional the most exceptional)
🔊 El acento recae sobre la segunda sílaba -cep-.

excepto

▷ Todos vinieron excepto Ruth.
Everybody came, except Ruth.

except /ɪkˈsept/

exclamación

▷ Pon una exclamación al final de la frase.
Put an exclamation mark at the end of the sentence.

(= signo de exclamación)
exclamation mark /eksкləˈmeɪʃən mɑːk/ (plural: exclamation marks)
✎ exclamación se dice exclamation mark en inglés británico y exclamation point /eksкləˈmeɪʃen pɔɪnt/ (plural: exclamation points) en inglés americano.

exclusivo, exclusiva

▷ Sus padres pertenecen a un club muy exclusivo.
His parents belong to a very exclusive club.

exclusive /ɪkˈskluːsɪv/ (más exclusivo more exclusive, el más exclusivo the most exclusive)

excursión

▷ La excursión sólo duró medio día.
The excursion only lasted half a day.
▷ Fui de excursión a la playa con mi clase.
I went on an excursion to the beach with my class.

excursion /ɪkˈskɜːʒən/
ℹ También se puede decir trip /trɪp/.
▶ ir de excursión: go on an excursion /ɒn ən ɪkˈskɜːʒən/ (went /went/, gone /gɒn/)
ℹ También se puede decir go on a trip.

excusa

▷ Siempre está inventándose excusas.
He's always making up excuses.

excuse /ɪkˈskjuːs/
ℹ Fíjate bien en cómo se escribe excuse.
🔊 La u de excuse se pronuncia como la palabra inglesa you.

exhibición

▷ Fuimos a ver una exhibición de coches antiguos.
We went to see an exhibition of vintage cars.

exhibition /eksɪˈbɪʃən/
ℹ Fíjate bien en cómo se escribe exhibition.

exigente

▷ Es un entrenador muy exigente.
He's a very demanding coach.

demanding /dɪˈmaːndɪŋ/ (más exigente more demanding, el más exigente the most demanding)

exigir

▷ Elvira exigió que le pidiera perdón.
Elvira demanded that I apologize to her.

demand /dɪˈmɑːnd/

ℹ Fíjate que en donde en español se usa el subjuntivo (pidiera) en inglés se utiliza el presente (apologize).

existir

1 ▷ Papa Noel no existe.
Father Christmas doesn't exist.
2 ▷ Existe una excepción.
There is an exception.
▷ Existen problemas de matemáticas que no entiendo.
There are maths problems I can't understand.

1 (= ser real) exist /ɪgˈzɪst/

2 (= haber)

► existe...: there is... /ðeərˈɪz/
► existen...: there are... /ðeərˈɑːr/

éxito

▷ El nuevo restaurante ha sido un gran éxito.
The new restaurant has been a great success.
▷ Sus películas no tienen mucho éxito.
His films aren't very successful.

success /səkˈses/

► tener éxito: be successful /səkˈsesfʊl/

exótico, exótica

▷ La madre de Quique tiene muchas plantas exóticas en casa.
Quique's mother has lots of exotic plants at home

exotic /egˈzɒtɪk/ (más exótico more exotic, el más exótico the most exotic)

expedición

▷ Organizaron una expedición al Polo Norte.
They organized an expedition to the North Pole.

expedition /ekspɪˈdɪʃən/

◀ El acento recae sobre la tercera sílaba -di-.

experiencia

▷ Es una cantante con mucha experiencia.
She's a singer with a lot of experience.

experience /ɪkˈspɪərɪəns/

◀ El acento recae sobre la segunda sílaba -pe-.

experimento

▷ Se produjo una explosión durante el experimento de química.
There was an explosion during the chemistry experiment.

experiment /ɪkˈsperɪmənt/

◀ El acento recae sobre la segunda sílaba -pe-.

experto, experta

▷ Te diré lo que pienso pero no soy ningún experto.
I'll tell you what I think but I'm no expert.
▷ El hermano de Bea es experto en informática.
Bea's brother is a computing expert.

expert /ˈeksp3ːt/

◀ El acento recae sobre la primera sílaba -ex-, expert rima con hurt y dirt.

ℹ Para decir, por ejemplo, que alguien **es experto en informática,** se coloca la traducción de **informática** (computing) primero seguida por expert, como en el ejemplo.

explicación

▷ ¿Entendiste la explicación?
Did you understand the explanation?

explanation /eksplə'neɪʃən/
◄) El acento recae sobre la tercera sílaba -na-.

explicar

1 ▷ ¿Me podrías explicar por qué hiciste eso?
Could you explain to me why you did that?
2 ▷ Creo que no me he explicado bien.
I think I didn't explain very well.

1 explain /ɪk'spleɪn/

2 ▶ explicarse (= expresarse): explain

explorador, exploradora

▷ Fue el primer explorador que llegó a América.
He was the first explorer to reach the Americas.

explorer /ɪk'splɔːrəʳ/
◄) El acento recae sobre la segunda sílaba -plo-.

explorar

▷ Pasamos la tarde explorando el norte de la ciudad.
We spent the afternoon exploring the north of the city.

explore /ɪk'splɔːʳ/

explosión

▷ ¿Oiste la explosión?
Did you hear the explosion?

explosion /ɪk'spləʊʒən/
◄) El acento recae sobre la segunda sílaba -plo-.

explosivo

▷ La policía encontró una tonelada de explosivos.
The police found a tonne of explosives.

explosive /ɪk'spləʊsɪv/
◄) El acento recae sobre la segunda sílaba -plo-.

explotar

▷ La bomba explotó muy cerca del mercado.
The bomb exploded very near the market.

explode /ɪk'spləʊd/

exportación

▷ Las exportaciones de naranjas se han incrementado en los últimos meses.
Orange exports have increased in recent months.

export /'ekspɔːt/
ℹ El acento recae sobre la primera sílaba ex-.

exposición

▷ Fuimos a ver una exposición de cuadros de Picasso.
We went to see an exhibition of Picasso's paintings.

exhibition /eksɪ'bɪʃən/
ℹ Fíjate bien en cómo se escribe exhibition.
◄) El acento recae sobre la tercera sílaba -bi-.

expresar

▷ Rafa tiene problemas para expresar sus sentimientos.
Rafa has difficulty expressing his feelings.
▷ Conchita se expresa muy bien.
Conchita expresses herself very well.

express /ɪkˈspres/

► **expresarse: express** oneself
ℹ El pronombre reflexivo en inglés funciona de la siguiente forma: I express myself, you express yourself, he expresses himself, she expresses herself, etc.

expresión

▷ No conocía esa expresión.
I didn't know that expression.

expression /ɪkˈspreʃən/
ℹ Fíjate bien en cómo se escribe expression.

exprimir

▷ Exprimí dos naranjas para hacer un zumo.
I squeezed two oranges to make a juice.

squeeze /skwiːz/

expulsar

1 ▷ Expulsaron a Lalo del colegio.
Lalo was expelled from school.

1 (= echar a alguien de un colegio)
expel /ɪkˈspel/
ℹ Hay dos l en el gerundio (expelling /ɪkˈspelɪŋ/), y en el pasado y el participio (expelled /ɪkˈspeld/).

2 ▷ La expulsaron de clase por hablar.
She was sent out of the class for talking.

2 (= echar a alguien de una clase)
send out /send ˈaʊt/ (sent out, sent out /sent ˈaʊt/)

3 ▷ Lo expulsaron por insultar al árbitro.
He was sent off for insulting the referee.

3 (= echar a un jugador del terreno de juego) send off /send ˈɒf/ (sent off, sent off /sent ˈɒf/)

extender

1 ▷ Extiende bien la mantequilla.
Spread the butter well.

1 (hablando de mantequilla, mermelada) spread /spred/ (spread, spread)
ℹ spread rima con bed.

2 ▷ Javier extendió el mapa sobre la mesa.
Javier spread out the map on the table.

2 (hablando de un mapa, un periódico) spread out (spread out, spread out)

extenso, extensa

▷ Tenemos que leer un libro muy extenso antes del viernes.
We have to read a very long book before Friday.

(hablando de un libro, una película) long /lɒŋ/ (más extenso longer /ˈlɒŋɡər/, el más extenso the longest /ˈlɒŋɡɪst/)

exterior

▷ El exterior de la casa no está muy bien conservado.
The outside of the house isn't very well maintained.

► **el exterior** (= la parte de fuera): the outside /aʊtˈsaɪd/

extinción

▷ Es una ballena en peligro de extinción.
It's a whale in danger of extinction.

> **extinction** /ɪkˈstɪŋkʃən/
> **i** Fíjate bien en cómo se escribe
> **extinction**.
> ◀)) El acento recae sobre la segunda
> sílaba **-tinc-**.

extintor

▷ Todas las plantas del hotel tienen un extintor.
All the floors in the hotel have a fire extinguisher.

> **fire extinguisher** /ˈfaɪə
> ɪkˈstɪŋgwɪʃəʳ/ (plural: fire
> extinguishers)
> ◀)) En la palabra **extinguisher** el acento
> recae sobre la segunda sílaba **-tin-**.

extranjero, extranjera

1 ▷ Había un grupo de turistas extranjeros en el hotel.
There was a group of foreign tourists at the thole.

2 ▷ Los extranjeros no tienen el derecho al voto.
Foreigners are not allowed to vote.

3 ▷ Los padres de Trini vivieron en el extranjero hace mucho tiempo.
Trini's parents lived abroad a long time ago.

> **1** (= de otro país) **foreign** /ˈfɒrɪn/
> ◀)) La **gn** de **foreign** se pronuncia
> como una **n**: la **g** no se pronuncia.
> **foreign** rima con **bin**.
> **2** ▶ **un extranjero, una**
> **extranjera** (= una persona que viene
> de otro país): **a foreigner** /ˈfɒrɪnəʳ/
> ◀)) La **gn** de **foreigner** se pronuncia
> como una **n**: la **g** no se pronuncia.
> **foreigner** rima con **winner**.
> **3** ▶ **en el extranjero**: **abroad**
> /əˈbrɔːd/

extrañar

▷ Me extraña que no haya llamado.
I'm surprised that she hasn't called.

> ▶ **me extraña que...** (= me
> sorprende que): **I'm surprised**
> **that...** /aɪm səˈpraɪzd ðæt/

extraño, extraña

1 ▷ Nos ocurrió una cosa muy extraña.
A very strange thing happened to us.

2 ▷ No hables nunca con extraños.
Never talk to strangers.

> **1** (= raro) **strange** /streɪndʒ/ (más
> extraño **stranger** /ˈstreɪndʒəʳ/, el más
> extraño the **strangest** /ˈstreɪndʒɪst/)
> ◀)) La **a** de **strange** se pronuncia como
> la **a** de **make**.
> **2** (= persona desconocida) **stranger**
> /ˈstreɪndʒəʳ/

extraordinario, extraordinaria

▷ Nos ocurrió una cosa extraordinaria.
An extraordinary thing happened to us.

> **extraordinary** /ɪkˈstrɔːdənrɪ/ (más
> extraordinario **more extraordinary**, el
> más extraordinario **the most**
> **extraordinary**)

extraterrestre

▷ ¿Crees en los extraterrestres?
Do you believe in aliens?

alien /ˈeɪlɪən/

◀ La a de alien se pronuncia como la a de baby.

ⓘ También se puede decir extraterrestrial /ˌekstrətəˈrestrɪəl/.

extravagante

▷ Siempre viste ropa extravagante.
She always wears eccentric clothes.

eccentric /ɪkˈsentrɪk/

⚑ La palabra inglesa extravagant no significa extravagante.

extremo (nombre)

▷ Vivimos al otro extremo de la calle.
We live at the other end of the street.

(= punta) end /end/

⚑ La palabra inglesa extreme no sirve para traducir este significado de extremo.

extremo, extrema (adjetivo)

▷ Trabajan en condiciones extremas.
They work in extreme conditions.

(= muy duro, en el límite) extreme /ɪkˈstriːm/ (más extremo more extreme, el más extremo the most extreme)

F

La letra **F** se pronuncia /ef/ en inglés.
F rima con **deaf**. Fíjate que no se pronuncia
con una **e** final como en español.

fábrica

▷ El padre de Agustín trabaja en la fábrica de
coches.
Agustín's father works at the car factory.

factory /ˈfæktərɪ/ (plural: factories
/ˈfæktərɪz/)

fabricar

▷ En esta planta fabrican zapatos.
They make shoes at this plant.

make /meɪk/ (made, made /meɪd/)
ℹ También se puede usar el verbo
manufacture /mænjəˈfæktʃəʳ/.

fábula

▷ El abuelo siempre nos contaba fábulas.
Our grandfather always told us fables.

fable /ˈfeɪbəl/
🔊 La a de fable se pronuncia como la
a de make.

fachada

▷ Mis padres han pintado la fachada de la casa.
*My parents have painted the front of the
house.*

(de una casa, un edificio) front /frʌnt/
🔊 La o de front se pronuncia como la
u de duck.

fácil

▷ El examen fue muy fácil.
The exam was very easy.

easy /ˈiːzɪ/ (más fácil easier /ˈiːzɪəʳ/, el
más fácil the easiest /ˈiːzɪɪst/)
🔊 La ea de easy se pronuncia como la
ee de free.
▶ **fácil de...: easy to...**

▷ Su nuevo libro es muy fácil de leer.
His new book is very easy to read.

factura

▷ ¿Has pagado la factura del teléfono?
Have you paid the phone bill?

(= cuenta, de la electricidad, el gas, el
teléfono) bill /bɪl/

facultad

▷ Fui con Aurora hasta la Facultad de Física.
I went with Aurora to the Physics Department.

(= en la universidad) department /dɪˈpɑːtmənt/

falda

▷ Sonia llevaba una falda muy bonita.
Sonia was wearing a very pretty skirt.

skirt /skɜːt/

🔊 La ir de skirt se pronuncia como la ur de hurt y la er de certain.

fallar

1 ▷ Fallé tres respuestas.
I got three answers wrong.

2 ▷ Falló un penalti en el último minuto.
He missed a penalty in the last minute.

1 ▶ fallar algo (una respuesta): get something wrong /rɒŋ/

2 (un disparo, un penalti) miss /mɪs/

fallo

▷ Tuve cuatro fallos.
I made four mistakes.

(= error) mistake /mɪsˈteɪk/
▶ tener un fallo: make a mistake (made, made)

falso, falsa

1 ▷ Lo que dijo Javier es falso.
What Javier said is false.

2 ▷ Me dieron un billete de diez euros falso.
They gave me a forged ten-euro note.

1 (= no verdadero) false /fɔːls/

🔊 La a de false se pronuncia como la o de dog.

2 (hablando de billetes, o de una firma) forged /fɔːdʒd/

falta

1 ▷ El dictado de Concha estaba lleno de faltas.
Concha's dictation was full of mistakes.

▷ Cometiste dos faltas.
You made two mistakes.

▷ Hay demasiadas faltas de ortografía en esta redacción.
There are too many spelling mistakes in this essay.

2 ▷ El árbitro pitó falta.
The referee blew for a foul.

▷ El portero cometió una falta.
The goalkeeper committed a foul.

3 ▷ Echo mucho en falta a mis hermanos.
I miss my brothers a lot.

1 (= error) mistake /mɪsˈteɪk/
▶ cometer una falta: make a mistake (made, made)

▶ falta de ortografía: spelling mistake (plural: spelling mistakes)

2 (infracción, en fútbol, baloncesto) foul /faʊl/

🔊 La ou de foul se pronuncia como la ow de cow.

▶ cometer una falta: commit a foul

ℹ La t de commit se convierte en tt en el gerundio (committing /kəˈmɪtɪŋ/) y en el pasado y el participio (committed /kəˈmɪtɪd/).

3 ▶ echar en falta a alguien
(= echar de menos): miss somebody /mɪs/

faltar

1 ▷ He faltado a clase dos veces este mes.
   I've been absent twice this month.
2 ▷ A esta tortilla le falta sal.
   This omelette needs more salt.

> **1 ▶ faltar a clase:** be absent /ˈæbsənt/
>
> **2 ▶ ...le falta algo** (hablando de comida): ...needs more something /niːdz ˈmɔːʳ/

fama

▷ Alcanzó la fama con su segundo libro.
  She achieved fame with her second book.

> fame /feɪm/
>
> ◀) La a de fame se pronuncia como la a de make.

familia

▷ Juli pasará las vacaciones con su familia.
  Juli will spend the holidays with her family.

> family /ˈfæmɪlɪ/ (plural: families)
>
> ◀) El acento recae sobre la primera sílaba fa-.

familiar

▷ Mis padres invitaron a muchos familiares al bautizo de mi hermano.
  My parents invited a lot of relatives to my brother's christening.

> (= pariente) relative /ˈrelətɪv/
>
> ◀) El acento recae sobre la primera sílaba re-.

famoso, famosa

▷ El padre de Pili es un cirujano muy famoso.
  Pili's father is a very famous surgeon.

> famous /ˈfeɪməs/ (más famoso more famous, el más famoso the most famous)
>
> ◀) La a de famous se pronuncia como la a de make.

fan

▷ Es un fan del baloncesto.
  He's a basketball fan.

> fan /fæn/

fango

▷ Había mucho fango en el camino.
  There was a lot of mud on the path.

> mud /mʌd/
>
> ◀) La u de mud es la de duck.

fantasma

▷ Marga y Luis dicen que vieron un fantasma, pero no les creo.
  Marga and Luis say they saw a ghost, but I don't believe them.

> ghost /gəʊst/
>
> ◀) ghost rima con most. La h no se pronuncia.

fantástico, fantástica

▷ ¿Has ganado tres entradas para el concierto? ¡Fantástico!
  You've won three tickets for the concert? Fantastic!

> (= estupendo) fantastic /fænˈtæstɪk/
>
> ⓘ Fíjate que fantastic se escribe sin o al final.

farmacéutico, farmacéutica

▷ Hay que estudiar mucho para ser farmacéutico.
You have to study a lot to become a chemist.

chemist /ˈkemɪst/

🕤 farmacéutico se dice chemist en inglés británico y pharmacist /ˈfɑːməsɪst/ en inglés americano.

ℹ No te olvides de colocar el artículo a o an delante del nombre de la profesión cuando aparece detrás de los verbos be o become.

🔊 La ch de de chemist se pronuncia como una k.

farmacia

▷ ¿Dónde está la farmacia más cercana?
Where's the nearest chemist's?

(= tienda) chemist's /ˈkemɪsts/

🔊 La ch de de chemist's se pronuncia como una k.

faro

1 ▷ Caminamos hasta el faro.
We walked as far as the lighthouse.

1 (en la costa) lighthouse /ˈlaɪthaʊs/

2 ▷ Los faros de su coche son amarillos.
His car headlights are yellow.

2 (de un coche) headlight /ˈhedlaɪt/

🔊 light rima con white.

farola

▷ El coche chocó contra una farola.
The car crashed into a street lamp.

street lamp /ˈstriːt læmp/ (plural: street lamps)

fascinante

▷ Las clases de historia me parecen fascinantes.
I find history lessons fascinating.

fascinating /ˈfæsɪneɪtɪŋ/ (más fascinante more fascinating, el más fascinante the most fascinating)

🔊 La segunda a de fascinating se pronuncia como la a de make. Fíjate también que la c no se pronuncia.

fase

▷ El equipo del colegio fue eliminado en la primera fase de la competición.
The school team was knocked out in the first phase of the competition.

phase /feɪz/

🔊 La a de phase se pronuncia como la a de make.

👅 Fíjate que la f se convierte en inglés en ph.

fatal

▷ Su nueva película es fatal.
His new film is terrible.

▷ Me encuentro fatal, me voy a acostar.
I feel terrible, I'm going to bed.

terrible /ˈterɪbəl/

🔊 El acento recae sobre la primera sílaba te-.

fauna

▷ Me regalaron un libro sobre la fauna del Reino Unido.
They gave me a book on the animals of the United Kingdom.

animals /ˈænɪməlz/

ℹ️ Existe también la palabra fauna /ˈfɔːnə/ en inglés, pero se emplea con menos frecuencia.

favor

1 ▷ ¿Te puedo pedir un favor?
Can I ask you a favour?

1 (= ayuda) **favour** /ˈfeɪvəʳ/

🔊 La a de favour se pronuncia como la a de make; favour rima con beaver.
✄ En inglés americano se escribe favor.

▷ Ani me hizo un favor, ahora me toca a mí.
Ani did me a favour, now it's my turn.

▶ **hacer un favor a alguien:** do somebody a favour (**did** /dɪd/, **done** /dʌn/)

2 ▷ Un kilo de manzanas, por favor.
A kilo of apples, please.
▷ Por favor, ¿me podrías pasar la sal?
Could you pass me the salt, please?

2 ▶ **por favor:** please /pliːz/

🔊 please rima con cheese.

favorito, favorita

▷ ¿Cuál es tu cantante favorito?
Who's your favourite singer?

favourite /ˈfeɪvərɪt/

🔊 La a de favourite se pronuncia como la a de make; favourite rima con bit.
✄ En inglés americano se escribe favorite.

fax

1 ▷ Cristina me mandó un fax.
Cristina sent me a fax.
2 ▷ Mi padre tiene un fax y una fotocopiadora.
My father has a fax machine and a photocopier.

1 (= documento) **fax** /fæks/ (plural: faxes /ˈfæksɪz/)
2 (= máquina) **fax machine** /ˈfæks məˈʃiːn/ (plural: fax machines)

febrero

▷ En febrero siempre hace mucho frío.
It's always very cold in February.

February /ˈfebruərɪ/

🔊 Se pronuncia Feb + you + ry. La primera r y la a no se pronuncian.
ℹ️ En inglés se escribe siempre con mayúscula, como el resto de los nombres de los meses.
ℹ️ Fíjate cómo en inglés se usa on y of con las fechas.
ℹ️ Se escribe 12 February.

▷ Nací el doce de febrero.
I was born on the twelfth of February.

fecha

▷ El profesor siempre escribe la fecha en la pizarra.
The teacher always writes the date on the blackboard.

date /deɪt/

🔊 date rima con eight y late.

felicidades

▷ ¿Has aprobado el examen? ¡Felicidades!
You passed the exam? Congratulations!

congratulations /kənˈgrætjəleɪʃənz/

◀) La segunda a de **congratulations** se pronuncia como la a de **make**. La u se pronuncia como la palabra inglesa **you**.

ℹ Para desearle a alguien felicidades el día de su cumpleaños se le dice **happy birthday** /ˈhæpɪ ˈbɜːθdeɪ/.

▷ ¿Hoy es tu cumpleaños? ¡Felicidades!
Today is your birthday? Happy birthday!

felicitar

▷ Voy a llamar a Víctor para felicitarle.
I'm going to call Víctor to congratulate him.

congratulate /kənˈgrætjəleɪt/

◀) La segunda a de **congratulate** se pronuncia como la a de **make**. La u se pronuncia como la palabra inglesa **you**.

feliz

▷ No pareces muy feliz, ¿qué te pasa?
You don't look very happy, what's the matter?

happy /ˈhæpɪ/ (más feliz **happier** /ˈhæpɪəʳ/, el más feliz the **happiest** /ˈhæpɪɪst/)

▷ ¡Feliz cumpleaños, Ainoa!
Happy birthday, Ainoa!

► **¡feliz cumpleaños!:** happy birthday!

femenino, femenina

1 ▷ Viste ropas muy femeninas.
She wears very feminine clothes.

1 (hablando de algo que es característico de la mujer) **feminine** /ˈfemɪnɪn/ (más femenino **more feminine**, el más femenino the **most feminine**)

ℹ Fíjate bien en cómo se escribe **feminine**.

2 ▷ Juega en el equipo femenino de baloncesto.
She plays in the women's basketball team.

2 (hablando de un equipo deportivo, o de una revista) **women's** /ˈwɪmɪnz/

◀) La o de **women's** se pronuncia como la i de **big**.

fenomenal

1 ▷ Es un profesor fenomenal.
He's a wonderful teacher.

1 (= estupendo) **wonderful** /ˈwʌndəfʊl/

◀) La o de **wonderful** se pronuncia como la u de **duck**.

2 ▷ Ha ganado tu equipo. - ¡Fenomenal!
Your team won. - Great!

2 ► **¡fenomenal!** (para expresar que algo te parece estupendo): great! /greɪt/

fenómeno

▷ Los huracanes son fenómenos naturales.
Hurricanes are natural phenomenons.

phenomenon /fɪˈnɒmɪnən/

⚠ Fíjate cómo la palabra inglesa se escribe con **ph** y no con **f**.

feo, fea

▷ Ese cuadro es muy feo.
That painting is really ugly.

(hablando de una persona, un objeto)
ugly /ˈʌɡlɪ/ (más feo uglier /ˈʌɡlɪəʳ/, el más feo the ugliest /ˈʌɡliːɪst/)

feria

▷ ¿Has estado en la feria del libro este año?
Have you been to the book fair this year?

fair /feəʳ/

◀ fair rima con care y bear.

ferry

▷ Cogimos el ferry desde Barcelona a Mallorca.
We took the ferry from Barcelona to Majorca.

ferry /ˈferɪ/ (plural: ferries /ˈferɪz/)

fértil

▷ El suelo en esta región es muy fértil.
The soil in this region is really fertile.

fertile /ˈfɜːtaɪl/

◀ La i de fertile se pronuncia como la i de like.

festejar

▷ Festejaron su cumpleaños en el parque de atracciones.
They celebrated his birthday at the amusement park.

celebrate /ˈselɪbreɪt/

◀ La a de celebrate se pronuncia como la a de make.

festival

▷ Hay un festival de cine en junio.
There is a film festival in June.

festival /ˈfestɪvəl/

◀ El acento recae sobre la primera sílaba fes-.

festivo, festiva

▷ El doce de octubre es una día festivo en España.
The twelfth of October is a public holiday in Spain.

▶ día festivo: public holiday /ˈpʌblɪk ˈhɒlɪdeɪ/ (plural: public holidays)

fiarse

▷ No me fío de Arturo y sus amigos.
I don't trust Arturo and his friends.

▶ fiarse de alguien: trust somebody /trʌst/

◀ La u de trust se pronuncia como la u de duck.

ficha

1 ▷ Tuvimos que rellenar una ficha con nuestros datos.
We had to fill out a card with our details.

2 ▷ Si no encontramos las fichas no vamos a poder jugar.
If we don't find the counters we won't be able to play.

1 (= tarjeta con información) card /kɑːd/

2 (para el parchís y otros juegos) counter /ˈkaʊntəʳ/

◀ La ou de counter se pronuncia como la ow de de cow.

fichero

▷ No encontré esa expresión en mi fichero de vocabulario.
I didn't find that expression in my vocabulary file.

▷ Tania borró dos ficheros accidentalmente.
Tania accidentally deleted two files.

> file /faɪl/
> ◀ La i de file se pronuncia como la i de like.

fideo

▷ Me encantan los fideos.
I love noodles.

> ▶ fideos: noodles /ˈnuːdəlz/
> ◀ La oo de noodles se pronuncia como la oo de too.

fiebre

▷ Creo que tengo fiebre.
I think I've got a temperature.

▷ Marcos tenía 39 de fiebre.
Marcos had a temperature of 39 degrees.

> ▶ tener fiebre: have a temperature /ˈtempərɪtʃəʳ/
> ◀ temperature se pronuncia temp + ri + ture. La segunda e no se pronuncia y la a se pronuncia como la i de big.
> ℹ Para expresar la temperatura del cuerpo en inglés, cuando se tiene fiebre, se usa la expresión have a temperature of...
> ℹ La palabra fever /ˈfiːvəʳ/ existe en inglés, pero es menos frecuente que temperature cuando se habla de una persona que tiene fiebre.

fiel

▷ Diana es una amiga muy fiel.
Diana is a very loyal friend.

> loyal /ˈlɔɪəl/ (más fiel more loyal, la más fiel the most loyal)

fiera

▷ En el zoo hay muchas fieras.
There are lots of wild animals at the zoo.

> (= animal salvaje) wild animal /waɪld ˈænɪməl/ (plural: wild animals)
> ◀ La i de wild se pronuncia como la i de like.

fiesta

1 ▷ ¿Vas a ir a la fiesta de Estefanía?
Are you going to Estefanía's party?

▷ Me encantaría hacer una fiesta para mi cumpleaños.
I'd love to have a party for my birthday.

2 ▷ Mañana es fiesta.
Tomorrow is a public holiday.

> 1 (= reunión para divertirse) party /ˈpɑːtɪ/ (plural: parties /ˈpɑːtɪz/)
> ▶ hacer una fiesta: have a party (had, had)

> 2 (= día festivo) public holiday (plural: public holidays)
> ℹ Fíjate cómo en el ejemplo de la izquierda en inglés se utiliza el artículo a delante de public holiday.

figura

▷ Para ser modelo tienes que tener una buena figura.
To be a model you need to have a good figure.

(hablando de un objeto, o del cuerpo humano) figure /ˈfɪgəʳ/
◀ figure rima con bigger.

fila

1 ▷ Había una fila muy larga de coches.
There was a very long line of cars.

1 (= hilera) line /laɪn/
◀ La i de line se pronuncia como la i de like.

▷ Los alumnos se ponen en fila antes de volver a clase.
The pupils line up before going back to class.

▶ **ponerse en fila:** line up /laɪn ˈʌp/

2 ▷ Nos dieron asientos en la primera fila.
They gave us seats in the front row.

2 (hablando de números o de asientos) row /raʊ/
◀ row rima con go.

filete

▷ Comí un filete de pescado con patatas fritas.
I had a fish fillet with chips.

(de carne o de pescado) fillet /ˈfɪlɪt/
◀ fillet se pronuncia como si se dijera fill it.

filmar

▷ Mi padre filmó la boda de mi prima.
My father filmed my cousin's wedding.

film /fɪlm/

filosofía

▷ El año que viene tendremos que estudiar filosofía.
We'll have to study philosophy next year.

philosophy /fɪˈlɒsəfɪ/
🖐 Fíjate cómo la palabra inglesa se escribe con ph y no con f.

filtro

▷ Se nos han acabado los filtros de café.
We've run out of coffee filters.

filter /ˈfɪltəʳ/
🖐 Fíjate cómo se escribe filter.

fin

▷ Es un libro de ciencia ficción sobre el fin del mundo.
It's a science fiction book about the end of the world.

(= final) end /end/

▷ Nos fuimos de vacaciones a fines de junio.
We went on holiday at the end of June.

▶ **a fines de:** at the end of

▷ ¿Qué hicisteis durante el fin de semana?
What did you do at the weekend?

▶ **fin de semana:** weekend

final

1 ▷ El final de la película me pareció muy triste.
I found the end of the film very sad.

1 (de libro, película) end /end/

▷ Podríamos hablar al final de la clase.
We could talk at the end of the class.

▶ **al final de:** at the end of

2 ▷ ¿Quién ganó la final de la copa?
Who won the cup final?

2 (partido) final /ˈfaɪnəl/
◀ La i de final se pronuncia como la i de like.

finalista

▷ Nuestro colegio es uno de los cuatro finalistas.
Our school is one of the four finalists.

finalist /ˈfaɪnəlɪst/

◀) La i de finalist se pronuncia como la i de like.

finalizar

1 ▷ Tengo que finalizar la redacción antes de ver la televisión.
I have to finish the essay before watching TV.

1 (= acabar de hacer) finish /ˈfɪnɪʃ/

2 ▷ La fiesta finalizó a la 1 de la mañana.
The party ended at one o'clock in the morning.

2 (= terminar) end /end/

finanzas

▷ Mi madre se encarga de las finanzas de la casa.
My mother looks after the finances in our home.

finances /ˈfaɪnænsɪz/

◀) La i de finances se pronuncia como la i de like.

finca

▷ Pasamos todos los fines de semana en la finca de mi tío.
We spend every weekend at my uncle's farm.

(= casa en el campo) farm /fɑːm/

fingir

▷ No finjas, sabemos que no estás enfermo.
Don't pretend, we know you are not ill.

pretend /prɪˈtend/

◀) La primera e de pretend se pronuncia como la i de big.

finlandés, finlandesa

1 ▷ Tengo varios amigos finlandeses.
I've got several Finnish friends.

▷ Suvi es finlandesa.
Suvi is Finnish.

1 (adjetivo) Finnish /ˈfɪnɪʃ/

ℹ Se escribe siempre con mayúscula, como todos los adjetivos y nombres ingleses que se refieren a la nacionalidad.

2 ▷ Se casó con un finlandés.
She married a Finn.

2 (nombre) **un finlandés, una finlandesa:** a Finn /fɪn/

Finlandia

▷ ¿Cuál es la capital de Finlandia?
What's the capital of Finland?

Finland /ˈfɪnlənd/

fino, fina

1 ▷ El pastel tiene una capa muy fina de mermelada.
The cake has a very thin layer of jam.

1 (= delgado, poco grueso) thin /θɪn/ (más fino thinner /ˈθɪnəʳ/, el más fino the thinnest /ˈθɪnɪst/)

2 ▷ Los bebés tienen la piel muy fina.
Babies have very smooth skin.

2 (= delicado, hablando de la piel) smooth /smuːð/ (más fino smoother /ˈsmuːðəʳ/, el más fino the smoothest /ˈsmuːðɪst/)

◀) La oo de smooth se pronuncia como la oo de too.

firma

▷ Escribí mi firma al final de la página.
I wrote my signature at the bottom of the page.

(= el nombre y los apellidos)
signature /ˈsɪɡnɪtʃəʳ/

🔊 La a de signature se pronuncia como la i de big; signature rima con butcher.

firmar

▷ Firma en esta casilla.
Sign in this box.

sign /saɪn/

🔊 sign rima con mine.

física

▷ Mi asignatura preferida es física.
My favourite subject is physics.

physics /ˈfɪzɪks/

ℹ Aunque se escribe con una s al final, la palabra physics está en singular y se utiliza con un verbo en singular, como en el ejemplo.

💡 Fíjate cómo la palabra inglesa se escribe con ph y no con f.

físico

▷ Ese camarero tiene un físico impresionante.
That waiter has an impressive physique.

physique /fɪˈziːk/

💡 Fíjate cómo la palabra inglesa se escribe con ph y no con f.

🔊 El acento recae sobre la última sílaba -sique. La i de physique se pronuncia como la ee de meet.

flaco, flaca

▷ Irene es muy delgada.
Irene is very thin.

thin /θɪn/ (más delgado thinner /ˈθɪnəʳ/, el más delgado the thinnest /ˈθɪnɪst/)

flan

▷ De postre hay fruta o flan.
There is fruit or crème caramel for dessert.

crème caramel /krem kærəˈmel/
(plural: crème caramels /krem kærəˈmelz/)

flash

▷ El flash no funcionó.
The flash didn't work.

(de una cámara fotográfica) flash /flæʃ/
(plural: flashes /ˈflæʃɪz/)

flauta

▷ ¿Sabes tocar la flauta?
Can you play the flute?

flute /fluːt/
🔊 flute rima con root.

flecha

▷ Jesús y Mario jugaron con el arco y las flechas.
Jesús and Mario played with the bow and arrows.
▷ Sigue la flecha y encontrarás la salida.
Follow the arrow and you'll find the exit.

arrow /ˈærəʊ/
🔊 arrow rima con go y toe.

flexible

▷ Estos zapatos tienen una suela muy flexible.
These shoes have a very flexible sole.

flexible /ˈfleksəbəl/
◀» Fíjate bien en la pronunciación de flexible. El acento recae sobre la primera sílaba fle-.

flor

▷ En el jardín hay unas flores muy bonitas.
There are some very beautiful flowers in the garden.

flower /flaʊəʳ/
◀» La ow de flower se pronuncia como la ow de cow.

flora

▷ Me compré un libro sobre la flora de la región donde vivo.
I bought a book on the flowers of the region where I live.

flowers /flaʊəz/
◀» La ow de flowers se pronuncia como la ow de cow.

florecer

▷ Las rosas no han florecido todavía.
The roses haven't flowered yet.

flower /flaʊəʳ/
◀» La ow de flower se pronuncia como la ow de cow.

florero

▷ Había un florero muy bonito en la mesa.
There was a very beautiful vase on the table.

vase /vɑːz/
◀» vase rima con cars.

florista

▷ La florista es muy simpática.
The florist is very nice.

florist /ˈflɒrɪst/
◀» El acento recae sobre la primera sílaba flor-.

floristería

▷ Hay una floristería cerca de la casa de Conchita.
There's a florist's near Conchita's house.

florist's /ˈflɒrɪsts/
◀» El acento recae sobre la primera sílaba flor-.

flota

▷ Mi padre nos llevó al puerto para ver la flota pesquera.
My father took us to the harbour to see the fishing fleet.

fleet /fliːt/
◀» fleet rima con meat.

flotador

▷ Sé nadar, no necesito flotador.
I can swim, I don't need a rubber ring.

rubber ring /ˈrʌbə ˈrɪŋ/ (plural: rubber rings /ˈrʌbə ˈrɪŋz/)
◀» La u de rubber se pronuncia como la u de duck.

flotar

▷ Había botellas de plástico flotando en el río.
There were plastic bottles floating in the river.

float /fləʊt/
◀» float rima con boat y note.

fluorescente

1 ▷ Llevaba un chaleco verde fluorescente.
He was wearing a flourescent green jacket.

1 (hablando de una luz o un color muy brillante) **fluorescent** /fluəˈresənt/

◀ La c de fluorescent no se pronuncia.

2 ▷ Subrayé mis apuntes con un rotulador fluorescente.
I underlined my notes with a highlighter.

2 ▶ **rotulador fluorescente: highlighter** /ˈhaɪlaɪtəʳ/

◀ Las dos i de highlighter se pronuncian como la i de like.

foca

▷ El cuidador del zoo estaba dando pescado a las focas.
The zookeeper was giving fish to the seals.

seal /siːl/

◀ seal rima con feel.

foco

▷ Como los focos no funcionaban no pudimos jugar el partido.
As the floodlights weren't working we couldn't play the game.

(= lámpara) **floodlight** /ˈflʌdlaɪt/

◀ La i de floodlight se pronuncia como la i de like.

ℹ Al foco que ilumina un punto concreto, como en el teatro, se le llama spotlight /ˈspɒtlaɪt/.

folio

▷ No nos dejaron usar más de dos folios para el examen.
We weren't allowed to use more than two sheets for the exam.

(= hoja de papel) **sheet** /ʃiːt/

folleto

▷ Cogí varios folletos sobre los monumentos más importantes de la ciudad.
I took several brochures on the most important monuments in the city.

brochure /ˈbrəʊʃəʳ/

◀ La o de brochure se pronuncia como la oa de boat; brochure rima con fresher.

fondo

1 ▷ Es un pez que vive en el fondo del mar.
It's a fish that lives at the bottom of the sea.
▷ Se le cayó la cartera al fondo de la piscina.
His wallet fell to the bottom of the swimming pool.

2 ▷ Marina siempre se sienta al fondo de la clase.
Marina always sits at the back of the class.
▷ ¡Ve al fondo de la clase!
Go to the back of class!

3 ▷ En el fondo hay un castillo.
There's a castle in the background.

1 (= la parte profunda) **bottom** /ˈbɒtəm/

ℹ Distingue bien entre at the bottom (cuando se dice que algo está en el fondo) y to the bottom (cuando hay un desplazamiento hacia el fondo).

2 (= la parte de atrás) **back** /bæk/

ℹ Distingue bien entre at the back (cuando se dice que algo está situado al fondo) y to the back (cuando hay un desplazamiento hacia el fondo).

3 ▶ **el fondo** (de una foto, un cuadro): the **background**

fontanero, fontanera

▷ El fontanero dijo que la gotera no era grave.
The plumber said that the leak wasn't serious.

▷ Mi abuelo era fontanero.
My grandfather was a plumber.

plumber /ˈplʌmə^r/

◀ La b de plumber no se pronuncia; plumber rima con summer.

ℹ No te olvides de colocar el artículo a o an delante del nombre de la profesión cuando aparece detrás de los verbos be o become.

footing

▷ Mi padre hace footing todas las tardes.
My father goes jogging every evening.

jogging /ˈdʒɒgɪŋ/
► hacer footing: go jogging (went /went/, gone/been)

🌱 La palabra footing no existe con este significado en inglés.

forestal

▷ En verano siempre se producen muchos incendios forestales.
In summer there are always a lot of forest fires.

forest /ˈfɒrɪst/

ℹ Con este significado, forest es un nombre usado como adjetivo. Sólo se puede colocar delante del nombre, nunca después.

forma

1 ▷ Hay varias formas de hacerlo.
There are several ways to do it.

▷ Jorge se comportó de una forma extraña.
Jorge behaved in a strange way.

▷ De cualquier forma, no me gusta.
Anyway, I don't like it.

2 ▷ Este jarrón tiene una forma extraña.
This vase is a strange shape.

▷ ¿Qué forma tenía?
What shape was it?

▷ Alicia tiene un despertador en forma de rana.
Alicia has an alarm clock in the shape of a frog.

3 ▷ Ángel está en forma porque va todos los días al gimnasio.
Ángel is fit because he goes to the gym every day.

1 (= manera) way /weɪ/
► de una forma...: in a... way
► de cualquier forma: anyway /ˈeniweɪ/

2 (= silueta) shape /ʃeɪp/
◀ La a de shape se pronuncia como la a de make.
ℹ Fíjate que en inglés con shape se usa el verbo be, mientras que en español con formase usa el verbo tener.
► en forma de: in the shape of

3 ► estar en forma (física): be fit /fɪt/

formatear

▷ Tienes que formatear el disco para poder usarlo.
You have to format the disk to be able to use it.

format /ˈfɔːmæt/
◀ El acento recae sobre la primera sílaba for-.

fórmula

▷ No consigo entender esta fórmula química.
I can't understand this chemical formula.

formula /ˈfɔːmjələ/
◀ La u de formula se pronuncia como la palabra inglesa you.

formulario

▷ ¿Has rellenado el formulario?
Have you filled in the form?

form /fɔːm/
► rellenar un formulario: fill in a form

forrar

▷ Pasé la tarde forrando mis nuevos libros.
I spent the afternoon covering my new books.

(un libro) cover /ˈkʌvəʳ/
◀ La o de cover se pronuncia como la u de duck.

fortaleza

▷ Visitamos la fortaleza de la ciudad.
We visited the city's fortress.

fortress /ˈfɔːtrəs/ (plural: fortresses /ˈfɔːtrəsɪz/)

fortuna

▷ Tienen una gran fortuna.
They have a large fortune.

(= dinero) fortune /ˈfɔːtʃən/
◀ La u de fortune se pronuncia como la palabra inglesa you.

forzar

1 ▷ Los ladrones forzaron la puerta del museo.
The burglars forced open the museum door.

1 (= abrir a la fuerza) force open /fɔːs ˈəʊpən/
◀ force rima con horse.

2 ▷ Sus padres la fuerzan a estudiar todos los días.
Her parents force her to study every day.

2 ► forzar a alguien a hacer algo (= obligar): force somebody to do something /duː/

fósforo

▷ ¡No juegues con esos fósforos, es peligroso!
Don't play with those matches, it's dangerous!

(= cerilla) match /mætʃ/ (plural: matches /ˈmætʃɪz/)

fósil

▷ Encontramos varios fósiles en la cueva.
We found several fossils in the cave.

fossil /ˈfɒsəl/
ℹ Fíjate que fossil se escribe con dos s.

foto

▷ Nuria me enseñó las fotos de sus vacaciones.
Nuria showed me her holiday photos.

photo /ˈfəʊtəʊ/
◀ Las dos o de photo se pronuncian como la oa de boat.
Fíjate cómo la palabra inglesa se escribe con ph y no con f.

▷ ¿Hiciste alguna foto?
Did you take any photos?

► hacer o sacar una foto: take /teɪk/ a photo (took /tʊk/, taken /ˈteɪkən/)

fotocopia

▷ Tengo que hacer una fotocopia de este documento.
I have to make a photocopy of this document.

photocopy /ˈfəʊtəʊkɒpɪ/ (plural: photocopies /ˈfəʊtəʊkɒpɪz/)
► **hacer una fotocopia de algo: make a photocopy of** something **(made, made)**
◀ El acento recae sobre la primera sílaba pho-. La primera o de photocopy se pronuncia como la oa de boat.
⚡ Fíjate cómo la palabra inglesa se escribe con ph y no con f.

fotocopiadora

▷ ¡Se ha vuelto a estropear la fotocopiadora!
The photocopier has broken down again!

photocopier /ˈfəʊtəʊkɒpɪəʳ/
◀ El acento recae sobre la primera sílaba pho-. La primera o de photocopier se pronuncia como la oa de boat.
⚡ Fíjate cómo la palabra inglesa se escribe con ph y no con f.

fotocopiar

▷ ¿Me podrías fotocopiar el artículo?
Could you photocopy the article for me?

photocopy /ˈfəʊtəʊkɒpɪ/
◀ El acento recae sobre la primera sílaba pho-. La primera o de photocopy se pronuncia como la oa de boat.
⚡ Fíjate cómo la palabra inglesa se escribe con ph y no con f.
🔲 La y de photocopy se convierte en ie en la tercera persona del singular del presente de indicativo (photocopies /ˈfəʊtəʊkɒpɪz/), en el pasado y el participio (photocopied /ˈfəʊtəʊkɒpɪd/).

fotografía

1 ▷ Quería enseñaros las fotografías de mis vacaciones.
I wanted to show you my holiday photographs.

1 (= imagen impresa) photograph /ˈfəʊtəɡrɑːf/
◀ El acento recae sobre la primera sílaba pho-. La primera o de photograph se pronuncia como la oa de boat.
⚡ Fíjate cómo la palabra inglesa se escribe con ph y no con f.

▷ Hice 36 fotografías.
I took 36 photographs.

► **hacer o sacar una fotografía: take** /teɪk/ **a photograph (took** /tʊk/, **taken** /ˈteɪkən/)

2 ▷ Me encantaría hacer un curso de fotografía.
  I'd love to do a photography course.

2 (= técnica) **photography**
/fəˈtɒɡrəfɪ/

🔊 El acento recae sobre la segunda sílaba -to-. A diferencia de la palabra **photograph**, la primera **o** de **photography** se pronuncia como la **e** de **bigger** y no como la **oa** de **boat**.

✍ Fíjate cómo la palabra inglesa se escribe con **ph** y no con **f**.

fotografiar

▷ Todos fotografiamos la catedral.
  We all took a photo of the cathedral.

take a photo of /ˈteɪk ə ˈfəʊθəʊ əv/ (took /tʊk/, taken /ˈteɪkən/)

🔊 Las dos **o** de **photo** se pronuncian como la **oa** de **boat**.

fotógrafo, fotógrafa

▷ Vino un fotógrafo a hacer una foto de la clase.
  A photographer came to take a photo of the class.

photographer /fəˈtɒɡrəfəʳ/

A diferencia de la palabra **photograph**, la primera **o** de **photographer** se pronuncia como la **e** de **bigger** y no como la **oa** de **boat**.

ℹ No te olvides de colocar el artículo **a** o **an** delante del nombre de la profesión cuando aparece detrás de los verbos **be** o **become**.

▷ Mi tío Rafa es fotógrafo.
  My uncle Rafa is a photographer.

fracasar

▷ Hicieron un gran esfuerzo pero fracasaron.
  They made a great effort but they failed.

fail /feɪl/

🔊 **fail** rima con **pale**.

fracaso

▷ Su última película fue un fracaso total.
  His last film was a total failure.

failure /ˈfeɪljəʳ/

🔊 **failure** rima con **bigger**.

fracción

▷ Estamos estudiando las fracciones.
  We are studying fractions.

fraction /ˈfrækʃən/

🔊 **fraction** rima con **freshen**.

fractura

▷ El médico dijo que no se había producido ninguna fractura.
  The doctor said there were no fractures.

fracture /ˈfræktʃəʳ/

🔊 El acento recae sobre la primera sílaba -frac-; **fracture** rima con **butcher**.

frágil

▷ ¡Cuidado, ese jarrón es muy frágil!
  Be careful, that vase is very fragile!

fragile /ˈfrædʒaɪl/ (más frágil **more fragile**, el más frágil **the most fragile**)

🔊 La **i** de **fragile** se pronuncia como la **i** de **like**.

fragancia

▷ El perfume de Beatriz tiene una fragancia muy agradable.
Beatriz's perfume has a very pleasant fragrance.

fragrance /ˈfreɪɡrəns/
🔊 La primera a de fragrance se pronuncia como la a de make.
ℹ️ Fíjate bien en cómo se escribe fragrance.

Francia

▷ Todos los veranos vamos a Francia.
We go to France every summer.

France /frɑːns/

francés, francesa

1 ▷ Tengo varios amigos franceses.
I have several French friends.

1 (adjetivo) French /frentʃ/
ℹ️ Se escribe siempre con mayúscula, como todos los adjetivos y nombres ingleses que se refieren a la nacionalidad.

2 ▷ Mi hermano está saliendo con una francesa.
My brother is going out with a French girl.

2 ▶ un francés, una francesa: (= hombre) a Frenchman; (= chico) a French boy; (= mujer) a Frenchwoman; (= chica) a French girl.

3 ▷ A los franceses les encanta el vino.
The French love wine.

3 ▶ los franceses: the French

4 ▷ Quique habla francés muy bien.
Quique speaks very good French.

4 (el idioma) French
ℹ️ Los nombres de los idiomas se escriben siempre con mayúscula en inglés.
⚠️ Fíjate que no se usa artículo delante del nombre del idioma, no se dice the French.

frasco

▷ ¿Ha visto alguien el frasco de champú?
Has anyone seen the shampoo bottle?

bottle /ˈbɒtəl/

frase

▷ A esta frase le falta el verbo.
This sentence is missing the verb.

sentence /ˈsentəns/
🔊 sentence rima con entrance.

fregadero

▷ Deja los platos sucios en el fregadero.
Leave the dirty dishes in the sink.

sink /sɪŋk/

fregar

▷ Me toca a mí fregar los platos.
It's my turn to wash the dishes.

wash /wɒʃ/
▶ fregar los platos: wash the dishes
ℹ️ En inglés británico fregar los platos también se puede traducir por do the washing-up.

fregona

▷ La fregona está detrás de la puerta.
The mop is behind the door.

mop /mɒp/

freír

▷ Primero fríe las cebollas.
First fry the onions.

fry /fraɪ/

i La y de fry se convierte en ie en la tercera persona del singular del presente de indicativo (fries /fraɪz/), en el pasado y el participio (fried /fraɪd/).

frenar

▷ El coche que iba delante frenó de repente.
The car in front braked suddenly.

brake /breɪk/

◀) La a de brake se pronuncia como la a de make.

freno

▷ El mecánico dijo que era problema de los frenos.
The mechanic said that it was a problem with the brakes.

brake /breɪk/

◀) La a de brake se pronuncia como la a de make.

frente (nombre femenino)

▷ Pablo tiene una cicatriz en la frente.
Pablo has a scar on his forehead.

(parte de la cara) forehead /ˈfɒrɪd/

◀) Fíjate bien en la pronunciación de forehead.

frente (nombre masculino)

▷ Acaban de pintar el frente del colegio.
They've just painted the front of the school.

▷ Viven en frente.
They live opposite.

▷ Sandra se sentó en frente de mí.
Sandra sat opposite me.

(= parte delantera) front /frʌnt/

◀) La o de front se pronuncia como la u de duck.

▶ **en frente: opposite** /ˈɒpəzɪt/

◀) La i de opposite se pronuncia como la i de big.

▶ **en frente de: opposite** /ˈɒpəzɪt/

fresa

▷ La ensalada de frutas tiene fresas.
The fruit salad has strawberries in it.
▷ ¿Quieres helado de fresa?
Do you want some strawberry ice cream?

strawberry /ˈstrɔːbərɪ/ (plural: strawberries /ˈstrɔːbərɪz/)

◀) straw- rima con more.

fresco, fresca

1 ▷ Soplaba un viento fresco.
A cool wind was blowing.
2 ▷ Mi madre siempre compra pescado fresco.
My mother always buys fresh fish.

1 (= frío) cool /kuːl/ (más fresco cooler /ˈkuːləʳ/, el más fresco the coolest /ˈkuːlɪst/)

2 (= no congelado) fresh /freʃ/ (más fresco fresher /ˈfreʃəʳ/, el más fresco the freshest /ˈfreʃɪst/)

Sigue en la página siguiente

3 ▷ ¡Su hermana es muy fresca!
Her sister is very cheeky!

3 (= descarado) cheeky /ˈtʃiːkɪ/ (más fresco cheekier /ˈtʃiːkɪəʳ/, el más fresco the cheekiest /ˈtʃiːkɪɪst/)

frigorífico

▷ Las zanahorias están en el frigorífico.
The carrots are in the fridge.

fridge /frɪdʒ/

ℹ️ También se puede decir refrigerator /rɪˈfrɪdʒəreɪtəʳ/.

frío, fría

▷ Esta sopa está fría.
This soup is cold.
▷ El profesor de matemáticas es una persona muy fría.
The maths teacher is a very cold person
▷ Si tienes frío te puedo dejar un jersey.
If you're cold I can lend you a jumper
▷ Anoche hizo mucho frío.
It was really cold last night.

(hablando de la temperatura, o del carácter de alguien) cold /kəʊld/ (más frío colder /ˈkəʊldəʳ/, el más frío the coldest /ˈkəʊldɪst/)

► **tener frío:** be cold

► **hace frío:** it is cold

friolero, friolera

▷ Ángeles es muy friolera.
Ángeles really feels the cold.

► **ser friolero:** feel the cold /fiːl ðə ˈkəʊld/ (felt, felt /felt/)

frito, frita

▷ ¿Prefieres el pescado frito o al horno?
Do you prefer fried fish or baked fish?

fried /fraɪd/

🔊 fried rima con side.

frontera

▷ No hay control de pasaportes en la frontera.
There is no passport control at the border.

border /ˈbɔːdəʳ/

ℹ️ También se puede decir frontier /ˈfrʌntɪəʳ/.

frotar

1 ▷ Carolina estaba frotando al bebé con una toalla.
Carolina was rubbing the baby with a towel.

1 (para secar, para hacer que penetre la crema) rub /rʌb/

ℹ️ rub se escribe con dos b en el gerundio (rubbing /ˈrʌbɪŋ/) y el pasado y el participio (rubbed /rʌbd/).

2 ▷ Frota bien la sartén, está sucia.
Scrub the frying pan well, it's dirty.

2 (para limpiar) scrub /skrʌb/

ℹ️ scrub se escribe con dos b en el gerundio (scrubbing /ˈskrʌbɪŋ/) y el pasado y el participio (scrubbed /skrʌbd/).

fruta

▷ Dame una fruta, por favor.
Give me a piece of fruit, please.

fruit /fruːt/

🔊 fruit rima con root.

▷ Como por lo menos dos frutas cada día.
I eat at least two pieces of fruit a day.

▷ Las frutas son muy caras en este país.
Fruit is very expensive in this country.

ⓘ En inglés, cuando se habla de fruta que se compra o que se va a comer, se dice fruit, pero en este caso la palabra es incontable. Esto quiere decir que no se puede colocar en plural y nunca lleva el artículo a. Una fruta se dice **a piece of fruit**.

frutería

▷ Fuimos a la frutería y compramos dos piñas.
We went to the fruit shop and bought two pineapples.

fruit shop /ˈfruːt ʃɒp/ (plural: fruit shops)

fuego

1 ▷ Los bomberos consiguieron apagar el fuego.
The firemen managed to put out the fire.

▷ Hicimos un fuego para calentarnos.
We made a fire to warm ourselves up.

▷ Las cortinas pegaron fuego rápidamente.
The curtains caught fire quickly.

2 ▷ ¿Tienes fuego, por favor?
Have you got a light, please?

3 ▷ No me voy a perder los fuegos artificiales del domingo.
I'm not going to miss Sunday's fireworks.

1 (= incendio, hoguera) fire /ˈfaɪəʳ/

► **hacer un fuego**: make a fire (**made, made**)
► **pegar fuego**: catch /kætʃ/ fire (**caught, caught** /kɔːt/)

2 (= una cerilla o un mechero, para encender un cigarrillo) light /laɪt/
◀)) La i de light se pronuncia como la i de like.

3 ► **fuegos artificiales**: fireworks /ˈfaɪəwɜːks/

fuente

▷ Nos podríamos ver en el parque, cerca de la fuente.
We could meet in the park, near the fountain.

fountain /ˈfaʊntən/
◀)) La -tain de fountain se pronuncia igual que la palabra inglesa tin.

fuera

1 ▷ Quédate dentro, hace demasiado frío fuera.
Stay inside, it's too cold outside.

2 ▷ José Ángel estaba en fuera de juego.
José Ángel was offside.

1 (lo contrario de dentro) outside /aʊtˈsaɪd/
◀)) La i de outside se pronuncia como la i de like.

2 ► **en fuera de juego** (en fútbol): offside /ɒfˈsaɪd/
◀)) La i de offside se pronuncia como la i de like.

fuerte

1 ▷ Es muy fuerte, puede levantar cien kilos.
He's very strong, he can lift a hundred kilos.

▷ Esté café está demasiado fuerte.
This coffee is too strong.

1 (= con mucha fuerza, con un sabor muy intenso) strong /strɒŋ/ (más fuerte stronger /ˈstrɒŋgəʳ/, el más fuerte the strongest /ˈstrɒŋgɪst/)

Sigue en la página siguiente

2 ▷ ¡No hables tan fuerte, vas a despertar al bebé!
Don't speak so loud, you're going to wake the baby!

2 (= alto, hablando de un sonido)
loud /laʊd/ (más fuerte **louder** /ˈlaʊdəʳ/, el más fuerte the **loudest** /ˈlaʊdɪst/)

fuerza

▷ Para hacer este trabajo se necesita fuerza.
You need strength to do this job.

(= fuerza física) **strength** /streŋθ/

fugarse

▷ Intentaron fugarse pero la policía los cogió.
They tried to escape but the police caught them.

(= escapar) **escape** /ɪˈskeɪp/
◀» La **a** de **escape** rima con la **a** de **make**.

fumador, fumadora

▷ Los fumadores tienen más riesgo de sufrir cáncer de pulmón que los no fumadores.
Smokers have a higher risk of suffering from lung cancer than non-smokers.

▷ ¿Quería fumador o no fumador?
Would you like smoking or non-smoking?

smoker /ˈsməʊkəʳ/
◀» La **o** de **smoker** se pronuncia como la **oa** de **boat**.

▶ **no fumador: non-smoker** /nɒnˈsməʊkəʳ/
i Para distinguir entre una zona o un asiento que es para fumadores y otro que es para no fumadores en inglés se dice **smoking or non-smoking**.

fumar

▷ No deberías fumar, es malo para la salud.
You shouldn't smoke, it's bad for your health.

▷ ¡Se fumó diez cigarrillos en una hora!
He smoked ten cigarettes in an hour!

smoke /sməʊk/
◀» La **o** de **smoke** se pronuncia como la **oa** de **boat**.

función

1 ▷ La próxima semana comenzaremos a estudiar las funciones.
Next week we'll start studying functions.

2 ▷ Fuimos a la función de las 7.
We went to the 7 o'clock performance

1 (en matemáticas) **function** /ˈfʌŋkʃən/
◀» **function** rima con **freshen**.

2 (en el cine, el teatro)
performance /pəˈfɔːməns/
◀» El acento recae sobre la segunda sílaba **for-**.

funcionar

▷ Este despertador no funciona.
This alarm clock doesn't work.

work /wɜːk/
◀» La **o** de **work** se pronuncia como la **e** de **her**.

funda

▷ Ponle la funda a la raqueta.
Put the cover on the racket.

(= para una raqueta, una guitarra)
cover /ˈkʌvəʳ/
◀» La **o** de **cover** se pronuncia como la **u** de **gun**.

funeral

▷ El funeral de mi abuela será mañana.
My grandmother's funeral will be tomorrow.

funeral /ˈfjuːnərəl/
🔊 El acento recae sobre la primera sílaba fu-. La u de funeral se pronuncia como la palabra inglesa you.

furgoneta

▷ Fuimos a la playa en la furgoneta de mi tío.
We went to the beach in my uncle's van.

van /væn/

furioso, furiosa

▷ Mis padres están furiosos porque he suspendido cinco asignaturas.
My parents are furious because I've failed five subjects.

furious /ˈfjʊərɪəs/ (más furioso more furious, el más furioso the most furious)
🔊 Fíjate en la pronunciación, suena como few + ri + us.

fusil

▷ Le dispararon con un fusil automático.
He was shot with an automatic rifle.

rifle /ˈraɪfəl/
🔊 La i de rifle se pronuncia como la i de like. La pronunciación suena como rai + full.

fútbol

▷ El fútbol es mi deporte favorito.
Football is my favourite sport.

football /ˈfʊtbɔːl/
ℹ Fíjate que en este ejemplo football se utiliza sin artículo en inglés.
ℹ En inglés británico, football significa fútbol, pero en inglés americano, significa 'fútbol americano'. En inglés americano, 'fútbol' se dice soccer.

▷ Edu juega al fútbol en el equipo del colegio.
Edu plays football in the school team.
▷ El campeonato de fútbol sala comienza la próxima semana.
The indoor five-a-side championship begins next week.

► jugar al fútbol: play football

► fútbol sala: indoor five-a-side /ˈɪndɔː ˈfaɪvəˈsaɪd/

futbolín

▷ Estuvimos toda la tarde jugando al futbolín.
We spent all evening playing table football.

table football /ˈteɪbəl ˈfʊtbɔːl/
🔊 La a de table se pronuncia como la a de make.
► jugar al futbolín: play table football

futbolista

▷ Algunos futbolistas ganan mucho dinero.
Some footballers earn a lot of money.

footballer /ˈfʊtbɔːləʳ/
ℹ También se puede decir football player /ˈfʊtbɔːl ˈpleɪəʳ/ (plural: football players).

futuro, futura

▷ Mi primo nos presentó a su futura esposa.
My cousin introduced us to his future wife.

▷ Nadie sabe qué puede ocurrir en el futuro.
Nobody knows what could happen in the future.

future /ˈfjuːtʃərʲ/

◀ Fíjate en la pronunciación: el comienzo suena como few, el final se pronuncia como el final de teacher.

G

La letra **G** se pronuncia /dʒiː/ en inglés.

G rima con **free**, **key** y **tea**.

gafas

▷ Sebastián lleva gafas.
Sebastián wears glasses.

▷ ¿Dónde están mis gafas de sol?
Where are my sunglasses?

glasses /ˈɡlɑːsɪz/
▶ llevar gafas: wear glasses
(**wore** /wɔːʳ/, **worn** /wɔːn/)
▶ gafas de sol: sunglasses
/ˈsʌnɡlɑːsɪz/

gafe

▷ Maricris es gafe, siempre que juega, el equipo del colegio pierde.
Maricris is jinxed, whenever she plays the school team loses.

▶ ser gafe: be jinxed /dʒɪŋkst/
◀ La **e** de jinxed no se pronuncia.
❦ La palabra inglesa **gaffe** no significa gafe.

gaita

▷ Víctor toca muy bien la gaita.
Víctor plays the bagpipes very well.

bagpipes /ˈbæɡpaɪps/
ℹ bagpipes es una palabra en plural y se usa con un verbo en plural: **la gaita es... = the bagpipes are...**
◀ La **i** de bagpipes se pronuncia como la **i** de like.

gajo

▷ Sólo pude comerme un gajo de la naranja porque estaba muy ácida.
I could only eat one segment of the orange because it was too sour.

segment /ˈseɡmənt/
ℹ El acento recae sobre la primera sílaba seg-.

galaxia

▷ Fuimos al planetario y aprendimos muchas cosas sobre las galaxias.
We went to the planetarium and learnt many things about galaxies.

galaxy /ˈɡæləksɪ/ (plural: galaxies /ˈɡæləksɪz/)
◀ El acento recae sobre la primera sílaba ga-.

galería

▷ Hay una galería de arte en esta calle.
There is an art gallery in this street.

gallery /ˈɡælərɪ/ (plural: galeries /ˈɡælərɪz/)

🔊 El acento recae sobre la primera sílaba ga-.

ℹ️ Fíjate que gallery se escribe con ll.

Gales

▷ ¿Cuál es la capital de Gales?
What's the capital of Wales?

Wales /weɪlz/

🔊 Wales rima con tails.

ℹ️ El término español **País de Gales** también se traduce con la palabra inglesa Wales.

galés, galesa

1 ▷ Tengo varios amigos galeses.
I have several Welsh friends.

1 (adjetivo) Welsh /welʃ/

ℹ️ Se escribe siempre con mayúscula, como todos los adjetivos y nombres ingleses que se refieren a la nacionalidad.

2 ▷ Mi hermana está saliendo con un galés.
My sister is going out with a Welsh boy.

2 ▶ **un galés, una galesa:** (= hombre) a Welshman /ˈwelʃmən/; (= chico) a Welsh boy; (= mujer) a Welshwoman /ˈwelʃwʊmən/; (= chica) a Welsh girl

3 ▷ Los galeses tienen su propio parlamento.
The Welsh have their own parliament.

3 ▶ **los galeses:** the Welsh

galgo

▷ Mi tío nos llevó a ver las carreras de galgos.
Our uncle took us to see the greyhound races.

greyhound /ˈɡreɪhaʊnd/

🔊 La ey de greyhound se pronuncia como la a de make.

Galicia

▷ ¿Cuál es la capital de Galicia?
What's the capital of Galicia?

Galicia /ɡəˈlɪsɪə/

gallego, gallega

1 ▷ Me gusta mucho la música gallega.
I like Galician music a lot.

▷ Xosé es gallego.
Xosé is Galician.

1 (adjetivo) Galician /ɡəˈlɪsɪən/

ℹ️ Se escribe siempre con mayúscula, como todos los adjetivos y nombres ingleses que se refieren a la nacionalidad.

2 ▷ Se casó con una gallega.
He married a Galician.

2 (nombre) **un gallego, una gallego:** a Galician

galleta

▷ ¡Pedro Luis se comió un paquete entero de galletas!
Pedro Luis ate a whole packet of biscuits!

biscuit /ˈbɪskɪt/

ℹ️ La segunda sílaba de biscuit se pronuncia como la palabra kit.

🔧 galleta se dice biscuit en inglés británico y cookie /ˈkʊkɪ/ en inglés americano.

gallina (adjetivo)

▷ No seas gallina y sácala a bailar.
Don't be a chicken and ask her to dance.

▶ ser gallina (= ser cobarde): be a chicken /ˈtʃɪkɪn/

ℹ️ Tanto gallina como chicken son términos familiares.

gallina (nombre)

▷ Las gallinas ponen huevos todas las mañanas.
The hens lay eggs every morning.

hen /hen/

gallo

▷ El gallo canta todas las mañanas a las cinco.
The cockerel crows every morning at five o'clock.

cockerel /ˈkɒkərəl/

ℹ️ Fíjate cómo se dice cantar cuando el que lo hace es el gallo: crow /krəʊ/

🔧 En inglés americano se dice rooster /ˈruːstər/.

galopar

▷ Vimos varios caballos galopando en el campo.
We saw several horses galloping in the field.

gallop /ˈgæləp/

🔊 El acento recae sobre la primera sílaba ga-.

ℹ️ Fíjate que gallop se escribe con dos l.

gamba

▷ Voy a poner gambas en la ensalada.
I'm going to put prawns in the salad.

prawn /prɔːn/

🔊 prawn rima con born.

gamberro, gamberra

▷ Unos gamberros destrozaron la cabina telefónica.
Some hooligans destroyed the phone box.

hooligan /ˈhuːlɪgən/

ganadería

▷ La ganadería es la principal actividad económica del país.
Animal farming is the country's main economic activity.

(= actividad) animal farming /ˈænɪməl ˈfɑːmɪŋ/

ganadero, ganadera

▷ Mi tío Francisco es ganadero.
My uncle Francisco is an animal farmer.

animal farmer /ˈænɪməl ˈfɑːməʳ/
(plural: animal farmers)
i No te olvides de colocar el artículo a o an delante del nombre de la profesión cuando aparece detrás de los verbos be o become.

ganado

▷ Todas las granjas de la región tienen ganado.
All the farms in the region have animals.

animals /ˈænɪməlz/
i Al ganado bovino o vacuno en inglés se le llama cattle /ˈkætəl/. Al ganado ovino se le llama sheep /ʃiːp/.

ganador, ganadora

▷ El ganador de la carrera recibirá un premio.
The winner of the race will receive a prize.

(de una carrera, un juego, las elecciones) winner /ˈwɪnəʳ/

ganar

1 ▷ ¿Quién crees que ganará?
Who do you think will win?
▷ Sandra ganó mil euros en la lotería.
Sandra won a thousand euros in the lottery.
2 ▷ Mi madre gana más dinero que mi padre.
My mother earns more money than my father.
▷ ¿Cuánto ganas?
How much do you earn?

1 (= en una carrera, un juego, las elecciones) win /wɪn/ (won, won /wʌn/)
2 (= en el trabajo) earn /ɜːn/
◀ earn rima con burn.
✋ Atención, no confundas win con earn.

ganas

1 ▷ Tengo ganas de ir al cine.
I feel like going to the cinema.

▷ Tengo ganas de ir al baño, vuelvo enseguida.
I need to go to the toilet, I'll be right back.

2 ▷ Ahora no tengo ganas, comeré más tarde.
I'm not hungry now, I'll eat later.

1 ▶ tener ganas de + infinitivo (= apetecer): feel like + -ing /fiːl laɪk/ (felt, felt /felt/)
▶ tener ganas de ir al baño: need to go to the toilet /niːd tə gəʊ tə ðə ˈtɔɪlət/
2 ▶ no tengo ganas (= no tengo hambre): I'm not hungry /aɪm nɒt ˈhʌŋgrɪ/

gancho

▷ Colgué el cuadro de un gancho en la pared.
I hung the painting from a hook on the wall.

hook /hʊk/
◀ hook rima con book.

ganso

▷ Un ganso entró en nuestro jardín.
A goose came into our garden.

goose /guːs/ (plural: geese /giːs/)
◀ La s se pronuncia como la s de sea.

garaje

▷ Compraron una casa con garaje.
They bought a house with a garage.
▷ Mi padre llevó el coche al garaje.
My father took the car to the garage.

(= aparcamiento, taller) **garage**
/ˈgærɑːʒ/
ℹ Fíjate bien qué garage se escribe con dos g.
◀)) El acento recae sobre la primera sílaba ga-.

garantía

▷ ¿Guardaste la garantía del microondas?
Did you keep the guarantee for the microwave?
▷ La televisión todavía está en garantía.
The TV is still under guarantee.

guarantee /gærənˈtiː/
◀)) La u de guarantee no se pronuncia.

▶ **estar en garantía:** be under guarantee

garantizar

▷ La impresora está garantizada por tres años.
The printer is guaranteed for three years.

guarantee /gærənˈtiː/
◀)) La u de guarantee no se pronuncia.

garbanzo

▷ Ayer comimos sopa de garbanzos.
We had chickpea soup for lunch yesterday.

chickpea /ˈtʃɪkpiː/
◀)) chickpea rima con key y free.

garganta

1 ▷ Cúbrete la garganta con una bufanda.
Cover your neck with a scarf.
2 ▷ Necesito beber algo, mi garganta está seca.
I need to drink something, my throat is dry.

▷ Me duele la garganta.
I have a sore throat.

1 (hablando de la parte exterior) **neck** /nek/
2 (hablando de la parte interior) **throat** /θrəʊt/
◀)) throat rima con note.
ℹ Para decir que te duele la garganta se usa have a sore throat /sɔː ˈθrəʊt/ (had, had)

garra

▷ El león mostró las garras.
The lion showed its claws.

claw /klɔː/
◀)) claw rima con door y more.

gas

▷ Huele a gas, espero que no haya ningún escape.
It smells of gas, I hope there isn't a leak.
▷ Quiero una botella de agua con gas, por favor.
I'd like a bottle of sparkling water, please.

gas /gæs/ (plural: gases /ˈgæsɪz/)

▶ **agua con gas:** sparkling /ˈspɑːkəlɪŋ/ water

gasa

▷ Le pusieron un trozo de gasa en la herida.
They put a piece of gauze on his wound.

gauze /gɔːz/
◀)) gauze rima con doors.

gaseosa

▷ Ponme un poco de gaseosa en la cerveza, por favor.
Put some lemonade in my beer, please.

lemonade /leməˈneɪd/
◀》 La a de lemonade se pronuncia como la a de make.
♣ lemonade no significa limonada.

gasolina

▷ Ha vuelto a subir el precio de la gasolina.
The price of petrol has gone up again.

petrol /ˈpetrəl/
⌐ gasolina se dice petrol en inglés británico y gas /gæs/ o gasoline /ˈgæsəliːn/ en inglés americano.

▷ La gasolina sin plomo no es tan mala para el medio ambiente.
Unleaded petrol isn't as bad for the environment.

▶ gasolina sin plomo: unleaded /ʌnˈledɪd/ petrol
◀》 La ea de unleaded se pronuncia como la e de bed.

▷ Pondremos gasolina de camino a la playa.
We'll get some petrol on our way to the beach.

▶ poner gasolina: get some petrol /sʌm ˈpetrəl/ (got, got)

gasolinera

▷ ¿Dónde está la gasolinera más cercana?
Where's the nearest petrol station?

petrol station /ˈpetrəl ˈsteɪʃən/ (plural: petrol stations)
⌐ gasolinera se dice petrol station en inglés británico y gas station /gæs ˈsteɪʃen/ (plural: gas stations) en inglés americano.

gastar

1 ▷ El mes pasado gastamos mucho dinero.
We spent a lot of money last month.

1 (dinero) spend /spend/ (spent, spent /spent/)

2 ▷ Esta nevera gasta mucha electricidad.
This fridge uses a lot of electricity.

2 (energía, gasolina) use /juːs/
◀》 use rima con choose.

gasto

▷ Mi padre y mi madre dividen los gastos de la casa.
My father and my mother share the household expenses.

expense /ɪkˈspens/

gatas

▷ Mi hermano pequeño todavía no anda a gatas.
My little brother is not crawling yet.

▶ andar a gatas: crawl /krɔːl/
◀》 crawl rima con tall.

gatillo

▷ El ladrón no tuvo tiempo de apretar el gatillo.
The thief didn't have time to pull the trigger.

trigger /ˈtrɪgər/
▶ apretar el gatillo: pull /pʊl/ the trigger

gato, gata

▷ Mi abuela tiene cuatro gatos.
My grandmother has four cats.

cat /kæt/

gaviota

▷ El puerto está lleno de gaviotas.
The harbour is full of seagulls.

seagull /ˈsiːɡʌl/
◀ La u de seagull se pronuncia como la u de duck.

gay

▷ Mi primo es gay.
My cousin is gay.

gay /ɡeɪ/
◀ gay rima con say y day.

gel

▷ ¿Te queda gel de baño?
Do you have any shower gel left?

gel /dzel/
◀ La g de gel se pronuncia como la j de John.

gelatina

▷ Mi madre hizo gelatina de fresa.
My mother made strawberry jelly.

jelly /ˈdʒelɪ/
◥ gelatina se dice jelly en inglés británico y Jell-O® /ˈdʒeləʊ/ en inglés americano.

gemelo, gemela

▷ Mi prima tuvo gemelos.
My cousin had twins.

▷ Este es César, mi hermano gemelo.
This is César, my twin brother.

▷ La hermana gemela de Paula es abogada.
Paula's twin sister is a lawyer.

twin /twɪn/
► gemelos, gemelas (= personas): twins
► hermano gemelo: twin brother /twɪn ˈbrʌðəʳ/ (plural: twin brothers)
► hermana gemela: twin sister /twɪn ˈsɪstəʳ/ (plural: twin sisters)

gemido

▷ El bebé dio un gemido.
The baby gave a moan.

moan /məʊn/
◀ moan rima con bone.

gemir

▷ Elena estaba sentada en la silla gimiendo.
Elena was sitting on the chair moaning.

moan /məʊn/
◀ moan rima con bone.

generación

▷ En esta casa viven tres generaciones diferentes.
Three different generations live in this house.

generation /dʒenəˈreɪʃən/
◀ La a de generation se pronuncia como la a de make. El acento recae sobre la tercera sílaba -ra-.

general (adjetivo)

▷ Mi impresión general es muy buena.
My general impression is very good.

general /ˈdʒenərəl/
◀) La g de general se pronuncia como la j de John. El acento recae sobre la primera sílaba ge-.

▷ Por lo general, llego al colegio a las ocho y cuarto.
Generally, I arrive at school at a quarter past eight.

▶ por lo general: generally /ˈdʒenərəlɪ/

general (nombre)

▷ El general dio la orden de atacar.
The general gave the order to attack.

(en el ejército) general /ˈdʒenərəl/
◀) La g de general se pronuncia como la j de John. El acento recae sobre la primera sílaba ge-.

generalmente

▷ El colegio acaba generalmente a finales de junio.
School generally finishes at the end of June.

generally /ˈdʒenərəlɪ/
◀) La g de generally se pronuncia como la j de John. El acento recae sobre la primera sílaba ge-.

generoso, generosa

▷ Mi primo es muy generoso.
My cousin is very generous.

generous /ˈdʒenərəs/ (más generoso more generous, el más generoso the most generous)
◀) La g de generous se pronuncia como la j de John. La ou se pronuncia como la -er de bigger.

genial

▷ ¡El nuevo videojuego es genial!
The new video game is great!

great /ɡreɪt/
◀) La ea de great se pronuncia como la a de make.

genio

▷ Picasso fue uno de los grandes genios de la pintura.
Picasso was one of the great geniuses of art.

(= persona) genius /ˈdʒiːnɪəs/
(plural: geniuses /ˈdʒiːnɪəsɪz/)
◀) La g de genius se pronuncia como la j de John. La e se pronuncia como la ee de week.

▷ No le pidas nada a papá hoy que está de muy mal genio.
Don't ask dad for anything today, he's in a real mood.

▶ estar de mal genio: be in a mood /ɪn ə ˈmuːd/

▷ Mi profesora de inglés tiene muy mal genio.
My English teacher is really bad-tempered.

▶ tener mal genio: be bad-tempered /bædˈtempəd/

gente

▷ Hay gente a la que le gusta la ópera.
There are people who like opera.

people /ˈpiːpəl/
🔊 La eo de people se pronuncia como la ee de week.
ℹ️ En este significado people es un nombre en plural y se usa con un verbo en plural.

geografía

▷ No soy muy bueno en geografía.
I'm not very good at geography.

geography /dʒɪˈɒgrəfɪ/
🔊 La g de geography se pronuncia como la j de John. El acento recae sobre la o.

geometría

▷ El próximo año estudiaremos geometría.
Next year we will study geometry.

geometry /dʒɪˈɒmətrɪ/
🔊 La g de geometry se pronuncia como la j de John. El acento recae sobre la o.

geranio

▷ Mi madre tiene varios geranios en la terraza.
My mother has several geraniums on the balcony.

geranium /dʒəˈreɪnɪəm/
🔊 La g de geranium se pronuncia como la j de John. La a se pronuncia como la a de make.

gerundio

▷ Los gerundios en inglés acaban en -ing.
Gerunds in English end in -ing.

gerund /ˈdʒerənd/
🔊 La g de gerund se pronuncia como la j de John. El acento recae sobre la primera sílaba ge-.

gesto

▷ Raúl hizo un gesto obsceno.
Raúl made a rude gesture.

gesture /ˈdʒestʃəʳ/
🔊 La g de gesture se pronuncia como la j de John; gesture rima con teacher.

gigabyte

▷ Tengo un disco duro de 80 gigabytes.
I've got an eighty gigabyte hard disk.

gigabyte /ˈgɪgəbaɪt/
🔊 La g de gigabyte se pronuncia como la j de John.

gigante (adjetivo)

▷ En el centro de la plaza hay un árbol gigante.
There's a huge tree in the middle of the square.

huge /hjuːdʒ/ (más gigantesco **huger** /ˈhjuːdʒəʳ/, el más gigantesco the **hugest** /ˈhjuːdʒɪst/)
🔊 La ge de huge se pronuncia como la j de John. La u se pronuncia como la palabra inglesa you.

gigante

▷ Los protagonistas del libro son dos gigantes.
The main characters in the book are two giants.

giant /ˈdʒaɪənt/
◀)) La g de giant se pronuncia como la j de John. La i se pronuncia como la i de like.

gigantesco, gigantesca

▷ En Nueva York hay edificios gigantescos.
There are huge buildings in New York.

huge /hjuːdʒ/ (más gigantesco huger /ˈhjuːdʒəʳ/, el más gigantesco the hugest /ˈhjuːdʒɪst/)
◀)) La ge de huge se pronuncia como la j de John. La u se pronuncia como la palabra inglesa you.

gimnasia

▷ ¿Viste el campeonato de gimnasia en televisión?
Did you watch the gymnastics championship on TV?

▷ Mi madre hace gimnasia en casa.
My mother does exercises at home.

gymnastics /dʒɪmˈnæstɪks/
◀)) La g de gymnastics se pronuncia como la j de John.
ℹ gymnastics es un nombre en plural y se utiliza con un verbo en plural.
► hacer gimnasia: do exercises /ˈeksəsaɪzɪz/ (did, done)

gimnasio

▷ El gimnasio está abierto incluso los domingos.
The gym is open even on Sundays.

gym /dʒɪm/
◀)) La g de gym se pronuncia como la j de John.

gimnasta

▷ Lucía es una de las mejores gimnastas del colegio.
Lucía is one of the best gymnasts in the school.

gymnast /ˈdʒɪmnæst/
◀)) La g de gymnast se pronuncia como la j de John. El acento recae sobre la primera sílaba gym-.

ginebra

▷ A mis padres les gusta la ginebra.
My parents like gin.

gin /dʒɪn/
◀)) La g de gin se pronuncia como la j de John.

ginecólogo, ginecóloga

▷ Natalia no ha ido nunca al ginecólogo.
Natalia has never been to the gynaecologist.

▷ La madre de Marina es ginecóloga.
Marina's mother is a gynaecologist.

gynaecologist /gaɪnɪˈkɒlədʒɪst/
ℹ Fíjate bien en cómo se escribe gynaecologist.
◀)) La y de gynaecologist se pronuncia como la i de like.
ℹ No te olvides de colocar el artículo a o an delante del nombre de la profesión cuando aparece detrás de los verbos be o become.

girar

▷ El tiovivo giraba muy despacio.
The merry-go-round was turning very slowly.
▷ No giraste el volante lo suficiente.
You didn't turn the wheel enough.
▷ Me giré para ver lo que pasaba.
I turned around to see what was happening.

(= dar vueltas) turn /tɜːn/
◀) turn rima con learn.
▶ **girar algo** (= hacer girar): turn something
▶ **girarse** (= darse la vuelta): turn around

girasol

▷ Cruzamos un campo de girasoles.
We crossed a field of sunflowers.

sunflower /ˈsʌnflaʊəʳ/
◀) La ow de sunflower se pronuncia como la ow de cow.

gitano, gitana

▷ En esta parte de la ciudad viven muchos gitanos.
There are lots of gypsies living in this part of the city.

gypsy /ˈdʒɪpsɪ/ (plural: gypsies /ˈdʒɪpsɪz/)
◀) La g de gypsy se pronuncia como la j de John.

glaciar

▷ Hay varios glaciares en los Pirineos.
There are several glaciers in the Pyrenees.

glacier /ˈglæsɪəʳ/
◀) La a de glacier se pronuncia como la a de make. El acento recae sobre la primera sílaba gla-.

globo

1 ▷ Jesús decoró la habitación con globos para la fiesta.
Jesús decorated the room with balloons for the party.
▷ El documental cuenta la historia de una vuelta al mundo en globo.
The documentary tells the story of a trip around the world in a balloon.

2 ▷ Tuvimos que localizar Etiopía en el globo terrestre.
We had to find Ethiopia on the globe.

3 ▷ Ester me está enseñando a hacer globos.
Ester is teaching me to blow bubbles.

1 (que se infla, para decorar una fiesta, o para volar) balloon /bəˈluːn/
◀) balloon rima con moon.

2 ▶ **globo terrestre** (= representación del planeta Tierra): globe /gləʊb/
◀) La o de globe se pronuncia como la o de go.

3 (con el chicle) bubble /ˈbʌbəl/
◀) bubble rima con trouble.
▶ **hacer globos**: blow bubbles /bləʊ ˈbʌbəlz/ (blew /bluː/, blown /bləʊn/)

glotón, glotona

▷ Enrique es un glotón, come más que sus dos hermanos juntos.
Enrique is greedy, he eats more than his two brothers together.

▶ **ser glotón o un glotón**: be greedy /ˈgriːdɪ/

gobierno

▷ El gobierno ha decidido subir los impuestos.
The government has decided to increase taxes.

government /ˈgʌvənmənt/
ℹ️ Fíjate bien en cómo se escribe government.
🔊 La o de government se pronuncia como la u de bus. El acento recae sobre la primera sílaba go-.

gol

▷ El primer gol fue estupendo.
The first goal was fantastic.
▷ ¿Quién marcó el gol?
Who scored the goal?

goal /gəʊl/
🔊 goal rima con hole.
▶ marcar un gol: **score** /skɔːʳ/ a goal

golf

▷ El golf es el deporte favorito de Marcos.
Golf is Marcos' favourite sport.

▷ Cuando estuve en Escocia jugué al golf.
I played golf when I was in Scotland.

golf /gɒlf/
ℹ️ Fíjate que en este ejemplo golf se utiliza sin artículo en inglés.
▶ jugar al golf: **play golf**

golfo

▷ Desde aquí se ve todo el golfo.
From here we can see the whole gulf.

(parte del mar) **gulf** /gʌlf/
🔊 La u de gulf se pronuncia como la u de bus.

golondrina

▷ Las golondrinas vuelven en primavera.
The swallows return in the spring.

swallow /ˈswɒləʊ/
🔊 swallow rima con follow.

goloso, golosa

▷ Joaquín es un goloso.
Joaquín has a sweet tooth.

▶ ser goloso o un goloso: **have a sweet tooth** /swiːt tuːθ/ (had, had)

golpe

1 ▷ Emilio le dio un golpe a Dani en la cabeza.
Emilio hit Dani on the head.

2 ▷ Me di un golpe en la rodilla.
I banged my knee.
3 ▷ Oímos un golpe en la puerta.
We heard a knock at the door.

1 ▶ dar un golpe a alguien (= pegar): **hit somebody** /hɪt/ (hit, hit /hɪt/)
2 ▶ darse un golpe en algo: **bang** /bæŋ/ something
3 (en la puerta, sobre una mesa) **knock** /nɒk/
🔊 La primera k de knock no se pronuncia.

golpear

1 ▷ ¡No voy a permitir que golpees a tu hermano!
I'm not going to let you hit your brother!
2 ▷ Me golpeé en la cabeza.
I banged my head.

1 (= pegar) **hit** /hɪt/ (hit, hit)
2 ▶ golpearse en algo: **bang** /bæŋ/ something

goma

1 ▷ Necesito comprar un tubo de goma.
   I need to buy a tube of glue.

2 ▷ ¿Me podrías pasar la goma?
   ¿Could you pass me the rubber?

3 ▷ ¿Tienes una goma elástica?
   Have you got an elastic band?

1 (= pegamento) glue /gluː/
◀) glue rima con too y do.

2 ► goma (de borrar): rubber
/ˈrʌbəʳ/

¶ goma (de borrar) se dice rubber
en inglés británico y eraser /ɪˈreɪzər/ en
inglés americano.

3 ► goma elástica: elastic
band /ɪˈlæstɪk bænd/

gordo, gorda

1 ▷ Elvira es muy gorda.
   Elvira is really fat.

2 ▷ Ponte un jersey gordo, hace frío.
   Wear a thick jumper, it's cold.

1 (persona) fat /fæt/ (más gordo fatter
/ˈfætəʳ/, el más gordo the fattest
/ˈfætɪst/)

2 (libro, ropa) thick /θɪk/ (más gordo
thicker /ˈθɪkəʳ/, el más gordo the
thickest /ˈθɪkɪst/)

gorila

▷ Los gorilas viven en los bosques africanos.
  Gorillas live in the African forests.

gorilla /ɡəˈrɪlə/
ℹ Atención, gorilla se escribe con dos
l en inglés.

gorra

▷ Las gorras de béisbol están de moda.
  Baseball caps are in fashion.

cap /kæp/
► gorra de béisbol: baseball
cap /ˈbeɪsbɔːl kæp/ (plural: baseball
caps)

gorrión

▷ Estas migas son para los gorriones.
  These crumbs are for the sparrows.

sparrow /ˈspærəʊ/
◀) sparrow rima con go.

gorro

▷ No entres a la piscina sin el gorro de baño.
  *Don't go into the pool without your swimming
  cap.*

cap /kæp/
► gorro de baño: swimming
cap /ˈswɪmɪŋ kæp/ (plural:
swimming caps)

gorrón, gorrona

▷ Pili es una gorrona, siempre me está pidiendo
  cosas.
  *Pili is a scrounger, she's always asking me for
  things.*

scrounger /ˈskraʊndʒəʳ/
ℹ Tanto gorrón como scrounger son
términos familiares.
◀) La ou de scrounger se pronuncia
como la ow de cow.

gota

▷ Caían gotas de agua del tejado.
  Drops of water were falling from the roof.

drop /drɒp/

gotear

▷ Ten cuidado, la bolsa está rota y está goteando.
Be careful, the bag is broken and is leaking.

(= caer un líquido de alguna parte)
leak /liːk/

🔊 leak rima con **week**.

gotera

▷ Hay una gotera en el techo.
There is a leak on the roof.

leak /liːk/

🔊 leak rima con **week**.

grabar

▷ Grabé la película de anoche para Merche.
I recorded last night's film for Merche.

(hablando de música o de una película)
record /ˈrekɔːd/

🔊 Cuando **record** es un verbo, como aquí, el acento recae sobre la última sílaba -**cord**.

gracias

1 ▷ Gracias, estaba muy bueno.
Thank you, it was very good.

1 (para agradecer algo) **thank you**
/ˈθæŋk juː/

ℹ También se puede decir **thanks** /θæŋks/ cuando conoces bien a la persona con la que estás hablando.

▷ Muchas gracias por el regalo.
Thank you very much for the present.

► **muchas gracias: thank you very much**

ℹ También se puede decir **thanks very much** cuando conoces bien a la persona con la que estás hablando.

▷ Gracias por ayudarme.
Thank you for helping me.

► **gracias por + infinitivo: thank you for + -ing**

ℹ También se puede decir **thanks for + -ing** cuando conoces bien a la persona con la que estás hablando.

▷ Toma más tarta. - No, gracias, ya no tengo hambre.
Have some more cake. - No thank you, I'm not hungry any more.

► **no, gracias: no thank you.**

ℹ También se puede decir **no thanks** cuando conoces bien a la persona con la que estás hablando.

▷ Dale las gracias a la abuela por el regalo.
Thank your grandmother for the present.

► **dar las gracias a alguien: thank somebody**

2 ▷ Gracias a Juan Carlos fuimos al concierto sin pagar.
Thanks to Juan Carlos we went to the concert without paying.

2 ► **gracias a** (= con la ayuda de): **thanks to**

gracioso, graciosa

▷ Os voy a contar un chiste muy gracioso.
I'm going to tell you a very funny joke.

▷ Me pasó una cosa muy graciosa cuando estaba en Londres.
A very funny thing happened to me when I was in London.

(= divertido, curioso) **funny** /ˈfʌni/
(más gracioso **funnier** /ˈfʌniər/, el más gracioso **the funniest** /ˈfʌniɪst/)

grada

▷ Las gradas del estadio estaban abarrotadas
The stadium's terraces were packed.

▶ **gradas** (en un campo de fútbol): terraces /ˈterəsɪz/

🔊 La a de terraces rima con la e de bigger.

grado

▷ Hace más de 40 grados fuera.
It's over 40 degrees outside.

degree /dɪˈgriː/

🔊 degree rima con key y tea.

graduar

▷ Mañana iré a graduarme la vista.
I am going to have my eyes tested tomorrow.

▶ **graduarse la vista**: have one's eyes tested /hæv wʌnz ˈaɪz testɪd/

ℹ️ El pronombre en inglés funciona de la siguiente forma: I have my eyes tested, you have your eyes tested, he has his eyes tested, she has her eyes tested, etc.

graffiti

▷ Las paredes estaban llenas de graffitis.
The walls were covered in graffiti.

graffiti /grəˈfiːtɪ/

ℹ️ En inglés graffiti es una palabra incontable: no se puede poner en plural y no lleva nunca delante el artículo indefinido a. Por ejemplo, se dice graffiti is difficult to remove (los graffitis son difíciles de limpiar).

gramática

▷ La gramática inglesa me parece muy difícil.
I find English grammar very difficult.

grammar /ˈgræməˈ/

🔊 grammar rima con bigger.

ℹ️ Fíjate que grammar se escribe con dos m.

gramo

▷ Hacen falta 100 gramos por persona.
You need a hundred grams per person.

gram /græm/

gran

1 ▷ Alquilaron una gran casa para pasar las vacaciones.
They rented a big house to spend the holidays.
▷ Nunca he estado en Gran Bretaña.
I've never been to Great Britain.

1 (= de grandes dimensiones) big /bɪg/ (más grande bigger /ˈbɪgəˈ/, el más grande the biggest /ˈbɪgɪst/)

▶ **Gran Bretaña** (el país): Great Britain /greɪt ˈbrɪtən/

ℹ️ También se puede decir simplemente Britain.

Sigue en la página siguiente

2 ▷ Hubo un gran ruido y se hundió todo.
There was a loud noise and everything collapsed.

2 (= fuerte, hablando de un sonido) loud /laʊd/ (más grande louder /ˈlaʊdəʳ/, el más grande the loudest /ˈlaʊdɪst/)

3 ▷ El padre de Salvador fue un gran pintor.
Salvador's father was a great painter.

3 (= importante) great /greɪt/ (más grande greater /ˈgreɪtəʳ/, el más grande the greatest /ˈgreɪtɪst/)

🔊 La ea de great se pronuncia como la a de make.

granada

▷ Lanzaron una granada contra la comisaría.
They threw a grenade at the police station.

(bomba) grenade /grəˈneɪd/

🔊 La a de grenade se pronuncia como la a de make.

ℹ Fíjate bien en cómo se escribe grenade.

grande

1 ▷ Esta es la habitación más grande de la casa.
This is the biggest room in the house.

1 (= de grandes dimensiones) big /bɪg/ (más grande bigger /ˈbɪgəʳ/, el más grande the biggest /ˈbɪgɪst/)

2 ▷ Rebeca está grande para su edad.
Rebeca is tall for her age.

2 (en altura) tall /tɔːl/ (más grande taller /ˈtɔːləʳ/, el más grande the tallest /ˈtɔːlɪst/)

3 ▷ Hubo un ruido muy grande y se hundió todo.
There was a very loud noise and everything collapsed.

3 (= fuerte, hablando de un sonido) loud /laʊd/ (más grande louder /ˈlaʊdəʳ/, el más grande the loudest /ˈlaʊdɪst/)

4 ▷ Mozart fue el músico más grande de su época.
Mozart was the greatest musician of his era.

4 (= importante) great /greɪt/ (más grande greater /ˈgreɪtəʳ/, el más grande the greatest /ˈgreɪtɪst/)

🔊 La ea de great se pronuncia como la a de make.

granero

▷ Se escondieron en el granero.
They hid in the barn.

barn /bɑːn/

granizar

▷ No salgas ahora, está granizando.
Don't go out now, it's hailing.

hail /heɪl/

🔊 hail rima con pale.

ℹ En inglés, los verbos que se usan para describir los fenómenos del tiempo y el clima llevan it delante (it's raining, it's snowing, etc).

granizo

▷ El granizo golpeaba las ventanas.
The hail was banging against the windows.

hail /heɪl/

🔊 hail rima con pale.

granja

▷ Mañana iremos de excursión con el colegio a visitar una granja.
Tomorrow we will go on a school trip to visit a farm.

farm /fɑːm/

granjero, granjera

▷ Mis abuelos eran granjeros.
My grandparents were farmers.

farmer /ˈfɑːməʳ/

grano

1 ▷ Mis zapatos estaban llenos de granos de arena.
My shoes were full of grains of sand.

1 (de arena, arroz, cereal) grain /greɪn/
  grain rima con lane.

2 ▷ ¡No te metas tantos granos de uva en la boca!
Don't put so many grapes in your mouth!

2 ▶ grano de uva: grape /greɪp/
  ◀) La a de grape se pronuncia como la a de make.

3 ▷ Dani tiene muchos granos en la cara.
Dani has lots of spots on his face.

3 (en la cara) spot /spɒt/

grapa

▷ No me quedan grapas, ¿me podrías dar alguna?
I don't have any staples left, could you give me some?

staple /ˈsteɪpəl/
◀) La a de staple se pronuncia como la a de make.

grapadora

▷ Mi grapadora está rota.
My stapler is broken.

stapler /ˈsteɪpələʳ/
◀) La a de stapler se pronuncia como la a de make.

grapar

▷ Luis grapó los documentos.
Luis stapled the documents together.

staple /ˈsteɪpəl/ together
◀) La a de staple se pronuncia como la a de make.

grasa

▷ Esa carne tenía mucha grasa.
There was a lot of fat on that meat.

(en la comida) fat /fæt/
◀) Cuando la grasa es líquida se dice grease /griːs/.

grasiento, grasienta

1 ▷ Estas salchichas son muy grasientas.
These sausages are very fatty.
2 ▷ Este champú es para cabellos grasientos.
This shampoo is for greasy hair.

1 (= con mucha grasa) fatty /ˈfætɪ/
(más grasiento fattier /ˈfætɪəʳ/, el más grasiento the fattiest /ˈfætɪɪst/)
2 (hablando del pelo) greasy /ˈgriːsɪ/
(más grasiento greasier /ˈgriːsɪəʳ/, el más grasiento the greasiest /ˈgriːsɪɪst/)

gratis

▷ La revista es gratis, llévate una.
The magazine is free, take one.
▷ Nos dijo que podíamos entrar gratis.
He told us that we could go in free.

free /friː/

gratuito, gratuita

▷ La bebida es gratuita.
Drinks are free.

free /friː/

grave

1 ▷ Sufrió heridas graves.
He suffered serious injuries.
▷ Cometiste un error muy grave.
You made a very serious mistake.

1 (hablando de heridas, de una enfermedad, de un error) **serious** /ˈsɪərɪəs/ (más grave **more serious**, el más grave **the most serious**)

🔊 La **e** de **serious** se pronuncia como la **ee** de **week**.

2 ▷ El profesor de música tiene la voz muy grave.
The music teacher has a very deep voice.

2 (hablando de un sonido, de la voz) **deep** /diːp/ (más grave **deeper** /ˈdiːpər/, el más grave **the deepest** /ˈdiːpɪst/)

gravemente

▷ El padre de Andrés está gravemente enfermo.
Andrés' father is seriously ill.

seriously /ˈsɪərɪəslɪ/

🔊 La **e** de **seriously** se pronuncia como la **ee** de **week**.

Grecia

▷ ¿Cuál es la capital de Grecia?
What's the capital of Greece?

Greece /griːs/

griego, griega

1 ▷ Me gusta mucho la comida griega.
I like Greek food a lot.
▷ Andonis es griego.
Andonis is Greek.

1 (adjetivo) **Greek** /griːk/

ℹ️ Se escribe siempre con mayúscula, como todos los adjetivos y nombres ingleses que se refieren a la nacionalidad.

2 ▷ Se casó con una griega.
He married a Greek.
3 ▷ El griego es una lengua difícil.
Greek is a difficult language.

2 (nombre) **un griego, una griega: a Greek**

3 (el idioma) **Greek**

ℹ️ Los nombres de los idiomas se escriben siempre con mayúscula en inglés.

⚠️ Fíjate que no se usa artículo delante del nombre del idioma, no se dice **the Greek**.

grieta

▷ Hay muchas grietas en la pared.
There are a lot of cracks in the wall.

(en la madera, una pared) **crack** /kræk/

grifo

▷ El grifo del agua caliente no funciona.
The hot water tap isn't working.

tap /tæp/
grifo se dice tap en inglés británico y faucet /ˈfɔːsɪt/ en inglés americano.

grillo

▷ ¿Estás oyendo a los grillos?
Can you hear the crickets?

cricket /ˈkrɪkɪt/

gripe

▷ La profesora de música tiene gripe.
The music teacher has got the flu.

flu /fluː/
flu rima con do.
▶ **tener gripe:** have the flu (had, had)

gris

1 ▷ Llevaba unos pantalones grises.
He was wearing grey trousers.

1 (color) grey /greɪ/
grey rima con day.
i En inglés americano se escribe gray.

2 ▷ No me gusta el gris.
I don't like grey.

2 **el gris** (= el color gris): grey
i Fíjate que en inglés grey no se escribe con artículo.

gritar

1 ▷ ¡No grites, no estoy sordo!
Don't shout, I'm not deaf!

1 (= hablar alto) shout /ʃaʊt/

2 ▷ Cuando vio al extraño en la puerta gritó.
When she saw the stranger at the door she screamed.

2 (= chillar) scream /skriːm/
scream rima con seem.

▷ Patricia gritó de dolor.
Patricia cried out in pain.

▶ **gritar de dolor:** cry out in pain /ˈkraɪ aʊt ɪn ˈpeɪn/ (cried, cried /kraɪd/)

grito

▷ Oí gritos y fui a ver lo que pasaba.
I heard shouts and went to see what was happening.

(de una persona) shout /ʃaʊt/
i Al grito que se da cuando sientes miedo o dolor se le llama cry /kraɪ/ (plural: cries /kraɪz/).

grúa

▷ En el puerto hay grúas gigantescas.
There are huge cranes at the harbour.

(= máquina para transportar pesos) crane /kreɪn/
La a de crane se pronuncia como la a de make; crane rima con train.

grueso, gruesa

▷ Este jersey es demasiado grueso, no me lo voy a poner.
This jumper is too thick, I'm not going to wear it.

(= que tiene mucho espesor) thick /θɪk/ (más grueso thicker /ˈθɪkər/, el más grueso the thickest /ˈθɪkɪst/)

grupo

▷ Había un grupo de jóvenes delante del cine.
There was a group of youths in front of the cinema.

▷ Hicimos el experimento en grupo.
We did the experiment in a group.

group /gru:p/
◀ group rima con loop.

▶ **en grupo:** in a group

gruta

▷ Visitamos algunas grutas prehistóricas.
We visited some prehistoric caves.

cave /keɪv/
◀ La a de cave se pronuncia como la a de make.

guante

▷ Cogí los guantes de Andrea por equivocación.
I took Andrea's gloves by mistake.

glove /glʌv/
◀ La o de glove se pronuncia como la u de duck; glove rima con love.

guapo, guapa

▷ Fabio es un chico muy guapo.
Fabio is a really good-looking boy.

▷ Carolina es muy guapa.
Carolina is really pretty.

(hablando de un hombre o una mujer)
good-looking /gʊdˈlʊkɪŋ/ (más guapo more good-looking, el más guapo the most good-looking)

ℹ Cuando se trata de una mujer, también se puede usar pretty /ˈprɪtɪ/ (más guapa prettier /ˈprɪtɪəʳ/, la más guapa the prettiest /ˈprɪtɪɪst/).

guardar

1 ▷ Guárdalo en un lugar seco.
Keep it in a dry place.

▷ ¿Dónde guardas la bicicleta?
Where do you keep your bicycle?

2 ▷ ¡Guardad los juguetes ahora mismo!
Put the toys away right now!

3 ▷ Un perro guarda la casa.
A dog guards the house.

4 ▷ Guárdanos dos sitios, por favor.
Save two places for us, please.

▷ Guárdalo en la carpeta Mis Documentos.
Save it in the My Documents folder.

▷ No te olvides de guardar cambios antes de salir del programa.
Don't forget to save your changes before you exit the program.

1 (= conservar algo en un lugar) keep /ki:p/ (kept, kept /kept/)

2 guardar algo (= colocar en su sitio): put something away /əˈweɪ/ (put, put)

3 (= vigilar, defender) guard /gɑːd/
◀ La u de guard no se pronuncia.

4 (un asiento, un lugar, también hablando de un documento informático) save /seɪv/
◀ La a de save se pronuncia como la a de make.

▶ **guardar cambios:** save your changes /ˈseɪv jə ˈtʃeɪndʒɪz/

guarderia

▷ Maritere deja a Carlos en la guardería los miércoles.
Maritere leaves Carlos at the nursery on Wednesdays.

nursery /ˈnɜːsəri/ (plural: nurseries /ˈnɜːsəriz/)

guardia

1 ▷ Había dos guardias delante del palacio.
There were two guards in front of the palace.

2 ▷ Pregúntale a un guardia dónde está la estación.
Ask a policeman where the station is.

1 (= centinela) guard /gɑːd/
◀ La u de guard no se pronuncia.

2 (= policía) (hombre) policeman /pəˈliːsmən/, (mujer) policewoman /pəˈliːswʊmən/

Guatemala

▷ ¿Cuál es la capital de Guatemala?
What's the capital of Guatemala?

Guatemala /gwəʊtəˈmɑːlə/
◀ La segunda a de Guatemala se pronuncia como la a de far.

guatemalteco, guatemalteca

1 ▷ Visitamos varias ciudades guatemaltecas.
We visited several Guatemalan cities.

▷ Engracia es guatemalteca.
Engracia is Guatemalan.

2 ▷ Se casó con un guatemalteco.
She married a Guatemalan.

1 (adjetivo) Guatemalan /gwætəˈmɑːlən/
◀ La segunda a de Guatemala se pronuncia como la a de far.
ℹ Se escribe siempre con mayúscula, como todos los adjetivos y nombres ingleses que se refieren a la nacionalidad.

2 (nombre) un guatemalteco, una guatemalteca: a Guatemalan

guay

▷ Tu nueva bici es muy guay.
Your new bike is really cool.

▷ Lo pasamos muy guay en la fiesta.
We had a really great time at the party.

cool /kuːl/
ℹ Tanto guay como cool son términos familiares que sólo debes usar con amigos y conocidos.

▶ pasarlo guay: have a great time /hæv ə ˈgreɪt taɪm/ (had, had)

guepardo

▷ El guepardo es un animal muy rápido.
The cheetah is a very fast animal.

cheetah /ˈtʃiːtə/
◀ cheetah rima con heater.

guerra

▷ Vimos imágenes de la guerra en la tele.
We saw pictures of the war on the TV.

war /wɔːr/
◀ war rima con more y door.

guerrero, guerrera

▷ El héroe de la película es un guerrero.
The film's hero is a warrior.

warrior /ˈwɒriər/
◀ La a de warrior se pronuncia como la o de got.

guerrilla

▷ Hay una guerrilla que lucha contra el gobierno en esa parte del país.
There is a guerrilla group fighting against the government in that part of the country.

guerrilla group /gəˈrɪlə gruːp/
◀» guerrilla se pronuncia como si sólo tuviera una r y una l.

guía

1 ▷ El guía explicó cómo fue destruido el castillo.
The guide explained how the castle was destroyed.

1 (= persona que enseña algo a otras)
guide /gaɪd/
◀» La ui de guide se pronuncia como la i de like; guide rima con side.

2 ▷ Compramos una guía antes de viajar a Francia.
We bought a guidebook before travelling to France.

2 (= libro con información)
guidebook /ˈgaɪdbʊk/
◀» La ui de guidebook se pronuncia como la i de like.

▷ Busca el número en la guía telefónica.
Look up the number in the telephone directory.

► **guía telefónica:** telephone directory /ˈtelɪfəʊn dɪˈrektərɪ/ (plural: **telephone directories** /ˈtelɪfəʊn dɪˈrektərɪz/)

guiar

▷ Un camarero nos guió hasta la salida.
A waiter guided us to the exit.

guide /gaɪd/
◀» La ui de guide se pronuncia como la i de like; guide rima con side.

guinda

▷ Todos querían comerse la guinda.
Everybody wanted to eat the cherry.

cherry /ˈtʃerɪ/ (plural: cherries /ˈtʃerɪz/)

guiñar

▷ Silvia me guiñó el ojo.
Silvia winked at me.

► **guiñar el ojo a alguien:** wink /wɪŋk/ at somebody

guiño

▷ Le hice un guiño a Diana.
I winked at Diana.

► **hacer un guiño a alguien:** wink /wɪŋk/ at somebody

guiñol

▷ Había un espectáculo de guiñol en el parque.
There was a puppet show in the park.

► **espectáculo de guiñol:** puppet show /ˈpʌpɪt ʃəʊ/
◀» La u de puppet se pronuncia como la u de gun.

guión

1 ▷ Pon un guión entre las dos palabras.
Put a hyphen between the two words.

1 (signo ortográfico) hyphen /ˈhaɪfən/
◀» La y de hyphen se pronuncia como la i de like.
ℹ Al guión más corto se le llama hyphen. Al más largo se le llama dash /dæʃ/.

2 ▷ El guión de la película es demasiado complicado.
The film's script is too complicated.

2 (de una película) script /skrɪpt/

guisante

▷ Comí carne con guisantes y zanahorias.
I ate meat with peas and carrots.

pea /piː/
◀)) pea rima con key y free; peas rima con please.

guisar

▷ ¡Qué bien huele! ¿Qué estás guisando?
What a lovely smell! What are you cooking?

(= cocinar) cook /kʊk/
◀)) La oo de hook se pronuncia como la oo de book.

guiso

▷ Mi madre preparó un guiso de carne delicioso.
My mother prepared a delicious meat stew.

stew /stjuː/
◀)) stew rima con you.

guitarra

▷ Sergio trajo su guitarra.
Sergio brought his guitar.

guitar /ɡɪˈtɑːʳ/
ℹ Fíjate bien en cómo se escribe guitar.

▷ Estoy aprendiendo a tocar la guitarra.
I'm learning to play the guitar.

▷ Quique pidió una guitarra eléctrica para su cumpleaños.
Quique asked for an electric guitar for his birthday.

► tocar la guitarra: play /pleɪ/ the guitar
► guitarra eléctrica: electric guitar

gusano

▷ Hay un gusano en esta manzana.
There is a worm in this apple.

worm /wɜːm/
◀)) La or de worm se pronuncia como la ir de bird y la ur de turn.

gustar

▷ Le gusta mucho el chocolate.
He really likes chocolate.

▷ ¿Te gusta la cerveza?
Do you like beer?

▷ Creo que a Jorge le gusta Eva.
I think Jorge fancies Eva.

► me gusta...: I like... /aɪ ˈlaɪk/
ℹ Fíjate cómo se construyen las demás formas: te gusta = you like, le gusta = he/she likes, nos gusta = we like, os gusta = you like, les gusta = they like.
ℹ Cuando una persona le gusta a otra se usa el verbo fancy /ˈfænsɪ/, como en el ejemplo de la izquierda.
ℹ La y de fancy se convierte en ie en la tercera persona del singular del presente de indicativo (fancies /ˈfænsɪz/), en el pasado y el participio (fancied /ˈfænsɪd/).

Sigue en la página siguiente

▷ Nos gusta ir a la playa.
We like going to the beach

▶ **gustar hacer algo:** like doing something

gusto

▷ Tiene un gusto muy extraño.
It has a very strange taste.

taste /teɪst/

◀)) La a de taste se pronuncia como la a de make.

▷ Tiene gusto a limón.
It tastes of lemon.

▷ Esta es mi madre. - Mucho gusto.
This is my mother. - Pleased to meet you.

▶ **tener gusto a algo:** taste /teɪst/ of something

▶ **mucho gusto** (dicho cuando te presentan a alguien): pleased to meet you /ˈpliːzd tə ˈmiːt yuː/

La letra **H** se pronuncia /eɪtʃ/ en inglés. Se pronuncia como la **a** de **make** seguida de la **ch** de **match**.

Habana

▷ Cuando estuve en Cuba pasé tres días en La Habana.
When I was in Cuba I spent three days in Havana.

▶ **la Habana:** Havana /həˈvænə/

💡 Fíjate que en inglés **Havana** no lleva artículo y se escribe con **v**.

haber

1 ▷ Hay una farmacia en la esquina.
There is a chemist's on the corner.

▷ Hay una mancha en el mantel.
There is a stain on the tablecloth.

▷ Hay muchas palomas en la estatua.
There are lots of pigeons on the statue.

▷ Habrá una fiesta en casa de Sergio el sábado.
There will be a party at Sergio's on Saturday.

▷ Había mucha gente en el concierto.
There were a lot of people at the concert.

2 ▷ No hay leche, voy a comprar un poco.
There's no milk, I'm going to buy some.

▷ En mi grupo no hay chicos.
There are no boys in my group.

3 ▷ He decidido hacer más deporte.
I have decided to do more sport.

▷ He visto esa película tres veces.
I have seen that film three times.

1 Para decir que una cosa existe (**hay**...), utilizamos las expresiones **there is** /ðeər ˈɪz/ (cuando hablamos de una sola cosa o una sola persona) y **there are** /ðeər ˈɑːʳ/ (cuando hablamos de varias cosas o personas). Con mucha frecuencia **there is** se contrae para formar **there's** /ðeəz/

ℹ Para colocar la expresión **there is/there are** en el futuro o en el pasado se modifican **is** y **are**. En el futuro, se convierte en **there will be** (habrá). En el pasado, se convierte en **there was** (en el singular) y **there were** (en el plural), que corresponden a **había**.

2 Para decir que no existe algo (**no hay**) empleamos **there is no...** (en el singular) y **there are no...** (en el plural)

3 El pasado compuesto que en español se construye con **haber** en inglés se hace con el verbo **have** /hæv/

ℹ **haber** + participio del verbo conjugado: **have** + participio del verbo conjugado.

Sigue en la página siguiente

4 ▷ ¿Qué hay, Pedro? Hacía tiempo que no te veía.
How are you doing, Pedro? I haven't seen you for a while.

4 ► **¿qué hay?** (saludo): how are you doing?

habitación

1 ▷ El salón es la habitación más grande de la casa.
The living room is the biggest room in the house.

▷ Una habitación individual, por favor.
A single room, please.

2 ▷ Estaba durmiendo en mi habitación cuando oí una explosión.
I was sleeping in my bedroom when I heard an explosion.

1 (= cualquier cuarto de una casa, hotel) room /ruːm/

2 (= dormitorio) bedroom /ˈbedruːm/

habitante

▷ Tuvieron que evacuar a los habitantes del pueblo.
They had to evacuate the inhabitants of the village.

(= de un país, una ciudad) inhabitant /ɪnˈhæbɪtənt/

◀ El acento recae sobre la segunda sílaba -ha-.

hablar

1 ▷ Deberías hablar con María.
You should speak to María.

▷ Hablamos por teléfono durante una hora.
We talked for an hour on the phone.

▷ Estaba hablando de fútbol con mi amigo.
I was talking about football with my friend.

▷ Podemos hablar de ello si quieres.
We can talk about it if you want.

2 ▷ Elena habla muy bien alemán.
Elena speaks very good German.

▷ Cuando me hablan en inglés no entiendo nada.
When people speak English to me I don't understand anything.

3 ▷ Ya no se hablan.
They're not speaking to each other any more.

1 (= conversar) speak /spiːk/ (spoke /spəʊk/, spoken /ˈspəʊkən/)

ℹ También se puede decir talk /tɔːk/.
◀ La l de talk no se pronuncia; talk rima con fork.

► **hablar con alguien de algo:** talk to somebody about something

2 ► **hablar un idioma:** speak /spiːk/ a language (spoke /spəʊk/, spoken /ˈspəʊkən/)
► **hablar en + idioma:** speak + language

3 ► **hablarse** (= dirigirse la palabra): speak to each other /ˈspiːk tʊ iːtʃ ˈʌðər/

hacer

1 ▷ Tengo muchas cosas que hacer.
I've got a lot of things to do.

2 ▷ A Juan le gusta hacer pasteles para sus amigos.
Juan likes to make cakes for his friends.

1 Cuando hacer no es sinónimo de fabricar se traduce generalmente por do /duː/ (did /dɪd/, done /dʌn/)

2 Cuando hacer significa fabricar, se traduce generalmente por make /meɪk/ (made, made /meɪd/)

3 ▷ Van a hacer un nuevo puente sobre el río.
They are going to build a new bridge over the river.

4 ▷ Mi hermana nos hace reír con sus chistes.
My sister makes us laugh with her jokes.

3 Cuando **hacer** significa **construir** (un puente, una casa), se traduce generalmente por build /bɪld/ (built, built /bɪlt/)

4 ► **hacer + infinitivo + complemento de persona** (= provocar): make + verbo (**made, made**)

i ¡Atención! El verbo **hacer** tiene traducciones diferentes dependiendo de los nombres que lo acompañan. Consulta la traducción bajo la entrada correspondiente a la otra palabra (por ejemplo, para saber cómo decir **hacer un regalo** busca en **regalo**, para **hacer una fiesta** busca en **fiesta**, etc.).

hacha

▷ Necesito un hacha para cortar leña.
I need an axe to cut some wood.

axe /æks/
🖐 En inglés americano, la palabra se escribe ax.

hacia

1 ▷ Sigue hacia la iglesia y gira a la izquierda.
Go towards the church, then turn left.

2 ▷ Llegaremos hacia las ocho.
We will get there around eight o'clock.

1 (para indicar dirección) towards /təˈwɔːdz/

2 (para indicar tiempo aproximado) around /əˈraʊnd/

hallar

▷ Hallaron el barco naufragado cerca de la costa.
They found the shipwreck near the coast.

(= encontrar) find /faɪnd/ (found, found /faʊnd/)

hambre

▷ ¡Tengo hambre! ¿Cuándo vamos a comer?
I'm hungry! When are we eating?

▷ Mucha gente pasó hambre en los años siguientes a la guerra.
A lot of people went hungry in the years after the war.

► **tener hambre:** be hungry /ˈhʌŋɡrɪ/ (was /wɒz/, were /wɜːʳ/)
► **pasar hambre:** go hungry /ˈhʌŋɡrɪ/ (went /went/, gone /ɡɒn/)

hambriento, hambrienta

▷ ¡Estoy hambriento! ¡Me comería una pizza entera!
I'm starving! I could eat a whole pizza!

► **estar hambriento:** be starving /ˈstɑːvɪŋ/

hamburguesa

▷ Quiero una hamburguesa con patatas fritas.
I'd like a hamburger and chips.

hamburger /ˈhæmbɜːɡəʳ/
🔊 El acento recae sobre la primera sílaba -ham-.

hamburguesería

▷ Han abierto una nueva hamburguesería en el centro.
They've opened a new hamburger joint in the town centre.

hamburger joint /ˈhæmbɜːgə dʒɔɪnt/

hámster

▷ Mi hámster se llama Toby.
My hamster's called Toby.

hamster /ˈhæmstəʳ/

harina

▷ Hacen falta doscientos gramos de harina.
You need two hundred grammes of flour.

flour /flaʊəʳ/

🔊 La pronunciación de flour es la misma que la de flower (= flor).

harto, harta

1 ▷ ¿No estás harto de esta música?
Aren't you fed up with this music?

▷ Estoy harto de esperar.
I'm fed up with waiting.

2 ▷ Estoy harto, no puedo más.
I'm full, I can't eat another thing.

1 ▶ (= cansado) **estar harto de algo**: be fed up /fed ˈʌp/ with something

▶ **estar harto + infinitivo**: be fed up with + -ing

2 (= lleno de comida) full /fʊl/

hasta

1 ▷ Sigue hasta la iglesia y gira a la derecha.
Go up to the church and turn right.

2 ▷ Te esperaré hasta las diez.
I'll wait for you until ten o'clock.

3 ▷ Mis padres me dejan gastar hasta 50 euros.
My parents are letting me spend up to 50 euros.

4 ▷ Me voy a casa a estudiar. ¡Hasta luego!
I'm going home to study. See you later!

1 (en el espacio) up to /ʌp tʊ/

2 (en el tiempo) until /ənˈtɪl/

3 (indicando el máximo posible) up to /ʌp tʊ/

4 (para despedirse) **¡hasta luego!**: see you later! /siː juː ˈleɪtəʳ/

ℹ Consulta también otras formas de despedirse en las entradas correspondientes a **luego**, **mañana**, **pronto** y **vista**.

hebilla

▷ Se me ha roto la hebilla del cinturón.
The buckle on my belt is broken.

buckle /ˈbʌkəl/

hecho

1 ▷ El hecho de que se sienta culpable no cambia nada.
The fact that he feels guilty doesn't change anything.

2 ▷ Los hechos ocurrieron cuando ya era de noche.
The events took place after dark.

1 (= cosa ocurrida) fact /fækt/

2 (= acontecimiento) event /ɪˈvent/

helado

▷ Me encanta el helado de chocolate.
I love chocolate ice cream.

ice cream /ˈaɪs kriːm/ (plural: ice creams)

helado, helada

1 ▷ El hielo es simplemente agua helada.
Ice is just frozen water.

2 ▷ El lago está helado, puedes ir a patinar en él.
The lake is frozen over, you can go skating on it.

3 ▷ Estoy helado, ¡enciende la calefacción!
I'm freezing, put the heating on!

▷ Tengo las manos heladas.
My hands are freezing.

1 (para referirse al agua) frozen /ˈfrəʊzən/

2 (para referirse a un lago, un río) frozen over /ˈfrəʊzən ˈəʊvəʳ/

3 (para referirse a una persona, a las manos o los pies) freezing /ˈfriːzɪŋ/

helar

▷ El pronóstico del tiempo dice que va a helar esta noche.
The weather forecast says that it's going to freeze tonight.

▷ ¡Me estoy helando de frío!
¡I'm freezing!

(= hacer mucho frío) freeze /friːz/ (froze /frəʊz/, frozen /ˈfrəʊzən/)

ℹ En inglés, los verbos que se usan para describir los fenómenos del tiempo y el clima llevan it delante.

► **helarse de frío** (= pasar mucho frío): freeze

hélice

▷ La hélice del barco estaba rota.
The boat's propeller was broken.

(= de un helicóptero, un barco) propeller /prəˈpeləʳ/

helicóptero

▷ El helicópero aterrizó en el campo.
The helicopter landed in the field.

helicopter /ˈhelɪkɒptəʳ/

◄» El acento recae sobre la primera sílaba he-.

⚡ Fíjate que la palabra inglesa acaba en r.

hembra

▷ Las hembras tienen la cabeza negra y los machos la tienen blanca.
The females have a black head and the males have a white one.

▷ Es un tiburón hembra.
It's a female shark.

female /ˈfiːmeɪl/

◄» La primera e se pronuncia como la ee de week y la a se pronuncia como la a de make.

herida

▷ Sus heridas no eran graves.
Her injuries weren't serious.

▷ Tenía varias heridas de bala.
He had several bullet wounds.

injury /ˈɪndʒərɪ/ (plural: injuries /ˈɪndʒərɪz/)

ℹ Cuando la herida es causada por una bala, un cuchillo o alguna otra arma, y produce un corte o un agujero en la carne, en inglés se utiliza la palabra wound /waʊnd/.

Sigue en la página siguiente

▷ Me caí de la bicicleta y me hice una herida en la rodilla
I fell off my bike and hurt my knee.

◀) La **ou** de **wound** se pronuncia como la **o** de **do**.

▶ hacerse una herida en algo: **hurt** /hɜːt/ something

herido, herida

1 ▷ Encontramos un pájaro herido en la carretera.
We found an injured bird on the road.
▷ Había varios soldados heridos.
There were several wounded soldiers.

1 (= con heridas) **injured** /ˈɪndʒəd/

ℹ Cuando la herida es causada por una bala, un cuchillo o alguna otra arma, y produce un corte o un agujero en la carne, en inglés se utiliza la palabra **wounded** /ˈwuːndɪd/.

◀) La **ou** de **wounded** se pronuncia como la **o** de **do**.

2 ▷ ¿Cuántos heridos hay?
How many casualties are there?

2 un herido, **una herida**: a **casualty** /ˈkæʒjuəltɪ/ (plural: casualties /ˈkæʒjuəltɪz/)

herir

1 ▷ Me herí la rodilla cuando fui a escalar.
I injured my leg when I went climbing.
▷ El soldado fue herido en combate.
The soldier was wounded in combat.

1 (físicamente) **injure** /ˈɪndʒər/

ℹ Cuando la herida es causada por una bala, un cuchillo o alguna otra arma, y produce un corte o un agujero en la carne, en inglés se utiliza el verbo **wound** /waʊnd/.

◀) La **ou** de **wound** se pronuncia como la **o** de **do**.

▷ Ismael resultó herido en el accidente.
Ismael was injured in the accident.
2 ▷ Tu comentario hirió a Carolina.
Your remark hurt Carolina.

▶ resultar herido: be injured /ˈɪndʒəd/

2 (= ofender) **hurt** /hɜːt/ (hurt, hurt /hɜːt/)

hermana

▷ Mi hermana se llama Julia.
My sister's called Julia.

sister /ˈsɪstər/

hermano

▷ No conozco al hermano de Alex.
I don't know Alex's brother.

▷ Todos mis hermanos fueron a la fiesta.
All my brothers and sisters went to the party.

brother /ˈbrʌðər/

◀) La **o** de **brother** se pronuncia como la **u** de **duck**.

ℹ Cuando se usa **hermanos** para referirse a los chicos y a las chicas al mismo tiempo, en inglés se traduce como **brothers and sisters**.

héroe

▷ El héroe de la película se llama Luke.
The film's hero is called Luke.

hero /ˈhɪərəʊ/ (plural: heroes /ˈhɪərəʊz/)

🔊 La e de hero se pronuncia como la ee de week.

heroína

▷ La heroína del libro es una enfermera francesa.
The book's heroine is a French nurse.

(mujer) heroine /ˈherəʊɪn/

🔊 El acento recae sobre la primera sílaba he-.

🔊 La primera e de heroine se pronuncia como la e de bed.

herramienta

▷ Mi padre le prestó las herramientas al vecino.
My father lent his tools to his neighbour.

tool /tuːl/

hervir

▷ El agua está empezando a hervir.
The water is starting to boil.

boil /bɔɪl/

hidrógeno

▷ El hidrógeno es un gas.
Hydrogen is a gas.

hydrogen /ˈhaɪdrədʒən/

🔊 El acento recae sobre la primera sílaba hy-.

⚡ Fíjate que la palabra inglesa se escribe con y y no con i.

hielo

▷ Quiero un zumo de naranja con hielo.
I'd like an orange juice with ice.

ice /aɪs/

🔊 ice rima con nice.

hierba

1 ▷ La hierba está demasiado alta, deberías cortarla.
The grass is too long, you should cut it.
2 ▷ El jardín está lleno de malas hierbas.
The garden is full of weeds.

1 grass /grɑːs/

2 ▶ mala hierba: weed /wiːd/

hierro

▷ Las espinacas tienen hierro.
Spinach contains iron.

iron /ˈaɪən/

🔊 La r de iron no se pronuncia; iron rima con la palabra lion y con el nombre Brian.

▶ ser de hierro: be made of iron

▶ de hierro: iron

▷ Esta verja es de hierro.
These railings are made of iron.
▷ Una barra de hierro.
An iron bar.

hígado

▷ Comer demasiado chocolate hace daño al hígado.
Eating too much chocolate is bad for your liver.

(el órgano, la carne) liver /ˈlɪvəʳ/

higiene

▷ En el colegio nos enseñan lo importante que es la higiene.
At school they teach us how important hygiene is.

hygiene /ˈhaɪdʒiːn/
❦ Fíjate que la primera sílaba de la palabra inglesa se escribe con y y no con i. El acento recae sobre la primera sílaba hy-; hygiene rima con been.

higo

▷ Me gustan los higos.
I like figs.

fig /fɪgʳ/

hija

▷ Tienen dos hijas.
They have two daughters.

daughter /ˈdɔːtəʳ/
◀) daughter rima con porter.

hijo, hija

▷ Tienen un hijo.
They have a son

son /sʌn/
◀) La palabra inglesa son se pronuncia igual que sun (= sol).
ℹ Cuando se usa hijos para referirse a los chicos y a las chicas al mismo tiempo, en inglés se traduce como children /ˈtʃɪldrən/.

▷ No tienen hijos.
They don't have any children.

hilo

▷ Me hace falta hilo para coser este botón.
I need some thread to sew this button on.

(para coser) thread /θred/
◀) thread rima con bed.
► hilo dental: floss /flɒs/

▷ Se me ha acabado el hilo dental, necesito comprar más.
I've run out of floss, I need to buy some more.

hinchar

1 ▷ Hinchamos cien globos para decorar la habitación.
We blew up a hundred balloons to decorate the room.

1 (= meter aire dentro) blow up /bləʊ ʌp/ (blew up /bluː ʌp/, blown up /bləʊn ʌp/)

2 ▷ Se me está hinchando el tobillo.
My ankle is swelling.

2 (= inflamarse) swell /swel/ (swelled /sweld/, swollen /ˈswəʊlən/)

hipermercado

▷ Mi madre va al hipermercado todos los fines de semana.
My mother goes to the hypermarket every weekend.

hypermarket /ˈhaɪpəmɑːkɪt/
❦ Fíjate que la primera sílaba de la palabra inglesa se escribe con y y no con i. El acento recae sobre la primera sílaba -hy-.

hipopótamo

▷ A los hipopótamos les encanta el barro.
Hippopotamuses like mud.

hippopotamus /ˌhɪpəˈpɒtəməs/
(plural: hippopotamuses
/ˌhɪpəˈpɒtəməsɪz/)
ℹ En inglés también se dice **hippo**
/ˈhɪpəʊ/.
🌶 Fíjate que en inglés **hippopotamus**
se escribe con doble **p** en la primera
sílaba.

historia

1 ▷ Rafa nos contó una historia increíble.
Rafa told us an incredible story.
2 ▷ Mi asignatura favorita es historia.
History is my favourite subject.

1 (= una historia que cuenta alguien)
story /ˈstɔːrɪ/ (plural: **stories** /ˈstɔːrɪz/)
2 (= el pasado) **history** /ˈhɪstərɪ/

hocico

▷ El perro empujaba la pelota con su hocico.
The dog was pushing the ball with its muzzle.

ℹ El **hocico** del perro o de la vaca se
dice **muzzle** /ˈmʌzəl/. Para el del cerdo
se dice **snout** /snaʊt/.

hockey

▷ Hay tres tipos de hockey: sobre hielo, sobre
hierba y sobre patines.
*There are three kinds of hockey: ice hockey,
field hockey and roller hockey.*
▷ Nunca he jugado al hockey.
I've never played hockey.

hockey /ˈhɒkɪ/

► jugar al hockey: **play hockey**

hogar

1 ▷ Muchas personas perdieron sus hogares después
de las inundaciones.
*A lot of people lost their homes after the
floods.*
2 ▷ Siéntate cerca del hogar.
Sit by the fireplace.

1 (= casa) **home** /həʊm/

2 (= chimenea interior) **fireplace**
/ˈfaɪəpleɪs/

hoguera

1 ▷ Hicieron una hoguera con muebles viejos.
They made a bonfire with old furniture.
2 ▷ Todas las noches nos sentábamos a cantar en
torno a una hoguera.
*Every night we sat around a campfire and
sang songs.*

1 (para quemar objetos) **bonfire**
/ˈbɒnfaɪər/
2 (en el campamento) **campfire**
/ˈkæmpfaɪər/

hoja

1 ▷ Están comenzando a caerse las hojas.
The leaves are beginning to fall.
2 ▷ ¿Me puedes dejar una hoja de papel?
Can you give me a sheet of paper?

1 (= de árbol) **leaf** /liːf/ (plural: **leaves**
/liːvz/)
2 (= de papel) **sheet** /ʃiːt/

hola

▷ Hola, Patricia, ¿cómo estás?
Hello, Patricia, how are you?

hello /heˈləʊ/

ℹ Para dirigirte a un amigo o persona conocida también puedes usar hi /haɪ/.

Holanda

▷ ¿Has estado alguna vez en Holanda?
Have you ever been to Holland?

Holland /ˈhɒlənd/

✎ Fíjate que en inglés Holland se escribe con doble l.

holandés, holandesa

1 ▷ Tengo varios amigos holandeses.
I have several Dutch friends.

1 (adjetivo) Dutch /dʌtʃ/

ℹ Se escribe siempre con mayúscula, como todos los adjetivos y nombres ingleses que se refieren a la nacionalidad.

2 ▷ Mi hermana está saliendo con un holandés.
My sister is going out with a Dutch boy.

2 ▶ un holandés, una holandesa: (= hombre) a Dutch man; (= chico) a Dutch boy; (= mujer) a Dutch woman; (= chica) a Dutch girl

3 ▷ A los holandeses les encanta el fútbol.
The Dutch love football.

3 ▶ los holandeses: the Dutch

holgazán, holgazana

▷ No seas holgazán y haz los deberes.
Don't be lazy and do your homework.

lazy /ˈleɪzi/ (más holgazán lazier /ˈleɪziəʳ/, el más holgazán the laziest /ˈleɪziɪst/)

◀ lazy rima con crazy.

hombre

▷ Es un hombre muy alto.
He's a very tall man.

man /mæn/ (plural: men /men/)

hombro

▷ Me duele el hombro.
My shoulder hurts.

shoulder /ˈʃəʊldəʳ/

◀ La o de shoulder se pronuncia como la o de hold; shoulder rima con colder.

homosexual

▷ Algunas parejas homosexuales deciden adoptar niños.
Some homosexual couples decide to adopt children.

▷ Los homosexuales tienen los mismos derechos que los heterosexuales.
Homosexuals have the same rights as heterosexuals.

homosexual /ˌhəʊməʊˈseksjʊəl/

ℹ La palabra homosexual puede ser adjetivo (como en el primer ejemplo) o nombre (como en el segundo).

ℹ También se puede decir gay /geɪ/ (adjetivo y nombre).

hondo, honda

▷ No me dejan bañarme en la parte honda de la piscina.
I'm not allowed to swim in the deep end of the pool.

deep /diːp/ (más hondo deeper /ˈdiːpəʳ/, el más hondo the deepest /ˈdiːpɪst/)

Honduras

▷ Nunca he estado en Honduras.
I have never been to Honduras.

Honduras /hɒnˈdjʊərəs/

hondureño, hondureña

1 ▷ La capital hondureña.
The Honduran capital.
▷ Frank es hondureño.
Frank's Honduran.

2 ▷ Un hondureño de mi clase me contó la historia.
A Honduran in my class told me the story.

1 (adjetivo) Honduran /hɒnˈdjʊrən/
i Se escribe siempre con mayúscula, como todos los adjetivos y nombres ingleses que se refieren a la nacionalidad.
2 (nombre) un hondureño, una hondureña: a Honduran

hora

1 ▷ Nos llevó tres horas.
It took us three hours.

▷ Necesito media hora para arreglarme.
I need half an hour to get ready.
2 ▷ ¿Tiene hora, por favor?
Do you have the time, please?
▷ ¡Es hora de levantarse!
It's time to get up!
▷ ¿Qué hora es?
What time is it?
▷ ¿A qué hora vais a salir?
What time are you leaving?

1 (= periodo de 60 minutos) hour /aʊəʳ/
◀ La h de hour no se pronuncia; hour rima con flower.
► media hora: half an hour

2 (cuando se habla de un momento exacto del día): time /taɪm/
► es hora de...: it's time to...

i Para preguntar la hora se dice what time is it?
! ¡Cuidado! No se dice at what time...? sino what time...?

horario

▷ Tenemos un horario muy apretado.
We have a very busy timetable.
▷ ¿Tienes el horario del tren?
Have you got the train timetable?

timetable /ˈtaɪmteɪbəl/
◀ La i de time- se pronuncia como la i de like. La a de -table se pronuncia como la a de make.

horizontal

▷ Dibuja una línea horizontal.
Draw a horizontal line.

horizontal /hɒrɪˈzɒntəl/
◀ El acento recae sobre la tercera sílaba - zon-, y la i es la de big.

horizonte

▷ Veo un barco en el horizonte.
I can see a boat on the horizon.

horizon /həˈraɪzən/
El acento recae sobre la segunda sílaba - ri-.
► **en el horizonte**: on the horizon
La i de horizon se pronuncia como la i de like.

hormiga

▷ Las migas atraen a las hormigas.
Ants are attracted by crumbs.

ant /ænt/

horno

▷ Enciende primero el horno y después prepara los ingredientes.
First switch the oven on and then prepare the ingredients.

oven /ˈʌvən/
La o de oven se pronuncia como la u de duck.

▷ Voy a cocinar este guiso al horno.
I'm going to cook this stew in the oven.

► **cocinar algo al horno**: cook something in the oven

▷ Voy a preparar unas palomitas en el horno microondas.
I'm going to make some popcorn in the microwave.

► **horno microondas**: microwave

horóscopo

▷ Carlos consulta el horóscopo todas las semanas.
Carlos reads the horoscope every week.

horoscope /ˈhɒrəskəʊp/
El acento recae sobre la primera sílaba ho-.

horquilla

▷ Necesito varias horquillas para sujetarme el pelo.
I need several hairgrips to keep my hair in place.

hairgrip /ˈheəɡrɪp/

horrible

1 ▷ Llevaba una chaqueta de cuero horrible.
She was wearing a horrible leather jacket.

1 (= muy feo) horrible /ˈhɒrɪbəl/ (más horrible more horrible, el más horrible the most horrible)

2 ▷ Fuimos a ver una película horrible.
We went to see a terrible film.

2 (= muy malo) terrible /ˈterɪbəl/ (más horrible more terrible, el más horrible the most terrible)

3 ▷ Hace un frío horrible.
It's absolutely freezing!

3 ► **hacer un frío horrible**: be absolutely freezing /ˈæbsəluːtlɪ ˈfriːzɪŋ/

▷ ¡Tenemos un hambre horrible!
We're absolutely starving!

► **tener un hambre horrible**: be absolutely starving /ˈæbsəluːtlɪ ˈstɑːvɪŋ/

horroroso, horrorosa

1 ▷ Me regalaron un vestido horroroso.
They gave me a horrible dress.

1 (= muy feo) horrible /ˈhɒrɪbəl/ (más horroroso more horrible, el más horroroso the most horrible)

2 ▷ Le gustan unos grupos de música horrorosos.
He likes some terrible bands.

3 ▷ Hace un frío horroroso.
It's absolutely freezing!

▷ ¡Tenemos un hambre horrorosa!
We're absolutely starving!

2 (= muy malo) terrible /ˈterɪbəl/
(más horrible more terrible, el más
horrible the most terrible)

3 ► hacer un frío horroroso:
be absolutely freezing
/ˈæbsəluːtlɪ ˈfriːzɪŋ/

► tener un hambre horrorosa:
be absolutely starving
/ˈæbsəluːtlɪ ˈstɑːvɪŋ/

hospital

▷ El hospital está cerca de la universidad.
The hospital is near the university.

▷ Marta está en el hospital, la tienen que operar.
Marta is in hospital, she has to have an operation.

▷ Lucas está en el hospital visitando a su hermana que está enferma.
Lucas is at the hospital visiting his sister who is ill.

hospital /ˈhɒspɪtəl/
◄) El acento recae sobre la primera
sílaba -hos-.

► estar en el hospital (por estar
enfermo): be in hospital

► estar en el hospital (visitando a
un enfermo): be at the hospital

hospitalizar

▷ Mi abuela fue hospitalizada ayer.
My grandmother was taken to hospital yesterday.

► ser hospitalizado: be taken
to hospital /ˈteɪkən tʊ ˈhɒspɪtəl/

hotel

▷ Encontramos un hotel barato cerca de la playa.
We found a cheap hotel near the beach.

hotel /həʊˈtel/
◄) La o de hotel se pronuncia como la
oa de boat.

hoy

▷ Hoy es el cumpleaños de Rafa.
It's Rafa's birthday today.

today /təˈdeɪ/

hucha

▷ Nadia tiene más de 100 euros en su hucha.
Nadia has more than 100 euros in her moneybox.

moneybox /ˈmʌnɪbɒks/ (plural:
moneyboxes /ˈmʌnɪbɒksɪz/)

ℹ Cuando la hucha tiene forma de
cerdito en inglés se llama piggybank
/ˈpɪgɪbæŋk/.

huelga

▷ La huelga del metro comienza mañana.
The underground strike starts tomorrow.

▷ Los profesores están en huelga desde ayer.
The teachers have been on strike since yesterday.

strike /straɪk/

► estar en huelga: be on strike

huella

▷ Alguien había dejado sus huellas en la arena.
Somebody had left their footprints in the sand.

(de persona) footprint /ˈfʊtprɪnt/

huérfano, huérfana

▷ Blanca es huérfana.
Blanca is an orphan.

▷ Adoptaron un huérfano.
They adopted an orphan.

▶ **ser (un) huérfano:** be an orphan /ˈɔːfən/

ℹ Fíjate que en inglés se utiliza el artículo an.

❦ Fíjate que la f se convierte en inglés en ph.

hueso

▷ El perro enterró un hueso en el jardín.
The dog buried a bone in the garden.

bone /bəʊn/

huevo

▷ Compra una docena de huevos.
Buy a dozen eggs.

▷ Comimos huevos revueltos para desayunar.
We had scrambled eggs for breakfast.

▷ ¿Qué prefieres, un huevo duro o un huevo pasado por agua?
Which do you prefer, a hard-boiled egg or a soft-boiled egg?

▷ Me encantan los huevos fritos.
I love fried eggs.

egg /eg/

▶ **huevos revueltos:** scrambled eggs /ˈskræmbld ˈegz/

▶ **huevo duro:** hard-boiled egg /ˈhɑːdbɔɪld eg/ (plural: **hard-boiled eggs**)

▶ **huevo pasado por agua:** soft-boiled egg /ˈsɒftbɔɪld eg/ (plural: **soft-boiled eggs**)

▶ **huevo frito:** fried egg /fraɪd eg/ (plural: **fried eggs**)

huir

1 ▷ Los asaltantes intentaron huir pero la policía los cogió.
The robbers tried to run away but the police caught them.

▷ Dos presos huyeron de la cárcel.
Two prisoners escaped from the jail.

1 (de la policía) run away /rʌn əˈweɪ/ (ran away /ræn əˈweɪ/, run away)

ℹ Cuando la huída se efectúa en un vehículo, en inglés se usa get away /get əˈweɪ/ (got, got). Cuando la persona que huye consigue escapar, en inglés se usa escape /ɪˈskeɪp/.

2 ▷ Tuvo que huir del país con su familia cuando era pequeño.
He had to flee the country with his family when he was a child.

2 (de un país, un enemigo) flee /fliː/ (fled, fled /fled/)

humanitario, humanitaria

▷ Mis padres colaboran como voluntarios con una organización humanitaria.
My parents do voluntary work for a humanitarian organization.

humanitarian /hjuːmænɪˈteərɪən/

humano, humana

▷ En la película los extraterrestres atacan a los humanos.
In the film, the aliens attack the humans.

human /ˈhjuːmən/
ℹ Además de un nombre, human puede ser también un adjetivo.
◀) El acento recae sobre la primera sílaba hu-.

humedecer

▷ Humedece el paño antes de limpiar los cristales.
Moisten the cloth before cleaning the lenses.

moisten /ˈmɔɪsən/
◀) La t no se pronuncia.

húmedo, húmeda

▷ Utiliza una esponja húmeda.
Use a damp sponge.

damp /dæmp/ (más húmedo damper, el más húmedo the dampest)

humilde

▷ Óscar es un chico muy humilde.
Óscar is a very humble boy.

humble /ˈhʌmbəl/

humillante

▷ Lo que le dijo el profesor fue humillante.
What the teacher said to him was humiliating.

humiliating /hjuːˈmɪlɪeɪtɪŋ/ (más humillante more humiliating, el más humillante the most humiliating)

humillar

▷ El profesor la humilló delante de todos sus compañeros.
The teacher humiliated her in front of all her classmates.

humiliate /hjuːˈmɪlɪeɪt/

humo

▷ Hay demasiado humo en este bar.
There's too much smoke in this bar.

smoke /sməʊk/

humor

1 ▷ Me gusta el humor británico.
I like British humour.

1 (= comedia, diversión) humour /ˈhjuːməʳ/
◀) El acento recae sobre la primera sílaba -hu-.
⁊ En inglés americano se escribe humor.

2 ▷ Mi profesor estaba hoy de muy buen humor.
My teacher was in a really good mood today.

2 ► estar de buen humor (= estar contento): be in a good mood

▷ Cuando mis padres están de mal humor prefiero no hablar con ellos.
When my parents are in a bad mood I prefer not to talk to them.

► estar de mal humor (= estar enfadado): be in a bad mood

hundirse

▷ El barco se hundió pero nadie se ahogó.
The boat sank but nobody drowned.

(refiriéndose a un barco) sink /sɪŋk/
(sank /sæŋk/, sunk /sʌŋk/)

húngaro, húngara

1 ▷ La capital húngara.
The Hungarian capital.

▷ Laszlo es húngaro.
Laszlo's Hungarian.

2 ▷ Cuando viajé por Europa conocí a una húngara.
I met a Hungarian while I was travelling round Europe.

1 (adjetivo) Hungarian /hʌŋˈgeərɪən/
ⓘ Se escribe siempre con mayúscula, como todos los adjetivos y nombres ingleses que se refieren a la nacionalidad.

2 (nombre) **un húngaro, una húngara:** a Hungarian
◀) El acento recae sobre la segunda sílaba -ga-.

Hungría

▷ Hungría está ahora en la Unión Europea.
Hungary is now in the European Union.

Hungary /ˈhʌŋgərɪ/
◀) El acento recae sobre la primera sílaba Hun-

huracán

▷ El huracán destruyó los tejados de varias casas.
The hurricane destroyed the roofs of several houses.

hurricane /ˈhʌrɪkən/
◀) El acento recae sobre la primera sílaba hu-.

I

La letra **I** se pronuncia /aɪ/ en inglés.
I rima con **my**, **die** y **buy**.

Iberoamérica

▷ El pasado verano fuimos de viaje por Iberoamérica.
We travelled around Latin America last summer.

Latin America /ˈlætɪn əˈmerɪkə/
◀ El acento en la palabra **Latin** recae sobre la primera sílaba **La-**.

iberoamericano, iberoamericana

1 ▷ Nos gusta mucho la música iberoamericana.
We really like Latin American music.

1 (adjetivo) Latin American /ˈlætɪn əˈmerɪkən/
ℹ Se escribe siempre con mayúscula, como todos los adjetivos y nombres ingleses que se refieren a la nacionalidad.

2 ▷ Se casó con un iberoamericano.
She married a Latin American.

2 (nombre) un iberoamericano, una iberoamericana: a Latin American

iceberg

▷ El barco chocó contra un iceberg y se hundió.
The boat hit an iceberg and sank.

iceberg /ˈaɪsbɜːg/
◀ **ice-** rima con **nice**. El acento recae sobre la primera sílaba.

icono

▷ Haz clic sobre el icono de la impresora.
Click on the printer icon.

(en informática) icon /ˈaɪkən/
◀ La **i** de **icon** se pronuncia como la **i** de **like**. El acento recae sobre la primera sílaba **i-**.

ida

▷ Quería un billete de ida a Barcelona.
I would like a single to Barcelona.

▶ billete de ida: single /ˈsɪŋgəl/
🗣 billete de ida se dice single en inglés británico y one-way ticket /ˈwʌnweɪ ˈtɪkɪt/ en inglés americano.

Sigue en la página siguiente

▷ Compramos un billete de ida y vuelta a París.
We bought a return to Paris.

► **billete de ida y vuelta:** return
/rɪˈtɜːn/

⌐ **billete de ida y vuelta** se dice
return en inglés británico y round-trip
ticket /ˈraʊnd trɪp ˈtɪkɪt/ en inglés
americano.

idea

▷ Me parece una idea genial.
I think it's a great idea.

idea /aɪˈdɪə/

◀) Fíjate bien en la pronunciación. La i
de idea se pronuncia como la i de like;
idea rima con ear y near.

▷ He cambiado de idea, iré con vosotros.
I've changed my mind, I'll go with you.

► **cambiar de idea:** change
one's mind /maɪnd/

ℹ El adjetivo posesivo se usa en inglés
de la siguiente forma: I change my
mind, you change your mind, he
changes his mind, she changes her
mind, we change our minds, they
change their minds.

▷ ¿Sabes dónde está mamá? - No tengo ni idea.
Do you know where mum is? - I have no idea.

► **no tengo ni idea** (= no sé): I
have no idea

ideal

▷ Esta casa es el lugar ideal para una fiesta.
This house is the ideal place for a party.

(= mejor) ideal /aɪˈdiːl/

◀) La i de ideal se pronuncia como la i
de like. El acento recae sobre la
segunda sílaba -de-; ideal rima con feel.

▷ Lo ideal sería que lo hicieras tú mismo.
The best thing would be to do it yourself.

► **lo ideal** (= la solución ideal): the
best thing /ˈbest θɪŋ/

ℹ Fíjate que mientras que en español
se usa el subjuntivo (**que lo hicieras**) en
inglés se usa el infinitivo (to do it).

idéntico, idéntica

▷ Las dos bicicletas son idénticas.
The two bicycles are identical.

identical /aɪˈdentɪkəl/

◀) La i de identical se pronuncia como
la i de like.

identidad

▷ Prefirió no revelar su identidad.
He chose not to reveal his identity.
▷ Me he dejado el carnet de identidad en casa.
I've left my ID card at home.

identity /aɪˈdentɪtɪ/

► **carnet de identidad:** ID card
/ˈaɪˈdiː kɑːd/ (plural: ID cards)

ℹ En el Reino Unido el carnet de
identidad no existe.

idioma

▷ Elena habla tres idiomas diferentes.
Elena speaks three different languages.

language /ˈlæŋgwɪdʒ/

◀) language rima con bridge.

idiota

1 ▷ ¿Eres idiota?
  Are you stupid?

2 ▷ Paco es un idiota, no le hagas caso.
  Paco is an idiot, don't take any notice of him.

1 (adjetivo = estúpido) **stupid**
/ˈstjuːpɪd/ (más idiota **more stupid**, el
más idiota **the most stupid**)

2 (= persona estúpida) **idiot** /ˈɪdɪət/
👎 En inglés la palabra **idiot** no se usa
nunca como adjetivo.

ídolo

▷ Jorge es el ídolo de su hermano pequeño.
  Jorge is his little brother's idol.

idol /ˈaɪdəl/
🔊 La **i** de **idol** se pronuncia como la **i**
de **like**.

ignorante

▷ ¿Cómo puedes ser tan ignorante? La capital de
  Italia es Roma.
  *How can you be so ignorant? The capital of
  Italy is Rome.*

ignorant /ˈɪgnərənt/
🔊 El acento recae sobre la primera
sílaba **ig-**.

ignorar

1 ▷ Le saludé pero me ignoró.
  I said hello to him, but he ignored me.

2 ▷ Ignoro por qué lo hizo.
  I don't know why he did it.

1 (= no hacer caso a) **ignore**
/ɪgˈnɔːʳ/
🔊 **ignore** rima con **door**.

2 Cuando **ignorar** significa **no saber**,
se traduce con la forma negativa del
verbo **know** (I don't know, he/she
doesn't know, they don't know, etc.).

iglesia

▷ Hay una iglesia muy bonita cerca de aquí.
  There is a very beautiful church near here.
▷ Sandra y su familia van a la iglesia todos los
  domingos.
  *Sandra and her family go to church every
  Sunday.*

church /tʃɜːtʃ/ (plural: churches
/ˈtʃɜːtʃɪz/)
► **ir a la iglesia** (= ir a misa): **go
to church** (went /went/, gone
/gɒn/, been /biːn/)

igual

1 ▷ Nuestras faldas son iguales.
  Our skirts are the same.
2 ▷ Tengo una impresora igual que la tuya.
  I've got a printer just like yours.
3 ▷ ¿Quieres ir al cine o al teatro? - Me da igual.
  *Do you want to go to the cinema or to the
  theatre? - I don't mind.*
4 ▷ Gerardo ha estado hablando mal de ti. - Me da
  igual, es un idiota.
  *Gerardo has been saying nasty things about
  you. - I don't care, he's an idiot.*

1 **ser igual: be the same** /seɪm/

2 ► **igual que** (= parecido con):
just like /dʒʌst laɪk/

3 ► **me da igual** (= no tengo
preferencia por ninguno): **I don't
mind** /aɪ dəʊnt ˈmaɪnd/

4 ► **me da igual** (= no me
importa lo más mínimo): **I don't care**
/aɪ dəʊnt ˈkeəʳ/

igualdad

▷ Están a favor de la igualdad de sexos.
They are in favour of gender equality.

equality /ɪˈkwɒlɪtɪ/
◀ La a de equality se pronuncia como la o de dog.

ilegal

▷ Es ilegal viajar sin billete.
It's illegal to travel without a ticket.

illegal /ɪˈliːgəl/
◀ La e de illegal se pronuncia como la ee de week. El acento recae sobre la segunda sílaba -le-.

iluminado, iluminada

1 ▷ Las calles están iluminadas en Navidad.
The streets are lit up at Christmas.
2 ▷ Esta habitación está muy mal iluminada.
This room is very poorly lit.

1 (hablando de calles durante una fiestas) lit up /lɪt ʌp/
2 (hablando de una habitación) lit /lɪt/

ilusión

1 ▷ No es real, es una ilusión óptica.
It's not real, it's an optical illusion.

1 (= representación falsa) illusion /ɪˈluːʒən/
◀ La u de illusion se pronuncia como la o de do. El acento recae sobre la segunda sílaba -lu-.

2 ▷ Me hace mucha ilusión la excursión.
I'm really looking forward to the trip.
▷ Nos hace mucha ilusión que vengas a la fiesta.
We're really delighted that you're coming to the party.

2 Para decir que algo te hace ilusión se usa la expresión look forward to.
► me hace ilusión que... (= me alegra que): I'm delighted that...

ilusionarse

▷ No te ilusiones, todavía no hemos ganado.
Don't get your hopes up, we haven't won yet.

get one's hopes up /ˌget wʌnz ˈhəʊps ʌp/ (got, got)
ℹ El adjetivo posesivo se usa en inglés de la siguiente forma: I get my hopes up, you get your hopes up, he gets his hopes up, she gets her hopes up, etc.

ilustración

▷ Este libro está lleno de ilustraciones maravillosas.
This book is full of wonderful illustrations.

illustration /ˌɪləsˈtreɪʃən/
◀ El acento recae sobre la tercera sílaba -tra-.

ilustrado, ilustrada

▷ Marina sólo lee libros ilustrados.
Marina only reads illustrated books.

illustrated /ˈɪləstreɪtɪd/
◀ El acento recae sobre la primera sílaba il-.

imagen

1 ▷ Mi madre tiene una imagen de San Antonio en su cuarto.
My mother has an image of St Anthony in her bedroom.
▷ Vimos imágenes del terremoto en la televisión.
We saw pictures of the earthquake on TV.

1 (= figura) image /ˈɪmɪdʒ/
🔊 image rima con fridge.

ℹ️ A la imagen en movimiento que aparece en la televisión o el cine se le llama picture /ˈpɪktʃəʳ/.
🔊 picture rima con butcher.

2 ▷ Sólo piensa en su imagen.
He only thinks about his image.

2 (= aspecto exterior) image /ˈɪmɪdʒ/

imaginación

▷ Toño tiene mucha imaginación.
Toño has a lot of imagination.

imagination /ɪˌmædʒɪˈneɪʃən/
🔊 La segunda a de imagination se pronuncia como la a de make.

imaginar

▷ Imagina que estás en una isla desierta.
Imagine that you are on a desert island.

▷ Se imagina que va a ser muy fácil.
He imagines that it's going to be very easy.

imagine /ɪˈmædʒɪn/
🔊 El acento recae sobre la segunda sílaba -ma-.
▶ imaginarse: imagine /ɪˈmædʒɪn/

imán

▷ La nevera de casa está cubierta de imanes.
The fridge at home is covered with magnets.

magnet /ˈmægnət/

imbatible

▷ El equipo de baloncesto de nuestro colegio es imbatible.
Our school's basketball team is unbeatable.

unbeatable /ʌnˈbiːtəbəl/
🔊 Fíjate bien en la pronunciación. La segunda sílaba -bea- se pronuncia como bee y la tercera sílaba -ta- como la -ter de butter.

imbatido, imbatido

▷ Nuestro equipo continúa imbatido en la competición.
Our team is still unbeaten in the competition.

unbeaten /ʌnˈbiːtən/
🔊 La segunda sílaba -bea- se pronuncia como bee.

imbécil

1 ▷ ¿Eres imbécil?
Are you stupid?

1 (adjetivo = estúpido) stupid /ˈstjuːpɪd/ (más imbécil more stupid, el más imbécil the most stupid)

2 ▷ Nuestra profesora de física es una imbécil.
Our physics teacher is an idiot.

2 (= persona estúpida) idiot /ˈɪdɪət/

imitación

1 ▷ No es original, es una imitación.
It's not original, it's an imitation.

1 (= copia) imitation /ˌɪmɪˈteɪʃən/
◀) La a de imitation se pronuncia como la a de make. El acento recae sobre la tercera sílaba -ta-.

2 ▷ Sonia hace unas imitaciones de actores muy buenas.
Sonia does very good impersonations of actors.

2 (de alguien famoso) impression /ɪmˈpreʃən/
◀) El acento recae sobre la segunda sílaba -pre-.

imitar

1 ▷ Patricia imita todo lo que hago.
Patricia imitates everything I do.

1 (= copiar) imitate /ˈɪmɪteɪt/
◀) La a de imitate se pronuncia como la a de make. El acento recae sobre la primera sílaba i-.

2 ▷ Marcos imita muy bien a Elvis Presley.
Marcos does a very good impression of Elvis Presley.

2 ► imitar a alguien (a alguien famoso): do an impression of somebody /ɪmˈpreʃən/ (did /dɪd/, done /dʌn/)
◀) El acento recae sobre la segunda sílaba -pre-.

3 ▷ No intentes imitar mi firma.
Don't try to forge my signature.

3 (= falsificar) forge /fɔːdʒ/

impaciente

▷ ¡No seas tan impaciente!
Don't be so impatient!

impatient /ɪmˈpeɪʃənt/ (más impaciente more impatient, el más impaciente the most impatient)
◀) La a de impatient se pronuncia como la a de make.
ℹ Fíjate bien en como se escribe esta palabra.

impar

▷ Los números impares quedan a la derecha de la calle.
The odd numbers are on the right of the street.

(hablando de un número) odd /ɒd/

imparcial

▷ El árbitro fue imparcial.
The referee was impartial.

impartial /ɪmˈpɑːʃəl/ (más imparcial more impartial, el más imparcial the most impartial)
◀) El acento recae sobre la segunda sílaba -par-; impartial rima can marshal.

impedir

▷ El portero nos impidió entrar a la discoteca.
The doorman prevented us from going into the nightclub.
▷ Quisimos impedir que se pelearan pero no nos hicieron caso.
We wanted to prevent them from fighting, but they didn't take any notice of us.

► impedir a alguien hacer algo:
prevent somebody /prɪˈvent/ from doing something
► impedir que + subjuntivo:
prevent /prɪˈvent/ + from + -ing

imperativo

▷ Pon el verbo en imperativo.
Put the verb in the imperative.

(en gramática) imperative /ɪmˈperətɪv/
◀ El acento recae sobre la segunda sílaba -pe-.
► en imperativo: in the imperative

imperdible

▷ Necesito un imperdible.
I need a safety pin.

(para sujetar cosas) safety pin /ˈseɪftɪ pɪn/ (plural: safety pins)
◀ La a de safety se pronuncia como la a de make.

imperio

▷ España formó parte del Imperio Romano.
Spain was part of the Roman Empire.

empire /ˈempaɪəʳ/
◀ empire rima con fire.

impermeable (adjetivo)

▷ Este material es impermeable.
This material is waterproof.

(= resistente a los líquidos)
waterproof /ˈwɔːtəpruːf/
◀ La a de waterproof se pronuncia como la oo de door.

impermeable (nombre)

▷ Coge tu impermeable, va a llover.
Take your raincoat, it's going to rain.

(prenda de vestir) raincoat /ˈreɪnkəʊt/
◀ raincoat rima con note.

importación

▷ Las importaciones de petróleo se han incrementado en los últimos meses.
Oil imports have increased in recent months.

import /ˈɪmpɔːt/
ⓘ El acento recae sobre la primera sílaba im-.

importancia

▷ Nos hablaron de la importancia de proteger el medio ambiente.
They talked to us about the importance of protecting the environment.
▷ No te preocupes, no tiene importancia.
Don't worry, it doesn't matter.

importance /ɪmˈpɔːtəns/
ⓘ El acento recae sobre la segunda sílaba -por-.

► no tiene importancia (= no es nada serio): it doesn't matter /ɪt ˈdʌzənt ˈmætəʳ/

importante

▷ Es muy importante escuchar bien.
It's very important to listen carefully.

important /ɪmˈpɔːtənt/ (más
importante more important, el más
importante the most important)

ℹ El acento recae sobre la segunda
sílaba -por-.

importar

1 ▷ El dinero es la única cosa que le importa.
Money is the only thing that matters to him.

1 ► importarle a alguien
(= interesar): matter to somebody
/ˈmætə tu/

2 ▷ No quedan entradas para la película que
queríamos ver pero no importa, hay otras.
*There are no tickets left for the film we
wanted to see, but it doesn't matter, there
are others.*

2 no importa (= no es importante):
it doesn't matter /ɪt ˈdʌzənt
ˈmætəʳ/

3 ▷ No me importa viajar en autobús.
I don't mind travelling by bus.

3 no me importa (= no me
molesta): I don't mind /aɪ dəʊnt
maɪnd/

◀)) La i de mind se pronuncia como la
i de like.

4 ▷ ¿Te importaría decirme dónde está la salida?
Would you mind telling me where the exit is?

4 ¿te importaría...?
(= ¿podrías...?): would you
mind...? /wʊd ju ˈmaɪnd/

imposible

▷ Es imposible hacer este examen en una hora.
It's impossible to do this exam in an hour.

impossible /ɪmˈpɒsɪbəl/

ℹ Fíjate bien que impossible se
escribe con dos s.

ℹ El acento recae sobre la segunda
sílaba -pos-.

imprescindible

▷ Es imprescindible que prestéis atención si
queréis entender la explicación.
*It is essential that you pay attention if you
want to understand the explanation.*

essential /ɪˈsenʃəl/

ℹ Fíjate bien que essential se escribe
con dos s.

ℹ El acento recae sobre la segunda
sílaba -sen-.

impresión

▷ Dio la impresión de que estaba nervioso.
He gave the impression that he was nervous.

impression /ɪmˈpreʃən/

ℹ Fíjate bien que impression se
escribe con dos s.

ℹ El acento recae sobre la segunda
sílaba -pre-.

▷ Los amigos de Paula me causaron muy buena
impresión.
*Paula's friends made a very good impression
on me.*

► causar buena impresión a
alguien: make a good
impression on somebody /ɡʊd
ɪmˈpreʃən ɒn/ (made, made)

▷ Me daba miedo causar una mala impresión a los padres de mi novia.
I was afraid of making a bad impression on my girlfriend's parents.

► **causar mala impresión a alguien:** make a bad impression on somebody /bæd ɪmˈpreʃən ɒn/ **(made, made)**

impresionante

1 ▷ Fui a ver el espectáculo, fue impresionante.
I went to the see the show, it was amazing.

1 (= espectacular) **amazing** /əˈmeɪzɪŋ/ (más impresionante more amazing, el más impresionante the most amazing)

2 ▷ Era impresionante ver tanta pobreza.
It was moving to see so much poverty.

2 (= conmovedor) **moving** /ˈmuːvɪŋ/

🔊 La o de moving se pronuncia como la oo de boot y la u de flute.

impresionar

1 ▷ Me impresiona su inteligencia.
I'm amazed by his intelligence.

1 (= sorprender) **amaze** /əˈmeɪz/
🔊 La segunda a de amaze se pronuncia como la a de make.

2 ▷ Le impresionó mucho ver el accidente.
It upset her a lot to see the accident.

2 (= conmovió) **upset** /ʌpˈset/ (upset, upset)

impresora

▷ Pablo tiene una impresora de chorro de tinta.
Pablo has an inkjet printer.

printer /ˈprɪntər/
► **impresora de chorro de tinta:** inkjet printer /ˈɪŋkdʒet prɪntər/ (plural: **inkjet printers**)

imprimir

▷ ¿Me podrías imprimir este documento, por favor?
Could you print this document for me, please?

print /prɪnt/

impuesto

▷ El gobierno anunció que va a subir los impuestos.
The government announced that it is going to raise taxes.

tax /tæks/ (plural: taxes /ˈtæksɪz/)
ℹ Fíjate cómo en el ejemplo de la izquierda tax se utiliza sin artículo.

inaugurar

▷ El nuevo gimnasio del colegio fue inaugurado ayer.
The new school gym was opened yesterday.

(un edificio, una carretera) **open** /ˈəʊpən/

🔊 La o de open se pronuncia como la oa de boat.

incapaz

▷ Luis es incapaz de mentir.
Luis is incapable of lying.

► **ser incapaz de + infinitivo:** be incapable /ɪnˈkeɪpəbəl/ of + -ing
🔊 La primera a de incapable se pronuncia como la a de make.

incendiar

▷ Le acusaron de incendiar el colegio.
He was accused of setting fire to the school.

▶ **incendiar algo:** set fire /set ˈfaɪəʳ/ to something (set, set)

incendio

▷ Hubo un incendio en el estadio.
There was a fire at the stadium.

fire /ˈfaɪəʳ/
◀) La i de fire se pronuncia como la i de like.

incidente

▷ El partido transcurrió sin incidentes.
The match took place without incident.

incident /ˈɪnsɪdənt/
◀) El acento recae sobre la primera sílaba in-.
▶ **sin incidentes:** without incident

incinerar

▷ Mi abuelo fue incinerado.
My grandfather was cremated.

(persona) cremate /krɪˈmeɪt/
◀) La a de cremate se pronuncia como la a de make.

incluir

▷ El precio incluye las bebidas.
The price includes the drinks.

include /ɪnˈkluːd/
◀) include rima con food.

incluso

▷ Incluso mis padres vinieron a la fiesta.
Even my parents came to the party

even /ˈiːvən/
◀) La primera e se pronuncia como la ee de week.

incómodo, incómoda

▷ Estas butacas son muy incómodas.
The seats are very uncomfortable.

uncomfortable /ʌnˈkʌmfətəbəl/
(más incómodo more uncomfortable, el más incómodo the most uncomfortable)
◀) La primera o de uncomfortable se pronuncia como la u de bus. La or no se pronuncia.

incompleto, incompleta

▷ No saqué una nota buena porque mi respuesta estaba incompleta.
I didn't get a good mark because my answer was incomplete.

incomplete /ɪnkəmˈpliːt/
◀) incomplete rima con sheet.

inconsciente

1 ▷ Nos lo encontramos inconsciente al pie de la escalera.
We found him unconscious at the bottom of the stairs.

1 (sin conocimiento) unconscious /ʌnˈkɒnʃəs/
◀) La sc de unconscious se pronuncia como la sh de sheet. La i no se pronuncia.

2 ▷ ¡Eres un inconsciente!
   You're very thoughtless!

2 ser inconsciente o un
inconsciente: (= no reflexionar)
be very thoughtless /ˈverɪ
ˈθɔːtləsʰ/
🔊 thought- rima con port.

inconveniente

▷ El único inconveniente es que es caro.
   The only drawback is that it's expensive.

(= problema) drawback /ˈdrɔːbæk/
🌱 La palabra inglesa inconvenient no
significa inconveniente.

incorrecto, incorrecta

▷ Después de dos respuestas incorrectas,
   quedas eliminado.
   *After two incorrect answers, you're
   eliminated.*

(= problema) incorrect /ɪnkəˈrekt/
🌱 Fíjate que incorrect acaba en t.

increíble

▷ Lucía nos contó una historia increíble.
   Lucía told us an incredible story.

incredible /ɪnˈkredɪbəl/ (más
increíble more incredible, el más
increíble the most incredible)
🔊 El acento recae sobre la segunda
sílaba -cre-.

independiente

▷ Mauro es muy independiente.
   Mauro is very independent.

independent /ɪndɪˈpendənt/ (más
independiente more independent, el
más independiente the most
independent)
🔊 El acento recae sobre la tercera
sílaba -pen-.

India

▷ ¿Cuál es la capital de India?
   What's the capital of India?

India /ˈɪndɪə/
ℹ️ Mientras que en español se puede
decir también la India, en inglés India
nunca lleva artículo delante (la India es
un país gigante = India is a huge
country).

índice

1 ▷ Hay un índice al final del libro.
   There is an index at the end of the book.

1 (= lista alfabética o por temas)
index /ˈɪndeks/ (plural: indexes
/ˈɪndeksɪz/)
🔊 El acento recae sobre la primera
sílaba in-.

2 ▷ Laura lleva un anillo en el dedo índice.
   Laura wears a ring on her index finger.

2 ▶ dedo índice: index
finger /ˈɪndeks ˈfɪŋɡəʳ/ (plural: index
fingers)

indigestión

▷ Tengo una indigestión porque he comido
  demasiado.
  *I've got indigestion because I've eaten too
  much!*

indigestion /ˌɪndɪˈdʒestʃən/
◀) El acento recae sobre la tercera
sílaba -ges-.
ℹ Fíjate cómo en inglés no se usa
artículo: tener una indigestión = have
indigestion.

indio, india

1 ▷ Tengo un amigo indio.
  I've got an Indian friend.
▷ Rajiv es indio.
  Rajiv is Indian.

2 ▷ Se casó con un indio.
  She married an Indian.
▷ ¿Quieres jugar a los indios y los vaqueros?
  Do you want to play cowboys and Indians?
▷ No quedan muchos indios en los Estados
  Unidos.
  *There aren't many Native Americans left in
  the United States.*

1 (adjetivo) Indian /ˈɪndɪən/
ℹ Se escribe siempre con mayúscula,
como todos los adjetivos y nombres
ingleses que se refieren a la
nacionalidad.

2 (nombre) **un indio, una india:
an Indian** /ˈɪndɪən/
ℹ Cuando se habla del Lejano Oeste,
o de alguien que viene de la India, se
utiliza la palabra Indian. Para referirse a
los indios de Norteamérica de la
actualidad, se usa Native American
/ˈneɪtɪv əˈmerɪkən/.

indispensable

▷ Es indispensable tener ordenador e
  impresora.
  *It's essential to have a computer and a
  printer.*

essential /ɪˈsenʃəl/
◀) Fíjate que essential se escribe con
dos s. El acento recae sobre la segunda
sílaba -sen-.

individual

▷ Mi madre compra la sopa en paquetes
  individuales.
  My mother buys soup in individual packets.

▷ Quería una habitación individual.
  I would like a single room.

(= para una persona) individual
/ˌɪndɪˈvɪdjuəl/
◀) El acento recae sobre la tercera
sílaba -vi-.
► **habitación individual: single
room** /ˈsɪŋɡəl ruːm/ (plural: **single
rooms**)

industria

▷ ¿Cuál es la principal industria de la región?
  What's the main industry in the region?

industry /ˈɪndəstrɪ/ (plural:
industries /ˈɪndəstrɪz/)
◀) La u de industry se pronuncia
como la u de bus. El acento recae
sobre la primera sílaba in-.

industrial

▷ Es una región muy industrial.
  It's a very industrial region.

industrial /ɪnˈdʌstrɪəl/ (más industrial
more industrial, el más industrial the
most industrial)
◀) La u de industrial se pronuncia
como la u de bus. El acento recae
sobre la segunda sílaba -dus-.

industrializado, industrializada

▷ España se encuentra entre los países industrializados.
Spain is among the industrialized countries.

industrialized /ɪnˈdʌstrɪəlaɪzd/
(más industrializado more industrialized, el más industrializado the most industrialized)
◀) La u de industrialized se pronuncia como la u de bus. El acento recae sobre la segunda sílaba -dus-.

inesperado, inesperada

▷ Fue un resultado inesperado.
It was an unexpected result.

unexpected /ʌnɪkˈspektɪd/
◀) El acento recae sobre la tercera sílaba -pec-.

inevitable

▷ Tenía que ocurrir, era inevitable.
It had to happen, it was inevitable.

inevitable /ɪnˈevɪtəbəl/
◀) El acento recae sobre la segunda sílaba -e-.

inexplicable

▷ La ausencia de Andrés es inexplicable.
Andrés' absence is inexplicable.

inexplicable /ɪnɪkˈsplɪkəbəl/
◀) Fíjate bien en la pronunciación. El acento recae sobre la tercera sílaba -pli-.

infantil

▷ A mis padres también les gusta la literatura infantil.
My parents also like children's literature.
▷ Fuimos a visitar a mi prima Eva al hospital infantil.
We went to visit my cousin Eva at the children's hospital.

(= para niños) children's /ˈtʃɪldrənz/
ℹ Con este significado, children's es la forma posesiva del nombre children. Sólo se puede colocar delante de otro nombre, nunca después.

infarto

▷ El padre de Diana tuvo un infarto.
Diana's father had a heart attack.

heart attack /hɑːt əˈtæk/ (plural: heart attacks)

infección

▷ Tiene una infección y debe tomar antibióticos.
He's got an infection and he has to take antibiotics.

infection /ɪnˈfekʃən/
◀) El acento recae sobre la segunda sílaba -fec-.

infectarse

▷ La herida se infectó.
The wound became infected.

become infected /bɪˈkʌm ɪnˈfektɪd/ (became /bɪˈkeɪm/, become)

infeliz

▷ Sofía dice que es muy infeliz en su nuevo colegio.
Sofía says she's very unhappy at her new school.

(= triste) unhappy /ʌnˈhæpɪ/ (más infeliz unhappier /ʌnˈhæpɪəʳ/, el más infeliz the unhappiest /ʌnˈhæpɪɪst/)

inferior

1 ▷ Este chocolate es de una calidad inferior.
This chocolate is of an inferior quality.

1 (= peor) inferior /ɪnˈfɪərɪəʳ/
🔊 La e de inferior se pronuncia como la ee de week. El acento recae sobre la segunda sílaba -fe-.
ℹ Fíjate en la preposición: inferior a = inferior to.

▷ Sergio se siente inferior a su hermana.
Sergio feels inferior to his sister.

2 ▷ El número de alumnos es inferior al del año pasado.
The number of pupils is lower than last year.

2 (= menor) lower /ˈləʊəʳ/
🔊 La o de lower se pronuncia como la o de go.
ℹ Fíjate en la preposición: inferior a = lower than.

3 ▷ Está en el cajón inferior.
It's in the bottom drawer.

3 (= de abajo) bottom /ˈbɒtəm/

infierno

▷ ¿Crees en el infierno?
Do you believe in hell?

hell /hel/

infinitivo

▷ 'Must' va seguido de un infinitivo sin 'to'.
'Must' is followed loy an infinitive without 'to'.

(en gramática) infinitive /ɪnˈfɪnɪtɪv/
🔊 El acento recae sobre la segunda sílaba -fi-.

▷ Pon el verbo en infinitivo.
Put the verb in the infinitive.

► en infinitivo: in the infinitive

infinito, infinita

▷ Gloria tiene una paciencia infinita.
Gloria has infinite patience.

(= inagotable) infinite /ˈɪnfɪnət/
🔊 El acento recae sobre la primera sílaba in-.

inflable

▷ Estuvimos jugando en la piscina con un pelota inflable.
We were playing in the pool with an inflatable ball.

inflatable /ɪnˈfleɪtəbəl/
🔊 La primera a de inflatable se pronuncia como la a de make.

influenciar

▷ No quiero influenciarte, pero me parece que te equivocas.
I don't want to influence you, but I think you are wrong.

influence /ˈɪnfluəns/
🔊 El acento recae sobre la primera sílaba in-.

influir

▷ La profesora explicó que las pruebas influyen en la nota final.
The teacher explained that the tests influence the final mark.

influence /ˈɪnfluəns/
🔊 El acento recae sobre la primera sílaba in-.

información

1 ▷ Estoy buscando información sobre los países mediterráneos.
I'm looking for information on the Mediterranean countries.
2 ▷ Voy a preguntar en información.
I'm going to ask at the information desk.

1 (= datos) information
/ɪnfəˈmeɪʃən/
◀) La a de information se pronuncia como la a de make.
2 (lugar en el que se informa)
information desk (plural: information desks /ɪnfəˈmeɪʃən desks/)

informar

▷ Debo informar a tus padres de este incidente.
I must inform your parents about this incident.

inform /ɪnˈfɔːm/

informática

▷ El curso de informática acaba la próxima semana.
The computing course finishes next week.

▷ Pregúntale a Bea, que sabe mucho de informática.
Ask Bea, she knows a lot about computers.

▷ Raúl trabaja en una tienda de informática.
Raúl works in a computer store.

computing /kəmˈpjuːtɪŋ/
◀) Las u de computing y de computer se pronuncian como la palabra you.
► saber de informática: know about computers /ˈnəʊ əˈbaʊt kəmˈkjuːtəz/ (knew /njuː/, known /nəʊn/)
► tienda de informática: computer store /kəmˈpjuːtə stɔːʳ/ (plural: computer stores)

informático, informática

▷ De mayor me gustaría ser informático.
When I grow up I would like to be a computer expert.

(= experto en ordenadores)
computer expert /kəmˈpjuːtər ˈekspɜːt/ (plural: computer experts)
◀) La u de de computer se pronuncia como la palabra you.
ℹ No te olvides de colocar el artículo a o an delante del nombre de la profesión cuando aparece detrás de los verbos be o become.

ingeniero, ingeniera

▷ Mi padre es ingeniero.
My father is an engineer.

▷ A Merche le gustaría ser ingeniera.
Merche would like to be an engineer.

engineer /endʒɪˈnɪəʳ/
◀) La primera g de engineer se pronuncia como la j de John.
ℹ No te olvides de colocar el artículo a o an delante del nombre de la profesión cuando aparece detrás de los verbos be o become.

ingeniería

▷ Mi hermano mayor estudió ingeniería.
My older brother studied engineering.

engineering /endʒɪˈnɪərɪŋ/
◀) La primera g de engineering se pronuncia como la j de John.

Inglaterra

▷ Inglaterra es parte del Reino Unido.
England is part of the United Kingdom.

England /ˈɪŋglənd/

ℹ ¡Cuidado! England sólo se refiere a Inglaterra y no a Gales y Escocia.

inglés, inglesa

1 ▷ Tengo varios amigos ingleses.
I have several English friends.

1 (adjetivo) English /ˈɪŋglɪʃ/

ℹ Se escribe siempre con mayúscula, como todos los adjetivos y nombres ingleses que se refieren a la nacionalidad.

2 ▷ Mi hermano está saliendo con una inglesa.
My brother is going out with an English girl.

2 ▶ un inglés, una inglesa:
(= hombre) an Englishman;
(= chico) an English boy;
(= mujer) an Englishwoman;
(= chica) an English girl

3 ▷ A los ingleses les gusta el críquet.
The English love cricket.

3 ▶ los ingleses: the English.

4 ▷ Rosa habla inglés muy bien.
Rosa speaks very good English.

4 (el idioma) English

ℹ Los nombres de los idiomas se escriben siempre con mayúscula en inglés.

⚡ Fíjate que no se usa artículo delante del nombre del idioma, no se dice the English.

ingrediente

▷ Verifica que tienes todos los ingredientes antes de empezar.
Check that you have all the ingredients before starting.

ingredient /ɪnˈgriːdiənt/

ℹ Fíjate que ingredient no se escribe con e al final.

◀ La primera e se pronuncia como la ee de week. El acento recae sobre la segunda sílaba -gre-.

iniciales

▷ No hace falta que firmes, pon sólo tus iniciales.
You don't need to sign, just put your initials.

initials /ɪˈnɪʃəlz/

◀ El acento recae sobre la segunda sílaba -ni-.

inicio

▷ El inicio del partido fue muy aburrido.
The start of the match was very boring.

start /staːt/

ℹ Se dice tambien beginning /bɪˈgɪnɪŋ/.

injusticia

▷ Lo que hicieron con él fue una injusticia.
What they did to him was an injustice.

injustice /ɪnˈdʒʌstɪs/

◀ El acento recae sobre la segunda sílaba -jus-.

▷ Es una injusticia que nos hayan castigado a nosotros, que no hicimos nada.
It's not fair that we have been punished, we didn't do anything.

▶ es una injusticia que...: it's not fair that... /ɪts nɒt ˈfeə ðət/

◀ fair rima con care y bear.

injusto, injusta

▷ La profesora fue muy injusta con nosotros.
The teacher was very unfair to us.

unfair /ʌnˈfeəʳ/ (más injusto more unfair, el más injusto the most unfair)
◀ unfair rima con care y bear.
ℹ Fíjate en la preposición que se usa en inglés: injusto con = unfair to.

inmediatamente

▷ ¡Devuélveme eso inmediatamente!
Give that back to me immediately!

immediately /ɪˈmiːdɪətlɪ/
✋ Fíjate que immediately se escribe con dos m.
◀ La primera e se pronuncia como la ee de week. El acento recae sobre la segunda sílaba -me-.

inmediato

▷ ¡Ven aquí de inmediato!
Come here immediately!

▶ de inmediato: immediately /ɪˈmiːdɪətlɪ/
✋ Fíjate que immediately se escribe con dos m.
◀ La primera e se pronuncia como la ee de week. El acento recae sobre la segunda sílaba -me-.

inmenso, inmensa

▷ El nuevo hipermercado es inmenso.
The new hypermarket is huge.

huge /hjuːdʒ/
ℹ También se puede decir immense /ɪˈmens/, pero es una palabra menos frecuente que huge.

inmigrante

▷ La tienda pertenece a una familia de inmigrantes.
The shop belongs to a family of immigrants.

immigrant /ˈɪmɪɡrənt/
ℹ Fíjate bien en cómo se escribe immigrant, con dos m y sin e al final.
◀ El acento recae sobre la primera sílaba im-.

inmóvil

▷ La serpiente estaba completamente inmóvil.
The snake was completely still.
▷ Quédate inmóvil y no te picará.
Keep still and it won't bite you.

still /stɪl/

▶ quedarse inmóvil: keep still /kiːp stɪl/ (kept, kept /kept/)

innumerables

▷ Os he dicho innumerables veces que no habléis en clase.
I've told you countless times not to talk in class.

countless /ˈkaʊntləs/
◀ La ou de countless se pronuncia como la ow de de cow.

inocente

▷ Todo el mundo sabe que Miguel es inocente.
Everybody knows that Miguel is innocent.

innocent /ˈɪnəsənt/
ℹ Fíjate bien en cómo se escribe innocent, con dos n y sin e al final.
◀ El acento recae sobre la primera sílaba in-.

inofensivo, inofensiva

▷ Ladra mucho pero es inofensivo.
He barks a lot but he's harmless.

harmless /ˈhɑːmləs/ (más inofensivo more harmless, el más inofensivo the most harmless)

inolvidable

▷ Pasamos unas vacaciones inolvidables en Escocia.
We had an unforgettable holiday in Scotland.

unforgettable /ʌnfəˈgetəbəl/ (más inolvidable more unforgettable, el más inolvidable the most unforgettable)

inquietante

▷ Lo que me contaron mis padres es muy inquietante.
What my parents told me is very worrying.

(= preocupante) worrying /ˈwʌriɪŋ/ (más inquietante more worrying, el más inquietante the most worrying)
◀ La o de worrying se pronuncia como la u de bus.

inquietar

▷ Me inquieta que todavía no haya llamado.
It worries me that he hasn't phoned yet.

(= preocupar) worry /ˈwʌri/
◀ La o de worry se pronuncia como la u de bus.
ℹ La y de worry se convierte en ie en la tercera persona del singular del presente de indicativo (worries /ˈwʌriz/), en el pasado y el participio (worried /ˈwʌrid/).

inquieto, inquieta

▷ Todavía no han vuelto, estoy inquieto.
They haven't come back yet, I'm worried.

(= preocupado) worried /ˈwʌrid/ (más inquieto more worried, el más inquieto the most worried)
◀ La o de worried se pronuncia como la u de bus.

insatisfecho, insatisfecha

▷ Estoy insatisfecho con el resultado del examen.
I'm not satisfied with the result of the exam.

not satisfied /nɒt ˈsætɪsfaɪd/
◀ satisfied rima con side.

insecticida

▷ ¿Dónde guarda mamá el insecticida?
Where does mum keep the insecticide?

insecticide /ɪnˈsektɪsaɪd/
◀ La última i de insecticide se pronuncia como la i de like. El acento recae sobre la segunda sílaba -sec-.

insecto

▷ La habitación del hotel estaba llena de
  insectos.
  The hotel room was full of insects.

insect /ˈɪnsekt/
🔊 El acento recae sobre la primera
sílaba in-.

inseparable

▷ Pili y César son inseparables.
  Pili and César are inseparable.

inseparable /ɪnˈsepərəbəl/
🔊 El acento recae sobre la segunda
sílaba -se-.

insistir

▷ Insistió en que no había sido él.
  He insisted it wasn't him.

insist /ɪnˈsɪst/
▶ **insistir en que...**: insist that...

insolación

▷ Pasó el día entero en la playa y cogió una
  insolación.
  *He spent the entire day on the beach and got
  sunstroke.*

▶ **coger una insolación**: get
sunstroke /ˈsʌnstrəʊk/ (**got, got**)
ℹ Fíjate que en esta construcción en
inglés no se utiliza el artículo **una**.

insomnio

▷ Mi madre padece insomnio.
  My mother suffers from insomnia.

insomnia /ɪnˈsɒmnɪə/
ℹ Fíjate que insomnia acaba en a y no
en o.

insoportable

▷ ¡Ese ruido es insoportable!
  That noise is unbearable!

unbearable /ʌnˈbeərəbəl/ (más
insoportable more unbearable, el más
insoportable the most unbearable)

inspector, inspectora

▷ Un inspector vino a nuestra clase ayer.
  An inspector came to our class yesterday.

inspector /ɪnˈspektəʳ/
🔊 El acento recae sobre la segunda
sílaba -spec-.

inspirar

▷ Fue un artista que inspiró a muchos otros.
  He was an artist who inspired many others.

inspire /ɪnˈspaɪəʳ/
🔊 La segunda i de inspire se
pronuncia como la i de like.

instalar

1 ▷ Vinieron a instalar el ordenador.
    They came to install the computer.
2 ▷ Se instalaron en Argentina.
    They settled in Argentina.

1 (= poner en funcionamiento) install
/ɪnˈstɔːl/
2 ▶ **instalarse** (= quedarse a
vivir): settle /ˈsetəl/

instante

▷ Por un instante pensé que era Susana.
For a moment I thought it was Susana.

▷ ¡Un instante, ya voy!
Just a moment, I'm coming!

moment /ˈməʊmənt/
◀) La o de moment se pronuncia como la o de go.
► **¡un instante!**: just a moment!

instituto

▷ El hermano de Andrea va al instituto.
Andrea's brother goes to secondary school.

▷ Míchel está saliendo con una chica de otro instituto.
Míchel is going out with a girl from another school.

(= colegio público) **secondary school** /ˈsekəndəri skuːl/ (plural: secondary schools)

⌐ Los institutos no existen en el Reino Unido y los Estados Unidos. En Gran Bretaña los alumnos van al **secondary school** o al **comprehensive school** de los 11 a los 16 o 18 años. Para hablar en inglés de tu instituto puedes usar la palabra **school**.

⌐ En Estados Unidos el equivalente al instituto es la **high school** /haɪ skuːl/ (plural: **high schools**).

instrucción

▷ No entendí las instrucciones del profesor.
I didn't understand the teacher's instructions.
▷ Lee el manual de instrucciones antes de usar la impresora.
Read the instruction manual before using the printer.

(= orden, explicación) **instruction** /ɪnˈstrʌkʃən/
► **manual de instrucciones**: instruction manual /ɪnˈstrʌkʃən ˈmænjʊəl/ (plural: **instruction manuals**)

instrumento

▷ ¿Tocas algún instrumento musical?
Do you play a musical instrument?

instrument /ˈɪnstrəmənt/
◀) El acento recae sobre la primera sílaba **in-**.
ℹ Fíjate que **instrument** no acaba en o.

insuficiente

▷ La cantidad de comida que compramos fue insuficiente.
The amount of food we bought was insufficient.

insufficient /ɪnsəˈfɪʃənt/
◀) El acento recae sobre la tercera sílaba **-fi-**.
ℹ Fíjate que **insufficient** se escribe con dos f.

insultar

▷ Fue expulsado por insultar al árbitro.
He was sent off for insulting the referee.

insult /ˈɪnsʌlt/
◀) El acento recae sobre la segunda sílaba **-sult**.

inteligencia

▷ Todos admiran su inteligencia.
Everybody admires her intelligence.

intelligence /ɪnˈtelɪdʒəns/

◀» La g de intelligence se pronuncia como la j de John. El acento recae sobre la segunda sílaba -te-.

inteligente

▷ Cristina es muy inteligente.
Cristina is very intelligent.

intelligent /ɪnˈtelɪʒənt/ (más inteligente more intelligent, el más inteligente the most intelligent)

ℹ Fíjate bien en cómo se escribe y se pronuncia intelligent. La g se pronuncia como la j de John. El acento recae sobre la segunda sílaba -te-.

▷ Se cree más inteligente que yo.
He thinks he's cleverer than me.

ℹ También se puede decir clever /ˈklevəʳ/ (más inteligente cleverer /ˈklevərəʳ/, el más inteligente the cleverest).

intención

▷ ¿Cuáles son sus intenciones?
What are his intentions?

intention /ɪnˈtenʃən/

◀» El acento recae sobre la segunda sílaba -ten-.

▷ Tengo la intención de llamarla para pedirle perdón.
I intend to call her to apologize.

▶ tener la intención de: intend to /ɪnˈtend tʊ/

intenso, intensa

1 ▷ Sentí un dolor intenso en la rodilla.
I felt a sharp pain on my knee.

1 (hablando de un dolor) sharp /ʃɑːp/ (más intenso sharper /ˈʃɑːpəʳ/, el más intenso the sharpest /ˈʃɑːpɪst/)

2 ▷ Había un olor intenso a gas.
There was a strong smell of gas.

2 (hablando de un olor, del viento) strong /strɒŋ/ (más intenso stronger /ˈstrɒŋgəʳ/, el más intenso the strongest /ˈstrɒŋgɪst/)

intentar

▷ Intenté convencerla, pero no quiso escucharme.
I tried to convince her, but she didn't want to listen to me.

try /traɪ/

ℹ La y de try se convierte en ie en la tercera persona del singular del presente de indicativo (tries /traɪz/), en el pasado y el participio (tried /traɪd/).

intento

▷ Mi hermano aprobó el examen de conducir al primer intento.
My brother passed his driving test at the first attempt.

(= tentativa) attempt /əˈtempt/

intercambio

▷ Mi hermana Amalia hizo un intercambio con una chica inglesa.
My sister Amalia did an exchange with an English girl.

(hablando de estudiantes, cuando uno va al país del otro) exchange /ɪksˈtʃeɪndʒ/
◀ La a de exchange se pronuncia como la a de make.

interés

▷ La profesora me dijo que tenía que poner más interés en los estudios.
The teacher told me I had to show more interest in my studies.

interest /ˈɪntrəst/
◀ El acento recae sobre la primera sílaba in-.

interesado, interesada

▷ Salvador está muy interesado en la música de baile.
Salvador is very interested in dance music.

interested /ˈɪntrəstɪd/ (más interesado more interested, el más interesado the most interested)
◀ El acento recae sobre la primera sílaba in-.

▷ Estamos muy interesados en comprar entradas para el concierto.
We're very interested in buying tickets for the concert.

► estar interesado en hacer algo: be interested in doing something

interesante

▷ La clase de inglés me pareció muy interesante.
I thought the English lesson was very interesting.

interesting /ˈɪntrəstɪŋ/ (más interesante more interesting, el más interesante the most interesting)
◀ El acento recae sobre la primera sílaba in-.

interesar

▷ No me interesa la política.
I'm not interested in politics.

▷ A Conchita le interesan mucho los animales.
Conchita is very interested in animals.

ℹ Para decir que algo nos interesa (o no nos interesa) en inglés se usa la expresión be interested /ˈɪntrəstɪd/ in something (o not be interested in).
◀ El acento recae sobre la primera sílaba in-.

interior

▷ El interior de la casa es más bonito que el exterior.
The inside of the house is nicer than the outside.

► el interior (= la parte de dentro): the inside /ɪnˈsaɪd/
◀ La segunda i de inside se pronuncia como la i de like.

intermedio

▷ Los intermedios en este canal son demasiado largos.
The breaks on this channel are too long.

(durante la emisión de un programa de televisión) break /breɪk/
◀ break rima con make.

interminable

▷ Estoy harto de sus interminables preguntas.
I'm fed up with his endless questions.

endless /ˈendləs/

internacional

▷ Te esperaremos en la terminal internacional.
We'll wait for you in the international terminal.

international /ɪntəˈnæʃənəl/

ℹ Fíjate bien que international se escribe con t y no con c.

🔊 El acento recae sobre la tercera sílaba -na-.

Internet

▷ Encontré el artículo en Internet.
I found the article on the Internet.

Internet /ˈɪntənet/

🔊 El acento recae sobre la primera sílaba In-.

ℹ Fíjate que en inglés se utiliza el artículo the delante de Internet.

▷ Estuve navegando por Internet toda la tarde.
I was surfing the Web all afternoon.

▶ **navegar por Internet:** surf /sɜːf/ the Web

interpretar

1 ▷ Hay varias formas de interpretar este texto.
There are several ways to interpret this text.

1 (= comprender) interpret /ɪnˈtɜːprət/

🔊 El acento recae sobre la segunda sílaba -ter-.

2 ▷ El pianista interpretó una pieza de Mozart.
The pianist played a piece by Mozart.

2 (= tocar un instrumento o desempeñar un papel en el cine o el teatro) play /pleɪ/

3 ▷ El cantante interpretó varios de sus antiguos éxitos.
The singer sang several of his old hits.

3 (= cantar) sing /sɪŋ/ (sang /sæŋ/, sung /sʌŋ/)

interrogación

▷ Te has olvidado una interrogación al final de la frase.
You've missed a question mark at the end of the sentence.

(signo ortográfico) question mark /ˈkwestʃən mɑːk/ (plural: question marks)

interrogar

▷ La policía interrogó a varias personas.
The police questioned several people.

question /ˈkwestʃən/

ℹ Cuando alguien interroga a alguien con presiones o violencia, se usa el verbo interrogate.

interrumpir

▷ ¡No me interrumpas todo el rato!
Don't interrupt me all the time!

interrupt /ɪntəˈrʌpt/

🔊 La u de interrupt se pronuncia como la u de cut.

interruptor

▷ El interruptor está a la izquierda de la puerta.
The switch is to the left of the door.

switch /swɪtʃ/ (plural: switches /ˈswɪtʃɪz/)

íntimo, íntima

▷ Isabel y Fabio son amigos íntimos.
Isabel and Fabio are close friends.

(hablando de amigos) close /kləʊz/
◀) La o de close rima con la o de go.
La -se final se pronuncia como la s final de bus.

introducción

▷ Sólo he escrito la introducción del trabajo.
I've only written the introduction of my essay.

introduction /ˌɪntrəˈdʌkʃən/
◀) La u de introduction se pronuncia como la u de duck. El acento recae sobre la tercera sílaba -duc-.

introducir

1 ▷ Tienes que introducir una moneda para que funcione.
You have to put a coin in for it to work.

2 ▷ Todavía no he introducido la información en la base de datos.
I haven't entered the information into the database yet.

1 (hablando de una moneda, una llave) put in /pʊt ɪn/ (put, put)

2 (hablando de un programa informático) enter /ˈentəʳ/

inundación

▷ Hubo inundaciones en la región.
There were floods in the region.

flood /flʌd/

inundar

▷ ¿Quién ha vuelto a inundar el baño?
Who flooded the bathroom again?

flood /flʌd/
◀) flood rima con mud y bud.

inútil

1 ▷ El cuarto de Pedro Luis está lleno de cosas inútiles.
Pedro Luis' room is full of useless things.

2 ▷ Es inútil que insistas, ¡he dicho que no!
It's no use insisting, I said no!

1 (= que no sirve para nada) useless /ˈjuːsləs/ (más inútil more useless, el más inútil the most useless)
◀) La u de useless se pronuncia como la palabra inglesa you.

2 es inútil que + subjuntivo: it's no use + -ing
◀) La u de use se pronuncia como la palabra inglesa you.

invadir

▷ Las hormigas invadieron la cocina.
The ants invaded the kitchen.

invade /ɪnˈveɪd/
◀) La a de invade se pronuncia como la a de make.

invasión

▷ En verano hay una invasión de turistas en las playas.
In summer there is an invasion of tourists on the beaches.

invasion /ɪnˈveɪʒən/
🔊 La **a** de invasion se pronuncia como la **a** de make.

invencible

▷ El equipo de baloncesto del colegio es invencible.
The school's basketball team is invincible.

invincible /ɪnˈvɪnsəbəl/
🔊 El acento recae sobre la segunda sílaba -vin-.

inventar

▷ ¿Quién inventó el teléfono?
Who invented the telephone?

invent /ɪnˈvent/
🔊 El acento recae sobre la última sílaba -vent.

invento

▷ En el museo había varios inventos extraños.
There were several strange inventions at the museum.

invention /ɪnˈvenʃən/

invernadero

▷ Mi padre se pasa los domingos cuidando de las plantas en el invernadero.
My father spends Sundays looking after the plants in the greenhouse.

greenhouse /ˈɡriːnhaʊs/

invertir

▷ Mis padres invirtieron todo su dinero en la tienda de mi primo.
My parents invested all their money in my cousin's shop.

(hablando de dinero) invest /ɪnˈvest/

investigar

1 ▷ Los científicos están investigando las causas de la enfermedad.
The scientists are researching the causes of the disease.
2 ▷ La policía investiga cómo ocurrió el accidente.
The police are investigating how the accident happened.

1 (hablando de científicos) research /rɪˈsɜːtʃ/
🔊 La primera **e** de research se pronuncia como la **ee** de beer.
2 (hablando de la policía, de detectives) investigate /ɪnˈvestɪɡeɪt/
🔊 La **a** de investigate se pronuncia como la **a** de make.

invierno

▷ En invierno siempre hace mucho frío.
It's always very cold in winter.

winter /ˈwɪntər/

invisible

▷ La mancha es invisible.
The stain is invisible.

invisible /ɪnˈvɪzəbəl/
🔊 Fíjate bien en cómo se pronuncia invisible. El acento recae sobre la segunda sílaba -vi-.

invitación

▷ ¿Recibiste la invitación para la fiesta de Sara?
Did you get the invitation for Sara's party?

invitation /ɪnvɪˈteɪʃən/
◀) La a de invitation se pronuncia como la a de make.

invitado, invitada

▷ Vinieron diez invitados.
Ten guests came.

guest /gest/
◀) La u de guest no se pronuncia.

invitar

1 ▷ No quiero invitar a toda la clase a la fiesta.
I don't want to invite the whole class to the party.

1 (a una fiesta, a ir a un lugar) invite /ɪnˈvaɪt/
◀) La segunda i de invite se pronuncia como la i de like.

2 ▷ Te invito a una copa.
I'll buy you a drink.

2 ▶ invitar a alguien a una copa: buy /baɪ/ a drink for somebody (**bought, bought** /bɔːt/)

▷ ¿Qué quieres beber? ¡Te invito!
What do you want to drink? It's on me!

▶ ¡te invito!: it's on me! /ɪts ɒn miː/

inyección

▷ La enfermera me puso una inyección en el hombro.
The nurse gave me an injection in my shoulder.

injection /ɪnˈdʒekʃən/
▶ poner una inyección a alguien: give somebody an injection (**gave** /geɪv/, **given** /ˈgɪvən/)

ir

1 ▷ Iremos a la playa la próxima semana.
We'll go to the beach next week.

1 (a algún lugar) go /gəʊ/ (went /went/, gone/been /gɒn/biːn/)

2 ▷ ¿Cómo te va?
How are you?

▷ ¿Cómo les va a tus padres?
How are your parents?

2 Fíjate cómo se pregunta cómo está alguien:
(¿cómo te/os va?) how are you?
(¿cómo le va?) how is he/she?
(¿cómo les va?) how are they?

3 ▷ Esos pantalones te van muy bien.
Those trousers really suit you.

3 (hablando de ropa que le sienta bien/no le sienta a alguien) suit /suːt/
◀) suit rima con boot.

4 ▷ ¡Vamos, date prisa!
Come on, hurry up!

4 ▶ ¡vamos!: come on! /ˈkʌmˈɒn/

5 ▷ Voy a preparar la cena.
I'm going to make dinner.

5 Cuando ir se usa para expresar algo que se va a hacer dentro de poco, en inglés se usa be + going to + verbo en infinitivo.

6 ▷ Estaba muy cansado y me fui a la cama.
I was very tired and I went to bed.

6 ▶ irse (= marcharse): go /gəʊ/ (went, gone/been)

Irán

▷ ¿Cuál es la capital de Irán?
What's the capital of Iran?

Iran /ɪˈrɑːn/

iraní

1 ▷ Fuimos a ver una película iraní.
We went to see an Iranian film.

▷ Massoud es iraní.
Massoud is Iranian.

2 ▷ Se casó con una iraní.
He married an Iranian.

1 (adjetivo) Iranian /ɪˈreɪnɪən/
🔊 La primera a de Iranian se pronuncia como la a de make.
ℹ️ Se escribe siempre con mayúscula, como todos los adjetivos y nombres ingleses que se refieren a la nacionalidad.
2 (nombre) **un iraní, una iraní:** an Iranian /ɪˈreɪnɪən/

Iraq

▷ ¿Cuál es la capital de Iraq?
What's the capital of Iraq?

Iraq /ɪˈrɑːk/

iraquí

1 ▷ Nuestro país importa petróleo iraquí.
Our country imports Iraqi oil.

▷ Mohamed es iraquí.
Mohamed is Iraqi.

2 ▷ Se casó con un iraquí.
She married an Iraqi.

1 (adjetivo) Iraqi /ɪˈrɑːkɪ/
ℹ️ Se escribe siempre con mayúscula, como todos los adjetivos y nombres ingleses que se refieren a la nacionalidad.
2 (nombre) **un iraquí, una iraquí:** an Iraqi /ɪˈrɑːkɪ/

Irlanda

▷ ¿Cuál es la capital de Irlanda?
What's the capital of Ireland?

▷ Belfast es la capital de Irlanda del Norte.
Belfast is the capital of Northern Ireland.

Ireland /ˈaɪələnd/
🔊 La i de Ireland se pronuncia como la i de like.
► **Irlanda del Norte:** Northern Ireland /ˈnɔːðən ˈaɪələnd/

irlandés, irlandesa

1 ▷ Tengo varios amigos irlandeses.
I have several Irish friends.

2 ▷ Mi hermano está saliendo con una irlandesa.
My brother is going out with an Irish girl.

3 ▷ ¿Qué sabes de los irlandeses?
What do you know about the Irish?

1 (adjetivo) Irish /ˈaɪrɪʃ/
🔊 La primera I de Irish se pronuncia como la i de like.
ℹ️ Se escribe siempre con mayúscula, como todos los adjetivos y nombres ingleses que se refieren a la nacionalidad.
2 ► **un irlandés, una irlandesa:** (= hombre) an Irishman; (= chico) an Irish boy; (= mujer) an Irishwoman; (= chica) an Irish girl
3 ► **los irlandeses:** the Irish

irónico, irónica

▷ Nos miraba con una sonrisa irónica.
He was watching us with an ironic smile.

ironic /aɪˈrɒnɪk/ (más irónico more ironic, el más irónico the most ironic)

◀) La i de ironic se pronuncia como la i de like.

isla

▷ Se fueron de vacaciones a una isla griega.
They went on holiday to a Greek island.

island /ˈaɪlənd/

◀) La s de island no se pronuncia y la i se pronuncia como la i de like.

islandés, islandesa

1 ▷ Tengo un amigo islandés.
I've got an Icelandic friend.

▷ Olaf es islandés.
Olaf is Icelandic.

2 ▷ Se casó con un islandés.
She married an Icelander.

1 (adjetivo) Icelandic /aɪsˈlændɪk/

◀) La primera I de Icelandic se pronuncia como la i de like.

i se escribe siempre con mayúscula, como todos los adjetivos y nombres ingleses que se refieren a la nacionalidad.

2 (nombre) **un islandés, una islandesa:** an Icelander /ˈaɪsləndəʳ/

Islandia

▷ ¿Cuál es la capital de Islandia?
What's the capital of Iceland?

Iceland /ˈaɪslənd/

◀) La primera I de Iceland se pronuncia como la i de like.

Israel

▷ ¿Cuál es la capital de Israel?
What's the capital of Israel?

Israel /ˈɪzrɪəl/

◀) El acento recae sobre la primera sílaba Is-.

israelí

1 ▷ Tengo una amiga israelí.
I've got an Israeli friend.

▷ Isaac es israelí.
Isaac is Israeli.

2 ▷ Se casó con un israelí.
She married an Israeli.

1 (adjetivo) Israeli /ɪzˈreɪlɪ/

◀) El acento recae sobre la segunda sílaba -rae-; Israeli rima con daily.

i Se escribe siempre con mayúscula, como todos los adjetivos y nombres ingleses que se refieren a la nacionalidad.

2 (nombre) **un israelí, una israelí:** an Israeli /ɪzˈreɪlɪ/

Italia

▷ ¿Cuál es la capital de Italia?
What's the capital of Italy?

Italy /ˈɪtəlɪ/

◀) El acento recae sobre la primera sílaba I-.

italiano, italiana

1 ▷ Tengo una amiga italiana.
   I've got an Italian friend.

   ▷ Luca es italiano.
   Luca is Italian.

2 ▷ Se casó con un italiano.
   She married an Italian.

3 ▷ Pedro habla italiano muy bien.
   Pedro speaks very good Italian.

1 (adjetivo) Italian /ɪˈtælɪən/
◀) El acento recae sobre la segunda
sílaba -tal-.
i Se escribe siempre con mayúscula,
como todos los adjetivos y nombres
ingleses que se refieren a la nacionalidad.
2 (nombre) **un italiano, una
italiana:** an Italian /ɪˈtælɪən/
3 (el idioma) Italian
i Los nombres de los idiomas se
escriben siempre con mayúscula en
inglés.
♥ Fíjate que no se usa artículo delante
del nombre del idioma, no se dice the
Italian.

itinerario

   ▷ Fuimos por un itinerario más corto.
   We took a shorter route.

route /ruːt/
◀) route rima con boot.

izquierdo, izquierda

   ▷ Me duele la mano izquierda.
   My left hand hurts.
   ▷ Quería el pastel de la izquierda.
   I'd like the cake on the left.
   ▷ El colegio está a la izquierda, después de la
   gasolinera.
   *The school is on the left, after the petrol
   station.*
   ▷ Gira a la izquierda en el semáforo.
   Turn left at the traffic lights.
   ▷ A la izquierda del cine hay un restaurante
   chino.
   *To the left of the cinema there's a Chinese
   restaurant.*
   ▷ La izquierda está en el gobierno desde hace
   cuatro años.
   *The left has been in government for four
   years.*
   ▷ Son de izquierdas.
   They're left-wing.

left /left/

► **a la izquierda** (= situado a la
izquierda): on the left

► **girar a la izquierda:** turn left

► **a la izquierda de:** to the left
of

► **la izquierda** (en política): the
left

► **de izquierdas:** left-wing

J

jabón

▷ Lávate la cara con agua y jabón.
Wash your face with water and soap.
▷ Hay dos pastillas de jabón en cada paquete.
There are two bars of soap in each pack.

soap /səʊp/
◀) soap rima con hope.
► pastilla de jabón: bar of soap
/bɑːr əv ˈsəʊp/ (plural: **bars of soap**)

jaleo

▷ Los vecinos estuvieron armando jaleo y no
conseguí estudiar.
*The neighbours were making a racket and I
couldn't study.*

(= ruido) racket /ˈrækɪt/
► armar jaleo: make a racket
/ˈrækɪt/ (**made, made**)

jamás

1 ▷ No he visto jamás a los padres de Inma.
I've never seen Inma's parents.

▷ ¡Nunca jamás volveré a hablar contigo!
I will never speak to you again!
2 ▷ Es la ciudad más bonita que he visto jamás.
*It's the most beautiful city that I have ever
seen.*

1 Cuando la frase tiene un valor
negativo, se usa never /ˈnevər/
► nunca jamás: never... again
/əˈgen/
2 Cuando la frase no tiene valor
negativo, se usa ever /ˈevər/

jamón

▷ Me encantan los bocadillos de jamón.
I love ham sandwiches.
▷ Quería un kilo de jamón serrano, por favor.
I would like a kilo of cured ham, please.

ham /hæm/

► jamón serrano: cured ham
/kjʊəd ˈhæm/

Japón

▷ ¿Cuál es la capital de Japón?
What's the capital of Japan?

Japan /dʒəˈpæn/

ℹ Mientras que en español se puede decir también **el Japón**, en inglés Japan nunca lleva artículo delante (el Japón es un país muy poblado = Japan is a densely populated country).

japonés, japonesa

1 ▷ Tengo una amiga japonesa.
I've got a Japanese friend.
▷ Hirome es japonesa.
Hirome is Japanese.

🔊 (adjetivo) **Japanese** /dʒæpəˈniːz/
🔊 Japanese rima con cheese.
ℹ Se escribe siempre con mayúscula, como todos los adjetivos y nombres ingleses que se refieren a la nacionalidad.

2 ▷ Se casó con un japonés.
She married a Japanese man.

🔊 (nombre) **un japonés, una japonesa:** (= hombre) a **Japanese man**; (= chico) a **Japanese boy**; (= mujer) a **Japanese woman**; (= chica) a **Japanese girl**

3 ▷ El japonés es un idioma muy difícil.
Japanese is a very difficult language.

🔊 (el idioma) **Japanese**
ℹ Los nombres de los idiomas se escriben siempre con mayúscula en inglés.
🕯 Fíjate que no se usa artículo delante del nombre del idioma, no se dice the Japanese.

jarabe

▷ Tengo un jarabe para la tos muy bueno.
I have a very good cough syrup.

syrup /ˈsɪrəp/
🔊 La y de syrup se pronuncia como la i de big.
▶ **jarabe para la tos:** cough /kɒf/ syrup
🔊 cough se pronuncia igual que la primera sílaba cof- de la palabra inglesa coffee.

jardín

▷ Mi madre está en el jardín regando las plantas.
My mother is in the garden watering the plants.

garden /ˈɡɑːdən/

jardinería

▷ Mi padre siempre está leyendo libros de jardinería.
My father is always reading gardening books.

gardening /ˈɡɑːdənɪŋ/

jardinero, jardinera

▷ Los padres de Antonio tienen un jardinero.
Antonio's parents have a gardener.
▷ Andrés es jardinero.
Andrés is a gardener.

gardener /ˈɡɑːdənəʳ/
ⓘ No te olvides de colocar el artículo a o an delante del nombre de la profesión cuando aparece detrás de los verbos be o become.

jarra

▷ Pon una jarra de agua en la mesa, por favor.
Put a jug of water on the table, please.

jug /dʒʌɡ/
◀) La u de jug se pronuncia como la u de duck.

jarrón

▷ Voy a poner las flores en un jarrón.
I'm going to put the flowers in a vase.

vase /vɑːz/ (plural: vases /ˈvɑːzɪz/)
◀) vase rima con cars.

jaula

▷ El león se escapó de la jaula.
The lion escaped from its cage.

cage /keɪdʒ/
◀) La a de cage se pronuncia como la a de make.

jeans

▷ Estos jeans me quedan pequeños.
These jeans are too small for me.
▷ Me voy a comprar unos jeans nuevos.
I'm going to buy a new pair of jeans.

jeans /dʒiːnz/
► unos jeans: a pair /peəʳ/ of jeans

jefe

▷ El jefe de mi padre es muy antipático.
My father's boss is very unpleasant.

boss /bɒs/ (plural: bosses /ˈbɒsɪz/)

jerez

▷ Mis padres siempre beben una copa de jerez los domingos.
My parents always drink a glass of sherry on Sundays.

sherry /ˈʃerɪ/

jeringuilla

▷ Cuando vi a la enfermera con la jeringuilla me desmayé.
When I saw the nurse with the syringe I fainted.

syringe /sɪˈrɪndʒ/
◀) La y de syringe se pronuncia como la i de big.

jersey

▷ Ponte un jersey, hace frío.
Put a jumper on, it's cold.

jumper /ˈdʒʌmpəʳ/
ⓘ También se puede decir sweater /ˈswetəʳ/.

jesús

▷ Estornudó y dije "jesús".
He sneezed and I said "bless you".

ⓘ Cuando alguien estornuda en inglés se dice bless you! /ˈbles juː/

jirafa

▷ ¿Viste alguna jirafa en el zoo?
Did you see any giraffes at the zoo?

giraffe /dʒɪˈrɑːf/
🔊 giraffe rima con staff.
ℹ️ Fíjate que giraffe se escribe con g y dos f.

joven

1 ▷ Cuando era joven, mi padre iba mucho al cine.
When he was young, my father went to the cinema a lot.

1 (= que no es viejo) young /jʌŋ/
(más joven younger /ˈjʌŋɡəʳ/, el más joven the youngest /ˈjʌŋɡɪst/)
🔊 La ou de young se pronuncia como la u de duck.

2 ▷ Tres jóvenes vinieron preguntando si estabas en casa.
Three boys came asking if you were home.

2 ► un joven (= un chico): a boy /bɔɪ/

3 ▷ Lo vimos en el cine con una joven que no conocíamos.
We saw him at the cinema with a girl we didn't know.

3 ► una joven (= una chica): a girl /ɡɜːl/

4 ▷ Todos los jóvenes de hoy saben usar Internet.
Young people today all know how to use the Internet.

4 ► los jóvenes (= la gente joven en general): young people /jʌŋ ˈpiːpəl/

joya

▷ Carla siempre lleva muchas joyas.
Carla always wears a lot of jewels.

▷ En esta tienda venden unas joyas muy bonitas.
In this shop they sell very beautiful jewellery.

jewel /ˈdʒuːəl/
🔊 La segunda e no se pronuncia; jewel rima con fool.
ℹ️ Para hablar de joyas, se puede decir tanto jewels como jewellery /ˈdʒuːəlrɪ/.
🔊 La segunda y la tercera e no se pronuncian; jewellery se pronuncia jool + ree.
ℹ️ jewellery se usa siempre con un verbo en singular. Por ejemplo, se dice this jewellery is beautiful (estas joyas son muy bonitas).

joyería

▷ Hay una joyería en la esquina de la calle.
There's a jeweller's on the corner of the street.

(= tienda) jeweller's /ˈdʒuːələz/

joyero

▷ Le regalamos un joyero para su cumpleaños.
We gave her a jewellery box for her birthday.

(= caja para guardar las joyas)
jewellery box /ˈdʒuːəlrɪ bɒks/
🔊 La segunda y la tercera e de jewellery no se pronuncian; jewellery se pronuncia jool + ree.

jubilado, jubilada

▷ Los padres de Javier están jubilados.
Javier's parents are retired.

(= que ya no trabaja) retired
/rɪˈtaɪəd/
◀) La i de retired se pronuncia como la i de like.

jubilarse

▷ Mi abuelo se jubiló hace diez años.
My grandfather retired ten years ago.

(= dejar de trabajar) retire /rɪˈtaɪəʳ/
◀) La i de retire se pronuncia como la i de like.

judía

▷ De primero hay judías blancas.
There are haricot beans for starters.

bean /biːn/
► judías blancas: haricot
/ˈhærɪkəʊ/ beans
◀) La t de haricot no se pronuncia; haricot rima con go.

▷ Me encantan las judías verdes.
I love green beans.

► judías verdes: green /griːn/ beans

judío, judía

1 ▷ Moisés no come carne de cerdo porque es judío.
Moisés doesn't eat pork because he's Jewish.
2 ▷ Los judíos rezan en la sinagoga.
Jews pray in the synagogue.

1 (adjetivo = de religión judía) Jewish
/ˈdʒʊɪʃ/

2 (= persona de religión judía) Jew
/dʒuː/
◀) Jew rima con too y true.
ⓘ Jewish y Jew se escriben con mayúscula en inglés, como todos los adjetivos y nombres referidos a las religiones.

judo

▷ El judo es un deporte japonés.
Judo is a Japanese sport.
▷ Mario practica judo todos los jueves.
Mario does judo every Thursday.

judo /ˈdʒuːdəʊ/
► el judo: judo
► practicar judo: do judo (did /dɪd/, done /dʌn/)

juego

1 ▷ Hemos inventado un nuevo juego.
We've invented a new game.
▷ ¿Conoces este juego de cartas?
Do you know this card game?
▷ José Miguel se pasa el día jugando a juegos de ordenador.
José Miguel spends all day playing computer games.
▷ Los Juegos Olímpicos se celebran cada cuatro años.
The Olympic Games take place every four years.

1 (= entretenimiento) game /geɪm/

► juego de cartas: card game
/ˈkɑːd geɪm/ (plural: card games)
► juego de ordenador:
computer game /kəmˈpjuːtə geɪm/ (plural: computer games)

► los Juegos Olímpicos: the Olympic Games /əˈlɪmpɪk ˈgeɪmz/

Sigue en la página siguiente

2 ▷ Te puedes quedar con un juego de llaves.
You can keep one set of keys.
▷ ¡Estoy harto de tus juegos de palabras!
I've had enough of your puns!

2 (= conjunto de llaves) set /set/

► juego de palabras: pun /pʌn/

juerga

▷ ¿Quieres salir de juerga con nosotros?
Do you want to go out on the town with us?

▷ Estuvieron de juerga toda la noche.
They were partying all night.

► salir de juerga: go out on the town /gəʊ ˈaʊt ɒn ðə ˈtaʊn/ (went /went/, gone/been /gɒn/biːn/)
► estar de juerga: be partying /ˈpɑːtiɪŋ/

jueves

▷ Hoy es jueves.
Today is Thursday.

Thursday /ˈθɜːzdɪ/
ℹ En inglés se escribe siempre con mayúscula, como el resto de los días de la semana.

▷ Salimos el jueves.
We left on Thursday.
▷ Los jueves vamos siempre al cine.
We always go to the cinema on Thursdays.
▷ Volveremos el próximo jueves.
We will return next Thursday.

► el jueves: on Thursday
► los jueves (= todos los jueves): on Thursdays
► el próximo jueves: next Thursday

juez

▷ El juez decidió que el ladrón debía ir a la cárcel.
The judge decided that the thief should go to prison.

judge /dʒʌdʒ/
◀) j- y -dge se pronuncian como la j de John.

jugador, jugadora

▷ Los jugadores de fútbol ganan mucho dinero.
Football players earn a lot of money.

(en deportes) player /ˈpleɪəʳ/
► jugador de fútbol: football player (plural: football players)
ℹ También se puede decir footballer /ˈfʊtbɔːləʳ/.

▷ A Mariano le gustaría ser jugador de baloncesto profesional.
Mariano would like to be a professional basketball player.

► jugador de baloncesto: basketball player (plural: basketball players)

jugar

▷ ¡Ven a jugar con nosotros!
Come and play with us!

(= divertirse) play /pleɪ/
◀) En pasado played se pronuncia /pleɪd/ y rima con made.

▷ Nuria juega al baloncesto en el equipo del colegio.
Nuria plays basketball in the school team.

► jugar a algo (= hablando de un deporte): play something

juguete

▷ El cuarto de mi hermanito está lleno de juguetes.
My little brother's bedroom is full of toys.
▷ ¿Quieres jugar con mis coches de juguete?
Do you want to play with my toy cars?

toy /tɔɪ/

► un coche de juguete: a toy car /tɔɪ ˈkɑːʳ/ (plural: toy cars)

juguetón, juguetona

▷ Fred es un perrito muy simpático y juguetón.
Fred is a very friendly and playful little dog.

playful /ˈpleɪfʊl/ (más juguetón more playful, el más juguetón the most playful)

juicio

▷ El juicio duró varias semanas.
The trial lasted several weeks.

(en un tribunal) trial /traɪəl/
◀) trial rima con smile.

julio

▷ En julio siempre hace mucho calor.
It's always very hot in July.

▷ Nací el doce de julio.
I was born on the twelfth of July.

July /dʒuːˈlaɪ/
◀) La y de July se pronuncia como la i de like.
ℹ En inglés se escribe siempre con mayúscula, como el resto de los nombres de los meses.
ℹ Fíjate cómo en inglés se usa on y of con las fechas.
ℹ Se escribe 12 July.

jungla

▷ Estos pájaros viven en la jungla.
These birds live in the jungle.

jungle /ˈdʒʌŋɡəl/

junio

▷ En junio suele hacer calor.
It's usually hot in June.

▷ Nací el doce de junio.
I was born on the twelfth of June.

June /dʒuːn/
ℹ En inglés se escribe siempre con mayúscula, como el resto de los nombres de los meses.
ℹ Fíjate cómo en inglés se usa on y of con las fechas.
ℹ Se escribe 12 June.

juntar

1 ▷ Junta las dos mesas.
Put the two tables together.

2 ▷ Junta a tus amigos, que quiero decirles una cosa.
Bring your friends together, I want to tell them something.

1 ► juntar dos cosas (= poner en el mismo sitio): put two things together /təˈɡeðəʳ/ (put, put)

2 ► juntar a varias personas (= reunir en el mismo sitio): bring several people together /brɪŋ təˈɡeðəʳ/ (brought, brought /brɔːt/)

junto, junta

1 ▷ Podemos ir juntos si queréis.
   We can go together if you want.
   ▷ Les gusta trabajar juntos.
   They like to work together.
2 ▷ Hay un supermercado junto a nuestra casa.
   There's a supermarket next to our house.

1 (= al mismo tiempo o en el mismo lugar) **together** /təˈgeðəʳ/

2 ▶ **junto a** (= cerca de): **next to** /ˈnekst tʊ/

jurar

▷ ¡Te juro que no fui yo!
I swear it wasn't me!
▷ No fui yo, te lo juro.
It wasn't me, I swear.

swear /sweəʳ/
◀) swear rima con care y hair.
▶ **te lo juro:** I **swear**

justicia

▷ Mis padres nos tratan con justicia.
My parents treat us fairly.

▶ **con justicia** (= con igualdad): **fairly** /ˈfeəlɪ/

justificar

▷ No intentes justificar lo que ha hecho tu hermano.
Don't try to justify what your brother has done.

▷ Intentaron justificarse diciendo que no sabían nada.
They tried to justify themselves by saying they didn't know anything.

justify /ˈdʒʌstɪfaɪ/
ℹ La y de justify se convierte en ie en la tercera persona del singular del presente de indicativo (justifies /ˈdʒʌstɪfaɪz/), en el pasado y el participio (justified /ˈdʒʌstɪfaɪd/).

▶ **justificarse:** justify /ˈdʒʌstɪfaɪ/ oneself
ℹ El pronombre en inglés funciona de la siguiente forma: I justify myself, you justify yourself, he justifies himself, she justifies herself, etc.

justo, justa

1 ▷ ¡No es justo! ¡Yo no he hecho nada!
   It's not fair! I haven't done anything!

2 ▷ Fue una victoria justa.
   It was a deserved victory.

3 ▷ Estos pantalones me están justos.
   These trousers are tight.

4 ▷ Llegamos justo cuando empezaba la película.
   We arrived just when the film was starting.
5 ▷ Tuvimos que correr pero llegamos justo a tiempo.
   We had to run but we arrived just in time.

1 (= equitativo) **fair** /feəʳ/ (más justo fairer /ˈfeərəʳ/, el más justo the fairest /ˈfeərɪst/)
◀) fair rima con care y bear.

2 (= merecido) **deserved** /dɪˈzɜːvd/ (más justo more deserved, el más justo the most deserved)

3 (= apretado) **tight** /taɪt/ (más justo tighter /ˈtaɪtəʳ/, el más justo the tightest /ˈtaɪtɪst/)
ℹ Fíjate cómo **me está justo** se dice it is tight.
◀) tight rima con bite.

4 (= en el instante preciso) **just** /dʒʌst/

5 ▶ **justo a tiempo:** just in time /ˈdʒʌst ɪn taɪm/

juvenil

▷ Me gusta mucho la moda juvenil.
   I really like youth fashion.

(hablando de la ropa, la cultura) youth
/juːθ/
◀ La ou de youth se pronuncia como la oo de food.

juventud

1 ▷ En su juventud mi abuelo viajó mucho.
   In his youth my grandfather travelled a lot.

1 (= época en la que se es joven)
youth /juːθ/
◀ La ou de youth se pronuncia como la oo de food.

2 ▷ Es un tipo de música que gusta mucho a la
   juventud de hoy.
   *It's a type of music which young people today
   really like.*

2 ▶ la juventud (= los jóvenes):
young people /jʌŋ ˈpiːpəl/

juzgar

▷ No deberías juzgar a la gente.
   You shouldn't judge people.

(= opinar sobre alguien) judge
/dʒʌdʒ/
◀ j- y -dge se pronuncian como la j de John.

K

La letra **K** se pronuncia /keɪ/ en inglés.

K rima con **day, grey** y **weigh**.

karaoke

▷ La fiesta fue en un karaoke.
  The party was at a karaoke bar.

(lugar) karaoke bar /kærɪˈəʊkɪ bɑːʳ/ (plural: karaoke bars)

🔊 La segunda a y la e de karaoke se pronuncian como la i de big.

kárate

▷ El kárate es un arte marcial japonés.
  Karate is a Japanese martial art.

karate /kəˈrɑːtɪ/

🔊 La e de karate se pronuncia como la i de big. El acento recae sobre la segunda sílaba -ra-.

kart

▷ Han abierto un circuito de karts cerca de casa.
  A kart track has opened near my home.

kart /kɑːt/

ℹ También se puede decir go-kart.

kayak

▷ Bajamos el río en un kayak.
  We went down the river in a kayak.

kayak /ˈkaɪæk/

ketchup

▷ Quiero ketchup y mayonesa.
  I would like ketchup and mayonnaise.

ketchup /ˈketʃəp/

kilo

▷ Compra un kilo de patatas.
  Buy a kilo of potatoes.

kilo /ˈkiːləʊ/

kilogramo

▷ Peso 70 kilogramos.
  I weigh 70 kilograms.

kilogram /ˈkɪləɡræm/

🔊 El acento recae sobre la primera sílaba ki-.

🔊 También se puede escribir kilogramme.

kilométrico, kilométrica

▷ Había una fila kilométrica y nos volvimos a casa.
There was a very long queue and we went home.

(= muy largo) very long /ˈverɪ lɒŋ/

kilómetro

▷ El pueblo está a tres kilómetros de aquí.
The village is three kilometres from here.

kilometre /kɪˈlɒmɪtəʳ/
⌐ En inglés americano se escribe kilometer.

kiosco

▷ Compré la revista en un kiosco.
I bought the magazine at a newspaper stand.

(en el que se venden periódicos y revistas) newspaper stand /ˈnjuːspeɪpə stænd/ (plural: newspaper stands)

▷ Nos podríamos encontrar en el parque, delante del kiosco de música.
We could meet in the park, in front of the bandstand.

► kiosco de música: bandstand /ˈbændstænd/

kiwi

▷ Los kiwis tienen mucha vitamina C.
Kiwis have a lot of vitamin C.

kiwi /ˈkiːwiː/

kleenex®

▷ ¿Tienes un kleenex, por favor?
Do you have a tissue, please?

tissue /ˈtɪʃuː/
◀ Fíjate en la pronunciación. La ss se pronuncia como la sh de shop; tissue rima con shoe y do.

L

La letra **L** se pronuncia /el/ en inglés.
Fíjate que no se pronuncia con una **e** final como en
español.

la (artículo)

1 ▷ La profe ha dicho que podemos salir.
The teacher said that we can leave.

▷ Faltan dos días para la fiesta.
There are two days to go until the party.

▷ Me encanta la piña.
I love pineapple.

▷ La piña que compré no era muy buena.
The pineapple I bought wasn't very good.

2 ▷ Le puso una tirita en la rodilla.
She put a plaster on his knee.

▷ El perro se ha hecho daño en la pata.
The dog has hurt its leg.

1 (para referirnos a una cosa o una persona determinada) the /ðə/ delante de consonante, /ðɪ/ delante de vocal

i Los nombres ingleses no tienen género (es decir, no son ni masculinos ni femeninos). La palabra the corresponde a **el, la, los** y **las**.

i Cuando se habla de una cosa o de una persona **en general**, en inglés no se utiliza el artículo. Cuando se habla de cualquier cosa **en particular**, se coloca delante el artículo the. Para entender esta diferencia, compara los ejemplos que aparecen a la izquierda.

i Con las partes del cuerpo, donde en **español** se usa **la** o **las**, en inglés se usa el adjetivo posesivo (my, your, his, her, its, our, their).

i Aquí sólo hemos hablado del artículo definido **la**. Para el pronombre **la**, pasa a la entrada siguiente.

la (pronombre)

1 ▷ Es la novia de Alberto. ¿La conoces?
She's Alberto's girlfriend. Do you know her?

2 ▷ Todavía no he visto su última película. ¿Tú la has visto?
I haven't seen his latest film yet. Have you seen it?

i Cuando **la** representa a una persona o a un animal doméstico se traduce en inglés como her /hɜːʳ/.

i Cuando **la** representa a una cosa o a cualquier animal se traduce en inglés como it /ɪt/.

laberinto

▷ Hay un laberinto en el jardín del castillo.
There is a maze in the garden of the castle.

maze /meɪz/
🔊 maze rima con **days**.

labio

▷ ¿Qué tienes en los labios?
What have you got on your lips?

lip /lɪp/
ℹ️ Fíjate cómo en inglés se usa el posesivo con las partes del cuerpo mientras que en español se usa el artículo definido (**your lips** en el ejemplo).

laboratorio

▷ Voy al laboratorio a recoger los resultados.
I'm going to the laboratory to get the results.

laboratory /ləˈbɒrətərɪ/ (plural: laboratories /ləˈbɒrətərɪz/)
🔊 La segunda **o** no se pronuncia. **laboratory** se pronuncia **labora** + **tree**. El acento recae sobre la segunda sílaba **-bo-**.

laca

▷ Mi madre se pone laca en el pelo.
My mother puts hairspray on her hair.

(para el pelo) **hairspray** /ˈheəspreɪ/

ladera

▷ El castillo está construido en una ladera.
The castle is built on a hillside.

▷ Hay un pueblo en la ladera de la montaña.
There's a village on the mountainside.

hillside /ˈhɪlsaɪd/

▶ **la ladera de la montaña:** the mountainside /ˈmaʊntənsaɪd/

lado

1 ▷ Los dos lados de la hoja están llenos.
The two sides of the sheet are full.

▷ Ya hemos escuchado los dos lados de la cinta.
We've already listened to both sides of the tape.

▷ Te esperaré al otro lado de la calle.
I'll wait for you on the other side of the street.

2 ▷ Mi tío vive aquí al lado.
My uncle lives nearby.

▷ El supermercado está al lado de la iglesia.
The supermarket is next to the church.

3 ▷ Al lado de su hermana, Irene es muy pequeña.
Compared to her sister, Irene is very small.

4 ▷ Lo he buscado por todos lados pero no lo he encontrado.
I've looked for it everywhere but I haven't found it.

ℹ️ En general, **lado** se traduce como **side** /saɪd/.
🔊 La **i** de **side** se pronuncia como la **i** de **like**.

▶ **al otro lado de:** on the other side of

2 ▶ **al lado** (= cerca): nearby /ˈnɪəbaɪ/

▶ **al lado de** (= cerca de): next to /ˈnekst tʊ/

3 ▶ **al lado de** (= en comparación con): compared to /kəmˈpeəd tʊ/

4 ▶ **por todos lados:** everywhere /ˈevrɪweəʳ/

ladrar

▷ Los perros estuvieron ladrando toda la noche.
The dogs were barking all night.

bark /bɑːk/

ladrido

▷ El perro dio un ladrido.
The dog barked.

bark /bɑːk/
▶ **dar un ladrido:** bark /bɑːk/
◀» En pasado barked se pronuncia /bɑːkt/.

ladrillo

▷ Papá compró ladrillos para construir un muro en el jardín.
Dad bought some bricks to build a wall in the garden.
▷ Están construyendo un muro de ladrillo.
They're building a brick wall.

brick /brɪk/

▶ **de ladrillo:** brick

ladrón, ladrona

▷ El ladrón robó la cámara.
The thief stole the camera.

thief /θiːf/ (plural: thieves /θiːvz/)
◀» thief rima con leaf y beef.
ℹ Al ladrón de casas en inglés se le llama burglar /ˈbɜːɡləʳ/. Al ladrón de bancos se le llama robber /ˈrɒbəʳ/.

lagartija

▷ Había tres lagartijas en la pared.
There were three lizards on the wall.

lizard /ˈlɪzəd/
ℹ En inglés existe la misma palabra para referirse a las lagartijas y a los lagartos.

lagarto

▷ En el zoo hay unos lagartos gigantes.
There are some giant lizards in the zoo.

lizard /ˈlɪzəd/
ℹ En inglés existe la misma palabra para referirse a las lagartijas y a los lagartos.

lago

▷ Fuimos a pasear alrededor del lago.
We went for a walk around the lake.

lake /leɪk/
◀» La a de lake se pronuncia como la a de make.

lágrima

▷ La cara de Amalia estaba llena de lágrimas.
Amalia's face was full of tears.

tear /teəʳ/
◀» tear rima con here y beer.
ℹ La palabra tear /teəʳ/, que rima con hair y where, quiere decir **rasgar**.

laguna

▷ El domingo fuimos a pescar a la laguna.
On Sunday we went fishing to the pool.

(= lago de agua dulce) pool /puːl/
ℹ A la laguna de agua salada se le llama lagoon /ləˈɡuːn/.

lamer

▷ El perro me lamió la cara.
The dog licked my face.
▷ El gato se lamía la herida.
The cat was licking its wound.

lick /lɪk/
◀ En pasado licked se pronuncia /lɪkt/.

lámpara

▷ ¿Apagaste la lámpara del pasillo?
Did you switch off the lamp in the corridor?

lamp /læmp/

lana

▷ Esta lana es muy suave.
This wool is really soft.
▷ Los calcetines de lana son muy agradables.
Woollen socks are very nice.

wool /wʊl/
◀ wool rima con bull.
▶ de lana: woollen /ˈwʊlən/

lancha

▷ Dimos una vuelta al lago en una lancha.
We went round the lake in a boat.
▷ Fuimos a pescar en una lancha motora.
We went fishing in a motorboat.
▷ Espero que no tengamos que usar la lancha salvavidas.
I hope we don't have to use the lifeboat.

boat /bəʊt/
◀ boat rima con coat y note.
▶ lancha motora: motorboat /ˈməʊtəbəʊt/
▶ lancha salvavidas: lifeboat /ˈlaɪfbəʊt/

langosta

▷ Nunca he comido langosta.
I've never eaten lobster.

lobster /ˈlɒbstəʳ/

langostino

▷ Estos langostinos están deliciosos.
These king prawns are delicious.

king prawn /kɪŋ ˈprɔːn/ (plural: king prawns)
◀ prawn rima con born.

lanza

▷ Los caballeros lucharon con lanzas y espadas.
The knights fought with lances and swords.

(arma antigua) lance /lɑːns/
◀ La a de lance rima con la a de car.

lanzamiento

▷ Vimos el lanzamiento del cohete en televisión.
We watched the launch of the rocket on TV.

(de cohete, satélite) launch /lɔːntʃ/
◀ La au de launch se pronuncia como la o de more.

lanzar

1 ▷ ¡Lánzame la pelota!
Throw the ball to me!

▷ Le lanzaron piedras.
They threw stones at him.

1 (= tirar) throw /θrəʊ/ (threw /θruː/, thrown /θrəʊn/)
◀ throw rima con go.
ℹ Para decir lanzar algo a alguien en inglés se usa la preposición to si se espera que la otra persona coja lo que se lanza, y at si se trata de una agresión.

2 ▷ Lanzaron el satélite desde Rusia.
They launched the satellite from Russia.

2 (cohete, satélite) launch /lɔːntʃ/
🔊 La au de launch se pronuncia como la o de more.

lapicero

▷ ¿Este lapicero es tuyo?
Is this pencil yours?

pencil /ˈpensəl/

lápida

▷ Pusimos unas flores delante de la lápida de mi abuelo.
We put some flowers in front of my grandfather's gravestone.

gravestone /ˈɡreɪvstəʊn/
🔊 La a de gravestone se pronuncia como la a de make.

lápiz

▷ ¿Este lápiz es tuyo?
Is this pencil yours?

▷ El profesor dijo que escribiéramos las respuestas a lápiz.
The teacher said we should write the answers in pencil.

pencil /ˈpensəl/
► escribir algo a lápiz: write something in pencil
ℹ Fíjate en la preposición que se usa en inglés: a lápiz = in pencil.

largo, larga

1 ▷ Estos pantalones te quedan un poco largos.
These trousers are a bit long for you.

▷ Durante el verano los días son más largos.
The days are longer during the summer.

2 ▷ El salón mide seis metros de largo.
The living room is six metres long.

▷ ¿Cuánto mide de largo la cocina?
How long is the kitchen?

1 (en tamaño, en duración) long /lɒŋ/ (más largo longer /ˈlɒŋɡəʳ/, el más largo the longest /ˈlɒŋɡɪst/)

ℹ Cuando queremos hablar de la largura exacta de algo, utilizamos la expresión be... long.
ℹ Para preguntar la largura de algo, se dice how long is /haʊ ˈlɒŋ ɪz/ ...?

larguero

▷ La pelota pegó en el larguero.
The ball hit the crossbar.

(de una portería de fútbol) crossbar /ˈkrɒsbɑːʳ/

las (artículo)

1 ▷ Faltan dos días para las vacaciones.
There are two days to go until the holidays.

1 (para referirnos a una cosa o una persona determinada) the /ðə/ delante de consonante, /ðɪ/ delante de vocal
ℹ Los nombres ingleses no tienen género (es decir, no son ni masculinos ni femeninos). La palabra the corresponde a el, la, los y las.
ℹ Con las partes del cuerpo, donde en español se usa las, en inglés se usa el adjetivo posesivo (my, your, his, her, its, our, their).

2 ▷ Me duelen las piernas.
My legs hurt.

las (pronombre)

▷ Las vi paseando en el centro de la ciudad.
I saw them walking in the town centre.

▷ Había dos avispas en el cuarto y las maté.
There were two wasps in the room and I killed them.

(= a ellas): them /ðem/

lasaña

▷ Me encanta la lasaña.
I love lasagna.

lasagna /ləˈzɑːnjə/

◀) Aquí gn se pronuncia ñ.

lástima

▷ Es una lástima que no puedas venir.
It's a pity you can't come.

▷ ¿No aprobaste el examen? ¡Qué lástima!
You didn't pass the exam? What a pity!

▷ Me da lástima verla tan infeliz.
It makes me sad to see her so unhappy.

(= pena) pity /ˈpɪtɪ/

► ¡qué lástima!: what a pity!

► dar lástima a alguien: make somebody sad /sæd/ (made, made)

lata

1 ▷ Compra diez latas de cerveza.
Buy ten cans of beer.

▷ No me gustan los guisantes en lata.
I don't like canned peas.

1 (de comida, bebida) can /kæn/

ℹ A la lata de comida también se le llama tin /tɪn/.

► en lata: canned /kænd/

ℹ También se puede decir tinned /tɪnd/.

◀) canned rima con hand. Tinned rima con wind.

2 ▷ Es una lata tener que hacer los deberes todos los días.
It's a pain to have to do our homework every day.

▷ ¡Deja de dar la lata!
Stop being a pain!

2 (= incordio, molestia) pain /peɪn/

ℹ Tanto lata como pain son términos familiares que sólo debes usar con amigos y conocidos.

► dar la lata (= molestar): be a pain /peɪn/

ℹ be a pain también es una expresión familiar.

lateral

1 ▷ Tiene una raya en el lateral del coche.
He's got a scratch on the side of the car.

2 ▷ Entraron por una puerta lateral.
They went in through a side door.

1 (sustantivo, = lado) side /saɪd/

◀) La i de side se pronuncia como la i de like.

2 (adjetivo, = que está en un lado) side /saɪd/

ℹ Con este significado, side es un sustantivo que se utiliza como adjetivo. Sólo se puede colocar delante de otro sustantivo, nunca después.

látigo

▷ El látigo asustó al tigre.
The whip frightened the tiger.

whip /wɪp/
◀ La **h** de **whip** no se pronuncia.

latín

▷ Mi hermano está estudiando latín.
My brother is studying Latin.

Latin /ˈlætɪn/
ℹ Los nombres de los idiomas se escriben siempre con mayúscula en inglés.
◀ El acento recae sobre la primera sílaba **La-**.

Latinoamérica

▷ El pasado verano fuimos de viaje por Latinoamérica.
Last summer we travelled around Latin America.

Latin America /ˈlætɪn əˈmerɪkə/
◀ El acento en la palabra **Latin** recae sobre la primera sílaba **La-**.

latinoamericano, latinoamericana

1 ▷ Nos gusta mucho la música latinoamericana.
We really like Latin American music.

1 (adjetivo) **Latin American** /ˈlætɪn əˈmerɪkən/
ℹ Se escribe siempre con mayúscula, como todos los adjetivos y nombres ingleses que se refieren a la nacionalidad.

2 ▷ Se casó con un latinoamericano.
She married a Latin American.

2 (nombre) **un latinoamericano, una latinoamericana**: a **Latin American**

latir

▷ Sentí cómo mi corazón latía más rápido.
I felt my heart beating faster.

beat /biːt/
◀ **beat** rima con **street**.

lava

▷ El río de lava llegó hasta el pueblo.
The river of lava reached the village.

lava /ˈlɑːvə/
◀ La primera **a** de **lava** se pronuncia como la **a** de **car**.

lavabo

1 ▷ Hay una pastilla de jabón en el lavabo.
There's a bar of soap on the sink.
2 ▷ ¿Dónde está el lavabo?
Where is the toilet?

1 (hablando de la pila que se encuentra dentro del cuarto de baño) **sink** /sɪŋk/
2 (= cuarto de baño) **toilet** /ˈtɔɪlət/

lavadora

▷ La lavadora está estropeada.
The washing machine is broken.

washing machine /ˈwɒʃɪŋ məˈʃiːn/
(plural: washing machines)
◀ La **ch** de **machine** se pronuncia como la **sh** de **cash**.

lavar

▷ Mi padre lava el coche todos los domingos.
My father washes his car every Sunday.
▷ No te olvides de lavarte las manos.
Don't forget to wash your hands.

wash /wɒʃ/
◀ wash rima con posh.
▶ **lavarse: wash** /wɒʃ/
ℹ Cuando se habla de **lavarse** una parte del cuerpo, en inglés se usa la expresión wash one's hands, wash one's face, wash one's feet, etc.

▷ Me lavé la cara antes de vestirme.
I washed my face before getting dressed.

ℹ Fíjate que en inglés se utiliza el adjetivo posesivo donde en español se utiliza el artículo: I wash my hands, you wash your hands, he washes his hands, she washes her hands, etc.

lavavajillas

▷ Pon los vasos en el lavavajillas.
Put the glasses in the dishwasher.

dishwasher /ˈdɪʃwɒʃəʳ/
◀ La a de dishwasher se pronuncia como la o de posh.

lazo

▷ Gloria llevaba un lazo en el pelo.
Gloria had a bow in her hair.

(= nudo) bow /bəʊ/
◀ bow rima con go y toe.

le (pronombre)

1 ▷ Mi padre me preguntó y le tuve que explicar lo que había pasado.
My father asked me and I had to explain to him what had happened.
▷ Es mi profesora de inglés, le tengo mucho miedo.
She's my English teacher, I'm really afraid of her.
▷ Le eché más sal.
I put more salt in it.

ℹ Cuando **le** se utiliza como complemento indirecto y representa a un hombre se traduce en inglés como him /hɪm/. Cuando representa a una mujer se traduce como her /hɜːʳ/. Cuando representa a algo se traduce como it /ɪt/.
ℹ En algunos casos **le** se traduce como him, her o it pero en otros lleva además preposiciones como to u of o in, como en los ejemplos de la izquierda.

▷ ¿Le puedo ayudar, señora?
Can I help you, madam?

ℹ Cuando **le** se utiliza en una situación formal sustituyendo a usted, se traduce en inglés como you /juː/.

2 ▷ Es el novio de Maricris, ¿le conoces?
He's Maricris' boyfriend. Do you know him?

ℹ Cuando **le** se utiliza como complemento directo y representa a una persona se traduce en inglés como him /hɪm/.

lección

▷ Hemos llegado a la lección 20.
We have reached lesson 20.

(= conjunto de conocimientos) lesson /ˈlesən/

leche

▷ Bebo un taza de leche todas las mañanas.
I drink a cup of milk every morning.

milk /mɪlk/

lechuga

▷ Mi padre plantó algunas lechugas en el jardín.
My father planted some lettuces in the garden.

lettuce /ˈletɪs/ (plural: lettuces /ˈletɪsɪz/)
◀) La u de lettuce se pronuncia como la i de big. Lettuce rima con this y miss.

lechuza

▷ Las lechuzas duermen durante el día.
Owls sleep during the day.

owl /aʊl/
◀) La ow de owl rima con la ow de cow y la ou de foul.

lector, lectora

1 ▷ Este libro es para lectores jóvenes.
This book is for young readers.

1 (= persona que lee) **reader** /ˈriːdəʳ/
◀) La ea de reader rima con la ee de meet.

2 ▷ Mi lector de CD no funciona.
My CD player isn't working.

2 ▶ **lector de CD:** CD player /ˈsiːˈdiː ˈpleɪəʳ/
◀) La C de CD se pronuncia como la palabra see. La D rima con free y tea.

▷ ¿Tu ordenador tiene lector de CD-ROM?
Does your computer have a CD-ROM drive?

▶ **lector de CD-ROM:** CD-ROM drive /ˈsiːˈdiːˈrɒm draɪv/
◀) La i de drive se pronuncia como la i de like.

▷ Mi nuevo ordenador tiene lector de DVD.
My new computer has a DVD player.

▶ **lector de DVD:** DVD player /diː viː ˈdiː pleɪəʳ/
◀) Las D y la V de DVD riman con free y tea.

lectura

1 ▷ A mi hermana pequeña no se le da muy bien la lectura.
My little sister isn't very good at reading.

1 (= la actividad de leer) **reading** /ˈriːdɪŋ/
◀) La ea de reading rima con la ee de meet.

2 ▷ Siempre me llevo lectura para las vacaciones.
I always take something to read on holiday.

2 (= libros y revistas para leer) something to read /ˈsʌmθɪŋ tʊ riːd/

leer

▷ ¿Has leído "El Señor de los Anillos"?
Have you read "The Lord of the Rings"?

read /riːd/ (read, read /red/)
◀) En el presente y el futuro, la ea de read rima con la ee de meet, pero el pasado y el participio se pronuncian exactamente igual que la palabra red.

legal

▷ ¿Es legal hacer eso?
Is it legal to do that?

legal /ˈliːɡəl/
◀) La e de legal se pronuncia como la ee de meet.

legañas

▷ Lávate la cara, tienes legañas.
Wash your face, you've got sleep in your eyes.

▶ **tienes legañas: you've got sleep in your eyes** /juːv gɒt ˈsliːp ɪn jər aɪz/

ⓘ Fíjate cómo se construyen otras personas: I've got sleep in my eyes, he's got sleep in his eyes, she's got sleep in her eyes, etc.

legumbre

▷ Es importante comer legumbres.
It's important to eat pulses.

pulse /pʌls/

◀») La u de pulse rima con la u de bus.

lejano, lejana

▷ La acción ocurre en un país lejano.
The action takes place in a distant country.

▷ Mi padre viajó al Lejano Oriente en un viaje de negocios.
My father travelled to the Far East on a business trip.

(lugar, país) **distant** /ˈdɪstənt/ (más lejano more distant, el más lejano the most distant)

▶ **el Lejano Oriente: the Far East** /fɑːr ˈiːst/

lejía

▷ Mi madre usó lejía para desinfectar el suelo.
My mother used bleach to disinfect the floor.

bleach /bliːtʃ/

◀») La ea de bleach se pronuncia como la ee de meet.

lejos

1 ▷ ¿Está lejos?
Is it far?
▷ ¿200 kilómetros? ¡Qué lejos!
200 kilometres? That's a long way!
▷ Se veía un castillo a lo lejos.
You could see a castle in the distance.
2 ▷ De lejos parecía un dragón.
From a distance it looked like a dragon.

3 ▷ Las vacaciones aún están lejos.
The holidays are still a long way off.
4 ▷ José Ángel es, de lejos, el mejor alumno de la clase.
José Ángel is by far the best pupil in the class.

1 (en el espacio) **far** /fɑːʳ/

🌱 Fíjate que en este ejemplo no se dice 'how far' sino 'that's a long way' /ˈðæts ə lɒŋ ˈweɪ/.

▶ **a lo lejos** (= a mucha distancia): **in the distance** /ɪn ðə ˈdɪstəns/

2 ▶ **de lejos** (= desde una cierta distancia): **from a distance** /frɒm ə ˈdɪstəns/

3 (en el tiempo) **a long way off** /ˈlɒŋ weɪ ˈɒf/

4 ▶ **de lejos** (= con mucha diferencia): **by far** /baɪ ˈfɑːʳ/

lengua

1 ▷ ¿Qué has comido? ¡Tienes la lengua morada!
What have you eaten? Your tongue is purple!
▷ Mi hermano pequeño me saca la lengua todo el rato.
My little brother sticks his tongue out at me all the time.

1 (parte de la boca) **tongue** /tʌŋ/

◀») tongue rima con lung.

▶ **sacar la lengua a alguien: stick** /stɪk/ **one's tongue out at somebody** (**stuck, stuck** /stʌk/)

ℹ Fíjate cómo se usa el adjetivo posesivo: I stuck my tongue out, you stuck your tongue out, he stuck his tongue out, she stuck her tongue out, etc.

2 ▷ Rogelio habla cuatro lenguas.
Rogelio speaks four languages.

▷ Es obligatorio estudiar dos lenguas extranjeras.
It's compulsory to study two foreign languages.

▷ Su lengua materna es el inglés.
Her mother tongue is English.

2 (= idioma) language /ˈlæŋgwɪdʒ/
◀ language rima con fridge.

► **lengua extranjera:** foreign /ˈfɒrɪn/ language (plural: foreign languages)

► **lengua materna:** mother tongue /ˈmʌðə tʌŋ/

lenguado

▷ Mañana cenaremos lenguado.
We will have sole for dinner tomorrow.

sole /səʊl/
◀ La o de sole se pronuncia como la o de go.

lenguaje

▷ Es muy difícil entender el lenguaje comercial.
It's very difficult to understand business language.

language /ˈlæŋgwɪdʒ/
ℹ Fíjate muy bien en cómo se escribe language.
◀ language rima con fridge.

lente

▷ Limpia bien la lente de la cámara.
Clean the camera lens well.

▷ Alicia lleva lentes de contacto.
Alicia wears contact lenses.

lens /lenz/ (plural: lenses /ˈlenzɪz/)

► **lentes de contacto:** contact lenses /ˈkɒntækt ˈlenzɪz/

lentejas

▷ Mi madre preparó lentejas con cebolla.
My mother made lentils with onion.

lentils /ˈlentəlz/
◀ El acento recae sobre la primera sílaba len-.

lentillas

▷ Sara lleva lentillas.
Sara wears contact lenses.

contact lenses /ˈkɒntækt ˈlenzɪz/

lento, lenta

▷ La película es un poco lenta.
The film is a bit slow.

slow /sləʊ/ (más lento slower /ˈsləʊəʳ/, el más lento the slowest /ˈsləʊɪst/)
◀ slow rima con go.

leña

▷ Compramos leña para usarla en la chimenea.
We bought firewood to use in the fireplace.

firewood /ˈfaɪəwʊd/
◀ La i de firewood se pronuncia como la i de like.

león

▷ Hay cuatro leones en el zoo.
There are four lions at the zoo.

lion /laɪən/
◀» La i de lion se pronuncia como la i de like.

leopardo

▷ Los leopardos son animales muy rápidos.
Leopards are very fast animals.

leopard /ˈlepəd/
◀» La o de leopard no se pronuncia.

leotardos

▷ Cuando hace mucho frío me pongo leotardos.
When it's very cold I wear thick tights.

thick tights /θɪk ˈtaɪts/
◀» La i de tights se pronuncia como la i de like. La gh no se pronuncia.

les (pronombre)

▷ Les vi paseando en el centro de la ciudad.
I saw them walking in the town centre.

them /ðem/

lesión

▷ No pudo jugar porque tiene una lesión de rodilla.
He couldn't play because he has a knee injury.

injury /ˈɪndʒəri/ (plural: injuries /ˈɪndʒəriz/)
◀» La j de injury se pronuncia como la dg de bridge.
ℹ Fíjate cómo **una lesión de rodilla/espalda** etc., se dice a **knee/back** etc., injury.

lesionado, lesionada

▷ Tenemos cuatro jugadores lesionados.
We have four injured players.

injured /ˈɪndʒəd/
◀» La j de injured se pronuncia como la dg de bridge.

lesionarse

▷ Se lesionó jugando al fútbol.
He injured himself playing football.

injure oneself /ˈɪndʒər/
◀» La j de injure se pronuncia como la dg de bridge.
ℹ Fíjate cómo se construyen las diferentes personas en inglés: I injured **myself**, you injured **yourself**, he injured **himself**, she injured **herself**, we injured **ourselves**, they injured **themselves**.

Letonia

▷ ¿Cuál es la capital de Letonia?
What's the capital of Latvia?

Latvia /ˈlætviə/

letra

1 ▷ Carlitos todavía no ha aprendido las letras del alfabeto.
Carlitos hasn't learned the letters of the alphabet yet.

1 (= signo gráfico, como la "a", la "b", etc.) letter /ˈletər/

2 ▷ No entiendo su letra.
   I can't understand his handwriting.

2 (= forma de escribir) handwriting /ˈhændraɪtɪŋ/
🔊 La primera i de handwriting se pronuncia como la i de like.

3 ▷ Me gusta mucho la letra de esta canción.
   I really like the lyrics of this song.

3 (de una canción) lyrics /ˈlɪrɪks/
ℹ️ lyrics es una palabra en plural y se usa con un verbo en plural: these lyrics are very good = esta letra es muy buena.

letrero

▷ No vimos el letrero que ponía "obras".
   We didn't see the sign saying "roadworks"

sign /saɪn/
🔊 La i de sign se pronuncia como la i de like. La n no se pronuncia. Sign rima con mine.

levantado, levantada

▷ Cuando me llamaste ya estaba levantado.
   When you phoned me I was already up.

(= despierto) up /ʌp/

levantar

1 ▷ Levantó la mano para saludarnos.
   He raised his hand to wave to us.

1 (= subir, hablando de la mano, un brazo) raise /reɪz/
🔊 raise rima con days.

2 ▷ Levanta los pies, estoy aspirando.
   Lift your feet, I'm vacuuming.

2 (= poner más alto algo pesado) lift /lɪft/

3 ▷ Los alumnos se levantaron cuando el director entró en la clase.
   The pupils stood up when the headmaster entered the classroom.

3 ▶ levantarse (= ponerse de pie): stand up /stænd ˈʌp/ (stood up, stood up /stʊd ˈʌp/)

4 ▷ Son las once, ¡levántate!
   It's eleven o'clock, get up!

4 ▶ levantarse (= salir de la cama): get up /get ˈʌp/ (got up, got up /gɒt ˈʌp/)

ley

▷ Es la ley, tienes que cumplirla.
   It's the law, you have to observe it.

law /lɔː/
🔊 No confundas la pronunciación de law, que rima con more, con la de low, que rima con go. El plural de law, laws, rima con doors.

leyenda

▷ La obra de teatro está basada en una leyenda árabe.
   The play is based on an Arab legend.

legend /ˈledʒənd/
🔊 El acento recae sobre la primera sílaba le-.

liarse

▷ Me lié y no supe resolver el problema.
   I got confused and couldn't solve the question.

(= confundirse) get confused /kənˈfjuːzd/ (got confused, got confused)

libélula

▷ Mira esa libélula en el agua.
Look at that dragonfly on the water.

dragonfly /ˈdrægənflaɪ/ (plural: dragonflies /ˈdrægənflaɪz/)

liberar

▷ Los atracadores liberaron a los rehenes.
The robbers freed the hostages.

(= poner en libertad) free /friː/

libertad

▷ Los estudiantes reclamaban libertad de expresión.
The students demanded freedom of speech.

▷ Visitamos la Estatua de la Libertad.
We visited the Statue of Liberty.

▷ Pasó un año en la cárcel pero ahora está en libertad.
He spent a year in prison but now he is free.

▷ Tengo libertad para volver a casa cuando quiero.
I am free to go back home whenever I like.

freedom /ˈfriːdəm/

ℹ La palabra liberty /ˈlɪbəti/ existe en inglés, pero es menos frecuente que freedom.

► **estar en libertad:** be free /friː/

► **tener libertad para hacer algo:** be free to do something

Libia

▷ ¿Cuál es la capital de Libia?
What's the capital of Libya?

Libya /ˈlɪbɪə/

ℹ Fíjate bien que Libya lleva una y.

libra

▷ Costó 50 libras.
It cost fifty pounds.

▷ La moneda del Reino Unido es la libra esterlina.
The currency of the United Kingdom is the pound.

pound /paʊnd/

ℹ Para referirse a la moneda del Reino Unido, la **libra esterlina**, se dice the pound.

librarse

1 ▷ Me libré de ir al dentista.
I got out of going to the dentist.

2 ▷ No consigo librarme de Pilar.
I can't get rid of Pilar.

1 ► **librarse de hacer algo**
(= escapar): get out of doing something /aʊt əv ˈduːɪŋ/ (got out, got out)

2 ► **librarse de alguien**
(= deshacerse): get rid of somebody /get ˈrɪd əv/ (got rid, got rid)

libre

▷ Puedes hacer lo que quieras, eres libre.
You can do what you want, you're free.

▷ ¿Estás libre esta noche?
Are you free tonight?

▷ Eres libre de volver cuando quieras.
You are free to come back whenever you want.

free /friː/

► **ser libre de hacer algo:** be free to do something /friː tə ˈduː/

libremente

▷ Elige libremente la película que quieres ver.
Choose freely the film you want to watch.

freely /ˈfriːlɪ/

librería

1 ▷ Hay una nueva librería cerca del colegio.
There's a new bookshop near the school.

1 (= tienda) **bookshop** /ˈbʊkʃɒp/
ℹ ¡Cuidado! La palabra inglesa **library** significa **biblioteca**.

2 ▷ Los padres de Trini tienen una librería con cientos de libros.
Trini's parents have a bookcase with hundreds of books.

2 (= mueble) **bookcase** /ˈbʊkkeɪs/
◀) La **a** de **bookcase** se pronuncia como la **a** de **make**.

libreta

▷ Apunté los nombres en mi libreta.
I noted down the names in my notebook.

notebook /ˈnəʊtbʊk/
◀) La primera **o** de **notebook** se pronuncia como la **o** de **go**.

libro

▷ ¿Has leído este libro? Es muy bueno.
Have you read this book? It's really good.
▷ ¿Has visto mi libro de matemáticas?
Have you seen my maths book?

▷ Los libros de texto de este año son muy interesantes.
This year's textbooks are really interesting.

book /bʊk/
ℹ Para hablar de la asignatura de la que trata un libro, se coloca el nombre de la materia delante de **book**. Otro ejemplo: **my English book** (mi libro de inglés).
▶ **libro de texto**: **textbook** /ˈtekstbʊk/

licencia

▷ Sin una licencia no se puede cazar.
Without a licence you can't hunt.

licence /ˈlaɪsəns/
◀) La **i** de **licence** se pronuncia como la **i** de **like**.

liebre

▷ Vimos varias liebres corriendo por el campo.
We saw several hares running in the field.

hare /heəʳ/
◀) **hare** rima con **there** y **fair**.

liga

▷ Mi equipo favorito va el primero de la liga.
My favourite team is top of the league.

(= competición deportiva) **league** /liːg/
◀) La **ea** se pronuncia como la **ee** de **meet**. La última sílaba **-gue** se pronuncia como la **g** de **dog**.

ligeramente

▷ Éste es ligeramente mayor que el otro.
This one is slightly bigger than the other one.

slightly /ˈslaɪtlɪ/
◀) La **i** de **slightly** se pronuncia como la **i** de **like**. La **gh** no se pronuncia.

ligero, ligera

1 ▷ Lleva esta maleta, es más ligera.
Carry this suitcase, it's lighter.

1 (= poco pesado) light /laɪt/ (más
ligero lighter /ˈlaɪtəʳ/, el más ligero the
lightest /ˈlaɪtɪst/)

◀) La i de light se pronuncia como la i
de like. La gh no se pronuncia.

2 ▷ Tengo un ligero resfriado.
I've got a slight cold.
▷ Hay una pequeña diferencia.
There is a slight difference.

2 (= poco importante) slight /slaɪt/
(el más ligero the slightest /ˈslaɪtɪst/)

◀) La i de slight se pronuncia como la
i de like. La gh no se pronuncia.

light

1 ▷ Come yogures light para perder peso.
He eats low-fat yoghurts to lose weight.
2 ▷ Quería una limonada light, por favor.
I'd like a diet lemonade, please.

1 (hablando de una comida) low-fat
/ˈləʊ ˈfæt/

2 (hablando de una bebida) diet
/ˈdaɪət/

◀) La i de diet se pronuncia como la
i de like.

ℹ La palabra española **light** es de
origen inglés, pero no se traduce como
light, que en inglés significa **ligero**.

lima

▷ ¿Tienes una lima de uñas?
Do you have a nail file?

file /faɪl/

◀) La i de file se pronuncia como la i
de like.

limar

▷ Mi madre me limó las uñas.
My mother filed my nails.

file /faɪl/

◀) La i de file se pronuncia como la
i de like.

limitación

▷ Es un buen jugador, pero tiene sus
limitaciones.
He's a good player but he has his limitations.

▶ **limitaciones** (= imperfecciones):
limitations /lɪmɪˈteɪʃənz/

◀) La a de limitation se pronuncia
como la a de make.

limitar

1 ▷ Quieren limitar el número de horas que
pasamos haciendo los deberes en casa.
*They want to limit the number of hours we
spend doing our homework at home.*
2 ▷ Limítate a responder a la pregunta.
Limit yourself to answering the question.

1 (= poner límites a) limit /ˈlɪmɪt/
◀) El acento recae sobre la primera
sílaba li-.

2 ▶ **limitarse a algo**
(= restringirse): limit oneself to
something /ˈlɪmɪt wʌnˈself tʊ/

ℹ Fíjate como se usa el pronombre
reflexivo en inglés: I limit myself, you
limit yourself, he limits himself, she
limits herself, etc.

límite

1 ▷ Hay un límite de cuatro entradas por personas.
There's a limit of four tickets per person.

▷ El límite de velocidad es 80.
The speed limit is 80.

2 ▷ El límite entre las dos provincias está aquí.
The boundary between the two provinces is here.

1 (= máximo) limit /ˈlɪmɪt/
◀)) El acento recae sobre la primera sílaba li-.
▶ límite de velocidad: speed limit (plural: speed limits)
2 (= frontera) boundary /ˈbaʊndərɪ/ (plural: boundaries /ˈbaʊndərɪz/)

limón

▷ Exprime dos limones.
Squeeze two lemons.

▷ Esta tarta de limón está deliciosa.
This lemon tart is delicious.

lemon /ˈlemən/
◀)) El acento recae sobre la primera sílaba le-.
▶ de limón: lemon

limonada

▷ Queríamos dos limonadas, por favor.
We'd like two lemonades, please.

lemonade /leməˈneɪd/
◀)) La a de lemonade se pronuncia como la a de make.
ℹ Fíjate bien en cómo se escribe lemonade.

limosna

▷ Mis padres dieron limosna a un anciano.
My parents gave money to an old man.

▷ Había dos mujeres pidiendo limosna en la puerta de la iglesia.
There were two women begging at the church door.

▶ dar limosna: give money /gɪv ˈmʌnɪ/ (gave /geɪv/, given /ˈgɪvən/)
▶ pedir limosna: beg /beg/
ℹ La g de beg se convierte en gg en el gerundio (begging /ˈbegɪŋ/) y en el pasado y el participio (begged /begd/).

limpiador, limpiadora

▷ Trabaja como limpiadora en una oficina.
She works as a cleaner in an office.

(= persona que limpia) cleaner /ˈkliːnəʳ/
◀)) La ea de cleaner se pronuncia como la ee de meet.

limpiaparabrisas

▷ El limpiaparabrisas está estropeado.
The windscreen wiper is broken.

windscreen wiper /ˈwɪndskriːn ˈwaɪpəʳ/ (plural: windscreen wipers)
◀)) La i de wiper se pronuncia como la i de like.

limpiar

▷ Limpia la mesa.
Clean the table.

clean /kliːn/
◀)) La ea de clean se pronuncia como la ee de meet.

Sigue en la página siguiente

▷ Límpiate los zapatos antes de salir.
Clean your shoes before going out.

► **limpiarse algo:** clean something

ℹ Fíjate que en inglés se utiliza el adjetivo posesivo donde en español se utiliza el artículo: I clean my shoes, you clean your shoes, he cleans his shoes, she cleans her shoes, etc.

limpieza

▷ Mis padres hacen la limpieza los sábados.
My parents do the cleaning on Saturdays.

► **hacer la limpieza** (de la casa): do the cleaning /ˈkliːnɪŋ/
◀ La ea de cleaning se pronuncia como la ee de meet.

limpio, limpia

▷ Comprueba que la mesa esté limpia.
Check that the table is clean.

clean /kliːn/ (más limpio cleaner /ˈkliːnəʳ/, el más limpio the cleanest /ˈkliːnɪst/)
◀ La ea de clean se pronuncia como la ee de meet.

lince

▷ El lince es una especie en vías de extinción.
The lynx is an endangered species.

lynx /lɪŋks/ (plural: lynxes /ˈlɪŋksɪz/)

línea

1 ▷ La primera línea del texto tiene dos faltas de ortografía.
The first line of the text has two spelling mistakes.
▷ Javi fue el primero en cruzar la línea de meta.
Javi was the first to cross the finishing line.
▷ Nos pusimos todos en línea para comenzar el juego.
We all lined up to start the game.
2 ▷ Para ir al centro, tienes que coger la línea 30.
To go to the centre, you have to take the number 30 bus.

ℹ En la mayoría de los casos, **línea** se traduce al inglés como line /laɪn/
◀ La i de line se pronuncia como la i de like.

► **ponerse en línea:** line up /laɪn ˈʌp/

ℹ Cuando se habla del número de una línea de autobús, **la línea 20/30** etc. se traduce como the number 20/30 etc. bus.

linterna

▷ Necesito comprar pilas para mi linterna.
I need to buy batteries for my torch.

torch /tɔːtʃ/ (plural: torches /ˈtɔːtʃɪz/)
🖝 **linterna** se dice torch en inglés británico y flashlight /ˈflæʃlaɪt/ en inglés americano.

lío

1 ▷ Siempre está metiéndose en líos.
He's always getting into trouble.

1 ► **meterse en un lío** (= problema): get into trouble /get ɪntə ˈtrʌbəl/ (got, got)
◀ La ou de trouble se pronuncia como la u de bus.

2 ▷ Me hice un lío con las divisiones y no supe
resolver el problema.
*I got muddled up with my division and couldn't
solve the question.*

2 ► **hacerse en un lío**
(= confundirse): get muddled up
/ˈmʌdəld/

lioso, liosa

▷ La explicación de la profesora fue muy liosa.
*The teacher's explanation was very
complicated.*

(= complicado, difícil de entender)
complicated /ˈkɒmplɪkeɪtɪd/ (más
lioso more complicated, el más lioso
the most complicated)
◀‖ La a de complicated se pronuncia
como la a de make.

liquidación

▷ Fuimos a comprar ropa porque la tienda
estaba de liquidación.
*We went to buy clothes because the shop was
having a clearance sale.*

► **estar de liquidación:** be
having a clearance sale

líquido, líquida

▷ Compra detergente líquido.
Buy liquid detergent.

liquid /ˈlɪkwɪd/
◀‖ La u de liquid se pronuncia como la
w de week.

Lisboa

▷ La capital de Portugal es Lisboa.
The capital of Portugal is Lisbon.

Lisbon /ˈlɪzbən/
◀‖ El acento recae sobre la primera
sílaba Lis-.

liso, lisa

1 ▷ El terreno era completamente liso.
The ground was completely flat.

1 (hablando de una superficie) flat
/flæt/ (más liso flatter /ˈflætəʳ/, el más
liso the flattest /ˈflætɪst/)

2 ▷ Paula tiene la piel muy lisa.
Paula has very smooth skin.

2 (hablando de la piel) smooth
/smuːð/ (más liso smoother /ˈsmuːðəʳ/,
el más liso the smoothest /ˈsmuːðɪst/)

lista

▷ ¿Dónde pusiste la lista de la compra?
Where did you put the shopping list?
▷ Haz una lista o te olvidarás de alguna cosa.
Write a list or you'll forget something.
▷ La profesora pasa lista al comienzo de la clase.
*The teacher calls the register at the beginning
of the class.*

list /lɪst/
ℹ Fíjate que list se escribe sin a.
► **hacer una lista:** write /raɪt/ a
list (wrote /rəʊt/, written /ˈrɪtən/)
► **pasar lista** (en el colegio): call
the register /kɔːl ðə ˈredʒɪstəʳ/

listín

▷ No encontré tu número en el listín.
*I didn't find your number in the telephone
directory.*

(telefónico) telephone directory
/ˈtelɪfəʊn dɪˈrektərɪ/ (plural:
telephone directories /ˈtelɪfəʊn
dɪˈrektərɪz/)

listo, lista

1 ▷ Pepe es muy listo.
Pepe is very clever.

2 ▷ Todavía no estoy listo, dame cinco minutos más.
I'm not ready yet, give me five more minutes.

1 (= inteligente) clever /ˈklevəʳ/ (más listo cleverer /ˈklevərəʳ/, el más listo the cleverest /ˈklevərɪst/)

2 (= preparado) ready /ˈredɪ/
◀) La ea de ready se pronuncia como la e de red.

litera

▷ Mi hermano y yo compartimos una litera.
My brother and I share a bunk bed.

bunk bed /ˈbʌŋk bed/ (plural: bunk beds)
◀) La u de bunk se pronuncia como la u de bus.

literatura

▷ El profesor nos habló de literatura del siglo XIX.
The teacher told us about nineteenth-century literature.

literature /ˈlɪtərətʃəʳ/
◀) literature rima con butcher. El acento recae sobre la primera sílaba li-.

litoral

▷ En el litoral mediterráneo hay muchas playas.
There are many beaches on the Mediterranean coast.

coast /kəʊst/
◀) coast rima con most.

litro

▷ Tenía mucha sed y me bebí un litro de agua.
I was very thirsty and drank a litre of water.

litre /ˈliːtəʳ/
◀) litre rima con heater.
⌐ En inglés americano se escribe liter y se pronuncia igual.

Lituania

▷ ¿Cuál es la capital de Lituania?
What's the capital of Lithuania?

Lithuania /ˌlɪθjʊˈeɪnɪə/
◀) La u de Lithuania se pronuncia como la palabra inglesa you. La primera a se pronuncia como la a de make.
ℹ Fíjate que Lithuania se escribe con una h intercalada.

llama

▷ No te acerques demasiado a las llamas.
Don't go too close to the flames.

flame /fleɪm/
◀) La a de flame se pronuncia como la a de make.

▷ El edificio estaba en llamas.
The building was in flames.

► en llamas: in flames

llamada

▷ Tuviste tres llamadas.
There were three calls for you.

▷ Necesito hacer una llamada, ¿hay alguna cabina por aquí?
I need to make a call, is there a phone box near here?

call /kɔːl/

► hacer una llamada: make a call /kɔːl/ (made, made)

llamar

1 ▷ La cena está preparada, llama a tu hermana.
Dinner is ready, call your sister.

▷ Llámame esta noche, estaré en casa.
Call me tonight, I'll be home.

1 (con la voz, por teléfono) call /kɔːl/

ℹ Cuando se llama por teléfono, también se puede decir phone /fəʊn/ o ring /rɪŋ/. Por ejemplo: phone me tonight o ring me tonight.

▷ Esta herramienta se llama destornillador.
This tool is called a screwdriver.

▷ ¿Cómo se llama esto en inglés?
What's this called in English?

▶ llamarse: be called /bɪ ˈkɔːld/

▷ ¿Cómo te llamas?
What's your name?

▷ Me llamo Gabriel.
My name is Gabriel.

ℹ Fíjate cómo se pregunta el nombre de alguien en inglés (what's your name?) y cómo se dice tu propio nombre (my name is...).

2 ▷ Llamamos a la puerta pero no había nadie en casa.
We knocked on the door but there was nobody home.

2 ▶ llamar a la puerta: knock on the door /nɒk ɒn ðə ˈdɔːʳ/

ℹ Cuando se llama a la puerta con las manos o el puño se usa el verbo knock. Para llamar a la puerta usando el timbre se usa ring the doorbell /rɪŋ ðə ˈdɔːbel/.

llamativo, llamativa

▷ Llevaba una corbata muy llamativa.
He was wearing a very showy tie.

showy /ˈʃəʊɪ/ (más llamativo showier /ˈʃəʊɪəʳ/, el más llamativo the showiest /ˈʃəʊɪɪst/)

llano, llano

▷ El camino era completamente llano.
The path was completely flat.

(hablando de una superficie) flat /flæt/ (más liso flatter /ˈflætəʳ/, el más liso the flattest /ˈflætɪst/)

llanura

▷ La ciudad está en medio de una enorme llanura.
The city is in the middle of a huge plain.

plain /pleɪn/

◀) plain rima con lane.

llave

▷ ¿Habéis visto las llaves del coche?
Have you seen the car keys?

key /kiː/

◀) key rima con me y free.

llavero

▷ Dejé mi llavero encima de la mesa.
I left my keyring on the table.

keyring /ˈkiːrɪŋ/

◀) La ey de keyring se pronuncia como la ee de free.

llegada

1 ▷ Hicimos una fiesta para celebrar la llegada de Juli.
We had a party to celebrate Juli's arrival.

1 (= aparición de algo o de alguna persona) arrival /əˈraɪvəl/

◀) La i de arrival se pronuncia como la i de like.

Sigue en la página siguiente

2 ▷ La llegada de la carrera fue muy reñida.
The finish of the race was very close.

2 (= de una carrera) finish /ˈfɪnɪʃ/

llegar

1 ▷ El tren llega a las tres.
The train arrives at three o'clock.
▷ La carta que me envió Ani llegó dos semanas
más tarde.
*The letter Ani sent me arrived two weeks
later.*
▷ No llegues tarde, por favor.
Please don't be late.
2 ▷ El pelo le llega hasta los hombros.
His hair comes down to his shoulders.
▷ El agua nos llegaba hasta las rodillas.
The water came up to our knees.

1 (hablando de una persona, de un
medio de transporte, de un mensaje)
arrive /əˈraɪv/
◀) La i de arrive se pronuncia como la
i de like.

▶ llegar tarde (una persona, un
avión): be late /leɪt/
ℹ Para hablar de la **altura** que alcanza
algo se usa come down to /kʌm ˈdaʊn
tə/ o come up to /kʌm ˈʌp tʊ/ (came
/keɪm/, come) según la cosa en cuestión
baje o suba.

llenar

1 ▷ No llenes el vaso.
Don't fill the glass.
▷ Llenó su cuarto de juguetes.
He filled his room with toys.
2 ▷ ¿Has llenado el impreso?
Have you filled in the form?
3 ▷ El estadio se llenó de aficionados.
The stadium filled up with fans.

1 (= ocupar algo que está vacío) fill
/fɪl/
▶ llenar algo de algo: fill
something **with** something
2 (hablando de un formulario) fill in
/fɪl ˈɪn/
3 ▶ llenarse de (hablando de un
lugar): fill up with

lleno, llena

▷ El cine estaba lleno.
The cinema was full.
▷ No quiero postre, gracias, estoy lleno.
I don't want any dessert, thank you, I'm full.
▷ Mi redacción estaba llena de faltas de
ortografía.
My essay was full of spelling mistakes.

(hablando de un lugar o de una persona
que ha comido demasiado) full /fʊl/

▶ lleno de: full of

llevar

1 ▷ Mis padres nos llevaron al circo.
My parents took us to the circus.
▷ Le llevó flores.
He took her some flowers.
2 ▷ No consigo llevar esta maleta, pesa demasiado.
I can't carry this suitcase, it's too heavy.

1 (= transportar algo o a alguien de un
lugar a otro) take /teɪk/ (took /tʊk/,
taken /ˈteɪkən/)

2 (= transportar cargando) carry
/ˈkærɪ/
ℹ La y de carry se convierte en ie en
la tercera persona del singular del
presente de indicativo (carries /ˈkærɪz/),
en el pasado y el participio (carried
/ˈkærɪd/).

3 ▷ Lleva un abrigo, hace frío.
   Wear a coat, it's cold.
▷ Aurora lleva gafas.
   Aurora wears glasses.
4 ▷ ¿Quién se ha llevado mi calculadora?
   Who's taken my calculator?

3 (= vestir, hablando de ropa y también de maquillaje o gafas) wear /weəʳ/ (wore /wɔːʳ/, worn /wɔːn/)

4 ▶ **llevarse** (= coger): take /teɪk/ (took /tʊk/, taken /ˈteɪkən/)

llorar

▷ No llores, no importa.
   Don't cry, it doesn't matter.

cry /kraɪ/
◀ La y de cry se pronuncia como la i de like.
i La y de cry se convierte en ie en la tercera persona del singular del presente de indicativo (cries /kraɪz/), en el pasado y el participio (cried /kraɪd/).

llorón, llorona

▷ No seas llorón, ya tienes diez años.
   Don't be a crybaby, you're ten years old now.

▶ **ser llorón o un llorón:** be a crybaby /ˈkraɪbeɪbɪ/
◀ La a de crybaby se pronuncia como la a de make.

llover

▷ Llovió el día entero.
   It rained all day long.
▷ Está lloviendo, coge un paraguas.
   It's raining, take an umbrella.

rain /reɪn/
◀ rain rima con lane.
▶ **está lloviendo:** it's raining

lloviznar

▷ Está lloviznando, coge un paraguas.
   It's drizzling, take an umbrella.

drizzle /ˈdrɪzəl/
▶ **está lloviznando:** it's drizzling

lluvia

▷ La lluvia es buena para las cosechas.
   The rain is good for the crops.

rain /reɪn/
◀ rain rima con lane.

lluvioso, lluviosa

▷ No me gusta el tiempo lluvioso.
   I don't like rainy weather.

rainy /ˈreɪnɪ/ (más lluvioso rainier /ˈreɪnɪəʳ/, el más lluvioso the rainiest /ˈreɪnɪɪst/)

lo

1 ▷ Es el novio de Sabrina, ¿lo conoces?
   He's Sabrina's boyfriend. Do you know him?

2 ▷ Todavía no he escuchado su último disco.
   ¿Tú lo has escuchado?
   I haven't listened to his new record yet. Have you listened to it?

i Cuando **lo** se utiliza como complemento directo y representa a una persona se traduce en inglés como him /hɪm/.
i Cuando **lo** representa a una cosa o a cualquier animal se traduce en inglés como it /ɪt/.

lobo

▷ Un lobo atacó el rebaño de ovejas.
A wolf attacked the flock of sheep.

wolf /wʊlf/ (plural: **wolves** /wʊlvz/)
◀) La **o** de **wolf** se pronuncia como
la **oo** de **book**.

local

▷ Nos habló de las costumbres locales.
She told us about the local customs.

local /ˈləʊkəl/
◀) La **o** de **local** se pronuncia como la
o de **go**. El acento recae sobre la
primera sílaba **lo-**.

▷ El equipo local perdió.
The home team lost.

► **el equipo local** (en deporte):
the home team /həʊm ˈtiːm/

localidad

1 ▷ Nací en una pequeña localidad del norte.
I was born in a small town in the north.

1 (= población) **town** /taʊn/
◀) La **ow** de **town** se pronuncia como
la **ou** de **round**.

2 ▷ No fuimos al partido porque las localidades eran
muy caras.
*We didn't go to the match because the tickets
were very expensive.*

2 (= entrada) **ticket** /ˈtɪkɪt/

loción

▷ Tu loción para después del afeitado huele muy
bien.
Your aftershave lotion smells very nice.

lotion /ˈləʊʃən/
◀) La primera **o** de **lotion** se
pronuncia como la **o** de **go**. El acento
recae sobre la primera sílaba **lo-**.

► **loción para después del
afeitado:** aftershave lotion
/ˈɑːftəʃeɪv ˈləʊʃən/

loco, loca

▷ ¡Tú estás loco! ¡No le digas nada a tu madre!
*You're mad! Don't tell anything to your
mother!*

mad /mæd/ (más loco **madder**
/ˈmædəʳ/, el más loco **the maddest**
/ˈmædɪst/)
i También se puede decir **crazy**
/ˈkreɪzi/ (más loco **crazier** /ˈkreɪziəʳ/, el
más loco **the craziest** /ˈkreɪziɪst/).

▷ Está loco por los videojuegos.
He's mad about video games.
▷ Idoia está loco por ti.
Idoia is mad about you.
▷ ¡Ese ruido me está volviendo loco!
That noise is driving me mad!

► **estar loco por algo o alguien:**
be mad about somebody o
something

► **volver loco a alguien:** drive
/draɪv/ somebody mad (**drove**
/drəʊv/, **driven** /ˈdrɪvən/)
i También se puede decir **drive**
somebody **crazy**.

locomotora

▷ Nunca había visto una locomotora de vapor.
I had never seen a steam locomotive.

engine /ˈendʒɪn/
◀) La **g** de **engine** se pronuncia como
la **dg** de **bridge**. **Engine** rima con **win**.

lógico, lógica

▷ Estoy seguro que este misterio tiene una explicación lógica.
I am sure this mystery has a logical explanation.

▷ Cómo es lógico, cuando se enteró se enfadó mucho.
Naturally, when he found out he got very angry.

logical /ˈlɒdʒɪkəl/
◀)) La g de logical se pronuncia como la dg de bridge.
ℹ logical es un adjetivo. El nombre que le corresponde es logic /ˈlɒdʒɪk/ (= la lógica).
▶ **como es lógico**: naturally /ˈnætʃərəlɪ/

lograr

▷ No logré abrir la puerta.
I didn't manage to open the door.
▷ Logré convencerla para que viniera a la fiesta.
I managed to convince her to come to the party.
▷ Lograron la victoria con un gol en el último minuto.
They won with a goal in the last minute.

▶ **lograr hacer algo**: manage /ˈmænɪdʒ/ to do something

▶ **lograr la victoria**: win /wɪn/

lombriz

▷ Mi hermano pequeño tiene lombrices.
My little brother has worms.

worm /wɜːm/
◀)) La o de worm se pronuncia como la i de girl.
▶ **tener lombrices** (en el intestino): have worms (had, had)

lomo

1 ▷ Hay pescado o lomo de cerdo.
There is fish or pork loin.
2 ▷ El nombre del libro está en el lomo.
The name of the book is on the spine.

1 (= carne) loin /lɔɪn/
2 (de libro) spine /spaɪn/
◀)) La i de spine se pronuncia como la i de like.

loncha

▷ Puso dos lonchas de queso en el bocadillo.
He put two slices of cheese in the sandwich.

(de jamón, queso) slice /slaɪs/
◀)) La i de slice se pronuncia como la i de like.

Londres

▷ He estado dos veces en Londres.
I have been to London twice.

London /ˈlʌndən/
◀)) La primera o de London se pronuncia como la u de bus.

longitud

▷ Medimos la longitud del despacho.
We measured the length of the study.

length /leŋθ/
◀)) La gth de length se pronuncia como si fuese una z española.

Sigue en la página siguiente

▷ El cuarto tiene una longitud de cuatro metros.
The room is four metres long.

▷ ¿Cuál es la longitud de la mesa?
How long is the table?

ℹ Cuando queremos hablar de la longitud exacta de algo, utilizamos la expresión **be... long**.
ℹ Para preguntar la longitud de algo, se dice **how long is** /haʊ ˈlɒŋ ɪz/ ...?

loro

▷ Mi tía Luisa tiene un loro verde.
My aunt Luisa has a green parrot.

parrot /ˈpærət/

los (artículo)

1 ▷ Los libros que hay en la mesa son míos.
The books on the table are mine.

1 (para referirnos a una cosa o una persona determinada) **the** /ðə/ delante de consonante, /ðɪ/ delante de vocal

ℹ Los nombres ingleses no tienen género (es decir, no son ni masculinos ni femeninos). La palabra **the** corresponde a **el**, **la**, **los** y **las**.

2 ▷ ¡Cierra los ojos! Tengo una sorpresa para ti.
Close your eyes! I've got a surprise for you.

ℹ Con las partes del cuerpo, donde en español se usa **los** en inglés se usa el adjetivo posesivo (**my**, **your**, **his**, **her**, **its**, **our**, **their**).

los (pronombre)

▷ Los vi paseando en el centro de la ciudad.
I saw them walking in the town centre.

▷ Vi dos libros que me gustaban y los compré.
I saw two books I liked and I bought them.

(= a ellos): **them** /ðem/

lotería

▷ Mis padres siempre juegan a la lotería.
My parents always play the lottery.

lottery /ˈlɒtəri/ (plural: **lotteries**)
🔊 El acento recae sobre la primera sílaba **lo-**.

▶ **jugar a la lotería**: play /pleɪ/ **the lottery**

lucha

▷ Todos debemos unirnos en la lucha contra la pobreza.
We must all unite in the fight against poverty.

(hablando del combate a algo malo)
fight /faɪt/
🔊 La **i** de **fight** se pronuncia como la **i** de **like**. La **gh** no se pronuncia.

luchar

▷ El programa está diseñado para luchar contra el desempleo.
The programme is designed to fight unemployment.

fight /faɪt/
🔊 La **i** de **fight** se pronuncia como la **i** de **like**. La **gh** no se pronuncia.

luciérnaga

▷ Salimos a pasear por la noche y vimos muchas luciérnagas.
We went for a walk at night and saw lots of glow-worms.

glow-worm /ˈgləʊwɜːm/
◀» La **primera o** de **glow-worm** se pronuncia como la **o** de **go**. La segunda **o** se pronuncia como la **i** de **girl**.

luego

1 ▷ ¿Y qué paso luego?
And what happened then?

▷ Hay una iglesia y luego mi casa.
There is a church and then my house.

1 (= a continuación) **then** /ðen/

2 ▷ Te llamaré luego, ¿vale?
I'll call you later, all right?

2 (= más tarde) **later** /ˈleɪtəʳ/
◀» La **a** de **later** se pronuncia como la **a** de **make**.

▷ Me voy, ¡hasta luego!
I'm going, see you later!

▶ ¡hasta luego!: **see you later!**
/ˈsiː jə ˈleɪtəʳ/

lugar

1 ▷ Este bar es un lugar muy popular.
This bar is a very popular place.

1 (= sitio) **place** /pleɪs/
◀» La **a** de **place** se pronuncia como la **a** de **make**.
i Para hablar del puesto en el que llega alguien en una competición, se usa el verbo **come** más **first/second/third** etc., como en el ejemplo de la izquierda.

2 ▷ Llegué en primer lugar.
I came first.

3 ▷ Usé un bolígrafo en lugar de un lápiz.
I used a pen instead of a pencil.

3 ▶ en lugar de: **instead of**
/ɪnˈsted əv/
◀» **instead** rima con **red**.

▷ En lugar de ver la tele, podrías ayudarnos.
Instead of watching TV, you could help us.

▶ en lugar de + infinitivo:
instead of + **-ing** /ɪnˈsted əv/

lujo

▷ Están acostumbrados al lujo.
They are used to luxury.

luxury /ˈlʌkʃərɪ/
◀» La **primera u** de **luxury** se pronuncia como la **u** de **bus**. **Luxury** se pronuncia **luck** + **sure** + **ee**.

▷ En este barrio hay varios hoteles de lujo.
There are several luxury hotels in this area.

▶ de lujo: **luxury**
i Con este significado, **luxury** es un sustantivo que se utiliza como adjetivo. Sólo se puede colocar delante de otro sustantivo, nunca después.

lujoso, lujosa

▷ El hotel era muy lujoso.
The hotel was very luxurious.

luxurious /lʌgˈzjʊərɪəs/ (más lujoso **more luxurious**, el más lujoso **the most luxurious**)
◀» La **primera u** de **luxurious** se pronuncia como la **u** de **bus**. **Luxurious** se pronuncia **luck** + **sure** + **ee** + **us**.

luminoso, luminosa

▷ Tengo una habitación muy luminosa.
I've got a very bright room.

bright /braɪt/ (más luminoso **brighter**
/ˈbraɪtəʳ/, el más luminoso **the brightest**
/ˈbraɪtɪst/)

◀ La i de **bright** se pronuncia como la
i de **like**. La **gh** no se pronuncia.

luna

▷ Salimos a pasear y vimos la luna.
We went for a walk and saw the moon.

moon /muːn/

lunar

▷ Jesús tiene un lunar grande en la mejilla.
Jesús has got a big mole on his cheek.

(en la piel) mole /məʊl/

◀ La o de **mole** se pronuncia como
la o de **go**.

lunes

▷ Hoy es lunes.
Today is Monday.

Monday /ˈmʌndɪ/

◀ La o de **Monday** se pronuncia
como la u de **bus**.

ℹ En inglés se escribe siempre con
mayúscula, como el resto de los días de
la semana.

▷ Salimos el lunes.
We left on Monday.

▷ Los lunes vamos siempre al cine.
We always go to the cinema on Mondays.

▷ Volveremos el próximo lunes.
We will return next Monday.

▶ **el lunes:** on Monday

▶ **los lunes** (= todos los lunes)**:** on
Mondays

▶ **el próximo lunes:** next
Monday

lupa

▷ Mi abuela necesita una lupa para leer el
periódico.
*My grandmother needs a magnifying glass to
read the newspaper.*

▷ Miramos la mariposa con una lupa.
*We looked at the butterfly through a
magnifying glass.*

magnifying glass /ˈmægnɪfaɪɪŋ
glɑːs/ (plural: magnifying glasses
/ˈmægnɪfaɪɪŋ glɑːsɪz/)

◀ La y de **magnifying** se pronuncia
como la i de **like**.

ℹ Fíjate en la preposición que se usa
en inglés: **con una lupa** = through a
magnifying glass.

luto

▷ El gobierno declaró un día de luto.
The government declared a day of mourning.

▷ Mi abuela todavía se viste de luto.
My grandmother still wears black.

mourning /ˈmɔːnɪŋ/

◀ **mourning** se pronuncia
exactamente igual que la palabra
morning.

▶ **vestirse de luto:** wear black
/weə ˈblæk/ (**wore** /wɔːʳ/, **worn**
/wɔːn/)

Luxemburgo

▷ ¿Cuál es la capital de Luxemburgo?
What's the capital of Luxembourg?

Luxembourg /ˈlʌksəmbɜːg/
◀) El acento recae sobre la primera sílaba **Lu-**.

luz

▷ Aquí no hay suficiente luz para poder leer.
There isn't enough light to read here.

light /laɪt/
◀) La **i** de **light** se pronuncia como la **i** de **like**. La **gh** no se pronuncia.

▷ Apaga la luz, por favor.
Turn the light off, please.

▶ apagar la luz: **turn the light off** o **turn off the light** /tɜːn ɒf ðə ˈlaɪt/

ℹ También se puede decir **switch** /swɪtʃ/ **off the light** o **switch the light off**.

▷ Estaba muy oscuro y encendí la luz.
It was very dark and I turned the light on.

▶ encender la luz: **turn the light on** o **turn on the light** /tɜːn ɒn ðə ˈlaɪt/

ℹ También se puede decir **switch** /swɪtʃ/ **on the light** o **switch the light on**.

M

La letra **M** se pronuncia /em/ en inglés.
Fíjate que no se pronuncia con una **e** final
como en español.

macarrones

▷ Se comió un plato de macarrones.
  He ate a plate of macaroni.

▷ Compra macarrones.
  Buy some macaroni.

macaroni /mækəˈrəʊnɪ/
i Fíjate bien en cómo se escribe macaroni.
🔊 La **o** de **macaroni** se pronuncia como la **o** de **go**.
i macaroni es una palabra en singular; por ejemplo, se dice this macaroni is delicious (estos macarrones están deliciosos).

macedonia

▷ De postre hay macedonia.
  There is fruit salad for dessert.

(de frutas) fruit salad /fruːt ˈsæləd/
🔊 fruit rima con **root**.

maceta

▷ Tiene dos macetas en su habitación.
  She's got two flowerpots in her room.

flowerpot /ˈflaʊəpɒt/
🔊 La **ow** de **flowerpot** se pronuncia como la **ow** de **cow**.

machacar

▷ Machaca dos dientes de ajo y añádelos a la sartén.
  Crush two cloves of garlic and add them to the frying pan.

(= hacer pedazos) crush /krʌʃ/
🔊 La **u** de **crush** se pronuncia como la **u** de **duck**.

machista

▷ ¡No seas machista!
  Don't be a male chauvinist!

male chauvinist /meɪl ˈʃəʊvɪnɪst/
🔊 male rima con **nail**. La primera sílaba **chau-** de **chauvinist** se pronuncia exactamente igual que la palabra **show**.

macho

▷ Tengo un gato nuevo. - ¿Es macho o hembra?
I've got a new cat. - Is it a male or a female?

male /meɪl/
◀) male rima con nail.

madera

▷ Este árbol tiene una madera muy dura.
This tree has very hard wood.

wood /wʊd/
◀) La oo de wood se pronuncia como la u de bull.

▷ Esta escultura es de madera.
This sculpture is made of wood.
▷ Una silla de madera.
A wooden chair.

► ser de madera: be made of wood
► de madera: wooden /ˈwʊdən/

madre

▷ La madre de Lalo es enfermera.
Lalo's mother is a nurse.

mother /ˈmʌðəʳ/
◀) La o de mother se pronuncia como la u de duck.

madriguera

▷ Los conejos se escondieron en su madriguera.
The rabbits hid in their burrow.

(de conejos) burrow /ˈbʌrəʊ/
◀) La u de burrow se pronuncia como la u de duck. La ow se pronuncia como la o de go.
ℹ A la madriguera de otros animales, como los zorros, se le llama den /den/.

madrina

▷ Manuela es mi madrina.
Manuela is my godmother.

godmother /ˈgɒdmʌðəʳ/
◀) La segunda o de godmother se pronuncia como la u de duck.

madrugada

1 ▷ Salimos de madrugada.
We left at dawn.

1 ► de madrugada (hablando de la hora en la que sale el sol): at dawn /dɔːn/
◀) dawn rima con born.

2 ▷ Llegó a casa a las tres de la madrugada.
He got home at three in the morning.

2 Cuando de la madrugada acompaña a las horas en inglés se traduce por in the morning, como en el ejemplo de al lado.

madrugador, madrugadora

▷ Mi madre es muy madrugadora.
My mother is a very early riser.

► ser madrugador: be an early riser /ˈɜːlɪ ˈraɪzəʳ/
◀) La i de riser se pronuncia como la i de like.

madrugar

▷ ¡Odio madrugar!
I hate getting up early!

get up early /get ʌp ˈɜːlɪ/ (got, got)
◀) La ear de early se pronuncia como la ir de girl.

maduro, madura

1 ▷ Esta manzana no está madura.
This apple isn't ripe.

1 (hablando de la fruta) ripe /raɪp/ (más maduro riper /ˈraɪpəʳ/, el más maduro the ripest /ˈraɪpɪst/)

◀ La i de ripe se pronuncia como la i de like.

2 ▷ Es un chico muy maduro para su edad.
He's a very mature boy for his age.

2 (hablando de personas) mature /məˈtʃʊəʳ/ (más maduro more mature, el más maduro the most mature)

◀ mature se pronuncia más o menos como much + your.

maestro, maestra

▷ El maestro dijo que quería hablar con mis padres.
The teacher said he wanted to talk to my parents.
▷ Ani es maestra.
Ani is a teacher.

teacher /ˈtiːtʃəʳ/

ℹ No te olvides de colocar el artículo a o an delante del nombre de la profesión cuando aparece detrás de los verbos be o become.

magia

▷ Hizo un truco de magia espectacular.
He did a spectacular magic trick.

▷ No creo en la magia.
I don't believe in magic.

magic /ˈmædʒɪk/

◀ La g de magic se pronuncia como la dg de bridge.
▶ la magia: magic

mágico, mágica

1 ▷ Dice que tiene poderes mágicos.
She says that she has magic powers.
2 ▷ La playa en la que pasamos las vacaciones es un lugar mágico.
The beach where we spent our holidays is a magical place.

1 (= sobrenatural) magic /ˈmædʒɪk/

2 (= maravilloso) magical /ˈmædʒɪkəl/ (más mágico more magical, el más mágico the most magical)

◀ La g de magic y de magical se pronuncia como la dg de bridge.

magnífico, magnífica

1 ▷ Pedro tuvo una idea magnífica.
Pedro had a wonderful idea.

1 (= excelente) wonderful /ˈwʌndəfʊl/

◀ La o de wonderful se pronuncia como la u de duck.

2 ▷ Desde la cumbre hay una vista magnífica de la región.
From the summit there is a beautiful view of the region.

2 (= muy bonito) beautiful /ˈbjuːtɪfʊl/

◀ La primera sílaba beau- de beautiful se pronuncia b + you.

mago, maga

▷ Había un mago en la fiesta de cumpleaños de Félix.
There was a magician at Félix' birthday party.

▷ El padre de Mónica es mago.
Mónica's father is a magician.

> magician /məˈdʒɪʃən/
> 🔊 La **g** de magician se pronuncia como la **dg** de bridge; magician rima con freshen.
> **i** No te olvides de colocar el artículo **a** o **an** delante del nombre de la profesión cuando aparece detrás de los verbos **be** o **become**.

maíz

1 ▷ Los agricultores de esta región cultivan maíz.
The farmers in this region grow maize.

2 ▷ Comí una ensalada con maíz y pimientos.
I ate a salad with sweetcorn and peppers.

> **1** (= planta) maize /meɪz/
> 🔊 maize rima con amaze.
> 🖐 maíz se dice corn /kɔːn/ en inglés americano.
> **2** (semillas amarillas) sweetcorn /ˈswiːtkɔːn/

majo, maja

▷ Los padres de Arturo son muy majos.
Arturo's parents are very nice.
▷ Le compramos un jersey muy majo.
We bought her a very nice jumper.

> (= simpático, bonito) nice /naɪs/ (más simpático nicer /ˈnaɪsəʳ/, el más simpático the nicest /ˈnaɪsɪst/)
> 🔊 La **i** de nice se pronuncia como la **i** de like.

mal

1 ▷ La puerta está mal cerrada.
The door is not properly closed.

▷ Escribiste mal mi nombre.
You spelled my name wrong.

2 ▷ Me encontraba mal y me fui a casa.
I felt ill and went home.

3 ▷ Si os portáis mal no iremos al cine.
If you behave badly we won't go to the cinema.

4 ▷ Ese jabón huele muy mal.
That soap smells really bad.

5 ▷ Se me dan muy mal las matemáticas.
I'm really bad at maths.

> **1** Cuando **mal** es adverbio y quiere decir **de forma incorrecta** se traduce normalmente por la expresión **not... properly** /nɒt... ˈprɒpəlɪ/
> **i** Fíjate que cuando lo que escribes mal es el nombre de alguien se usa **spell... wrong** /rɒŋ/.
> **2** ► encontrarse mal
> (= sentirse enfermo): feel ill /fiːl ˈɪl/ (felt, felt /felt/)
> **3** ► portarse mal: behave badly /bɪˈheɪv ˈbædlɪ/
> **4** Para hablar de olores y sabores, se usa bad /bæd/.
> **5** ► se me da muy mal...
> (= no hago muy bien): I'm really bad at...

malabarista

▷ Había unos malabaristas delante del teatro.
There were some jugglers in front of the theatre.

> juggler /ˈdʒʌɡləʳ/
> 🔊 La **u** de juggler se pronuncia como la **u** de duck.

malentendido

▷ No te enfades, ha habido un malentendido.
Don't get angry, there has been a misunderstanding.

misunderstanding
/ˌmɪsʌndəˈstændɪŋ/
◀ El acento recae sobre la penúltima sílaba -stan-.

maleta

▷ Esta maleta pesa demasiado.
This suitcase is too heavy.

suitcase /ˈsuːtkeɪs/
◀ suit rima con boot; case rima con space.

▷ Esta tarde no puedo salir, tengo que hacer la maleta.
I can't go out this evening, I've got to pack.

▶ hacer la maleta o las maletas: pack /pæk/.

maletero

▷ Las bolsas están en el maletero.
The bags are in the boot.

boot /buːt/
⌐ maletero se dice boot en inglés británico y trunk /trʌŋk/ en inglés americano.

maletín

▷ Mi padre se olvidó el maletín.
My father forgot his briefcase.

briefcase /ˈbriːfkeɪs/
◀ brief rima con leaf; case rima con space.

malgastar

▷ No me gusta la gente que malgasta el dinero.
I don't like people who waste money.

waste /weɪst/
◀ La a de waste se pronuncia como la a de make.

Mallorca

▷ Siempre pasamos las vacaciones en Mallorca.
We always spend our holidays in Majorca.

Majorca /məˈdʒɔːkə/

malo, mala

1 ▷ Esta sandía está muy mala.
This watermelon is really bad.
▷ Este libro es muy malo.
This book is really bad.

1 En general, malo se traduce como bad /bæd/

2 ▷ Me puse malo y me fui a casa.
I fell ill and went home.

2 (= enfermo) ill /ɪl/
▶ ponerse malo: fall /fɔːl/ ill (fell /fel/, fallen /ˈfɔːlən/)

maltratar

▷ No maltrates a los animales.
Don't ill-treat animals.

ill-treat /ˌɪlˈtriːt/
◀ ill-treat rima con feet.

mamá

▷ Mi mamá cocina muy bien.
My mum cooks really well.

mum /mʌm/
⌐ mamá se dice mum en inglés británico y mom /mɒm/ en inglés americano.

mamífero

▷ La ballena y el delfín son mamíferos.
The whale and the dolphin are mammals.

mammal /ˈmæməl/
◀)) El acento recae sobre la primera
sílaba **ma-**.

mancha

▷ Hay manchas de vino en el mantel.
There are wine stains on the tablecloth.
▷ Te has echado una mancha en la camiseta.
You've stained your T-shirt.

stain /steɪn/
◀)) stain rima con **lane**.
► **echarse una mancha en algo:**
stain something

manchar

▷ Cuidado, vas a manchar los pantalones.
Be careful, you're going to stain your trousers.

stain /steɪn/
◀)) stain rima con **lane**.

mandar

1 ▷ Mis padres nos mandaron que nos calláramos.
My parents ordered us to be quiet.

1 (= ordenar) order /ˈɔːdəʳ/
► **mandar a alguien que +**
subjuntivo: order /ˈɔːdəʳ/
somebody **to** + infinitivo

2 ▷ ¡Mándanos una postal desde Londres!
Send us a postcard from London!

2 (= enviar) send /send/ (sent, sent
/sent/)

mandarina

▷ Estas mandarinas están deliciosas.
These mandarins are delicious.

mandarin /ˈmændərɪn/
◀)) El acento recae sobre la primera
sílaba **man-**.

mandíbula

▷ Pedro le dio un golpe en la mandíbula.
Pedro hit him on the jaw.

jaw /dʒɔː/
◀)) jaw rima con **more** y **door**. La j se
pronuncia como la **dg** de **bridge**.

mando

▷ ¿Dónde está el mando a distancia?
Where's the remote control?

► **mando a distancia:** remote
control (plural: **remote controls**)

mandón, mandona

▷ Mi hermana Rosa es una mandona.
My sister Rosa is really bossy.

► **ser mandón** o **un mandón:** be
really bossy /ˈrɪəlɪ ˈbɒsɪ/
i Tanto **mandón** como **bossy** son
términos familiares.

manera

▷ Hay varias maneras de hacer esto.
There are several ways of doing this.
▷ Se comportó de una manera extraña.
He behaved strangely.

(= forma) way /weɪ/

i Fíjate que en inglés la construcción
de una manera + adjetivo se traduce
por un adverbio, que se forma
normalmente añadiendo **-ly** al adjetivo
correspondiente, como en el ejemplo
de la izquierda.

manga

▷ Te has manchado la manga.
You've stained your sleeve.
▷ Tendrías menos calor con una camisa de
manga corta.
*You wouldn't be so hot with a short-sleeved
shirt.*
▷ Ana llevaba una camiseta de manga larga.
Ana was wearing a long-sleeved T-shirt.

(= de una camisa) sleeve /sliːv/

► **de manga corta:** short-sleeved /ˈʃɔːtsliːvd/

► **de manga larga:** long-sleeved /ˈlɒŋsliːvd/

mango

▷ Coge la sartén por el mango o te quemarás.
*Hold the frying pan by the handle or you'll get
burnt.*

(= asa) handle /ˈhændəl/

manguera

▷ Mi madre riega el jardín con una manguera.
*My mother waters the garden with a
hosepipe.*

(= para regar) hosepipe
/ˈhəʊzpaɪp/
◀ La o de **hosepipe** se pronuncia
como la o de **go**. La i se pronuncia
como la i de **like**.

▷ Los bomberos intentaron apagar el fuego con
tres mangueras.
*The firemen tried to put out the fire with
three hoses.*

(= de los bomberos) hose /həʊz/
◀ La o de **hose** se pronuncia como la
o de **go**.

manía

1 ▷ Tiene la manía de dejarse las luces encendidas.
He has a habit of leaving the lights on.
2 ▷ Le tengo manía a Sara.
I can't stand Sara.
▷ Su hermano me tiene manía.
Her brother can't stand me.

1 (= costumbre) habit /ˈhæbɪt/

2 Para decir que **tienes manía a
alguien** o que **alguien te tiene manía** se
usa can't stand /kɑːnt ˈstænd/.

manifestación

▷ Había una manifestación de estudiantes en el
centro de la ciudad.
*There was a student demonstration in the
town centre.*

(= protesta) demonstration
/demənˈstreɪʃən/
◀ La a de **demonstration** se
pronuncia como la a de **make**.

manillar

▷ Ángeles sabe montar en bici sin agarrar el
manillar.
*Ángeles can ride a bike without holding the
handlebars.*

handlebars /ˈhændəlbɑːz/
i handlebars es una palabra en plural.
Se dice, por ejemplo, **the handlebars
are broken** (el manillar está roto).

maniobra

▷ Tuvo que hacer una maniobra muy difícil para
poder aparcar.
*He had to do a very difficult manoeuvre to be
able to park.*

manoeuvre /məˈnuːvəʳ/
◀ **manoeuvre** rima con **Hoover**®.
⌐ Se escribe **maneuver** en inglés
americano.

maniquí

▷ El maniquí del escaparate era muy realista.
The dummy in the window was very realistic.

(= muñeco) dummy /ˈdʌmɪ/ (plural: dummies /ˈdʌmɪz/)

manivela

▷ Usa la manivela para encender la máquina.
Use the crank to start the machine.

crank /kræŋk/

mano

▷ Tengo las manos heladas.
My hands are frozen.

hand /hænd/

▷ Pídele perdón y dale la mano.
Apologize and shake hands with him.

▶ **dar la mano a alguien:** shake /ʃeɪk/ hands with somebody (shook /ʃʊk/, shaken /ˈʃeɪkən/)

▷ ¡Les vi juntos, iban de la mano!
I saw them together, they were holding hands!

▶ **ir de la mano** (novios): hold /həʊld/ hands (held, held /held/)

▷ Luis me echó una mano con las maletas.
Luis gave me a hand with the suitcases.

▶ **echar una mano a alguien:** give /ɡɪv/ somebody a hand (gave /ɡeɪv/, given /ˈɡɪvən/)

▷ Este jersey está hecho a mano.
This jumper is hand-made.

▶ **hecho a mano:** hand-made /ˈhænd ˈmeɪd/

▷ Mi padre ha comprado un coche de segunda mano.
My father has bought a second-hand car.

▶ **de segunda mano:** second-hand /ˈsekənd ˈhænd/

manopla

▷ ¿Has visto las manoplas que me regalaron para mi cumpleaños?
Have you seen the mittens I got for my birthday?

mitten /ˈmɪtən/

mansión

▷ Visitamos la mansión en la que vivió el pintor.
We visited the mansion where the painter lived.

mansion /ˈmænʃən/
◀) mansion rima con freshen.

manta

▷ Si tienes frío coge esta manta.
If you are cold take this blanket.

blanket /ˈblæŋkɪt/

mantel

▷ El mantel está llena de manchas.
The tablecloth is covered in stains.

tablecloth /ˈteɪbəlklɒθ/
◀) La a de tablecloth se pronuncia como la a de make.

mantener

1 ▷ Mantiene su habitación muy ordenada.
She keeps her room very tidy.

1 (= conservar) keep /kiːp/ (kept, kept /kept/)

2 ▷ Mantén el cuadro ahí mientras agujereo la pared.
Hold the painting there while I make a hole in the wall.

2 (= sostener) hold /həʊld/ (held, held /held/)
◀) La o de hold se pronuncia como la o de go.

mantequilla

▷ No me gusta la mantequilla.
I don't like butter.

butter /ˈbʌtəʳ/
🔊 La u de butter se pronuncia como la u de duck.

manto

▷ El patio estaba cubierto por un manto de nieve.
The playground was covered by a layer of snow.

(= capa que se forma sobre algo)
layer /ˈleɪəʳ/
🔊 La a de layer se pronuncia como la a de make.

manual

▷ Lee primero el manual antes de encender el ordenador.
Read the manual first before you turn the computer on.

(= libro con instrucciones) manual /ˈmænjʊəl/
🔊 La u de manual se pronuncia como la palabra inglesa you.

manualidades

▷ Tenemos dos horas de manualidades por semana.
We have two hours of craft a week.

(= asignatura) craft /krɑːft/

manzana

▷ Cogimos unas manzanas en el jardín.
We picked some apples in the garden.

apple /ˈæpəl/
🔊 La e de apple no se pronuncia.

manzanilla

▷ Tómate esta manzanilla, te sentirás mejor.
Drink this camomile tea, you'll feel better.

(= bebida) camomile tea /ˈkæməmaɪl tiː/
🔊 La i de camomile se pronuncia como la i de like.

mañana (sustantivo)

▷ La mañana es mi parte preferida del día.
Morning is my favourite time of day.
▷ ¿Quieres que venga por la mañana?
Do you want me to come in the morning?
▷ El cartero pasa todas las mañanas.
The postman comes every morning.

morning /ˈmɔːnɪŋ/

▶ **por la mañana:** in the morning /ɪn ðə ˈmɔːnɪŋ/
▶ **todas las mañanas:** every morning /ˈevrɪ ˈmɔːnɪŋ/

mañana (adverbio)

▷ Mañana es el cumpleaños de César.
Tomorrow is César's birthday.

tomorrow /təˈmɒrəʊ/
🔊 La ow de tomorrow se pronuncia como la o de go. El acento recae sobre la segunda sílaba -mo-.

▷ Me tengo que ir, ¡hasta mañana!
I've got to go, see you tomorrow!
▷ Ven mañana por la mañana.
Come tomorrow morning.

▶ **¡hasta mañana!:** see you tomorrow!
▶ **mañana por la mañana:** tomorrow morning /təˈmɒrəʊ ˈmɔːnɪŋ/

Sigue en la página siguiente

▷ Pasado mañana es festivo.
The day after tomorrow is a holiday.

► **pasado mañana:** the day after tomorrow /deɪ ˈɑːftə təˈmɒrəʊ/

mapa

▷ Nos hemos perdido, mira en el mapa.
We're lost, look at the map.

map /mæp/

mapamundi

▷ Tenemos un mapamundi enorme en clase.
We've got a huge map of the world in our class.

map of the world /ˈmæp əv ðə ˈwɜːld/ (plural: maps of the world)

maqueta

▷ Mi padre hizo una maqueta de un barco.
My dad made a model of a ship.

(= reproducción reducida) model /ˈmɒdəl/

◀) La e es muda ("modl").

maquillaje

▷ Este maquillaje parece muy natural.
This make-up looks very natural.

make-up /ˈmeɪkʌp/

◀) La u de make-up se pronuncia como la u de duck.

maquillarse

1 ▷ Carolina se está maquillando.
Carolina is putting her make-up on.

1 (= ponerse maquillaje) put /pʊt/ one's make-up on (put, put)

ℹ El pronombre en inglés funciona de la siguiente forma: I put my make-up on, you put your make-up on, she puts her make-up on, etc.

2 ▷ Mis padres no quieren que me maquille.
My parents don't want me to wear make-up.

2 (= llevar maquillaje) wear /weəʳ/ make-up (wore /wɔːʳ/, worn /wɔːn/)

máquina

▷ Es una máquina para cortar papel.
It's a machine for cutting paper.

machine /məˈʃiːn/

◀) machine rima con been. La ch se pronuncia como la sh de shop. El acento recae sobre la última sílaba -chine.

▷ Mi padre no encontraba su máquina de afeitar.
My father couldn't find his electric razor.

► **máquina de afeitar:** electric razor /ɪˈlektrɪk ˈreɪzəʳ/ (plural: electric razors)

◀) La a de razor se pronuncia como la a de make.

▷ Me regalaron una máquina fotográfica para mi cumpleaños.
I got a camera for my birthday.

► **máquina fotográfica:** camera /ˈkæmərə/

maquinilla

▷ Mi hermano se afeita con maquinilla.
My brother shaves with a razor.

(= para afeitarse) razor /ˈreɪzəʳ/

◀) La a de razor se pronuncia como la a de make.

▷ No te olvides de llevar tu maquinilla eléctrica.
Don't forget to take your electric razor with you.

► **maquinilla eléctrica:** electric razor /ɪˈlektrɪk ˈreɪzəʳ/ (plural: electric razors)

mar

▷ Mi abuela nunca ha visto el mar.
My grandmother has never seen the sea.
▷ Vamos al mar todos los veranos.
We go to the seaside every summer.

sea /siː/
◀) sea rima con he y key.
► **el mar** (= la costa): the seaside /ˈsiːsaɪd/

maratón

▷ Mi hermano ya ha corrido un maratón.
My brother has already run a marathon.

marathon /ˈmærəθən/
◀) El acento recae sobre la primera sílaba ma-.

maravilla

▷ El pueblecito en el que pasamos las vacaciones es una maravilla.
The little village where we spend our holidays is wonderful.
▷ El examen me salió de maravilla.
The exam went really well.

► **ser una maravilla:** be wonderful /ˈwʌndəfʊl/
◀) La o de wonderful se pronuncia como la u de duck.
► **salir de maravilla** (hablando de un examen, un ejercicio): go really well /ˈrɪəlɪ wel/ (went /went/, gone /gɒn/)

maravilloso, maravillosa

▷ Mi madre es una cocinera maravillosa.
My mother is a wonderful cook.

(= excelente) wonderful /ˈwʌndəfʊl/ (más maravilloso more wonderful, el más maravilloso the most wonderful)
◀) La o de wonderful se pronuncia como la u de duck.

marca

1 ▷ Puse una marca en el libro para mostrar que es mío.
I put a mark on the book to show it's mine.
2 ▷ Es una marca famosa de whisky.
It's a famous brand of whisky.
▷ ¿Qué marca de ordenador tienes?
What make of computer do you have?

▷ Sólo viste ropa de marca.
She only wears designer clothes.

1 (= señal) mark /mɑːk/

2 (= comercial) brand /brænd/

ℹ Para referirse a coches, máquinas, ordenadores y otros productos fabricados para durar muchos años, se usa la palabra make /meɪk/.
► **ropa de marca:** designer clothes /dɪˈzaɪnə kləʊðz/

marcador

1 ▷ ¿Cuál es el marcador?
What's the score?
2 ▷ Desde aquí no consigo ver el marcador.
I can't see the scoreboard from here.

1 (= resultado) score /skɔːʳ/
◀) score rima con door.
2 (= tablero en el que aparece el resultado) scoreboard /ˈskɔːbɔːd/

marcar

1 ▷ Marca en el mapa las principales ciudades de la región.
   Mark on the map the main cities in the region.
   ▷ El río marca la frontera con Portugal.
   The river marks the border with Portugal.
2 ▷ Debí marcar mal tu número.
   I must have dialled your number wrong.

3 ▷ Marcó dos goles.
   He scored two goals.

1 (= señalar, indicar) mark /maːk/

2 (un número de teléfono) dial /ˈdaɪəl/
◀) La i de dial se pronuncia como la i de like.

3 (en deportes) score /skɔːʳ/
◀) score rima con door.

marcha

1 ▷ Los estudiantes hicieron una marcha.
   The students went on a march.
2 ▷ Cambia de marcha.
   Change gear.
   ▷ Haz marcha atrás, aquí no hay sitio para aparcar.
   Reverse, there are no parking spaces here.

3 ▷ Empezó a llover y volvimos a casa a toda marcha.
   It started to rain and we went home at top speed.

1 (= manifestación) march /maːtʃ/

2 (en un coche) gear /gɪəʳ/
◀) gear rima con beer y here.
▶ **cambiar de marcha:** change /tʃeɪndʒ/ gear
▶ **hacer marcha atrás:** reverse /rɪˈvɜːs/

3 ▶ **a toda marcha** (= a toda velocidad): at top speed /tɒp ˈspiːd/

marchar

1 ▷ Marchamos hasta el lago.
   We walked as far as the lake.

2 ▷ El ordenador de Antonio no marcha muy bien.
   Antonio's computer doesn't work very well.

3 ▷ Estaba aburrido y me marché.
   I was bored and I left.

1 (= caminar) walk /wɔːk/
◀) La al de walk se pronuncia como la palabra inglesa or; walk rima con fork.

2 (= funcionar) work /wɜːk/
◀) La o de work se pronuncia como la i de girl.

3 ▶ **marcharse** (= irse): leave /liːv/ (left, left /left/)

marciano

▷ Hay gente que cree en los marcianos.
   There are people who believe in Martians.

Martian /ˈmaːʃən/
◀) Martian rima con freshen.
ℹ Se escribe con mayúscula.

marco

▷ Conchi puso la foto de su novio en un marco.
   Conchi put her boyfriend's photograph in a frame.

frame /freɪm/
◀) La a de frame se pronuncia como la a de make.

marea

▷ ¿La marea está subiendo o bajando?
Is the tide coming in or going out?

▷ Durante la marea baja podremos coger conchas.
We'll be able to collect shells at low tide.
▷ Durante la marea alta la carretera queda cubierta por agua.
At high tide the road is covered in water.
▷ La marea negra está a 10 kilómetros de la costa.
The oil slick is 10 kilometres from the coast.

tide /taɪd/
◀ La i de tide se pronuncia como la i de like.
ⓘ Fíjate en la traducción de **subir** y **bajar** cuando se habla de la marea: come in y go out.
► **durante la marea baja:** at low tide /ləʊ ˈtaɪd/

► **durante la marea alta:** at high tide /haɪ ˈtaɪd/

► **marea negra:** oil slick /ˌɔɪl slɪk/

marearse

▷ Se subió en la montaña rusa y se mareó.
He went on the rollercoaster and got sick.
▷ Siempre que viajo en autobús me mareo.
I always get travel-sick when I travel by bus.

▷ No me gusta viajar en barco porque me mareo.
I don't like travelling by boat because I get seasick.

(= sentirse mal) get sick /get ˈsɪk/ (got, got)
ⓘ Para decir en inglés que te mareas cuando viajas en un vehículo como un coche o un autobús, se usa get travel-sick /get ˈtrævəlsɪk/.
ⓘ Para decir en inglés que te mareas cuando viajas en un barco, se usa get seasick /ˈsiːsɪk/.

marfil

▷ El marfil se saca de los colmillos de los elefantes.
Ivory comes from elephants' tusks.
▷ Las teclas del piano son de marfil.
The piano keys are made of ivory.
▷ Es una pulsera de marfil.
It's an ivory bracelet.

ivory /ˈaɪvərɪ/
◀ La i de ivory se pronuncia como la i de like.
► **ser de marfil:** be made of ivory
► **de marfil:** ivory

margarina

▷ Puse margarina en mis tostadas.
I put margarine on my toast.

margarine /mɑːdʒəˈriːn/
◀ La g de margarine se pronuncia como la dg de bridge; margarine rima con been.

margarita

▷ Carlos cogió unas margaritas para su madre.
Carlos picked some daisies for his mother.

daisy /ˈdeɪzɪ/ (plural: daisies /ˈdeɪzɪz/)
◀ La ai de daisy se pronuncia como la a de make.

margen

▷ No te olvides de dejar un margen para las
  correcciones.
  Don't forget to leave a margin for corrections.

margin /ˈmɑːdʒɪn/
◀) La g de margin se pronuncia como
la dg de bridge.

marido

▷ El marido de Carmina es muy alto.
  Carmina's husband is very tall.

husband /ˈhʌzbənd/
◀) La u de husband se pronuncia
como la u de duck.

marina

▷ Mi hermano mayor está en la marina.
  My big brother is in the navy.

la marina: the navy /ˈneɪvɪ/
◀) La a de navy se pronuncia como la
a de make.

marinero

▷ Había un grupo de marineros en el bar.
  There was a group of sailors in the bar.

sailor /ˈseɪləʳ/
◀) La ai de sailor se pronuncia como
la a de make.

marioneta

▷ Había un espectáculo de marionetas en el
  parque.
  There was a puppet show in the park.

puppet /ˈpʌpɪt/
◀) La u de puppet se pronuncia como
la u de duck.

mariposa

1 ▷ ¡Mira qué mariposa tan bonita!
  Look, what a pretty butterfly!

1 (insecto) butterfly /ˈbʌtəflaɪ/
(plural: butterflies /ˈbʌtəflaɪz/)
◀) La u de butterfly se pronuncia
como la u de duck.

2 ▷ No sé nadar a mariposa.
  I can't do the butterfly.

2 (en natación) butterfly /ˈbʌtəflaɪ/
► nadar a mariposa: do the
butterfly (did /dɪd/, done /dʌn/)

mariquita

▷ Ester tenía una mariquita en la mano.
  Ester had a ladybird on her hand.

ladybird /ˈleɪdɪbɜːd/
◀) La a de ladybird se pronuncia
como la a de make.
🖅 mariquita se dice ladybird en inglés
británico y ladybug /ˈleɪdɪbʌg/ en inglés
americano.

marisco

▷ ¡Me encanta el marisco!
  I love seafood!
▷ Comí una ensalada de marisco.
  I ate a seafood salad.

seafood /ˈsiːfuːd/
ℹ Fíjate como en el primer ejemplo
marisco se usa con artículo en español
mientras que seafood no lleva artículo
en inglés.

mármol

▷ El mármol es muy caro.
Marble is very expensive.
▷ Las escaleras son de mármol.
The stairs are made of marble.
▷ Tienen un cuarto de baño de mármol.
They have a marble bathroom.

marble /ˈmɑːbəl/

► **ser de mármol:** be made of marble
► **de mármol:** marble

marquesina

▷ Llovía mucho y nos refugiamos en una marquesina.
It was raining hard and we took refuge in a bus shelter.

(en parada de autobús) bus shelter /bʌs ˈʃeltərˈ/ (plural: bus shelters)

marrón

1 ▷ Llevaba un vestido marrón.
She was wearing a brown dress.

2 ▷ El marrón es un color triste.
Brown is a sad colour.

1 (color) brown /braʊn/

◀) La ow de brown se pronuncia como la ow de cow.

2 el marrón (= el color marrón): brown

ℹ Fíjate que en inglés brown no se escribe con artículo.

marroquí

1 ▷ Fuimos a un restaurante marroquí muy bueno.
We went to a very good Moroccan restaurant.
▷ Said es marroquí.
Said's Moroccan.

2 ▷ Se casó con un marroquí.
She married a Moroccan.

1 (adjetivo) Moroccan /məˈrɒkən/

ℹ Se escribe siempre con mayúscula, como todos los adjetivos y nombres ingleses que se refieren a la nacionalidad.

2 (nombre) un marroquí, una marroquí: a Moroccan

Marruecos

▷ ¿Cuál es la capital de Marruecos?
What's the capital of Morocco?

Morocco /məˈrɒkəʊ/

◀) La o final de Morocco se pronuncia como la o de go. El acento recae sobre la segunda sílaba -rocc-.

martes

▷ Hoy es martes.
Today is Tuesday.

Tuesday /ˈtjuːzdɪ/

◀) La ue de Tuesday se pronuncia como la palabra inglesa you.

ℹ En inglés se escribe siempre con mayúscula, como el resto de los días de la semana.

► **el martes:** on Tuesday

▷ Salimos el martes.
We left on Tuesday.
▷ Los martes vamos siempre al cine.
We always go to the cinema on Tuesdays.
▷ Volveremos el próximo martes.
We will return next Tuesday.

► **los martes** (= todos los martes): on Tuesdays
► **el próximo martes:** next Tuesday

martillo

▷ Necesito un martillo y varios clavos.
I need a hammer and some nails.

hammer /ˈhæməʳ/

marzo

▷ Siempre llueve en marzo.
It always rains in March.

March /mɑːtʃ/

ℹ En inglés se escribe siempre con mayúscula, como el resto de los nombres de los meses.
ℹ Fíjate cómo en inglés se usa on y of con las fechas.
ℹ Se escribe 12 March.

▷ Nací el doce de marzo.
I was born on the twelfth of March.

más

1 ▷ Como más que mi hermana.
I eat more than my sister.

2 ▷ Esta camisa es más cara que aquella.
This shirt is more expensive than that one.

▷ Está más deprimido que antes.
He is more depressed than before.

3 ▷ ¡Camina más rápido!
Walk faster!

▷ Rebeca es más guapa que su hermana.
Rebeca is prettier than her sister.

4 ▷ Santi es el niño más inteligente de la clase.
Santi is the most intelligent boy in the class.

▷ ¡Es la película más aburrida que he visto nunca!
It's the most boring film I've ever seen!

5 ▷ Susana es la más simpática de todas.
Susana is the nicest of all.

▷ Es el chico más tonto que conozco.
He's the silliest boy I know.

6 ▷ Cuanto más como, más ganas de comer tengo.
The more I eat, the more I feel like eating.

▷ Cuanta más televisión veas, menos tiempo te quedará para estudiar.
The more TV you watch, the less time you'll have for studying.

7 ▷ Dos más tres igual a cinco.
Two plus three equals five.

1 (con un verbo) more /mɔːʳ/
🔊 more rima con door.

2 Cuando un adjetivo o un verbo tienen más de dos sílabas, el comparativo se forma con more

3 Cuando el adjetivo o el adverbio tienen una o dos sílabas, el comparativo se forma generalmente con la terminación -er
ℹ En el ejemplo de la izquierda, la y final del adjetivo pretty se ha convertido en i en el comparativo.

4 Cuando un adjetivo o un verbo tienen más de dos sílabas, el superlativo se forma con the most /məʊst/
ℹ Cuando un adjetivo o un adverbio cortos acaban en -ing, -ed o -s, el superlativo también se construye con the most.

5 Cuando el adjetivo o el adverbio tienen una o dos sílabas, el superlativo se forma generalmente con la terminación -est
ℹ En el ejemplo de la izquierda, la y final del adjetivo silly se ha convertido en i en el comparativo.

6 ▶ cuanto más... más: the more... the more
▶ cuanto más... menos: the more... the less

7 (en matemáticas) plus /plʌs/
🔊 La u de plus se pronuncia como la u de duck.

masacre

▷ Hubo una masacre terrible.
There was a terrible massacre.

massacre /ˈmæsəkəʳ/
ℹ Fíjate bien que **massacre** se escribe con dos **s**.
◀) El acento recae sobre la primera sílaba **ma-**.

masaje

▷ Los masajes me relajan.
Massages relax me.

massage /ˈmæsɑːʒ/
ℹ Fíjate bien que **massage** se escribe con dos **s** y con una **g**.
◀) La **ge** de **massage** se pronuncia como la **J** del nombre francés **Jacques**. La segunda **a** se pronuncia como la **a** de car.

▷ Dame un masaje.
Give me a massage.

► **dar un masaje a alguien:** give somebody a massage /ˈmæsɑːʒ/ (**gave** /geɪv/, **given** /ˈgɪvən/)

masajear

▷ Me masajeó el cuello.
He massaged my neck.

massage /ˈmæsɑːʒ/
ℹ Fíjate bien que **massage** se escribe con dos **s** y con una **g**.
◀) La **ge** de **massage** se pronuncia como la **J** del nombre francés **Jacques**. La segunda **a** se pronuncia como la **a** de car.

mascar

▷ No nos dejan mascar chicle en clase.
We are not allowed to chew gum in class.

chew /tʃuː/
◀) **chew** rima con **do** y **blue**. El pasado **chewed** /tʃuːd/ rima con **food**.

máscara

▷ Fernando llevaba la máscara del Zorro.
Fernando was wearing a Zorro mask.

mask /mɑːsk/

mascarilla

▷ Los cirujanos llevan siempre una mascarilla.
Surgeons always wear a mask.

mask /mɑːsk/

mascota

1 ▷ ¿Tienes alguna mascota?
Do you have any pets?
2 ▷ Compré una camiseta con la mascota de los Juegos Olímpicos.
I bought a T-shirt with the mascot of the Olympic Games.

1 (= animal doméstico) pet /pet/

2 (= símbolo oficial) mascot /ˈmæskɒt/
◀) El acento recae sobre la primera sílaba **mas-**.

masculino, masculina

1 ▷ La población masculina del país está decreciendo.
The male population of the country is falling.

1 (= del género masculino) male
/meɪl/
◀» La a de male se pronuncia como la a de make: male rima con nail.

2 ▷ Tiene una voz masculina.
She's got a manly voice.

2 (= que se parece a un hombre) manly /ˈmænlɪ/

3 ▷ "Coche" es un sustantivo masculino.
"Coche" is a masculine noun.

3 (en gramática) masculine /ˈmɑːskjəlɪn/

masticar

▷ Mastica bien la comida antes de tragar.
Chew your food well before swallowing.

chew /tʃuː/
◀» chew rima con do y blue. El pasado chewed /tʃuːd/ rima con food.

matanza

▷ Criticó la matanza de civiles inocentes.
He criticized the slaughter of innocent civilians.

(de animales o de personas)
slaughter /ˈslɔːtəʳ/
◀» slaughter rima con porter y water.

matar

▷ Mató a dos hombres.
He killed two men.
▷ Nuestro vecino se mató en un accidente de coche.
Our neighbour was killed in a car accident.
▷ Quería matarse.
She wanted to kill herself.

kill /kɪl/

► **matarse** (accidentalmente): be killed /kɪld/

► **matarse** (= suicidarse): kill /kɪl/ oneself

i Fíjate cómo se construyen las otras personas en inglés: he killed himself, she killed herself, they killed themselves.

matemáticas

▷ No me gustan las matemáticas.
I don't like mathematics.

mathematics /mæθəˈmætɪks/
i mathematics es un sustantivo en singular. Se dice, por ejemplo, mathematics is a difficult subject (las matemáticas son una asignatura difícil).
i También se puede decir maths /mæθs/.

materia

1 ▷ El inglés es mi materia favorita.
English is my favourite subject.

1 (= asignatura) subject /ˈsʌbdʒekt/

2 ▷ Japón importa muchas materias primas.
Japan imports many raw materials.

2 ► **materia prima:** raw material /rɔː məˈtɪərɪəl/ (plural: raw materials)

material

1 ▷ En esa fábrica reciclan todos los materiales que utilizan.
   At that factory they recycle all the materials they use.

2 ▷ Venden material de acampada.
   They sell camping equipment.

1 (= materia, sustancia) material /məˈtɪərɪəl/
🔊 La **e** de material se pronuncia como la **ee** de week. El acento recae sobre la segunda sílaba **-te-**.

2 (= utensilios, instrumentos) equipment /ɪˈkwɪpmənt/

maternidad

▷ Pasó dos días en la maternidad después de dar a luz.
   She spent two days at the maternity hospital after giving birth.

(= hospital) maternity hospital /məˈtɜːnɪtɪ ˈhɒspɪtəl/ (plural: maternity hospitals)
🔊 El acento recae sobre la segunda sílaba **-ter-**.

matorral

▷ El conejo se escondió en un matorral.
   The rabbit hid in a thicket.

(= arbustos) thicket /ˈθɪkɪt/
🔊 La **th** de thicket se pronuncia como si fuese una **z** española.

matrícula

▷ ¿Viste la matrícula del coche?
   Did you see the car's number plate?

(de coche) number plate /ˈnʌmbə pleɪt/ (plural: number plates)
✄ matrícula se dice number plate en inglés británico y license plate /ˈlaɪsəns pleɪt/ (plural: license plates) en inglés americano.

maullar

▷ No sé por qué el gato está maullando así.
   I don't know why the cat is miaowing like that.

miaow /miːˈaʊ/
ℹ También se puede escribir meow.

máximo, máxima

1 ▷ El máximo es un millón.
   The maximum is a million.
2 ▷ ¿Cuál es la velocidad máxima aquí?
   What's the maximum speed here?

1 ▶ el máximo: the maximum /ˈmæksɪməm/
2 (adjetivo, = lo más grande) maximum /ˈmæksɪməm/

mayo

▷ Se casaron en mayo.
   They got married in May.

▷ Nací el doce de mayo.
   I was born on the twelfth of May.

May /meɪ/
ℹ En inglés se escribe siempre con mayúscula, como el resto de los nombres de los meses.
ℹ Fíjate cómo en inglés se usa **on** y **of** con las fechas.
ℹ Se escribe 12 May.

mayonesa

▷ No pongas tanta mayonesa en la ensalada.
Don't put so much mayonnaise on the salad.

mayonnaise /meɪəˈneɪz/

◀) La ay y la ai de mayonnaise se pronuncian como la a de make. El acento recae sobre la primera sílaba may-.

mayor

1 ▷ Tu casa es mayor que la mía.
Your house is bigger than mine.

▷ Las temperaturas son mayores en verano que en invierno.
Temperatures are higher in summer than in winter.

2 ▷ Mi hermano es mayor que yo.
My brother is older than me.

3 ▷ La casa de Ana es la mayor.
Ana's house is the biggest.

▷ Ayer tuvimos la mayor temperatura del verano.
Yesterday we had the highest temperature this summer.

4 ▷ Juan es el mayor de todos nosotros.
Juan is the oldest of all of us.

5 ▷ Cuando sea mayor quiero ser médico.
When I grow up I want to be a doctor.

▷ Es el tipo de música que gusta a los mayores.
It's the type of music grown-ups like.

1 (comparativo, = más grande, hablando de tamaño) bigger /ˈbɪɡəʳ/
(= más grande, hablando de números) higher /ˈhaɪəʳ/
◀) higher rima con fire.

2 (= más viejo) older /ˈəʊldəʳ/

3 ▶ el mayor, la mayor (superlativo, = el más grande, hablando de tamaño): the biggest /ˈbɪɡɪst/
▶ el mayor, la mayor (= el más grande, hablando de números): the highest /ˈhaɪɪst/
◀) La i de highest se pronuncia como la i de like. La gh no se pronuncia.

4 ▶ el mayor, la mayor (= el más viejo): the oldest /ˈəʊldɪst/

5 ▶ cuando sea mayor... (= adulto): when I grow up /wen aɪ ɡrəʊ ˈʌp/
▶ los mayores (= los adultos): grown-ups /ˈɡrəʊnʌps/

mayoría

▷ La mayoría de los alumnos estuvo de acuerdo.
The majority of pupils agreed.

majority /məˈdʒɒrɪti/ (plural: majorities)

◀) La j se pronuncia como la dg de bridge. El acento recae sobre la segunda sílaba -jo-.

mayúscula

▷ Escribió todo en mayúsculas.
He wrote everything in capital letters.

▷ Ese nombre se escribe con mayúscula.
That name is written with a capital letter.

(= letra) capital letter /ˈkæpɪtəl ˈletəʳ/
▶ se escribe con mayúscula: it's written with a capital letter

me

1 ▷ ¿Me oyes?
Can you hear me?

1 (complemento de objeto directo) me /miː/
◀) me rima con bee, key y tea.

▷ Mi madre me dio un poco de dinero.
My mother gave me some money.
▷ Roberto me lo enseñó.
Robert showed it to me.
2 ▷ Me hice daño.
I hurt myself.
▷ Me serví un vaso de agua.
I poured myself a glass of water.

3 ▷ Me equivoqué.
I made a mistake.
▷ Me levanto a las siete.
I get up at seven o'clock.

ℹ Dependiendo del verbo usado, el complemento de objeto directo **me** se traduce a veces por **me** y a veces por **to me**.

2 El pronombre reflexivo **me** se traduce a menudo por **myself** /maɪˈself/, especialmente si la acción a la que se refiere el verbo se efectúa realmente sobre la persona que habla

3 Pero cuando el verbo no es realmente reflexivo, es decir, no describe una acción que alguien realiza sobre sí mismo, el pronombre **me** normalmente no se traduce

mecánica

▷ Mi hermano mayor estudia mecánica.
My older brother is studying mechanics.

mechanics /məˈkænɪks/
◀ La **ch** de **mechanics** se pronuncia como una **k**.
ℹ Aunque se escribe con una **s** al final, la palabra **mechanics** está en singular: por ejemplo, se dice **mechanics is his favourite subject** (su asignatura favorita es la mecánica).

mecánico, mecánica

▷ El mecánico dijo que la avería no era seria.
The mechanic said that the breakdown wasn't serious.

▷ Mi tío es mecánico.
My uncle is a mechanic.

(= persona que arregla coches)
mechanic /məˈkænɪk/
◀ La **ch** de **mechanic** se pronuncia como una **k**.
ℹ No te olvides de colocar el artículo **a** o **an** delante del nombre de la profesión cuando aparece detrás de los verbos **be** o **become**.

mecanismo

▷ ¿Sabes cómo funciona este mecanismo?
Do you know how this mechanism works?

mechanism /ˈmekənɪzəm/
◀ La **ch** de **mechanism** se pronuncia como una **k**.

mecedora

▷ Mi abuela se pasa las tardes sentada en la mecedora.
My grandmother spends the afternoons sitting on the rocking chair.

rocking chair /ˈrɒkɪŋ tʃeəʳ/ (plural: rocking chairs)

mecha

1 ▷ No dejes que se moje la mecha.
Don't let the wick get wet.

1 (de una vela) wick /wɪk/

Sigue en la página siguiente

2 ▷ Sara se ha colocado mechas.
Sara has had highlights put in.

2 ► mechas (en el pelo):
highlights /ˈhaɪlaɪts/
◀ Las dos i de **highlights** se
pronuncian como la i de **like**. Las dos
gh no se pronuncian.

mechero
▷ ¿Tienes un mechero?
Have you got a lighter?

lighter /ˈlaɪtəʳ/
◀ La -igh- de **lighter** se pronuncia
como la i de **like**.

medalla
▷ El equipo español ganó la medalla de oro.
The Spanish team won the gold medal.

medal /ˈmedəl/
◀ El acento recae sobre la primera
sílaba **me-**. La **a** es muda ("medl").

mediano, mediana
▷ Estaba buscando una talla mediana.
I was looking for a medium size.

(hablando de tamaños) medium
/ˈmiːdɪəm/
◀ La **e** de **medium** se pronuncia
como la **ee** de **week**.

medias
▷ Tengo un agujero en las medias, voy a
cambiarlas.
*I've got a hole in my tights, I'm going to
change them.*

(prenda de ropa) tights /taɪts/
◀ **tights** rima con **bites**.
🖐 **medias** se dice **tights** en inglés
británico y **pantyhose** /ˈpæntɪhəʊz/ en
inglés americano.

medianoche
▷ Tengo que volver a casa antes de
medianoche.
I have to be back home before midnight.

midnight /ˈmɪdnaɪt/
◀ La segunda i de **midnight** se
pronuncia como la i de **like**. La **gh** no se
pronuncia.

medicamento
▷ El doctor me recetó un medicamento muy
caro.
*The doctor prescribed me a very expensive
medicine.*

medicine /ˈmedɪsən/
◀ El acento recae sobre la primera
sílaba **me-**. La **c** se pronuncia como una
s.

medicina
▷ Pili estudia medicina.
Pili is studying medicine.
▷ Tómate esta medicina y te sentirás mejor.
Take this medicine and you'll feel better.

(la ciencia y el medicamento)
medicine /ˈmedɪsən/
◀ El acento recae sobre la primera
sílaba **me-**. La **c** se pronuncia como una
s.

médico, médica

▷ El médico dijo que debía descansar.
The doctor said that I should rest.

▷ Víctor siempre quiso ser médico.
Víctor always wanted to be a doctor.

doctor /ˈdɒktər/

◀ El acento recae sobre la primera sílaba doc-.

ℹ No te olvides de colocar el artículo a o an delante del nombre de la profesión cuando aparece detrás de los verbos be o become.

medieval

▷ Visitamos una ciudad medieval.
We visited a medieval city.

medieval /medɪˈiːvəl/

◀ La segunda e de medieval se pronuncia como la ee de week. El acento recae sobre la tercera sílaba e-.

medio, media (adjetivo)

▷ Dame medio vaso de vino.
Give me half a glass of wine.
▷ Quería medio litro de leche, por favor.
I'd like half a litre of milk, please.
▷ El vuelo dura dos horas y media.
The flight lasts two and a half hours.

▷ Póngame tres kilos y medio de patatas, por favor.
I'd like three and a half kilos of potatoes, please.
▷ El tren llega a las tres y media.
The train arrives at half past three.

ℹ Para decir la mitad de algo en inglés se usa la expresión half a... /ˈhɑːf ə/

◀ La l de half no se pronuncia. La a se pronuncia como la a de car.

ℹ La expresión inglesa que corresponde al español y medio o y media (hablando de la duración o de una medida) es and a half.

ℹ En inglés, and a half se coloca inmediatamente después de la cifra (two, three) y delante del nombre (hours, kilos).

ℹ Para expresar la hora, en inglés se usa half past /ˈhɑːf pɑːst/.

medio (nombre)

1 ▷ En el medio de la plaza hay una fuente.
In the middle of the square there is a fountain.
▷ Prefiero el del medio.
I prefer the one in the middle.
▷ Siéntate en el medio, verás mejor.
Sit in the middle, you'll see better.
2 ▷ Todos tenemos que cuidar del medio ambiente.
We all have to look after the environment.

1 (= centro) middle /ˈmɪdəl/

► ...del medio: ...in the middle

► en el medio: in the middle

2 ► el medio ambiente: the environment /ɪnˈvaɪrənmənt/

◀ La i de environment se pronuncia como la i de like.

Sigue en la página siguiente

3 ▷ La noticia apareció en todos los medios de
comunicación.
The news appeared in all the media.

> **3** ► **los medios de**
> **comunicación: the media**
> /ˈmiːdɪə/
>
> ◀ La **e** de **media** se pronuncia como
> la **ee** de **week**.
>
> **i** Fíjate que **media** es una palabra en
> singular y se usa con un verbo en
> singular: **the media is...** (los medios de
> comunicación son...).

mediodía

1 ▷ Las clases acaban al mediodía.
The classes finish at midday.
2 ▷ Siempre voy a casa al mediodía.
I always go home at lunchtime.

> **1** (= las 12) **midday** /mɪdˈdeɪ/
>
> **2** (= la hora de comer) **lunchtime**
> /ˈlʌntʃtaɪm/

medir

1 ▷ David mide un metro ochenta.
David is one metre eighty tall.
▷ La montaña mide 2.000 metros de altura.
The mountain is 2,000 metres high.
▷ El jardín mide veinte metros de largo.
The garden is twenty metres long.

▷ ¿Cuánto mides?
How tall are you?

2 ▷ Voy a medir el cuarto para ver si cabe el sofá.
*I'm going to measure the room to see if the
sofa fits.*

> **1** Para expresar la altura de alguien se
> usa la expresión **be... tall** /tɔːl/. Para la
> altura de algo se usa **be... high** /haɪ/.
> Para la longitud de algo se usa **be... long**
> /lɒŋ/.
>
> **i** En el Reino Unido las medidas se
> suelen dar en **pies** (**feet** /fiːt/) y **pulgadas**
> (**inches** /ˈɪntʃɪz/). Un **foot** equivale
> aproximadamente a 30 centímetros;
> una **inch** a 2,5 centímetros.
>
> **i** Para preguntar la altura de alguien
> se dice **how tall are you?**, **how tall is**
> **he?**, etc.
>
> **2** (= calcular el tamaño) **measure**
> /ˈmeʒəʳ/
>
> ◀ La **ea** de **measure** se pronuncia
> como la **e** de **bed**. La **s** se pronuncia
> como la **j** del nombre francés **Jacques**.

mediterráneo, mediterránea

▷ La dieta mediterránea es muy saludable.
The Mediterranean diet is very healthy.

> **Mediterranean** /medɪtəˈreɪnɪən/
>
> ◀ La primera **a** de **Mediterranean** se
> pronuncia como la **a** de **make**.
>
> **i** Se escribe siempre con mayúscula,
> como todos los adjetivos y nombres
> ingleses que se refieren a lugares
> geográficos.

▷ Desde mi ventana se ve el Mediterráneo.
*You can see the Mediterranean from my
window.*

> ► **el Mediterráneo** (el mar): **the**
> **Mediterranean** /medɪtəˈreɪnɪən/

medusa

▷ Vi varias medusas mientras me bañaba.
I saw several jellyfish while I was swimming.

jellyfish /ˈdʒelɪfɪʃ/

ℹ El plural de jellyfish es invariable:
one jellyfish, two jellyfish.

mejicano, mejicana

1 ▷ Fuimos a un restaurante mejicano muy bueno.
We went to a very good Mexican restaurant.
▷ Rosana es mejicana.
Rosana's Mexican.

2 ▷ Se casó con un mejicano.
She married a Mexican.

1 (adjetivo) Mexican /ˈmeksɪkən/

ℹ Se escribe siempre con mayúscula,
como todos los adjetivos y nombres
ingleses que se refieren a la
nacionalidad.

2 (nombre) un mejicano, una
mejicana: a Mexican

Méjico

▷ ¿Cuál es la capital de Méjico?
What's the capital of Mexico?
▷ Tengo un amigo que vive en Ciudad de
Méjico.
I've got a friend who lives in Mexico City.

Mexico /ˈmeksɪləʊ/

► **Ciudad de Méjico:** Mexico
City /ˈmeksɪləʊ ˈsɪtɪ/

mejilla

▷ Le dio un beso en la mejilla.
She kissed him on the cheek.

cheek /tʃiːk/

mejillón

▷ No me gustan los mejillones.
I don't like mussels.

mussel /ˈmʌsəl/

◀) La u de mussel se pronuncia como
la u de duck. La e es casi muda
("musl").

mejor

1 ▷ Hoy me encuentro mejor.
I feel better today.
▷ El ordenador de Pablo es mejor que el mío.
Pablo's computer is better than mine.
2 ▷ Beatriz es la mejor alumna de la clase.
Beatriz is the best pupil in the class.

1 better /ˈbetəʳ/

► **mejor que...:** better than...

2 ► **el mejor/la mejor:** the
best /best/

mejorar

▷ Si el tiempo mejora iremos a la playa.
If the weather improves we'll go to the beach.

▷ ¡Que te mejores!
Get well soon!

improve /ɪmˈpruːv/

◀) La o de improve se pronuncia
como la oo de moon.

ℹ Para desearle a alguien que está
enfermo que se ponga bueno se dice
get well soon! /get wel ˈsuːn/.

melena

▷ Me gusta su melena rubia.
I like her long fair hair.

(de alguien) long hair /lɒŋ ˈheəʳ/

mellizo

mellizo, melliza

▷ Mi prima tuvo mellizos.
My cousin had twins.

▷ Este es César, mi hermano mellizo.
This is César, my twin brother.

▷ La hermana melliza de Paula es abogada.
Paula's twin sister is a lawyer.

twin /twɪn/
► **mellizos, mellizas** (= personas): twins
► **hermano mellizo:** twin brother /twɪn ˈbrʌðəʳ/ (plural: **twin brothers**)
► **hermana melliza:** twin sister /twɪn ˈsɪstəʳ/ (plural: **twin sisters**)

melocotón

▷ Este melocotón está delicioso.
This peach is delicious.

peach /piːtʃ/ (plural: peaches /ˈpiːtʃɪz/)
◀ La **ea** de **peach** se pronuncia como la **ee** de **week**.

melón

▷ Compra un melón grande.
Buy a big melon.

melon /ˈmelən/
◀ El acento recae sobre la primera sílaba **me-**. La **o** se pronuncia como la **a** de **about**.

membrillo

▷ Me encanta comer membrillo con queso.
I love eating quince jelly with cheese.

► **membrillo** o **carne de membrillo** : quince jelly /kwɪns ˈdʒelɪ/
◀ **quince** se pronuncia como si se escribiese **cuins**.

memoria

▷ No tengo muy buena memoria.
I haven't got a very good memory.

▷ Me aprendí la lista de memoria.
I learned the list by heart.

(de una persona o un ordenador)
memory /ˈmemərɪ/
◀ El acento recae sobre la primera sílaba **me-**.
► **de memoria:** by heart /baɪ ˈhɑːt/

mendigar

▷ Había varias personas mendigando en el metro.
There were several people begging in the underground.

beg /beg/
ℹ **beg** se escribe con dos **g** en el gerundio (**begging** /ˈbegɪŋ/) y el pasado y el participio (**begged** /begd/).

mendigo, mendiga

▷ Le di dinero a un mendigo.
I gave some money to a beggar.

beggar /ˈbegəʳ/
◀ **baggar** rima con **longer**.

menor

1 ▷ Tu casa es menor que la mía.
   Your house is smaller than mine.

  ▷ Las temperaturas son menores en invierno que en verano.
   Temperatures are lower in winter than in summer.

  ▷ Mi hermano es menor que yo.
   My brother is younger than me.

2 ▷ La casa de Ana es la menor.
   Ana's house is the smallest.

  ▷ Ayer tuvimos la menor temperatura del invierno.
   Yesterday we had the lowest temperature this winter.

  ▷ Laura es la menor de todos nosotros.
   Laura is the youngest of all of us.

1 (comparativo, = más pequeño, hablando de tamaño) smaller /ˈsmɔːləʳ/ (= más pequeño, hablando de números) lower /ˈləʊəʳ/
◀) La o de lower se pronuncia como la o de go. (= más joven) younger /ˈjʌŋɡəʳ/.
◀) La ou de younger se pronuncia como la u de duck.

2 ▶ el menor, la menor (superlativo, = el más pequeño, hablando de tamaño): the smallest /ˈsmɔːlɪst/
▶ el menor, la menor (= el más pequeño, hablando de números): the lowest /ˈləʊɪst/
◀) La ow de lowest se pronuncia como la o de go.
▶ el menor, la menor (= el más joven): the youngest /ˈjʌŋɡɪst/
◀) La ou de youngest se pronuncia como la u de duck.

menos

1 ▷ Mi hermana trabaja menos que yo.
   My sister works less than I do.

  ▷ Éste cuesta un euro menos que ése.
   This one costs one euro less than that one.

2 ▷ Deberías beber menos café.
   You should drink less coffee.

3 ▷ Este año hay menos alumnos.
   There are fewer pupils this year.

4 ▷ Javi tiene un año menos que yo.
   Javi is a year younger than me.

5 ▷ ¡Es la persona menos tímida que conozco!
   She's the least shy person I know!

1 Cuando **menos** acompaña a un verbo, un adjetivo o un adverbio se traduce por less /les/. También se traduce por less cuando acompaña a un precio o un tamaño
▶ menos que: less than

2 Cuando **menos** va a acompañado de un nombre en singular se traduce por less /les/

3 Cuando **menos** va a acompañado de un nombre en plural se traduce por fewer /fjʊəʳ/
◀) La ew de fewer se pronuncia como la palabra inglesa you.

4 Cuando **menos** se refiere a la edad se traduce por el comparativo younger /ˈjʌŋɡəʳ/
◀) La ou de younger se pronuncia como la u de duck.

5 ▶ el menos... o la menos...: the least /liːst/

Sigue en la página siguiente

6 ▷ Cuanto menos descanses, menos te apetecerá estudiar.
The less you rest, the less you'll feel like studying.

▷ Cuanto menos ejercicio hagas, más problemas tendrás.
The less exercise you do, the more problems you'll have.

7 ▷ Cuesta al menos cien euros.
It costs at least a hundred euros.

8 ▷ Raúl debería venir, a menos que sus padres no le dejen salir.
Raúl should come, unless his parents don't let him go out.

9 ▷ Cinco menos tres igual a dos.
Five minus three equals two.

▷ Hacía menos cinco grados.
It was minus five degrees.

10 ▷ Son las ocho menos diez.
It's ten to eight.

6 ▶ **cuanto menos... menos:** the less... the less

▶ **cuanto menos... más:** the less... the more

7 ▶ **al menos:** at least /liːst/

8 ▶ **a menos que:** unless /ənˈles/

9 (en una operación matemática, con las temperaturas) **minus** /ˈmaɪnəs/
◀) La **i** de **minus** se pronuncia como la **i** de **like**.

10 (para decir la hora) **to** /tʊ/
i No te olvides de que para decir la hora en inglés la hora viene primero y los minutos vienen después, al contrario que en español.

mensaje

▷ Cuando volví había un mensaje en el contestador.
When I came back there was a message on the answering machine.

message /ˈmesɪdʒ/
◀) La **a** de **message** se pronuncia como la **i** de **big**; **message** rima con **bridge**.

menta

▷ ¿Tienes un chicle de menta?
Do you have a piece of mint chewing gum?

▷ ¿Quieres un caramelo de menta?
Would you like a mint?

▶ **de menta:** mint /mɪnt/

▶ **caramelo de menta:** mint /mɪnt/

mentalidad

▷ Tiene la mentalidad de un niño de cinco años.
He has the mentality of a five-year-old child.

mentality /menˈtæləti/
◀) El acento recae sobre la segunda sílaba -**ta**-.

mentir

▷ Sé perfectamente bien que estás mintiendo.
I know perfectly well that you are lying.

▷ No me mientas.
Don't lie to me.

lie /laɪ/
◀) **lie** rima con **sky**.
i La **ie** de **lie** se transforma en **y** en la forma con -**ing** (**lying** /ˈlaɪɪŋ/).

▶ **mentir a alguien:** lie to somebody

mentira

▷ Estoy harto de sus mentiras.
  I've had enough of his lies.
▷ Para de decir mentiras.
  Stop telling lies.
▷ Fue Emilio el que rompió la ventana. -
  ¡Mentira!
  *It was Emilio who broke the window. - That's
  a lie!*

lie /laɪ/
◀ lie rima con sky.
► decir mentiras: tell lies /tel
ˈlaɪz/ (told, told /təʊld/)
► ¡mentira!: ithat's a lie! /ˈðats ə
ˈlaɪ/

mentiroso, mentirosa

▷ No confíes en ella, es una mentirosa.
  Don't trust her, she's a liar.

liar /ˈlaɪəʳ/
◀ liar rima con fire.

menú

▷ Pásame el menú, por favor.
  Pass me the menu, please.

(en un restaurante o en el ordenador)
menu /ˈmenjuː/
◀ Se pronuncia como men + you.

meñique

▷ Nuria lleva un anillo en el meñique.
  Nuria wears a ring on her little finger.

► meñique o dedo meñique:
little finger /ˈlɪtəl ˈfɪŋɡəʳ/ (plural:
little fingers)

mercado

▷ Fui al mercado con mi madre.
  I went to the market with my mother.

market /ˈmaːkɪt/

mercurio

▷ El mercurio es una sustancia muy tóxica.
  Mercury is a very toxic substance.

mercury /ˈmɜːkjərɪ/
◀ El acento recae sobre la primera
sílaba mer-.

merecer

▷ Mis padres me castigaron. - ¡Te lo mereciste!
  My parents punished me. - You deserved it!

deserve /dɪˈzɜːv/
◀ La primera e de deserve se
pronuncia como la i de big y la s se
pronuncia como la z de zip.

merendar

▷ Siempre meriendo antes de hacer los
  deberes.
  I always have tea before doing my homework.

have tea /tiː/ (had, had)

merienda

▷ Acábate la merienda antes de salir a jugar con
  los amigos.
  *Finish your tea before you go out to play with
  your friends.*

tea /tiː/

merluza

▷ Siempre comemos merluza en Navidad.
We always have hake at Christmas.

hake /heɪk/
◀ hake rima con make.

mermelada

▷ ¿Quieres mermelada en las tostadas?
Do you want jam on your toast?

jam /dʒæm/
◀ La j de jam se pronuncia como la j de John.

▷ Compré un bote de mermelada de naranja.
I bought a jar of marmalade.

► mermelada de naranja: marmalade /ˈmɑːməleɪd/

mes

▷ Fran cumplirá quince años dentro de dos meses.
Fran will be fifteen in two months.

month /mʌnθ/
◀ La o de month se pronuncia como la u de duck.

mesa

▷ Pon la bolsa en la mesa.
Put the bag on the table.

(= mueble) table /ˈteɪbəl/
◀ La a de table se pronuncia como la a de make.

▷ Ayuda a tu madre a poner la mesa.
Help your mother set the table.

► poner la mesa: set /set/ the table (set, set)

▷ Nos sentamos a la mesa a las tres.
We sat down to eat at three o'clock.

► sentarse a la mesa: sit down /sɪt ˈdaʊn/ to eat (sat, sat /sæt/)

meta

▷ Cruzó la meta en primer lugar.
He crossed the finishing line in first place.

(= llegada) finishing line /ˈfɪnɪʃɪŋ laɪn/
◀ La i de line se pronuncia como la i de like.

metal

▷ El plomo es un metal muy pesado.
Lead is a very heavy metal.

metal /ˈmetəl/
◀ El acento recae sobre la primera sílaba me-.

▷ Estas sillas son de metal.
These chairs are made of metal.

► ser de metal: be made /meɪd/ of metal

▷ Compré tazas de metal.
I bought metal cups.

► de metal: metal

metálico, metálica

▷ Pon la comida en una bandeja metálica.
Put the food on a metal tray.

metal /ˈmetəl/
◀ El acento recae sobre la primera sílaba me-. La a es casi muda ("metl").

método

▷ Este método es muy interesante.
This method is very interesting.

method /ˈmeθəd/

metro

1 ▷ Mi madre compró un metro de tela.
My mother bought a metre of cloth.

2 ▷ Mide la altura de la puerta con el metro.
Measure the height of the door with the tape measure.

3 ▷ Coge el metro, es más rápido.
Take the underground, it's faster.

1 (= unidad de medida) **metre**
/ˈmiːtər/
◀ metre rima con heater y litre.
◕ En inglés americano se escribe meter.

2 (= instrumento para medir) **tape measure** /teɪp ˈmeʒər/

3 (= sistema de transporte)
underground /ˈʌndəɡraʊnd/
◕ metro se dice underground en inglés británico y subway /ˈsʌbweɪ/ en inglés americano.

mexicano, mexicano

1 ▷ Fuimos a un restaurante mexicano muy bueno.
We went to a very good Mexican restaurant.
▷ Rosana es mexicana.
Rosana's Mexican.

2 ▷ Se casó con un mexicano.
She married a Mexican.

1 (adjetivo) **Mexican** /ˈmeksɪkən/
ℹ Se escribe siempre con mayúscula, como todos los adjetivos y nombres ingleses que se refieren a la nacionalidad.

2 (nombre) **un mexicano, una mexicana**: a Mexican

México

▷ ¿Cuál es la capital de México?
What's the capital of Mexico?
▷ Tengo un amigo que vive en Ciudad de México.
I've got a friend who lives in Mexico City.

Mexico /ˈmeksɪləʊ/

▶ **Ciudad de México**: Mexico City /ˈmeksɪləʊ ˈsɪtɪ/

mezcla

▷ Es una mezcla de agua y leche.
It's a mixture of water and milk.

mixture /ˈmɪkstʃər/
◀ mixture rima con butcher.

mezclar

1 ▷ Mezcla bien los ingredientes.
Mix the ingredients well.

2 ▷ Te voy a dejar mis apuntes pero no los mezcles.
I'm going to lend you my notes but don't mix them up.

1 (= juntar) **mix** /mɪks/

2 **mezclar** algo (= desordenar):
mix something **up** /ʌp/

mezquita

▷ Están construyendo una mezquita cerca de mi casa.
They are building a mosque near my house.

mosque /mɒsk/
◀ La -que de mosque se pronuncia como una k.

mi

▷ Mi bici está rota.
My bike is broken.

my /maɪ/
ℹ my corresponde a mi y también a mis.

mí

▷ ¿Este regalo es para mí?
Is this present for me?

me /miː/
◀» me rima con bee, key y tea.

microbús

▷ Vamos al colegio en un microbús.
We go to school in a minibus.

minibus /ˈmɪnɪbʌs/
◀» El acento recae sobre la primera sílaba mi-.

micrófono

▷ Usa el micrófono, no oímos nada.
Use the microphone, we can't hear anything.

microphone /ˈmaɪkrəfəʊn/
◀» La i de microphone se pronuncia como la i de like. La segunda o se pronuncia como la o de go. El acento recae sobre la primera sílaba mi-.

microondas

▷ Voy a preparar unas palomitas en el microondas.
I'm going to make some popcorn in the microwave.

microwave /ˈmaɪkrəweɪv/
◀» La i de microwave se pronuncia como la i de like. La a se pronuncia como la a de make.

microscopio

▷ El microscopio del laboratorio está estropeado.
The laboratory microscope is broken.

microscope /ˈmaɪkrəskəʊp/
◀» La i de microscope se pronuncia como la i de like. La segunda o se pronuncia como la o de go. El acento recae sobre la primera sílaba mi-.

miedo

▷ Fue el miedo el que le hizo hacer eso.
It was fear that made him do that.

► el miedo: fear /fɪəʳ/
ℹ Para decir que algo me da miedo se usa I'm afraid of /aɪm əˈfreɪd əv/.

▷ Me da miedo la oscuridad.
I'm afraid of the dark.
▷ No tengas miedo, soy yo.
Don't be afraid, it's me.

► tener miedo: be afraid /əˈfreɪd/
ℹ También se puede decir be frightened /ˈfraɪtənd/ o be scared /ˈskeəd/.

▷ Mi hermana pequeña le tiene miedo a la oscuridad.
My little sister is afraid of the dark.

► tenerle miedo a: be afraid of
ℹ También se puede decir be frightened of o be scared of.

miel

▷ Me gusta poner miel en el té.
I like to put honey in the tea.

honey /ˈhʌnɪ/
◀» La o de honey se pronuncia como la u de duck. La ey se pronuncia como la ee de week.

miembro

▷ Todos los miembros del club estaban en la reunión.
All the members of the club were at the meeting.

(de una organización) member /ˈmembəʳ/

mientras

1 ▷ Ella dormía mientras yo estudiaba.
She slept while I studied.

1 (= al mismo tiempo que) while /waɪl/
🔊 La i de microphone se pronuncia como la i de like. La h no se pronuncia.

2 ▷ Deja que se cueza la pasta y, mientras tanto, prepara la salsa.
Let the pasta boil and in the meantime prepare the sauce.

2 ▶ mientras tanto: in the meantime /ɪn ðə ˈmiːntaɪm/

miércoles

▷ Hoy es miércoles.
Today is Wednesday.

Wednesday /ˈwenzdɪ/
🔊 Wednesday se pronuncia "wenzdei". La primera d y la segunda e no se pronuncian.
ℹ En inglés se escribe siempre con mayúscula, como el resto de los días de la semana.

▷ Salimos el miércoles.
We left on Wednesday.
▷ Los miércoles vamos siempre al cine.
We always go to the cinema on Wednesdays.
▷ Volveremos el próximo miércoles.
We will return next Wednesday.

▶ el miércoles: on Wednesday

▶ los miércoles (= todos los miércoles): on Wednesdays
▶ el próximo miércoles: next Wednesday

miga

▷ La mesa está llena de migas.
The table is covered in crumbs.

(de pan) crumb /krʌm/
🔊 La b de crumb no se pronuncia. crumb rima con mum.

mil

▷ Había más de mil espectadores.
There were more than a thousand spectators.

a thousand /ˈθaʊzənd/
🔊 La ou de thousand se pronuncia como la ow de cow.
ℹ Cuando significa la cifra mil, thousand nunca se coloca en plural con una s: **dos mil** se dice two thousand, **tres mil** three thousand, etc.

▷ Cuesta dos mil euros.
It costs two thousand euros.

▷ Fui a Londres en el dos mil uno.
I went to London in two thousand and one.
▷ Había miles de turistas en la ciudad.
There were thousands of tourists in the city.

ℹ Cuando a thousand le sigue una cifra del 1 al 99 hay que usar and.
▶ miles de: thousands of

milagro

▷ Nadie resultó herido, fue un milagro.
Nobody was injured, it was a miracle.

miracle /ˈmɪrəkəl/
◀) El acento recae sobre la primera sílaba mi-.

milenio

▷ Estamos al comienzo de un nuevo milenio.
We are at the beginning of a new millennium.

millennium /mɪˈlenɪəm/
◀) Fíjate bien que millennium se escribe con dos l y dos n.

milímetro

▷ Tiene dos milímetros de espesor.
It is two millimetres thick.

millimetre /ˈmɪlɪmiːtəʳ/
En inglés americano se escribe millimeter.
◀) millimetre rima con heater y Peter.
◀) El acento recae sobre la primera sílaba mi-.

militar

1 ▷ Los militares desfilaron por la calle.
The soldiers marched along the street.

1 ► un militar: a soldier /ˈsəʊldʒəʳ/
◀) La di de soldier se pronuncia como la dg de bridge.

2 ▷ No es necesaria la intervención militar.
Military intervention is not necessary.

2 (adjetivo, = referido al ejército)
military /ˈmɪlɪtərɪ/

millar

▷ Había un millar de personas en el estadio.
There were about a thousand people in the stadium.

un millar de...: about a thousand ... /əˈbaʊt ə ˈθaʊzənd/
◀) La ou de thousand se pronuncia como la ow de cow.

millón

▷ Ganaron un millón en la lotería.
They won a million on the lottery.

► un millón: a million /ˈmɪljən/
Cuando significa la cifra un millón, million nunca se coloca en plural con una s: dos millones se dice two million, tres millones three million, etc.

▷ España tiene casi cuarenta millones de habitantes.
Spain has almost forty million inhabitants.

Fíjate como en inglés no se utiliza preposición: cuarenta millones de... = forty million...

millonario, millonaria

▷ Es un millonario muy famoso.
He's a very famous millionaire.

millionaire /mɪljəˈneəʳ/

mina

1 ▷ El trabajo en las minas es muy duro.
Work in the mines is very hard.

2 ▷ La mina de mi lápiz está rota.
The lead in my pencil is broken.

1 (= lugar donde se extraen minerales y también bomba) mine /maɪn/
◀) La i de mine se pronuncia como la i de like.
2 (= punta de un lápiz) lead /led/
◀) lead rima con bed.

mineral

1 ▷ Rusia es un país rico en minerales.
Russia is a country rich in minerals.

2 ▷ Una botella de agua mineral, por favor.
A bottle of mineral water, please.

1 (sustancia que se encuentra en la tierra) mineral /ˈmɪnərəl/
◀) El acento recae sobre la primera sílaba mi-.
2 ▶ agua mineral: mineral water /ˈmɪnərəl ˈwɔːtəʳ/

minero, minera

▷ Los mineros están en huelga.
The miners are on strike.

▷ Mi abuelo era minero.
My grandfather was a miner.

miner /ˈmaɪnəʳ/
◀) La i de miner se pronuncia como la i de like.
ℹ No te olvides de colocar el artículo a o an delante del nombre de la profesión cuando aparece detrás de los verbos be o become.

minifalda

▷ A Chusa le encanta llevar minifaldas.
Chusa loves wearing miniskirts.

miniskirt /ˈmɪnɪskɜːt/

mínimo, mínima

1 ▷ El mínimo es cien euros.
The minimum is a hundred euros.

2 ▷ La temperatura mínima en verano es de aproximadamente 20 grados.
The minimum temperature in summer is around 20 degrees.

1 ▶ el mínimo: the minimum /ˈmɪnɪməm/
2 (adjetivo, = lo más pequeño) minimum /ˈmɪnɪməm/

ministerio

▷ Mi padre trabaja en el Ministerio de Agricultura
My father works at the Ministry of Agriculture.

ministry /ˈmɪnɪstrɪ/ (plural: ministries /ˈmɪnɪstrɪz/)
◀) El acento recae sobre la primera sílaba mi-.

ministro, ministra

▷ La Ministra de Educación es muy joven.
The Minister of Education is very young.

▷ ¿Cómo se llama el primer ministro británico?
What's the British prime minister's name?

minister /ˈmɪnɪstəʳ/
◀) El acento recae sobre la primera sílaba mi-.
▶ primer ministro: prime minister /praɪm ˈmɪnɪstəʳ/ (plural: prime ministers)

minúscula

▷ Escribió todo en minúsculas.
He wrote everything in small letters.
▷ Ese nombre se escribe con minúscula.
That name is written with a small letter.

(= letra) **small letter** /smɔːl ˈletər/
(plural: **small letters**)
► **se escribe con minúscula: it's written with a small letter**
/ˈrɪtən wɪð ə ˈsmɔːl ˈletər/

minuto

▷ El documental dura 50 minutos.
The documentary lasts fifty minutes.

▷ ¡Un minuto, ya voy!
Just a minute, I'm coming!

minute /maɪˈnjuːt/
◄ minute se pronuncia como min + it
► **¡un minuto!** (= para pedirle a alguien que espere): **just a minute!**

mío, mía (adjetivo)

▷ Esa chaqueta es mía.
That jacket is mine.
▷ Esos libros son míos.
Those books are mine.
▷ Me lo dijo un amigo mío.
A friend of mine told me.

► **mío** o **mía** o **míos** o **mías: mine** /maɪn/
◄ La i de mine se pronuncia como la i de like.
► **un amigo mío: a friend of mine**

mío, mía (pronombre)

▷ Sus padres son más jóvenes que los míos.
His parents are younger than mine.
▷ ¿No encuentras tu linterna? Llévate la mía.
Can't you find your torch? Take mine.

► **el mío** o **la mía** o **los míos** o **las mías: mine** /maɪn/
◄ La i de mine se pronuncia como la i de like.

miope

▷ Llevo gafas porque soy miope.
I wear glasses because I'm short-sighted.

► **ser miope: be short-sighted** /ʃɔːtˈsaɪtɪd/
◄ La igh de short-sighted se pronuncia como la i de like.

mirada

▷ José Carlos me lanzó una mirada furiosa.
José Carlos gave me a furious look.

▷ Echa una mirada a este correo electrónico.
Take a look at this e-mail.

(= vistazo) **look** /lʊk/
► **lanzar una mirada a alguien: give** /gɪv/ **somebody a look** (**gave** /geɪv/, **given** /ˈgɪvən/)
► **echar una mirada: take** /teɪk/ **a look** (**took** /tʊk/, **taken** /ˈteɪkən/)

mirar

1 ▷ ¡Mira el arco iris!
Look at the rainbow!
2 ▷ ¿Miraste en la guía telefónica?
Did you look in the phone book?
3 ▷ Se miraron y se echaron a reír.
They looked at each other and burst out laughing.

1 **mirar** algo (= dirigir la mirada hacia) **look at** something /lʊk æt/
2 (= buscar) **look** /lʊk/
3 ► **mirarse** (el uno al otro): **look at each other** /lʊk æt iːtʃ ˈʌðər/

4 ▷ Me miré al espejo y vi que tenía un grano en la frente.
I looked at myself in the mirror and I saw that I had a spot on my forehead.
▷ ¡Mírate, estás cubierto de barro!
Look at yourself, you're covered in mud!

4 ► **mirarse** (uno mismo): look at oneself /ˈlʊk ət wʌnˈself/

ℹ️ Fíjate como se usa el pronombre reflexivo en inglés: I look at myself, you look at yourself, he looks at himself, she looks at herself, etc.

mis
▷ Mis gafas están rotas.
My glasses are broken.

my /maɪ/

ℹ️ my corresponde a **mis** y también a **mi**.

misa
▷ La misa comienza a las diez.
The mass starts at ten o'clock.
▷ Mis abuelos van a misa todos los domingos.
My grandparents go to mass every Sunday.

mass /mæs/ (plural: masses /ˈmæsɪz/)

► **ir a misa**: go to mass (went /went/, gone/been /gɒn/biːn/)

miseria
▷ Todavía hay mucha gente que vive en la miseria.
There are still a lot of people who live in poverty.

(= pobreza) poverty /ˈpɒvətɪ/

🚱 La palabra inglesa **misery** no significa **miseria**.

misil
▷ El avión fue alcanzado por un misil.
The plane was hit by a missile.

missile /ˈmɪsaɪl/

🔊 La segunda i de **missile** se pronuncia como la i de **like**.

mismo, misma
1 ▷ Los dos son del mismo color.
They are both the same colour.

▷ ¿Te parece que es la misma?
Do you think it's the same one?
▷ Tengo la misma camiseta que tú.
I've got the same T-shirt as you.
2 ▷ Lo hice yo mismo.
I did it myself.
▷ ¿Lo hicieron ellos mismos?
Did they do it themselves?
▷ Dice que ella misma lo vio.
She says she saw it herself.

1 (= idéntico) same /seɪm/

🚱 La a de **same** se pronuncia como la a de **make**.

► **el mismo o la misma**: the same one
► **el mismo o la misma que...**: the same... as

2 Cuando acompaña al pronombre personal para enfatizar una acción, se traduce de diferentes formas en función del pronombre: **yo mismo** se traduce como myself /maɪˈself/; **tú mismo** como yourself /jɔːˈself/; **él mismo** como himself /hɪmˈself/; **ella misma** como herself /hɜːˈself/; **nosotros mismos** como ourselves /aʊəˈselvz/; **vosotros mismos** como yourselves /jɔːˈselvz/; **ellos mismos** como themselves /ðəmˈselvz/

misterio

▷ Las causas del accidente siguen siendo un misterio.
The causes of the accident remain a mystery.

mystery /ˈmɪstəri/ (plural: mysteries /ˈmɪstərɪz/)

◀) El acento recae sobre la primera sílaba my-.

misteriosamente

▷ Mi libro de matemáticas desapareció misteriosamente.
My maths book disappeared mysteriously.

mysteriously /mɪˈstɪəriəsli/

◀) La e de mysteriously se pronuncia como la ee de week.

misterioso, misteriosa

▷ El protagonista del libro es un caballero misterioso.
The main character in the book is a mysterious knight.

mysterious /mɪˈstɪəriəs/ (más misterioso more mysterious, el más misterioso the most mysterious)

◀) La e de mysterious se pronuncia como la ee de week.

mitad

▷ En esta mitad hay más olivas.
There are more olives in this half.
▷ Helen es mitad inglesa, mitad irlandesa.
Helen is half English, half Irish.
▷ La mitad de los alumnos ya habían llegado.
Half the pupils had already arrived.
▷ En mitad de la plaza hay una fuente.
In the middle of the square there is a fountain.

half /hɑːf/ (plural: halves /hɑːvz/)

◀) La l de half no se pronuncia.

► la mitad de...: half...

► en mitad de: in the middle /ɪn ðə ˈmɪdəl/ of

mito

▷ La profesora nos habló de varios mitos griegos.
The teacher told us about several Greek myths.

myth /mɪθ/

◀) La th de myth se pronuncia como si fuese una z española.

mixto, mixta

▷ Estudié en un colegio mixto.
I studied at a mixed school.

mixed /mɪkst/

mochila

▷ Tu mochila es muy pesada.
Your rucksack is very heavy.

rucksack /ˈrʌksæk/

◀) La u de rucksack se pronuncia como la u de duck.

mochuelo

▷ Los mochuelos duermen durante el día.
Little owls sleep during the day.

little owl /ˈlɪtəl aʊl/ (plural: little owls)

◀) La ow de owl rima con la ow de cow y la ou de foul.

moco

▷ ¡Límpiate los mocos!
Wipe your nose!

▷ Tiene mocos porque está resfriado.
He's got a runny nose because he's got a cold.

▶ **limpiarse los mocos:** wipe one's nose /nəʊz/

ℹ Fíjate cómo se construyen las principales personas: I wiped my nose, you wiped your nose, he wiped his nose, she wiped her nose, etc.

▶ **tener mocos:** have a runny nose /ˈrʌnɪ nəʊz/ (had, had)

moda

▷ Dice que no sigue la moda.
He says he doesn't follow fashion.

▷ El rosa está de moda.
Pink is in fashion.

▷ Los yoyós pasaron de moda.
Yoyos went out of fashion.

fashion /ˈfæʃən/

◀) fashion rima con freshen.

▶ **la moda:** fashion
▶ **estar de moda:** be in fashion
▶ **pasar de moda:** go out of fashion (went /went/, gone/been /gɒn/biːn/)

modelo

1 ▷ Tengo un modelo muy antiguo.
I've got a very old model.

2 ▷ Las modelos más famosas ganan mucho dinero.
The most famous models earn a lot of money.
▷ A Pedro le gustaría ser modelo.
Pedro would like to be a model.

1 (producto) model /ˈmɒdəl/

◀) El acento recae sobre la primera sílaba mo-. La e es casi muda ("modl").

2 ▶ un modelo, una modelo (persona): a model /ˈmɒdəl/

ℹ No te olvides de colocar el artículo a o an delante del nombre de la profesión cuando aparece detrás de los verbos be o become.

moderno, moderna

▷ Prefiero los muebles modernos.
I prefer modern furniture.

modern /ˈmɒdən/ (más moderno more modern, el más moderno the most modern)

◀) El acento recae sobre la primera sílaba mo-.

modesto, modesta

▷ No seas tan modesto.
Don't be so modest!

modest /ˈmɒdɪst/ (más modesto more modest, el más modesto the most modest)

◀) El acento recae sobre la primera sílaba mo-.

modificar

▷ Deberías modificar un poco la introducción.
You should change the introduction a bit.

change /tʃeɪndʒ/

◀) La a de change se pronuncia como la a de make. La g se pronuncia como la dg de bridge.

modo

▷ Se comporta de un modo muy extraño.
He behaves in a very strange way o
▷ *He behaves very strangely.*

(= forma) way /weɪ/

▶ **de un modo + adjetivo**: in a + adjectivo + way

ℹ En inglés la construcción **de un modo + adjetivo** se traduce a menudo por un adverbio, que se forma normalmente añadiendo -ly al adjetivo correspondiente, como en el ejemplo de la izquierda.

módulo

▷ El curso tiene cuatro módulos de un mes.
The course has four one-month modules.

module /ˈmɒdjuːl/

◀ La u de module se pronuncia como la palabra inglesa you.

moho

▷ El queso estaba cubierto de moho.
The cheese was covered in mould.

mould /məʊld/

⌐ En inglés americano se escribe mold.

◀ mould rima con cold.

mojado, mojada

1 ▷ Tu ropa está mojada, ¿qué te ha pasado?
Your clothes are wet, what happened to you?

2 ▷ Limpia la mesa con un paño mojado.
Wipe the table with a damp cloth.

1 (= empapado) wet /wet/ (más mojado wetter /ˈwetəʳ/, el más mojado the wettest /ˈwetɪst/)

2 (≐ con un poco de agua) damp /dæmp/ (más mojado damper /ˈdæmpəʳ/, el más mojado the dampest /ˈdæmpɪst/)

mojar

1 ▷ Ten cuidado, vas a mojar los zapatos.
Be careful, you're going to get your shoes wet.
2 ▷ Moja la esponja y frota con suavidad.
Dampen the sponge and rub gently.
3 ▷ Llevé un paraguas porque odio mojarme.
I took an umbrella because I hate getting wet.

1 ▶ **mojar algo** (= empapar): get something wet /wet/ (**got, got**)

2 (= con un poco de agua) dampen /ˈdæmpən/

3 ▶ **mojarse** (= empaparse): get wet

molde

1 ▷ Utilizaron un molde para hacer la estatua.
They used a mould to make the statue.

2 ▷ Este molde es demasiado pequeño.
This baking tin is too small.

1 (para fabricar objetos) mould /məʊld/

⌐ En inglés americano se escribe mold.

◀ mould rima con cold.

2 (para poner comida en el horno) baking tin /ˈbeɪkɪŋ tɪn/ (plural: baking tins)

molécula

▷ ¿Habéis estudiado ya las moléculas?
Have you studied molecules yet?

molecule /ˈmɒlɪkjuːl/
🔊 La u de molecule se pronuncia como la palabra inglesa you. El acento recae sobre la primera sílaba mo-.

molestar

▷ ¿Te está molestando tu hermano?
Is your brother bothering you?
▷ ¿Te molesta si cierro la puerta?
Do you mind if I close the door?
▷ Si quieres te llevo. - No te molestes, está cerca e iré andando.
If you want I'll take you there. - Don't bother, it's near and I'll walk.

bother /ˈbɒðəʳ/
ℹ En las fórmulas de cortesía, te molesta si... se traduce por do you mind if... /ɪf/.
▶ molestarse (= tomarse la molestia): bother

molesto, molesta

1 ▷ El humo de sus puros es muy molesto.
The smoke from his cigars is very unpleasant.

1 (= desagradable, hablando de un sabor, un olor, una sensación) unpleasant /ʌnˈplezənt/ (más molesto more unpleasant, el más molesto the most unpleasant)

2 ▷ Tiene la molesta costumbre de escuchar música a todo volumen.
He has the annoying habit of listening to music at full blast.

2 (= desagradable, hablando de una costumbre, un ruido) annoying /əˈnɔɪɪŋ/ (más molesto more annoying, el más molesto the most annoying)

molino

▷ Vivió en un antiguo molino.
He lived in an old mill.
▷ En Holanda hay muchos molinos de viento.
There are a lot of windmills in Holland.

mill /mɪl/
▶ molino de viento: windmill /ˈwɪndmɪl/

momento

▷ Es el momento perfecto para hablar con él.
It's the perfect moment to speak to him.

(= instante) moment /ˈməʊmənt/
🔊 La o de moment se pronuncia como la o de go.
🔊 El acento recae sobre la primera sílaba mo-.

▷ En este momento está hablando por teléfono.
He's on the phone at the moment.
▷ ¡Un momento, ya voy!
Just a moment, I'm coming!

▶ en este momento (= ahora mismo): at the moment
▶ ¡un momento! (para pedirle a alguien que espere): just a moment! /ˈdʒʌst ə ˈməʊmənt/

momia

▷ El profesor nos mostró diapositivas de momias egipcias.
The teacher showed us slides of Egyptian mummies.

mummy /ˈmʌmɪ/ (plural: mummies /ˈmʌmɪz/)

monarquía

▷ España es una monarquía.
Spain is a monarchy.

monarchy /ˈmɒnəkɪ/
◀ La **ch** de **monarchy** se pronuncia como una **k**. El acento recae sobre la primera sílaba **mo-**.

monasterio

▷ Durante las vacaciones visitamos varios monasterios.
We visited several monasteries during our holidays.

monastery /ˈmɒnəstrɪ/ (plural: monasteries /ˈmɒnəstrɪz/)
◀ El acento recae sobre la primera sílaba **mon-**.

moneda

1 ▷ La moneda española es el euro.
The Spanish currency is the euro.

2 ▷ ¿Tienes una moneda de un euro?
Do you have a one euro coin?

1 (= dinero de un país) currency /ˈkʌrənsɪ/ (plural: currencies /ˈkʌrənsɪz/)
2 (= pieza) coin /kɔɪn/

monedero

▷ Coge mi monedero, pero no lo pierdas.
Take my purse, but don't lose it.

purse /pɜːs/
◀ La **ur** de **purse** se pronuncia como la **ir** de **first**.

monitor, monitora

1 ▷ Los monitores del campamento eran muy simpáticos.
The camp counsellors were very nice.
2 ▷ La monitora de esquí era muy buena.
The skiing instructor was very good.
3 ▷ Me quiero comprar un monitor más grande.
I want to buy a bigger monitor.

1 (en un campamento) camp counsellor /kæmp ˈkaʊnsələʳ/
2 (= profesor, de conducir o de esquiar) instructor /ɪnˈstrʌktəʳ/
3 (nombre masculino, = pantalla) monitor /ˈmɒnɪtəʳ/

monja

▷ La iglesia estaba llena de monjas.
The church was full of nuns.

nun /nʌn/

monje

▷ Había varios monjes paseando en el jardín.
There were several monks walking in the garden.

monk /mʌŋk/
◀ La **o** de **monk** se pronuncia como la **u** de **duck**.

mono

▷ Está prohibido darles cacahuetes a los monos.
You're not allowed to give peanuts to the monkeys.

(animal) monkey /ˈmʌŋkɪ/
◀ La **o** de **monkey** se pronuncia como la **u** de **duck**; **monkey** rima con **me** y **free**.

monopatín

▷ Te tengo que enseñar mi nuevo monopatín.
I must show you my new skateboard.

skateboard /ˈskeɪtbɔːd/
◀) La primera a de skateboard se pronuncia como la a de make.

monótono, monótona

▷ Las clases de química son un poco monótonas.
Chemistry classes are a bit monotonous.

monotonous /məˈnɒtənəs/ (más monótono more monotonous, el más monótono the most monotonous)

monovolumen

▷ Los padres de Esteban se han comprado un monovolumen.
Esteban's parents have bought a people carrier.

(= coche familiar) people carrier /ˈpiːpəl ˈkærɪəʳ/ (plural: people carriers)
◀) La eo de people se pronuncia como la ee de meet.

monstruo

▷ Soñé con un monstruo horrible que me perseguía.
I dreamt about a horrible monster that was chasing me.

monster /ˈmɒnstəʳ/

montaña

▷ Esa montaña es muy alta.
That mountain is very high.

mountain /ˈmaʊntən/
◀) La ou de mountain se pronuncia como la ow de cow; mountain rima con tin y chin.

▷ Me gustaría vivir en las montañas.
I'd like to live in the mountains.
▷ Me monté cinco veces en la montaña rusa.
I went on the roller coaster five times.

► en las montañas: in the mountains
► montaña rusa: roller coaster /ˈrəʊlə ˈkəʊstəʳ/

montar

1 ▷ Montamos la tienda en veinte minutos.
We put the tent up in twenty minutes.

1 ► montar algo (hablando de una tienda de campaña): put something up /ʌp/ (put, put)

2 ▷ Mi padre no consiguió montar el armario.
My father didn't manage to assemble the wardrobe.

2 (hablando de un mueble, una máquina): assemble /əˈsembəl/

3 ▷ Monta, te llevo hasta la estación.
Get in, I'll take you to the station.

3 ► montar o montarse (= subir, hablando de un coche): get in (got, got)

▷ Móntate en el coche con mucho cuidado.
Get into the car very carefully.
4 ▷ Me caí al montar en el caballo.
I fell when I was mounting the horse.

► montar en o montarse en (un coche): get into (got, got)
4 ► montar en o montarse en (subir, hablando de un animal): mount

Sigue en la página siguiente

5 ▷ No sabe montar en bicicleta.
He can't ride a bicycle.

5 ▶ **montar en algo**
(= conducir, hablando de una bici, un caballo): ride something /raɪd/ (rode /rəʊd/, ridden /ˈrɪdən/)
◀ La i de ride se pronuncia como la i de like.

6 ▷ Me monté cinco veces en la montaña rusa.
I went on the rollercoaster five times.

6 ▶ **montarse en** (en el parque de atracciones): go on /ˈɡəʊ ɒn/ (went /went/, gone/been /ɡɒn/biːn/)

monte

▷ Subimos a un monte cerca del pueblo.
We climbed a mountain near the village.

mountain /ˈmaʊntən/
◀ La ou de mountain se pronuncia como la ow de cow; mountain rima con tin y chin.

montón

1 ▷ Hay un montón de libros encima de su mesa.
There's a pile of books on his desk.

1 (= conjunto de cosas) pile /paɪl/
◀ La i de pile se pronuncia como la i de like.

2 ▷ Tiene un montón de amigos.
He's got loads of friends.

2 ▶ **un montón de** (= muchos, muchas): loads of /ˈləʊdz əv/

3 ▷ Le gusta un montón la música electrónica.
She's mad about electronic music.

3 Para decir que algo **me/te/le** etc. **gusta un montón** se usa la expresión I'm/you're/he's etc. mad about something /mæd əˈbaʊt ˈsʌmθɪŋ/

monumento

▷ Visitamos los monumentos de la ciudad.
We visited the city's monuments.

monument /ˈmɒnjəmənt/
◀ La u de monument se pronuncia como la palabra inglesa you. El acento recae sobre la primera sílaba mo-.

moño

▷ Llevas el moño torcido.
Your bun isn't straight.

bun /bʌn/
◀ La u de bun se pronuncia como la u de duck.

mora

▷ Cogimos moras para hacer mermelada.
We picked some blackberries to make jam.

blackberry /ˈblækbəri/ (plural: blackberries /ˈblækbəriz/)

morado, morada

1 ▷ Llevaba una falda morada.
She was wearing a purple skirt.

1 (color) purple /ˈpɜːpəl/
◀ La ur de purple se pronuncia como la er de her.

2 ▷ El morado es su color favorito.
Purple is his favourite colour.

2 **el morado** (= el color morado): purple

ℹ Fíjate que en inglés purple no se escribe con artículo.

moradura

▷ ¿Cómo te hiciste esa moradura?
How did you get that bruise?

bruise /bruːz/
◀) bruise rima con **choose** y **lose**.

moratón

▷ Sebastián tiene un moratón en el brazo.
Sebastián has a bruise on his arm.

bruise /bruːz/
◀) bruise rima con **choose** y **lose**.

morcilla

▷ Me encanta la morcilla.
I love black pudding.

black pudding /blæk ˈpʊdɪŋ/

morder

▷ Un perro le mordió en la pierna.
A dog bit his leg.

bite /baɪt/ (bit /bɪt/, bitten /ˈbɪtən/)
◀) La i de bite se pronuncia como la i de **like**.

▷ ¡No te muerdas las uñas!
Don't bite your nails!

► **morderse las uñas**: bite one's nails /neɪlz/

ℹ Fíjate cómo se construyen las diferentes personas: I bite **my** nails, you bite **your** nails, he bites **his** nails, she bites **her** nails, etc.

mordisco

▷ Le di un mordisco al bocadillo.
I had a bite of the sandwich.

► **dar un mordisco a algo**: have a bite of something /hæv ə ˈbaɪt əv/ (had, had)

moreno, morena

▷ Su hermanas es rubia pero ella es morena.
Her sister is blonde but she has dark hair.

► **ser moreno** (= tener el pelo moreno): have dark hair /hæv dɑːk ˈheəʳ/ (had, had)

▷ Tengo la piel muy morena.
I've got very dark skin.

► **tener la piel morena**: have dark skin /hæv dɑːk ˈskɪn/ (had, had)

▷ Estás moreno, ¿has estado en la playa?
You've got a tan, have you been on the beach?

► **estar moreno** (= estar bronceado): have a tan /hæv ə ˈtæn/ (had, had)

morir

▷ El abuelo de Tania se murió ayer.
Tania's grandfather died yesterday.

die /daɪ/
◀) Fíjate en la pronunciación del pretérito y el participio died /daɪd/, que rima con **side**.

▷ ¿De qué murió?
What did he die of?

► **morir de algo**: die of something

▷ ¡Me muero de frío, enciende la calefacción!
I'm freezing, turn the heating on!

► **morirse de frío** (= tener mucho frío): freeze /friːz/

▷ ¿Cuándo vamos a comer? ¡Me muero de hambre!
When are we eating? I'm starving!

► **morirse de hambre** (= tener mucha hambre): starve /stɑːv/

▷ ¡Me estoy muriendo de sed!
I'm dying of thirst!

► **morirse de sed** (= tener mucha sed): die of thirst /daɪ əv ˈθɜːst/

mortal

▷ Hay muchos accidentes mortales en esta carretera.
There are a lot of fatal accidents on this road.

(= que mata) fatal /ˈfeɪtəl/

◀) La primera **a** de **fatal** se pronuncia como la **a** de **make**. El acento recae sobre la primera sílaba **fa-**.

i La palabra inglesa **mortal** se refiere sólo a las personas que no son inmortales.

mosaico

▷ Vimos varios mosaicos romanos en el museo.
We saw some Roman mosaics at the museum.

mosaic /məˈzeɪɪk/

◀) La **s** de **mosaic** se pronuncia como la **z** de **zoo**. La **a** se pronuncia como la **a** de **take**.

mosca

▷ Hay moscas por todas partes porque hace calor.
There are flies everywhere because it's hot

fly /flaɪ/ (plural: flies /flaɪz/)

◀) La **y** de **fly** se pronuncia como la **i** de **like**; **flies** rima con **size**.

Moscú

▷ Moscú es la capital de Rusia.
Moscow is the capital of Russia.

Moscow /ˈmɒskəʊ/

◀) El acento recae sobre la primera sílaba **Mos-**; **Moscow** rima con **go** y **toe**.

mosquito

▷ Me picó un mosquito.
A mosquito bit me.

mosquito /məsˈkiːtəʊ/

◀) **mosquito** rima con **go** y **toe**.

mostrar

▷ El marinero nos mostró cómo hacer nudos.
The sailor showed us how to tie knots.

show /ʃəʊ/ (showed /ʃəʊd/, shown /ʃəʊn/)

◀) **show** rima con **go** y **toe**.

mote

▷ Todos los profesores del colegio tienen un mote.
All the teachers at school have a nickname.

nickname /ˈnɪkneɪm/

◀) La **a** de **nickname** se pronuncia como la **a** de **make**.

motivar

▷ El profesor intenta motivarnos para estudiar más.
The teacher tries to motivate us to study more.

motivate /ˈməʊtɪveɪt/

◀) El acento recae sobre la primera sílaba **mo-**.

moto

▷ Nos adelantó una moto.
A motorbike overtook us.

motorbike /ˈməʊtəbaɪk/

◀) La primera **o** de **motorbike** se pronuncia como la **o** de **go**.

i También se puede decir **bike** /baɪk/

▷ Mi hermano está aprendiendo a montar en moto.
My brother is learning to ride a motorbike.

▶ **montar en moto**: ride a motorbike (rode /rəʊd/, ridden /ˈrɪdən/)

motocicleta

▷ El hermano de Natalia tiene una motocicleta.
Natalia's brother has got a motorcyle.

motorcycle /ˈməʊtəsaɪkəl/
◀) La y de **motorcycle** se pronuncia como la i de **like**.

motociclismo

▷ A mis amigos les encanta el motociclismo.
My friends love motorcycling.

motorcycling /ˈməʊtəˈsaɪklɪŋ/
◀) La y de **motorcycling** se pronuncia como la i de **like**.

motor

▷ El mecánico sacó el motor para arreglarlo.
The mechanic took the engine out to repair it.

engine /ˈendʒɪn/
◀) **engine** rima con **win**. La g se pronuncia como la **dg** de **bridge**.

motorista

▷ El motorista chocó contra un árbol.
The motorcyclist crashed into a tree.

motorcyclist /ˈməʊtəsaɪkəlɪst/
◀) La y de **motorcyclist** se pronuncia como la i de **like**.
♥ La palabra inglesa **motorist** significa "conductor" (de cualquier vehículo).

mousse

▷ Me encanta el mousse de chocolate.
I love chocolate mousse.

mousse /muːs/

mover

1 ▷ Si movemos las mesas y las sillas tendremos más espacio.
If we move the tables and the chairs we will have more space.

2 ▷ No te muevas y no te picará.
Don't move and it won't bite you.

1 (= desplazar) move /muːv/
◀) La o de **move** se pronuncia como la **oo** de **food**.
ℹ El gerundio es moving /ˈmuːvɪŋ/.
2 ▶ **moverse**: move /muːv/

móvil

▷ ¿Has visto mi nuevo móvil?
Have you seen my new mobile?

(= teléfono móvil) mobile /ˈməʊbaɪl/
◀) La i de **mobile** se pronuncia como la i de **like**. La e no se pronuncia.

movimiento

▷ Enrique hizo un movimiento repentino.
Enrique made a sudden movement.

movement /ˈmuːvmənt/
◀) La o de **movement** se pronuncia como la **oo** de **food**.

muchacha

▷ ¿Quién es esa muchacha con la que estaba hablando Antonio?
Who is that girl Antonio was talking to?

(= chica) girl /gɜːl/
◀ La i de girl se pronuncia como la e de her.

muchacho

▷ La ventana la rompió un muchacho con gafas.
The window was broken by a boy with glasses.

(= chico) boy /bɔɪ/

muchedumbre

▷ Había una gran muchedumbre esperando la llegada del cantante.
There was a big crowd waiting for the singer's arrival.

crowd /kraʊd/
◀ La ow de crowd se pronuncia como la ow de cow.

mucho, mucha (adjetivo)

▷ Hay muchos chicos en mi clase.
There are a lot of boys in my class.

▷ Hace mucho calor.
It's very hot.

▷ Muchas gracias.
Thanks very much.

a lot of /ˈlɒt əv/

ℹ Para decir que **hace mucho calor/frío**, y para decir **muchas gracias**, se utiliza very /ˈverɪ/.

mucho (adverbio)

▷ Ángel come mucho.
Ángel eats a lot.

▷ Me encuentro mucho mejor.
I feel a lot better.

a lot /lɒt/

ℹ También se puede decir I feel much better.

mudanza

▷ No vine a clase ayer porque estábamos de mudanza.
I didn't come to school yesterday because we were moving house.

► **estar de mudanza** (de casa): be moving house /ˈmuːvɪŋ haʊs/
◀ La o de moving se pronuncia como la oo de food.

mudo, muda

▷ Hay un chico mudo en mi clase.
There is a mute boy in my class.

mute /mjuːt/
◀ La u de mute se pronuncia como la palabra inglesa you.

mueble

▷ Es un mueble muy antiguo.
It's a very old piece of furniture.

▷ Mañana entregarán los muebles.
They will deliver the furniture tomorrow.

► **un mueble**: a piece of furniture /piːs əv ˈfɜːnɪtʃəʳ/
◀ furniture rima con teacher.
► **muebles**: furniture /ˈfɜːnɪtʃəʳ/
ℹ La palabra furniture es incontable: no se puede poner en plural, y no se usa con el artículo a. Se dice, por ejemplo, this furniture is very heavy (estos muebles son muy pesados).

muela

▷ Me arrancaron una muela.
  I had a tooth out.
▷ Tengo dolor de muelas.
  I've got toothache.

tooth /tu:θ/ (plural: teeth /ti:θ/)

► dolor de muelas: toothache
/ˈtu:θeɪk/
◀ toothache rima con make.

muelle

1 ▷ Fuimos paseando hasta el muelle.
  We walked as far as the quay.

2 ▷ Un muelle del sofá está roto.
  One of the sofa's springs is broken.

1 (para barcos) quay /ki:/
◀ quay se pronuncia igual que la
palabra key.
2 (mecanismo) spring /sprɪŋ/

muerte

▷ No ha vuelto a ser el mismo desde la muerte
  de su padre.
  *He hasn't been the same since his father's
  death.*

death /deθ/
◀ La ea de death se pronuncia como
la e de bed.

muerto, muerta

1 ▷ No se movía, creímos que estaba muerto.
  He wasn't moving, we thought he was dead.
2 ▷ Estábamos muertos de risa.
  We were in stitches.
3 ▷ Estoy muerto de hambre.
  I'm starving.
4 ▷ Cristian estaba muerto de miedo.
  Cristian was frightened to death.

1 (= sin vida) dead /ded/
◀ dead rima con bed.
2 ► muerto de risa: in
stitches /ɪn ˈstɪtʃɪz/
3 ► muerto de hambre:
starving /ˈstɑ:vɪŋ/
4 ► muerto de miedo:
frightened to death /ˈfraɪtənd tʊ
deθ/
◀ La i de frightened se pronuncia
como la i de like.

mugre

▷ No sé cómo consiguen vivir con toda esa
  mugre.
  I don't know how they can live in all that filth.

filth /fɪlθ/
◀ La th de filth se pronuncia como si
fuese una z española.

mujer

1 ▷ Es una mujer muy guapa.
  She's a very pretty woman.

▷ Había más mujeres que hombres.
  There were more women than men.

2 ▷ Es la mujer de nuestro profesor.
  She's our teacher's wife

1 (= persona del sexo femenino)
woman /ˈwʊmən/ (plural: women
/ˈwɪmɪn/)
◀ Fíjate bien en la pronunciación del
plural: la o y la e se pronuncian como la
i de big. Es como si women se
escribiese "wimin".
2 (= esposa) wife /waɪf/ (plural:
wives /waɪvz/)

muleta

▷ Dani se rompió la pierna y ahora camina con muletas.
Dani broke his leg and now he is walking on crutches.

crutch /krʌtʃ/ (plural: crutches /ˈkrʌtʃɪz/)
🔊 crutch rima con much.
▶ caminar con muletas: walk /wɔːk/on crutches

multa

▷ Tengo que pagar una multa de diez euros.
I have to pay a ten euro fine.

fine /faɪn/
🔊 La i de fine se pronuncia como la i de like.

multar

▷ Le multaron por saltarse un stop.
He was fined for driving through a stop sign.

fine /faɪn/
🔊 La i de fine se pronuncia como la i de like.

multiplicación

▷ Tu multiplicación está equivocada.
Your multiplication is wrong.

multiplication /mʌltɪplɪˈkeɪʃən/
🔊 multiplication rima con freshen. La a se pronuncia como la a de make. El acento recae sobre la penúltima sílaba -ca-.

multiplicar

▷ Tres multiplicado por tres igual a nueve.
Three multiplied by three equals nine.

multiply /ˈmʌltɪplaɪ/
ℹ La y de multiply se convierte en ie en la tercera persona del singular del presente de indicativo (multiplies /ˈmʌltɪplaɪz/), en el pasado y el participio (multiplied /ˈmʌltɪplaɪd/).

multitud

▷ Había una gran multitud esperando la llegada del cantante.
There was a big crowd waiting for the singer's arrival.

(de personas) crowd /kraʊd/
🔊 La ow de crowd se pronuncia como la ow de cow.

mundial

1 ▷ La población mundial ha crecido mucho.
The world population has grown a lot.

1 (adjetivo, hablando de una guerra, una competición, la población) world /wɜːld/
ℹ Con este significado, world es un sustantivo usado como adjetivo. Sólo se puede colocar delante del sustantivo, nunca después.
🔊 La or de world se pronuncia como la er de her.

2 ▷ Es un fenómeno mundial.
   It's a worldwide phenomenon.

> **2** (adjetivo, hablando de algo que se extiende por el mundo entero) **worldwide** /ˈwɜːldwaɪd/
>
> 🔊 La o de **worldwide** se pronuncia como la e de **her**.

3 ▷ Brasil ganó el mundial de nuevo.
   Brazil won the World Cup again.

> **3** (sustantivo, torneo de fútbol) **World Cup** /ˈwɜːld ˈkʌp/
>
> ℹ️ Para hablar del **mundial** de otros deportes, como la natación o el baloncesto, se usa World Championships /ˈwɜːld ˈtʃæmpjənʃɪps/.

mundo

▷ Hay mucha gente en el mundo que pasa
   hambre.
   There are a lot of people in the world who are
   starving.
▷ Es el corredor más rápido del mundo.
   He's the fastest runner in the world.

> **world** /wɜːld/
>
> 🔊 La or de **world** se pronuncia como la er de **her**.
>
> ► **del mundo**: in the world

muñeca

1 ▷ Maripili se rompió la muñeca.
   Maripili broke her wrist.
2 ▷ Es una muñeca que habla y llora.
   It's a doll that talks and cries.

> **1** (parte del cuerpo) **wrist** /rɪst/
>
> 🔊 La w de **wrist** no se pronuncia.
>
> **2** (juguete) **doll** /dɒl/

muñeco

▷ Tiene varios muñecos de peluche en su
   cuarto.
   She's got several cuddly toys in her room.
▷ Hicimos un muñeco de nieve.
   We built a snowman.

> ► **muñeco de peluche**: cuddly toy /ˈkʌdlɪ tɔɪ/ (plural: **cuddly toys**)
>
> ► **muñeco de nieve**: snowman /ˈsnəʊmæn/

muralla

▷ La ciudad está rodeada por murallas.
   The city is surrounded by walls.

> **wall** /wɔːl/
>
> 🔊 **wall** rima con **ball** y **call**.

murciélago

▷ Los murciélagos salen por la noche.
   Bats come out at night.

> **bat** /bæt/

muro

▷ Hay un muro alto rodeando el jardín.
   There is a high wall surrounding the garden.

> **wall** /wɔːl/
>
> 🔊 **wall** rima con **ball** y **call**.

músculo

▷ Hay tres tipos de músculos en el cuerpo.
   There are three types of muscles in the body.

> **muscle** /ˈmʌsəl/
>
> 🔊 La u de **muscle** se pronuncia como la u de **duck**. La c no se pronuncia.

museo

▷ Visitamos el museo de arte moderno.
  We visited the modern art gallery.
▷ El museo de historia natural es muy
  interesante.
  *The natural history museum is very
  interesting.*

ⓘ A los museos de arte en inglés se
les llama gallery /ˈgælərɪ/ (plural:
galleries /ˈgælərɪz/), mientras que a los
museos de cera, de historia o de
ciencias se les llama museum
/mjuːˈzɪəm/.

música

▷ Escuchamos música toda la noche.
  We listened to music all evening.
▷ No me gusta mucho la música clásica.
  I don't really like classical music.

music /ˈmjuːzɪk/
◀) La u de music se pronuncia como
la palabra inglesa you.
► música clásica: classical
music /ˈklæsɪkəl ˈmjuːzɪk/

músico, música

▷ Son unos músicos estupendos.
  They are excellent musicians.

▷ El padre de Carmen es músico.
  Carmen's father is a musician.

musician /mjuːˈzɪʃən/
◀) La u de musician se pronuncia
como la palabra inglesa you. El acento
recae sobre la segunda sílaba -si-.
ⓘ No te olvides de colocar el artículo
a o an delante del nombre de la
profesión cuando aparece detrás de los
verbos be o become.

musulmán, musulmana

▷ Said es musulmán.
  Said is a Muslim.

Muslim /ˈmʌzlɪm/
ⓘ Muslim se escribe en mayúscula en
inglés, como todos los adjetivos
referidos a las religiones.

muy

▷ El examen fue muy difícil.
  The exam was very difficult.

very /ˈverɪ/

N

La letra **N** se pronuncia /en/ en inglés.
Fíjate que no se pronuncia con una **e** final como en español.

nacer

▷ Carolina nació en Sevilla.
Carolina was born in Seville.
▷ ¿Dónde naciste?
Where were you born?

be born /bɔːn/

ℹ️ Fíjate cómo se construyen las diferentes personas: yo nací **I was born**, tú naciste **you were born**, él nació **he was born**, ella nació **she was born**, nosotros nacimos **we were born**, vosotros nacisteis **you were born**, ellos nacieron **they were born**.

nacimiento

▷ Hicieron una fiesta para celebrar el nacimiento de su hijo.
They had a party to celebrate the birth of their son.

birth /bɜːθ/

🔊 La **th** de **birth** se pronuncia como si fuese una **z** española. La **i** se pronuncia como la **e** de **her**.

nación

▷ Rusia es una de las mayores naciones del mundo.
Russia is one of the biggest nations in the world.

nation /ˈneɪʃən/

🔊 La **a** de **nation** se pronuncia como la **a** de **make**; **nation** rima con **information**. El acento recae sobre la primera sílaba **na-**.

nacional

▷ Seleccionaron a Juanjo para el equipo nacional.
Juanjo was selected for the national team.

national /ˈnæʃənəl/

🔊 Las primeras dos sílabas de **national** riman con **fashion**. El acento recae sobre la primera sílaba **na-**.

nacionalidad

▷ Osvaldo tiene la nacionalidad española.
Osvaldo has Spanish nationality.

nationality /næʃəˈnælɪtɪ/ (plural: nationalities /næʃəˈnælɪtɪz/)

◀》 Las primeras dos sílabas de nationality riman con fashion. El acento recae sobre la tercera sílaba -al-.

nada

1 ▷ ¿Qué estás haciendo? - Nada.
What are you doing? - Nothing.

▷ No entendí nada.
I didn't understand anything.

▷ ¿Te duele? - No, no es nada.
Does it hurt? - No, it's nothing.

2 ▷ Gracias por tu ayuda. - ¡De nada!
Thanks for you help. - You're welcome!

1 nothing /ˈnʌθɪŋ/

◀》 La o de nothing se pronuncia como la u de cut.

ⅰ En frases negativas nada se traduce a menudo por not...anything /ˈenɪθɪŋ/.

▶ no es nada (= no es grave): it's nothing

2 ▶ de nada (respondiendo a gracias): you're welcome /jɔː ˈwelkəm/

nadar

▷ Fernando no sabe nadar.
Fernando can't swim.

swim /swɪm/ (swam /swæm/, swum /swʌm/)

ⅰ El gerundio tiene dos m (swimming /ˈswɪmɪŋ/).

nadie

▷ Nadie quería ayudarme.
Nobody wanted to help me.

▷ No había nadie en el cuarto.
There was nobody in the room.

▷ No conozco a nadie aquí.
I don't know anybody here.

nobody /ˈnəʊbədɪ/

◀》 La primera o de nobody se pronuncia como la o de go.

ⅰ Cuando nadie es complemento se traduce por anybody /ˈenɪbɒdɪ/.

naranja

▷ Exprime dos naranjas.
Squeeze two oranges.

orange /ˈɒrɪndʒ/

◀》 La a de orange se pronuncia como la i de big. La g se pronuncia como la dg de bridge.

▷ Esta tarta de naranja está deliciosa.
This orange tart is delicious.

▶ de naranja: orange

naranjada

▷ Queríamos dos naranjadas, por favor.
We'd like two orange drinks, please.

orange drink /ˈɒrɪndʒ drɪŋk/ (plural: orange drinks)

◀》 La a de orange se pronuncia como la i de big. La g se pronuncia como la dg de bridge.

nariz

▷ Se limpió la nariz con un pañuelo de papel.
He wiped his nose with a tissue.

nose /nəʊz/
◀ La o de nose se pronuncian como la o de go.

nata

▷ Estos pasteles tienen mucha nata.
These cakes have a lot of cream.

cream /kriːm/
◀ cream rima con seem.

natación

▷ La natación es un deporte que todos pueden practicar.
Swimming is a sport that everybody can do.
▷ Hago natación los jueves.
I swim on Thursdays.

► la natación: swimming /ˈswɪmɪŋ/

► hacer natación: swim /swɪm/ (swam /swæm/, swum /swʌm/)

natillas

▷ Estas natillas están buenísimas.
This custard is delicious.

custard /ˈkʌstəd/
ℹ Fíjate que custard es una palabra en singular y se usa con un verbo en singular.

natural

▷ ¿Quieres un yogur natural?
Do you want a natural yoghurt?

natural /ˈnætʃərəl/
La tur de natural se pronuncia como la cher de teacher. El acento recae sobre la primera sílaba na-.

naturaleza

▷ Estos colores no existen en la naturaleza.
These colours don't exist in nature.

► la naturaleza: nature /ˈneɪtʃəʳ/
◀ La a de nature se pronuncia como la a de make; nature rima con teacher.

naufragar

▷ El barco naufragó cerca de la costa.
The boat sank near the coast.

sink /sɪŋk/ (sank /sæŋk/, sunk /sʌŋk/)

náuseas

▷ Tengo náuseas, para el coche.
I feel sick, stop the car.

► tener náuseas: feel sick /fiːl ˈsɪk/ (felt, felt /felt/)

nave

▷ Había varias naves en el puerto.
There were several ships in the harbour.
▷ En el museo había una nave espacial estadounidense.
There was an American spaceship at the museum.

(= embarcación) ship /ʃɪp/

► nave espacial: spaceship /ˈspeɪsʃɪp/

navegable

▷ El Ebro no es navegable.
The Ebro is not navigable.

navigable /ˈnævɪɡəbəl/
◀» El acento recae sobre la primera sílaba na-.

navegador

▷ Este navegador es mucho más rápido que el tuyo.
This browser is much faster than yours.

(para Internet) browser /ˈbraʊzər/
◀» La ow de browser se pronuncia como la ow de cow.

navegar

▷ Concha se pasa horas navegando por Internet.
Concha spends hours surfing the Net.

► navegar por Internet: surf the Net /ˈsɛf ðə ˈnet/
◀» La u de surf se pronuncia como la e de her.
ℹ El verbo navigate existe en inglés, pero sólo se usa para la navegación en barcos.

Navidad

▷ ¿Dónde vas a celebrar la Navidad este año?
Where are you going to celebrate Christmas this year?
▷ ¡Feliz Navidad a todos!
Merry Christmas to everybody!

Christmas /ˈkrɪsməs/
◀» La t de Christmas no se pronuncia.

► ¡Feliz Navidad!: Merry Christmas!
ℹ También se puede decir Happy

necesario, necesaria

▷ No lleves la cartera, no es necesario
Don't take your schoolbag, it's not necessary.

necessary /ˈnesɪsəri/
◀» La c de necessary se pronuncia como la s de sing.

necesitar

▷ Necesito un nuevo bañador para ir a la playa.
I need a new swimming costume to go to the beach.
▷ Necesito que me ayudes.
I need you to help me.

need /niːd/

► necesitar que alguien haga algo: need somebody to do something

negativo, negativa

1 ▷ ¡No seas tan negativo!
Don't be so negative!

1 (adjetivo, lo contrario de positivo)
negative /ˈnegətɪv/ (más negativo more negative, el más negativo the most negative)

2 ▷ Quería otra copia de las fotos pero he perdido los negativos.
I wanted another copy of the photos but I've lost the negatives.

2 un negativo (de una foto): a negative /ˈnegətɪv/

negocio

1 ▷ Mi tío tiene un negocio de cocinas.
   My uncle has a business that sells kitchens.
2 ▷ Mi padre se dedica a los negocios.
   My father is in business.

1 (= empresa) business /ˈbɪznəs/
◀ La u de business se pronuncia como la i de big y la i no se pronuncia.
2 ▶ los negocios (= el comercio): business /ˈbɪznəs/

negro, negra

1 ▷ Siempre lleva pantalones negros.
   He always wears black trousers.
  ▷ El novio de Andrea es negro.
   Andrea's boyfriend is black.
2 ▷ El negro es su color favorito.
   Black is his favourite colour.

3 ▷ Se casó con una negra.
   He married a black woman.

1 (hablando del color o de una persona) black /blæk/

2 el negro (= el color negro): black
ℹ Fíjate que en inglés black no se escribe con artículo.
3 un negro, una negra (= una persona de color): (= hombre) a black man; (= chico) a black boy; (= mujer) a black woman; (= chica) a black girl

neón

  ▷ Por la noche se encienden las luces de neón de la plaza.
   In the evening the neon lights of the square come on.

▶ luz de neón: neon light /ˈniːɒn laɪt/ (plural: neon lights)
◀ La e de neon se pronuncia como la ee de free.

neozelandés, neozelandesa

1 ▷ Wellington es la capital neozelandesa.
   Wellington is the capital of New Zealand.
  ▷ Andrew es neozelandés.
   Andrew is from New Zealand.

2 ▷ Se casó con una neozelandesa.
   He married a New Zealander.

1 (adjetivo, = que pertenece a Nueva Zelanda) of New Zealand /əv njuː ˈziːlənd/ (adjetivo, = procedente de Nueva Zelanda) from New Zealand /frɒm njuː ˈziːlənd/
2 (nombre) un neozelandés, una neozelandesa: a New Zealander /njuː ˈziːləndəʳ/
ℹ Se escribe siempre con mayúscula, como todos los adjetivos y nombres ingleses que se refieren a la nacionalidad.

nervio

1 ▷ Es una inflamación del nervio.
   It's an inflammation of the nerve.
2 ▷ ¡Qué nervios tengo!
   I'm so nervous!

1 (del cuerpo) nerve /nɜːv/

2 ▶ tener nervios (= estar nervioso): be nervous /ˈnɜːvəs/

nervioso, nerviosa

▷ Siempre estoy nervioso antes de los exámenes.
I'm always nervous before exams.
▷ Me estoy poniendo muy nervioso.
I'm getting really nervous.

(= inquieto) nervous /ˈnɜːvəs/ (más nervioso more nervous, el más nervioso the most nervous)
► **ponerse nervioso:** get nervous /ˈnɜːvəs/ (got, got)

neumático

▷ El neumático estaba pinchado.
The tyre was punctured.

tyre /taɪəʳ/
⍁ En inglés americano se escribe tire.

nevar

▷ Aquí nieva muy a menudo.
It often snows here.
▷ ¡Mirad, nieva!
Look, it's snowing!

snow /snəʊ/
◄ snow rima con go.
► **nieva:** it's snowing /ɪts ˈsnəʊɪŋ/

nevera

▷ La leche está en la nevera.
The milk is in the fridge.

fridge /frɪdʒ/
◄ Se dice también un refrigerator /rɪˈfrɪdʒəreɪtəʳ/.

ni

▷ No conozco ni a su hermana ni a su hermano.
I know neither his sister nor his brother.
▷ No es ni alta ni baja.
She's neither tall nor small.

► **ni... ni:** neither... nor /nɔːʳ/
ⓘ Mientras que en español el verbo lleva delante un **no**, en inglés la expresión **neither... nor** no lleva **not** delante. No se puede decir "I don't know neither his sister nor his brother".
◄ La **ei** de **neither** se puede pronunciar o como la **ee** de free o como la **i** de like.

Nicaragua

▷ ¿Cuál es la capital de Nicaragua?
What's the capital of Nicaragua?

Nicaragua /nɪkəˈrægjʊə/

nicaragüense

1 ▷ Visitamos la capital nicaragüense.
We visited the Nicaraguan capital.
▷ Carla es nicaragüense.
Carla's Nicaraguan.

1 (adjetivo) Nicaraguan /nɪkəˈrægjʊən/
ⓘ Se escribe siempre con mayúscula, como todos los adjetivos y nombres ingleses que se refieren a la nacionalidad.

2 ▷ Se casó con una nicaragüense.
He married a Nicaraguan.

2 (nombre) un nicaragüense, una nicaragüense: a Nicaraguan

nido

▷ El pajarito se cayó del nido.
The little bird fell out of its nest.

nest /nest/

niebla

▷ La niebla era tan espesa que no se veía nada.
The fog was so thick you couldn't see anything.
▷ Hoy hay mucha niebla.
It's very foggy today.

fog /fɒg/

► hay niebla: it's foggy /ɪts ˈfɒgɪ/

nieta

▷ Mi abuela tiene cuatro nietas.
My grandmother has four granddaughters.

granddaughter /ˈgrændɔːtəʳ/
◀ La au de granddaughter se pronuncia como la oo de door. La gh no se pronuncia.

nieto

▷ Mi madre estaba muy feliz con su primer nieto.
My mother was very happy with her first grandson.
▷ Mi abuela invitó a todos sus nietos a la fiesta.
My grandmother invited all her grandchildren to the party.

grandson /ˈgrændsʌn/
◀ La son de grandson se pronuncia igual que la palabra sun.

ℹ Cuando se usa **nietos** para referirse a los chicos y a las chicas al mismo tiempo, en inglés se traduce como grandchildren /ˈgrændtʃɪldrən/

nieve

▷ La nieve se está derritiendo.
The snow is melting.

snow /snəʊ/
◀ snow rima con go.

ningún, ninguno, ninguna

1 ▷ No tenemos ningún deber para mañana.
We have no homework for tomorrow / We don't have any homework for tomorrow.
▷ No tienes ninguna razón para preocuparte.
There's no reason to worry. / There isn't any reason to worry.
2 ▷ Ninguno de mis compañeros sabía la respuesta.
None of my colleagues knew the answer.
▷ ¿Cuántos pasteles te has comido? - ¡Ninguno!
How many cakes did you eat? - None!

1 no o not...any /ˈenɪ/
ℹ Fíjate cómo funciona la traducción not any con los verbos auxiliares have y be: we don't have any homework for tomorrow; there isn't any reason to worry.
2 (= nada de alguien o de algo) none /nʌn/
◀ none rima con sun.

niña

1 ▷ Bea es una niña muy extraña.
Bea is a very strange girl.
2 ▷ Tienen un niño y dos niñas.
They have one son and two daughters.

1 (= chica joven) girl /gɜːl/
◀ La i de girl se pronuncia como la e de her.
2 (= hija) daughter /ˈdɔːtəʳ/
◀ La augh de granddaughter se pronuncia como la oor de door.

niño

1 ▷ Un niño pequeño me abrió la puerta.
A young boy opened the door for me.

▷ Los niños están jugando en el parque.
The children are playing in the park.

2 ▷ Tienen un niño y dos niñas.
They have one son and two daughters.

1 (= chico joven) **boy** /bɔɪ/

i Cuando se usa **niños** para referirse a los chicos y a las chicas al mismo tiempo, en inglés se traduce como **children** /ˈtʃɪldrən/.

2 (= hijo) **son** /sʌn/

◀ La palabra inglesa **son** se pronuncia igual que **sun** (= sol).

niqui

▷ Dani llevaba un niqui verde.
Dani was wearing a green polo shirt.

polo shirt /ˈpəʊləʊ ʃɜːt/ (plural: **polo shirts**)

nivel

1 ▷ La ciudad está justo por encima del nivel del mar.
The city is just above sea level.

2 ▷ Tiene un buen nivel de alemán.
She speaks good German.

1 (= altura) **level** /ˈlevəl/

2 ► **tener un buen nivel de...** (hablando de un idioma): **speak good...** /ˈspiːk gʊd/ (**spoke** /spəʊk/, **spoken** /ˈspəʊkən/)

no

1 ▷ No estoy enfadado
I'm not angry.

▷ No es mío.
It isn't mine.

▷ Me dijo que no lo hiciera.
She told me not to do it.

▷ No sé qué paso.
I don't know what happened.

2 ▷ ¿Quieres azúcar? - No, gracias.
Do you want any sugar? - No, thank you.

▷ ¿Sabes el resultado final? - No.
Do you know the final score? - No.

1 Para formar las frases negativas en inglés se utiliza **not** /nɒt/

i A menudo **not** aparece en forma de contracción, pegado al verbo: **is not** se convierte en **isn't**, **are not** en **aren't**, **was not** en **wasn't**, **do not** en **don't**, **did not** en **didn't**, **could not** en **couldn't**, etc.

2 (para responder a una pregunta) **no** /nəʊ/

◀ **no** rima con **go** y **Joe**.

noche

▷ Pasamos la noche tocando la guitarra y cantando.
We spent the night playing the guitar and singing.

▷ Espero que esta noche duermas mejor.
I hope you sleep better tonight.

▷ ¡Buenas noches a todos, me voy a la cama!
Goodnight everybody, I'm going to bed!

▷ Buenas noches a todos, espero que os lo estéis pasando bien.
Good evening, everybody, I hope you're all having a good time.

night /naɪt/
◀ La **igh** de **night** se pronuncia como la **i** de **like**.

► **esta noche: tonight** /təˈnaɪt/

► **¡buenas noches!: goodnight!** /gʊdˈnaɪt/

i Se dice **goodnight!** /gʊdˈnaɪt/ cuando te despides de alguien por la noche antes de irte a dormir, por ejemplo. Cuando saludas a alguien que te encuentras por la noche se le dice **good evening!** /gʊd ˈiːvnɪŋ/.

Nochebuena

▷ Pasé la Nochebuena con mis padres.
I spent Christmas Eve with my parents.

Christmas Eve /ˈkrɪsməs ˈiːv/
🔊 La t de Christmas no se pronuncia;
Eve rima con leave.

Nochevieja

▷ ¿Qué vas a hacer para Nochevieja?
What are you going to do for New Year's Eve?

New Year's Eve /ˈnjuː jɪəz ˈiːv/
🔊 Eve rima con leave.

nombrar

▷ Nombró a su padre en su discurso.
He mentioned his father in his speech.

(= mencionar) mention /ˈmenʃən/
🔊 mention rima con freshen.

nombre

▷ Rodolfo es un nombre divertido para un
perro.
Rodolfo is a funny name for a dog.
▷ La conozco sólo de nombre.
I only know her by name.
▷ Escribe tu nombre y apellidos en esta casilla.
Write your full name in this box.

name /neɪm/
🔊 La a de name se pronuncia como la
a de make.
► de nombre: by name /baɪ
ˈneɪm/
► nombre y apellidos: full name
/fʊl ˈneɪm/

noria

▷ La noria del parque de atracciones es gigante.
The big wheel at the amusement park is huge.

(= en parque de atracciones) big
wheel /bɪɡ ˈwiːl/ (plural: big wheels)
🗣 noria se dice big wheel en inglés
británico y ferris wheel /ˈferɪs wiːl/ en
inglés americano.

normal

▷ Todo parecía normal.
Everything seemed normal.

normal /ˈnɔːməl/
⚡ El acento recae en la primera sílaba
nor-.

normalmente

▷ Normalmente me acuesto a las nueve.
Normally I go to bed at nine o'clock.

normally /ˈnɔːməlɪ/

norte

▷ Llueve mucho más en el norte.
It rains a lot more in the north.
▷ Mi pueblo queda al norte de Barcelona.
My village is north of Barcelona.

► el norte: the north /nɔːθ/
► al norte de...: north of...

Norteamérica

▷ ¿Has estado en Norteamérica alguna vez?
Have you ever been to North America?

North America /nɔːθ əˈmerɪkə/

norteamericano, norteamericana

1 ▷ Visitaron varias ciudades norteamericanas.
They visited several North American cities.

▷ David es norteamericano.
David is North American.

2 ▷ Se casó con un norteamericano.
She married a North American.

1 (adjetivo) North American /nɔːθ əˈmerɪkən/

ℹ Se escribe siempre con mayúsculas, como todos los adjetivos y nombres ingleses que se refieren a la nacionalidad.

2 (nombre) un **norteamericano**, una **norteamericana**: a North American

Noruega

▷ ¿Cuál es la capital de Noruega?
What's the capital of Norway?

Norway /ˈnɔːweɪ/

◀) El acento recae sobre la primera sílaba Nor-.

noruego, noruega

1 ▷ Tengo una amiga noruega.
I've got a Norwegian friend.

▷ Lena es noruega.
Lena is Norwegian.

2 ▷ Se casó con una noruega.
He married a Norwegian.

1 (adjetivo) Norwegian /nɔːˈwiːdʒən/

◀) La e de Norwegian se pronuncia como la ee de week. El acento recae sobre la segunda sílaba we-.

ℹ Se escribe siempre con mayúsculas, como todos los adjetivos y nombres ingleses que se refieren a la nacionalidad.

2 (nombre) un **noruego**, una **noruega**: a Norwegian

nos

1 ▷ Nos dieron muchos regalos.
They gave us lots of presents.

▷ Nos vieron paseando en el centro de la ciudad.
They saw us walking in the town centre.

2 ▷ Nos hicimos daño.
We hurt ourselves.

▷ Creo que nos hemos equivocado.
I think we've made a mistake.

3 ▷ Nos conocemos muy bien.
We know each other very well.

1 (= a nosotros) us /ʌs/

2 (con verbos reflexivos) ourselves /aʊəˈselvz/

ℹ Cuando el verbo no es realmente reflexivo, esto es, no se trata de una acción que alguien efectúa sobre sí mismo, el pronombre reflexivo no se traduce.

3 (= el uno al otro) each other /iːtʃ ˈʌðəʳ/

nosotros, nosotras

1 ▷ Nosotros no les conocemos.
We don't know them.

2 ▷ Sacaron mejores notas que nosotros.
They got better marks than us.

1 Cuando **nosotros** es sujeto se traduce en inglés como we /wiː/

2 Cuando **nosotros** es complemento se traduce en inglés como us /ʌs/

nota

1 ▷ Te dejé una nota en la mesa.
I left a note for you on the table.

2 ▷ Saqué una mala nota en geografía.
I got a bad mark in geography.

3 ▷ Antes de tocar tienes que saber leer las notas.
Before playing, you have to know how to read the notes.

1 (= papel escrito) note /nəʊt/
◀) La **o** de **note** se pronuncia como la **o** de **go**.

2 (en el colegio) mark /mɑːk/

3 (musical) note /nəʊt/

notar

▷ ¿Notaste que Félix estaba muy triste?
Did you notice Félix was very sad?

notice /ˈnəʊtɪs/
◀) La **o** de **notice** se pronuncia como la **o** de **go**.

noticia

1 ▷ Abel nos contó la noticia.
Abel told us the news.

▷ Las noticias son muy buenas.
The news is very good.

▷ Eso es una noticia excelente.
That's an excellent piece of news.

1 (información) news /njuːz/
◀) La **ew** de **news** se pronuncia como la palabra inglesa **you**.
◀) **news** es una palabra incontable: no lleva nunca el artículo **a** delante y siempre va acompañado de un verbo en singular; **una noticia** se dice **a piece of news**.

2 ▷ Mis padres escuchan las noticias en la radio.
My parents listen to the news on the radio.

3 ▷ ¿Has tenido noticias de Daniela?
Have you heard from Daniela?

2 ► **las noticias** (= en televisión, radio): the news

3 ► **tener noticias de alguien:** have heard /hæv ˈhɜːd/ from somebody

novecientos

▷ La iglesia fue construida hace novecientos años.
The church was built nine hundred years ago.

nine hundred /naɪn ˈhʌndrəd/

novela

▷ Su última novela es muy buena.
Her latest novel is very good.

▷ A mi padre le encantan las novelas policiacas.
My father loves detective stories.

novel /ˈnɒvəl/
◀) La **e** es casi muda ("novl").
► **novela policiaca:** detective story /dɪˈtektɪv ˈstɔːrɪ/ (plural: detective stories /dɪˈtektɪv ˈstɔːrɪz/)

noveno, novena

▷ Es el noveno partido que nuestro equipo gana.
It's the ninth match that our team has won.

ninth /naɪnθ/
◀) La **i** de **ninth** se pronuncia como la **i** de **like**.

noventa

▷ Mi bisabuelo tiene noventa años.
My great-grandfather is ninety.
▷ Tiene noventa y dos discos.
He's got ninety-two records.

ninety /ˈnaɪntɪ/

ℹ Fíjate cómo en inglés para construir un número formado por una decena y una unidad no se coloca **y** sino un guión: noventa y uno = ninety-one, noventa y dos = ninety-two, etc.

noviembre

▷ En noviembre hace frío.
It's cold in November.

▷ Nací el doce de noviembre.
I was born on the twelfth of November.

November /nəʊˈvembəʳ/

ℹ En inglés se escribe siempre con mayúscula, como el resto de los nombres de los meses.
ℹ Fíjate cómo en inglés se usa **on** y **of** con las fechas.
ℹ Se escribe 12 November.

novia

1 ▷ He oído que Óscar tiene una novia.
I've heard Óscar has a girlfriend.

2 ▷ La novia estaba muy guapa.
The bride looked really nice.

1 (= chica con la que sale un chico)
girlfriend /ˈgɜːlfrend/
◀ La **i** de **girlfriend** se pronuncia como la **e** de **her**.
2 (= mujer en el día de su boda)
bride /braɪd/
◀ La **i** de **bride** se pronuncia como la **i** de **like**.

novio

1 ▷ ¿Conoces al novio de Isabel?
Have you met Isabel's boyfriend?
2 ▷ El novio llegó tarde.
The bridegroom arrived late.
3 ▷ Nos presentaron a los novios.
We were introduced to the bride and groom.

1 (= chico con el que sale una chica)
boyfriend /ˈbɔɪfrend/
2 (= hombre en el día de su boda)
bridegroom /ˈbraɪdgruːm/
3 ▶ **los novios** (= el hombre y la mujer que se van a casar): the bride and groom /ˈbraɪd ənd ˈgruːm/

nubarrón

▷ El cielo está lleno de nubarrones, llévate un paraguas.
The sky is full of storm clouds, take an umbrella with you.

storm cloud /ˈstɔːm klaʊd/ (plural: storm clouds)
◀ La **ou** de **cloud** se pronuncia como la **ow** de **cow**.

nube

▷ Mira esas nubes, va a llover.
Look at those clouds, it's going to rain.

cloud /klaʊd/
◀ La **ou** de **cloud** se pronuncia como la **ow** de **cow**.

nublado, nublada

▷ El cielo estaba nublado.
The sky was cloudy.

cloudy /ˈklaʊdɪ/
◀ La **ou** de **cloudy** se pronuncia como la **ow** de **cow**.

nublarse

▷ Se nubló muy rápidamente.
It clouded over really quickly.

cloud over /klaʊd ˈəʊvəʳ/
🔊 La ou de cloud se pronuncia como la ow de cow.

nuca

▷ Me duele la nuca.
The back of my neck hurts.

Para hablar de la **nuca** en inglés se dice the back of my/your/his/her neck /nek/

nuclear

▷ Hay una central nuclear cerca de su casa.
There's a nuclear power station near their house.

nuclear /ˈnjuːklɪəʳ/
🔊 La nu de nuclear se pronuncia como la palabra inglesa new. El acento recae sobre la primera sílaba nu-.

nudo

▷ El nudo no estaba bien apretado.
The knot wasn't tight enough.
▷ Haz un nudo aquí.
Tie a knot here.

knot /nɒt/
🔊 La k de knot no se pronuncia.
▶ **hacer un nudo:** tie a knot /taɪ ə ˈnɒt/

nuestro, nuestra (adjetivo)

▷ Nuestra casa está en el centro.
Our house is in the town centre.
▷ Nuestros hijos están durmiendo.
Our children are sleeping.
▷ Ese coche es nuestro.
That car is ours.
▷ Nos lo dijo un amigo nuestro.
A friend of ours told us.

our /aʊəʳ/
ℹ our también corresponde a **nuestros.**

▶ **ser nuestro:** be ours

▶ **un amigo nuestro:** a friend of ours

nuestro, nuestra (pronombre)

▷ Sus padres son más jóvenes que los nuestros.
Their parents are younger than ours.
▷ ¿No tienes llaves? Llévate las nuestras.
You don't have any keys? Take ours.

▶ **el nuestro** o **la nuestra** o **los nuestros** o **las nuestras:** ours /aʊəz/

Nueva York

▷ Nunca he estado en Nueva York.
I've never been to New York.

New York /njuː ˈjɔːk/

Nueva Zelanda

▷ ¿Cuál es la capital de Nueva Zelanda?
What's the capital of New Zealand?

New Zealand /njuː ˈniːlənd/

nuevamente

▷ En pocos minutos me quedé nuevamente dormido.
In a few minutes I fell asleep again.

again /əˈgen/

nueve

▷ En mi clase sólo hay nueve alumnos.
There are only nine pupils in my class.
▷ Teresa tiene nueve años.
Teresa is nine.
▷ Hoy es nueve de mayo.
Today is the ninth of May.
▷ Nos veremos el nueve de julio.
We'll see each other on the ninth of July.

nine /naɪn/
ℹ Con las fechas se usa the ninth /naɪnθ/ en inglés.

ℹ Fíjate cómo en inglés se usa on y of con las fechas.
ℹ Se escribe 9 April, 9 May, etc.

nuevo, nueva

▷ Tenemos un profesor de inglés nuevo.
We have a new English teacher.
▷ El perro se ha escapado de nuevo.
The dog has escaped again.

new /njuː/

► de nuevo: again /əˈgen/

nuez

▷ Compré nueces y avellanas.
I bought walnuts and hazelnuts.

walnut /ˈwɔːlnʌt/
◀ La a de walnut se pronuncia como la a de all, y la u como la u de duck.

número

1 ▷ Elige un número.
Choose a number.
▷ ¿Cuál es tu número de teléfono?
What's your telephone number?

2 ▷ Quería un número más pequeño.
I'd like a smaller size.

▷ ¿Qué número calzas?
What size shoe do you take?

1 (= cifra) number /ˈnʌmbər/

► número de teléfono:
telephone number /ˈtelɪfəʊn ˈnʌmbər/ (plural: telephone numbers)

2 (hablando del tamaño de la ropa)
size /saɪz/
◀ La i de size se pronuncia como la i de like.
ℹ Fíjate cómo se pregunta cuál es el tamaño de zapato que calzas: what size shoe do you take? /wɒt saɪz ʃuː də jə teɪk/

nunca

1 ▷ Nunca he estado en Portugal.
I have never been to Portugal.
▷ ¡No te hablaré nunca más!
I will never speak to you again!
2 ▷ Es la ciudad más bonita que he visto nunca.
It's the most beautiful city that I have ever seen.

ℹ Cuando la frase tiene un valor negativo se usa never /ˈnevər/
► nunca más: never... again /əˈgen/
ℹ Cuando la frase tiene un valor afirmativo se usa ever /ˈevər/

nutria

▷ En este río viven varias nutrias.
Several otters live in this river.

otter /ˈɒtər/

nutritivo, nutritiva

▷ Mi madre siempre cocina con alimentos nutritivos.
My mother always cooks with nutritious food.

nutritious /njuːˈtrɪʃəs/ (más nutritivo more nutritious, el más nutritivo the most nutritious)

O

La letra **O** se pronuncia /əʊ/ en inglés.

O rima con **go, toe** y **low**.

o

1 ▷ ¿Prefieres el blanco o el rojo?
Do you prefer the white one or the red one?

2 ▷ O te callas y me dejas estudiar o te vas.
Either shut up and let me study or go away.

3 ▷ Es una película de cuando mis padres eran jóvenes, o sea, muy antigua.
It's a film from when my parents were young, a really old one, in other words.

1 (para hablar de una elección) **or** /ɔː^r/

2 ► **o... o...: either...** /ˈaɪdə^r/ **or...**

3 ► **o sea: in other words**

obedecer

▷ Mi hermano pequeño nunca obedece a la abuela.
My little brother never obeys my grandmother.

▷ Natalia no quiere obedecer.
Natalia refuses to do as she's told.

obey /əˈbeɪ/
ℹ Cuando a **obedecer** no le sigue alguien, se traduce como **do as** one is **told** /ɪz ˈtəʊld/.
ℹ El pronombre personal funciona de la siguiente forma en inglés: I do as **I**'m told, you do as **you**'re told, he does as **he**'s told, she does as **she**'s told, we do as **we**'re told, they do as **they**'re told.

obediente

▷ Ese niño es muy poco obediente.
That boy isn't very obedient.

obedient /əˈbiːdɪənt/ (más obediente **more obedient**, el más obediente **the most obedient**)
◀ La primera **e** se pronuncia como la **ee** de **week**, y el acento recae sobre la segunda sílaba **-be-**.

objeto

▷ Hay varios objetos encima de la mesa.
There are several things on the table.

thing /θɪŋ/

Sigue en la página siguiente

▷ Encontré el paraguas en objetos perdidos.
I found my umbrella at the lost property office.

► **objetos perdidos** (= oficina): lost property office /lɒst ˈprɒpəti ˈɒfɪs/

obligar

▷ Mis padres me obligan a estudiar todas las tardes.
My parents make me study every evening.

► **obligar a alguien a** + infinitivo: make /meɪk/ somebody + verbo

obligatorio, obligatoria

▷ Es obligatorio utilizar el cinturón de seguridad.
Wearing a seatbelt is compulsory.

compulsory /kəmˈpʌlsəri/
◀) El acento recae sobre la segunda sílaba -pul-. La u es la de duck.

obra

▷ En el museo hay varias obras de arte muy famosas.
The gallery has several very famous works of art.

(= pintura, escultura) work /wɜːk/

▷ Voy a aparecer en una obra de teatro en el colegio.
I'm going to be in a school play.

► **obra de teatro:** play /pleɪ/

observar

1 ▷ Observa lo que hace el profe.
Watch what the teacher is doing.

1 (= mirar) watch /wɒtʃ/

2 ▷ Observamos una muestra con el microscopio.
We examined a sample under the microscope.

2 (= examinar) examine /ɪgˈzæmɪn/
◀) El acento recae sobre la segunda sílaba -am-.

3 ▷ Observé que se había cortado el pelo.
I noticed that he had had his hair cut.

3 (= darse cuenta de) notice /ˈnəʊtɪs/

ocasión

1 ▷ Has perdido una buena ocasión.
You've missed a good opportunity.

1 (= oportunidad) opportunity /ɒpəˈtjuːnɪti/ (plural: opportunities)

▷ Todavía no he tenido la ocasión de ver la película.
I still haven't had the chance to see the film.

► **tener la ocasión de** + infinitivo: have the chance to + verbo

2 ▷ Guardo el vestido para las grandes ocasiones.
I keep the dress for special occasions.

2 (= acontecimiento) occasion /əˈkeɪʒən/

‼ Fíjate que en inglés occasion se escribe con doble c.

◀) El acento recae sobre la segunda sílaba -ca-.

ℹ Fíjate en la traducción de **gran ocasión**: en inglés se dice special occasion.

3 ▷ Mi padre se ha comprado un coche de ocasión.
My father has bought a secondhand car.

3 ► **de ocasión:** secondhand /ˈsekənd ˈhænd/

occidental

1 ▷ La región occidental del país es la más poblada.
The western part of the country is the most densely populated.
2 ▷ La cultural occidental es muy diferente de la japonesa.
Western culture is very different to Japanese culture.

1 (= del oeste) western /ˈwestən/

2 (= de los países del oeste) Western /ˈwestən/
ℹ️ Fíjate que cuando occidental se refiere a los países, la economía o la cultura la traducción se escribe con mayúscula.

occidente

1 ▷ El sol se pone por el occidente.
The sun sets in the west.
2 ▷ Es una costumbre típica de Occidente.
It's a custom which is typical of the West.

1 (= oeste) west /west/

2 (= países del oeste) the West /ðə ˈwest/
ℹ️ Fíjate que cuando se refiere a los países de occidente en inglés West lleva el artículo the delante.

océano

▷ Cruzó el océano en solitario en su barco
He sailed single-handed across the ocean in his boat.
▷ Nunca me he bañado en el oceáno Atlántico.
I've never swum in the Atlantic Ocean.
▷ Es una isla en el oceáno Pacífico.
It's an island in the Pacific Ocean.

ocean /ˈəʊʃən/
🔊 El acento recae sobre la primera sílaba -o-.
► el océano Atlántico: the Atlantic Ocean /ətˈlætɪk ˈəʊʃən/
► el océano Pacífico: the Pacific Ocean /pəˈsɪfɪk ˈəʊʃən/

ochenta

▷ Hay ochenta caramelos en cada paquete.
There are eighty sweets in each packet.
▷ Mi abuela tiene ochenta años.
My grandmother is eighty.

eighty /ˈeɪtɪ/
🔊 eighty rima con Katy.

ocho

▷ Javi tiene ocho hermanos.
Javi has eight brothers and sisters.
▷ Sandra sólo tiene ocho años.
Sandra is only eight.
▷ Hoy es ocho de mayo.
Today is the eighth of May.
▷ Nos vamos de vacaciones el ocho de julio.
We're going on holiday on the eighth of July.

eight /eɪt/
🔊 eight rima con hate y wait.

ℹ️ Con las fechas se usa the eighth /eɪtθ/ en inglés.
ℹ️ Fíjate cómo en inglés se usa on y of con las fechas.
ℹ️ Se escribe 8 April, 8 May, etc.

ochocientos

▷ La catedral fue construida hace ochocientos años.
The cathedral was built eight hundred years ago.

eight hundred /eɪt ˈhʌndrəd/

octavo

▷ ¡Este es el octavo correo electrónico que
  recibo hoy!
  This is the eighth e-mail I've got today!

eighth /eɪtθ/
◀) Se pronuncia como la palabra eight
+ th (como la z española).

octubre

▷ Nos vamos a mudar de casa en octubre.
  We're going to move house in October.

October /ɒkˈtəʊbəʳ/
ℹ En inglés se escribe siempre con
mayúscula, como el resto de los
nombres de los meses.

▷ Nací el doce de octubre.
  I was born on the twelfth of October.

ℹ Fíjate cómo en inglés se usa on y of
con las fechas.
ℹ Se escribe 12 October.

oculista

▷ El oculista ha dicho que tengo que ponerme
  gafas.
  The optician said that I need to wear glasses.
▷ Mi tía es oculista.
  My aunt is an optician.

optician /ɒpˈtɪʃən/

ℹ No te olvides de colocar el artículo
a o an delante del nombre de la
profesión cuando aparece detrás de los
verbos be o become.

ocupado, ocupada

1 ▷ Ahora estoy muy ocupado, vuelve un poco más
    tarde.
    *I'm very busy right now, please come back
    later*

1 (= atareado) busy /ˈbɪzɪ/ (más
ocupado busier, el más ocupado the
busiest)
◀) La u de busy se pronuncia como la
i de big.

2 ▷ El baño está ocupado.
    The toilets are engaged

2 (hablando del lavabo o del baño)
engaged /ɪnˈɡeɪdʒd/

3 ▷ ¿Está ocupado este asiento?
    Is this seat taken?

3 (hablando de un asiento o un lugar)
taken /ˈteɪkən/

4 ▷ La embajada está ocupada por los rebeldes.
    The embassy is occupied by the rebels.

4 (= invadido) occupied /ˈɒkjəpaɪd/
✥ Fíjate que en inglés occupied se
escribe con doble c.

ocupar

1 ▷ Ocuparon el norte del país.
    They occupied the north of the country.

1 (= invadir militarmente) occupy
/ˈɒkjəpaɪ/
✥ Fíjate que en inglés occupy se
escribe con doble c.
◀) La y de occupy se convierte en ie
en la tercera persona del singular del
presente de indicativo (occupies
/ˈɒkjəpaɪz/) y en el pretérito y el
participio pasado (occupied /ˈɒkjəpaɪd/).

2 ▷ Ocupa mucho espacio.
    It takes up too much room.

2 (= utilizar espacio o tiempo) take
up /teɪk ˈʌp/ (took up /tʊk ˈʌp/, taken
up /ˈteɪkən ʌp/)

3 ▷ Me ocuparé de eso mañana.
I'll take care of it tomorrow.

3 **ocuparse de** algo (= de una tarea, por ejemplo): take care /teɪk ˈkeə'/ of something (took care /tʊk ˈkeə'/ of, taken care /ˈteɪkən ˈkeə'/ of)

4 ▷ ¡Ocúpate de lo tuyo!
Mind your own business!

4 Para decirle a alguien que no se entrometa en algo en inglés se utiliza la expresión mind your own business! /maɪnd jər əʊn ˈbɪznəs/

ocurrir

1 ▷ ¿Qué ocurrió?
What happened?
▷ ¿Qué ocurre? ¿Cuál es el problema?
What's the matter? Is there a problem?

1 (= pasar, suceder) happen /ˈhæpən/

ℹ️ Cuando una situación produce inquietud se pregunta what's the matter? /wɒts ðə ˈmætə/

2 ▷ Se me ocurrió un plan.
I thought of a plan.
▷ Se me ocurrió una idea genial.
I had an excellent idea.

2 (pensar en un plan, una solución) think of /ˈθɪŋk əv/ (thought /θɔːt/, thought)

ℹ️ Cuando se trata de tener una idea, en inglés se usa el verbo have.

odiar

▷ Odio los lunes.
I hate Mondays.
▷ Mi madre odia cocinar.
My mother hates cooking.

hate /heɪt/
◀) hate rima con gate y wait.
▶ odiar + verbo: hate + -ing

oeste

▷ Llueve mucho más en el oeste.
It rains a lot more in the west.
▷ Mi pueblo queda al oeste de Talavera.
My village is west of Talavera.

▶ el oeste: the west /ðə ˈwest/

▶ al oeste de...: west of...

oferta

▷ Es una oferta atractiva.
It's an attractive offer.

offer /ˈɒfə'/
ᐷ Fíjate que offer se escribe con doble f.

▷ Aproveché una oferta especial para comprar las zapatillas.
I bought the trainers on special offer.
▷ Consulta las ofertas de empleo en el periódico.
Look at the job advertisements in the paper.

▶ oferta especial: special offer /ˈspeʃəl ˈɒfə'/ (plural: special offers)

▶ ofertas de empleo (= anuncios en el periódico): job advertisements /ˈdʒɒb ædvɜːtɪsmənts/

oficial (adjetivo)

▷ Parece un documento oficial.
This document looks official.

official /əˈfɪʃəl/
ᐷ Fíjate que official se escribe con doble f.
◀) El acento recae sobre la segunda sílaba -ffi-.

oficial (nombre)

▷ Un oficial de policía nos pidió la documentación.
A police officer asked to see our papers.
▷ Su hermano es oficial en el ejército.
His brother is an officer in the army.

officer /ˈɒfɪsəʳ/
◀) El acento recae sobre la primera sílaba -o-.
ℹ No te olvides de colocar el artículo a o an delante del nombre de la profesión cuando aparece detrás de los verbos be o become.

oficina

▷ La madre de Andrea trabaja en una oficina.
Andrea's mother works in an office.
▷ Encontré este mapa en la oficina de turismo.
I got this map at the tourist office.

office /ˈɒfɪs/
◀) office rima con justice y notice.
► oficina de turismo: tourist office /ˈtʊərɪst ˈɒfɪs/ (plural: tourist offices)

ofrecer

▷ Me ofreció su ayuda.
She offered me her help.

► ofrecer algo a alguien: offer /ˈɒfəʳ/ somebody something

oído

1 ▷ Me duelen los oídos.
My ears hurt.

1 (órgano interno) ear /ɪəʳ/
ℹ En inglés la palabra ear se refiere tanto al oído como a la oreja.
◀) ear rima con near y beer.

2 ▷ El oído es uno de los cinco sentidos.
Hearing is one of the five senses.

2 (sentido) hearing /ˈhɪərɪŋ/

oír

1 ▷ Oí un ruido extraño.
I heard a strange noise.

1 (hablando de un ruido, un sonido, una voz) hear /hɪəʳ/ (heard, heard /hɜːd/)
◀) heard rima con bird y herd.

2 ▷ No oigo nada, ¡habla más fuerte!
I can't hear a thing, speak up!

2 Cuando se habla de la capacidad de oír, en inglés se usa can hear (en pasado, could hear)

3 ▷ ¿Has oído hablar de esa película?
Have you heard about that film?
▷ He oído decir que van a construir un cine.
I heard that they are going to build a cinema.

3 ► oír hablar de: hear about (heard about, heard about)
► oír decir que...: hear that...

ojalá

▷ ¡Ojalá no llueva mañana!
I hope it doesn't rain tomorrow.
▷ ¡Ojalá que apruebes el examen!
I hope you pass the exam!

I hope /aɪ ˈhəʊp/
► ojalá que...: I hope...

ojo

▷ Nacho tiene los ojos azules.
Nacho has got blue eyes.

eye /aɪ/
◀) eye rima con my y tie.

ola

1 ▷ Una ola enorme hizo volcar el barco.
   A huge wave capsized the boat.
2 ▷ Va a haber una ola de calor.
   There's going to be a heatwave.

1 (del mar): wave /weɪv/
◀) wave rima con gave y slave.
2 ► una ola de calor: a
heatwave /ˈhiːtweɪv/

oler

1 ▷ Tengo la nariz tapada, no huelo nada.
   My nose is blocked, I can't smell a thing.

1 (= percibir por la nariz) smell
/smel/
◀) El pasado y el participio pueden ser
tanto smelled /smeld/ como smelt
/smelt/

2 ▷ ¡Qué bien huele aquí!
   It smells really good here!
   ▷ Aquí huele a quemado.
   It smells of burning here.

2 (= tener un olor) smell /smel/

► oler a algo: smell of something

olfato

▷ El olfato es uno de los cinco sentidos.
   Smell is one of the five senses.

smell /smel/

olimpiada

▷ Las Olimpiadas de 1992 se celebraron en
   Barcelona.
   The 1992 Olympics were in Barcelona.

► las Olimpiadas: the Olympics
/əˈlɪmpɪks/

olímpico, olímpica

▷ La ciudad se está preparando para los Juegos
   Olímpicos.
   *The city is prepararing for the Olympic
   Games.*

► los Juegos Olímpicos: the
Olympic Games /əˈlɪmpɪk
ˈgeɪmz/

oliva

▷ Prefiero las olivas negras a las verdes.
   I prefer black olives to green olives.

olive /ˈɒlɪv/
◀) El acento recae sobre la primera
sílaba o-.

olivo

▷ Nos sentamos a la sombra de un olivo.
   We sat in the shade of an olive tree.

olive tree /ˈɒlɪv triː/

olla

▷ Cuece las patatas en la olla.
   Boil the potatoes in the pot.

pot /pɒt/

olor

▷ ¡Qué olor tan horrible hay en esta cocina!
   There's a really horrible smell in this kitchen!
   ▷ Tiene un olor a limón.
   It smells of lemon.

smell /smel/

► tener un olor a algo: smell of
something

olvidar

1 ▷ Me he olvidado de su nombre.
   I have forgotten his name.
   ▷ No te olvides de cerrar la puerta con llave.
   Don't forget to lock the door.
2 ▷ Se olvidó el paraguas en el tren.
   He left his umbrella on the train.

1 ▶ **olvidarse de algo** (= no acordarse): forget /fəˈget/ something (**forgot** /fəˈgɒt/, **forgotten** /fəˈgɒtən/)
2 (= dejar) leave /liːv/ (left, left /left/)

ombligo

▷ Tiene un ombligo pequeño.
She has a small belly button.

belly button /ˈbelɪ ˈbʌtən/

once

▷ En mi clase sólo hay once alumnos.
There are only eleven pupils in my class.
▷ Carolina tiene once años.
Carolina is eleven.
▷ Hoy es once de mayo.
Today is the eleventh of May.
▷ Nos veremos el once de julio.
We'll see each other on the eleventh of July.

eleven /ɪˈlevən/
◀ La primera e se pronuncia como la i de big
◀ eleven rima con heaven.
ℹ Con las fechas se usa the eleventh /ɪˈlevənθ/ en inglés.
ℹ Fíjate cómo en inglés se usa on y of con las fechas.
ℹ Se escribe 11 April, 11 May, etc.

ONG

▷ Los sábados trabajo de voluntario en una ONG.
I do voluntary work for an NGO on Saturdays.

NGO /ˌenˈdʒiːˈəʊ/

ópera

▷ Nunca he ido a la ópera.
I have never been to the opera.

opera /ˈɒpərə/

operación

▷ La operación duró dos horas.
The operation lasted two hours.

operation /ˌɒpəˈreɪʃən/

operar

▷ El doctor opera a tres pacientes por día.
The doctor operates on three patients a day.
▷ Le operaron ayer.
He had an operation yesterday.

operate on /ˈɒpəreɪt ɒn/
ℹ Cuando alguien es el objeto de la operación la traducción habitual es have an operation.

opinión

▷ ¿Cuál es tu opinión sobre el asunto?
What's your opinion on the matter?

opinion /əˈpɪnɪən/
◀ El acento recae sobre la segunda sílaba - pi-.

oportunidad

1 ▷ Has perdido una buena oportunidad.
   You've missed a good opportunity.

1 (= ocasión) opportunity /ˌɒpəˈtjuːnɪtɪ/ (plural: opportunities)

2 ▷ Compré estos pantalones en la sección de
   oportunidades.
   *I bought these trousers in the bargains
   section.*

2 ▶ **oportunidades** (en gran
almacén): **bargains** /ˈbɑːgənz/

optimista

1 ▷ ¡Podrías ser un poco más optimista!
   You could be a bit more optimistic!

1 (adjetivo) **optimistic** /ˌɒptɪˈmɪstɪk/
(más optimista **more optimistic**, el más
optimista **the most optimistic**)

2 ▷ Soy un gran optimista.
   I'm a great optimist.

2 **un** o **una optimista**: an
optimist /ˈɒptɪmɪst/
◀» El acento recae sobre la primera
sílaba -**op**-.
⚡ **optimist** no es adjetivo.

oración

1 ▷ Rezamos una oración por la paz en el mundo.
   We said a prayer for world peace.

1 ▶ **rezar una oración**
(religiosa): **say a prayer** /seɪ ə
ˈpreəʳ/ (**said, said** /sed/)
◀» **prayer** rima con **where** y **hair**.

2 ▷ A esta oración le falta el sujeto.
   The subject is missing from this sentence.

2 (frase) **sentence** /ˈsentəns/

oral

▷ Mañana tengo examen oral de inglés.
   I've got an English oral tomorrow.

oral /ˈɔːrəl/
◀» El acento recae sobre la primera
sílaba o-.

orden

1 ▷ Le encanta dar órdenes.
   She loves giving orders.
2 ▷ ¿En qué orden has clasificado los documentos?
   What order have you filed the documents in?
  ▷ Los cantantes están clasificados por orden
    alfabético.
   Singers are listed in alphabetical order.

1 (= mandato) **order** /ˈɔːdəʳ/

2 (= para referirse a la forma en la que
está colocado algo) **order** /ˈɔːdəʳ/
▶ **por orden alfabético**: in
alphabetical /ɪn ælfəˈbetɪkəl/
order

ordenado, ordenada

▷ Silvia es una persona muy ordenada.
   Silvia is a very tidy person.

(hablando de una persona, una
habitación, una casa) **tidy** /ˈtaɪdɪ/ (más
ordenado **tidier** /ˈtaɪdɪəʳ/, el más
ordenado **the tidiest** /ˈtaɪdɪɪst/)
◀» La **i** de **tidy** se pronuncia como la **i**
de **like**.

ordenador

▷ El colegio ha comprado diez ordenadores
   nuevos.
   The school has bought ten new computers.

computer /kəmˈpjuːtəʳ/

Sigue en la página siguiente

▷ Mi padre se ha comprado un ordenador portátil para trabajar en casa.
My father has bought a laptop so he can work at home.

▶ ordenador portátil: laptop /ˈlæptɒp/

ordenar

1 ▷ El capitán ordenó a sus tropas que no se movieran de donde estaban.
The captain ordered his troops to stay where they were.

2 ▷ Mi madre me pidió que ordenara la habitación.
My mother asked me to tidy my room up.

1 (= mandar) **ordenar a alguien que...**: order /ˈɔːdəʳ/ somebody to...

2 (= limpiar) **ordenar** algo: tidy something **up** /ʌp/

ℹ La y de tidy se convierte en ie en la tercera persona del singular del presente de indicativo (tidies /ˈtaɪdɪz/) y en el pretérito y el participio pasado (tidied /ˈtaɪdɪd/).

3 ▷ Ordenó sus apuntes por asignaturas.
He ordered his notes according to subject.

▷ Ordené mis compacts alfabéticamente.
I put my CDs in alphabetical order.

3 (= colocar en orden) order /ˈɔːdəʳ/

▶ ordenar algo alfabéticamente: put something in alphabetical /ɪn ælfəˈbetɪkəl/ order

oreja

▷ Tengo las orejas heladas de frío.
My ears are freezing.

ear /ɪəʳ/

🔊 ear rima con near y beer.

organismo

1 ▷ El virus se extendió por todo su organismo.
The virus spread through his entire body.

2 ▷ Es un organismo que ayuda a los refugiados.
It's an organization that helps refugees.

1 (= cuerpo) body /ˈbɒdɪ/ (plural: bodies /ˈbɒdɪz/)

2 (= asociación) organization /ɔːgənaɪˈzeɪʃən/

organización

▷ Es una organización ecologista.
It's an environmentalist organization.

▷ Trabajo de voluntario en una organización no gubernamental.
I do voluntary work for a non-governmental organization.

organization /ɔːgənaɪˈzeɪʃən/

▶ organización no gubernamental: non-governmental /nɒngʌvənˈmentəl/ organization

organizar

▷ El profesor de inglés está organizando un viaje a Londres.
The English teacher is organizing a trip to London.

organize /ˈɔːgənaɪz/

▷ ¡Te podrías organizar un poco mejor!
You could organize yourself a bit better!

organizarse (= organizar sus actividades) **organize** oneself

  ℹ El pronombre reflexivo en inglés funciona de la siguiente forma: I organize **myself,** you organize **yourself,** he organizes **himself,** she organizes **herself,** we organize **ourselves,** you organize **yourselves,** they organize **themselves.**

órgano

▷ El órgano de la catedral es precioso.
The cathedral organ is beautiful.
▷ El corazón es el órgano más importante del cuerpo.
The heart is the body's most important organ.

(= instrumento musical, parte del cuerpo) **organ** /ˈɔːgən/

orgulloso, orgullosa

▷ Francisco es muy orgulloso.
Francisco is very proud.

proud /praʊd/ (más orgulloso **prouder** /ˈpraʊdəʳ/, el más orgulloso the **proudest** /ˈpraʊdɪst/)

orientarse

▷ Nunca consigo orientarme en esta ciudad.
I can never get my bearings in this city.

orientarse (= encontrar el camino): **get** one's **bearings** /get wʌnz ˈbeərɪŋz/ (got, got)

  ℹ El adjetivo posesivo en inglés funciona de la siguiente forma: I get **my** bearings, you get **your** bearings, he gets **his** bearings, she gets **her** bearings, we get **our** bearings, they get **their** bearings

origen

▷ Nadie conoce el origen de esta palabra.
Nobody knows the origin of this word.

(= procedencia) **origin** /ˈɒrɪdʒɪn/
◀) El acento recae sobre la primera sílaba - **o**-.

▷ Son de origen irlandés.
They are of Irish origin.

▶ **de origen + adjetivo de nacionalidad:** **of** + adjetivo de nacionalidad + **origin**

original

▷ Esta música es muy original.
This music is very original.
▷ Guarda el original del documento contigo.
Keep the original of the document on you.

original /əˈrɪdʒɪnəl/
◀) El acento recae sobre la segunda sílaba - **ri**-.

orilla

1 ▷ Nadó hasta la otra orilla.
He swam across to the other bank.
2 ▷ Había muchas algas en la orilla.
There was lots of seaweed on the shore.

1 (= de río) **bank** /bæŋk/

2 (= de lago, mar) **shore** /ʃɔːʳ/

oro

▷ El oro es muy caro.
Gold is very expensive.
▷ ¿Esa pulsera es de oro?
Is that bracelet made of gold?

gold /gəʊld/

► **ser de oro:** be made of gold

orquesta

▷ La orquesta del colegio va a dar un concierto.
The school orchestra is going to give a concert.

orchestra /ˈɔːkɪstrə/
❦ Fíjate bien en cómo se escribe orchestra en inglés.

ortografía

▷ A Nuria se le da muy mal la ortografía.
Nuria is very bad at spelling.
▷ Tuve cinco faltas de ortografía en el dictado.
I made five spelling mistakes in the dictation.

spelling /ˈspelɪŋ/

► **falta de ortografía:** spelling mistake

os

1 ▷ ¿Os dieron regalos?
Did they give you any presents?
▷ Os vi paseando en el centro de la ciudad.
I saw you walking in the town centre.
2 ▷ ¿Os habéis hecho daño?
Did you hurt yourselves?
▷ Creo que os habéis equivocado.
I think you've made a mistake.

3 ▷ ¿Os conocéis?
Do you know each other?

1 you /juː/

2 (con verbos reflexivos) yourselves /jɔːˈselvz/
ℹ Cuando el verbo no es realmente reflexivo, esto es, no se trata de una acción que alguien efectúa sobre sí mismo, el pronombre reflexivo no se traduce.

3 (= el uno al otro) each other /iːtʃ ˈʌðəʳ/

oscurecer

▷ En invierno oscurece antes.
It gets dark earlier in winter.

(= hacerse de noche) get dark /dɑːk/ (got, got)
ℹ En inglés, los verbos que se usan para describir los fenómenos del tiempo y el clima llevan it delante.

oscuridad

▷ Los gatos ven bien en la oscuridad.
Cats can see well in the dark.

la oscuridad: the dark /dɑːk/

oscuro, oscura

▷ Esta habitación es demasiado oscura.
This room is too dark.

dark /dɑːk/ (más oscuro darker, el más oscuro the darkest)

oso

▷ A los osos les encanta la miel.
Bears like honey.

bear /beəʳ/
🔊 bear rima con hair y where.

ostra

▷ Dos docenas de ostras, por favor.
Two dozen oysters, please.

oyster /ˈɔɪstəʳ/

otoño

▷ No me gusta el otoño porque es cuando vuelvo al colegio.
I don't like autumn because it's when I go back to school.

autumn /ˈɔːtəm/

🔊 La n de autumn no se pronuncia.
⚐ En inglés americano no se utiliza esta palabra: en los Estados Unidos se dice fall /fɔːl/.

otro, otra

1 ▷ Quiero otro pastel, por favor.
I'd like another cake, please.

▷ Este helado está muy bueno, quería otro, por favor.
This ice cream is really nice, I'd like another one, please.

2 ▷ Hay otros españoles en el hotel.
There are other Spanish people in the hotel.

▷ Ésta no es la única piscina, hay otras.
This isn't the only swimming pool, there are others.

▷ La otra película era mejor que ésta.
The other film was better than this one.

▷ Esta camiseta no está mal, pero prefiero la otra.
This T-shirt isn't bad, but I prefer the other one.

▷ Los otros niños ya se han ido.
The other children have already left.

▷ Estaba solo, los otros habían desaparecido.
I was alone, the others had disappeared

1 (= uno nuevo) Cuando **otro** va seguido por un nombre (en este ejemplo **pastel**), la traducción es another /əˈnʌðəʳ/

ℹ Cuando **otro** quiere decir **otro helado, otro chiste**, etc., la traducción es another one /əˈnʌðə wʌn/.

2 (= uno distinto) Cuando **otro** va seguido por un nombre (en este ejemplo **españoles**), la traducción es other... /ˈʌðəʳ/

ℹ Cuando **otro** quiere decir **otras piscinas, otros chicos**, etc., la traducción es others /ˈʌðəz/.

ℹ Cuando a **el otro** le sigue un nombre (en este ejemplo, la palabra **película**), la traducción es the other /ˈʌðəʳ/.

ℹ Cuando sustituye al nombre (en este ejemplo **la otra** quiere decir **la otra camiseta**), la traducción es the other one /ˈʌðə wʌn/.

ℹ Cuando a **los otros** le sigue un nombre (en este ejemplo, la palabra **niños**), la traducción es the other...

ℹ Cuando **los otros** quiere decir **las otras personas, los otros coches**, etc., en inglés se dice the others.

oveja

▷ Un rebaño de ovejas estaba cruzando la carretera.
A flock of sheep was crossing the road.

sheep /ʃiːp/

ℹ sheep es invariable en plural: one sheep, two sheep.

oxígeno

▷ No se puede vivir sin oxígeno.
You can't live without oxygen.

oxygen /ˈɒksɪdʒən/

🔊 El acento recae sobre la primera sílaba **o-**.

🌵 Fíjate que la palabra inglesa se escribe con **y** y no con **i**.

ozono

▷ La capa de ozono está cada vez más delgada.
The ozone layer is becoming thinner and thinner.

ozone /ˈəʊzəʊn/

🔊 El acento recae sobre la primera sílaba **o-**.

P

La letra **P** se pronuncia /piː/ en inglés.

P rima con **free**, **key** y **tea**.

paciencia

▷ ¡Se me ha agotado la paciencia!
I've lost my patience!

▷ Ten paciencia, pronto te tocará a ti.
Be patient, it will soon be your turn.

patience /ˈpeɪʃəns/
◀) La a de patience se pronuncia como la a de make. La ti se pronuncia como la sh de shop.
▶ **tener paciencia: be patient** /ˈpeɪʃənt/

paciente

1 ▷ Tienes que ser más paciente.
You've got to be more patient.

2 ▷ El paciente se está recuperando.
The patient is recovering.

1 (adjetivo, = que tiene paciencia) patient /ˈpeɪʃənt/ (más paciente more patient, el más paciente the most patient)

2 (nombre, = enfermo) patient /ˈpeɪʃənt/
◀) La a de patient se pronuncia como la a de make. La ti se pronuncia como la sh de shop.

pacífico, pacífica

▷ Fue una manifestación pacífica.
It was a peaceful demonstration.

peaceful /ˈpiːsfʊl/
◀) La peace de peaceful se pronuncia igual que la palabra piece.

pacifista

▷ Conozco a varios pacifistas.
I know several pacifists.

pacifist /ˈpæsɪfɪst/
◀) El acento recae sobre la primera sílaba pa-.

padre

▷ El padre de Francisco es ingeniero.
Francisco's father is an engineer.

father /ˈfɑːðəʳ/
◀) La a de father se pronuncia como la a de car.

padrino

▷ Antonio es su padrino.
Antonio is his godfather.

godfather /ˈgɒdfɑːðəʳ/
◀) La a de godfather se pronuncia como la a de car.

pagar

1 ▷ Sandra pagó los helados.
Sandra paid for the ice creams.
▷ Yo pagaré el vino.
I'll pay for the wine.
2 ▷ Pagué diez euros por el libro.
I paid ten euros for the book.
▷ Te pagaré mañana.
I'll pay you tomorrow.

1 (= comprar) pay for /ˈpeɪ fəʳ/ (paid, paid /peɪd/)
ℹ Fíjate: **pagar algo** = pay for something
2 (= pagar una cantidad o pagar a alguien) pay /peɪ/ (paid, paid /peɪd/)
ℹ Fíjate: **pagar a alguien** = pay somebody.

página

▷ La solución está en la página siguiente.
The solution is on the next page.

▷ Esta página web es interesantísima.
This web page is really interesting.

page /peɪdʒ/
◀) La a de page se pronuncia como la a de make.
► **página web:** web page /ˈweb peɪdʒ/ (plural: **web pages** /ˈweb peɪdʒɪz/)

país

▷ A César le gustaría vivir en otro país.
César would like to live in another country.
▷ Nunca he estado en los Países Bajos.
I've never been to the Netherlands.
▷ Cardiff es la capital del País de Gales.
Cardiff is the capital of Wales.

▷ Aitor nació en el País Vasco.
Aitor was born in the Basque Country.

country /ˈkʌntrɪ/ (plural: countries /ˈkʌntrɪz/)
► **los Países Bajos:** the Netherlands /ˈneðələndʒ/
► **el País de Gales:** Wales /weɪlz/
◀) La a de Wales se pronuncia como la a de make; la e no se pronuncia.
► **el País Vasco:** the Basque Country /ˈbɑːsk ˈkʌntrɪ/
◀) basque rima con ask.

paisaje

▷ El paisaje de esta región es muy bonito.
The landscape of this region is very beautiful.

landscape /ˈlændskeɪp/
◀) La segunda a de landscape se pronuncia como la a de make.

paja

▷ Llevaba un sombrero de paja.
He was wearing a straw hat.
▷ Jacinto siempre bebe zumo con una paja.
Jacinto always drinks juice through a straw.

(hablando de la hierba y de la caña que se usa para beber) straw /strɔː/
◀) straw rima con more y saw.

pajarita

▷ ¿Viste la pajarita que llevaba el profesor de francés?
Did you see the bow tie the French teacher was wearing?

(corbata) bow tie /bəʊ ˈtaɪ/ (plural: bow ties /bəʊ ˈtaɪz/)
◀) bow rima con go y toe; tie rima con by y high.

pájaro

▷ Los pájaros estuvieron cantando toda la mañana.
The birds were singing all morning.

bird /bɜːd/
◀) La ir de bird se pronuncia como la ur de hurt y la er de certain.

pajita

▷ ¿Dónde guardas las pajitas?
Where do you keep the straws?

(para beber) straw /strɔː/
◀) straw rima con more y saw.

pala

▷ Necesito una pala para quitar la arena.
I need a shovel to remove the sand.

shovel /ˈʃʌvəl/
◀) La o de shovel se pronuncia como la u de cut.

palabra

▷ ¿Qué significa esta palabra?
What does this word mean?

word /wɜːd/
◀) La or de word se pronuncia como la ur de hurt y la er de certain.

palabrota

▷ No debes decir palabrotas.
You mustn't swear.

decir palabrotas (= decir tacos): swear /sweəʳ/
◀) swear rima con hair y where.

palacio

▷ Visitamos el palacio de la reina.
We visited the queen's palace.
▷ El concierto será en el palacio de deportes.
The concert will take place at the sports hall.

(de rey, emperador) palace /ˈpæləs/
◀) palace rima con miss.
▶ palacio de deportes: sports hall (plural: sports halls)

paladar

▷ Me quemé el paladar con el café.
I burnt my palate with the coffee.

(en la boca) palate /ˈpælət/
◀) La late de palate se pronuncia como la palabra inglesa lit.

palanca

▷ La palanca de cambios está estropeada.
The gear lever is broken.

lever /ˈliːvəʳ/
◀) La primera e de lever se pronuncia como la ee de week.

Palestina

▷ ¿Cuál es la capital de Palestina?
What's the capital of Palestine?

Palestine /ˈpælɪstaɪn/
◀) La i de Palestine se pronuncia como la i de like.

palestino, palestina

1 ▷ Tengo un vecino palestino.
I've got a Palestinian neighbour.
▷ Said es palestino.
Said's Palestinian.

2 ▷ Se casó con un palestino.
She married a Palestinian.

1 (adjetivo) Palestinian /pælɪˈstɪnɪən/
ℹ Se escribe siempre con mayúscula, como todos los adjetivos y nombres ingleses que se refieren a la nacionalidad.
2 (nombre) un palestino, una palestina: a Palestinian

pálido, pálida

▷ Estás pálido, ¿te encuentras bien?
You're pale, are you feeling well?

pale /peɪl/ (más pálido paler /ˈpeɪlə^r/, el más pálido the palest /ˈpeɪlɪst/)

🔊 La a de pale se pronuncia como la a de make.

palillo

▷ ¿Me puedes pasar los palillos, por favor?
Could you pass me the toothpicks, please?

toothpick /ˈtuːθpɪk/

🔊 La th de toothpick se pronuncia como si fuera una z española.

paliza

1 ▷ Le dieron una paliza.
They beat him up.

1 ► dar una paliza a alguien: beat somebody up /biːt ˈʌp/ (beat /biːt/, beaten /ˈbiːtən/)

2 ▷ ¡Perdieron 6-0, qué paliza!
They lost 6-0, what a thrashing!

2 (en deportes) thrashing /ˈθræʃɪŋ/

palma

▷ Estaba escondiendo algo en la palma de la mano.
He was hiding something in the palm of his hand.

(de la mano) palm /pɑːm/

🔊 La l de palm no se pronuncia; palm rima con arm.

palmera

▷ En Canarias hay palmeras por todas partes.
In the Canaries there are palm trees everywhere.

palm tree /ˈpɑːm triː/ (plural: palm trees)

🔊 La l de palm no se pronuncia; palm rima con arm.

palo

▷ El granjero llevaba un palo grande.
The farmer was carrying a big stick.

(de madera) stick /stɪk/

paloma

▷ La plaza estaba llena de palomas.
The square was full of pigeons.

(de color gris) pigeon /ˈpɪdʒɪn/

🔊 La g de pigeon se pronuncia como la dg de bridge; pigeon rima con bridge in.

ℹ️ A la paloma blanca, usada por ejemplo como símbolo de la paz, se le llama dove /dʌv/.

palomitas (de maíz)

▷ Voy a preparar unas palomitas en el microondas.
I'm going to make some popcorn in the microwave.

popcorn /ˈpɒpkɔːn/

ℹ️ popcorn es una palabra incontable que no puede utilizarse con un artículo delante. Fíjate: unas palomitas = some popcorn.

pan

- ▷ No queda pan, voy a comprar más.
  There isn't any bread left, I'm going to buy some more.
- ▷ Quería dos panes, por favor.
  I'd like two loaves of bread, please.

- ▷ Compra dos barras de pan.
  Buy two French sticks.
- ▷ Prefiero el pan integral.
  I prefer wholemeal bread.
- ▷ Voy a hacer un sándwich con pan de molde.
  I'm going to make a sandwich with sliced bread.

bread /bred/
- 🔊 bread rima con bed.
- ℹ️ bread es una palabra incontable que sirve para referirse al alimento. No se puede decir a bread. Un pan se dice a loaf of bread /ləʊf əv ˈbred/ (plural: loaves /ləʊvz/).
- ► barra de pan: French stick /frentʃ ˈstɪk/ (plural: French sticks)
- ► pan integral: wholemeal bread /ˈhəʊlmiːl bred/
- ► pan de molde: sliced bread /ˈslaɪst ˈbred/

panadería

- ▷ ¿Dónde está la panadería?
  Where's the bakery?

bakery /ˈbeɪkərɪ/ (plural: bakeries /ˈbeɪkərɪz/)
- 🔊 La a de bakery se pronuncia como la a de make.

panadero, panadera

- ▷ El panadero es muy simpático.
  The baker is very friendly.

- ▷ A Julián le gustaría ser panadero.
  Julián would like to be a baker.

baker /ˈbeɪkəʳ/
- 🔊 La a de baker se pronuncia como la a de make.
- ℹ️ No te olvides de colocar el artículo a o an delante del nombre de la profesión cuando aparece detrás de los verbos be o become.

Panamá

- ▷ ¿Cuál es la capital de Panamá?
  What's the capital of Panama?

Panama /ˈpænəmɑː/
- 🔊 El acento recae sobre la primera sílaba Pa-.

panameño, panameña

1 ▷ Tengo varios amigos panameños.
  I've got several Panamanian friends.
- ▷ Jaime es panameño.
  Jaime's Panamanian.

2 ▷ Se casó con una panameña.
  He married a Panamanian.

1 (adjetivo) Panamanian /pænəˈmeɪnɪən/
- 🔊 La tercera a de Panamanian se pronuncia como la a de make.
- ℹ️ Se escribe siempre con mayúscula, como todos los adjetivos y nombres ingleses que se refieren a la nacionalidad.
2 (nombre) un panameño, una panameña: a Panamanian

panceta

▷ Me encantan los huevos fritos con panceta.
I love fried eggs and bacon.

bacon /ˈbeɪkən/
◀) La a de bacon se pronuncia como la a de make.

panda

1 ▷ ¿Has visto el oso panda del zoológico?
Have you seen the panda at the zoo?
2 ▷ Fuimos al cine con la panda de Fernando.
We went to the cinema with Fernando's gang.

1 ▶ panda o oso panda: panda /ˈpændə/
2 (= grupo de amigos) gang /gæŋ/

pandereta

▷ Tocaron música con una guitarra y una pandereta.
They played some music with a guitar and a tambourine.

tambourine /tæmbəˈriːn/
◀) tambourine rima con clean.

pandilla

▷ Mis padres no me dejan salir con la pandilla de Mateo.
My parents won't let me go out with Mateo's gang.

gang /gæŋ/

panecillo

▷ Tengo un panecillo con queso y otro con jamón.
I've got one bread roll with cheese and another with ham.

bread roll /bred ˈrəʊl/ (plural: bread rolls)
◀) bread rima con bed.

panel

▷ Los resultados del examen están en el panel.
The exam results are on the board.
▷ ¿Has visto el panel de instrumentos de ese coche?
Have you seen that car's dashboard?
▷ La casa de Joaquín tiene un panel solar.
Joaquín's house has got a solar panel.

(= tablero) board /bɔːd/
◀) board rima con lord.
▶ panel de instrumentos (de coche): dashboard /ˈdæʃbɔːd/
▶ panel solar (en una casa): solar panel /ˈsəʊlə ˈpænəl/
◀) La o de solar se pronuncia como la o de go y la oe de toe.

pánico

▷ ¡Que no cunda el pánico, ya he llamado a los bomberos!
Don't panic, I've already called the fire brigade!
▷ Me dan pánico las alturas.
I'm terrified of heights.

▶ ¡que no cunda el pánico!: don't panic! /dəʊnt ˈpænɪk/
▶ me da pánico...: I'm terrified of... /aɪm ˈterɪfaɪd əv/

pantalla

▷ ¡Esta pantalla de televisión es gigante!
This TV screen is huge!

(del cine, el ordenador) screen /skriːn/

pantalón, pantalones

▷ Gema se ha comprado un nuevo pantalón.
Gema has bought some new trousers.

▷ Estos pantalones son demasiado caros.
These trousers are too expensive.

trousers /ˈtraʊzəz/
◀) La **ou** de **trousers** se pronuncia como la **ow** de **cow**.
ℹ **trousers** es una palabra en plural, como **swimming trunks, pants, jeans** y **shorts**. Se usa con un verbo en plural.
⌐¬ **trousers** se dice **pants** /pænts/ en inglés americano.

pantano

▷ El pueblo está al lado de un pantano.
The village is next to a reservoir.

(= embalse) reservoir /ˈrezəvwɑːʳ/
◀) **reservoir** rima con **car**.

pantera

▷ Vimos varias panteras en el zoo.
We saw several panthers at the zoo.

panther /ˈpænθəʳ/
◀) La **th** de **panther** se pronuncia como si fuera una **z** española. El acento recae sobre la primera sílaba **pan-**.

pantorrilla

▷ He andado demasiado, me duelen las pantorrillas.
I've walked too much, my calves hurt.

calf /kɑːf/ (plural: calves /ˈkɑːvz/)
◀) La **l** de **calf** y de **calves** no se pronuncia. La **a** se pronuncia como la **a** de **car**.

pantufla

▷ Me puse las pantuflas y bajé a preparar el desayuno.
I put my slippers on and went downstairs to make breakfast.

slipper /ˈslɪpəʳ/

pañal

▷ ¿Le has cambiado el pañal al bebé?
Have you changed the baby's nappy?

nappy /ˈnæpɪ/ (plural: nappies /ˈnæpɪz/)
⌐¬ **pañal** se dice **nappy** en inglés británico y **diaper** /ˈdaɪəpər/ en inglés americano.

paño

▷ Dame un paño, voy a limpiar la mesa.
Give me a cloth, I'm going to clean the table.

(= trapo) cloth /klɒθ/ (plural: cloths /klɒθs/)
◀) La **th** de **cloth** se pronuncia como si fuese una **z** española.

pañuelo

1 ▷ Le presté mi pañuelo a Olga.
   I lent Olga my handkerchief.

1 (= de bolsillo) handkerchief
/ˈhæŋkətʃiːf/
◀)) La **d** de handkerchief no se
pronuncia.

▷ ¿Tienes un pañuelo de papel?
   Have you got a tissue?

▶ **pañuelo de papel:** tissue
/ˈtɪʃuː/
◀)) Fíjate en la pronunciación. La **ss** se
pronuncia como la **sh** de shop; tissue
rima con shoe.

2 ▷ Mi madre siempre lleva un pañuelo al cuello.
   *My mother always wears a scarf around her
   neck.*

2 (= para el cuello) scarf /skɑːf/
(plural: scarfs o scarves /skɑːvz/)

papa

▷ El Papa hizo un viaje a África.
   The Pope went on a trip to Africa.

pope /pəʊp/
◀)) La **o** de pope se pronuncia como la
o de go. La **e** no se pronuncia.

papá

▷ Mi papá es arquitecto.
   My dad is an architect.
▷ ¡Todavía cree en Papá Noel!
   She still believes in Father Christmas!

dad /dæd/

▶ **Papá Noel:** Father
Christmas /ˈfɑːðə ˈkrɪsməs/

papel

1 ▷ Tengo que comprar papel para la
   impresora.
   *I have to buy some paper for the
   printer.*

1 (material) paper /ˈpeɪpəʳ/
◀)) La **a** de paper se pronuncia como
la **a** de make.

▷ Este abanico es de papel.
   This fan is made of paper.
▷ Rafael hizo un barco de papel.
   Rafael made a paper boat.
▷ Envuélvelo en papel de aluminio.
   Wrap it in foil.
▷ ¿Dónde guardas el papel higiénico?
   Where do you keep the toilet paper?
▷ Usa papel de periódico para tapar
   el agujero.
   Use some newspaper to fill in the hole.
▷ Este papel de regalo es muy bonito.
   This wrapping paper is very nice.
2 ▷ Hace el papel de rey.
   He plays the role of king.

▶ **ser de papel:** be made of
paper
▶ **de papel:** paper

▶ **papel de aluminio:** foil /fɔɪl/

▶ **papel higiénico:** toilet paper
/ˈtɔɪlət ˈpeɪpəʳ/
▶ **papel de periódico:**
newspaper /ˈnjuːspeɪpəʳ/

▶ **papel de regalo:** wrapping
paper /ˈræpɪŋ ˈpeɪpəʳ/
2 (en cine, teatro) role /rəʊl/
▶ **hacer el papel de...:** play /pleɪ/
the role of...

papelera

▷ Échalo en la papelera.
Throw it in the wastepaper basket.

▷ En esta ciudad no hay casi papeleras.
There are hardly any litter bins in this city.

(= cesto) wastepaper basket /ˈweɪstˈpeɪpə ˈbɑːskɪt/ (plural: wastepaper baskets)

ⓘ wastepaper basket se refiere al cesto para los papeles que tienes en tu casa. Al que se encuentra en las calles se le llama litter bin /ˈlɪtə bɪn/ (plural: litter bins)

papelería

▷ Hay una papelería en esta calle.
There's a stationer's in this street.

(tienda) stationer's /ˈsteɪʃənəz/

◀ La a de stationer's se pronuncia como la a de make. La ti se pronuncia como la sh de shop.

paquete

1 ▷ Cómprame un paquete de cigarrillos.
Buy me a pack of cigarettes.

1 (= embalaje en el que viene un producto que se compra en la tienda) pack /pæk/

ⓘ También se puede decir packet /ˈpækɪt/. Al paquete de azúcar, arroz o café se le llama bag /bæg/.

2 ▷ Recibí un paquete de Italia.
I got a parcel from Italy.

2 (= objetos agrupados para poder enviarlos) parcel /ˈpɑːsəl/

par (adjetivo)

▷ Los números pares quedan a la derecha de la calle.
The even numbers are on the right of the street.

(hablando de un número) even /ˈiːvən/

◀ La primera e de even se pronuncia como la ee de week.

par (nombre)

▷ ¡Tengo por lo menos veinte pares de calcetines!
I've got at least twenty pairs of socks!

pair /peəʳ/

◀ pair rima con care y hair.

para

1 ▷ ¿Es para mí?
Is it for me?
▷ Necesitamos comprar comida para el perro.
We need to buy food for the dog.
▷ Me lo regalaron para mi cumpleaños.
They gave it to me for my birthday.
2 ▷ Compré un mapa para no perderme.
I bought a map so as not to get lost.
3 ▷ Lo hizo para que te fijaras en él.
He did it so that you would notice him.

1 La traducción más frecuente de para es for /fɔːʳ/.

2 ▶ para no + infinitivo: so as not to /səʊ æz ˈnɒt tʊ/ + verbo

3 ▶ para que...: so that.. /səʊ ðæt/

parabólica

▷ Hay una parabólica en la pared.
There's a satellite dish on the wall.

satellite dish /ˈsætəlaɪt dɪʃ/ (plural: satellite dishes /ˈsætəlaɪt dɪʃɪz/)
🔊 La i de **satellite** se pronuncia como la i de **like**.

parabrisas

▷ El parabrisas está muy sucio.
The windscreen is very dirty.

windscreen /ˈwɪndskriːn/
🗨 **parabrisas** se dice **windscreen** en inglés británico y **windshield** /ˈwɪndʃiːld/ en inglés americano.

paracaídas

▷ El paracaídas no se abrió.
The parachute didn't open.

parachute /ˈpærəʃuːt/
🔊 La **chute** de **parachute** se pronuncia como la palabra inglesa **shoot**.

parada

▷ Me bajo en la próxima parada.
I'm getting off at the next stop.
▷ ¿Dónde está la parada de autobús más próxima?
Where's the nearest bus stop?

(de autobús) **stop** /stɒp/

► **parada de autobús: bus stop** /ˈbʌs stɒp/ (plural: **bus stops**)

parado, parada

1 ▷ El padre de Raquel estuvo parado varios meses.
Raquel's father was unemployed for several months.

2 ▷ ¡No te quedes ahí parado y ven a ayudarme!
Don't just stand there, come and help me!

3 ▷ Quieren ayudar a los parados.
They want to help the unemployed.

1 (adjetivo, = sin trabajo)
unemployed /ˌʌnɪmˈplɔɪd/
🔊 La segunda **e** de **unemployed** no se pronuncia.

2 ► **¡no te quedes ahí parado!** (= sin hacer nada): **don't just stand there!** /ˈdəʊn dʒʌst ˈstænd deə/

3 ► **los parados** (nombre, = personas sin trabajo): **the unemployed** /ˌʌnɪmˈplɔɪd/

paraguas

▷ Me olvidé el paraguas en el autobús.
I left my umbrella on the bus.

umbrella /ʌmˈbrelə/
🔊 La **u** de **umbrella** se pronuncia como la **u** de **cut**.

Paraguay

▷ ¿Cuál es la capital de Paraguay?
What's the capital of Paraguay?

Paraguay /ˌpærəˈgwaɪ/
🔊 El acento recae sobre la primera sílaba **Pa-**.

paraguayo, paraguaya

1 ▷ Tengo un vecino paraguayo.
I've got a Paraguayan neighbour.
▷ Roberto es paraguayo.
Roberto's Paraguayan.

2 ▷ Se casó con un paraguayo.
She married a Paraguayan.

1 (adjetivo) Paraguayan
/pærə'gwaɪən/
i Se escribe siempre con mayúscula, como todos los adjetivos y nombres ingleses que se refieren a la nacionalidad.
2 (nombre) un **paraguayo**, una **paraguaya**: a Paraguayan

paraíso

▷ La playa, las palmeras, ¡esto es el paraíso!
The beach, the palm trees, this is paradise!

paradise /'pærədaɪs/
◀) paradise rima con nice. El acento recae sobre la primera sílaba pa-.

paralelo, paralela

▷ Las dos calles son paralelas.
The two streets are parallel.

▷ La avenida es paralela al río.
The avenue is parallel to the river.

parallel /'pærəlel/
i Fíjate bien en cómo se escribe parallel en inglés.
i Fíjate en la preposición que se usa en inglés: **paralelo a** = parallel to.

paralítico, paralítica

▷ Se quedó paralítico después de un accidente de coche.
He was paralysed after a car accident.

paralysed /'pærəlaɪzd/
► **quedarse paralítico**: be paralysed
◀) La y de paralysed se pronuncia como la i de like.

parar

▷ El coche paró delante de la tienda.
The car stopped in front of the shop.

▷ ¡Para de enredar!
Stop fidgeting!

stop /stɒp/
i Se escribe con dos p en el gerundio (stopping /'stɒpɪŋ/) y el pasado y el participio (stopped /stɒpt/).
► **parar de hacer algo**: stop doing something

parásito

▷ Algunos parásitos transmiten enfermedades.
Some parasites transmit diseases.

parasite /'pærəsaɪt/
◀) La i de parasite se pronuncia como la i de like. El acento recae sobre la primera sílaba pa-.

parchís

▷ ¿Quieres jugar al parchís?
Do you want to play ludo?

ludo /'luːdəʊ/
► **jugar al parchís**: play /pleɪ/ ludo

parecer

1 ▷ Parece fácil, pero en realidad es bastante difícil.
It seems easy, but in fact it's quite difficult.

▷ Pareces cansado.
You look tired.

2 ▷ Parece un dinosaurio.
It looks like a dinosaur.

3 ▷ ¿Qué te pareció la fiesta?
What did you think of the party?

▷ Me parece que estás equivocado.
I think you are wrong.

4 ▷ Se parece a mi hermana.
She looks like my sister.

1 (= tener un aspecto) seem /siːm/

i También se puede decir look /lʊk/.

2 (= ser semejante a) look like /ˈlʊk laɪk/

3 (expresando una opinión)

► ¿qué te parece...?: what do you think /wɒt dʊ jʊ ˈθɪŋk/ of...? (thought, thought /θɔːt/)

► me parece que... (= creo que): I think that...

i En esta frase el that se puede omitir.

4 ► parecerse a alguien (= ser muy similar): look like somebody /ˈlʊk laɪk/

parecido, parecida

▷ Nuestros pantalones son muy parecidos.
Our trousers are very similar.

similar /ˈsɪmɪləʳ/ (más parecido more similar, el más parecido the most similar)

pared

▷ Pintó las paredes de su cuarto de verde.
He painted his bedroom walls green.

wall /wɔːl/

pareja

1 ▷ Puedes venir a la fiesta con tu pareja.
You can come to the party with your partner.

2 ▷ Son una pareja muy divertida.
They are a very funny couple.

3 ▷ Los jugadores tienen que competir por parejas.
The players have to compete in pairs.

1 (hablando de tu novio o de tu compañero de baile) partner /ˈpɑːtnəʳ/

2 (= dos personas) couple /ˈkʌpəl/
◀) La ou de couple se pronuncia como la u de cut.

3 ► por parejas: in pairs /ɪn ˈpeəz/

paréntesis

▷ La fecha aparece entre paréntesis.
The date is in brackets.

► entre paréntesis: in brackets /ɪn ˈbrækɪts/

pariente

▷ Todos mis parientes vinieron a la fiesta.
All my relatives came to the party.

relative /ˈrelətɪv/

París

▷ ¿Has estado alguna vez en París?
Have you ever been to Paris?

Paris /ˈpærɪs/
◀) El acento recae sobre la primera sílaba Pa-

parking

▷ El parking estaba lleno.
The car park was full.

car park /ˈkɑː pɑːk/ (plural: car parks /ˈkɑː pɑːks/)

☞ En inglés americano se dice parking lot /ˈpɑːkɪŋ lɒt/.

paro

▷ El paro está creciendo.
Unemployment is rising.
▷ La madre de Lucía está en el paro.
Lucía's mother is unemployed.

► el paro: unemployment /ʌnɪmˈplɔɪmənt/
► estar en el paro: be unemployed /ʌnɪmˈplɔɪd/
◄ La segunda e de unemployed no se pronuncia.

párpado

▷ Tiene agujeros en los párpados.
He has his eyelids pierced.

eyelid /ˈaɪlɪd/
◄ La eye de eyelid se pronuncia igual que el pronombre personal I.

parque

▷ Fui a jugar al parque con mis amigos.
I went to play in the park with my friends.
▷ ¿Por qué no vamos al parque de atracciones el domingo?
Why don't we go to the amusement park on Sunday?

park /pɑːk/

► parque de atracciones: amusement park /əˈmjuːzmənt pɑːk/ (plural: amusement parks)
◄ La u de amusement se pronuncia como la palabra inglesa you.

parqué

▷ El parqué está muy sucio.
The wooden floor is really dirty.

wooden floor /ˈwʊdən flɔːʳ/
◄ floor rima con more.

parquímetro

▷ ¿Tienes cambio para el parquímetro?
Do you have change for the parking meter?

parking meter /ˈpɑːkɪŋ ˈmiːtəʳ/ (plural: parking meters /ˈpɑːkɪŋ ˈmiːtəz/)
◄ meter rima con heater y litre.

párrafo

▷ Lee a partir del tercer párrafo.
Read from the third paragraph on.

paragraph /ˈpærəɡrɑːf/

párroco

▷ Mis padres son amigos del párroco.
My parents are friends of the parish priest

parish priest /ˈpærɪʃ priːst/ (plural: parish priests)
◄ La ie de priest se pronuncia como la ee de week.

parroquia

▷ La misa será en la parroquia.
The mass will be at the parish church.

parish church /ˈpærɪʃ tʃɜːtʃ/ (plural: parish churches /ˈpærɪʃ ˈtʃɜːtʃɪz/)

parte

▷ La primera parte del texto es más fácil.
The first part of the text is easier.

▷ El jardín forma parte del museo.
The garden is part of the museum.

▷ Dale esta nota de parte de mí.
Give her this note from me.

▷ ¿Está Ana? ¿De parte de quién?
Is Ana there? - Who's calling?

part /pɑːt/

► **formar parte de** (= pertenecer a): be part of
► **de parte de:** from /frɒm/
ℹ Para preguntar quién está llamando por teléfono se dice who's calling? /huːz ˈkɔːlɪŋ/

participar

▷ ¿Quieres participar en la competición?
Do you want to take part in the competition?

► **participar en** (intervenir): take part in /teɪk ˈpɑːt ɪn/ (took /tʊk/, taken /ˈteɪkən/)

participio

▷ "Cansado" es el participio de "cansar".
"Cansado" is the participle of "cansar".

participle /ˈpɑːtɪsɪpəl/
◄)) El acento recae sobre la segunda sílaba - ti-.

particular

1 ▷ No nos pudimos bañar porque era una playa particular.
We couldn't go for a swim because it was a private beach.

2 ▷ Me encanta Italia y en particular Roma.
I love Italy and Rome in particular.

3 ▷ Es un caso muy particular.
It's a very special case.

1 (= privado) private /ˈpraɪvət/
◄)) La i de private se pronuncia como la i de like.

2 ► **en particular:** in particular /ɪn pəˈtɪkjʊləʳ/
◄)) La u de particular se pronuncia como la palabra inglesa you

3 (= especial) special /ˈspeʃəl/

partida

▷ ¿Quieres echar una partida de ajedrez?
Do you want to play a game of chess?

(de ajedrez, cartas, parchís) game /ɡeɪm/
► **echar una partida:** play /pleɪ/ a game

partido

1 ▷ Vimos el partido en la tele.
We watched the match on TV.

2 ▷ Cada partido político tiene un candidato.
Each political party has a candidate.

1 (= encuentro deportivo) match /mætʃ/
⊓ partido se dice game /ɡeɪm/ en inglés americano.

2 (político) party /ˈpɑːti/ (plural: parties /ˈpɑːtiz/)

partir

1 ▷ Párteme un trozo de tarta.
   Cut me a slice of cake.
   ▷ Partí la sandía en dos.
   I cut the watermelon in half.
2 ▷ Se partió el brazo.
   He broke his arm.

3 ▷ Estaré libre a partir del martes.
   I'll be free from Tuesday.

1 (= cortar) cut /kʌt/ (cut, cut)

► **partir algo por la mitad:** cut something in half /ɪn ˈhɑːf/

2 ► **partirse** (un brazo, una pierna): break /breɪk/
◀ break rima con make.

3 ► **a partir de** (= desde): from /frɒm/

pasa

▷ Para desayunar tomo cereles con pasas.
For breakfast I have cereal with raisins.

raisin /ˈreɪzən/
◀ La ai de raisin se pronuncia como la a de make.

pasado, pasada

1 ▷ Comenzó el año pasado.
   It started last year.

2 ▷ Olvídate del pasado.
   Forget the past.

1 (= último) last /lɑːst/
ℹ En inglés, last siempre se coloca delante del nombre al que se refiere.

2 ► **el pasado:** the past /pɑːst/

pasajero, pasajera

▷ Había 40 pasajeros en el autobús.
There were 40 passengers on the bus.

passenger /ˈpæsɪndʒəʳ/
◀ La g de passenger se pronuncia como la dg de bridge. El acento recae sobre la primera sílaba pa-.

pasaporte

▷ Todavía no tengo pasaporte.
I still haven't got a passport.

passport /ˈpɑːspɔːt/
◀ El acento recae sobre la primera sílaba pass-.

pasar

1 ▷ Pásame la sal, por favor.
   Pass me the salt, please.
   ▷ ¡Pasa la bola!
   Pass the ball!
2 ▷ Vi pasar a Nuria y su madre.
   I saw Nuria and her mother go past.

3 ▷ Siempre paso por el parque.
   I always go through the park.

4 ▷ El cartero todavía no ha pasado.
   The postman hasn't been yet.

5 ▷ ¡Déjame pasar!
   Let me through!

1 (= acercar) pass /pɑːs/

2 (= ir de un lugar a otro) go past /pɑːst/ (went /went/, gone/been /gɒn/biːn/)

3 ► **pasar por** (= atravesar): go through /θruː/
◀ through rima con too y true.

4 ► **haber pasado** (hablando del cartero): have been /biːn/ (has /hæz/, had /hæd/)

5 ► **dejar pasar a alguien:** let somebody through /θruː/ (let, let)
◀ through rima con too y true.

Sigue en la página siguiente

6 ▷ Es sólo un dolor de cabeza, se me pasará.
It's only a headache, it will pass.

6 (hablando de un dolor) pass /pɑːs/

7 ▷ ¿Me podrías pasar con Tere?
Could you put Tere on?

▷ Te paso con mi padre.
I'll put my father on.

7 Cuando se habla de **pasar** a alguien al teléfono, se utiliza la expresión put somebody on (put, put)

8 ▷ Pasamos la tarde hablando.
We spent the afternoon talking.

8 (hablando de un periodo de tiempo) spend /spend/ (spent, spent /spent/)

9 ▷ ¿Qué pasó?
What happened?

9 (= ocurrir) happen /ˈhæpən/

▷ ¿Qué pasa? ¿Hay algún problema?
What's the matter? Is there a problem?

ℹ Cuando una situación produce inquietud se pregunta what's the matter? /wɒts ðə ˈmætə/

▷ ¿Qué te pasa, estás enfadado?
What's the matter with you, are you angry?

ℹ Fíjate que **te** se traduce por with you /wɪð ˈjuː/

pasatiempo

▷ ¿Cuál es tu pasatiempo favorito?
What's your favourite pastime?

pastime /ˈpɑːstaɪm/

ℹ También se puede decir hobby /ˈhɒbɪ/ (plural: hobbies /ˈhɒbɪz/)

pase

▷ ¡Qué pase tan maravilloso!
What a brilliant pass!

(en deporte) pass /pɑːs/

pasear

1 ▷ Nos encanta pasear por el parque.
We love going for a walk in the park.

1 (= caminar) go for a walk /fər ə ˈwɔːk/ (went /went/, gone/been /gɒn/biːn/)

🔊 La l de walk no se pronuncia; walk rima con pork

2 ▷ ¿Quién va a sacar a pasear al perro?
Who's going to walk the dog?

2 ▶ sacar a pasear al perro: walk the dog /wɔːk ðə ˈdɒg/

paseo

▷ Dimos un paseo por la orilla del río.
We went for a walk by the river.

▶ dar un paseo: go for a walk /fər ə ˈwɔːk/ (went /went/, gone/been /gɒn/biːn/)

🔊 La l de walk no se pronuncia; walk rima con pork

▷ Fuimos de paseo en el coche nuevo de mi tío.
We went for a drive in my uncle's new car.

ℹ Cuando el paseo se da en coche se usa la expresión go for a drive /fər ə ˈdraɪv/.

▷ ¿Quieres que salgamos a dar un paseo en bicicleta?
Do you want to go for a bike ride?

▶ dar un paseo en bicicleta: go for a bike ride /gəʊ fər ə ˈbaɪk raɪd/.

▷ ¡Vete a paseo, estoy intentando estudiar!
Get lost, I'm trying to study!

▶ ¡vete a paseo!: get lost! /ˈget ˈlɒst/

ℹ Tanto ¡vete a paseo! como get lost! son términos familiares.

pasillo

▷ Espéranos en el pasillo
Wait for us in the corridor.
▷ La azafata caminaba por el pasillo.
The air hostess was walking down the aisle.

corridor /ˈkɒrɪdɔːʳ/
ⅈ Al pasillo del avión se le llama aisle /aɪl/.

pasión

▷ Benito tiene pasión por las motos.
Benito has a passion for bikes.

passion /ˈpæʃən/
◀ passion rima con freshen. El acento recae sobre la primera sílaba pa-.

paso

1 ▷ Dio dos pasos hacia delante.
He took two steps forwards.

1 (= movimiento) step /step/

▶ dar un paso: take /teɪk/ a step (took /tʊk/, taken /ˈteɪkən/)

2 ▷ Escuchamos pasos en el piso de arriba.
We heard footsteps in the upstairs flat.

2 (= ruido) footstep /ˈfʊtstep/

pasta

1 ▷ Me encanta la pasta casera.
I love home-made pasta.
2 ▷ ¡Me he olvidado la pasta de dientes!
I forgot my toothpaste!

1 (macarrones, fideos, espaguetis) pasta /ˈpæstə/

2 ▶ pasta de dientes: toothpaste /ˈtuːθpeɪst/
◀ La a de toothpaste se pronuncia como la a de make.

3 ▷ No me queda pasta, ¿me invitas?
I don't have any cash left, will you pay for me?

3 (= dinero) cash /kæʃ/
ⅈ Tanto pasta como cash son términos familiares.

pastel

▷ De postre hay pastel de chocolate.
There's chocolate cake for dessert.

cake /keɪk/
◀ cake rima con make.

pastelería

▷ ¿Hay alguna pastelería buena en este barrio?
Is there a good cake shop in this neighbourhood?

cake shop /ˈkeɪk ʃɒp/ (plural: cake shops)
◀ cake rima con make.

pastilla

1 ▷ Tengo que tomar una pastilla dos veces al día.
I have to take a pill twice a day.

1 (medicina) pill /pɪl/

2 ▷ ¿Dónde guardas las pastillas de jabón?
Where do you keep the soap bars?

2 ▶ pastilla de jabón: bar of soap /bɑːr əv ˈsəʊp/ (plural: bars of soap)
◀ soap rima con rope.

pastor

▷ El pastor llevó las ovejas a la granja.
The shepherd took the sheep to the farm.

shepherd /ˈʃepəd/
◀ La segunda h de shepherd no se pronuncia.

pata

1 ▷ El caballo se partió la pata.
   The horse broke his leg.
 ▷ Las patas de la mesa están rotas.
   The table legs are broken.
2 ▷ Oh no, ¡creo que metí la pata!
   Oh no, I think I put my foot in it!

1 (= la pierna de un animal o de un mueble) leg /leg/

2 ► **meter la pata:** put one's foot in it /fʊt ɪn ɪt/ (put, put)
i Fíjate cómo se construyen las diferentes personas: I put **my** foot in it, you put **your** foot in it, he puts **his** foot in it, she puts **her** foot in it, we put **our** foot in it, they put **their** foot in it.

patada

 ▷ Dio una patada a la puerta.
   He kicked the door.

► **dar una patada a algo/alguien:** kick /kɪk/ something/somebody

patata

 ▷ Para comer hay pollo con patatas.
   There's chicken and potatoes for lunch.

potato /pəˈteɪtəʊ/ (plural: potatoes /pəˈteɪtəʊz/)
◀ La a de **potato** se pronuncia como la a de **make**; **potato** rima con **go** y **Joe**.

 ▷ Quería patatas fritas con el bistec.
   I'd like chips with the steak.
 ▷ Compra un paquete de patatas fritas.
   Buy a packet of crisps.

i A las patatas fritas hechas en sartén se les llama chips /tʃɪps/ en inglés británico y fries /fraɪz/ en inglés americano. A las patatas fritas que compras en una bolsa se les llama crisps /krɪsps/ en inglés británico y chips /tʃɪps/ en inglés americano.

patillas

 ▷ Pedro tiene unas patillas muy largas.
   Pedro has very long sideburns.

sideburns /ˈsaɪdbɜːnz/
◀ La i de **sideburns** se pronuncia como la i de **like**.

patín

 ▷ Uno de mis patines está roto.
   One of my skates is broken.

skate /skeɪt/
◀ La a de **skate** se pronuncia como la a de **mak**.

 ▷ Ven a la pista de hielo con nosotros, te dejaremos patines.
   Come to the ice rink with us, we'll lend you ice skates.
 ▷ ¿Has visto mis nuevos patines en línea?
   Have you seen my new rollerblades?

i A los patines para patinar sobre hielo se les llama ice skates /ˈaɪs skeɪts/. A los patines de ruedas paralelas se les llama roller skates /ˈrəʊlə skeɪts/.

► **patines en línea:** rollerblades /ˈrəʊləbleɪdz/

patinaje

▷ Laura hace patinaje artístico.
Laura does figure skating.

skating /ˈskeɪtɪŋ/
▶ patinaje artístico: figure
skating /ˈfɪɡə ˈskeɪtɪŋ/
◀)) La a de skating se pronuncia como
la a de make.

patinar

▷ No sé patinar.
I can't skate.

skate /skeɪt/
◀)) La a de skate se pronuncia como la
a de make.
ℹ La e de skate desaparece para
formar el gerundio: skating.

▷ Estoy aprendiendo a patinar sobre hielo.
I'm learning to ice-skate.

ℹ A patinar sobre hielo se le llama
ice-skate /ˈaɪsskeɪt/. A patinar sobre
ruedas paralelas se le llama roller-skate
/ˈrəʊləskeɪt/ y a patinar con patines en
línea se le llama roller-blade
/ˈrəʊləbleɪd/.

patinete

▷ Los patinetes están de moda otra vez.
Scooters are in fashion again.

scooter /ˈskuːtəʳ/

patio

1 ▷ El patio estaba vacío.
The playground was empty.

1 (del colegio) playground
/ˈpleɪɡraʊnd/
◀)) La ou de playground se pronuncia
como la ow de cow.

2 ▷ Hicimos unas fotos en el patio del castillo.
*We took some photos in the courtyard of the
castle.*

2 (de una casa, un edificio) courtyard
/ˈkɔːtjɑːd/
◀)) court- rima con port.

pato

▷ Hay varios patos en el estanque del parque.
There are several ducks in the park pond.

duck /dʌk/
◀)) La u de duck se pronuncia como la
u de cut.

patoso, patosa

▷ Julián es muy patoso, lo rompe todo.
Julián is really clumsy, he breaks everything.

▶ ser patoso o un patoso: be
clumsy /ˈklʌmzɪ/

patrulla

▷ Los terroristas atacaron a una patrulla de
soldados.
The terrorists attacked a patrol of soldiers.

patrol /pəˈtrəʊl/
◀)) patrol rima con goal y pole. El
acento recae sobre la última sílaba -trol.

pavo

▷ Los ingleses comen pavo relleno en Navidad.
At Christmas, the English eat stuffed turkey.
▷ Hay un pavo real precioso en el parque.
There is a beautiful peacock in the park.

turkey /ˈtɜːkɪ/
◀ turkey rima con free y tea
▶ pavo real: peacock /ˈpiːkɒk/

payaso, payasa

▷ Los payasos del circo eran muy divertidos.
The clowns at the circus were very funny.

clown /klaʊn/
◀ La ow de clown se pronuncia
como la ow de cow.

paz

▷ La población quiere la paz.
The population wants peace.

peace /piːs/
◀ peace se pronuncia igual que la
palabra inglesa piece.

▷ ¡Déjame en paz, estoy intentando estudiar!
Leave me alone, I'm trying to study!

▶ dejar a alguien en paz: leave
somebody alone /əˈləʊn/ (left, left
/left/)

peaje

1 ▷ En las autopistas británicas no se paga peaje.
On British motorways you don't pay a toll.
▷ Hay una autopista de peaje hasta la frontera.
There is a toll motorway up to the border.

1 (= dinero) toll /təʊl/

▶ autopista de peaje: toll
motorway /təʊl ˈməʊtəweɪ/
(plural: toll motorways)
🗨 autopista de peaje se dice
turnpike /ˈtɜːnpaɪk/ en inglés
americano.

2 ▷ El peaje está antes de Tarragona.
The toll barrier is just before Tarragona.

2 (= lugar donde se paga) toll
barrier /təʊl ˈbærɪəʳ/

peatón

▷ Hay un paso subterráneo para peatones.
There's a subway for pedestrians.

pedestrian /pəˈdestrɪən/
◀ El acento recae sobre la segunda
sílaba - des-.

peca

▷ Alejandra tiene pecas.
Alejandra has got freckles.

freckle /ˈfrekəl/

pecado

▷ La iglesia dice que eso es pecado.
The church says that's a sin.

sin /sɪn/
▶ ser pecado: be a sin

pecera

▷ Tengo varios peces de colores en una pecera
pequeña.
I've got several goldfish in a small fish bowl.

ℹ A la pecera de forma redonda se le
llama fish bowl /fɪʃ bəʊl/ (plural: fish
bowls). A la de forma rectangular se le
llama fish tank /fɪʃ tæŋk/ (plural: fish
tanks).

pecho

1 ▷ Tengo un dolor en el pecho.
  I have a pain in my chest.
2 ▷ El médico le palpó el pecho.
  The doctor felt her breast.

1 (= parte del cuerpo entre el cuello y el vientre) chest /tʃest/
2 (= mama de una mujer) breast /brest/
◀ breast rima con test.

pechuga

▷ Estoy preparando pechugas de pollo con patatas fritas.
  I'm preparing chicken breasts and chips.

(= de pollo) breast /brest/
► pechuga de pollo: chicken breast /ˈtʃɪkɪn brest/ (plural: chicken breasts)
◀ breast rima con test.

pedal

▷ El pedal izquierdo de mi bici está roto.
  The left pedal on my bike is broken.

pedal /ˈpedəl/
◀ El acento recae sobre la primera sílaba pe-.

pedalear

▷ ¡Vamos, pedalea más rápido!
  Come on, pedal faster!

pedal /ˈpedəl/
◀ El acento recae sobre la primera sílaba pe-.
i pedal se escribe con dos l en el gerundio (pedalling /ˈpedəlɪŋ/) y el pasado y el participio (pedalled /ˈpedəld/).

pedazo

▷ ¿Quieres un pedazo de queso?
  Do you want a piece of cheese?

piece /piːs/
◀ piece se pronuncia igual que la palabra inglesa peace. Fíjate en la pronunciación del plural: pieces /ˈpiːsɪz/.

pedir

▷ Javi me pidió una goma.
  Javi asked me for a rubber.
▷ El profesor nos pidió que leyéramos este texto para mañana.
  The teacher asked us to read this text for tomorrow.

► pedir algo a alguien: ask /ɑːsk/ somebody for something
► pedir a alguien que haga algo: ask somebody to do something

pegajoso, pegajosa

▷ Tengo las manos pegajosas, voy a lavármelas.
  My hands are sticky, I'm going to wash them.

sticky /ˈstɪki/ (más pegajoso stickier /ˈstɪkɪə/, el más pegajoso stickiest /ˈstɪkɪɪst/)

pegamento

▷ Necesito comprar un tubo de pegamento.
I need to buy a tube of glue.

glue /gluː/
🔊 glue rima con too y do.

pegar

1 ▷ Tengo que pegar estos recortes de periódico en una hoja en blanco.
I have to stick these newspaper cuttings on a blank sheet of paper.

1 (= juntar) stick /stɪk/ (stuck, stuck /stʌk/)

2 ▷ Dice que su hermano le pega.
He says that his brother hits him.

▷ Me pegó una patada en la pierna.
He kicked my leg.

▷ Le pegaron un puñetazo en la cara.
They punched him in the face.

2 (= golpear) hit /hɪt/ (hit, hit)
ℹ️ En inglés, las diferentes formas de pegar a alguien tienen traducciones distintas. Así, **pegar una bofetada a alguien** se traduce por slap /slæp/, **pegar un puñetazo a alguien** por punch /pʌntʃ/, **pegar una patada a alguien** por kick /kɪk/, etc.

3 ▷ Mi hermana me pegó la gripe.
My sister gave me the flu.

3 ▶ **pegar algo a alguien** (= contagiar): give /gɪv/ somebody something (gave /geɪv/, given /ˈgɪvən/)

pegatina

▷ Dentro de cada paquete hay una pegatina gratis.
There is a free sticker in every packet.

sticker /ˈstɪkər/

peinar

1 ▷ Mi hermana pequeña no quiere que mi madre la peine.
My little sister doesn't want my mother to comb her hair.

1 ▶ **peinar a alguien:** comb /kəʊm/ somebody's hair /heər/
🔊 La b de comb no se pronuncia; comb rima con home.

2 ▷ Me lavé y me peiné en dos minutos.
I washed and combed my hair in two minutes.

2 ▶ **peinarse:** comb one's hair
ℹ️ Fíjate cómo se construyen las diferentes personas: I comb my hair, you comb your hair, he combs his hair, she combs her hair, etc.

peine

▷ ¿Quién ha dejado pelos en mi peine?
Who's left hair on my comb?

comb /kəʊm/
🔊 La b de comb no se pronuncia; comb rima con home.

Pekín

▷ Pekín es la capital de China.
Beijing is the capital of China.

Beijing /beɪˈdʒɪŋ/
ℹ️ También se puede decir Peking /piːˈkɪŋ/.

peladilla

▷ Sofía nos dio peladillas después del bautizo de su hermano.
Sofía gave us some sugared almonds after her brother's christening.

sugared almond /ˈʃʊɡəd ˈɑːmənd/
(plural: sugared almonds)
◀ La l de almond no se pronuncia.

pelar

1 ▷ Esteban se come los melocotones sin pelarlos.
Esteban eats peaches without peeling them.
2 ▷ Se me está pelando la nariz.
My nose is peeling.

1 (= quitar la piel a) peel /piːl/

2 ▶ pelarse (la piel): peel /piːl/

peldaño

▷ Ten cuidado, el último peldaño es más alto.
Be careful, the last step is higher.

step /step/

pelea

▷ Hubo una pelea en el patio.
There was a fight in the playground.

fight /faɪt/
◀ La igh de fight se pronuncia como la i de like.

pelearse

▷ Mis hermanos siempre están peleándose.
My brothers are always fighting.

▷ Se peleó con un compañero de clase.
He had a fight with a classmate.

fight /faɪt/ (fought, fought /fɔːt/)
◀ La igh de fight se pronuncia como la i de like; fought rima con sort.
▶ pelearse con alguien: have a fight with somebody (had, had)

película

▷ ¿Has visto su última película?
Have you seen his latest film?

(de cine) film /fɪlm/
⸁ También se dice movie /ˈmuːvɪ/, especialmente en inglés americano.

peligro

▷ Está grave pero fuera de peligro.
He's seriously ill but out of danger.

▷ Ese enchufe es un peligro.
That plug is dangerous.

danger /ˈdeɪndʒəʳ/
◀ La a de danger se pronuncia como la a de make.
▶ ser un peligro: be dangerous /ˈdeɪndʒərəs/
◀ La a de dangerous se pronuncia como la a de make. La g se pronuncia como la dg de bridge.

peligroso, peligrosa

▷ Es peligroso cruzar la calle por aquí.
It's dangerous to cross the road here.

dangerous /ˈdeɪndʒərəs/ (más peligroso more dangerous, el más peligroso the most dangerous)
◀ La a de dangerous se pronuncia como la a de make. La g se pronuncia como la dg de bridge.

pelirrojo, pelirroja

▷ Elena es pelirroja.
Elena has red hair.

► **ser pelirrojo:** have red hair
/red ˈheəʳ/ (**had, had**)

pelma

▷ ¡No seas pelma y déjame estudiar!
Don't be a pain and let me study!

► **ser pelma o un pelma:** be a
pain /peɪn/

ℹ Tanto **pelma** como pain son
términos familiares.

pelo

▷ Tengo el pelo sucio.
My hair is dirty.
▷ ¡Hay un pelo en mi plato!
There's a hair on my plate!
▷ El baño estaba lleno de pelos.
The bathroom was full of hair.

hair /heəʳ/
◄» hair rima con care y where.
► **un pelo:** a hair

ℹ Fíjate en el ejemplo cómo hair
normalmente no se coloca en plural.

pelota

1 ▷ ¡Pásame la pelota!
Pass me the ball!
▷ Tengo que comprar pelotas de tenis.
I have to buy some tennis balls.
2 ▷ Pablo es un pelota.
Pablo is a creep.

1 (= balón) ball /bɔːl/

► **pelota de tenis:** tennis ball
/ˈtenɪs bɔːl/ (plural: **tennis balls**)
2 (= adulador) creep /kriːp/
ℹ Tanto **pelota** como creep son
términos familiares.

peluca

▷ Su madre lleva peluca.
Her mother wears a wig.

wig /wɪɡ/
► **llevar peluca:** wear /weəʳ/ a
wig (**wore** /wɔːʳ/, **worn** /wɔːn/)

peluche

▷ La cama de Estela está llena de peluches.
Estela's bed is covered in cuddly toys.
▷ Tengo un oso de peluche enorme.
I've got a huge teddy bear.

(= muñeco) cuddly toy /ˈkʌdlɪ tɔɪ/
(plural: cuddly toys)
► **oso de peluche:** teddy bear
/ˈtedɪbeəʳ/ (plural: **teddy bears**)

peludo, peluda

▷ Tiene los brazos muy peludos.
He has very hairy arms.

hairy /ˈheərɪ/ (más peludo hairier
/ˈheərɪəʳ/, el más peludo the hairiest
/ˈheərɪɪst/)
◄» La ai de hairy rima con la a de care
y la ea de bear.

peluquería

▷ Hay una peluquería en esta calle.
There's a hairdresser's in this street.

hairdresser's /ˈheədresəz/
◄» La ai de hairdresser's rima con la a
de care y la ea de bear.

peluquero, peluquera

▷ El peluquero me lavó el pelo.
The hairdresser washed my hair.

▷ Mi hermana mayor es peluquera.
My older sister is a hairdresser.

hairdresser /ˈheədresər/

◀) La ai de hairdresser rima con la a de care y la ea de bear.

ℹ No te olvides de colocar el artículo a o an delante del nombre de la profesión cuando aparece detrás de los verbos be o become.

pena

1 ▷ Me dio pena y le di dinero.
I felt sorry for him and I gave him some money.
▷ Esos cachorros abandonados me dan mucha pena.
I feel really sorry for those abandoned puppies.
2 ▷ Es una pena que no puedas venir con nosotros.
It's a pity you can't come with us.
▷ Suspendieron la excursión por la lluvia. - ¡Qué pena!
They cancelled the trip because of the rain - What a pity!
3 ▷ ¿Vale la pena ver esta película?
Is it worth seeing this film?
4 ▷ No vale la pena darse prisa.
There's no point hurrying.

1 Para hablar de la pena que se siente por alguien en inglés, se utiliza la expresión feel sorry for /fiːl ˈsɒri fɔːr/ somebody (felt, felt /felt/)

2 ► es una pena que... (= una lástima): it's a pity... /ɪts ə ˈpɪti/
► ¡qué pena!: what a pity!

3 ► valer la pena + infinitivo: be worth /wɜːθ/ + -ing
4 ► no vale la pena + infinitivo: there's no point /ðeəz nəʊ ˈpɔɪnt/ + -ing

penalti

▷ Marqué dos penaltis.
I scored two penalties.

penalty /ˈpenəlti/ (plural: penalties /ˈpenəltiz/)

◀) El acento recae sobre la primera sílaba pe-.

pendiente

▷ Mario lleva un pendiente pequeño.
Mario wears a small earring.

(= adorno que se pone en la oreja)
earring /ˈɪərɪŋ/

península

▷ La casa está en una pequeña península.
The house is on a small peninsula.
▷ La Península Ibérica está formada por España y Portugal.
The Iberian Peninsula is formed by Spain and Portugal.

peninsula /pəˈnɪnsjʊlə/

► la Península Ibérica: the Iberian /aɪˈbɪəriən/ Peninsula

penique

▷ Costó 50 peniques.
It cost fifty pence.

penny /'penɪ/ (plural: pence /pens/)
i El plural de pence normalmente se abrevia, diciéndose p (se pronuncia como la letra P, que rima con tea, key y free): it cost 50p.

pensar

▷ ¿Tú que piensas?
What do you think?
▷ Pensamos salir mañana.
We're thinking of leaving tomorrow.
▷ ¿Qué piensas de su nueva película?
What do you think of his new film?
▷ Ayer pensé en ti.
I thought about you yesterday.
▷ ¿Crees que vendrá? - Yo pienso que sí.
Do you think she will come? - I think so.

think /θɪŋk/ (thought, thought /θɔːt/)

► **pensar + infinitivo** (= planear): think of + -ing
► **pensar de:** think of
► **pensar en:** think about
► **pienso que sí:** I think so /aɪ 'θɪŋk səʊ/

penúltimo, penúltima

▷ La respuesta está en el penúltimo capítulo.
The answer is in the penultimate chapter o
▷ *The answer is in the last chapter but one.*

penultimate /pɪ'nʌltɪmət/ o last... but one /'lɑːst bʌt 'wʌn/

peonza

▷ Mis padres jugaban con peonzas.
My parents used to play with tops.

top /tɒp/

peor

1 ▷ Hoy me encuentro peor.
I feel worse today.
▷ El ordenador de Amalia es peor que el mío.
Amalia's computer is worse than mine.
2 ▷ Alfonso es el peor alumno de la clase.
Alfonso is the worst pupil in the class.

1 worse /wɜːs/
◀ worse rima con purse.
► **peor que...:** worse than...

2 ► **el peor/la peor:** the worst /wɜːst/
◀ worst rima con burst y first.

pepino

▷ Compra tres pepinos.
Buy three cucumbers.

cucumber /'kjuːkʌmbəʳ/
◀ La primera u de cucumber se pronuncia como la palabra inglesa you. La segunda u se pronuncia como la u de cut.

pepita

▷ Estas mandarinas están llenas de pepitas.
These mandarins are full of pips.

pip /pɪp/
◥ En inglés americano se dice pit /pɪt/.

pequeño, pequeña

1 ▷ Esta es la habitación más pequeña de la casa.
  This is the smallest room in the house.
  ▷ Alberto está pequeño para su edad.
  Alberto is small for his age.
2 ▷ Cuando era pequeña, jugaba con muñecas.
  When I was little, I played with dolls.
3 ▷ Mi hermana pequeña se llama Bárbara.
  My little sister is called Bárbara.

1 (= de poco tamaño o altura) small /smɔːl/ (más pequeño smaller /ˈsmɔːləʳ/, el más pequeño the smallest /ˈsmɔːlɪst/)
2 (= joven) little /ˈlɪtəl/
i También se puede decir small.
3 (= de poca edad) little /ˈlɪtəl/

pera

▷ Esa pera estaba deliciosa.
  That pear was delicious.

pear /peəʳ/
◀ pear rima con hair y where.

percha

▷ Pon la chaqueta en una percha.
  Put your jacket on a hanger.

(para colgar la ropa dentro del armario) hanger /ˈhæŋəʳ/
i A la percha que está fija en la pared se le llama coat hook /ˈkəʊt hʊk/ (plural: coat hooks). A la percha de pie se le llama coat stand /ˈkəʊt stænd/ (plural: coat stands)

perchero

▷ Deja el abrigo en el perchero.
  Leave your coat on the coat stand.

coat stand /ˈkəʊt stænd/ (plural: coat stands)
i Al perchero que está fijo en la pared se le llama coat rack /ˈkəʊt ræk/ (plural: coat racks).

perder

1 ▷ Jugaron muy bien pero perdieron el partido.
  They played very well but they lost the match.

2 ▷ Perdí la cartera.
  I lost my wallet.

3 ▷ Si no te das prisa vas a perder el tren.
  If you don't hurry up you're going to miss the train.

4 ▷ Perdimos el tiempo para nada.
  We wasted time for nothing.

5 ▷ Es muy fácil perderse en Londres.
  It's very easy to get lost in London.

6 ▷ Me perdí el principio de la película.
  I missed the beginning of the film.

1 (= salir derrotado) lose /luːz/ (lost, lost /lɒst/)
◀ lose rima con choose y whose.
2 (= extraviar) lose /luːz/ (lost, lost /lɒst/)
3 (= no llegar) miss /mɪs/
4 ► perder el tiempo: waste time /weɪst ˈtaɪm/
5 ► perderse (= extraviarse): get lost /get ˈlɒst/ (got lost, got lost /gɒt ˈlɒst/)
6 ► perderse (= no ver o escuchar): miss /mɪs/

perdido, perdida

▷ Estoy perdido, ¿sabe cómo se va a la estación?
  I'm lost, do you know the way to the station?

lost /lɒst/

perdón

1 ▷ Te debería pedir perdón.
He should apologize to you.

2 ▷ Perdón, no te vi.
Sorry, I didn't see you.
3 ▷ Perdón, ¿puedo pasar?
Excuse me, can I get past?
4 ▷ Perdón, ¿puedes repetir?
Sorry, could you say that again?

1 ► **pedir perdón a alguien:**
apologize /ə'pɒlədʒaɪz/ to somebody
◀ La g de apologize se pronuncia como la dg de bridge.
2 (para pedir disculpas) **sorry** /'sɒrɪ/
3 (para pedir que alguien se aparte) **excuse me** /ɪk'skjuːs miː/
4 (cuando no se ha entendido algo) **sorry** /'sɒrɪ/
i También se puede decir pardon.

perdonar

▷ Nunca te perdonaré.
I will never forgive you.
▷ Nunca me perdonó lo que le dije.
She never forgave me for what I said to her.

forgive /fə'gɪv/ (forgave /fə'geɪv/, forgiven /fə'gɪvən/)
i Fíjate en el uso de la preposición for en inglés.

perejil

▷ Este arroz tiene demasiado perejil.
There's too much parsley in this rice.

parsley /'paːslɪ/
◀ parsley rima con free y tea.

pereza

▷ Me da pereza salir hoy por la noche.
I can't be bothered going out tonight.

► **me da pereza + infinitivo: I can't be bothered + -ing** /aɪ kɑːnt bɪ 'bɒðəd/

perezoso, perezosa

▷ ¡Qué perezoso eres! ¡Levántate!
You're so lazy! Get up!

lazy /'leɪzɪ/ (más perezoso lazier /'leɪzɪəʳ/, el más perezoso the laziest /'leɪzɪɪst/)
◀ La a de lazy se pronuncia como la a de make.

perfectamente

1 ▷ Lo hizo perfectamente.
He did it perfectly.
2 ▷ Sabes perfectamente qué ocurrió.
You know perfectly well what happened.

3 ▷ Me encuentro perfectamente, gracias.
I feel fine, thanks.

1 (= muy bien) **perfectly**
2 ► **saber algo perfectamente** (= sobradamente): **know** something **perfectly well** /'pɜːfektlɪ wel/
3 (hablando de cómo se encuentra alguien) **fine** /faɪn/
◀ La i de fine se pronuncia como la i de like.

perfecto, perfecta

▷ La redacción está perfecta, no cambies nada.
The essay is perfect, don't change anything.

▷ Tomás se cree perfecto.
Tomás thinks he's perfect.

perfect /ˈpɜːfɪkt/ (más perfecto more perfect, el más perfecto the most perfect)

► **se cree perfecto:** he thinks he's perfect

perfumarse

▷ Antes de salir siempre se perfuma.
She always puts perfume on before going out.

put perfume on /pʊt ˈpɜːfjuːm ɒn/ (put, put)

◄ La u de perfume se pronuncia como la palabra inglesa you. El acento recae sobre la primera sílaba per-.

perfume

▷ Mmm, ¡qué perfume tan delicioso! ¿Qué es?
Mmm, what a nice perfume! What is it?

perfume /ˈpɜːfjuːm/

◄ La u de perfume se pronuncia como la palabra inglesa you. El acento recae sobre la primera sílaba per-.

perilla

▷ Mi primo se ha dejado bigote y perilla.
My cousin has grown a moustache and a goatee.

goatee /ˈɡəʊtiː/

◄ La goa de goatee se pronuncia como el verbo inglés go.

periódico

▷ Mi padre compra el periódico todos los días.
My father buys the newspaper every day.

newspaper /ˈnjuːspeɪpəʳ/

ℹ También se puede decir paper /ˈpeɪpəʳ/.

periodista

▷ Los periodistas hicieron varias preguntas al presidente.
The journalists asked the president some questions.

▷ A Juliana le gustaría ser periodista.
Juliana would like to be a journalist.

journalist /ˈdʒɜːnəlɪst/

◄ La -our- de journalist se pronuncia como la ir de bird y la ur de turn.

ℹ No te olvides de colocar el artículo a o an delante del nombre de la profesión cuando aparece detrás de los verbos be o become.

periodo

▷ Es un periodo difícil para ella.
It's a difficult period for her.

period /ˈpɪərɪəd/

◄ La e de period se pronuncia como la ee de week.

periquito

▷ Mi tía tiene un periquito en una jaula.
My aunt has a budgie in a cage.

budgie /ˈbʌdʒɪ/

perla

▷ Mi madre tiene un collar de perlas.
My mother has a pearl necklace.

pearl /pɜːl/
► de perlas: pearl
◀) pearl rima con girl.

permiso

1 ▷ Voy a pedirle permiso al profesor.
I'm going to ask the teacher for permission.

▷ Mis padres me dieron permiso para salir.
My parents gave me permission to go out.

2 ▷ Para poder conducir un camión necesitas un permiso especial.
You need to obtain a special licence to drive a lorry.

▷ He perdido mi permiso de conducir.
I've lost my driving licence.

1 (= autorización) permission /pəˈmɪʃən/
◀) permission rima con freshen.
► dar permiso a alguien para hacer algo: give somebody permission to do something (gave /geɪv/, given /ˈɡɪvən/)
2 (= documento) licence /ˈlaɪsəns/
ℹ En algunos casos se dice permit /ˈpɜːmɪt/ en vez de licence. Por ejemplo: permiso de trabajo = work permit, permiso de residencia = residence permit.
► permiso de conducir: driving licence /ˈdraɪvɪŋ ˈlaɪsəns/ (plural: driving licences /ˈdraɪvɪŋ ˈlaɪsənsɪz/)
⌐¬ permiso de conducir se dice driving licence en inglés británico y driver's license /ˈdraɪvrz ˈlaɪsəns/ en inglés americano. Fíjate que en inglés británico se escribe licence con c y en inglés americano se escribe license con s.

permitir

1 ▷ Espero que mis padres me permitan ir a la fiesta.
I hope my parents will allow me to go to the party.
▷ No está permitido.
It's not allowed.
2 ▷ Sus estudios le permitieron encontrar un buen trabajo.
His studies enabled him to find a good job.

3 ▷ Se pueden permitir ir de vacaciones al Caribe.
They can afford to go on holiday to the Caribbean.
▷ En este momento no me lo puedo permitir.
I can't afford it at the moment.

1 ► permitir a alguien hacer algo (= autorizar): allow somebody to do something /duː/
◀) La ow de allow se pronuncia como la ow de de cow.
2 ► permitir a alguien hacer algo (cuando el sujeto es una cosa): enable somebody to do something /duː/
3 Para hablar del dinero que alguien puede gastar se utiliza el verbo afford /əˈfɔːd/ precedido del verbo auxiliar can

pero

▷ Te ayudaría, pero ahora no tengo tiempo.
I'd help you, but I don't have the time right now.

but /bʌt/

perpendicular

▷ La avenida es perpendicular al río.
The avenue is perpendicular to the river.

perpendicular /pɜːpənˈdɪkjʊləʳ/
◀ El acento recae sobre la tercera sílaba -di-.
ℹ Fíjate en la preposición que se usa en inglés: **perpendicular a** = perpendicular to.

perrito caliente

▷ ¿Quieres mayonesa en tu perrito caliente?
Do you want mayonnaise on your hot dog?

hot dog /ˈhɒt dɒg/ (plural: hot dogs)

perro

▷ El perro de Natalia es muy divertido.
Natalia's dog is very funny.

dog /dɒg/

perseguir

▷ Silvia persiguió a Pepe en el patio.
Silvia chased Pepe in the playground.

(= correr detrás de) chase /tʃeɪs/
◀ La a de chase se pronuncia como la a de make; chase rima con face.

persiana

▷ Baja la persiana, hace demasiado sol.
Lower the blind, it's too sunny.

blind /blaɪnd/
◀ La i de blind se pronuncia como la i de like.

persona

▷ Sólo vino una persona.
Only one person came.

▷ Varias personas se fueron antes del final.
Several people left before the end.

▷ Tuvimos que pagar 5 euros por persona.
We had to pay 5 euros each.

person /ˈpɜːsən/ (plural: people /ˈpiːpəl/)
◀ El acento recae sobre la primera sílaba per-.
▶ **por persona: each** /iːtʃ/

personaje

▷ El personaje principal de la película es un médico.
The main character in the film is a doctor.

(de un libro, una película, una obra de teatro) character /ˈkærəktəʳ/
◀ La ch de character se pronuncia como una k.

personal

1 ▷ Es un problema personal.
It's a personal problem.

2 ▷ La empresa no tiene suficiente personal.
The company doesn't have enough staff.

3 ▷ Es su tercera personal.
It's his third personal foul.

1 (adjetivo, = privado) personal /ˈpɜːsənəl/
◀ El acento recae sobre la primera sílaba per-.
2 (nombre, = trabajadores) staff /stɑːf/
3 (nombre, = falta en baloncesto) personal foul /ˈpɜːsənəl faʊl/ (plural: personal fouls)

personalidad

▷ Tiene una personalidad bastante desagradable.
She has quite an unpleasant personality.

personality /pɜːsəˈnælɪtɪ/
◀» El acento recae sobre la tercera sílaba -na-.

personalmente

▷ Personalmente, preferiría el martes.
Personally, I'd prefer Tuesday.

personally /ˈpɜːsənəlɪ/
◀» El acento recae sobre la primera sílaba per-.

persuadir

▷ La persuadimos para que viniera al cine con nosotros.
We persuaded her to come to the cinema with us.

persuade /pəˈsweɪd/
► **persuadir a alguien para que haga algo: persuade** somebody **to do** something /duː/

pertenecer

▷ Esta impresora pertenece a mi hermano.
This printer belongs to my brother.

► **pertenecer a alguien: belong to** somebody /bɪˈlɒŋ tʊ/

Perú

▷ ¿Cuál es la capital de Perú?
What's the capital of Peru?

Peru /pəˈruː/

peruano, peruana

1 ▷ Tengo varios amigos peruanos.
I've got several Peruvian friends.
▷ Blanca es peruana.
Blanca's Peruvian.

1 (adjetivo) **Peruvian** /pəˈruːvɪən/
ℹ Se escribe siempre con mayúscula, como todos los adjetivos y nombres ingleses que se refieren a la nacionalidad.

2 ▷ Se casó con un peruano.
She married a Peruvian.

2 (nombre) **un peruano, una peruana: a Peruvian**

pesa

▷ Estuvo una hora en el gimnasio levantando pesas.
He was in the gym for an hour lifting weights.

► **pesas: weights** /weɪts/
◀» **weights** se pronuncia igual que **waits**.

pesadilla

▷ Anoche tuve una pesadilla horrible.
I had a horrible nightmare last night.

nightmare /ˈnaɪtmeəʳ/
◀» **nightmare** rima con **hair** y **where**.

pesado, pesada

1 ▷ ¡Qué pesada es esta maleta!
This suitcase is really heavy!

1 (= que pesa mucho) **heavy** /ˈhevɪ/
(más pesado **heavier** /ˈhevɪəʳ/, el más pesado the **heaviest** /ˈhevɪɪst/)
◀» La **ea** de **heavy** se pronuncia como la **e** de **bed**.

2 ▷ ¡No seas pesado y déjame estudiar!
Don't be a pain and let me study!

2 ► **ser pesado o un pesado:**
be a pain /peɪn/
ℹ️ Tanto **pesado** como **pain** son términos familiares.

pesar

▷ El médico me pesó y me midió.
The doctor weighed and measured me.
▷ Susana pesa cuarenta kilos.
Susana weighs forty kilos.
▷ Rafa se pesa todas las mañanas.
Rafa weighs himself every morning.

weigh /weɪ/
🔊 **weigh** rima con **day**; el pasado **weighed** rima con **made**.

► **pesarse:** **weigh** oneself
ℹ️ Fíjate cómo se usa el pronombre reflexivo en inglés: I weigh **myself**, you weigh **yourself**, he weighs **himself**, she weighs **herself**, etc.

pesca

▷ Marcos estaba leyendo una revista de pesca.
Marcos was reading a fishing magazine.
▷ Voy mucho de pesca con mi padre.
I often go fishing with my father.

fishing /ˈfɪʃɪŋ/

► **ir de pesca:** go **fishing** (went, gone/been)

pescadería

▷ La pescadería está cerrada los lunes.
The fishmonger's is closed on Mondays.

fishmonger's /ˈfɪʃmʌŋgəz/
🔊 La **o** de **fishmonger's** se pronuncia como la **u** de **cut**.

pescadero, pescadera

▷ Pídele un kilo de bacalao al pescadero.
Ask the fishmonger for a kilo of cod.

▷ El abuelo de Raquel era pescadero.
Raquel's grandfather was a fishmonger.

fishmonger /ˈfɪʃmʌŋgəʳ/
🔊 La **o** de **fishmonger** se pronuncia como la **u** de **cut**.
ℹ️ No te olvides de colocar el artículo **a** o **an** delante del nombre de la profesión cuando aparece detrás de los verbos **be** o **become**.

pescadilla

▷ Me encanta la pescadilla.
I love whiting.

whiting /ˈwaɪtɪŋ/
🔊 La primera **i** se pronuncia como la **i** de **white**.

pescado

▷ Comemos pescado una vez por semana.
We eat fish once a week.

fish /fɪʃ/
ℹ️ La palabra inglesa **fish** también significa **pez**.

pescador

▷ Los pescadores cogieron langostas y cangrejos.
The fishermen caught lobsters and crabs.

fisherman /ˈfɪʃəmən/ (plural: fishermen /ˈfɪʃəmən/)
ℹ️ **fisherman** se refiere al pescador que va en un barco y utiliza las redes para pescar. Al pescador de caña se le llama **angler** /ˈæŋgləʳ/.

pescar

1 ▷ Aprendí a pescar con mi abuelo.
I learned to fish with my grandfather.

2 ▷ Antonio pescó dos truchas.
Antonio caught two trout.

1 (= intentar coger peces) fish /fɪʃ/

2 ► **pescar algo** (= coger):
catch /kætʃ/ something (**caught, caught** /kɔːt/)

pesimista

1 ▷ ¡No seas tan pesimista!
Don't be so pessimistic!

2 ▷ Es un pesimista, ve problemas por todas partes.
He's a pessimist, he sees problems everywhere.

1 (adjetivo) pessimistic /pesɪˈmɪstɪk/ (más pesimista more pessimistic, el más pesimista the most pessimistic)

2 ► **un o una pesimista** (nombre): a pessimist /ˈpesɪmɪst/
◀) El acento recae sobre la primera sílaba pe-.
✎ pessimist no es adjetivo.

peso

▷ Bárbara está siempre hablando de sus problemas de peso.
Bárbara is always talking about her weight problems.

▷ He vuelto a ganar peso.
I've put on weight again.

weight /weɪt/
◀) weight rima con late.

► **ganar peso**: put on weight /pʊt ɒn ˈweɪt/ weight (put, put)

pesquero, pesquera

1 ▷ La industria pesquera española es muy importante.
The Spanish fishing industry is very important.

2 ▷ Los pesqueros estaban amarrados en el puerto.
The fishing boats were moored in the harbour.

1 (adjetivo, = de la pesca) fishing /ˈfɪʃɪŋ/
ℹ Con este significado, fishing es un nombre usado como adjetivo. Sólo se puede colocar delante del nombre, nunca después.

2 (nombre, = barco de pesca) fishing boat /ˈfɪʃɪŋ bəʊt/ (fishing boats)

pestaña

▷ Se me ha metido una pestaña en el ojo.
I've got an eyelash in my eye.

eyelash /ˈaɪlæʃ/ (plural: eyelashes /ˈaɪlæʃɪz/)
◀) La eye de eyelash se pronuncia igual que el pronombre personal I.

pestillo

▷ Echa el pestillo antes de irte a dormir.
Bolt the door before you go to bed.

► **echar el pestillo** (a una puerta): bolt the door /bəʊlt ðə ˈdɔːr/

pétalo

▷ Las flores están perdiendo los pétalos.
The flowers are losing their petals.

petal /ˈpetəl/

petardo

▷ Estaban echando petardos en la calle.
They were letting off firecrackers in the street.

firecracker /ˈfaɪəkrækəʳ/
► echar petardos: let off /let ˈɒf/
firecrackers (let, let)

petróleo

▷ El precio del petróleo subió.
The price of oil went up.

oil /ɔɪl/

petrolero

▷ Un petrolero naufragó cerca de la costa.
An oil tanker sank near the coast.

oil tanker /ɔɪl ˈtæŋkəʳ/ (plural: oil tankers)

petrolífero, petrolífera

▷ Hay muchos pozos petrolíferos en esta región.
There are a lot of oil wells in this region.

oil /ɔɪl/
ℹ Con este significado, oil es un nombre usado como adjetivo. Sólo se puede colocar delante del nombre, nunca después.

pez

▷ Mi padre pescó dos peces grandes.
My father caught two big fish.

fish /fɪʃ/
ℹ El plural es invariable: two fish.
ℹ La palabra inglesa fish también significa pescado.

▷ Emilio tiene más de veinte peces de colores.
Emilio has more than twenty goldfish.

► pez de colores: goldfish /ˈgəʊldfɪʃ/
ℹ El plural de goldfish es invariable: twenty goldfish.

pianista

▷ La pianista llevaba un traje negro.
The pianist was wearing a black dress.

pianist /ˈpɪənɪst/

piano

▷ Me gusta mucho el sonido del piano.
I like the sound of the piano very much.

piano /pɪˈænəʊ/
◀ El acento recae sobre la segunda sílaba -a-.

▷ Pablo toca el piano muy bien.
Pablo plays the piano very well.

► tocar el piano: play /pleɪ/ the piano

▷ No hay suficiente espacio para un piano de cola.
There isn't enough room for a grand piano.

► piano de cola: grand piano /grænd pɪˈænəʊ/ (plural: grand pianos)

picadura

1 ▷ Tengo una picadura de mosquito en el brazo.
I've got a mosquito bite on my arm.

1 (de insecto o reptil) bite /baɪt/
◀ La i de bite se pronuncia como la i de like.

2 ▷ Las picaduras de avispa son muy dolorosas.
Wasp stings are very painful.

2 (de avispa, abeja) sting /stɪŋ/

picante

▷ Esta salsa está muy picante.
This sauce is really spicy.

spicy /'spaɪsɪ/ (más picante spicier /'spaɪsɪəʳ/, el más picante the spiciest /'spaɪsɪɪst/)

◀ La i de spicy se pronuncia como la i de like.

picar

1 ▷ Le picó una serpiente venenosa.
He got bitten by a poisonous snake.

▷ Me picó una avispa.
I got stung by a wasp.

2 ▷ Me pican los ojos.
My eyes are stinging.

3 ▷ ¡Cómo pica esta salsa!
This sauce is really hot!

1 ► me picó... (hablando de una mosquito o una serpiente): I got bitten by... /aɪ gɒt 'bɪtən baɪ/
► me picó... (hablando de una avispa o una abeja): I got stung by... /aɪ gɒt 'stʌŋ baɪ/

2 Para decir que te escuece algo en inglés se usa el verbo sting /stɪŋ/ (stung, stung /stʌŋ/).

3 (= estar picante) be hot /hɒt/

picnic

▷ Como hizo buen tiempo hicimos un picnic en la playa.
As the weather was nice, we had a picnic on the beach.

picnic /'pɪknɪk/
► hacer un picnic: have a picnic /'pɪknɪk/ (had, had)

pico

1 ▷ El pájaro llevaba un pez en el pico.
The bird had a fish in its beak.

2 ▷ Es el pico más alto de los Pirineos.
It's the highest peak in the Pyrenees.

1 (de un pájaro) beak /biːk/
◀ beak rima con week.

2 (= montaña) peak /piːk/
◀ peak rima con week.

pie

▷ Me duelen los pies.
My feet hurt.

▷ Te esperaremos al pie de la colina.
We'll wait for you at the foot of the hill.

▷ Fuimos a pie hasta la estación.
We walked to the station.

▷ Cuando el director entró nos pusimos de pie.
When the headmaster came in we stood up.

(= de una persona, de una montaña, de una cama) foot /fʊt/ (plural: feet)
► ir a pie: walk /wɔːk/
◀ La l de walk no se pronuncia; walk rima con pork.

► ponerse de pie: stand up /stænd 'ʌp/ (stood up, stood up /stʊd/)

piedra

▷ Le tiraron piedras.
They threw stones at him.

▷ El puente es de piedra.
The bridge is made of stone.

▷ Hay un muro de piedra alrededor del campo.
There's a stone wall around the field.

stone /stəʊn/
◀ stone rima con moan y own.
► ser de piedra: be made of stone
► de piedra: stone /stəʊn/

piel

1 ▷ María tiene la piel muy suave.
María has very smooth skin.
▷ Las faldas de piel están de moda.
Leather skirts are in fashion.

2 ▷ La modelo llevaba un abrigo de piel.
The model was wearing a fur coat.

1 (de personas y animales) skin /skɪn/
▶ de piel (= de cuero): leather
/ˈleðəʳ/
◀) La ea de leather se pronuncia
como la e de bed.
2 (con pelo) fur /fɜːʳ/
▶ de piel: fur

pierna

▷ Se cayó y se hizo una herida en la pierna.
He fell and injured his leg.

leg /leg/

pieza

1 ▷ El mecánico cambió una pieza del motor.
The mechanic changed a part in the engine.
2 ▷ Este puzzle tiene 500 piezas.
This jigsaw puzzle has 500 pieces.

1 (de un mecanismo) part /pɑːt/

2 (= unidad) piece /piːs/
◀) piece se pronuncia igual que la
palabra inglesa peace.

pijama

▷ Este pijama es muy bonito.
These pyjamas are really nice.
▷ ¿Te has traído el pijama?
Did you bring your pyjamas?

pyjamas /pəˈdʒɑːməz/
i pyjamas es una palabra en plural y
se usa con un verbo en plural, como en
el ejemplo de la izquierda.
⁊ En inglés americano se escribe
pajamas.

pila

1 ▷ Tengo que cambiarle las pilas a la radio.
I have to change the radio's batteries.
2 ▷ Esa pila de libros se va a caer.
That pile of books is going to collapse.

1 (= pila eléctrica) battery /ˈbætərɪ/
(plural: batteries /ˈbætərɪz/)
2 (= columna) pile /paɪl/
◀) La i de pile se pronuncia como la i
de like.

píldora

▷ Tengo que tomar tres tipos diferentes de
píldoras.
I have to take three different kinds of pills.
▷ Sandra está tomando la píldora.
Sandra is on the pill.

pill /pɪl/

▶ estar tomando la píldora
(anticonceptiva): be on the pill /ɒn
ðə ˈpɪl/

piloto

1 ▷ El piloto me mostró los controles.
The pilot showed me the controls.
2 ▷ Es un piloto de carreras muy famoso.
He's a very famous racing driver.

1 (= de avión) pilot /ˈpaɪlət/
◀) La i de pilot se pronuncia como la i
de like.
2 (= de coche, moto) driver
/ˈdraɪvəʳ/
◀) La i de driver se pronuncia como la
i de like.

pimienta

▷ Pásame la pimienta, por favor.
Pass me the pepper, please.

pepper /ˈpepər/
ℹ Fíjate que **pimienta** y **pimiento** se dicen igual en inglés, **pepper**.

pimiento

▷ La pizza tiene pimientos rojos y verdes.
The pizza has red and green peppers.

pepper /ˈpepər/
ℹ Fíjate que **pimiento** y **pimienta** se dicen igual en inglés, **pepper**.

pinar

▷ Hay un pinar cerca de donde vivo.
There's a pine wood near where I live.

pine wood /ˈpaɪn wʊd/ (plural: pine woods)
🔊 La i de **pine** se pronuncia como la i de **like**.

pincel

▷ Necesito un pincel más grande para pintar el cielo.
I need a bigger paintbrush to paint the sky.

paintbrush /ˈpeɪntbrʌʃ/ (plural: paintbrushes /ˈpeɪntbrʌʃɪz/)

pinchadiscos

▷ Contrataron a un pinchadiscos para la fiesta.
They hired a DJ for the party.

DJ /ˌdiːˈdʒeɪ/ (plural: DJs /ˌdiːˈdʒeɪz/)
🔊 Se pronuncia como si fueran dos letras sueltas, "d" /diː/ + "j" /dʒeɪ/.

pinchar

1 ▷ Félix pinchó el globo de Jacinto.
Félix burst Jacinto's balloon.

1 (= hacer estallar) burst /bɜːst/ (burst, burst /bɜːst/)
🔊 **burst** rima con **first**.

2 ▷ Pinchamos cuando íbamos por la autopista.
We had a puncture while driving along the motorway.

2 (= tener un pinchazo en la rueda) have a puncture /ˈpʌŋktʃər/ (had, had)
🔊 **puncture** rima con **butcher**.

3 ▷ Para participar en la competición, pincha aquí.
Click here to enter the competition.

3 (= hacer clic con el ratón) click /klɪk/

4 ▷ Me pinché con una aguja.
I pricked myself with a needle.

4 ► **pincharse**: prick oneself /prɪk/
ℹ Fíjate cómo se usa el pronombre reflexivo en inglés: I pricked **myself**, you pricked **yourself**, he pricked **himself**, she pricked **herself**, etc.

pinchazo

1 ▷ Sufrimos un pinchazo al volver a casa.
We had a puncture on the way home.

1 (= en el neumático) puncture /ˈpʌŋktʃər/
🔊 **puncture** rima con **butcher**.
► **sufrir un pinchazo**: have a puncture /ˈpʌŋktʃər/ (had, had)

2 ▷ Se dio un pinchazo con un alfiler.
She pricked herself with a pin.

2 ► **darse un pinchazo** (=
pincharse): **prick** oneself /prɪk/
i Fíjate cómo se usa el pronombre
reflexivo en inglés: I pricked **myself**, you
pricked **yourself**, he pricked **himself**,
she pricked **herself**, etc.

ping-pong

▷ Iosu ganó el torneo de ping-pong.
Iosu won the table tennis tournament.

▷ Podríamos jugar al ping-pong.
We could play table tennis.

table tennis /ˈteɪbəl ˈtenɪs/
i También se puede decir ping-pong
/ˈpɪŋpɒŋ/.
► **jugar al ping-pong:** play /pleɪ/
table tennis
i También se puede decir play ping-
pong.

pingüino

▷ Los pingüinos caminan de una forma muy
divertida.
Penguins walk very funnily.

penguin /ˈpeŋgwɪn/
◄)) El acento recae sobre la primera
sílaba pen-.

pino

▷ Hay muchos pinos en esta región.
There are a lot of pine trees in this region.

pine tree /ˈpaɪn triː/ (plural: pine
trees)
◄)) La i de pine se pronuncia como la i
de like.

pinta

▷ Tienes pinta de estar cansado.
You look tired.
▷ Ese pastel tiene muy buena pinta.
That cake looks really good.

► **tener pinta de...** (= tener
aspecto de): look... /lʊk/
► **tener buena pinta:** look good
/lʊk ˈgʊd/

pintalabios

▷ Siempre llevo pintalabios en el bolso.
I always carry lipstick in my bag.

lipstick /ˈlɪpstɪk/

pintar

▷ Linda pinta muy bien.
Linda paints very well.
▷ Mis padres no quieren que me pinte las uñas.
My parents don't want me to paint my nails.

paint /peɪnt/
► **pintarse las uñas:** paint one's
nails /neɪlz/
i El pronombre en inglés funciona de
la siguiente forma: I paint **my** nails, you
paint **your** nails, she paints **her** nails, we
paint **our** nails, they paint **their** nails.

pintor, pintora

▷ Matisse fue un pintor muy famoso.
Matisse was a very famous painter.
▷ Mi primo es pintor.
My cousin is a painter.

painter /ˈpeɪntər/
i No te olvides de colocar el artículo
a o **an** delante del nombre de la
profesión cuando aparece detrás de los
verbos **be** o **become**.

pintura

1 ▷ Esta pintura es del siglo XVII.
This painting is from the seventeenth century
2 ▷ Compra dos latas de pintura blanca.
Buy two tins of white paint.

1 (= cuadro) painting /ˈpeɪntɪŋ/

2 (= material) paint /peɪnt/

pinza

1 ▷ Necesito más pinzas.
I need more pegs.
2 ▷ ¿Me podrías dejar tus pinzas?
Could you lend me your tweezers?

1 (para colgar la ropa) peg /peg/

2 ► pinzas (= instrumento):
tweezers /ˈtwiːzəz/

piña

▷ Esta piña no está madura.
This pineapple isn't ripe.

pineapple /ˈpaɪnæpəl/
◀ La i de pineapple se pronuncia como la i de like.

piñón

▷ Pon unos piñones en la ensalada.
Put some pine nuts in the salad.

pine nut /ˈpaɪn nʌt/ (plural: pine nuts)
◀ La i de pine se pronuncia como la i de like.

piojo

▷ Mi hermano tiene piojos.
My brother has lice.

louse /laʊs/ (plural: lice /laɪs/)
◀ louse rima con house.

pipa

1 ▷ El tabaco que mi abuelo pone en su pipa huele muy bien.
The tobacco my grandfather puts in his pipe smells really nice.
▷ El dueño del café fumaba en pipa.
The cafe owner was smoking a pipe.
2 ▷ Compra dos paquetes de pipas.
Buy two packs of sunflower seeds.

1 (para fumar) pipe /paɪp/
◀ La i de pipe se pronuncia como la i de like.

► fumar en pipa: smoke /sməʊk/ a pipe

2 ► pipas (= semillas de girasol):
sunflower seeds /ˈsʌnflaʊə siːdz/

pipí

▷ ¿Podríamos parar? Quiero hacer pipí.
Can we stop? I want to have a pee.

► hacer pipí: have a pee /piː/ (had, had)

ⓘ Tanto hacer pipí como have a pee son términos familiares.

piragua

▷ Bajamos por el río en una piragua.
We went down the river in a canoe.

canoe /kəˈnuː/
◀ La oe de canoe se pronuncia como la oo de too.

pirámide

▷ Cuando fuimos a Egipto visitamos las pirámides.
When we went to Egypt we visited the pyramids.

pyramid /ˈpɪrəmɪd/
◀ El acento recae sobre la primera sílaba py-.

piraña

▷ Había varias pirañas en el acuario.
There were some piranhas in the aquarium.

piranha /pɪˈrɑːnə/
◀ La h de piranha no se pronuncia.

pirata

▷ Fuimos a ver una película de piratas.
We went to see a pirate film.

pirate /ˈpaɪərət/
◀ La i de pirate se pronuncia como la i de like.

Pirineos

▷ Pasamos las vacaciones en los Pirineos.
We spent our holidays in the Pyrenees.

► los Pirineos: the Pyrenees /pɪrəˈniːz/

piruleta

▷ Compré piruletas para todo el mundo.
I bought lollipops for everybody.

lollipop /ˈlɒlɪpɒp/

pis

▷ ¿Podríamos parar? Quiero hacer pis.
Can we stop? I want to have a pee.

► hacer pis: have a pee /piː/ (had, had)
ℹ Tanto hacer pis como have a pee son términos familiares.

pisada

1 ▷ Escuchamos pisadas en el piso de arriba.
We heard footsteps in the upstairs flat.
2 ▷ Había varias pisadas en la nieve.
There were several footprints in the snow.

1 (= ruido de pies) footstep /ˈfʊtstep/
2 (= huella dejada por los pies) footprint /ˈfʊtprɪnt/

pisar

▷ ¡Oh, no, he pisado un chicle!
Oh, no, I've trodden on a piece of chewing gum!

tread on /ˈtred ɒn/ (trod /trɒd/, trodden /ˈtrɒdən/)
◀ tread rima con bed.

piscina

▷ ¿Te vienes a la piscina con nosotros?
Are you coming to the swimming pool with us?

swimming pool /ˈswɪmɪŋ puːl/
(plural: swimming pools)
ℹ También se puede decir simplemente pool.

piso

1 ▷ Vive con su madre en un piso en el centro.
He lives with his mother in a flat in the town centre.

2 ▷ Vivo en el tercer piso.
I live on the third floor.

1 (= casa) flat /flæt/

⌐ En inglés americano se dice apartment /əˈpɑːtmənt/

2 (= planta) floor /flɔːʳ/

pisotón

▷ Alfonso me dio un pisotón.
Alfonso stamped on my foot.

► **dar un pisotón a alguien:** stamp on somebody's foot /fʊt/

pista

1 ▷ Había muy poca nieve en la pista.
There was very little snow on the slope.

2 ▷ Alicia se entrena en la pista del estadio.
Alicia trains on the stadium track.

3 ▷ El avión tuvo que esperar quince minutos en la pista.
The plane had to wait for fifteen minutes on the runway.

4 ▷ No había nadie en la pista de baile.
There was nobody on the dance floor.

5 ▷ Dame una pista.
Give me a clue.

1 (de esquí) slope /sləʊp/

2 (de atletismo) track /træk/

3 (de aeropuerto) runway /ˈrʌnweɪ/

4 ► **pista de baile:** dance floor (plural: **dance floors**)

5 (= información para adivinar algo) clue /kluː/

◀)) clue rima con too.

pistacho

▷ Compré pistachos para la ensalada.
I bought some pistachios for the salad.

pistachio /pɪsˈtɑːʃɪəʊ/

◀)) La ch de pistachio se pronuncia como la sh de shop.

pistola

▷ El ladrón tenía una pistola.
The thief had a gun.

gun /gʌn/

◀)) La u de gun se pronuncia como la u de cut.

pitido

▷ Escuché un pitido. Era Luis llamando a su perro.
I heard a whistle. It was Luis calling his dog.

whistle /ˈwɪsəl/

◀)) La h y la t de whistle no se pronuncian.

pitillo

▷ Se estaban fumando un pitillo a escondidas.
They were smoking a cigarette in secret.

cigarette /sɪgəˈret/

◀)) cigarette rima con get.

pizarra

▷ El profesor escribió la fórmula en la pizarra.
The teacher wrote the formula on the blackboard.

▷ Odio salir a la pizarra.
I hate going up to the blackboard.

blackboard /ˈblækbɔːd/

◀)) blackboard rima con lord.

► **salir a la pizarra:** go up /ʌp/ to the blackboard (went /went/, gone/been /biːn/gɒn/)

pizza

▷ Esta pizza está deliciosa.
This pizza is delicious.

pizza /ˈpiːtsə/

pizzería

▷ Hay una pizzería muy buena cerca del colegio.
There is a very good pizzeria near the school.

pizzeria /pɪtsəˈrɪə/

placa

1 ▷ Nos dieron una placa conmemorativa.
They gave us a commemorative plaque.

2 ▷ ¿Viste la placa de matrícula del coche?
Did you see the car's number plate?

1 (= inscripción) plaque /plæk/
◀ La que de plaque se pronuncia como una k.

2 ▶ placa de matrícula:
number plate /ˈnʌmbə pleɪt/
(plural: number plates)

plaga

▷ Hay una plaga de ratas en la ciudad.
There's a plague of rats in the city.

plague /pleɪɡ/
◀ La a de plague se pronuncia como la a de make. La ue no se pronuncia.

plan

▷ El plan de paz fue aprobado por todas las partes.
The peace plan was approved by all the sides.
▷ Tengo planes para esta noche.
I've got plans for tonight.

plan /plæn/

▶ tener planes: have plans
/plænz/ (had, had)

plancha

▷ La plancha no funciona.
The iron isn't working.

iron /ˈaɪən/
◀ La r de iron no se pronuncia; iron rima con lion.

planchar

▷ Tengo que planchar esta camisa.
I've got to iron this shirt.

iron /ˈaɪən/
◀ La r de iron no se pronuncia; iron rima con lion.

planear

1 ▷ ¿Qué planeáis hacer durante las vacaciones?
What do you plan to do during the holidays?
2 ▷ El águila planeó en el cielo durante dos horas.
The eagle glided in the sky for two hours.

1 (= pensar hacer) plan /plæn/

2 (= flotar en el aire) glide /glaɪd/
◀ La i de glide se pronuncia como la i de like.

planeta

▷ Sergio se sabe los nombres de todos los planetas.
Sergio knows the names of all the planets.

planet /ˈplænət/
◀ El acento recae sobre la primera sílaba pla-.

plano, plana

1 ▷ Para jugar a este juego hace falta una superficie plana.
You need a flat surface to play this game.
2 ▷ ¿Tienes un plano de la ciudad?
Do you have a map of the city?

1 (adjetivo, = llano) flat /flæt/ (más plano flatter /ˈflætəʳ/, el más plano the flattest /ˈflætɪst/)
2 (sustantivo, = mapa) map /mæp/

planta

1 ▷ Es una planta que crece muy rápidamente.
It's a plant that grows very fast.
2 ▷ La oficina de mi padre está en la quinta planta.
My father's office is on the fifth floor.
3 ▷ Tengo una herida en la planta del pie.
I have a cut on the sole of my foot.

1 (= vegetal) plant /plɑːnt/
2 (= piso) floor /flɔːʳ/
3 (= parte inferior del pie) sole /səʊl/

plantar

▷ Mi padre plantó dos árboles en el jardín.
My father planted two trees in the garden.

(árboles, arbustos) plant /plɑːnt/

plástico

▷ Es un plástico muy duro.
It's a very hard plastic.
▷ Esta silla es de plástico.
This chair is made of plastic.
▷ Ponlo en una bolsa de plástico.
Put it in a plastic bag.

plastic /ˈplæstɪk/

► ser de plástico: be made of plastic
► de plástico: plastic

plastilina

▷ Hicimos un elefante con plastilina.
We made an elephant out of Plasticine.

Plasticine® /ˈplæstɪsiːn/
ℹ El símbolo ® significa que Plasticine es una marca registrada.

plata

▷ La plata es más barata que el oro.
Silver is cheaper than gold.
▷ Esta pulsera es de plata.
This bracelet is made of silver.
▷ Mi madre tiene un anillo de plata.
My mother has a silver ring.

silver /ˈsɪlvəʳ/

► ser de plata: be made of silver
► de plata: silver

plataforma

▷ Construyeron una plataforma para la orquesta.
They built a platform for the orchestra.

platform /ˈplætfɔːm/
◀) El acento recae sobre la primera sílaba plat-.

plátano

▷ ¿Quieres un plátano o una naranja?
Do you want a banana or an orange?

(= fruto) banana /bəˈnɑːnə/
◀) El acento recae sobre la segunda sílaba -na-.

platillo

▷ Dice que vio un platillo volante.
He says he saw a flying saucer.

▶ **platillo volante:** flying saucer /ˈflaɪɪŋ ˈsɔːsəʳ/ (plural: flying saucers)

◀ La au de saucer se pronuncia como la o de horse.

plato

1 ▷ Pon la carne en el plato blanco.
Put the meat on the white plate.

2 ▷ La paella es mi plato favorito.
Paella is my favourite dish.

3 ▷ La comida estaba deliciosa, especialmente el primer plato.
The meal was delicious, especially the first course.

1 (hablando del recipiente) plate /pleɪt/

2 (hablando de la comida) dish /dɪʃ/ (plural: dishes /ˈdɪʃɪz/)

3 (hablando de la parte de una comida) course /kɔːs/

◀ course rima con horse.

playa

▷ La playa está a cinco minutos de aquí.
The beach is five minutes from here.

beach /biːtʃ/

◀ La ea de beach se pronuncia como la ee de week.

plaza

▷ Hay una fuente en el medio de la plaza.
There is a fountain in the middle of the square.

(de una ciudad) square /skweəʳ/

◀ square rima con hair y where.

plomo

▷ El plomo es un metal muy pesado.
Lead is a very heavy metal.

(metal) lead /led/

◀ lead rima con bed.

◀ No confundas la pronunciación de esta palabra con la del verbo lead /led/, que significa, entre otras cosas, conducir o dirigir.

▷ Los obreros colocaron tuberías de plomo.
The workers laid some lead pipes.

▶ **de plomo:** lead

pluma

1 ▷ Encontré una pluma muy bonita en el bosque.
I found a really beautiful feather in the forest.

2 ▷ Le regalamos una pluma para su cumpleaños.
We gave him a pen for his birthday.

1 (de un ave) feather /ˈfeðəʳ/

◀ La ea de feather se pronuncia como la e de bed.

2 (para escribir) pen /pen/

plumaje

▷ Esa ave tiene el plumaje amarillo.
That bird has yellow plumage.

(de un ave) plumage /ˈpluːmɪdʒ/

◀ La u de plumage se pronuncia como la oo de too; plumage rima con bridge. El acento recae sobre la primera sílaba plu-.

plural

▷ ¿Cuál es el plural de "knife"?
What's the plural of "knife"?

▷ Este adjetivo está en plural.
This adjective is in the plural.

plural /ˈpluərəl/
◀) El acento recae sobre la primera sílaba plu-.
► en plural: in the plural

población

▷ ¿Cuál es la población de China?
What's the population of China?

(= cantidad de habitantes)
population /pɒpjʊˈleɪʃən/
◀) La a de population se pronuncia como la a de make; population rima con freshen. El acento recae sobre la tercera sílaba -la-.

pobre

▷ Es un país muy pobre.
It's a very poor country.

▷ Pobre Juan, se rompió el brazo.
Poor Juan, he broke his arm.

▷ ¡Pobre, debe estar muy asustada!
Poor thing, she must be very scared!

poor /pʊəʳ/ (más pobre poorer
/ˈpʊərəʳ/, el más pobre the poorest
/ˈpʊərɪst/)

► ¡pobre!: poor thing! /pʊə
ˈθɪŋ/

pobreza

▷ La mayoría de la población de ese país vive en la pobreza.
The majority of the population of that country is living in poverty.

poverty /ˈpɒvəti/
► vivir en la pobreza: live in poverty /lɪv ɪn ˈpɒvəti/

pocilga

▷ Los cerdos duermen en la pocilga.
The pigs sleep in the pigsty.

pigsty /ˈpɪgstaɪ/ (plural: pigsties
/ˈpɪgstaɪz/)
◀) La y de pigsty se pronuncia como la i de like.

poco

1 ▷ Come poco, por eso está tan delgada.
She doesn't eat much, that's why she's so thin.

1 (= no mucho) not much /nɒt
ˈmʌtʃ/
i El verbo se coloca entre el not y el much. A menudo el not aparece contraído como -n't.

2 ▷ Les veo muy poco.
I don't see them very often.

2 (= no muchas veces) not very
often /nɒt ˈverɪ ˈɒfən/
i El verbo se coloca entre el not y el very often. A menudo el not aparece contraído como -n't.

3 ▷ Tienen poco dinero pero se las arreglan.
They don't have much money but they manage.

▷ Poca gente sabe que existe.
Not many people know that it exists.

4 ▷ Me acostumbré poco a poco.
I got used to it little by little.

5 ▷ Come un poco antes de salir.
Eat a little before you go.

▷ Es un poco rara.
She's a bit strange.

6 ▷ Queda un poco de leche.
There's a little milk left.

▷ Dame un poco de queso.
Give me a bit of cheese.

3 ▶ **poco + sustantivo singular**: not much + nombre singular
ℹ El verbo se coloca entre el **not** y el **much**. A menudo el **not** aparece contraído como **-n't**.
▶ **poco + sustantivo plural**: not many /nɒt ˈmenɪ/ + nombre plural

4 ▶ **poco a poco**: little by little /ˈlɪtəl baɪ ˈlɪtəl/

5 ▶ **un poco**: a little /ˈlɪtəl/
ℹ También se puede decir **a bit**, que es una expresión más familiar.

6 ▶ **un poco de + nombre**: a little /ˈlɪtəl/ + nombre
ℹ También se puede decir **a bit of** /ˈbɪt əv/ + nombre, que es una expresión más familiar.

podar

▷ Están podando los árboles de mi calle.
They are pruning the trees in my street.

prune /pruːn/
ℹ La **e** de **prune** desaparece para formar el gerundio: **pruning**.

poder (nombre)

▷ Están en el poder desde hace cuatro años.
They've been in power for four years.

power /ˈpaʊəʳ/
▶ **estar en el poder**: be in power
🔊 La **ow** de **power** se pronuncia como la **ow** de de **cow**.

poder (verbo)

1 ▷ ¿Puedes ayudarme?
Can you help me?

▷ ¿Podrías llamarme esta noche, por favor?
Could you phone me tonight, please?

▷ No podré venir mañana.
I won't be able to come tomorrow.

▷ ¡Me lo podrías haber dicho!
You could have told me!

2 ▷ La excursión ha sido muy larga, ¡ya no puedo más!
The trip has been very long, I'm exhausted!

3 ▷ He comido demasiado, ya no puedo más.
I've eaten too much, I'm full.

1 **poder** se traduce casi siempre por el verbo auxiliar can /kæn/
ℹ En el condicional y el pasado **can** se convierte en **could** /kʊd/.
ℹ En el futuro, se usa **be able to** /ˈeɪbəl tʊ/.
ℹ Para el condicional pasado se usa **could have** + participio pasado.
2 Para expresar que alguien está muy cansado y no puede continuar con algo, se usa **be exhausted** /ɪgˈzɔːstɪd/
3 Para expresar que alguien ha comido mucho y está lleno, se usa **be full** /fʊl/

Sigue en la página siguiente

4 ▷ Puede que esté equivocada.
   She may be wrong.
 ▷ Puede que nieve.
   It may snow.

 ▷ ¿Vas a ir a la fiesta? - Puede ser.
   Are you going to the party? - Maybe.

> **4** Para expresar la posibilidad de que algo ocurra se usa el verbo auxiliar **may** /meɪ/. Mientras que en español **puede** va seguido de un verbo en subjuntivo, en inglés se usa el verbo en infinitivo sin **to**.
> ► **puede ser:** maybe /ˈmeɪbɪ/

poderoso, poderosa

 ▷ Es uno de los países más poderosos del mundo.
   It's one of the most powerful countries in the world.

> powerful /ˈpaʊəfʊl/ (más poderoso more powerful, el más poderoso the most powerful)
> 🔊 La ow de powerful se pronuncia como la ow de de cow.

podrido, podrida

 ▷ La madera estaba podrida.
   The wood was rotten.

> rotten /ˈrɒtən/
> 🔊 La e es casi muda ("rotn").

poema

 ▷ Me sé este poema de memoria.
   I know this poem by heart.

> poem /ˈpəʊəm/

poesía

1 ▷ Estamos estudiando la poesía del siglo XIX.
   We're studying nineteenth-century poetry.
2 ▷ Es una poesía muy bonita de Lorca.
   It's a very nice poem by Lorca.

> **1** ► la poesía (= las obras):
> poetry /ˈpəʊətrɪ/
> **2** ► una poesía (= un poema):
> a poem /ˈpəʊəm/

poeta

 ▷ ¿Cuál es tu poeta favorito?
   Who's your favourite poet?

> poet /ˈpəʊət/

polaco, polaca

1 ▷ Tengo varios amigos polacos.
   I've got several Polish friends.
 ▷ Agnieszka es polaca.
   Agnieszka's Polish.

> **1** (adjetivo) Polish /ˈpəʊlɪʃ/
> 🔊 La o de Polish se pronuncia como la o de go. No confundas la pronunciación de esta palabra con la de la palabra polish /ˈpɒlɪʃ/, que significa, entre otras cosas, **dar brillo a** o **betún**.
> **i** se escribe siempre con mayúscula, como todos los adjetivos y nombres ingleses que se refieren a la nacionalidad.

2 ▷ Se casó con un polaco.
   She married a Pole.

> **2** (nombre) un polaco, una polaca: a Pole

3 ▷ El polaco es un idioma difícil.
Polish is a difficult language.

3 (el idioma) **Polish**

ℹ Los nombres de los idiomas se escriben siempre con mayúscula en inglés.

⚑ Fíjate que no se usa artículo delante del nombre del idioma, no se dice the Polish.

polar

▷ En las regiones polares el clima es muy frío.
In the polar regions the climate is very cold.

polar /ˈpəʊləʳ/

◄ El acento recae sobre la primera sílaba po-.

policía

1 ▷ Había policías por todas partes.
There were police officers everywhere.

▷ Una policía me indicó el camino.
A policewoman showed me the way.

1 (nombre masculino y femenino. = agente de policía) **police officer** /pəˈliːs ˈɒfɪsəʳ/

◄ police rima con grease.

ℹ Para distinguir entre hombres y mujeres, se dice policeman /pəˈliːsmən/ (plural: policemen /pəˈliːsmən/) para el hombre y policewoman /pəˈliːswʊmən/ (plural: policewomen /pəˈliːswɪmɪn/) para la mujer.

2 ▷ La policía llegó inmediatamente.
The police arrived straight away.

2 ► **la policía** (nombre femenino, la organización): **the police** /pəˈliːs/

ℹ police es un nombre en plural. Se dice, por ejemplo, the police are not to blame (= la policía no tiene la culpa).

polideportivo

▷ Están construyendo un polideportivo en el barrio.
They are building a sports centre in the neighbourhood.

sports centre /spɔːts ˈsentəʳ/ (plural: **sports centres**)

⏚ Se escribe sports centre en inglés británico y sports center /spɔːts ˈsentər/ en inglés americano.

política

1 ▷ No me interesa la política.
I'm not interested in politics.

1 (= asuntos públicos) **politics** /ˈpɒlɪtɪks/

ℹ Aunque se escribe con una s al final, politics es un nombre en singular. Se dice, por ejemplo, politics is interesting (= la política es interesante).

2 ▷ Algunas personas no están de acuerdo con la política económica del gobierno.
Some people don't agree with the government's economic policy.

2 (= medidas) **policy** /ˈpɒlɪsɪ/ (plural: policies /ˈpɒlɪsɪz/)

político, política

1 ▷ Es un problema político.
   It's a political problem.
2 ▷ No me fío de lo que dicen los políticos.
   I don't trust what the politicians say.

1 (adjetivo, = de la política) political /pəˈlɪtɪkəl/
2 (nombre, = persona que trabaja en la política) politician /pɒlɪˈtɪʃən/
🔊 politician rima con freshen.

pollito

▷ Esos pollitos son muy monos.
  Those chicks are very cute.

(= pollo pequeño) chick /tʃɪk/

pollo

▷ Quiero pollo con patatas fritas.
  I'd like chicken and chips.

chicken /ˈtʃɪkɪn/

polo

1 ▷ Le regalamos un polo verde.
   We gave him a green polo shirt.
2 ▷ Quería un polo de limón.
   I'd like a lemon ice lolly.

1 (= camiseta) polo shirt /ˈpəʊləʊ ʃɜːt/ (plural: polo shirts)
2 (= helado) ice lolly /aɪs ˈlɒlɪ/ (plural: ice lollies)
🖐 polo se dice ice lolly en inglés británico y Popsicle® /ˈpɒpsɪkəl/ en inglés americano.

3 ▷ Finalmente llegaron al Polo Norte.
   They finally reached the North Pole.
  ▷ En el Polo Sur sólo viven científicos.
   Only scientists live at the South Pole.

3 ▶ el polo Norte: the North Pole /nɔːθ ˈpəʊl/
▶ el Polo Sur: the South Pole /saʊθ ˈpəʊl/

Polonia

▷ ¿Cuál es la capital de Polonia?
  What's the capital of Poland?

Poland /ˈpəʊlənd/

polución

▷ La polución es un problema muy grave en las grandes ciudades.
  Pollution is a very serious problem in big cities.

pollution /pəˈluːʃən/
🔊 pollution rima con freshen. El acento recae sobre la segunda sílaba -lu-.

polvo

1 ▷ Este cuarto está lleno de polvo.
   This room is full of dust.

  ▷ Quítale el polvo a la mesa.
   Dust the table.
2 ▷ Son unos polvos que se toman con agua.
   It's a powder you take with water.

1 (= suciedad) dust /dʌst/
🔊 La u de dust se pronuncia como la u de cut.
▶ quitar el polvo a algo: dust something
2 ▶ polvos (de un producto): powder /ˈpaʊdər/

pomada

▷ Esta pomada te sentará bien.
  This ointment will do you good.

ointment /ˈɔɪntmənt/
🔊 oi se pronuncia como la oy de boy.

pomelo

▷ Desayuné un pomelo.
I had a grapefruit for breakfast.

grapefruit /ˈɡreɪpfruːt/
🔊 La a de grapefruit se pronuncia
como la a de make; grapefruit rima
con boot.

pomo

▷ Giró el pomo y empujó la puerta.
He turned the knob and pushed the door.

knob /nɒb/
🔊 La k de knob no se pronuncia.

poner

1 ▷ Pon tus cosas en la cama.
Put your things on the bed.

2 ▷ ¿Puedo poner la radio?
Can I put the radio on?

3 ▷ Nada más salir se puso a llover.
As soon as we went out it started raining.

4 ▷ Ponte las gafas de sol.
Put your sunglasses on.

1 (= colocar) put /pʊt/ (put, put)

2 (= encender) put on (put on, put on)

3 ▶ **ponerse a + infinitivo**
(= comenzar): start /stɑːt/ + verbo + -ing

4 ▶ **ponerse** (hablando de gafas, un abrigo, maquillaje): put on (put on, put on)

poni

▷ Había cuatro ponis en el establo.
There were four ponies in the stable.

pony /ˈpəʊnɪ/ (plural: ponies /ˈpəʊnɪz/)
🔊 La o de pony se pronuncia como la oa de boat.
ℹ️ Fíjate que pony se escribe con y en inglés.

popular

▷ Esta canción es muy popular entre los jóvenes.
This song is very popular with young people.

popular /ˈpɒpjʊləʳ/ (más popular more popular, el más popular the most popular)
🔊 El acento recae sobre la primera sílaba po-.

por

1 ▷ Esta novela fue escrita por Cervantes
This novel was written by Cervantes.

2 ▷ Te lo mandaré por correo electrónico.
I'll send it to you by e-mail.

3 ▷ Tuvimos que pasar por el bosque.
We had to go through the forest.

4 ▷ Hizo eso por celos.
He did that out of jealousy.

5 ▷ Gana mil euros por mes.
He earns a thousand euros a month.

6 ▷ Tres por tres igual a nueve.
Three times three is nine.

1 (hablando del autor de algo) by /baɪ/

2 (indicando el medio) by /baɪ/

3 (= atravesando) through /θruː/

4 (hablando del motivo de una acción) out of /ˈaʊt əv/

5 (= cada) a /ə/

6 (en multiplicaciones) times /taɪmz/

Sigue en la página siguiente

7 ▷ Ven por la mañana.
Come in the morning.

7 ► **por la mañana/tarde** (= indicando el tiempo del día): **in the morning/afternoon** /ˈmɔːnɪŋ / ɑːftəˈnuːn/

▷ Por la noche siempre estoy en casa.
I'm always home at night.

► **por la noche: at night** /naɪt/

8 ▷ No hay muchas tiendas por aquí.
There aren't many shops round here.

8 ► **por aquí** (= en esta zona): **round here** /raʊnd ˈhɪəʳ/

9 ▷ Ven por aquí, es más corto.
Come this way, it's shorter.

9 ► **por aquí** (= por este camino): **this way** /ˈðɪs weɪ/

porcelana

▷ La porcela es muy frágil.
China is very fragile.

china /ˈtʃaɪnə/

◀) La i de china se pronuncia como la i de like.

ℹ También se puede decir **porcelain** /ˈpɔːsəlɪn/.

▷ ¿Es de porcelana?
Is it made of china?

▷ Mi madre tiene un jarrón de porcelana en el salón.
My mother has a china vase in the living room.

► **ser de porcelana: be made of china**

► **de porcelana: china**

porcentaje

▷ Ese alimento tiene un alto porcentaje de proteínas.
That food has a very high percentage of proteins.

percentage /pəˈsentɪdʒ/

◀) percentage rima con bridge. El acento recae sobre la segunda sílaba -cen-.

porción

▷ En este restaurante las porciones son minúsculas.
The portions are tiny in this restaurant.

portion /ˈpɔːʃən/

◀) portion rima con freshen. El acento recae sobre la primera sílaba -por-.

porque

▷ No fui a clase porque estaba enfermo.
I didn't go to school because I was ill.

because /bɪˈkɒz/

◀) La au de because se pronuncia como la o de dog.

por qué

▷ ¿Por qué no vienes con nosotros?
Why don't you come with us?

▷ ¿Te apetece ir al cine? - ¡Por qué no!
Do you feel like going to the cinema? - Why not!

why /waɪ/

► **¿por qué no?: why not?**

porquería

1 ▷ ¡Tu cuarto está lleno de porquería!
Your room is filthy!

1 ► **estar lleno de porquería** (= de suciedad): **be filthy** /ˈfɪlθɪ/

2 ▷ Este ordenador es una porquería.
This computer is rubbish.

3 ▷ Mis hermanos sólo comen porquerías.
My brothers only eat rubbish.

portaaviones

▷ Había un portaaviones en el puerto.
There was an aircraft carrier in the harbour.

portada

▷ Su foto apareció en la portada de la revista.
His photograph appeared on the cover of the magazine.

portaminas

▷ ¿Tienes un portaminas?
Do you have a propelling pencil?

portarse

▷ ¡Te estás portando como un niño!
You are behaving like a child!

▷ ¡Pórtate bien o no irás al cine!
Behave or you won't go to the cinema!

▷ Se portó mal y sus padres lo castigaron.
He behaved badly and his parents punished him.

portátil

▷ Mi padre trabaja en su portátil cuando estamos de vacaciones.
My father works on his laptop when we are on holiday.

portavoz

▷ Un portavoz del colegio dijo que el incendio fue fortuito.
A spokesperson for the school said the fire was accidental.

portazo

▷ Dio un portazo y se marchó.
He slammed the door and left.

---

2 ► **ser una porquería** (= de mala calidad): be rubbish /ˈrʌbɪʃ/

3 ► **porquerías** (de comer): rubbish /ˈrʌbɪʃ/

aircraft carrier /ˈeəkrɑːft ˈkærɪəʳ/ (plural: aircraft carriers)

(de una revista) cover /ˈkʌvəʳ/
◀) La o de cover se pronuncia como la u de cut.
ℹ A la portada de un periódico se le llama front page /frʌnt ˈpeɪdʒ/.

propelling pencil /prəˈpelɪŋ ˈpensəl/ (plural: propelling pencils)

behave /bɪˈheɪv/
◀) La a de behave se pronuncia como la a de make.

► **portarse bien**: behave

► **portarse mal**: behave badly

► **portátil o ordenador portátil**: laptop /ˈlæptɒp/

spokesperson /ˈspəʊkspɜːsən/
ℹ Para distinguir entre hombres y mujeres, se dice spokesman /ˈspəʊksmən/ (plural: spokesmen /ˈspəʊksmən/) para el hombre y spokeswoman /ˈspəʊkswʊmən/ (plural: spokeswomen /ˈspəʊkswɪmɪn/) para la mujer.

► **dar un portazo**: slam the door /slæm ðə ˈdɔːʳ/
ℹ slam se escribe con dos m en el gerundio (slamming /ˈslæmɪŋ/) y en el pasado y el participio (slammed /slæmd/).

portería

▷ Mi madre me estaba esperando en la portería.
My mother was waiting for me at the caretaker's office.

(de una casa o de un colegio)
caretaker's office /ˈkeəteɪkəz ˈɒfɪs/ (plural: caretaker's offices)

portero, portero

1 ▷ El portero tenía un paquete para mí.
The caretaker had a parcel for me.

2 ▷ El portero no nos dejó entrar.
The doorman didn't let us in.

3 ▷ El portero hizo varias paradas sensacionales.
The goalkeeper made some spectacular saves.

4 ▷ Nuestra casa tiene portero electrónico.
Our house has an entryphone.

1 (de una casa o de un colegio)
caretaker /ˈkeəteɪkəʳ/

2 (de una discoteca) doorman
/ˈdɔːmən/ (plural: doormen /ˈdɔːmən/)

3 (de fútbol, balonmano) goalkeeper
/ˈgəʊlkiːpəʳ/

4 ► portero electrónico:
entryphone /ˈentrɪfəʊn/

portorriqueño, portorriqueña

1 ▷ Tengo varios amigos portorriqueños.
I've got several Puerto Rican friends.

▷ Noelia es portorriqueña.
Noelia's Puerto Rican.

2 ▷ Se casó con una portorriqueña.
He married a Puerto Rican.

1 (adjetivo) Puerto Rican
/ˌpweətəʊ ˈriːkən/

i Se escribe siempre con mayúscula, como todos los adjetivos y nombres ingleses que se refieren a la nacionalidad.

2 (nombre) un portorriqueño, una portorriqueña: a Puerto Rican

Portugal

▷ La capital de Portugal es Lisboa.
The capital of Portugal is Lisbon.

Portugal /ˈpɔːtjʊgəl/

◄ El acento recae sobre la primera sílaba Por-.

portugués, portuguesa

1 ▷ La comida portuguesa es deliciosa.
Portuguese food is delicious.

▷ Henrique es portugués.
Henrique's Portuguese.

2 ▷ Se casó con una portuguesa.
He married a Portuguese woman.

▷ A los portugueses les encanta el fútbol.
The Portuguese love football.

1 (adjetivo) Portuguese /ˌpɔːtjʊˈgiːz/

◄ Portuguese rima con bees y cheese.

i Se escribe siempre con mayúscula, como todos los adjetivos y nombres ingleses que se refieren a la nacionalidad.

2 (nombre) un portugués, una portuguesa: (= hombre) a Portuguese man; (= chico) a Portuguese boy; (= mujer) a Portuguese woman; (= chica) a Portuguese girl

► los portugueses: the Portuguese

3 ▷ El portugués es una lengua muy parecida al español.
Portuguese is a language which is very similar to Spanish.

3 (el idioma) **Portuguese**
ℹ Los nombres de los idiomas se escriben siempre con mayúscula en inglés.
❢ Fíjate que no se usa artículo delante del nombre del idioma, no se dice the Portuguese.

posada

▷ Nos alojamos en una posada muy bonita.
We stayed at a very beautiful guesthouse.

guesthouse /ˈgesthaʊs/
◀ guest- rima con nest. La u no se pronuncia.

posarse

▷ El avión se posó con suavidad.
The plane landed gently.
▷ El pájaro se posó en una rama.
The bird perched on a branch.

(hablando de un avión) **land** /lænd/

(hablando de un pájaro) **perch** /pɜːtʃ/

posavasos

▷ Pon la copa encima de un posavasos.
Put the glass on a coaster.

coaster /ˈkəʊstəʳ/
◀ La oa de coaster se pronuncia como la o de go.
ℹ Al posavasos de cartón se le llama beer mat /ˈbɪə mæt/ (plural: beer mats).

posibilidad

▷ Hay varias posibilidades.
There are several possibilities.

possibility /pɒsɪˈbɪlɪtɪ/ (plural: possibilities)
◀ El acento recae sobre la tercera sílaba -bi-.

posible

▷ Tenemos que acabar esta redacción lo antes posible.
We have to finish this essay as soon as possible.

possible /ˈpɒsɪbəl/
▶ **lo antes posible:** as soon as possible /əz suːn əz ˈpɒsɪbəl/

posición

▷ Cambia la posición de los altavoces
Change the position of the speakers.

position /pəˈzɪʃən/
◀ position rima con freshen. El acento recae sobre la segunda sílaba -si-.

positivo, positiva

▷ Mi viaje a Inglaterra fue una experiencia muy positiva.
My trip to England was a very positive experience.

positive /ˈpɒzɪtɪv/ (más positivo more positive, el más positivo the most positive)
◀ El acento recae sobre la primera sílaba po-.

postal

▷ Mándanos una postal desde Cuba.
Send us a postcard from Cuba.

postcard /ˈpəʊstkɑːd/
◀) La o de postcard se pronuncia como la o de go.
ℹ La palabra postal en inglés sólo es adjetivo.

poste

1 ▷ El coche chocó contra un poste telefónico.
The car crashed into a telegraph pole.

1 (= madero en el que se apoyan cables) pole /pəʊl/
◀) La o de pole se pronuncia como la o de go; pole rima con goal.

2 ▷ La pelota dio en el poste.
The ball hit the post.

2 (= madero de la portería) post /pəʊst/
◀) La o de post se pronuncia como la o de go.

póster

▷ Las paredes de su cuarto están cubiertas de pósters.
His bedroom walls are covered in posters.

poster /ˈpəʊstəʳ/
◀) La o de poster se pronuncia como la o de go.

postre

▷ ¿Qué hay de postre?
What's for dessert?
▷ El helado es mi postre favorito.
Ice cream is my favourite dessert.

dessert /dɪˈzɜːt/
◀) Ten cuidado para no confundir la pronunciación de la palabra dessert, el acento recae sobre la última sílaba -sert con la de desert (= desierto), en la que el acento recae sobre la primera sílaba de-.

postura

▷ Dormí en una mala postura y ahora me duele el cuello.
I slept in an bad position and now my neck hurts.

position /pəˈzɪʃən/
◀) position rima con freshen. El acento recae sobre la segunda sílaba -si-.

potable

▷ Aquí no hay agua potable.
There is no drinking water here.

► agua potable: drinking water /ˈdrɪŋkɪŋ ˈwɔːtəʳ/

potencia

▷ A la reunión acudieron todas las potencias mundiales.
All the world powers attended the meeting.

(= país poderoso) power /ˈpaʊəʳ/
◀) La ow de power se pronuncia como la ow de cow.

potente

▷ Esta moto tiene un motor muy potente.
This motorbike has a very powerful engine.

powerful /ˈpaʊəfʊl/ (más potente more powerful, el más potente the most powerful)
◀) La ow de powerful se pronuncia como la ow de cow.

pozo

▷ El pozo es muy profundo.
The well is very deep.

well /wel/

potro

▷ La yegua y el potro nos estaban mirando.
The mare and the colt were looking at us.

(= caballo joven) colt /kəʊlt/
◀) La o de colt se pronuncia como la o de go.

práctica

▷ No sé montar muy bien, necesito más práctica.
I can't ride very well, I need more practice.

practice /ˈpræktɪs/
◀) practice rima con miss.

prácticamente

▷ Los niños se comieron prácticamente todo.
The children ate practically everything.

practically /ˈpræktɪkəlɪ/

practicar

▷ Para tocar el piano bien necesitas practicar mucho.
To play the piano well you need to practise a lot.
▷ ¿Qué deportes practicas?
Which sports do you do?

(hacer algo habitualmente) practise /ˈpræktɪs/
◀) practise rima con miss.

ℹ (hablando de un deporte) do /duː/
(did /dɪd/, done /dʌn/)

práctico, práctica

▷ Queremos comprarle un regalo práctico.
We want to buy him a practical gift.

practical /ˈpræktɪkəl/ (más práctico more practical, el más práctico the most practical)

pradera

▷ Cogimos flores en la pradera.
We picked some flowers in the meadow.

meadow /ˈmedəʊ/
◀) La ea de meadow se pronuncia como la e de bed.

prado

▷ Hay un prado cerca del colegio.
There's a meadow near the school.

meadow /ˈmedəʊ/
◀) La ea de meadow se pronuncia como la e de bed.

precio

▷ Los precios en esta ciudad son muy caros.
Prices in this city are very expensive.

price /praɪs/
ℹ Ten cuidado para no confundir la palabra price con la palabra prize /praɪz/ (= premio).

preciosidad

▷ Esa falda es una preciosidad.
That skirt is beautiful.

▶ ser una preciosidad: be beautiful /ˈbjuːtɪfʊl/
◀) La eau de beautiful se pronuncia como la palabra inglesa you.

precioso, preciosa

1 ▷ Tienen una casa preciosa.
They have a beautiful house.

1 (= muy bonito) **beautiful**
/ˈbjuːtɪfʊl/ (más precioso more
beautiful, el más precioso the most
beautiful)

🔊 La eau de beautiful se pronuncia
como la palabra inglesa you.

2 ▷ Mi madre tiene una pulsera con piedras
preciosas.
*My mother has a bracelet with precious
stones.*

2 (= muy valioso) **precious** /ˈpreʃəs/
(más precioso more precious, el más
precioso the most precious)

🔊 La ci de precious se pronuncia
como la sh de shop.

precipitarse

▷ No te precipites y piensa bien antes de
responder a su mensaje.
*Don't act rashly and think hard before replying
to his message.*

(= hacer algo imprudentemente) **act
rashly** /ækt ˈræʃlɪ/

predecir

▷ ¡No puedo predecir el futuro!
I can't predict the future.

predict /prɪˈdɪkt/

preferido, preferida

▷ ¿Cuál es tu comida preferida?
What's your favourite meal?

favourite /ˈfeɪvərɪt/

🔊 La a de favourite se pronuncia
como la a de make; favourite rima con
bit.

✂ En inglés americano se escribe
favorite.

preferir

▷ Prefiero la geografía a la historia.
I prefer geography to history.

prefer /prɪˈfɜːʳ/

ℹ prefer se escribe con dos r en el
gerundio (preferring /prɪˈfɜːrɪŋ/) y el
pasado y el participio (preferred
/prɪˈfɜːd/).

prefijo

▷ ¿Cuál es el prefijo de Londres?
What's the dialling code for London?

(telefónico) **dialling code** /ˈdaɪəlɪŋ
kəʊd/ (plural: dialling codes)

✂ prefijo se dice dialling code en
inglés británico y area code /ˈeərɪə
kəʊd/ (plural: area codes) en inglés
americano.

pregunta

▷ Me hizo una pregunta muy difícil.
He asked me a very difficult question.

question /ˈkwestʃən/
▶ **hacer una pregunta**: **ask** /ɑːsk/
a question

preguntar

▷ Si no sabes cómo hacerlo, pregúntale al profesor.
If you don't know how to do it, ask the teacher.
▷ Me preguntó la hora.
He asked me the time.
▷ Alguien pregunta por ti.
Somebody's asking for you.

ask /ɑːsk/

▶ **preguntar algo a alguien:** ask somebody something
▶ **preguntar por alguien:** ask for somebody

prehistoria

▷ Esta parte del museo está dedicada a la prehistoria.
This part of the museum is devoted to prehistory.

prehistory /priːˈhɪstəri/
◀» El acento recae sobre la segunda sílaba -his-.

prehistórico, prehistórica

▷ Los dinosaurios eran animales prehistóricos.
The dinosaurs were prehistoric animals.

prehistoric /priːhɪˈstɒrɪk/
◀» El acento recae sobre la tercera sílaba -to-.

premio

▷ Roberto ganó el primer premio.
Roberto won first prize.

prize /praɪz/
ℹ Ten cuidado para no confundir la palabra prize con la palabra price /praɪs/ (= precio).

prensa

▷ La prensa criticó la decisión.
The press criticized the decision.

▶ **la prensa** (= los periódicos): the press /pres/

preocupación

▷ Su mayor preocupación es la salud de su padre.
His biggest concern is his father's health.

concern /kənˈsɜːn/
◀» La segunda c de concern se pronuncia como una s; concern rima con burn.

preocuparse

▷ No te preocupes, todo va a salir bien.
Don't worry, everything will be OK.

(= estar intranquilo) worry /ˈwʌri/
◀» La o de worry se pronuncia como la u de cut.

preparado, preparada

1 ▷ La cena todavía no está preparada.
Dinner isn't ready yet.

1 (= listo) ready /ˈredi/
◀» La ea de ready se pronuncia como la e de bed; ready rima con Freddy.

2 ▷ No está preparado para hacer un trabajo tan complicado.
He's not qualified to do such a complicated job.

2 (= capacitado) qualified /ˈkwɒlɪfaɪd/

preparar

1 ▷ Voy a preparar la cena.
  I'm going to prepare dinner.
2 ▷ Prepárate, saldremos dentro de diez minutos.
  Get ready, we'll be leaving in ten minutes.

1 (= elaborar) prepare /prɪˈpeəʳ/
🔊 prepare rima con hair y where.
2 ▶ prepararse: get ready
/ˈredɪ/ (got, got)
🔊 La ea de ready se pronuncia como
la e de bed; ready rima con Freddy.

preposición

▷ "Con" es una preposición.
  "Con" is a preposition.

preposition /prepəˈzɪʃən/
🔊 preposition rima con freshen. El
acento recae sobre la tercera sílaba -si-.

presentación

1 ▷ La presentación de la comida era excelente.
  The presentation of the food was excellent.

2 ▷ Vale, voy hacer las presentaciones.
  Ok, I'm going to make the introductions.

1 (= hablando del aspecto exterior de
algo) presentation /prezənˈteɪʃən/
🔊 presentation rima con freshen. El
acento recae sobre la tercera sílaba -ta-.
2 ▶ hacer las presentaciones:
make the introductions (made,
made)

presentador, presentadora

▷ Trabaja como presentador en televisión.
  He works as a TV presenter.

presenter /prɪˈzentəʳ/

presentar

1 ▷ Le presenté a Sandra.
  I introduced Sandra to him.

▷ Te presento a mi hermano, Lucas.
  This is my brother, Lucas.
▷ Te presento a mis padres.
  These are my parents.
2 ▷ Tienes que presentar tu pasaporte en la aduana.
  You have to show your passport at customs.

3 ▷ No me gusta la periodista que presenta el
  telediario.
  I don't like the journalist who reads the news.
4 ▷ Pablo entró y se presentó.
  Pablo came in and introduced himself.

1 ▶ presentar alguien a
alguien: introduce /ɪntrəˈdjuːs/
somebody to somebody
ℹ Para presentar a alguien en inglés,
se dice this is... o these are...
dependiendo de si se trata de una o
varias personas.
2 (= mostrar) show /ʃəʊ/ (showed
/ʃəʊd/, shown /ʃəʊn/)
🔊 show rima con go; showed rima
con road.
3 (en televisión, hablando del telediario)
read /riːd/ (read, read /red/)
4 ▶ presentarse: introduce
/ɪntrəˈdjuːs/ oneself
ℹ Fíjate cómo se usa el pronombre
reflexivo en inglés: I introduce myself,
you introduce yourself, he introduces
himself, she introduces herself, etc.

presente

▷ Piensa más en el pasado que en el presente.
He thinks more about the past than about the present.
▷ Todo el mundo estaba presente.
Everybody was present.

▸ **el presente**: the present
/ˈprezənt/

▸ **estar presente**: be present
/ˈprezənt/

preservativo

▷ Tienes que tener cuidado y usar un preservativo.
You have to be careful and use a condom.

condom /ˈkɒndəm/

presidente

▷ El presidente hizo un discurso.
The president made a speech.

president /ˈprezɪdənt/
◀) El acento recae sobre la primera sílaba pre-.

presión

▷ Mi padre comprobó la presión de los neumáticos.
My father checked the pressure of the tyres.

pressure /ˈpreʃəʳ/
◀) pressure rima con fresher.

preso, presa

1 ▷ Estuvo presa diez años.
She was imprisoned for ten years.
2 ▷ Dos presos peligrosos se fugaron de la cárcel.
Two dangerous prisoners escaped from the jail.

1 (adjetivo, = en la cárcel)
imprisoned /ɪmˈprɪznd/
2 (nombre, = prisionero) prisoner
/ˈprɪzənəʳ/

préstamo

▷ Mis padres pidieron un préstamo.
My parents asked for a loan.

loan /ləʊn/
◀) loan rima con bone.

prestar

▷ ¿Me prestas diez euros?
Can you lend me ten euros?

▸ **prestar algo a alguien**: lend
/lend/ somebody something (**lent,**
lent /lent/)

presumido, presumida

▷ Virginia es una presumida.
Virginia is a show-off.

▸ **ser presumido o un**
presumido: be a show-off
/ˈsəʊɒf/

prever

▷ Nadie había previsto el problema.
Nobody had foreseen the problem.

foresee /fɔːˈsiː/ (foresaw /fɔːˈsɔː/,
foreseen /fɔːˈsiːn/)

previsión

▷ ¿Sabes cuál es la previsión del tiempo para mañana?
Do you know what the weather forecast for tomorrow is?

▸ **previsión del tiempo:**
weather forecast /ˈweðə
ˈfɔːkɑːst/

primavera

▷ En primavera siempre llueve mucho.
It always rains a lot in spring.

spring /sprɪŋ/

primero, primera

▷ Sólo tuve tiempo de hacer el primer ejercicio.
I only had time to do the first exercise.

first /fɜːst/

🔊 La i de first se pronuncia como la e de her.

primo, prima

▷ Quiero invitar a mi prima Clara.
I want to invite my cousin Clara.

cousin /ˈkʌzən/

🔊 La ou de cousin se pronuncia como la u de cut.

princesa

▷ La princesa se casó cuando tenía veinte años.
The princess got married when she was twenty.

princess /ˈprɪnses/ (plural: princesses /ˈprɪnsesɪz/)

principal

1 ▷ La principal diferencia entre los dos está en el precio.
The main difference between the two is the price.

2 ▷ Lo principal es que estés feliz.
The most important thing is that you're happy.

1 (= más importante) main /meɪn/

2 ▶ lo principal: the most important thing /məʊst ɪmˈpɔːtənt θɪŋ/

principalmente

▷ Es un problema principalmente económico.
It's a mainly economic problem.

mainly /ˈmeɪnlɪ/

príncipe

▷ El príncipe tiene 30 años.
The prince is thirty years old.

prince /prɪns/

principiante

▷ Soy sólo un principiante, me falta experiencia.
I'm just a beginner, I lack experience.

beginner /bɪˈɡɪnəʳ/

principio

1 ▷ ¿Te leíste el libro desde el principio?
Did you read the book from the beginning?

▷ Al principio no me gustó mucho.
At first I didn't like it much.

2 ▷ Es una chica de principios.
She's a girl who has got principles.

1 (= comienzo) beginning /bɪˈɡɪnɪŋ/
▶ al principio: at first

2 ▶ principios (= reglas): principles /ˈprɪnsɪpəlz/

prioridad

1 ▷ Da prioridad a los problemas de los jóvenes.
He gives priority to the problems of young people.

2 ▷ ¿Quién tiene prioridad en las rotondas?
Who has right of way at roundabouts?

1 (preferencia) priority /praɪˈɒrɪtɪ/ (plural: priorities)
◀» La primera i de priority se pronuncia como la i de like.
2 (en la carretera) right of way /ˈraɪt əv weɪ/

prisa

▷ Este trabajo corre mucha prisa.
This job is very urgent.

▷ Date prisa o llegaremos tarde.
Hurry up or we'll be late.

▷ Tengo prisa, no me puedo quedar.
I'm in a hurry, I can't stay.

► correr prisa: be urgent /ˈɜːdʒənt/
◀» La g de urgent se pronuncia como la dg de bridge.

► darse prisa: hurry up /ˈhʌrɪ ʌp/
ⓘ La y de hurry se convierte en ie en la tercera persona del singular del presente de indicativo (hurries /ˈhʌrɪz/), en el pasado y el participio (hurried /ˈhʌrɪd/).

► tener prisa: be in a hurry /ɪn ə ˈhʌrɪ/

prisión

▷ Mi abuela vive cerca de una prisión.
My grandmother lives near a prison.

prison /ˈprɪzən/
ⓨ Fíjate que prison se escribe sin i detrás de la s.
◀» El acento recae sobre la primera sílaba pri-.

prisionero, prisionera

▷ Los soldados liberaron a varios prisioneros.
The soldiers freed several prisoners.

prisoner /ˈprɪzənəʳ/
ⓨ Fíjate que prisoner se escribe sin i detrás de la s y sin o al final.
◀» El acento recae sobre la primera sílaba pri-.

prismáticos

▷ Miramos los pájaros con prismáticos.
We watched the birds with binoculars.

binoculars /bɪˈnɒkjʊləz/

privado, privada

▷ No nos pudimos bañar porque era una playa privada.
We couldn't go for a swim because it was a private beach.

▷ Sería mejor que me contases eso en privado.
It would be better if you told me that in private.

private /ˈpraɪvət/
◀» La i de private se pronuncia como la i de like.

► en privado: in private

probable

▷ ¿Crees que ganarán? - Es probable.
Do you think they will win? - Probably.
▷ Es probable que llueva.
It will probably rain.
▷ Es probable que no quiera acompañarnos.
He probably won't want to come with us.

► **es probable:** probably
/ˈprɒbəblɪ/

ℹ Para expresar **es probable que**...
en inglés se usa probably más un verbo
en futuro, como en los ejemplos de la
izquierda.

probablemente

▷ ¿Tú crees que lo sabe? - Probablemente.
Do you think she knows? - Probably.

probably /ˈprɒbəblɪ/

probar

1 ▷ Probó que era inocente.
He proved he was innocent.
2 ▷ Prueba esta sopa.
Try this soup.

1 (= demostrar) **prove** /pruːv/
◀ La o de prove se pronuncia como
la oo de soon.
2 (hablando de un alimento, una
comida) **try** /traɪ/
ℹ La y de try se convierte en ie en la
tercera persona del singular del
presente de indicativo (tries /traɪz/), en
el pasado y el participio (tried /traɪd/).

3 ▷ ¿Puedo probarme estas faldas?
Can I try these skirts on?

3 ► **probarse algo** (hablando de
ropa): **try** something **on**

problema

▷ Marina tiene muchos problemas.
Marina has a lot of problems.

problem /ˈprɒbləm/
◀ El acento recae sobre la primera
sílaba pro-.

procedente

▷ ¿A qué hora llega el vuelo procedente de
Roma?
What time does the plane from Rome arrive?

► **procedente de** (hablando de un
tren, autobús, avión): **from** /frɒm/

procesador

▷ ¿Qué procesador de textos usas?
What word processor do you use?

processor /ˈprəʊsesəʳ/
► **procesador de textos:** word
processor /wɜːd ˈprəʊsesəʳ/ (plural:
word processors)

procesión

▷ Fuimos a la ver la procesión con mis abuelos.
*We went to the see the procession with my
grandparents.*

procession
◀ procession rima con freshen. El
acento recae sobre la segunda sílaba -
ce-.

proceso

1 ▷ El proceso de paz en la región está en peligro.
   The peace process in the region is in danger.
2 ▷ El proceso duró varias semanas.
   The trial lasted several weeks.

1 (= operación) process /ˈprəʊses/

2 (= juicio) trial /ˈtraɪəl/

procurar

▷ Procura estudiar más y ver menos televisión.
   Try to study more and watch less TV.

try /traɪ/
◀) La y de try se pronuncia como la i de like.

producción

▷ La producción de coches se incrementó el año pasado.
   The production of cars increased last year.

production /prəˈdʌkʃən/
◀) production rima con freshen. El acento recae sobre la segunda sílaba -duc-.

producir

▷ Esta región produce vino.
   This region produces wine.

produce /prəˈdjuːs/

producto

▷ Algunos productos son más caros aquí.
   Some products are more expensive here.

▷ Usan muchos productos de belleza.
   They use a lot of cosmetics.

product /ˈprɒdʌkt/
◀) La u de product se pronuncia como la u de cut.
▶ productos de belleza: cosmetics /kɒzˈmetɪks/

productor, productora

▷ Es el primer productor mundial de petróleo.
   It's the world's leading oil producer.

producer /prəˈdjuːsəʳ/
◀) La u de producer se pronuncia como la palabra inglesa you.

profe

▷ Mi profe de matemáticas es muy bueno.
   My maths teacher is very good.

(en el colegio) teacher /ˈtiːtʃəʳ/

profesión

▷ Escogió su profesión cuando era muy joven.
   He chose his profession when he was very young.

▷ Tuvimos que escribir la profesión de nuestros padres.
   We had to write our parents' occupation.

profession /prəˈfeʃən/
◀) profession rima con freshen. El acento recae sobre la segunda sílaba -fe-.
ℹ Cuando la palabra **profesión** aparece en un formulario se traduce por occupation /ɒkjəˈpeɪʃən/.

profesional

▷ Andrés sueña con ser un futbolista profesional.
Andrés dreams of becoming a professional footballer.

▷ Necesitamos un profesional para reparar esto.
We need a professional to repair this.

professional /prəˈfeʃənəl/
ℹ Atención, professional se escribe con dos s.
🔊 El acento recae sobre la segunda sílaba -fe-.
► **un profesional, una profesional:** a professional

profesor, profesora

1 ▷ Los profesores están en huelga.
The teachers are on strike.
▷ A Sergio le gustaría ser profesor.
Sergio would like to be a teacher.

2 ▷ La madre de Teo es profesora de universidad.
Teo's mother is a university lecturer.

1 (en el colegio) teacher /ˈtiːtʃəʳ/
ℹ No te olvides de colocar el artículo a o an delante del nombre de la profesión cuando aparece detrás de los verbos be o become.
2 (en la universidad) lecturer /ˈlektʃərəʳ/

profundidad

▷ La profundidad del lago varía.
The depth of the lake varies.
▷ La piscina tiene dos metros de profundidad.
The pool is two metres deep.
▷ ¿Cuál es la profundidad del estanque?
How deep is the pond?

depth /depθ/
ℹ Para hablar de la profundidad exacta de algo, se emplea la expresión be... deep /diːp/.
ℹ Para preguntar la profundidad de algo, se dice how deep /haʊ ˈdiːp/ ...?

profundo, profunda

▷ El río es demasiado profundo, es peligroso.
The river is too deep, it's dangerous.

deep /diːp/ (más profundo deeper /ˈdiːpəʳ/, el más profundo the deepest /ˈdiːpɪst/)

programa

1 ▷ Esta noche hay un programa sobre el cambio climático.
There's a programme on climate change tonight.
2 ▷ ¿Has usado este programa alguna vez?
Have you used this program before?
3 ▷ El programa de inglés es más difícil este año.
The English syllabus is harder this year.

1 (de televisión) programme /ˈprəʊɡræm/
⌐ En inglés americano se escribe program.
2 (para el ordenador) program /ˈprəʊɡræm/
3 (= contenidos de una asignatura escolar) syllabus /ˈsɪləbəs/

programar

1 ▷ Estamos aprendiendo a programar en el curso de informática.
We are learning to program on the computer course.
2 ▷ ¿Te acordaste de programar el vídeo?
Did you remember to set the video?

1 (con un ordenador) program /ˈprəʊɡræm/
2 (el vídeo, para que grabe un programa) set /set/ (set, set)

progresar

▷ La profesora dice que he progresado mucho
este trimestre.
*The teacher says I've made a lot of progress
this term.*

make progress /ˈprəʊgres/ (made,
made)

prohibido, prohibida

▷ Está prohibido fumar en los colegios.
Smoking is forbidden in schools.

▷ Había un cartel que decía "Prohibido fumar".
There was a sign saying "No smoking".

forbidden /fəˈbɪdən/

i También se puede decir smoking
isn't allowed /əˈlaʊd/ in schools.

► prohibido fumar (en un cartel):
no smoking /nəʊ ˈsməʊkɪŋ/

prohibir

1 ▷ Mis padres me prohibieron salir.
My parents forbade me to go out.
▷ ¡Te prohíbo que veas a ese chico!
I forbid you to see that boy!

2 ▷ Este anuncio fue prohibido en el Reino Unido.
*This advertisement was banned in the United
Kingdom.*

1 ► prohibir a alguien hacer
algo: forbid /fəˈbɪd/ somebody to
do something (forbade /fɔːˈbeɪd/,
forbidden /fəˈbɪdən/)

i Cuando la prohibición es oficial se
usa el verbo ban /bæn/.

i ban se escribe con dos n en el
gerundio (banning /ˈbænɪŋ/) y el pasado
y el participio (banned /bænd/).

prólogo

▷ No tuve tiempo de leer el prólogo.
I didn't have time to read the preface.

preface /ˈprefəs/

◀) preface rima con office y miss.

promesa

▷ ¡Nunca cumples tus promesas!
You never keep your promises!

promise /ˈprɒmɪs/

◀) promise rima con miss.

prometer

▷ Gabriel prometió ayudarnos.
Gabriel promised to help us.
▷ Prometo hacer un esfuerzo.
I promise to make an effort.

promise /ˈprɒmɪs/

◀) promise rima con miss; promised
rima con list.

pronombre

▷ "She" es un pronombre personal.
"She" is a personal pronoun.

pronoun /ˈprəʊnaʊn/

◀) La ou de pronoun se pronuncia
como la ow de cow.

pronto

1 ▷ Llegará pronto.
She will arrive soon.
▷ Me voy, ¡hasta pronto!
I'm leaving, see you later!

1 (= dentro de poco) soon /suːn/
► ¡hasta pronto!: see you later!
/ˈsiː jə ˈleɪtər/

i El hasta pronto que usas para
despedirte de alguien en un correo
electrónico se traduce por bye for
now! /ˈbaɪ fəˈnaʊ/

Sigue en la página siguiente

2 ▷ Se levanta muy pronto todos los días.
She gets up very early every day.

2 (= temprano) **early** /ˈɜːlɪ/
🔊 La ea de early se pronuncia como la i de girl.

pronunciación

▷ La pronunciación de esta palabra es muy difícil.
The pronunciation of this word is very difficult.

pronunciation /prənʌnsɪˈeɪʃən/
🔊 pronunciation rima con freshen. El acento recae sobre la cuarta sílaba -a-.
ℹ Fíjate bien en cómo se escribe pronunciation.

pronunciar

▷ No sé pronunciar su nombre.
I can't pronounce her name.
▷ ¿Cómo se pronuncia?
How is it pronounced?

pronounce /prəˈnaʊns/

▶ **pronunciarse: be pronounced** /prəˈnaʊnst/

propietario, propietaria

▷ ¿Quién es el propietario de la tienda?
Who's the owner of the shop?

owner /ˈəʊnəʳ/
🔊 La o de owner se pronuncia como la o de go.

propina

▷ Normalmente dejo propina.
I usually leave a tip.

tip /tɪp/

propio, propia

▷ Tienes que llevar tu propia comida.
You have to bring your own food.

own /əʊn/
🔊 own rima con bone.

proponer

▷ ¿Qué propones?
What do you suggest?

suggest /səˈdʒest/
🔊 La gg de suggest se pronuncia como la dg de bridge.

proposición

▷ Quiero hacer una proposición.
I would like to make a suggestion.

suggestion /səˈdʒestʃən/
🔊 La gg de suggest se pronuncia como la dg de bridge. El acento recae sobre la segunda sílaba -ges-.

propósito

1 ▷ Lo hizo a propósito, yo le vi.
He did it on purpose, I saw him.

1 ▶ **a propósito** (= intencionadamente) **on purpose** /ɒn ˈpɜːpəs/

2 ▷ A propósito, ¿cómo están tus padres?
By the way, how are your parents?

2 ▶ **a propósito** (= por cierto): **by the way** /baɪ ðə ˈweɪ/

prórroga

▷ Marcaron un gol en la prórroga.
They scored a goal in extra time.

(= en deportes) extra time /ˈekstrə taɪm/

🗣 **prórroga** se dice **extra time** en inglés británico y **overtime** /ˈəʊvətaɪm/ en inglés americano.

protagonista

▷ El protagonista de la película es un pirata.
The main character in the film is a pirate.

main character /meɪn ˈkærəktəʳ/ (plural: main characters)

◀)) La **ch** de **character** se pronuncia como una **k**.

proteger

▷ Tomás siempre protege a su hermanita.
Tomás always protects his little sister.

protect /prəˈtekt/

protesta

▷ Organizaron una protesta contra la nueva ley.
They organized a protest against the new law.

protest /ˈprəʊtest/

◀)) Fíjate en la diferente pronunciación del verbo **protest** y del nombre **protest**. El acento en el nombre recae sobre la primera sílaba **pro-**.

protestante

▷ Los padres de Sandy son protestantes.
Sandy's parents are Protestants.

Protestant /ˈprɒtɪstənt/

ℹ **Protestant** se escribe en mayúscula en inglés, como todos los adjetivos referidos a las religiones.

protestar

1 ▷ Estaban protestando contra la nueva ley.
They were protesting against the new law

1 (= reclamar oficialmente) protest /ˈprəʊtest/

◀)) Fíjate en la diferente pronunciación del verbo **protest** y del nombre **protest**. El acento en el verbo recae sobre la última sílaba **-test**.

2 ▷ ¡No protestes y hazlo!
Don't complain, do it!

2 (= quejarse) complain /kəmˈpleɪn/

provecho

▷ ¡Buen provecho!
Enjoy your meal!

ℹ Para desearle a alguien que está comiendo **buen provecho** en inglés se usa la frase **enjoy your meal!** /enˈdʒɔɪ jɔː ˈmiːl/.

provincia

▷ Vive en una provincia pequeña al sur del país.
He lives in a small province in the south of the country.

province /ˈprɒvɪns/

◀)) El acento recae sobre la primera sílaba **pro-**.

provisional

▷ El nuevo horario de trenes es provisional.
The new train timetable is provisional.

provisional /prəˈvɪʒənəl/
◀ El acento recae sobre la segunda
sílaba -vi-.

provocar

1 ▷ La tormenta provocó muchos accidentes.
The storm caused lots of accidents.

2 ▷ ¡No provoques a tu hermana!
Don't provoke your sister!

1 (= causar) cause /kɔːz/
◀ La au de cause se pronuncia como
la palabra inglesa or.
2 (= incitar) provoke /prəˈvəʊk/

próximo, próxima

1 ▷ Nos bajamos en la próxima estación.
We get off at the next station.
▷ El examen es el próximo martes.
The exam is next Tuesday.
2 ▷ Mi casa está próxima al colegio.
My house is near the school.

1 (= siguiente) next /nekst/

ℹ Fíjate que con las fechas se dice
next y no the next.
2 ▶ próximo a (cerca de):
near /nɪəʳ/

ℹ También se puede decir close to
/ˈkləʊs tʊ/.

proyector

▷ Necesito un proyector para enseñaros las
diapositivas.
I need a projector to show you the slides.

projector /prəˈdʒektəʳ/
◀ El acento recae sobre la segunda
sílaba -jec-.

prudente

▷ Por favor, sed prudentes y mirad antes de
cruzar.
Please be careful and look before you cross.

careful /ˈkeəfʊl/ (más prudente more
careful, el más prudente the most
careful)

prueba

1 ▷ ¿Tienes alguna prueba de lo que dices?
Do you have any proof of what you are saying?

1 (= demostración) proof /pruːf/
ℹ Con este significado, proof es una
palabra incontable: no se puede poner
en plural y no se usa con el artículo a.
Por ejemplo, se dice the proof is
insufficient (las pruebas son insuficientes)
y I need proof (necesito una prueba).

2 ▷ El viernes tenemos una prueba de inglés.
We have an English test on Friday.

2 (= examen) test /test/

psicólogo, psicóloga

▷ La madre de Carmen es psicóloga.
Carmen's mother is a psychologist.

psychologist /saɪˈkɒlədʒɪst/
◀ La p de psychologist no se pronuncia.
La ch se pronuncia como una k.
ℹ No te olvides de colocar el artículo
a o an delante del nombre de la
profesión cuando aparece detrás de los
verbos be o become.

pub

▷ Fuimos con los amigos a un pub.
We went with our friends to a bar.

bar /bɑːʳ/

ℹ En el Reino Unido también existen **pubs**, pero estos son bastante diferentes de los españoles. En ellos te puedes sentar, hay muchos en los que no se escucha música a todo volumen y, normalmente, en los que se sirven comidas.

publicidad

1 ▷ ¿Has visto la nueva campaña de publicidad?
Have you seen the new advertising campaign?

▷ Están haciendo mucha publicidad del concierto en la radio.
They are advertising the concert a lot on the radio.

2 ▷ Hay demasiada publicidad en televisión.
There are too many adverts on TV.

1 (= actividad) **advertising** /ˈædvətaɪzɪŋ/

◀ La primera i de **advertising** se pronuncia como la i de **like**.

▶ **hacer publicidad de algo: advertise** /ˈædvətaɪz/ something

◀ La i de **advertise** se pronuncia como la i de **like**.

2 (= anuncios televisivos) **adverts** /ˈædvɜːts/

público, pública

1 ▷ Está prohibido fumar en lugares públicos.
Smoking isn't allowed in public places.

▷ El transporte público de esta ciudad es muy bueno.
The public transport in this city is very good.

2 ▷ Voy a un colegio público.
I go to a state school.

3 ▷ El público aplaudió.
The audience clapped.

▷ El público abucheó al árbitro.
The crowd booed the referee.

1 (= que es de todos) **public** /ˈpʌblɪk/

◀ La u de **public** se pronuncia como la u de **cut**. El acento recae sobre la primera sílaba **pu-**.

2 (hablando de un colegio) **state**

ℹ Con este significado, **state** es un nombre usado como adjetivo. Sólo se puede colocar delante del nombre, nunca después.

⚠ Cuidado, las **public schools** en el Reino Unido son los colegios privados.

3 ▶ **el público** (= los espectadores): **the audience** /ˈɔːdɪəns/

ℹ Al público que asiste a un encuentro deportivo se le llama **crowd** /kraʊd/.

pueblo

▷ Carolina vive en un pueblo muy pequeño.
Carolina lives in a very small village.

village /ˈvɪlɪdʒ/

◀ La a de **village** se pronuncia como la i de **big**; **village** rima con **bridge**.

ℹ La palabra **village** se refiere a los pueblos muy pequeños. A los pueblos más grandes se les llama **town** /taʊn/.

puente

▷ El colegio está al otro lado del puente.
The school is on the other side of the bridge.

(sobre un río o el mar) bridge /brɪdʒ/

puerro

▷ Espero que no haya puerros en la sopa.
I hope there aren't any leeks in the soup.

leek /liːk/

ℹ No confundas esta palabra con leak, que se pronuncia de la misma forma pero significa **gotera**.

puerta

▷ Cierra la puerta.
Shut the door.

▷ Tenemos que ir a la puerta de embarque tres.
We have to go to departure gate three.

door /dɔːʳ/

► **puerta de embarque** (= en aeropuerto): departure gate /dɪˈpɑːtʃə geɪt/ (plural: **departure gates**)

◀) departure rima con butcher.

puerto

▷ Nos gusta mucho ir al puerto a ver los barcos.
We love to go to the harbour to see the boats.

▷ Liverpool es uno de los principales puertos de Gran Bretaña.
Liverpool is one of the major ports in Britain.

harbour /ˈhɑːbəʳ/

◀) harbour rima con barber.

⌐ Se escribe harbor en inglés americano.

ℹ Al puerto de un pueblo, con unos cuantos barcos pesqueros, se le llama harbour. A los grandes puertos industriales se les llama port /pɔːt/.

Puerto Rico

▷ ¿Cuál es la capital de Puerto Rico?
What's the capital of Puerto Rico?

Puerto Rico /ˌpweətəʊ ˈriːkəʊ/

pues

1 ▷ No salimos, pues llovía mucho.
We didn't go out because it was raining hard.

2 ▷ ¿No quieres estudiar? Pues no estudies.
You don't want to study? Well, don't study, then.

1 (= porque) because /bɪˈkɒz/
◀) La au de because se pronuncia como la o de dog.

2 (= entonces) well /wel/

puesto

1 ▷ El equipo del colegio ocupa el segundo puesto.
The school team is in second place.

2 ▷ Ocupa el puesto de presidente de la empresa.
He holds the post of chairman of the company.

3 ▷ Compré la pulsera en un puesto en el mercadillo.
I bought the bracelet at a stall in the flea market.

1 (en clasificación) place /pleɪs/
◀) La a de place se pronuncia como la a de make.

2 (= cargo) post /pəʊst/
◀) La o de post se pronuncia como la o de go.

3 (en una feria, un mercadillo) stall /stɔːl/

pulga

▷ El perro tiene pulgas.
The dog has got fleas.

flea /fliː/
◀ flea rima con free; fleas rima con please.

pulgar

▷ Me hice daño en el pulgar.
I hurt my thumb.

thumb /θʌm/
◀ La b de thumb no se pronuncia; thumb rima con mum y come.

pulmón

▷ Pablo tiene una infección en los pulmones.
Pablo has an infection in his lungs.

lung /lʌŋ/
◀ La u de lung se pronuncia como la u de cut.

pulpo

▷ Vimos un pulpo mientras buceábamos.
We saw an octopus while we were diving.

octopus /ˈɒktəpəs/
◀ El acento recae sobre la primera sílaba oc-.

pulsar

▷ Pulsa la tecla control.
Press the control key.

(un botón, una tecla) press /pres/

pulsera

▷ Lleva una pulsera de oro.
She wears a gold bracelet.

bracelet /ˈbreɪslət/
◀ La a de bracelet se pronuncia como la a de make. La primera a no se pronuncia.

pulso

1 ▷ El médico me tomó el pulso.
The doctor took my pulse.

2 ▷ Mi abuela no consigue coser porque no tiene buen pulso.
My grandmother can't sew because she doesn't have a steady hand.

1 ► tomar el pulso de alguien: take somebody's pulse /pʌls/ (took /tʊk/, taken /ˈteɪkən/)

2 ► tener buen pulso: have a steady hand /ˈstedɪ hænd/ (had, had)

punta

1 ▷ Raquel se pinchó con la punta de un cuchillo.
Raquel pricked herself with the point of a knife.
▷ Sácale punta a ese lápiz.
Sharpen that pencil.

2 ▷ Tengo la punta de la nariz helada.
The end of my nose is frozen.

3 ▷ Tiene un agujero en la punta del zapato.
He has a hole in the toe of his shoe.

1 (de un lápiz, un cuchillo) point /pɔɪnt/

► sacar punta a un lápiz: sharpen a pencil /ˈʃɑːpən ə ˈpensəl/

2 (de nariz, pan) end /end/

3 (de zapato) toe /təʊ/
◀ toe rima con go.

puntería

▷ Silvia tiene muy buena puntería.
Silvia is a very good shot.

▷ Yo no quiero jugar, que tengo muy mala puntería.
I don't want to play, I'm a very bad shot.

▶ **tener buena puntería:** be a good shot /gʊd ˈʃɒt/
▶ **tener mala puntería:** be a bad shot /bæd ˈʃɒt/

puntiagudo, puntiaguda

▷ Tiene la barbilla puntiaguda.
He has a pointed chin.

pointed /ˈpɔɪntɪd/

puntillas

▷ Anduvimos de puntillas para no despertar a nadie.
We tiptoed so we didn't wake anybody up.

▷ Me puse de puntillas para llegar al armario.
I stood on tiptoe to reach the cupboard.

▶ **andar de puntillas:** tiptoe /ˈtɪptəʊ/
🔊 tiptoe rima con go.
▶ **ponerse de puntillas:** stand on tiptoe /stænd ɒn ˈtɪptəʊ/ (**stood, stood** /stʊd/)

punto

1 ▷ Te olvidaste del punto sobre la i.
You forgot the dot on the i.

▷ Pon un punto al final de la frase.
Put a full stop at the end of the sentence.

▷ Aquí falta un punto y coma.
There is a semicolon missing here.

▷ Y aquí faltan dos puntos.
And there is a colon missing here.

2 ▷ España marcó noventa puntos.
Spain scored ninety points.

3 ▷ El profesor quita un punto por cada falta de ortografía.
The teacher takes off one mark for each spelling mistake.

4 ▷ El médico me dio tres puntos.
The doctor gave me three stitches.

5 ▷ Estábamos a punto de salir cuando Mariano llamó.
We were about to leave when Mariano called.

6 ▷ Ese es mi punto de vista.
That's my point of view.

7 ▷ Estaré ahí a las nueve en punto.
I'll be there at nine o'clock on the dot.

1 (signo ortográfico) dot /dɒt/
ℹ️ dot también sirve para traducir **punto** en las direcciones de correo electrónico (**punto com** = dot com.)
(al final de una frase) full stop /fʊl ˈstɒp/
⌐ **punto** se dice full stop en inglés británico y period /ˈpɪərɪəd/ en inglés americano.
▶ **punto y coma:** semicolon /semɪˈkəʊlən/
▶ **dos puntos:** colon /ˈkəʊlən/

2 (en un marcador) point /pɔɪnt/

3 (en un ejercicio escolar) mark /mɑːk/

4 (= punto de sutura) stitch /stɪtʃ/ (plural: stitches /ˈstɪtʃɪz/)

5 ▶ **estar a punto de...:** be about /əˈbaʊt/ to...

6 ▶ **punto de vista** (= opinión): point of view /pɔɪnt əv ˈvjuː/ (plural: **points of view**)

7 ▶ **en punto** (con las horas): on the dot /ɒn ðə ˈdɒt/

puntual

▷ No te preocupes, Antonio es siempre muy puntual.
Don't worry, Antonio is always very punctual.

punctual /ˈpʌŋktjʊəl/ (más puntual more punctual, el más puntual the most punctual)

ℹ Fíjate bien en cómo se escribe punctual en inglés.

puñetazo

▷ Le dieron un puñetazo en la cara.
They punched him in the face.

► **dar un puñetazo a alguien:** punch /pʌntʃ/ somebody

puño

1 ▷ Cierra el puño.
Clench your fist.

2 ▷ Los puños de esta camisa están muy sucios.
The cuffs of this shirt are very dirty.

1 (= mano cerrada) fist /fɪst/

2 (de una camisa) cuff /kʌf/
◀ᵈ La u de cuff se pronuncia como la u de duck.

pupila

▷ Tenía las pupilas dilatadas.
His pupils were dilated.

pupil /ˈpjuːpəl/
◀ᵈ La u de pupil se pronuncia como la palabra inglesa you.

pupitre

▷ Ya no me caben más libros en el pupitre.
I can't fit any more books in my desk.

desk /desk/

puré

▷ He preparado pescado con puré de patatas.
I've prepared fish with mashed potatoes.

► **puré de patatas:** mashed potatoes /mæʃt pəˈteɪtəʊz/

puro, pura

▷ En la montaña el aire es muy puro.
The air is very pure in the mountains.

pure /ˈpjʊəʳ/ (más puro purer /ˈpjʊɪrəʳ/, el más puro the purest /ˈpjʊɪrɪst/)

púrpura

1 ▷ El profesor llevaba un jersey púrpura.
The teacher was wearing a purple jumper.

2 ▷ El púrpura es mi color favorito.
Purple is my favourite colour.

1 (color) purple /ˈpɜːpəl/
◀ᵈ La ur de purple se pronuncia como la ir de bird y la ir de girl.

2 ► **el púrpura** (= el color púrpura): purple
ℹ Fíjate que en inglés purple no se escribe con artículo.

puzzle

▷ Me costó un día hacer este puzzle.
It took me a day to do this jigsaw puzzle.

jigsaw puzzle /ˈdʒɪgsɔː ˈpʌzəl/
(plural: jigsaw puzzles)
ℹ También se puede decir simplemente jigsaw.

Q

La letra **Q** se pronuncia /**kju:**/ en inglés.

Q rima con **few** y **you**.

que

1 ▷ Le dije que llegaría tarde.
I told him that I would be late.
▷ Me contó que le gustó.
He told me he liked it.

2 ▷ Es más alto que tú.
He's taller than you.

3 ▷ La chica que me llamó es mi prima.
The girl who called me is my cousin.

▷ El estudiante que saque la mejor nota ganará un premio.
The student that gets the best mark will win a prize.

4 ▷ El libro que estoy leyendo es muy bueno.
The book that I'm reading is very good.

▷ Los caramelos que están en la mesa son tuyos.
The sweets which are on the table are yours.

1 Cuando **que** es una conjunción se traduce normalmente por that /ðæt/
i A menudo that se puede omitir, como en el ejemplo de la izquierda.

2 Cuando **que** se usa en una comparación se traduce por than /ðæn/

3 Cuando **que** es un pronombre relativo y se refiere a una persona se traduce normalmente por who /hu:/
i También se puede decir that /ðæt/.

4 Cuando **que** es un pronombre relativo y se refiere a una cosa se traduce normalmente por that /ðæt/
i También se puede decir which /wɪtʃ/.

qué

1 ▷ ¿Qué? ¿Qué has dicho?
What? What did you say?
▷ No sé qué comprarle.
I don't know what to buy for him.

2 ▷ ¡Qué miedo!
How scary!
▷ ¡Qué gracioso es!
How funny he is!

1 **qué** se traduce normalmente por what /wɒt/

2 Cuando **qué** es un adverbio que se utiliza de forma exclamativa, se traduce normalmente por how /haʊ/

quedar

1 ▷ Puedes llevarte la comida que queda.
You can take the food that's left.

▷ Queda tarta, ¿quién quiere?
There's some cake left, who wants some?
▷ Quedan tres euros.
There are three euros left.
▷ ¿Queda queso?
Is there any cheese left?
▷ ¿Quedan caramelos?
Are there any sweets left?
▷ Nos quedan cincuenta euros.
We have fifty euros left.

2 ▷ Esa falda te queda muy bien.
That skirt really suits you.
▷ Estos pantalones no me quedan bien.
These trousers don't suit me.

3 ▷ He quedado con Susana en el cine.
I've arranged to meet Susana at the cinema.

4 ▷ Quédate conmigo.
Stay with me.
▷ Me voy a quedar una semana.
I'm going to stay for a week.

1 (= sobrar) be left /left/
i Para traducir la expresión **queda...** se usa there is... (o there are...) left.
i En la forma interrogativa, se usa is there any (+ incontable)...left? o are there any (+ plural)...left?

i Cuando hay un complemento de objeto indirecto (**nos** en el ejemplo), se emplea have... left (had, had).

2 Para decir que algo, especialmente una prenda de vestir, **te queda bien**, se usa it suits you /ɪt ˈsuːts juː/. Para decir que algo **te queda mal** se usa it doesn't suit you

3 ► **quedar con alguien** (para ir a algún sitio): arrange to meet somebody /əˈreɪndʒ tu miːt/

4 ► **quedarse** (= permanecer): stay /steɪ/

queja

▷ Presentamos una queja.
We made a complaint.

(= protesta) complaint /kəmˈpleɪnt/
► **presentar una queja**: make a complaint (**made, made**)

quejarse

▷ Siempre está quejándose.
He's always complaining.

complain /kəmˈpleɪn/
◄)) complain rima con Jane.

quejica

▷ No seas quejica.
Stop whingeing!

► **ser quejica o un quejica**: whinge /wɪndʒ/
◄)) La h de whinge no se pronuncia. La g se pronuncia como la j de John.
i Tanto **quejica** como **whinge** son términos familiares.

quejido

▷ Escuchamos un quejido.
We heard a moan.

moan /məʊn/
◄)) moan rima con bone.

quemadura

▷ Sufrió una quemadura en la mano.
He burnt his hand.

burn /bɜːn/
► sufrir una quemadura en algo:
burn something /bɜːn/ (burnt,
burnt /bɜːnt/)

quemar

1 ▷ El incendio quemó muchos libros.
The fire burnt a lot of books.
▷ Los manifestantes quemaron un coche.
The demonstrators set a car on fire.

1 (= incendiar) burn /bɜːn/ (burnt,
burnt /bɜːnt/)
ℹ Cuando algo es quemado
intencionalmente, en inglés se usa la
expresión set... on fire /ɒn ˈfaɪəʳ/ (set,
set).

2 ▷ Este café quema.
This coffee is really hot.
3 ▷ Me he quemado.
I've burnt myself.

2 (= estar muy caliente) be really
hot /ˈrɪəlɪ hɒt/
3 ► quemarse: burn
oneself
ℹ Fíjate cómo se usa el pronombre
reflexivo en inglés: I burn myself, you
burn yourself, he burns himself, she
burns herself, etc.

▷ Me he quemado la lengua.
I've burnt my tongue.

► quemarse algo: burn
something /bɜːn/

querer

1 ▷ Te quiero mucho.
I love you very much.

1 (= amar) love /lʌv/
◄» La o de love se pronuncia como la
u de duck.

2 ▷ ¿Quieres una manzana?
Do you want an apple?

2 (= desear) want /wɒnt/
◄» La a de want se pronuncia como la
o de dog.

▷ Quiero ir al cine.
I want to go to the cinema.
▷ Mis padres quieren que estudie medicina.
My parents want me to study medicine.

► querer + infinitivo: want to
+ verbo
► querer que alguien +
subjuntivo: want somebody to +
verbo

3 ▷ Quería un café, por favor.
I would like a coffee, please.
▷ Quería verte.
I'd like to see you.

3 (para pedir algo) would like /wʊd
ˈlaɪk/
◄» would rima con good.
ℹ A menudo se usa la forma
contracta de would like: 'd like.

4 ▷ ¿Qué quiere decir esa palabra?
What does that word mean?

4 ► querer decir (= significar):
mean /miːn/ (meant, meant
/ment/)
◄» mean rima con been; meant rima
con sent.

5 ▷ Lo hice sin querer.
I did it unintentionally.

5 ► sin querer: unintentionally
/ʌnɪnˈtenʃənəlɪ/

querido, querida

▷ Querida Raquel, espero que estés bien.
Dear Raquel, I hope you are well.

(al comienzo de una carta) dear /dɪəʳ/
🔊 dear rima con beer.

quesito

▷ ¿Dónde están los quesitos?
Where are the cheese triangles?

cheese triangle /tʃiːz ˈtraɪæŋgəl/
(plural: cheese triangles)
🔊 La i de triangle se pronuncia como la i de like.

queso

▷ No te olvides de comprar queso.
Don't forget to buy cheese.
▷ Pon un poco de queso rallado en los macarrones.
Put some grated cheese on the macaroni.

cheese /tʃiːz/

► queso rallado: grated cheese /greɪtɪd ˈtʃiːz/

quién

▷ ¿Quién dijo que estaba acabado?
Who said it was finished?
▷ No sé quién fue.
I don't know who it was.
▷ ¿A quién vas a invitar?
Who are you going to invite?
▷ ¿De quién es este libro?
Whose is this book?
▷ ¿Quién es?
Who's calling?

who /huː/

► ¿a quién...?: who...?

► ¿de quién es...? (= ¿a quién pertenece?): whose is...?
ℹ️ Para preguntar quién está llamando al teléfono, se dice who's calling? Para preguntar quién está llamando a la puerta se dice who is it?

quien

▷ Fue Rosa quien me lo dijo.
It was Rosa who told me.

who /huː/

quieto, quieta

▷ ¡Estate quieto o no voy a poder hacer la foto!
Be still or I won't be able to take the photo!

still /stɪl/

química

▷ He vuelto a suspender química.
I've failed chemistry again.

chemistry /ˈkemɪstrɪ/
🔊 La ch de chemistry se pronuncia como una k.

químico, química

▷ Les acusaron de usar armas químicas.
They accused them of using chemical weapons.

(= de la química) chemical /ˈkemɪkəl/
🔊 La ch de chemical se pronuncia como una k.

quince

▷ En mi clase sólo hay quince alumnos.
There are only fifteen pupils in my class.
▷ Fabio tiene quince años.
Fabio is fifteen.
▷ Hoy es quince de mayo.
Today is the fifteenth of May.
▷ Nos veremos el quince de julio.
We'll see each other on the fifteenth of July.

fifteen /fɪfˈtiːn/

ℹ Con las fechas se usa the fifteenth /fɪfˈtiːnθ/ en inglés.
ℹ Fíjate cómo en inglés se usa on y of con las fechas.
ℹ Se escribe 15 April, 15 May, etc.

quincena

▷ Fuimos de vacaciones en la segunda quincena de julio.
We went on holiday in the second fortnight of July.

fortnight /ˈfɔːtnaɪt/
◀ La igh de fortnight se pronuncia como la i de like. Fortnight rima con bite.

quinientos

▷ La ciudad fue fundada hace quinientos años.
The town was founded five hundred years ago.

five hundred /faɪv ˈhʌndrəd/

quinto, quinta

▷ Es la quinta vez que visito este museo.
It's the fifth time I have visited this museum.

fifth /fɪfθ/
◀ th se pronuncia como si fuera una z española.

quiosco

▷ Compré la revista en un quiosco.
I bought the magazine at a newspaper stand.

▷ Nos podríamos encontrar en el parque, delante del quiosco de música.
We could meet in the park, in front of the bandstand.

(en el que se venden periódicos y revistas) newspaper stand /ˈnjuːspeɪpə stænd/ (plural: newspaper stands)
► quiosco de música: bandstand /ˈbændstænd/

quirófano

▷ Nunca he estado en un quirófano.
I've never been in an operating theatre.

operating theatre /ˈɒpəreɪtɪŋ ˈθɪətəʳ/
☞ quirófano se dice operating theatre en inglés británico y operating room /ˈɒpəreɪtɪŋ ruːm/ en inglés americano.

quitar

1 ▷ Quita tus cosas de aquí.
Take your things away from here.
2 ▷ Quita los libros de la estantería.
Take the books off the shelf.

1 (= llevarse) take away /teɪk əˈweɪ/ (took /tʊk/, taken /ˈteɪkən/)
2 ► quitar algo (= sacar): take something off (took /tʊk/, taken /ˈteɪkən/).

Sigue en la página siguiente

3 ▷ ¡Me han quitado la calculadora!
Someone's taken my calculator!

4 ▷ Quítate los calcetines.
Take your socks off.

5 ▷ ¡Quítate de en medio, no veo nada!
Get out of the way, I can't see anything!

quizás

▷ ¿Vas a ir a la fiesta? - Quizás.
Are you going to the party? - Maybe.
▷ Quizás ya hayan llegado.
Maybe they've already arrived.

3 Para decir que te han quitado algo se usa someone's taken... /ˈsʌmwʌnz ˈteɪkən/

4 ▶ quitarse algo (hablando de ropa, de las gafas): take something off /ɒf/ (took /tʊk/. taken /ˈteɪkən/)

5 ▶ quitarse de en medio (= apartarse): get out of the way /get ˈaʊt əv ðə ˈweɪ/ (got, got)

maybe /ˈmeɪbɪ/
ℹ También se puede decir perhaps /pəˈhæps/.

R

La letra **R** se pronuncia /ɑːʳ/ en inglés.
R rima con **star**, **bar** y **far**.

rábano

▷ Me gustan los rábanos con sal y mantequilla.
I like radishes with salt and butter.

radish /ˈrædɪʃ/ (plural: radishes /ˈrædɪʃɪz/)

rabia

▷ Me da rabia que nunca me cuenten nada.
It makes me mad that they never tell me anything.

▷ ¿Tus padres no te dejan ir a la fiesta? ¡Qué rabia!
Your parents won't let you go to the party? How annoying!

► **me da rabia que...** (= me enfada): it makes me mad that... /ɪt ˈmeɪks miː ˈmæd ðət/ (made, made)

► **¡qué rabia!** (= ¡qué pena!): how annoying! /haʊ əˈnɔɪɪŋ/

rabo

▷ El perro intentaba morderse el rabo.
The dog was trying to bite its tail.

(de un animal) tail /teɪl/
◀ tail rima con pale.

racimo

▷ Compré un racimo de plátanos.
I bought a bunch of bananas.

(de flores, uvas, plátanos) bunch /bʌntʃ/ (plural: bunches /ˈbʌntʃɪz/)
◀ La u de bunch se pronuncia como la u de duck.

ración

▷ Las raciones en este restaurante son muy generosas.
The portions in this restaurant are very generous.

(de comida) portion /ˈpɔːʃən/
◀ portion rima con freshen.

racional

▷ El hombre es un animal racional.
Man is a rational animal.

rational /ˈræʃənəl/
◀) El acento recae sobre la primera sílaba ra-.

racismo

▷ Leímos un artículo sobre el racismo en Inglaterra.
We read an article on racism in England.

racism /ˈreɪsɪzəm/
◀) La a de racism se pronuncia como la a de make y la c se pronuncia como una s. El acento recae sobre la primera sílaba ra-.

racista

▷ Carlos hizo un comentario racista.
Carlos made a racist remark.

racist /ˈreɪsɪst/ (más racista more racist, el más racista the most racist)
◀) La a de racist se pronuncia como la a de make y la c se pronuncia como una s. El acento recae sobre la primera sílaba ra-.

radar

▷ El avión desapareció de la pantalla de radar.
The plane disappeared from the radar screen.

radar /ˈreɪdɑːʳ/
◀) La a de radar se pronuncia como la a de make. El acento recae sobre la primera sílaba ra-.

radiación

▷ Están estudiando los efectos de la radiación solar.
They're studying the effects of solar radiation.

radiation /reɪdɪˈeɪʃən/
◀) radiation rima con freshen. Las dos a se pronuncian como la a de make. El acento recae sobre la tercera sílaba -a-.

radiactivo, radiactiva

▷ No saben qué hacer con los residuos radiactivos.
They don't know what to do with the radioactive waste.

radioactive /reɪdɪəʊˈæktɪv/ (más radiactivo more radioactive, el más radiactivo the most radioactive)
◀) La primera a de radioactive se pronuncia como la a de make.
ℹ Fíjate bien que radioactive se escribe con una o entre la i y la a.

radiador

▷ El radiador del salón tiene un escape.
The radiator in the living room is leaking.

radiator /ˈreɪdɪeɪtəʳ/
◀) Las dos a de radiator se pronuncian como la a de make.
ℹ Al radiador eléctrico se le llama heater /ˈhiːtəʳ/.

radical

▷ ¡No seas tan radical!
Don't be so radical!

(= inflexible) radical /ˈrædɪkəl/ (más radical more radical, el más radical the most radical)

◀ El acento recae sobre la primera sílaba ra-.

radio

1 ▷ Mi radio no funciona.
My radio isn't working.

1 (nombre femenino, = transistor y medio de comunicación) radio /ˈreɪdɪəʊ/

◀ La a de radio se pronuncia como la a de make.

▷ Mi madre escuchó la noticia en la radio.
My mother heard the news on the radio.

▷ ¿Qué emisora de radio escuchas?
Which radio station do you listen to?

▶ **en la radio:** on the radio

▶ **emisora de radio:** radio station /ˈreɪdɪəʊ ˈsteɪʃən/ (plural: radio stations)

2 ▷ Lo buscaron en un radio de diez kilómetros.
They searched for him in a ten-kilometre radius.

2 (nombre masculino, hablando de una circunferencia) radius /ˈreɪdɪəs/

◀ La a de radius se pronuncia como la a de make.

3 ▷ Tengo un radio de la bici roto.
One of my bike's spokes is broken.

3 (nombre masculino, parte de la bicicleta) spoke /spəʊk/

◀ La o de spoke se pronuncia como la o de go.

radiocasete

▷ Tengo un radiocasete en mi cuarto.
I've got a radio cassette player in my room.

radio cassette player /ˈreɪdɪəʊ kəˈset ˈpleɪəʳ/ (plural: radio cassette players)

◀ Las a de radio y de player se pronuncian como la a de make.

radiodespertador

▷ Había un radiodespertador en la habitación del hotel.
There was a clock radio in the hotel room.

clock radio /klɒk ˈreɪdɪəʊ/ (plural: clock radios)

◀ La a de radio se pronuncia como la a de make.

radiografía

▷ La fractura se ve muy bien en la radiografía.
You can see the fracture very well on the X-ray.

▷ Le hicieron una radiografía del brazo.
They X-rayed his arm.

X-ray /ˈeksreɪ/ (plural: X-rays)

◀ X rima con sex y necks.

▶ **hacer una radiografía de algo:** X-ray /ˈeksreɪ/ something

ráfaga

1 ▷ Una ráfaga de viento se llevó mi paraguas.
A gust of wind blew my umbrella away.

2 ▷ Escuchamos una ráfaga de disparos.
We heard a burst of gunfire.

1 (de viento) **gust** /gʌst/
◀ La u de gust se pronuncia como la
u de duck.

2 (de disparos) **burst** /bɜːst/
◀ burst rima con first.

raíl

▷ Es peligroso caminar sobre los raíles.
It's dangerous to walk on the rails.

rail /reɪl/
◀ rail rima con pale.

raíz

▷ Las raíces de este árbol son enormes.
The roots of this tree are huge.

root /ruːt/
◀ La oo de root se pronuncia como
la oo de too.

raja

▷ Hay varias rajas en la pared.
There are several cracks in the wall.

(= abertura) **crack** /kræk/

rallado, rallada

▷ Pon un poco de queso rallado por encima.
Put a bit of grated cheese on top.

▷ ¿Dónde guardáis el pan rallado?
Where do you keep the breadcrumbs?

(queso) **grated** /ˈgreɪtɪd/
◀ La a de grated se pronuncia como
la a de make.

▶ **pan rallado: breadcrumbs**
/ˈbredkrʌmz/
◀ La ea de breadcrumbs se
pronuncia como la e de bed y la u se
pronuncia como la u de duck.

rama

▷ Después de la tormenta había muchas ramas
en la carretera.
*After the storm there were a lot of branches
on the road.*

branch /brɑːntʃ/ (plural: branches
/ˈbrɑːntʃɪz/)

ramillete

▷ Le di un ramillete de margaritas.
I gave her a bunch of daisies.

bunch /bʌntʃ/
◀ La u de bunch se pronuncia como
la u de duck.

ramo

▷ Cómprale un ramo de rosas.
Buy her a bunch of roses.

bunch /bʌntʃ/ (plural: bunches
/ˈbʌntʃɪz/)
◀ La u de bunch se pronuncia como
la u de duck.

rampa

▷ Hay una rampa de acceso para sillas de ruedas.
There is an access ramp for wheelchairs.

(= cuesta) **ramp** /ræmp/

rana

▷ Hay muchas ranas en el estanque.
There are lots of frogs in the pond.

frog /frɒg/

rápidamente

▷ Acabó sus deberes muy rápidamente.
He finished his homework very quickly.

quickly /ˈkwɪklɪ/

i La palabra rapidly existe, pero se emplea con menos frecuencia que quickly.

rápido, rápida

1 ▷ Me di un baño rápido antes de salir.
I had a quick bath before leaving.

2 ▷ Es un corredor muy rápido.
He's a very fast runner.

3 ▷ ¡No camines tan rápido!
Don't walk so fast!

▷ Conduce demasiado rápido.
He drives too fast.

▷ Vamos a comer rápido para poder salir pronto.
We're going to eat quickly so that we can leave early.

1 (adjetivo, = que lleva poco tiempo)
quick /kwɪk/ (más rápido quicker /ˈkwɪkəʳ/, el más rápido the quickest /ˈkwɪkɪst/)

2 (adjetivo, hablando de un atleta, de un coche) fast /fɑːst/ (más rápido faster /ˈfɑːstɪʳ/, el más rápido the fastest /ˈfɑːstɪst/)

i Cuando **rápido** es adverbio y significa **rápidamente**, se traduce generalmente por fast /fɑːst/ cuando se trata de un verbo de movimiento (walk, drive, swim, etc.). Con el resto de los verbos también se puede decir fast, pero quickly es más frecuente (más rápido faster/quicker, el más rápido the fastest/the quickest).

i La palabra rapid existe, pero se emplea con menos frecuencia que quick(ly) y fast.

raqueta

1 ▷ Necesito una nueva raqueta de tenis.
I need a new tennis racket.

2 ▷ No te olvides de las raquetas de ping-pong.
Don't forget the table tennis bats.

1 (de tenis, squash, bádminton)
racket /ˈrækɪt/

2 (de ping-pong) bat /bæt/

raramente

▷ Raramente vamos al cine.
We rarely go to the cinema.

(= pocas veces) rarely /ˈreəlɪ/

◀) rarely rima con fairly.

raro, rara

1 ▷ ¡Qué raro, no hay nadie!
How strange, there's nobody here!

▷ Ocurrió algo muy raro.
Something very odd happened.

1 (= extraño) strange /streɪndʒ/
(más raro stranger /ˈstreɪndʒəʳ/, el más raro the strangest /ˈstreɪndʒɪst/)

◀) La a de strange se pronuncia como la a de make y la ge se pronuncia como la j de John.

i También se puede decir odd /ɒd/.

Sigue en la página siguiente

2 ▷ Nando colecciona sellos raros.
Nando collects rare stamps.

2 (= poco común) rare /reəʳ/ (más raro rarer /ˈreərəʳ/, el más raro the rarest /ˈreərɪst/)
🔊 rare rima con hair.

rascacielos

▷ Hay varios rascacielos en el centro de la ciudad.
There are several skyscrapers in the city centre.

skyscraper /ˈskaɪskreɪpəʳ/
🔊 La a de skyscraper se pronuncia como la a de make.

rascarse

▷ El perro se rascaba porque tenía pulgas.
The dog was scratching itself because it had fleas.

scratch oneself /skrætʃ/
ℹ️ Fíjate cómo se usa el pronombre reflexivo en inglés: I scratch myself, you scratch yourself, he scratches himself, she scratches herself, it scratches itself, etc.

▷ No te rasques el brazo, te vas a hacer una herida.
Don't scratch your arm, you'll hurt yourself.
▷ El mono se rascaba la cabeza.
The monkey was scratching its head.

► rascarse el brazo o la pierna, etc.: scratch one's arm o leg, etc.
ℹ️ El pronombre en inglés funciona de la siguiente forma: I scratch my leg, you scratch your leg, he scratches his leg, she scratches her leg, etc.

rasguño

▷ Tenía varios rasguños en la pierna.
He had several scratches on his leg.

scratch /skrætʃ/ (plural: scratches)

rastrear

▷ La policía rastreó la zona.
The police searched the area.

search /sɜːtʃ/
🔊 La ea de search se pronuncia como la ir de first. Search rima con church.

rastrillo

▷ No te olvides de llevar un cubo y un rastrillo.
Don't forget to take a bucket and a rake.

(= herramienta) rake /reɪk/
🔊 rake rima con make.

rastro

1 ▷ La policía encontró un rastro de sangre.
The police found a trail of blood.
2 ▷ El ladrón desapareció sin dejar rastro.
The thief vanished without trace.

3 ▷ Compré esta camisa en el rastro.
I bought this shirt at the flea market.

1 (= pista, señal) trail /treɪl/
🔊 trail rima con pale.
2 (= restos, indicios) trace /treɪs/
🔊 La a de trace se pronuncia como la a de make.
3 (= mercadillo) flea market /fliː ˈmɑːkɪt/ (plural: flea markets)
🔊 flea rima con bee y me.

rata

▷ ¡Vi una rata negra enorme!
I saw a huge black rat!

rat /ræt/

rato

▷ Me llevará un rato.
It will take me a while.

▷ ¿Qué haces en tus ratos libres?
What do you do in your spare time?

while /waɪl/
◀) La i de while se pronuncia como la
i de like y la h no se pronuncia.
► ratos libres: spare time /speəʳ
taɪm/

ratón

▷ El hotel estaba lleno de ratones.
The hotel was full of mice.
▷ Compré un ratón nuevo para el ordenador.
I bought a new mouse for the computer.

(tanto el roedor como el utensilio para
el ordenador) mouse /maʊs/ (plural:
mice /maɪs/)
◀) mouse rima con house.

raya

1 ▷ Dibujó una raya recta en el suelo.
He drew a straight line on the ground.

2 ▷ Me compré una falda a rayas azules y blancas.
I bought a skirt with blue and white stripes.

▷ Marcos llevaba un jersey a rayas.
Marcos was wearing a striped jumper.
3 ▷ Javi lleva la raya al lado.
Javi has a side parting.

4 ▷ Vimos varias rayas mientras buceábamos.
We saw some rays while we were diving.

1 (= línea) line /laɪn/
◀) La i de line se pronuncia como la i
de like.
2 (en la ropa) stripe /straɪp/
◀) La i de stripe se pronuncia como la
i de like.
► a rayas: striped /straɪpt/
◀) La e de striped no se pronuncia.
3 (en el pelo) parting /ˈpɑːtɪŋ/
⚐ raya se dice parting en inglés
británico y part /pɑːt/ en inglés
americano.
4 (pez) ray /reɪ/

rayado, rayada

1 ▷ Llevaba una corbata rayada.
He was wearing a striped tie.

2 ▷ Mis gafas están rayadas.
My glasses are scratched.

1 (hablando de ropa) striped
/straɪpt/
◀) La i de striped se pronuncia como
la i de like. La e no se pronuncia.
2 (= con marcas) scratched
/skrætʃt/
◀) La e de scratched no se pronuncia.

rayar

▷ Rayaste la mesa con las llaves.
You scratched the table with the keys.

(= estropear dejando marcas) scratch
/skrætʃ/

rayo

1 ▷ ¡Por fin, un rayo de sol!
    At last, a ray of sunshine!

1 (de luz, radiación) ray /reɪ/
► **rayo de sol:** ray of sunshine
/reɪ əv ˈsʌnʃaɪn/

2 ▷ Un rayo iluminó el cielo durante un segundo.
    A flash of lightning lit up the sky for a second.
▷ Le dan pánico los rayos.
    She's terrified of lightning.

2 (durante una tormenta) flash of lightning /flæʃ əv ˈlaɪtənɪŋ/
ℹ Aunque se puede decir flashes of lightning la traducción más frecuente de rayos, en plural, es lightning /ˈlaɪtənɪŋ/.

raza

1 ▷ ¿De qué raza es tu perro?
    What breed is your dog?
2 ▷ En este colegio hay estudiantes de varias razas.
    There are students of several races at this school.

1 (de animal) breed /briːd/

2 (de personas) race /reɪs/
◀) La a de race se pronuncia como la a de make.

razón

1 ▷ La única razón por la que se lo dije fue porque me lo pidieron.
    The only reason I told him was because they asked me to.

1 (= motivo) reason /ˈriːzən/
◀) El acento recae sobre la primera sílaba rea-.

2 ▷ Por una vez tienes razón.
    For once you're right.

2 ► **tener razón:** be right /raɪt/
◀) La i de right se pronuncia como la i de like. La gh no se pronuncia.

▷ No tienes razón, fui yo el que la invité.
    You're wrong, it was me who invited her.

► **no tener razón:** be wrong /rɒŋ/
◀) La w de wrong no se pronuncia.

razonable

▷ Es un sueldo razonable.
    It's a reasonable salary.

reasonable /ˈriːzənəbəl/ (más razonable more reasonable, el más razonable the most reasonable)

razonamiento

▷ No entiendo tu razonamiento.
    I don't understand your reasoning.

reasoning /ˈriːzənɪŋ/

reacción

▷ No entendí su reacción.
    I didn't understand his reaction.

reaction /rɪˈækʃən/
◀) reaction rima con freshen. La e se pronuncia como la e de behind. El acento recae sobre la segunda sílaba -ac-.

reaccionar

▷ ¿Por qué reaccionaste así?
    Why did you react like that?

react /rɪˈækt/
◀) La e de react se pronuncia como la e de behind.

real

1 ▷ El hambre es un problema real en muchos países.
  Famine is a real problem in many countries.
  ▷ Es una historia real, no me la he inventado.
  It's a true story, I didn't make it up.
2 ▷ La familia real pasó las vacaciones en Mallorca.
  The royal family spent their holiday in Majorca.

1 (= verdadero) real /rɪəl/
🔊 La e de real se pronuncia como la e de behind.
► historia real: true story /tru: ˈstɔːrɪ/
2 (= de la monarquía) royal /ˈrɔɪəl/

realidad

▷ A veces la realidad es difícil de aceptar.
  Sometimes reality is hard to accept.

► la realidad: reality /rɪˈælɪtɪ/
🔊 La e de reality se pronuncia como la e de behind. El acento recae sobre la segunda sílaba -a-.

▷ Parece difícil, pero en realidad no lo es.
  It seems difficult, but in fact it isn't.

► en realidad: in fact /fækt/

realista

▷ No soy un pesimista, soy un realista.
  I'm not a pessimist, I'm a realist.

realist /ˈrɪəlɪst/
🔊 La e de realist se pronuncia como la e de behind. El acento recae sobre la primera sílaba re-.

realizar

▷ Realizaron un gran esfuerzo.
  They made a huge effort.

(= hacer) make /meɪk/ (made, made /meɪd/)

realmente

▷ Estaba realmente triste.
  He was really sad.

really /ˈrɪəlɪ/
🔊 La e de really se pronuncia como la e de behind.

reanudar

▷ Reanudaron la reunión después de un descanso de veinte minutos.
  They resumed the meeting after a twenty-minute break.
▷ El partido se reanudó después de una larga interrupción.
  The match resumed after a long interruption

resume /rɪˈzjuːm/
🔊 La u de resume se pronuncia como la palabra inglesa you.

► reanudarse: resume /rɪˈzjuːm/

rebaja

1 ▷ Nos hicieron una rebaja del cinco por ciento.
  They gave us a five percent discount.
2 ▷ Las rebajas comienzan en junio.
  The sales start in June.

1 (= descuento) discount /ˈdɪskaʊnt/
2 ► rebajas (en una tienda): sales /seɪlz/
🔊 sales rima con tails.

rebajar

▷ Han rebajado las faldas.
They've reduced the price of skirts.

▶ **rebajar algo** (en una tienda):
reduce the price of something
/rɪˈdjuːs ðə ˈpraɪs/

rebanada

▷ Me preparé una rebanada de pan con mermelada.
I prepared a slice of bread with jam.

slice /slaɪs/
◀ La i de slice se pronuncia como la i de like.

rebaño

▷ Había un rebaño de ovejas en el campo.
There was a flock of sheep in the field.

ℹ Se usan palabras diferentes según los animales: se dice flock /flɒk/ para las ovejas y herd /hɜːd/ para las vacas.

rebelarse

▷ Los estudiantes se rebelaron contra la nueva ley.
The students rebelled against the new law.

rebel /ˈrebəl/
ℹ rebel se escribe con dos l en el gerundio (rebelling /rɪˈbelɪŋ/) y el pasado y el participio (rebelled /rɪˈbeld/).

rebelde

1 ▷ Mi profesora dice que soy un estudiante rebelde.
My teacher says I'm a rebellious student.

1 (adjetivo, = difícil) **rebellious**
/rɪˈbelɪəs/
◀ El acento recae sobre la segunda sílaba -bell-.

2 ▷ Hubo combates entre los rebeldes y las fuerzas gubernamentales.
There was fighting between the rebels and government forces.

2 (nombre, = persona rebelada)
rebel /ˈrebəl/
◀ El acento recae sobre la primera sílaba re-.

rebotar

▷ La pelota rebotó en la pared.
The ball bounced off the wall.

bounce /baʊns/
ℹ Fíjate bien en la preposición que se usa en inglés: **rebotar en** = bounce off.

rebuscar

▷ Rebuscaron toda la casa.
They searched the whole house.

search /sɜːtʃ/
◀ La ea de search se pronuncia como la ir de first. Search rima con church.

rebuznar

▷ El burro no paraba de rebuznar.
The donkey didn't stop braying.

bray /breɪ/

recado

1 ▷ Te dejé un recado en el contestador.
   I left you a message on your answering machine.

2 ▷ Voy a hacer un recado, volveré dentro de dos horas.
   I'm going to run an errand, I'll be back in two hours.

1 (= mensaje) **message** /ˈmesɪdʒ/
◀ La a de message se pronuncia como la i de **big**. Message rima con **bridge**.
2 ▶ **hacer un recado** (= un encargo): **run an errand** /rʌn ən ˈerənd/ (ran /ræn/, run)

recalcar

▷ El profesor recalcó la importancia del examen.
   The teacher stressed the importance of the exam.

stress /stres/

recambio

▷ Tengo que comprar un recambio para la pluma.
   I've got to buy a refill for my pen.
▷ Afortunadamente teníamos una rueda de recambio.
   Fortunately we had a spare wheel.

(= repuesto) **refill** /ˈriːfɪl/

▶ **rueda de recambio: spare wheel** /speəʳ wiːl/ (plural: **spare wheels**)

recargable

▷ Compra varias pilas recargables.
   Buy some rechargeable batteries.

(= que se pueden cargar de nuevo)
rechargeable /riːˈtʃɑːdʒəbəl/
◀ La g de rechargeable se pronuncia como la dg de **bridge**. El acento recae sobre la segunda sílaba -char-.

recargar

▷ Tengo que recargar la batería del portátil.
   I've got to recharge the laptop battery.

(hablando de una pila o una batería)
recharge /riːˈtʃɑːdʒ/
◀ La g de recharge se pronuncia como la dg de **bridge**.

recaudar

▷ ¿Cuánto dinero recaudasteis?
   How much money did you collect?

collect /kəˈlekt/

recepción

▷ Te esperaré en recepción.
   I'll wait for you at reception.

(de un hotel) **reception** /rɪˈsepʃən/
◀ reception rima con **freshen**. La c se pronuncia como una s. El acento recae sobre la segunda sílaba -cep-.

receta

1 ▷ Me tienes que dar la receta de ese plato.
   You must give me the recipe for that dish.

2 ▷ El médico me dio una receta.
   The doctor gave me a prescription.

1 (de comida) **recipe** /ˈresəpɪ/
◀ recipe rima con **bee** y **me**. Tiene tres sílabas: re + ci + pe.
2 (médica) **prescription** /prɪsˈkrɪpʃən/
◀ prescription rima con **freshen**.

recetar

▷ El médico le recetó antibióticos para la infección.
The doctor prescribed antibiotics for his infection.

prescribe /prɪsˈkraɪb/
◄) La i de prescribe se pronuncia como la i de like.

rechazar

▷ Lucía rechazó la invitación.
Lucía rejected the invitation.

(= no aceptar) reject /ˈriːdʒekt/
◄) La primera e de reject se pronuncia como la i de big. El acento recae sobre la última sílaba -ject.

recibidor

▷ Espera en el recibidor.
Wait in the entrance hall.

(en la entrada de una casa) entrance hall /ˈentrəns hɔːl/ (plural: entrance halls)

recibir

▷ ¿Recibiste el regalo?
Did you receive the present?

receive /rɪˈsiːv/
◄) La ei de receive se pronuncia como la ee de week. La c se pronuncia como una s.

reciclable

▷ Este material no es reciclable.
This material is not recyclable.

recyclable /riːˈsaɪkələbəl/
◄) La primera e de recyclable se pronuncia como la ee de week. La y se pronuncia como la i de like. El acento recae sobre la segunda sílaba -cy-.

reciclado, reciclada

▷ No te olvides de comprar papel reciclado.
Don't forget to buy recycled paper.

recycled /riːˈsaɪkəld/
◄) La primera e de recycled se pronuncia como la ee de week. La y se pronuncia como la i de like. El acento recae sobre la segunda sílaba -cy-.

reciclar

▷ En casa reciclamos todas las botellas que usamos.
At home we recycle all the bottles we use.

recycle /riːˈsaɪkəl/
◄) La primera e de recycle se pronuncia como la ee de week. La y se pronuncia como la i de like. El acento recae sobre la segunda sílaba -cy-.

reciente

▷ Es su película más reciente.
It's his most recent film.

recent /ˈriːsənt/ (más reciente more recent, el más reciente the most recent)
◄) La primera e de recent se pronuncia como la ee de week. El acento recae sobre la primera sílaba re-.

recientemente

▷ Me la encontré recientemente en el cine.
I met her recently at the cinema.

recently /ˈriːsəntlɪ/
🔊 La primera e de recently se pronuncia como la ee de week. El acento recae sobre la primera sílaba re-.

recipiente

▷ Usa cualquier recipiente.
Use any container.

container /kənˈteɪnəʳ/
🔊 La ai de container se pronuncia como la a de make.

recitar

▷ El profesor le hizo recitar un poema.
The teacher made him recite a poem.

recite /rɪˈsaɪt/
🔊 La primera e de recite se pronuncia como la i de big. La i se pronuncia como la i de like. El acento recae sobre la última sílaba -cite.

reclamación

▷ Mis padres hicieron una reclamación porque el cuarto del hotel estaba sucio.
My parents made a complaint because the hotel room was dirty.

(= queja) complaint /kəmˈpleɪnt/
► hacer una reclamación: make /meɪk/ a complaint (made, made /meɪd/)

reclamar

1 ▷ Le reclamé mi libro a Elena pero todavía no me lo ha devuelto.
I asked Elena for my book but she still hasn't returned it.

2 ▷ Reclamaron porque la habitación estaba muy sucia.
They complained because the room was very dirty.

1 ► reclamar algo a alguien (= pedir): ask somebody for something /fɔːʳ/

2 (= quejarse) complain /kəmˈpleɪn/
🔊 complain rima con Jane.

recogedor

▷ Tráeme la escoba y el recogedor, por favor.
Bring me the broom and the dustpan, please.

dustpan /ˈdʌstpæn/
🔊 La u de dustpan se pronuncia como la u de duck.

recoger

1 ▷ Raquel recogió la goma, que se me había caído al suelo.
Raquel picked up my rubber which had fallen on the floor.

2 ▷ El profesor recogió de todos los alumnos de la clase el dinero para la excursión.
The teacher collected the money for the trip from all the pupils in the class.

3 ▷ Fuimos a recoger setas en el bosque.
We went to pick mushrooms in the wood.

1 (= coger algo que se ha caído) pick up /pɪk ʌp/
🔊 picked se pronuncia /pikt/.

2 (= coger, hablando de cosas sueltas) collect /kəˈlekt/

3 (= coger, hablando de flores o setas) pick /pɪk/

Sigue en la página siguiente

4 ▷ Mi padre pasó a recogerme a la salida del cine.
My father came and picked me up from outside the cinema.

4 (= ir a buscar) **pick up** /pɪk ʌp/

recomendar

▷ Mi tío recomendó un buen restaurante.
My uncle recommended a good restaurant.

(= aconsejar) **recommend** /rekəˈmend/

◀ El acento recae sobre la ultima sílaba -mend.

▷ El médico recomendó a Pedro que descansara.
The doctor advised Pedro to rest.

► **recomendar a alguien que +** subjuntivo: **advise** /ədˈvaɪz/ somebody **to** + verbo.

recompensa

▷ Ofrecen una recompensa por encontrar al cachorro.
They are offering a reward for finding the puppy.

reward /rɪˈwɔːd/

◀ La e de reward se pronuncia como la i de big. Reward rima con lord.

reconciliarse

▷ Pablo y María José se reconciliaron.
Pablo and María José made up.

(= hacer las paces) **make up** /meɪk ʌp/ (made, made /meɪd/)

reconocer

1 ▷ Perdona, no te había reconocido.
I'm sorry, I didn't recognize you.

1 (= identificar) **recognize** /ˈrekəgnaɪz/

◀ La i de recognize se pronuncia como la i de like.

2 ▷ Reconozco que estaba equivocado.
I admit that I was wrong.

2 (= admitir) **admit** /ədˈmɪt/

ℹ admit se escribe con dos t en el gerundio (admitting /ədˈmɪtɪŋ/) y el pasado y el participio (admitted /ədˈmɪtɪd/).

reconstruir

▷ Van a reconstruir el edificio que se incendió.
They are going to rebuild the building that burned down.

rebuild /riːˈbɪld/ (rebuilt, rebuilt /riːˈbɪlt/)

◀ La u de rebuild no se pronuncia. rebuild rima con filled y rebuilt rima con kilt.

récord

▷ Rebeca batió el récord del colegio.
Rebeca broke the school record.

record /ˈrekɔːd/

► **batir un récord: break** /breɪk/ **a record** (broke /brəʊk/, broken /ˈbrəʊkən/)

recordar

1 ▷ ¿Recuerdas su nombre?
Do you remember her name?

1 (= acordarse de) **remember** /rɪˈmembər/

2 ▷ Recuérdame que la llame para felicitarla.
Remind me to phone her to congratulate her.

2 (= hacer que alguien no se olvide de algo) **remind** /rɪˈmaɪnd/
◀ La **i** de **remind** se pronuncia como la **i** de **like**.
i Fíjate que mientras que en español **recordar que** va seguido de un subjuntivo, en inglés va seguido del verbo en infinitivo con **to**.

recorrer

1 ▷ Recorrieron el país en autobús.
They travelled round the country by bus.
2 ▷ Recorrí muchas tiendas buscando un regalo para él.
I went round a lot of shops looking for a present for him.

1 (= viajar por) **travel round** /ˈtrævəl raʊnd/
2 (= buscar en) **go round** /raʊnd/ (went /went/, gone/been /ɡɒn / biːn/)

recorrido

1 ▷ El recorrido del autobús ha cambiado.
The bus route has changed.

2 ▷ Hicieron un recorrido por Italia.
They went on a journey across Italy.

1 (= itinerario) **route** /ruːt/
◀ **route** se pronuncia igual que la palabra inglesa **root**.
2 (viaje) **journey** /ˈdʒɜːnɪ/
◀ La **ou** de **journey** se pronuncia como la **i** de **first**. **Journey** rima con **bee** y **me**.

recortar

1 ▷ Sonia recorta fotos de famosos en las revistas.
Sonia cuts out photographs of famous people in the magazines.
2 ▷ Recorta el papel así y pégalo en la cartulina.
Cut up the paper like this and stick it on the cardboard.

1 (de un periódico, una revista) **cut out** /kʌt aʊt/ (cut out, cut out)
2 (hablando de un papel) **cut up** /kʌt ʌp/ (cut up, cut up)

recreo

1 ▷ Hay un recreo por la mañana.
There's a break in the morning.

2 ▷ Te veré en el recreo.
I'll see you in the playground.

1 (= tiempo de descanso) **break** /breɪk/
◀ **break** rima con **make**.
2 (= patio) **playground** /ˈpleɪɡraʊnd/

rectángulo

▷ No has dibujado bien ese rectángulo, parece un cuadrado.
You didn't draw that rectangle properly, it looks like a square.

rectangle /ˈrektæŋɡəl/
◀ El acento recae sobre la primera sílaba **rec-**.

recto, recta

▷ Esta línea no está recta.
This line isn't straight.

▷ ¿La estación? Gire a la izquierda y después siga todo recto.
The station? Turn left and then go straight ahead.

(= no desviado) straight /streɪt/

◀) straight rima con late.

▶ **todo recto** (para indicar el camino): straight ahead

recuadro

▷ Pon una cruz en este recuadro.
Put a cross in this box.

box /bɒks/ (plural: boxes /ˈbɒksɪz/)

recubierto, recubierta

▷ La pared está recubierta de hiedra.
The wall is covered in ivy.

covered /ˈkʌvəd/

◀) La o de covered se pronuncia como la u de duck.

ℹ Fíjate en la preposición, **recubierto de** = covered in.

recuerdo

1 ▷ Tengo muy buenos recuerdos de ese viaje.
I have very good memories of that trip.

2 ▷ Mis padres me trajeron un recuerdo de Egipto.
My parents brought me a souvenir from Egypt.

1 (en la memoria) memory /ˈmeməri/ (plural: memories /ˈmemərɪz/)

2 (= objeto turístico) souvenir /suːvəˈnɪəʳ/

◀) La ou de souvenir se pronuncia como la oo de too y la o de do.

recuperación

▷ Su recuperación fue muy rápida.
He made a very quick recovery.

(de un enfermo, de la economía) recovery /rɪˈkʌvəri/

◀) La o de recovery se pronuncia como la u de cut.

recuperarse

▷ ¿Estás mejor? ¿Te has recuperado?
Are you better? Have you recovered?

(enfermo) recover /rɪˈkʌvəʳ/

◀) La o de recover se pronuncia como la u de duck.

red

▷ Pescan con redes muy grandes.
They fish with very big nets.

▷ ¿Lo buscaste en la Red?
Did you look for it on the Net?

(de pesca, en tenis, fútbol) net /net/

▶ **la Red** (= Internet): the Net

redacción

▷ Tengo que entregar la redacción mañana.
I've got to hand in the essay tomorrow.

(= deber escolar) essay /ˈeseɪ/

redactar

▷ El profesor dijo que mi examen estaba muy
mal redactado.
*The teacher said thay my exam was very badly
written.*

write /raɪt/ (wrote /rəʊt/, written
/ˈrɪtən/)
◀) La i de write se pronuncia como la
i de like. La w no se pronuncia.

redondeado, redondeada

▷ La esquina de la mesa es redondeada.
The corner of the table is round.

round /raʊnd/ (más redondeado
rounder /ˈraʊndəʳ/, el más redondeado
the roundest /ˈraʊndɪst/)

redondo, redonda

▷ La mesa del comedor es redonda.
The dining room table is round.

round /raʊnd/ (más redondo
rounder /ˈraʊndəʳ/, el más redondo the
roundest /ˈraʊndɪst/)

reducción

▷ Ha habido una gran reducción en el número
de alumnos.
*There's been a big reduction in the number of
pupils.*

reduction /rɪˈdʌkʃən/
◀) reduction rima con freshen. El
acento recae sobre la segunda sílaba
-duc-.

reducir

▷ Quieren reducir el desempleo.
They want to reduce unemployment.

reduce /rɪˈdjuːs/
◀) La u de reduce se pronuncia como
la palabra inglesa you.

reemplazar

▷ Van a reemplazar al profesor de química.
*They are going to replace the chemistry
teacher.*

replace /rɪˈpleɪs/
◀) La a de replace se pronuncia como
la a de make.

reencontrarse

▷ Me reencontré con Alex el verano pasado.
I met Alex again last summer.

► reencontrarse con alguien:
meet somebody again /miːt
əˈgen/ (met, met /met/)

reencuentro

▷ El reencuentro de los dos amigos fue muy
emocionante.
*The reunion of the two friends was really
moving.*

reunion /riːˈjuːnɪən/
◀) La u de reunion se pronuncia
como la palabra inglesa you. El acento
recae sobre la segunda sílaba -u-.

referencia

▷ El profesor hizo referencia a varios autores.
The teacher referred to several authors.

reference /ˈrefərəns/
► hacer referencia a: refer
/rɪˈfɜːʳ/ to

referirse

▷ ¿A qué te refieres?
What do you mean?

mean /miːn/ (meant, meant /ment/)
▶ **referirse a algo:** mean something

refinería

▷ Hubo un incendio en una refinería.
There was a fire at a refinery.

refinery /rɪˈfaɪnərɪ/ (plural: refineries /rɪˈfaɪnərɪz/)
◀ La i de refinery se pronuncia como la i de like. El acento recae sobre la segunda sílaba -fi-.

reflejar

▷ El blanco refleja la luz del sol.
White reflects sunlight.
▷ La luna se reflejaba en el agua.
The moon was reflected in the water.

reflect /rɪˈflekt/
▶ **reflejarse:** be reflected

reflejo

1 ▷ El reflejo del sol era muy brillante.
The sun's reflection was very bright.
2 ▷ Para conducir tienes que tener buenos reflejos.
You need good reflexes to drive.

1 (= luz) reflection /rɪˈflekʃən/
◀ reflection rima con freshen.
2 (del cuerpo) reflex /ˈriːfleks/ (plural: reflexes /ˈriːfleksɪz/)
◀ La primera e de reflex se pronuncia como la ee de week.

reflexionar

▷ Antes de hacer nada reflexiona.
Think before you do anything.

think /θɪŋk/ (thought, thought /θɔːt/)

refrán

▷ Andrés sabe muchos refranes.
Andrés knows a lot of proverbs.

proverb /ˈprɒvɜːb/
◀ El acento recae sobre la primera sílaba pro-.

refrescar

▷ Refresca el zumo con hielo.
Cool the juice down with ice.
▷ Esa ducha me ha refrescado.
That shower cooled me down.

▶ **refrescar algo:** cool something down /daʊn/
▶ **refrescar a alguien:** cool somebody down

refresco

▷ Compré cerveza y refrescos.
I bought beer and soft drinks.

soft drink /sɒft drɪŋk/ (plural: soft drinks)

refrigerador

▷ Pon la mantequilla en el refrigerador.
Put the butter in the fridge.

fridge /frɪdʒ/
◀ fridge rima con bridge.
ℹ Se dice también refrigerator.

refugiado, refugiada

▷ Los padres de Kamil son refugiados.
Kamil's parents are refugees.

refugee /refjuːˈdʒiː/
◀) La u de refugee se pronuncia como la palabra inglesa you. La g se pronuncia como la j de John.

refugiarse

▷ Nos refugiamos de la lluvia debajo de un árbol.
We sheltered from the rain under a tree.

► refugiarse de algo: shelter from something /ˈʃeltər frɒm/ (took /tʊk/, taken /ˈteɪkən/)

refugio

▷ Dormimos en un refugio abandonado.
We slept in an abandoned shelter.

shelter /ˈʃeltər/

regadera

▷ ¿Dónde está la regadera?
Where's the watering can?

watering can /ˈwɔːtərɪŋ kæn/
(plural: watering cans)

regalar

▷ Le vamos a regalar un libro.
We are going to give her a book.

▷ Me regalaron una bicicleta.
I got a bicycle.

► regalar algo a alguien: give /gɪv/ somebody something (gave /geɪv/, given /ˈgɪvən/)
► me regalaron...: I got... /aɪ gɒt/

regaliz

▷ Me encanta el regaliz.
I love liquorice.

liquorice /ˈlɪkərɪs/
◀) liquorice rima con dish. Se pronuncia lick + er + ish. El acento recae sobre la primera sílaba li-.

regalo

▷ ¡Qué regalo tan genial!
What a great present!
▷ Queríamos hacerle un regalo al profesor de inglés.
We wanted to give the English teacher a present.

present /ˈprezənt/
ℹ También se puede decir gift /gɪft/.
► hacer un regalo a alguien: give /gɪv/ somebody a present (gave /geɪv/, given /ˈgɪvən/)

regañar

▷ Mis padres me regañaron.
My parents told me off.

(= reñir) tell off /tel ˈɒf/ (told off, told off /təʊld ˈɒf/)

regar

▷ No te olvides de regar las plantas.
Don't forget to water the plants.

water /ˈwɔːtər/
◀) La a de water se pronuncia como la o de port.

régimen

▷ Pedro está a régimen, quiere adelgazar.
Pedro is on a diet, he wants to lose weight.

(= dieta) **diet** /ˈdaɪət/
🔊 La i de **diet** se pronuncia como la i de **like**.

► **estar a régimen:** be on a diet

región

▷ Visitamos una región montañosa.
We visited a mountainous region.

region /ˈriːdʒən/
🔊 La e de **region** se pronuncia como la **ee** de **week**. La g se pronuncia como la **dg** de **bridge**.

regla

1 ▷ Usa una regla para dibujar las líneas.
Use a ruler to draw the lines.

2 ▷ Es un juego muy fácil, te voy a explicar la reglas.
It's a very easy game, I'm going to explain the rules to you.

3 ▷ No se encontraba bien porque tenía la regla.
She didn't feel well because she was on her period.

1 (= instrumento para hacer líneas)
ruler /ˈruːləʳ/

2 (= norma) **rule** /ruːl/

3 (= menstruación) **period**
/ˈpɪərɪəd/

► **tener la regla:** be on /ɒn/ one's period

🔊 La e de **period** se pronuncia como la **ee** de **week**.

ℹ Fíjate cómo se construyen las diferentes personas: I am on **my** period, you are on **your** period, she is on **her** period, etc.

reglamento

▷ El reglamento del colegio dice que no debemos comer chicle en clase.
The school rules say we mustn't chew gum in class.

(= reglas) **rules** /ruːlz/
ℹ Fíjate que **reglamento** se traduce por una palabra en plural, **rules**.

regresar

▷ Regresó a casa después de un viaje muy largo.
He returned home after a very long trip.

return /rɪˈtɜːn/
🔊 La e de **return** se pronuncia como la i de **big**.

regular

1 ▷ Su respiración era regular.
His breathing was regular.

2 ▷ Es una película bastante regular.
It's a rather average film.

1 (= constante) **regular** /ˈregjʊləʳ/
🔊 El acento recae sobre la primera sílaba **re-**.

2 (= no muy bueno) **average**
/ˈævərɪdʒ/
🔊 **average** rima con **bridge**.

regularmente

▷ Viene a vernos regularmente.
He comes to see us regularly.

regularly /ˈregjʊləlɪ/

rehacer

▷ Tuve que rehacer la redacción.
I had to do the essay again.

► rehacer algo: do /duː/ something again (did /dɪd/, done /dʌn/)

rehén

▷ Liberaron a todos los rehenes.
They freed all the hostages.

hostage /ˈhɒstɪdʒ/
◀ hostage rima con bridge.

reina

▷ La reina murió cuando tenía ochenta años.
The queen died when she was eighty.

queen /kwiːn/

reinado

▷ Su reinado duró treinta años.
Her reign lasted thirty years.

reign /reɪn/
◀ reign se pronuncia exactamente igual que la palabra inglesa rain.

reino

▷ Antes, Portugal era un reino.
In the past, Portugal was a kingdom.
▷ Escocia es parte del Reino Unido.
Scotland is part of the United Kingdom.

kingdom /ˈkɪŋdəm/

► el Reino Unido: the United Kingdom /juːˈnaɪtɪd ˈkɪŋdəm/
ⓘ También se dice the UK /juːˈkeɪ/.

reírse

▷ Te vas a reír cuando te cuente lo que pasó.
You're going to laugh when I tell you what happened.

▷ ¡No te rías de tu madre!
Don't laugh at your mother!

laugh /lɑːf/
◀ La gh de laugh se pronuncia de forma parecida a una f y la au se pronuncia como la a de car. El pasado laughed /lɑːft/ rima con raft.
► reírse de alguien o algo: laugh at somebody o something
ⓘ Fíjate bien en la preposición: reírse de = laugh at.

reja

▷ Todas las ventanas tenían rejas.
All the windows had bars.

(= barrote) bar /bɑːʳ/

relación

1 ▷ No hay ninguna relación entre los dos accidentes.
There is no connection between the two accidents.
2 ▷ Tiene muy buena relación con ella.
He has a very good relationship with her.

▷ Es muy joven para tener relaciones sexuales.
He's too young to have sex.

1 (= vínculo) connection /kəˈnekʃən/
◀ connection rima con freshen.

2 (= trato entre personas) relationship /rɪˈleɪʃənʃɪp/
◀ relation rima con freshen.
► relaciones sexuales: sex /seks/

relajarse

▷ Ahora que se han acabado los exámenes puedo relajarme.
Now that the exams are over I can relax.

relax /rɪ'læks/

relámpago

▷ Un relámpago iluminó el cielo durante un segundo.
A flash of lightning lit up the sky for a second.
▷ Le dan pánico los relámpagos.
She's terrified of lightning.

flash of lightning /flæʃ əv 'laɪtənɪŋ/
ℹ Aunque se puede decir flashes of lightning la traducción más frecuente de relámpagos, en plural, es lightning /'laɪtənɪŋ/.

relevarse

▷ Nos relevamos en el cuidado de los animales.
We took turns to look after the animals.

take turns /'teɪk 'tɜːnz/ (took /tʊk/, taken /'teɪkən/)

relieve

▷ El relieve de la región es muy montañoso.
The terrain of the region is very mountainous.

(= accidentes geográficos) terrain /tə'reɪn/

religión

▷ Para él la religión es muy importante.
Religion is very important for him.

religion /rɪ'lɪdʒən/
► la religión: religion
◀ La g de religion se pronuncia como la j de John. Religion rima con fallen. El acento recae sobre la segunda sílaba -li-.

religioso, religiosa

▷ Es una persona muy religiosa.
She's a very religious person.

religious /rɪ'lɪdʒəs/ (más religioso more religious, el más religioso the most religious)
◀ La g de religious se pronuncia como la j de John.

rellano

▷ Estaban sentados en el rellano.
They were sitting on the landing.

(de una escalera) landing /'lændɪŋ/

rellenar

1 ▷ Rellena este formulario con tus datos.
Fill in this form with your details.
2 ▷ Mi madre rellenó el pollo con jamón.
My mother stuffed the chicken with ham.
3 ▷ Rellenó la tarta con nata.
She filled the cake with cream.
4 ▷ Rellena la botella, está casi vacía.
Refill the bottle, it's almost empty.

1 (un impreso, un formulario) fill in /fɪl ɪn/
2 (un pollo, un pavo) stuff /stʌf/
3 (un pastel, una tarta) fill /fɪl/
4 (= volver a llenar) refill /'riːfɪl/
◀ La e de refill se pronuncia como la ee de week.

relleno, rellena

1 ▷ Me encantan las olivas rellenas.
   I love stuffed olives.
2 ▷ Quiero un pastel relleno de nata.
   I'd like a cake filled with cream.

1 (un pollo, una oliva) stuffed /stʌft/

2 (un pastel, una tarta) filled /fɪld/
i Fíjate en la preposición: **relleno de** = filled with.

reloj

1 ▷ Mi reloj está atrasado.
   My watch is slow.

i Al reloj que se lleva en la pulsera se le llama watch /wɒtʃ/ (plural: watches /ˈwɒtʃɪz/) en inglés.
◀ La **a** de watch se pronuncia como la **o** de got.

2 ▷ Hay un reloj enorme en la estación.
   There is a huge clock in the station.

i Al reloj que se encuentra en la pared, en una torre, o al reloj de pie en inglés se le llama clock /klɒk/.

remar

▷ Aprendí a remar en el lago.
   I learned to row on the lake.

row /raʊ/
◀ Con este significado, **row** rima con go y toe. El pasado **rowed** se pronuncia igual que road.

remedio

▷ Es un remedio muy eficaz.
   It's a very effective cure.

(= medicamento) cure /kjʊəʳ/

remitente

▷ ¿Quién es el remitente?
   Who's the sender?

sender /ˈsendəʳ/

remo

▷ Se me cayó el remo al agua.
   I dropped the oar in the water.

oar /ɔːʳ/
◀ oar rima con door.

remolacha

▷ Preparé una ensalada con remolacha y pepino.
   I made a salad with beetroot and cucumber.

beetroot /ˈbiːtruːt/
☞ **remolacha** se dice beetroot en inglés británico y beet /biːt/ en inglés americano.

remolcar

▷ El mecánico remolcó el coche.
   The mechanic towed the car.

tow /təʊ/
◀ tow rima con go y Joe. Towed rima con road.

remolón

▷ No te hagas el remolón y ponte a limpiar tu cuarto.
   Don't be lazy and start cleaning your room.

▶ hacerse el remolón: be lazy /ˈleɪzɪ/
◀ La **a** de lazy se pronuncia como la **a** de make.

remordimiento

▷ No la ayudó y ahora tiene remordimientos.
He didn't help her and now he feels sorry.

▶ **tener remordimientos:** feel sorry /fiːl ˈsɒrɪ/ (felt, felt /felt/)

remoto, remota

▷ Tienen una casa en un pueblecito remoto.
They've got a house in a remote village

remote /rɪˈməʊt/ (más remoto more remote, el más remoto the most remote)

◀ remote rima con boat.

renacimiento

▷ Fue un artista muy importante del Renacimiento.
He was a very important artist of the Renaissance.

▶ **el Renacimiento** (periodo histórico): the Renaissance /rəˈneɪsəns/

renacuajo

▷ El estanque estaba lleno de renacuajos.
The pond was full of tadpoles.

tadpole /ˈtædpəʊl/

◀ La o de tadpole se pronuncia como la o de go.

rencor

▷ Me guarda rencor por haberle quitado la novia.
He bears me a grudge because I took his girlfriend away from him.

▶ **guardar rencor a alguien:** bear somebody a grudge /grʌdʒ/ (bore /bɔːʳ/, borne /bɔːn/)

rencoroso, rencorosa

▷ Ten cuidado con ella, es muy rencorosa.
Be careful with her, she bears grudges.

▶ **ser rencoroso:** bear grudges /beəʳ ˈgrʌdʒɪz/ (bore /bɔːʳ/, borne /bɔːn/)

rendirse

1 ▷ La policía les pidió que se rindieran.
The police asked them to surrender.
2 ▷ ¡Me rindo! ¿Cuál es la respuesta?
I give up! What's the answer?

1 (= entregarse) surrender /səˈrendəʳ/
2 (= abandonar) give up /gɪv ʌp/ (gave up /geɪv ʌp/, given up /ˈgɪvən ʌp/)

renglón

▷ Escribe una frase en cada renglón.
Write a sentence on each line.

(= línea) line /laɪn/

◀ La i de line se pronuncia como la i de like.

reno

▷ Cuatro renos tiraban del trineo.
Four reindeer were pulling the sleigh.

reindeer /ˈreɪndɪəʳ/

ℹ reindeer es una palabra invariable, se escribe igual en singular y en plural (algunos renos = some reindeer).

◀ La ei de reindeer se pronuncia como la a de make.

renovar

▷ Mi hermano tuvo que renovar su carnet de conducir.
My brother had to renew his driving licence.

(un documento) renew /rɪˈnjuː/

renunciar

▷ Renunció a su parte del premio.
He gave up his share of the prize.

► **renunciar a algo** (= abandonar): give something up /ʌp/ (gave up /geɪv ʌp/, given up /ˈgɪvən ʌp/)

reñir

1 ▷ Mis padres me riñeron.
My parents told me off.
2 ▷ Riñó con Alberto por una tontería.
She had a row with Alberto over something silly.

1 (= regañar) tell off /tel ɒf/ (told off, told off /təʊld ɒf/)
2 (= pelearse) have a row /raʊ/ (had, had)
◄) Con este significado, row rima con cow.

reparar

▷ Vino un técnico a reparar la televisión.
A technician came to repair the TV.

repair /rɪˈpeəʳ/
◄) repair rima con care y bear.

repartir

1 ▷ El profesor repartió el trabajo entre tres equipos.
The teacher shared out the work between three teams.
2 ▷ Trabajé durante el verano repartiendo periódicos.
I worked during the summer delivering newspapers.

1 (= dividir) share out /ʃeəʳ aʊt/
2 (= entregar) deliver /dɪˈlɪvəʳ/

repasar

1 ▷ Me quedé en casa repasando todo el fin de semana.
I stayed at home revising all weekend.

1 (= estudiar) revise /rɪˈvaɪz/
◄) La i de revise se pronuncia como la i de like.
⌐ repasar se dice revise en inglés británico y review /rɪˈvjuː/ en inglés americano.

2 ▷ Repasa la cuenta, creo que hay un error.
Check the sum, I think there's a mistake.

2 (= revisar) check /tʃek/

repaso

1 ▷ Tengo que dar un repaso al último tema.
I have to revise the last topic.

1 ► **dar un repaso a algo** (= estudiar): revise /rɪˈvaɪz/ something
◄) La i de revise se pronuncia como la i de like.

2 ▷ Dale un repaso a la redacción y corrige las faltas de ortografía.
Check the essay and correct the spelling mistakes.

2 ► **dar un repaso a algo** (= revisar): check /tʃek/ something

repente

▷ Se puso a llorar de repente.
She suddenly started crying.

► **de repente: suddenly**
/ˈsʌdənlɪ/
◀ La **u** de **suddenly** se pronuncia
como la **u** de **duck**.

repentinamente

▷ La puerta se cerró repentinamente.
The door shut suddenly.

suddenly /ˈsʌdənlɪ/
◀ La **u** de **suddenly** se pronuncia
como la **u** de **duck**.

repetir

1 ▷ ¿Podrías repetir tu nombre?
Could you repeat your name?

2 ▷ Sus padres no quieren que repita.
Her parents don't want her to repeat the year.

1 (= volver a decir) **repeat** /rɪˈpiːt/
◀ **repeat** rima con **feet**.
2 (= repetir año en el colegio) **repeat
the year** /rɪˈpiːt ðə jɪəˈr/

repisa

▷ El libro que buscas está en la segunda repisa.
*The book you're looking for is on the second
shelf.*

(en estantería) **shelf** /ʃelf/ (plural:
shelves /ʃelvz/)

repleto, repleta

▷ El tren estaba repleto de pasajeros.
The train was packed with passengers.

(= abarrotado) **packed** /pækt/
► **repleto de: packed with**

replicar

1 ▷ "Estoy muy cansado", replicó.
"I'm very tired", he answered.

2 ▷ ¡No le repliques a tu madre!
Don't answer your mother back!

1 (= responder) **answer** /ˈɑːnsəʳ/
◀ La **w** de **answer** no se pronuncia.
answer rima con **dancer**.
2 ► **replicar a alguien** (= contestar
con objeciones): **answer** somebody
back

repollo

▷ Odio el repollo.
I hate cabbage.

cabbage /ˈkæbɪdʒ/
◀ **cabbage** rima con **bridge**.

reportaje

▷ ¿Viste el reportaje sobre los Juegos Olímpicos?
*Did you see the report on the Olympic
Games?*

report /rɪˈpɔːt/

reportero, reportera

▷ Un reportero resultó herido.
A reporter was injured.

reporter /rɪˈpɔːtəʳ/
◀ El acento recae sobre la segunda
sílaba -**por**-.

reposar

▷ Deberías reposar antes de salir.
You should have a rest before you go.

(= descansar) **have a rest** /rest/
(had, had)

reposo

▷ El médico me dijo que necesitaba reposo.
The doctor said that I needed rest.
▷ Debo guardar reposo durante dos semanas.
I have to rest for two weeks.

(= descanso) rest /rest/

▶ guardar reposo: rest /rest/

representación

▷ La representación comienza a las ocho.
The performance starts at eight o'clock.

(de una obra de teatro)
performance /pəˈfɔːməns/

representante

▷ Deberíamos elegir a un representante para
que hable con el director.
*We should choose a representative to talk to
the headmaster.*

(= delegado) representative
/reprɪˈzentətɪv/
◀ El acento recae sobre la tercera
sílaba -sen-.

representar

▷ ¿Qué representa este cuadro?
What does this painting represent?
▷ Amalia representa a la clase.
Amalia represents the class.

represent /reprɪˈzent/
◀ El acento recae sobre la tercera
sílaba -sent.

▶ representar a alguien:
represent somebody

reproducción

▷ Es una reproducción muy buena de un cuadro
famoso.
*It's a very good reproduction of a famous
painting.*

reproduction /riːprəˈdʌkʃən/
◀ La e de reproduction se pronuncia
como la ee de week. El acento recae
sobre la tercera sílaba -duc-.

reproducir

1 ▷ Intentaron reproducir billetes con una
fotocopiadora en color.
*They tried to reproduce bank notes with a
colour photocopier.*

1 (= copiar) reproduce
/riːprəˈdjuːs/
◀ La primera e de reproduce
se pronuncia como la ee de week.
El acento recae sobre la tercera sílaba
-duce.

2 ▷ Muchos animales no consiguen reproducirse
en cautividad.
Many animals can't reproduce in captivity.

2 ▶ reproducirse (hablando de
seres vivos): reproduce
/riːprəˈdjuːs/

reptil

▷ El cocodrilo es un reptil.
The crocodile is a reptile.

reptile /ˈreptaɪl/
◀ La i de reptile se pronuncia como
la i de like. El acento recae sobre la
primera sílaba rep-.

república

▷ Francia es una república.
France is a republic.
▷ Praga es la capital de la República Checa.
Prague is the capital of the Czech Republic.
▷ Fuimos de vacaciones a la República Dominicana.
We went on holiday to the Dominican Republic.

republic /rɪˈpʌblɪk/

► la República Checa: the Czech Republic
► la República Dominicana: the Dominican Republic

repuesto

▷ Afortunadamente teníamos una rueda de repuesto.
Fortunately we had a spare wheel.

► rueda de repuesto: spare wheel /speəʳ wiːl/ (plural: spare wheels)

repugnante

▷ ¡Qué olor tan repugnante!
What a disgusting smell!

disgusting /dɪsˈɡʌstɪŋ/
◀ La u de disgusting se pronuncia como la u de duck.

reputación

▷ Ese colegio tiene muy buena reputación.
That school has a very good reputation.

reputation /repjʊˈteɪʃən/
◀ La a de reputation se pronuncia como la a de make. El acento recae sobre la tercera sílaba -ta-.

resaca

1 ▷ Hoy hay una resaca muy peligrosa.
There is a very dangerous current today.

1 (en el mar) current /ˈkʌrənt/
◀ La u de current se pronuncia como la u de duck.

2 ▷ Me voy a quedar en la cama que todavía estoy con resaca.
I'm going to stay in bed, I still have a hangover.

2 (después de una borrachera) hangover /ˈhæŋəʊvəʳ/
► estar con resaca: have a hangover (had, had)

resbaladizo, resbaladiza

▷ El suelo estaba muy resbaladizo.
The floor was very slippery.

slippery /ˈslɪpəri/ (más resbaladizo more slippery, el más resbaladizo the most slippery)

resbalar

1 ▷ Resbalé y me caí.
I slipped and fell.
▷ Resbalé con una piel de plátano.
I slipped on a banana skin.

1 (hablando de una persona) slip /slɪp/
ℹ slip se escribe con dos p en el gerundio (slipping /ˈslɪpɪŋ/) y el pasado y el participio (slipped /slɪpt/).
ℹ Fíjate en la preposición, resbalar con algo = slip on something.

2 ▷ ¡Cuidado, ese suelo resbala!
Careful, that floor is slippery!

2 (hablando del suelo) be slippery /ˈslɪpəri/

3 ▷ Se resbaló y se cayó.
She slipped and fell.

3 ► **resbalarse** (hablando de una persona): slip /slɪp/
ⓘ **slip** se escribe con dos **p** en el gerundio (**slipping** /ˈslɪpɪŋ/) y el pasado y el participio (**slipped** /slɪpt/).

resbalón

▷ Pegué un resbalón y me caí.
I slipped and fell.

► **pegar un resbalón: slip** /slɪp/
ⓘ **slip** se escribe con dos **p** en el gerundio (**slipping** /ˈslɪpɪŋ/) y el pasado y el participio (**slipped** /slɪpt/).

rescatar

▷ Se tiró al agua para rescatar a su hermano, que se estaba ahogando.
She dived into the water to rescue her brother who was drowning.

(= salvar) **rescue** /ˈreskjuː/
🔊 La **ue** de **rescue** se pronuncia como la palabra inglesa **you**.

rescate

▷ 20 bomberos participaron en la operación de rescate.
20 firefighters took part in the rescue operation.

(= salvamento) **rescue** /ˈreskjuː/
🔊 La **ue** de **rescue** se pronuncia como la palabra inglesa **you**.

reserva

1 ▷ Es mejor que hagas una reserva.
It would be better if you made a reservation.

1 (en un hotel, restaurante, para un vuelo) **reservation** /rezəˈveɪʃən/
🔊 La **a** de **reservation** se pronuncia como la **a** de **make**. **Reservation** rima con **freshen**.

2 ▷ Tenemos una reserva de velas por si hay un apagón.
We have a stock of candles in case there's a power cut.

2 (= provisión) **stock** /stɒk/

3 ▷ Cuando estuvieron en Kenia visitaron varias reservas naturales.
When they were in Kenya they visited several nature reserves.

3 (de animales) **reserve** /rɪˈzɜːv/

reservar

1 ▷ Es más barato si reservas por adelantado.
It's cheaper if you book in advance.

1 (en un hotel, restaurante, para un vuelo) **book** /bʊk/
ⓘ También se puede decir **reserve** /rɪˈzɜːv/.

2 ▷ Te reservaremos un asiento cerca de nosotros.
We'll keep a seat for you near us.

2 (= guardar) **keep** /kiːp/ (**kept, kept** /kept/)

resfriado, resfriada

1 ▷ Teresa está resfriada.
Teresa has a cold.
2 ▷ Fui al médico porque tenía un fuerte resfriado.
I went to the doctor because I had a heavy cold.
▷ Ponte una chaqueta o vas a coger un resfriado.
Put a jacket on or you'll catch a cold.

1 ► **estar resfriado** (adjetivo): **have a cold** /kəʊld/ (**had, had**)
2 (sustantivo, = constipado) **cold** /kəʊld/

► **coger un resfriado: catch a cold** /kætʃ ə kəʊld/ (**caught, caught** /kɔːt/)

resfriarse

▷ Si no te abrigas vas a coger un resfriado.
If you don't wrap up you'll catch a cold.

catch a cold /kætʃ ə kəʊld/ (caught, caught /kɔːt/)

residencia

▷ Todavía no tiene el permiso de residencia.
He still hasn't got a residence permit.

residence /ˈrezɪdəns/
◀» El acento recae sobre la primera sílaba re-.

residir

▷ Residió en Escocia durante cinco años.
He lived in Scotland for five years.

live /lɪv/
◀» La i de live se pronuncia como la i de big.

residuos

▷ No saben qué hacer con los residuos tóxicos.
They don't know what to do with the toxic waste.

waste /weɪst/
ⓘ Fíjate que waste es una palabra en singular y se usa con un verbo en singular: radioactive waste is dangerous (**los residuos radiactivos son peligrosos**).
◀» La a de waste se pronuncia como la a de make.

resina

▷ Tengo las manos llenas de resina.
My hands are covered in resin.

resin /ˈrezɪn/
◀» El acento recae sobre la primera sílaba re-.

resistente

1 ▷ Este material es muy resistente.
This material is very hard-wearing.

2 ▷ César es muy resistente, nunca se pone enfermo.
César is very tough, he never gets ill.

1 (hablando de un material) **hard-wearing** /hɑːdˈweərɪŋ/ (más resistente more hard-wearing, el más resistente the most hard-wearing)
2 (hablando de una persona) **tough** /tʌf/ (más resistente tougher /ˈtʌfəʳ/, el más resistente the toughest /ˈtʌfɪst/)
◀» tough rima con stuff.

resolver

▷ Nadie sabía cómo resolver el problema.
Nobody knew how to solve the problem.

solve /sɒlv/
◀) La e de solve no se pronuncia.

respaldo

1 ▷ El respaldo de la silla está roto.
The back of the chair is broken.
2 ▷ Lo hizo con el respaldo de sus padres.
He did it with his parent's support.

1 (de asiento) back /bæk/

2 (= apoyo) support /sə'pɔːt/

respectivo, respectiva

▷ Se fueron a sus respectivas habitaciones.
They went to their respective bedrooms.

respective /rɪ'spektɪv/
◀) El acento recae sobre la segunda
sílaba -pec-.

respecto

▷ ¿Qué piensas hacer respecto a la fiesta?
*What are you thinking of doing regarding the
party?*

► respecto a: regarding
/rɪ'gɑːdɪŋ/

respetar

▷ Deberías respetar a tus abuelos.
You should respect your grandparents.

(hablando de una persona) respect
/rɪ'spekt/
ℹ Fíjate que respect se escribe con
una c delante de la t.

respeto

▷ La ONG fomenta el respeto a los derechos
humanos.
The NGO promotes respect for human rights.
▷ Usar el móvil en el cine es una falta de
respeto.
*It's inconsiderate to use your mobile at the
cinema.*
▷ ¡No faltes al respeto a tu madre!
Don't be disrespectful to your mother!

respect /rɪ'spekt/
ℹ Fíjate que respect se escribe con
una c delante de la t.
► ser una falta de respeto: be
inconsiderate /ɪnkən'sɪdərət/

► faltar al respeto a alguien: be
disrespectful /dɪsrɪ'spektfʊl/ to
somebody

respetuoso

▷ Tienes que ser más respetuoso con tus
profesores.
*You have to be more respectful to your
teachers.*

respectful /rɪ'spektfʊl/ (más
respetuoso more respectful, el más
respetuoso the most respectful)
ℹ Fíjate que respectful se escribe con
una c delante de la t.
ℹ Fíjate en la preposición: respetuoso
con alguien = respectful to somebody.

respiración

▷ Contuvo la respiración antes de sumergirse.
He held his breath before diving.

breath /breθ/
◀) La ea de breath se pronuncia
como la e de bed.

respirar

▷ El médico me pidió que respirara hondo.
The doctor asked me to breathe deeply.

breathe /briːð/
◀ La ea de **breathe** se pronuncia como la **ee** de **week**.

responder

▷ Le hice una pregunta a Ángeles pero no me respondió.
I asked Ángeles a question but she didn't answer me.

▷ No responden, ya deben de haber salido.
There's no answer, they must have left already.

answer /ˈɑːnsəʳ/
◀ La **w** de **answer** no se pronuncia. Answer rima con **dancer**.

► **no responden** (al teléfono, en casa): **there's no answer**
◀ Fíjate en la pronunciación de **answered**: /ˈɑːnsəd/.

responsable

1 ▷ Es una chica muy responsable.
She's a very responsible girl.

1 (adjetivo) **responsible**
/rɪˈspɒnsəbəl/ (más responsable **more responsible**, el más responsable **the most responsible**)
i Fíjate bien en cómo se escribe **responsible**.
◀ El acento recae sobre la segunda sílaba -**pon**-.

▷ Cada equipo es responsable de una parte del trabajo.
Each team is responsible for a part of the work.

► **responsable de algo:**
responsible for something

2 ▷ La policía busca a los responsables.
The police are looking for the people responsible.

2 ► **el responsable o la responsable** (= la persona culpable): **the person** /ˈpɜːsən/ **responsible** (plural: **the people** /ˈpiːpəl/ **responsible**)

3 ▷ Quería hablar con el responsable.
I'd like to speak to the person in charge.

3 ► **el responsable o la responsable** (= el encargado): **the person in charge** /ˈpɜːsən ɪn tʃɑːdʒ/ (plural: **the people in charge**)

respuesta

▷ No sé la respuesta.
I don't know the answer.

answer /ˈɑːnsəʳ/
◀ La **w** de **answer** no se pronuncia. answer rima con **dancer**.

resta

▷ Estamos aprendiendo a hacer restas simples.
We are learning to do simple subtractions.

subtraction /səbˈtrækʃən/
◀ **subtraction** rima con **freshen**.
i Fíjate bien que **subtraction** no se escribe con una **s** entre la **b** y la **t**.

restar

▷ Si a 8 le restamos 3 nos queda 5.
If we subtract 3 from 8, we get 5.

(en matemáticas) subtract /səbˈtrækt/

ⓘ Fíjate bien que subtract no se escribe con una s entre la b y la t.

restaurante

▷ Cenamos en un restaurante chino.
We had dinner at a Chinese restaurant.

restaurant /ˈrestərɒnt/

◀) La au de restaurant no se pronuncia. Restaurant rima con want. El acento recae sobre la primera sílaba res-.

restaurar

▷ Están restaurando la catedral.
They are restoring the cathedral.

restore /rɪˈstɔːʳ/

◀) restore rima con door. El pasado restored rima con lord.

resto

1 ▷ Vamos a pagar la comida y con el resto del dinero iremos al museo.
We're going to pay for the meal and with the rest of the money we'll go to the museum.

2 ▷ Comimos los restos de la cena.
We had the leftovers from dinner for lunch.

1 ► el resto (= la parte restante):
the rest /rest/

2 ► restos (= sobras de comida):
leftovers /ˈleftəʊvəz/

resultado

▷ Sacamos muy buenos resultados.
We got very good results.

▷ El plan de Daniel no dio resultado.
Daniel's plan didn't work out.

result /rɪˈzʌlt/

► dar resultado (= funcionar):
work out /wɜːk aʊt/

resumen

▷ Tenemos que hacer un resumen del texto.
We have to do a summary of the text.

summary /ˈsʌməri/ (plural: summaries /ˈsʌməriz/)

resumir

▷ Es una película difícil de resumir.
It's a film that's difficult to sum up.

▷ Resumió el texto en unas pocas frases.
He summed up the text in a few sentences.

sum up /sʌm ʌp/

ⓘ sum up se escribe con dos m en el gerundio (summing up /ˈsʌmɪŋ ˈʌp/) y el pasado y el participio (summed up /ˈsʌmd ˈʌp/).

⚠ El verbo inglés resume no significa resumir sino reanudar.

retirar

1 ▷ Retira esas sillas de ahí.
Move those chairs away from there.

1 ► retirar algo (= apartar):
move something away /əˈweɪ/

Sigue en la página siguiente

2 ▷ ¡Retira eso!
   Take that back!

2 ► **retirar algo** (una acusación): take something back /bæk/ (took back /tʊk bæk/, taken back /ˈteɪkən bæk/)

3 ▷ Voy a retirar algo de dinero del banco.
   I'm going to withdraw some money from the bank.

3 (hablando de dinero) withdraw /wɪðˈdrɔː/ (withdrew /wɪðˈdruː/, withdrawn /wɪðˈdrɔːn/)

retransmitir

▷ ¿Sabes si van a retransmitir la final?
Do you know if they are going to broadcast the final?

broadcast /ˈbrɔːdkɑːst/ (broadcast, broadcast)
◀ La oa de broadcast se pronuncia como la oo de door.

retrasar

▷ Tuvieron que retrasar su salida dos días.
They had to delay their departure by two days.

(= pasar a hacer más tarde) delay /dɪˈleɪ/
◀ La ay de delay se pronuncia como la a de make.

retraso

▷ El tren llegó con retraso.
The train was late.
▷ Llevamos un retraso de media hora.
We are half an hour late.

► llegar con retraso: be late /leɪt/
ℹ Para expresar el retraso que se lleva se usa el verbo be + tiempo de retraso + late.

retrato

▷ Mi padre tiene en su despacho un retrato de mi madre.
My father has a portrait of my mother in his office.

portrait /ˈpɔːtreɪt/
◀ portrait rima con late.

retrete

▷ El retrete estaba muy sucio.
The toilet was very dirty.

(= taza) toilet /ˈtɔɪlət/

retrovisor

▷ Jaime nos miraba por el retrovisor.
Jaime was watching us in the mirror.

mirror /ˈmɪrər/

reunión

▷ Mi madre está en una reunión en el colegio.
My mother is at a meeting at the school.

meeting /ˈmiːtɪŋ/

reunirse

▷ Mis amigos se reúnen todos los miércoles.
My friends meet every Wednesday.

meet /miːt/ (met, met /met/)

revelar

▷ Vanesa está aprendiendo a revelar fotos.
Vanesa is learning how to develop photos.

develop /dɪˈveləp/

ℹ Cuidado, en el gerundio y el pasado **develop** se escribe con una sola p: developing y developed.

reventar

▷ El balón reventó.
The ball burst.

(= estallar) burst /bɜːst/ (burst, burst)

◀ᐧ burst rima con first.

revés

▷ Ese cuadro está al revés.
That painting is upside down.

▷ Llevaba el jersey al revés.
He was wearing his jumper inside out.

▷ No se enfadó, al revés, le pareció muy divertido.
He didn't get angry, on the contrary, he found it very funny.

▶ **al revés** (= con lo de arriba abajo): upside down /ˌʌpsaɪd ˈdaʊn/
▶ **al revés** (= con lo de dentro fuera): inside out /ˌɪnsaɪd aʊt/
▶ **al revés** (= todo lo contrario): on the contrary /ɒn ðə ˈkɒntrərɪ/

revisar

1 ▷ Revisa la redacción antes de entregarla.
Go over the essay again before handing it in.

2 ▷ Revisé todos los nombres de la lista.
I checked all the names on the list.

3 ▷ Nos revisaron las maletas.
They searched our luggage.

1 ▶ **revisar algo** (= repasar): go over something again /əˈgen/ (went /went/, gone/been /gɒn/biːn/)
2 (= examinar) check /tʃek/
◀ᐧ checked rima con elect.
3 (= registrar) search /sɜːtʃ/
◀ᐧ La ea de search se pronuncia como la i de first. Search rima con church.

revista

▷ Lo leí en una revista.
I read it in a magazine.

magazine /mægəˈziːn/

◀ᐧ magazine rima con been.

revolución

▷ Estamos estudiando la Revolución Francesa.
We are studying the French Revolution.

revolution /revəˈluːʃən/

◀ᐧ revolution rima con freshen. El acento recae sobre la tercera sílaba -lu-.

revolver

1 ▷ Revuelve bien el café.
Stir the coffee well.

▷ ¿Has revuelto la ensalada?
Have you tossed the salad?

1 (= mezclar, hablando de un líquido) stir /stɜːʳ/
◀ᐧ stir rima con her y fur.
ℹ stir se escribe con dos r en el gerundio (stirring /ˈstɜːrɪŋ/) y el pasado y el participio (stirred /stɜːd/).
(= mezclar, hablando de una ensalada) toss /tɒs/.

Sigue en la página siguiente

2 ▷ ¿Quién ha estado revolviendo mis cajones?
Who's been rummaging through my drawers?

2 (= desordenar) **rummage through** /ˈrʌmɪdʒ θruː/
🔊 rummage rima con bridge.

revólver

▷ Llevaba un revólver cuando lo detuvieron.
He had a revolver on him when he was arrested.

(= pistola) **revolver** /rɪˈvɒlvəʳ/

rey

▷ El rey visitó la zona del terremoto.
The king visited the earthquake zone.

king /kɪŋ/

rezar

▷ Isabel reza todas las noches antes de acostarse.
Isabel prays every night before going to bed.
▷ Vamos a rezar una oración.
Let's say a prayer.

(= decir una oración) **pray** /preɪ/

▶ **rezar una oración: say a prayer** /seɪ ə preəʳ/ (said, said /sed/)

riachuelo

▷ Hay un riachuelo al lado de la granja.
There is a brook next to the farm.

brook /brʊk/
🔊 Rima con book.

riada

▷ Muchas personas perdieron sus casas en las riadas.
Many people lost their homes in the floods.

flood /flʌd/
🔊 La oo de flood se pronuncia como la u de gun.

ribera

1 ▷ Había varios pescadores en la ribera.
There were some anglers on the bank.
▷ La ribera del río es un buen lugar para pasear.
The riverbank is a good place to go for a walk.
2 ▷ Los voluntarios pasaron el día limpiando la ribera.
The volunteers spent the day cleaning the shore.
▷ Vimos la puesta de sol sentados en la ribera del mar.
We watched the sunset sitting on the seashore.

1 (de río) **bank** /bæŋk/

▶ **la ribera del río: the riverbank**

2 (de mar) **shore** /ʃɔːʳ/

▶ **la ribera del mar: the seashore** /ˈsiːʃɔːʳ/

rico, rica

1 ▷ Su familia es muy rica.
Her family is very rich.

1 (adjetivo, = que tiene mucho dinero) **rich** /rɪtʃ/ (más rico richer /ˈrɪtʃəʳ/, el más rico the richest /ˈrɪtʃɪst/)

2 ▷ ¡Este pastel está muy rico!
  This cake is really delicious!

2 (adjetivo, = sabroso) delicious
/dɪˈlɪʃəs/ (más rico more delicious, el
más rico the most delicious)
◀ᴺ La ci de delicious se pronuncia
como la sh de shop.

3 ▷ Los ricos deberían pagar más impuestos.
  The rich should pay more tax.

3 ▶ los ricos (nombre, = personas
con mucho dinero): the rich /rɪtʃ/

ridículo, ridícula

▷ Ese sombrero te queda ridículo.
  You look ridiculous in that hat.

ridiculous /rɪˈdɪkjʊləs/ (más ridículo
more ridiculous, el más ridículo the
most ridiculous)

▷ Hiciste el ridículo en la fiesta.
  You made a fool of yourself at the party.

▶ hacer el ridículo: make a fool
of oneself /meɪk ə ˈfuːl əv wʌnself/
(made, made)

i Fíjate cómo se usa el pronombre
reflexivo en inglés: I made a fool of
myself, you made a fool of yourself, he
made a fool of himself, she made a fool
of herself, etc.

riesgo

▷ Le gusta ese deporte porque hay un elemento
  de riesgo.
  He likes that sport because there's an
  element of risk.

risk /rɪsk/

rifa

▷ Ganó una muñeca en la rifa.
  She won a doll in the raffle.

raffle /ˈræfəl/

rifle

▷ Vimos a varios cazadores con sus rifles.
  We saw some hunters with their rifles.

rifle /ˈraɪfəl/
◀ᴺ La i de rifle se pronuncia como la i
de like. La e no se pronuncia.

riguroso, rigurosa

▷ Es un profesor muy riguroso.
  He's a very strict teacher.

(= severo) strict /strɪkt/ (más
riguroso stricter /ˈstrɪktər/, el más
riguroso the strictest /ˈstrɪktɪst/)

rimar

▷ "Bread" rima con "head".
  "Bread" rhymes with "head".

rhyme /raɪm/
◀ᴺ rhyme rima con time. La h no se
pronuncia.

rincón

▷ La televisión está en un rincón de la
  habitación.
  The TV is in a corner of the room.

corner /ˈkɔːnər/

rinoceronte

▷ Los guardas encontraron un rinoceronte muerto.
The wardens found a dead rhinoceros.

rhinoceros /raɪˈnɒsərəs/
◀ La i de rhinoceros se pronuncia como la i de like. La h no se pronuncia.
ℹ También se puede decir rhino /ˈraɪnɒ/.

riña

▷ Hubo una riña en el patio.
There was a fight in the playground.

(= pelea) fight /faɪt/
◀ fight rima con bite.

riñón

▷ Le operaron del riñón.
He had a kidney operation.

kidney /ˈkɪdnɪ/
◀ kidney rima con bee y me.

río

▷ El río está muy sucio.
The river is very dirty.

river /ˈrɪvəʳ/

riqueza

▷ La distribución de la riqueza en ese país es muy injusta.
The distribution of wealth in that country is very unfair.

(= dinero) wealth /welθ/
◀ La ea de wealth se pronuncia como la e de well.

risa

1 ▷ Ana tiene una risa contagiosa.
Ana has an infectious laugh.

1 (= forma de reírse) laugh /lɑːf/
◀ laugh rima con staff.

2 ▷ Se oían risas en la clase.
You could hear laughter in the classroom.

2 ▶ risas (= carcajada):
laughter /ˈlɑːftəʳ/
◀ laughter rima con after.

▷ Nos morimos de risa con sus chistes.
We were in stitches with his jokes.

▶ morirse de risa (= reírse mucho): be in stitches /ˈstɪtʃɪz/

ritmo

1 ▷ El ritmo de esta pieza es muy lento.
The rhythm of this piece is very slow.

1 (de una música) rhythm /ˈrɪðəm/
ℹ Fíjate bien en cómo se escribe rhythm.
◀ La primera h no se pronuncia.

2 ▷ El profesor dijo que cada uno podía trabajar a su propio ritmo.
The teacher said that everyone could work at their own pace.

2 (= velocidad a la que se hace algo) pace /peɪs/
◀ La a de pace se pronuncia como la a de make.

rival

▷ Acabó la carrera por delante de todos sus rivales.
He finished the race ahead of all his rivals.

rival /ˈraɪvəl/
◀ La i de rival se pronuncia como la i de like.

rizado, rizada

▷ Tiene el pelo rizado.
He's got curly hair.

curly /ˈkɜːlɪ/

robar

▷ Robaron un coche ayer por la noche.
They stole a car last night.

▷ Dos hombres robaron en la casa del ministro.
Two men burgled the home of the minister.

▷ Les acusan de robar un banco.
They are accused of robbing a bank.

▷ Me robaron la mochila.
My rucksack was stolen.

(un objeto, un vehículo) steal /stiːl/
(una casa) burgle /ˈbɜːgəl/ (un banco)
rob /rɒb/

ℹ rob se escribe con dos b en el
gerundio (robbing /ˈrɒbɪŋ/) y el pasado
y el participio (robbed /rɒbd/).

ℹ Fíjate cómo se dice en inglés que te
han robado algo. Se coloca primero el
adjetivo posesivo (my en el ejemplo),
después el objeto robado (rucksack) y
finalmente el pasado del verbo be +
stolen.

roble

▷ Hay un roble muy viejo en el parque.
There's a very old oak in the park.

▷ Esta mesa es de roble.
This table is made of oak.

▷ Queríamos un armario de roble para el
dormitorio.
*We would like an oak wardrobe for the
bedroom.*

oak /əʊk/

ℹ También se dice oak tree /əʊk triː/
(plural: oak trees)

► **ser de roble: be made of
oak**
► **de roble: oak**

robo

▷ Lo condenaron por robo.
He was convicted of theft.

theft /θeft/

ℹ Al robo de un banco, o cualquier
otro robo utilizando violencia se le llama
robbery /ˈrɒbərɪ/ (plural: robberies
/ˈrɒbərɪz/). Al robo de una casa se le
llama burglary /ˈbɜːglərɪ/ (plural:
burglaries /ˈbɜːglərɪz/).

robot

▷ En esa fábrica usan robots para las tareas más
peligrosas.
*In that factory they use robots for the most
dangerous jobs.*

▷ Los robots de cocina son muy útiles.
Food processors are very useful.

robot /ˈrəʊbɒt/

🔊 La primera o de robot se
pronuncia como la o de go. El acento
recae sobre la primera sílaba ro-.

► **robot de cocina: food
processor** /fuːd ˈprəʊsesər/ (plural:
food processors)

roca

▷ Se tiraron al agua desde una roca.
They dived from a rock.

rock /rɒk/

rocío

▷ Todavía queda rocío en las hojas.
There's still dew on the leaves.

dew /djuː/
◀ dew rima con you.

rock

▷ Ester compró entradas para un concierto de rock.
Ester bought tickets for a rock concert.

(= música) rock /rɒk/

rodaja

▷ ¿Quieres una rodaja de piña?
Do you want a slice of pineapple?

slice /slaɪs/
◀ La i de slice se pronuncia como la i de like.

rodar

1 ▷ La pelota rodó cuesta abajo.
The ball rolled down the slope.

1 (hablando de un objeto redondo)
roll /rəʊl/
◀ roll rima con hole.

2 ▷ La moto rodaba a más de 150 kilómetros por hora.
The motorbike was doing more than 150 kilometres an hour.

2 ▶ rodar a + velocidad
(= circular): do + velocidad

3 ▷ Esa película fue rodada en Barcelona.
That film was shot in Barcelona.

3 (hablando de una película) shoot
/ʃuːt/ (shot, shot /ʃɒt/)

rodear

1 ▷ El muro que rodea el jardín está en malas condiciones.
The wall that surrounds the garden is in bad condition.

1 (= estar en torno a) surround
/səˈraʊnd/

2 ▷ Tuvimos que rodear el lago.
We had to go round the lake.

2 (= dar la vuelta a) go round
/raʊnd/ (went /went/, gone/been
/gɒn/biːn/)

rodeo

▷ Había obras y tuvimos que dar un rodeo.
There were roadworks and we had to make a detour.

(= desvío) detour /ˈdiːtʊəʳ/
▶ dar un rodeo: make a
detour (made, made)
◀ La e de detour se pronuncia como la ee de week.

rodilla

▷ Se hizo un corte en la rodilla.
He cut his knee.

knee /niː/
◀ La k de knee no se pronuncia.

▷ Estaba de rodillas en un rincón de la clase.
She was kneeling in a corner of the classroom.

▶ estar de rodillas: be kneeling

▷ Entró en la iglesia y se puso de rodillas.
He entered the church and knelt down.

▶ ponerse de rodillas: kneel
down /niːl daʊn/

ℹ El pasado y el participio de kneel
pueden ser tanto kneeled /niːld/ como
knelt /nelt/.

roedor

▷ La rata es un roedor.
The rat is a rodent.

rodent /ˈrəʊdənt/
🔊 La o de rodent se pronuncia como la o de go.

rojo, roja

1 ▷ Esa bufanda roja te sienta muy bien.
That red scarf really suits you.
▷ Lidia se puso roja cuando Pedro le sonrió.
Lidia blushed when Pedro smiled at her.

2 ▷ El rojo es mi color favorito.
Red is my favourite colour.

1 (color) red /red/

▶ ponerse rojo (una persona): blush /blʌʃ/
🔊 La u de blush se pronuncia como la u de cut.

2 el rojo (= el color rojo): red
ℹ Fíjate que en inglés red no se escribe con artículo.

rollo

1 ▷ Este es el último rollo de papel higiénico.
This is the last roll of toilet paper.
2 ▷ Este libro es un rollo.
This book is a drag.

1 (de papel, película) roll /rəʊl/
🔊 roll rima con hole.
2 (= aburrimiento) drag /dræg/
ℹ Tanto rollo como drag son términos familiares que sólo debes usar con amigos y conocidos.

Roma

▷ Nunca he estado en Roma.
I've never been to Rome.

Rome /rəʊm/
🔊 La o de Rome se pronuncia como la o de go.

romano, romana

▷ Los romanos ocuparon la Península Ibérica durante mucho tiempo.
The Romans occupied the Iberian Peninsula for a long time.

Roman /ˈrəʊmən/
🔊 La o de Roman se pronuncia como la o de go.
ℹ Se escribe siempre con mayúscula, como todos los adjetivos y nombres ingleses que se refieren a la nacionalidad.

romántico, romántica

▷ Me dio un ramo de rosas. ¡Es tan romántico!
He gave me a bunch of roses. He's so romantic!

romantic /rəʊˈmæntɪk/ (más romántico more romantic, el más romántico the most romantic)

rompecabezas

▷ No consigo acabar este rompecabezas.
I can't finish this jigsaw.

jigsaw /ˈdʒɪgsɔː/
🔊 jigsaw rima con door y more.

romper

1 ▷ Ten cuidado, ¡vas a romper el plato!
Be careful, you're going to break the plate!

1 (= quebrar) break /breɪk/ (broke /brəʊk/, broken /ˈbrəʊkən/)
◀) break rima con make.

2 ▷ Rompieron después de estar saliendo un mes.
They split up after going out for a month.
▷ Beatriz ha roto con su novio.
Beatriz has broken up with her boyfriend.

2 (novios) split up /splɪt ʌp/ (split up, split up)
ℹ También se puede decir break up /breɪk ʌp/ (broke up /brəʊk ʌp/, broken up /ˈbrəʊkən ʌp/)

3 ▷ Estos vasos se rompen muy fácilmente.
These glasses break very easily.

▷ Se rompió una pierna esquiando.
She broke her leg skiing.

3 ▶ romperse (= partirse, ser muy frágil): break /breɪk/ (broke /brəʊk/, broken /ˈbrəʊkən/)
ℹ Fíjate cómo se construyen las diferentes personas: I broke my leg, you broke your leg, he broke his leg, she broke her leg, etc.

4 ▷ Se ha roto el vídeo.
The video is broken.

ℹ Para decir que algo se ha roto (= está estropeado) en inglés se usa la construcción be + broken.

ron

▷ Compra una botella de ron.
Buy a bottle of rum.

rum /rʌm/
◀) La u de rum se pronuncia como la u de duck.

roncar

▷ Álvaro ronca, no quiero dormir en el mismo cuarto que él.
Álvaro snores, I don't want to sleep in the same room as him.

snore /snɔːʳ/
◀) snore rima con door y more.
El pasado snored rima con lord.

ronco, ronca

▷ La profesora de matemáticas se quedó ronca.
The maths teacher went hoarse.

hoarse /hɔːs/
▶ quedarse ronco: go hoarse (went /went/, gone/been /gɒn/biːn/)
◀) hoarse se pronuncia igual que horse.

ronquido

▷ Un ronquido muy fuerte me despertó.
A very loud snore woke me up.
▷ Sus ronquidos no me dejaban dormir.
I couldn't sleep because of his snoring.

snore /snɔːʳ/
◀) snore rima con door y more.
▶ ronquidos: snoring /ˈsnɔːrɪŋ/

ronronear

▷ Los gatos ronronean cuando los acaricias.
Cats purr when you stroke them.

purr /pɜːʳ/
◀) purr rima con her. Purred rima con bird.

ropa

▷ A Sandra le encanta comprar ropa.
Sandra loves buying clothes.

clothes /kləʊðz/

i clothes es una palabra en plural y se usa con un verbo en plural: **those clothes are very nice** (**esa ropa es muy bonita**).

◀ La o de clothes se pronuncia como la o de go. La e no se pronuncia.

▷ ¿Dónde guardáis la ropa sucia?
Where do you keep the laundry?

▶ **ropa sucia** (para lavar): laundry /ˈlɔːndrɪ/

◀ La au de laundry se pronuncia como la oo de door.

rosa

1 ▷ El bebé llevaba una camiseta rosa.
The baby was wearing a pink T-shirt.

1 (color) pink /pɪŋk/

2 ▷ No me gusta el rosa.
I don't like pink.

2 **el rosa** (= el color rosa): pink

i Fíjate que en inglés pink no se escribe con artículo.

3 ▷ Estas rosas huelen muy bien.
These roses smell very nice.

3 (= flor) rose /rəʊz/

◀ La o de rose se pronuncia como la o de go.

rosado, rosada

▷ Llevaba una falda rosada.
She was wearing a pink skirt.

pink /pɪŋk/

rostro

1 ▷ Siempre tiene el rostro alegre.
He always has a happy face.

1 (= cara) face /feɪs/

◀ La a de face se pronuncia como la a de make.

2 ▷ Tiene mucho rostro, no nos ha ayudado a limpiar.
He has a cheek, he didn't help us do the cleaning.

2 ▶ **tener mucho rostro** (= ser un caradura): have a cheek /tʃiːk/ (had, had /hæd/)

i Tanto **tener mucho rostro** como **have a cheek** son términos familiares que sólo debes usar con amigos y conocidos.

roto, rota

1 ▷ Mi bicicleta está rota.
My bicycle is broken.

1 (= estropeado, partido) broken /ˈbrəʊkən/

▷ Necesito unos zapatos nuevos, estos están rotos.
I need new shoes, these ones are worn-out.

◀ La o de broken se pronuncia como la o de go.

i Fíjate que hablando de zapatos se usa worn-out /wɔːnˈaʊt/.

2 ▷ Estuvimos jugando a fútbol tres horas y ahora estoy roto.
We played football for three hours and now I'm shattered.

2 (= agotado) shattered /ˈʃætəd/

rotonda

▷ Mi casa está después de la rotonda.
My house is after the roundabout.

roundabout /ˈraʊndəbaʊt/

rotulador

▷ Usa un rotulador para escribir el título.
Use a felt-tip to write the title.

▷ Subrayé mis apuntes con un rotulador fluorescente.
I underlined my notes with a highlighter.

felt-tip /ˈfelttɪp/

► rotulador flourescente: highlighter /ˈhaɪlaɪtəʳ/

◀) Las dos -igh- de highlighter se pronuncian como la i de like.

rótulo

▷ No consigo leer el rótulo desde aquí.
I can't read the sign from here.

sign /saɪn/

◀) La i de sign se pronuncia como la i de like. Sign rima con mine.

rozar

1 ▷ Algo me rozó el brazo.
Something brushed against my arm.

▷ La mesa está rozando la pared.
The table is rubbing against the wall.

▷ Estos zapatos me rozan.
These shoes are rubbing my feet.

2 ▷ El balón rozó el poste.
The ball shaved the post.

1 ► rozar algo (= tocar con suavidad): brush against /brʌʃ əˈgenst/ something

► rozar algo (= tocar con más fuerza): rub against /rʌb əˈgenst/ something

ℹ rub se escribe con dos b en el gerundio (rubbing /ˈrʌbɪŋ/) y el pasado y el participio (rubbed /rʌbd/).

ℹ Para decir que un calzado te roza se usa is rubbing my feet /ˈrʌbɪŋ maɪ ˈfiːt/.

2 (= pasar cerca de) shave /ʃeɪv/

◀) La a de shave se pronuncia como la a de make.

rubeola

▷ Aurora está en la cama, tiene rubeola.
Aurora is in bed, she's got German measles.

German measles /dʒɜːmən ˈmiːzəlz/

ℹ A pesar de acabar en s, German measles es una palabra en singular. Por ejemplo, se dice German measles is quite a common disease (la rubeola es una enfermedad bastante común).

rubí

▷ Mi madre tiene un anillo con un rubí.
My mother has a ring with a ruby.

ruby /ˈruːbɪ/ (plural: rubies /ˈruːbɪz/)

◀) El acento recae sobre la primera sílaba ru-.

rubia

▷ Una chica rubia vino preguntando por ti.
A blonde girl was here asking for you.

blonde /blɒnd/

rubio

▷ Javier es rubio.
Javier is blond.

blond /blɒnd/

rueda

▷ La rueda de mi bici está rota.
The wheel of my bike is broken.

wheel /wiːl/
◀) La h de wheel no se pronuncia.

rugby

▷ El rugby es mi deporte favorito.
Rugby is my favourite sport.

rugby /ˈrʌgbɪ/
ℹ Fíjate que en este ejemplo rugby se utiliza sin artículo en inglés.
◀) Fíjate que en inglés la u de rugby se pronuncia como la u de cut.

▷ Andrés juega al rugby en el equipo del colegio.
Andrés plays rugby in the school team.

▶ jugar al rugby: play rugby

rugido

▷ El león soltó un rugido.
The lion gave a roar.

roar /rɔːʳ/
◀) roar rima con more y door.

rugir

▷ El tigre rugió una vez y se tumbó.
The tiger roared once and lay down.

roar /rɔːʳ/
◀) roar rima con more y door.
Roared rima con lord.

ruido

▷ Escuché un ruido muy raro.
I heard a very strange noise.
▷ Esa impresora hace mucho ruido.
That printer is very noisy.

noise /nɔɪz/

▶ hacer ruido: be noisy /ˈnɔɪzɪ/.

ruidoso, ruidosa

▷ Esta calle es muy ruidosa.
This street is very noisy.

noisy /ˈnɔɪzɪ/ (más ruidoso noisier /ˈnɔɪzɪəʳ/, el más ruidoso the noisiest /ˈnɔɪzɪɪst/)

ruinas

▷ Visitamos las ruinas romanas.
We visited the Roman ruins.
▷ La iglesia del pueblo está en ruinas.
The village church is in ruins.

ruins /ˈruːɪnz/

▶ estar en ruinas: be in ruins

ruleta

▷ Su padre juega a veces a la ruleta.
Her father sometimes plays roulette.

roulette /ruːˈlet/
▶ jugar a la ruleta: play roulette
◀) La ou de roulette se pronuncia como la oo de too. Roulette rima con let.

rulo

▷ ¿Dónde guardas los rulos?
Where do you keep the curlers?

(= para el pelo) curler /ˈkɜːləʳ/

ℹ️ También se puede decir roller /ˈrəʊləʳ/.

Rumanía

▷ ¿Cuál es la capital de Rumanía?
What's the capital of Romania?

Romania /ruːˈmeɪnɪə/

🔊 La primera a de Romania se pronuncia como la a de make.

rumano, rumana

1 ▷ Tengo un vecino rumano.
I've got a Romanian neighbour.
▷ Gabriela es rumana.
Gabriela's Romanian.

2 ▷ Se casó con un rumano.
She married a Romanian.

1 (adjetivo) Romanian /ruːˈmeɪnɪən/

ℹ️ Se escribe siempre con mayúscula, como todos los adjetivos y nombres ingleses que se refieren a la nacionalidad.

2 (nombre) un rumano, una rumana: a Romanian.

rumbo

▷ El barco puso rumbo al norte.
The boat set a course for the North.
▷ El transatlántico iba rumbo a la tormenta.
The liner was heading for the storm.

(= de barco) course /kɔːs/

🔊 course rima con horse.

► poner rumbo a: set a course for /set ə ˈkɔːs fəʳ/ (set, set /set/)
► ir rumbo a: be heading for /ˈhedɪŋ fɔːʳ/

rumor

▷ No hagas caso de los rumores.
Don't take any notice of rumours.

(= chisme) rumour /ˈruːməʳ/

ℹ️ Fíjate bien en cómo se escribe rumour.

🔊 La primera u de rumour se pronuncia como la oo de too. El acento recae sobre la primera sílaba ru-.

rumorearse

▷ Se rumorea que Vicente está saliendo con Inma.
It is rumoured that Vicente is going out with Inma.

► se rumorea que...: it is rumoured that... /ɪt ɪz ˈruːməd ðæt/

🔊 La primera u de rumoured se pronuncia como la oo de too.

Rusia

▷ ¿Cuál es la capital de Rusia?
What's the capital of Russia?

Russia /ˈrʌʃə/

🔊 La u de Russia se pronuncia como la u de duck. Russia rima con blusher.

ruso, rusa

1 ▷ Tengo un vecino ruso.
   I've got a Russian neighbour.
  ▷ Oleg es ruso.
   Oleg's Russian.

2 ▷ Se casó con una rusa.
   He married a Russian.

1 (adjetivo) **Russian** /ˈrʌʃən/

🔊 La u de **Russian** se pronuncia como la u de **duck**. **Russian** rima con **freshen**.

ℹ Se escribe siempre con mayúscula, como todos los adjetivos y nombres ingleses que se refieren a la nacionalidad.

2 (nombre) **un ruso, una rusa:** a **Russian**.

S

La letra **S** se pronuncia /**es**/ en inglés.
Fíjate que no se pronuncia con una **e** final como en español.

sábado

▷ Hoy es sábado.
Today is Saturday.

▷ Salimos el sábado.
We left on Saturday.
▷ Los sábados vamos siempre al cine.
We always go to the cinema on Saturdays.
▷ Volveremos el próximo sábado.
We will return next Saturday.

Saturday /ˈsætədɪ/

ℹ En inglés se escribe siempre con mayúscula, como el resto de los días de la semana.

► **el sábado:** on Saturday

► **los sábados** (= todos los sábados)**:** on Saturdays
► **el próximo sábado:** next Saturday

sábana

▷ Deberías cambiar las sábanas.
You should change the sheets.

sheet /ʃiːt/

saber

1 ▷ ¿Sabes cómo se llama?
Do you know his name?

▷ ¿Cuántos años tiene? - No lo sé.
How old is he? - I don't know.
2 ▷ Raquel no sabe hablar inglés.
Raquel can't speak English.
▷ ¿Sabes nadar?
Can you swim?
▷ No sé jugar al ajedrez.
I can't play chess.

1 (= conocer) know /nəʊ/ (knew /njuː/, known /nəʊn/)

🔊 know se pronuncia exactamente igual que la palabra inglesa **no**. Rima con **go** y **toe**.
ℹ Fíjate que **no lo sé** se dice I don't know y no I don't know it.
ℹ Para decir que sabes hacer algo, en inglés se usa el verbo modal can /kæn/ + infinitivo. Para decir que no sabes hacer algo se usa can't /kɑːnt/ + infinitivo.

Sigue en la página siguiente

3 ▷ ¡Qué bien sabe esta sopa!
This soup tastes really good!

▷ Esta bebida sabe a chocolate.
This drink tastes of chocolate.

4 ▷ Me sé los nombres de todos mis compañeros de clase.
I know the names of all my classmates.

3 (= tener sabor a) **taste** /teɪst/
◀) La a de taste se pronuncia como la a de make.
► **saber a algo: taste of** something

4 ► **saberse algo** (= conocer): **know** something

sabor

▷ La sal mejora el sabor de la sopa.
Salt improves the taste of the soup.

▷ Este té tiene sabor a melocotón.
This tea tastes of peach.

▷ En esa heladería tienen veinte sabores diferentes de helado.
They have twenty different flavours of ice-cream at that ice-cream parlour.

taste /teɪst/
◀) La a de taste se pronuncia como la a de make.
► **tener sabor a algo: taste of** something
ℹ Cuando te refieres al sabor de un helado o de una bebida (por ejemplo, fresa, melocotón, chocolate) en inglés se dice flavour /ˈfleɪvəʳ/.

sabroso, sabrosa

▷ Esta carne está muy sabrosa.
This meat is really tasty.

tasty /ˈteɪstɪ/ (más sabroso tastier /ˈteɪstɪəʳ/, el más sabroso the tastiest /ˈteɪstɪɪst/)
◀) La a de tasty se pronuncia como la a de make.

sacacorchos

▷ Estoy buscando el sacacorchos.
I'm looking for the corkscrew.

corkscrew /ˈkɔːkskruː/
◀) corkscrew rima con too.

sacapuntas

▷ ¿Me prestas tu sacapuntas?
Could you lend me your pencil sharpener?

pencil sharpener /ˈpensəl ˈʃɑːpənəʳ/ (plural: pencil sharpeners)

sacar

1 ▷ Saca tu bici del garaje.
Take your bike out of the garage.

▷ César sacó a Patricia a bailar.
César asked Patricia to dance.

2 ▷ Saqué la mejor nota de la clase.
I got the best mark in the class.

▷ Saca cuatro entradas para el concierto.
Get four tickets for the concert.

3 ▷ Saqué varias fotos de la catedral.
I took several photos of the cathedral.

▷ Quería sacar una fotocopia de esta página.
I wanted to photocopy this page.

1 ► **sacar algo de algo** (= poner fuera): **take** /teɪk/ something **out of** something (**took out** /tʊk ˈaʊt/, **taken out** /ˈteɪkən aʊt/)
► **sacar a alguien a bailar: ask** /ɑːsk/ somebody **to dance**

2 (= obtener, hablando de una nota, de entradas) **get** /get/ (got, got /gɒt/)

3 (= hacer, una fotografía) **take** /teɪk/ (took /tʊk/, taken /ˈteɪkən/)
► **sacar una fotocopia de algo: photocopy** /ˈfəʊtəʊkɒpɪ/ something

4 ▷ Van a sacar un nuevo disco.
They are going to release a new record.
5 ▷ El portero sacó.
The goalkeeper put the ball into play.
▷ Sacó muy fuerte y no pude devolver la pelota.
He served real hard and I couldn't return the ball.
6 ▷ ¿Cuándo te vas a sacar el carnet de conducir?
When are you going to get your driving licence?

4 (= presentar, un disco) release /rɪˈliːs/
5 (en fútbol, baloncesto) put the ball into play /pʊt ðə ˈbɔːl ɪntə pleɪ/ (put, put), (en tenis) serve /sɜːv/
◀ La er de **serve** se pronuncia como la ir de **first**.
6 ▶ **sacarse** (un documento): get /get/ (got, got /gɒt/)

sacerdote

▷ Conozco bien al sacerdote.
I know the priest well.
▷ Marcelo quería ser sacerdote.
Marcelo wanted to be a priest.

priest /priːst/
◀ **priest** rima con **east**.
ℹ No te olvides de colocar el artículo a o an delante del nombre de la profesión cuando aparece detrás de los verbos **be** o **become**.

saco

▷ Mi padre compró un saco de carbón.
My father bought a sack of coal.
▷ ¿Me podrías dejar tu saco de dormir?
Could you lend me your sleeping bag?

sack /sæk/
▶ **saco de dormir**: sleeping bag (plural: **sleeping bags**)

sacrificar

1 ▷ Tuvieron que sacrificar los animales enfermos.
They had to slaughter the sick animals.
2 ▷ José sacrificó su fin de semana para ayudarme.
José gave up his weekend to help me.

3 ▷ Sé que mis padres se sacrifican por mí.
I know that my parents make sacrifices for me.

1 (animales) slaughter /ˈslɔːtəʳ/
◀ **slaughter** rima con **porter**.
2 (= renunciar a) give up /gɪv ˈʌp/ (gave up /geɪv ˈʌp/, given up /ˈgɪvən ʌp/)
3 ▶ **sacrificarse**: make sacrifices /ˈsækrɪfaɪsɪz/ (made, made)

sacrificio

▷ Los padres de Elena hicieron grandes sacrificios para pagar sus estudios.
Elena's parents made a lot of sacrifices to pay for her studies.

sacrifice /ˈsækrɪfaɪs/
◀ La segunda i de **sacrifice** se pronuncia como la i de **like**. El acento recae sobre la primera sílaba **sa-**.

sacudir

▷ Sacude el termómetro antes de usarlo.
Shake the thermometer before using it.
▷ Sacudí el polvo al salón.
I dusted the living room.

(= agitar) shake /ʃeɪk/ (shook /ʃʊk/, shaken /ˈʃeɪkən/)
▶ **sacudir el polvo a algo**: dust /dʌst/ something

safari

▷ Me encantaría hacer un safari para ver leones y elefantes.
I'd love to go on a safari to see lions and elephants.

safari

▶ **hacer un safari: go** /gəʊ/ **on a safari (went** /went/, **gone/been** /gɒn/biːn/)

◀» La segunda **a** de **safari** se pronuncia como la **a** de **car**.

sagrado, sagrada

▷ Cuando estuvimos en la India visitamos varios lugares sagrados.
When we were in India we visited several sacred places.

▷ Para él, sus partidos semanales de fútbol son sagrados.
His weekly football matches are sacred to him.

(hablando de religión y de algo que es muy importante para alguien) **sacred** /ˈseɪkrəd/ (más sagrado **more sacred**, el más sagrado **the most sacred**)

◀» La **a** de **sacred** se pronuncia como la **a** de **make**.

sal

▷ Échale más sal a la sopa.
Add more salt to the soup.

salt /sɔːlt/

◀» La **a** de **salt** se pronuncia como la **o** de **dog**.

sala

1 ▷ Visitamos todas las salas del museo.
We visited all the rooms in the museum.

▷ Tuvimos que esperar más de tres horas en la sala de embarque.
We had to wait for more than three hours in the departure lounge.

▷ Me encontré con Raquel en la sala de espera del dentista.
I met Raquel in the dentist's waiting room.

▷ Mis padres tienen muchos cuadros en la sala de estar.
My parents have lots of paintings in the living room.

2 ▷ La película la ponen en la sala 2.
The film is showing on screen 2.

3 ▷ Había más de quinientos espectadores en la sala.
There were more than five hundred spectators in the hall.

1 (= habitación) **room** /ruːm/

▶ **sala de embarque** (= en aeropuerto): **departure lounge** /dɪˈpɑːtʃə laʊndʒ/ (plural: **departure lounges**)

▶ **sala de espera: waiting room** /ˈweɪtɪŋ ruːm/ (plural: **waiting rooms**)

▶ **sala de estar: living room** /ˈlɪvɪŋ ruːm/ (plural: **living rooms**)

2 (= división de un cine) **screen** /skriːn/

3 (para conciertos) **hall** /hɔːl/

◀» La **a** de **hall** se pronuncia como la **o** de **more**.

salado, salada

1 ▷ Esta salsa está demasiado salada.
This sauce is too salty.

1 (= que tiene mucha sal) **salty** /ˈsɔːltɪ/ (más salado **saltier** /ˈsɔːltɪəʳ/, el más salado **the saltiest** /ˈsɔːltɪɪst/)

◀» La **a** de **salty** se pronuncia como la **o** de **dog**.

2 ▷ Compra mantequilla salada.
   Buy salted butter.

3 ▷ A Lucas le gustan las cosas saladas, no los
   pasteles.
   Lucas like savoury things, not cakes.

2 (= que tiene sal) **salted** /ˈsɔːltɪd/
🔊 La a de **salted** se pronuncia como
la o de **dog**.

3 (comida que tiene sal, lo contrario de
dulce) **savoury** /ˈseɪvərɪ/
🔊 La a de **savoury** se pronuncia como
la a de **make**.

salario

▷ El hermano de Trinidad es programador, gana
   un buen salario.
   *Trinidad's brother is a programmer, he earns a
   good salary.*

salary /ˈsælərɪ/ (plural: salaries
/ˈsælərɪz/)
🔊 El acento recae sobre la primera
sílaba **sa-**.

salchicha

▷ Cené un huevo frito con salchichas.
   I had a fried egg with sausages for dinner.

sausage /ˈsɒsɪdʒ/
🔊 La au de **sausage** se pronuncia
como la o de **dog**. **Sausage** rima con
bridge. El plural **sausages** se pronuncia
/ˈsɒsɪdʒɪz/.

salchichón

▷ Córtame dos rodajas de salchichón.
   Cut me two slices of sausage.

sausage /ˈsɒsɪdʒ/
ℹ️ El salchichón no es una especialidad
inglesa y por eso se usa **sausage** para
referirse a él de forma genérica.

salero

▷ ¿Me pasas el salero, por favor?
   Could you pass me the salt cellar, please?

(para la sal) **salt cellar** /sɔːlt ˈselər/
(plural: salt cellars)
🔊 La a de **salt** se pronuncia como la o
de **dog**.

salida

1 ▷ La salida está planeada para las once.
   The departure is planned for eleven o'clock.
  ▷ Tenemos que ir a salidas internacionales.
   *We have to go to the international departures
   area.*
2 ▷ Nos perdimos la salida de la carrera.
   We missed the start of the race.
3 ▷ ¿Dónde está la salida?
   Where is the exit?

1 (hablando de un viaje) **departure**
/dɪˈpɑːtʃər/
🔊 **departure** rima con **butcher**.

2 (hablando de una carrera) **start**
/stɑːt/

3 (= lugar por el que se sale) **exit**
/ˈeksɪt/

salir

1 ▷ ¡Sal a jugar con nosotros!
   Come out and play with us!
  ▷ Te vi salir de casa de Irene.
   I saw you come out of Irene's house.

1 (= venir fuera) **come out** /kʌm
ˈaʊt/ (came out /keɪm ˈaʊt/, come out)
▶ **salir de: come out of**

Sigue en la página siguiente

2 ▷ Sal si quieres, yo me quedo aquí.
Go out if you like, I'm staying here.
▷ Mis padres no me dejan salir por la noche.
My parents don't let me go out at night.
▷ Salió de la clase y ya no volvió.
He went out of the classroom and didn't come back.
3 ▷ ¿A qué hora sale tu tren?
What time does your train leave?
4 ▷ Amalia está saliendo con Pablo.
Amalia is going out with Pablo.

5 ▷ ¿Está Fernando? - No, ha salido.
Is Fernando in? - No, he's out.
6 ▷ Su nuevo disco acaba de salir.
His new record has just come out.

2 (= ir fuera) go out /aʊt/ (went out /went ˈaʊt/, gone out /gɒn ˈaʊt/)

▶ salir de: go out of

3 (= partir) leave /liːv/ (left, left /left/)

4 ▶ salir con alguien (hablando de novios): go out with somebody (went out /went ˈaʊt/, gone/been out /gɒn/biːn ˈaʊt/)

5 ▶ haber salido: be out /aʊt/

6 (hablando de un disco, una película, un libro) come out /kʌm ˈaʊt/

saliva

▷ El bebé tenía saliva en la barbilla.
The baby had saliva on his chin.

saliva /səˈlaɪvə/
◀) La i de saliva se pronuncia como la i de like.

salmón

▷ Hay salmón ahumado para cenar.
There's smoked salmon for dinner.

salmon /ˈsæmən/
◀) La l de salmon no se pronuncia. El acento recae sobre la primera sílaba sal-.

salón

1 ▷ Tienen un salón enorme y una cocina pequeña.
They have a huge living room and a small kitchen.
2 ▷ La ceremonia fue en el salón de actos.
The ceremony was in the assembly hall.

3 ▷ La madre de Eugenia trabaja en un salón de belleza.
Eugenia's mother works in a beauty salon.

4 ▷ Pasaron toda la tarde en el salón recreativo.
They spent the whole afternoon in the amusement arcade.

1 (en una casa) living room /ˈlɪvɪŋ ruːm/ (plural: living rooms)

2 ▶ salón de actos: assembly hall /əˈsemblɪ hɔːl/ (plural: assembly halls)

3 ▶ salón de belleza: beauty salon /ˈbjuːtɪ ˈsælɒn/ (plural: beauty salons)
◀) La eau de beauty se pronuncia como la palabra inglesa you.

4 ▶ salón recreativo: amusement arcade /əˈmjuːzmənt ɑːˈkeɪd/ (plural: amusement arcades)
◀) La u de amusement se pronuncia como la palabra inglesa you.

salpicar

▷ ¡Para de salpicarme!
Stop splashing me!
▷ Me salpicó de barro.
He splashed mud over me.

splash /splæʃ/

► **salpicar a alguien de algo:**
splash something **over** somebody

salsa

▷ Esta salsa está muy rica.
This sauce is really delicious.
▷ Tenemos que comprar salsa de tomate.
We have to buy tomato sauce.

sauce /sɔːs/
◀ sauce rima con horse.
► **salsa de tomate:** tomato
sauce /təˈmɑːtəʊ sɔːs/

saltador, saltadora

▷ El saltador de altura cubano ganó la medalla
de oro.
The Cuban high jumper won the gold medal.

jumper /ˈdʒʌmpəʳ/
◀ La j de jumper se pronuncia como
la j de John.

saltamontes

▷ Quique intentó coger un saltamontes.
Quique tried to catch a grasshopper.

grasshopper /ˈgrɑːshɒpəʳ/

saltar

1 ▷ ¡Tienes que saltar más alto!
You've got to jump higher!
▷ Benito saltó del muro y se torció un tobillo.
*Benito jumped off the wall and sprained his
ankle.*
▷ Estaban en el patio saltando a la comba.
They were skipping in the playground.

2 ▷ Te has saltado una línea.
You've skipped a line.

1 (= dar un salto) jump /dʒʌmp/
◀ La j de jump se pronuncia como la
j de John.
ℹ Fíjate en la preposición: **saltar de** =
jump off.
► **saltar a la comba:** skip /skɪp/
ℹ skip se escribe con dos p en el
gerundio (skipped /skɪpt/) y el pasado y
el participio (skipping /ˈskɪpɪŋ/).
2 ► **saltarse** (= olvidarse): skip
/skɪp/

salto

▷ Su salto fue el más largo.
His jump was the longest.

▷ Míchel dio un salto cuando entré.
Míchel jumped when I came in.
▷ A Clara se le da muy bien el salto de altura.
Clara is very good at the high jump.
▷ Virginia es la campeona de salto de longitud.
Virginia is the long jump champion.
▷ Estuvimos viendo la competición de salto con
pértiga.
We were watching the pole vault competition.

jump /dʒʌmp/
◀ La j de jump se pronuncia como la
j de John.
► **dar un salto:** jump /dʒʌmp/

► **salto de altura:** high jump
/ˈhaɪ dʒʌmp/
► **salto de longitud:** long jump
/ˈlɒŋ dʒʌmp/
► **salto con pértiga:** pole vault
/ˈpəʊl vɔːlt/
◀ La au de vault se pronuncia como
la o de dog.

salud

1 ▷ La salud es lo más importante.
Health is the most important thing.

▷ Mis abuelos están bien de salud.
My grandparents are in good health.

2 ▷ ¡Salud!
Cheers!

3 ▷ Estornudó y le dije "¡salud!"
He sneezed and I said "bless you!"

> **1** health /helθ/
> 🔊 La ea de **health** se pronuncia como la e de **bed**.
> ⓘ Fíjate cómo en el ejemplo no se utiliza artículo en inglés.
> ▶ **bien de salud: in good health** /ɪn gʊd ˈhelθ/
> ⓘ Al brindar en inglés se dice **cheers!** /tʃɪəz/.
> ⓘ Cuando alguien estornuda, en inglés se dice **bless you!** /ˈbles juː/.

saludable

▷ El aire del mar es más saludable que el de la ciudad.
The sea air is healthier than the city air.

> (= sano) **healthy** /ˈhelθɪ/ (más sano **healthier** /ˈhelθɪəʳ/, el más sano the **healthiest** /ˈhelθɪɪst/)
> 🔊 La ea de **healthy** se pronuncia como la e de **bed**.

saludar

1 ▷ Sergio saludó a todos cuando llegó.
Sergio said hello to everybody when he came in.

2 ▷ Elvira me saludó con la mano desde el tren.
Elvira waved at me from the train.

> **1** ▶ **saludar a alguien** (= decir hola): **say hello to** somebody /seɪ heˈləʊ tʊ/ (said, said /sed/)
> **2** ▶ **saludar con la mano a alguien: wave** /weɪv/ **at** somebody

saludo

▷ Mándale saludos a Carolina.
Send Carolina my regards.

▷ Hasta la próxima semana. Saludos, Javier.
Until next week. Best wishes , Javier.

> ⓘ **manda saludos** se dice **send my regards** /send maɪ rɪˈgɑːdz/ (sent, sent /sent/)
> ⓘ El **saludos** que escribes al final de una carta se dice **best wishes** /best ˈwɪʃɪz/ en inglés.

El Salvador

▷ ¿Cuál es la capital de El Salvador?
What's the capital of El Salvador?

> (= país) **El Salvador** /el ˈsælvədɔːʳ/
> 🔊 El acento recae sobre la primera sílaba **Sal-**.

salvadoreño, salvadoreña

1 ▷ Tengo un amigo salvadoreño.
I've got a friend from El Salvador.

▷ Ignacio es salvadoreño.
Ignacio is from El Salvador.

▷ Vive en la capital salvadoreña.
He lives in the capital of El Salvador.

> **1** (adjetivo) **from El Salvador** /el ˈsælvədɔːʳ/
> ⓘ se escribe siempre con mayúscula, como todos los adjetivos y nombres ingleses que se refieren a la nacionalidad.
> ⓘ A veces se dice **of El Salvador** en vez de **from El Salvador**, como en el ejemplo de la izquierda.

2 ▷ Se casó con un salvadoreño.
She married a man from El Salvador.

2 (nombre) **un salvadoreño, una salvadoreña**: (= hombre) **a man from El Salvador**; (= chico) **a boy from El Salvador**; (= mujer) **a woman from El Salvador**; (= chica) **a girl from El Salvador**.

salvaje

▷ Vimos animales salvajes en Kenia.
We saw wild animals in Kenya.

(hablando de animales, plantas) wild /waɪld/

🔊 La i de **wild** se pronuncia como la i de **like**.

salvapantallas

▷ Descargué un salvapantallas genial.
I downloaded a great screensaver.

screensaver /ˈskriːnseɪvəʳ/

🔊 La a de **screensaver** se pronuncia como la a de **make**.

salvar

1 ▷ Se tiró al agua para salvar a su hermano, que se estaba ahogando.
She dived into the water to rescue her brother, who was drowning.

1 (= rescatar) rescue /ˈreskjuː/

🔊 La ue de **rescue** se pronuncia como la palabra inglesa **you**.

2 ▷ Los ecologistas están haciendo una campaña para salvar la selva tropical.
The environmentalists are campaigning to save the tropical rainforest.

2 (de una amenaza) save /seɪv/

🔊 La a de **save** se pronuncia como la a de **make**.

salvavidas

▷ Agárrate al salvavidas.
Hold on to the life belt.

▷ Hay dos botes salvavidas en el barco.
There are two lifeboats on the ship.

▷ Nos tuvimos que poner chalecos salvavidas.
We had to wear life jackets.

(= flotador) life belt /ˈlaɪf belt/ (plural: life belts)

► **bote salvavidas**: lifeboat /ˈlaɪfbəʊt/

► **chaleco salvavidas**: life jacket /laɪf ˈdʒækɪt/ (plural: life jackets)

salvo

▷ Todos los pasajeros están a salvo.
All the passengers are safe.

► **estar a salvo**: be safe /seɪf/

🔊 La a de **safe** se pronuncia como la a de **make**.

▷ La profesora consiguió poner a salvo a todos los alumnos.
The teacher managed to get all the pupils to safety.

► **poner a alguien a salvo**: get somebody to safety /ˈseɪftɪ/ (got, got /ɡɒt/)

san

▷ Mañana es el día de San Patricio.
Tomorrow is Saint Patrick's day.

saint /seɪnt/

🔊 La ai de **saint** se pronuncia como la a de **make**.

sandalia

▷ En verano prefiero llevar sandalias.
In summer I prefer wearing sandals.

sandal /ˈsændəl/
◀» El acento recae sobre la primera sílaba san-.

sandía

▷ Mamá compró dos sandías.
Mum bought two watermelons.

watermelon /ˈwɔːtəmelən/

sándwich

▷ Ayúdame a preparar los sándwiches para el picnic.
Help me make the sandwiches for the picnic.
▷ ¿Queda algún sándwich de queso?
Are there any cheese sandwiches left?

sandwich /ˈsænwɪdʒ/
ℹ Al **sándwich** caliente se le llama toasted /ˈtəʊstɪd/ **sandwich** en inglés.
ℹ Fíjate en el orden de las palabras cuando quieres referirte al contenido del sándwich.

sangrar

▷ Pili se ha cortado y está sangrando.
Pili has cut herself and is bleeding.

bleed /bliːd/ (bled, bled /bled/)

sangre

▷ Tienes sangre en la rodilla.
You've got blood on your knee.

▷ Me está saliendo sangre de la nariz.
My nose is bleeding.

blood /blʌd/
◀» La **oo** de **blood** se pronuncia como la **u** de duck. **Blood** rima con mud.
ℹ Fíjate cómo se dice en inglés que te sale sangre de algún lugar. Se coloca primero el lugar del que sale la sangre con el adjetivo posesivo delante (en el ejemplo **my nose**) y después el verbo **bleed** /bliːd/.

sangría

▷ Preparamos sangría para la fiesta.
We made sangria for the party.

sangria /sænˈɡriːə/
◀» Se pronuncia igual que en español.

sano, sana

1 ▷ Correr es muy sano.
Running is very healthy.

1 (= saludable) **healthy** /ˈhelθɪ/ (más sano healthier /ˈhelθɪəʳ/, el más sano the healthiest /ˈhelθɪɪst/)
◀» La **ea** de **healthy** se pronuncia como la **e** de bed.

2 ▷ Todo el mundo llegó sano y salvo.
Everybody arrived safe and sound.

2 ▶ sano y salvo: **safe and sound** /seɪf ənd ˈsaʊnd/

santiguarse

▷ Mi abuela siempre se santigua cuando entra en una iglesia.
My grandmother always crosses herself when she goes into a church.

cross oneself /krɒs/
ℹ Fíjate cómo se usa el pronombre reflexivo en inglés: I cross **myself**, you cross **yourself**, he crosses **himself**, she crosses **herself**, etc.

santo, santa

1 ▷ La Meca es la ciudad santa del Islam.
Mecca is the holy city of Islam.

2 ▷ Todas las iglesias tenían el nombre de un santo.
All the churches had the name of a saint.

1 (adjetivo, = sagrado) holy /ˈhəʊlɪ/ (más santo holier /ˈhəʊlɪəʳ/, el más santo the holiest /ˈhəʊlɪɪst/)
◀ La o de holy se pronuncia como la o de go.

2 (nombre) saint /seɪnt/
◀ La ai de saint se pronuncia como la a de make.

sapo

▷ Blanca se encontró un sapo en el arroyo.
Blanca found a toad in the stream.

toad /təʊd/
◀ La oa de toad se pronuncia como la o de go.

sarampión

▷ Mi prima Nieves tiene sarampión.
My cousin Nieves has got measles.

measles /ˈmiːzəlz/
ℹ A pesar de acabar en s, measles es una palabra en singular. Por ejemplo, se dice measles is an infectious illness (el **sarampión es una enfermedad contagiosa**).

sardina

▷ Sólo queda una lata de sardinas.
There's only one tin of sardines left.

sardine /saːˈdiːn/
◀ sardine rima con been. El acento recae sobre la segunda sílaba -dine.

sargento

▷ Un sargento resultó herido.
A sergeant was injured.

sergeant /ˈsaːdʒənt/
◀ La primera e de sergeant se pronuncia como la a de car. La ge se pronuncia como la j de John. El acento recae sobre la primera sílaba ser-.

sartén

▷ Pon un poco de aceite en la sartén.
Put a bit of oil in the frying pan.

frying pan /ˈfraɪɪŋ pæn/ (plural: frying pans)
◀ La y de frying se pronuncia como la i de like.

sastre, sastra

▷ El abuelo de Lucía era sastre.
Lucía's grandfather was a tailor.

tailor /ˈteɪləʳ/
◀ La ai de tailor se pronuncia como la a de make.
ℹ No te olvides de colocar el artículo a o an delante del nombre de la profesión cuando aparece detrás de los verbos be o become.

satélite

▷ Lanzaron un satélite de comunicaciones.
They launched a communications satellite.

satellite /ˈsætəlaɪt/
🔊 La i de satellite se pronuncia como la i de like. El acento recae sobre la primera sílaba sa-.

satisfecho, satisfecha

1 ▷ Estoy muy satisfecho con mis resultados.
I'm very satisfied with my results.

2 ▷ Gracias, no quiero más, estoy satisfecho.
Thanks, I don't want any more, I'm full.

1 (= contento) satisfied /ˈsætɪsfaɪd/ (más satisfecho more satisfied, el más satisfecho the most satisfied)
2 (= lleno, hablando de comida) full /fʊl/

sauce

▷ Había una hilera de sauces a lo largo del río.
There was a row of willows along the river.

willow /ˈwɪləʊ/
❢ En inglés sauce significa salsa.

sauna

▷ El hotel tenía piscina y sauna.
The hotel had a swimming pool and a sauna.

sauna /ˈsɔːnə/
🔊 La au de sauna se pronuncia como la o de more.

saxofón

▷ Me gusta mucho el sonido del saxofón.
I really like the sound of the saxophone.

▷ Teo toca el saxofón.
Teo plays the saxophone.

saxophone /ˈsæksəfəʊn/
🔊 El acento recae sobre la primera sílaba sax-.
▶ tocar el saxofón: play /pleɪ/ the saxophone

se

1 ▷ Antonio se está rascando porque tiene varias picaduras de mosquito.
Antonio is scratching himself because he has several mosquito bites.
▷ María se cortó con un cuchillo.
María cut herself with a knife.

▷ El profesor se equivocó.
The teacher made a mistake.
▷ Celia se levanta a las siete.
Celia gets up at seven.

2 ▷ No se hablan.
They don't speak to each other.

ℹ Cuando la acción a la que se refiere el verbo se efectúa realmente sobre uno mismo, el pronombre reflexivo se se traduce por himself /hɪmˈself/ cuando se trata de un hombre, herself /hɜːˈself/ cuando se trata de una mujer, itself /ɪtˈself/ cuando se trata de un animal, y themselves /ðəmˈselvz/ cuando se trata de varias personas.
ℹ Pero cuando el verbo no es realmente reflexivo, es decir, no describe una acción que alguien realiza sobre sí mismo, el pronombre se normalmente no se traduce.
2 (recíproco) each other /iːtʃ ˈʌðəʳ/

secador

▷ Puedes enchufar el secador aquí.
You can plug the hairdryer in here.

hairdryer /ˈheədraɪəʳ/
🔊 hair rima con care y bear. La y de hairdryer se pronuncia como la i de like.

secar

1 ▷ Seca los platos antes de ponerlos en el armario.
Dry the plates before putting them in the cupboard.

▷ La ropa todavía no se ha secado.
The clothes haven't dried yet.

2 ▷ Sécate bien después del baño.
Dry yourself well after your bath.

▷ Quería una toalla para secarme las manos.
I'd like a towel to dry my hands.

▷ El pantano se ha secado por completo.
The reservoir has dried up completely.

1 (= dejar seco, volverse seco) **dry** /draɪ/

◀ La y de **dry** se pronuncia como la i de **like**.

ℹ La y de **dry** se convierte en **ie** en la tercera persona del singular del presente de indicativo (**dries** /deaɪz/), en el pasado y el participio (**dried** /draɪd/).

2 ► **secarse**: **dry** oneself

ℹ Fíjate cómo se usa el pronombre reflexivo en inglés: I dry **myself**, you dry **yourself**, he dries **himself**, she dries **herself**, etc.

ℹ Cuando **secarse** significa **quedarse sin agua** se traduce por **dry up** /draɪ ˈʌp/.

seco, seca

▷ ¡Ten cuidado, la pintura no está seca!
Be careful, the paint isn't dry!

dry /draɪ/ (más seco **drier** /ˈdraɪəʳ/, el más seco the **driest** /ˈdraɪɪst/)

◀ La y de **dry** se pronuncia como la i de **like**.

secretaría

▷ La secretaría del colegio estaba cerrada.
The secretary's office at school was closed.

(= oficina) **secretary's office** /ˈsekrətrɪz ˈɒfɪs/

secretario, secretaria

▷ La secretaria de mi padre es muy simpática.
My father's secretary is very nice.

▷ A Alicia le gustaría ser secretaria como su madre.
Alicia would like to be a secretary like her mother.

secretary /ˈsekrətərɪ/ (plural: secretaries)

◀ El acento recae sobre la primera sílaba **se-**.

ℹ No te olvides de colocar el artículo **a** o **an** delante del nombre de la profesión cuando aparece detrás de los verbos **be** o **become**.

secreto, secreta

1 ▷ Se reunieron en un lugar secreto.
They met in a secret place.

2 ▷ No se lo cuentes a nadie, es un secreto.
Don't tell anybody, it's a secret.

1 (= adjetivo) **secret** /ˈsiːkrət/

◀ La primera e de **secret** se pronuncia como la **ee** de **week**.

2 ► **un secreto** (= sustantivo):
a **secret** /ˈsiːkrət/

secta

▷ Detuvieron a dos miembros de una secta peligrosa.
They arrested two members of a dangerous sect.

sect /sekt/

secuestrar

▷ Secuestraron a un conocido empresario.
They kidnapped a well-known businessman.

kidnap /ˈkɪdnæp/

ℹ kidnap se escribe con dos p en el gerundio (kidnapped /ˈkɪdnæpt/) y el pasado y el participio (kidnapping /ˈkɪdnæpɪŋ/).

▷ Los terroristas secuestraron un avión.
The terrorists hijacked a plane.

ℹ Para referirse al secuestro de un barco o de un avión se usa el término hijack /ˈhaɪdʒæk/.

secuestro

▷ El secuestro del político acabó bien.
The kidnapping of the politician ended well.
▷ La policía puso fin al secuestro del avión.
The police ended the hijacking of the plane.

kidnapping /ˈkɪdnæpɪŋ/

ℹ Para referirse al secuestro de un barco o de un avión se usa el término hijacking /ˈhaɪdʒækɪŋ/.

sed

▷ ¿Tienes sed? ¿Quieres agua?
Are you thirsty? Would you like some water?

▶ **tener sed: be thirsty** /ˈθɜːstɪ/
◀ La i de thirsty se pronuncia como la u de burst.

▷ El paseo me dio sed.
The walk made me thirsty.

▶ **dar sed a alguien: make** /meɪk/ somebody **thirsty (made, made** /meɪd/)

seda

▷ La seda es un material muy suave.
Silk is a very soft material.
▷ Esta bufanda es de seda.
This scarf is made of silk.
▷ Laura tiene un pijama de seda.
Laura has some silk pyjamas.

silk /sɪlk/

▶ **ser de seda: be made** /meɪd/ **of silk**
▶ **de seda: silk**

en seguida

▷ ¡Ven aquí en seguida!
Come here immediately!

immediately /ɪˈmiːdɪətlɪ/

ℹ Fíjate bien en cómo se escribe immediately.

seguido, seguida

▷ Llovió durante 6 días seguidos.
It rained for 6 days in a row.

(= sin interrupción) **in a row** /ɪn ə ˈrəʊ/

seguidor, seguidora

▷ Los seguidores llenaron el estadio.
The fans filled the stadium.

(de equipo, cantante) **fan** /fæn/

seguir

1 ▷ El perro nos está siguiendo, dile que se vaya.
The dog is following us, tell him to go away.
▷ Elena no siguió nuestro consejo.
Elena didn't follow our advice.

ℹ La traducción más frecuente de seguir es follow /ˈfɒləʊ/.
◀ follow rima con go y toe.

2 ▷ Sigue conduciendo, todavía no hemos llegado.
Carry on driving, we haven't arrived yet.

2 (= continuar) carry on /ˈkærɪ ɒn/

i La y de carry se convierte en ie en la tercera persona del singular del presente de indicativo (carries /ˈkærɪz/), en el pasado y el participio (carried /ˈkærɪd/).

según

1 ▷ Según el periódico, el ministro es responsable.
According to the newspaper, the minister is responsible.

2 ▷ Según como me encuentre, te llamaré para ir al cine.
Depending on how I feel, I'll give you a call to go to the cinema.

1 (= de acuerdo con) according to /əˈkɔːdɪŋ tʊ/

2 (= dependiendo de) depending on /dɪˈpendɪŋ ɒn/

segundo

▷ Me llevó treinta segundos.
It took me thirty seconds.

(= sustantivo) second /ˈsekənd/

segundo, segunda

▷ Es la segunda vez que veo esa película.
It's the second time I've seen that film.

(= adjetivo) second /ˈsekənd/

seguramente

▷ ¿Tú crees que están saliendo? - Seguramente.
Do you think they're going out? - Probably.

probably /ˈprɒbəblɪ/

seguridad

1 ▷ La seguridad en el aeropuerto fue reforzada.
Security at the airport was reinforced.

2 ▷ Me preocupa la seguridad de este barco.
I'm worried about the safety of this boat.

1 (= medidas de control) security /sɪˈkjʊərətɪ/

2 (= ausencia de peligro) safety /ˈseɪftɪ/

seguro

▷ Si vas al extranjero necesitas un seguro de viaje.
If you go abroad you need travel insurance.

(= sustantivo) insurance /ɪnˈʃʊərəns/

🔊 La s de insurance se pronuncia como la sh de shop.

seguro, segura

1 ▷ Estoy seguro de que Natalia se copió de mí.
I'm sure Natalia copied me.

2 ▷ Puede que haya una fiesta pero todavía no es seguro.
There may be a party, but it's not certain yet.

3 ▷ No te pongas nervioso, este avión es muy seguro.
Don't be nervous, this plane is very safe.

1 (= convencido) sure /ʃʊəʳ/

🔊 La s de sure se pronuncia como la sh de shop.

2 (= confirmado) certain /ˈsɜːtən/

🔊 La e de certain se pronuncia como la i de first. Certain rima con rotten.

3 (= sin peligro) safe /seɪf/ (más seguro safer /ˈseɪfəʳ/, el más seguro the safest /ˈseɪfɪst/)

seis

▷ En mi clase sólo hay seis alumnos.
There are only six pupils in my class.
▷ Pedro tiene seis años.
Pedro is six.
▷ Hoy es seis de mayo.
Today is the sixth of May.
▷ Nos veremos el seis de julio.
We'll see each other on the sixth of July.

six /sɪks/

ⓘ Con las fechas se usa the sixth /sɪksθ/ en inglés.
ⓘ Fíjate cómo en inglés se usa on y of con las fechas.
ⓘ Se escribe 6 April, 6 May, etc.

seiscientos

▷ La iglesia fue construida hace seiscientos años.
The church was built six hundred years ago.

six hundred /sɪks ˈhʌndrəd/

selección

1 ▷ La profesora hará una selección de las mejores redacciones.
The teacher will make a selection of the best essays.
2 ▷ La selección nacional ganó la medalla de oro.
The national team won the gold medal.

1 (= elección) selection /sɪˈlekʃən/
◀) selection rima con freshen. El acento recae sobre la segunda sílaba -lec-.
2 (= equipo) team /tiːm/

seleccionar

▷ Estuvimos seleccionando temas para nuestras redacciones.
We were selecting topics for our essays.

select /sɪˈlekt/
◀) El acento recae sobre la segunda sílaba -lect.

sellar

▷ Me sellaron el pasaporte.
They stamped my passport.

(con un sello) stamp /stæmp/

sello

▷ ¿Cuánto cuesta un sello para Argentina?
How much is a stamp for Argentina?

(de correos) stamp /stæmp/

selva

▷ Tarzán vivía en la selva.
Tarzan lived in the jungle.

jungle /ˈdʒʌŋgəl/
◀) La j de jungle se pronuncia como la dg de bridge. La u se pronuncia como la u de cut.

▷ Los ecologistas están haciendo una campaña para salvar la selva tropical.
The environmentalists are campaigning to save the tropical rainforest.

▶ selva tropical: tropical rainforest /ˈtrɒpɪkl ˈreɪnfɒrɪst/

semáforo

▷ Gira a la derecha en el semáforo.
Turn right at the traffic lights.
▷ El semáforo no estaba funcionando correctamente.
The traffic lights weren't working properly.

traffic lights /ˈtræfɪk laɪts/
◀) La i de lights se pronuncia como la i de like. La gh no se pronuncia.
ⓘ traffic lights es una palabra en plural que se usa con un verbo en plural como en el ejemplo de la izquierda.

semana

▷ Vi a Susana la semana pasada.
I saw Susana last week.
▷ Entre semana estoy siempre muy ocupado.
I'm always very busy during the week.
▷ La próxima semana iremos a la playa.
We'll go to the beach next week.
▷ ¿Qué hiciste durante el fin de semana?
What did you do at the weekend?

week /wiːk/
► entre semana: during the week
► la próxima semana: next week
► fin de semana: weekend /ˈwiːkend/

semanal

▷ Es una revista semanal.
It's a weekly magazine.

weekly /ˈwiːklɪ/

sembrar

▷ Mis padres sembraron el jardín con tomates.
My parents sowed the garden with tomatoes.

sow /səʊ/
ℹ El participio de sow puede ser tanto sowed /səʊd/ como sown /səʊn/.
◀ sow y so se pronuncian igual. Sowed rima con road y sown rima con bone.

semejante

▷ Su bici es muy semejante a la mía.
His bike is very similar to mine.

(= parecido) similar /ˈsɪmɪləʳ/
ℹ Fíjate en la preposición: semejante a = similar to.

semicírculo

▷ Tuvimos que calcular el área de un semicírculo.
We had to calculate the area of a semicircle.

semicircle /ˈsemɪsɜːkəl/
◀ La segunda i de semicircle se pronuncia como la i de first. El acento recae sobre la primera sílaba se-.

semifinal

▷ La semifinal se jugará en Valencia.
The semifinal will be played in Valencia.

semifinal /semɪˈfaɪnəl/
◀ La segunda i de semifinal se pronuncia como la i de like. El acento recae sobre la tercera sílaba -fi-.

semilla

▷ Ayudé a mi padre a plantar semillas de tomate.
I helped my father to plant tomato seeds.

seed /siːd/

seminuevo, seminueva

▷ Esta impresora está seminueva.
This printer is almost new.

almost new /ˈɔːlməʊst njuː/

sencillamente

▷ Le gusta vestirse sencillamente.
She likes to dress simply.
▷ Sencillamente, es el mejor.
Quite simply, he's the best.

simply /ˈsɪmplɪ/

i Cuando **sencillamente** se utiliza al principio de una frase con el significado de realmente, se traduce por quite simply.

sencillo, sencilla

▷ Las reglas del juego son muy sencillas.
The rules of the game are very simple.

simple /ˈsɪmpəl/

sendero

▷ Coge el sendero de la derecha.
Take the path on the right.

path /pɑːθ/

◀) La **th** de path se pronuncia como si fuera una **z** española.

seno

▷ Los chicos no tienen senos.
Boys don't have breasts.

(= pecho) breast /brest/

◀) breast rima con rest.

sensación

▷ Flotar en el aire es una sensación muy extraña.
Floating in the air is a very strange sensation.

▷ Me da la sensación de que está mintiendo.
I have the feeling she's lying.

▷ Su vestido causó sensación en el colegio.
Her dress caused a sensation at the school.

sensation /senˈseɪʃən/

◀) La **a** de sensation se pronuncia como la **a** de make. Sensation rima con freshen.

▶ me da la sensación de que...
(= creo que): I have the feeling...
/aɪ ˈhæv ðə ˈfiːlɪŋ/ (had, had /hæd/)
▶ causar sensación: cause a sensation /kɔːz ə senˈseɪʃən/
◀) cause rima con yours y doors.

sensacional

▷ Su última película es sensacional.
His latest film is sensational.

sensational /senˈseɪʃənəl/

◀) La primera **a** de sensational se pronuncia como la **a** de make. El acento recae sobre la segunda sílaba -sa-.

sensato, sensata

▷ Me parece una solución muy sensata.
I think it's a very sensible solution.

sensible /ˈsensɪbəl/ (más sensato more sensible, el más sensato the most sensible)

✋ sensible en inglés no significa sensible en español.

sensible

▷ Marina es una persona muy sensible.
Marina is a very sensitive person.

sensitive /ˈsensɪtɪv/ (más sensible more sensitive, el más sensible the most sensitive)

✋ Fíjate que sensible no se traduce por sensible.

sensor

▷ La máquina tiene un sensor que controla la
temperatura.
*The machine has a sensor that controls the
temperature.*

sensor /ˈsensəʳ/
◀⁾ El acento recae sobre la primera
sílaba sen-.

sentado, sentada

▷ Estuvimos sentados una hora.
We were sitting down for an hour.

► estar sentado: be sitting
down /ˈsɪtɪŋ daʊn/

sentar

1 ▷ Esa bufanda te sienta muy bien.
That scarf really suits you.

1 ► sentar o sentar bien
(hablando de colores o de ropa): suit
/suːt/
◀⁾ suit rima con boot.

▷ Ese color no te sienta bien.
That colour doesn't suit you.

► no sentar o no sentar bien
(hablando de colores o de ropa): not
to suit /nɒt tə ˈsuːt/

2 ▷ La sopa me sentó bien.
The soup did me good.

2 ► sentar bien a alguien
(hablando de comida o bebida): do
/duː/ somebody good (did /dɪd/,
done /dʌn/)

▷ La bebida que me dieron me sentó mal.
The drink they gave me didn't agree with me.

► sentar mal a alguien: not to
agree /nɒt tʊ əˈɡriː/ with somebody

3 ▷ Siéntate, por favor.
Sit down, please.

3 ► sentarse: sit down /sɪt
ˈdaʊn/ (sat down, sat down /sæt
ˈdaʊn/)

▷ Los niños se sentaron en el suelo.
The children sat down on the floor.

sentido

1 ▷ ¿Cuáles son los cinco sentidos?
What are the five senses?

1 (= capacidad para percibir, sentir)
sense /sens/

▷ Usa el sentido común.
Use your common sense.

► sentido común: common
sense /ˈkɒmən sens/

▷ Carlos no tiene sentido del humor.
Carlos has no sense of humour.

► sentido del humor: sense of
humour /sens əv ˈhjuːməʳ/

2 ▷ Se golpeó la cabeza y perdió el sentido.
She banged her head and lost consciousness.

2 (= consciencia) consciousness
/ˈkɒnʃəsnəs/
► perder el sentido: lose /luːz/
consciousness
◀⁾ La sc de consciousness se
pronuncia como la sh de shop.

3 ▷ El tren iba en sentido contrario al de
los coches.
*The train was going in the opposite
direction to the cars.*

3 (= dirección) direction /dɪˈrekʃən/
◀⁾ La primera i de direction se
pronuncia como la i de like. Direction
rima con freshen.

▷ Se juega en el sentido de las agujas del reloj.
This game is played clockwise.

► en el sentido de las agujas del
reloj: clockwise /ˈklɒkwaɪz/

▷ Gíralo en el sentido contrario al de las agujas
del reloj.
Turn it anticlockwise.

► en el sentido contrario al de
las agujas del reloj: anticlockwise
/ˌæntɪˈklɒkwaɪz/

sentimental

▷ La película es demasiado sentimental.
The film is too sentimental.

sentimental /sentɪˈmentəl/ (más sentimental more sentimental, el más sentimental the most sentimental)

◀) El acento recae sobre la tercera sílaba -men-.

sentimiento

▷ A Luis no le gusta hablar de sus sentimientos.
Luis doesn't like to talk about his feelings.

feeling /ˈfiːlɪŋ/

sentir

1 ▷ Sentí una mano en mi espalda.
I felt a hand on my back.

2 ▷ Lo siento, no puedo ayudarte.
I'm sorry, I can't help you.

3 ▷ ¿Cómo te sientes?
How do you feel?

▷ De repente me sentí mal.
I suddenly felt ill.

1 (= notar) feel /fiːl/ (felt, felt /felt/)

ℹ Para decir que lamentas algo en inglés se dice I'm sorry /aɪm ˈsɒri/.

3 ▶ sentirse (= encontrarse): feel /fiːl/ (felt, felt /felt/)
▶ sentirse mal: feel ill /fiːl ˈɪl/

señas

1 ▷ Dame tus señas y te mandaré una postal.
Give me your address and I'll send you a postcard.

2 ▷ Me hizo señas para que entrara en su despacho.
He signalled to me to enter his office.

1 (= dirección) address /əˈdres/

2 ▶ hacer señas a alguien (= gestos): signal /ˈsɪgnəl/ to somebody
ℹ signal se escribe con dos l en el gerundio (signalled /ˈsɪgnəld/) y el pasado y el participio (signalling /ˈsɪgnəlɪŋ/).

señal

1 ▷ Está sonriendo, es buena señal.
She's smiling, it's a good sign.

▷ Había una señal de prohibido aparcar.
There was a no parking sign.

2 ▷ El profesor dio la señal para el comienzo de la carrera.
The teacher gave the signal for the start of the race.

1 (= indicio, letrero) sign /saɪn/
◀) La i de sign se pronuncia como la i de like. La g no se pronuncia. Sign rima con mine.

2 (= gesto) signal /ˈsɪgnəl/

señalar

1 ▷ El profesor señaló con una cruz las faltas de ortografía.
The teacher marked the spelling mistakes with a cross.

2 ▷ Señaló la casa en la que vivía.
He pointed out the house where he lived.

▷ Andrés señaló que la fiesta tendría que ser en sábado para que pudiéramos ir todos.
Andrés pointed out that the party would have to be on a Saturday so we could all go.

1 (= poner una señal en) mark /mɑːk/

2 (= apuntar con el dedo, destacar) point out /pɔɪnt ˈaʊt/

señor

1 ▷ El señor Jiménez quiere hablar contigo.
Mr Jiménez wants to talk to you.

2 ▷ Buenos días, señor, quería un kilo de manzanas.
Good morning, I'd like a kilo of apples, please.

3 ▷ Este señor dice que te conoce.
This man says that he knows you.

ℹ Cuando se habla de alguien utilizando su apellido **señor** se traduce por Mr /ˈmɪstəʳ/. El no se traduce.

ℹ Cuando te diriges directamente a alguien, el **señor** español no tiene un equivalente en inglés que se use con la misma frecuencia. Normalmente no se traduce.

3 (= hombre) man /mæn/ (plural: men /men/)

señora

1 ▷ La señora Mateo nos llevó a la estación.
Mrs Mateo took us to the station.

2 ▷ Buenos días, señora, quería una sandía.
Good morning, I'd like a watermelon, please.

3 ▷ Te llamó una señora.
A lady called you.

ℹ Cuando se habla de alguien utilizando su apellido **señora** se traduce por Mrs /ˈmɪsɪs/. La no se traduce.

ℹ Cuando te diriges directamente a alguien, el **señora** español no tiene un equivalente en inglés que se use con la misma frecuencia. Normalmente no se traduce.

3 (= mujer) lady /ˈleɪdɪ/ (plural: ladies /ˈleɪdɪz/)

🔊 La a de lady se pronuncia como la a de make.

señorita

1 ▷ ¿Quién era esa señorita con la que estabas hablando?
Who was that young lady you were talking to?

2 ▷ La señorita es muy simpática.
Our teacher is very nice.
▷ Señorita, ¿puedo ir al baño?
Miss, can I go to the toilet?

1 (= mujer joven) young lady /jʌŋ ˈleɪdɪ/ (plural: young ladies /jʌŋ ˈleɪdɪz/)

🔊 La a de lady se pronuncia como la a de make.

2 (= profesora) teacher /ˈtiːtʃəʳ/

ℹ Para dirigirse a la profesora en inglés se usa Miss /mɪs/.

separado, separada

▷ Sus padres están separados.
Her parents are separated.

(= divorciado) separated /ˈsepəreɪtɪd/

🔊 La segunda a de separated se pronuncia como la a de make.

separar

1 ▷ Primero separa las claras de las yemas.
First separate the whites from the yolks.

2 ▷ Separate de la tele.
Move away from the TV.

1 (= dividir) separate /ˈsepərət/

🔊 La segunda a de separate se pronuncia como la a de make. El acento recae sobre la primera sílaba se-.

2 ► separarse de algo
(= apartarse): move away from something /muːv əˈweɪ frɒm/

🔊 La o de move se pronuncia como la oo de moon.

Sigue en la página siguiente

3 ▷ Los padres de Lidia se han separado.
Lidia's parents have separated.

3 ► **separarse** (= divorciarse): separate /ˈsepərət/

septiembre

▷ Se casaron en septiembre.
They got married in September.

September /səpˈtembəʳ/

ℹ️ En inglés se escribe siempre con mayúscula, como el resto de los nombres de los meses.

▷ Nací el doce de septiembre.
I was born on the twelfth of September.

ℹ️ Fíjate cómo en inglés se usa on y of con las fechas.

ℹ️ Se escribe 12 September.

séptimo, séptima

▷ Es su séptimo disco.
It's his seventh record.

seventh /ˈsevənθ/

sequía

▷ La región está sufriendo una de las peores sequías del siglo.
The region is suffering one of the worst droughts of the century.

drought /draʊt/

◀) drought rima con shout.

ser (verbo)

▷ Mi primo es muy alto.
My cousin is very tall.
▷ Andrés es el novio de Lucía.
Andrés is Lucía's boyfriend.
▷ Mi padre es abogado.
My father is a lawyer.
▷ Soy yo, abre la puerta.
It's me, open the door.

ℹ️ La traducción más frecuente del verbo **ser** es be /biː/.

ℹ️ En presente se conjuga así: I am, he/she is, we/you/they are. En pasado: I/he/she was, we/you/they were. El participio es been.

► **soy yo** (para identificarte): it's me /ɪts ˈmiː/

ser (nombre)

▷ ¡Por lo menos deberías tratarle como a un ser humano!
You should at least treat him like a human being!

► **un ser humano**: a human being /ˈhjuːmən ˈbiːɪŋ/ (plural: human beings)

serie

▷ He sacado una serie de malas notas.
I've had a series of bad marks.
▷ Mi abuela ve todas las series americanas.
My grandmother watches all the American series.

series /ˈsɪəriːz/

◀) La primera e de series se pronuncia como la ee de beer. Series rima con bees y cheese.

ℹ️ series es una palabra invariable, se escribe igual en singular y en plural: one series, two series.

serio, seria

1 ▷ Miguel parecía muy serio.
   Miguel looked very serious.
   ▷ Hablamos de cosas serias.
   We talked about serious things.
2 ▷ En serio, estoy saliendo con Patricia.
   Seriously, I'm going out with Patricia.

1 (= que no sonríe, importante)
serious /ˈsɪərɪəs/ (más serio **more serious**, el más serio **the most serious**)

2 ► en serio: seriously
/ˈsɪərɪəslɪ/

sermón

▷ Los sermones del padre Benito son muy aburridos.
Father Benito's sermons are really boring.

sermon /ˈsɜːmən/
◀ El acento recae sobre la primera sílaba **ser-**.

serpiente

▷ Nicolás vio una serpiente en la hierba.
Nicolás saw a snake in the grass.

snake /sneɪk/
❊ snake rima con **make**.

serrín

▷ El suelo de la clase estaba cubierto de serrín.
The floor of the classroom was covered with sawdust.

sawdust /ˈsɔːdʌst/
◀ La **saw** de **sawdust** se pronuncia como la palabra inglesa **sore**.

serrucho

▷ ¿Tienes un serrucho?
Do you have a saw?

saw /sɔː/
◀ saw se pronuncia exactamente igual que la palabra inglesa **sore**.

servicial

▷ Alicia es muy servicial.
Alicia is very helpful.

helpful /ˈhelpfʊl/ (más servicial **more helpful**, el más servicial **the most helpful**)

servicio

1 ▷ El servicio postal de este país es muy bueno.
   This country's postal service is very good.

   ▷ La fotocopiadora está fuera de servicio.
   The photocopier is out of order.

2 ▷ Tengo que ir al servicio.
   I've got to go to the toilet.
   ▷ ¿Dónde están los servicios?
   Where are the toilets?

ⅈ La traducción más común de servicio en inglés es service /ˈsɜːvɪs/
◀ service rima con **miss**. El acento recae sobre la primera sílaba **ser-**.
► fuera de servicio
(= estropeado): out of order
/aʊt əv ˈɔːdəʳ/

2 (= baño) toilet /ˈtɔɪlət/
🗲 En inglés americano se dice restroom /ˈrestruːm/.

servilleta

▷ ¿Dónde está mi servilleta?
Where's my napkin?

napkin /ˈnæpkɪn/

servir

1 ▷ El camarero nos sirvió las bebidas.
The waiter served us the drinks.
2 ▷ ¿Para qué sirve esta herramienta?
What is this tool for?
3 ▷ Esta habitación sirve de despacho.
This room is used as an office.

4 ▷ Vamos, sírvete.
Go on, help yourself.

1 (hablando de comida, bebida) **serve** /sɜːv/

2 ► **servir para algo** (= ser usado para): **be for** /fɔːʳ/ something

3 ► **servir de algo** (= ser usado como): **be used as** /ˈjuːzd æz/ something

4 ► **servirse** (en la mesa): **help** /help/ oneself

i Fíjate cómo se usa el pronombre reflexivo en inglés: I help **myself**, you help **yourself**, he helps **himself**, she helps **herself**, etc.

sesenta

▷ Mi abuela tiene sesenta años.
My grandmother is sixty.
▷ Tiene sesenta y dos discos.
He's got sixty-two records.

sixty /ˈsɪkstɪ/

i Fíjate cómo en inglés para construir un número formado por una decena y una unidad no se coloca **y** sino un guión: sesenta y uno = **sixty-one**, sesenta y dos = **sixty-two**, etc.

sesión

1 ▷ Fuimos a la sesión de la tarde porque era más barato.
We went to the afternoon showing because it was cheaper.
2 ▷ El presidente abrió la sesión con un discurso.
The president opened the session with a speech.

1 (= proyección de una película) showing /ˈʃəʊɪŋ/

2 (= reunión) **session** /ˈseʃən/
◀ **session** rima con **freshen**. El acento recae sobre la primera sílaba **se-**.

set

▷ ¿Quién ganó el primer set?
Who won the first set?

(= en tenis) **set** /set/

seta

▷ Lava estas setas, vamos a hacer una tortilla.
Wash these mushrooms, we're going to make an omelette.

mushroom /ˈmʌʃruːm/
◀ La u de **mushroom** se pronuncia como la u de **duck**.

setecientos

▷ El puente fue construido hace setecientos años.
The bridge was built seven hundred years ago.

seven hundred /ˈsevən ˈhʌndrəd/

setenta

▷ Mi abuelo tiene setenta años.
My grandfather is seventy.

▷ Tiene setenta y dos discos.
He's got seventy-two records.

seventy /'sevəntɪ/

ℹ Fíjate cómo en inglés para construir un número formado por una decena y una unidad no se coloca **y** sino un guión: setenta y uno = **seventy-one**, setenta y dos = **seventy-two**, etc.

seto

▷ Los niños saltaron el seto.
The boys jumped over the hedge.

hedge /hedʒ/
◀ La **dge** de **hedge** se pronuncia como la **j** de **John**.

severo, severa

▷ El profesor de inglés es muy severo.
The English teacher is very strict.

(= estricto) **strict** /strɪkt/ (más severo **stricter** /'strɪktəʳ/, el más severo the **strictest** /'strɪktɪst/)

Sevilla

▷ ¿Has estado en Sevilla?
Have you been to Seville?

Seville /sə'vɪl/
◀ **Seville** rima con **bill**.
ℹ Fíjate que en inglés **Seville** se escribe con una **e** al final.

sexo

▷ No quieren saber el sexo de su bebé.
They don't want to know their baby's sex.

sex /seks/ (plural: **sexes** /'seksɪz/)

sexto, sexta

▷ Es su sexta película.
It's her sixth film.

sixth /sɪksθ/

sí

▷ ¿Quieres arroz? - Sí, por favor.
Do you want rice? - Yes, please.

▷ ¿Vendrás a la fiesta? - Creo que sí.
Will you come to the party? - I think so.

yes /jes/

► **creo que sí: I think so** /aɪ 'θɪŋk səʊ/

si

1 ▷ Si hace buen tiempo podemos hacer un picnic.
If the weather's good we can have a picnic.

▷ Llama a tu madre, si no se enfadará.
Call your mother, otherwise she'll be angry.

1 (para expresar una posibilidad) **if** /ɪf/

► **si no** (= de lo contrario): **otherwise** /'ʌðəwaɪz/
◀ La **o** de **otherwise** se pronuncia como la **u** de **duck**. La **i** se pronuncia como la **i** de **like**.

2 ▷ No sé si Bea estará allí.
I don't know if Bea will be there.

2 (en las interrogativas indirectas) **if** /ɪf/
ℹ También se puede decir **whether** /'weðəʳ/.

sida

▷ El sida es un gran problema en África.
AIDS is a big problem in Africa.

AIDS /eɪdz/

ℹ AIDS es la abreviatura de Acquired Immune Deficiency Syndrome.

sidra

▷ Prefiero la sidra al champán.
I prefer cider to champagne.

cider /ˈsaɪdəʳ/

◀)) La i de cider se pronuncia como la i de like.

siempre

▷ Siempre voy andando al colegio.
I always walk to school.
▷ ¡Siempre llegas tarde!
You're always late!

always /ˈɔːlweɪz/

◀)) La primera a de always se pronuncia como la a de ball.

ℹ Normalmente always se coloca entre el sujeto y el verbo, excepto con el verbo be y los auxiliares (have, can, will, etc.).

sierra

1 ▷ Corta esa madera con una sierra.
Cut that piece of wood with a saw.

1 (= herramienta para cortar) saw /sɔː/

◀)) saw se pronuncia exactamente igual que la palabra inglesa sore.

2 ▷ Una sierra atraviesa la región de norte a sur.
A mountain range crosses the region from north to south.

2 (= cordillera montañosa) mountain range /ˈmaʊntən reɪndʒ/ (plural: mountain ranges)

◀)) La a de range se pronuncia como la a de make. La g se pronuncia como la dg de bridge.

3 ▷ Tienen una casa en la sierra.
They've got a house in the mountains.

3 ▶ la sierra (= región con montañas): the mountains /ðə ˈmaʊntənz/

◀)) mountains rima con tins.

siesta

▷ ¿Dónde está el abuelo? - Está durmiendo la siesta.
Where's grandad? - He's having a nap.

▶ dormir la siesta: have a nap /hæv ə ˈnæp/ (had, had /hæd/)

siete

▷ En mi clase sólo hay siete alumnos.
There are only seven pupils in my class.
▷ Pili tiene siete años.
Pili is seven.
▷ Hoy es siete de mayo.
Today is the seventh of May.
▷ Nos veremos el siete de julio.
We'll see each other on the seventh of July.

seven /ˈsevən/

ℹ Con las fechas se usa the seventh /ˈsevənθ/ en inglés.

ℹ Fíjate cómo en inglés se usa on y of con las fechas.

ℹ Se escribe 7 April, 7 May, etc.

siglo

▷ Estamos al comienzo del siglo XXI.
We are at the beginning of the 21st century.

century /ˈsentʃərɪ/ (plural: centuries /ˈsentʃərɪz/)

◀ La tur de century se pronuncia como la cher de teacher.

ℹ Fíjate que en inglés los siglos no se escriben con números romanos como en español.

significado

▷ ¿Cuál es el significado de esta palabra?
What is the meaning of this word?

meaning /ˈmiːnɪŋ/

significar

▷ ¿Qué significa esta palabra?
What does this word mean?
▷ ¿Qué significa?
What does it mean?

mean /miːn/ (meant, meant /ment/)

✦ No te olvides de colocar el auxiliar do en la pregunta. No se dice "what means...?"

signo

1 ▷ Aquí falta un signo de interrogación.
There's a question mark missing here.

1 (ortográfico) mark /mɑːk/

► signo de interrogación: question mark /ˈkwestʃən mɑːk/ (plural: question marks)

2 ▷ ¿De qué signo eres?
What sign are you?

2 (del zodiaco) sign /saɪn/

◀ La i de sign se pronuncia como la i de like. La g no se pronuncia. Sign rima con mine.

siguiente

▷ La solución está en la página siguiente.
The solution is on the next page.
▷ Este fue el último eclipse del siglo, el siguiente será en 2103.
This was the last eclipse this century, the next one will be in 2103.
▷ ¿Quién es el siguiente?
Who's next?

next /nekst/

► el siguiente (= el próximo): the next one

ℹ Fíjate cómo se pregunta en una fila quién es el siguiente: who's next? /huːz ˈnekst/.

sílaba

▷ La primera sílaba lleva acento.
The first syllable has an accent.

syllable /ˈsɪləbəl/

ℹ Fíjate bien en cómo se escribe syllable.

silbar

▷ Nieves estaba silbando, parecía contenta.
Nieves was whistling, she looked happy.

whistle /ˈwɪsəl/
◀ᴗ La t de whistle no se pronuncia.

silbato

▷ El árbitro tocó el silbato.
The referee blew the whistle.

whistle /ˈwɪsəl/
◀ᴗ La t de whistle no se pronuncia.
► **tocar el silbato:** blow /bləʊ/
the whistle (blew /bluː/, blown
/bləʊn/)

silbido

▷ Oí un silbido, era mi padre llamando al perro.
I heard a whistle, it was my father calling the dog.

whistle /ˈwɪsəl/
◀ᴗ La t de whistle no se pronuncia.

silencio

▷ Me gusta el silencio de las montañas.
I like the silence of the mountains.

silence /ˈsaɪləns/
◀ᴗ La i de silence se pronuncia como la i de like.

silencioso, silenciosa

▷ La biblioteca del colegio es un lugar silencioso.
The school library is a quiet place.

quiet /ˈkwaɪət/ (más silencioso
quieter /ˈkwaɪətəʳ/, el más silencioso
the quietest /ˈkwaɪətɪst/)
ⓘ También se puede decir silent
/ˈsaɪlənt/.
◀ᴗ Fíjate en la pronunciación de quiet,
que es diferente de la de quite (quiet
tiene dos sílabas).

silla

▷ Siéntate en esa silla.
Sit down on that chair.
▷ El tren tiene un espacio para las sillas de ruedas.
The train has a space for wheelchairs.

chair /tʃeəʳ/
► **silla de ruedas:** wheelchair
/ˈwiːltʃeəʳ/

sillín

▷ El sillín de esta bici es muy duro.
The saddle on this bike is very hard.

saddle /ˈsædəl/

sillón

▷ Hay dos sillones en el salón.
There are two armchairs in the living room.

armchair /ˈɑːmˈtʃeəʳ/

simbólico, simbólica

▷ Fue un gesto simbólico.
It was a symbolic gesture.

symbolic /sɪmˈbɒlɪk/
ⓘ Fíjate que symbolic se escribe con una y en la primera sílaba.

símbolo

▷ La paloma es el símbolo de la paz.
The dove is the symbol of peace.

symbol /ˈsɪmbəl/
ℹ Fíjate que **symbol** se escribe con una **y** en la primera sílaba.

similar

▷ Su ordenador es muy similiar al mío.
Her computer is very similar to mine.

similar /ˈsɪmɪləʳ/
ℹ Fíjate en la preposición: **similar a** = **similar to**.
◀) El acento recae sobre la primera sílaba **si-**.

simpático, simpática

▷ El profesor de química es muy simpático.
The chemistry teacher is very nice.
▷ Ana es más simpática que su hermano.
Ana is nicer than her brother.

nice /naɪs/ (más simpático **nicer** /ˈnaɪsəʳ/, el más simpático the **nicest** /ˈnaɪsɪst/)
❢ Atención, la palabra inglesa **sympathetic** significa **compasivo** y no **simpático**.

simple

▷ Las reglas del juego son muy simples.
The rules of the game are very simple.

simple /ˈsɪmpəl/ (más simpático **simpler** /ˈsɪmpləʳ/, el más simpático the **simplest** /ˈsɪmplɪst/)

simplemente

▷ Simplemente me gustaría que me ayudaras.
I would just like you to help me.

just /dʒʌst/
ℹ También se puede decir **simply** /ˈsɪmplɪ/.

sin

▷ Paloma no va a ninguna parte sin su paraguas.
Paloma doesn't go anywhere without her umbrella.
▷ Se marcharon sin decir adiós.
They left without saying goodbye.

without /wɪˈðaʊt/

► **sin + infinitivo: without +** -ing

sinceramente

▷ Sinceramente, no me gustó nada.
To be honest, I didn't like it at all.

(= si quieres que te diga la verdad) to be honest /ˈɒnɪst/

sinceridad

▷ Lo que más admiro de él es su sinceridad.
What I most admire about him is his sincerity.

sincerity /sɪnˈserətɪ/
◀) El acento recae sobre la segunda sílaba **-ce-**.

sincero, sincera

▷ Natalia es una persona sincera.
Natalia is a sincere person.

sincere /sɪnˈsɪəʳ/ (más sincero **more sincere**, el más sincero the **most sincere**)
◀) **sincere** rima con **beer**.

▷ Para serte sincero, me cae muy mal.
To be honest, I don't like him at all.

► **para serte sincero: to be honest** /ˈɒnɪst/

sindicato

▷ El sindicato pidió mejores condiciones de trabajo.
The trade union asked for better working conditions.

trade union /treɪd ˈjuːnɪən/ (plural: trade unions)
🔊 La u de union se pronuncia como la palabra inglesa you.
⚐ sindicato se dice trade union en inglés británico y labor union /ˈleɪbə ˈjuːnɪən/ (plural: labor unions) en inglés americano.

sinfonía

▷ Compuso siete sinfonías.
He composed seven symphonies.

symphony /ˈsɪmfənɪ/ (plural: symphonies /ˈsɪmfənɪz/)
ℹ Fíjate bien en cómo se escribe symphony.
🔊 El acento recae sobre la primera sílaba sym-.

singular

▷ El singular y el plural son los mismos.
The singular and the plural are the same.

singular /ˈsɪŋjʊləʳ/
🔊 Fíjate bien en cómo se pronuncia singular. El acento recae sobre la primera sílaba sin-.

▷ Este adjetivo está en singular.
This adjective is in the singular.

► **en singular:** in the singular

sinónimo

▷ "Fast" es sinónimo de "quickly".
"Fast" is a synonym of "quickly".

synonym /ˈsɪnənɪm/
ℹ Fíjate bien en cómo se escribe synonym.
► **ser sinónimo de:** be a synonym of

sintético, sintética

▷ El plástico es un material sintético.
Plastic is a synthetic material.

synthetic /sɪnˈθetɪk/
ℹ Fíjate bien en cómo se escribe synthetic.

sinvergüenza

▷ Tu tío Miguel es un sinvergüenza.
Your uncle Miguel is shameless.

► **ser un sinvergüenza:** be shameless /ˈʃeɪmləs/

siquiera

▷ Ni siquiera me saludó.
He didn't even say hello to me.

► **ni siquiera:** even /ˈiːvən/
🔊 La primera e de even se pronuncia como la ee de week.
ℹ Normalmente even se coloca entre el sujeto y el verbo.

sirena

▷ ¿Escuchaste la sirena de la policía?
Did you hear the police siren?

(= alarma) **siren** /ˈsaɪərən/
🔊 La i de **siren** se pronuncia como la i
de **like**.
ℹ️ Con el significado de mujer
mitológica que vive en el mar se traduce
por **mermaid** /ˈmɜːmeɪd/.

Siria

▷ ¿Cuál es la capital de Siria?
What's the capital of Syria?

Syria /ˈsɪriə/
ℹ️ Fíjate bien que **Syria** lleva una **y**.

sirviente

▷ El conde llamó a uno de los sirvientes.
The count called one of the servants.

servant /ˈsɜːvənt/

sistema

▷ Va a haber una reforma del sistema educativo.
*There's going to be a reform of the education
system.*

system /ˈsɪstəm/
🔊 El acento recae sobre la primera
sílaba **sys-**.

sitiar

▷ Los invasores sitiaron la fortaleza.
The invaders besieged the fortress.

besiege /bɪˈsiːdʒ/
🔊 La g de **besiege** se pronuncia como
la j de **John**. La **ie** se pronuncia como la
ee de **week**.

sitio

1 ▷ Vamos a buscar un sitio para hacer un picnic.
Let's find a place to have a picnic.
▷ Guárdame un sitio, por favor.
Save me a place, please.
2 ▷ Ya no queda más sitio.
There's no more room.
3 ▷ El sitio de la ciudad acabó después de tres
meses.
*The siege of the city ended after three
months.*
4 ▷ El colegio tiene un sitio muy interesante.
The school has a very interesting site.

1 (= lugar, asiento) **place** /pleɪs/
🔊 La a de **place** se pronuncia como la
a de **make**.

2 (= espacio) **room** /ruːm/

3 (= asedio) **siege** /siːdʒ/
🔊 La g de **siege** se pronuncia como la
j de **John**. La **ie** se pronuncia como la
ee de **week**.

4 (= página de Internet) **site** /saɪt/
🔊 La i de **site** se pronuncia como la i
de **like**.

situación

▷ Su situación es complicada.
Her situation is complicated.

situation /sɪtjʊˈeɪʃən/
🔊 La a de **situation** se pronuncia
como la a de **make**. El acento recae
sobre la tercera sílaba **-a-**.

situado, situada

▷ El castillo está situado en una colina.
The castle is situated on a hill.

situated /ˈsɪtjʊeɪtɪd/

◀》 La a de situated se pronuncia como la a de make.

sobaco

▷ Tengo la piel del sobaco irritada.
The skin of my armpit is sore.

armpit /ˈɑːmpɪt/

sobornar

▷ Sobornó a un juez.
He bribed a judge.

bribe /braɪb/

◀》 La i de bribe se pronuncia como la i de like.

sobra

1 ▷ Llévate este, tengo videojuegos de sobra.
Take this one, I've got more than enough video games.

1 ► **de sobra** (= demasiados): more than enough /mɔː ðæn ɪˈnʌf/

ℹ Fíjate que en inglés more than enough se coloca delante del sustantivo.

2 ▷ Sabes de sobra que no me gusta.
You know perfectly well that I don't like it.

3 ▷ Le dimos las sobras al perro.
We gave the leftovers to the dog.

2 ► **de sobra** (= perfectamente): perfectly well /ˈpɜːfektlɪ wel/

3 ► **sobras** (= comida que sobra): leftovers /ˈleftəʊvəz/

sobrar

▷ Sobró cerveza.
There was beer left over.

▷ No sobraron pasteles.
There were no cakes left over.

ℹ Para traducir **sobrar** en inglés con el significado de no quedar, se usa el verbo there is/are + cosa que sobró + left over.

sobre (nombre)

▷ Necesito un sobre para mandar esta carta.
I need an envelope to send this letter.

envelope /ˈenvələʊp/

◀》 envelope rima con soap.

sobre (preposición)

1 ▷ Tu cuaderno de ejercicios está sobre la mesa.
Your exercise book is on the table.

1 (= encima de) on /ɒn/

2 ▷ Volamos sobre la isla.
We flew over the island.

2 (= por encima de) over /ˈəʊvəʳ/

3 ▷ Escribió una redacción sobre Italia.
He wrote an essay about Italy.

3 (= acerca de) about /əˈbaʊt/

ℹ También se puede decir on.

4 ▷ Sobre todo, no se lo cuentes a tus padres.
Above all, don't tell your parents.

4 ► **sobre todo:** above all /əˈbʌv ɔːl/

sobredosis

▷ Murió de una sobredosis de cocaína.
He died of a cocaine overdose.

overdose /ˈəʊvədəʊs/

◀》 Las dos o de overdose se pronuncian como la o de go.

sobrenombre

▷ Era más conocido por su sobrenombre, "El Manitas".
He was better known by his nickname, "El Manitas".

nickname /ˈnɪkneɪm/
◀) La a de nickname se pronuncia como la a de make.

sobresaliente

▷ Saqué un sobresaliente en matemáticas.
I got an A in maths.

(= calificación escolar) A /eɪ/
ℹ No siempre hay una equivalencia exacta entre las calificaciones escolares españolas y las del Reino Unido y los Estados Unidos. El A británico es la nota más parecida al sobresaliente español.

sobrevivir

▷ Nadie sobrevivió al accidente.
Nobody survived the accident.

survive /səˈvaɪv/
◀) La i de survive se pronuncia como la i de like.

sobrina

▷ Mi sobrina Raquel tiene cinco años de edad.
My niece Raquel is five years old.

niece /niːs/
◀) niece rima con peace.

sobrino

▷ Hace mucho tiempo que no veo a mi sobrino.
I've haven't seen my nephew for a long time.
▷ Mis sobrinos vinieron a la fiesta.
My nieces and nephews came to the party.

nephew /ˈnevjuː/
◀) La phew de nephew se pronuncia como la palabra inglesa few.
► sobrinos (chicos y chicas):
nieces and nephews

sociable

▷ Rosa es una niña muy sociable.
Rosa is a very sociable girl.

sociable /ˈsəʊʃəbəl/
◀) La ci de sociable se pronuncia como la sh de shop. El acento recae sobre la primera sílaba so-.

social

▷ Nuestra ciudad tiene muchos problemas sociales.
Our city has many social problems.

social /ˈsəʊʃəl/
◀) La ci de social se pronuncia como la sh de shop. El acento recae sobre la primera sílaba so-.

sociedad

▷ Vivimos en una sociedad multicultural.
We live in a multicultural society.

society /səˈsaɪəti/ (plural: societies /səˈsaɪətɪz/)
◀) La i de society se pronuncia como la i de like. El acento recae sobre la segunda sílaba -ci-.

socio, socia

▷ Mi padre es socio de un club de tenis.
My father is a member of a tennis club.

(= miembro) member /ˈmembəʳ/
► **ser socio de algo:** be a member of something

socorrer

▷ Intentamos socorrer al niño que se había caído.
We tried to help the boy who had fallen.

help /help/

socorrista

▷ En esta playa siempre hay un socorrista.
There's always a lifeguard at this beach.

(en la playa, la piscina) lifeguard /ˈlaɪfɡɑːd/
◀ La **guard** de **lifeguard** se pronuncia como la **gard** de **garden**.

socorro

▷ ¡Socorro, me ahogo!
Help, I'm drowning!

help! /help/

sofá

▷ Estaba durmiendo en el sofá.
He was sleeping in the sofa.

sofa /ˈsəʊfə/
◀ La **o** de **sofa** se pronuncia como la **o** de **go**. El acento recae sobre la primera sílaba **so-**.

sofisticado, sofisticada

▷ Se compró una cámara muy sofisticada.
He bought a very sophisticated camera.

sophisticated /səˈfɪstɪkeɪtɪd/ (más sofisticado more sophisticated, el más sofisticado the most sophisticated)
◀ La **o** de **sophisticated** se pronuncia como la **o** de **go**. El acento recae sobre la segunda sílaba **-phis-**.

soja

▷ Los vegetarianos usan soja en vez de carne.
Vegetarians use soya instead of meat.

soya /ˈsɔɪə/

sol

▷ ¡Por fin está saliendo el sol!
At last the sun is coming out!
▷ Hoy hace sol.
It's sunny today.
▷ Estuvieron toda la mañana tomando el sol.
They were sunbathing all morning.

sun /sʌn/
► **hace sol:** it's sunny /ɪts ˈsʌni/
► **tomar el sol:** sunbathe /ˈsʌnbeɪð/
◀ La **a** de **sunbathe** se pronuncia como la **a** de **make**.

solamente

▷ Solamente tengo cinco euros.
I only have five euros.

only /ˈəʊnlɪ/

solar

▷ Hay paneles solares en el techo de esta casa.
There are solar panels on the roof of this house.

solar /ˈsəʊləʳ/

◀) La o de solar se pronuncia como la o de go. El acento recae sobre la primera sílaba so-.

soldado

▷ Dos soldados murieron en el atentado.
Two soldiers died in the terrorist attack.

soldier /ˈsəʊldʒəʳ/

◀) La di de soldier se pronuncia como la dg de bridge. El acento recae sobre la primera sílaba sol-.

soleado, soleada

▷ El domingo fue un día muy soleado.
Sunday was a very sunny day.

sunny /ˈsʌnɪ/ (más soleado sunnier /ˈsʌnɪəʳ/, el más soleado the sunniest /ˈsʌnɪɪst/)

◀) La u de sunny se pronuncia como la u de gun.

soler

1 ▷ Suelo ver a mis abuelos los domingos.
I usually see my parents on Sundays.
▷ Suele nevar en invierno.
It usually snows in winter.

2 ▷ Solía ir a nadar todos los días.
I used to go swimming every day.

ℹ Para decir que algo ocurre habitualmente se coloca el sujeto + usually /ˈjuːʒʊəlɪ/ + el verbo sin to.

ℹ Para decir que algo ocurría habitualmente se coloca el sujeto + used to /ˈjuːzd tʊ/ + el verbo sin to.

sólido, sólida

▷ Los cimientos de este edificio son muy sólidos.
The foundations of this building are very solid.

solid /ˈsɒlɪd/ (más sólido more solid, el más sólido the most solid)

solitario, solitaria

▷ El bosque es un lugar muy solitario.
The forest is a very lonely place.

(= hablando de un lugar) lonely /ˈləʊnlɪ/ (más solitario lonelier, el más solitario the loneliest)

solo, sola

1 ▷ Estábamos solos en el restaurante.
We were alone in the restaurant.

2 ▷ Nando se siente solo.
Nando feels lonely.

3 ▷ Tengo un solo amigo: Ricardo.
I've only got one friend: Ricardo.

1 (= sin nadie más) alone /əˈləʊn/

2 (= solitario) lonely /ˈləʊnlɪ/ (más solitario lonelier /ˈləʊnləʳ/, el más solitario the loneliest /ˈləʊnlɪst/)

3 ► un solo... o una sola...: only one /ˈəʊnlɪ wʌn/

Sigue en la página siguiente

4 ▷ Lo hice yo solo.
I did it by myself.
▷ Clara puso la mesa ella sola.
Clara laid the table by herself.

4 ► **yo solo:** by myself /baɪ
maɪˈself/
ℹ Fíjate cómo se construyen el resto
de las personas: **tú solo** = by yourself,
él solo = by himself,
ella sola = by herself,
nosotros solos = by ourselves,
vosotros solos = by yourselves,
ellos solos = by themselves.

sólo

▷ Sólo quería saber cómo estabas.
I only wanted to know how you were.

only /ˈəʊnlɪ/

soltar

1 ▷ Soltaron dos nutrias en el río.
They released two otters into the river.
▷ ¡Suéltame, me haces daño!
Let me go, you're hurting me!
2 ▷ No consigo soltar este nudo.
I can't untie this knot.

3 ▷ Me soltó una patada en la pierna.
He kicked my leg.
▷ Le soltaron un puñetazo en la cara.
They punched him in the face.

4 ▷ Se ha soltado el nudo.
The knot has come undone.

1 (= dejar libre) release /rɪˈliːs/

► **¡suéltame!:** let me go! /ˈlet
mi: ˈgəʊ/
2 (= deshacer, hablando de un nudo)
untie /ʌnˈtaɪ/
◀) untie rima con by.
ℹ En inglés, las diferentes formas de
pegar a alguien tienen traducciones
distintas. Así, **soltar una bofetada a
alguien** se traduce por slap /slæp/
somebody, **soltar un puñetazo a
alguien** por punch /pʌntʃ/ somebody,
soltar una patada a alguien por kick
/kɪk/ somebody, etc.
4 ► **soltarse** (hablando de un
nudo, unos cordones): come
undone /kʌm ʌnˈdʌn/ (came
/keɪm/, come)

soltero, soltera

▷ Mi tío está soltero.
My uncle is single.

single /ˈsɪŋgəl/
ℹ Un **soltero** se dice a single man y
una **soltera** se dice a single woman.

solución

▷ El profesor nos dio la solución del problema.
*The teacher gave us the solution to the
problem.*

solution /səˈluːʃən/
◀) solution rima con freshen.
ℹ Fíjate en la preposición: **solución
de** = solution to.

solucionar

▷ No conseguí solucionar el segundo problema.
I didn't manage to solve the second problem.

solve /sɒlv/

sombra

1 ▷ Mira, al perro le asusta su sombra.
Look, the dog is frightened of its shadow.

2 ▷ Estoy buscando una sombra.
I'm looking for a shady place.

▷ Vamos a esperar a la sombra, hace demasiado calor.
Let's wait in the shade, it's too hot.

3 ▷ Compré sombra de ojos.
I bought some eye shadow.

1 (= imagen proyectada) **shadow** /ˈʃædəʊ/
◀ **shadow** rima con **go**.

2 (= zona en la que da sombra) **shady place** /ˈʃeɪdɪ pleɪs/
◀ La **a** de **shady** se pronuncia como la **a** de **make**.

▶ **a la sombra: in the shade** /ɪn ðə ˈʃeɪd/

3 ▶ **sombra de ojos: eye shadow** /aɪ ˈʃædəʊ/

sombrero

▷ Hoy en día casi nadie lleva sombrero.
These days hardly anyone wears a hat.

hat /hæt/
▶ **llevar sombrero: wear** /weəʳ/ **a hat** (**wore** /wɔːʳ/, **worn** /wɔːn/)

sombrilla

▷ No te olvides de llevar la sombrilla a la playa.
Don't forget to take the sunshade to the beach.

sunshade /ˈsʌnʃeɪd/
◀ La **u** de **sunshade** se pronuncia como la **u** de **cut**. La **a** se pronuncia como la **a** de **make**.

somnífero

▷ Mi padre toma somníferos.
My father takes sleeping pills.

sleeping pill /ˈsliːpɪŋ pɪl/ (plural: **sleeping pills**)

sonajero

▷ El bebé estaba jugando con su sonajero.
The baby was playing with his rattle.

rattle /ˈrætəl/

sonámbulo, sonámbula

▷ Vi a María en pijama en el balcón: ¡es sonámbula!
I saw María in her pyjamas on the balcony. She walks in her sleep!

▶ **ser sonámbulo: walk in** one's **sleep** /sliːp/
ℹ El pronombre en inglés funciona de la siguiente forma: I walk in **my** sleep, you walk in **your** sleep, he walks in **his** sleep, she walks in **her** sleep, etc.

sonar

1 ▷ Están sonando las campanas.
The bells are ringing.

2 ▷ Me desperté cuando sonó la alarma.
I woke up when the alarm went off.

1 (hablando de campanas, del teléfono, un timbre) **ring** /rɪŋ/ (**rang** /ræŋ/, **rung** /rʌŋ/)

2 (hablando de una alarma, un despertador) **go off** /ɒf/ (**went off** /went ˈɒf/, **gone off** /gɒn ˈɒf/)

Sigue en la página siguiente

3 ▷ Ese nombre me suena.
That name rings a bell.

3 ► **me suena** (= me resulta familiar): it rings a bell /ɪt rɪŋz ə ˈbel/

4 ▷ Suénate la nariz.
Blow your nose.

4 ► **sonarse la nariz**: blow one's nose /nəʊz/

ℹ El pronombre en inglés funciona de la siguiente forma: I blow my nose, you blow your nose, he blows his nose, she blows her nose, etc.

sonido

▷ Me encanta el sonido de este piano.
I love the sound of this piano.

sound /saʊnd/

◀ La ou de sound se pronuncia como la ow de cow.

sonreír

▷ La vi sonreír.
I saw her smile.
▷ Cuando me vio me sonrió.
When he saw me he smiled at me.

smile /smaɪl/

◀ La i de smile se pronuncia como la i de like.

ℹ Fíjate que en inglés se utiliza la preposición at.

sonrisa

▷ Cecilia tiene una sonrisa preciosa.
Cecilia has a beautiful smile.

smile /smaɪl/

◀ La i de smile se pronuncia como la i de like.

sonrojarse

▷ Cuando Carolina le dio un beso se sonrojó.
When Carolina kissed him he blushed.

blush /blʌʃ/

◀ La u de blush se pronuncia como la u de cut.

soñar

▷ ¡Soñé que te casabas!
I dreamt that you were getting married!

dream /driːm/

ℹ El pasado y el participio pueden ser tanto dreamed /ˈdriːmd/ como dreamt /dremt/.

▷ Nuria sueña a menudo con sus amigos.
Nuria often dreams about her friends.

► **soñar con**: dream about

sopa

▷ De primero hay sopa de pollo.
There's chicken soup for starters.

soup /suːp/

◀ soup rima con loop.

soplar

1 ▷ Isabel sopló todas las velas de una sola vez.
Isabel blew all the candles out in one go.

1 ► **soplar algo** (para apagar): blow something out /aʊt/ (blew /bluː/, blown /bləʊn/)

◀ blow rima con go.

2 ▷ El viento está soplando con fuerza.
The wind is blowing hard.

2 (hablando del viento, de una persona) blow (blew, blown)

soportar

▷ Es un antipático, ¡no lo soporto!
He's so horrible, I can't stand him!

▷ No soporta el olor a tabaco.
He can't bear the smell of tobacco.

▷ No soportaba vivir con mi perro.
She couldn't stand living with my dog.

ℹ Para decir en inglés que no se soporta algo se usa la expresión **can't stand...** /kɑːnt ˈstænd/.
ℹ También se puede decir **can't bear...** /kɑːnt ˈbeəʳ/.
ℹ En el pasado, la expresión se convierte en **couldn't stand...** /ˈkʊdənt ˈstænd/ o **couldn't bear...** /ˈkʊdənt ˈbeər/.

sorbete

▷ De postre hay sorbete de pera.
For dessert there's pear sorbet.

sorbet /ˈsɔːbeɪ/
◀ La **t** de **sorbet** no se pronuncia.

sordo, sorda

▷ ¡No grites, no estoy sordo!
Don't shout, I'm not deaf!

▷ Hay subtítulos para los sordos.
There are subtitles for the deaf.

deaf /def/
◀ La **ea** de **deaf** se pronuncia como la **e** de **bed**.
▶ **los sordos:** the deaf /def/

sorprendente

▷ La reacción de Alicia fue sorprendente.
Alicia's reaction was surprising.

surprising /səˈpraɪzɪŋ/ (más sorprendente **more surprising**, el más sorprendente **the most surprising**)
◀ La primera **i** de **surprising** se pronuncia como la **i** de **like**.

sorprender

1 ▷ Rebeca sorprendió a todo el mundo llegando la primera.
Rebeca surprised everybody by coming first.

2 ▷ El profesor me sorprendió copiando.
The teacher caught me copying.

1 (= asombrar) **surprise** /səˈpraɪz/
◀ La **i** de **surprise** se pronuncia como la **i** de **like**.
2 (= atrapar) **catch** /kætʃ/ (caught, caught /kɔːt/)

sorprendido, sorprendida

▷ No sé por qué estás tan sorprendido.
I don't know why you are so surprised.

▷ Me quedé muy sorprendido cuando me contaron lo que había pasado.
I was very surprised when they told me what had happened.

surprised /səˈpraɪzd/ (más sorprendido **more surprised**, el más sorprendido **the most surprised**)
◀ La **i** de **surprised** se pronuncia como la **i** de **like**.
▶ **quedarse sorprendido:** be surprised

sorpresa

▷ ¡Marina, qué sorpresa tan agradable!
Marina, what a pleasant surprise!

▷ No le cuentes nada, quiero darle una
sorpresa.
*Don't tell him anything, I want to surprise
him.*

surprise /sə'praɪz/
◀ La i de surprise se pronuncia como
la i de like.
▶ **dar una sorpresa a alguien:**
surprise somebody

sorteo

▷ El sorteo de las seminifinales será mañana.
The draw for the semifinals will be tomorrow.

draw /drɔː/
◀ draw rima con more.

sortija

▷ Mi madre tiene una sortija con un rubí.
My mother has a ring with a ruby.

ring /rɪŋ/

soso, sosa

1 ▷ Esta pasta está sosa.
This pasta needs more salt.

1 ▶ **estar soso** (= no tener
suficiente sal): need more salt /niːd
mɔː 'sɔːlt/

2 ▷ El pescado que comimos estaba muy soso.
The fish we ate wasn't very tasty.

2 ▶ **está soso** (= no tiene
sabor): it isn't very tasty /ɪt 'ɪzənt
verɪ 'teɪstɪ/

3 ▷ No invites a tu primo, es un soso.
Don't invite your cousin, he's a bore.

3 (= persona aburrida) bore /bɔːʳ/
ⓘ Tanto soso como bore son
términos familiares que sólo debes usar
con amigos y conocidos.

sospecha

▷ Tengo la sospecha de que está mintiendo.
I suspect that he's lying.

suspicion /sə'spɪʃən/
◀ suspicion rima con freshen.
▶ **tener la sospecha de que...:**
suspect that...

sospechar

▷ Sospecho que fue él.
I suspect it was him.
▷ Sospechamos de Elisa.
We suspect Elisa.

suspect /'sʌspekt/
◀ El acento recae sobre la segunda
sílaba -pect.
▶ **sospechar de alguien...:**
suspect somebody

sospechoso, sospechosa

1 ▷ Un pasajero encontró un paquete sospechoso
en el tren.
*A passenger found a suspicious package on
the train.*

1 (= que despierta sospechas)
suspicious /sə'spɪʃəs/ (más
sospechoso more suspicious, el más
sospechoso the most suspicious)
◀ La ci de suspicious se pronuncia
como la sh de shop.

2 ▷ La policía detuvo a dos sospechosos.
　　The police arrested two suspects.

2 (= persona sospechosa) suspect /ˈsʌspekt/

🔊 El acento recae sobre la primera sílaba sus-.

sostener

▷ Sostenme estos libros, por favor.
　Hold these books for me, please.

(= aguantar) hold /həʊld/ (held, held /held/)

► sostener algo a alguien: hold something for somebody

sótano

▷ Convirtieron el sótano en un dormitorio.
　They converted the basement into a bedroom.

(= de un edificio) basement /ˈbeɪsmənt/

🔊 La a de basement se pronuncia como la a de make. La primera e no se pronuncia.

squash

▷ El squash es mi deporte favorito.
　Squash is my favourite sport.
▷ Juego al squash una vez por semana.
　I play squash once a week.

squash /skwɒʃ/

🔊 squash rima con posh.

► jugar al squash: play squash

stop

▷ Le pusieron una multa por saltarse un stop.
　He was fined for ignoring a stop sign.

stop sign /ˈstɒp saɪn/

🔊 La i de sign se pronuncia como la i de like. La g no se pronuncia. Sign rima con mine.

su

1 ▷ Javier es alto, pero su hermano es todavía
　　más alto.
　　Javier is tall but his brother is even taller.
▷ Inma está orgullosa de su moto.
　Inma is proud of her motorbike.
▷ El conejo se escondió en su madriguera.
　The rabbit hid in its burrow.

2 ▷ Sus hijos son muy educados.
　　Their children are very polite.
▷ Las águilas volvieron a su nido.
　The eagles returned to their nest.

ℹ En singular, en inglés el adjetivo posesivo varía en función del sexo del poseedor. Cuando el poseedor es masculino, su se traduce por his /hɪz/. Cuando el poseedor es femenino, su se traduce por her /hɜːʳ/. Cuando el poseedor es un animal o una cosa, se traduce por its /ɪts/.

ℹ En plural, el adjetivo posesivo sus se traduce por their /ðeəʳ/.

🔊 their rima con care y bear.

suave

1 ▷ Este material es muy suave.
　　This material is very soft.

1 (hablando de una tela, de la piel) soft /sɒft/ (más suave softer /ˈsɒftəʳ/, el más suave the softest /ˈsɒftɪst/)

Sigue en la página siguiente

2 ▷ Las temperaturas en primavera son suaves.
The temperatures in spring are mild.

> **2** (hablando del clima, la temperatura)
> **mild** /maɪld/ (más suave **milder**
> /ˈmaɪldəʳ/, el más suave the **mildest**
> /ˈmaɪldɪst/)
> ◀ɴ La i de **mild** se pronuncia como la i
> de **like**.

suavizante

▷ No te olvides de comprar suavizante.
Don't forget to buy conditioner.

> **conditioner** /kənˈdɪʃənəʳ/
> ◀ɴ La **tion** de **conditioner** se
> pronuncia como la **shen** de **freshen**.

subcampeón, subcampeona

▷ Fuimos los subcampeones en el torneo de
fútbol del colegio.
*We were the runners-up in the school football
tournament.*

> **runner-up** /rʌnərˈʌp/ (plural:
> runners-up /rʌnəzˈʌp/)

subibaja

▷ Han puesto un subibaja en el recreo.
They've put a seesaw in the playground.

> (= columpio) **seesaw** /ˈsiːsɔː/
> ◀ɴ **seesaw** rima con **more**.

subida

1 ▷ Me cansé mucho durante la subida.
I got very tired during the climb.

> **1** (= ascensión) **climb** /klaɪm/
> ◀ɴ La i de **climb** se pronuncia como la
> i de **like**. La **b** no se pronuncia.

2 ▷ Hubo una subida del precio de la gasolina.
There was a rise in the price of petrol.

> **2** (hablando de precios, temperaturas)
> **rise** /raɪz/
> ◀ɴ La i de **rise** se pronuncia como la i
> de **like**. La **e** no se pronuncia.
> **ℹ** Fíjate en la preposición: **subida
> de = rise in**.

subir

1 ▷ ¿Podrías subir la ventana, por favor?
Could you close the window, please?

> **1** (una ventana) **close** /kləʊz/
> **ℹ** Cuando nos referimos a una
> persiana se usa el verbo **roll up** /rəʊl
> ˈʌp/.

2 ▷ Sube un poco la radio.
Turn the radio up a bit.

> **2** ▶ **subir algo** (el volumen, la
> televisión, la radio): **turn** something
> **up** /ʌp/

3 ▷ Han subido los precios de las entradas del cine.
The price of cinema tickets has risen.

> **3** (un precio, la temperatura) **rise**
> /raɪz/ (rose /rəʊz/, risen /ˈrɪzən/)
> ◀ɴ La i de **rise** se pronuncia como la i
> de **like**. La i de **risen** se pronuncia
> como la i de **big**.

4 ▷ El ascensor está subiendo, vamos a cogerlo.
The lift is coming up, let's take it.

▷ El profesor nos dijo que subiéramos las escaleras.
The teacher told us to come up the stairs.

▷ ¿Puedes subir, por favor? Te tengo que decir una cosa.
Can you come upstairs , please? I've got something to tell you.

5 ▷ Tenemos cinco horas para subir la montaña.
We have five hours to go up the mountain.

▷ Puedes subir a la terraza por la escalera.
You can go up to the terrace roof using the stairs.

▷ Subí a hablar con el vecino.
I went upstairs to talk to the neighbour.

6 ▷ Nos subimos al tren los primeros.
We got on the train first.

7 ▷ ¿Me podrías ayudar a subir estas cajas?
Could you help me to take those boxes up?

4 (= venir hacia arriba, cuando la persona que habla ya está arriba) come up /kʌm ˈʌp/ (came up /keɪm ˈʌp/, come up)

ℹ Dentro de una casa se dice come upstairs /kʌm ʌpˈsteəz/ (came /keɪm/, come).

5 (= ir hacia arriba, cuando la persona que habla está abajo) go up /ʌp/ (went up /went ˈʌp/, gone up /ɡɒn ˈʌp/)

ℹ Dentro de una casa se dice go upstairs /ʌpˈsteəz/ (went /went/, gone /ɡɒn/).

6 ► **subirse a** (hablando de un tren, el metro, un autobús): get on /ɒn/ (got on, got on /ɡɒt ˈɒn/)

7 ► **subir algo** (= colocar arriba): take something up (took /tʊk/, taken /ˈteɪkən/)

subjuntivo

▷ Pon el verbo en subjuntivo.
Put the verb in the subjunctive.

(en gramática) subjunctive /səbˈdʒʌŋktɪv/

🔊 El acento recae sobre la segunda sílaba -junc-.

► **en subjuntivo**: in the subjunctive

submarinista

▷ Había varios submarinistas cerca de la playa.
There were some scuba divers near the beach.

scuba diver /ˈskiuːbə ˈdaɪvəʳ/ (plural: scuba divers)

🔊 La u de scuba se pronuncia como la oo de too. La i de diver se pronuncia como la i de like.

submarino

▷ Me encantaría visitar un submarino.
I'd love to visit a submarine.

submarine /ˈsʌbməriːn/

🔊 submarine rima con been.

subrayar

▷ El profesor subrayó en rojo mis faltas de ortografía.
The teacher underlined my spelling mistakes in red.

underline /ˌʌndəˈlaɪn/

🔊 La i de underline se pronuncia como la i de like.

subterráneo, subterránea

1 ▷ Dejamos el coche en un aparcamiento
   subterráneo.
   We left the car in an underground car park.
2 ▷ Hay un subterráneo por debajo del castillo.
   *There's an underground passage under the
   castle.*

1 (adjetivo, = que está bajo el suelo)
underground /ˈʌndəgraʊnd/

2 (sustantivo, = túnel) underground
passage /ˈʌndəgraʊnd ˈpæsɪdʒ/
(plural: underground passages
/ˈʌndəgraʊnd ˈpæsɪdʒɪz/)

subtítulo

▷ Prefiero las películas con subtítulos.
  I prefer films with subtitles.

subtitle /ˈsʌbtaɪtəl/
◀ La i de subtitle se pronuncia como
la i de like.

suceder

▷ Sucedió una cosa muy divertida.
  A very funny thing happened.
▷ ¿Qué te sucede? ¿Cuál es el problema?
  What's the matter? What's the problem?

(= pasar, ocurrir) happen /ˈhæpən/
ℹ Cuando la situación de alguien
produce inquietud se pregunta what's
the matter? /wɒts ðə ˈmætⁿ/

sucesivamente

▷ Primero elijo yo, luego tú, luego yo otra vez,
  y así sucesivamente.
  *I choose first, then you, then me again, and
  so on.*

► y así sucesivamente: and so
on /ænd ˈsəʊ ɒn/

sucesor, sucesora

▷ Todavía no se sabe quién será el sucesor del
  actual presidente.
  *It's not yet known who will be the successor
  to the current president.*

successor /səkˈsəsəⁿ/
ℹ Atención, successor se escribe con
una doble c y una doble s.
◀ El acento recae sobre la segunda
sílaba -ce-.
ℹ Fíjate en la preposición: sucesor
de = successor to.

suciedad

▷ En esta casa hay suciedad por todas partes.
  There's filth everywhere in this house.

▷ Tu cuarto está lleno de suciedad.
  Your room is filthy.

filth /fɪlθ/
◀ La th se pronuncia como la z
española.
► estar lleno de suciedad: be
filthy /ˈfɪlθɪ/

sucio, sucia

▷ Tus pantalones están sucios, no te los pongas.
  Your trousers are dirty, don't wear them.

dirty /ˈdɜːtɪ/ (más sucio dirtier
/ˈdɜːtɪəⁿ/, el más sucio the dirtiest
/ˈdɜːtɪɪst/)
◀ La i de dirty se pronuncia como la
u de burst.

sudadera

▷ Me he comprado una sudadera para jugar al baloncesto.
I've bought a sweatshirt to play basketball.

sweatshirt /ˈswetʃɜːt/
◀) La **ea** de **sweatshirt** se pronuncia como la **e** de **bed**. La **i** se pronuncia como la **u** de **burst**.

Sudáfrica

▷ ¿Cuál es la capital de Sudáfrica?
What's the capital of South Africa?

South Africa /saʊθ ˈæfrɪkə/

sudafricano, sudafricana

1 ▷ Visitamos varias ciudades sudafricanas.
We visited several South African cities.
▷ David es sudafricano.
David is South African.

2 ▷ Se casó con un sudafricano.
She married a South African.

1 (adjetivo) South African /saʊθ ˈæfrɪkən/
ℹ Se escribe siempre con mayúscula, como todos los adjetivos y nombres ingleses que se refieren a la nacionalidad.
2 (nombre) un **sudafricano, una sudafricana**: a South African.

Sudamérica

▷ ¿Has estado alguna vez en Sudamérica?
Have you ever been to South America?

South America /saʊθ əˈmerɪkə/

sudamericano, sudamericana

1 ▷ Tengo varios amigos sudamericanos.
I have several South American friends.
▷ Gabriela es sudamericana.
Gabriela is South American.

2 ▷ Se casó con una sudamericana.
He married a South American.

1 (adjetivo) South American /saʊθ əˈmerɪkən/
ℹ Se escribe siempre con mayúscula, como todos los adjetivos y sustantivos ingleses que se refieren a la nacionalidad.
2 (nombre) un **sudamericano, una sudamericana**: a South American.

sudar

▷ Sudé mucho durante la excursión.
I sweated a lot during the trip.

sweat /swet/
◀) sweat rima con **get**.

sudor

▷ Tenía la cara llena de sudor.
His face was covered with sweat.

sweat /swet/
◀) sweat rima con **get**.

Suecia

▷ ¿Cuál es la capital de Suecia?
What's the capital of Sweden?

Sweden /ˈswiːdən/
◀) La primera **e** de **Sweden** se pronuncia como la **ee** de **meet**.

sueco, sueca

1 ▷ Tengo varios amigos suecos.
I have several Swedish friends.
▷ Lena es sueca.
Lena is Swedish.

1 (adjetivo) Swedish /ˈswiːdɪʃ/
🔊 La e de Swedish se pronuncia
como la ee de meet.
ℹ️ Se escribe siempre con mayúscula,
como todos los adjetivos y nombres
ingleses que se refieren a la
nacionalidad.

2 ▷ Se casó con una sueca.
He married a Swede.

2 (nombre) un sueco, una sueca:
a Swede.
🔊 Swede rima con feed.

3 ▷ El sueco es un idioma difícil.
Swedish is a difficult language.

3 (el idioma) Swedish
ℹ️ Los nombres de los idiomas se
escriben siempre con mayúscula en
inglés.
🖋 Fíjate que no se usa artículo delante
del nombre del idioma, no se dice the
Swedish.

suegra

▷ Mi hermano se lleva bien con su suegra.
My brother gets on well with his mother-in-law.

mother-in-law /ˈmʌðərɪnlɔː/
(plural: mothers-in-law /ˈmʌðəzɪnlɔː/)
🔊 law rima con more.

suegro

▷ El suegro de mi hermana es muy simpático.
My sister's father-in-law is very nice.

father-in-law /ˈfɑːðərɪnlɔː/ (plural:
fathers-in-law)
🔊 law rima con more.

suela

▷ Las suelas de estas sandalias son de cuero.
The soles of these sandals are made of leather.

sole /səʊl/
🔊 sole rima con goal.

sueldo

▷ La hermana de César es abogada, gana un buen sueldo.
César's sister is a lawyer, she earns a good salary.

salary /ˈsæləri/ (plural: salaries
/ˈsælərɪz/)
🔊 El acento recae sobre la primera
sílaba sa-.

suelo

1 ▷ No llueve hace mucho tiempo y el suelo está seco.
It hasn't rained for a long time and the ground is dry.

1 (en el exterior) ground /graʊnd/

2 ▷ Mi madre estaba limpiando el suelo de la cocina.
My mother was cleaning the kitchen floor.

2 (en el interior) floor /flɔːr/

suelto, suelta

1 ▷ Este diente está muy suelto.
This tooth is really loose.

1 (adjetivo, = no apretado) **loose**
/luːs/ (más suelto **looser** /ˈluːsəʳ/, el más
suelto the **loosest** /ˈluːsɪst/)

◀» No confundas la pronunciación de
loose, en la que la **s** suena como una **s**
española, y la pronunciación de **lose**, en
la que la **s** se pronuncia como una **z**
inglesa.

2 ▷ ¿Tienes suelto?
Do you have any change?

2 (sustantivo, = monedas) **change**
/tʃeɪndʒ/

◀» La **a** de **change** se pronuncia como
la **a** de **make**.

sueño

1 ▷ Tuve un sueño maravilloso.
I had a marvellous dream.

2 ▷ Tengo sueño, me voy a acostar.
I'm sleepy, I'm going to bed.

1 (= lo que se imagina al dormir)
dream /driːm/

2 ▶ **tener sueño** (= ganas de
dormir): **be sleepy** /ˈsliːpɪ/

suerte

▷ ¡Qué suerte, le tocó el primer premio!
How lucky, he won first prize!

▷ ¡Buena suerte! Espero que te vaya bien.
Good luck! I hope things go well for you.

▷ Tuve mucha suerte y gané el primer premio.
I was very lucky and won first prize.

▷ No tuve suerte, el examen fue muy difícil.
I was unlucky, the exam was very difficult.

▶ **¡qué suerte!: how lucky!** /haʊ
ˈlʌkɪ/

▶ **¡buena suerte!: good luck!**
/ɡʊd ˈlʌk/

▶ **tener suerte: be lucky** /ˈlʌkɪ/

▶ **no tener suerte: be unlucky**
/ʌnˈlʌkɪ/

suficiente

1 ▷ No tengo suficiente dinero.
I don't have enough money.

2 ▷ Saqué un suficiente en matemáticas.
I got a pass in maths.

1 (adjetivo, = bastante) **enough**
/ɪˈnʌf/

◀» **enough** rima con **stuff**.

2 (= calificación escolar) **pass** /pɑːs/

sufrir

▷ Sufrió mucho antes de morir.
He suffered a lot before he died.

▷ Mi abuelo sufre de cáncer.
My grandfather suffers from cancer.

(= padecer) **suffer** /ˈsʌfəʳ/

▶ **sufrir de: suffer from**

sugerencia

▷ ¿Puedo hacer una sugerencia?
Can I make a suggestion?

suggestion /səˈdʒestʃən/

◀» La **gg** de **suggestion** se pronuncia
como la **j** de **John**. El acento recae
sobre la segunda sílaba **-ggest-**.

sugerir

▷ ¿Qué película sugieres que veamos?
Which film do you suggest we see?

(= proponer) suggest /səˈdʒest/

◀ La **gg** de **suggest** se pronuncia como la **j** de John.

▶ **sugerir que + subjuntivo:** suggest + infinitivo sin **to**.

suicidarse

▷ El preso se suicidó en su celda.
The prisoner committed suicide in his cell.

commit suicide /kəˈmɪt ˈsuːɪsaɪd/

◀ La segunda **i** de **suicide** se pronuncia como la **i** de like.

ℹ **commit** se escribe con dos **t** en el gerundio (committed /kəˈmɪtɪd/) y el pasado y el participio (committing /kəˈmɪtɪŋ/).

suicidio

▷ La policía está investigando el suicidio del científico.
The police are investigating the scientist's suicide.

suicide /ˈsuːɪsaɪd/

◀ La segunda **i** de **suicide** se pronuncia como la **i** de like.

Suiza

▷ ¿Cuál es la capital de Suiza?
What's the capital of Switzerland?

Switzerland /ˈswɪtsələnd/

suizo, suiza

1 ▷ Tengo varios amigos suizos.
I have several Swiss friends.
▷ Jean es suizo.
Jean is Swiss.

2 ▷ Se casó con una suiza.
He married a Swiss woman.

1 (adjetivo) Swiss /swɪs/

ℹ Se escribe siempre con mayúscula, como todos los adjetivos y nombres ingleses que se refieren a la nacionalidad.

2 (nombre) **un suizo, una suiza:** (= hombre) a Swiss man; (= chico) a Swiss boy; (= mujer) a Swiss woman; (= chica) a Swiss girl

sujetador

▷ Vanesa se ha comprado su primer sujetador.
Vanesa has bought her first bra.

bra /brɑː/

sujetar

1 ▷ Sujétame estos libros, por favor.
Hold these books for me, please.

2 ▷ Sujétate al asiento.
Hold on to the seat.

1 (= aguantar) hold /həʊld/ (held, held /held/)

▶ **sujetar algo a alguien:** hold something **for** somebody

2 ▶ **sujetarse a algo:** hold on to something (**held, held** /held/)

sujeto

▷ ¿Cuál es el sujeto de esta frase?
Which is the subject of this sentence?

(en gramática) subject /ˈsʌbdʒekt/
ℹ Fíjate que **subject** se escribe con una **b**.

suma

1 ▷ Ya han aprendido a hacer sumas simples.
They've already learned how to do simple additions.

2 ▷ Mil euros es una suma muy grande.
A thousand euros is a very big sum.

1 (= operación matemática) addition /əˈdɪʃən/
🔊 **addition** rima con **freshen**.

2 (= cantidad de dinero) sum /sʌm/

sumar

1 ▷ Tres y dos suman cinco.
Three and two make five.

2 ▷ Suma cuatro más cinco.
Add four to five.

▷ Todavía no ha aprendido a sumar.
He hasn't learned to add yet.

1 (= dar como resultado) make /meɪk/ (made, made /meɪd/)

2 (= añadir, hacer sumas) add /æd/

sumergible

▷ Me he comprado un reloj sumergible.
I've bought a waterproof watch.

(= que se puede meter en el agua)
waterproof /ˈwɔːtəpruːf/

súper

▷ Me hicieron un regalo súper.
I got a cool present.

(= genial) cool /kuːl/
ℹ Tanto **súper** como **cool** son términos familiares que sólo debes usar con amigos y conocidos.

superar

1 ▷ Superó el récord del mundo.
He broke the world record.

2 ▷ Este modelo supera al anterior en velocidad.
This model beats the previous one for speed.

1 (hablando de un récord) break /breɪk/ (broke /brəʊk/, broken /ˈbrəʊkən/)

2 ▶ **superar a alguien o algo en algo** (= ser mejor): beat /biːt/ somebody o something **for** something (beat /biːt/, beaten /ˈbiːtən/)

superficial

▷ No te preocupes, es una herida superficial.
Don't worry, it's a superficial wound.

(hablando de una herida, o de una persona) superficial /suːpəˈfɪʃəl/
🔊 La **ci** de **superficial** se pronuncia como la **sh** de **shop**. El acento recae sobre la tercera sílaba **-fi-**.

superficie

1 ▷ Olga salió a la superficie sin aliento.
Olga came back to the surface all out of breath.

1 (= parte de arriba, hablando del agua, una mesa, la Tierra) **surface** /ˈsɜːfəs/
🔊 La a de **surface** se pronuncia como la i de **big**. **Surface** rima con **kiss**.

2 ▷ ¿Cuál es la superficie de la casa?
What's the area of the house?

2 (= extensión) **area** /ˈeərɪə/
ℹ La primera a de **area** se pronuncia como la ai de **air**. La e se pronuncia como la ee de **beer**.

superior

1 ▷ El precio en esta tienda es superior al que yo pagué.
The price in this shop is higher than what I paid.

1 (= mayor) **higher** /ˈhaɪəʳ/
🔊 La i de **higher** se pronuncia como la i de **like**. La gh no se pronuncia.

2 ▷ Deja el libro en el estante superior.
Leave the book on the top shelf.

2 (= de arriba) **top** /tɒp/

3 ▷ Se cree superior a los demás.
He thinks he's superior to everyone else.

3 (= mejor) **superior** /suːˈpɪərɪəʳ/
🔊 La e de **superior** se pronuncia como la ee de **week**. El acento recae sobre la segunda sílaba -pe-.

supermercado

▷ Mi madre va al supermercado todos los fines de semana.
My mother goes to the supermarket every weekend.

supermarket /ˈsuːpəˈmɑːkɪt/
🔊 El acento recae sobre la primera sílaba **su-**.

supersticioso, supersticiosa

▷ No soy supersticioso.
I'm not superstitious.

superstitious /ˌsjuːpəˈstɪʃəs/ (más supersticioso **more superstitious**, el más supersticioso **the most superstitious**)
🔊 La segunda ti de **superstitious** se pronuncia como la sh de **shop**.

superviviente

▷ Los supervivientes del accidente nos contaron lo que había pasado.
The survivors of the accident told us what happened.

survivor /səˈvaɪvəʳ/
🔊 La i de **survivor** se pronuncia como la i de **like**.

suplemento

▷ Lo leí en el suplemento del domingo.
I read it in the Sunday supplement.
▷ Hay que pagar un suplemento por habitación individual.
You have to pay a supplement for single rooms.

(de periódico, o cantidad de dinero adicional) **supplement** /ˈsʌplɪmənt/
🔊 La u de **supplement** se pronuncia como la u de **cut**. El acento recae sobre la primera sílaba **su-**.

suplente

▷ La suplente de la profesora de inglés es muy simpática.
The stand-in for the English teacher is very nice.

(= profesor) stand-in /ˈstændɪn/

suplicar

▷ Déjame ir a la fiesta, te lo suplico.
Let me go to the party, I beg you.

► te lo suplico: I beg you /aɪ ˈbeg juː/

suponer

▷ Supongo que no te gusta.
I suppose you don't like it.

► suponer que... (= creer que): suppose... /səˈpəʊz/

suprimir

1 ▷ Suprimí la última frase porque no me gustaba.
I deleted the last sentence because I didn't like it.

2 ▷ La empresa va a suprimir cien puestos de trabajo.
The company is going to cut a hundred jobs.

1 (= borrar) delete /dɪˈliːt/
◀») delete rima con sheet.

2 (hablando de empleo, subvenciones) cut /kʌt/ (cut, cut)

sur

▷ Llueve mucho más en el sur.
It rains a lot more in the south.

▷ Mi pueblo queda al sur de Bilbao.
My village is south of Bilbao.

► el sur: the south /saʊθ/

► al sur de...: south of...

surf

▷ El surf puede ser un deporte peligroso.
Surfing can be a dangerous sport.

▷ Belén va a hacer surf a Cádiz.
Belén goes surfing in Cádiz.

surfing /ˈsɜːfɪŋ/
◀») La ur de surfing se pronuncia como la ir de first.
ℹ Fíjate que en este ejemplo surfing se utiliza sin artículo en inglés.
► hacer surf: go surfing /ˈsɜːfɪŋ/ (went /went/, gone/been /gɒn/biːn/)

surfista

▷ La playa estaba llena de surfistas.
The beach was full of surfers.

surfer /ˈsɜːfəʳ/
◀») La ur de surfer se pronuncia como la ir de first.

surgir

1 ▷ Un hombre surgió de detrás de la casa.
A man appeared from behind the house.

▷ Me surgió un problema muy serio.
I ran into a very serious problem.

2 ▷ La costumbre surgió a comienzos de siglo.
The custom started at the beginning of the century.

1 (= aparecer) appear /əˈpɪəʳ/
ℹ Fíjate en la preposición: surgir de = appear from.
► me surgió un problema: I ran into a problem
2 (= crearse) start /stɑːt/

susceptible

▷ No seas tan susceptible, no te estoy criticando.
Don't be so touchy, I'm not criticizing you.

touchy /ˈtʌtʃɪ/ (más susceptible touchier /ˈtʌtʃɪəʳ/, el más susceptible the touchiest /ˈtʌtʃɪɪst/)

suscribirse

▷ Me suscribí a una revista de informática.
I subscribed to a computer magazine.

subscribe /səbˈskraɪb/
ℹ Fíjate muy bien en cómo se escribe subscribe. Fíjate también en la preposición: suscribirse a = subscribe to.

suscripción

▷ Le regalamos una suscripción a una revista de viajes.
We gave her a subscription to a travel magazine.

subscription /səbˈskrɪpʃən/
🔊 subscription rima con freshen.
ℹ Fíjate muy bien en cómo se escribe subscription. Fíjate también en la preposición: suscripción a = subscription to.

suspender

1 ▷ He suspendido dos asignaturas.
I have failed two subjects.
▷ Me suspendieron las matemáticas.
I failed maths.
2 ▷ Han suspendido la excursión.
They have called off the trip.

1 (= no aprobar) fail /feɪl/
🔊 fail rima con pale.
► me suspendieron...: I failed...
2 (= decidir no celebrar) call off /kɔːl ˈɒf/

suspense

▷ Me gustan las películas de suspense.
I like thrillers.

► película de suspense: thriller /ˈθrɪləʳ/

suspenso

▷ ¿Cuál es la diferencia entre un aprobado y un suspenso?
What's the difference between a pass and a fail?
▷ He sacado un suspenso en inglés.
I have failed English.

fail /feɪl/
🔊 fail rima con pale.

► sacar un suspenso en...: fail... /feɪl/

suspirar

▷ Cuando me vio llegar a casa suspiró.
When she saw me arrive home she sighed.

sigh /saɪ/
🔊 sigh rima con lie y fly.
🔊 El pasado, sighed, se pronuncia exactamente igual que la palabra side.

suspiro

▷ Vicente dio un suspiro cuando le dije que le ayudaría.
Vicente sighed when I told him I would help him.

► dar un suspiro: sigh /saɪ/
🔊 sigh rima con lie y fly.

sustancia

▷ Ten cuidado, podría ser una sustancia tóxica.
Be careful, it could be a toxic substance.

substance /ˈsʌbstəns/
◀) La **u** de **substance** se pronuncia como la **u** de **cut**. El acento recae sobre la primera sílaba **sub-**.

sustantivo

▷ "Casa" es un sustantivo.
"Casa" is a noun.

(en gramática) **noun** /naʊn/
◀) **noun** rima con **town**.

sustituir

▷ Una señora sustituyó a nuestro director antiguo.
A woman replaced our old headmaster.
▷ El entrenador sustituyó a Jacobo en el segundo tiempo.
The coach substituted Jacobo in the second half.
▷ Quiero sustituir esta impresora por una mejor.
I want to replace this printer with a better one.

replace /rɪˈpleɪs/
◀) La **a** de **replace** se pronuncia como la **a** de **make**.
ℹ En deportes, **sustituir** se traduce por **substitute** /ˈsʌbstɪtjuːt/.

▶ **sustituir algo por algo:** **replace** something **with** something

sustituto, sustituta

▷ La sustituta de la profesora de inglés es muy simpática.
The stand-in for the English teacher is very nice.

(= profesor) **stand-in** /ˈstændɪn/

susto

▷ Entró sin llamar y me dio un gran susto.
She came in without knocking and gave me a big fright.

▶ **dar un susto a alguien:** **give** somebody a **fright** /fraɪt/ (**gave** /ɡeɪv/, **given** /ˈɡɪvən/)
◀) **fright** rima con **bite**.

sustracción

▷ Mi hermana pequeña está aprendiendo a hacer sustracciones.
My little sister is learning to do subtractions.

(= resta) **subtraction** /səbˈtrækʃən/
◀) **subtraction** rima con **freshen**. El acento recae sobre la segunda sílaba **-trac-**.
ℹ Fíjate que **subtraction** se escribe sin **s** entre la **b** y la **t**.

suyo, suya

1 ▷ Enrique dice que el libro es suyo.
Enrique says that the book is his.
▷ Clara dice que la idea fue suya.
Clara says the idea was hers.

ℹ En singular, en inglés el adjetivo posesivo varía en función del sexo del poseedor. Cuando el poseedor es masculino, **suyo** o **suya** se traduce por **his** /hɪz/. Cuando el poseedor es femenino, **suyo** o **suya** se traduce por **hers** /hɜːz/.

Sigue en la página siguiente

2 ▷ Ellos hicieron el viaje y las fotografías son suyas.
They went on the trip and the photographs are theirs.

3 ▷ Álvaro dice que la mejor cámara es la suya.
Álvaro says that the best camera is his.

▷ A Sofía le gusta mi perfume, pero prefiere el suyo.
Sofía likes my perfume, but she prefers hers.

4 ▷ Nosotros iremos con mi madre y ellos pueden ir con la suya.
We'll go with my mother and they can go with theirs.

ⓘ En plural, el adjetivo posesivo se traduce por theirs /ðeəz/ cuando los poseedores son varias personas.

ⓘ En singular, en inglés el pronombre posesivo varía en función del sexo del poseedor. Cuando el poseedor es masculino, **el suyo** o **la suya** se traduce por his /hɪz/. Cuando el poseedor es femenino, **el suyo** o **la suya** se traduce por hers /hɜːz/.

ⓘ En plural, **el suyo** o **la suya** se traduce por theirs /ðeəz/ cuando los poseedores son varias personas.

T

La letra **T** se pronuncia /tiː/ en inglés.
T se pronuncia exactamente igual que la palabra
inglesa **tea**.

tabaco

1 ▷ El tabaco es el principal cultivo de la región.
Tobacco is the main crop of the region.
2 ▷ ¿Te queda tabaco?
Have you got any cigarettes left?

1 (= el producto) **tobacco**
/təˈbækəʊ/
2 (= cigarrillos) **cigarettes**
/sɪɡəˈrets/

tabla

1 ▷ Había una tabla para cruzar el arroyo.
There was a plank for crossing the stream.
2 ▷ Estamos aprendiendo las tablas de multiplicar.
We are learning the multiplication tables.

3 ▷ La tabla periódica es muy difícil.
The periodic table is really difficult.

1 (de madera) **plank** /plæŋk/

2 ► **tabla de multiplicar:**
multiplication /mʌltɪplɪˈkeɪʃen/
table (plural: **multiplication tables**)
ℹ El número de la tabla se especifica
así: **la tabla del 2** = the 2 times table,
la tabla del 3 = the 3 times table, etc.
3 ► **tabla periódica:**
periodic /pɪərɪˈɒdɪk/ **table**

tablero

1 ▷ Pon las fichas en el tablero.
Put the counters on the board.
▷ ¿Dónde está el tablero de ajedrez?
Where's the chessboard?
2 ▷ El tablero tenía un agujero enorme.
The backboard had a huge hole in it.

1 (= para juegos) **board** /bɔːd/
🔊 board rima con lord.
► **tablero de ajedrez:**
chessboard /ˈtʃesbɔːd/
2 (en una canasta de baloncesto)
backboard /ˈbækbɔːd/

tableta

▷ Claudio se comió la tableta de chocolate
entera.
Claudio ate the whole bar of chocolate.

bar /bɑːʳ/

taburete

▷ Se subió al taburete para abrir el armario.
She climbed onto the stool to open the cupboard.

stool /stuːl/

tacaño, tacaña

▷ No seas tacaño y cómprale un regalo mejor.
Don't be mean and buy her a better present.

► ser tacaño o un tacaño: be mean /miːn/

◀) mean rima con been.

tachar

▷ Tacha tu nombre si no quieres aparecer en la lista final.
Cross out your name if you don't want to be on the final list.

cross out /krɒs ˈaʊt/

ℹ El pasado y el participio son crossed out /krɒst ˈaʊt/.

taco

▷ No debes decir tacos.
You mustn't swear.

► decir tacos (= decir palabrotas): swear /sweəʳ/ (swore /swɔːʳ/, sworn /swɔːn/)

◀) swear rima con hair y care.

tacón

▷ Los tacones de esos zapatos son demasiado altos.
The heels of those shoes are too high.

heel /hiːl/

▷ Mis padres no quieren que lleve zapatos de tacón alto.
My parents don't want me to wear high heels.

► zapatos de tacón alto: high heels /haɪ ˈhiːlz/

tacto

1 ▷ El tacto es uno de los cinco sentidos.
Touch is one of the five senses.

1 (sentido) touch /tʌtʃ/

◀) touch rima con much.

2 ▷ Mi madre tiene mucho tacto.
My mother is very tactful.

2 ► tener tacto (= delicadeza): be tactful /ˈtæktfʊl/

tal

1 ▷ Hola Natalia, ¿qué tal estás?
Hello Natalia, how are you?

1 ► ¿qué tal estás?: how are you? /haʊ ˈɑː juː/

▷ ¿Qué tal el examen?
How was the exam?

ℹ Para hacer preguntas en inglés referidas a algo con **qué tal** se coloca how + be como en el ejemplo.

2 ▷ ¿Vas a ir a la fiesta? - Tal vez.
Are you going to the party? - Maybe.

2 ► tal vez (= quizás): maybe /ˈmeɪbɪ/

▷ Tal vez ya hayan llegado.
Perhaps they've already arrived.

ℹ También se puede decir perhaps /pəˈhæps/.

3 ▷ Con tal de volver antes de medianoche mis padres me dejan salir.
My parents let me go out as long as I'm back before midnight.

3 ► con tal de (= siempre que): as long as /əz ˈlɒŋ əz/

taladro

▷ El taladro de los vecinos es muy ruidoso.
The neighbours' drill is very noisy.

drill /drɪl/

talco

▷ Le puso un poco de talco al bebé.
She put a bit of talcum powder on the baby.
▷ ¿Dónde guardas los polvos de talco?
Where do you keep the talcum powder?

▶ (polvos de) talco: talcum powder /ˈtælkəmpaʊdəʳ/

talla

▷ Es un jersey de la talla 38.
It's a size 38 jumper.

▷ ¿Qué talla usas?
What size are you?
▷ Uso la talla 40.
I take a size 40.

(de ropa) size /saɪz/
◀ La i de size se pronuncia como la i de like.
ℹ Para preguntar el tamaño de tu talla se dice what size are you?
▶ uso la talla...: I take a size... /aɪ ˈteɪk ə saɪz/ (took /tʊk/, taken /ˈteɪkən/)

taller

▷ El coche de mi padre está en el taller.
My father's car is at the garage.

(= de reparaciones) garage /ˈgærɑːʒ/

tallo

▷ Estas flores tienen un tallo muy largo.
These flowers have a very long stem.

stem /stem/
ℹ También se puede decir stalk /stɔːk/.

talón

1 ▷ Me duele el talón.
My heel hurts.
2 ▷ ¿Aceptan talones?
Do you accept cheques?

1 (de pie, zapato) heel /hiːl/

2 cheque /tʃek/ (plural: cheques /tʃeks/)
◀ La última sílaba de la palabra cheque, -que-, se pronuncia como una k. Cheque se pronuncia igual que check.
⌐ En inglés americano se escribe check /tʃek/.

▷ Me dio un talón de diez euros.
He gave me a cheque for ten euros.

▶ un talón de...: a cheque for...

tamaño

▷ El precio depende del tamaño del paquete.
The price depends on the size of the parcel.

size /saɪz/
◀ La i de size se pronuncia como la i de like.

también

▷ ¿Tú también vas a venir a la fiesta?
Are you coming to the party too?
▷ A mí también me llamó.
She phoned me too.
▷ Yo ya he estado en Londres. - Yo también.
I've already been to London. - Me too.

too /tuː/

ℹ Fíjate que **too** se coloca al final de la frase.

▶ **yo también** (como respuesta):
me too /miː ˈtuː/.

tambor

▷ Mis padres compraron un tambor cuando estuvieron en Perú.
My parents bought a drum when they were in Peru.

drum /drʌm/

◀ La u de **drum** se pronuncia como la u de **gun**.

tampoco

▷ Julián tampoco vino.
Julián didn't come either.

▷ ¡No quiero ir! - Él tampoco.
I don't want to go! - Neither does he.
▷ No tengo sed. - Yo tampoco.
I'm not thirsty. - Neither am I.

either /ˈaɪðəʳ/

ℹ Fíjate que **either** se coloca al final de la frase.
ℹ Cuando **tampoco** va detrás de un pronombre personal, la traducción es **neither** /ˈnaɪðəʳ/ + verbo auxiliar + pronombre.
◀ La **ei** de **either** y **neither** se puede pronunciar o como la **i** de **like** o como la **ee** de **beer**.

tampón

▷ Tengo que comprar tampones.
I have to buy some tampons.

(para las mujeres) **tampon** /ˈtæmpɒn/

◀ El acento recae sobre la primera sílaba **tam-**.

tan

▷ Estoy tan cansado que no consigo levantarme.
I'm so tired I can't get up.
▷ Es tan alta como su hermano.
She's as tall as her brother.

so /səʊ/

▶ **tan... como...** (en comparaciones): **as... as...**

tanque

▷ Los tanques entraron en el pueblo.
The tanks entered the village.

(de guerra) **tank** /tæŋk/

tanteo

▷ ¿Cuál es el tanteo?
What's the score?

(= resultado) **score** /skɔːʳ/
◀ **score** rima con **door**.

tanto (nombre)

1 ▷ Marcaron dos tantos en el último segundo.
They scored two points in the last second.

1 (= punto) **point** /pɔɪnt/

2 ▷ Es el tercer tanto que el delantero marca en este partido.
It's the third goal the forward has scored in this match.

2 (= gol) **goal** /gəʊl/
🔊 **goal** rima con **hole**.

tanto (adjetivo, adverbio)

1 ▷ Jacinto comió tanto que se puso malo.
Jacinto ate so much that he was sick.
▷ No deberías fumar tanto.
You shouldn't smoke so much.

1 (= mucho) **so much** /ˈsəʊ mʌtʃ/
🔊 La u de **much** se pronuncia como la u de **cut**.

2 ▷ Tiene tanto dinero que no sabe qué hacer con él.
He's got so much money that he doesn't know what to do with it.
▷ Ruth tiene tantas camisetas que no sabe cuál vestir.
Ruth has so many T-shirts that she doesn't know which one to wear.

2 ▶ **tanto + nombre en singular**: **so much** + nombre

▶ **tanto + nombre en plural**: **so many** + nombre

tapa

1 ▷ Quítale la tapa a la olla.
Take the lid off the pot.
2 ▷ Hay una foto muy bonita en la tapa del libro.
There's a really nice photo on the cover of the book.
3 ▷ Comimos algunas tapas en un bar.
We ate some snacks in a bar.

1 (para cerrar algo) **lid** /lɪd/

2 (de un libro) **cover** /ˈkʌvəʳ/
🔊 La o de **cover** se pronuncia como la u de **cut**.

3 (de comer) **snack** /snæk/

tapar

1 ▷ Tapa la caja.
Put the lid on the box.
2 ▷ Se tapó los ojos con las manos.
He covered his eyes with his hands.

1 (para cerrar) **put the lid on** /pʊt ðə ˈlɪd ɒn/ (put, put)

2 ▶ **taparse algo con algo** (para no dejar ver): **cover** something **with** something /wɪð/
🔊 La o de **cover** se pronuncia como la u de **cut**.

3 ▷ Tápate o te enfriarás.
Wrap up or you'll catch a cold.

3 ▶ **taparse** (con ropa): **wrap up**
🔊 La w de **wrap** no se pronuncia.

tapia

▷ Hay una tapia alta rodeando el jardín.
There is a high wall surrounding the garden.

wall /wɔːl/
🔊 La a de **wall** se pronuncia como la or de **born**.

tapiz

▷ Había unos tapices magníficos en el museo.
There were some wonderful tapestries in the museum.

tapestry /ˈtæpəstrɪ/ (plural: tapestries /ˈtæpəstrɪz/)

tapón

▷ Esta botella de agua mineral no tiene tapón.
This bottle of mineral water doesn't have a top.

(para botella) **top** /tɒp/

▷ Guarda el tapón, la botella de vino no está acabada.
Keep the cork, the bottle of wine isn't finished.

ℹ Al tapón de corcho se le llama **cork** /kɔːk/.

taquilla

▷ Había una fila muy larga en la taquilla del cine.
There was a very long queue at the cinema box office.

(de un cine, teatro) **box office** /ˈbɒks ɒfɪs/ (plural: box offices /ˈbɒks ɒfɪsɪz/)
🔊 office rima con **miss**.

▷ Compré los billetes en la taquilla.
I bought the tickets at the ticket office.

(de una estación, un museo) **ticket office** /ˈtɪkɪt ɒfɪs/ (plural: ticket offices /ˈtɪkɪt ɒfɪsɪz/)

tardar

1 ▷ Empieza a las siete, no tardes.
It starts at seven o'clock, don't be late.

2 ▷ Tardé tres horas en escribir la redacción.
I took three hours to write the essay.

1 (= llegar tarde) **be late** /leɪt/
🔊 late rima con **wait**.

2 (hablando del tiempo necesario para algo) **take** /teɪk/ (took /tʊk/, taken /ˈteɪkən/)

▷ Este ordenador tarda mucho en arrancar.
This computer takes a long time to start up.

▷ ¿Cuánto tardará en arreglar la televisión?
How long will it take him to repair the TV?

ℹ Fíjate en la preposición: **tardar... en = take... to.**

► **tardar mucho en...: take a long time to...** /teɪk ə lɒŋ ˈtaɪm/
ℹ Para preguntar cuánto tiempo le llevará a alguien hacer algo se dice **how long will it take you to...?**

tarde (nombre)

▷ Llegaré a casa a las tres de la tarde.
I'll be home at three in the afternoon.

▷ Te llamé a las siete de la tarde pero no había nadie en tu casa.
I phoned you at seven in the evening but there was nobody home.

ℹ En inglés existen dos palabras para referirse a la tarde. **Afternoon** /ɑːftəˈnuːn/ se refiere al periodo que va desde aproximadamente la hora de comer hasta las 5. **Evening** /ˈiːvənɪŋ/ se refiere al periodo que va desde las 5 hasta que oscurece.

▷ Mi madre siempre está en casa por la tarde.
My mother is always home in the afternoon.

ℹ **por la tarde** se puede traducir por **in the afternoon** o **in the evening** dependiendo del horario.

▷ Todas las tardes me quedo en el colegio a jugar al baloncesto.
Every evening I stay at school to play basketball.

ℹ **todas las tardes** se puede traducir por **every afternoon** o **every evening** dependiendo del horario.

▷ ¡Buenas tardes! ¿Habéis comido bien?
Good afternoon! Did you have a good lunch?

ℹ **¡Buenas tardes!** se puede traducir por **good afternoon!** o **good evening!** dependiendo del horario.

tarde (adverbio)

▷ Me levanté demasiado tarde y no vi el partido en la tele.
I got up too late and I didn't see the match on TV.
▷ Lo haré más tarde.
I'll do it later.
▷ No llegues tarde.
Don't be late.

late /leɪt/
🔊 La a de late se pronuncia como la a de make.

► más tarde: later /ˈleɪtəʳ/

► llegar tarde: be late /leɪt/

tarea

▷ Limpiar el retrete es una tarea desagradable.
Cleaning the toilet is an unpleasant task.

(= trabajo) task /tɑːsk/

tarima

▷ La mesa del profesor está sobre una tarima.
The teacher's desk is on a platform.

(= en la clase) platform /ˈplætfɔːm/
🔊 El acento recae sobre la primera sílaba plat-.

tarjeta

▷ Me dio una tarjeta con su dirección.
He gave me a card with his address.
▷ ¡No pierdas la tarjeta de embarque!
Don't lose the boarding card!

card /kɑːd/

► tarjeta de embarque: boarding card /ˈbɔːdɪŋ kɑːd/ (plural: boarding cards)
ℹ También se puede decir boarding pass /ˈbɔːdɪŋ pɑːs/ (plural: boarding passes /ˈbɔːdɪŋ pɑːsɪz/).

▷ Hoy he escrito más de veinte tarjetas postales.
I've written more than twenty postcards today.
▷ ¿Dónde puedo comprar una tarjeta telefónica?
Where can I buy a phonecard?

► tarjeta postal: postcard /ˈpəʊstkɑːd/
► tarjeta telefónica: phonecard /ˈfəʊnkɑːd/

tarro

▷ Compra un tarro de miel.
Buy a jar of honey.

(= frasco) jar /dʒɑːʳ/
🔊 La j de jar se pronuncia como la j de John.

tarta

▷ Compraron una tarta de cumpleaños enorme.
They bought a huge birthday cake.

cake /keɪk/
🔊 La a de cake se pronuncia como la a de make.
ℹ A la tarta que tiene una base fina y dura se le llama tart /tɑːt/.

▷ De postre hay tarta de manzana.
There's apple tart for dessert.

tartamudo, tartamuda

▷ Mi profesor de historia es tartamudo.
My history teacher has a stammer.

► ser tartamudo: have a stammer /ˈstæməʳ/ (had, had)

tatuaje

▷ A Inés le gustaría tener un tatuaje en el hombro.
Inés would like to have a tattoo on her shoulder.

tattoo /təˈtuː/
◀ El acento recae sobre la segunda sílaba -ttoo.

taxi

▷ Cogeremos un taxi desde el aeropuerto.
We'll take a taxi from the airport.

taxi /ˈtæksɪ/

taxista

▷ Pregúntale a un taxista dónde está la estación.
Ask a taxi driver where the station is.

▷ El padre de Juan es taxista.
Juan's father is a taxi driver.

taxi driver /ˈtæksɪ ˈdraɪvəʳ/ (plural: taxi drivers)
◀ La i de **driver** se pronuncia como la i de like.
ⓘ No te olvides de colocar el artículo a o an delante del nombre de la profesión cuando aparece detrás de los verbos be o become.

taza

▷ Pon las tazas en la mesa.
Put the cups on the table.

▷ ¿Quieres una taza de café?
Do you want a cup of coffee?

▷ Esas tazas de café son muy bonitas.
Those coffee cups are very nice.

cup /kʌp/
◀ La u de **cup** se pronuncia como la u de but.
ⓘ Cuando **taza de café** se refiere a la taza con el café dentro, se traduce por cup of coffee (plural: cups of coffee). Cuando se refiere sólo al recipiente, sin nada dentro, se traduce por coffee cup (plural: coffee cups).

tazón

▷ El tazón amarillo es el mío.
The yellow bowl is mine.

bowl /bəʊl/
◀ bowl rima con hole.

te

1 ▷ No te oigo muy bien.
I can't hear you very well.

▷ ¿Cuánto dinero te dieron?
How much money did they give you?

▷ Ya te lo he explicado.
I've already explained it to you.

2 ▷ ¿Te hiciste daño?
Did you hurt yourself?

1 (complemento de objeto directo)
you /juː/
◀ you rima con do y too.
ⓘ Dependiendo del verbo usado, el complemento de objeto directo **te** se traduce a veces por you y a veces por to you.
ⓘ El pronombre reflexivo **te** se traduce a menudo por yourself /jɔːˈself/, especialmente si la acción a la que se refiere el verbo se efectúa realmente sobre la persona que habla.

3 ▷ Te equivocaste.
You made a mistake.
▷ ¿A qué hora te levantas?
At what time do you get up?

ℹ Pero cuando el verbo no es realmente reflexivo, es decir, no describe una acción que alguien realiza sobre sí mismo, el pronombre **te** normalmente no se traduce, quedando sólo el pronombre personal **you**.

té
▷ ¿Quieres una taza de té?
Do you want a cup of tea?

tea /tiː/
🔊 tea rima con **bee** y **me**.

teatro
▷ El viernes fuimos al teatro.
On Friday we went to the theatre.

theatre /ˈθɪətəʳ/
🔊 theatre rima con **butter**.
✏ En inglés americano se escribe **theater**.

tebeo
▷ Se pasa las tardes leyendo tebeos.
He spends the evenings reading comics.

comic /ˈkɒmɪk/

techo
1 ▷ Había un pájaro en el techo de la casa.
There was a bird on the roof of the house.
2 ▷ Mi padre está pintando el techo de mi cuarto.
My father is painting the ceiling of my room.

1 (en la parte exterior de la casa) roof /ruːf/
2 (en la parte inferior de la casa) ceiling /ˈsiːlɪŋ/
🔊 La ei de ceiling se pronuncia como la ee de **week**.

tecla
▷ Para borrar, aprieta esta tecla.
To delete, press this key.

(de un ordenador, un piano) key /kiː/
🔊 key rima con **see**.

teclado
▷ El teclado de mi ordenador no funciona.
My computer keyboard isn't working.

keyboard /ˈkiːbɔːd/
🔊 keyboard rima con **lord**.

técnica
▷ Es una nueva técnica de fabricación.
It's a new manufacturing technique.

technique /tekˈniːk/
🔊 technique rima con **leek** y **weak**.
El acento recae sobre la última sílaba **-nique**.

técnico, técnica
▷ El libro es demasiado técnico para mí.
The book is too technical for me.

technical /ˈteknɪkəl/ (más técnico more technical, el más técnico the most technical)
🔊 La ch de technical se pronuncia como una k.

tecnología

▷ La tecnología cambia rápidamente.
Technology changes fast.

technology /tekˈnɒlədʒɪ/
◀ La ch de **technology** se pronuncia como una k. El acento recae sobre la segunda sílaba -no-.

teja

▷ Varias tejas cayeron del tejado durante la tormenta.
Several tiles fell off the roof during the storm.

tile /taɪl/
◀ La i de **tile** se pronuncia como la i de **like**.

tejado

▷ Están reparando el tejado de la casa.
They are repairing the roof of the house.

roof /ruːf/

tejanos

▷ Le gusta llevar tejanos.
She likes to wear jeans.

(= pantalones) **jeans** /dʒiːnz/
◀ La j de **jeans** se pronuncia como la j de **John**. La ea se pronuncia como la ee de **week**.

tejido

▷ Es un tejido muy fino.
It's a very thin material.

(= tela) **material** /məˈtɪərɪəl/
◀ La e de **material** se pronuncia como la ee de **beer**.
ⓘ Al tejido del cuerpo humano se le llama **tissue** /ˈtɪʃuː/.

tela

▷ Compró dos metros de tela para hacer un vestido.
She bought two metres of material to make a dress.

(= tejido) **material** /məˈtɪərɪəl/
◀ La e de **material** se pronuncia como la ee de **beer**.

telaraña

▷ Había una mosca muerta en la telaraña.
There was a dead fly in the spider's web.

spider's web /ˈspaɪdəz ˈweb/
(plural: spider's webs /ˈspaɪdəz ˈwebz/)
◀ La i de **spider** se pronuncia como la i de **like**.
ⓘ A la telaraña que aparece en un lugar abandonado, y que no está siendo usada por una araña, se le llama **cobweb** /ˈkɒbweb/.

▷ El desván está lleno de telarañas.
The attic is full of cobwebs.

tele

▷ La tele está estropeada.
The TV is broken.

TV /ˈtiːˈviː/

▷ ¿Qué ponen en la tele esta noche?
What's on TV tonight?

▶ **en la tele**: on TV

telecabina

▷ Subimos hasta la cumbre en telecabina.
We went to the summit in a cable car.

cable car /ˈkeɪbəl kɑːʳ/ (plural: cable cars)

🔊 La a de cable se pronuncia como la a de make.

telecomedia

▷ Me encantan las telecomedias.
I love sitcoms.

sitcom /ˈsɪtkɒm/

telediario

▷ Mis padres ven el telediario todos los días.
My parents watch the news every day.

news /njuːz/

ℹ Aunque se escribe con una s al final, la palabra news está en singular: por ejemplo, se dice the news is at five (el telediario es a las cinco).

teleférico

▷ Hay un teleférico que te lleva hasta lo alto de la montaña.
There's a cable car that takes you to the top of the mountain.

cable car /ˈkeɪbəl kɑːʳ/ (plural: cable cars)

🔊 La a de cable se pronuncia como la a de make.

telefonear

▷ Te telefonearé cuando llegue a su casa.
I will phone you when I get to their house.

phone /fəʊn/

🔊 La o de phone se pronuncia como la o de go.

ℹ También se puede decir ring /rɪŋ/ (rang /ræŋ/, rung /rʌŋ/).

teléfono

▷ Tenemos que comprar un teléfono nuevo.
We have to buy a new phone.

▷ Coge el teléfono, por favor.
Answer the phone, please.

▷ Ester está hablando por teléfono.
Ester is on the phone.

▷ Te llamaré por teléfono mañana por la mañana.
I will phone you tomorrow morning.

▷ Los teléfonos móviles son muy prácticos.
Mobile phones are very handy.

phone /fəʊn/

🔊 La o de phone se pronuncia como la o de go.

► coger el teléfono: answer /ˈɑːnsəʳ/ the phone

► estar hablando por teléfono: be on the phone

► llamar por teléfono a alguien: phone somebody

► teléfono móvil: mobile phone /ˈməʊbaɪl fəʊn/ (plural: mobile phones)

telegrama

▷ Mi padre recibió un telegrama urgente.
My father received an urgent telegram.

telegram /ˈtelɪɡræm/

🔊 El acento recae sobre la primera sílaba te-.

telenovela

▷ Mi madre ve la telenovela todas las tardes.
My mother watches the soap opera every afternoon.

soap opera /ˈsəʊp ˈɒpərə/ (plural: soap operas)
🔊 soap rima con hope.

telescopio

▷ En el planetario había un telescopio muy grande.
There was a very big telescope at the planetarium.

telescope /ˈtelɪskəʊp/
🔊 La o de telescope se pronuncia como la o de go. El acento recae sobre la primera sílaba te-.

telesilla

▷ Había un fila muy larga en el telesilla.
There was a very long queue at the chairlift.

chairlift /ˈtʃeəˈlɪft/

televisar

▷ Televisaron la final del campeonato.
They televised the final of the championship.

televise /ˈtelɪvaɪz/
🔊 La i de televise se pronuncia como la i de like.

televisión

▷ Mis padres quieren comprar una televisión nueva.
My parents want to buy a new television.
▷ Los vecinos tienen televisión por cable.
The neighbours have got cable TV.

television /ˈtelɪvɪʒən/
ℹ️ También se puede decir TV /ˈtiːˈviː/.

► **televisión por cable:** cable /ˈkeɪbəl/ TV
🔊 La a de cable se pronuncia como la a de make.

televisor

▷ El televisor está estropeado.
The television is broken.

television /ˈtelɪvɪʒən/
ℹ️ También se puede decir TV /ˈtiːˈviː/.

tema

1 ▷ El tema de la redacción fue muy difícil.
The subject of the essay was very difficult.

1 (= asunto) **subject** /ˈsʌbdʒekt/
🔊 La u de subject se pronuncia como la u de cut.

2 ▷ Ya hemos estudiado diez temas de física.
We've already studied ten physics topics.

2 (de una asignatura en el colegio) **topic** /ˈtɒpɪk/

temblar

▷ La tierra temblaba.
The ground was shaking.
▷ ¿Por qué tiemblas, tienes frío?
Why are you shivering, are you cold?
▷ Me tiemblan las manos.
My hands are shaking.

(= moverse) **shake** /ʃeɪk/ (shook /ʃʊk/, shaken /ˈʃeɪkən/)
Para traducir temblar cuando se hace por frío se usa shiver /ˈʃɪvəʳ/.
ℹ️ Fíjate cómo se dice que te tiembla una parte del cuerpo. Se coloca la parte del cuerpo en primer lugar, después el verbo be + shaking /ˈʃeɪkɪŋ/.

temblor de tierra

▷ Hubo un temblor de tierra en Japón.
There was an earthquake in Japan.

earthquake /ˈɜːθkweɪk/

◀)) La ear de earthquake se pronuncia como la ir de first. Earthquake rima con make.

temer

▷ No temas, no es nada.
Don't be afraid, it's nothing.

be afraid /əˈfreɪd/

ℹ También se puede decir be frightened /ˈfraɪtənd/ o be scared /ˈskeəd/.

▷ Mi hermana pequeña le teme a la oscuridad.
My little sister is afraid of the dark.

▶ temer a algo: be afraid of something

ℹ También se puede decir be frightened of /ˈfraɪtənd əv/ o be scared of /ˈskeəd əv/.

▷ Me temo que me equivoqué en la segunda pregunta del examen.
I'm afraid that I got the second question in the exam wrong.

▶ temerse que: be afraid that

temible

▷ La profesora de historia es temible.
The history teacher is scary.

scary /ˈskeəri/ (más temible scarier /ˈskeəriəʳ/, el más temible the scariest /ˈskeəriɪst/)

◀)) La a de scary se pronuncia como la ai de hair.

temperatura

▷ Las temperaturas van a subir.
Temperatures are going to rise.

temperature /ˈtempərɪtʃəʳ/

◀)) temperature rima con butcher. La segunda e no se pronuncia. El acento recae sobre la primera sílaba tem-.

tempestad

▷ La tempestad sorprendió al barco en mar abierto.
The storm caught the boat out at sea.
▷ En esta región hay muchas tempestades de nieve.
There are a lot of snowstorms in this region.

storm /stɔːm/

▶ tempestad de nieve: snowstorm /ˈsnəʊstɔːm/

templo

▷ En Grecia hay templos maravillosos.
There are wonderful temples in Greece.

(de los griegos, los romanos, los egipcios) temple /ˈtempəl/

temporada

▷ La temporada de lluvias comienza en marzo.
The rainy season begins in March.

season /ˈsiːzən/

◀)) La ea de season se pronuncia como la ee de week.

temporal

▷ Esta solución es temporal.
This solution is temporary.

> temporary /ˈtempərərɪ/
> 🔊 El acento recae sobre la primera sílaba **tem-**.

temprano, temprana

▷ Se levanta muy temprano todos los días.
She gets up very early every day.

> early /ˈɜːlɪ/
> 🔊 La **ear** de **early** se pronuncia como la **ir** de **girl**.

tender

▷ Te toca tender la ropa.
It's your turn to hang the washing out.

> (la ropa) hang out /hæŋ ˈaʊt/ (hung /hʌŋ/ out, hung out)

tendero, tendera

▷ Mi madre conoce al tendero.
My mother knows the shopkeeper.

> shopkeeper /ˈʃɒpkiːpəʳ/

tendón

▷ Me lesioné un tendón de la rodilla.
I injured a tendon in my knee.

> tendon /ˈtendən/
> 🔊 El acento recae sobre la primera sílaba **ten-**.

tenedor

▷ Falta un tenedor.
There's one fork missing.

> fork /fɔːk/

tener

1 ▷ Tengo una clase a las cuatro.
I have a class at four o'clock.
▷ Tengo un hermano y una hermana.
I have one brother and one sister / I've got one brother and one sister.

▷ Eva no tiene ordenador en casa.
Eva doesn't have a computer at home / Eva hasn't got a computer at home.
2 ▷ El profesor de inglés tiene treinta años.
The English teacher is thirty.
3 ▷ Tienes que estudiar más.
You have to study more.

> ℹ La traducción más frecuente de **tener** es have /hæv/ (had , had /hæd/)
> ℹ Los británicos sustituyen a menudo **I have, you have, he has**, etc. por **I've got, you've got, he's got**, etc., es decir, la contracción de **have** seguido de **got**.
> ℹ En la forma negativa, queda **I haven't got, you haven't got, he hasn't got**, etc.
> ℹ Para expresar la edad, se usa el verbo **be**.
> **3** ▶ **tener que** (indicando obligación): **have to**

tenis

▷ El tenis es mi deporte favorito.
Tennis is my favourite sport.

> tennis /ˈtenɪs/
> ℹ Fíjate que en este ejemplo **tennis** se utiliza sin artículo en inglés.
> ℹ Fíjate que **tennis** se escribe con dos **n** en inglés.

▷ Ángeles juega al tenis por las tardes.
Ángeles plays tennis in the evenings.

> ▶ jugar al tennis: **play tennis**

tenista

▷ Es una tenista muy famosa.
She's a very famous tennis player.

tennis player /'tenɪs 'pleɪə'/ (plural: tennis players)

tensión

1 ▷ La tensión entre los dos países es muy grande.
The tension between the two countries is very high.

1 (= situación de hostilidad o nerviosismo) tension /'tenʃən/
◀ tension rima con freshen. El acento recae sobre la primera sílaba ten-.

2 ▷ Mi madre tiene la tensión alta.
My mother has high blood pressure.

2 (= de la sangre) blood pressure /blʌd 'preʃə'/
◀ La oo de blood se pronuncia como la u de mud. Pressure rima con fresher.
► tener la tensión alta: have high blood pressure /hæv haɪ 'blʌd preʃə'/ (had, had)

tenso, tensa

1 ▷ Siempre estoy un poco tenso antes de los exámenes.
I'm always a bit tense before the exams.
2 ▷ Esa cuerda no está tensa.
That rope isn't taut.

1 (= nervioso) tense /tens/ (más tenso tenser, el más tenso the tensest)

2 (= estirado) taut /tɔːt/ (más tenso more taut, el más tenso the most taut).
◀ taut rima con port.

tentación

▷ No creo que pueda resistir la tentación.
I don't think I'll be able to resist the temptation.

temptation /temp'teɪʃən/
◀ La a de temptation se pronuncia como la a de make. Temptation rima con freshen. El acento recae sobre la segunda sílaba -ta-.

tentador, tentadora

▷ ¡Es una oferta muy tentadora!
It's a very tempting offer!

tempting /'temptɪŋ/ (más tentador more tempting, el más tentador the most tempting)

tentáculo

▷ El pulpo tiene ocho tentáculos.
The octopus has eight tentacles.

tentacle /'tentəkəl/
◀ El acento recae sobre la primera sílaba ten-.

tentar

▷ Ese chocolate me tienta mucho.
I'm very tempted by that chocolate.

ⓘ Para decir que algo te tienta en inglés se usa I'm tempted /aɪm 'temptɪd/ by + la cosa que te tienta.

teñirse

▷ La profesora de matemáticas se tiñe el pelo.
The maths teacher dyes her hair.

► **teñirse el pelo:** dye /daɪ/ one's hair

◀ dye rima con my, dyes rima con size, y dyed rima con side.

ⓘ Fíjate cómo se construyen las diferentes personas: I dye my hair, you dye your hair, he dyes his hair, she dyes her hair, etc.

teoría

▷ No creo en esa teoría.
I don't believe in that theory.

theory /ˈθɪərɪ/ (plural: theories /ˈθɪərɪz/)

◀ La e de theory se pronuncia como la ee de week.

▷ En teoría nuestro equipo es mejor que el suyo.
In theory our team is better than theirs.

► **en teoría:** in theory

tercero, tercera

▷ Es la tercera vez que veo esa película.
It's the third time I've seen that film.

third /θɜːd/

◀ third rima con word y heard.

terciopelo

▷ El terciopelo es un material muy suave.
Velvet is a very soft material.

velvet /ˈvelvɪt/

▷ Estas cortinas son de terciopelo.
This curtains are made of velvet.

► **ser de terciopelo:** be made /meɪd/ of velvet

▷ Compramos dos cojines de terciopelo.
We bought two velvet cushions.

► **de terciopelo:** velvet

terco, terca

▷ ¡No seas tan terco!
Don't be so stubborn!

stubborn /ˈstʌbən/ (más terco more stubborn, el más terco the most stubborn)

terminal

1 ▷ Te esperaré en la terminal internacional.
I'll wait for you at the international terminal.

1 (de aeropuerto) terminal /ˈtɜːmɪnəl/

◀ El acento recae sobre la primera sílaba ter-.

2 ▷ Yo me bajo en la terminal.
I'm getting off at the terminus.

2 (de autobuses) terminus /ˈtɜːmɪnəs/

ⓘ El singular y el plural de terminus son el mismo.

terminar

▷ Todavía no he terminado mis deberes.
I haven't finished my homework yet.

finish /ˈfɪnɪʃ/

◀ Fíjate en la pronunciación de finished /ˈfɪnɪʃt/.

▷ El concierto terminó a las diez.
The concert finished at ten o'clock.

▷ Cuando termines de estudiar, ¿me podrías ayudar?
When you finish studying, could you help me?

▷ Verónica terminó por aceptar.
Verónica eventually accepted.

▷ Se ha terminado el pan.
We've run out of bread.

► **terminar de** (= acabar) + infinitivo: finish + -ing

ℹ Para decir en inglés que alguien **terminó por hacer** algo, se coloca eventually /ɪˈventʃʊəlɪ/ delante del verbo.

ℹ Para decir en inglés que **se ha terminado** algo (= nos hemos quedado sin algo) se usa we've run out of something (ran, ran /ræn/).

termo

▷ Llevaremos café en un termo.
We'll take some coffee in a Thermos flask.

Thermos® flask /ˈθɜːmɒs flɑːsk/ (plural: Thermos® flasks)

ℹ El símbolo ® significa que Thermos flask es una marca registrada.

termómetro

▷ El termómetro está roto.
The thermometer is broken.

thermometer /θeˈmɒmɪtəʳ/

◀) La th de thermometer se pronuncia como si fuera una z española.

ternera

▷ Los ingleses casi nunca comen ternera.
The English almost never eat veal.

veal /viːl/

◀) veal rima con feel.

terraza

1 ▷ Mi casa tiene dos terrazas.
My house has two balconies.

2 ▷ Subimos a la terraza del edificio.
We went up onto the terrace roof of the building.

1 (= balcón) balcony /ˈbælkənɪ/ (plural: balconies /ˈbælkənɪz/)

2 (= azotea) terrace roof /ˈterəs ˈruːf/ (plural: terrace roofs /ˈterəs ˈruːvz/)

terremoto

▷ Hubo un terremoto en Irán.
There was an earthquake in Iran.

earthquake /ˈɜːθkweɪk/

◀) La ea de earthquake se pronuncia como la i de first. Earthquake rima con make.

terreno

1 ▷ Compraron un terreno para construir una casa.
They bought a plot of land to build a house on.

2 ▷ El terreno de juego del colegio está inundado.
The school field is flooded.

1 (= parcela de tierra) plot of land /plɒt əv ˈlænd/ (plural: plots of land)

2 ► terreno de juego: field /fiːld/

terrible

▷ Hubo una tormenta terrible.
There was a terrible storm.

terrible /ˈterɪbəl/ (más terrible **more terrible**, el más terrible **the most terrible**)

◀ El acento recae sobre la primera sílaba **te-**.

territorio

▷ El satélite cayó en territorio ruso.
The satellite fell onto Russian territory.

territory /ˈterɪtərɪ/ (plural: territories /ˈterɪtərɪz/)

◀ El acento recae sobre la primera sílaba **te-**.

terrón

▷ ¿Me pasas los terrones de azúcar, por favor?
Can you pass the sugar lumps, please?

▷ Quería dos terrones de azúcar en mi café, por favor.
I'd like two lumps of sugar in my coffee, please.

▶ **terrón de azúcar:** sugar lump /ˈʃʊgə lʌmp/ (plural: **sugar lumps**)

ℹ Cuando te refieres a los terrones que se encuentran en un recipiente, se usa **sugar lumps**. Pero cuando los pones en el café o el té, se les llama **lumps of sugar**.

terror

▷ Me da terror la oscuridad.
I'm terrified of the dark.

▷ Mi hermana pequeña le tiene terror a la oscuridad.
My little sister is terrified of the dark.

▷ No me gustan las películas de terror.
I don't like horror films.

ℹ Para decir que algo **me da terror** se usa **I'm terrified of** /aɪm ˈterɪfaɪd əv/.

▶ **tenerle terror a:** be terrified of

▶ **de terror** (una película, una historia): horror /ˈhɒrəʳ/

ℹ Con este significado, **horror** es un nombre usado como adjetivo. Sólo se puede colocar delante del nombre, nunca después.

◀ El acento recae sobre la primera sílaba **ho-**.

terrorífico, terrorífica

▷ Oí un grito terrorífico.
I heard a terrifying scream.

terrifying /ˈterɪfaɪɪŋ/ (más terrorífico **more terrifying**, el más terrorífico **the most terrifying**)

terrorismo

▷ El terrorismo es un problema muy grave.
Terrorism is a very serious problem.

terrorism /ˈterərɪzəm/

ℹ Fíjate que en este ejemplo **terrorism** se utiliza sin artículo en inglés.

◀ El acento recae sobre la primera sílaba **te-**.

terrorista

▷ La policía detuvo a dos terroristas.
The police arrested two terrorists.

terrorist /ˈterərɪst/
◀ El acento recae sobre la primera
sílaba **te-**.

tesoro

▷ El tesoro estaba enterrado en la arena.
The treasure was buried in the sand.

treasure /ˈtreʒəʳ/
◀ La **ea** de **treasure** se pronuncia
como la **e** de **bed**.

test

▷ Hoy hicimos un test psicológico en el colegio.
We did a psychological test at school today.

test /test/

testigo

▷ La policía interrogó a los testigos.
The police questioned the witnesses.

witness /ˈwɪtnəs/ (plural: witnesses
/ˈwɪtnəsɪz/)

texto

▷ Estamos leyendo un texto de García Márquez.
We are reading a text by García Márquez.

text /tekst/
ℹ Fíjate bien en la preposición que se
usa en inglés: **texto de** = text by.

ti

▷ Este regalo es para ti.
This present is for you.

you /juː/
◀ **you** rima con **do** y **too**.

tía

1 ▷ Josefina es la tía de Raquel.
Josefina is Raquel's aunt.
2 ▷ Hay una tía esperándote fuera.
There's a woman waiting for you outside.

1 (pariente) aunt /ɑːnt/
◀ **aunt** rima con **can't**.
2 (= persona) woman /ˈwʊmən/
ℹ Mientras que **tía** es un término
familiar que sólo debes usar con amigos
y conocidos, **woman** no lo es.

tiburón

▷ Había tiburones cerca de la playa.
There were sharks near the beach.

shark /ʃɑːk/

tic

▷ El profesor de química tiene un tic nervioso.
The chemistry teacher has a nervous tic.

tic /tɪk/
► **tic nervioso:** nervous /ˈnɜːvəs/
tic (plural: **nervous tics**)

tiempo

1 ▷ No tuve tiempo de hacer todos los ejercicios.
I didn't have time to do all the exercises.
▷ Laura no tiene mucho tiempo libre.
Laura hasn't got much spare time.

ℹ La traducción más frecuente de
tiempo es time /taɪm/.
► **tiempo libre:** spare time
/speə ˈtaɪm/

Sigue en la página siguiente

▷ Llegamos justo a tiempo.
We arrived just in time.

▶ **a tiempo: in time** /ɪn ˈtaɪm/

2 ▷ El tiempo fue muy bueno.
The weather was very good.

2 (metereológico) **weather** /ˈweðəʳ/
🔊 La **ea** de **weather** se pronuncia como la **e** de **bed**.
ℹ Fíjate cómo se pregunta en inglés **qué tiempo hace.**

▷ ¿Qué tiempo hace en Inglaterra?
What's the weather like in England?

▷ ¿Qué tiempo hizo?
What was the weather like?

3 ▷ Marcaron dos goles en el primer tiempo.
They scored two goals in the first half.

3 (en deportes) **half** /hɑːf/ (plural: **halves** /hɑːvz/)

tienda

▷ No hay tiendas cerca del hotel.
There are no shops near the hotel.

shop /ʃɒp/
◖ En inglés americano se dice **store** /stɔːʳ/.

▷ Ayer fui de tiendas con mi madre.
Yesterday I went shopping with my mother.

▶ **ir de tiendas: go shopping** /ˈʃɒpɪŋ/ (**went** /went/, **gone/been** /ɡɒn/biːn/)

▷ Es una tienda de campaña para cuatro personas.
It's a tent for four people.

▶ **tienda de campaña: tent** /tent/

tierno, tierna

1 ▷ Este filete está muy tierno.
This steak is very tender.

1 (hablando de carne) **tender** /ˈtendəʳ/ (más tierno **more tender**, el más tierno **the most tender**)

2 ▷ ¿Queda algo de pan tierno?
Is there any fresh bread left?

2 (hablando de pan) **fresh** /freʃ/ (más tierno **fresher** /ˈfreʃəʳ/, el más tierno **the freshest** /ˈfreʃɪst/)

tierra

1 ▷ La Tierra gira en torno al Sol.
The Earth goes round the Sun.

1 ▶ **la Tierra** (= planeta): **the Earth** /ɜːθ/
🔊 La **ea** de **earth** se pronuncia como la **i** de **first**.

2 ▷ Los marineros querían llegar a tierra cuanto antes.
The sailors wanted to reach land as soon as possible.

2 (= terreno que no es el mar) **land** /lænd/

3 ▷ Tengo la ropa llena de tierra.
My clothes are covered in soil.

3 (= partículas del suelo) **soil** /sɔɪl/

tiesto

▷ Tiene dos tiestos en el salón.
She's got two flowerpots in the living room.

flowerpot /ˈflaʊəpɒt/
🔊 La **ow** de **flowerpot** se pronuncia como la **ow** de **cow**.

tigre

▷ Vimos varios tigres en el circo.
We saw some tigers at the circus.

tiger /ˈtaɪɡəʳ/
🔊 La **i** de **tiger** se pronuncia como la **i** de **like**.

tijera

▷ Córtalo con una tijera.
Cut it with some scissors.

▷ ¿Me podrías dejar unas tijeras?
Could you lend me a pair of scissors?

scissors /ˈsɪzəz/
❦ Cuidado, no se dice "a scissors".
◀ La c de scissors no se pronuncia y la ss se pronuncia como una z inglesa.
▶ **unas tijeras: a pair of scissors**

tilde

▷ Falta una tilde en la 'a'.
There's an accent missing on the 'a'.

accent /ˈæksənt/
◀ accent se pronuncia ak + sent.

timbre

▷ El timbre no funciona, tienes que llamar con la mano.
The bell doesn't work, you have to knock.
▷ Toqué el timbre pero nadie abrió la puerta.
I rang the bell but nobody opened the door.

bell /bel/
▶ **tocar el timbre: ring /rɪŋ/ the bell (rang /ræŋ/, rung /rʌŋ/)**

tímido, tímida

▷ Ana siempre se pone colorada, es muy tímida.
Ana always blushes, she's very shy.

shy /ʃaɪ/ (más tímido shier /ˈʃaɪəʳ/, el más tímido the shiest /ˈʃaɪɪst/)
◀ La y de shy se pronuncia como la i de like.

tinta

▷ Necesito comprar más tinta para mi pluma.
I need to buy more ink for my pen.

ink /ɪŋk/

tintorería

▷ Deberías llevar tu abrigo a la tintorería.
You should take your coat to the dry cleaner's.

dry cleaner's /draɪ ˈkliːnəz/
◀ La y de dry se pronuncia como la i de like.

tío

1 ▷ El tío de Javier es taxista.
Javier's uncle is a taxi driver.

2 ▷ Hay un tío esperándote fuera.
There's a guy waiting for you outside.

1 (pariente) uncle /ˈʌnkəl/
◀ La u de uncle se pronuncia como la u de cut.
2 (= persona) guy /gaɪ/
◀ guy rima con my y lie.
ℹ Tanto **tío** como guy son términos familiares que sólo debes usar con amigos y conocidos.

tiovivo

▷ Mi hermana se montó en el tiovivo.
My sister had a go on the merry-go-round.

merry-go-round /ˈmerɪgəʊraʊnd/
▶ **montarse en el tiovivo: have a go /gəʊ/ on the merry-go-round (had, had)**

típico, típica

▷ Me gustaría probar un plato típico.
I'd like to try a typical dish.

typical /ˈtɪpɪkəl/ (más típico more typical, el más típico the most typical)

tipo

1 ▷ No me gusta ese tipo de música.
I don't like that type of music.

1 (= clase) type /taɪp/
◄》 La y de type se pronuncia como la i de like.

2 ▷ Hay un tipo esperándote fuera.
There's a guy waiting for you outside.

2 (= persona) guy /gaɪ/
◄》 guy rima con my y lie.
ⓘ Tanto **tipo** como guy son términos familiares que sólo debes usar con amigos y conocidos.

tíquet

▷ Afortunadamente guardé el tíquet.
Fortunately I kept the receipt.

(de compra) receipt /rɪˈsiːt/
◄》 receipt rima con seat y feet (la p no se pronuncia).

tirachinas

▷ Vicente tenía un tirachinas escondido en la cartera.
Vicente had a catapult hidden in his schoolbag.

catapult /ˈkætəpʌlt/
ⓧ tirachinas se dice catapult en inglés británico y slingshot /ˈslɪnʃɒt/ en inglés americano.

tirantes

▷ Mi padre siempre lleva tirantes.
My father always wears braces.

(para sujetar los pantalones) braces /ˈbreɪsɪz/
◄》 La a de braces se pronuncia como la a de make.
ⓧ tirantes se dice braces en inglés británico y suspenders /sʌsˈpendəz/ en inglés americano.

tirar

1 ▷ Le estaban tirando piedras al gato.
They were throwing stones at the cat.

1 (= lanzar) throw /θrəʊ/ (threw /θruː/, thrown /θrəʊn/)
◄》 throw rima con go.
ⓘ Fíjate en la preposición: tirar... a = throw... at.

2 ▷ Mis padres van a tirar varios muebles viejos.
My parents are going to throw some old furniture away.

▷ Tira esas cajas a la basura.
Throw those boxes out.

2 ► tirar algo (= desprenderse): throw something away (threw /θruː/, thrown /θrəʊn/)
► tirar algo a la basura: throw something out

3 ▷ Tiró un penalti en el primer tiempo.
He took a penalty in the first half.

3 (en fútbol, hablando de una falta o un penalti) take /teɪk/ (took /tʊk/, taken /ˈteɪkən/)

4 ▷ Tira más fuerte.
Shoot harder.

4 (= disparar) shoot /ʃuːt/ (shot, shot /ʃɒt/)

5 ▷ Tira de la cadena para accionar la alarma.
Pull the chain to sound the alarm.

5 ► **tirar de algo** (= estirar): **pull** /pʊl/ something

6 ▷ Es peligroso tirarse al agua cuando está muy fría.
It's dangerous to dive into the water when it's very cold.

6 ► **tirarse al agua:** dive /daɪv/ into the water
◄» La i de **dive** se pronuncia como la i de **like**.

tirita

▷ ¿Tienes tiritas? Me he hecho daño en el pie.
Do you have any plasters? I've hurt my foot.

plaster /ˈplɑːstəʳ/
⌐ **tirita** se dice **plaster** en inglés británico y **Band-Aid®** /ˈbændeɪd/ en inglés americano.
ℹ El símbolo ® significa que **Band-Aid®** es una marca registrada.

tiritar

▷ Amalia está tiritando porque tiene gripe.
Amalia is shivering because she has flu.
▷ Gabriel estaba tiritando de frío.
Gabriel was shivering with cold.

shiver /ˈʃɪvəʳ/
► **tiritar de frío:** shiver with cold

tiro

▷ ¿Oyó los tiros?
Did he hear the shots?
▷ Marcó un gol con un tiro muy fuerte.
He scored a goal with a very powerful shot.
▷ Le dieron un tiro en la pierna.
They shot him in the leg.

(= disparo, de un arma o en deportes)
shot /ʃɒt/

► **dar un tiro a alguien en...:** shoot somebody in...

tiroteo

▷ Hubo un tiroteo entre policías y atracadores.
There was a shootout between the police and the robbers.

shootout /ˈʃuːtaʊt/

titular (nombre)

▷ Sólo tuve tiempo de leer los titulares.
I only had time to read the headlines.

(de periódico) headline /ˈhedlaɪn/
◄» La **ea** de **headline** se pronuncia como la **e** de **bed**. La **i** se pronuncia como la i de **like**.

titular (verbo)

▷ Tituló el cuadro "Paisaje".
He titled the painting "Paisaje".

title /ˈtaɪtəl/
◄» La i de **title** se pronuncia como la i de **like**.

título

▷ Me he olvidado del título de la película.
I've forgotten the title of the film.

title /ˈtaɪtəl/
◄» La i de **title** se pronuncia como la i de **like**.

tiza

▷ El profesor le pidió a Carla que fuera a buscar tiza.
The teacher asked Carla to fetch some chalk.

chalk /tʃɔːk/
◀ La l de chalk no se pronuncia. chalk rima con fork.

toalla

▷ En el hotel cambian las toallas todos los días.
At the hotel they change the towels every day.

towel /taʊəl/
◀ La ow de towel se pronuncia como la ow de cow.

tobillo

▷ Bernardo se torció el tobillo.
Bernardo twisted his ankle.

ankle /ˈæŋkəl/

tobogán

▷ Eres demasiado grande para bajar por ese tobogán.
You are too big to go on that slide.

slide /slaɪd/
◀ La i de slide se pronuncia como la i de like.
⚑ Cuidado, la palabra inglesa toboggan no tiene este significado de **tobogán**.

tocar

1 ▷ ¡No me toques!
Don't touch me!

1 (con las manos, el cuerpo) touch /tʌtʃ/
◀ touch rima con much.

2 ▷ Mi hermana toca la guitarra.
My sister plays the guitar.

2 (un instrumento musical) play /pleɪ/

3 ▷ Toca el timbre.
Ring the bell.

3 (un timbre) ring /rɪŋ/ (rang /ræŋ/, rung /rʌŋ/)

4 ▷ Ahora me toca a mí.
Now it's my turn.

ℹ Para decir en inglés que es tu turno se usa it's my turn /ɪts ˈmaɪ tɜːn/.

todavía

1 ▷ Todavía tenemos tiempo.
We still have time.

▷ Son las cuatro y todavía está ahí.
It's four o'clock and he's still there.

ℹ Con frases afirmativas **todavía** se traduce por still /stɪl/.
ℹ still se coloca entre el sujeto y el verbo, excepto con el verbo be y los auxiliares.

2 ▷ ¿Está listo? - Todavía no.
Is it ready? - Not yet.

▷ Todavía no he acabado.
I haven't finished yet.

ℹ Con frases negativas **todavía** se traduce generalmente por yet /jet/.
ℹ Fíjate que yet se coloca al final de la frase.

todo, toda

1 ▷ Eso es todo lo que sé.
That's all I know.

1 (= el conjunto de) all /ɔːl/

▷ Lisa se bebió toda la limonada.
Lisa drank all the lemonade.

▷ ¿Eso es todo?
Is that all?

2 ▷ Estudio dos horas todos los días.
I study two hours every day.

3 ▷ ¿Te comiste todo?
Did you eat everything?

4 ▷ Hay comida suficiente para todos.
There's enough food for everybody.

2 (cada) **every** /ˈevrɪ/
ℹ Fíjate que en inglés a **every** no le sigue un artículo (**los** en el ejemplo).

3 (= todas las cosas) **everything** /ˈevrɪθɪŋ/

4 ► **todos** (= todas las personas): **everybody** /ˈevrɪbɒdɪ/

todoterreno

▷ Los padres de Celia tienen un todoterreno.
Celia's parents have a four-wheel drive.

(coche) **four-wheel drive** /ˌfɔːwiːl ˈdraɪv/ (plural: four-wheel drives)

Tokio

▷ Tokio es la capital de Japón.
Tokyo is the capital of Japan.

Tokyo /ˈtəʊkjəʊ/
ℹ Fíjate bien que Tokyo se escribe con y.

tolerante

▷ ¡Deja de criticar a la gente, tienes que ser más tolerante!
Stop criticizing people, you should be more tolerant!

tolerant /ˈtɒlərənt/ (más tolerante **more tolerant**, el más tolerante the **most tolerant**)
◀) El acento recae sobre la primera sílaba **to-**.

tolerar

▷ Mi profesor no tolera las faltas de ortografía.
My teacher doesn't tolerate spelling mistakes.

tolerate /ˈtɒləreɪt/
◀) El acento recae sobre la primera sílaba **to-**.

tomar

1 ▷ Toma mi boli, tengo otro.
Take my pen, I've got another one.

▷ ¿Vas a tomar el tren que va a Madrid?
Are you taking the train to Madrid?

▷ Toma una ducha antes de salir.
Have a shower before you go out.

2 ▷ Tomé una tortilla.
I had an omelette.

▷ ¿Quieres tomar algo de comer?
Do you want something to eat?

▷ ¿Quieres tomar algo de beber?
Do you want something to drink?

3 ▷ Mi padre se tomó una semana de vacaciones.
My father took a week off.

▷ Tómatelo con calma, tienes mucho tiempo.
Take it easy, you have plenty of time.

4 ▷ Tómate una cerveza.
Have a beer.

ℹ La traducción más común de **tomar** es **take** /teɪk/ (took /tʊk/, taken /ˈteɪkən/).
◀) take rima con make.

► **tomar una ducha: have a shower** /ˈʃaʊəʳ/ (had, had)

ℹ Cuando **tomar** se usa para referirse a comer o beber algo, se traduce por **have** /hæv/ (had, had /hæd/).

ℹ Fíjate cómo se pregunta si alguien quiere comer o beber algo: **do you want something to eat/drink?**

ℹ La traducción más común de **tomarse** es **take** /teɪk/ (took /tʊk/, taken /ˈteɪkən/).

► **tómatelo con calma: take it easy** /teɪk ɪt ˈiːzɪ/

ℹ Cuando **tomarse** se usa para referirse a comer o beber algo, se traduce por **have** /hæv/ (had, had /hæd/).

tomate

▷ Compra un kilo de tomates.
Buy a kilo of tomatoes.

tomato /təˈmɑːtəʊ/ (plural: tomatoes /təˈmɑːtəʊz/)

◀ La segunda **o** de **tomato** se pronuncia como la **o** de **go**.

tómbola

▷ El colegio organizó una tómbola.
The school organized a tombola.

tombola /tɒmˈbəʊlə/

◀ La segunda **o** de **tombola** se pronuncia como la **o** de **go**. El acento recae sobre la segunda sílaba **-bo-**.

tomillo

▷ Hay tomillo y perejil en el jardín.
There's thyme and parsley in the garden.

thyme /taɪm/

◀ **thyme** se pronuncia igual que **time**.

tomo

▷ Es un libro en varios tomos.
It's a book in several volumes.

volume /ˈvɒljuːm/

◀ La **u** de **volume** se pronuncia como la palabra inglesa **you**. El acento recae sobre la primera sílaba **vol-**.

tonelada

▷ La estatua pesa varias toneladas.
The statue weighs several tons.

ton /tʌn/

◀ **ton** rima con **fun** y **sun**.

tónica

▷ Quería una tónica, por favor.
I'd like a tonic water, please.

(bebida) tonic water /ˈtɒnɪk ˈwɔːtəʳ/ (plural: tonic waters)

tono

▷ ¡No me hables en ese tono!
Don't speak to me in that tone!

tone /təʊn/

◀ La **o** de **tone** se pronuncia como la **o** de **go**.

tontería

▷ ¡No hagas ninguna tontería!
Don't do anything stupid!

▷ ¡Para de decir tonterías!
Stop talking nonsense!

► hacer una tontería: do something stupid /ˈsʌmθɪŋ ˈstjuːpɪd/
► decir tonterías: talk nonsense /tɔːk ˈnɒnsəns/

tonto, tonta

▷ No seas tonto, claro que vas a aprobar el examen.
Don't be silly, of course you'll pass the exam.
▷ ¿Eres tonto? Yo estaba primero.
Are you stupid? I was here first.
▷ Se pasa las tardes haciendo el tonto.
He spends the evenings messing around.

(= bobo) silly /ˈsɪlɪ/ (más tonto sillier /ˈsɪlɪəʳ/, el más tonto the silliest /ˈsɪlɪɪst/)

ℹ Cuando **tonto** se usa como un insulto, se traduce por stupid /ˈstjuːpɪd/.

► hacer el tonto: mess around /mes əˈraʊnd/

topo

▷ Encontramos un topo muerto.
We found a dead mole.

mole /məʊl/
◀) La e de mole no se pronuncia.

torcerse

▷ Me he torcido el tobillo.
I've twisted my ankle.

▶ **torcerse el tobillo: twist** one's **ankle /ˈæŋkəl/**
ℹ Fíjate cómo se construyen las diferentes personas: I twisted my ankle, you twisted your ankle, he twisted his ankle, she twisted her ankle, etc.

torcido, torcida

▷ La barra está torcida.
The bar is bent.

bent /bent/ (más torcido more bent, el más torcido the most bent)

torero, torera

▷ Se casó con un torero famoso.
She married a famous bullfighter.

bullfighter /ˈbʊlfaɪtəʳ/
◀) La igh de bullfighter se pronuncia como la i de like.

tormenta

▷ La tormenta sorprendió al barco en mar abierto.
The storm caught the boat out at sea.
▷ En esta región hay muchas tormentas de nieve.
There are lots of snowstorms in this region.

storm /stɔːm/

▶ **tormenta de nieve: snowstorm /ˈsnəʊstɔːm/**

tornado

▷ Un tornado arrasó el pueblo.
A tornado devastated the town.

tornado /tɔːˈneɪdəʊ/ (plural: tornados o tornadoes)
◀) La a de tornado se pronuncia como la a de make.

torneo

▷ Nuestro equipo ganó el torneo del colegio.
Our team won the school tournament.

tournament /ˈtʊənəmənt/
◀) La ou de tournament se pronuncia como la or de port.

tornillo

▷ Necesito tornillos y destornillador.
I need some screws and a screwdriver.

screw /skruː/
◀) screw rima con too y you.
ℹ Al tornillo que se coloca con una tuerca se le llama bolt /bəʊlt/.

toro

1 ▷ Había varios toros en el campo.
There were several bulls in the field.
2 ▷ No me gustan los toros.
I don't like bullfighting.

1 (animal) bull /bʊl/

2 ▶ **los toros** (= las corridas de toros): **bullfighting /ˈbʊlfaɪtɪŋ/**
◀) La igh de bullfighting se pronuncia como la i de like.

torpe

▷ Jesús es muy torpe, lo rompe todo.
Jesús is really clumsy, he breaks everything.

clumsy /ˈklʌmzɪ/ (más torpe clumsier /ˈklʌmzɪəʳ/, el más torpe the clumsiest /ˈklʌmzɪɪst/)

◀) La u de clumsy se pronuncia como la u de duck.

torre

▷ Subimos hasta lo alto de la torre.
We went up to the top of the tower.

tower /taʊəʳ/

◀) La ow de tower se pronuncia como la ow de cow.

torta

1 ▷ Desayuné un café con un pedazo de torta.
I had a coffee and a slice of cake for breakfast.

2 ▷ Mi padre me dio una torta.
My father slapped me in the face.

1 (de comer) cake /keɪk/

◀) cake rima con make.

2 ► dar una torta a alguien (= una bofetada): slap /slæp/ somebody in the face

tortícolis

▷ Marta tiene tortícolis, no puede girar la cabeza.
Marta has a stiff neck, she can't turn her head.

► tener tortícolis: have a stiff neck /stɪf ˈnek/ (had, had)

tortilla

▷ Voy a hacerte una tortilla de queso.
I'm going to make a cheese omelette for you.

▷ La tortilla de patata de mi madre es deliciosa.
My mother's Spanish omelette is delicious.

omelette /ˈɒmlət/

◀) omelette rima con hit. La primera e no se pronuncia.

► tortilla de patata: Spanish /ˈspænɪʃ/ omelette (plural: Spanish omelettes)

ℹ También se puede decir potato /pəˈteɪtəʊ/ omelette.

tortuga

▷ Rafa tiene una tortuga en su jardín.
Rafa has a tortoise in his garden.

▷ Esa especie de tortuga es la mayor del mundo.
That species of turtle is the biggest in the world.

ℹ A la tortuga que vive en tierra se le llama tortoise /ˈtɔːtəs/ en inglés; a la que vive en el mar se le llama turtle /ˈtɜːtəl/.

tos

▷ ¡No consigo acabar con esta tos!
I can't get rid of this cough!

▷ Mi madre tiene tos.
My mother has a cough.

cough /kɒf/

◀) cough rima con off.

► tener tos: have a cough (had, had)

toser

▷ Comenzó a toser de repente.
He suddenly began to cough.

cough /kɒf/
◀ cough rima con off.

tostada

▷ Esta tostada está quemada.
This piece of toast is burnt.

▶ una tostada: a piece of toast
/piːs əv ˈtəʊst/
◀ toast rima con most.
ℹ Fíjate que toast es una palabra
incontable en inglés y no se puede decir
"a toast".

▷ ¿Quieres tostadas para desayunar?
Would you like toast for breakfast?

▶ tostadas: toast

tostador

▷ ¿Dónde guardas el tostador?
Where do you keep the toaster?

toaster /ˈtəʊstəʳ/
◀ La oa de toaster se pronuncia
como la o de most.

total

1 ▷ El número total de víctimas fue de 58.
The total number of victims was 58.
▷ La fiesta fue un fracaso total.
The party was a total failure.

2 ▷ Calculamos el total.
We calculated the total.

1 (adjetivo, = completo) total
/ˈtəʊtəl/
◀ La o de total se pronuncia como la
o de go. El acento recae sobre la
primera sílaba to-.
2 ▶ el total (sustantivo, = la cifra
total): the total /ˈtəʊtəl/

totalmente

▷ Estás totalmente equivocado.
You're totally wrong.

totally /ˈtəʊtəlɪ/
◀ La o de totally se pronuncia como
la o de go. El acento recae sobre la
primera sílaba to-.

tóxico, tóxica

▷ Ese gas es tóxico.
That gas is toxic.

toxic /ˈtɒksɪk/ (más tóxico more
toxic, el más tóxico the most toxic)

toxicómano, toxicómana

▷ Su hijo es toxicómano.
Her son is a drug addict.

▶ ser toxicómano: be a drug
addict /drʌg ˈædɪkt/

tozudo, tozuda

▷ ¡Qué tozudo eres!
You're so stubborn!

stubborn /ˈstʌbən/ (más tozudo
more stubborn, el más tozudo the
most stubborn)

trabajador, trabajadora

1 ▷ Es un chico muy trabajador.
   He's a very hard-working boy.

1 (adjetivo) **hard-working**
/ˈhɑːdˈwɜːkɪŋ/ (más trabajador **more
hard-working**, el más trabajador **the
most hard-working**)

2 ▷ Los trabajadores decidieron ir a la huelga.
   The workers decided to go on strike.

2 (sustantivo) **worker** /ˈwɜːkəʳ/
◀) La or de worker se pronuncia
como la ir de first.

trabajar

▷ No trabajas lo suficiente.
   You don't work enough.
▷ Trabajé todo el fin de semana.
   I worked all weekend.

work /wɜːk/
◀) La or de work se pronuncia como
la ir de first. Fíjate en la pronunciación
de worked /wɜːkt/.

trabajo

1 ▷ Tengo mucho trabajo, no puedo salir.
   I've got a lot of work, I can't go out.

1 (= tareas) **work** /wɜːk/
◀) La or de work se pronuncia como
la ir de first.

2 ▷ El hermano de Lucas tiene un trabajo
   interesante.
   Lucas' brother has an interesting job.
▷ Mi primo está buscando trabajo.
   My cousin is looking for work.

2 ▶ **un trabajo** (= empleo): **a
job** /dʒɒb/
▶ **buscar trabajo: look** /lʊk/ **for
work**

3 ▷ Tengo que entregar el trabajo mañana.
   I've got to hand in the essay tomorrow.

3 (= deber escolar) **essay** /ˈeseɪ/

trabalenguas

▷ El profesor nos enseñó un trabalenguas muy
   divertido.
   *The teacher taught us a very funny tongue
   twister.*

tongue twister /ˈtʌŋ twɪstəʳ/
(plural: **tongue twister**)
◀) tongue rima con young.

tractor

▷ El granjero estaba en su tractor.
   The farmer was on his tractor.

tractor /ˈtræktəʳ/
◀) El acento recae sobre la primera
sílaba **trac-**.

tradición

▷ Es una tradición de mi pueblo.
   It's a tradition in my village.

tradition /trəˈdɪʃən/
◀) tradition rima con magician. El
acento recae sobre la segunda sílaba
-di-.
i Fíjate que tradition se escribe con t
y no con c.

tradicional

▷ Comimos un plato tradicional de la región.
We ate a traditional dish from the region.

traditional /trəˈdɪʃənəl/
◀ La ti de traditional se pronuncia como la sh de shop. El acento recae sobre la segunda sílaba -di-.
ⅰ Fíjate que traditional se escribe con t y no con c.

traducir

▷ Tenemos que traducir este párrafo para mañana.
We have to translate this paragraph by tomorrow.

translate /trænsˈleɪt/
◀ La segunda a de translate se pronuncia como la a de make.

traer

▷ Puedes traer a tu hermano si quieres.
You can bring your brother if you want.
▷ Tráeme el periódico, por favor.
Bring me the newspaper, please.

bring /brɪŋ/ (brought, brought /brɔːt/)
◀ brought rima con port.

traficante

▷ Detuvieron a un importante traficante de drogas.
They arrested an important drug dealer.

dealer /ˈdiːlər/
► traficante de drogas: drug dealer /drʌg ˈdiːlər/ (plural: drug dealers)

tráfico

▷ Hay mucho tráfico en esta calle.
There is a lot of traffic in this street.

▷ El tráfico de drogas es un problema muy grave.
Drug trafficking is a very serious problem.

traffic /ˈtræfɪk/
ⅰ Fíjate bien que traffic se escribe con dos f.
► el tráfico de drogas: drug trafficking /ˈdrʌg træfɪkɪŋ/

tragar

▷ No consigo tragar esta pastilla.
I can't swallow this pill.
▷ ¡El perro se tragó una mosca!
The dog swallowed a fly!

swallow /ˈswɒləʊ/
◀ swallow rima con follow.
► tragarse: swallow /ˈswɒləʊ/

tragedia

▷ Ha habido una tragedia horrible.
There's been a terrible tragedy.

tragedy /ˈtrædʒədɪ/ (plural: tragedies /ˈtrædʒədɪz/)
◀ La g de tragedy se pronuncia como la j de John. El acento recae sobre la primera sílaba tra-.

trágico, trágica

▷ Fue un accidente trágico.
It was a tragic accident.

tragic /ˈtrædʒɪk/ (más trágico more tragic, el más trágico the most tragic)
◀ La g de tragic se pronuncia como la j de John.

trago

▷ Toma un trago de agua.
Have a drink of water.

▷ Bébetelo de un trago.
Drink it in one go.

drink /drɪŋk/

▶ **de un trago:** in one go /ɪn wʌn ˈgəʊ/

traidor, traidora

▷ Pablo es un traidor, nunca más confiaré en él.
Pablo is a traitor, I will never trust him again.

traitor /ˈtreɪtəʳ/

◀ La ai de traitor se pronuncia como la a de make. El acento recae sobre la primera sílaba trai-.

traje

▷ Llevaba un traje rojo muy bonito.
She was wearing a very beautiful red dress.

▷ Mi padre lleva un traje para ir al trabajo.
My father wears a suit to go to work.

ℹ Al traje de una pieza en inglés se le llama dress /dres/ (plural: dresses /ˈdresɪz/). Al traje compuesto por un pantalón y una chaqueta se le llama suit /suːt/.

◀ suit rima con boot.

trampa

1 ▷ ¡No vayas, es una trampa!
Don't go, it's a trap!

2 ▷ No quiero jugar con él, siempre hace trampas.
I don't want to play with him, he always cheats.

1 (para cazar o para engañar a alguien)
trap /træp/

2 ▶ **hacer trampas** (jugando):
cheat /tʃiːt/

◀ cheat rima con meet.

trampolín

▷ Le daba miedo saltar desde el trampolín.
She was afraid of diving from the diving board.

ℹ Al trampolín de una piscina se le llama diving board /ˈdaɪvɪŋ bɔːd/ (plural: diving boards /ˈdaɪvɪŋ bɔːdz/). Al trampolín que se usa en gimnasia, se le llama springboard /ˈsprɪŋbɔːd/.

⚡ trampoline en inglés significa **cama elástica**.

tramposo, tramposa

▷ Eres un tramposo, no quiero jugar contigo.
You're a cheat, I don't want to play with you.

▶ **ser tramposo o un tramposo:**
be a cheat /tʃiːt/

◀ cheat rima con meet.

tranquilizar

▷ No consigo tranquilizar a mi madre.
I can't calm my mother down.

▷ Tranquilízate, seguro que están bien.
Calm down, I'm sure they're fine.

▶ **tranquilizar a alguien:** calm somebody down /daʊn/
▶ **tranquilizarse:** calm down

◀ calm rima con arm.

tranquilo, tranquila

1 ▷ Vivo en un barrio tranquilo.
I live in a quiet area.

1 (= pacífico) **quiet** /ˈkwaɪət/ (más tranquilo **quieter** /ˈkwaɪətəʳ/, el más tranquilo **the quietest** /ˈkwaɪətɪst/)
◀) Fíjate en la pronunciación de **quiet**, que es diferente de la de **quite** (quiet tiene dos sílabas).

2 ▷ Estoy tranquilo, no me preocupa el examen.
I'm calm, I'm not worried about the exam.

2 (= sin preocupaciones) **calm** /kɑːm/ (más tranquilo **calmer** /ˈkɑːməʳ/, el más tranquilo **the calmest** /ˈkɑːmɪst/)
◀) calm rima con **arm**.

transatlántico

▷ Había un transatlántico gigante en el puerto.
There was a huge liner in the port.

liner /ˈlaɪnəʳ/
◀) La i de **liner** se pronuncia como la i de **like**.

transbordador

▷ Cruzamos el río en el transbordador.
We crossed the river on the ferry.
▷ ¿Te enteraste del accidente del transbordador espacial?
Did you hear about the space shuttle accident?

ferry /ˈferɪ/ (plural: **ferries** /ˈferɪz/)

▶ transbordador espacial: **space shuttle** /speɪs ˈʃʌtəl/ (plural: **space shuttles**)

transformación

▷ Ha habido una transformación en la economía de este país en los últimos diez años.
There has been a transformation in this country's economy in the past ten years.

transformation /ˌtrænsfəˈmeɪʃən/
◀) transformation rima con **freshen**. La segunda a se pronuncia como la a de **make**. El acento recae sobre la tercera sílaba -ma-.

transformar

1 ▷ La nueva fuente ha transformado la plaza completamente.
The new fountain has completely transformed the square.
2 ▷ El mago transformó la bufanda en un conejo.
The magician turned the scarf into a rabbit.

▷ El dragón se transformó en ratón.
The dragon turned into a mouse.

1 (= cambiar) **transform** /trænsˈfɔːm/

2 ▶ transformar algo o a alguien en... (usando la magia): **turn** /tɜːn/ something o somebody **into**...
▶ transformarse en: **turn into**

transmitir

1 ▷ Paz me transmitió la noticia.
Paz gave me the news.

2 ▷ Esta enfermedad se transmite con facilidad.
This illness is easily transmitted.

1 ▶ transmitir algo a alguien (un mensaje, una noticia, una información): **give** /gɪv/ somebody something (**gave** /geɪv/, **given** /ˈgɪvən/)

2 ▶ transmitirse (hablando de una enfermedad): **be transmitted** /biː trænsˈmɪtɪd/

transparente

▷ Esa blusa es demasiado transparente.
That blouse is too transparent.

transparent /træns'peərənt/
ℹ Fíjate que transparent no se escribe con una **e** al final.
◀) El acento recae sobre la segunda sílaba -pa-.

transpirar

▷ Hacía mucho calor y transpiré mucho.
It was very hot and I sweated a lot.

sweat /swet/
◀) sweat rima con get.

transportar

▷ Las mercancías son transportadas en tren.
The goods are transported by train.

transport /'trænspɔːt/
◀) Cuando transport es un verbo, el acento recae sobre la segunda sílaba -port.

transporte

▷ Es el medio de transporte más rápido.
It's the fastest means of transport.

transport /'trænspɔːt/
◀) Cuando transport es un sustantivo, el acento recae sobre la primera sílaba trans-.

▷ El gobierno prometió mejorar el transporte público.
The government promised to improve public transport.

▶ **transporte público:** public /'pʌblɪk/ transport

tranvía

▷ ¿Has viajado alguna vez en tranvía?
Have you ever travelled by tram?

tram /træm/
⌐ tranvía se dice tram en inglés británico y streetcar /'ʃtriːtkɑː/ en inglés americano.

trapecista

▷ Lo que más me gusta del circo son los trapecistas.
What I like the most about the circus are the trapeze artists.

trapeze artist /trə'piːz 'ɑːtɪst/
(plural: trapeze artists)
◀) trapeze rima con cheese.

trapo

▷ ¿Tienes un trapo seco?
Have you got a dry cloth?

cloth /klɒθ/
◀) La th de cloth se pronuncia como si fuera una z española.

▷ ¿Dónde está el trapo del polvo?
Where's the duster?
▷ Seca los platos con un trapo.
Dry the dishes with a tea towel.

▶ **trapo del polvo:** duster /'dʌstə'/
ℹ Al trapo que se utiliza en la cocina para secar los platos se le llama tea towel /'tiː taʊəl/ (plural: tea towels).

tras

1 ▷ Me escondí tras un árbol.
I hid behind a tree.
2 ▷ Tras el verano viene el otoño.
After summer comes autumn.

1 (= detrás de) behind /bɪˈhaɪnd/

2 (= después de) after /ˈɑːftəʳ/

trasero, trasera

1 ▷ El asiento trasero está sucio.
The back seat is dirty.
▷ Entramos por la puerta trasera.
We went in through the back door.

2 ▷ Me di un golpe en el trasero.
I banged myself on the backside.

1 (adjetivo, = de atrás) back /bæk/
ℹ Con este significado, back es un nombre usado como adjetivo. Sólo se puede colocar delante del nombre, nunca después.

2 (sustantivo, = nalgas) backside /bækˈsaɪd/
ℹ Tanto trasero como backside son términos familiares que sólo debes usar con amigos y conocidos.

trastero

▷ Guardo la bici en el trastero.
I keep my bike in the junk room.

junk room /ˈdʒʌŋk ruːm/ (plural: junk rooms)

trasto

1 ▷ ¿Para qué sirve este trasto?
What's this piece of junk for?

▷ Su cuarto está lleno de trastos.
His room is full of junk.
2 ▷ Su hermano es un trasto.
His brother is a little devil.

1 ► un trasto (= objeto inútil):
a piece of junk /piːs əv ˈdʒʌŋk/
ℹ Fíjate que junk es una palabra incontable en inglés y no se puede decir "a junk".

► trastos: junk

2 (= persona traviesa) little devil

tratado

▷ El tratado de paz se firmará mañana.
The peace treaty will be signed tomorrow.

treaty /ˈtriːtɪ/ (plural: treaties /ˈtriːtɪz/)
◀)) La ea de treaty se pronuncia como la ee de meet.

tratamiento

1 ▷ Este tratamiento es muy eficaz.
This treatment is very effective.

2 ▷ ¿Qué tratamiento de textos usas?
Which word processor do you use?

1 (de una enfermedad) treatment /ˈtriːtmənt/
◀)) La ea de treatment se pronuncia como la ee de meet.

2 ► tratamiento de textos (programa): word processor /wɜːd ˈprəʊsesəʳ/ (plural: word processors)

tratar

▷ Miriam trata muy mal a sus amigas.
Miriam treats her friends really badly.
▷ El médico se negó a tratarla.
The doctor refused to treat her.

(= comportarse, atender) **treat** /triːt/
◀ treat rima con meet.

trato

▷ He hecho un trato con mis padres.
I've made a deal with my parents.

deal /diːl/
◀ deal rima con feel.
► **hacer un trato con alguien:**
make a deal with somebody

▷ Si me dejas la bici te invito luego al cine. -
¡Trato hecho!
If you lend me your bike I'll take you out to the cinema. - It's a deal!

► **¡trato hecho!:** it's a deal!

través

▷ El agua entra a través de las grietas.
The water is coming in through the cracks.
▷ Me enteré a través de la profesora.
I found out through the teacher.

► **a través de** (= por, por medio de): **through** /θruː/
◀ through rima con too.

travieso, traviesa

▷ Mi primo Andrés es muy travieso.
My cousin Andrés is very mischievous.

mischievous /ˈmɪstʃɪvəs/
◀ La ie de mischievous se pronuncia como la i de big.

trébol

▷ Encontré un trébol de cuatro hojas.
I found a four-leaf clover.

clover /ˈkləʊvəʳ/
◀ La o de clover se pronuncia como la o de go.

trece

▷ En mi clase sólo hay trece alumnos.
There are only thirteen pupils in my class.
▷ Míchel tiene trece años.
Míchel is thirteen.
▷ Hoy es trece de mayo.
Today is the thirteenth of May.
▷ Nos veremos el trece de julio.
We'll see each other on the thirteenth of July.

thirteen /ˌθɜːˈtiːn/

ℹ Con las fechas se usa the thirteenth /ˌθɜːˈtiːnθ/.
ℹ Fíjate cómo se usa on y of con las fechas.
ℹ Se escribe 13 April, 13 May, etc.

treinta

▷ Mi profesor de inglés tiene treinta años.
My English teacher is thirty.
▷ Invitó a treinta y dos amigos.
He invited thirty-two friends.

thirty /ˈθɜːtɪ/

ℹ Fíjate cómo para construir un número formado por una decena y una unidad no se coloca **y** sino un guión:
treinta y uno = thirty-one, **treinta y dos** = thirty-two, etc.

tremendo, tremenda

▷ Su última película tuvo un éxito tremendo.
His last film was a tremendous success.

(= enorme) **tremendous** /trɪˈmendəs/

tren

▷ El tren para Barcelona sale de la vía 2.
The train for Barcelona leaves from platform 2.
▷ Fuimos a Sevilla en tren.
We went to Seville by train.

train /treɪn/

► **en tren:** by train /baɪ ˈtreɪn/

trenza

▷ Mi hermana tiene trenzas.
My sister has plaits.

plait /plæt/

◄ plait rima con **cat** (la i no se pronuncia).

✄ **trenza** se dice **plait** en inglés británico y **braid** /breɪd/ en inglés americano.

trepar

▷ Cuando era pequeño me encantaba trepar a los árboles.
When I was little I loved to climb trees.

► **trepar a algo:** climb /klaɪm/ something

◄ La i de **climb** se pronuncia como la i de **like**. La b no se pronuncia.

tres

▷ Tengo tres hermanos.
I have three brothers.
▷ Clara tiene tres años.
Clara is three.
▷ Hoy es tres de mayo.
Today is the third of May.
▷ Nos veremos el tres de julio.
We'll see each other on the third of July.

three /θriː/

ℹ Con las fechas se usa **the third** /θɜːd/.
ℹ Fíjate cómo se usa **on** y **of** con las fechas.
ℹ Se escribe **3 April, 3 May,** etc.

trescientos

▷ El puente fue construido hace trescientos años.
The bridge was built three hundred years ago.

three hundred /θriː ˈhʌndrəd/

tresillo

▷ Mis padres han comprado un nuevo tresillo para el salón.
My parents have bought a new three-piece suite for the living room.

three-piece suite /ˈθriː piːs ˈswiːt/ (plural: **three-piece suites**)

◄ **suite** se pronuncia exactamente igual que la palabra inglesa **sweet**.

triangular

▷ Tiene una mesa triangular en su cuarto.
He's got a triangular table in his bedroom.

triangular /traɪˈæŋɡjʊləʳ/

◄ La i de **triangular** se pronuncia como la i de **like**. El acento recae sobre la segunda sílaba -an-.

triángulo

▷ Los tres lados del triángulo son iguales.
The three sides of the triangle are equal.

triangle /ˈtraɪæŋgəl/
◀) La **i** de **triangle** se pronuncia como la **i** de **like**. El acento recae sobre la primera sílaba **tri-**.

tribu

▷ En esa región todavía hay tribus indias.
There are still Indian tribes in that region.

tribe /traɪb/
◀) La **i** de **tribe** se pronuncia como la **i** de **like**. La **e** no se pronuncia.

tribunal

▷ El tribunal decidió que era inocente.
The court decided that he was innocent.

court /kɔːt/
◀) **court** rima con **port**.

triciclo

▷ El regalo de mi hermano pequeño era un triciclo.
My little brother's present was a tricycle.

tricycle /ˈtraɪsɪkəl/
◀) La **i** de **tricycle** se pronuncia como la **i** de **like**.

tricotar

▷ Mi abuela me enseñó a tricotar.
My grandmother taught me how to knit.

knit /nɪt/
✴ La **k** de **knit** no se pronuncia.
i **knit** se escribe con dos **t** en el gerundio (**knitted** /ˈnɪtɪd/) y el pasado y el participio (**knitting** /ˈnɪtɪŋ/).

trigo

▷ En esta zona hay muchos campos de trigo.
There are a lot of fields of wheat in this area.

wheat /wiːt/
◀) La **ea** de **wheat** se pronuncia como la **ee** de **meet**. La **h** no se pronuncia.

trillizo, trilliza

▷ Mi prima tuvo trillizos.
My cousin had triplets.

triplet /ˈtrɪplət/

trimestre

▷ Saqué muy buenas notas en el primer trimestre.
I got very good marks in the first term.

(en el colegio) term /tɜːm/

trinar

▷ ¿Oiste a los pájaros trinando por la mañana?
Did you hear the birds chirping in the morning?

chirp /tʃɜːp/
◀) La **i** de **chirp** se pronuncia como la **u** de **burst**.

trinchera

▷ Los soldados se escondieron en una trinchera.
The soldiers hid in a trench.

trench /trentʃ/ (plural: trenches /ˈtrentʃɪz/)

trineo

▷ Cuando vayamos a la montaña alquilaremos un trineo.
When we go to the mountains we'll hire a sledge.

sledge /sledʒ/

ℹ sledge se refiere a un trineo pequeño. Al trineo más grande, tirado por animales, se le llama sleigh /sleɪ/.

tripa

▷ Tiene una tripa muy grande.
He's got a very big belly.
▷ Me duele la tripa.
I've got a stomachache.

belly /ˈbelɪ/ (plural: bellies /ˈbelɪz/)

ℹ Para decir que te duele la tripa se usa I've got a stomachache /ˈstʌməkeɪk/.

triple

1 ▷ Dio un triple salto mortal.
She did a triple somersault.

2 ▷ El viaje costó el triple de lo que esperábamos.
The trip cost three times as much as we expected.
3 ▷ Marcó cinco triples.
He scored five three-pointers.

1 (= hablando de algo que está compuesto de tres partes o que es el triple de grande) triple /ˈtrɪpəl/
◀ triple rima con apple.

2 ▶ el triple de...: three times as much as... /ˈθri: taɪmz əz ˈmʌtʃ əz/

3 (en baloncesto) three-pointer /θri:ˈpɔɪntəʳ/

trípode

▷ Pon la cámara sobre el trípode.
Put the camera on the tripod.

tripod /ˈtraɪpɒd/
◀ La i de tripod se pronuncia como la i de like.

tripulación

▷ Todos los miembros de la tripulación murieron en el accidente.
All the crew members died in the accident.

crew /kru:/
◀ crew rima con too.

triste

▷ No estés triste, volverá muy pronto.
Don't be sad, he'll come back very soon.

sad /sæd/ (más triste sadder /ˈsædəʳ/, el más triste the saddest /ˈsædɪst/)

tristeza

▷ Siento una mezcla de alegría y tristeza.
I feel a mixture of happiness and sadness.

sadness /ˈsædnəs/

triturar

▷ Tritura el ajo antes de ponerlo en la sartén.
Crush the garlic before putting it in the frying pan.

crush /krʌʃ/
◀ La u de crush se pronuncia como la u de cut.

trofeo

▷ El colegio guarda sus trofeos en esta sala.
The school keeps its trophies in this room.

trophy /ˈtrəʊfɪ/ (plural: trophies /ˈtrəʊfɪz/)
◀ El acento recae sobre la primera sílaba tro-.

trola

▷ Eso que te han contado es una trola.
What they told you is a fib.

(= mentira) fib /fɪb/

ℹ Tanto **trola** como fib son términos familiares que sólo debes usar con amigos y conocidos.

tromba

▷ La tromba de agua nos sorprendió en la playa.
The downpour caught us at the beach.

▶ **tromba de agua:** downpour /ˈdaʊnpɔːʳ/

🔊 downpour rima con four.

trombón

▷ El trombón es un instrumento de viento.
The trombone is a wind instrument.

▷ El padre de Elena toca el trombón.
Elena's father plays the trombone.

trombone /trɒmˈbəʊn/

🔊 trombone rima con stone.

▶ **tocar el trombón:** play /pleɪ/ the trombone

trompa

▷ La trompa de un elefante es muy larga.
An elephant's trunk is very long.

(de elefante) trunk /trʌŋk/

trompeta

▷ La trompeta es un instrumento de viento.
The trumpet is a wind instrument.

▷ Louis Armstrong tocaba la trompeta.
Louis Armstrong played the trumpet.

trumpet /ˈtrʌmpɪt/

▶ **tocar la trompeta:** play /pleɪ/ the trumpet

tronar

▷ Está tronando, tengo miedo.
It's thundering, I'm scared.

▶ **está tronando:** it's thundering /ˈθʌndərɪŋ/

troncharse

▷ Nos tronchamos de risa con los chistes que cuenta.
We split our sides laughing with the jokes he tells.

▶ **troncharse de risa:** split one's sides laughing /splɪt wʌnz saɪdz ˈlɑːfɪŋ/

ℹ Fíjate cómo se construyen las diferentes personas: I split my sides laughing, you split your sides laughing, he splits his sides laughing, she splits her sides laughing, etc.

tronco

▷ Alejandra escribió sus iniciales en el tronco de un árbol.
Alejandra wrote her initials on a tree trunk.

(de un árbol) trunk /trʌŋk/

ℹ Al tronco del árbol ya cortado y sin ramas se le llama log /lɒg/.

trono

▷ El Príncipe es el heredero del trono.
The Prince is the heir to the throne.

throne /θrəʊn/

🔊 throne rima con stone.

tropas

▷ Mandaron tropas españolas a la zona.
They sent Spanish troops to the region.

(= soldados) **troops** /truːps/

tropezar

▷ Tropezó con una rama.
She tripped over a branch.

trip /trɪp/

ℹ **trip** se escribe con dos **p** en el gerundio (**tripped** /trɪpt/) y el pasado y el participio (**tripping** /ˈtrɪpɪŋ/).

ℹ Fíjate en la preposición: **tropezar con** = trip over.

tropezón

▷ Me di un tropezón con el escalón.
I tripped over the step.

► **darse un tropezón: trip** /trɪp/

ℹ **trip** se escribe con dos **p** en el gerundio (**tripped** /ˈtrɪpt/) y el pasado y el participio (**tripping** /ˈtrɪpɪŋ/).

ℹ Fíjate en la preposición: **darse un tropezón con** = trip over.

tropical

▷ En los países tropicales llueve mucho.
It rains a lot in tropical countries.

tropical /ˈtrɒpɪkəl/

🔊 El acento recae sobre la primera sílaba **tro-**.

trópico

▷ La ciudad está al norte del Trópico de Cáncer.
The city is north of the Tropic of Cancer.

tropic /ˈtrɒpɪk/

trozo

▷ ¿Quieres un trozo de pan?
Do you want a piece of bread?

piece /piːs/

🔊 **piece** se pronuncia igual que la palabra inglesa **peace**. Fíjate en la pronunciación del plural: **pieces** /ˈpiːsɪz/.

trucha

▷ Tomás pescó dos truchas.
Tomás caught two trout.

trout /traʊt/ (plural: **trout**)

ℹ **trout** no se escribe con **s** en plural.

truco

▷ Me enseñó varios trucos de magia.
He showed me some magic tricks.

trick /trɪk/

trueno

▷ Oyó un trueno enorme.
She heard a huge clap of thunder.

► **un trueno: a clap of thunder** /klæp əv ˈθʌndəʳ/

ℹ Fíjate que **thunder** es una palabra incontable en inglés y no se puede decir "a thunder".

▷ ¿Oíste los truenos de ayer por la noche?
Did you hear the thunder last night?

► **truenos: thunder**

tu

▷ Tu nueva bici es muy bonita.
Your new bike is really nice.

your /jɔːʳ/
🔊 your rima con door.
ℹ️ your corresponde a **tu** y también a **tus**.

tú

▷ Tú todavía no has leído ese libro, ¿no?
You haven't read that book yet, have you?

you /juː/
🔊 you rima con too.

tubería

▷ El fontanero vino a desatascar la tubería.
The plumber came to unblock the pipe.

pipe /paɪp/
🔊 La i de pipe se pronuncia como la i de like.

tubo

▷ El tubo de pasta de dientes está casi vacío.
The toothpaste tube is almost empty.

tube /tjuːb/
🔊 La u de tube se pronuncia como la palabra inglesa you.

tuerca

▷ Necesito otro tornillo y otra tuerca.
I need another bolt and another nut.

nut /nʌt/
🔊 nut rima con cut.

tulipán

▷ Mi madre tiene varios tulipanes en el jardín.
My mother has several tulips in the garden.

tulip /ˈtjuːlɪp/
🔊 La u de tulip se pronuncia como la palabra inglesa you. El acento recae sobre la primera sílaba tu-.

tumba

▷ Dejamos flores en la tumba de mi abuelo.
We left some flowers on my grandfather's grave.

grave /greɪv/
🔊 La a de grave se pronuncia como la a de make.

tumbarse

▷ Si estás cansado túmbate.
If you're tired, lie down.

lie down /laɪ ˈdaʊn/ (lay down /leɪ ˈdaʊn/, lain down /leɪn ˈdaʊn/)
ℹ️ El gerundio se escribe lying down.

tumor

▷ No tenía cáncer, sólo un tumor benigno.
He didn't have cancer, just a benign tumour.

tumour /ˈtjuːməʳ/
🔊 tumour rima con hammer. La u se pronuncia como la palabra inglesa you. El acento recae sobre la primera sílaba tu-.

túnel

▷ El túnel pasa por debajo de la montaña.
The tunnel goes under the mountain.

tunnel /ˈtʌnəl/
🔊 La u de tunnel se pronuncia como la u de cut.
ℹ️ Fíjate bien que tunnel se escribe con dos n.

turco, turca

1 ▷ Tengo varios amigos turcos.
I've got several Turkish friends.
▷ Nazim es turco.
Nazim's Turkish.

2 ▷ Se casó con un turco.
She married a Turk.

1 (adjetivo) Turkish /ˈtɜːkɪʃ/
ℹ se escribe siempre con mayúscula, como todos los adjetivos y nombres ingleses que se refieren a la nacionalidad.
2 (nombre) un turco, una turca: a Turk.
◀) La ur de Turk y Turkish se pronuncia como la ir de first.

turismo

▷ El turismo trae mucho dinero a esta región.
Tourism brings a lot of money to this region.

tourism /ˈtʊərɪzəm/
ℹ Fíjate bien que tourism se escribe con ou.

turista

▷ La ciudad se llena de turistas en agosto.
The city fills up with tourists in August.

tourist /ˈtʊərɪst/
ℹ Fíjate bien que tourist se escribe con ou.

turístico, turística

▷ Esta es la principal atracción turística de la ciudad.
This is the main tourist attraction in the city.

tourist /ˈtʊərɪst/
ℹ Con este significado, tourist es un nombre usado como adjetivo. Sólo se puede colocar delante del nombre, nunca después.

turnarse

▷ Mis padres se turnan para cuidar de mi hermano pequeño.
My parents take turns to look after my little brother.

take turns /teɪk ˈtɜːnz/ (took /tʊk/, taken /ˈteɪkən/)

turno

▷ Ahora es mi turno.
Now it's my turn.

(= vez) turn /tɜːn/

Turquía

▷ ¿Cuál es la capital de Turquía?
What's the capital of Turkey?

Turkey /ˈtɜːki/
◀) Turkey rima con free y tea. La ur se pronuncia como la ir de first.

turrón

▷ Siempre comemos turrón en Navidad.
We always eat nougat at Christmas.

nougat /ˈnuːgɑː/
ℹ El turrón no existe en el Reino Unido y los Estados Unidos y el nougat es lo que más se le parece. Para referirte al turrón, di que se trata de a type of nougat.

tus

▷ ¿Dónde están tus padres?
Where are your parents?

your /jɔːʳ/
🔊 your rima con door.
ℹ️ your corresponde a **tus** y también a **tu**.

tutor, tutora

▷ ¿Quién es tu tutor este año?
Who's your form teacher this year?

(en el colegio) form teacher /fɔːm ˈtiːtʃəʳ/ (plural: form teachers)

tuyo, tuya (adjetivo)

▷ Esa chaqueta es tuya.
That jacket is yours.
▷ Esos libros son tuyos.
Those books are yours.
▷ Me lo dijo un amigo tuyo.
A friend of yours told me.

► **tuyo** o **tuya** o **tuyos** o **tuyas**: yours /jɔːz/
🔊 yours rima con doors.

► **un amigo tuyo**: a friend of yours

tuyo, tuya (pronombre)

▷ Mis padres son más jóvenes que los tuyos.
My parents are younger than yours.
▷ No encuentro mi linterna, ¿me prestas la tuya?
I can't find my torch, can you lend me yours?

► **el tuyo** o **la tuya** o **los tuyos** o **las tuyas**: yours /jɔːz/
🔊 yours rima con doors.

U

La letra **U** se pronuncia **/juː/** en inglés.
U se pronuncia como la palabra inglesa **you**.

u

▷ Puedes utilizar lana u otro material parecido.
You can use wool or any other similar material.

or /ɔːʳ/

últimamente

▷ ¿Has visto a María últimamente?
Have you seen María recently?

recently /ˈriːsəntlɪ/

último, última

1 ▷ Este es el último caramelo, ¿lo quieres?
This is the last sweet, do you want it?

1 (= de entre el resto) **last /lɑːst/**

2 ▷ Las últimas noticias son muy buenas.
The latest news is very good.

2 (en el tiempo) **latest /ˈleɪtɪst/**

3 ▷ Viven en el último piso.
They live on the top floor.

3 (= el más alto) **top /tɒp/**

4 ▷ Los cuchillos están en el último cajón.
The knives are in the bottom drawer.

4 (= el más bajo) **bottom /ˈbɒtəm/**

5 ▷ Ya no hay más pasteles, éste es el último.
There are no more cakes left, this is the last one.

5 ► **el último, la última: the last one /ˈlɑːst wʌn/** (plural: **the last ones**)

▷ Pili y Salva llegaron los últimos.
Pili and Salva arrived last.

ℹ Cuando el último o la última van con los verbos "llegar" o "salir", se traduce por **last /lɑːst/**.

▷ Alberto no había entrenado lo suficiente y llegó el último.
Alberto hadn't trained enough and came last.

ℹ En una carrera, llegar el último se traduce por **come last** y no **arrive last**.

un, una

1 ▷ Hay un gato en el jardín.
   There is a cat in the garden.
   ▷ ¿Quieres un helado?
   Do you want an ice-cream?
   ▷ Es una película interesante.
   It's an interesting film.

2 ▷ Carlos sólo comió un pastel.
   Carlos only ate one cake.

1 El artículo indefinido en inglés es **a** /ə/ cuando la palabra siguiente comienza por una consonante (a cat, a boy, a silly idea), y **an** /ən/ cuando la palabra siguiente comienza por una vocal (an ice-cream, an apple, an interesting story)

2 (cifra) one /wʌn/

únicamente

▷ Lo hice únicamente para agradarte.
   I only did it to please you.

only /ˈəʊnlɪ/

único, única

1 ▷ La única solución es que les cuentes la verdad.
   The only solution is for you to tell them the truth.
2 ▷ Es una especie de ave única.
   It's a unique species of bird.

1 (= solo) only /ˈəʊnlɪ/

2 (= fuera de lo común) unique /juːˈniːk/

🔊 unique rima con **week**. La primera **u** se pronuncia como la palabra inglesa **you**. El acento recae sobre la última

unidad

▷ La milla es una unidad de medida usada en el Reino Unido.
   The mile is a unit of measurement used in the United Kingdom.

unit /ˈjuːnɪt/

🔊 La **u** de unit se pronuncia como la palabra inglesa **you**.

uniforme

▷ Mi madre tuvo que comprar un nuevo uniforme escolar para mi hermana.
   My mother had to buy a new school uniform for my sister.

uniform /ˈjuːnɪfɔːm/

🔊 La **u** de uniform se pronuncia como la palabra inglesa **you**. El acento recae sobre la primera sílaba u-.

ℹ️ Fíjate que uniform se escribe sin **e** al final.

unión

▷ España es parte de la Unión Europea.
   Spain is part of the European Union.

union /ˈjuːnɪən/

🔊 La **u** de union se pronuncia como la palabra inglesa **you**. El acento recae sobre la primera sílaba u-.

universidad

▷ La hermana de Felipe está estudiando en la universidad.
Felipe's sister is studying at university.

university /juːnɪ'vɜːsətɪ/ (plural: universities)

◀) La **u** de **university** se pronuncia como la palabra inglesa **you**. El acento recae sobre la tercera sílaba -**ver**-.

ℹ Fíjate que **en la universidad** se traduce por **at university** y no por **in the university**.

universo

▷ Los astrónomos estudian el universo.
Astronomers study the universe.

universe /'juːnɪvɜːs/

◀) La **u** de **universe** se pronuncia como la palabra inglesa **you**. El acento recae sobre la primera sílaba **u**-.

uno, una

▷ Tengo una hermana.
I have one sister.
▷ Sara tiene un año.
Sara is one.
▷ Hoy es uno de mayo.
Today is the first of May.
▷ Nos veremos el uno de julio.
We'll see each other on the first of July.

one /wʌn/

ℹ Con las fechas se usa **the first** /fɜːst/ en inglés.
ℹ Fíjate cómo en inglés se usa **on** y **of** con las fechas.
ℹ Se escribe **I April, I May**, etc.

uña

▷ La profesora de música tiene las uñas muy largas.
The music teacher has very long nails.

nail /neɪl/

◀) **nail** rima con **pale**.

urbanización

▷ Vivo en una urbanización en el norte de la ciudad.
I live in an estate in the north of the city.

estate /ɪ'steɪt/

◀) **estate** rima con **wait**.

urgencia

1 ▷ Apunta mi número de teléfono en caso de urgencia.
Take a note of my telephone number in case of emergency.

2 ▷ Tuvo un accidente y tuvieron que llevarlo a urgencias.
He had an accident and had to be taken to the casualty department.

1 (= situación urgente) **emergency** /ɪ'mɜːdʒənsɪ/ (plural: emergencies /ɪ'mɜːdʒənsɪz/)

◀) El acento recae sobre la segunda sílaba -**mer**-.

2 ▶ **urgencias** (en hospital): **the casualty department** /'kæʒjʊəltɪ dɪ'pɑːtmənt/

⌐ **urgencias** se dice **the casualty department** en inglés británico y **the emergency room** /ɪ'mɜːdʒənsɪ ruːm/ en inglés americano.

urgente

▷ Llama a Sonia, es urgente.
Call Sonia, it's urgent.

urgent /ˈɜːdʒənt/ (más urgente more urgent, el más urgente the most urgent)

◀) La g de urgent se pronuncia como la j de John. La ur se pronuncia como la ir de first. El acento recae sobre la primera sílaba ur-.

i Fíjate que urgent se escribe sin e al final.

Uruguay

▷ ¿Cuál es la capital de Uruguay?
What's the capital of Uruguay?

Uruguay /ˈjʊərəgwaɪ/

◀) La primera U de Uruguay se pronuncia como la palabra inglesa you. El acento recae sobre la primera sílaba U-.

uruguayo, uruguaya

1 ▷ Tengo un vecino uruguayo.
I've got a Uruguayan neighbour.

▷ Diego es uruguayo.
Diego's Uruguayan.

1 (adjetivo) Uruguayan /jʊərəˈgwaɪən/

i Se escribe siempre con mayúscula, como todos los adjetivos y nombres ingleses que se refieren a la nacionalidad.

◀) La primera U de Uruguayan se pronuncia como la palabra inglesa you.

2 ▷ Se casó con un uruguayo.
She married a Uruguayan.

2 (nombre) un uruguayo, una uruguaya: a Uruguayan

usar

▷ ¿Sabes cómo se usa esta impresora?
Do you know how to use this printer?

use /juːs/

◀) La u de use se pronuncia como la palabra inglesa you; use rima con choose.

usted

▷ ¿Usted es el padre de Carmen?
Are you Carmen's father?

▷ ¿Ustedes me podrían ayudar?
Could you help me?

you /juː/

◀) you rima con too.

i you significa tanto usted como ustedes.

útil

▷ Gracias, es un regalo muy útil.
Thank you, it's a very useful present.

useful /ˈjuːsfʊl/ (más útil more useful, el más útil the most useful)

◀) La u de useful se pronuncia como la palabra inglesa you.

utilizar

▷ ¿Por qué no utilizas unas tijeras?
Why don't you use a pair of scissors?

use /juːs/

◀) La **u** de **use** se pronuncia como la palabra inglesa **you**; **use** rima con **choose**.

uva

▷ Compra un kilo de uvas.
Buy a kilo of grapes.

grape /greɪp/

◀) La **a** de **grape** se pronuncia como la **a** de **make**. La **e** no se pronuncia.

V

vaca

▷ Esperamos a que las vacas cruzaran la carretera.
We waited for the cows to cross the road.

cow /kaʊ/
◀) cow rima con **now.**

vacaciones

▷ Las vacaciones comienzan el treinta de junio.
The holidays start on the thirtieth of June.
▷ Mis primos ya están de vacaciones.
My cousins are already on holiday.

holidays /ˈhɒlɪdeɪz/
► **de vacaciones: on holiday**
Ψ Cuidado, ¡no se dice **on holidays!**

vaciar

▷ Ayúdame a vaciar el cubo.
Help me to empty the bin.
▷ La bañera se vacía muy despacio.
The bath empties very slowly.

(= sacar el contenido de) empty /ˈemptɪ/
ℹ La **y** de **empty** se convierte en **ie** en la tercera persona del singular del presente de indicativo (**empties** /ˈemptɪz/), en el pasado y el participio (**emptied** /ˈemptɪd/).
► **vaciarse: empty**

vacío, vacía

▷ La botella está vacía, voy a llenarla.
The bottle is empty, I'm going to fill it.

empty /ˈemptɪ/ (más vacío **emptier** /ˈemptɪəʳ/, el más vacío the **emptiest** /ˈemptɪɪst/)

vacuna

▷ No hay ninguna vacuna contra esta enfermedad.
There is no vaccine against this illness.

vaccine /ˈvæksiːn/
◀) La **cc** de **vaccine** se pronuncia como la **x** de **box** y la **ks** de **looks**; vaccine rima con **seen.**

vacunar

▷ El doctor vacunó a todos los alumnos.
The doctor vaccinated all the pupils.
▷ Me voy a vacunar contra el tétanos.
I'm going to get vaccinated against tetanus.

vaccinate /ˈvæksɪneɪt/

◀)) La cc de vaccinate se pronuncia como la x de box y la ks de looks. La segunda a se pronuncia como la a de make.

▶ vacunarse: get vaccinated /get ˈvæksɪneɪtɪd/ (got, got)

vagabundo, vagabunda

▷ Hay un vagabundo viviendo debajo del puente.
There's a tramp living under the bridge.

tramp /træmp/

vago, vaga

▷ ¡Qué vago eres! ¡Levántate!
You're so lazy! Get up!

lazy /ˈleɪzi/ (más vago lazier /ˈleɪziər/, el más vago the laziest /ˈleɪziɪst/)

◀)) La a de lazy se pronuncia como la a de make.

vagón

▷ Nuestros asientos están en el último vagón.
Our seats are in the last carriage.

(para pasajeros) carriage /ˈkærɪdʒ/

◀)) carriage rima con bridge. La segunda a no se pronuncia.

ℹ Al vagón que transporta mercancías se le llama wagon /ˈwægən/.

vainilla

▷ Este pastel lleva vainilla.
There's vanilla in this cake.
▷ Quiero un helado de vainilla.
I'd like a vanilla ice-cream.

vanilla /vəˈnɪlə/

ℹ Fíjate bien en cómo se escribe vanilla.

▶ de vainilla: vanilla

vajilla

1 ▷ Nos gustó mucho la vajilla que nos regalaron.
We really liked the crockery they gave us.
2 ▷ Te toca lavar la vajilla.
It's your turn to do the dishes.

1 (= platos, vasos, etc.) crockery /ˈkrɒkəri/

2 ▶ lavar la vajilla: do the dishes /du: ðə ˈdɪʃɪz/ (did /dɪd/, done /dʌn/)

ℹ También se puede decir do the washing-up /du: ðə wɒʃɪŋ ˈʌp/.

vale

1 ▷ Me dieron un vale de descuento.
I got a discount voucher.
2 ▷ Si quieres podemos ir al cine. -¡Vale!
If you want we can go to the cinema. - OK!
3 ▷ ¡Vale ya! ¡Estoy harto de esa música!
That's enough! I'm fed up with that music!

1 (= cupón) voucher /ˈvaʊtʃər/

◀)) La ou de voucher se pronuncia como la ow de cow.

2 ▶ ¡vale! (= de acuerdo): OK! /əʊˈkeɪ/

3 ▶ ¡vale ya! (= ya basta): that's enough! /ðæts ɪˈnʌf/

valer

1 ▷ Este cuadro vale varios millones de euros.
This painting is worth several million euros.

2 ▷ ¿Cuánto vale esta bufanda, por favor?
How much is this scarf, please?
▷ ¿Cuánto vale?
How much is it?

3 ▷ ¿Vale la pena ver esta película?
Is it worth seeing this film?
4 ▷ No vale la pena darse prisa.
There's no point hurrying.

1 (seguido de un precio) be worth
/wɜːθ/
◀ La or de worth se pronuncia como la ir de first.
ℹ Para preguntarle a un vendedor cuánto vale algo, se dice how much is...? /haʊ ˈmʌtʃ ɪz/ cuando te refieres a un solo artículo o how much are...? cuando te refieres a varios artículos.
3 ► valer la pena + infinitivo: be worth /wɜːθ/ + -ing
4 ► no vale la pena + infinitivo: there's no point /ðeəz nəʊ ˈpɔɪnt/ + -ing

válido, válida

▷ Este carnet es válido hasta final de mes.
This card is valid until the end of the month.

valid /ˈvælɪd/

valiente

▷ Julia es muy valiente, no tiene miedo de nada.
Julia is very brave, she isn't afraid of anything.

brave /breɪv/ (más valiente braver /ˈbreɪvəʳ/, el más valiente the bravest /ˈbreɪvɪst/)
◀ La a de brave se pronuncia como la a de make.

valioso, valiosa

▷ Mi madre guarda una joya muy valiosa en esta caja.
My mother keeps a very valuable piece of jewellery in this box.

valuable /ˈvæljʊəbəl/ (más valioso more valuable, el más valioso the most valuable)

valla

▷ Hay una valla alrededor del campo.
There is a fence around the field.

fence /fens/
◀ El plural fences se pronuncia /ˈfensɪz/.

valle

▷ Desde aquí se ve todo el valle.
From here you can see the whole valley.

valley /ˈvælɪ/
◀ valley rima con rally.

valor

▷ Nadie sabe el valor real de este cuadro.
Nobody knows the real value of this painting.
▷ Deja los objetos de valor en la caja fuerte.
Leave your valuables in the safe.

(económico) value /ˈvæljuː/
◀ Se pronuncia val + you.
► objetos de valor: valuables /ˈvæljʊəbəlz/

vampiro

▷ Es una historia de vampiros.
It's a story about vampires.

vampire /ˈvæmpaɪəʳ/

🔊 La i de vampire se pronuncia como la i de like. El acento recae sobre la primera sílaba vam-.

vapor

▷ El vapor sale por este tubo.
The steam goes out through this tube.

steam /stiːm/

🔊 La ea de steam se pronuncia como la ee de week.

▷ Las nubes están formadas por vapor de agua.
Clouds are formed by water vapour.

► vapor de agua: water vapour /ˈwɔːtə ˈveɪpəʳ/

🔊 vapour rima con paper.

▷ Me gustan los mejillones al vapor.
I like steamed mussels.

► al vapor: steamed /stiːmd/

vaqueros

▷ Le gusta llevar vaqueros.
She likes to wear jeans.

(= pantalones) jeans /dʒiːnz/

🔊 La j de jeans se pronuncia como la j de John.

variado, variada

▷ Las comidas del colegio son bastante variadas.
The school meals are quite varied.

varied /ˈveərɪd/ (más variado more varied, el más variado the most varied)

🔊 La a de varied se pronuncia como la ai de hair y la ea de bear.

variar

▷ La temperatura varía de 10 a 30 grados.
The temperature varies between 10 and 30 degrees.

(= ser diferente) vary /ˈveərɪ/

🔊 La a de vary se pronuncia como la ai de hair y la ea de bear.

ℹ La y de vary se convierte en ie en la tercera persona del singular del presente de indicativo (varies /ˈveərɪz/), en el pasado y el participio (varied /ˈveərɪd/).

variedad

▷ Esta variedad de rosa es muy bonita.
This variety of rose is very beautiful.

variety /vəˈraɪətɪ/ (plural: varieties)

🔊 La i de variety se pronuncia como la i de like. El acento recae sobre la segunda sílaba -ri-.

varios, varias

▷ Estela tiene varios amigos ingleses.
Estela has several English friends.

several /ˈsevərəl/

varita

▷ El mago usó su varita mágica.
The magician used his magic wand.

► varita mágica: magic wand /ˈmædʒɪk wɒnd/ (plural: **magic wands**)

◀) **wand** rima con **pond**.

varón

▷ Donde pone "sexo" escribe "varón".
Where it says "sex" write "male".

ℹ Para indicar el sexo de una persona en un formulario se usa la palabra **male** /meɪl/.

vasco, vasca

1 ▷ La comida vasca es deliciosa.
Basque food is delicious.
▷ Ainoa es vasca.
Ainoa's Basque.

1 (adjetivo) **Basque** /bɑːsk/

◀) **basque** rima con **ask**.

ℹ Se escribe siempre con mayúscula, como todos los adjetivos y nombres ingleses que se refieren a la nacionalidad.

2 ▷ Se casó con un vasco.
She married a Basque.
3 ▷ El vasco es una lengua muy difícil.
Basque is a very difficult language.

2 (nombre) **un vasco, una vasca: a Basque**

3 (el idioma) **Basque**

ℹ Los nombres de los idiomas se escriben siempre con mayúscula en inglés.

♥ Fíjate que no se usa artículo delante del nombre del idioma, no se dice **the Basque**.

vaso

▷ ¿Quieres un vaso de leche?
Would you like a glass of milk?

glass /glɑːs/ (plural: glasses /ˈglɑːsɪz/)

váter

▷ ¿Dónde está el váter, por favor?
Where is the toilet, please?

toilet /ˈtɔɪlət/

⫴ Cuando te refieres al cuarto de baño, en inglés americano se dice **restroom** /ˈrestruːm/.

vecino, vecina

▷ Nuestros vecinos son muy simpáticos.
Our neighbours are very nice.

neighbour /ˈneɪbəʳ/

◀) La **ei** de **neighbour** se pronuncia como la **a** de **make**. La **gh** no se pronuncia; **neighbour** rima con **rubber**.

vegetación

▷ La vegetación de esta zona es muy densa.
The vegetation in this area is very dense.

vegetation /vedʒɪˈteɪʃən/

◀) La **a** de **vegetation** se pronuncia como la **a** de **make**. La **g** se pronuncia como la **j** de **John**. El acento recae sobre la tercera sílaba **-ta-**.

vegetariano, vegetariana

▷ Los vegetarianos pueden comer huevos.
Vegetarians can eat eggs.

vegetarian /vedʒɪˈteərɪən/

🔊 La primera a de vegetarian se pronuncia como la ai de hair. La g se pronuncia como la j de John. El acento recae sobre la tercera sílaba -ta-.

vehículo

▷ No se permite la entrada de vehículos en la isla.
Vehicles are not allowed onto the island.

vehicle /ˈviːəkəl/

🔊 La h de vehicle no se pronuncia.

veinte

▷ Mi hermana tiene veinte años.
My sister is twenty.

twenty /ˈtwentɪ/

veinticinco

▷ En mi clase sólo hay veinticinco alumnos.
There are only twenty-five pupils in my class.
▷ Daniel tiene veinticinco años.
Daniel is twenty-five.
▷ Hoy es veinticinco de mayo.
Today is the twenty-fifth of May.
▷ Nos veremos el veinticinco de julio.
We'll see each other on the twenty-fifth of July.

twenty-five /twentɪˈfaɪv/

ℹ Con las fechas se usa the twenty-fifth /twentɪˈfɪfθ/.
ℹ Fíjate cómo se usa on y of con las fechas.
ℹ Se escribe 25 April, 25 May, etc.

veinticuatro

▷ Invité a veinticuatro amigos.
I invited twenty-four friends.
▷ Eugenia tiene veinticuatro años.
Eugenia is twenty-four.
▷ Hoy es veinticuatro de mayo.
Today is the twenty-fourth of May.
▷ Nos veremos el veinticuatro de julio.
We'll see each other on the twenty-fourth of July.

twenty-four /twentɪˈfɔːʳ/

ℹ Con las fechas se usa the twenty-fourth /twentɪˈfɔːθ/.
ℹ Fíjate cómo se usa on y of con las fechas.
ℹ Se escribe 24 April, 24 May, etc.

veintidós

▷ Tuvimos veintidós días de vacaciones.
We had twenty-two days of holidays.
▷ Mariano tiene veintidós años.
Mariano is twenty-two.
▷ Hoy es veintidós de mayo.
Today is the twenty-second of May.
▷ Nos veremos el veintidós de julio.
We'll see each other on the twenty-second of July.

twenty-two /twentɪˈtuː/

ℹ Con las fechas se usa the twenty-second /twentɪˈsekənd/.
ℹ Fíjate cómo se usa on y of con las fechas.
ℹ Se escribe 22 April, 22 May, etc.

veintinueve

▷ Quedaban veintinueve caramelos.
There were twenty-nine sweets left.
▷ Ricardo tiene veintinueve años.
Ricardo is twenty-nine.
▷ Hoy es veintinueve de mayo.
Today is the twenty-ninth of May.
▷ Nos veremos el veintinueve de julio.
*We'll see each other on the twenty-ninth of
July.*

twenty-nine /twentɪˈnaɪn/

ℹ Con las fechas se usa **the twenty-
ninth** /twentɪˈnaɪnθ/.
ℹ Fíjate cómo se usa **on** y **of** con las
fechas.
ℹ Se escribe **29 April, 29 May**, etc.

veintiocho

▷ Podemos ver veintiocho canales de televisión.
*We can watch twenty-eight television
channels.*
▷ Miriam tiene veintiocho años.
Miriam is twenty-eight.
▷ Hoy es veintiocho de mayo.
Today is the twenty-eighth of May.
▷ Nos veremos el veintiocho de julio.
*We'll see each other on the twenty-eighth of
July.*

twenty-eight /twentɪˈeɪt/

ℹ Con las fechas se usa **the twenty-
eighth** /twentɪˈeɪtθ/.
ℹ Fíjate cómo se usa **on** y **of** con las
fechas.
ℹ Se escribe **28 April, 28 May**, etc.

veintiséis

▷ El test tenía veintiséis preguntas.
The test had twenty-six questions.
▷ Gema tiene veintiséis años.
Gema is twenty-six.
▷ Hoy es veintiséis de mayo.
Today is the twenty-sixth of May.
▷ Nos veremos el veintiséis de julio.
*We'll see each other on the twenty-sixth of
July.*

twenty-six /twentɪˈsɪks/

ℹ Con las fechas se usa **the twenty-
sixth** /twentɪˈsɪksθ/.
ℹ Fíjate cómo se usa **on** y **of** con las
fechas.
ℹ Se escribe **26 April, 26 May**, etc.

veintisiete

▷ En mi clase sólo hay veintisiete alumnos.
*There are only twenty-seven pupils in my
class.*
▷ Juanjo tiene veintisiete años.
Juanjo is twenty-seven.
▷ Hoy es veintisiete de mayo.
Today is the twenty-seventh of May.
▷ Nos veremos el veintisiete de julio.
*We'll see each other on the twenty-seventh of
July.*

twenty-seven /twentɪˈsevən/

ℹ Con las fechas se usa **the twenty-
seventh** /twentɪˈsevənθ/.
ℹ Fíjate cómo se usa **on** y **of** con las
fechas.
ℹ Se escribe **27 April, 27 May**, etc.

veintitrés

▷ Invité a veintitrés amigos.
I invited twenty-three friends.
▷ Lucía tiene veintitrés años.
Lucía is twenty-three.

twenty-three /twentɪˈθriː/

Sigue en la página siguiente

▷ Hoy es veintitrés de mayo.
Today is the twenty-third of May.
▷ Nos veremos el veintitrés de julio.
We'll see each other on the twenty-third of July.

i Con las fechas se usa the twenty-third /twentɪˈθɜːd/.
i Fíjate cómo se usa on y of con las fechas.
i Se escribe 23 April, 23 May, etc.

veintiuno, veintiuna

▷ Dieron veintiuna vueltas.
They ran twenty-one laps.
▷ Paloma tiene veintiún años.
Paloma is twenty-one.
▷ Hoy es veintiuno de mayo.
Today is the twenty-first of May.
▷ Nos veremos el veintiuno de julio.
We'll see each other on the twenty-first of July.

twenty-one /twentɪˈwʌn/

i Con las fechas se usa the twenty-first /twentɪˈfɜːst/.
i Fíjate cómo se usa on y of con las fechas.
i Se escribe 21 April, 21 May, etc.

vela

1 ▷ ¡Venga, tienes que apagar todas las velas del pastel!
Come on, you have to blow out all the candles on your cake!
2 ▷ Se rasgó una de las velas.
One of the sails got torn.

3 ▷ A mi padre le encanta la vela.
My father loves sailing.

1 (de cera) candle /ˈkændəl/

2 (de barco) sail /seɪl/
◀ La ai de sail y sailing se pronuncia como la a de make.
3 ▶ la vela (= la navegación): sailing /ˈseɪlɪŋ/

velero

▷ Cruzaron el Atlántico en un velero.
They crossed the Atlantic in a sailing boat.

sailing boat /ˈseɪlɪŋ bəʊt/ (plural: sailing boats)
◀ La ai de sailing se pronuncia como la a de make.

veleta

▷ Colocaron una veleta encima de la torre de la iglesia.
They put a weather vane on top of the church tower.

weather vane /ˈweðə veɪn/ (plural: weather vanes)
◀ La a de vane se pronuncia como la a de make.

velocidad

▷ Este coche puede ir a una velocidad máxima de 180 kilómetros por hora.
This car can do a top speed of 180 kilometres per hour.
▷ Me cambié a toda velocidad antes de ir al cine.
I got changed very quickly before going to the cinema.

(= rapidez) speed /spiːd/

▶ a toda velocidad: very quickly /ˈverɪ ˈkwɪklɪ/

veloz

▷ El guepardo es un animal muy veloz.
The cheetah is a very fast animal.

fast /fɑːst/ (más veloz faster /ˈfɑːstəʳ/, el más veloz the fastest /ˈfɑːstɪst/)

ℹ También se puede decir quick /kwɪk/ (más veloz quicker /ˈkwɪkəʳ/, el más veloz the quickest /ˈkwɪkɪst/).

vena

▷ La enfermera no conseguía encontrar la vena.
The nurse couldn't find the vein.

vein /veɪn/

🔊 vein rima con rain y Jane.

vencedor, vencedora

▷ El vencedor de la carrera recibirá un premio.
The winner of the race will receive a prize.

(= en una carrera, un juego, las elecciones) winner /ˈwɪnəʳ/

vencer

▷ ¿Quién crees que vencerá?
Who do you think will win?

(= en una carrera, un juego, las elecciones) win /wɪn/ (won, won /wʌn/)

venda

▷ Le pusieron una venda en la rodilla.
They put a bandage on his knee.

bandage /ˈbændɪdʒ/

🔊 bandage rima con bridge.

vendedor, vendedora

▷ El vendedor me ayudó a encontrar lo que buscaba.
The shop assistant helped me to find what I was looking for.

(en una tienda) shop assistant /ʃɒp əˈsɪstənt/ (plural: shop assistants)

vender

▷ Alex quiere vender su bici para comprar un DVD.
Alex wants to sell his bike to buy a DVD player.

▷ Andrea le vendió sus patines a Patricia.
Andrea sold Patricia her skates.

sell /sel/ (sold, sold /səʊld/)

▶ vender algo a alguien: sell somebody something

veneno

▷ Los ladrones pusieron veneno en la comida del perro.
The burglars put poison in the dog's food.

poison /ˈpɔɪzən/

venenoso, venenosa

▷ En esta región hay serpientes venenosas.
There are poisonous snakes in this region.

(planta, sustancia, serpiente) poisonous /ˈpɔɪzənəs/

Venezuela

▷ ¿Cuál es la capital de Venezuela?
What's the capital of Venezuela?

Venezuela /venəˈzweɪlə/

🔊 La ue de Venezuela se pronuncia como la palabra inglesa way.

venezolano, venezolana

1 ▷ Tengo una amiga venezolana.
   I've got a Venezuelan friend.
 ▷ Daniela es venezolana.
   Daniela's Venezuelan.

1 (adjetivo) Venezuelan
/venəˈzweɪlən/

◀ La ue de Venezuelan se pronuncia como la palabra inglesa way.

ℹ Se escribe siempre con mayúscula, como todos los adjetivos y nombres ingleses que se refieren a la nacionalidad.

2 ▷ Se casó con un venezolano.
   She married a Venezuelan.

2 (nombre) un venezolano, una venezolana: a Venezuelan

venga

 ▷ ¡Venga, date prisa que llegamos tarde!
   Come on, hurry up, we're late!

► ¡venga! (= vamos): come on!
/ˈkʌm ˈɒn/

vengarse

 ▷ Tomás quería vengarse de Noelia.
   Tomás wanted to take revenge on Noelia.

► vengarse de alguien: take revenge /teɪk rɪˈvendʒ/ on somebody (took /tʊk/, taken /ˈteɪkən/)

venir

1 ▷ ¿Vienes conmigo?
   Are you coming with me?
2 ▷ Mis abuelos vienen del norte.
   My grandparents come from the north.
3 ▷ El próximo domingo me viene bien.
   Next Sunday suits me.
 ▷ El miércoles por la noche me viene mal.
   Wednesday evening doesn't suit me.

1 (= ir) come (came /keɪm/, come)
◀ come rima con sum.
2 ► venir de (= ser, proceder): come from
3 ► venir bien (= convenir): suit
◀ suit rima con boot.
ℹ Para decir que algo te viene mal se usa doesn't suit me.

venta

 ▷ La venta de armas está prohibida.
   The sale of weapons is banned.

sale /seɪl/
◀ La a de sale se pronuncia como la a de make.

 ▷ La casa está en venta.
   The house is for sale.

► estar en venta: be for sale
/fɔː ˈseɪl/

ventaja

 ▷ Tiene la ventaja de que es más barato.
   It has the advantage of being cheaper.

(= punto favorable) advantage
/ədˈvɑːntɪdʒ/
◀ advantage rima con bridge.

ventana

 ▷ Miré por la ventana y vi llegar a los vecinos.
   I looked out of the window and saw the neighbours arriving.

window /ˈwɪndəʊ/
◀ window rima con go.
ℹ Fíjate en la preposición: mirar por la ventana = look out of the window.

ventanilla

▷ Sube la ventanilla, por favor.
Close the window, please.

(en coche) window /ˈwɪndəʊ/
🔊 window rima con go.

ventilador

▷ Qué calor hace, enciende el ventilador.
It's really hot, turn the fan on.

fan /fæn/

ver

1 ▷ Vi al profesor de inglés en el parque.
I saw the English teacher in the park.

▷ Voy a ver a mis abuelos todos los domingos.
I go to see my grandparents every Sunday.

▷ Raúl vino a verme ayer.
Raúl came to see me yesterday.

2 ▷ Estaba viendo la televisión cuando sonó el
teléfono.
*I was watching television when the phone
rang.*

3 ▷ Se ven durante las vacaciones.
They see each other during the holidays.

1 (con la vista) see /siː/ (saw /sɔː/,
seen /siːn/)
🔊 saw rima con or y more.
▶ **ir a ver:** go to see (went
/went/, gone/been /ɡɒn/biːn/)
▶ **venir a ver:** come to see
(came /keɪm/, come /kʌm/)

2 (la televisión, un programa) watch
/wɒtʃ/
🔊 La a de watch se pronuncia como
la o de got.
ℹ Fíjate cómo en inglés se dice watch
television y no watch the television.

3 ▶ **verse** (= encontrarse): see
each other /siː iːtʃ ˈʌðəʳ/

veranear

▷ Siempre veraneamos en la montaña.
*We always spend our summer holidays in the
mountains.*

spend one's summer holidays
/spend wʌnz ˈsʌmə ˈhɒlɪdeɪz/
(spent, spent /spent/)
ℹ Fíjate cómo se construyen las
diferentes personas: I spend my
summer holidays, you spend your
summer holidays, he spends his
summer holidays, she spends her
summer holidays, etc.

verano

▷ En verano siempre hace mucho calor.
It's always very hot in summer.

summer /ˈsʌməʳ/

verbo

▷ "To be" es un verbo auxiliar.
"To be" is an auxiliary verb.

verb /vɜːb/
ℹ Fíjate que verb se escribe sin una o
al final.

verdad

▷ ¡Dime la verdad, no me mientas!
Tell me the truth, don't lie to me!

▷ Eso que te han contado sobre la profesora no
es verdad.
What they told you about the teacher isn't true.

truth /truːθ/
🔊 truth rima con tooth.
▶ **ser verdad:** to be true /truː/
🔊 true rima con too.

verdaderamente

▷ Sus amigos son verdaderamente inaguantables.
Her friends are really unbearable.

really /ˈrɪəlɪ/
◀ La ea de really se pronuncia como la ee de week.

verdadero, verdadera

▷ Su nombre verdadero es Anacleto.
His real name is Anacleto.

▷ La película cuenta la historia verdadera de un grupo de exploradores.
The film tells the true story of a group of explorers.

ℹ Cuando **verdadero** se refiere a un nombre, o a un motivo, se traduce por real /rɪəl/. Cuando **verdadero** se refiere a una historia o es lo contrario de falso se traduce por true /truː/.

verde

1 ▷ Ese jersey verde te sienta muy bien.
That green jumper really suits you.

2 ▷ Esos plátanos están verdes.
Those bananas are not ripe.

3 ▷ El verde es mi color favorito.
Green is my favourite colour.

1 (color) green /griːn/

2 (= sin madurar, hablando de fruta) not ripe /nɒt ˈraɪp/
◀ La i de ripe se pronuncia como la i de like.

3 ► el verde (= el color verde): green
ℹ Fíjate que en inglés green no se escribe con artículo.

verdura

▷ Tienes que comer mucha verdura.
You have to eat lots of vegetables.

vegetables /ˈvedʒtəbəlz/
◀ La g de vegetables se pronuncia como la j de John.
ℹ vegetables es una palabra en plural que se usa con un verbo en plural. Por ejemplo, se dice: vegetables are cheaper than meat (= la verdura es más barata que la carne).

vergonzoso, vergonzosa

1 ▷ Elena es muy vergonzosa.
Elena is really shy.

2 ▷ ¡Es vergonzoso tratar a las personas mayores así!
It's disgraceful to treat elderly people like that!

1 (= tímido) shy /ʃaɪ/ (más vergonzoso shyer, el más vergonzoso the shyest)

2 (= escandaloso) disgraceful /dɪsˈɡreɪsful/ (más vergonzoso more disgraceful, el más vergonzoso the most disgraceful)

vergüenza

1 ▷ Me da vergüenza sacarla a bailar.
I'm embarrassed to ask her to dance.

1 Para decir que algo **te da vergüenza** por sentir timidez se usa I'm embarrassed to... /aɪm ɪmˈbærəst tʊ/.

▷ ¡Qué vergüenza, tuve que pedirle perdón delante de toda la clase!
It was so embarrassing, I had to say sorry to her in front of the whole class!

2 ▷ Van a cerrar el hospital, ¡qué vergüenza!
They're going to close down the hospital, it's a disgrace!

ⓘ Para decir que una situación te produjo mucha vergüenza se usa it was so embarrassing! /ɪt wəz səʊ emˈbærəsɪŋ/

2 ▶ ¡qué vergüenza! (= qué escándalo): it's a disgrace! /ɪts ə dɪsˈɡreɪs/

verruga

▷ Mi abuela tiene verrugas en las manos.
My grandmother has warts on her hands.

wart /wɔːt/

🔊 wart rima con port.

ⓘ A las verrugas que aparecen en los pies se les llama verruca /vəˈruːkə/.

versión

▷ Cada uno contó su versión de lo que había pasado.
Everybody told their version of what had happened.

version /ˈvɜːʒən/

🔊 version rima con freshen. El acento recae sobre la primera sílaba ver-.

vertical

▷ Dibuja una línea vertical en el medio de la página.
Draw a vertical line down the middle of the page.

vertical /ˈvɜːtɪkəl/

🔊 El acento recae sobre la primera sílaba ver-.

vértigo

▷ No quiero subir a la montaña, tengo vértigo.
I don't want to climb the mountain, I'm afraid of heights.

▷ Quiero volver al pie de la torre, tengo vértigo.
I want to go back to the bottom of the tower, I feel dizzy.

▷ La altitud me da vértigo.
Heights make me dizzy.

ⓘ Para decir que tienes vértigo porque las alturas te dan miedo se usa I'm afraid of heights /əˈfreɪd əv ˈhaɪts/. Para decir que tienes vértigo porque en un momento determinado te mareas, se usa I feel dizzy /fiːl ˈdɪzi/ (felt, felt /felt/)

▶ dar vértigo a alguien: make somebody dizzy /ˈdɪzi/ (made, made /meɪd/)

vestido

▷ Inés llevaba un vestido rojo.
Inés was wearing a red dress.

dress /dres/ (plural: dresses /ˈdresɪz/)

vestir

▷ Laura pasa horas vistiendo a sus muñecas.
Laura spends hours dressing her dolls.

▷ Me vestí muy rápidamente.
I got dressed very quickly.

▷ Se vistió de policía.
He dressed up as a policeman.

dress /dres/

▶ vestirse: get dressed /get ˈdrest/ (got dressed, got dressed)

▶ vestirse de algo (= disfrazarse): dress up as something

vestuario

▷ Los vestuarios están al lado de la entrada del gimnasio.
The changing rooms are next to the entrance of the gym.

(en un gimnasio, campo de deporte)
changing room /ˈtʃeɪndʒɪŋ ruːm/
(plural: changing rooms)

veterinario, veterinaria

▷ El veterinario dijo que no era grave.
The vet said that it wasn't serious.
▷ Mi madre llevó el gato al veterinario.
My mother took the cat to the vet's.
▷ Julia es una veterinaria excelente.
Julia is an excellent vet.

vet /vet/
▶ al veterinario (= a su consulta): to the vet's
ℹ No te olvides de colocar el artículo a o an delante del nombre de la profesión cuando aparece detrás de los verbos be o become.

vez

▷ Fue más fácil la segunda vez.
It was easier the second time.

time /taɪm/
◀)) La i de time se pronuncia como la i de like.

▷ Sólo he visto esa película una vez.
I've only seen that film once.
▷ ¡Ya te lo he dicho dos veces!
I've already told you twice!

▶ una vez: once
◀)) once se pronuncia won + s.
▶ dos veces: twice
ℹ A partir de tres, se dice three times (tres veces), four times (cuatro veces), etc.

▷ ¡No habléis todos a la vez!
Don't all talk at the same time!
▷ A veces me parece que está loco.
Sometimes I think he's mad.
▷ En vez de quedarnos en casa podríamos ir al cine.
Instead of staying at home we could go to the cinema.

▶ a la vez: at the same time
▶ a veces: sometimes /ˈsʌmtaɪmz/
▶ en vez de: instead of /ɪnˈsted əv/
◀)) instead rima con bed.

vía

1 ▷ No camines por la vía, es peligroso.
Don't walk on the track, it's dangerous.
▷ El tren efectuará su llegada por la vía 2.
The train will arrive at platform 2.
▷ La vía del tren pasa cerca de su casa.
The railway line runs near their house.
2 ▷ Había un perro en medio de la vía.
There was a dog in the middle of the road.

1 (del tren) track /træk/
ℹ Cuando vía se refiere al andén se traduce por platform /ˈplætfɔːm/.
▶ vía del tren: railway line /ˈreɪlweɪ laɪn/ (plural: railway lines)
2 (= calle, carretera) road /rəʊd/

viajar

▷ Luis ha viajado mucho.
Luis has travelled a lot.
▷ Me encanta viajar.
I love travelling.

travel /ˈtrævəl/
ℹ travel se escribe con dos l en el gerundio (travelling /ˈtrævəlɪŋ/) y el pasado y el participio (travelled /ˈtrævəld/).

viaje

1 ▷ El viaje a España fue muy bien.
   The trip to Spain went very well.
  ▷ Lorenzo y Rosa se fueron de viaje a Irlanda.
   Lorenzo and Rosa went on a trip to Ireland.

  ▷ ¡Hasta la próxima semana! ¡Buen viaje!
   See you next week! Have a nice trip!
2 ▷ El viaje fue muy largo.
   The journey was very long.

1 (= excursión) **trip** /trɪp/

► **irse de viaje: go on a trip**
(went /went/, gone/been
/gɒn/biːn/)

ℹ Para desearle a alguien que tenga
un buen viaje se dice **have a nice trip!**

2 (= trayecto) **journey** /ˈdʒɜːnɪ/
◀)) La **our** de **journey** se pronuncia
como la **ir** de **first**.

viajero, viajera

  ▷ El aeropuerto estaba lleno de viajeros.
   The airport was full of travellers.

traveller /ˈtrævələ /

víbora

  ▷ César vio una víbora en la hierba.
   César saw a viper in the grass.

viper /ˈvaɪpə /
◀)) La **i** de **viper** se pronuncia como la
i de **like**.

vibrar

  ▷ La nevera vibra y hace mucho ruido.
   The fridge vibrates and makes a lot of noise.

vibrate /vaɪˈbreɪt/
◀)) La **i** de **vibrate** se pronuncia como
la **i** de **like**.

víctima

  ▷ Entrevistaron a varias víctimas del atentado.
   They interviewed several victims of the attack.

victim /ˈvɪktɪm/

victoria

1 ▷ El ejército celebró su victoria desfilando por
   las calles.
   *The army celebrated its victory by marching
   through the streets.*
2 ▷ Es la tercera victoria del equipo este mes.
   It's the team's third win this month.

1 (militar) **victory** /ˈvɪktərɪ/ (plural:
victories /ˈvɪktərɪz/)

2 (deportiva) **win** /wɪn/

vida

  ▷ Mi abuela tuvo una vida difícil.
   My grandmother had a difficult life.

life /laɪf/
◀)) La **i** de **life** se pronuncia como la **i**
de **like**.

vídeo

  ▷ Alquilamos un vídeo.
   We hired a video.

video /ˈvɪdɪəʊ/
◀)) La **e** de **video** se pronuncia como
la **i** de **big**.

ℹ Tanto en español como en inglés
vídeo y **video** se refieren al aparato y a
la cinta que se coloca dentro de él.

vidriera

▷ Hay una vidriera preciosa en la catedral.
There's a beautiful stained-glass window in the cathedral.

stained-glass window
/ˈsteɪndɡlɑːs ˈwɪndəʊ/ (plural: stained-glass windows)
🔊 window rima con go.

vidrio

▷ Había trozos de vidrio en el suelo.
There were pieces of glass on the ground.
▷ La puerta de la oficina es de vidrio.
The office door is made of glass.
▷ Compré un collar con cuentas de vidrio.
I bought a necklace with glass beads.

glass /ɡlɑːs/

▶ **ser de vidrio:** be made of glass
▶ **de vidrio:** glass

viejo, vieja

1 ▷ Cuando estoy cuidando del jardín me pongo unos vaqueros viejos.
When I do the gardening I wear an old pair of jeans.
▷ Lucas es más viejo que tú.
Lucas is older than you.
2 ▷ Vi a un viejo cruzando la calle.
I saw an old man crossing the road.

1 (adjetivo, = antiguo) old /əʊld/ (más viejo older /ˈəʊldəʳ/, el más viejo the oldest /ˈəʊldɪst/)

ℹ Cuando **viejo** es sustantivo y se refiere a una persona mayor puede tener varias traducciones: **un viejo** se dice an old man; **una vieja** se dice an old woman; y **los viejos** se dice old people.

viento

▷ No me gusta el viento.
I don't like the wind.

▷ Hace viento.
It's windy.

wind /wɪnd/
🔊 La i de wind se pronuncia como la i de big.

▶ **hace viento:** it's windy /ɪts ˈwɪndɪ/

viernes

▷ Hoy es viernes.
Today is Friday.

Friday /ˈfraɪdɪ/
🔊 La i de Friday se pronuncia como la i de like.
ℹ En inglés se escribe siempre con mayúscula, como el resto de los días de la semana.

▷ Salimos el viernes.
We left on Friday.
▷ Los viernes vamos siempre al cine.
We always go to the cinema on Fridays.
▷ Volveremos el próximo viernes.
We will return next Friday.

▶ **el viernes:** on Friday

▶ **los viernes** (= todos los viernes): on Fridays
▶ **el próximo viernes:** next Friday

vigilante

▷ Mi primo trabaja como vigilante jurado.
My cousin works as a security guard.

guard /gɑːd/
◀ La u de guard no se pronuncia.
▶ vigilante jurado: security
guard /sɪˈkjʊərətɪ gɑːd/ (plural:
security guards)

villancico

▷ Pasamos toda la tarde cantando villancicos.
*We spent the whole afternoon singing
Christmas carols.*

Christmas carol /ˈkrɪsməs ˈkærəl/
(plural: Christmas carols)
◀ La t de Christmas no se pronuncia.

vinagre

▷ No pongas demasiado vinagre.
Don't put too much vinegar in.

vinegar /ˈvɪnɪgəʳ/
◀ El acento recae sobre la primera
sílaba vi-.

vino

▷ Los invitados trajeron una botella de vino.
The guests brought a bottle of wine.

wine /waɪn/
◀ La i de wine se pronuncia como la i
de like.

violar

▷ Lo acusan de haber violado a varias mujeres.
He's accused of having raped several women.

rape /reɪp/
◀ La a de rape se pronuncia como la
a de make.

violencia

▷ Hay demasiada violencia en televisión.
There's too much violence on TV.

violence /ˈvaɪələns/
◀ La i de violence se pronuncia como
la i de like.

violento, violenta

▷ La película es demasiado violenta.
The film is too violent.

violent /ˈvaɪələnt/ (más violento
more violent, el más violento the most
violent)
◀ La i de violent se pronuncia como
la i de like.

violeta

1 ▷ El profesor de matemáticas llevaba un jersey
violeta.
*The maths teacher was wearing a violet
pullover.*
2 ▷ El violeta es mi color favorito.
Violet is my favourite colour.

1 (color) violet /ˈvaɪələt/
◀ La i de violet se pronuncia como la
i de like.

2 ▶ el violeta (= el color
violeta): violet
ℹ Fíjate que en inglés violet no se
escribe con artículo.

violín

▷ Los músicos llegaron con sus violines.
The musicians arrived with their violins.

violin /vaɪəˈlɪn/
◀)) La primera i de violin se pronuncia
como la i de like.

▷ Jaime toca muy bien el violín.
Jaime plays the violin very well.

► **tocar el violín:** play /pleɪ/ the
violin

violinista

▷ Los violonistas saludaron al público.
The violinists bowed to the audience.

violinist /vaɪəˈlɪnɪst/
◀)) La primera i de violinist se
pronuncia como la i de like.

violonchelo

▷ El sonido del violonchelo es muy bonito.
The sound of the cello is very beautiful.

cello /ˈtʃeləʊ/
◀)) La c de cello se pronuncia como la
ch de choose.

▷ Me gustaría saber tocar el violonchelo.
I'd like to be able to play the cello.

► **tocar el violonchelo:** play
/pleɪ/ the cello

virgen

▷ Mi abuela tiene una imagen de la Virgen en su
dormitorio.
*My grandmother has a statue of the Virgin
Mary in her bedroom.*

(en religión) virgin /ˈvɜːdʒɪn/
► **la Virgen:** the Virgin Mary
/ˈvɜːdʒɪn ˈmeərɪ/
◀)) La primera i de virgin se pronuncia
como la i de first. La g se pronuncia
como la j de John.

virus

▷ Muchos niños fueron infectados con el virus.
A lot of children were infected with the virus.

(en las personas o en el ordenador)
virus /ˈvaɪərəs/
◀)) La i de virus se pronuncia como la i
de like.

visado

▷ Para ir a China necesitas un visado.
To go to China you need a visa.

visa /ˈviːzə/
◀)) La i de visa se pronuncia como la
ee de meet.

visita

▷ Tuvimos una visita inesperada.
We had an unexpected visit.

visit /ˈvɪzɪt/
◀)) El acento recae sobre la primera
sílaba vi-.

▷ Todos los domingos hacemos una visita a mis
abuelos.
We visit my grandparents every Sunday.

► **hacer una visita a alguien:** visit
/ˈvɪzɪt/ somebody

▷ Hicimos una visita guiada por el castillo.
We went on a guided tour of the castle.

► **visita guiada:** guided tour
/ˈɡaɪdɪd tʊəʳ/ (plural: guided tours)
◀)) La u de guided no se pronuncia.

visitante

▷ El museo recibe muchos visitantes todos los días.
The museum has lots of visitors every day.

visitor /ˈvɪzɪtəʳ/
◀ El acento recae sobre la primera sílaba vi-.

visitar

▷ Visité el museo con un amigo.
I visited the museum with a friend.

visit /ˈvɪzɪt/
◀ El acento recae sobre la primera sílaba vi-.

víspera

▷ Llegaron la víspera.
They arrived the day before.

▶ la víspera: the day before
/deɪ bɪˈfɔːʳ/

vista

1 ▷ La vista es uno de los cinco sentidos.
Sight is one of the five senses.

1 (sentido) sight /saɪt/
◀ La i de sight se pronuncia como la i de like. La gh no se pronuncia.

2 ▷ Tere tiene buena vista.
Tere has good eyesight.

2 ▶ tener buen vista o estar bien de la vista (= ver bien): have good eyesight /gʊd ˈaɪsaɪt/

▷ Mi abuela tiene mala vista.
My grandmother has poor eyesight.

▶ tener mala vista o estar mal de la vista (= ver mal): have poor eyesight /pʊə ˈaɪsaɪt/

3 ▷ La vista desde la torre es espectacular.
The view from the tower is spectacular.

3 (= panorama) view /vjuː/
◀ view rima con you.

4 ▷ Me tengo que ir. ¡Hasta la vista!
I've got to go. See you!

4 ▶ ¡hasta la vista!: see you!
/ˈsiː jə/

vistazo

▷ Da un vistazo a este retrato y dime qué te parece.
Have a look at this portrait and tell me what you think of it.

▶ dar un vistazo a algo: have a look /hæv ə ˈlʊk/ at something (had, had)

vitamina

▷ Come naranjas, tienen muchas vitaminas.
Eat oranges, they have lots of vitamins.

vitamin /ˈvɪtəmɪn/
◀ El acento recae sobre la primera sílaba vi-.

viuda

▷ La profesora de francés es viuda.
The French teacher is a widow.

▶ ser viuda: be a widow
/ˈwɪdəʊ/
◀ widow rima con go.

viudo

▷ Nuestro vecino es viudo
Our neighbour is a widower.

▶ ser viudo: be a widower
/ˈwɪdəʊəʳ/
◀ La ow de widower se pronuncia como la o de go.

vivir

▷ Nuestro perro vivió mucho tiempo.
Our dog lived for a long time.

▷ ¿Dónde vives?
Where do you live?

(= estar vivo, habitar) **live** /lɪv/
🔊 **live** rima con **give**.
ℹ️ No confundas **live** (= vivir) con **life** (= vida).

vivo, viva

1 ▷ Está gravemente herido pero todavía está vivo.
He's seriously injured but he's still alive.

1 (= con vida) **alive** /əˈlaɪv/
🔊 La i de **alive** se pronuncia como la i de **like**.

2 ▷ Su cuarto está pintado con colores vivos.
His room is painted in bright colours.

2 (= intenso) **bright** /braɪt/ (más vivo **brighter** /ˈbraɪtəʳ/, el más vivo the **brightest** /ˈbraɪtɪst/)
🔊 **bright** rima con **bite**.

vocabulario

▷ Tengo que hacer los ejercicios de vocabulario.
I have to do the vocabulary exercises.

vocabulary /vəˈkæbjʊlərɪ/
🔊 El acento recae sobre la segunda sílaba -ca-.

vocal

▷ "A" es una vocal.
"A" is a vowel.

vowel /ˈvaʊəl/
🔊 La ow de **vowel** se pronuncia como la ow de **cow**.

volante

▷ Es un sistema que bloquea el volante.
It's a system that blocks the steering wheel.

steering wheel /ˈstɪərɪŋ wiːl/
(plural: **steering wheels**)

volar

▷ Me gusta ver a los pájaros volando.
I like to watch birds fly.

fly /flaɪ/ (flew /fluː/, flown /fləʊn/)
ℹ️ La y de **fly** se convierte en ie en la tercera persona del singular del presente de indicativo (**flies** /flaɪz/).

volcán

▷ Ese volcán todavía está activo.
That volcano is still active.

volcano /vɒlˈkeɪnəʊ/ (plural: **volcanoes** /vɒlˈkeɪnəʊz/)
🔊 La a de **volcano** se pronuncia como la a de **make**.

voleibol

▷ El voleibol es mi deporte favorito.
Volleyball is my favourite sport.

volleyball /ˈvɒlɪbɔːl/
ℹ️ Fíjate que en este ejemplo **volleyball** se utiliza sin artículo en inglés.
🔊 La ey de **volleyball** se pronuncia como la ee de **meet**.

▷ Natalia juega al voleibol en el equipo del colegio.
Natalia plays volleyball for the school team.

▶ jugar al voleibol: **play volleyball**

volumen

▷ Tengo que calcular el volumen de este cilindro.
I have to calculate the volume of this cylinder.
▷ Es un diccionario en dos volúmenes.
It's a dictionary in two volumes.
▷ Sube el volumen, no oigo nada.
Turn the volume up, I can't hear anything.

volume /ˈvɒljuːm/
🔊 La **u** de **volume** se pronuncia como la palabra inglesa **you**. El acento recae sobre la primera sílaba **vol-**.

voluntad

▷ Con un poco de voluntad conseguirás adelgazar.
With a bit of willpower you will manage to lose weight.

(= determinación) willpower /ˈwɪlpaʊəʳ/
🔊 La **ow** de **willpower** se pronuncia como la **ow** de **cow**.

voluntario, voluntaria

▷ Estamos buscando voluntarios para nuestro proyecto.
We are looking for volunteers for our project.

volunteer /vɒlənˈtɪəʳ/

volver

1 ▷ Manuel vuelve a Italia todos los veranos.
Manuel returns to Italy every summer.
2 ▷ ¡Ese ruido me está volviendo loco!
That noise is driving me mad!

3 ▷ ¡No te vuelvas, está detrás de ti!
Don't turn round, he's behind you!

1 (= ir de vuelta) return /rɪˈtɜːn/

2 ► volver loco a alguien: drive /draɪv/ somebody mad (drove /drəʊv/, driven /ˈdrɪvən/)
ℹ También se puede decir drive somebody crazy.

3 ► volverse (= darse la vuelta): turn round /tɜːn ˈraʊnd/

vomitar

▷ No me encuentro bien, creo que voy a vomitar.
I'm not feeling well, I think I'm going to be sick.
▷ Mi hermano vomitó en el avión.
My brother was sick on the plane.

be sick /sɪk/
ℹ También se puede decir vomit /ˈvɒmɪt/.

vosotros, vosotras

▷ ¿Vosotros les conocéis?
Do you know them?
▷ Sacaron mejores notas que vosotros.
They got better marks than you.

(sujeto y complemento) you /juː/
🔊 you rima con too.

votar

▷ Votaron para elegir al presidente.
They voted to elect the president.
▷ ¿A quién votaste?
Who did you vote for?

vote /vəʊt/
🔊 vote rima con coat.
► votar a alguien: vote for somebody

voto

▷ Virginia recibió veinte votos.
Virginia got twenty votes.

vote /vəʊt/
◀ vote rima con coat.

voz

▷ Samuel tiene la voz profunda.
Samuel has a deep voice.
▷ ¿Por qué habláis en voz baja?
Why are you talking in a low voice?

voice /vɔɪs/

► **en voz baja:** in a low voice

vuelo

▷ El vuelo a Londres fue suspendido.
The flight to London was cancelled.

flight /flaɪt/
◀ La i de flight se pronuncia como la i de like. La gh no se pronuncia.

vuelta

1 ▷ La vuelta me pareció más corta que la ida.
The return journey seemed shorter to me than the outward journey.

1 (= viaje de vuelta) **return journey** /rɪˈtɜːn ˈdʒɜːnɪ/
◀ La ou de journey se pronuncia como la i de first.

▷ A la vuelta condujo mi madre.
My mother drove on the way back.

► **a la vuelta:** on the way back /ɒn ðə weɪ ˈbæk/

2 ▷ Voy a dar una vuelta en el parque.
I'm going for a walk in the park.
▷ ¿Quieres dar una vuelta en mi moto?
Do you want to go for a ride on my bike?

i **dar una vuelta** se traduce de formas diferentes: si la vuelta se da a pie, se traduce por go for a walk /ˈgəʊ fər ə ˈwɔːk/; si la vuelta se da en bici o en moto se traduce por go for a ride /ˈgəʊ fər ə ˈraɪd/; si la vuelta se da en coche se traduce por go for a drive /fɔːr ə ˈdraɪv/.

3 ▷ La Tierra da vueltas alrededor del Sol.
The Earth goes round the Sun.

3 ► **dar vueltas alrededor de:** go round /raʊnd/ (went round /went ˈraʊnd/, gone round /gɒn ˈraʊnd/)

4 ▷ Da la vuelta, nos hemos pasado de salida.
Turn back, we've missed our exit.

4 ► **dar la vuelta** (= volver): turn back /tɜːn ˈbæk/

5 ▷ Dieron veintiuna vueltas.
They ran twenty-one laps.

5 (de un circuito) lap /læp/
► **dar una vuelta:** run /rʌn/ a lap (ran /ræn/, run)

vuestro, vuestra (adjetivo)

▷ ¿Dónde está vuestro coche?
Where's your car?
▷ Vuestros hijos son muy simpáticos.
Your children are very nice.
▷ Ese pastel es vuestro.
That cake is yours.
▷ Nos lo dijo un amigo vuestro.
A friend of yours told us.

your /jɔːʳ/
◀ your rima con door.
i your también corresponde a **vuestros**.

► **ser vuestro:** be yours

► **un amigo vuestro:** a friend of yours

vuestro, vuestra (pronombre)

▷ Sus padres son más jóvenes que los vuestros.
Their parents are younger than yours.

▷ No trajimos paraguas, ¿podríamos llevarnos
los vuestros?
*We didn't bring any umbrellas, could we take
yours?*

► el vuestro o la vuestra o los
vuestros o las vuestras: yours
/jɔːz/

◄) yours rima con doors.

W

La letra **W** se pronuncia /ˈdʌbljʊ/ en inglés.
W se pronuncia **double + you**.

wáter

▷ Tengo que ir al wáter.
I've got to go to the toilet.

(= baño) toilet /ˈtɔɪlət/
⌐ En inglés americano se dice
restroom /ˈrestruːm/.

web

1 ▷ Encontré esta información en la Web.
I found this information on the Web.

2 ▷ El web de este periódico es muy interesante.
This newspaper's website is really interesting.

1 ► la Web (= Internet): the
Web /web/

2 (= página en Internet): website
/ˈwebsaɪt/

◀ La i de website se pronuncia como
la i de like.

whisky

▷ Tenemos que comprar una botella de whisky
en el aeropuerto.
*We have to buy a bottle of whisky at the
airport.*

whisky /ˈwɪskɪ/

windsurf

▷ Me gusta el tenis y el windsurf.
I like tennis and windsurfing.

► el windsurf: windsurfing
/ˈwɪndsɜːfɪŋ/

◀ La ur de windsurfing se pronuncia
como la ir de first.
ℹ Fíjate que el deporte no se llama
windsurf en inglés.

La letra **X** se pronuncia /eks/ en inglés.
X rima con **sex** y **necks**.

xenófobo, xenófoba

▷ Nuestros vecinos tienen ideas xenófobas.
Our neighbours have racist ideas.
▷ Tus amigos son xenófobos.
Your friends are racists.

racist /ˈreɪsɪst/
🔊 La a de racist se pronuncia como la a de make.

Y

La letra **Y** se pronuncia /**wai**/ en inglés.
Y se pronuncia igual que la palabra **why**.

y

1 ▷ Fernando y Ani llegaron primero.
Fernando and Ani arrived first.

2 ▷ Es una casa grande y luminosa.
It's a big, bright house.

3 ▷ Yo me lo pasé muy bien, ¿y tú?
I had a really good time, what about you?
▷ Y ese café, ¿está listo?
What about that coffee, is it ready?

1 En la mayoría de los casos y se traduce por and /ænd/.

2 Cuando hay dos adjetivos unidos por **y**, en inglés se coloca una coma en vez de **and**.

3 Cuando y se usa delante de una pregunta, para preguntar la opinión de alguien o pedir noticias sobre algo, se traduce en inglés por **what about...?** /wɒt əˈbaʊt/

ya

▷ ¿Ya has acabado?
Have you finished already?
▷ Ya llegamos tarde.
We are already late.
▷ Ya que has venido de lejos, quédate a cenar con nosotros.
Since you've come a long way, stay with us for dinner.

i En la mayoría de los casos **ya** se traduce por already /ɔːlˈredɪ/.

► **ya que:** since /sɪns/

yate

▷ Había un yate enorme en el puerto.
There was a huge yacht in the harbour.

yacht /jɒt/
◀) yacht rima con hot. La ch no se pronuncia.

yegua

▷ Había dos yeguas en el campo.
There were two mares in the field.

mare /meəʳ/
◀) mare rima con hair y bear.

yema

▷ La yema es mi parte favorita del huevo.
My favourite part of the egg is the yolk.

yolk /jəʊk/
◀) yolk rima con **spoke**. La **l** no se pronuncia.

yo

▷ Yo prefiero el chocolate con leche.
I prefer milk chocolate.

▷ ¿Quién es? - Soy yo.
Who is it? - It's me.

▷ Es más joven que yo.
He's younger than me.

I /aɪ/
i I se escribe siempre en mayúscula en inglés.

▶ soy yo (identificándote): **it's me** /ɪts ˈmiː/

▶ ...que yo (en comparaciones): ...than me /ðən ˈmiː/

yogur

▷ ¿Quieres un yogur de fresa o de albaricoque?
Do you want a strawberry or an apricot yoghurt?

yoghurt /ˈjɒɡət/
i También se puede escribir **yogurt**.

yoyó

▷ Cris tiene un yoyó fluorescente.
Cris has a fluorescent yo-yo.

yo-yo /ˈjəʊjəʊ/
◀) Las dos **o** de **yo-yo** se pronuncian como la **o** de **go**.

yupi

▷ Si hace buen tiempo os llevaré al zoo. - ¡Yupi!
*If the weather's good I'll take you to the zoo.
- Yippee!*

▶ ¡yupi! (expresando alegría): **yippee!** /jɪˈpiː/

Z

La letra **Z** se pronuncia /**zed**/ en inglés británico, y rima con **bed** y **red**. En inglés americano, se pronuncia /**ziː**/, y rima con **free, key** y **tea**.

zanahoria

▷ Compra un kilo de zanahorias.
Buy a kilo of carrots.

carrot /ˈkærət/
🔊 La o de **carrot** se pronuncia como la a de **about**.

zancadilla

▷ ¡Carlos me puso la zancadilla!
Carlos tripped me up!

▶ poner la zancadilla a alguien:
trip somebody **up** /trɪp ˈʌp/
ℹ️ **trip** se escribe con dos **p** en el gerundio (**tripping** /ˈtrɪpɪŋ/) y el pasado y el participio (**tripped** /trɪpt/).

zapatero, zapatera

▷ El zapatero arregló mis botas.
The cobbler mended my boots.
▷ El abuelo de Elena era zapatero.
Elena's grandfather was a cobbler.

cobbler /ˈkɒblər/
ℹ️ No te olvides de colocar el artículo **a** o **an** delante del nombre de la profesión cuando aparece detrás de los verbos **be** o **become**.

zapatilla

▷ ¿Dónde están mis zapatillas?
Where are my trainers?

(de deporte) trainer /ˈtreɪnər/
ℹ️ A las zapatillas de ir por casa se les llama **slippers** /ˈslɪpəz/.

zapato

▷ Isabel tiene por lo menos diez pares de zapatos.
Isabel has got at least ten pairs of shoes.

shoe /ʃuː/
🔊 **shoe** rima con **too**; **shoes** rima con **choose**.

zapping

▷ Deja de hacer zapping, ¡me pones nerviosa!
Stop channel-hopping, you're annoying me!

▶ **hacer zapping:** channel-hop /ˈtʃænəlhɒp/

ℹ channel-hop se escribe con dos p en el gerundio (channel-hopping /ˈtʃænəlhɒpɪŋ/) y el pasado y el participio (channel-hopped /ˈtʃænəlhɒpt/).

zodiaco

▷ ¿De qué signo del zodiaco eres?
What sign of the zodiac are you?

▶ **signo del zodiaco:** sign of the zodiac /saɪn əv ðə ˈzəʊdɪæk/ (plural: **signs of the zodiac**)

◀ La i de sign se pronuncia como la i de like. La g no se pronuncia; sign rima con mine.

zona

▷ El Reino Unido no está en la zona euro.
The United Kingdom isn't in the euro zone.

▷ ¿Hay zona de no fumadores?
Is there a non-smoking area?

zone /zəʊn/

▶ **zona de no fumadores:** non-smoking area /nɒnˈsməʊkɪŋ ˈeərɪə/

zoo

▷ Fuimos al zoo con el colegio.
We went to the zoo with the school.

zoo /zuː/

◀ zoo rima con too.

zoológico

▷ Fuimos al zoológico con el colegio.
We went to the zoo with the school.

zoo /zuː/

◀ zoo rima con too.

zorro

▷ Un zorro cruzó la carretera.
A fox crossed the road.

fox /fɒks/ (plural: foxes /ˈfɒksɪz/)

zurdo, zurda

▷ ¿Eres zurdo o diestro?
Are you left-handed or right-handed?

left-handed /leftˈhændɪd/

inglés
español

VERBOS IRREGULARES INGLESES

VERBOS	PRETÉRITO	PARTICIPIO PASADO
be	**was, were**	**been**
	It was summer.	He has been here since May.
	Era verano.	Está aquí desde mayo.
	We were in the garden.	Have you been to India?
	Estábamos en el jardín.	¿Has estado en la India?
beat	**beat**	**beaten**
	She beat the drum.	He has beaten the world record.
	Tocó el tambor.	Ha batido el récord mundial.
become	**became**	**become**
	He became famous.	It has become espensive.
	Se hizo famoso.	Se ha puesto caro.
begin	**began**	**begun**
	They began singing.	Has the film begun?
	Se pusieron a cantar.	¿Ha empezado la película?
bend	**bent**	**bent**
	He bent the wire.	I have bent the pipe.
	Dobló el alambre.	He torcido el tubo.

	PRETÉRITO	PARTICIPIO PASADO

bet

bet	**bet**
She bet on the winning horse.	I've bet on the second race.
Apostó por el caballo ganador.	He apostado en la segunda carrera.

bite

bit	**bitten**
The dog bit him.	I've been bitten by mosquitoes.
El perro lo mordió.	Me han picado los mosquitos.

bleed

bled	**bled**
The wound bled.	The cut hasn't bled.
La herida sangró.	El corte no ha sangrado.

blow

blew	**blown**
He blew on his soup to cool it down.	The tree has blown down.
Sopló a la sopa para enfriarla.	El árbol ha sido derribado por el viento.

break

broke	**broken**
She broke the glass.	I've broken my arm.
Rompió el vaso.	Me he roto el brazo.

bring

brought	**brought**
He brought me a coffee.	Have you brought a friend?
Me trajo un café.	¿Has traído a un amigo?

build

built	**built**
I built a sandcastle.	They have built a new motorway.
Hice un castillo de arena.	Han construido una autopista nueva.

IV

	PRETÉRITO	PARTICIPIO PASADO

burn

	burned o burnt	**burned o burnt**
	He burnt the cakes. Quemó los pasteles.	I've burnt myself. Me he quemado.

burst

	burst	**burst**
	The balloon burst. El globo explotó.	The tyre has burst. El neumático se ha pinchado.

buy

	bought	**bought**
	She bought me a watch. Me compró un reloj.	I have bought a new computer. He comprado un nuevo ordenador.

catch

	caught	**caught**
	I caught the bus. Cogí el autobús.	Fred has caught a trout. Fred ha pescado una trucha.

choose

	chose	**chosen**
	He chose the red shirt. Eligió la camisa roja.	I've chosen a present for my father. He elegido un regalo para mi padre.

come

	came	**come**
	They came to see me in hospital. Me vinieron a ver al hospital.	You've come at a bad time. Has venido en un mal momento.

cost

	cost	**cost**
	The scanner cost £60. El escáner costó 60 libras.	The theme park has cost a lot of money. El parque temático ha costado mucho dinero.

	PRETÉRITO	PARTICIPIO PASADO

creep

	crept	crept
	The cat crept in. El gato entró silenciosamente.	*She had crept out of the room.* Había salido de la sala sin hacer ruido.

cut

	cut	cut
	He cut the cake into four pieces. Dividió el pastel en cuatro trozos.	*I've cut my finger.* Me he cortado el dedo.

deal

	dealt	dealt
	She dealt with the bookings. Se encargó de las reservas.	*You haven't dealt with the the real problem.* No has tratado el verdadero problema.

dig

	dug	dug
	I dug a big hole. Cavé un hoyo grande.	*The dog has dug a hole in the garden.* El perro ha cavado un hoyo en el jardín.

do

	did	done
	I don't know why she did it. No sé porqué lo hizo.	*What have you done?* ¿Qué has hecho?

draw

	drew	drawn
	She drew a picture of a horse. Dibujó un caballo.	*What have you drawn?* ¿Qué has dibujado?

	PRETÉRITO	PARTICIPIO PASADO

dream

dreamed o dreamt	dreamed o dreamt
He dreamt about aliens.	I have never dreamt about school.
Soñó con extraterrestres.	No he soñado nunca con la escuela.

drink

drank	drunk
She drank a glass of milk.	Have you ever drunk sake?
Bebió un vaso de leche.	Has bebido sake alguna vez?

drive

drove	driven
His aunt drove him home.	Have you ever driven a sports car?
Su tía lo acompañó en coche.	¿Alguna vez has conducido un coche deportivo?

eat

ate	eaten
We ate our sandwiches in the park.	Harry has eaten all the cake.
Comimos nuestros bocadillos en el parque.	Harry ha comido todo el pastel.

fall

fell	fallen
The boy fell off his bike.	The photo has fallen off the shelf.
El chico se cayó de la bicicleta.	La foto se ha caído del estante.

feed

fed	fed
He fed the baby.	I've fed the dog.
Dio de comer al bebé.	He dado de comer al perro.

feel

felt	felt
She felt tired.	I have never felt better.
Se sintió cansada.	Nunca me he sentido mejor.

	PRETÉRITO	PARTICIPIO PASADO

fight

fought	**fought**
They fought for hours.	He has fought in two wars.
Lucharon durante horas.	Ha luchado en dos guerras.

find

found	**found**
The police found the thief.	I've found the address.
La policía encontró al ladrón.	He encontrado la dirección.

fly

flew	**flown**
The eagle flew away.	I've never flown on Concorde.
El águila levantó el vuelo.	No he viajado nunca en el Concorde.

forbid

forbad o forbade	**forbidden**
His father forbade the marriage.	His doctor has forbidden him sugar.
Su padre prohibió la boda.	Su médico le ha prohibido el azúcar.

forget

forgot	**forgotten**
I forgot to shut the door.	I have forgotten his name.
Se me olvidó cerrar la puerta.	He olvidado su nombre.

freeze

froze	**frozen**
The lake froze last winter.	The lake has frozen.
El lago se heló el invierno pasado.	El lago se ha helado.

get

got	**got**
She got a kitten for her birthday.	(en inglés americano gotten) He's got fatter.
Le regalaron un gato para su cumpleaños.	Ha engordado.

	PRETÉRITO	PARTICIPIO PASADO

give

gave	**given**
My aunt gave me a jacket. Mi tía me dio una chaqueta.	*I've given him my old car.* Le he dado mi coche viejo.

go

went	**gone**
We went to India last year. Fuimos a la India el año pasado.	*She's gone on holiday.* Se ha ido de vacaciones.

grind

ground	**ground**
He ground the spices. Molió las especias.	*Have you ground the coffee?* ¿Has molido el café?

grow

grew	**grown**
I grew up in the country. Me crié en el campo.	*Your hair has grown a lot.* Tu pelo ha crecido mucho.

hang

hung	**hung**
She hung the hammock between the trees. Colgó la hamaca entre los árboles.	*I've hung out the washing.* He tendido la ropa.

have

had	**had**
I had a dog when I was little. De niño tenía un perro.	*I've had a good idea.* He tenido una buena idea.

hear

heard	**heard**
They heard a loud noise. Oyeron un fuerte ruido.	*Have you heard their new album?* ¿Has escuchado su nuevo álbum?

IX

VERBOS IRREGULARES INGLESES

PRETÉRITO	PARTICIPIO PASADO

hide

hid	**hidden**
The pirates hid the treasure. Los piratas escondieron el tesoro.	I've hidden your present in the garden. He escondido tu regalo en el jardín.

hit

hit	**hit**
She hit him on the nose. Lo pegó en la nariz.	He has hit his head. Se ha golpeado la cabeza.

hold

held	**held**
He held her tight. La estrechó fuertemente.	They have held two meetings. Han tenido dos reuniones.

hurt

hurt	**hurt**
I hurt my leg. Me hice daño en la pierna.	Have you hurt yourself? ¿Te has hecho daño?

keep

kept	**kept**
She kept the ticket as a souvenir. Guardó el billete de recuerdo.	I have kept all his letters. He guardado todas sus cartas.

kneel

knelt	**knelt**
He knelt down to pray. Se arrodilló para rezar.	He had knelt down to clean the floor. Se había puesto de rodillas para limpiar el suelo.

know

knew	**known**
I knew she was lying. Sabía que mentía.	I've known a lot of famous people. He conocido a mucha gente famosa.

	PRETÉRITO	PARTICIPIO PASADO

lay

laid	laid
She laid her head on the pillow. Se apoyó la cabeza en la almohada.	*The hen has laid an egg.* La gallina ha puesto un huevo.

lead

led	led
The guide led them to the secret tomb. El guía les llevó a la tumba secreta.	*He has led an interesting life.* Ha tenido una vida interesante.

lean

leaned o leant	leaned o leant
I leaned out of the window. Me asomé por la ventana.	*She has leaned the ladder against the wall.* Ha apoyado la escalera contra la pared.

leap

leaped o leapt	leaped o leapt
The horse leapt over the fence. El caballo saltó la valla.	*Prices have leapt up.* Los precios han aumentado de golpe.

learn

learned o learnt	learned o learnt
She learnt to play the piano. Aprendió a tocar el piano.	*Have you learnt the poem?* ¿Has aprendido el poema?

leave

left	left
He left early. Se fue temprano.	*They have left a message.* Han dejado un mensaje.

XI

VERBOS IRREGULARES INGLESES

	PRETÉRITO	PARTICIPIO PASADO

lend

	lent	lent
	My sister lent me some money. Mi hermana me prestó dinero.	*He has lent me his camera.* Me ha prestado su cámara de fotos.

let

	let	let
	Her parents let her go out. Sus padres la dejaron salir.	*He has never let me drive his car.* No me ha dejado nunca conducir su coche.

lie

	lay	lain
	He lay down on the bed. Se tumbó en la cama.	*She has lain in bed all day.* Ha quedado todo el día tumbada en la cama.

light

	lit	lit
	He lit his pipe. Encendió su pipa.	*I've lit the fire.* Ha encendido el fuego.

lose

	lost	lost
	France lost the match. Francia perdió el partido.	*I've lost my keys.* He perdido mis llaves.

make

	made	made
	You made me laugh. Me hiciste reír.	*She has already made lunch.* Ya ha hecho la comida.

mean

	meant	meant
	I meant to come earlier. Tenía la intención de venir antes.	*He was meant to come yesterday.* Se supone que tenía que venir ayer.

	PRETÉRITO	PARTICIPIO PASADO

meet

	met	met
	We met yesterday. Nos conocimos ayer.	Have you met my brother? ¿Conoce a mi hermano?

pay

	paid	paid
	I paid by cheque. Pagué con un cheque.	I haven't paid yet. Todavía no he pagado.

put

	put	put
	He put the radio on. Puso la radio.	She has put her coat on. Se ha puesto el abrigo.

quit

	quit	quit
	She quit her job. Dejó su trabajo.	I've quit smoking. He dejado de fumar.

read /riːd/

	read /riːd/	read /red/
	He read the paper every day. Leía el diario cada día.	Have you read her latest book? Has leído su último libro?

ride

	rode	ridden
	We rode in the mountains. Montamos a caballo en la montaña.	I have never ridden a horse. Nunca he montado a caballo.

ring

	rang	rung
	I rang him last night. Anoche lo llamé por teléfono.	Have you rung your mum? ¿Has telefoneado a tu madre?

XIII

VERBOS IRREGULARES INGLESES

PRETÉRITO	PARTICIPIO PASADO

rise

rose	**risen**
Prices rose last month. Los precios subieron el mes pasado.	*The sun hasn't risen yet.* El sol no ha salido todavía.

run

ran	**run**
They ran down the road. Bajaron la calle corriendo.	*He has run in five races.* Ha corrido en tres carreras.

say

said	**said**
Simon said he was sorry. Simón dijo que lo sentía.	*You've said that before.* Eso ya lo has dicho.

see

saw	**seen**
She saw the accident. Vio el accidente.	*I haven't seen that film.* No he visto esta película.

seek

sought	**sought**
He sought shelter. Buscó refugio.	*I've sought high and low.* He buscado en todas partes.

sell

sold	**sold**
They sold their house. Vendieron su casa.	*He has already sold the car.* Ya ha vendido su coche.

send

sent	**sent**
She sent a letter to the newspaper. Mandó una carta al periódico.	*They have sent him a present.* Le han mandado un regalo.

	PRETÉRITO	PARTICIPIO PASADO

set

set	set
She set the table. Puso la mesa.	I've set the alarm for seven o'clock. He puesto el despertador para las siete.

shake

shook	shaken
We shook hands. Nos dimos la mano.	Have you shaken the bottle? ¿Has agitado la botella?

shine

shone	shone
The light shone on the statue. La luz alumbraba la estatua.	The sun hasn't shone for days. No ha hecho sol desde hace días.

shoot

shot	shot
He shot the rabbit. Disparó al conejo.	He has been shot. Le han disparado.

show

showed	shown
She showed me a photo of her parents. Me mostró una foto de sus padres.	Have you shown your work to your teacher? ¿Has mostrado tu trabajo a los profesores?

shrink

shrank	shrunk
My jumper shrank in the wash. Mi jersey se encogió al lavarlo.	His trousers have shrunk. Sus pantalones han encogido.

shut

shut	shut
I shut the window. Cerré la ventana.	Have you shut the door? ¿Has cerrado la puerta?

	PRETÉRITO	PARTICIPIO PASADO

sink

	sank	sunk
	The Titanic sank in 1912. El Titanic se hundió en 1912.	*The boat has sunk.* El barco se ha hundido.

sing

	sang	sung
	Everyone sang together. Todos cantaron juntos.	*I have never sung in public.* No he cantado nunca en público.

sit

	sat	sat
	She sat in the armchair. Se sentó en el sillón.	*I've just sat down.* Acabo de sentarme.

sleep

	slept	slept
	I slept like a log. Dormí como un tronco.	*He has slept all day.* Lleva todo el día durmiendo.

slide

	slid	slid
	He slid the letter under the door. Deslizó la carta por debajo de la puerta.	*A tile has slid off the roof.* Una teja ha caído del techo.

smell

	smelled o smelt	smelled o smelt
	The room smelled of coffee. La sala olía a café.	*I've never smelled a truffle before.* Nunca antes he olido una trufa.

speak

	spoke	spoken
	I spoke to him last night. Hablé con él anoche.	*Have you spoken to the manager?* ¿Has hablado con el encargado?

	PRETÉRITO	PARTICIPIO PASADO

speed

	sped	speeded o sped
	She sped down the street. Bajó la calle a toda velocidad.	*The train has speeded up.* El tren ha acelerado.

spell

	spelled o spelt	spelled o spelt
	The teacher spelt the word out. El profesor deletreó la palabra.	*You've spelt my name wrong.* Ha escrito mal mi nombre.

spend

	spent	spent
	He spent the night at a friend's house. Pasó la noche en casa de un amigo. *I spent £20 yesterday.* Ayer gasté 20 libras.	*We have spent all weekend at home.* Hemos pasado todo el fin de semana en casa. *I have spent all my money.* He gastado todo mi dinero.

spill

	spilled o spilt	spilled o spilt
	The waiter spilt the soup. Al camarero se le cayó la sopa.	*I've spilt the milk.* He derramado la leche.

spit

	spat	spat
	He spat the pill out. Escupió la píldora.	*Have you spat your chewing gum out?* ¿Has escupido tu chicle?

spoil

	spoiled o spoilt	spoiled o spoilt
	He spoiled his children. Mimó a sus hijos.	*You've spoilt my new dress.* Has estropeado mi nuevo vestido.

XVII

VERBOS IRREGULARES INGLESES

	PRETÉRITO	PARTICIPIO PASADO

spread

	spread	**spread**
	She spread the map on the table. Extendió el mapa en la mesa.	*The rumour has spread.* El rumor se ha extendido.

spring

	sprang	**sprung**
	She sprang to her feet. Se levantó de golpe.	*Something has sprung up.* Ha surgido una cosa.

stand

	stood	**stood**
	I stood up. Me puse de pie.	*He has stood the ladder against the wall.* Ha puesto la escalera contra la pared.

steal

	stole	**stolen**
	The burglar stole all her jewellery. El ladrón robó todas sus joyas.	*Somebody has stolen my bicycle.* Alguien me ha robado la bicicleta.

stick

	stuck	**stuck**
	He stuck the poster on the wall. Pegó el póster en la pared.	*She has stuck the photos in an album.* Ha pegado las fotos en un álbum.

sting

	stung	**stung**
	My eyes stung. Me picaban los ojos.	*He has been stung by a bee.* Le ha picado una abeja.

VERBOS IRREGULARES INGLESES

	PRETÉRITO	PARTICIPIO PASADO

stink

stank o stunk	stunk
The drains stank. El alcantarillado olía muy mal.	It has always stunk in here. Siempre ha olido mal aquí.

strike

struck	struck
The clock struck midnight. El reloj dio la medianoche.	The tree has been struck by lightning. El árbol ha sido tocado por un rayo.

swear

swore	sworn
She swore on the Bible. Prestó juramento sobre la Biblia.	He has sworn to tell the truth. Ha jurado decir la verdad.

sweep

swept	swept
He swept the floor. Barrió el suelo.	Have you swept the yard? ¿Has barrido el patio ?

swell

swelled	swollen o swelled
His hand swelled up. Se le hinchó la mano.	My ankles have swollen. Se me han hinchado los tobillos.

swim

swam	swum
They swam in the sea. Nadaron en el mar.	She has swum across the lake. Ha cruzado el lago nadando.

swing

swung	swung
The monkey swung from branch to branch. El mono se balanceó de rama en rama.	I have swung the hammock over the branch. He colgado la hamaca en la rama.

XIX

	PRETÉRITO	PARTICIPIO PASADO
take		
	took	**taken**
	I took a photo of the queen. Le saqué una foto a la reina.	*Have you taken your tablet?* ¿Has tomado tu pastilla?
teach		
	taught	**taught**
	My father taught me to whistle. Mi padre me enseñó a silbar.	*He has taught me many things.* Me ha enseñado muchas cosas.
tear		
	tore	**torn**
	I tore the letter up. Rasgué la carta.	*You've torn the curtain.* Has roto la cortina.
tell		
	told	**told**
	She told me a story. Me contó una historia.	*I have already told him to come.* Ya le he dicho que venga.
think		
	thought	**thought**
	I thought it would be a good idea. Pensé que sería buena idea.	*I have often thought about you.* A menudo he pensado en ti.
throw		
	threw	**thrown**
	He threw the ball in the air. Lanzó la pelota al aire.	*She has thrown the leftovers away.* Ha tirado las sobras.

	PRETÉRITO	PARTICIPIO PASADO

wake

woke	**woken**
I woke up early.	*You've woken the baby.*
Me desperté temprano.	Has despertado al bebé.

wear

wore	**worn**
My grandfather always wore a hat.	*She has always worn gloves to do the washing up.*
Mi abuelo siempre llevaba sombrero.	Siempre ha llevado guantes para fregar los platos.

weep

wept	**wept**
She wept when she saw him.	*I could have wept!*
Lloró cuando lo vio.	¡Habría podido llorar!

win

won	**won**
Our team won the match.	*We have won the lottery.*
Nuestro equipo ganó el partido.	Hemos ganado a la lotería.

wind

wound	**wound**
He wound his watch up.	*Have you wound your watch up?*
Dio cuerda a su reloj.	¿Has dado cuerda a tu reloj?

write

wrote	**written**
I wrote you a letter.	*He has written a lot of books.*
Te escribí una carta.	Ha escrito muchos libros.

A

La letra **A** se pronuncia /eɪ/ en inglés.

A rima con **day, grey** y **weigh**.

a /ə/ *tiene varios sentidos:*

> **i** En inglés, **a** es el artículo indefinido. **A** se convierte en **an** delante de las palabras que empiezan por una vocal o por **h** muda.

1 **a** *puede significar* un *o* una:
> ▷ He gave her **a** book. Le dio un libro.
> ▷ She ate **a** pear. Se comió una pera.

> **i** En algunos casos no se traduce el artículo indefinido en español:
> ▷ He's **a** doctor. Es médico.
> ▷ What **a** nice house! ¡Qué casa más bonita!

2 **a** *puede significar* el *o* la:
> ▷ He has **a** big nose. Tiene la nariz grande.
3 *Se puede utilizar* **a** *para hablar de la frecuencia de algo, de precios, o de tasas:*
> ▷ He comes three times **a** day. Viene tres veces al día.
> ▷ They cost 10 euros **a** kilo. Valen 10 euros el kilo.
> ▷ We were going at 50 kilometres **an** hour. Íbamos a 50 kilómetros por hora.

abandon /əˈbændən/ abandonar.

abbey /ˈæbɪ/ abadía.

abbreviation /əbriːvɪˈeɪʃən/ abreviatura.

ability /əˈbɪlɪtɪ/ capacidad *o* aptitud.

able /ˈeɪbəl/ capaz.
> ► **be able to do something** poder hacer algo.
> ▷ He wasn't **able** to come. No pudo venir.

aboard /əˈbɔːd/ a bordo *o* a bordo de.

abolish /əˈbɒlɪʃ/ abolir.

about /əˈbaʊt/ *tiene varios sentidos:*

1 **about** *puede significar* más o menos *o* alrededor de.
> ▷ There are **about** 50 books. Hay más o menos 50 libros.
> ▷ At **about** 10 o'clock. Alrededor de las diez.
2 **about** *puede significar* acerca de *o* sobre.
> ▷ What is the film **about**? ¿De qué trata la película?
> ▷ He talked **about** his family. Habló de su familia.
3 **be about to do something** estar a punto de hacer algo.

above /əˈbʌv/ *tiene varios sentidos:*

1 **above** *puede significar* arriba.
> ▷ He lives in the apartment **above**. Vive en el piso de arriba.
2 **above** *puede significar* por encima de.
> ▷ He put his hands **above** his head. Levantó las manos por encima de la cabeza.
3 **above all** sobre todo.

abroad /əˈbrɔːd/ en el extranjero *o* al extranjero.
> ▷ She lives **abroad**. Vive en el extranjero.
> ▷ We're going **abroad**. Vamos al extranjero.

abseiling /ˈæbseɪlɪŋ/ rappel.
> ► **go abseiling** ir a hacer rappel.

absent /ˈæbsənt/ ausente.

absent-minded /æbsəntˈmaɪndɪd/ distraído.

absolute /ˈæbsəluːt/ absoluto.

absolutely /æbsəˈluːtlɪ/ absolutamente.

absorb /əbˈzɔːb/ absorber.

abuse *se pronuncia de dos formas diferentes y su significado cambia en función de la pronunciación:*

◀)) /əˈbjuːs/
> *Es un* SUSTANTIVO:
1 **abuse** *puede significar* insultos.
2 **abuse** *puede significar* malos tratos.

> **i** abuse es un sustantivo incontable: no tiene plural y no se utiliza con el artículo a.

◀)) /əˈbjuːz/
> *Es un* VERBO:
1 **abuse somebody** *puede significar* insultar a alguien.
2 **abuse somebody** *puede significar* maltratar a alguien.

academic /ækəˈdemɪk/ académico.

accelerate /ækˈseləreɪt/ acelerar.

accelerator /əkˈseləreɪtəʳ/ acelerador.

accent /ˈæksənt/ acento.

accept /əkˈsept/ aceptar.

acceptable /əkˈseptəbəl/ aceptable.

access /ˈækses/ acceso.

accessory /ækˈsesərɪ/ accesorio.

accident /ˈæksɪdənt/ accidente.
▶ **by accident** por casualidad *o* sin querer.
▷ I met her by accident. Me encontré con ella por casualidad.
▷ I dropped it by accident. Lo dejé caer sin querer.

accommodation /əkɒməˈdeɪʃən/ alojamiento.

accompany /əˈkʌmpənɪ/ acompañar.

according to /əˈkɔːdɪŋ tʊ/ según.

account /əˈkaʊnt/ *tiene varios sentidos:*
1 **account** *puede significar* cuenta (bancaria).
2 **take something into account** tener algo en cuenta.

accuracy /ˈækjʊrəsɪ/ exactitud.

accurate /ˈækjʊrət/ exacto.

accuse /əˈkjuːz/ acusar.
▷ She accused him of lying. Le acusó de haber mentido.

accustomed to /tʊ/ acostumbrado a.
▶ **become accustomed to something** acostumbrarse a algo.

ace /eɪs/ *tiene varios sentidos:*
1 **ace** *puede significar* as.
2 **ace** *puede significar* ace.

ache /eɪk/ doler.
▷ My head aches. Me duele la cabeza.

achieve /əˈtʃiːv/ conseguir.

achievement /əˈtʃiːvmənt/ logro.

acid /ˈæsɪd/ ácido.

acorn /ˈeɪkɔːn/ bellota.

acquire /əˈkwaɪəʳ/ adquirir.

acrobat /ˈækrəbæt/ acróbata.

across /əˈkrɒs/ *tiene varios sentidos:*
1 **across** *puede significar* a través de.
▷ She walked across the road. Cruzó la calle.
2 **across** *puede significar* al otro lado de.
▷ He lives across the street. Vive enfrente.

act /ækt/ *tiene varias categorías gramaticales:*
> *Puede ser un* SUSTANTIVO:
act *significa* acto.
> *Puede ser un* VERBO:
act *significa* actuar.

action /ˈækʃən/ acción.
▶ **take action** actuar.

active /ˈæktɪv/ activo.

activity /ækˈtɪvɪtɪ/ actividad.

actress /ˈæktrəs/ actriz.

actual /ˈæktʃʊəl/ real.

> actual no significa 'actual'.

actually /ˈæktjʊəlɪ/ en realidad.

> actually no significa 'actualmente'.

AD /ˈeɪˈdiː/ d.C.

> **i** Fíjate también en la palabra siguiente ad.

ad /æd/ anuncio (publicitario).

> **i** Fíjate también en la palabra anterior AD.

adapt /əˈdæpt/ adaptar *o* adaptarse.

adapter *o* **adaptor** /əˈdæptəʳ/ adaptador *o* ladrón (para enchufes).

add /æd/ *tiene varios sentidos:*
1 **add something to something** añadir algo a algo.
2 **add numbers together** o **add numbers up** sumar números.

addict /ˈædɪkt/ *tiene varios sentidos:*
1 **addict** *puede significar* toxicómano.
2 **addict** *puede significar* adicto.
▷ He's a TV addict. Es un teleadicto.

addicted /əˈdɪktɪd/ adicto.
▶ **be addicted to something** ser adicto a algo.

addition /əˈdɪʃən/ suma (en matemáticas).
▶ **in addition to** además de.

address /əˈdres/ *tiene varias categorías gramaticales:*
> *Puede ser un* SUSTANTIVO:
address *significa* dirección (lugar donde vive alguien).
> *Puede ser un* VERBO:
▶ **address somebody** dirigirse a alguien.

adjective /ˈædʒɪktɪv/ adjetivo.

adjust /əˈdʒʌst/ ajustar.

admire /ədˈmaɪəʳ/ admirar.

admission /ədˈmɪʃən/ entrada (a un museo).

admit /ədˈmɪt/ admitir.

adopt /əˈdɒpt/ adoptar.

adore /əˈdɔːʳ/ adorar.

adult /ˈædʌlt/ adulto.

advance /ədˈvɑːns/ *tiene varias categorías gramaticales y varios sentidos:*
> *Puede ser un* SUSTANTIVO:
1 **advance** *puede significar* avance.
2 **in advance** por adelantado.
> *Puede ser un* VERBO:
advance *significa* avanzar.

advantage /ədˈvɑːntɪdʒ/ ventaja.
▶ **take advantage of something** aprovechar algo.
▶ **take advantage of somebody** aprovecharse de alguien.

adventure /ədˈventʃəʳ/ aventura.

adventurous /ədˈventʃərəs/ atrevido (= audaz).

adverb /ˈædvɜːb/ adverbio.

advert /ˈædvɜːt/ anuncio (publicitario).

advertise /ˈædvətaɪz/ anunciar o poner un anuncio.

advertisement /ədˈvɜːtɪsmənt/ anuncio (publicitario).

advertising /ˈædvətaɪzɪŋ/ publicidad.

advice /ədˈvaɪs/ consejo.
▶ **a piece of advice** un consejo.
▶ **give somebody advice** aconsejar a alguien.

ℹ️ advice es un sustantivo incontable: no tiene plural y no se utiliza con el artículo **a**.

advise /ədˈvaɪz/ aconsejar.
▶ **advise somebody to do something** aconsejar a alguien que haga algo.

adviser o **advisor** /ədˈvaɪzəʳ/ asesor.

aerial /ˈeərɪəl/ antena (de una televisión o radio).

aerobics /eəˈrəʊbɪks/ aerobic.

aeroplane /ˈeərəpleɪn/ avión.

La palabra **aeroplane** no se utiliza en inglés americano. En Estados Unidos se dice **airplane**.

affair /əˈfeəʳ/ *tiene varios sentidos:*
1 **affair** *puede significar* asunto.
2 **have an affair with somebody** tener una aventura con alguien (= una relación amorosa).

affect /əˈfekt/ afectar.

affectionate /əˈfekʃənət/ cariñoso.

afford /əˈfɔːd/ permitirse.
▶ **be able to afford something** *significa* poder permitirse algo.
▷ I can't afford to buy their new record. No tengo suficiente dinero para comprar su último disco.
▷ He can't afford to make a mistake. No puede permitirse cometer un error.

Afghanistan /æfˈgænɪstæn/ Afganistán.

afraid /əˈfreɪd/ *tiene varios sentidos:*
1 **be afraid** *puede significar* tener miedo.
2 **be afraid of something** tener miedo a algo.
▷ I'm afraid of her. Me da miedo.
3 **be afraid** *puede utilizarse para decir que sientes pena por algo:*
▷ I'm afraid I can't go. Me temo que no puedo ir.

Africa /ˈæfrɪkə/ África.

African /ˈæfrɪkən/ africano.

after /ˈɑːftəʳ/ *tiene varias categorías gramaticales y varios sentidos:*

> *Puede ser una* PREPOSICIÓN:

1 after *puede significar* después de.
▷ After breakfast they went for a walk. Después de desayunar dieron un paseo.
▷ It's the first street on the right after the petrol station. Es la primera calle a la derecha después de la gasolinera.

2 *En inglés americano,* **after** *se utiliza para decir la hora:*
▷ It's twenty after five. Son las cinco y veinte.

🖝 En inglés británico, se utiliza past (twenty past five).

> *Puede ser una* CONJUNCIÓN:

after *significa* después de que.
▷ After she's gone, I'll ring my mother. Después de que se haya ido, llamaré a mi madre.
▷ After we had finished, we went to bed. Después de terminar, nos fuimos a la cama.

afternoon /ɑːftəˈnuːn/ tarde.
► **Good afternoon!** ¡Buenas tardes!

ℹ En inglés, afternoon se refiere al período entre mediodía y las 5.

aftershave /ˈɑːftəʃeɪv/ colonia (= perfume de hombre).

afterwards /ˈɑːftəwədz/ después.

again /əˈɡeɪn/ *tiene varios sentidos:*

1 again *puede significar* otra vez *o* de nuevo.
▷ He lost again. Ha perdido otra vez.
► **start again** volver a empezar.

2 *En las frases negativas,* **again** *no tiene una traducción directa en español.*
▷ I won't do it again. No volveré a hacerlo.
▷ He never saw her again No volvió a verla nunca más.

against /əˈɡeɪnst/ contra.

age /eɪdʒ/ *tiene varias categorías gramaticales y varios sentidos:*

> *Puede ser un* SUSTANTIVO:

1 age *puede significar* edad.
2 age *puede significar* época.
3 ages siglos.
▷ I haven't seen him for ages. Hace siglos que no lo veo.

> *Puede ser un* VERBO:

age *significa* envejecer.

agenda /əˈdʒendə/ orden del día.

✋ En inglés, agenda no significa 'agenda' (de fechas, etc).

aggressive /əˈɡresɪv/ agresivo.

ago /əˈɡəʊ/ *se utiliza en expresiones de tiempo para decir que algo pasó hace cierto tiempo:*
▷ He arrived a week ago. Llegó hace una semana.
▷ That was a long time ago. Fue hace mucho tiempo.

agony /ˈæɡənɪ/ dolor intenso.
► **be in agony** estar muriéndose de dolor.

agree /əˈɡriː/ *tiene varios sentidos:*

1 agree *puede significar* estar de acuerdo.
▷ I agree. Estoy de acuerdo.
▷ I agree with her. Estoy de acuerdo con ella.

2 agree *puede significar* ponerse de acuerdo.
▷ They agreed on a date. Se pusieron de acuerdo en la fecha.

3 agree to do something aceptar hacer algo.

4 agree that... estar de acuerdo en que...

agreement /əˈɡriːmənt/ acuerdo.

agriculture /ˈæɡrɪkʌltʃəʳ/ agricultura.

ahead /əˈhed/ *tiene varios sentidos:*

1 ahead *puede significar* delante *o* adelante.
▷ You stay here, I'll go on ahead. Tú, quédate aquí, yo voy adelante.
▷ It's ahead of you. Está delante de ti.
▷ Go straight ahead. Sigue todo recto.

2 be ahead of somebody ir ganando a alguien.
▷ He's 5 points ahead. Va ganando por 5 puntos.

3 ahead *puede significar* con antelación.
► **book ahead** reservar con antelación.
► **be ahead of schedule** llevar adelanto con respecto al calendario previsto.

aid /eɪd/ *tiene varias categorías gramaticales:*

> *Puede ser un* SUSTANTIVO:

aid *significa* ayuda.

> *Puede ser un* VERBO:

► **aid somebody** ayudar a alguien.

AIDS /eɪdz/ sida.

aim /eɪm/ *tiene varias categorías gramaticales y varios sentidos:*

> *Puede ser un* SUSTANTIVO:

1 aim *puede significar* objetivo.
2 take aim at something apuntar a algo.

> *Puede ser un* VERBO:

1 aim a gun at somebody apuntar una pistola a alguien.
2 aim to do something pretender hacer algo.

air /eəʳ/ aire.
- ▶ **throw something up in the air** lanzar algo al aire.
- ▶ **travel by air** viajar en avión.
- ▶ **air conditioning** aire acondicionado.
- ▶ **air force** fuerzas aéreas.
- ▶ **air hostess** azafata.
- ▶ **air rifle** escopeta de aire comprimido.
- ▶ **air steward** auxiliar de vuelo.

air-conditioned /eəkənˈdɪʃənd/ climatizado.

aircraft /ˈeəkrɑːft/ avión.

airfare /ˈeəfeəʳ/ precio del billete de avión.

airline /ˈeəlaɪn/ línea aérea.

airmail /ˈeəmeɪl/ correo aéreo.
- ▶ **by airmail** por vía aérea.

airplane /ˈeəpleɪn/ avión.

> ⚷ airplane es una palabra americana. En inglés británico se dice **aeroplane**.

airport /ˈeəpɔːt/ aeropuerto.

airtime /ˈeətaɪm/ tiempo de antena.

aisle /aɪl/ tiene varios sentidos:
1 **aisle** puede significar pasillo (en un avión o un cine).
2 **to lead somebody up the aisle** significa acompañar a alguien al altar.

alarm /əˈlɑːm/ tiene varias categorías gramaticales y varios sentidos:
> Puede ser un SUSTANTIVO:
1 **alarm** puede significar alarma.
2 **alarm clock** despertador.
> Puede ser un VERBO:
- ▶ **alarm somebody** alarmar a alguien.

alert /əˈlɜːt/ tiene varias categorías gramaticales:
> Puede ser un ADJETIVO:
alert significa vigilante o alerta.
> Puede ser un SUSTANTIVO:
alert significa alerta.
> Puede ser un VERBO:
- ▶ **alert somebody** alertar a alguien.

Algeria /ælˈdʒɪərɪə/ Argelia.

> ⚘ Atención a la ortografía de la palabra inglesa Algeria.

Algerian /ælˈdʒɪərɪən/ argelino.

> ⚘ Atención a la ortografía de la palabra inglesa Algerian.

alien /ˈeɪlɪən/ extraterrestre.

alike /əˈlaɪk/ tiene varias categorías gramaticales:
> Puede ser un ADJETIVO:
- ▶ **be alike** o **look alike** parecerse.
- ▷ They all look alike. Se parecen todos.
> Puede ser un ADVERBIO:
alike significa igual.
- ▷ They dress alike. Se visten igual.

alive /əˈlaɪv/ tiene varios sentidos:
1 **alive** puede significar vivo o con vida.
2 **come alive** animarse.

all /ɔːl/ tiene varias categorías gramaticales y varios sentidos:
> Puede ser un ADJETIVO o UN PRONOMBRE:
all significa todo o todos.
- ▷ He ate all the cakes Se comió todos los pasteles.
- ▷ She drank it all. Se lo bebió todo.
- ▷ All of them came. Vinieron todos.
- ▷ She's the tallest of all. Es la más alta de todas.
- ▷ All five of us are boys. Los cinco somos chicos.
- ▶ **all the time** todo el rato.
- ▶ **all night** toda la noche.
> Puede ser un ADVERBIO:
all significa completamente.
- ▷ He went all red. Se puso muy rojo.
- ▷ She's all alone. Está completamente sola.
- ▶ **two/three/four all** (en deportes) empate a dos/tres/cuatro.
- ▶ **all over the world** en todo el mundo.

allergic /əˈlɜːdʒɪk/ alérgico.

allergy /ˈælədʒɪ/ alergia.

alley /ˈælɪ/ callejón.

alleyway /ˈælɪweɪ/ callejón.

alligator /ˈælɪɡeɪtəʳ/ caimán.

allow /əˈlaʊ/ tiene varios sentidos:
1 **allow something** puede significar permitir algo.
- ▶ **allow somebody to do something** permitir a alguien hacer algo.
2 **allow something** puede significar calcular algo (el dinero, tiempo o espacio necesario para algo).
- ▷ Allow two hours to get there. Calcula dos horas para llegar.
3 **allow for something** tener en cuenta algo.

allowance /əˈlaʊəns/ tiene varios sentidos:
1 **allowance** puede significar subsidio.
2 **allowance** puede significar paga (= dinero que te dan los padres).

3 make allowances for something tener en cuenta algo.
▶ **make allowances for somebody** disculpar a alguien.

all right /ɔːl raɪt/ *tiene varios sentidos:*
1 all right *puede utilizarse para decir que estás de acuerdo:*
▷ All right! ¡De acuerdo! o ¡Vale!
2 all right *puede utilizarse para preguntar si algo está bien o si algo ha ocurrido sin problemas:*
▷ Is the meat all right? ¿Está buena la carne?
▷ Did you get home all right? ¿Llegaste bien a casa?
3 all right *puede utilizarse para preguntar si alguien está bien o para decir que estás bien:*
▷ Are you all right? ¿Estás bien?
▷ I'm all right. Estoy bien.
▷ Will you be all right on your own? ¿Te las arreglarás solo?
4 all right *puede utilizarse para decir que algo es aceptable:*
▷ It was all right. No estaba mal.
5 all right *puede utilizarse para preguntar si se puede hacer algo o para decir que se puede hacer algo:*
▷ Is it all right if I tell him? ¿Puedo decírselo?
▷ That's all right with me. Por mí, de acuerdo.
6 all right *se utiliza también en las siguientes expresiones:*
▷ Sorry! —That's all right! ¡Perdón! —¡No pasa nada!
▷ Thank you! —That's all right! ¡Gracias! —¡De nada!

ally /ˈælaɪ/ aliado.

almond /ˈɑːmənd/ almendra.

almost /ˈɔːlməʊst/ casi.
▷ I've almost finished. Casi he terminado.

alone /əˈləʊn/ solo.
▷ She was all alone. Estaba completamente sola.
▷ He did it alone. Lo hizo él solo.
▶ **leave something o somebody alone** dejar algo o a alguien en paz.

along /əˈlɒŋ/ *tiene varios sentidos:*
1 along *puede significar* a lo largo de.
▶ **all along the street** a lo largo de la calle.
▷ She was walking along the beach. Caminaba por la playa.
2 along *se puede usar con verbos de movimiento para dar una idea de estar avanzando o de acompañar a alguien:*
▷ She was running along. Iba corriendo.
▷ I'll be along in a moment. Ahora vengo.
▷ Do you want to come along? ¿Quieres venir?
▷ Bring your friend along! ¡Trae a tu amigo!

alongside /əlɒŋˈsaɪd/ junto a.

aloud /əˈlaʊd/ en voz alta.

alphabet /ˈælfəbet/ alfabeto.

Alps /ælps/ Alpes.
▶ **the Alps** los Alpes.

already /ɔːlˈredɪ/ ya.
▷ He has already finished. Ya ha terminado.

alright /ɔːlˈraɪt/ *es otra manera de escribir* **all right**.

Alsatian /ælˈseɪʃən/ pastor alemán (el perro).

also /ˈɔːlsəʊ/ también.

alter /ˈɔːltəʳ/ *tiene varios sentidos:*
1 alter *puede significar* cambiar.
2 alter *puede significar* arreglar (ropa).

alteration /ɔːltəˈreɪʃən/ *tiene varios sentidos:*
1 alteration *puede significar* cambio o modificación.
2 alteration *puede significar* arreglo (de ropa).

alternate *se pronuncia de dos formas distintas y su significado y categoría gramatical cambian en función de la pronunciación:*
◀) /ɔːlˈtɜːnət/
> *Es un* ADJETIVO:
1 alternate *puede significar* alterno.
2 on alternate days cada dos días o en días alternos.
◀) /ˈɔːltəneɪt/
> *Es un* VERBO:
alternate *significa* alternar o alternarse.

alternative /ɔːlˈtɜːnətɪv/ *tiene varias categorías gramaticales y varios sentidos:*
> *Puede ser un* SUSTANTIVO:
alternative *significa* alternativa.
▷ There are several alternatives. Hay varias alternativas.
▶ **have no alternative** no tener más remedio.
> *Puede ser un* ADJETIVO:
alternative *significa* alternativo.
▷ There is an alternative route. Hay otro camino.

although /ɔːlˈðəʊ/ aunque.

altogether /ɔːltəˈɡeðəʳ/ *tiene varios sentidos:*
1 altogether *puede significar* en total.
▷ How much is it altogether? ¿Cuánto es en total?
2 altogether *puede significar* completamente.
▷ He disappeared altogether. Desapareció completamente.

always /ˈɔːlweɪz/ siempre.
▷ She's always hungry. Siempre tiene hambre.

am /æm/ es la primera persona del singular del presente del verbo **be**.
▷ I am tired. Estoy cansado.

a.m. /ˈeɪˈem/ de la mañana.
▷ It's 4 a.m. Son las 4 de la mañana.

amaze /əˈmeɪz/ asombrar.

amazed /əˈmeɪzd/ asombrado.

> ℹ️ amazed es también el pretérito y el participio pasado del verbo **amaze**:
> ▷ You amazed me. Me has asombrado.

amazing /əˈmeɪzɪŋ/ increíble.

amber /ˈæmbəʳ/ tiene varias categorías gramaticales:
> Puede ser un SUSTANTIVO:
amber significa ámbar.
> Puede ser un ADJETIVO:
1 **amber** puede significar de ámbar.
2 **amber** puede significar ámbar.
▶ **an amber light** un semáforo en ámbar.

> Atención a la ortografía de la palabra inglesa amber.

ambiguous /æmˈbɪɡjʊəs/ ambiguo.

ambitious /æmˈbɪʃəs/ ambicioso.

ambulance /ˈæmbjʊləns/ ambulancia.

America /əˈmerɪkə/ tiene varios sentidos:
1 **America** puede significar Estados Unidos.
2 **America** puede significar América.

American /əˈmerɪkən/ tiene varios sentidos:
1 **American** puede significar estadounidense.
2 **American** puede significar americano.
▶ **American Indian** amerindio.

ammunition /æmjʊˈnɪʃən/ munición.

> ℹ️ ammunition es un sustantivo incontable: no tiene plural y no se utiliza con el artículo a.

among /əˈmʌŋ/ o **amongst** /əˈmʌŋst/ entre.

amount /əˈmaʊnt/ tiene varias categorías gramaticales y varios sentidos:
> Puede ser un SUSTANTIVO:
1 **amount** puede significar cantidad.
▶ **a large amount of...** mucho...
2 **amount** puede significar total (= suma).

> Puede ser un VERBO:
1 **amount to...** puede significar ascender a... (un total, una cifra).
2 **amount to...** puede significar venir a ser...
▷ It amounts to the same thing. Viene a ser lo mismo.

amp /æmp/ tiene varios sentidos:
1 **amp** puede significar amperio.
2 **amp** puede significar amplificador.

amplifier /ˈæmplɪfaɪəʳ/ amplificador.

amputate /ˈæmpjʊteɪt/ amputar.

amuse /əˈmjuːz/ divertir.

amusement /əˈmjuːzmənt/ tiene varios sentidos:
1 **amusement** puede significar diversión.
2 **amusement** puede significar atracción (en un parque de atracciones).
▶ **amusement arcade** salón recreativo.
▶ **amusement park** parque de atracciones.

amusing /əˈmjuːzɪŋ/ divertido.

an /æn/ tiene varios sentidos:

> ℹ️ an es una forma del artículo indefinido a que se utiliza delante de las palabras que empiezan por una vocal o por h muda.

1 **an** puede significar un o una:
▷ It's an elephant. Es un elefante.
▷ She ate an apple. Comió una manzana.
▷ It took us an hour. Nos llevó una hora.

> ℹ️ En algunos casos no se traduce el artículo indefinido en español:
> ▷ He's an electrician. Es electricista.
> ▷ What an awful film! ¡Qué película más espantosa!

2 **an** puede significar el o la:
▷ He has an injured leg. Tiene la pierna lesionada.

3 **an** se puede utilizar para hablar de la frecuencia de algo, de precios, o de tasas
▶ **three times an hour** tres veces por hora.
▶ **ten euros an hour** diez euros por hora.
▶ **50 kilometres an hour** 50 kilómetros por hora.

analyse /ˈænəlaɪz/ analizar.

> 🔖 En inglés americano, esta palabra se escribe analyze.

> 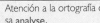 Atención a la ortografía de la palabra inglesa analyse.

analysis /ə'nælɪsɪs/ análisis.

> 👆 Atención a la ortografía de la palabra inglesa analysis.

analyze /'ænəlaɪz/ es la ortografía americana del verbo **analyse**.

ancestor /'ænsəstə'/ antepasado.

anchor /'æŋkə'/ ancla.

ancient /'eɪnʃənt/ antiguo (de las civilizaciones griega, romana, etc.).

and /ænd/ tiene varios sentidos:
1 **and** puede significar y.
> ▷ They were singing and dancing. Cantaban y bailaban.
> ▷ We have a cat and a dog. Tenemos un gato y un perro.
> ▷ Egg and bacon. Huevos con bacon.
2 **and** forma parte de algunas cifras:
> ▷ Two hundred and fifty. Dos cientos cincuenta.
3 **and** puede utilizarse delante del infinitivo de un verbo:
> ▷ Come and see me. Ven a verme.
4 **and** se coloca entre palabras repetidas para indicar repetición o continuación:
> ▷ It's getting better and better. Es cada vez mejor.
> ▷ It lasted hours and hours. Duró horas y horas.
> ▷ We waited and waited. Estuvimos esperando durante mucho tiempo.

anger /'æŋgə'/ ira.

angle /'æŋgəl/ ángulo.
> ► **wear something at an angle** llevar algo ladeado.

angry /'æŋgrɪ/ tiene varios sentidos:
1 **be angry** estar enfadado.
> ▷ He's very angry with me. Está muy enfadado conmigo.
> ► **get angry** enfadarse.
2 **angry** puede significar airado (una mirada airada, una carta airada).

aniseed /'ænɪsiːd/ anís (el grano, el sabor).

ankle /'æŋkəl/ tobillo.

anniversary /ænɪ'vɜːsərɪ/ aniversario.

announce /ə'naʊns/ anunciar.

announcement /ə'naʊnsmənt/ anuncio.

annoy /ə'nɔɪ/ molestar.

annoyed /ə'nɔɪd/ molesto.
> ► **be annoyed with somebody** estar molesto con alguien.
> ► **be annoyed about something** estar molesto por algo.
> ► **get annoyed** molestarse.

> ℹ annoyed es también el pretérito y el participio pasado del verbo **annoy**:
> ▷ He annoyed me. Me molestó.

annoyance /ə'nɔɪəns/ tiene varios sentidos:
1 **annoyance** puede significar enfado.
2 **annoyance** puede significar molestia (= cosa que molesta).

annoying /ə'nɔɪɪŋ/ molesto.

> ℹ annoying es también una forma del verbo **annoy**:
> ▷ He's annoying me. Me está molestando.

annual /'ænjʊəl/ tiene varias categorías gramaticales y varios sentidos:
> ＞ Puede ser un ADJETIVO:
annual significa anual.
> ＞ Puede ser un SUSTANTIVO:
annual significa libro de historietas que se publica anualmente.

anonymous /ə'nɒnɪməs/ anónimo.

another /ə'nʌðə'/ otro.
> ▷ They had another drink. Tomaron otra copa.
> ▷ They stayed another day. Se quedaron un día más.
> ▷ Can I have another? ¿Me das otro?
> ► **one another** el uno al otro.
> ▷ They looked at one another. Se miraron.

answer /'ɑːnsə'/ tiene varias categorías gramaticales y varios sentidos:
> ＞ Puede ser un SUSTANTIVO:
answer significa respuesta.
> ＞ Puede ser un VERBO TRANSITIVO:
> ► **answer somebody** o **something** responder a alguien o algo.
> ► **answer the door** abrir la puerta.
> ＞ Puede ser un VERBO INTRANSITIVO:
answer significa contestar o responder.

answering machine /'ɑːnsərɪŋ məʃiːn/ contestador (automático).

ant /ænt/ hormiga.

anthem /'ænθəm/ himno.

anticipate /æn'tɪsɪpeɪt/ tiene varios sentidos:
1 **anticipate something** puede significar esperar o prever algo.
2 **anticipate something** puede significar adelantarse a algo.

anticlockwise /ˌæntɪˈklɒkwaɪz/ en sentido contrario al de las agujas del reloj.

> La palabra **anticlockwise** no se utiliza en inglés americano. En Estados Unidos se dice **counterclockwise**.

antique /ænˈtiːk/ *tiene varias categorías gramaticales:*
> Puede ser un ADJETIVO:
antique *significa* antiguo (muebles, etc.).
> Puede ser un SUSTANTIVO:
antique *significa* antigüedad.
▶ **antique shop** tienda de antigüedades.

anxious /ˈæŋkʃəs/ preocupado.
▶ **be anxious to do something** estar ansioso por hacer algo.

any /ˈenɪ/ *tiene varios sentidos:*
1 any *puede utilizarse delante de un sustantivo en una frase negativa o en una pregunta y no se traduce en español:*
▷ I don't have any money. No tengo dinero.
▷ There aren't any oranges left. No quedan naranjas.
▷ Is there any milk? ¿Hay leche?
▷ Does he have any children? ¿Tiene hijos?
2 any *puede significar* algo *o* alguno.
▷ Is there any left? ¿Queda algo?
▷ Are there any left? ¿Queda alguno?
3 any *puede significar* ningún *o* ninguno.
▷ I didn't see any whales. No vi ninguna ballena.
▷ There aren't any left. No queda ninguno.
▷ I don't have any. No tengo.
4 any *puede significar* cualquier *o* cualquiera.
▷ She could arrive at any time. Puede llegar en cualquier momento.
▷ Any of those chairs will do. Cualquiera de esas sillas sirve.
5 any *puede utilizarse delante de un comparativo:*
▷ I don't want any more. No quiero más.
▷ Do you want any more meat? ¿Quieres más carne?
▷ I can't go any further. No puedo más.
▷ She won't stay any longer. No va a quedarse más tiempo.

anybody /ˈenɪbɒdɪ/ *tiene varios sentidos:*
1 *En frases negativas,* **anybody** *significa* nadie.
▷ I don't want to see anybody. No quiero ver a nadie.
▷ There isn't anybody here. Aquí no hay nadie.
2 *En preguntas,* **anybody** *significa* alguien.
▷ Is there anybody there? ¿Hay alguien?
▷ Did you see anybody? ¿Viste a alguien?
3 anybody *puede significar* cualquiera.
▷ Anybody knows that. Cualquiera lo sabe.
▷ You can tell anybody. Se lo puedes decir a quien quieras.

anyone /ˈenɪwʌn/ *tiene varios sentidos:*
1 *En frases negativas,* **anyone** *significa* nadie.
▷ I don't want to see anyone. No quiero ver a nadie.
▷ There isn't anyone here. Aquí no hay nadie.
2 *En preguntas,* **anyone** *significa* alguien.
▷ Is there anyone there? ¿Hay alguien?
▷ Did you see anyone? ¿Viste a alguien?
3 anyone *puede significar* cualquiera.
▷ Anyone knows that. Cualquiera lo sabe.
▷ You can tell anyone. Se lo puedes decir a quien quieras.

anything /ˈenɪθɪŋ/ *tiene varios sentidos:*
1 *En frases negativas,* **anything** *significa* nada.
▷ I don't want anything. No quiero nada.
▷ There wasn't anything in the fridge. No había nada en la nevera.
2 *En preguntas,* **anything** *significa* algo.
▷ Is there anything in the cupboard? ¿Hay algo en el armario?
▷ Did you see anything? ¿Has visto algo?
3 anything *puede significar* cualquier cosa.
▷ He'd do anything for her. Haría cualquier cosa por ella.
▷ You can have anything you like. Puedes coger lo que quieras.

anyway /ˈenɪweɪ/ *tiene varios sentidos:*
1 anyway *puede significar* de todos modos.
2 anyway *puede significar* en cualquier caso.

anywhere /ˈenɪweəʳ/ *tiene varios sentidos:*
1 *En frases negativas,* **anywhere** *significa* en ningún sitio o a ninguna parte.
▷ I can't find it anywhere. No lo encuentro en ningún sitio.
▷ We didn't go anywhere. No fuimos a ninguna parte.
2 *En preguntas,* **anywhere** *significa* en algún sitio o a algún sitio.
▷ Have you seen it anywhere? ¿Lo has visto en algún sitio?
▷ Did you go anywhere? ¿Fuiste a algún sitio?
3 anywhere *puede significar* en cualquier sitio.
▷ Leave it anywhere. Déjalo en cualquier sitio.
▷ We can go anywhere you like. Podemos ir a donde quieras.

apart /əˈpɑːt/ *tiene varios sentidos:*
1 apart *sirve para describir el espacio entre dos cosas:*
▷ The houses are several kilometres apart. Las casas están a varios kilómetros una de la otra.
▷ He sat with his legs apart. Estaba sentado con las piernas abiertas.

2 apart *puede significar* separado.
> ▷ They don't like living apart. No les gusta vivir separados.
> ▷ We will have to keep them apart. Tendremos que mantenerlos separados.
3 apart *puede significar* aparte.
> ► apart from... aparte de...

apartment /əˈpɑːtmənt/ piso.

ape /eɪp/ simio.

apologise o **apologize** /əˈpɒlədʒaɪz/ disculparse.

apology /əˈpɒlədʒɪ/ disculpa.

---
 apology no significa 'apología'.

---

apparatus /æpəˈreɪtəs/ aparatos
> ► a piece of apparatus un aparato.

apparently /əˈpærəntlɪ/ aparentemente.

appeal /əˈpiːl/ *tiene varias categorías gramaticales y varios sentidos:*
> *Puede ser un* SUSTANTIVO:
1 appeal *puede significar* llamamiento.
2 appeal *puede significar* atractivo.
> *Puede ser un* VERBO:
1 appeal to somebody *puede significar* hacer un llamamiento a alguien.
2 appeal to somebody *puede significar* atraer o gustarle a alguien.
3 appeal for something pedir algo.

appear /əˈpɪəʳ/ *tiene varios sentidos:*
1 appear *puede significar* aparecer.
2 appear *puede significar* parecer.
3 appear in something salir en algo (una película) o actuar en algo (una obra de teatro).

appearance /əˈpɪərəns/ / *tiene varios sentidos:*
1 appearance *puede significar* aparición.
2 appearance *puede significar* apariencia o aspecto.

appetite /ˈæpɪtaɪt/ apetito.

applaud /əˈplɔːd/ aplaudir.

applause /əˈplɔːz/ aplausos.
> ► a round of applause un aplauso.

---
i applause es un sustantivo incontable: no tiene plural y no se utiliza con el artículo **a**.

---

apple /ˈæpəl/ manzana.
> ► apple pie pastel de manzana.
> ► apple tree manzano.

appliance /əˈplaɪəns/ electrodoméstico.

application /æplɪˈkeɪʃən/ *tiene varios sentidos:*
1 application *puede significar* aplicación.
2 application *puede significar* solicitud (de puesto, beca).
> ► application form impreso de solicitud.

apply /əˈplaɪ/ *tiene varias categorías gramaticales y varios sentidos:*
> *Puede ser un* VERBO TRANSITIVO:
> ► apply something aplicar algo.
> *Puede ser un* VERBO INTRANSITIVO:
1 apply for something solicitar algo (un puesto, una beca).
2 apply *puede significar* aplicarse.
> ▷ This rule doesn't apply in this case. Esta regla no se aplica en este caso.

appointment /əˈpɔɪntmənt/ *tiene varios sentidos:*
1 appointment *puede significar* cita o hora (con el médico).
2 appointment *puede significar* nombramiento.

appreciate /əˈpriːʃɪeɪt/ *tiene varios sentidos:*
1 appreciate something *puede significar* apreciar algo.
2 appreciate something *puede significar* agradecer algo.
3 appreciate something *puede significar* darse cuenta de algo.

appreciation /əpriːʃɪˈeɪʃən/ *tiene varios sentidos:*
1 appreciation *puede significar* apreciación.
2 appreciation *puede significar* agradecimiento o gratitud.

apprentice /əˈprentɪs/ aprendiz.

approach /əˈprəʊtʃ/ *tiene varias categorías gramaticales y varios sentidos:*
> *Puede ser un* SUSTANTIVO:
1 approach *puede significar* llegada.
2 approach *puede significar* enfoque (de un tema).
> *Puede ser un* VERBO INTRANSITIVO:
approach *significa* acercarse.
> *Puede ser un* VERBO TRANSITIVO:
1 approach somebody o **something** *puede significar* acercarse a alguien o algo.
2 approach something *puede significar* abordar o enfocar algo (un tema).

appropriate /əˈprəʊprɪət/ adecuado.

approval /əˈpruːvəl/ aprobación.

approve /əˈpruːv/ *tiene varias categorías gramaticales:*
> *Puede ser un* VERBO INTRANSITIVO:
approve *significa* dar su aprobación.
> ▷ I don't approve. No me parece bien.

> *Puede ser un* VERBO TRANSITIVO:
► **approve something** *significa* aprobar algo (un plan, una medida).

approximate /əˈprɒksɪmət/ aproximado.

approximately /əˈprɒksɪmətlɪ/ aproximadamente.

apricot /ˈeɪprɪkɒt/ albaricoque.

April /ˈeɪprɪl/ abril.
► **April the second** o **the second of April** el dos de abril.
► **April Fools' Day** el primero de abril.

ℹ **April Fools' Day,** o el primero de abril, es el equivalente británico del Día de los Inocentes

apron /ˈeɪprən/ delantal.

aquarium /əˈkweərɪəm/ acuario (para peces).

Aquarius /əˈkweərɪəs/ Acuario (signo del zodiaco).

Arab /ˈærəb/ árabe (persona).

Arabic /ˈærəbɪk/ árabe (adjetivo e idioma).

arcade game /ɑːˈkeɪd geɪm/ videojuego.

arch /ɑːtʃ/ arco (en arquitectura).

architecture /ˈɑːkɪtektʃəʳ/ arquitectura.

are /ɑːʳ/ *es una forma del presente del verbo* **be.**
▷ You are too young. Eres demasiado joven.
▷ We are very pleased. Estamos muy contentos.
▷ They are on the table. Están sobre la mesa.

area /ˈeərɪə/ *tiene varios sentidos:*
1 **area** *puede significar* área.
2 **area** *puede significar* superficie.

aren't /ɑːnt/ *es la contracción de* **are not.**
▷ You aren't on the list. No figuras en la lista.
▷ We aren't very pleased. No estamos muy contentos.
▷ Aren't you tired? ¿No estás cansado?

Argentinian /ɑːdʒənˈtɪnɪən/ argentino.

argue /ˈɑːgjuː/ *tiene varios sentidos:*
1 **argue** *puede significar* discutir.
2 **argue** *puede significar* argumentar.

argument /ˈɑːgjʊmənt/ *tiene varios sentidos:*
1 **argument** *puede significar* discusión.
► **have an argument** discutir o tener una discusión.
2 **argument** *puede significar* argumento.

Aries /ˈeəriːz/ Aries (signo del zodiaco).

arise /əˈraɪz/ surgir.
► **arise from something** surgir a raíz de algo.

arisen /əˈrɪzən/ es el participio pasado del verbo **arise.**
▷ Some problems have arisen. Han surgido algunos problemas.

arithmetic /əˈrɪθmətɪk/ aritmética.

arm /ɑːm/ *tiene varios sentidos:*
1 **arm** *puede significar* brazo.
► **walk arm in arm** ir del brazo.
2 **arm** *puede significar* manga (de ropa).
3 **arms** *puede significar* armas.

armchair /ɑːmˈtʃeəʳ/ sillón.

armor /ˈɑːməʳ/ es la ortografía americana de la palabra **armour.**

armies /ˈɑːmɪz/ es el plural de la palabra **army.**

armour /ˈɑːməʳ/ armadura.

✍ En inglés americano, esta palabra se deletrea **armor.**

armpit /ˈɑːmpɪt/ *significa* axila o sobaco.

army /ˈɑːmɪ/ ejército.

aromatherapy /ərəʊməˈθerəpɪ/ aromaterapia.

arose /əˈrəʊz/ es el pretérito del verbo **arise.**
▷ A problem arose. Surgió un problema.

around /əˈraʊnd/ *tiene varias categorías gramaticales y varios sentidos:*
> *Puede ser un* ADVERBIO:
1 **around** *puede significar* alrededor.
▷ It has a wall around. Tiene un muro alrededor.
2 **around** *puede significar* por allí o por aquí.
▷ Is Paul around? ¿Está Paul por allí?
▷ She isn't around today. Hoy no está por aquí.
3 **around** *puede significar* alrededor de.
▷ It takes around an hour. Lleva alrededor de una hora.
▷ It costs around fifty euros. Cuesta unos cincuenta euros.
> *Puede ser una* PREPOSICIÓN:
around *significa* alrededor de.
▷ We were sitting around the table. Estábamos sentados alrededor de la mesa.

arouse /əˈraʊz/ *tiene varios sentidos:*
1 **arouse** *puede significar* despertar.
2 **arouse** *puede significar* excitar.

arrange /əˈreɪndʒ/ *tiene varios sentidos:*
1 **arrange something** *puede significar* ordenar algo o arreglar algo.
2 **arrange something** *puede significar* organizar algo o fijar algo (en el sentido de convenir la hora o fecha de algo).
3 **arrange to do something** quedar en hacer algo.

arrangement /əˈreɪndʒmənt/ disposición.
► **make arrangements for something** hacer los preparativos para algo.

arrest /əˈrest/ *tiene varias categorías gramaticales:*
> *Puede ser un* SUSTANTIVO:
arrest *significa* detención.
► **be under arrest** estar detenido.
> *Puede ser un* VERBO:
► **arrest somebody** detener a alguien.

arrival /əˈraɪvəl/ *tiene varios sentidos:*
1 **arrival** *puede significar* llegada.
2 **new arrival** recién llegado o recién nacido.

arrive /əˈraɪv/ llegar.

arrow /ˈærəʊ/ flecha.

art /ɑːt/ arte.
► **art gallery** museo o galería de arte.

artichoke /ˈɑːtɪtʃəʊk/ alcachofa.

article /ˈɑːtɪkəl/ artículo.

artist /ˈɑːtɪst/ artista.

as /æz/ *tiene varios sentidos:*
1 **as** *puede significar* como.
  ▷ As you know, I'm moving to Spain. Como sabes, me voy a mudar a España.
  ▷ As you were late, we started without you. Como llegabas tarde, comenzamos sin ti.
  ► **as usual** como de costumbre.
  ► **as if...** o **as though...** como si...
2 **as** *puede significar* de.
  ▷ He works as a pilot. Trabaja de piloto.
  ▷ They were dressed as clowns. Iban vestidos de payasos.
  ▷ I lived in Spain as a child. De niño, vivía en España.
3 **as** *puede significar* cuando o mientras.
  ▷ He came in as she was leaving. Entró cuando ella salía.
  ▷ I watched him as he ate. Lo miraba mientras comía.
4 **as** *puede significar* lo que.
  ▷ Do as you like. Haz lo que quieras.
5 **as** *se utiliza en comparaciones:*
  ▷ He's as tall as you are. Es tan alto como tú.

  ▷ It's three times as big as that. Es tres veces más grande que eso.
  ▷ It costs twice as much as the other one. Cuesta el doble que el otro.
  ▷ You can eat as much as you want. Puedes comer todo lo que quieras.
6 **as for** por lo que se refiere a.

ash /æʃ/ *tiene varios sentidos:*
1 **ash** *puede significar* ceniza.
2 **ash** *puede significar* fresno.

ashamed /əˈʃeɪmd/ avergonzado.
  ▷ I'm ashamed of it. Me da vergüenza.

ashtray /ˈæʃtreɪ/ cenicero.

Asian /ˈeɪʒən/ *tiene varias categorías gramaticales y varios sentidos:*
> *Puede ser un* SUSTANTIVO:
1 **Asian** *puede significar* asiático.
2 *En inglés británico,* **Asian** *puede significar* persona de origen hindú o paquistaní.
> *Puede ser un* ADJETIVO:
1 **Asian** *puede significar* asiático.
2 *En inglés británico,* **Asian** *puede significar* de origen hindú o paquistaní.

aside /əˈsaɪd/ aparte o a un lado.

ask /ɑːsk/ *tiene varias categorías gramaticales y varios sentidos:*
> *Puede ser un* VERBO TRANSITIVO:
1 **ask somebody** *puede significar* preguntar a alguien.
  ► **ask somebody something** preguntar algo a alguien.
2 **ask a question** hacer una pregunta.
3 **ask somebody for something** pedir algo a alguien.
  ► **ask somebody to do something** pedir a alguien que haga algo.
  ▷ You need to ask her permission. Tienes que pedirle permiso.
4 **ask somebody** *puede significar* invitar a alguien.
  ▷ She asked me to dinner. Me invitó a cenar.
  ▷ He asked me out. Me pidió salir.
> *Puede ser un* VERBO INTRANSITIVO:
1 **ask** *puede significar* preguntar.
  ► **ask after somebody** preguntar por alguien.
2 **ask** *puede significar* pedirlo.
  ▷ All you have to do is ask. No tienes más que pedirlo.
  ► **ask for something** pedir algo.

asleep /əˈsliːp/ dormido.
  ► **be asleep** estar durmiendo.
  ► **fall asleep** quedarse dormido.

asparagus /æsˈpærəgəs/ espárragos.

> **i** asparagus es un sustantivo incontable: no tiene plural y no se utiliza con el artículo an.

aspect /ˈæspekt/ aspecto.

assassinate /əˈsæsɪneɪt/ asesinar.

assassination /əsæsɪˈneɪʃən/ asesinato.

assault /əˈsɔːlt/ tiene varias categorías gramaticales y varios sentidos:
> Puede ser un SUSTANTIVO:
assault significa ataque o agresión.
> Puede ser un VERBO:
► **assault somebody** atacar o agredir a alguien.

assemble /əˈsembəl/ tiene varias categorías gramaticales y varios sentidos:
> Puede ser un VERBO TRANSITIVO:
1 assemble things puede significar reunir cosas.
2 assemble something puede significar montar algo.
> Puede ser un VERBO INTRANSITIVO:
assemble significa reunirse.

assembly /əˈsemblɪ/ tiene varios sentidos:
1 assembly puede significar asamblea.
2 assembly puede significar montaje.
3 A veces, **assembly** se refiere a un encuentro de profesores y alumnos en el salón de actos al principio del día.

assess /əˈses/ evaluar.

assessment /əˈsesmənt/ evaluación.

asset /ˈæset/ tiene varios sentidos:
1 asset puede significar ventaja.
2 assets puede significar activos (de una empresa).

assignment /əˈsaɪnmənt/ tiene varios sentidos:
1 assignment puede significar misión.
2 assignment puede significar deberes.

assimilate /əˈsɪmɪleɪt/ asimilar.

assist /əˈsɪst/ ayudar.

assistance /əˈsɪstəns/ ayuda.
► **be of assistance to somebody** ayudar a alguien.

assistant /əˈsɪstənt/ tiene varias categorías gramaticales:
> Puede ser un SUSTANTIVO:
assistant significa ayudante.
► **shop assistant** dependiente.

> Puede ser un ADJETIVO:
assistant significa adjunto (por ejemplo, director adjunto).

associate se pronuncia de dos formas distintas y su categoría gramatical cambia en función de la pronunciación:
◄)) /əˈsəʊʃɪət/
> Puede ser un SUSTANTIVO:
associate significa socio.
> Puede ser un ADJETIVO:
associate significa asociado o adjunto.
◄)) /əˈsəʊʃɪət/
> Puede ser un VERBO TRANSITIVO:
► **associate something with something** asociar algo con algo.
► **be associated with something** estar asociado con algo.
> Puede ser un VERBO INTRANSITIVO:
► **associate with somebody** tratar con alguien.

association /əsəʊsɪˈeɪʃən/ asociación.

assorted /əˈsɔːtɪd/ surtido o diverso.

assortment /əˈsɔːtmənt/ surtido o diversidad.

assume /əˈsjuːm/ tiene varios sentidos:
1 assume that... suponer que...
2 assume something puede significar asumir algo (una responsabilidad, el control, el poder).
3 assume something puede significar adoptar algo (una forma, una actitud).

assumption /əˈsʌmpʃən/ suposición.

assurance /əˈʃʊərəns/ tiene varios sentidos:
1 assurance puede significar garantía.
2 assurance puede significar confianza en sí mismo.

assure /əˈʃʊəʳ/ asegurar.

asthma /ˈæsmə/ asma.

astonished /əˈstɒnɪʃt/ asombrado.

astonishing /əsˈtɒnɪʃɪŋ/ asombroso.

astonishment /əsˈtɒnɪʃmənt/ asombro.

astounded /əsˈtaʊnd/ pasmado o atónito.

astounding /əˈstaʊndɪŋ/ pasmoso.

astrologer /əsˈtrɒlədʒəʳ/ astrólogo.

astrology /əsˈtrɒlədʒɪ/ astrología.

astronaut /ˈæstrənɔːt/ astronauta.

astronomer /əsˈtrɒnəməʳ/ astrónomo.

astronomy /əsˈtrɒnəmɪ/ astronomía.

asylum /əˈsaɪləm/ *tiene varios sentidos:*
1 **asylum** *puede significar* asilo.
► **asylum seeker** persona que busca asilo.
2 **asylum** *puede significar* manicomio.

at /æt/ *tiene varios sentidos:*
1 **at** *puede indicar una posición o un lugar:*
▷ At the top of the mountain. En la cima de la montaña.
▷ At the bottom of the stairs. Al pie de las escaleras.
▷ He's at school. Está en el colegio.
▷ She's at work. Está en el trabajo.
▷ I'm spending the night at my aunt's house. Voy a pasar la noche en casa de mi tía.
► **at home** en casa.
2 **at** *puede indicar un momento o la hora:*
▷ It starts at 8 o'clock. Comienza a las ocho.
▷ He went to bed at midnight. Se fue a la cama a medianoche.
▷ What are you doing at the weekend? ¿Qué vas a hacer el fin de semana?
► **at Christmas** en Navidad.
► **at Easter** en Semana Santa.
► **at the beginning of something** al principio de algo.
► **at the end of something** al final de algo.
3 **at** *puede indicar la velocidad, el precio o la edad:*
▷ He was driving at 120 km/h. Iba a 120 km/h.
▷ They sell them at 2 euros a kilo. Los venden a 2 euros el kilo.
▷ He retired at 65. Se jubiló a los 65 años.
4 **at** *puede indicar la dirección de algo:*
▷ He threw a stone at him. Le tiró una piedra.
5 **at** *puede significar* arroba (en correo electrónico).
6 **nothing at all** *significa* nada en absoluto.
▷ I'm not at all happy. No estoy nada contento.
▷ Thank you! —Not at all. ¡Gracias! —De nada.
▷ Have you seen her at all? ¿La has visto?

ate /eɪt/ *es el pretérito del verbo* **eat**.
▷ He ate all the cake. Se comió todo el pastel.

atheist /ˈeɪθɪɪst/ ateo.

Athens /ˈæθənz/ Atenas.

athlete /ˈæθliːt/ atleta.

athletics /æθˈletɪks/ atletismo.

Atlantic /ətˈlæntɪk/ Atlántico.

atmosphere /ˈætməsfɪəʳ/ *tiene varios sentidos:*
1 **atmosphere** *puede significar* atmósfera.
2 **atmosphere** *puede significar* ambiente.

atom /ˈætəm/ átomo.
► **atom bomb** bomba atómica.

atrocious /əˈtrəʊʃəs/ espantoso (= muy malo).

attach /əˈtætʃ/ *tiene varios sentidos:*
1 **attach something to something** *puede significar* fijar algo a algo.
2 **attach something to something** *puede significar* adjuntar algo a algo (un documento, un archivo).
3 **be attached to somebody** o **something** tener cariño a alguien o algo.

attachment /əˈtætʃmənt/ archivo adjunto o anexo (de correo electrónico).

attack /əˈtæk/ *tiene varias categorías gramaticales y varios sentidos:*
≻ *Puede ser un* SUSTANTIVO:
attack *significa* ataque.
≻ *Puede ser un* VERBO TRANSITIVO:
1 **attack something** o **somebody** *puede significar* atacar algo o a alguien.
2 **attack something** *puede significar* acometer algo (un problema, una tarea, por ejemplo).
≻ *Puede ser un* VERBO INTRANSITIVO:
attack *significa* atacar.

attacker /əˈtækəʳ/ atacante.

attempt /əˈtempt/ *tiene varias categorías gramaticales y varios sentidos:*
≻ *Puede ser un* SUSTANTIVO:
attempt *significar* intento.
► **make an attempt to do something** intentar hacer algo.
► **make an attempt on somebody's life** atentar contra la vida de alguien.
≻ *Puede ser un* VERBO:
► **attempt to do something** intentar hacer algo o tratar de hacer algo.

attend /əˈtend/ *tiene varias categorías gramaticales y varios sentidos:*
≻ *Puede ser un* VERBO TRANSITIVO:
1 **attend something** *puede significar* asistir a algo (una reunión, un concierto).
2 **attend something** *puede significar* ir a algo (a un colegio, a misa).

> *Puede ser un* VERBO INTRANSITIVO:

1 attend *significa* asistir (a una reunión, a un concierto).

2 attend to something ocuparse de algo.

attendant /ə'tendənt/ *tiene varios sentidos:*

1 attendant *puede significar* encargado (en un parking, un guardarropa, por ejemplo).

2 attendant *puede significar* vigilante (en un museo).

attention /ə'tenʃən/ atención.

► **pay attention to something** o **somebody** prestar atención a algo o alguien.

▷ Don't pay any attention to her. No le hagas caso.

▷ Pay attention! ¡Hazme caso!

► **stand to attention** ponerse firme (un soldado).

attic /'ætɪk/ *tiene varios sentidos:*

1 attic *puede significar* desván.

2 attic *puede significar* ático.

attitude /'ætɪtjuːd/ actitud.

attorney /ə't3ːnɪ/ abogado.

> 🖐 attorney es una palabra americana. En inglés británico se dice **lawyer**.

attract /ə'trækt/ atraer.

▷ I'm attracted to her. Me atrae.

attraction /ə'trækʃən/ atracción o atractivo.

attractive /ə'træktɪv/ atractivo.

aubergine /'əʊbəʒiːn/ berenjena.

> 🖐 La palabra **aubergine** no se utiliza en inglés americano. En Estados Unidos se dice **eggplant**.

auction /'ɔːkʃən/ subasta.

audience /'ɔːdɪəns/ público (en el cine, en el teatro, en un concierto) o espectadores (de televisión) o oyentes (de radio).

audition /ɔː'dɪʃən/ prueba o audición (para un papel de teatro o cine).

August /'ɔːgəst/ agosto.

► **August the second** o **the second of August** el dos de agosto.

aunt /ɑːnt/ tía (familiar).

auntie o **aunty** /'ɑːntɪ/ tía (familiar).

Australian /ɒ'streɪlɪən/ australiano.

Austrian /'ɒstrɪən/ austriaco.

authentic /ɔː'θentɪk/ auténtico.

author /'ɔːθəʳ/ autor o escritor.

authority /ɔː'θɒrɪtɪ/ *tiene varios sentidos:*

1 authority *puede significar* autoridad.

► **the authorities** las autoridades.

2 authority *puede significar* autorización.

authorise o **authorize** /'ɔːθəraɪz/ autorizar.

autograph /'ɔːtəgrɑːf/ *tiene varias categorías gramaticales:*

> *Puede ser un* SUSTANTIVO:

autographe *significa* autógrafo.

> *Puede ser un* VERBO:

► **autograph something** autografiar algo.

automatic /ɔːtə'mætɪk/ *tiene varias categorías gramaticales y varios sentidos:*

> *Puede ser un* ADJETIVO:

automatic *significa* automático.

> *Puede ser un* SUSTANTIVO:

automatic *significa* coche automático.

automatically /ɔːtə'mætɪklɪ/ automáticamente.

automobile /'ɔːtəməbiːl/ automóvil.

autumn /'ɔːtəm/ otoño.

► **in the autumn** o **in autumn** en otoño.

> 🖐 La palabra **autumn** no se utiliza en inglés americano. En Estados Unidos se dice **fall**.

availability /əveɪlə'bɪlɪtɪ/ disponibilidad.

available /ə'veɪləbəl/ disponible.

avalanche /'ævəlɑːnʃ/ alud o avalancha.

avenue /'ævənjuː/ avenida o paseo.

average /'ævərɪdʒ/ *tiene varias categorías gramaticales y varios sentidos:*

> *Puede ser un* SUSTANTIVO:

average *significa* media o promedio.

► **on average** como promedio.

> *Puede ser un* ADJETIVO:

1 average *puede significar* medio (en matemáticas).

2 average *puede significar* regular (= no muy bueno).

avocado /ævə'kɑːdəʊ/ aguacate.

avoid /ə'vɔɪd/ evitar.

► **avoid doing something** evitar hacer algo.

await /ə'weɪt/ esperar.

awake /əˈweɪk/ *tiene varias categorías gramaticales:*

> *Puede ser un* ADJETIVO:

awake *significa* despierto.

▷ The noise kept me awake. No pude dormir por el ruido.

▷ He was wide awake. Estaba totalmente despierto.

> *Puede ser un* VERBO:

awake *significa* despertarse.

award /əˈwɔːd/ *tiene varias categorías gramaticales y varios sentidos:*

> *Puede ser un* SUSTANTIVO:

award *significa* premio.

▶ **award ceremony** ceremonia de entrega de premios.

> *Puede ser un* VERBO:

▶ **award somebody something** *significa* otorgar algo a alguien.

aware /əˈweəʳ/ *tiene varios sentidos:*

1 aware *puede significar* consciente.

▶ **be aware of something** ser consciente de algo.

2 aware *puede significar* concienciado.

▶ **be environmentally aware** preocuparse por el medio ambiente.

awareness /əˈweənəs/ conciencia.

away /əˈweɪ/ *tiene varios sentidos:*

1 away *puede utilizarse para indicar una distancia en el espacio o el tiempo:*

▷ It's 5 kilometres away. Está a 5 kilómetros.

▷ It's not far away. No está lejos.

▷ How far away is the hotel? ¿A qué distancia está el hotel?

▷ London is an hour away. Londres está a una hora de aquí.

▷ The elections are a week away. Queda una semana para las elecciones.

2 away *puede utilizarse para indicar alejamiento:*

▷ She walked away. Se alejó.

▷ He looked away. Apartó la vista.

3 away *puede utilizarse para indicar ausencia:*

▷ He'll be away next week. Estará fuera la semana que viene.

▷ I was away two days last week. Falté dos días la semana pasada.

▷ She's away on holiday. Está de vacaciones.

▶ **go away** irse.

▷ He has gone away for the weekend. Se ha ido a pasar el fin de semana fuera.

▷ Go away and leave me alone! ¡Vete y déjame en paz!

4 *En deportes,* **away** *significa* fuera de casa.

▷ They're playing away. Juegan fuera de casa.

awe /ɔː/ sobrecogimiento.

▶ **be in awe of somebody** sentirse intimidado por alguien.

awesome /ˈɔːsʌm/ *tiene varios sentidos:*

1 awesome *puede significar* imponente.

2 awesome *puede significar* impresionante.

awful /ˈɔːfʊl/ espantoso.

▶ **an awful lot of...** un montón de...

awfully /ˈɔːfʊlɪ/ *tiene varios sentidos:*

1 awfully *puede significar* espantosamente.

2 awfully *puede significar* increíblemente (= muy).

awkward /ˈɔːkwəd/ *tiene varios sentidos:*

1 awkward *puede significar* torpe (= poco diestro).

2 awkward *puede significar* incómodo (= embarazoso).

3 awkward *puede significar* difícil (una persona, un problema, una tarea).

4 awkward *puede significar* inoportuno (un momento).

awoke /əˈwəʊk/ *es el pretérito del verbo* **awake**.

▷ It was dark when I awoke. Cuando me desperté era de noche.

awoken /əˈwəʊkən/ *es el participio pasado del verbo* **awake**.

▷ We had awoken early. Nos habíamos despertado temprano.

ax /æks/ *es la ortografía americana de la palabra* **axe**.

axe /æks/ *tiene varias categorías gramaticales:*

> *Puede ser un* SUSTANTIVO:

axe *significa* hacha.

> *Puede ser un* VERBO:

▶ **axe something** suprimir algo (puestos de trabajo o un proyecto, por ejemplo).

B

La letra **B** se pronuncia /biː/ en inglés.

B rima con **free**, **key** y **tea**.

baby /ˈbeɪbɪ/ bebé.

babysit /ˈbeɪbɪsɪt/ hacer de canguro.
- ▶ **babysit for somebody** cuidar a los niños de alguien.

babysitter /ˈbeɪbɪsɪtəʳ/ canguro (que cuida a niños).

bachelor /ˈbætʃələʳ/ soltero.

> ⚠ **bachelor** se refiere a un hombre soltero. Para referirse a una mujer soltera en inglés se dice **single woman**.

back /bæk/ *tiene varias categorías gramaticales y varios sentidos:*

> Puede ser un SUSTANTIVO:

1 back *puede significar* espalda (de una persona) *o* lomo (de un animal).
- ▷ He did it behind my back. Lo hizo a mis espaldas.
- ▷ I've got a bad back. Tengo problemas de espalda.
- ▷ She was lying on her back. Estaba acostada de espaldas.

2 back *puede significar* parte de atrás (de un objeto o un edificio) *o* dorso (de la mano, de una hoja de papel) *o* fondo (de una habitación o un cajón).
- ▷ It's at the back of the house. Está en la parte de atrás de la casa.
- ▶ **back door** puerta de atrás.
- ▶ **back seat** asiento de atrás.

3 back to front del revés.
- ▷ You've got your jumper on back to front. Llevas el jersey del revés.

> Puede ser un ADVERBIO:

1 back *se utiliza para expresar la idea de volver a casa o a algún otro sitio:*

- ▷ She went back to the shop. Volvió a la tienda.
- ▷ He won't come back. No volverá.
- ▷ I'll be back at six. Estaré de vuelta a las seis.
- ▷ How much is it to Paris and back? ¿Cuánto cuesta un billete de ida y vuelta a París?

2 back *se utiliza para expresar la idea de colocar algo de vuelta en su sitio o de devolver algo a alguien:*

- ▷ He put it back in the cupboard. Lo colocó de vuelta en el armario.
- ▷ He gave me my CD back. Me devolvió el compact.
- ▷ I want my money back. Quiero que me devuelvas el dinero.

3 back *puede describir un movimiento hacia atrás:*

- ▷ She looked back. Miró hacia atrás.
- ▷ Stand back! ¡Atrás!

> Puede ser un VERBO:

1 back somebody o **back somebody up** apoyar o respaldar a alguien.

2 back a project financiar un proyecto.

backache /ˈbækeɪk/ dolor de espalda.

> ⚠ **backache** es un sustantivo incontable: no tiene plural y no se utiliza con el artículo **a**.

background /ˈbækɡraʊnd/ *tiene varios sentidos:*

1 background *puede significar* fondo (de un cuadro, una vista, etc.).
- ▶ **in the background** en el fondo.

2 background *puede significar* contexto (de una situación).

3 somebody's background el origen social de alguien.

backing /ˈbækɪŋ/ apoyo o respaldo.

backpack /ˈbækpæk/ mochila.

backpacking /ˈbækpækɪŋ/ viajes con mochila.

► **go backpacking** viajar con mochila.

backside /bækˈsaɪd/ trasero (= el culo).

backstroke /ˈbækstrəʊk/ espalda (= estilo de natación).

► **do the backstroke** nadar a espalda.

backward /ˈbækwəd/ hacia atrás.

backwards /ˈbækwədz/ hacia atrás.

► **walk backwards and forwards** caminar de un lado para otro.

backyard /bækˈjɑːd/ *tiene varios sentidos:*

1 *En inglés británico*, **backyard** *significa* patio trasero.

2 *En inglés americano*, **backyard** *significa* jardín trasero.

bacon /ˈbeɪkən/ panceta o beicon.

bad /bæd/ *tiene varios sentidos:*

1 **bad** *puede significar* malo.

▷ The weather's very bad. Hace muy mal tiempo.

▷ It's bad for your health. Es malo para la salud.

▷ He's bad at English. Se le da mal el inglés.

▷ She's in a bad mood. Está de mal humor.

▷ I had a bad time Lo pasé mal.

► **bad language** palabrotas.

2 **bad** *puede significar* grave (un error o un accidente) *o* fuerte (un dolor).

▷ He has a bad cold. Tiene un resfriado terrible.

3 **bad** *puede significar* enfermo.

▷ I'm feeling pretty bad. Me encuentro bastante mal.

▷ She has a bad back. Está mal de la espalda.

4 **bad** *puede significar* podrido (cuando estás hablando de comida).

► **go bad** echarse a perder.

5 **bad** *se utiliza para decir que algo va mal o que le va mal a alguien.*

▷ Business is bad. El negocio va mal.

▷ How is he? —He's not too bad. ¿Cómo está? —No está mal.

6 **feel bad about something** sentirse mal por algo.

▷ I felt bad about lying to her. Me sentía mal por haberle mentido.

> **i** El comparativo de **bad** es **worse** y el superlativo es **worst**.

badge /bædʒ/ insignia (con el nombre).

badger /ˈbædʒəʳ/ tejón.

badly /ˈbædlɪ/ *tiene varios sentidos:*

1 **badly** *puede significar* mal.

▷ You did very badly. Lo hiciste muy mal.

2 **badly** *puede significar* gravemente.

▷ He was badly wounded. Resultó gravemente herido.

3 **badly** *se utiliza para decir que necesitas algo urgentemente:*

▷ I badly need a haircut. Necesito cortarme el pelo urgentemente.

bad-tempered /bædˈtempəd/

► **be bad-tempered** tener mal carácter o tener mal humor.

bag /bæg/ *tiene varios sentidos:*

1 **bag** *puede significar* bolsa (de papel o plástico, por ejemplo).

2 **bag** *puede significar* bolso (de una mujer).

baggage /ˈbægɪdʒ/ equipaje.

► **baggage reclaim** recogida de equipajes (en el aeropuerto).

> **i** **baggage** es un sustantivo incontable: no tiene plural y no se utiliza con el artículo **a**.

baggy /ˈbægɪ/ holgado o suelto (ropa).

bagpipes /ˈbægpaɪps/ gaita.

bake /beɪk/ cocer al horno o asar.

► **baked beans** alubias con tomate.

► **baked potato** patata asada con piel.

baker /ˈbeɪkəʳ/ panadero.

► **the baker's** o **the baker's shop** la panadería.

balance /ˈbæləns/ *tiene varias categorías gramaticales:*

> *Puede ser un* SUSTANTIVO:

balance *significa* equilibrio.

▷ He lost his balance. Perdió el equilibrio.

> *Puede ser un* VERBO TRANSITIVO:

► **balance something** poner algo en equilibrio.

> *Puede ser un* VERBO INTRANSITIVO:

balance *significa* mantenerse en equilibrio.

> La palabra inglesa **balance** no significa 'balance'.

balcony /ˈbælkənɪ/ balcón o terraza.

bald /bɔːld/ calvo.

Balearics /balɪˈærɪks/ Baleares.

ball /bɔːl/ *tiene varios sentidos:*
1 **ball** *puede significar* pelota *o* bola.
2 **ball** *puede significar* baile (= fiesta en la que se baila).

ballerina /ˌbæləˈriːnə/ bailarina (de ballet).

ballet dancer /ˈbæleɪ ˈdɑːnsəʳ/ bailarín *o* bailarina.

balloon /bəˈluːn/ globo (de juguete o aerostático).

ballpoint pen /ˈbɔːlpɔɪnt pen/ bolígrafo.

ban /bæn/ *tiene varias categorías gramaticales:*
> *Puede ser un* SUSTANTIVO:
ban *significa* prohibición.
> *Puede ser un* VERBO:
▶ **ban something** prohibir algo.

banana /bəˈnɑːnə/ plátano (= la fruta).

band /bænd/ *tiene varios sentidos:*
1 **band** *puede significar* banda *o* tira (de tela o metal).
2 **band** *puede significar* grupo (de rock) *o* banda (de jazz).

bandage /ˈbændɪdʒ/ venda.

bang /bæŋ/ *tiene varias categorías gramaticales y varios sentidos:*
> *Puede ser un* SUSTANTIVO:
1 **bang** *puede significar* explosión *o* estallido.
2 **bang** *puede significar* golpe.
> *Puede ser una* EXCLAMACIÓN:
bang! *significa* ¡pum! *o* ¡bum!
> *Puede ser un* VERBO TRANSITIVO:
▶ **bang something** golpear algo.
▷ She banged her head. Se golpeó la cabeza.
▷ He banged the door. Dio un portazo.
> *Puede ser un* VERBO INTRANSITIVO:
bang *significa* dar golpes (una puerta).
▶ **bang into something** darse contra algo.

banger /ˈbæŋəʳ/ petardo (= fuego artificial).

bank /bæŋk/ *tiene varios sentidos:*
1 **bank** *puede significar* banco (= institución financiera).
▶ **bank account** cuenta bancaria.
2 **bank holiday** día festivo.
3 **bank** *puede significar* orilla (de un río).

banknote /ˈbæŋknəʊt/ billete de banco.

> 🖎 La palabra **banknote** no se utiliza en inglés americano. En Estados Unidos se dice **bill**.

baptize /bæpˈtaɪz/ bautizar.

bar /bɑːʳ/ *tiene varios sentidos:*
1 **bar** *puede significar* bar.
2 **bar** *puede significar* barra.
3 **bar** *puede significar* tableta (de chocolate) *o* pastilla (de jabón).
4 **a chocolate bar** una chocolatina.

barbecue /ˈbɑːbəkjuː/ barbacoa.

barber /ˈbɑːbəʳ/ peluquero (de hombre).
▶ **the barber's** la peluquería.

bare /beəʳ/ desnudo.

barely /ˈbeəlɪ/ apenas.

bargain /ˈbɑːgən/ *tiene varias categorías gramaticales y varios sentidos:*
> *Puede ser un* SUSTANTIVO:
1 **bargain** *puede significar* ganga *o* chollo.
2 **bargain** *puede significar* pacto.
> *Puede ser un* VERBO:
1 **bargain** *puede significar* regatear.
2 **bargain with somebody for something** negociar algo con alguien.

barge /bɑːdʒ/ barcaza.

bark /bɑːk/ *tiene varias categorías gramaticales y varios sentidos:*
> *Puede ser un* SUSTANTIVO:
1 **bark** *puede significar* corteza (de un árbol).
2 **bark** *puede significar* ladrido.
> *Puede ser un* VERBO:
bark *significa* ladrar.
▶ **bark at somebody** ladrarle a alguien.

barmaid /ˈbɑːmeɪd/ camarera (en un bar).

barman /ˈbɑːmən/ camarero (en un bar).

barn /bɑːn/ granero *o* establo.

barrel /ˈbærəl/ tonel *o* barril.

barrier /ˈbærɪəʳ/ barrera.

base /beɪs/ *tiene varias categorías gramaticales y varios sentidos:*
> *Puede ser un* SUSTANTIVO:
base *significa* base.
> *Puede ser un* VERBO:
1 **base something on something** basar algo en algo.
2 **be based somewhere** vivir en alguna parte.
▷ I am based in York. Vivo en York.

baseball /ˈbeɪsbɔːl/ béisbol.
▶ **baseball cap** gorra de visera.

basement /ˈbeɪsmənt/ sótano.

basic /ˈbeɪsɪk/ *tiene varias categorías gramaticales:*

> *Puede ser un* ADJETIVO:
basic *significa* básico.
> *Puede ser un* SUSTANTIVO *plural:*
► **the basics** lo esencial *o* los fundamentos.

basically /ˈbeɪsɪklɪ/ fundamentalmente.

basil /ˈbæzəl/ albahaca.

basin /ˈbeɪsən/ *tiene varios sentidos:*
1 **basin** *puede significar* barreño.
2 **basin** *puede significar* lavabo.
3 **basin** *puede significar* bol.

basis /ˈbeɪsɪs/ base.

basket /ˈbɑːskɪt/ cesta.

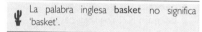

> La palabra inglesa **basket** no significa 'basket'.

basketball /ˈbɑːskɪtbɔːl/ baloncesto.

Basque /bɑːsk/ vasco.

bass /beɪs/ bajo (= instrumento musical).

bat /bæt/ *tiene varios sentidos:*
1 **bat** *puede significar* murciélago.
2 **bat** *puede significar* bate (de béisbol) *o* pala (de ping-pong).

bath /bɑːθ/ *tiene varios sentidos:*
1 **bath** *puede significar* baño.
► **have a bath** darse un baño.
► **swimming baths** piscina.
2 **bath** *puede significar* bañera.

bathe /beɪð/ bañarse.

bathroom /ˈbɑːθruːm/ *tiene varios sentidos:*
1 *En inglés británico,* **bathroom** *significa* cuarto de baño.
2 *En inglés americano,* **bathroom** *significa* baño *o* servicio (cuarto con váter).

bathtub /ˈbɑːθtʌb/ bañera.

battery /ˈbætərɪ/ pila *o* batería.

battle /ˈbætəl/ batalla.

bay /beɪ/ *tiene varios sentidos:*
1 **bay** *puede significar* bahía.
2 **bay leaf** hoja de laurel.

BC /ˌbiːˈsiː/ a.C.
► **in 1000 BC** en 1000 a.C.

be /biː/ *tiene varios sentidos:*

> ⓘ **be** es un verbo irregular. En el presente, tiene las siguientes formas: **I am, you are, he/she/it is, we are, they are.** Estas formas suelen contraerse: **I'm, you're, he's, she's, it's, we're, they're.** El pretérito tiene las siguientes formas: **I was, you were, he/she/it was, we were, they were.** El participio pasado es **been.**

1 **be** *puede significar* ser.
▷ I am English. Soy inglés.
▷ She is pretty. Es guapa.
▷ Who is that? —It's me! ¿Quién es? —¡Soy yo!
▷ They are very nice. Son muy simpáticos.
▷ He's a doctor. Es médico.
▷ It's leather. Es de cuero.
▷ Today is Tuesday. Hoy es martes.
2 **be** *puede significar* estar.
▷ I'm sad. Estoy triste.
▷ She's in a bad mood. Está de mal humor.
▷ He's dead. Está muerto.
▷ It's delicious. Está buenísimo.
▷ My clothes are wet. Mi ropa está mojada.
▷ Where is the school? ¿Dónde está la escuela?
3 **be** *se utiliza para hablar de la salud de alguien:*
▷ How are you? ¿Cómo estás?
▷ He's not very well. No está muy bien.
▷ I'm better now. Ya estoy mejor.
4 **be** *se utiliza para describir sensaciones o actitudes:*
▷ I'm cold/hot. Tengo frío/calor.
▷ He's hungry/thirsty. Tiene hambre/sed.
▷ You're right. Tienes razón.
▷ You're wrong. Estás equivocado.
5 **be** *se utiliza para decir la edad de alguien:*
▷ How old are you? ¿Cuántos años tienes?
▷ He is 25 years old. Tiene 25 años.
6 **be** *se utiliza para hablar del tiempo o de la temperatura:*
▷ It's warm/cold. Hace frío/calor.
▷ It's cloudy/raining. Está nublado/lloviendo.
▷ It's 20 degrees. Hace 20 grados.
7 **be** *se utiliza para decir la hora:*
▷ What time is it? ¿Qué hora es?
▷ It's five o'clock. Son las cinco.
8 **be** *se utiliza para decir o preguntar cuánto cuesta algo:*
▷ How much is it? ¿Cuánto cuesta?
▷ It's five euros. Son cinco euros.
> *También puede ser un* VERBO AUXILIAR:
1 **be** *se utiliza para formar los tiempos continuos:*
▷ What are you doing? ¿Qué estás haciendo?
▷ He's sleeping. Está durmiendo.
▷ He was driving very fast. Conducía muy rápido.

2 be *se utiliza para formar la voz pasiva:*
▷ It has been cancelled. Ha sido suspendido.
▷ I want to be told. Quiero que me lo digan.
▷ He was killed. Lo mataron.
▷ She was loved by everyone. Todo el mundo la quería.
3 be *también se utiliza en preguntas y respuestas:*
▷ He's always late, isn't he? —Yes, he is. Siempre llega tarde, ¿no? —Sí.

beach /biːtʃ/ playa.

beak /biːk/ pico (de ave).

beam /biːm/ *tiene varios sentidos:*
1 beam *puede significar* viga.
2 beam *puede significar* rayo (de luz).

bean /biːn/ alubia o judía.

bear /beəʳ/ *tiene varias categorías gramaticales y varios sentidos:*
> *Puede ser un* SUSTANTIVO:
bear *significa* oso.
> *Puede ser un* VERBO TRANSITIVO:
▶ **bear something** *significa* soportar o aguantar algo.
▷ I can't bear the heat. No aguanto el calor.

beard /bɪəd/ barba.

beast /biːst/ bestia (= animal).

beat /biːt/ *tiene varias categorías gramaticales y varios sentidos:*
> *Puede ser un* SUSTANTIVO:
1 beat *puede significar* latido (del corazón) o golpe (de un tambor).
2 beat *puede significar* ritmo (de música).
> *Puede ser un* VERBO:
1 beat *puede significar* golpear o pegar.
2 beat somebody at something *puede significar* ganar a alguien a algo.
▷ She beat me at chess. Me ganó al ajedrez.
▶ **beat a record** batir un récord.

beaten /ˈbiːtən/ *es el participio pasado del verbo* **beat**.
▷ He has beaten the world champion. Le ha ganado al campeón mundial.

beautiful /ˈbjuːtɪfʊl/ *tiene varios sentidos:*
1 beautiful *puede significar* bonito.
2 beautiful *puede significar* precioso o hermoso.

beautifully /ˈbjuːtɪfʊlɪ/ de maravilla.
▷ She sings beautifully. Canta de maravilla.

beauty /ˈbjuːtɪ/ belleza.

beaver /ˈbiːvəʳ/ castor.

became /bɪˈkeɪm/ *es el pretérito de* **become**.
▷ He became violent. Se volvió violento.

because /bɪˈkɒz/ porque.
▶ **because of** debido a o a causa de.

become /bɪˈkʌm/ volverse o ponerse o hacerse.
▷ This is becoming boring. Esto se está volviendo aburrido.
▷ It's becoming expensive. Se está poniendo caro.
▷ She became famous. Se hizo famosa.
▷ I'm becoming tired. Me estoy cansando.

bed /bed/ cama.
▶ **bed and breakfast** pensión (= hotel familiar).

bedroom /ˈbedruːm/ dormitorio o habitación.

bedtime /ˈbedtaɪm/
▷ It's bedtime! ¡Es hora de irse a la cama!

bee /biː/ abeja.

beef /biːf/ carne de vaca.

beefburger /ˈbiːfbɜːgəʳ/ hamburguesa.

beehive /ˈbiːhaɪv/ colmena.

been /biːn/ *es el participio pasado del verbo* **be**.

> **i** have been y has been se utilizan para formar el pretérito perfecto:
> ▷ I've been waiting for three hours. Llevo tres horas esperando.
> ▷ It has been raining. Ha llovido.

> **i** have been y has been se utilizan para decir que has ido a alguna parte:
> ▷ I have been to London. He estado en Londres.
> ▷ Where have you been? ¿Dónde has estado?

beer /bɪəʳ/ cerveza.

beetle /ˈbiːtəl/ escarabajo.

beetroot /ˈbiːtruːt/ remolacha.

before /bɪˈfɔːʳ/ *tiene varias categorías gramaticales y varios sentidos:*
> *Puede ser una* PREPOSICIÓN:
1 before *puede significar* antes de o antes que.
▷ I finished before six o'clock. Terminé antes de las seis.
▷ He arrived before me. Llegó antes que yo.
▷ The day before yesterday. Anteayer.

2 before puede significar delante de.
▷ He is before me in the queue. Va delante de mí en la cola.
> Puede ser un ADVERBIO:
1 before significa antes.
▷ If only you had told me before! ¡Habérmelo dicho antes!
▷ The week before. La semana anterior.
2 before puede utilizarse para decir que ya has hecho algo:
▷ I have seen it before. Ya lo he visto.
> Puede ser una CONJUNCIÓN:
before significa antes de que.
▷ Do it before I get angry. Hazlo antes de que me enfade.
▷ I read the newspaper before I went out. Leí el periódico antes de salir.

beforehand /bɪˈfɔːhænd/ de antemano.

beg /beg/ tiene varios sentidos:
1 beg puede significar mendigar.
2 beg puede significar rogar o pedir.
► **beg someone to do something** rogar a alguien que haga algo.
3 I beg your pardon? ¿cómo? (cuando no has entendido).
► **I beg your pardon!** ¡perdón! (cuando quieres pedir disculpas).

began /bɪˈgæn/ es el pretérito del verbo **begin**.
▷ It began to rain. Comenzó a llover.

beggar /ˈbegəʳ/ mendigo.

begin /bɪˈgɪn/ comenzar o empezar.
► **begin to do something** o **begin doing something** comenzar a hacer algo.

beginner /bɪˈgɪnəʳ/ principiante.

beginning /bɪˈgɪnɪŋ/ comienzo o principio.
► **in the beginning** al principio.
► **at the beginning of the month** a principios de mes.

ℹ beginning también es una forma del verbo begin:
▷ I'm beginning to understand. Estoy empezando a entenderlo.

begun /bɪˈgʌn/ es el participio pasado del verbo **begin**.
▷ The concert has already begun. El concierto ya ha comenzado.

behalf /bɪˈhɑːf/ se utiliza para decir que haces algo por alguien o en nombre de alguien:
▷ I'll do it on your behalf. Lo hago por ti.

⌐ En inglés americano se dice in your behalf, in his behalf, etc.

behave /bɪˈheɪv/ portarse o comportarse.
▷ He behaved badly. Se portó mal.
▷ He behaved well o he behaved himself. Se portó bien.

behaviour /bɪˈheɪvjəʳ/ conducta o comportamiento.

⌐ En inglés americano esta palabra se escribe behavior.

behind /bɪˈhaɪnd/ tiene varias categorías gramaticales y varios sentidos:
> Puede ser una PREPOSICIÓN:
behind significa detrás de.
> Puede ser un ADVERBIO:
1 behind significa detrás.
► **look behind** mirar hacia atrás.
► **be behind with something** estar atrasado en algo.
2 leave something behind dejarse algo.
▷ I left my coat behind. Me he dejado el abrigo.

Belgian /ˈbeldʒən/ belga.

Belgium /ˈbeldʒəm/ Bélgica.

belief /bɪˈliːf/ creencia.

believe /bɪˈliːv/ creer.
► **believe in something** creer en algo.

bell /bel/ campana o timbre o cascabel.

belly /ˈbelɪ/ barriga.
► **belly button** ombligo.

belong /bɪˈlɒŋ/ tiene varios sentidos:
1 belong to somebody pertenecer a alguien.
▷ This pen belongs to me. Este bolígrafo me pertenece o Este bolígrafo es mío.
2 belong to a club ser socio de un club.
3 belong puede significar ir (en su sitio).
▷ Where does this book belong? ¿Dónde va este libro?
▷ Put it back where it belongs. Devuélvelo a su sitio.

belongings /bɪˈlɒŋɪŋz/ objetos personales.

below /bɪˈləʊ/ tiene varias categorías gramaticales:
> Puede ser una PREPOSICIÓN:
1 below puede significar debajo de.
▷ It was below the bridge. Estaba debajo del puente.
2 below puede significar por debajo de.
► **below average** por debajo de la media.
> Puede ser un ADVERBIO:
below significa abajo.

belt /belt/ cinturón.

bench /bentʃ/ banco (para sentarse).

bend /bend/ *tiene varias categorías gramaticales*:
> *Puede ser un* SUSTANTIVO:
bend *significa* curva (en un río o una carretera) o codo (en una tubería, por ejemplo).
> *Puede ser un* VERBO TRANSITIVO:
► **bend something** doblar algo (= plegar).
> *Puede ser un* VERBO INTRANSITIVO:
bend *significa* girar (hablando de un río o una carretera).
► **bend down** agacharse.
► **bend over** agacharse.

beneath /bɪˈniːθ/ *tiene varias categorías gramaticales*:
> *Puede ser una* PREPOSICIÓN:
beneath *significa* debajo de.
> *Puede ser un* ADVERBIO:
beneath *significa* abajo.

benefit /ˈbenɪfɪt/ ventaja o beneficio.

bent /bent/ torcido (= doblado).

ℹ bent también es el pretérito y el participio pasado del verbo bend:
▷ He bent the wire. Dobló el cable.

---

beret /ˈbereɪ/ boina.

berry /ˈberɪ/ baya.

beside /bɪˈsaɪd/ al lado de.

besides /bɪˈsaɪdz/ además o además de.

best /best/ mejor.
▷ It's the best wine in the world. Es el mejor vino del mundo.
▷ It would be best not to tell her. Sería mejor no decírselo.
▷ The Brazilians are the best. Los brasileños son los mejores.
▷ I like the red one best. El rojo es el que más me gusta.
▷ I did my best. Hice todo lo posible.

bet /bet/ *tiene varias categorías gramaticales*:
> *Puede ser un* SUSTANTIVO:
bet *significa* apuesta.
> *Puede ser un* VERBO:
bet *significa* apostar.

betray /bɪˈtreɪ/ traicionar.

better /ˈbetər/ *tiene varias categorías gramaticales y varios sentidos*:
> *Puede ser el* COMPARATIVO de **good** o de **well**:
1 **better** *significa* mejor.
▷ His work is better than mine. Su trabajo es mejor que el mío.

▷ She sings better than you. Canta mejor que tú.
► **get better** mejorar.
▷ It's getting better and better. Es cada vez mejor.
2 **had better** es una expresión que se utiliza cuando das un consejo a alguien. A menudo se escribe de forma contraída, **'d better**:
▷ You had better leave. Más vale que te vayas.
▷ I'd better speak to her. Será mejor que hable con ella.
> *Puede ser un* SUSTANTIVO:
the better *significa* el mejor.
▷ It's the better of the two. Es el mejor de los dos.

between /bɪˈtwiːn/ entre.
► **in between** en medio o en medio de.

beware /bɪˈweər/ tener cuidado.
▷ Beware of pickpockets. Atención a los carteristas.
▷ Beware of the dog! ¡Cuidado con el perro!

beyond /bɪˈjɒnd/ más allá o más allá de.

biased /ˈbaɪəst/ parcial (= con perjuicios).
► **be biased against somebody** o **something** tener prejuicios contra algo o alguien.

bible /ˈbaɪbəl/ biblia.

bicycle /ˈbaɪsɪkəl/ bicicleta.
► **ride a bicycle** montar en bicicleta.

big /bɪg/ grande.
▷ How big is it? ¿Cómo es de grande?

bigger /ˈbɪgər/ más grande.
► **get bigger** crecer.

biggest /ˈbɪgɪst/
► **the biggest** el más grande.

bigheaded /bɪgˈhedɪd/ creído.

bike /baɪk/ *tiene varios sentidos*:
1 **bike** *puede significar* bici.
2 **bike** *puede significar* moto.

bill /bɪl/ *tiene varios sentidos*:
1 **bill** *puede significar* factura o cuenta (en un restaurante).
2 **bill** *puede significar* proyecto de ley.
3 *En inglés americano,* **bill** *significa* billete de banco.

billion /ˈbɪlɪən/ mil millones.

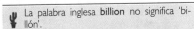 La palabra inglesa **billion** no significa 'billón'.

bin /bɪn/ cubo (de la basura) o papelera.

binoculars /bɪˈnɒkjʊləz/ prismáticos.

biology /baɪˈɒlədʒɪ/ biología.

bird /bɜːd/ pájaro o ave.

Biro /ˈbaɪrəʊ/ bolígrafo.

birth /bɜːθ/ nacimiento o parto.

birthday /ˈbɜːθdeɪ/ cumpleaños.
- ► **birthday card** tarjeta de cumpleaños.
- ► **birthday party** fiesta de cumpleaños.

biscuit /ˈbɪskɪt/ galleta.

bishop /ˈbɪʃəp/ obispo.

bit /bɪt/ tiene varios sentidos:
1 **bit** puede significar trozo.
- ► **a bit of paper** un trozo de papel.
- ► **come to bits** romperse en pedazos.
- ► **bit by bit** poco a poco.
2 **bit** puede significar parte.
- ► **I don't like that bit of the book.** No me gusta esa parte del libro.
3 **a bit** puede significar un poco.
- ▷ I'm a bit tired. Estoy un poco cansado.
- ▷ He's a little bit hungry. Tiene un poquito de hambre.
4 **a bit of** puede significar un poco de.
- ▷ You'll need a bit of luck. Necesitarás un poco de suerte.

> **i** bit es también el pretérito del verbo bite:
> ▷ The hamster bit my finger. El hámster me mordió en el dedo.

bite /baɪt/ tiene varias categorías gramaticales:
> Puede ser un SUSTANTIVO:
1 **bite** puede significar mordisco (de un perro o una persona) o picadura (de un insecto o una serpiente).
2 **bite** puede significar bocado.
- ► **take a bite out of something** dar un bocado a algo.
> Puede ser un VERBO:
bite significa morder (cuando te refieres a una persona o un perro) o picar (cuando te refieres a un insecto o una serpiente).
- ► **bite one's nails** morderse las uñas.

> **i** El pronombre personal de la expresión bite one's nails funciona de la siguiente forma en inglés: I bite my nails, you bite your nails, he bites his nails, she bites her nails, we bite our nails, they bite their nails.

bitten /ˈbɪtən/ es el participio pasado del verbo to bite.
- ▷ Have you ever been bitten by a snake? ¿Te ha picado alguna vez una serpiente?

bitter /ˈbɪtəʳ/ amargo.

black /blæk/ negro.
- ► **black coffee** café solo.
- ► **black eye** ojo morado.

blackberry /ˈblækbərɪ/ mora.

blackbird /ˈblækbɜːd/ mirlo.

blackboard /ˈblækbɔːd/ pizarra o encerado.

blackcurrant /blækˈkʌrənt/ grosella negra.

blade /bleɪd/ hoja (de un cuchillo, una espada o de hierba).

blame /bleɪm/ tiene varias categorías gramaticales:
> Puede ser un SUSTANTIVO:
blame significa culpa.
> Puede ser un VERBO:
- ► **blame something on somebody** o **blame somebody for something** echar la culpa a alguien de algo.
- ► **be to blame for something** tener la culpa de algo.

blank /blæŋk/ tiene varias categorías gramaticales:
> Puede ser un ADJETIVO:
blank significa en blanco (cuando te refieres a una hoja de papel) o virgen (cuando te refieres a un casete o disquete).
> Puede ser un SUSTANTIVO:
blank significa espacio en blanco.
- ► **fill in the blanks** rellenar los espacios en blanco.

blanket /ˈblæŋkɪt/ manta.

bleach /bliːtʃ/ tiene varias categorías gramaticales y varios sentidos:
> Puede ser un SUSTANTIVO:
bleach significa lejía.
> Puede ser un VERBO:
1 **bleach something** poner algo en lejía.
2 **bleach one's hair** decolorarse el pelo.

> **i** El pronombre personal de la expresión bleach one's hair funciona de la siguiente forma en inglés: I bleach my hair, you bleach your hair, he bleaches his hair, she bleaches her hair, we bleach our hair, they bleach their hair.

bleached /bliːtʃt/ decolorado.

> **i** bleached también es el pretérito y el participio pasado del verbo bleach:
> ▷ He bleached his hair. Se decoloró el pelo.

bled /bled/ es el pretérito y el participio pasado del verbo **bleed**.
▷ The wound bled a lot. Sangró mucho la herida.

bleed /bliːd/ sangrar.

blend /blend/ tiene varias categorías gramaticales:
➢ Puede ser un SUSTANTIVO:
blend significa mezcla.
➢ Puede ser un VERBO:
blend significa mezclar o mezclarse.

bless /bles/ bendecir.
▶ **bless you!** ¡jesús! (cuando alguien estornuda).

blew /bluː/ es el pretérito del verbo **blow**.
▷ Sally blew and the candles went out. Sally sopló y se apagaron las velas.

blind /blaɪnd/ tiene varias categorías gramaticales:
➢ Puede ser un ADJETIVO:
blind significa ciego.
▶ **go blind** quedarse ciego.
➢ Puede ser un SUSTANTIVO colectivo:
▶ **the blind** los ciegos.
➢ Puede ser un SUSTANTIVO:
blind significa persiana.

blink /blɪŋk/ parpadear.

blister /ˈblɪstəʳ/ ampolla (en el pie, por ejemplo).

block /blɒk/ tiene varias categorías gramaticales y varios sentidos:
➢ Puede ser un SUSTANTIVO:
1 block puede significar bloque.
2 block puede significar manzana (de edificios).
▶ **a block of flats** un bloque de pisos.
▷ Let's walk around the block. Vamos a dar la vuelta a la manzana.
➢ Puede ser un VERBO:
▶ **block something** bloquear o atascar u obstruir algo.
▷ My nose is blocked. Tengo la nariz taponada.

blond /blɒnd/ rubio.

blonde /blɒnd/ rubia.

blood /blʌd/ sangre.
▶ **blood test** análisis de sangre.

blossom /ˈblɒsəm/ flor o flores.

blouse /blaʊz/ blusa.

blow /bləʊ/ tiene varias categorías gramaticales y varios sentidos:
➢ Puede ser un SUSTANTIVO:
blow significa golpe (en el sentido de 'impacto').
➢ Puede ser un VERBO:
blow significa soplar.
▶ **blow one's nose** sonarse la nariz.
▶ **blow bubbles** hacer pompas de jabón.
▶ **blow a whistle** tocar un silbato.

> **i** El pronombre personal de la expresión blow one's nose funciona de la siguiente forma en inglés: I blow **my** nose, you blow **your** nose, he blows **his** nose, she blows **her** nose, we blow **our** noses, they blow **their** noses.

Phrasal verbs:

Al verbo **blow** a veces le sigue una preposición como **down** u **out**, lo que puede cambiar su significado. En inglés, esto se llama un **phrasal verb**.

BLOW DOWN:
▶ **blow something down** derribar algo (cuando te refieres al viento).
▷ The tree blew down. El árbol fue derribado por el viento.

BLOW OUT:
▶ **blow a candle out** apagar una vela (soplando).
▷ The candle blew out. Se apagó la vela.

BLOW UP:
▶ **blow a tyre/a balloon up** inflar un neumático/un globo.
▶ **blow something up** volar algo (un edificio, por ejemplo).
▷ The car blew up. El coche saltó por los aires.

blow-dry /ˈbləʊdraɪ/ tiene varias categorías gramaticales:
➢ Puede ser un SUSTANTIVO:
blow-dry significa secado (del pelo).
➢ Puede ser un VERBO:
▶ **blow-dry one's hair** secarse el pelo con secador de mano.

> **i** El pronombre personal de la expresión blow-dry one's hair funciona de la siguiente forma en inglés: I blow-dry **my** hair, you blow-dry **your** hair, he blow-dries **his** hair, she blow-dries **her** hair, we blow-dry **our** hair, they blow-dry **their** hair.

blue /bluː/ azul.

blueberry /ˈbluːbərɪ/ arándano.

blunder /ˈblʌndəʳ/ metedura de pata.

blunt /blʌnt/ *tiene varios sentidos:*
1 **blunt** *puede significar* desafilado.
2 **blunt** *puede significar* franco (cuando te refieres a una persona que habla sin pelos en la lengua).

blurred /blɜːd/ borroso.

blush /blʌʃ/ ruborizarse o ponerse colorado.

board /bɔːd/ *tiene varias categorías gramaticales y varios sentidos:*
> *Puede ser un* SUSTANTIVO:
1 **board** *puede significar* tablón.
2 **board** *puede significar* tablero.
► **board game** juego de mesa.
3 **board** *puede significar* pizarra o encerado.
4 **board** *puede significar* consejo de administración.
5 **on board** a bordo.
► **go on board** subir a bordo.
> *Puede ser un* VERBO TRANSITIVO:
board something *significa* embarcar en algo o subir a algo (un tren o autobús).
> *Puede ser un* VERBO INTRANSITIVO:
board *significa* embarcar o subir (a un tren o autobús).

boarding pass /ˈbɔːdɪŋ pɑːs/ tarjeta de embarque.

boarding school /ˈbɔːdɪŋ skuːl/ internado.

boast /bəʊst/ presumir.
► **boast about something** presumir de algo.

boat /bəʊt/ barco.

body /ˈbɒdɪ/ *tiene varios sentidos:*
1 **body** *puede significar* cuerpo.
► **body building** culturismo.
► **body lotion** loción corporal.
2 **body** *puede significar* cadáver.

bodyguard /ˈbɒdɪgɑːd/ guardaespaldas.

boil /bɔɪl/ hervir.
► **boil the kettle** poner el agua a hervir.

boiled /bɔɪld/ cocido o hervido.
► **boiled egg** huevo duro o huevo pasado por agua.
► **boiled potatoes** patatas cocidas.

i boiled también es el pretérito y el participio pasado del verbo **boil:**
> **He boiled the water.** Puso el agua a hervir.

boiler /ˈbɔɪləʳ/ caldera.

boiling /ˈbɔɪlɪŋ/ hirviente (cuando te refieres a agua).
> **I'm boiling!** ¡Me estoy asando!

> **It's boiling in here!** ¡Hace un calor espantoso aquí dentro!

i boiling también es una forma del verbo boil:
> **The water is boiling.** El agua está hirviendo.

bold /bəʊld/ *tiene varios sentidos:*
1 **bold** *puede significar* audaz.
2 **bold** *puede significar* osado.

bolt /bəʊlt/ *tiene varias categorías gramaticales y varios sentidos:*
> *Puede ser un* SUSTANTIVO:
1 **bolt** *puede significar* cerrojo o pestillo.
2 **bolt** *puede significar* perno.
3 **a bolt of lightning** un rayo (cuando te refieres al fenómeno meteorológico).
> *Puede ser un* VERBO TRANSITIVO:
► **bolt something** *significa* cerrar algo con pestillo.

bomb /bɒm/ *tiene varias categorías gramaticales:*
> *Puede ser un* SUSTANTIVO:
bomb *significa* bomba.
> *Puede ser un* VERBO:
► **bomb something** bombardear algo o colocar una bomba en algo.

bone /bəʊn/ hueso o espina (de pescado).

bonfire /ˈbɒnfaɪəʳ/ hoguera.

bonnet /ˈbɒnɪt/ capó.

bonus /ˈbəʊnəs/ prima o plus (dinero adicional).

boo /buː/ *tiene varias categorías gramaticales:*
> *Puede ser una* EXCLAMACIÓN:
boo! *significa* ¡buu! (para abuchear a alguien).
> *Puede ser un* VERBO:
boo *significa* abuchear.
> *Puede ser un* SUSTANTIVO:
boo *significa* abucheo.

book /bʊk/ *tiene varias categorías gramaticales y varios sentidos:*
> *Puede ser un* SUSTANTIVO:
book *significa* libro.
> *Puede ser un* VERBO:
book *significa* reservar.

bookcase /ˈbʊkkeɪs/ librería (= el mueble).

booking /ˈbʊkɪŋ/ reserva.

booklet /ˈbʊklət/ folleto.

bookshelves /ˈbʊkʃelvz/ estantería (para libros).

bookshop /ˈbʊkʃɒp/ librería.

bookstore /ˈbʊkstɔːʳ/ librería.

boot /buːt/ *tiene varios sentidos:*

1 boot *puede significar* bota o botín.

2 boot *puede significar* maletero (de un coche).

> 🖐 En la acepción de 'maletero', la palabra **boot** no se utiliza en inglés americano. En Estados Unidos se dice **trunk**.

border /ˈbɔːdəʳ/ frontera.

bore /bɔːʳ/ aburrir.

bored /bɔːd/ aburrido (= fastidiado).

▶ **get bored** aburrirse.

> ℹ **bored** también es el pretérito y el participio pasado del verbo **bore**:
> ▷ The film bored me. La película me aburrió.

boring /ˈbɔːrɪŋ/ aburrido (cuando te refieres a algo o alguien que te aburre).

> ℹ **boring** también es una forma del verbo **bore**:
> ▷ The speech was boring me. El discurso me aburría.

born /bɔːn/ nato.

▶ **be born** nacer.

borrow /ˈbɒrəʊ/ tomar prestado.

▶ **borrow something from somebody** pedir prestado algo a alguien.

> ▷ Can I borrow your pen? ¿Me prestas tu bolígrafo?

Bosnian /ˈbɒznɪən/ bosnio.

boss /bɒs/ *tiene varias categorías gramaticales:*

> Puede ser un SUSTANTIVO:

boss *significa* jefe.

> Puede ser un VERBO:

▶ **boss somebody around** mangonear a alguien.

bossy /ˈbɒsɪ/ mandón.

both /bəʊθ/ los dos o ambos.

> ▷ Both books are mine. Los dos libros son míos.

> ▷ Both of my sisters are tall. Mis dos hermanas son altas.

> ▷ Both his mother and his father are ill. Su madre y su padre están enfermos.

> ▷ She told both of us. Nos lo dijo a los dos.

> ℹ **both** también se utiliza para decir que dos cosas pasan al mismo tiempo:
> ▷ He was both happy and tired. Estaba contento y cansado.

bother /ˈbɒðəʳ/ *tiene varias categorías gramaticales y varios sentidos:*

> Puede ser un VERBO TRANSITIVO:

1 bother somebody *puede significar* molestar a alguien.

> ▷ I'm sorry to bother you. Perdona que te moleste.

2 bother somebody *puede significar* preocupar a alguien.

> ▷ It really bothers me. Me preocupa mucho.

3 I can't be bothered. *No tengo ganas.*

> Puede ser un VERBO INTRANSITIVO:

bother *significa* molestarse (en el sentido de hacer un esfuerzo).

> ▷ Don't bother to get up. No te molestes en levantarte.

> ▷ I'll do it. —No, don't bother. Lo hago yo —No, no hace falta.

> Puede ser un SUSTANTIVO:

bother *significa* molestia.

> ▷ It's no bother. No es ninguna molestia.

bottle /ˈbɒtəl/ botella.

▶ **bottle bank** contenedor de vidrio.

bottle-opener /ˈbɒtələʊpənəʳ/ abrebotellas.

bottom /ˈbɒtəm/ *tiene varias categorías gramaticales y varios sentidos:*

> Puede ser un SUSTANTIVO:

1 bottom *puede significar* fondo (de una piscina, del mar o de un pasillo) o pie (de una escalera, montaña o página) o final (de una lista o clasificación).

▶ **at the bottom of** en el fondo de o al pie de o al final de.

▶ **be bottom of the class** ser el peor de la clase.

2 bottom *puede significar* parte de abajo (de cualquier objeto).

3 bottom *puede significar* trasero (= el culo).

> Puede ser un ADJETIVO:

bottom *significa* inferior o de abajo.

> ▷ It's on the bottom shelf. Está en el estante de abajo del todo.

> ▷ The bottom half of the page. La mitad inferior de la página.

> ▷ It's on the bottom right-hand side. Está en la parte inferior a la derecha.

bought /bɔːt/ *es el pretérito y el participio pasado del verbo* **buy**.

> ▷ James bought me a book. James me compró un libro.

> ▷ What have you bought? ¿Qué has comprado?

boulder /ˈbəʊldəʳ/ roca.

bounce /baʊns/ botar o rebotar.

bound to /baʊnd tʊ/ *se utiliza para decir que es seguro que algo va a pasar o que es seguro que alguien va a hacer algo:*
▷ He's **bound to** come. Seguro que viene.
▷ It was **bound to** break. Tenía que romperse.

boundary /ˈbaʊndəri/ frontera.

bow *se pronuncia de dos formas diferentes y su significado cambia en función de la pronunciación:*
◀» /bəʊ/ (**bow** *rima con* **oh** *y* **go**).
≻ *Es un* SUSTANTIVO:
1 bow *puede significar* lazo (en el pelo o en un vestido).
▶ **bow tie** pajarita (= especie de corbata).
2 bow *puede significar* arco (para lanzar flechas o para tocar el violín).
◀» /baʊ/ (**bow** *rima con* **cow** *y* **now**).
≻ *Puede ser un* SUSTANTIVO:
1 bow *puede significar* inclinación de cabeza o reverencia.
2 bow *puede significar* proa (de un barco).
≻ *Puede ser un* VERBO:
1 bow *significa* inclinar la cabeza.
2 bow one's head inclinar la cabeza.

> **i** El pronombre personal de la expresión **bow one's head** funciona de la siguiente forma en inglés: I bow **my** head, you bow **your** head, he bows **his** head, she bows **her** head, we bow **our** heads, they bow **their** heads.

bowl /bəʊl/ *tiene varias categorías gramaticales y varios sentidos:*
≻ *Puede ser un* SUSTANTIVO:
1 bowl *significa* bol o cuenco o barreño.
▶ **a bowl of soup** un plato de sopa.
2 play bowls jugar a la petanca.
≻ *Puede ser un* VERBO:
bowl *significa* lanzar la bola (en deporte).

box /bɒks/ *tiene varias categorías gramaticales:*
≻ *Puede ser un* SUSTANTIVO:
box *significa* caja.
≻ *Puede ser un* VERBO:
box *significa* boxear.

boxer /ˈbɒksəʳ/ boxeador.

boxing /ˈbɒksɪŋ/ el boxeo.
▶ **Boxing Day** el 26 de diciembre.

> **i** Boxing Day o el 26 de diciembre es un día festivo en el Reino Unido.

boy /bɔɪ/ chico o niño.
▶ **boy scout** explorador (= escultista).

boyfriend /ˈbɔɪfrend/ novio.

> **i** boyfriend se refiere al chico con el que estás saliendo. Para referirte a la persona con la que te has comprometido para casarte, en inglés se dice fiancé.

bra /brɑː/ sujetador.

bracelet /ˈbreɪslət/ pulsera.

braces /ˈbreɪsɪz/ *tiene varios sentidos:*
1 braces *puede significar* aparato (para los dientes).
2 braces *puede significar* tirantes (para los pantalones).

> En la acepción de 'tirantes', la palabra braces no se utiliza en inglés americano. En Estados Unidos se dice suspenders.

bracket /ˈbrækɪt/ paréntesis.
▶ **in brackets** entre paréntesis.

brain /breɪn/ cerebro.

brainy /ˈbreɪni/ listo o inteligente.

brake /breɪk/ *tiene varias categorías gramaticales:*
≻ *Puede ser un* SUSTANTIVO:
brake *significa* freno.
≻ *Puede ser un* VERBO:
brake *significa* frenar.

branch /brɑːntʃ/ *tiene varios sentidos:*
1 branch *puede significar* rama (de un árbol).
2 branch *puede significar* sucursal (de un banco o una empresa).
3 branch *puede significar* tienda (de una cadena de tiendas).

brand /brænd/ marca.
▶ **brand name** marca.

brand-new /brænˈnjuː/ totalmente nuevo.

brandy /ˈbrændi/ coñac.

brass /brɑːs/ latón.
▶ **brass band** banda (con trompetas, tambores, etc.).

brave /breɪv/ valiente.

bravery /ˈbreɪvəri/ valentía.

Brazil /brəˈzɪl/ Brasil.

Brazilian /brəˈzɪlɪən/ brasileño.

bread /bred/ pan.

breadcrumbs /ˈbredkrʌmz/ pan rallado.

breadth /bredθ/ anchura.

break /breɪk/ *tiene varias categorías gramaticales y varios sentidos:*
> *Puede ser un* SUSTANTIVO:
1 break *puede significar* descanso o pausa o recreo (en el colegio).
▸ **take a break** hacer una pausa.
2 break *puede significar* fractura.
> *Puede ser un* VERBO TRANSITIVO:
▸ **break something** romper algo.
▷ He broke his leg. Se rompió una pierna.
▸ **break something in two** partir algo en dos.
▸ **break somebody's heart** romper el corazón de alguien.
▸ **break a record** batir un récord.
▸ **break a promise** no cumplir una promesa.
▸ **break the law** violar la ley.
> *Puede ser un* VERBO INTRANSITIVO:
1 break *significa* romperse.
▷ Her watch broke. Se le rompió el reloj.
▸ **break in two** partirse en dos.
2 break free soltarse.

Phrasal verbs:

Al verbo **break** *a veces le sigue una preposición como* **down** *u* **off**, *lo que puede cambiar su significado. En inglés, esto se llama un* **phrasal verb**.
    BREAK DOWN:
▸ **break down** estropearse o averiarse.
▷ My car broke down. Se me averió el coche.
▸ **break down in tears** echarse a llorar.
▸ **break a door down** echar una puerta abajo.
    BREAK INTO:
▸ **break into a house** entrar en una casa (ilegalmente, para robar, por ejemplo).
    BREAK OFF:
▸ **break off** desprenderse (un trozo o una parte de algo).
▸ **break something off** desprender o partir algo (un trozo o una parte de algo).
▸ **break off a journey** interrumpir un viaje.
    BREAK OUT:
▸ **break out** comenzar (una guerra o un incendio, por ejemplo).
▸ **break out of prison** escaparse de la cárcel.
    BREAK UP:
▸ **break something up into pieces** dividir algo en pedazos.
▸ **break up with somebody** romper con alguien.
▷ They've broken up. Han roto.
▷ We break up on Friday. Las clases terminan el viernes (empiezan las vacaciones).

---

breakdown /ˈbreɪkdaʊn/ *tiene varios sentidos:*
1 breakdown *puede significar* avería.
▸ **breakdown van** grúa (para vehículos averiados).
2 breakdown *puede significar* crisis nerviosa.
▷ I had a breakdown Me dio una crisis nerviosa.

breakfast /ˈbrekfəst/ desayuno.
▸ **have breakfast** desayunar.

breast /brest/ pecho o seno.
▸ **chicken breast** pechuga de pollo.

breast-stroke /ˈbreststrəʊk/ braza (= estilo de natación).
▸ **do the breast-stroke** nadar a braza.

breath /breθ/ aliento.
▸ **out of breath** sin aliento.
▸ **take a deep breath** inspirar profundamente.

breathe /briːð/ respirar.
▸ **breathe in** inspirar.
▸ **breathe out** espirar.

breed /briːd/ *tiene varias categorías gramaticales*:
> *Puede ser un* VERBO TRANSITIVO:
breed *significa* criar (animales).
> *Puede ser un* VERBO INTRANSITIVO:
breed *significa* reproducirse (animales).
> *Puede ser un* SUSTANTIVO:
breed *significa* raza (de animales).

breeze /briːz/ brisa.

brew /bruː/ elaborar (cerveza) o preparar (té).
▷ The tea's brewing. El té se está haciendo.

bribe /braɪb/ *tiene varias categorías gramaticales*:
> *Puede ser un* SUSTANTIVO:
bribe *significa* soborno.
> *Puede ser un* VERBO:
▸ **bribe somebody** sobornar a alguien.

brick /brɪk/ ladrillo.

bricklayer /ˈbrɪkleɪəʳ/ albañil.

bride /braɪd/ novia (en una boda).
▸ **the bride and groom** los novios.

bridegroom /ˈbraɪdgruːm/ novio (en una boda).

bridesmaid /ˈbraɪdzmeɪd/ dama de honor.

bridge /brɪdʒ/ puente.

brief /briːf/ breve.

briefcase /ˈbriːfkeɪs/ maletín o portafolios.

briefly /ˈbriːflɪ/ brevemente.

briefs /briːfs/ bragas o calzoncillos.

bright /braɪt/ *tiene varios sentidos:*

1 **bright** *puede significar* brillante (cuando te refieres a una estrella o a los ojos de alguien), vivo (cuando te refieres a colores), luminoso (cuando te refieres a una habitación con mucha luz) o despejado (cuando te refieres al tiempo).
  ▷ The weather's getting **brighter**. El cielo está despejando.
  ▷ I always try to look on the **bright** side. Siempre intento ver el lado bueno de las cosas.

2 **bright** *puede significar* inteligente.

brilliant /ˈbrɪljənt/ genial o brillante.
  ▶ **brilliant!** ¡genial!

bring /brɪŋ/ *significa* traer o llevar.
  ▷ Bring it to me. Tráemelo.
  ▷ I'll bring him to the station. Le llevo a la estación.
  ▷ It brings good luck. Trae buena suerte.

Phrasal verbs:

Al verbo **bring** *a veces le sigue una preposición como* **back** *o* **up**, *lo que puede cambiar su significado. En inglés, esto se llama un* **phrasal verb**.

  BRING BACK:
  ▶ **bring somebody** o **something back** traer a alguien de vuelta o devolver algo.
  BRING DOWN:
  ▶ **bring something down** bajar algo.
  ▶ **bring prices down** bajar los precios.
  BRING OUT:
  ▶ **bring something out** sacar algo (un producto nuevo, un disco).
  BRING UP:
  ▶ **bring somebody up** criar o educar (a un niño).
  ▶ **bring something up** mencionar algo.

Britain /ˈbrɪtən/ Gran Bretaña.

  ℹ Britain se refiere no sólo a Inglaterra sino también a Gales y Escocia.

British /ˈbrɪtɪʃ/ británico.
  ▶ **the British** los británicos.
  ▶ **the British Isles** las Islas Británicas.

  ℹ British se refiere no sólo a los ingleses sino también a los galeses y los escoceses.

broad /brɔːd/ *tiene varios sentidos:*

1 **broad** *puede significar* ancho.
2 **broad** *puede significar* amplio.

broadcast /ˈbrɔːdkɑːst/ *tiene varias categorías gramaticales:*
  ➤ *Puede ser un* SUSTANTIVO:
  broadcast *significa* emisión (de televisión o radio).
  ➤ *Puede ser un* VERBO:
  ▶ **broadcast something** emitir algo (en televisión o radio).

broccoli /ˈbrɒkəlɪ/ brécol.

brochure /ˈbrəʊʃəʳ/ folleto.

broke /brəʊk/ *tiene varias categorías gramaticales:*
  ➤ *Puede ser el* PRETÉRITO *del* VERBO **break**.
  ▷ I broke a glass at Kevin's house. Rompí un vaso en casa de Kevin.
  ➤ *Puede ser un* ADJETIVO:
  broke *significa* sin dinero.

broken /ˈbrəʊkən/ roto.

  ℹ broken también es el participio pasado del verbo **break**:
  ▷ I've broken my watch. Se me ha roto el reloj.

bronze /brɒnz/ bronce.

brooch /brəʊtʃ/ broche (= joya).

broom /bruːm/ escoba.

brother /ˈbrʌðəʳ/ hermano.

brother-in-law /ˈbrʌðərɪnlɔː/ cuñado.

brought /brɔːt/ es el pretérito y el participio pasado del verbo **bring**.
  ▷ Dad brought us some coffee. Papá nos trajo café.
  ▷ What have you brought me? ¿Qué has traído para mí?

brown /braʊn/ *tiene varios sentidos:*

1 **brown** *puede significar* marrón o castaño (cuando te refieres a los ojos o el pelo de alguien).
2 **brown** *puede significar* moreno o bronceado.
  ▶ **go brown** ponerse moreno o broncearse.
3 **brown bread** pan integral.
  ▶ **brown paper** papel de estraza.
  ▶ **brown sugar** azúcar moreno.

browse /braʊz/ navegar (por Internet).

browser /ˈbraʊzəʳ/ navegador (de Internet).

bruise /bruːz/ moradura.

brush /brʌʃ/ *tiene varias categorías gramaticales y varios sentidos:*
  ➤ *Puede ser un* SUSTANTIVO:
  brush *significa* cepillo o pincel o brocha.

> *Puede ser un* VERBO:
▶ **brush something** cepillar *o* cepillarse algo.
▶ **brush one's teeth** lavarse los dientes.
▶ **brush one's hair** cepillarse el pelo.

> ℹ El pronombre personal de las expresiones brush one's teeth y brush one's hair funciona de la siguiente forma en inglés: I brush **my** teeth/hair, you brush **your** teeth/hair, he brushes **his** teeth/hair, she brushes **her** teeth/hair, we brush **our** teeth/hair, they brush **their** teeth/hair.

Brussels /'brʌsəlz/ Bruselas.
▶ **Brussels sprouts** coles de Bruselas.

bubble /'bʌbəl/ burbuja *o* pompa (de jabón).
▶ **bubble bath** espuma de baño.

bucket /'bʌkɪt/ balde *o* cubo.

buckle /'bʌkəl/ hebilla.

bud /bʌd/ brote *o* capullo (de una flor).

budgerigar /'bʌdʒərɪgaːʳ/ *o* **budgie** /'bʌdʒɪ/ periquito.

bug /bʌg/ *tiene varios sentidos:*
1 **bug** *puede significar* bicho *o* insecto.
2 **bug** *puede significar* error (de software).
3 **bug** *puede significar* virus *o* infección.
4 **bug** *puede significar* micrófono oculto.

build /bɪld/ *tiene varias categorías gramaticales:*
> *Puede ser un* VERBO:
build *significa* construir.
> *Puede ser un* SUSTANTIVO:
build *significa* complexión (= apariencia física de una persona).

builder /'bɪldəʳ/ albañil.

building /'bɪldɪŋ/ edificio.
▶ **building site** obra (de construcción).

> ℹ building también es una forma del verbo build:
▷ **They're building a new school.** Están construyendo un colegio nuevo.

built /bɪlt/ *es el pretérito y el participio pasado del verbo* **build**.
▷ **They've built a supermarket near our house.** Han construido un supermercado cerca de casa.

bulb /bʌlb/ *tiene varios sentidos:*
1 **bulb** *puede significar* bombilla.
2 **bulb** *puede significar* bulbo.

Bulgarian /bʌl'geərɪən/ búlgaro.

bull /bʊl/ toro.

bullet /'bʊlɪt/ bala (de un arma de fuego).

bulletin /'bʊlɪtɪn/ boletín.
▶ **bulletin board** tablón de anuncios.

bullfight /'bʊlfaɪt/ corrida de toros.

bullfighter /'bʊlfaɪtəʳ/ torero.

bully /'bʊlɪ/ *tiene varias categorías gramaticales:*
> *Puede ser un* SUSTANTIVO:
bully *significa* abusón.
> *Puede ser un* VERBO:
▶ **bully somebody** meterse con alguien.

bum /bʌm/ culo.

> 🌵 bum es una palabra familiar y no debe utilizarse cuando estás hablando con alguien que no conoces bien o cuando escribes algo.

bump /bʌmp/ *tiene varias categorías gramaticales y varios sentidos:*
> *Puede ser un* SUSTANTIVO:
1 **bump** *puede significar* golpe.
2 **bump** *puede significar* chichón.
3 **bump** *puede significar* bache (en la carretera).
> *Puede ser un* VERBO:
▶ **bump one's head on something** darse en la cabeza contra algo.
▶ **bump into a car** chocar con un coche.
▶ **bump into somebody** darse contra alguien (= chocar con) *o* toparse con alguien (= encontrarse con).

> ℹ El pronombre personal de la expresión bump one's head on something funciona de la siguiente forma en inglés: I bump **my** head, you bump **your** head, he bumps **his** head, she bumps **her** head, we bump **our** heads, they bump **their** heads.

bumper /'bʌmpəʳ/ parachoques.
▶ **bumper car** auto de choque.

bumpy /'bʌmpɪ/ lleno de baches (una carretera).
▷ **It was a bumpy flight.** Fue un vuelo muy movido.

bun /bʌn/ *tiene varios sentidos:*
1 **bun** *puede significar* bollo *o* panecillo redondo.
2 **bun** *puede significar* moño.

bunch /bʌntʃ/ *tiene varios sentidos:*
1 **bunch** *puede significar* ramo (de flores) *o* racimo (de plátanos *o* uvas).
2 **bunch** *puede significar* manojo (de llaves).
3 **bunch** *puede significar* grupo (de personas).

bundle /'bʌndəl/ fardo (de ropa) *o* paquete (de cartas *o* periódicos) *o* haz (de leña).

bungee jumping /ˈbʌndʒɪ ˈdʒʌmpɪŋ/ puenting.

bunk bed /bʌŋk bed/ litera.

bunny /ˈbʌnɪ/ conejo.

burger /ˈbɜːgəʳ/ hamburguesa.

burglar /ˈbɜːgləʳ/ ladrón.

burial /ˈberɪəl/ entierro.

burn /bɜːn/ *tiene varias categorías gramaticales y varios sentidos:*
> *Puede ser un* SUSTANTIVO:
burn *significa* quemadura.
> *Puede ser un* VERBO TRANSITIVO:
1 burn *significa* quemar.
▶ **burn a CD** tostar un compact.
2 burn something down incendiar algo.
▷ The house burnt down. La casa se incendió.
> *Puede ser un* VERBO INTRANSITIVO:
burn *significa* arder o quemarse.

burnt /bɜːnt/ quemado.

> ℹ️ burnt también es el pretérito y el participio pasado del verbo burn:
> ▷ My father has burnt all his old newspapers. Mi padre ha quemado todos sus periódicos viejos.

burst /bɜːst/ *tiene varias categorías gramaticales y varios sentidos:*
> *Puede ser un* VERBO INTRANSITIVO:
1 burst *significa* reventar.
2 burst into *puede significar* irrumpir en.
▷ Kenny burst into the room Kenny irrumpió en la habitación.
3 burst into tears echarse a llorar.
4 burst into flames estalló en llamas.
5 burst out laughing echarse a reír.
> *Puede ser un* VERBO TRANSITIVO:
▶ **burst something** reventar algo.

bury /ˈberɪ/ enterrar.

bus /bʌs/ autobús.
▶ **bus station** estación de autobuses.
▶ **bus stop** parada de autobús.

bush /bʊʃ/ arbusto.

business /ˈbɪznəs/ *tiene varios sentidos:*
1 business *puede significar* negocios (= actividad comercial).
▶ **business studies** empresariales.
2 business *puede significar* empresa o negocio.
▶ **small businesses** las pequeñas empresas.

3 business *puede significar* asunto.
▶ **that's my business!** ¡es asunto mío!
▶ **mind your own business!** imétete en tus asuntos!

> 🌵 mind your own business es una expresión familiar y no debe utilizarse cuando estás hablando con alguien que no conoces bien o cuando escribes algo.

businessman /ˈbɪznəsmən/ hombre de negocios o empresario.

businesswoman /ˈbɪznəswʊmən/ mujer de negocios o empresaria.

bust /bʌst/ busto.

busy /ˈbɪzɪ/ *tiene varios sentidos:*
1 busy *puede significar* ocupado (cuando te refieres a una persona o al teléfono).
▶ **be busy doing something** estar haciendo algo.
2 busy *puede significar* ajetreado.
3 busy *puede significar* concurrido.
▷ A busy road. Una carretera con mucho tráfico.

but /bʌt/ pero.

butcher /ˈbʊtʃəʳ/ carnicero.
▶ **the butcher's** o **the butcher's shop** la carnicería.

butter /ˈbʌtəʳ/ mantequilla.

butterfly /ˈbʌtəflaɪ/ mariposa (el animal y el estilo de natación).
▶ **do the butterfly** nadar a mariposa.

button /ˈbʌtən/ *tiene varias categorías gramaticales:*
> *Puede ser un* SUSTANTIVO:
button *significa* botón.
> *Puede ser un* VERBO:
▶ **button something** o **button something up** abotonar o abotonarse algo.

buy /baɪ/ comprar.
▶ **buy something from somebody** comprar algo a alguien.

by /baɪ/ *tiene varios sentidos:*
1 by *se utiliza para indicar la manera en que se hace algo:*
▷ Can I pay by credit card? ¿Puedo pagar con tarjeta de crédito?
▷ He came in by the window. Entró por la ventana.
▷ I'll send it to you by post. Te lo enviaré por correo.
▷ These dresses are made by hand. Estos vestidos están hechos a mano.
▷ I'm paid by the hour. Me pagan por horas.

▷ I did that by mistake. Lo he hecho sin querer.

ℹ by + -ing también indica la manera en que se hace algo:
▷ He learnt English by listening to the radio. Aprendió el inglés escuchando la radio.

ℹ by indica el medio de transporte utilizado:
► **by bus** en autobús.
► **by car** en coche.
► **by plane** en avión.
► **by train** o **by rail** en tren.
► **by bicycle** en bicicleta.

ℹ by se utiliza en la voz pasiva para indicar el agente, es decir la persona o la cosa que lleva a cabo una acción:
▷ He was criticized by the teacher. Fue criticado por el profesor.
▷ She was run over by a car. Fue atropellada por un coche.

ℹ by se utiliza para indicar el autor de una obra:
▷ Who is the book by? ¿De quién es el libro?
▷ It's a painting by Picasso. Es un cuadro de Picasso.

2 by *puede significar* al lado de o junto a.
▷ Sit by the fire. Siéntate junto al fuego.
▷ The house is by the church. La casa está al lado de la iglesia.
▷ We live by the sea. Vivimos junto al mar.

3 by *se utiliza para decir que algo o alguien pasa delante de algo o alguien:*
▷ We drove by the town hall. Pasamos delante del ayuntamiento.
▷ He walked by me. Pasó por mi lado.

4 by *puede significar* antes de.
▷ I'll be back by midnight. Volveré antes de medianoche.
▷ The work must be finished by August. Hay que terminar el trabajo para agosto.
▷ They should have arrived by now. Ya deberían haber llegado.

5 by *se utiliza para decir la cantidad en que algo ha subido o bajado:*
▷ The price has gone up/down by about 20 euros. El precio ha subido/bajado unos 20 euros.

6 by *se utiliza para describir las dimensiones de algo:*
▷ A room of 6 metres by 4. Una habitación de 6 metros por 4.

7 by + *pronombre reflexivo se utiliza para decir que alguien hace algo solo:*
▷ I did it all by myself. Lo hice yo solo.
▷ He was by himself. Estaba solo.

8 by *se utiliza en varias expresiones:*
► **by day** de día.
► **by night** de noche.
► **day by day** día a día.
► **two by two** de dos en dos.

bye /baɪ/ ¡adiós!

bypass /ˈbaɪpɑːs/ carretera de circunvalación.

C

La letra **C** se pronuncia /sɪ:/ en inglés.

C rima con **free, key** y **tea**.

cab /kæb/ taxi.

cabbage /ˈkæbɪdʒ/ col.

cabin /ˈkæbɪn/ *tiene varios sentidos:*
1 **cabin** *puede significar* cabaña.
2 **cabin** *puede significar* cabina (en un avión).
3 **cabin** *puede significar* camarote.

cabinet /ˈkæbɪnət/ *tiene varios sentidos:*
1 **cabinet** *puede significar* armario.
2 *En el Reino Unido,* **the Cabinet** *significa el Consejo de Ministros.*

cable /ˈkeɪbəl/ cable.
▶ **cable car** teleférico.
▶ **cable TV** televisión por cable.

café /ˈkæfeɪ/ cafetería.

 La palabra inglesa **café** no significa la bebida 'café'.

cagoule /kəˈguːl/ chubasquero.

cake /keɪk/ pastel.
▶ **cake shop** pastelería.

calculate /ˈkælkjəleɪt/ calcular.

calculation /kælkjəˈleɪʃən/ cálculo.

calculator /ˈkælkjəleɪtəʳ/ calculadora.

calendar /ˈkælɪndəʳ/ calendario.

calf /kɑːf/ *tiene varios sentidos:*
1 **calf** *puede significar* becerro.
2 **calf** *puede significar* pantorrilla.

call /kɔːl/ *tiene varias categorías gramaticales y varios sentidos:*

▷ *Puede ser un* SUSTANTIVO:
1 **call** *puede significar* llamada.
▶ **call box** cabina telefónica.
2 **call** *puede significar* reclamo (de un pájaro).
3 **call** *puede significar* visita.
▷ *Puede ser un* VERBO:
1 *Normalmente,* **call** *significa* llamar.
▷ What's it called? ¿Cómo se llama?
▷ I'm called Mary. Me llamo Mary.
▷ Your mum's calling you. Te está llamando tu madre.
▷ Who's calling? ¿De parte de quién?
2 **call** *también puede significar* venir.
▷ A friend of yours called. Vino un amigo tuyo.

Phrasal verbs:

Al verbo **call** *a veces le sigue una preposición como* **on** *u* **off,** *lo que puede cambiar su significado. En inglés, esto se llama un* **phrasal verb**.
CALL OFF:
▶ **call something off** suspender algo.
CALL ON:
▶ **call on somebody** visitar a alguien.
CALL OUT:
▶ **call out** gritar.
▷ He called out to me. Me lanzó un grito.

calm /kɑːm/ *tiene varias categorías gramaticales y varios sentidos:*

▷ *Puede ser un* ADJETIVO:
calm *significa* tranquilo.
▷ *Puede ser un* SUSTANTIVO:
calm *significa* calma.

▶ **stay calm** mantener la calma.
▷ Stay calm, everybody! ¡Tranquilos!
> *Puede ser un* VERBO:
1 **calm** *significa* calmar.
2 **calm down** calmarse.
▷ Calm down, children! ¡Tranquilos, chicos!

calves /'kɑːvz/ *es el plural de la palabra* **calf**.

camcorder /'kæmkɔːdəʳ/ videocámara.

came /keɪm/ *es el pretérito del verbo* **come**.
▷ Jerry came to see us yesterday. Jerry vino a vernos ayer.

camel /'kæməl/ camello.

camera /'kæmərə/ cámara (fotográfica).
▶ **movie camera** cámara de cine.

camp /kæmp/ *tiene varias categorías gramaticales:*
> *Puede ser un* SUSTANTIVO:
camp *significa* campamento.
▶ **a camp site** un camping.
> *Puede ser un* VERBO:
camp *significa* acampar.

campaign /kæm'peɪn/ campaña.

camping /'kæmpɪŋ/ acampada.
▶ **go camping** ir de acampada.
▶ **a camping site** un camping.

can /kæn/ *tiene varias categorías gramaticales y varios sentidos:*
> *Puede ser un* VERBO:

> **i** can es un verbo modal. Los verbos modales se emplean delante de la forma infinitiva de otros verbos (por ejemplo, **she can speak French**). La tercera persona del singular de estos verbos no tiene una **-s** al final (**he can**, **she can**, **it can**). A diferencia de otros verbos, las formas negativas e interrogativas no utilizan una construcción con **do** (por ejemplo, se dice **can you swim?** y **he can't drive**). Los verbos modales no tienen infinitivo ni tampoco participio de presente o participio pasado.

1 **can** *se utiliza para decir que algo es posible o probable:*
▷ We can go by bus. Podemos ir en autobús.
▷ I can help if you want. Te ayudo si quieres.
▷ Can you come tomorrow? ¿Puedes venir mañana?
▷ I don't think it can be done. No creo que sea posible.
▷ It can't be as bad as that. Tan malo no puede ser.
▷ She can't have forgotten. No puede haberlo olvidado.

2 **can** *se utiliza para decir que alguien o algo es capaz de hacer algo:*
▷ I'll do everything I can. Haré todo lo que pueda.
▷ This car can do up to 200 kilometres per hour. Este coche tiene una velocidad máxima de 200 kilómetros por hora.
▷ I can't get to sleep. No consigo dormirme.
▷ She can't lift the suitcase. No puede levantar la maleta.

3 **can** *se utiliza para decir que alguien sabe hacer algo:*
▷ He can read and write. Sabe leer y escribir.
▷ She can't speak Spanish. No habla español.
▷ Can you swim? ¿Sabes nadar?

4 **can** *se utiliza con los verbos de percepción para decir que alguien siente, oye o ve algo:*
▷ She can see it. Lo ve.
▷ I can't hear you. No te oigo.
▷ Can you smell it? ¿Lo hueles?
▷ I can feel my foot going numb. Se me está durmiendo el pie.

5 **can** *se utiliza para hacer una petición a alguien, o para pedir o dar permiso:*
▷ Can I ask you a question? ¿Te puedo hacer una pregunta?
▷ Can we play football here? ¿Se puede jugar al fútbol aquí?
▷ Can I have some sweets, dad? Papá ¿me compras unos caramelos?
▷ You can go. Te puedes ir.
▷ You can't play with them any more. A partir de ahora, no debes jugar con ellos.

6 **can** *se utiliza para hacer una* propuesta *o una* sugerencia:
▷ Can I give you a hand with the suitcases? ¿Te echo una mano con las maletas?
▷ You can phone later. Puedes llamar más tarde.
> *Puede ser un* SUSTANTIVO:
1 **can** *puede significar* lata (de bebidas o conservas).
▶ **can-opener** abrelatas.
2 **can** *puede significar* bidón (de agua o gasolina, por ejemplo).

Canary Islands /kə'neərɪ aɪləndz/ Canarias.
▷ They live in the Canary Islands. Viven en Canarias.

> **i** Al igual que en español se puede decir las Canarias o las islas Canarias, en inglés se puede decir tanto the Canaries como the Canary Islands.

cancel /'kænsəl/ cancelar.

cancer /ˈkænsəʳ/ cáncer (= la enfermedad).

Cancer /ˈkænsəʳ/ Cáncer (signo del zodiaco).

candidate /ˈkændɪdət/ candidato.

candle /ˈkændəl/ vela (para dar luz).

candy /ˈkændɪ/ golosinas.

 La palabra **candy** sólo se utiliza en inglés americano. En inglés británico se dice **sweets**.

► **candy floss** algodón dulce (de azúcar).

La palabra **candy floss** no se utiliza en inglés americano. En Estados Unidos se dice **cotton candy**.

cannot /ˈkænɒt/ es *la forma negativa del verbo* **can**.
▷ He cannot help you. No te puede ayudar.

canoe /kəˈnuː/ canoa o piragua.

canoeing /kəˈnuːɪŋ/ piragüismo.
► **go canoeing** ir a hacer piragüismo.

can't /kɑːnt/ es *la contracción de* **cannot**, *la forma negativa del verbo* **can**.
▷ He can't help you. No te puede ayudar.

canteen /kænˈtiːn/ comedor (de una escuela).

canvas /ˈkænvəs/ lona.

cap /kæp/ *tiene varios sentidos:*
1 **cap** *puede significar* gorra.
2 **cap** *puede significar* tapón (de una botella) o capuchón (de un bolígrafo).

capable /ˈkeɪpəbəl/ capaz.
► **be capable of doing something** ser capaz de hacer algo.

capital /ˈkæpɪtəl/ *tiene varias categorías gramaticales y varios sentidos:*
> *Puede ser un* SUSTANTIVO:
1 **capital** o **capital city** *significa* capital (de un país).
2 **capital** o **capital letter** *significa* mayúscula.
> *Puede ser un* ADJETIVO:
capital *significa* mayúscula.
▷ It is written with a capital A. Se escribe con A mayúscula.

Capricorn /ˈkæprɪkɔːn/ Capricornio (signo del zodiaco).

capsize /kæpˈsaɪz/ volcar (un barco).

captain /ˈkæptɪn/ *tiene varios sentidos:*
1 **captain** *puede significar* capitán.

2 **captain** *puede significar* comandante (de un avión).

car /kɑːʳ/ coche.
► **car ferry** transbordador para coches.
► **car hire** alquiler de coches.
► **car keys** llaves del coche.
► **car park** aparcamiento o parking.

caravan /ˈkærəˈvæn/ caravana.

card /kɑːd/ *tiene varios sentidos:*
1 **card** *puede significar* tarjeta (de felicitación, de visita o de un ordenador).
2 **card** *puede significar* postal.
3 **card** *puede significar* cartulina.
4 **card** *puede significar* carta (= naipe).
► **a game of cards** una partida de cartas.
► **play cards** jugar a las cartas.

cardboard /ˈkɑːdbɔːd/ cartón (= el material).
► **cardboard box** caja de cartón.

cardigan /ˈkɑːdɪgən/ rebeca.

care /keəʳ/ *tiene varias categorías gramaticales y varios sentidos:*
> *Puede ser un* SUSTANTIVO:
care *significa* cuidado.
► **take care** tener cuidado.
► **take care of somebody** o **something** cuidar algo o a alguien.
> *Puede ser un* VERBO:
1 **care about something** preocuparse por algo.
▷ I don't care! ¡Me da igual!
▷ She doesn't care who wins. No le importa quién gane.
2 **care for somebody** o **something** *puede significar que alguien o algo te gusta.*
▷ I don't care for it. No me gusta.
3 **care for somebody** *puede significar* cuidar de alguien.

career /kəˈrɪəʳ/ carrera (profesional).

careful /ˈkeəfʊl/ *tiene varios sentidos:*
1 **careful** *puede significar* cuidadoso (cuando te refieres a una persona) o esmerado (cuando te refieres a un trabajo).
2 **careful** *puede significar* prudente.
► **be careful** tener cuidado.
▷ Be careful, it's hot! ¡Cuidado, que está caliente!

carefully /ˈkeəfʊlɪ/ con cuidado.

careless /ˈkeələs/ descuidado.
► **a careless mistake** un descuido.

caretaker

caretaker /ˈkeəteɪkəʳ/ conserje.

> La palabra **caretaker** no se utiliza en inglés americano. En Estados Unidos se dice janitor.

cargo /ˈkɑːgəʊ/ cargamento.

Caribbean /kærɪˈbɪən/
► **the Caribbean** las Antillas o el Caribe.

carnival /ˈkɑːnɪvəl/ tiene varios sentidos:
1 **carnival** puede significar carnaval.
2 En inglés americano, **carnival** puede significar feria.

carol /ˈkærəl/ villancico.

carpenter /ˈkɑːpɪntəʳ/ carpintero.

carpet /ˈkɑːpɪt/ alfombra o moqueta.

carriage /ˈkærɪdʒ/ tiene varios sentidos:
1 **carriage** puede significar vagón.
2 **carriage** puede significar carruaje.

carried /ˈkærɪd/ es el pretérito y el participio pasado del verbo **carry**.

carrier bag /ˈkærɪə bæg/ bolsa de plástico.

carries /ˈkærɪz/ es la tercera persona del singular del verbo **carry** en el presente indicativo.

carrot /ˈkærət/ zanahoria.

carry /ˈkærɪ/ llevar.
▷ Janet helped me carry my suitcase. Janet me ayudó a llevar la maleta.
▷ The plane was carrying 120 passengers. Había 120 pasajeros en el avión.

Phrasal verbs:

Al verbo **carry** a veces le sigue una preposición como **on** u **out**, lo que puede cambiar su significado. En inglés, esto se llama un **phrasal verb**.

CARRY AWAY:
► **carry something away** llevarse algo.
► **get carried away** entusiasmarse.
CARRY ON:
► **carry on** seguir o continuar.
► **carry on doing something** seguir haciendo algo.
CARRY OUT:
► **carry something out** llevar a cabo algo.

---

cart /kɑːt/ carreta.

carton /ˈkɑːtən/ tetrabrik (de leche o zumo) o envase (de yogur o nata).

cartoon /kɑːˈtuːn/ dibujos animados o tira cómica o chiste (dibujo).

cartridge /ˈkɑːtrɪdʒ/ cartucho.

carve /kɑːv/ tallar (madera o piedra) o trinchar (carne).

case /keɪs/ tiene varios sentidos:
1 **case** puede significar caso.
► **in case** por si.
▷ Wear a coat in case it rains. Ponte un abrigo por si llueve.
► **in any case** en cualquier caso.
► **in that case** en ese caso.
► **just in case** por si acaso.
2 **case** puede significar funda o estuche o caja.
3 **case** puede significar maleta.

cash /kæʃ/ tiene varias categorías gramaticales:
> Puede ser un SUSTANTIVO:
cash significa dinero o efectivo.
► **cash desk** caja (el mostrador en una tienda).
► **cash machine** cajero automático.
> Puede ser un VERBO:
► **cash a cheque** cobrar un cheque.

cashew /kəˈʃuː/ anacardo.

cashier /kæˈʃɪəʳ/ cajero.

casserole /ˈkæsərəʊl/ guiso.

cassette /kəˈset/ casete o cinta.
► **cassette deck** platina.
► **cassette player** casete (= la máquina).
► **cassette recorder** casete (= la máquina).

castle /ˈkɑːsəl/ castillo.

casual /ˈkæʒʊəl/ tiene varios sentidos:
1 **casual** puede significar informal (cuando te refieres a ropa).
2 **casual** puede significar despreocupado.

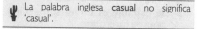 La palabra inglesa **casual** no significa 'casual'.

casualties /ˈkæʒʊəltɪz/ es el plural de la palabra **casualty**.

casualty /ˈkæʒʊəltɪ/ tiene varios sentidos:
1 **casualty** puede significar herido o víctima (en un accidente, por ejemplo).
2 **casualty** o **casualty department** significa urgencias (en un hospital).
▷ He's in casualty. Está en urgencias.

cat /kæt/ gato.

catch /kætʃ/ tiene varios sentidos:
1 **catch** puede significar coger.
▷ Catch the ball! ¡Coge la pelota!
▷ Why don't we catch the train? ¿Por qué no cogemos el tren?
▷ You could catch a cold. Podrías coger un resfriado.

▷ Make sure they don't catch you stealing. Asegúrate de que no te cojan robando.

2 catch *puede significar* pescar.

▷ How many fish did you catch? ¿Cuántos peces has pescado?

3 catch *puede significar* alcanzar.

▷ Do you think we'll catch the train? ¿Crees que vamos a alcanzar el tren?

► **catch up with somebody** alcanzar a alguien.

4 catch somebody's attention atraer la atención de alguien.

categories /ˈkætəgərɪz/ *es el plural de la palabra* **category**.

category /ˈkætəgərɪ/ categoría.

caterpillar /ˈkætəpɪləʳ/ oruga.

cathedral /kəˈθiːdrəl/ catedral.

Catholic /ˈkæθəlɪk/ católico.

cattle /ˈkætəl/ ganado (vacuno).

caught /kɔːt/ *es el pretérito y el participio pasado del verbo* **catch**.

▷ She caught me stealing. Me cogió robando.

cauliflower /ˈkɒlɪflaʊəʳ/ coliflor.

cause /kɔːz/ *tiene varias categorías gramaticales:*

➢ *Puede ser un* SUSTANTIVO:
cause *significa* causa.

➢ *Puede ser un* VERBO:

► **cause something** causar algo.

► **cause somebody to do something** hacer que alguien haga algo.

▷ It caused her to lose concentration. Le hizo desconcentrarse.

caution /ˈkɔːʃən/ cautela o prudencia.

cautious /ˈkɔːʃəs/ cauto o prudente.

cave /keɪv/ caverna o cueva.

CD /ˈsiːˈdiː/ CD.

► **CD burner** tostadora de CD.

► **CD player** lector de CD.

ceiling /ˈsiːlɪŋ/ techo (dentro de un edificio).

celebrate /ˈselɪbreɪt/ celebrar.

▷ Let's celebrate! ¡Vamos a celebrarlo!

celery /ˈselərɪ/ apio.

cell /sel/ *tiene varios sentidos:*

1 cell *puede significar* celda.

2 cell *puede significar* célula.

cellar /ˈseləʳ/ sótano.

cello /ˈtʃeləʊ/ violonchelo.

cement /sɪˈment/ cemento.

cemetery /ˈsemətrɪ/ cementerio.

cent /sent/ céntimo (del euro) o centavo (del dólar).

center /ˈsentəʳ/ *es la ortografía americana de la palabra* **centre**.

centigrade /ˈsentɪgreɪd/ centígrado.

centimetre /ˈsentɪmiːtəʳ/ centímetro.

> En inglés americano, esta palabra se escribe **centimeter**.

central /ˈsentrəl/ central o céntrico.

► **Central America** Centroamérica.

► **central heating** calefacción central.

► **central London** el centro de Londres.

centre /ˈsentəʳ/ centre.

> En inglés americano, esta palabra se escribe **center**.

century /ˈsentʃərɪ/ siglo.

▷ We live in the twenty-first century. Vivimos en el siglo XXI.

cereal /ˈsɪərɪəl/ cereal o cereales.

► **breakfast cereal** cereales (de desayuno).

ceremonies /ˈserɪmənɪ/ *es el plural de la palabra* **ceremony**.

ceremony /ˈserɪmənɪ/ ceremonia.

certain /ˈsɜːtən/ *tiene varios sentidos:*

1 certain *puede significar* seguro.

► **be certain about something** o **be certain of something** estar seguro de algo.

► **make certain that...** asegurarse de que...

► **for certain** con certeza.

2 certain *puede significar* cierto.

▷ A certain friend of yours. Cierto amigo tuyo.

certainly /ˈsɜːtənlɪ/ *tiene varios sentidos:*

1 certain *puede significar* por supuesto.

2 certain *puede significar* sin duda.

certificate /səˈtɪfɪkət/ certificado o partida (de matrimonio, por ejemplo) o título (académico).

chain /tʃeɪn/ cadena.

chair /tʃeəʳ/ silla o sillón.

chairman /'tʃeəmən/ presidente (de una empresa) o moderador (de una reunión).

chairwoman /'tʃeəwʊmən/ presidenta (de una empresa) o moderadora (de una reunión).

chalet /'ʃæleɪ/ chalé o cabaña.

chalk /tʃɔːk/ tiza.

challenge /'tʃælɪndʒ/ tiene varias categorías gramaticales:

> Puede ser un SUSTANTIVO:
challenge significa desafío.

> Puede ser un VERBO:
► **challenge somebody to do something** desafiar a alguien a hacer algo.

champagne /ʃæm'peɪn/ champán.

champion /'tʃæmpɪən/ campeón.

championship /'tʃæmpɪənʃɪp/ campeonato.

chance /tʃɑːns/ tiene varios sentidos:

1 **chance** puede significar casualidad o azar.
► **by chance** por casualidad.

2 **chance** puede significar posibilidad.
▷ He has no chance of winning. No tiene posibilidades de ganar.

3 **chance** puede significar oportunidad.
▷ I had the chance to go to China. Tuve la oportunidad de ir a China.

4 **chance** puede significar riesgo.
► **take chances** correr riesgos.

change /tʃeɪndʒ/ tiene varias categorías gramaticales y varios sentidos:

> Puede ser un SUSTANTIVO:
change significa cambio.
► **for a change** para variar.
▷ Keep the change! ¡Quédese con el cambio!

> Puede ser un VERBO TRANSITIVO:
1 **change something** puede significar cambiar algo.
▷ Could you change the music? ¿Te importaría cambiar la música?
▷ He changed the euros into dollars. Cambió los euros por dólares.
▷ We have to change trains. Tenemos que hacer transbordo.
▷ I've changed my mind. He cambiado de opinión.
▷ It changed colour. Cambió de color.
2 **change something** puede significar cambiarse de algo.
▷ You need to change your shirt. Tienes que cambiarte de camisa.
► **get changed** cambiarse de ropa.

3 **change something into something** transformar algo en algo.
▷ The witch changed him into a cat. La bruja lo transformó en gato.
> Puede ser un VERBO INTRANSITIVO:
1 **change** puede significar cambiar.
▷ You've really changed. Has cambiado mucho.
► **change into something** transformarse en algo.
▷ The prince changed into a frog. El príncipe se transformó en rana.
2 **change** puede significar cambiarse (de ropa).
▷ She changed for dinner. Se cambió para la cena.
▷ He changed into an old shirt. Se cambió y se puso una camisa vieja.
3 **change** puede significar hacer transbordo.

changing room /'tʃeɪndʒɪŋ ruːm/ vestuario o probador.

channel /'tʃænəl/ canal.
► **the Channel** o **the English Channel** el Canal de la Mancha.
► **the Channel Tunnel** el Eurotúnel.

chapel /'tʃæpəl/ capilla.

chapter /'tʃæptər/ capítulo.

character /'kærəktər/ tiene varios sentidos:
1 **character** puede significar carácter.
2 **character** puede significar personaje.

charcoal /'tʃɑːkəʊl/ carbón vegetal.

charge /tʃɑːdʒ/ tiene varias categorías gramaticales y varios sentidos:
> Puede ser un SUSTANTIVO:
1 **charge** puede significar precio.
► **free of charge** gratis.
▷ Is there a charge? ¿Hay que pagar?
2 **be in chargeof something** estar a cargo de algo.
▷ Who's in charge? ¿Quién es el encargado?
3 **charge** puede significar cargo (en un pleito).
> Puede ser un VERBO TRANSITIVO:
1 **charge somebody for something** cobrar a alguien por algo.
▷ How much do you charge? ¿Cuánto cobras?
2 **charge somebody with something** acusar a alguien de algo.
3 **charge** puede significar cargar contra (cuando te refieres a la policía o soldados) o embestir (cuando te refieres a un toro).
4 **charge a battery** cargar una batería.
> Puede ser un VERBO INTRANSITIVO:
1 **charge** puede significar irrumpir.
▷ He charged into the room. Irrumpió en la habitación.

2 charge *puede significar* cobrar.
▷ We don't charge for it. No cobramos por ello.

charities /ˈtʃærɪtɪz/ *es el plural de la palabra* **charity**.

charity /ˈtʃærɪtɪ/ organización benéfica.

charm /tʃɑːm/ *tiene varias categorías gramaticales y varios sentidos:*
> *Puede ser un* SUSTANTIVO:
1 charm *puede significar* encanto *o* atractivo.
2 charm *puede significar* hechizo.
> *Puede ser un* VERBO:
charm *significa* encantar *o* hechizar.

charming /ˈtʃɑːmɪŋ/ encantador.

chart /tʃɑːt/ *tiene varios sentidos:*
1 chart *puede significar* gráfico.
2 the charts las listas de éxitos.

chase /tʃeɪs/ *tiene varias categorías gramaticales y varios sentidos:*
> *Puede ser un* SUSTANTIVO:
chase *significa* persecución (cuando corres para coger a alguien, por ejemplo).
> *Puede ser un* VERBO:
1 chase somebody perseguir a alguien (para cogerlo).
2 chase after somebody ir detrás de alguien.
3 chase somebody away ahuyentar a alguien.

chat /tʃæt/ *tiene varias categorías gramaticales y varios sentidos:*
> *Puede ser un* SUSTANTIVO:
chat *significa* charla.
► **have a chat** charlar.
► **chat room** sala de conversación (de Internet).
► **chat show** tertulia televisiva.
> *Puede ser un* VERBO:
1 chat *significa* charlar.
2 chat somebody up ligar con alguien.

chat up es una expresión familiar y no debe utilizarse cuando estás hablando con alguien que no conoces bien o cuando escribes algo.

chatter /ˈtʃætər/ parlotear.

chatterbox /ˈtʃætəbɒks/ parlanchín.

chatterbox es una expresión familiar y no debe utilizarse cuando estás hablando con alguien que no conoces bien o cuando escribes algo.

cheap /tʃiːp/ barato.

cheaper /ˈtʃiːpər/ más barato.

cheapest /ˈtʃiːpɪst/
► **the cheapest** el más barato.

cheat /tʃiːt/ *tiene varias categorías gramaticales:*
> *Puede ser un* SUSTANTIVO:
cheat *significa* tramposo *o* copión (en un examen).
> *Puede ser un* VERBO TRANSITIVO:
cheat *significa* engañar.
> *Puede ser un* VERBO INTRANSITIVO:
cheat *significa* hacer trampa *o* copiar (en un examen).

check /tʃek/ *tiene varias categorías gramaticales y varios sentidos:*
> *Puede ser un* SUSTANTIVO:
1 check *puede significar* control (= inspección).
2 checks *puede significar* cuadros (= en el diseño de una camiseta o una falda, por ejemplo).
3 *En inglés americano*, **check** *puede significar* cuenta (en un restaurante) *o* cheque.
> *Puede ser un* VERBO:
check *significa* comprobar.

Phrasal verbs:

Al verbo **check** *a veces le sigue una preposición como* **in** *u* **out**, *lo que puede cambiar su significado. En inglés, esto se llama un* **phrasal verb**.
        CHECK IN:
► **check in** registrarse (cuando llegas a un hotel) o facturar (en un aeropuerto).
        CHECK ON:
► **check on something** comprobar algo.
► **check on somebody** controlar a alguien.
        CHECK OUT:
► **check out** pagar la cuenta (en un hotel).
► **check something out** comprobar algo.
        CHECK UP ON:
► **check up on something** *o* **somebody** controlar algo o a alguien.

checkbook /ˈtʃekbʊk/ talonario de cheques.

checkbook es una palabra americana. En inglés británico se dice chequebook.

checked /tʃekt/ a cuadros.

ℹ️ checked también es el pretérito y el participio pasado del verbo check:
▷ She checked the time. Comprobó la hora.

check-in /'tʃekɪn/ facturación (en un aeropuerto).

check-out /'tʃekaʊt/ caja (en un supemercado).

checkup /'tʃekʌp/ reconocimiento médico o revisión (por el dentista).

cheek /tʃiːk/ *tiene varios sentidos:*
1 **cheek** *puede significar* mejilla.
2 **cheek** *puede significar* caradura.

cheeky /'tʃiːkɪ/ descarado.

cheer /tʃɪəʳ/ *tiene varias categorías gramaticales y varios sentidos:*
> *Puede ser un* SUSTANTIVO:
cheer *significa* ovación *o* grito de entusiasmo.
> *Puede ser un* VERBO INTRANSITIVO:
1 **cheer** *significa* gritar de entusiasmo.
2 **cheer up** animarse.
▷ Cheer up, Steve! ¡Alegra esa cara, Steve!
> *Puede ser un* VERBO TRANSITIVO:
1 **cheer somebody** aclamar a alguien.
2 **cheer somebody up** animar a alguien.

cheerful /'tʃɪəfʊl/ alegre.

cheese /tʃiːz/ queso.

cheeseburger /'tʃiːzbɜːgəʳ/ hamburguesa con queso.

cheesecake /'tʃiːzkeɪk/ tarta de queso.

chemical /'kemɪkəl/ *tiene varias categorías gramaticales:*
> *Puede ser un* SUSTANTIVO:
chemical *significa* sustancia química.
> *Puede ser un* ADJETIVO:
chemical *significa* químico.

chemist /'kemɪst/ *tiene varios sentidos:*
1 **chemist** *puede significar* farmacéutico.
▶ **the chemist's** la farmacia.

> En este sentido, **chemist** no se utiliza en inglés americano. En Estados Unidos, se dice **pharmacist** para hablar de la persona y **pharmacy** para hablar de la tienda.

2 **chemist** *puede significar* químico.

chemistry /'kemɪstrɪ/ química.

cheque /tʃek/ cheque.

> En inglés americano, esta palabra se escribe **check**.

chequebook /'tʃekbʊk/ talonario de cheques.

> En inglés americano, esta palabra se escribe **checkbook**.

cherries /'tʃerɪz/ *es el plural de la palabra* **cherry**.

cherry /'tʃerɪ/ cereza.
▶ **cherry tree** cerezo.

chess /tʃes/ ajedrez.

chessboard /'tʃesbɔːd/ tablero de ajedrez.

chest /tʃest/ *tiene varios sentidos:*
1 **chest** *puede significar* pecho (parte del cuerpo desde el cuello hasta el viente).
2 **chest** *puede significar* cofre.
3 **chest of drawers** cómoda.

chestnut /'tʃesnʌt/ castaña.
▶ **chestnut tree** castaño.

chew /tʃuː/ masticar.

chewing gum /'tʃuːɪŋ gʌm/ chicle.

chicken /'tʃɪkɪn/ *tiene varios sentidos:*
1 **chicken** *puede significar* gallina.
2 **chicken** *puede significar* pollo.

chickpea /'tʃɪkpiː/ garbanzo.

chief /tʃiːf/ *tiene varias categorías gramaticales:*
> *Puede ser un* SUSTANTIVO:
chief *significa* jefe (de una tribu, por ejemplo).
> *Puede ser un* ADJETIVO:
chief *significa* principal.

child /tʃaɪld/ *tiene varios sentidos:*
1 **child** *puede significar* niño.
2 **child** *puede significar* hijo.

childhood /'tʃaɪldhʊd/ niñez.

childish /'tʃaɪldɪʃ/ pueril.

childminder /'tʃaɪldmaɪndəʳ/ canguro (= persona que cuida a niños).

children /'tʃɪldrən/ *es el plural de la palabra* **child**.

Chilean /'tʃɪlɪən/ chileno.

chili o **chilli** /'tʃɪlɪ/ guindilla.

chilly /'tʃɪlɪ/ frío (cuando te refieres al tiempo).

chimney /'tʃɪmnɪ/ chimenea (= tubo por el que sale el humo).

chin /tʃɪn/ mentón.

China /'tʃaɪnə/ China.

china /'tʃaɪnə/ porcelana *o* loza.

Chinese /tʃaɪˈniːz/ chino.
- ▶ **the Chinese** los chinos.

chip /tʃɪp/ *tiene varios sentidos:*

1 *En inglés británico,* **chips** *puede significar* patatas fritas (las que se comen con la carne, por ejemplo).
- ▶ **chip shop** *significa una tienda que vende pescado frito con patatas fritas para llevar.*

> 🤚 En este sentido, chips no se utiliza en inglés americano. En Estados Unidos, se dice **fries.**

2 *En inglés americano,* **chips** *puede significar* patatas fritas (de bolsa).

> 🤚 En este sentido, chips no se utiliza en inglés británico. En Gran Bretaña, se dice **crisps.**

3 **chip** *puede significar* chip (de un ordenador).

chives /tʃaɪvz/ cebollinos.

chocolate /ˈtʃɒkələt/ *tiene varios sentidos:*
1 **chocolate** *puede significar* chocolate.
2 **chocolate** *puede significar* bombón.

choice /tʃɔɪs/ elección *u* opción *o* selección.

choir /ˈkwaɪər/ coro.

choke /tʃəʊk/ *tiene varias categorías gramaticales:*

> Puede ser un VERBO TRANSITIVO:
choke *significa* estrangular *o* asfixiar.
> Puede ser un VERBO INTRANSITIVO:
choke *significa* asfixiarse (por el humo, por ejemplo) *o* atragantarse (con una espina, por ejemplo).

choose /tʃuːz/ elegir.

chop /tʃɒp/ *tiene varias categorías gramaticales y varios sentidos:*

> Puede ser un SUSTANTIVO:
chop *significa* chuleta.
- ▶ **pork chop** chuleta de cerdo.
> Puede ser un VERBO:
1 **chop wood** cortar leña.
2 **chop onions** picar cebollas.
3 **chop down a tree** talar un árbol.

chorus /ˈkɔːrəs/ estribillo.

chose /tʃəʊz/ es el pretérito del verbo **choose.**
- ▷ I chose the red one. Elegí el rojo.

chosen /ˈtʃəʊzən/ es el participio pasado del verbo **choose.**
- ▷ He was chosen as their leader. Fue elegido como su líder.

Christ /kraɪst/ Cristo.

christen /ˈkrɪsən/ bautizar.

christening /ˈkrɪsənɪŋ/ bautizo.

Christian /ˈkrɪstɪən/ cristiano.
- ▶ **Christian name** nombre de pila.

Christmas /ˈkrɪsməs/ Navidad.
- ▶ **Happy Christmas!** ¡Feliz Navidad!
- ▶ **Christmas card** crismas.
- ▶ **Christmas Day** día de Navidad.
- ▶ **Christmas Eve** Nochebuena.
- ▶ **Christmas present** regalo de Navidad.
- ▶ **Christmas tree** árbol de Navidad.

chunk /tʃʌŋk/ pedazo.

church /tʃɜːtʃ/ iglesia.
- ▶ **go to church** ir a misa.

cider /ˈsaɪdər/ sidra.

cigar /sɪˈɡɑːr/ puro (para fumar).

cigarette /sɪɡəˈret/ cigarrillo.
- ▶ **cigarette lighter** mechero.

cinema /ˈsɪnəmə/ cine.

cinnamon /ˈsɪnəmən/ canela.

circle /ˈsɜːkəl/ círculo.

circumstance /ˈsɜːkəmstəns/ circunstancia.

circus /ˈsɜːkəs/ circo.

cities /ˈsɪtɪz/ es el plural de la palabra **city.**

citizen /ˈsɪtɪzən/ ciudadano.

city /ˈsɪtɪ/ ciudad.
- ▶ **city centre** centro de la ciudad.

civil /ˈsɪvəl/ civil (adjetivo).
- ▶ **civil servant** funcionario.
- ▶ **civil war** guerra civil.

civilian /sɪˈvɪljən/ civil (= persona).

claim /kleɪm/ *tiene varias categorías gramaticales y varios sentidos:*

> Puede ser un SUSTANTIVO:
1 **claim** *puede significar* reclamación *o* reivindicación.
2 **claim** *puede significar* afirmación.
> Puede ser un VERBO:
1 **claim something** reclamar *o* reivindicar algo.
2 **claim that...** afirmar que...

clap /klæp/ aplaudir.
- ▶ **clap one's hands** dar palmadas.

i El pronombre personal de la expresión **clap one's hands** funciona de la siguiente forma en inglés: I clap **my** hands, **you** clap **your** hands, **he** claps **his** hands, **she** claps **her** hands, **we** clap **our** hands, **they** clap **their** hands.

clarinet /klærɪˈnet/ clarinete.

class /klɑːs/ clase.

classical /ˈklæsɪkəl/ clásico.
► **classical music** música clásica.

classify /ˈklæsɪfaɪ/ clasificar.

classmate /ˈklɑːsmeɪt/ compañero de clase.

classroom /ˈklɑːsruːm/ clase (= habitación en la escuela).

claw /klɔː/ garra (de un animal) o pinza (de un cangrejo o un bogavante).

clay /kleɪ/ arcilla.

clean /kliːn/ *tiene varias categorías gramaticales y varios sentidos:*
> *Puede ser un* ADJETIVO:
clean *significa* limpio.
► **wipe something clean** limpiar algo.
► **a clean sheet of paper** una hoja en blanco.
> *Puede ser un* SUSTANTIVO:
► **give something a clean** limpiar algo.
> *Puede ser un* VERBO:
1 clean something limpiar algo.
2 clean one's teeth lavarse los dientes.

i El pronombre personal de la expresión **clean one's teeth** funciona de la siguiente forma en inglés: I clean **my** teeth, **you** clean **your** teeth, **he** cleans **his** teeth, **she** cleans **her** teeth, **we** clean **our** teeth, **they** clean **their** teeth.

3 clean up limpiar.

cleaner /ˈkliːnəʳ/ *tiene varios sentidos:*
1 cleaner *puede significar* mujer de la limpieza.
2 toilet cleaner limpiador para el retrete.
3 cleaner's tintorería.

i **cleaner** también es el comparativo del adjetivo **clean**:
▷ **The floor is cleaner now.** El suelo está más limpio ahora.

clear /klɪəʳ/ *tiene varias categorías gramaticales y varios sentidos:*
> *Puede ser un* ADJETIVO:
1 *Normalmente,* **clear** *significa* claro.
▷ **I want to make this quite clear.** Quiero que esto quede bien claro.
▷ **Do I make myself clear?** ¿Está claro?

2 clear *puede significar* transparente (cuando te refieres a vidrio o plástico).
3 clear *puede significar* despejado (cuando te refieres al tiempo o a una carretera).
> *Puede ser un* VERBO TRANSITIVO:
► **clear something** despejar algo (una carretera o una superficie, por ejemplo) o quitar algo (un objeto de en medio o la mesa después de comer, por ejemplo).
▷ **I cleared my desk.** Ordené el pupitre.
> *Puede ser un* VERBO INTRANSITIVO:
clear *significa* despejarse (cuando te refieres al tiempo o al cielo) o levantarse (cuando te refieres a la niebla).

Phrasal verbs:

Al verbo **clear** *a veces le sigue una preposición como* **away** *u* **out**, *lo que puede cambiar su significado. En inglés, esto se llama un* **phrasal verb**.

CLEAR AWAY:
► **clear away** quitar la mesa.
► **clear something away** quitar algo de en medio.

CLEAR OUT:
► **clear something out** vaciar algo (un armario, por ejemplo) o ordenar algo (una habitación, por ejemplo) o tirar algo a la basura.

CLEAR UP:
► **clear up** *puede significar* despejarse (cuando te refieres al tiempo).
► **clear up** *puede significar* ordenar.
► **clear something up** *puede significar* ordenar algo (una habitación, por ejemplo) o recoger algo (juguetes, por ejemplo).
► **clear something up** *puede significar* aclarar algo (un problema o una duda) o resolver algo (un misterio, por ejemplo).

clearly /ˈklɪəlɪ/ claramente.

clerk /klɑːk/ *tiene varios sentidos:*
1 clerk *puede significar* oficinista.
2 *En inglés americano,* **clerk** *significa* dependiente.

clever /ˈklevəʳ/ listo (cuando te refieres a una persona) o ingenioso (cuando te refieres a una idea o un plan).

click /klɪk/ *tiene varias categorías gramaticales y varios sentidos:*
> *Puede ser un* SUSTANTIVO:
1 click *puede significar* chasquido.
2 click *puede significar* clic (de un botón o con un ratón).
> *Puede ser un* VERBO:
click *significa* hacer clic.
► **click on something** hacer clic en algo.

cliff /klɪf/ acantilado.

climate /ˈklaɪmət/ clima.

climb /klaɪm/ tiene varias categorías gramaticales:

> Puede ser un SUSTANTIVO:
climb significa subida (a una cuesta o una montaña, por ejemplo).
> Puede ser un VERBO TRANSITIVO:
▶ **climb something** subir a algo o subir algo o escalar algo.
▷ She climbed the tree. Se subió al árbol.
> Puede ser un VERBO INTRANSITIVO:
climb significa subir o escalar.
▷ He climbed onto the table. Se subió a la mesa.
▷ We climbed over the wall. Trepamos por el muro.

climbing /ˈklaɪmɪŋ/ alpinismo o escalada.
▶ **go climbing** hacer alpinismo o ir de escalada.

clinic /ˈklɪnɪk/ clínica.

clip /klɪp/ tiene varias categorías gramaticales y varios sentidos:
> Puede ser un SUSTANTIVO:
1 **clip** puede significar clip.
2 **clip** puede significar horquilla (para el pelo).
> Puede ser un VERBO:
1 **clip two things together** sujetar dos cosas.
2 **clip something** cortar o cortarse algo (las uñas, por ejemplo).

cloak /kləʊk/ capa (= prenda de vestir).

cloakroom /ˈkləʊkruːm/ tiene varios sentidos:
1 **cloakroom** puede significar guardarropa.
2 En inglés británico, **cloakroom** puede significar servicio (= váter).

clock /klɒk/ reloj.

> ℹ️ **clock** se refiere un reloj grande o de pared. Para referirte a un reloj de pulsera, en inglés se dice **watch**.

clockwise /ˈklɒkwaɪz/ en el sentido de las agujas del reloj.

close se pronuncia de dos formas diferentes y su categoría gramatical y significado cambian en función de la pronunciación:
🔊 /kləʊs/ (la **-se** final se pronuncia como la **s** de **sea**)
> Puede ser un ADJETIVO:
1 **close** puede significar próximo o cercano.
▶ **close to** cerca de.
2 **close** puede significar reñido (cuando te refieres a una competición o una carrera, por ejemplo).
3 **a close friend** un amigo íntimo.

> Puede ser un ADVERBIO:
close significa cerca.
▷ He sat close to me. Se sentó cerca de mí.
▷ Come closer. Acércate.
▶ **move closer to somebody** acercarse a alguien.
🔊 /kləʊz/ (la **-se** final se pronuncia como la **z** de **zoo**)
> Puede ser un SUSTANTIVO:
close significa final (= el momento en que algo se termina).
> Puede ser un VERBO:
close significa cerrar o cerrarse.
▷ Close the door. Cierra la puerta.
▷ The door closed behind him. La puerta se cerró detrás de él.
▷ The shop closes at 6 o'clock. La tienda cierra a las seis.
▶ **close down** cerrar (definitivamente, dejando de funcionar).

closed /kləʊzd/ cerrado.

> ℹ️ **closed** también es el pretérito y el participio pasado del verbo **close**:
▷ The door closed behind him. La puerta se cerró detrás de él.

closely /ˈkləʊslɪ/ de cerca (seguir, examinar) o atentamente (escuchar).

closer /ˈkləʊsə^r/ es el comparativo del adjetivo **close**.
▷ Come closer. Acércate.

closest /ˈkləʊsɪst/ es el superlativo del adjetivo **close**.
▷ It's the closest house to the church. Es la casa más cercana a la iglesia.

closet /ˈklɒzɪt/ armario.

> ✂️ La palabra **closet** se utiliza sobre todo en Estados Unidos. En inglés británico, se suele decir **wardrobe**.

cloth /klɒθ/ tiene varios sentidos:
1 **cloth** puede significar tela o tejido.
2 **cloth** puede significar trapo (para limpiar).

clothes /kləʊðz/ ropa.
▶ **put one's clothes on** vestirse.
▶ **take one's clothes off** quitarse la ropa.

> ℹ️ El pronombre personal de las expresiones **put one's clothes on** y **take one's clothes off** funciona de la siguiente forma en inglés: I put my clothes on, you put your clothes on, he puts his clothes on, she puts her clothes on, we put our clothes on, they put their clothes on.

cloud /klaʊd/ nube.

cloudy /ˈklaʊdɪ/ nublado.

club /klʌb/ *tiene varios sentidos:*
1 **club** *puede significar* club.
2 **club** *puede significar* discoteca.
3 **club** *puede significar* garrote (para pegar).
4 **golf club** palo de golf.
5 **clubs** *significa* tréboles (palo de la baraja).

clue /klu:/ pista (cuando se intenta adivinar algo) o definición (en un crucigrama).
▷ I haven't got a clue. No tengo ni idea.

clumsy /ˈklʌmzɪ/ torpe (= poco diestro).

coach /kəʊtʃ/ *tiene varios sentidos:*
1 **coach** *puede significar* autocar.
2 **coach** *puede significar* coche de caballos.
3 **coach** *puede significar* vagón (de un tren).
4 **coach** *puede significar* entrenador.

coal /kəʊl/ carbón.

coast /kəʊst/ costa.

coat /kəʊt/ *tiene varias categorías gramaticales y varios sentidos:*
> *Puede ser un* SUSTANTIVO:
1 **coat** *puede significar* abrigo (= prenda de vestir).
2 **coat** *puede significar* pelaje (de un animal).
3 **a coat of paint** una mano de pintura.
> *Puede ser un* VERBO:
► **coat something with something** cubrir algo de algo.

coathanger /ˈkəʊthæŋəʳ/ percha (triangular, se coloca dentro del armario).

cobweb /ˈkɒbweb/ telaraña.

ℹ **cobweb** se refiere a una telaraña vieja en el techo que no tiene una araña. Para referirte a una telaraña en el jardín, en inglés se dice **spider's web**.

cock /kɒk/ gallo.

cockpit /ˈkɒkpɪt/ cabina (de un avión).

cockroach /ˈkɒkrəʊtʃ/ cucaracha.

coconut /ˈkəʊkənʌt/ coco.

cod /kɒd/ bacalao.

code /kəʊd/ *tiene varios sentidos:*
1 **code** *puede significar* código.
2 **code** *puede significar* prefijo (telefónico).

coffee /ˈkɒfɪ/ café.
► **coffee pot** cafetera.

coffin /ˈkɒfɪn/ ataúd.

coin /kɔɪn/ moneda (pieza de metal).

cold /kəʊld/ *tiene varias categorías gramaticales:*
> *Puede ser un* ADJETIVO:
cold *significa* frío.
▷ I'm cold. Tengo frío.
▷ It's cold today. Hace frío hoy.
► **get cold** enfriarse (un plato o el agua).
▷ It's getting cold. Está empezando a hacer frío.
▷ I'm getting cold. Me estoy enfriando.
> *Puede ser un* SUSTANTIVO:
cold *significa* catarro o resfriado.
► **catch a cold** coger un resfriado.

collapse /kəˈlæps/ hundirse o desplomarse.

collar /ˈkɒləʳ/ cuello (de una prenda de vestir) o collar (de un perro).

colleague /ˈkɒliːg/ colega.

collect /kəˈlekt/ *tiene varios sentidos:*
1 **collect something** *puede significar* reunir o recoger algo.
2 **collect something** *puede significar* coleccionar algo.
3 **collect somebody** recoger a alguien.

collection /kəˈlekʃən/ *tiene varios sentidos:*
1 **collection** *puede significar* colección.
2 **collection** *puede significar* colecta.

college /ˈkɒlɪdʒ/ escuela (de enseñanza para adultos o formación profesional) o universidad.

collide /kəˈlaɪd/ chocar.

colonies /ˈkɒlənɪz/ es el plural de la palabra **colony**.

colony /ˈkɒlənɪ/ colonia.

colour /ˈkʌləʳ/ color.
► **colour printer** impresora de color.

✂ En inglés americano, esta palabra se escribe **color**.

colourful /ˈkʌləfʊl/ de colores vivos.

✂ En inglés americano, esta palabra se escribe **colorful**.

column /ˈkɒləm/ columna.

comb /kəʊm/ *tiene varias categorías gramaticales:*
> *Puede ser un* SUSTANTIVO:
comb *significa* peine.
> *Puede ser un* VERBO:
► **comb one's hair** peinarse.

ℹ El pronombre personal de la expresión **comb one's hair** funciona de la siguiente forma en inglés: I comb **my** hair, you comb **your** hair, he combs **his** hair, she combs **her** hair, we comb **our** hair, they comb **their** hair.

combination /kɒmbɪˈneɪʃən/ combinación.

combine /kəmˈbaɪn/ combinar.

come /kʌm/ *tiene varios sentidos:*
1 **come** *significa* venir.
   ▷ Come here! ¡Ven aquí!
   ▷ He has come to repair the television. Ha venido a arreglar la televisión.
   ▷ Where do you come from? ¿De dónde eres?
   ▷ I come from York. Soy de York.
2 **come** *se utiliza en las siguientes expresiones:*
   ▶ **come apart** deshacerse.
   ▶ **come first/last** llegar primero/último (en una carrera).
   ▶ **come home** volver a casa.
   ▶ **come top/bottom** sacar la mejor/peor nota (en un examen).
   ▶ **come true** hacerse realidad (un sueño, por ejemplo).
   ▶ **come undone** desatarse (los cordones).

Phrasal verbs:

Al verbo **come** *a veces le sigue una preposición como* **down** *u* **out**, *lo que puede cambiar su significado. En inglés, esto se llama un* **phrasal verb**.

          COME ACROSS:
▶ **come across something** encontrar algo.
          COME ALONG:
▶ **come along** *puede significar* venir.
▶ **come along** *puede significar* marchar.
   ▷ How's it coming along? ¿Cómo marcha?
          COME BACK:
▶ **come back** volver.
          COME DOWN:
▶ **come down** bajar.
          COME IN:
▶ **come in** entrar.
▶ **come in!** ¡pase!
          COME OFF:
▶ **come off** caerse (cuando te refieres a un botón) o despegarse (cuando te refieres a una etiqueta) o quitarse (cuando te refieres a una mancha).
          COME ON:
▶ **come on** *puede significar* marchar.
   ▷ How's it coming on? ¿Cómo marcha?
▶ **come on** *puede significar* encenderse (cuando te refieres a un aparato o una luz).
▶ **come on!** ¡vamos!
          COME OUT:
▶ **come out** *puede significar* salir.
▶ **come out** *puede significar* caerse (cuando te refieres a un diente o a un tornillo, por ejemplo).
▶ **come out well** salir bien (cuando te refieres a una foto, por ejemplo).

          COME ROUND:
▶ **come round** *puede significar* volver en sí.
▶ **come round** *puede significar* pasarse (cuando visitas a alguien en su casa).
   ▷ I'll come round this afternoon. Me pasaré esta tarde.
          COME UP:
▶ **come up** *puede significar* subir.
▶ **come up** *puede significar* salir (cuando te refieres al sol).
          COME UP TO:
▶ **come up to** *puede significar* llegar a.
   ▷ The water came up to his knees. El agua le llegaba a las rodillas.
▶ **come up to** *puede significar* acercarse a.
   ▷ He came up to me. Se me acercó.

comedian /kəˈmiːdɪən/ humorista.

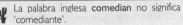 La palabra inglesa **comedian** no significa 'comediante'.

comedy /ˈkɒmədɪ/ *tiene varios sentidos:*
1 **comedy** *puede significar* comedia o serie cómica.
2 **comfort** *puede significar* humor.

comet /ˈkɒmɪt/ cometa (= el astro).

comfort /ˈkʌmfət/ *tiene varias categorías gramaticales y varios sentidos:*
  > *Puede ser un* SUSTANTIVO:
1 **comfort** *puede significar* comodidad.
2 **comfort** *puede significar* consuelo.
  > *Puede ser un* VERBO:
1 **comfort somebody** consolar a alguien.

comfortable /ˈkʌmfətəbəl/ cómodo.

comic /ˈkɒmɪk/ *tiene varios sentidos:*
1 **comic** *puede significar* humorista.
2 **comic** *puede significar* tebeo.
▶ **comic strip** tira cómica.

comma /ˈkɒmə/ coma (= signo ortográfico).

command /kəˈmɑːnd/ *tiene varios sentidos:*
1 **command** *puede significar* orden (cuando le dices a alguien que tiene que hacer algo).
2 *En informática,* **command** *significa* comando.

comment /ˈkɒment/ *tiene varias categorías gramaticales:*
  > *Puede ser un* SUSTANTIVO:
comment *significa* comentario.
  > *Puede ser un* VERBO:
▶ **comment on something** comentar algo.

commercial /kəˈmɜːʃəl/ *tiene varias categorías gramaticales:*
  > *Puede ser un* ADJETIVO:
commercial *significa* comercial.

> *Puede ser un* SUSTANTIVO:
commercial *significa* anuncio (en la tele o la radio).

commit /kə'mɪt/ cometer (un delito).
▶ **commit suicide** suicidarse.

committee /kə'mɪtɪ/ comité o comisión.

common /'kɒmən/ común.
▶ **common sense** sentido común.

communicate /kə'mju:nɪkeɪt/ comunicarse.

communications /kəmju:nɪ'keɪʃənz/ comunicaciones.

communities /kə'mju:nɪtɪz/ *es el plural de la palabra* **community**.

community /kə'mju:nɪtɪ/ comunidad.

compact /'kɒmpækt/ compacto.
▶ **compact disc** disco compacto.

companion /kəm'pænjən/ compañero.

companies /'kʌmpənɪz/ *es el plural de la palabra* **company**.

company /'kʌmpənɪ/ *tiene varios sentidos:*
1 **company** *puede significar* empresa.
2 **company** *puede significar* compañía.
▶ **keep somebody company** hacerle compañía a alguien.

compare /kəm'peə'/ comparar.

comparison /kəm'pærɪsən/ comparación.

compass /'kʌmpəs/ brújula.

compete /kəm'pi:t/ competir.

competition /kɒmpə'tɪʃən/ *tiene varios sentidos:*
1 **competition** *puede significar* concurso o competición.
2 **competition** *puede significar* competencia.

competitor /kəm'petɪtə'/ competidor.

complain /kəm'pleɪn/ quejarse.

complaint /kəm'pleɪnt/ queja.

complete /kəm'pli:t/ *tiene varias categorías gramaticales y varios sentidos:*
> *Puede ser un* ADJETIVO:
1 **complete** *puede significar* completo o terminado.
2 **complete** *puede significar* total o absoluto.
> *Puede ser un* VERBO:
▶ **complete something** terminar o acabar o completar algo.
▶ **complete a form** rellenar un impreso.

completely /kəm'pli:tlɪ/ completamente.

complexion /kəm'plekʃən/ tez.

complicated /'kɒmplɪkeɪtɪd/ complicado.

compliment /'kɒmplɪmənt/ cumplido.
▶ **pay somebody a compliment** hacerle un cumplido a alguien.

composer /kəm'pəʊzə'/ compositor.

comprehensive school /kɒmprɪ'hensɪv sku:l/ instituto de enseñanza secundaria.

compulsory /kəm'pʌlsərɪ/ obligatorio.

computer /kəm'pju:tə'/ ordenador.
▶ **computer game** juego de ordenador.
▶ **computer program** programa informático.

computing /kəm'pju:tɪŋ/ informática.

conceal /kən'si:l/ esconder.

concentrate /'kɒnsəntreɪt/ concentrar o concentrarse.

concern /kən'sɜ:n/ *tiene varias categorías gramaticales y varios sentidos:*
> *Puede ser un* SUSTANTIVO:
concern *significa* preocupación.
> *Puede ser un* VERBO:
1 **concern somebody** *puede significar* concernir a alguien.
▷ **as far as I am concerned** por lo que a mí respecta.
2 **concern somebody** *puede significar* preocupar a alguien.

concerned /kən'sɜ:nd/ preocupado.
▶ **be concerned about something** preocuparse por algo.

---

i concerned *también es el pretérito y el participio pasado del verbo* **concern**:
▷ **It concerned all of us.** Nos concernía a todos.

---

concert /'kɒnsət/ concierto.

concrete /'kɒnkri:t/ *tiene varias categorías gramaticales y varios sentidos:*
> *Puede ser un* SUSTANTIVO:
concrete *significa* hormigón.
> *Puede ser un* ADJETIVO:
1 **concrete** *puede significar* de hormigón.
2 **concrete** *puede significar* concreto.

condition /kən'dɪʃən/ *tiene varios sentidos:*
1 **condition** *puede significar* condición.
▷ **I'll do it on one condition.** Lo haré con una condición.

2 condition *puede significar* estado (en el sentido de condiciones físicas).
▷ **It's in good condition.** Está en buen estado.

conditioner /kənˈdɪʃənəʳ/ suavizante.

condom /ˈkɒndəm/ preservativo o condón.

conductor /kənˈdʌktəʳ/ *tiene varios sentidos:*
1 conductor *puede significar* director de orquesta.
2 conductor *puede significar* cobrador (en un autobús).

 La palabra inglesa **conductor** no significa la bebida 'conductor'.

cone /kəʊn/ cono.
▶ **ice-cream cone** cucurucho.

conference /ˈkɒnfərəns/ congreso (= reunión de científicos, especialistas).

confess /kənˈfes/ *tiene varios sentidos:*
1 confess to something confesar algo.
2 confess *puede significar* confesarse.

confession /kənˈfeʃən/ confesión.

confidence /ˈkɒnfɪdəns/ *tiene varios sentidos:*
1 confidence *puede significar* confianza.
▶ **have confidence in somebody** o **something** tener confianza en alguien o algo.
2 confidence *puede significar* confianza en sí mismo.

confident /ˈkɒnfɪdənt/ *tiene varios sentidos:*
1 confident *puede significar* seguro de sí mismo.
2 confident *puede significar* seguro (= convencido de que algo va a pasar).

confirm /kənˈfɜːm/ confirmar.

conflict /ˈkɒnflɪkt/ conflicto.

confuse /kənˈfjuːz/ *tiene varios sentidos:*
1 confuse somebody desconcertar o confundir a alguien.
2 confuse something o **somebody with...** confundir algo o a alguien con...

confused /kənˈfjuːzd/ *tiene varios sentidos:*
1 confused *puede significar* desconcertado o confundido.
▷ **I'm confused.** No lo entiendo del todo.
2 confused *puede significar* confuso.

ℹ **confused** también es el pretérito y el participio pasado del verbo **confuse**:
▷ **His explanation confused me.** Su explicación me confundió.

confusing /kənˈfjuːzɪŋ/ confuso.

ℹ **confusing** también es una forma del verbo **confuse**:
▷ **You're confusing me!** ¡Me estás confundiendo!

congratulate /kənˈgrætjəleɪt/ felicitar.

congratulations /kənˈgrætjəleɪʃənz/ felicitaciones o enhorabuena.

conjunction /kənˈdʒʌŋkʃən/ conjunción.

conjuring trick /ˈkʌndʒərɪŋ trɪk/ juego de manos.

connect /kəˈnekt/ *tiene varios sentidos:*
1 connect something to... conectar algo a...
2 connect something o **somebody with...** asociar algo o a alguien con...

connection /kəˈnekʃən/ *tiene varios sentidos:*
1 connection *puede significar* conexión.
2 connection *puede significar* enlace (= un tren o autobús que tienes que coger para continuar el viaje).

conquer /ˈkɒŋkəʳ/ conquistar.

conscience /ˈkɒnʃəns/ conciencia.

conscious /ˈkɒnʃəs/ consciente.

consequence /ˈkɒnsɪkwəns/ consecuencia.

conservation /kɒnsəˈveɪʃən/ conservación.

conservative /kənˈsɜːvətɪv/ conservador.

consider /kənˈsɪdəʳ/ *tiene varios sentidos:*
1 consider *puede significar* considerar.
2 consider something *puede significar* tener algo en cuenta.

considerate /kənˈsɪdərət/ considerado.

considering /kənˈsɪdərɪŋ/ teniendo en cuenta que.

ℹ **considering** también es una forma del verbo **consider**:
▷ **I was considering what I should do.** Estaba considerando lo que debía hacer.

consist /kənˈsɪst/ *tiene varios sentidos:*
1 consist of something consistir en algo.
2 consist in doing something consistir en hacer algo.

consistent /kənˈsɪstənt/ coherente o constante.

 La palabra inglesa **consistent** no significa 'consistente'.

console *se pronuncia de dos formas diferentes y su categoría gramatical y significado cambian en función de la pronunciación:*

◀)) /ˈkɒnsəʊl/ (el acento recae sobre la primera sílaba **con-**)
> *Es un* SUSTANTIVO.
console *significa* consola.
► **games console** consola de juegos.

◀)) /kənˈsəʊl/ (el acento recae sobre la segunda sílaba **-sole**)
> *Es un* VERBO.
► **console somebody** consolar a alguien.

constant /ˈkɒnstənt/ constante.

constantly /ˈkɒnstəntlɪ/ constantemente.

constipated /ˈkɒnstɪpeɪtɪd/ estreñido.

 La palabra inglesa **constipated** no significa 'constipado'.

constitution /kɒnstɪˈtjuːʃən/ constitución.

construction /kənˈstrʌkʃən/ construcción.

consume /kənˈsjuːm/ consumir.

consumer /kənˈsjuːməʳ/ consumidor.

contact /ˈkɒntækt/ *tiene varias categorías gramaticales y varios sentidos:*
> *Puede ser un* SUSTANTIVO:
contact *significa* contacto.
► **be in contact with somebody** estar en contacto con alguien.
► **contact lenses** lentillas.
> *Puede ser un* VERBO:
► **contact somebody** ponerse en contacto con alguien.

contain /kənˈteɪn/ contener.

container /kənˈteɪnəʳ/ recipiente.

content *se pronuncia de dos formas diferentes y su categoría gramatical y significado cambian en función de la pronunciación:*

◀)) /kənˈtent/ (el acento recae sobre la segunda sílaba **-tent**)
> *Es un* ADJETIVO.
content *significa* satisfecho.

◀)) /ˈkɒntent/ (el acento recae sobre la primera sílaba **con-**)
> *Es un* SUSTANTIVO:
content *significa* contenido.

contest /ˈkɒntest/ concurso (en el sentido de 'competición').

contestant /kənˈtestənt/ concursante.

continent /ˈkɒntɪnənt/ continente.

continual /kənˈtɪnjʊəl/ continuo.

continue /kənˈtɪnjuː/ continuar *o* seguir.
► **continue doing something** *o* **continue to do something** continuar *o* seguir haciendo algo.

continuous /kənˈtɪnjʊəs/ continuo.

contraceptive /kɒntrəˈseptɪv/ anticonceptivo.

contract /ˈkɒntrækt/ contrato.

contradict /kɒntrəˈdɪkt/ contradecir.

contrary /ˈkɒntrərɪ/
► **the contrary** lo contrario.
► **on the contrary** al contrario.

contrast *se pronuncia de dos formas diferentes y su categoría gramatical cambia en función de la pronunciación:*

◀)) /ˈkɒntrɑːst/ (el acento recae sobre la primera sílaba **con-**)
> *Es un* SUSTANTIVO.
contrast *significa* contraste.
► **in contrast to** en contraste con.

◀)) /kənˈtrɑːst/ (el acento recae sobre la segunda sílaba **-trast**)
> *Es un* VERBO.
► **contrast with something** contrastar con algo.
► **contrast something** contrastar algo.

contribute /kənˈtrɪbjuːt/ contribuir *o* aportar.

control /kənˈtrəʊl/ *tiene varias categorías gramaticales y varios sentidos:*
> *Puede ser un* SUSTANTIVO:
1 **control** *significa* control.
► **lose control of something** perder el control de algo.
► **take control of something** tomar el control de algo.
► **be in control of something** controlar algo (de una empresa, por ejemplo) *o* dominar algo (una situación, por ejemplo).
2 **the controls** los mandos (de un vehículo *o* aparato).
> *Puede ser un* VERBO:
► **control something** *o* **somebody** *significa* controlar algo *o* a alguien
► **control oneself** controlarse *o* dominarse.

convenient /kənˈviːnɪənt/ conveniente *o* oportuno *o* práctico.
▷ **It's not convenient for us.** No nos viene bien.

conversation /kɒnvəˈseɪʃən/ conversación.

convert /ˈkənvɜːt/ convertir.

► **convert something into something** convertir algo en algo.

convict *se pronuncia de dos formas diferentes y su categoría gramatical y significado cambian en función de la pronunciación:*

◄)) /ˈkɒnvɪkt/ (el acento recae sobre la primera sílaba **con-**)
> *Es un* SUSTANTIVO.
convict *significa* preso.

◄)) /kənˈvɪkt/ (el acento recae sobre la segunda sílaba **-vict**)
> *Es un* VERBO.
► **convict somebody of a crime** condenar a alguien por un delito.

convince /kənˈvɪns/ convencer.

convincing /kənˈvɪnsɪŋ/ convincente.

ℹ️ convincing también es una forma del verbo convince:
▷ **Try convincing him!** ¡Intenta convencerle!

cook /kʊk/ *tiene varias categorías gramaticales y varios sentidos:*
> *Puede ser un* SUSTANTIVO:
cook *significa* cocinero.
> *Puede ser un* VERBO:
cook *significa* guisar *o* cocinar.
► **cook a meal** preparar una comida.

cookbook /ˈkʊkbʊk/ libro de cocina.

cooker /ˈkʊkəʳ/ cocina (= aparato para cocinar).

cookery /ˈkʊkərɪ/ cocina (= arte de cocinar).

cookie /ˈkʊkɪ/ galleta.

✂️ La palabra cookie se utiliza sobre todo en inglés americano. En inglés británico se suele decir biscuit.

cooking /ˈkʊkɪŋ/ cocina (= arte de cocinar).
► **do the cooking** cocinar.

ℹ️ cooking también es una forma del verbo cook:
▷ **He's cooking dinner.** Está preparando la cena.

cool /kuːl/ *tiene varias categorías gramaticales y varios sentidos:*
> *Puede ser un* ADJETIVO:
1 cool *puede significar* fresco (en el sentido de 'un poco frío', sin llegar a ser desagradable).
2 cool *puede significar* tranquilo.
► **keep cool** mantener la calma.
3 cool *puede significar* frío (cuando te refieres a una persona distante).

4 cool *puede significar* guay.

🕯️ En esta última acepción, **cool** es una palabra familiar y no debe utilizarse cuando estás hablando con alguien que no conoces bien o cuando escribes algo.

> *Puede ser un* VERBO:
1 cool something refrescar *o* enfriar algo.
2 cool down refrescarse *o* enfriarse.

cooperate /kəʊˈɒpəreɪt/ cooperar.

cooperation /kəʊˌɒpəˈreɪʃən/ cooperación.

cope /kəʊp/ arreglárselas.
► **cope with something** poder con algo *o* hacer frente a algo.

copied /ˈkɒpɪd/ *es el pretérito y el participio pasado del verbo* **copy**.
▷ **You copied me!** ¡Me has copiado!

copies /ˈkɒpɪz/ *es el plural de* **copy** *y la tercera persona del singular del verbo* **copy** *en el presente indicativo.*
▷ **Make two copies.** Saca dos copias.
▷ **She always copies me!** ¡Siempre me copia!

copper /ˈkɒpəʳ/ cobre.

copy /ˈkɒpɪ/ *tiene varias categorías gramaticales y varios sentidos:*
> *Puede ser un* SUSTANTIVO:
1 copy *puede significar* copia (= reproducción de algo).
2 copy *puede significar* ejemplar (de un libro *o* un periódico).
> *Puede ser un* VERBO:
copy *significa* copiar.
► **copy and paste** copiar y pegar (en el ordenador).

cord /kɔːd/ *tiene varios sentidos:*
1 cord *puede significar* cuerda *o* cordón *o* cable (eléctrico).
2 cord *puede significar* pana (= tipo de tela).

corduroy /ˈkɔːdərɔɪ/ pana (= tipo de tela).

core /kɔːʳ/ corazón (de una manzana).

coriander /ˌkɒrɪˈændəʳ/ cilantro.

cork /kɔːk/ corcho.

corkscrew /ˈkɔːkskruː/ sacacorchos.

corn /kɔːn/ *tiene varios sentidos:*
1 corn *puede significar* trigo *en inglés británico o* maíz *en inglés americano.*
► **corn on the cob** mazorca.
2 corn *puede significar* callo (en el pie).

corner /ˈkɔːnəʳ/ *tiene varios sentidos:*

1 **corner** *puede significar* esquina *o* rincón.
 ► **turn the corner** doblar la esquina.
 ▷ It's just round the corner. Está a la vuelta de la esquina.

2 **corner** *puede significar* curva (en una carretera).

3 *En fútbol,* **corner** *significa* córner.
 ► **take a corner** lanzar un córner.

corpse /kɔːps/ cadáver.

correct /kəˈrekt/ *tiene varias categorías gramaticales:*
 ≻ *Puede ser un* ADJETIVO:
 correct *significa* correcto *o* exacto.
 ▷ You're his brother aren't you? - That's correct. Eres su hermano ¿no? - Sí.
 ▷ You are correct. Tienes razón.
 ≻ *Puede ser un* VERBO:
 correct *significa* corregir

correction /kəˈrekʃən/ corrección.

corridor /ˈkɒrɪdɔːʳ/ pasillo.

corrupt /kəˈrʌpt/ *tiene varias categorías gramaticales:*
 ≻ *Puede ser un* SUSTANTIVO:
 corrupt *significa* corrupto.
 ≻ *Puede ser un* VERBO:
 corrupt *significa* corromper.

cosmetics /kɒzˈmetɪks/ cosméticos.

cost /kɒst/ *tiene varias categorías gramaticales y varios sentidos:*
 ≻ *Puede ser un* SUSTANTIVO:
 cost *significa* coste *o* precio.
 ► **at all costs** a toda costa.
 ≻ *Puede ser un* VERBO:
 cost *significa* costar.
 ▷ How much does it cost? ¿Cuánto cuesta?
 ▷ It cost me 10 euros. Me costó 10 euros.

Costa Rican /ˈkɒstə ˈriːkən/ costarricense.

costume /ˈkɒstjuːm/ traje (= ropa típica de un país) *o* disfraz (= ropa que se pone para una fiesta).

cosy /ˈkəʊzɪ/ acogedor (cuando te refieres a una habitación).
 ▷ I feel nice and cosy. Me siento cómodo y calentito.

cot /kɒt/ cuna (en inglés británico) *o* cama plegable (en inglés americano).

cottage /ˈkɒtɪdʒ/ casa de campo.

cotton /ˈkɒtən/ *tiene varios sentidos:*

1 **cotton** *puede significar* algodón.
 ▷ This is a cotton shirt. Esta camisa es de algodón.

2 **cotton** *puede significar* hilo de algodón.

3 **cotton candy** algodón dulce.

⌐ Esta expresión sólo se utiliza en inglés americano. En inglés británico se dice **candy floss**.

 ► **cotton wool** algodón hidrófilo.

⌐ Esta expresión no se utiliza en inglés americano. En Estados Unidos se dice **absorbent cotton**.

couch /kaʊtʃ/ sofá.

cough /kɒf/ *tiene varias categorías gramaticales:*
 ≻ *Puede ser un* SUSTANTIVO:
 cough *significa* tos.
 ▷ He has a cough. Tiene tos.
 ≻ *Puede ser un* VERBO:
 cough *significa* toser.

could /kʊd/ *tiene varios sentidos:*

i **could** es un verbo modal. Los verbos modales se emplean delante de la forma infinitiva de otros verbos (por ejemplo, **she could speak French**). La tercera persona del singular de estos verbos no tiene una -**s** al final (**he could**, **she could**, **it could**). A diferencia de otros verbos, las formas negativas e interrogativas no utilizan una construcción con **do** (por ejemplo, se dice **could you help me?** y **he couldn't drive**). Los verbos modales no tienen infinitivo ni tampoco participio de presente o participio pasado.

1 **could** *se utiliza para decir que algo es posible o probable:*
 ▷ It could rain tomorrow. Es posible que llueva mañana.
 ▷ You could be right. Puede que tengas razón.
 ▷ It could be true. Puede ser verdad.

2 **could have** *se utiliza delante de un participio pasado para decir que algo podría haber pasado:*
 ▷ The accident could have been more serious. El accidente podría haber sido más grave.
 ▷ You could have told me before! ¡Habérmelo dicho antes!

3 **could** *se utiliza para hablar de lo que alguien podía hacer o hacía en el pasado:*
 ▷ She could help at weekends. Podía ayudar los fines de semana.
 ▷ I couldn't phone because I'd left my mobile at home. No podía llamar porque me había dejado el móvil en casa.

4 could se utiliza para decir que alguien sabía hacer algo:
> He could speak Italian. Hablaba italiano.
> She could ride a horse. Sabía montar a caballo.

5 could se utiliza con los verbos de percepción para decir que alguien sentía, oía o veía algo:
> I could hear him singing. Lo oía cantar.
> She could see the sea. Veía el mar.

6 could se utiliza para hacer una petición a alguien:
> Could I ask you something? ¿Te puedo preguntar algo?
> Could you pass me the salt, please? ¿Me pasas la sal, por favor?

couldn't /ˈkʊdənt/ es la contracción de **could not**, la forma negativa de **could**.

council /ˈkaʊnsəl/ ayuntamiento o diputación provincial.

count /kaʊnt/ tiene varias categorías gramaticales y varios sentidos:
> Puede ser un SUSTANTIVO:
1 keep count llevar la cuenta.
2 count puede significar conde.
> Puede ser un VERBO:
count significa contar.
▶ **count on somebody** contar con alguien.

counter /ˈkaʊntəʳ/ tiene varios sentidos:
1 counter puede significar mostrador o ventanilla (en un banco).
2 counter puede significar ficha (en un juego de mesa).

counterclockwise /kaʊntəˈklɒkwaɪz/ en sentido contrario al de las agujas del reloj.

> Esta palabra sólo se utiliza en inglés americano. En inglés británico se dice **anticlockwise**.

countries /ˈkʌntrɪz/ es el plural de la palabra **country**.

country /ˈkʌntrɪ/ tiene varios sentidos:
1 country puede significar país.
2 country puede significar campo (= el medio rural).

countryside /ˈkʌntrɪsaɪd/ campo (= el medio rural).

counties /ˈkaʊntɪz/ es el plural de la palabra **county**.

county /ˈkaʊntɪ/ condado.

couple /ˈkʌpəl/ tiene varios sentidos:
1 couple puede significar pareja (= dos personas que salen juntos).

2 a couple... un par...
> I've seen it a couple of times. Lo he visto un par de veces.

courage /ˈkʌrɪdʒ/ valor.

courgette /kʊəˈʒet/ calabacín.

course /kɔːs/ tiene varios sentidos:
1 course puede significar curso (de un río, una enfermedad o de los acontecimientos, por ejemplo)
▶ **in the course of** a lo largo de.
course puede significar rumbo (de un avión o un barco).
▶ **change course** cambiar de rumbo.
3 course puede significar curso (= lecciones).
> I'm doing a computing course. Estoy haciendo un curso de informática.
4 course puede significar plato (= parte de una comida).
▶ **first course** primer plato.
▶ **main course** plato principal.
5 of course claro.
▶ **of course not** claro que no.

court /kɔːt/ tiene varios sentidos:
1 court puede significar tribunal.
▶ **take somebody to court** presentar una demanda contra alguien.
2 court puede significar pista o cancha (de tenis o baloncesto, por ejemplo).

courtyard /ˈkɔːtjɑːd/ patio (de una casa).

cousin /ˈkʌzən/ primo o prima.

cover /ˈkʌvəʳ/ tiene varias categorías gramaticales y varios sentidos:
> Puede ser un SUSTANTIVO:
1 cover puede significar tapa (de una olla o un libro, por ejemplo) o portada (de una revista).
2 cover puede significar funda.
3 cover puede significar refugio.
▶ **take cover** refugiarse.
> Puede ser un VERBO:
▶ **cover something** cubrir o tapar algo.
> The walls were covered with pictures. Las paredes estaban cubiertas de cuadros.

cow /kaʊ/ vaca.

coward /ˈkaʊəd/ cobarde (= una persona poco valiente).

cowboy /ˈkaʊbɔɪ/ vaquero.

crab /kræb/ cangrejo.

crack /kræk/ tiene varias categorías gramaticales y varios sentidos:
> Puede ser un SUSTANTIVO:
1 crack puede significar grieta o raja o rendija.
2 crack puede significar chasquido o crujido.

> Puede ser un VERBO TRANSITIVO:

1 crack something puede significar rajar o agrietar algo.

2 crack something puede significar cascar algo (un huevo o una avellana, por ejemplo).

3 crack a whip chasquear un látigo.

4 crack a joke contar un chiste.

5 crack a code descifrar un código.

> Puede ser un VERBO INTRANSITIVO:

1 crack puede significar rajarse o agrietarse.

2 crack puede significar chasquear o crujir.

cracked /krækt/ rajado o agrietado.

> **i** cracked también es el pretérito y el participio pasado del verbo **crack**:
> ▷ He cracked the code. Descifró el código.

cracker /ˈkrækəʳ/ tiene varios sentidos:

1 cracker puede significar galleta salada.

2 a cracker o **a Christmas cracker** puede significar una especie de tubo con un regalo dentro que se abre en Navidad.

cradle /ˈkreɪdəl/ cuna.

crafts /krɑːfts/ artesanía.

cramp /kræmp/ calambre (en los músculos).

▶ **have cramp** tener calambres.

crane /kreɪn/ grúa.

crash /kræʃ/ tiene varias categorías gramaticales y varios sentidos:

> Puede ser un SUSTANTIVO:

1 crash puede significar accidente (de coche o avión, por ejemplo).

2 crash puede significar estruendo.

3 crash puede significar crack (de la Bolsa).

> Puede ser un VERBO:

1 crash puede significar chocar (cuando te refieres a dos vehículos) o estrellarse (cuando te refieres a un avión, por ejemplo).

▶ **crash into something** estrellarse contra algo (un muro o un árbol, por ejemplo).

2 crash the car tener un accidente con el coche.

3 crash puede significar quebrar (cuando te refieres a la Bolsa).

4 crash puede significar bloquearse (cuando te refieres a un ordenador).

crate /kreɪt/ caja.

crawl /krɔːl/ tiene varias categorías gramaticales y varios sentidos:

> Puede ser un SUSTANTIVO:

crawl significa crol.

▶ **do the crawl** nadar a crol.

> Puede ser un VERBO:

crawl significa gatear o arrastrarse.

▶ **crawl along** avanzar lentamente.

crayon /ˈkreɪɒn/ cera (en forma de lápiz, para pintar).

craze /kreɪz/ moda.

crazy /ˈkreɪzɪ/ loco.

creak /kriːk/ crujir o chirriar.

cream /kriːm/ tiene varios sentidos:

1 cream puede significar nata.

▶ **cream cake** pastel de nata.

2 cream puede significar crema.

crease /kriːs/ tiene varias categorías gramaticales:

> Puede ser un SUSTANTIVO:

crease significa arruga (en un papel, por ejemplo) o raya (en un pantalón).

> Puede ser un VERBO:

crease significa arrugar o arrugarse.

creased /kriːst/ arrugado.

> **i** creased también es una forma del verbo **crease**:
> ▷ You've creased your shirt. Has arrugado la camisa.

create /kriːˈeɪt/ crear.

creation /kriːˈeɪʃən/ creación.

creature /ˈkriːtʃəʳ/ criatura.

credit /ˈkredɪt/ crédito.

▶ **give somebody credit for something** reconocer algo a alguien.

▶ **the credits** los títulos de crédito (de una película).

creep /kriːp/ deslizarse (cuando te refieres a una persona o un animal que se mueve sigilosamente).

▶ **creep in** entrar sigilosamente.

creepy /ˈkriːpɪ/ espeluznante.

crept /krept/ es el pretérito y el participio pasado del verbo **creep**.

▷ He crept into the bedroom. Entró sigilosamente en el dormitorio.

cress /kres/ berro.

crew /kruː/ tripulación.

cricket /ˈkrɪkɪt/ tiene varios sentidos:

1 cricket puede significar grillo.

2 cricket puede significar críquet (= el deporte británico que se parece al béisbol).

cried /kraɪd/ es el pretérito y el participio pasado del verbo **cry**.

▷ **I cried all night.** Estuve llorando durante toda la noche.

crime /kraɪm/ delito o crimen.

criminal /ˈkrɪmɪnəl/ delincuente o criminal.

crisp /krɪsp/ tiene varias categorías gramaticales y varios sentidos:

> Puede ser un ADJETIVO:

crisp significa crujiente.

> Puede ser un SUSTANTIVO:

▶ **crisps** significa patatas fritas (de bolsa).

> La palabra **crisps** no se utiliza en inglés americano. En Estados Unidos se dice **chips**.

critic /ˈkrɪtɪk/ crítico (= persona que escribe reseñas).

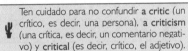

Ten cuidado para no confundir a **critic** (un crítico, es decir, una persona), a **criticism** (una crítica, es decir, un comentario negativo) y **critical** (es decir, crítico, el adjetivo).

critical /ˈkrɪtɪkəl/ crítico.

Ten cuidado para no confundir a **critic** (un crítico, es decir, una persona), a **criticism** (una crítica, es decir, un comentario negativo) y **critical** (es decir, crítico, el adjetivo).

criticism /ˈkrɪtɪsɪzəm/ crítica (comentario negativo).

Ten cuidado para no confundir a **critic** (un crítico, es decir, una persona), a **criticism** (una crítica, es decir, un comentario negativo) y **critical** (es decir, crítico, el adjetivo).

criticize /ˈkrɪtɪsaɪz/ criticar.

crocodile /ˈkrɒkədaɪl/ cocodrilo.

crook /krʊk/ delincuente.

crooked /ˈkrʊkɪd/ torcido (hablando de algo que no está derecho).

crop /krɒp/ cosecha o cultivo.

cross /krɒs/ tiene varias categorías gramaticales y varios sentidos:

> Puede ser un SUSTANTIVO:

1 cross puede significar cruz.

2 En fútbol, **cross** significa centro.

> Puede ser un ADJETIVO:

cross significa enfadado.

▶ **get cross with somebody** enfadarse con alguien.

> Puede ser un VERBO INTRANSITIVO:

cross significa cruzarse (cuando te refieres a líneas o caminos que se cruzan).

> Puede ser un VERBO TRANSITIVO:

1 cross something cruzar algo (la calle o un río, por ejemplo).

2 cross one's arms cruzar los brazos.

3 cross something out tachar algo (= suprimir algo en un texto).

4 cross over a road cruzar una calle.

> **i** El pronombre personal de la expresión **cross one's arms** funciona de la siguiente forma en inglés: I cross **my** arms, you cross **your** arms, he crosses **his** arms, she crosses **her** arms, we cross **our** arms, they cross **their** arms.

crossing /ˈkrɒsɪŋ/ tiene varios sentidos:

1 crossing puede significar travesía (= viaje por mar).

2 crossing puede significar paso de peatones.

> **i** **crossing** también es una forma del verbo **cross**:

▷ **He was crossing the road.** Cruzaba la calle.

crossroads /ˈkrɒsrəʊdz/ encrucijada.

crossword /ˈkrɒswɜːd/ crucigrama.

crouch /kraʊtʃ/ agacharse o agazaparse.

crow /krəʊ/ tiene varias categorías gramaticales:

> Puede ser un SUSTANTIVO:

crow significa corneja.

> Puede ser un VERBO:

crow significa cantar (hablando de un gallo).

crowd /kraʊd/ multitud o muchedumbre o público (en un partido de fútbol o un concierto, por ejemplo).

crowded /ˈkraʊdɪd/ abarrotado.

▷ **The museum was crowded with tourists.** El museo estaba abarrotado de turistas.

▷ **It's too crowded.** Hay demasiada gente.

crown /kraʊn/ corona.

cruelty /ˈkruːəltɪ/ crueldad.

cruise /kruːz/ crucero (= viaje en barco).

crumb /krʌm/ miga (de pan, por ejemplo).

crush /krʌʃ/ aplastar.

crust /krʌst/ corteza (de pan).

crutch /krʌtʃ/ muleta (para andar).

cry /kraɪ/ tiene varias categorías gramaticales y varios sentidos:

> Puede ser un SUSTANTIVO:

cry significa grito.

> *Puede ser un* VERBO:
1 cry *puede significar* llorar.
2 cry *o* **cry out** *significa* gritar.

crystal /ˈkrɪstəl/ cristal.

cube /kjuːb/ cubo (hablando de la figura de forma cúbica) o terrón (de azúcar).

cubicle /ˈkjuːbɪkəl/ cabina (en una piscina).

cuckoo /ˈkʊkuː/ cuco.

cucumber /ˈkjuːkʌmbəʳ/ pepino.

cuddle /ˈkʌdəl/ *tiene varias categorías gramaticales:*
> *Puede ser un* SUSTANTIVO:
cuddle *significa* abrazo.
> *Puede ser un* VERBO:
cuddle *significa* abrazar o abrazarse.

cuff /kʌf/ puño (de una camisa).

culprit /ˈkʌlprɪt/ culpable (= persona que ha hecho algo malo).

cult /kʌlt/ *tiene varias categorías gramaticales y varios sentidos:*
> *Puede ser un* SUSTANTIVO:
cult *significa* secta.
> *Puede ser un* ADJETIVO:
► **a cult film** *significa* una película de culto.

culture /ˈkʌltʃəʳ/ cultura.

cunning /ˈkʌnɪŋ/ astuto.

cup /kʌp/ *tiene varios sentidos:*
1 cup *puede significar* taza.
▷ **Let's have a cup of tea.** Vamos a tomar un té.
2 cup *puede significar* copa (por ganar una competición).
► **the cup final** la final de la copa.

cupboard /ˈkʌbəd/ armario.

cure /kjʊəʳ/ *tiene varias categorías gramaticales:*
> *Puede ser un* SUSTANTIVO:
cure *significa* cura (de una enfermedad).
> *Puede ser un* VERBO:
cure *significa* curar.

curious /ˈkjʊərɪəs/ curioso.

curl /kɜːl/ *tiene varias categorías gramaticales y varios sentidos:*
> *Puede ser un* SUSTANTIVO:
curl *significa* rizo (en el pelo).
> *Puede ser un* VERBO:
1 curl *significa* rizar (el pelo).
2 curl up acurrucarse.

curler /ˈkɜːləʳ/ rulo (para el pelo).

curly /ˈkɜːlɪ/ rizado.

currant /ˈkʌrənt/ pasa de Corinto.

 Cuidado, no confundas **currant** con **current** (= corriente).

currencies /ˈkʌrənsɪz/ *es el plural de la palabra* **currency**.

currency /ˈkʌrənsɪ/ moneda o divisa (= dinero que se utiliza en un país).

current /ˈkʌrənt/ *tiene varias categorías gramaticales:*
> *Puede ser un* SUSTANTIVO:
current *significa* corriente (= eléctrica o de agua).
> *Puede ser un* ADJETIVO:
current *significa* actual.
► **current affairs** temas de actualidad.

 Cuidado, no confundas **current** con **currant** (= pasa de Corinto).

currently /ˈkʌrəntlɪ/ actualmente.

curriculum /kəˈrɪkjələm/ plan de estudios.

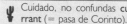 La palabra inglesa **curriculum** no significa 'currículum'.

curse /kɜːs/ maldición.

curtain /ˈkɜːtən/ cortina (en una casa) o telón (en el teatro).

curve /kɜːv/ *tiene varias categorías gramaticales:*
> *Puede ser un* SUSTANTIVO:
curve *significa* curva.
> *Puede ser un* VERBO:
curve *significa* hacer una curva (un camino o un río, por ejemplo).

cushion /ˈkʊʃən/ cojín.

custard /ˈkʌstəd/ natillas.

custom /ˈkʌstəm/ costumbre.

i Fíjate también en la palabra **customs** más abajo.

customer /ˈkʌstəməʳ/ cliente.

customs /ˈkʌstəmz/ aduana.
► **customs officer** agente de aduanas.

i Fíjate también en la palabra **custom** más arriba.

cut /kʌt/ *tiene varias categorías gramaticales y varios sentidos:*
> *Puede ser un* SUSTANTIVO:
1 *Normalmente,* **cut** *significa* corte.

2 cut *también puede significar* recorte (de precios, por ejemplo).

> *Puede ser un* VERBO:

1 cut something *normalmente significa* cortar algo.

► **cut something in half** cortar algo en dos.

► **cut one's finger** hacerse un corte en el dedo.

► **cut one's nails** cortarse las uñas.

► **have one's hair cut** cortarse el pelo.

► **cut and paste** cortar y pegar.

2 cut something *también puede significar* recortar algo (los precios o los gastos, por ejemplo).

> **i** El pronombre personal de las expresiones **cut one's finger** y **cut one's nails** funciona de la siguiente forma en inglés: I cut **my** finger/nails, you cut **your** finger/nails, he cuts **his** finger/nails, she cuts **her** finger/nails, we cut **our** fingers/nails, they cut **their** fingers/nails.

Phrasal verbs:

Al verbo **cut** *a veces le sigue una preposición como* **down** *u* **out**, *lo que puede cambiar su significado. En inglés, esto se llama un* **phrasal verb**.

              CUT DOWN:

► **cut a tree down** talar un árbol.

► **cut down on smoking** fumar menos.

► **cut down on chocolate** comer menos chocolate.

              CUT OFF:

► **cut something off** cortar algo o amputar algo.

              CUT OUT:

► **cut something out** recortar algo (un artículo del periódico, por ejemplo).

              CUT UP:

► **cut something up** *cortar algo en trozos.*

cute /kju:t/ mono (cuando te refieres a algo que te gusta).

cutlery /ˈkʌtlərɪ/ cubertería.

cycle /ˈsaɪkəl/ *tiene varias categorías gramaticales y varios sentidos:*

> *Puede ser un* SUSTANTIVO:

1 cycle *puede significar* bicicleta.

► **cycle lane** carril-bici.

2 cycle *puede significar* ciclo.

> *Puede ser un* VERBO:

cycle *significa* ir en bicicleta.

▷ I cycle to school. Voy al colegio en bicicleta.

cycling /ˈsaɪklɪŋ/ ciclismo.

► **go cycling** salir en bicicleta.

> **i** cycling también es una forma del verbo cycle:
▷ I was cycling to school. Iba al colegio en bicicleta.

cymbals /ˈsɪmbəlz/ platillos (para tocar música).

Cyprus /ˈsaɪprəs/ Chipre.

Czech /tʃek/ checo.

► **the Czech Republic** la República Checa.

D

La letra **D** se pronuncia /diː/ en inglés.
D rima con **free, key** y **tea**.

dad /dæd/ papá.

daddy /ˈdædɪ/ papá.

daffodil /ˈdæfədɪl/ narciso.

dagger /ˈdægəʳ/ puñal.

daily /ˈdeɪlɪ/ *tiene varias categorías gramaticales*:
> *Puede ser un* ADVERBIO:
daily *significa* diariamente.
> *Puede ser un* ADJETIVO:
daily *significa* diario.
> *Puede ser un* SUSTANTIVO:
daily *significa* diario o periódico.

dairy /ˈdeərɪ/ vaquería.
▶ **dairy products** productos lácteos.

daisy /ˈdeɪzɪ/ margarita.

dam /dæm/ presa (en un río).

damage /ˈdæmɪdʒ/ *tiene varias categorías gramaticales y varios sentidos*:
> *Puede ser un* SUSTANTIVO:
damage *significa* daños.
> *Puede ser un* VERBO:
▶ **damage something** dañar algo.

damp /dæmp/ *tiene varias categorías gramaticales*:
> *Puede ser un* ADJETIVO:
damp *significa* húmedo.
> *Puede ser un* SUSTANTIVO:
damp *significa* humedad.

dance /dɑːns/ *tiene varias categorías gramaticales*:
> *Puede ser un* SUSTANTIVO:
dance *significa* baile.

> *Puede ser un* VERBO:
dance *significa* bailar.

dancer /ˈdɑːnsəʳ/ bailarín o bailarina.

dandelion /ˈdændɪlaɪən/ diente de león (= flor).

dandruff /ˈdændrəf/ caspa.

Dane /deɪn/ danés o danesa.

danger /ˈdeɪndʒəʳ/ peligro.
▶ **be in danger** estar en peligro.
▶ **be out of danger** estar fuera de peligro.

dangerous /ˈdeɪndʒərəs/ peligroso.

Danish /ˈdeɪnɪʃ/ danés (el adjetivo y el idioma).
▶ **the Danish** los daneses.

dare /deəʳ/ *tiene varias categorías gramaticales y varios sentidos*:
> *Puede ser un* VERBO:
1 dare *significa* atreverse.
2 dare somebody to do something desafiar a alguien a hacer algo.
> *Puede ser un* SUSTANTIVO:
dare *significa* desafío.

daren't /deənt/ *es la contracción de* **dare not**.
▷ I daren't do it. No me atrevo a hacerlo.

daring /ˈdeərɪŋ/ atrevido o audaz.

dark /dɑːk/ *tiene varias categorías gramaticales y varios sentidos*:
> *Puede ser un* ADJETIVO:
1 dark *puede significar* oscuro.

▷ It's already dark. Ya es de noche.

▷ It's getting dark. Está anocheciendo.

2 dark *puede significar* moreno (cuando te refieres a la piel o al pelo de alguien).

▷ She has dark hair/skin. Es morena.

3 dark blue azul oscuro.

▶ **dark chocolate** chocolate negro.

> *Puede ser un* SUSTANTIVO:

▶ **the dark** la oscuridad.

▷ He's afraid of the dark. Le tiene miedo a la oscuridad.

▷ Come after dark. Ven después del anochecer.

darling /ˈdɑːlɪŋ/ cariño (palabra que utilizas cuando hablas con alguien a quien quieres).

dart /dɑːt/ dardo.

▶ **play darts** jugar a los dardos.

dash /dæʃ/ *tiene varias categorías gramaticales y varios sentidos:*

> *Puede ser un* SUSTANTIVO:

1 dash *puede significar* chorrito (de un líquido).

2 dash *puede significar* guión (= signo ortográfico).

3 make a dash for something salir corriendo hacia algo.

> *Puede ser un* VERBO:

dash *significa* ir rápidamente.

dashboard /ˈdæʃbɔːd/ salpicadero.

data /ˈdeɪtə/ datos.

database /ˈdeɪtəbeɪs/ base de datos.

date /deɪt/ *tiene varias categorías gramaticales y varios sentidos:*

> *Puede ser un* SUSTANTIVO:

1 date *puede significar* fecha.

▷ What's the date today? ¿A qué fecha estamos hoy?

▶ **be out of date** ser anticuado.

▶ **be up to date** estar al día.

2 date *puede significar* cita (con un amigo o tu novio o novia).

▶ **have a date with somebody** haber quedado con alguien.

3 date *puede significar* dátil.

> *Puede ser un* VERBO:

1 date something fechar algo.

2 date somebody salir con alguien (con tu novio o novia).

daughter /ˈdɔːtə/ hija.

daughter-in-law /ˈdɔːtərɪnlɔː/ nuera.

dawn /dɔːn/ amanecer.

day /deɪ/ día.

▶ **every day** todos los días.

▶ **every other day** cada dos días.

▶ **once a day** una vez al día.

▶ **the day before yesterday** anteayer.

▶ **the day after tomorrow** pasado mañana.

▶ **in the old days** antaño.

▶ **day trip** excursión de un día.

daydream /ˈdeɪdriːm/ soñar despierto.

daylight /ˈdeɪlaɪt/ luz del día.

▶ **in daylight** de día.

daytime /ˈdeɪtaɪm/

▶ **in the daytime** durante el día.

dazed /deɪzd/ aturdido.

dazzling /ˈdæzlɪŋ/ deslumbrante.

dead /ded/ *tiene varias categorías gramaticales y varios sentidos:*

> *Puede ser un* ADJETIVO:

1 dead *puede significar* muerto.

2 dead *puede significar* descargado (cuando te refieres a una batería).

> *Puede ser un* ADVERBIO:

▶ **arrive dead on time** llegar a la hora en punto.

▶ **stop dead** parar en seco.

deaf /def/ sordo.

▶ **go deaf** quedarse sordo.

deal /diːl/ *tiene varias categorías gramaticales y varios sentidos:*

> *Puede ser un* SUSTANTIVO:

1 deal *significa* trato (en el sentido de un negocio).

▷ It's a deal! ¡Trato hecho!

2 a good deal *o* **a great deal** mucho.

▷ I learnt a great deal. Aprendí mucho.

> *Puede ser un* VERBO TRANSITIVO:

1 deal the cards repartir las cartas.

2 deal drugs traficar con droga.

> *Puede ser un* VERBO INTRANSITIVO:

1 deal in something comerciar con algo.

2 deal with somebody tener tratos con alguien.

3 deal with something ocuparse de algo o hacer frente a algo.

4 deal with a subject tratar de un tema.

dealt /delt/ *es el pretérito y el participio pasado del verbo* **deal**.

▷ Who dealt with this problem? ¿Quién se ocupó de este problema?

dear /dɪər/ *tiene varios sentidos:*

1 dear *puede significar* caro.

2 dear puede significar querido.
▶ **Dear Tony** Querido Tony (en una carta a un amigo).
▶ **Dear Sir** Muy Señor mío (en una carta formal).
▶ **Dear Mrs Jones** Estimada Señora Jones (en una carta formal).
3 oh dear! ¡vaya por Dios!

death /deθ/ muerte.
▶ **be scared to death** estar muerto de miedo.

debt /det/ deuda.
▶ **be in debt** estar endeudado.

decade /ˈdekeɪd/ década.

deceive /dɪˈsiːv/ engañar.

December /dɪˈsembəʳ/ diciembre.

decent /ˈdiːsənt/ decente.

decide /dɪˈsaɪd/ decidir o decidirse.
▶ **decide to do something** decidir hacer algo.

deck /dek/ cubierta (de un barco).
▶ **deck chair** tumbona.

declare /dɪˈkleəʳ/ declarar.

decorate /ˈdekəreɪt/ tiene varias categorías gramaticales:
> Puede ser un VERBO TRANSITIVO:
▶ **decorate something** decorar algo o pintar algo o empapelar algo.
> Puede ser un VERBO INTRANSITIVO:
decorate significa pintar o empapelar.

decrease se pronuncia de dos formas diferentes y su categoría gramatical cambia en función de la pronunciación:
◀)) /dɪˈkriːs/ (el acento recae sobre la primera sílaba **de-**).
> Es un SUSTANTIVO.
decrease significa reducción o disminución.
◀)) /dɪˈkriːs/ (el acento recae sobre la segunda sílaba -**crease**).
> Es un VERBO.
1 decrease something reducir algo o disminuir algo.
2 decrease significa disminuir o bajar.

dedicate /ˈdedɪkeɪt/ tiene varios sentidos:
1 dedicate one's life o **one's time to something** consagrar su vida o su tiempo a algo.
2 dedicate a book to somebody dedicar un libro a alguien.

> **i** El pronombre personal de la expresión **dedicate one's life** funciona de la siguiente forma en inglés: **I** dedicate **my** life, **you** dedicate **your** life, **he** dedicates **his** life, **she** dedicates **her** life, **we** dedicate **our** lives, **they** dedicate **their** lives.

deduct /dɪˈdʌkt/ descontar o deducir.

deep /diːp/ tiene varios sentidos:
1 deep puede significar profundo.
▷ It's six metres deep. Tiene seis metros de profundidad.
2 deep puede significar grave (cuando te refieres a la voz de alguien).

deep freeze /diːp friːz/ congelador.

deeply /ˈdiːplɪ/ profundamente.

deer /dɪəʳ/ ciervo.

> **i** deer es invariable en plural: **one deer, two deer**.

defeat /dɪˈfiːt/ tiene varias categorías gramaticales:
> Puede ser un SUSTANTIVO:
defeat significa derrota.
> Puede ser un VERBO:
▶ **defeat somebody** derrotar a alguien.

defence /dɪˈfens/ defensa.

> **⌐** En inglés americano, esta palabra se escribe **defense**.

defend /dɪˈfend/ defender.
▶ **defend oneself** defenderse.

defense /dɪˈfens/ es la ortografía americana de la palabra **defence**.

definite /ˈdefɪnət/ tiene varios sentidos:
1 definite puede significar seguro.
▷ Is that definite? ¿ya es seguro?
2 definite puede significar claro (cuando te refieres a una mejora, una decisión o un plan, por ejemplo).

definitely /ˈdefɪnətlɪ/ tiene varios sentidos:
1 definitely se utiliza para expresar certidumbre:
▷ Is he definitely coming? ¿Seguro que viene?
▷ She's definitely more intelligent than her brother. Es sin duda más inteligente que su hermano.
▶ **definitely!** ¡desde luego!
▶ **definitely not!** ¡desde luego que no!
2 definitely puede significar claramente.
▷ It's definitely better than the other one. Es claramente mejor que el otro.

degree /dɪˈgriː/ tiene varios sentidos:
1 degree puede significar grado.
2 degree puede significar título universitario.

delay /dɪˈleɪ/ *tiene varias categorías gramaticales:*
➢ *Puede ser un* SUSTANTIVO:
delay *significa* retraso (= demora).
➢ *Puede ser un* VERBO:
▶ **delay something** retrasar algo.
▷ The plane is delayed. El avión lleva retraso.
▷ We were delayed. Llegamos tarde.

delete /dɪˈliːt/ borrar *o* suprimir *o* tachar.

deliberate /dɪˈlɪbərət/ deliberado.
▷ It wasn't deliberate. Fue sin querer.

deliberately /dɪˈlɪbərətlɪ/ a propósito.

delicate /ˈdelɪkət/ delicado.

delicatessen /delɪkəˈtesən/ tienda de ultramarinos.

delicious /dɪˈlɪʃəs/ delicioso.

delighted /dɪˈlaɪtɪd/ encantado.

delightful /dɪˈlaɪtfʊl/ encantador.

deliver /dɪˈlɪvəʳ/ *tiene varios sentidos:*
1 **deliver something** entregar *algo* (un paquete o un pedido, por ejemplo) *o* repartir algo (el periódico, por ejemplo).
2 **deliver a speech** pronunciar un discurso.
3 **deliver a baby** traer al mundo a un niño.

deliveries /dɪˈlɪvərɪz/ *es el plural de la palabra* **delivery**.

delivery /dɪˈlɪvərɪ/ entrega (de una cosa).

demand /dɪˈmɑːnd/ *tiene varias categorías gramaticales y varios sentidos:*
➢ *Puede ser un* SUSTANTIVO:
1 **demand** *puede significar* exigencia *o* reivindicación.
2 **demand** *puede significar* demanda (de un producto, por ejemplo).
▶ **be in demand** estar muy solicitado.
➢ *Puede ser un* VERBO:
▶ **demand something** exigir algo.
▶ **demand to do something** exigir hacer algo.

 El verbo inglés **demand** no significa 'demandar'.

democracy /dɪˈmɒkrəsɪ/ democracia.

democratic /deməˈkrætɪk/ democrático.

demolish /dɪˈmɒlɪʃ/ demoler.

demonstrate /ˈdemənstreɪt/ *tiene varias categorías gramaticales y varios sentidos:*
➢ *Puede ser un* VERBO TRANSITIVO:
1 **demonstrate something** *puede significar* hacer una demostración de algo (= mostrar cómo funciona).

2 **demonstrate something** *puede significar* demostrar algo (= probar).
➢ *Puede ser un* VERBO INTRANSITIVO:
demonstrate *significa* manifestarse (= reunirse en la calle para protestar).

demonstration /demənˈstreɪʃən/ *tiene varios sentidos:*
1 **demonstration** *puede significar* demostración (de cómo funciona algo)
2 **demonstration** *puede significar* manifestación (= reunión en la calle para protestar).

denied /dɪˈnaɪd/ *es el pretérito y el participio pasado del verbo* **deny**.
▷ He denied doing it. Negó haberlo hecho.

denies /dɪˈnaɪz/ *es la tercera persona del singular del verbo* **deny** *en el presente indicativo*.
▷ She denies having seen him. Niega haberlo visto.

denim /ˈdenɪm/ tela vaquera.
▶ **denims** *o* **denim jeans** vaqueros.

Denmark /ˈdenmɑːk/ Dinamarca.

dent /dent/ *tiene varias categorías gramaticales:*
➢ *Puede ser un* SUSTANTIVO:
dent *significa* abolladura.
➢ *Puede ser un* VERBO:
dent something abollar algo.

dentist /ˈdentɪst/ dentista.
▶ **the dentist's** la consulta del dentista.

deny /dɪˈnaɪ/ *tiene varios sentidos:*
1 **deny something** negar algo.
2 **deny somebody something** denegar algo a alguien.

deodorant /diːˈəʊdərənt/ desodorante.

depart /dɪˈpɑːt/ salir (un tren, un avión o una persona que comienza un viaje, por ejemplo).

department /dɪˈpɑːtmənt/ *tiene varios sentidos:*
1 **department** *puede significar* departamento.
▶ **department store** grandes almacenes.
2 **department** *puede significar* ministerio.

departure /dɪˈpɑːtʃəʳ/ salida (de un tren o avión, por ejemplo) *o* partida (de una persona).

depend /dɪˈpend/ *tiene varios sentidos:*
1 **depend** *puede significar* depender.
▷ That depends. Depende.
▷ It depends on what you want. Depende de lo que quieras.
2 **depend on somebody** depender de alguien.

deposit /dɪˈpɒzɪt/ *tiene varias categorías gramaticales y varios sentidos:*

> *Puede ser un* SUSTANTIVO:

1 deposit *puede significar* depósito (= ingreso en una cuenta bancaria).

2 deposit *puede significar* entrada (= pago inicial por un coche o una casa, por ejemplo) *o* fianza (= dinero reembolsable que pagas cuando alquilas un coche, por ejemplo).

> *Puede ser un* VERBO:

▶ **deposit money** ingresar dinero.

depot /ˈdepəʊ/ almacén.

depress /dɪˈpres/ deprimir.

depressed /dɪˈprest/ deprimido.

▶ **get depressed** deprimirse.

> **i** depressed también es el pretérito y el participio pasado del verbo **depress**:
> ▷ **The film depressed me.** La película me deprimió.

depressing /dɪˈpresɪŋ/ deprimente.

> **i** depressing también es una forma del verbo **depress**:
> ▷ **The rain was depressing me.** La lluvia me deprimía.

depression /dɪˈpreʃən/ depresión.

deprive /dɪˈpraɪv/ privar

▶ **deprive somebody of something** privar a alguien de algo.

depth /depθ/ profundidad.

deputy /ˈdepjətɪ/ adjunto (cuando te refieres a un director, por ejemplo).

descend /dɪˈsend/ descender.

descendant /dɪˈsendənt/ descendiente.

descent /dɪˈsent/ descenso.

describe /dɪˈskraɪb/ describir.

description /dɪˈskrɪpʃən/ descripción.

desert *se pronuncia de dos formas diferentes y su categoría gramatical y significado cambian en función de la pronunciación:*

 /ˈdezət/ (el acento recae sobre la primera sílaba **de-**).

> *Es un* SUSTANTIVO.

desert *significa* desierto.

▶ **desert island** isla desierta.

◀》 /dɪˈzɜːt/ (el acento recae sobre la segunda sílaba **-sert**).

> *Es un* VERBO.

▶ **desert something** *o* **somebody** abandonar algo o a alguien.

> 🖐 Fíjate en la diferencia entre la palabra **desert** y la palabra **dessert** más abajo.

deserted /dɪˈzɜːtɪd/ desierto (= vacío o sin habitantes).

> **i** deserted también es el pretérito y el participio pasado del verbo **desert**:
> ▷ **They deserted the village.** Abandonaron el pueblo.

deserve /dɪˈzɜːv/ merecer.

design /dɪˈzaɪn/ *tiene varias categorías gramaticales y varios sentidos:*

> *Puede ser un* SUSTANTIVO:

1 design *puede significar* diseño.

2 design *puede significar* dibujo (los motivos que decoran un vestido o un tapiz, por ejemplo).

> *Puede ser un* VERBO:

▶ **design something** diseñar algo.

designer /dɪˈzaɪnəʳ/ diseñador.

▶ **designer clothes** ropa de diseño.

desire /dɪˈzaɪəʳ/ *tiene varias categorías gramaticales:*

> *Puede ser un* SUSTANTIVO:

desire *significa* deseo.

> *Puede ser un* VERBO:

▶ **desire something** desear algo.

desk /desk/ mesa (para trabajar) o escritorio o pupitre.

▶ **information desk** mostrador de información.

▶ **the reception desk** recepción (en un hotel, por ejemplo).

desktop /ˈdesktɒp/ escritorio (en informática).

▶ **desktop** *o* **desktop computer** ordenador de sobremesa.

despair /dɪsˈpeəʳ/ *tiene varias categorías gramaticales:*

> *Puede ser un* SUSTANTIVO:

despair *significa* desesperación.

> *Puede ser un* VERBO:

despair *significa* desesperarse.

desperate /ˈdespərət/ *tiene varios sentidos:*

1 desperate *significa* desesperado.

2 be desperate to do something morirse de ganas de hacer algo.

▶ **be desperate for something** necesitar algo urgentemente.

despite /dɪˈspaɪt/ a pesar de.

dessert /dɪˈzɜːt/ postre.
► **for dessert** de postre.

 Fíjate en la diferencia entre la palabra **dessert** y la palabra **desert** más arriba.

destination /destɪˈneɪʃən/ destino (= el lugar a donde vas o a donde has llegado).

 Fíjate en la diferencia entre el significado de **destination** y el significado de **destiny**.

destiny /ˈdestɪnɪ/ destino (= el sino o la suerte de una persona).

 Fíjate en la diferencia entre el significado de **destiny** y el significado de **destination**.

destroy /dɪˈstrɔɪ/ destruir.

destruction /dɪˈstrʌkʃən/ destrucción.

detail /ˈdiːteɪl/ tiene varios sentidos:
1 **detail** significa detalle.
► **in detail** en detalle.
2 **take somebody's details** anotar los datos personales de alguien.
3 **send somebody details** enviar información más detallada a alguien.

detailed /ˈdiːteɪld/ detallado.

detect /dɪˈtekt/ detectar.

detective story /dɪˈtektɪv ˈstɔːrɪ/ novela policíaca.

determined /dɪˈtɜːmɪnd/ decidido (referido a alguien que hace algo con resolución).
► **be determined to do something** estar resuelto a hacer algo.

develop /dɪˈveləp/ tiene varias categorías gramaticales y varios sentidos:
> Puede ser un VERBO TRANSITIVO:
1 **develop something** puede significar desarrollar algo.
2 **develop something** puede significar urbanizar algo (un terreno, por ejemplo).
3 **develop something** puede significar revelar algo (cuando te refieres a fotos).
4 **develop an illness** contraer una enfermedad.
> Puede ser un VERBO INTRANSITIVO:
develop significa desarrollarse.

development /dɪˈveləpmənt/ tiene varios sentidos:
1 **development** puede significar desarrollo.
2 **development** puede significar urbanización.

device /dɪˈvaɪs/ aparato o dispositivo.

devil /ˈdevəl/ diablo.

devote /dɪˈvəʊt/ dedicar (cuando te refieres al tiempo o esfuerzo que dedicas a algo).
▷ He devotes a lot of time to his dogs. Dedica mucho tiempo a sus perros.

devoted /dɪˈvəʊtɪd/ devoto.

i **devoted** también es el pretérito y el participio pasado del verbo **devote**:
▷ He devoted the weekends to sailing. Dedicaba los fines de semana a la vela.

dew /djuː/ rocío.

diagnose /ˈdaɪəgnəʊz/ diagnosticar.

diagnosis /daɪəgˈnəʊsɪs/ diagnóstico.

diagram /ˈdaɪəgræm/ diagrama.

dial /ˈdaɪəl/ tiene varias categorías gramaticales y varios sentidos:
> Puede ser un SUSTANTIVO:
dial significa esfera (de un reloj) o dial (de una radio).
> Puede ser un VERBO:
► **dial a number** marcar un número.

dialogue /ˈdaɪəlɒg/ diálogo.

diamond /ˈdaɪəmənd/ diamante.
▷ He gave me a diamond ring. Me dio una sortija de diamantes.

diaper /ˈdaɪəpər/ pañal.

 La palabra **diaper** es americana. En inglés británico, se dice **nappy**.

diaries /ˈdaɪərɪz/ es el plural de la palabra **diary**.

diary /ˈdaɪərɪ/ tiene varios sentidos:
1 **diary** puede significar diario (= libro en el que escribes lo que te pasa cada día).
2 **diary** puede significar agenda (= libro en el que apuntas fechas).

 La palabra inglesa **diary** no significa diario en el sentido de periódico.

dice /daɪs/ dado.

i La palabra **dice** es invariable en plural: two dice dos dados.

dictate /dɪkˈteɪt/ dictar.

dictation /dɪkˈteɪʃən/ dictado.

dictator /dɪkˈteɪtər/ dictador.

dictatorship /dɪkˈteɪtəʃɪp/ dictadura.

dictionaries /ˈdɪkʃənərɪz/ es el plural de la palabra **dictionary**.

dictionary /'dɪkʃənərɪ/ diccionario.

did /dɪd/ es el pretérito del verbo **do**.
▷ I did my homework yesterday. Hice mis deberes ayer.

didn't /'dɪdənt/ es la contracción de **did not**, la forma negativa del pretérito del verbo **do**.
▷ I didn't go out last weekend. No salí el fin de semana pasado.

die /daɪ/ morir o morirse.
▶ **die of hunger** morirse de hambre.
▶ **be dying to do something** morirse de ganas de hacer algo.
▶ **die out** extinguirse.

diet /'daɪət/ tiene varias categorías gramaticales y varios sentidos:
> Puede ser un SUSTANTIVO:
diet significa dieta o régimen (alimentario).
> Puede ser un VERBO:
diet significa hacer régimen.

difference /'dɪfərəns/ diferencia.
▶ **it makes no difference** da lo mismo.

different /'dɪfərənt/ diferente o distinto.
▶ **different from** o **different to** diferente de o distinto de.

difficult /'dɪfɪkəlt/ difícil.

difficulties /'dɪfɪkəltɪz/ es el plural de la palabra **difficulty**.

difficulty /'dɪfɪkəltɪ/ dificultad.
▶ **have difficulty doing something** tener dificultad en hacer algo.

dig /dɪg/ cavar o escarbar o excavar.

digest /daɪ'dʒest/ digerir.

digit /'dɪdʒɪt/ dígito.
▷ 378 is a three-digit number. 378 es un número de tres dígitos.

digital camera /'dɪdʒɪtəl 'kæmərə/ cámara digital

dilute /daɪ'luːt/ diluir.

dim /dɪm/ tiene varias categorías gramaticales y varios sentidos:
> Puede ser un ADJETIVO:
dim significa tenue (cuando te refieres a la luz) o oscuro (cuando te refieres a una habitación) o vago (cuando te refieres a un recuerdo).
> Puede ser un VERBO:
dim significa atenuar (cuando te refieres a una luz).

dinghies /'dɪŋgɪz/ es el plural de la palabra **dinghy**.

dinghy /'dɪŋgɪ/ lancha neumática o bote de vela.

dining room /'daɪnɪŋ ruːm/ comedor.

dinner /'dɪnəʳ/ cena o comida.
▷ It's dinner time. Es la hora de cenar o Es la hora de comer.

¡Atención! La palabra inglesa **dinner** se refiere a la comida principal del día. En Gran Bretaña, la comida principal suele ser la cena pero también puede ser la comida del mediodía, especialmente los domingos o en Navidad, por ejemplo.

dinosaur /'daɪnəsɔːʳ/ dinosaurio.

dip /dɪp/ tiene varias categorías gramaticales y varios sentidos:
> Puede ser un VERBO TRANSITIVO:
▶ **dip something into something** meter algo en algo (la mano en el agua, por ejemplo) o mojar algo en algo (comida en un líquido o una salsa, por ejemplo).
> Puede ser un VERBO INTRANSITIVO:
dip significa descender.
> Puede ser un SUSTANTIVO:
1 **dip** puede significar salsa fría (para mojar patatas fritas, por ejemplo).
2 **go for a dip** darse un chapuzón.

direct /dɪ'rekt/ tiene varias categorías gramaticales y varios sentidos:
> Puede ser un ADJETIVO:
direct significa directo.
> Puede ser un VERBO:
1 **direct somebody to something** indicar a alguien el camino a algo.
2 **direct something** puede significar dirigir algo (una empresa o una película, por ejemplo).
3 **direct somebody to do something** mandar a alguien hacer algo.
> Puede ser un ADVERBIO:
direct significa directamente.

direction /dɪ'rekʃn/ tiene varios sentidos:
1 **direction** significa dirección.
2 **directions for use** modo de empleo.
3 **ask for directions** preguntar el camino.
▶ **give somebody directions** indicar el camino a alguien.

directly /dɪ'rektlɪ/ directamente.

director /dɪ'rektəʳ/ director o directora.

directories /dɪ'rektərɪz/ es el plural de la palabra **directory**.

directory /dɪ'rektərɪ/ tiene varios sentidos:
1 **directory** puede significar guía telefónica.

2 directory *puede significar* directorio (en informática).

dirt /dɜːt/ suciedad.

dirty /ˈdɜːtɪ/ *tiene varias categorías gramaticales:*
> *Puede ser un* ADJETIVO:
dirty *significa* sucio.
► **get something dirty** ensuciar algo.
► **get one's feet dirty** ensuciarse los pies.

> ℹ️ El pronombre personal de la expresión **get one's feet dirty** funciona de la siguiente forma en inglés: **I get my feet dirty, you get your feet dirty, he gets his feet dirty, she gets her feet dirty, we get our feet dirty, they get their feet dirty.**

> *Puede ser un* VERBO:
► **dirty something** ensuciar algo.

disabled /dɪsˈeɪbəld/ discapacitado.
► **a disabled person** un discapacitado.
► **the disabled** los discapacitados.

disadvantage /dɪsədˈvɑːntɪdʒ/ desventaja.

disagree /dɪsəˈgriː/ no estar de acuerdo.
▷ **I disagree with you.** No estoy de acuerdo contigo.

disagreement /dɪsəˈgriːmənt/ discusión (en el sentido de 'pelea').

disappear /dɪsəˈpɪəʳ/ desaparecer.

disappearance /dɪsəˈpɪərəns/ desaparición.

disappoint /dɪsəˈpɔɪnt/ decepcionar.

disappointed /dɪsəˈpɔɪntɪd/ decepcionado.

> ℹ️ **disappointed** también es el pretérito y el participio pasado del verbo **disappoint**:
> ▷ **You have disappointed me.** Me has decepcionado.

disappointing /dɪsəˈpɔɪntɪŋ/ decepcionante.

> ℹ️ **disappointing** también es una forma del verbo **disappoint**:
> ▷ **I hate disappointing you.** No me gusta decepcionarte.

disappointment /dɪsəˈpɔɪntmənt/ decepción.

disapprove /dɪsəˈpruːv/ no estar contento.
► **disapprove of something** o **somebody** no ver con buenos ojos algo o a alguien.

disaster /dɪˈzɑːstəʳ/ desastre o catástrofe.

disastrous /dɪˈzɑːstrəs/ desastroso.

disc /dɪsk/ disco.

discipline /ˈdɪsɪplɪn/ disciplina.

discount /ˈdɪskaʊnt/ descuento.

discourage /dɪsˈkʌrɪdʒ/ *tiene varios sentidos:*
1 discourage somebody desanimar a alguien.
2 discourage somebody from doing something disuadir a alguien de hacer algo.

discover /dɪsˈkʌvəʳ/ descubrir.

discoveries /dɪsˈkʌvərɪz/ *es el plural de la palabra* **discovery**.

discovery /dɪsˈkʌvərɪ/ descubrimiento.

discuss /dɪsˈkʌs/ hablar de o discutir o debatir.

> ¡Atención! La palabra inglesa **discuss** no significa **discutir** en el sentido de tener una pelea.

discussion /dɪsˈkʌʃən/ discusión o debate.

> ¡Atención! La palabra inglesa **discussion** no significa **discusión** en el sentido de pelea.

disease /dɪˈziːz/ enfermedad.

disgraceful /dɪsˈgreɪsfʊl/ escandaloso.

disguise /dɪsˈgaɪz/ *tiene varias categorías gramaticales y varios sentidos:*
> *Puede ser un* SUSTANTIVO:
disguise *significa* disfraz.
► **be in disguise** estar disfrazado.
> *Puede ser un* VERBO:
1 disguise somebody disfrazar a alguien.
2 disguise something ocultar algo.

disgust /dɪsˈgʌst/ *tiene varias categorías gramaticales:*
> *Puede ser un* SUSTANTIVO:
disgust *significa* asco.
> *Puede ser un* VERBO:
► **disgust somebody** darle asco a alguien.

> La palabra inglesa **disgust** no significa **disgusto**.

disgusted /dɪsˈgʌstɪd/ indignado.

> ℹ️ **disgusted** también es el pretérito y el participio pasado del verbo **disgust**:
> ▷ **The food disgusted him.** La comida le daba asco.

> La palabra inglesa **disgusted** no significa **disgustado**.

disgusting /dɪsˈgʌstɪŋ/ asqueroso.

> **i** disgusting también es una forma del verbo disgust:
> ▷ It was disgusting me. Me daba asco.

dish /dɪʃ/ tiene varios sentidos:

1 **dish** puede significar fuente (para servir comida).
▶ **do the dishes** lavar los platos.
2 **dish** puede significar plato (= parte de una comida).

dishcloth /ˈdɪʃklɒθ/ trapo de lavar los platos o paño de cocina.

dishonest /dɪsˈɒnɪst/ deshonesto.

dishwasher /ˈdɪʃwɒʃəʳ/ lavaplatos.

disk /dɪsk/ disco (en informática).
▶ **disk drive** unidad de disco.

dislike /dɪsˈlaɪk/ se utiliza para decir que algo o alguien no te gusta:
> ▷ I disliked the film. La película no me gustó.
> ▷ She dislikes him. No le gusta.

dismiss /dɪsˈmɪs/ tiene varios sentidos:

1 **dismiss somebody** despedir a alguien (de su trabajo).
2 **dismiss something** descartar o rechazar algo.

disobey /dɪsəˈbeɪ/ desobedecer.

disorganized /dɪsˈɔːgənaɪzd/ desorganizado.

display /dɪˈspleɪ/ tiene varias categorías gramaticales y varios sentidos:

> Puede ser un SUSTANTIVO:

1 **display** puede significar muestra (de mercancías) o exposición (de obras de arte, por ejemplo).
▶ **be on display** estar expuesto.
2 **display** puede significar exhibición (deportiva, por ejemplo).
3 **display** puede significar pantalla (de un ordenador, por ejemplo).

> Puede ser un VERBO:

1 **display something** puede significar exponer algo.
2 **display something** puede significar demostrar algo.
3 **display something** puede significar visualizar algo (en una pantalla).

disposable /dɪˈspəʊzəbəl/ desechable.

dispose of /dɪˈspəʊz ɒv/ deshacerse de o eliminar.

> **🖐** El verbo inglés **dispose of** no significa 'disponer de'.

dispute /ˈdɪspjuːt/ pelea o disputa o conflicto.

disrupt /dɪsˈrʌpt/ trastornar.

dissatisfied /dɪsˈsætɪsfaɪd/ insatisfecho.

dissolve /dɪˈzɒlv/ disolver o disolverse.

distance /ˈdɪstəns/ distancia.
▶ **from a distance** desde lejos.
▶ **in the distance** a lo lejos.

distant /ˈdɪstənt/ tiene varios sentidos:

1 **distant** puede significar lejano.
2 **distant** puede significar distante (= frío o reservado).

distinct /dɪˈstɪŋkt/ tiene varios sentidos:

1 **distinct** puede significar claro (una mejora o un cambio, por ejemplo).
2 **distinct from something** distinto de algo.

distinguish /dɪˈstɪŋgwɪʃ/ distinguir.

distort /dɪˈstɔːt/ distorsionar.

distract /dɪˈstrækt/ distraer.

distress /dɪˈstres/ tiene varias categorías gramaticales:

> Puede ser un SUSTANTIVO:
> **distress** significa sufrimiento.

> Puede ser un VERBO:
> ▶ **distress somebody** hacer sufrir a alguien.

distribute /dɪˈstrɪbjuːt/ distribuir o repartir.

distribution /dɪstrɪˈbjuːʃən/ distribución o reparto.

district /ˈdɪstrɪkt/ zona o barrio o comarca.

distrust /dɪsˈtrʌst/ tiene varias categorías gramaticales:

> Puede ser un SUSTANTIVO:
> **distrust** significa desconfianza.

> Puede ser un VERBO:
> ▶ **distrust somebody** o **something** desconfiar de algo o de alguien.

disturb /dɪˈstɜːb/ tiene varios sentidos:

1 **disturb somebody** molestar a alguien.
> ▷ I'm sorry to disturb you. Perdona que te moleste.
> ▷ "Do not disturb". 'Se ruega no molestar'.
2 **disturb something** perturbar algo (el sueño, por ejemplo).

ditch /dɪtʃ/ cuneta.

dive /daɪv/ tiene varias categorías gramaticales:

> Puede ser un SUSTANTIVO:

dive significa salto de cabeza o inmersión (de un buzo).

diver

> Puede ser un VERBO:
dive significa tirarse de cabeza o bucear o sumergirse (un buzo).

diver /ˈdaɪvəʳ/ buzo.

divide /dɪˈvaɪd/ dividir.

diving /ˈdaɪvɪŋ/ saltos de trampolín o submarinismo o buceo.
► **go diving** hacer submarinismo.
► **diving board** trampolín (en una piscina).

divorce /dɪˈvɔːs/ tiene varias categorías gramaticales:
> Puede ser un SUSTANTIVO:
divorce significa divorcio.
> Puede ser un VERBO:
► **divorce somebody** divorciarse de alguien.

DIY /ˈdiːˈaɪˈwaɪ/ bricolaje.

ℹ️ La palabra DIY es la abreviatura de do-it-yourself.

dizzy /ˈdɪzɪ/ con vértigo o mareado.
► **feel dizzy** tener vértigo o estar mareado.
► **make somebody dizzy** dar vértigo a alguien o marear a alguien.

do /duː/ tiene varias categorías gramaticales y varios sentidos:
> Puede ser un VERBO auxiliar:
1 do se utiliza para conjugar las formas interrogativas y negativas de otros verbos:
▷ Do you want an ice-cream? ¿Quieres un helado?
▷ Does he speak English? ¿Habla inglés?
▷ Did they phone you? ¿Te llamaron?
▷ I don't like beetroot. No me gusta la remolacha.
▷ She doesn't speak English. No habla inglés.
▷ We didn't finish our homework. No terminamos los deberes.
2 do se utiliza en vez de otro verbo para que no tengas que repetir el mismo verbo:
▷ You sing better than I do. Cantas mejor que yo.
▷ I speak French. — So do I. Hablo francés. — Yo también.
▷ Does he want to come? —Yes, he does. ¿Quiere venir? —Sí.
▷ Did you know that? —No, I didn't. ¿Lo sabías? —No.
3 do se utiliza al final de una frase para decir '¿no?' o '¿verdad?'. En inglés, esto se llama un **question tag**:
▷ You know him, don't you? Lo conoces, ¿no?

▷ He didn't tell her, did he? No se lo dijo, ¿verdad?
4 do se utiliza para insistir en algo:
▷ I do want to come! ¡Sí que quiero venir!
▷ He did tell you! ¡Si ya te lo dijo!
> Puede ser un VERBO TRANSITIVO:
► **do something** hacer algo.
▷ What are you doing? ¿Qué estás haciendo?
▷ What are you doing at the weekend? ¿Qué vas a hacer el fin de semana?
▷ What do you do? ¿A qué te dedicas?
▷ I'm doing the cleaning. Estoy haciendo la limpieza.
▷ They do cheap meals here. Hacen comidas baratas aquí.
▷ We can't do anything about it. ¿Qué le vamos a hacer?
▷ What can I do for you? ¿En qué puedo servirle?
▷ I don't do German. No estudio alemán.
▷ We were doing 100 km per hour. Íbamos a 100 km por hora.

ℹ️ En algunos casos, do se utiliza para decir 'lavar' o 'arreglar':
► **do one's hair** arreglarse el pelo.
► **do one's teeth** lavarse los dientes.

ℹ️ El pronombre personal de las expresiones do one's hair y do one's teeth funciona de la siguiente forma en inglés: I do my hair/teeth, you do your hair/teeth, he does his hair/teeth, she does her hair/teeth, we do our hair/teeth, they do their hair/teeth.

> Puede ser un VERBO INTRANSITIVO:
1 do puede significar hacer.
▷ Do as I say. Haz lo que te digo.
▷ She did right. Tuvo razón en hacerlo.
2 do se utiliza para decir o preguntar cómo está alguien o qué tal le va:
▷ How are you doing? ¿Qué tal?
▷ She's doing well at school. Le va bien en el colegio.
▷ Their business is doing well. Su negocio va bien.
▷ How did you do in the exam? ¿Qué tal te salió el examen?
▷ The patient is doing well. El paciente se está recuperando.
▷ How do you do! ¡Encantado! (= lo que dices cuando te presentan a alguien).

Fíate que **how do you do** no es una pregunta sino simplemente una manera formal de saludarle a alguien (como **hello** y **good afternoon**).

3 do puede significar ser suficiente o venir bien.
▷ Three bottles of wine will do. Tendremos suficiente con tres botellas de vino.

▷ This room will do. Esta habitación me viene bien.

▷ That will do for now. Basta por ahora.

Phrasal verbs:

Al verbo **do** *a veces le sigue una preposición como* **up** *o* **without**, *lo que puede cambiar su significado. En inglés, esto se llama un* **phrasal verb.**

DO AWAY WITH:

► **do away with something** suprimir algo.

DO UP:

► **do something up** *puede significar* abrochar algo o abrocharse algo.

► **do one's shoes up** atarse los zapatos.

► **do something up** *puede significar* remozar algo (una habitación o una casa, por ejemplo).

► **do up a parcel** envolver un paquete.

El pronombre personal de la expresión do one's shoes up funciona de la siguiente forma en inglés: **I** *do* **my** *shoes up,* **you** *do* **your** *shoes up,* **he** *does* **his** *shoes up,* **she** *does* **her** *shoes up,* **we** *do* **our** *shoes up,* **they** *do* **their** *shoes up.*

DO WITH:

▷ **That has nothing to do with it.** Eso no tiene nada que ver.

▷ **I had nothing to do with it.** No tuve nada que ver con eso.

▷ **I could do with something to eat.** No me vendría mal algo de comer.

▷ **Have you done with my calculator?** ¿Has terminado con mi calculadora?

DO WITHOUT:

► **do without something** pasar sin algo.

doctor /ˈdɒktəʳ/ médico.

document /ˈdɒkjəmənt/ documento.

documentaries /dɒkjəˈmentərɪz/ *es el plural de la palabra* **documentary.**

documentary /dɒkjəˈmentərɪ/ documental.

dodgems /ˈdɒdʒəmz/ autos de choque.

does /dʌz/ *es la tercera persona del singular del verbo* **do.**

▷ **Does that torch work?** ¿Funciona esa linterna?

doesn't /ˈdʌzənt/ *es la contracción de* **does not**, *la forma negativa de la tercera persona del singular del verbo* **do.**

▷ Jerry doesn't like omelettes. A Jerry no le gustan las tortillas.

dog /dɒg/ perro.

do-it-yourself /duːɪtjɔːˈself/ bricolaje.

doll /dɒl/ muñeca (= juguete).

dollar /ˈdɒləʳ/ dólar.

dolphin /ˈdɒlfɪn/ delfín.

domain name /dəˈmeɪn neɪm/ nombre de dominio.

dominate /ˈdɒmɪneɪt/ dominar.

Dominican /dəˈmɪnɪkən/ dominicano.

► **the Dominican Republic** la República Dominicana.

donate /dəʊˈneɪt/ donar.

donation /dəʊˈneɪʃən/ donativo.

done /dʌn/ *tiene varios sentidos:*

1 **done** *es el participio pasado del verbo* **do.**

▷ I've done the washing-up. He lavado los platos.

2 **done** *puede significar* hecho (cuando te refieres a comida).

▷ Is it done? ¿Está hecho?

▷ I like my steak well done. Me gusta el bistec bien hecho.

3 **that's just not done** eso no se hace.

4 **done!** ¡trato hecho!

5 **well done!** ¡muy bien!

donkey /ˈdɒŋkɪ/ burro.

donor /ˈdəʊnəʳ/ donante.

don't /dəʊnt/ *es la contracción de* **do not**, *la forma negativa del verbo* **do.**

▷ I don't speak Spanish. No hablo español.

donut /ˈdəʊnʌt/ *es la ortografía americana de la palabra* **doughnut.**

door /dɔːʳ/ puerta.

doorbell /ˈdɔːbel/ timbre (= para llamar a la puerta).

doormat /ˈdɔːmæt/ felpudo.

doorstep /ˈdɔːstep/ escalón de la puerta.

▷ He was waiting for me on the doorstep. Me esperaba delante de la puerta.

dormitories /ˈdɔːmɪtərɪz/ *es el plural de la palabra* **dormitory.**

dormitory /ˈdɔːmɪtərɪ/ dormitorio (= con varias camas, en un internado, por ejemplo).

dose /dəʊs/ dosis.

dot /dɒt/ punto (= pequeña marca circular).

dotted line /ˈdɒtɪd laɪn/ línea de puntos.

double /ˈdʌbəl/ *tiene varias categorías gramaticales y varios sentidos:*

> *Puede ser un* ADJETIVO:
1 double *significa* doble.
2 double bass contrabajo.
3 double bed cama de matrimonio.
> *Puede ser un* SUSTANTIVO:
double *significa* doble.
> *Puede ser un* ADVERBIO:
1 double *significa* el doble.
▷ **You'll pay double.** Pagarás el doble.
2 bend double doblarse *o* agacharse.
> *Puede ser un* VERBO:
double *significa* duplicar *o* duplicarse.

double-click /ˈdʌbəlˈklɪk/ hacer doble clic.

doubt /daʊt/ *tiene varias categorías gramaticales:*
> *Puede ser un* SUSTANTIVO:
doubt *significa* duda.
▶ **without doubt** *o* **without a doubt** sin duda.
> *Puede ser un* VERBO:
▶ **doubt somebody** *o* **something** dudar de alguien *o* algo.
▶ **doubt whether...** *o* **doubt if...** *o* **doubt that...** dudar que...

dough /dəʊ/ masa (para hacer pan, por ejemplo).

doughnut /ˈdəʊnʌt/ buñuelo *o* dónut.

dove /dʌv/ paloma.

down /daʊn/ *tiene varias categorías gramaticales y varios sentidos:*
> *Puede ser un* ADVERBIO:
1 down *se utiliza para indicar un movimiento hacia abajo:*
▶ **come down** *o* **go down** bajar.
▶ **fall down** caerse.
▶ **sit down** sentarse.
▶ **pull the blinds down** bajar las persianas.
▶ **down there** ahí abajo.
▶ **down below** abajo.
2 down *se utiliza para indicar una reducción:*
▷ **His temperature has gone down.** Ha bajado su fiebre.
▷ **Prices are coming down.** Los precios están bajando.
> *Puede ser una* PREPOSICIÓN:
down *se utiliza para indicar un movimiento de arriba hacia abajo de algo o para indicar que algo está en una posición inferior:*
▷ **He ran down the hill.** Bajó la colina corriendo.
▷ **She lives down the street.** Vive calle abajo.
▷ **He was walking down the road.** Iba andando por la calle.

> *Puede ser un* ADJETIVO:
▶ **be down** estar deprimido.
> *Puede ser un* SUSTANTIVO:
down *significa* plumón.

downhill /daʊnˈhɪl/ *tiene varias categorías gramaticales:*
> *Puede ser un* ADJETIVO:
▶ **a downhill slope** una cuesta hacia abajo.
> *Puede ser un* ADVERBIO:
▶ **go downhill** ir cuesta abajo.

download /ˈdaʊnləʊd/ descargar *o* descargarse (un archivo de Internet).

downstairs /daʊnˈsteəz/ abajo (en una casa con escalera o en un edificio de varios pisos).
▶ **go downstairs** bajar (= bajar la escalera).
▶ **fall downstairs** caer escaleras abajo.
▶ **live downstairs** vivir en el piso de abajo.

downwards /ˈdaʊnwədz/ hacia abajo.

doze /dəʊz/ dormitar.
▶ **doze off** quedarse dormido.

dozen /ˈdʌzən/ docena.
▶ **half a dozen** media docena.

Dr /ˈdɒktəʳ/ *es la abreviatura de la palabra* **doctor**.

draft /drɑːft/ *tiene varias categorías gramaticales y varios sentidos:*
> *Puede ser un* SUSTANTIVO:
1 draft *puede significar* borrador (de una carta, por ejemplo).
2 draft *es la ortografía americana de la palabra* **draught**.
> *Puede ser un* VERBO:
▶ **draft something** hacer un borrador de algo.

drafty /ˈdrɑːftɪ/ *es la ortografía americana de la palabra* **draughty**.

drag /dræg/ arrastrar.
▶ **drag one's feet** andarse con rodeos.
▶ **drag and drop** arrastrar y soltar.

i El pronombre personal de la expresión *drag one's feet* funciona de la siguiente forma en inglés: I drag my feet, you drag your feet, he drags his feet, she drags her feet, we drag our feet, they drag their feet.

dragonflies /ˈdrægənflaɪz/ *es el plural de la palabra* **dragonfly**.

dragonfly /ˈdrægənflaɪ/ libélula.

drain /dreɪn/ *tiene varias categorías gramaticales y varios sentidos:*

> *Puede ser un* SUSTANTIVO:

drain *significa* desagüe *o* alcantarilla *o* sumidero.

> *Puede ser un* VERBO TRANSITIVO:

1 drain something *puede significar* drenar algo.

2 drain something escurrir algo (zanahorias o judías, por ejemplo).

drama /ˈdrɑːmə/ *tiene varios sentidos:*

1 drama *puede significar* drama.

2 drama *puede significar* arte dramático

dramatic /drəˈmætɪk/ drástico *o* espectacular.

drank /dræŋk/ *es el pretérito del verbo* **drink**.

▷ Who drank all the cider? ¿Quién se ha bebido toda la sidra?

drastic /ˈdræstɪk/ drástico.

draught /drɑːft/ *tiene varios sentidos:*

1 draught *puede significar* corriente (de aire).

2 draughts damas (= el juego).

La palabra **draughts** en el sentido de 'damas' no se utiliza en inglés americano. En Estados Unidos se dice **checkers**.

draughty /ˈdrɑːftɪ/ con mucha corriente.

▷ It's very draughty. Hay mucha corriente.

draw /drɔː/ *tiene varias categorías gramaticales y varios sentidos:*

> *Puede ser un* SUSTANTIVO:

1 draw *puede significar* empate.

2 draw *puede significar* sorteo.

> *Puede ser un* VERBO TRANSITIVO:

1 draw something *puede significar* dibujar algo.

▸ **draw a picture** hacer un dibujo.

2 draw something *puede significar* sacar algo.

▷ He drew his sword. Sacó su espada.

3 draw the curtains correr las cortinas.

4 draw something o **somebody** *puede significar* atraer algo o a alguien (a clientes o una multitud, por ejemplo).

▸ **draw attention to something** llamar la atención sobre algo.

> *Puede ser un* VERBO INTRANSITIVO:

1 draw *puede significar* empatar.

2 draw near acercarse.

Phrasal verbs:

Al verbo **draw** *a veces le sigue una preposición como* **back** *o* **up**, *lo que puede cambiar su significado. En inglés, esto se llama un* **phrasal verb**:

DRAW AWAY:
▸ **draw away** alejarse.

DRAW BACK:
▸ **draw back** echarse atrás.

DRAW UP:
▸ **draw up** parar (cuando te refieres a un vehículo que se acerca y luego se para).
▸ **draw something up** redactar algo (un contrato o una lista, por ejemplo).
▸ **draw up a chair** acercar una silla.

drawer /ˈdrɔːəʳ/ cajón (de un armario).

drawing /ˈdrɔːɪŋ/ dibujo.

▸ **drawing pin** chincheta.

ℹ **drawing** también es una forma del verbo **draw**:
▷ She was drawing a house. Dibujaba una casa.

drawn /drɔːn/ *es el participio pasado del verbo* **draw**.

▷ I've drawn a picture of a house. He hecho un dibujo de una casa.

dreadful /ˈdredfʊl/ espantoso *o* fatal.

dream /driːm/ *tiene varias categorías gramaticales y varios sentidos:*

> *Puede ser un* SUSTANTIVO:

dream *significa* sueño (= lo que se sueña por la noche).

> *Puede ser un* VERBO:

1 dream *significa* soñar.

▸ **dream about something** soñar con algo.

2 dream of doing something soñar con hacer algo.

▷ I wouldn't dream of telling her. Jamás se me ocurriría decírselo.

dreamt /dremt/ *es el pretérito y el participio pasado del verbo* **dream**.

▷ I dreamt about you last night. Soñé contigo anoche.

dreary /ˈdrɪərɪ/ triste *o* monótono.

drench /drentʃ/ empapar.

▸ **be drenched** estar calado hasta los huesos.

dress /dres/ *tiene varias categorías gramaticales y varios sentidos:*

> *Puede ser un* SUSTANTIVO:

dress *significa* vestido (= prenda de mujer).

> *Puede ser un* VERBO INTRANSITIVO:

dress *significa* vestirse.

▸ **dress up** ponerse elegante.

▸ **dress up as somebody** disfrazarse de alguien.

> *Puede ser un* VERBO TRANSITIVO:

1 dress somebody vestir a alguien.

2 dress a salad aderezar una ensalada.

dressed /drest/ vestido.

- ► **well dressed** bien vestido.
- ► **get dressed** vestirse.

dressing gown /ˈdresɪŋ gaʊn/ bata (= prenda que te pones cuando te levantas por la mañana).

dressing table /ˈdresɪŋ ˈteɪbəl/ tocador.

drew /druː/ es el pretérito del verbo **draw**.

- ▷ Kevin drew a house. Kevin dibujó una casa.

dribble /ˈdrɪbəl/ tiene varios sentidos:

1 **dribble** puede significar babear.
2 **dribble** puede significar gotear.
3 **dribble past somebody** significa regatear a alguien (en fútbol, por ejemplo).

dried /draɪd/ tiene varios sentidos:

1 **dried** puede significar seco (cuando te refieres a flores secas, por ejemplo).
- ► **dried fruit** fruta pasa.

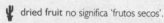 dried fruit no significa 'frutos secos'.

2 **dried** puede significar en polvo (cuando te refieres a leche en polvo, por ejemplo).

ℹ dried también es el pretérito y el participio pasado del verbo dry:
▷ He dried his hair. Se secó el pelo.

drier /ˈdraɪər/ secador o secadora.

ℹ drier también es el comparativo del adjetivo dry:
▷ My clothes are drier now. Mi ropa está más seca ahora.

dries /draɪz/ es la tercera persona del singular del verbo **dry** en el presente indicativo.

- ▷ She dries her hair with a hairdrier. Se seca el pelo con secadora.

drill /drɪl/ tiene varias categorías gramaticales y varios sentidos:

> Puede ser un SUSTANTIVO:
drill significa taladro o taladradora.
> Puede ser un VERBO:
- ► **drill something** perforar algo.
- ► **drill a hole** taladrar un agujero.
- ► **drill a tooth** agujerear un diente.

drink /drɪŋk/ tiene varias categorías gramaticales y varios sentidos:

> Puede ser un SUSTANTIVO:
1 **drink** puede significar bebida.
- ► **have a drink** beber algo.
2 **drink** puede significar copa (= alcohol).
- ► **have a drink** tomar una copa.

> Puede ser un VERBO:
drink significa beber.

drip /drɪp/ tiene varias categorías gramaticales y varios sentidos:

> Puede ser un SUSTANTIVO:
1 **drip** puede significar gota o goteo.
2 **drip** puede significar gota a gota (en un hospital).
> Puede ser un VERBO:
drip significa gotear.

drive /draɪv/ tiene varias categorías gramaticales y varios sentidos:

> Puede ser un SUSTANTIVO:
1 **drive** puede significar paseo en coche.
- ► **go for a drive** dar una vuelta en coche.
2 **drive** puede significar camino de entrada (de una casa).
3 **drive** puede significar unidad de disco (de un ordenador).
> Puede ser un VERBO TRANSITIVO:
1 **drive something** conducir algo.
2 **drive somebody home** llevar a alguien a casa en coche.
3 **drive somebody to do something** empujar a alguien a hacer algo.
4 **drive somebody mad** volver loco a alguien.
> Puede ser un VERBO INTRANSITIVO:
1 **drive** puede significar conducir.
- ► **drive on the left** circular por la izquierda.
2 **drive** puede significar ir en coche.
- ▷ Shall we walk or drive? ¿Vamos andando o en coche?

driven /ˈdrɪvən/ es el participio pasado del verbo **drive**.

- ▷ Have you ever driven in England? ¿Has conducido en Inglaterra alguna vez?

driver /ˈdraɪvər/ conductor.

- ► **driver's license** carné de conducir.

La expresión driver's license es inglés americano. En inglés británico se dice driving licence.

driving /ˈdraɪvɪŋ/ conducción (de un vehículo).

- ► **driving lesson** clase de conducir.
- ► **driving licence** carné de conducir.
- ► **driving test** examen de conducir.

La expresión driving licence es inglés británico. En Estados Unidos se dice driver's license.

ℹ driving también es una forma del verbo drive:
▷ She was driving a red car. Conducía un coche rojo.

drizzle /ˈdrɪzəl/ *tiene varias categorías gramaticales:*
> *Puede ser un* SUSTANTIVO:
drizzle *significa* llovizna.
> *Puede ser un* VERBO:
drizzle *significa* lloviznar.

drop /drɒp/ *tiene varias categorías gramaticales y varios sentidos:*
> *Puede ser un* SUSTANTIVO:
1 **drop** *puede significar* gota.
► **a drop of something** un poquito de algo (de leche o de vino, por ejemplo).
2 **drop** *puede significar* caída o reducción o descenso.
> *Puede ser un* VERBO TRANSITIVO:
1 **drop something** *puede significar* dejar caer algo.
► **drop a bomb** lanzar una bomba.
2 **drop something** *puede significar* abandonar algo (una idea o una propuesta, por ejemplo).
> *Puede ser un* VERBO INTRANSITIVO:
1 **drop** *puede significar* caer o caerse (cuando te refieres a un objeto que se cae al suelo, por ejemplo).
2 **drop** *puede significar* caer o bajar o descender.

drought /draʊt/ sequía.

drove /drəʊv/ *es el pretérito del verbo* **drive**.
▷ Mark drove me to the doctor's. Mark me llevó al médico en coche.

drown /draʊn/ ahogar o ahogarse (en el agua).

drowsy /ˈdraʊzɪ/ somnoliento.

drug /drʌg/ *tiene varias categorías gramaticales y varios sentidos:*
> *Puede ser un* SUSTANTIVO:
1 **drug** *puede significar* droga.
► **take drugs** drogarse.
► **drug addict** toxicómano.
2 **drug** *puede significar* medicamento.
> *Puede ser un* VERBO:
► **drug somebody** drogar a alguien.

drum /drʌm/ *tiene varios sentidos:*
1 **drum** *puede significar* tambor.
► **the drums** la batería (= instrumento de percusión).
2 **drum** *puede significar* bidón (= contenedor de petróleo, por ejemplo).

drummer /ˈdrʌmər/ batería (= persona que toca la batería) o tamborilero (= persona que toca el tambor).

drumstick /ˈdrʌmstɪk/ baqueta (para tocar la batería).
► **chicken drumstick** muslo de pollo.

drunk /drʌŋk/ borracho.
► **get drunk** emborracharse.

ℹ **drunk** también puede ser el participio pasado del verbo **drink**:
▷ Have you drunk all the milk? ¿Te has bebido toda la leche?

dry /draɪ/ *tiene varias categorías gramaticales y varios sentidos:*
> *Puede ser un* ADJETIVO:
dry *significa* seco.
► **keep something dry** no mojar algo.
> *Puede ser un* VERBO:
► **dry something** secar algo.
► **dry oneself** secarse.
► **dry one's hands** secarse las manos.

ℹ El pronombre personal de la expresión **dry one's hands** funciona de la siguiente forma en inglés: I dry my hands, you dry your hands, he dries his hands, she dries her hands, we dry our hands, they dry their hands.

dry-clean /draɪˈkliːn/ lavar en seco.

dry cleaner's /draɪˈkliːnəz/ tintorería.

dryer /ˈdraɪər/ secador o secadora.

duchess /ˈdʌtʃəs/ duquesa.

duck /dʌk/ *tiene varias categorías gramaticales:*
> *Puede ser un* SUSTANTIVO:
duck *significa* pato.
> *Puede ser un* VERBO:
duck o **duck down** *significa* agacharse.

duckling /ˈdʌklɪŋ/ patito.

due /djuː/ *tiene varios sentidos:*
1 **due** *se utiliza para decir que se espera algo o que algo va a llegar pronto:*
▷ The train is due at 10 o'clock. El tren debe llegar a las diez.
▷ His new CD is due out in May. Su nuevo CD sale en mayo.
▷ When is her baby due? ¿Para cuándo espera el niño?
▷ He's due back tomorrow. Tendría que volver mañana.
2 **due** *puede significar* pagadero (cuando te refieres a una cantidad de dinero que se debe pagar, por ejemplo).
3 **due to** debido a.

duet /djuːˈet/ dúo (= canción para dos).

dug /dʌg/ *es el pretérito y el participio pasado del verbo* **dig**.
▷ The men dug a big hole. Los hombres cavaron un hoyo grande.

duke /djuːk/ duque.

dull /dʌl/ aburrido.

dumb /dʌm/ *tiene varios sentidos:*
1 **dumb** *puede significar* mudo (= cuando te refieres a alguien que no puede hablar).
2 **dumb** *puede significar* tonto.

 En esta última acepción, dumb es una palabra familiar, y no debe utilizarse cuando estás hablando con alguien que no conoces bien o cuando escribes algo.

dump /dʌmp/ *tiene varias categorías gramaticales y varios sentidos:*
> *Puede ser un* SUSTANTIVO:
dump *significa* vertedero.
> *Puede ser un* VERBO:
1 **dump something** *puede significar* dejar algo (en el suelo, por ejemplo).
▷ Dump your bag on the back seat. Deja la bolsa en el asiento de atrás.
2 **dump something** *puede significar* tirar algo *o* verter algo.
▶ **dump somebody** dejar a alguien (tu novio o novia, por ejemplo).

 En la acepción de 'dejar a tu novio', dump es una palabra familiar, y no debe utilizarse cuando estás hablando con alguien que no conoces bien o cuando escribes algo.

dungarees /dʌŋgəˈriːz/ pantalón de peto.
▶ **a pair of dungarees** unos pantalones de peto.

dungeon /ˈdʌndʒən/ mazmorra.

during /ˈdjʊərɪŋ/ durante.

dusk /dʌsk/ crepúsculo.

dust /dʌst/ *tiene varias categorías gramaticales y varios sentidos:*
> *Puede ser un* SUSTANTIVO:
dust *significa* polvo.
> *Puede ser un* VERBO:
▶ **dust something** quitar el polvo a algo.

dustbin /ˈdʌstbɪn/ cubo de la basura.
▶ **dustbin man** basurero.

 La palabra dustbin no se utiliza en inglés americano. En Estados Unidos, se dice trash can, y 'basurero' se dice garbage man.

dustman /ˈdʌstmən/ basurero.

 La palabra dustman no se utiliza en inglés americano. En Estados Unidos, se dice garbage man.

dusty /ˈdʌstɪ/ polvoriento.

Dutch /dʌtʃ/ holandés.
▶ **the Dutch** los holandeses.

duties /ˈdjuːtɪz/ *es el plural de la palabra* **duty**.

duty /ˈdjuːtɪ/ *tiene varios sentidos:*
1 **duty** *puede significar* deber.
▶ **do one's duty** cumplir con su deber.
2 **be on duty** estar de servicio.
▶ **be off duty** no estar de servicio.
3 **duties** *puede significar* tareas *o* responsabilidades.

i El pronombre personal de la expresión do one's duty funciona de la siguiente forma en inglés: I do my duty, you do your duty, he does his duty, she does her duty, we do our duty, they do their duty.

duty-free /ˈdjuːtɪfriː/ libre de impuestos.
▶ **duty-free shop** tienda libre de impuestos.

duvet /ˈduːveɪ/ edredón.

 La palabra duvet no se utiliza en inglés americano. En Estados Unidos, se dice comforter.

dwarf /dwɔːf/ enano.

dye /daɪ/ *tiene varias categorías gramaticales:*
> *Puede ser un* SUSTANTIVO:
dye *significa* tinte (para el pelo o la ropa, por ejemplo).
> *Puede ser un* VERBO:
▶ **dye something** teñir algo.
▶ **dye one's hair** teñirse el pelo.

i El pronombre personal de la expresión dye one's hair funciona de la siguiente forma en inglés: I dye my hair, you dye your hair, he dyes his hair, she dyes her hair, we dye our hair, they dye their hair.

dynamic /daɪˈnæmɪk/ dinámico.

E

La letra **E** se pronuncia /i:/ en inglés.

E rima con **free**, **key** y **tea**.

each /i:tʃ/ *tiene varias categorías gramaticales y varios sentidos:*

> *Puede ser un* ADJETIVO:

each *significa* cada.

▷ Each day was different. Cada día fue diferente.

> *Puede ser un* PRONOMBRE:

1 each *significa* cada uno.

▷ I gave an apple to each of the boys. Di una manzana a cada uno de los chicos.

2 each other *se utiliza para expresar reciprocidad, por ejemplo cuando dos personas se odian o se ayudan:*

▷ They love each other. Se quieren.

▷ We're made for each other. Estamos hechos el uno para el otro.

eager /ˈi:gəʳ/ entusiasta.

▶ **be eager to do something** estar ansioso por hacer algo.

eagle /ˈi:gəl/ águila.

ear /ɪəʳ/ oreja *u* oído.

earache /ˈɪəreɪk/ dolor de oídos.

▷ I have earache. Me duelen los oídos.

earlier /ˈɜ:lɪə/ *es el comparativo de la palabra* **early**.

▷ They arrived earlier than we did. Llegaron antes que nosotros.

▷ Take an earlier train. Coge un tren anterior.

▷ I have to get up earlier tomorrow. Mañana tengo que levantarme más temprano.

earliest /ˈɜ:lɪɪst/ *es el superlativo de la palabra* **early**.

▷ The earliest I can come is Monday. No puedo venir antes del lunes.

▷ What's the earliest date we could start? ¿Cuál es la primera fecha en la que podríamos comenzar?

▶ **at the earliest** como muy pronto.

early /ˈɜ:lɪ/ *tiene varios sentidos:*

1 early *puede significar* temprano.

▷ Come early in the morning. Ven por la mañana temprano.

▷ I'm getting up early tomorrow. Mañana me voy a levantar temprano.

2 early *se utiliza en las expresiones de tiempo para decir 'a principios de' o 'al principio de':*

▷ I planted these flowers early in the year. Planté estas flores a principios de año.

▷ It starts early in the afternoon. Empieza a primera hora de la tarde.

3 early *puede significar* pronto.

▷ You're early! ¡Has llegado muy pronto!

▷ I was two hours early. Llegué dos horas antes.

earn /ɜ:n/ ganar (dinero, por ejemplo) *o* ganarse (la vida, o el respeto de alguien, por ejemplo).

earphones /ˈɪəfəʊnz/ auriculares.

earring /ˈɪərɪŋ/ pendiente (= adorno para las orejas).

earth /ɜ:θ/ tierra (el planeta o el suelo).

earthquake /ˈɜ:θkweɪk/ terremoto.

ease /i:z/ *tiene varias categorías gramaticales y varios sentidos:*

> *Puede ser un* SUSTANTIVO:

1 ease *significa* facilidad.

2 be at ease sentirse a gusto.

> *Puede ser un* VERBO:
► **ease something** calmar algo (el dolor, por ejemplo) o disminuir algo (la tensión, por ejemplo).

easier /ˈiːzɪəʳ/ *es el comparativo de la palabra* **easy**.
▷ It's easier now. Ahora es más fácil.

easiest /ˈiːzɪɪst/ *es el superlativo de la palabra* **easy**.
▷ This is the easiest question. Esta es la pregunta más fácil.

easily /ˈiːzɪlɪ/ *tiene varios sentidos:*
1 **easily** *puede significar* fácilmente.
2 **easily** *puede significar* con mucho.
▷ It's easily his best film. Es con mucho su mejor película.
3 **easily** *se utiliza para decir que algo es muy posible:*
▷ He could easily buy a different one. Es muy posible que compre otro.

east /iːst/ este.
▷ In the east of the country. En el este del país.
▷ The east wind. El viento del este.
▷ Go east. Vete hacia el este.
▷ It's east of the city. Se encuentra al este de la ciudad.

Easter /ˈiːstəʳ/ Semana Santa o Pascua.
► **Easter egg** huevo de Pascua.

eastern /ˈiːstən/ del este u oriental.

easy /ˈiːzɪ/ fácil.

eat /iːt/ comer.

eaten /ˈiːtən/ *es el participio pasado del verbo* **eat**.
▷ Have you ever eaten caviar? Has comido caviar alguna vez?

echo /ˈekəʊ/ *tiene varias categorías gramaticales:*
> *Puede ser un* SUSTANTIVO:
echo *significa* eco.
> *Puede ser un* VERBO:
echo *significa* retumbar o resonar.

ecological /iːkəˈlɒdʒɪkəl/ ecológico.

economic /ekəˈnɒmɪk/ económico (= que tiene que ver con la economía de un país).

economical /ekəˈnɒmɪkəl/ económico (= barato).

economics /ekəˈnɒmɪks/ economía (= ciencias económicas).

economize /ɪˈkɒnəmaɪz/ economizar.

economies /ɪˈkɒnəmɪz/ *es el plural de la palabra* **economy**.

economy /ɪˈkɒnəmɪ/ economía (de un país).

Ecuadorian /ekwəˈdɔːrɪən/ ecuatoriano.

edge /edʒ/
1 **edge** *significa* borde (de una mesa o una carretera) o margen (de una página o un bosque) o canto (de una moneda) o filo (de un cuchillo).
2 **be on edge** estar con los nervios de punta.

edible /ˈedɪbəl/ comestible.

Edinburgh /ˈedɪnbərə/ Edimburgo.

edit /ˈedɪt/ *tiene varios sentidos:*
1 **edit something** *puede significar* editar algo.
2 **edit something** *puede significar* corregir algo (un texto con errores, por ejemplo).

educate /ˈedjʊkeɪt/ educar.
▷ He was educated in England. Se educó en Inglaterra.

education /edjʊˈkeɪʃən/ educación o enseñanza o estudios.

eel /iːl/ anguila.

effect /ɪˈfekt/ efecto.
► **have an effect on somebody** o **something** tener efecto en alguien o algo.
► **take effect** surtir efecto (cuando te refieres a un medicamento, por ejemplo) o entrar en vigor (cuando te refieres a una ley, por ejemplo).

effective /ɪˈfektɪv/ eficaz.

efficient /ɪˈfɪʃənt/ eficiente o eficaz.

effort /ˈefət/ *tiene varios sentidos:*
1 **effort** *puede significar* esfuerzo.
► **make an effort to do something** hacer un esfuerzo por hacer algo.
2 **effort** *puede significar* intento.

e.g. /ˈiːˈdʒiː/ p. ej.

egg /eg/ huevo.
► **egg white** clara.
► **egg yolk** yema.

eggcup /ˈegkʌp/ huevera (= para servir huevos duros).

eggplant /ˈegplɑːnt/ berenjena.

> La palabra **eggplant** sólo se utiliza en inglés americano. En inglés británico se dice **aubergine**.

Egypt /ˈiːdʒɪpt/ Egipto.

Egyptian /ɪˈdʒɪpʃən/ egipcio.

eight /eɪt/ ocho.
▷ He's eight. Tiene ocho años.
▷ There are eight of us. Somos ocho.
▷ We arrived at eight. Llegamos a las ocho.

eighteen /eɪˈtiːn/ dieciocho.
▷ He's eighteen. Tiene dieciocho años.
▷ There are eighteen of us. Somos dieciocho.

eighteenth /eɪˈtiːnθ/ decimoctavo.
▷ The eighteenth of July o July the eighteenth. El dieciocho de julio.

eighth /eɪtθ/ octavo.
▷ The eighth of July o July the eighth. El ocho de julio.

eightieth /ˈeɪtɪɪθ/ octogésimo.

eighties /ˈeɪtɪz/
► the eighties la década de los ochenta.
▷ She's in her eighties. Tiene ochenta y tantos años.

eighty /ˈeɪtɪ/ ochenta.
▷ He is eighty. Tiene ochenta años.
▷ Eighty-one. Ochenta y uno.

either /ˈaɪðəʳ/ *tiene varios sentidos:*
1 **either** *puede significar* cualquiera de los dos.
▷ You can take either of them. Puedes coger cualquiera de los dos.
2 *En negaciones,* **either** *puede significar* ninguno de los dos.
▷ I don't want either of them. No quiero ninguno de los dos.
3 **either** *puede significar* ambos.
▷ There were shops on either side of the house. Había tiendas a ambos lados de la casa.
4 *En negaciones,* **either** *puede significar* tampoco.
▷ She can't play tennis and she can't swim either. No sabe jugar al tenis ni tampoco sabe nadar.
5 **either... or...** o..., o...
▷ She's either English or Scottish. O es inglesa, o escocesa.
▷ I don't like either carrots or peas. No me gustan ni las zanahorias ni los guisantes.

elaborate /ɪˈlæbərət/ elaborado (= cuando te refieres a una excusa o una comida, por ejemplo) o complicado (= cuando te refieres a una descripción, por ejemplo).

elastic /ɪˈlæstɪk/ elástico.
► **an elastic band** una gomita.

elbow /ˈelbəʊ/ codo.

elder /ˈeldəʳ/ mayor (= cuando te refieres a la más vieja de dos personas).
▷ She's my elder sister. Es mi hermana mayor.

eldest /ˈeldɪst/ mayor (= cuando te refieres a la más vieja de varias personas).
▷ She's my eldest sister. Es la mayor de mis hermanas.

elect /ɪˈlekt/ elegir (a un político, por ejemplo).

election /ɪˈlekʃən/ elecciones.

electric /ɪˈlektrɪk/ eléctrico.

electrician /ɪlekˈtrɪʃən/ electricista.

electricity /ɪlekˈtrɪsɪtɪ/ electricidad.
► **switch the electricity off** desconectar la corriente.

electronic /ɪlekˈtrɒnɪk/ electrónico.

elegant /ˈelɪgənt/ elegante.

element /ˈelɪmənt/ elemento.

elephant /ˈelɪfənt/ elefante.

elevator /ˈelɪveɪtəʳ/ ascensor.

elevator es una palabra americana. En inglés británico, se dice lift.

eleven /ɪˈlevən/ once.
▷ She is eleven. Tiene once años.
▷ There are eleven of us. Somos once.
▷ We arrived at eleven. Llegamos a las once.

eleventh /ɪˈlevənθ/ undécimo.
▷ The eleventh of July o July the eleventh. El once de julio.

else /els/ *tiene varios sentidos:*
1 **else** *se utiliza con palabras como* **anything**, **something** *o* **nothing** *y significa* más *u* otro.
▷ Is there anybody else there? ¿Hay alguien más?
▷ Would you like anything else? ¿Quieres algo más?
▷ Nobody else was there. No había nadie más.
▷ There's nothing else there. No hay nada más.
▷ This belongs to somebody else. Esto pertenece a otra persona.
▷ I want something else. Quiero otra cosa.
▷ Everybody else has gone. Todos los demás se han ido.
▷ They are somewhere else. Están en otra parte.

2 **else** *se utiliza en interrogaciones:*
▷ What else? ¿Qué más?
▷ Who else? ¿Quién más?
▷ Where else? ¿A qué otro sitio? o ¿En qué otro sitio?
3 **or else** si no.
▷ Hurry up or else you'll be late. Date prisa, si no vas a llegar tarde.

elsewhere /els'weə'/ en otra parte o a otra parte

e-mail /'iːmeɪl/ *tiene varias categorías gramaticales:*

> *Puede ser un* SUSTANTIVO:
e-mail *significa* correo electrónico (= el sistema y un mensaje individual).
► **e-mail address** dirreción de correo electrónico.
> *Puede ser un* VERBO:
► **e-mail somebody** enviar un correo electrónico a alguien.
► **e-mail something to somebody** enviar algo a alguien por correo electrónico.

embarrass /ɪm'bærəs/ avergonzar.

⚡ La palabra inglesa **embarrass** no significa 'embarazar'.

embarrassed /ɪm'bærəst/ avergonzado o violento.
► **be embarrassed about something** estar avergonzado por algo.
▷ I feel embarrassed about it. Me da vergüenza.

⚡ La palabra inglesa **embarrassed** no significa 'embarazado'.

ⓘ **embarrassed** también es el pretérito y el participio pasado del verbo **embarrass**:
▷ Their behaviour embarrassed him. Su comportamiento le avergonzaba.

embarrassing /ɪm'bærəsɪŋ/ vergonzoso o violento.
▷ His behaviour was embarrassing. Su comportamiento daba vergüenza.

ⓘ **embarrassing** también es una forma del verbo **embarrass**:
▷ She likes embarrassing him. Le gusta avergonzarle.

embarrassment /ɪm'bærəsmənt/ vergüenza o bochorno.
► **be an embarrassment to somebody** ser motivo de vergüenza para alguien.

⚡ La palabra inglesa **embarrassment** no significa 'embarazo'.

embassies /'embəsɪz/ *es el plural de la palabra* **embassy**.

embassy /'embəsɪ/ embajada.

embrace /ɪm'breɪs/ abrazar o abrazarse.

emerald /'emərəld/ esmeralda.

emergency /ɪ'mɜːdʒənsɪ/ emergencia.
► **in case of emergency** o **in an emergency** en caso de emergencia.
► **emergency exit** salida de emergencia.
► **emergency ward** o **emergency room** sala de urgencias.

emotion /ɪ'məʊʃən/ *tiene varios sentidos:*
1 **emotion** *puede significar* sentimiento.
2 **emotion** *puede significar* emoción.

emotional /ɪ'məʊʃənəl/ *tiene varios sentidos:*
1 **emotional** *puede significar* emotivo.
▷ Flora is very emotional. Flora es muy emotiva.
▷ It was an emotional song. Fue una canción emotiva.
2 **emotional** *puede significar* emocionado.
▷ I was very emotional. Estaba muy emocionado.
► **get emotional** emocionarse.
3 **emotional** *puede significar* emocional o sentimental.

emperor /'empərə'/ emperador.

emphasis /'emfəsɪs/ énfasis.
► **place** o **put emphasis on something** hacer hincapié en algo o poner énfasis en algo.

emphasize /'emfəsaɪz/ recalcar.

empire /'empaɪə'/ imperio.

employ /ɪm'plɔɪ/ emplear.

employee /em'plɔɪiː/ empleado.

employer /em'plɔɪə'/ empresario.

employment /em'plɔɪmənt/ empleo.

empress /'emprəs/ emperatriz.

empty /'emptɪ/ *tiene varias categorías gramaticales:*

> *Puede ser un* ADJETIVO:
empty *significa* vacío.
> *Puede ser un* VERBO TRANSITIVO:
► **empty something** vaciar algo.
> *Puede ser un* VERBO INTRANSITIVO:
empty *significa* vaciarse.

enable /ɪˈneɪbəl/
► **enable somebody to do something** permitir a alguien hacer algo.

enclose /ɪnˈkləʊz/ *tiene varios sentidos:*
1 **enclose something** *puede significar* adjuntar algo (a una carta).
2 **enclose something** *puede significar* rodear algo.

encounter /ɪnˈkaʊntəʳ/ *tiene varias categorías gramaticales:*
> *Puede ser un* SUSTANTIVO:
encounter *significa* encuentro.
> *Puede ser un* VERBO:
► **encounter somebody** o **something** encontrarse con alguien o algo.

encourage /ɪnˈkʌrɪdʒ/ animar.
► **encourage somebody to do something** animar a alguien a hacer algo.

end /end/ *tiene varias categorías gramaticales y varios sentidos:*
> *Puede ser un* SUSTANTIVO:
1 **end** *puede significar* final o fin (= el momento en que algo termina).
► **at the end of the month** a finales de mes.
► **come to an end** llegar a su fin o terminarse.
► **put an end to something** poner fin a algo.
► **in the end** al final.
2 **end** *puede significar* extremo (de una calle o un río, por ejemplo) o punta (del dedo o de un palo, por ejemplo).
► **from end to end** de un extremo al otro.
> *Puede ser un* VERBO INTRANSITIVO:
1 **end** *significa* terminar o acabar.
2 **end up doing something** terminar o acabar haciendo algo.
> *Puede ser un* VERBO TRANSITIVO:
► **end something** terminar algo.

endanger /ɪnˈdeɪndʒəʳ/ poner en peligro.
► **endangered species** especie en peligro de extinción.

ending /ˈendɪŋ/ final o desenlace (de un cuento o una película, por ejemplo).

endless /ˈendləs/ interminable.

enemies /ˈenəmɪz/ *es el plural de la palabra* **enemy**.

enemy /ˈenəmɪ/ enemigo.

energetic /enəˈdʒetɪk/ enérgico.

> ⚡ La palabra inglesa **energetic** no significa 'energético'.

energy /ˈenədʒɪ/ energía.

engaged /ɪnˈgeɪdʒd/ *tiene varios sentidos:*
1 **engaged** *puede significar* ocupado (cuando te refieres al teléfono o los aseos).
2 **engaged** *puede significar* prometido (cuando te refieres a novios).
► **get engaged** prometerse.

engagement /ɪnˈgeɪdʒmənt/ *tiene varios sentidos:*
1 **engagement** *puede significar* compromiso (= promesa que te vas a casar con alguien) o noviazgo.
► **engagement ring** anillo de compromiso.
2 **engagement** *puede significar* cita (= reunión con alguien).

engine /ˈendʒɪn/ *tiene varios sentidos:*
1 **engine** *puede significar* motor.
2 **engine** *puede significar* locomotora.

engineer /endʒɪˈnɪəʳ/ ingeniero o técnico.

England /ˈɪŋglənd/ Inglaterra.

> ℹ️ ¡Cuidado! **England** sólo se refiere a Inglaterra y no a Gales y Escocia.

English /ˈɪŋglɪʃ/ inglés.
► **the English** los ingleses.
► **the English Channel** el Canal de la Mancha.

> ℹ️ ¡Cuidado! **English** sólo se refiere a los ingleses y no a los galeses y escoceses.

Englishman /ˈɪŋglɪʃmən/ inglés (= hombre de Inglaterra).

Englishwoman /ˈɪŋglɪʃwʊmən/ inglesa (= mujer de Inglaterra).

enjoy /ɪnˈdʒɔɪ/ *tiene varios sentidos:*
1 **enjoy something** disfrutar de algo.
▷ I enjoyed the film. Me gustó la película.
2 **enjoy doing something** disfrutar haciendo algo.
▷ She enjoys reading. Le gusta leer.
3 **enjoy oneself** pasarlo bien o divertirse.

> ℹ️ El pronombre personal de la expresión **enjoy oneself** funciona de la siguiente forma en inglés: I enjoy myself, you enjoy yourself, he enjoys himself, she enjoys herself, we enjoy ourselves, they enjoy themselves.

enjoyable /ɪnˈdʒɔɪəbəl/ agradable.

enjoyment /ɪnˈdʒɔɪmənt/ placer.

enlarge /ɪnˈlɑːdʒ/ ampliar o agrandar.

enormous /ɪˈnɔːməs/ enorme.

enough /ɪ'nʌf/ bastante.

▷ He has enough money. Tiene bastante dinero.

▷ Are you warm enough? ¿No tendrás frío?

▷ I've had enough to eat. He comido bastante.

▷ I've had enough of this book. Estoy harto de este libro.

▷ That's enough! ¡Basta ya!

▶ **more than enough** más que suficiente.

enquire /ɪŋ'kwaɪə'/ preguntar.

▶ **enquire about something** informarse de algo.

enter /'entə'/ tiene varias categorías gramaticales y varios sentidos:

> Puede ser un VERBO INTRANSITIVO:

1 enter significa entrar.

2 enter for something inscribirse en algo (una prueba deportiva, por ejemplo) o presentarse a algo (un examen o un concurso, por ejemplo).

> Puede ser un VERBO TRANSITIVO:

1 enter something puede significar entrar en algo (una habitación, por ejemplo).

2 enter something puede significar inscribirse en algo (una prueba deportiva, por ejemplo) o presentarse a algo (un examen o un concurso, por ejemplo).

3 enter something puede significar anotar algo (en un cuaderno, por ejemplo) o introducir algo (datos en un ordenador, por ejemplo).

4 enter somebody for something inscribir a alguien en algo.

entertain /entə'teɪn/ tiene varios sentidos:

1 entertain somebody entretener a alguien.

2 entertain guests tener invitados.

entertainer /entə'teɪnə'/ artista (= persona que trabaja en el mundo del espectáculo como actor, cantante, etc.).

entertainment /entə'teɪnmənt/ tiene varios sentidos:

1 entertainment puede significar entretenimiento o diversión.

2 entertainment puede significar espectáculo.

enthusiasm /ɪn'θjuːzɪæzəm/ entusiasmo.

enthusiastic /ɪnθjuːzɪ'æstɪk/ entusiasta o entusiasmado.

entire /ɪn'taɪə'/ entero.

entirely /ɪn'taɪəlɪ/ completamente.

entrance /'entrəns/ entrada.

entries /'entrɪz/ es el plural de la palabra **entry**.

entry /'entrɪ/ tiene varios sentidos:

1 entry puede significar entrada.

▷ **"No entry"** "Prohibida la entrada".

2 entry puede significar inscripción o participación (en un concurso).

▶ **entry form** impreso de inscripción.

envelope /'envələʊp/ sobre (de una carta).

environment /ɪn'vaɪrənmənt/ tiene varios sentidos:

1 environment puede significar entorno.

2 the environment el medio ambiente.

environmentally friendly /envaɪrən'mentəlɪ 'frendlɪ/ ecológico (= que no daña el medio ambiente).

envy /'envɪ/ tiene varias categorías gramaticales:

> Puede ser un SUSTANTIVO:

envy significa envidia.

> Puede ser un VERBO:

▶ **envy somebody** envidiar a alguien.

epidemic /epɪ'demɪk/ epidemia.

episode /'epɪsəʊd/ capítulo (de una serie de televisión).

equal /'iːkwəl/ tiene varias categorías gramaticales:

> Puede ser un ADJETIVO:

equal significa igual.

▶ **be equal to something** ser igual a algo.

> Puede ser un SUSTANTIVO:

▶ **treat somebody as an equal** tratar a alguien de igual a igual.

> Puede ser un VERBO:

▶ **equal something** ser igual a algo.

equality /ɪ'kwɒlɪtɪ/ igualdad.

equally /'iːkwəlɪ/ tiene varios sentidos:

1 equally puede significar en partes iguales.

▷ We shared the cake out equally. Dividimos la tarta en partes iguales.

2 equally puede significar igualmente.

▷ I love both of them equally. Quiero igualmente a los dos.

3 equally + adjetivo significa igual de + adjetivo.

▷ It was equally expensive. Fue igual de caro.

equator /ɪ'kweɪtə'/ ecuador (= el paralelo que da la vuelta a la Tierra).

equip /ɪ'kwɪp/ equipar.

equipment /ɪ'kwɪpmənt/ equipo (= equipamiento).

erase /ɪ'reɪz/ borrar.

eraser /ɪˈreɪzəʳ/ goma (de borrar).

errand /ˈerənd/ recado (= encargo).

escalator /ˈeskəleɪtəʳ/ escalera mecánica.

escape /ɪˈskeɪp/ *tiene varias categorías gramaticales:*
> *Puede ser un* SUSTANTIVO:
escape *significa* huida o fuga.
> *Puede ser un* VERBO INTRANSITIVO:
escape *significa* escaparse.
► **escape from somebody** o **something** escaparse de alguien o algo.
> *Puede ser un* VERBO TRANSITIVO:
► **escape something** escaparse de algo.

especially /ɪˈspeʃəlɪ/ especialmente.

essay /ˈeseɪ/ redacción (= escrito que haces en el colegio).

essential /ɪˈsenʃəl/ *tiene varias categorías gramaticales:*
> *Puede ser un* ADJETIVO:
essential *significa* esencial.
> *Puede ser un* SUSTANTIVO:
► **the essentials** los principios básicos (= de una asignatura, por ejemplo).

establish /ɪˈstæblɪʃ/ establecer.

establishment /ɪˈstæblɪʃmənt/ establecimiento.

estate /ɪˈsteɪt/ *tiene varios sentidos:*
1 **estate** *puede significar* finca.
2 **estate** *se utiliza en las siguientes expresiones:*
► **housing estate** urbanización.
► **industrial estate** polígono industrial.
► **estate agency** agencia inmobiliaria.
► **estate agent** agente de la propiedad inmobiliaria.
► **estate car** ranchera (= tipo de coche).

estimate *se pronuncia de dos formas diferentes y su categoría gramatical y significado cambian en función de la pronunciación:*
◄)) /ˈestɪmət/ (la **-ate** final se pronuncia como la palabra **it**):
> *Es un* SUSTANTIVO:
estimate *significa* estimación (= cálculo aproximado).
◄)) /ˈestɪmeɪt/ (la **-ate** final se pronuncia como la palabra **eight**):
> *Es un* VERBO:
► **estimate something** estimar algo o calcular algo.
► **estimate that...** calcular que...

eternal /ɪˈtɜːnəl/ eterno.

ethnic /ˈeθnɪk/ étnico.

EU /ˌiːˈjuː/ *es la abreviatura de* **European Union.**

Europe /ˈjʊərəp/ Europa.

European /ˌjʊərəˈpɪən/ europeo.
► **the European Parliament** el Parlamento Europeo.
► **the European Union** la Unión Europea.

evacuate /ɪˈvækjʊeɪt/ evacuar.

evaporate /ɪˈvæpəreɪt/ evaporarse.

eve /iːv/ víspera.
► **Christmas Eve** Nochebuena.
► **New Year's Eve** Nochevieja.

even /ˈiːvən/ *tiene varias categorías gramaticales y varios sentidos:*
> *Puede ser un* ADJETIVO:
1 **even** *puede significar* llano (cuando te refieres a una superficie, por ejemplo).
2 **even** *puede significar* constante (cuando te refieres al ritmo o la temperatura de algo o alguien) o uniforme (cuando te refieres a la distribución de algo).
3 **even** *puede significar* igualado (cuando te refieres a dos cosas que son más o menos iguales).
▷ The scores are even. Los marcadores están igualados.
4 **an even number** un número par.
> *Puede ser un* ADVERBIO:
1 **even** *puede significar* incluso o hasta.
▷ It's warm even in the evening. Hace calor hasta por la tarde.
► **even if...** aunque...
▷ Even if it isn't true. Aunque no sea verdad.
► **even so** aun así.
► **even though...** a pesar de que...
▷ Even though he's my brother. A pesar de que es mi hermano.
2 **not even** ni siquiera.
▷ Don't tell anyone, not even your brother. No se lo digas a nadie, ni siquiera a tu hermano.
▷ I can't even swim. Ni siquiera sé nadar.
3 **even** + *comparativo* aún.
▷ That's even better. Es aún mejor.
▷ It cost even less money. Costó aún menos dinero.
> *Puede ser un* VERBO:
► **even something out** o **even something up** equilibrar algo.

evening /ˈiːvənɪŋ/ tarde o noche.
► **in the evening** por la tarde o por la noche.
► **at six o'clock in the evening** a las seis de la tarde.

▶ **tomorrow evening** mañana por la tarde o mañana por la noche.

▶ **yesterday evening** ayer por la tarde o ayer por la noche.

▶ **on Monday evening** el lunes por la tarde o el lunes por la noche.

▶ **Good evening!** ¡buenas tardes! o ¡buenas noches!

▶ **evening class** clase nocturna.

> **i** La palabra **evening** se refiere al periodo que va entre aproximadamente las 6 de la tarde y la hora en la que te vas a la cama (entre las 10 y la medianoche más o menos).

event /ɪ'vent/ *tiene varios sentidos:*

1 event *puede significar* acontecimiento.

2 event *puede significar* actividad (= en un campamento de verano, por ejemplo) o espectáculo (= concierto u obra de teatro, por ejemplo).

3 event *puede significar* prueba (de atletismo).

4 event *se utiliza en las siguientes expresiones:*

▶ **in the event of...** en caso de...

▶ **in that event** en cuyo caso.

▶ **in any event** en cualquier caso.

eventful /ɪ'ventfʊl/ lleno de acontecimientos.

eventual /ɪ'ventʃʊəl/ final.

 En inglés, **eventual** no significa 'eventual'.

eventually /ɪ'ventʃʊəlɪ/ finalmente.

 En inglés, **eventually** no significa 'eventualmente'.

ever /'evəʳ/ *tiene varios sentidos:*

1 ever *puede significar* nunca o jamás.

> Nothing ever happens here. Aquí nunca pasa nada.

> She's more beautiful than ever. Está más bonita que nunca.

> It's the best meal I have ever eaten. Es la mejor comida que jamás he comido.

2 ever *se utiliza para expresar la idea de* alguna vez, *pero en español no suele traducirse.*

> Have you ever been to Japan? ¿Has estado en Japón?

> Do you ever listen to classical music? ¿Escuchas música clásica?

> If you ever see him... Si lo ves...

3 ever *puede significar* siempre.

> He's the same as ever. Es el de siempre.

> She is as happy as ever. Es tan feliz como siempre.

4 ever since desde o desde entonces.

> Ever since the war. Desde la guerra.

> Ever since I have lived here. Desde que vivo aquí.

> He has been very careful ever since. Desde entonces ha tenido mucho cuidado.

5 ever so *se utiliza para recalcar algo:*

> He is ever so nice. Es una persona tan amable.

> I'm ever so sorry. No sabes cómo lo siento.

> Thank you ever so much. Muchísimas gracias.

every /'evrɪ/ cada o todos los o todas las.

> Every child had an apple. Cada niño tenía una manzana.

> Every shop in the town was closed. Todas las tiendas de la ciudad estaban cerradas.

> Every time I see him. Cada vez que lo veo.

▶ **every day** todos los días.

▶ **every other day** cada dos días.

▶ **every now and then** de vez en cuando.

everybody /'evrɪbɒdɪ/ todo el mundo o todos o todas.

everyday /'evrɪdeɪ/ cotidiano.

> Fíjate que cuando **every day** se escribe como dos palabras, significa 'todos los días'.

everyone /'evrɪwʌn/ todo el mundo o todos o todas.

everything /'evrɪθɪŋ/ todo.

everywhere /'evrɪweəʳ/ por todas partes o a todas partes.

> There were flowers everywhere. Había flores por todas partes.

> She comes with me everywhere. Me acompaña a todas partes.

evidence /'evɪdəns/ pruebas.

▶ **a piece of evidence** una prueba.

evil /'iːvəl/ *tiene varias categorías gramaticales:*

> Puede ser un SUSTANTIVO:
evil *significa* el mal.
> Puede ser un ADJETIVO:
evil *significa* malo o malvado o perverso.

exact /ɪg'zækt/ exacto o preciso.

exactly /ɪg'zæktlɪ/ exactamente o precisamente.

exaggerate /ɪg'zædʒəreɪt/ exagerar.

exaggeration /ɪgzædʒə'reɪʃən/ exageración.

exam /ɪgˈzæm/ examen.
▶ **take an exam** hacer un examen.
▶ **pass an exam** aprobar un examen.
ℹ exam es la abreviatura de la palabra examination.

examination /ɪgzæmɪˈneɪʃən/ examen.

examine /ɪgˈzæmɪn/ examinar.

example /ɪgˈzɑːmpəl/ ejemplo.
▶ **for example** por ejemplo.

exceed /ɪkˈsiːd/ superar o exceder o sobrepasar.

excellent /ˈeksələnt/ excelente.

except /ɪkˈsept/ excepto o menos.
▷ Everyone was happy except her. Todos estaban contentos menos ella.
▶ **except for...** aparte de...
▶ **except that...** sólo que...

excessive /ɪkˈsesɪv/ excesivo.

excessively /ɪkˈsesɪvlɪ/ excesivamente.

exchange /ɪksˈtʃeɪndʒ/ tiene varias categorías gramaticales y varios sentidos:
> Puede ser un SUSTANTIVO:
1 exchange significa intercambio.
2 in exchange for a cambio de.
3 exchange rate tipo de cambio.
> Puede ser un VERBO:
▶ **exchange something with somebody** intercambiar algo con alguien (información o experiencias, por ejemplo).
▶ **exchange one thing for another** cambiar una cosa por otra.

excited /ɪkˈsaɪtɪd/ entusiasmado o emocionado.
▶ **get excited** entusiasmarse o emocionarse.

 La palabra excited no significa 'excitado'.

excitement /ɪkˈsaɪtmənt/ entusiasmo o emoción.

 La palabra excitement no significa 'excitación'.

exciting /ɪkˈsaɪtɪŋ/ emocionante o apasionante.

 La palabra exciting no significa 'excitante'.

exclamation /ekskləˈmeɪʃən/ exclamación.
▶ **exclamation mark** o **exclamation point** signo de admiración.

⌐ exclamation point sólo se utiliza en inglés americano.

excluding /ɪkˈskluːdɪŋ/ excluyendo.

exclusive /ɪkˈskluːsɪv/ exclusivo.

excuse se pronuncia de dos formas diferentes y su categoría gramatical y significado cambian en función de la pronunciación:
◀◀) /ɪkˈskjuːs/ (la **-se** final se pronuncia como la **s** de **sea**).
> Es un SUSTANTIVO:
excuse significa excusa.
◀◀) /ɪkˈskjuːz/ (la **-se** final se pronuncia como la **z** de **zoo**).
> Es un VERBO:
1 excuse somebody disculpar a alguien.
▶ **excuse somebody for doing something** disculpar a alguien por haber hecho algo.
▶ **excuse me!** ¡perdón! (cuando quieres llamar la atención a alguien) o ¿me permite? (cuando quieres abrirte paso).
▶ **excuse me?** ¿cómo? (cuando no has oído lo que alguien ha dicho).
2 excuse somebody from something dispensar a alguien de algo.

execute /ˈeksɪkjuːt/ ejecutar.

executive /ɪgˈzekjətɪv/ ejecutivo.

exercise /ˈeksəsaɪz/ tiene varias categorías gramaticales:
> Puede ser un SUSTANTIVO:
exercise significa ejercicio.
▶ **exercise book** cuaderno de ejercicios.
> Puede ser un VERBO INTRANSITIVO:
exercise significa hacer ejercicio.
> Puede ser un VERBO TRANSITIVO:
▶ **exercise something** ejercitar algo.

exhaust /ɪgˈzɔːst/ tiene varias categorías gramaticales y varios sentidos:
> Puede ser un VERBO:
▶ **exhaust something** o **somebody** agotar algo o a alguien.
> Puede ser un SUSTANTIVO:
▶ **exhaust fumes** gases de combustión.
▶ **exhaust pipe** tubo de escape.

exhausted /ɪgˈzɔːstɪd/ agotado.

ℹ exhausted también es el pretérito y el participio pasado del verbo exhaust.
▷ The climb exhausted me. La escalada me agotó.

exhausting /ɪɡˈzɔːstɪŋ/ agotador.

> **i** exhausting también es una forma del verbo exhaust:
> ▷ **The work was exhausting her.** El trabajo la agotaba.

exhaustion /ɪɡˈzɔːstʃən/ agotamiento.

exhibit /ɪɡˈzɪbɪt/ *tiene varias categorías gramaticales y varios sentidos:*

> *Puede ser un* SUSTANTIVO:

1 **exhibit** *puede significar* obra expuesta (en un museo, por ejemplo).

2 *En inglés americano,* **exhibit** *significa* exposición (de obras de arte).

> *Puede ser un* VERBO:

▶ **exhibit something** *significa* exponer algo (una obra de arte).

exhibition /eksɪˈbɪʃən/ exposición (de obras de arte).

exist /ɪɡˈzɪst/ existir.

existence /ɪɡˈzɪstəns/ existencia.

▶ **be in existence** existir.

▶ **come into existence** nacer o ver la luz.

exit /ˈeksɪt/ *tiene varias categorías gramaticales:*

> *Puede ser un* SUSTANTIVO:

exit *significa* salida.

> *Puede ser un* VERBO:

exit *significa* salir o salir de.

expand /ɪkˈspænd/ *tiene varias categorías gramaticales y varios sentidos:*

> *Puede ser un* VERBO TRANSITIVO:

▶ **expand something** expandir algo (una empresa, por ejemplo) o ampliar algo (la producción, la influencia, o la memoria de un ordenador, por ejemplo).

> *Puede ser un* VERBO INTRANSITIVO:

expand *significa* ampliarse (cuando te refieres a la producción o la influencia, por ejemplo) o expandirse (cuando te refieres a un gas, un metal o una empresa, por ejemplo).

expect /ɪkˈspekt/ *tiene varios sentidos:*

1 **expect something** *puede significar* esperar algo.

> ▷ **We are expecting the worst.** Nos estamos esperando lo peor.

> ▷ **I'm expecting a parcel.** Estoy esperando un paquete.

> ▷ **She's expecting a baby.** Está esperando un hijo.

2 **expect somebody to do something** esperar que alguien haga algo.

> ▷ **Don't expect me to help you.** No esperes que te ayude.

3 **expect that...** suponer que...

> ▷ **I expect they'll be late.** Supongo que llegarán tarde.

> ▷ **I expect so.** Supongo que sí.

expectation /ekspekˈteɪʃən/ expectativa.

expel /ɪkˈspel/ expulsar.

expense /ɪkˈspens/ gasto.

▶ **at somebody's expense** a costa de alguien.

▶ **at the expense of something** a costa de algo.

expensive /ɪkˈspensɪv/ caro.

experience /ɪkˈspɪərɪəns/ *tiene varias categorías gramaticales y varios sentidos:*

> *Puede ser un* SUSTANTIVO:

experience *significa* experiencia.

> ▷ **In my experience.** Según mi experiencia.

> *Puede ser un* VERBO:

▶ **experience something** experimentar algo.

experiment /ɪkˈsperɪmənt/ *tiene varias categorías gramaticales:*

> *Puede ser un* SUSTANTIVO:

experiment *significa* experimento

> *Puede ser un* VERBO:

experiment *significa* experimentar (en el sentido de hacer experimentos).

expert /ˈekspɜːt/ experto.

▶ **be an expert at something** o **at doing something** ser un experto en algo o en hacer algo.

explain /ɪkˈspleɪn/ explicar o explicarse.

explanation /ekspləˈneɪʃən/ explicación

explode /ɪkˈspləʊd/ explotar o estallar (una bomba, por ejemplo).

exploit /ɪkˈsplɔɪt/

▶ **exploit something** o **somebody** explotar algo o a alguien (trabajadores o recursos naturales, por ejemplo).

explore /ɪkˈsplɔːʳ/ explorar.

explorer /ɪkˈsplɔːrəʳ/ explorador.

explosion /ɪkˈspləʊʒən/ explosión o estallido.

export *se pronuncia de dos formas diferentes y su categoría gramatical y significado cambian en función de la pronunciación:*

🔊 /ˈekspɔːt/

> *Es un* SUSTANTIVO:

▶ **exports** exportaciones.

🔊 /ɪkˈspɔːt/

> *Es un* VERBO:

▶ **export something** exportar algo.

expose /ɪkˈspəʊz/ *tiene varios sentidos:*
1 expose something *puede significar* exponer algo (a la lluvia o al sol, por ejemplo).
2 expose something o **somebody** *puede significar* poner al descubierto algo o a alguien (un escándalo o un mentiroso, por ejemplo).

express /ɪkˈspres/ *tiene varias categorías gramaticales:*
> *Puede ser un* VERBO:
▶ **express something** expresar algo.
> *Puede ser un* ADJETIVO:
▶ **express train** tren rápido.

expressway /ɪkˈspresweɪ/ autopista.

🖐 La palabra **expressway** sólo se utiliza en Estados Unidos. En inglés británico, se dice **motorway**.

extend /ɪkˈstend/ *tiene varias categorías gramaticales y varios sentidos:*
> *Puede ser un* VERBO TRANSITIVO:
1 extend something *puede significar* ampliar algo (una casa, poderes o límites, por ejemplo).
2 extend something *puede significar* extender algo (los brazos o las piernas, por ejemplo).
3 extend something *puede significar* prolongar algo (un plazo o una carretera, por ejemplo).
> *Puede ser un* VERBO INTRANSITIVO:
1 extend *puede significar* extenderse.
2 extend *puede significar* prolongarse.

extension /ɪkˈstenʃən/ *tiene varios sentidos:*
1 extension *puede significar* extensión (de teléfono o de un archivo informático).
2 extension *puede significar* ampliación (de una casa, o de poderes o límites, por ejemplo).
▶ **build an extension on a house** construir una ampliación a una casa.
3 extension *puede significar* prórroga.
4 extension *puede significar* alargador.

external /ekˈstɜːnəl/ externo o exterior.

extinct /ɪkˈstɪŋkt/ extinto.
▶ **become extinct** extinguirse (cuando te refieres a una especie que desaparece).

extinguisher /ɪkˈstɪŋgwɪʃəʳ/
▶ **fire extinguisher** extintor.

extra /ˈekstrə/ *tiene varias categorías gramaticales y varios sentidos:*
> *Puede ser un* ADJETIVO:
1 extra *significa* adicional.
▷ Here's an extra jumper in case you get cold. Aquí tienes otro jersey por si tienes frío.
2 En deportes, **extra time** *significa* prórroga.

> *Puede ser un* ADVERBIO:
1 pay extra pagar un suplemento.
▶ **charge extra** cobrar un suplemento.
2 extra *se utiliza delante de algunos adjetivos o sustantivos para decir* muy o mucho:
▶ **extra large** extragrande.
▶ **take extra care** ten muchísimo cuidado.
> *Puede ser un* SUSTANTIVO:
extra *significa* suplemento (= recargo).

extract /ɪkˈstrækt/ extraer.

extraordinary /ɪkˈstrɔːdənrɪ/ extraordinario.

extravagant /ɪkˈstrævəgənt/ *tiene varios sentidos:*
1 extravagant *puede significar* derrochador (cuando te refieres a una persona que despilfarra el dinero).
▷ She has extravagant tastes. Tiene gustos caros.
2 extravagant *puede significar* extravagante (cuando te refieres al comportamiento o a la forma de vestir de alguien).

extreme /ɪkˈstriːm/ extremo.

extremely /ɪkˈstriːmlɪ/ sumamente.

eye /aɪ/ *tiene varias categorías gramaticales y varios sentidos:*
> *Puede ser un* SUSTANTIVO:
eye *significa* ojo.
▶ **catch somebody's eye** llamar la atención de alguien.
▶ **keep an eye on something** o **somebody** vigilar algo o a alguien.
▶ **keep one's eyes open** estar alerta.
▷ Keep your eyes open for bargains. Estate alerta por si ves alguna ganga.

ℹ El pronombre personal de la expresión **keep one's eyes open** funciona de la siguiente forma en inglés: I keep my eyes open, you keep your eyes open, he keeps his eyes open, she keeps her eyes open, we keep our eyes open, they keep their eyes open.

> *Puede ser un* VERBO:
▶ **eye something** o **somebody** mirar algo o a alguien.

eyeball /ˈaɪbɔːl/ globo ocular.

eyebrow /ˈaɪbraʊ/ ceja.

eyedrops /ˈaɪdrɒps/ colirio.

eyelash /ˈaɪlæʃ/ pestaña.

eyelid /ˈaɪlɪd/ párpado.

eyeliner /ˈaɪlaɪnəʳ/ lápiz de ojos.

eyeshadow /ˈaɪʃædəʊ/ sombra de ojos.

eyesight /ˈaɪsaɪt/ vista (= capacidad de ver).
▶ **have good eyesight** tener buena vista.

F

La letra **F** se pronuncia /**ef**/ en inglés.
F rima con **deaf**. Fíjate que no se pronuncia
con una **e** final como en español.

fabric /ˈfæbrɪk/ tejido.

fabulous /ˈfæbjələs/ magnífico.

face /feɪs/ tiene varias categorías gramaticales y varios sentidos:
> Puede ser un SUSTANTIVO:
1 **face** puede significar cara.
▶ **pull a face** poner cara de asco.
▶ **face to face** cara a cara.
2 **face** puede significar superficie (de la Tierra).
> Puede ser un VERBO:
1 **face somebody** o **something** puede significar estar enfrente de algo o alguien.
▷ He was facing me. Estaba enfrente de mí.
2 **face something** puede significar dar a algo.
▷ The house faces the sea. La casa da al mar.
3 **face up to something** hacer frente a algo.

face-lift /ˈfeɪslɪft/ lifting.
▶ **have a face lift** hacerse un lifting.

facilities /fəˈsɪlɪtiz/ instalaciones.
▶ **sports facilities** instalaciones deportivas.

 La palabra inglesa **facilities** no significa 'facilidades'.

fact /fækt/ tiene varios sentidos:
1 **fact** puede significar hecho.
▶ **in fact** de hecho o en realidad.
2 **fact** puede significar dato.

factories /ˈfæktəriz/ es el plural de la palabra **factory**.

factory /ˈfæktəri/ fábrica.

fade /feɪd/ tiene varios sentidos:
1 **fade** puede significar desteñirse (cuando te refieres a ropa) o apagarse (cuando te refieres a un color o a la luz).
2 **fade** puede significar desvanecerse (cuando te refieres a un sonido).

fail /feɪl/ tiene varias categorías gramaticales y varios sentidos:
> Puede ser un VERBO INTRANSITIVO:
1 **fail** puede significar fracasar.
2 **fail** puede significar suspender (en un examen).
3 **fail** puede significar fallar (= dejar de funcionar).
> Puede ser un VERBO TRANSITIVO:
1 **fail an exam** suspender un examen.
2 **fail to do something** no hacer algo.

failure /ˈfeɪljər/ tiene varios sentidos:
1 **failure** puede significar fracaso.
2 **failure** puede significar suspenso (nota).

faint /feɪnt/ tiene varias categorías gramaticales y varios sentidos:
> Puede ser un ADJETIVO:
1 **faint** puede significar leve (cuando te refieres a un olor o un sonido, por ejemplo) o débil (cuando te refieres a una voz o una brisa, por ejemplo).
2 **feel faint** estar mareado (= a punto de desmayarte).
> Puede ser un VERBO:
faint significa desmayarse.

fair /feər/ tiene varias categorías gramaticales y varios sentidos:
> Puede ser un SUSTANTIVO:
fair significa feria (ambulante o comercial).

fairies

- ► **book fair** feria del libro.

> 🏴 En el sentido de 'feria ambulante', la palabra **fair** no se utiliza en inglés americano. En Estados Unidos, se dice **carnival**.

> *Puede ser un* ADJETIVO:

1 fair *puede significar* justo.
- ▷ It's not fair! ¡No es justo!

2 fair *puede significar* bastante bueno *o* regular.

3 fair *puede significar* considerable (cuando te refieres a cantidades o dimensiones).
- ▷ He earns a fair amount of money. Gana bastante dinero.

4 fair *puede significar* rubio (cuando te refieres al pelo de alguien) *o* claro (cuando te refieres a la piel de alguien).
- ▷ She has fair hair. Es rubia.

5 fair *puede significar* bueno (cuando te refieres al tiempo).
- ▷ The weather was fair. Hacía buen tiempo.

> *Puede ser un* ADVERBIO:

- ► **play fair** jugar limpio.

fairies /ˈfeərɪz/ *es el plural de la palabra* **fairy**.

fairly /ˈfeəlɪ/ *tiene varios sentidos:*

1 fairly *puede significar* bastante.
- ▷ He did fairly well in the exam. El examen le salió bastante bien.

2 fairly *puede significar* justamente.
- ▷ They treated us fairly. Nos trataron justamente.

fairy /ˈfeərɪ/ hada.
- ► **fairy story** *o* **fairy tale** cuento de hadas.

faith /feɪθ/ fe.

faithful /ˈfeɪθfʊl/ fiel.

fake /feɪk/ falso.

fall /fɔːl/ *tiene varias categorías gramaticales y varios sentidos:*

> *Puede ser un* SUSTANTIVO:

1 fall significa caída.

2 En inglés americano, **fall** significa otoño.

> 🏴 En inglés británico, 'otoño' se dice autumn.

> *Puede ser un* VERBO:

1 fall *puede significar* caer *o* caerse.
- ▷ She fell into the water. Se cayó al agua.
- ▷ He fell on the floor Se cayó al suelo.
- ▷ The cat fell out of the tree. El gato se cayó del árbol.
- ▷ The vase fell off the table. El jarrón se cayó de la mesa.

2 fall *puede significar* bajar (cuando te refieres a los precios o la temperatura).

3 fall *se utiliza en las siguientes expresiones:*
- ► **fall asleep** quedarse dormido.
- ▷ fall ill caer enfermo.
- ▷ fall in love enamorarse.

> ### Phrasal verbs:

> Al verbo **fall** a veces le sigue una preposición como **down** u **out**, lo que puede cambiar su significado. En inglés, esto se llama un **phrasal verb**.

> FALL APART:
- ► **fall apart** caerse a pedazos.

> FALL DOWN:
- ► **fall down** caerse.

> FALL OFF:
- ► **fall off** desprenderse.

> FALL OUT:
- ► **fall out** *puede significar* caerse (cuando te refieres al pelo o a los dientes).
- ▷ One of my teeth has fallen out. Se me ha caído un diente.
- ► **fall out** *puede significar* pelearse.

> FALL OVER:
- ► **fall over** caerse.

fallen /ˈfɔːlən/ *es el participio pasado del verbo* **fall**.
- ▷ The cat has fallen out of the tree. El gato se ha caído del árbol.

false /fɔːls/ *tiene varios sentidos:*

1 false *puede significar* falso.

2 false *puede significar* postizo.
- ► **false teeth** dentadura postiza.

fame /feɪm/ fama.

families /ˈfæmɪlɪz/ *es el plural de la palabra* **family**.

family /ˈfæmɪlɪ/ familia.

famous /ˈfeɪməs/ famoso.

fan /fæn/ *tiene varios sentidos:*

1 fan *puede significar* abanico *o* ventilador.

2 fan *puede significar* aficionado *o* hincha.

fancy /ˈfænsɪ/ *tiene varias categorías gramaticales y varios sentidos:*

> *Puede ser un* ADJETIVO:

1 fancy *puede significar* sofisticado.

2 fancy *puede significar* exclusivo *o* de lujo.

3 fancy dress disfraz.
- ▷ They were in fancy dress. Iban disfrazados.

> *Puede ser un* VERBO:
- ▷ I fancy a cup of coffee. Me apetece tomar un café.
- ▷ I fancy going to the cinema. Me apetece ir al cine.
- ▷ He fancies my sister. Le gusta mi hermana.

❣ Esta última acepción de **fancy**, cuando quiere decir que alguien te gusta, es una expresión familiar y no debe utilizarse cuando estás hablando con alguien que no conoces bien o cuando escribes algo.

fantastic /fæn'tæstɪk/ fantástico.

far /fɑː^r/ tiene varias categorías gramaticales y varios sentidos:

> Puede ser un ADVERBIO:

1 far puede significar lejos.
▷ Is it far? ¿Está lejos?
▷ He doesn't live far away. No vive muy lejos.
▷ Far away in the distance. A lo lejos.

2 how far? ¿a qué distancia?
▷ How far is Swindon from here? ¿A qué distancia está Swindon de aquí?

3 far se utiliza en las siguientes expresiones:
► **as far as** hasta.
▷ We went as far as the river. Fuimos hasta el río.
► **as far as I know** que yo sepa.
► **as far as I'm concerned** por lo que a mí respecta.
► **by far** con mucho.
► **far too...** demasiado...
▷ It's far too expensive. Es demasiado caro.
► **so far** hasta el momento.

> Puede ser un ADJETIVO:

1 En política, **far** significa extremo.
► **the far right** la extrema derecha.

2 the Far East el Lejano Oriente.

3 far se utiliza para decir que algo está lejos:
▷ It's on the far side of the room. Está en el otro lado de la habitación.
▷ Take the door on the far right. Coge la última puerta a la derecha.

fare /feə^r/ tarifa (= precio de un billete de transporte o de un taxi).

farm /fɑːm/ granja.

farmer /'fɑːmə^r/ granjero o agricultor.

farmhouse /'fɑːmhaʊs/ granja (= la casa del granjero).

farming /'fɑːmɪŋ/ agricultura.

farmyard /'fɑːmjɑːd/ corral (en una granja).

farther /'fɑːðə^r/ es el comparativo de la palabra **far**.
▷ How much farther is it to the hotel? ¿Cuánto queda para el hotel?
▷ I can't walk any farther. No puedo andar más.

farthest /'fɑːðɪst/ es el superlativo de la palabra **far**.
▷ The house farthest from the river. La casa más lejos del río.
▷ Who walked the farthest? ¿Quién ha andado más lejos?

fascinating /'fæsɪneɪtɪŋ/ fascinante.

fashion /'fæʃən/ moda.
► **be in fashion** estar de moda.
► **go out of fashion** pasar de moda.
► **fashion show** desfile de moda.

fashionable /'fæʃənəbəl/ de moda.

fast /fɑːst/ tiene varias categorías gramaticales y varios sentidos:

> Puede ser un ADJETIVO:

1 fast puede significar rápido.

2 fast puede significar adelantado (cuando te refieres a un reloj).
▷ My watch is five minutes fast. Mi reloj va cinco minutos adelantado.

> Puede ser un ADVERBIO:

1 fast puede significar rápido.
▷ She can run very fast. Corre muy rápido.

2 how fast? se utiliza para preguntar la velocidad.
▷ How fast was he driving? ¿A qué velocidad conducía?

3 be fast asleep estar profundamente dormido.

> Puede ser un SUSTANTIVO:

fast significa ayuno.

> Puede ser un VERBO:

fast significa hacer ayuno.

fasten /'fɑːsən/ unir (dos cosas) o abrocharse (el cinturón o el abrigo, por ejemplo).

faster /'fɑːstə^r/ es el comparativo de la palabra **fast**.
▷ He can run faster than I can. Corre más rápido que yo.

fastest /'fɑːstɪst/ es el superlativo de la palabra **fast**.
▷ It's the fastest car in the world. Es el coche más rápido del mundo.

fat /fæt/ tiene varias categorías gramaticales:

> Puede ser un SUSTANTIVO:

fat significa grasa.

> Puede ser un ADJETIVO:

fat significa gordo.
► **get fat** engordar.

fatal /'feɪtəl/ mortal.

❣ La palabra inglesa **fatal** no significa 'fatal' en el sentido de 'muy malo'.

fate /feɪt/ destino (= el sino o la suerte de una persona).

father /ˈfɑːðəʳ/ padre.

▸ **Father Christmas** Papá Noel.
▸ **Father's Day** el Día del Padre.

father-in-law /ˈfɑːðərɪnlɔː/ suegro.

fattening /ˈfætənɪŋ/ que engorda.

▷ Cream is fattening. La nata engorda.

fatter /ˈfætəʳ/ es el comparativo de la palabra **fat**.

▸ **get fatter** engordar.

fattest /ˈfætɪst/ es el superlativo de la palabra **fat**.

▷ That's the fattest dog I've ever seen. Es el perro más gordo que he visto en mi vida.

faucet /ˈfɔːsɪt/ grifo.

faucet es una palabra americana. En inglés británico, se dice tap.

fault /fɔːlt/ tiene varios sentidos:

1 **fault** puede significar culpa.

▷ It's not his fault. No es culpa suya.

2 **fault** puede significar defecto o fallo.

favor /ˈfeɪvr/ es la ortografía americana de la palabra **favour**.

favour /ˈfeɪvəʳ/ tiene varias categorías gramaticales y varios sentidos:

> Puede ser un SUSTANTIVO:

1 **favour** puede significar favor.

▸ **do somebody a favour** hacer un favor a alguien.

2 **be in favour of something** estar a favor de algo.

> Puede ser un VERBO:

1 **favour something o somebody** puede significar preferir algo o a alguien.

2 **favour something o somebody** puede significar favorecer algo o a alguien.

favorite /ˈfeɪvərɪt/ es la ortografía americana de la palabra **favourite**.

favourite /ˈfeɪvərɪt/ favorito.

fax /fæks/ tiene varias categorías gramaticales:

> Puede ser un SUSTANTIVO:

fax significa fax.

> Puede ser un VERBO:

▸ **fax something** mandar algo por fax.

fear /fɪəʳ/ tiene varias categorías gramaticales y varios sentidos:

> Puede ser un SUSTANTIVO:

1 **fear** puede significar miedo.

2 **fear** puede significar temor.

> Puede ser un VERBO:

▸ **fear something** temer algo.

feast /fiːst/ banquete.

feat /fiːt/ hazaña.

feather /ˈfeðəʳ/ pluma (= de ave).

feature /ˈfiːtʃəʳ/ tiene varios sentidos:

1 **feature** puede significar rasgo (de la cara de alguien).

2 **feature** puede significar característica (de un aparato o una obra).

3 **feature film** largometraje.

February /ˈfebruəri/ febrero.

▷ I was born on February the first o I was born on the first of February. Nací el primero de febrero.

fed /fed/ es el pretérito y el participio pasado del verbo **feed**.

▷ Have you fed the dog? ¿Has dado de comer al perro?

fed up /fed ʌp/ harto.

▸ **be fed up with somebody o something** estar harto de alguien o algo.

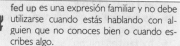
fed up es una expresión familiar y no debe utilizarse cuando estás hablando con alguien que no conoces bien o cuando escribes algo.

fee /fiː/ cuota (de una asociación) o matrícula (= dinero que pagas para ir a una escuela) o honorarios (de un médico o abogado).

feed /fiːd/ tiene varias categorías gramaticales y varios sentidos:

> Puede ser un VERBO TRANSITIVO:

feed somebody significa alimentar a alguien.

▸ **feed an animal** dar de comer a un animal.

> Puede ser un VERBO INTRANSITIVO:

feed significa comer.

feel /fiːl/ tiene varias categorías gramaticales y varios sentidos:

> Puede ser un VERBO TRANSITIVO:

1 **feel something** puede significar tocar algo.

2 **feel something** puede significar sentir algo.

3 **feel that...** creer que...

> Puede ser un VERBO INTRANSITIVO:

1 **feel** puede significar sentirse o encontrarse.

▷ How do you feel today? ¿Cómo te encuentras hoy?

▷ I feel better. Me encuentro mejor.

2 **feel** puede describir una sensación física, una emoción o una impresión:

▷ I feel hot. Tengo calor.

▷ I feel ill. Me siento enfermo.

▷ I feel hungry. Tengo hambre.
▷ My hands feel cold. Tengo las manos frías.
▷ He feels sad. Se siente triste.
▷ Do you feel angry? ¿Estás enfadado?
▷ The shirt feels soft. La camisa es blanda al tacto.
▷ It feels strange. Es raro.

3 **feel like** *se utiliza para decir que te apetece algo:*
▷ I feel like a cup of coffee. Me apetece tomar un café.

feeling /'fi:lɪŋ/ *tiene varios sentidos:*

1 **feeling** *puede significar* sensación.
2 **feeling** *puede significar* sentimiento.

> **i** feeling también es una forma del verbo feel:
> ▷ I was feeling hungry. Tenía hambre.

feet /fi:t/ *es el plural de la palabra* **foot**.

fell /fel/ *es el pretérito del verbo* **fall**.
▷ I fell off the chair. Me caí de la silla.

felt /felt/ fieltro (= el material).
▶ **felt-tip pen** rotulador.

> **i** felt también es el pretérito y el participio pasado del verbo feel:
> ▷ I felt hungry. Tenía hambre.

female /'fi:meɪl/ *tiene varias categorías gramaticales:*

> *Puede ser un* ADJETIVO:
female *significa* femenino *o* hembra.
> *Puede ser un* SUSTANTIVO:
female *significa* mujer *o* hembra.

feminine /'femɪnɪn/ femenino.

fence /fens/ valla.

fencing /'fensɪŋ/ esgrima.

fern /fɜːn/ helecho.

ferocious /fə'rəʊʃəs/ feroz.

ferries /'feriz/ *es el plural de la palabra* **ferry**.

ferry /'feri/ ferry-boat *o* transbordador.

fertilizer /'fɜːtɪlaɪzəʳ/ abono (para la tierra)

festival /'festɪvəl/ festividad *o* festival.

fetch /fetʃ/ traer *o* ir a buscar.

fever /'fiːvəʳ/ fiebre.

few /fjuː/ *tiene varios sentidos:*

1 **few** *puede significar* pocos.
▷ Few women came. Vinieron pocas mujeres.
▷ There are very few books here. Hay muy pocos libros aquí.

2 **a few** algunos.
▷ A few women came. Vinieron algunas mujeres.
▷ I have read a few of these books. He leído algunos de estos libros.
▶ **quite a few** bastantes.
▷ There were quite a few mistakes. Había bastantes errores.

> No confundas few (pocos) con a few (algunos).

> **i** few se emplea delante de nombres contables (few people, few books). Delante de los nombres incontables (= las palabras que no se pueden ni poner en plural ni usar con el artículo a), se usa little o a little (little money, a little milk).

fewer /'fjuəʳ/ menos.
▷ Fewer people came this year. Vino menos gente este año.

> **i** fewer es el comparativo de few.

fewest /'fjuɪst/ *es el superlativo de* **few**:
▷ My essay had the fewest mistakes. Mi redacción fue la que menos errores tenía.

fiancé /'fɪænseɪ/ novio (= prometido).

fiancée /'fɪænseɪ/ novia (= prometida).

fibre /'faɪbəʳ/ fibra.

> En inglés americano, fibre se escribe fiber.

fiction /'fɪkʃən/ ficción.

field /fiːld/ campo.
▶ **football field** campo de fútbol.

fierce /fɪəs/ feroz *o* fiero.

fifteen /fɪf'tiːn/ quince.
▷ She is fifteen. Tiene quince años.
▷ There are fifteen of us. Somos quince.

fifteenth /fɪf'tiːnθ/ decimoquinto.
▷ The fifteenth of June o June the fifteenth. El quince de junio.

fifth /fɪfθ/ quinto.
▷ The fifth of June o June the fifth. El cinco de junio.

fifties /'fɪftɪz/
▶ **the fifties** la década de los cincuenta.
▷ She's in her fifties. Tiene cincuenta y tantos años.

fiftieth /'fɪftɪəθ/ quincuagésimo.

fifty /ˈfɪftɪ/ cincuenta.

▷ **He is fifty.** Tiene cincuenta años.

▷ **There are fifty of us.** Somos cincuenta.

fig /fɪgə'/ higo.

fight /faɪt/ *tiene varias categorías gramaticales y varios sentidos:*

> *Puede ser un* SUSTANTIVO:

fight *significa* pelea o lucha o combate.

▶ **have a fight with somebody** pelearse con alguien.

> *Puede ser un* VERBO INTRANSITIVO:

fight *significa* pelearse o luchar.

> *Puede ser un* VERBO TRANSITIVO:

1 fight somebody pelearse con alguien o luchar contra alguien.

2 fight something luchar contra algo o combatir algo.

fighting /ˈfaɪtɪŋ/ peleas o enfrentamientos.

> ℹ️ fighting también es una forma del verbo fight:
> ▷ **They are always fighting.** Siempre se están peleando.

figure /ˈfɪgə'/ *tiene varias categorías gramaticales y varios sentidos:*

> *Puede ser un* SUSTANTIVO:

1 figure *puede significar* cifra (= número).

2 figure *puede significar* línea (del cuerpo).

▷ **She really looks after her figure.** Cuida mucho la línea.

3 figure *puede significar* figura (en el sentido de 'gráfico' o de 'personaje').

> *Puede ser un* VERBO:

▶ **figure something out** entender algo o calcular algo.

▷ **I can't figure it out.** No acabo de entenderlo.

file /faɪl/ *tiene varias categorías gramaticales y varios sentidos:*

> *Puede ser un* SUSTANTIVO:

1 file *puede significar* carpeta (para guardar documentos).

2 file *puede significar* archivo (en informática).

3 file *puede significar* expediente (= información acerca de alguien).

4 file *puede significar* lima (= la herramienta).

5 in single file en fila india.

> *Puede ser un* VERBO:

1 file something *puede significar* archivar algo.

2 file something *puede significar* limar algo.

▶ **file one's nails** limarse las uñas.

> ℹ️ El pronombre personal de la expresión file one's nails funciona de la siguiente forma en inglés: I file my nails, you file your nails, he files his nails, she files her nails, we file our nails, they file their nails.

filename /ˈfaɪlneɪm/ nombre de archivo.

fill /fɪl/ *tiene varias categorías gramaticales y varios sentidos:*

> *Puede ser un* VERBO TRANSITIVO:

1 fill something *puede significar* llenar algo.

▷ **He filled the bottle with water.** Llenó la botella de agua.

2 fill a hole rellenar un hoyo.

3 fill a tooth empastar un diente.

> *Puede ser un* VERBO INTRANSITIVO:

fill *significa* llenarse.

▷ **The hole filled with water.** El hoyo se llenó de agua.

Phrasal verbs:

Al verbo **fill** *a veces le sigue una preposición como* **in** *o* **up**, *lo que puede cambiar su significado. En inglés, esto se llama un* **phrasal verb**.

FILL IN:

▶ **fill in a form** rellenar un impreso.

▶ **fill in a hole** rellenar un hoyo.

FILL OUT:

▶ **fill out a form** rellenar un impreso.

FILL UP:

▶ **fill up** llenarse.

▶ **fill up with petrol** repostar (cuando te refieres a un coche).

▶ **fill something up** llenar algo.

---

filling /ˈfɪlɪŋ/ *tiene varias categorías gramaticales y varios sentidos:*

> *Puede ser un* SUSTANTIVO:

1 filling *puede significar* empaste.

2 filling *puede significar* relleno (de un pastel o un bocadillo).

> *Puede ser un* ADJETIVO:

filling *significa* que llena mucho.

▷ **Rice is really filling.** El arroz llena mucho.

> ℹ️ filling también es una forma del verbo fill.
> ▷ **He was filling the bucket with water.** Llenaba el cubo de agua.

filling station /ˈfɪlɪŋ ˈsteɪʃən/ gasolinera.

film /fɪlm/ *tiene varias categorías gramaticales y varios sentidos:*

> *Puede ser un* SUSTANTIVO:

1 film *puede significar* película.

▶ **film star** estrella de cine.

> ⚐ La palabra film se utiliza muy poco en inglés americano en este sentido. En Estados Unidos, se suele decir movie.

2 film *puede significar* carrete (de fotos).

> *Puede ser un* VERBO:

▶ **film something** filmar algo.

filter /ˈfɪltəʳ/ *tiene varias categorías gramaticales:*
> *Puede ser un* SUSTANTIVO:
filter *significa* filtro.
> *Puede ser un* VERBO:
filter *significa* filtrar.

filthy /ˈfɪlθɪ/ asqueroso *o* sucísimo.

fin /fɪn/ aleta.

 La palabra inglesa **fin** no significa 'fin'.

final /ˈfaɪnəl/ *tiene varias categorías gramaticales y varios sentidos:*
> *Puede ser un* ADJETIVO:
1 final *puede significar* último *o* final.
2 final *puede significar* definitivo.
> *Puede ser un* SUSTANTIVO:

i En deporte, **the final** o **the finals** significa "la final".

finally /ˈfaɪnəlɪ/ finalmente.

finance /ˈfaɪnæns/ *tiene varias categorías gramaticales:*
> *Puede ser un* SUSTANTIVO:
finance *significa* finanzas.
> *Puede ser un* VERBO:
▶ **finance something** financiar algo.

financial /faɪˈnænʃəl/ financiero.

find /faɪnd/ *tiene varios sentidos:*
1 find something *o* **somebody** encontrar algo *o* a alguien.
2 find *se utiliza para decir cómo te parece algo o cómo te resultó algo:*
▷ How did you **find** the food? ¿Qué tal te pareció la comida?
▷ I **found** it hard to understand the teacher. Me resultó difícil entender al profesor.
3 find somebody guilty declarar a alguien culpable.
4 find something out descubrir algo *o* enterarse de algo.
▶ **find out about something** enterarse de algo.

fine /faɪn/ *tiene varias categorías gramaticales y varios sentidos:*
> *Puede ser un* ADJETIVO:
1 fine *puede significar* fino (= delgado *o* delicado).
2 fine *puede significar* excelente.
3 fine *puede significar* bueno (cuando te refieres al tiempo).
▷ The weather will be **fine**. Hará buen tiempo.

4 fine *puede significar* bien.
▷ How are you? — **Fine** thanks. ¿Cómo estás? — Bien, gracias.
▷ It's **fine**. Está bien.
5 fine *se utiliza para decir que algo te parece bien o que estás de acuerdo:*
▷ **Fine**! *o* That's **fine**! ¡Vale! *o* ¡De acuerdo!
> *Puede ser un* ADVERBIO:
fine *significa* bien.
▷ I'm doing **fine**. Me va bien.
> *Puede ser un* SUSTANTIVO:
fine *significa* multa.
> *Puede ser un* VERBO:
▶ **fine somebody** poner una multa a alguien.
▷ I was **fined** ú50. Me pusieron una multa de 50 libras.

finger /ˈfɪŋgəʳ/ dedo (de la mano).

fingernail /ˈfɪŋgəneɪl/ uña (del dedo).

fingerprint /ˈfɪŋgəprɪnt/ huella digital.

finish /ˈfɪnɪʃ/ *tiene varias categorías gramaticales y varios sentidos:*
> *Puede ser un* SUSTANTIVO:
1 finish *puede significar* final (= momento en que algo termina).
2 finish *puede significar* acabado (= de un material o un producto).
3 the finish la meta (en una carrera).
> *Puede ser un* VERBO TRANSITIVO:
▶ **finish something** terminar algo *o* acabar algo.
> *Puede ser un* VERBO INTRANSITIVO:
1 finish *puede significar* terminar *o* acabar.
2 finish *puede significar* llegar (en una carrera).
▷ I **finished** last. Llegué el último.

Finland /ˈfɪnlənd/ Finlandia.

Finn /fɪn/ finlandés (= persona de Finlandia).

Finnish /ˈfɪnɪʃ/ finlandés (= el idioma y el adjetivo).

fir /fɜːʳ/ abeto.

fire /ˈfaɪəʳ/ *tiene varias categorías gramaticales y varios sentidos:*
> *Puede ser un* SUSTANTIVO:
1 fire *puede significar* fuego *o* incendio.
▶ **be on fire** estar en llamas.
▶ **set fire to something** prender fuego a algo.
▶ **catch fire** prenderse.
▶ **fire alarm** alarma contra incendios.
▶ **the fire brigade** *o* **the fire department** los bomberos.

> fire department sólo se utiliza en inglés americano.

► **fire engine** coche de bomberos.

► **fire extinguisher** extintor.

► **fire station** parque de bomberos.

2 En inglés británico, **fire** puede significar estufa.

> Puede ser un VERBO INTRANSITIVO:

fire significa disparar (con un arma de fuego).

► **fire at somebody** disparar contra alguien.

> Puede ser un VERBO TRANSITIVO:

1 **fire something** disparar algo (un arma o una bala, por ejemplo).

2 **fire somebody** despedir a alguien (de su trabajo).

fireman /ˈfaɪəmən/ bombero.

fireplace /ˈfaɪəpleɪs/ chimenea (= hogar).

fireworks /ˈfaɪəwɜːks/ fuegos artificiales (= los cohetes).

► **fireworks display** fuegos artificiales (= el espectáculo).

firm /fɜːm/ tiene varias categorías gramaticales y varios sentidos:

> Puede ser un SUSTANTIVO:

firm significa empresa.

> Puede ser un ADJETIVO:

firm significa firme o duro.

first /fɜːst/ tiene varias categorías gramaticales y varios sentidos:

> Puede ser un ADJETIVO:

first significa primero o primer.

▷ It's on the first of May. Es el primero de mayo.

▷ The first six days were hard. Los primeros seis días fueron difíciles.

▷ They live on the first floor. Viven en el primer piso (en inglés británico) o Viven en la planta baja (en inglés americano).

i Ten cuidado con la diferencia entre el significado de **first floor** en inglés británico (= primer piso) y en inglés americano (= planta baja). En inglés británico, la "planta baja" se dice **groundfloor**.

► **first aid** primeros auxilios.

► **first class** primera clase.

► **first gear** primera (la marcha de un coche).

► **first name** nombre de pila.

> Puede ser un ADVERBIO:

first significa primero.

► **first of all** en primer lugar.

► **come first** llegar el primero (en una carrera).

> Puede ser un SUSTANTIVO:

► **the first** el primero o la primera.

► **at first** al principio.

firstly /ˈfɜːstlɪ/ en primer lugar.

fish /fɪʃ/ tiene varias categorías gramaticales:

> Puede ser un SUSTANTIVO:

fish significa pez o pescado.

► **fish tank** acuario.

i fish es invariable en plural: one fish, two fish.

> Puede ser un VERBO:

fish significa pescar.

fisherman /ˈfɪʃəmən/ pescador.

fishing /ˈfɪʃɪŋ/ pesca.

► **go fishing** ir a pescar.

► **fishing boat** barco de pesca.

► **fishing rod** caña de pescar.

i fishing también es una forma del verbo fish:
▷ He was fishing. Estaba pescando.

fishmonger /ˈfɪʃmʌŋgəʳ/ pescadero.

► **the fishmonger's** o **the fishmonger's shop** la pescadería.

fist /fɪst/ puño (= mano cerrada).

fit /fɪt/ tiene varias categorías gramaticales y varios sentidos:

> Puede ser un ADJETIVO:

1 **fit** puede significar en forma (cuando te refieres a la salud de alguien).

2 **be fit for something** ser apto para algo.

3 **be fit to drink** ser potable (cuando te refieres a agua).

> Puede ser un SUSTANTIVO:

fit significa ataque (de epilepsia o de ira, por ejemplo).

> Puede ser un VERBO TRANSITIVO:

1 **fit somebody** puede significar quedar bien a alguien (cuando te refieres a ropa).

▷ The dress doesn't fit her. El vestido le queda pequeño o Le queda grande.

i Si dices que un vestido, un pantalón o una camisa **fits somebody** quiere decir que es de la talla ideal. Si dices que esa ropa **doesn't fit somebody** quiere decir que o es demasiado grande o demasiado pequeña.

2 **fit something into something** puede significar encajar algo en algo.

3 **fit something** puede significar poner algo o colocar algo (cuando un técnico va a tu casa a instalar algo, por ejemplo).

4 **fit something with something** puede significar equipar algo con algo.

> *Puede ser un* VERBO INTRANSITIVO:

1 fit *puede significar* quedar bien (cuando te refieres a la talla de ropa).

▷ I like the dress but it doesn't fit. Me gusta el vestido pero no me queda bien.

2 fit *puede significar* caber *o* encajar.

▷ It's won't fit in the box. No cabe en la caja.

▷ Will we all fit in? ¿Vamos a caber todos?

▷ It fits here. Encaja aquí.

five /faɪv/ cinco.

▷ He is five. Tiene cinco años.

▷ There are five of us. Somos cinco.

▷ It's five o'clock. Son las cinco.

fix /fɪks/ *tiene varios sentidos:*

1 fix something *puede significar* fijar algo.

2 fix something *puede significar* arreglar *o* reparar algo.

3 fix something *puede significar* preparar algo (algo de beber o comer).

fizzy /ˈfɪzɪ/ con gas (una bebida).

flag /flæg/ bandera.

flame /fleɪm/ llama.

► **burst into flames** estallar en llamas.

flan /flæn/ tarta.

 La palabra inglesa flan no significa 'flan'.

flannel /ˈflænəl/ toallita (para lavarse).

flap /flæp/ *tiene varias categorías gramaticales y varios sentidos:*

> *Puede ser un* SUSTANTIVO:

flap *significa* solapa (de un sobre, por ejemplo).

> *Puede ser un* VERBO:

flap *significa* batir (las alas).

flash /flæʃ/ *tiene varias categorías gramaticales y varios sentidos:*

> *Puede ser un* SUSTANTIVO:

1 flash *puede significar* destello (de luz).

► **a flash of lightning** un relámpago.

2 flash *puede significar* flash (en fotografía).

3 *En inglés americano,* **flash** *puede significar* linterna (eléctrica).

> *Puede ser un* VERBO INTRANSITIVO:

flash *significa* destellar.

> *Puede ser un* VERBO TRANSITIVO:

► **flash one's headlights** hacer señales con las largas.

i El pronombre personal de la expresión flash one's headlights funciona de la siguiente forma en inglés: I flash my headlights, you flash your headlights, he flashes his headlights, she flashes her headlights, etc.

flashlight /ˈflæʃlaɪt/ linterna (eléctrica).

flask /flæsk/ termo.

flat /flæt/ *tiene varias categorías gramaticales y varios sentidos:*

> *Puede ser un* SUSTANTIVO:

En inglés británico, **flat** significa piso o apartamento.

 En Estados Unidos, se dice **apartment**.

> *Puede ser un* ADJETIVO:

1 flat *puede significar* llano o plano o liso.

2 flat *puede significar* desinflado (cuando te refieres a una rueda).

3 flat *puede significar* descargado (cuando te refieres a una pila o batería).

4 flat *puede significar* que ha perdido el gas (una bebida).

flatten /ˈflætən/ aplastar.

flatter /ˈflætəʳ/ adular.

flavor /ˈfleɪvr/ *es la ortografía americana de la palabra* **flavour**.

flavored /ˈfleɪvrd/ *es la ortografía americana de la palabra* **flavoured**.

flavour /ˈfleɪvəʳ/ sabor.

▷ It's got no flavour. No sabe a nada.

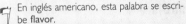 En inglés americano, esta palabra se escribe **flavor**.

flavoured /ˈfleɪvəd/

▷ I bought a pineapple-flavoured ice-cream. Compré un helado con sabor a piña.

En inglés americano, esta palabra se escribe **flavored**.

flaw /flɔː/ defecto.

flea /fliː/ pulga.

fled /fled/ *es el pretérito y el participio pasado del verbo* **flee**.

▷ The children fled when they saw the policeman. Los niños huyeron cuando vieron al policía.

flee /fliː/ huir.

fleece /fliːs/ *tiene varios sentidos:*

1 fleece *puede significar* vellón.

2 fleece *puede significar* forro polar.

flesh /fleʃ/ carne.

flew /fluː/ es el pretérito del verbo **fly**.
▷ We flew to Newcastle. Fuimos a Newcastle en avión.

flick /flɪk/ tiene varios sentidos:
1 **flick something** dar una toba a algo.
2 **flick through something** hojear algo.

flies /flaɪz/ bragueta.
▷ Your flies are undone. Llevas la bragueta abierta.

> ℹ **flies** también es la tercera persona del singular del verbo **fly**, y el plural del sustantivo **fly**:
> ▷ David flies to London every week. David va a Londres en avión todas las semanas.
> ▷ There were a lot of flies in the kitchen. Había muchas moscas en la cocina.

flight /flaɪt/ tiene varios sentidos:
1 **flight** puede significar vuelo.
▶ **flight attendant** auxiliar de vuelo.
2 **a flight of stairs** un tramo de escalera.

fling /flɪŋ/ arrojar.

flip /flɪp/ tiene varios sentidos:
1 **flip something over** dar la vuelta a algo.
2 **flip a coin** lanzar una moneda al aire.
3 **flip through something** hojear algo.

flip-flops /ˈflɪpflɒps/ chancletas.

flipper /ˈflɪpəʳ/ aleta (de un animal o un submarinista).

flirt /flɜːt/ flirtear.

float /fləʊt/ flotar.

flock /flɒk/
▶ **a flock of sheep** un rebaño de ovejas.
▶ **a flock of birds** una bandada de pájaros.

flood /flʌd/ tiene varias categorías gramaticales y varios sentidos:
> Puede ser un SUSTANTIVO:
flood significa inundación.
> Puede ser un VERBO TRANSITIVO:
▶ **flood something** inundar algo.
> Puede ser un VERBO INTRANSITIVO:
flood significa desbordarse (un río).

floodlight /ˈflʌdlaɪt/ foco (para iluminar un campo de fútbol, por ejemplo).

floor /flɔːʳ/ tiene varios sentidos:
1 **floor** puede significar suelo (dentro de un edificio).
▶ **dance floor** pista de baile.
2 **floor** puede significar piso o planta.
▷ She lives on the third floor. Vive en el tercer piso (en inglés británico) o Vive en el segundo piso (en inglés americano).

floppy /ˈflɒpɪ/ disquete.
▶ **floppy disk** disquete.

florist /ˈflɒrɪst/ florista.
▶ **florist's shop** o **florist's** floristería.

floss /flɒs/ hilo dental.

flour /flaʊəʳ/ harina.

flourish /ˈflʌrɪʃ/ prosperar.

flow /fləʊ/ tiene varias categorías gramaticales:
> Puede ser un SUSTANTIVO:
flow significa flujo o circulación.
> Puede ser un VERBO:
flow significa fluir o circular.

flower /flaʊəʳ/ flor.
▶ **flower bed** parterre.

flowerpot /ˈflaʊəpɒt/ maceta.

flown /fləʊn/ es el participio pasado del verbo **fly**.
▷ The bird has flown away. El pájaro se ha ido volando.

flu /fluː/ gripe.
▶ **have flu** tener gripe.

fluent /ˈfluːənt/ se utiliza para decir que alguien habla un idioma muy bien:
▷ He's fluent in English o He speaks fluent English. Habla muy bien el inglés.

fluently /ˈfluːəntlɪ/ muy bien (cuando te refieres a alguien que habla muy bien un idioma extranjero).

fluffy toy /ˈflʌfɪ tɔɪ/ animalito de peluche.

flung /flʌŋ/ es el pretérito y el participio pasado del verbo **fling**.
▷ He flung a stone at me. Me arrojó una piedra.

flush /flʌʃ/ tiene varias categorías gramaticales y varios sentidos:
> Puede ser un VERBO TRANSITIVO:
▶ **flush the toilet** tirar de la cadena (en el váter).
> Puede ser un VERBO INTRANSITIVO:
flush significa ruborizarse.

flute /fluːt/ flauta.

fly /flaɪ/ tiene varias categorías gramaticales y varios sentidos:
> Puede ser un SUSTANTIVO:
1 **fly** puede significar mosca.
2 **fly** puede significar bragueta.
▷ Your fly is undone. Llevas la bragueta abierta.

> *Puede ser un* VERBO INTRANSITIVO:

1 fly *puede significar* volar (cuando te refieres a un pájaro, un insecto o un avión).
► **fly away** irse volando.
2 fly *puede significar* ir en avión.
▷ What time do you fly? ¿A qué hora sale el vuelo?

> *Puede ser un* VERBO TRANSITIVO:

► **fly a plane** pilotar un avión.
► **fly a kite** hacer volar una cometa.

foal /fəʊl/ potro (= caballito).

foam /fəʊm/ espuma.

focus /ˈfəʊkəs/ *tiene varias categorías gramaticales y varios sentidos:*

> *Puede ser un* VERBO TRANSITIVO:

► **focus something** enfocar algo (una cámara).

> *Puede ser un* VERBO INTRANSITIVO:

focus *significa* enfocar (con una cámara).
► **focus on something** centrarse en algo (= poner la atención en algo que se está haciendo).

> *Puede ser un* SUSTANTIVO:

► **in focus** *significa* enfocado.
► **out of focus** *significa* desenfocado.

fog /fɒg/ niebla.

foggy /ˈfɒgɪ/ neblinoso.
▷ It's foggy. Hay niebla.

foil /fɔɪl/ papel de aluminio.

fold /fəʊld/ *tiene varias categorías gramaticales:*

> *Puede ser un* SUSTANTIVO:

fold *significa* pliegue.

> *Puede ser un* VERBO TRANSITIVO:

► **fold something** doblar o plegar algo.
► **fold one's arms** cruzarse de brazos.

---

i El pronombre personal de la expresión fold one's arms funciona de la siguiente forma en inglés: I fold my arms, you fold your arms, he folds his arms, she folds her arms, etc.

---

folder /ˈfəʊldəʳ/ carpeta (de cartón y en informática).

folk /fəʊk/ *tiene varias categorías gramaticales:*

> *Puede ser un* ADJETIVO:

folk *significa* popular (cuando te refieres a arte tradicional o a un baile tradicional).
► **folk music** música folk.

> *Puede ser un* SUSTANTIVO:

folk *significa* gente.
► **old folk** los viejos.

follow /ˈfɒləʊ/ seguir.

following /ˈfɒləʊɪŋ/ siguiente.

fond /fɒnd/ cariñoso.
► **be fond of somebody** tener cariño a alguien.
▷ I'm very fond of good wine. Me gustan mucho los vinos buenos.

food /fuːd/ comida.

fool /fuːl/ *tiene varias categorías gramaticales y varios sentidos:*

> *Puede ser un* SUSTANTIVO:

fool *significa* imbécil.

> *Puede ser un* VERBO TRANSITIVO:

► **fool somebody** engañar a alguien.

> *Puede ser un* VERBO INTRANSITIVO:

► **fool about** o **fool around** hacer el tonto.

foolish /ˈfuːlɪʃ/ tonto.

foot /fʊt/ *tiene varios sentidos:*

1 foot *puede significar* pie (de una persona, una escalera o una montaña) o pata (de un animal o una silla).
► **go on foot** ir andando.
2 foot *es una unidad de medida equivalente a 30, 48 cm.*

football /ˈfʊtbɔːl/ *tiene varios sentidos:*

1 football *puede significar* fútbol.
► **football pitch** campo de fútbol.
► **football player** futbolista.
► **football team** equipo de fútbol.
► **American football** fútbol americano.

En inglés británico, football significa 'fútbol', pero en inglés americano, significa 'fútbol americano'. En inglés americano, 'fútbol' se dice soccer.

---

2 football *puede significar* balón (de fútbol o fútbol americano).

footballer /ˈfʊtbɔːləʳ/ futbolista.

footpath /ˈfʊtpɑːθ/ sendero.

footprint /ˈfʊtprɪnt/ huella (que dejan los pies de una persona o las patas de un animal).

footstep /ˈfʊtstep/ paso (= ruido de pisadas).

for /fɔːʳ/ *tiene varios sentidos:*

1 *En la mayoría de los casos,* **for** *significa* para o por.
▷ This is for you. Esto es para ti.
▷ I was punished for talking in class. Me castigaron por hablar en clase.
2 for *se utiliza en las siguientes expresiones:*
► **for sale** se vende (en un cartel).
▷ The house is for sale. La casa está en venta.

▸ **what for?** ¿para qué? (cuando quieres saber por qué alguien te ha dicho que hagas algo).
▷ What is this for? ¿Para qué es esto?
▷ It's time for dinner/bed. Es la hora de cenar/ir a la cama.
▸ **for the first time** por primera vez.
▸ **go for a swim** darse un baño.

3 for se utiliza para indicar el precio de algo:
▷ I paid 5 euros for it. He pagado 5 euros por ello.
▷ He sold it for 10 euros. Lo vendió por 10 euros.

4 for se utiliza para explicar cómo se dice algo en otro idioma:
▷ What's the Spanish for "dog"? ¿Cómo se dice "dog" en español?

5 for se utiliza para indicar una distancia:
▷ We walked for 10 kilometres. Andamos 10 kilómetros.

6 for se utiliza para indicar la duración de algo:
▷ She worked here for five months. Trabajó aquí durante cinco meses.
▷ She has worked here for five months. Lleva cinco meses trabajando aquí.
▷ I have lived here for several years. Vivo aquí desde hace muchos años.

> **i** Fíate en el uso del pretérito perfecto (she has worked, I have lived) cuando for se refiere a un periodo de tiempo que no ha acabado todavía.

> No confundas for con since; for indica la duración de algo (for ten years, for two weeks) mientras que since (= 'desde') indica el momento en que algo comienza, o una fecha o hora precisa (since 2001, since 2 o'clock).

forbade /fɔːˈbeɪd/ es el pretérito del verbo **forbid**.
▷ His father forbade him to go out. Su padre le prohibió salir.

forbid /fəˈbɪd/ prohibir.
▸ **forbid somebody to do something** prohibir a alguien hacer algo.

forbidden /fəˈbɪdən/ prohibido.

> **i** forbidden también es el participio pasado del verbo forbid:
> ▷ His father has forbidden him to go out. Su padre le ha prohibido salir.

force /fɔːs/ tiene varias categorías gramaticales y varios sentidos:
> Puede ser un SUSTANTIVO:
force significa fuerza.
▸ **by force** por la fuerza.

> Puede ser un VERBO:
▸ **force somebody to do something** forzar o obligar a alguien a hacer algo.

forecast /ˈfɔːkɑːst/ tiene varias categorías gramaticales:
> Puede ser un SUSTANTIVO:
forecast significa pronóstico o previsión.
▸ **the weather forecast** el parte meteorológico.
> Puede ser un VERBO:
▸ **forecast something** pronosticar o predecir algo.

forehead /ˈfɒrɪd/ frente (= parte de la cabeza).

foreign /ˈfɒrɪn/ extranjero (= de otro país).

foreigner /ˈfɒrɪnəʳ/ extranjero (= persona de otro país).

forename /ˈfɔːneɪm/ nombre de pila.

forest /ˈfɒrɪst/ bosque.

forever /fəˈrevəʳ/ para siempre.

forgave /fəˈgeɪv/ es el pretérito del verbo **forgive**.
▷ He forgave me. Me perdonó.

forge /fɔːdʒ/ falsificar.

forgeries /ˈfɔːdʒərɪz/ es el plural de la palabra **forgery**.

forgery /ˈfɔːdʒərɪ/ falsificación.

forget /fəˈget/ olvidar o olvidarse o olvidarse de.
▸ **forget to do something** olvidarse de hacer algo.
▸ **forget about something** olvidarse de algo.

forgive /fəˈgɪv/ perdonar.
▸ **forgive somebody for doing something** perdonar a alguien por haber hecho algo.

forgiven /fəˈgɪvən/ es el participio pasado del verbo **forgive**.
▷ Has he forgiven you? ¿Te ha perdonado?

forgot /fəˈgɒt/ es el pretérito del verbo **forget**.
▷ I forgot to buy milk. Me olvidé de comprar leche.

forgotten /fəˈgɒtən/ es el participio pasado del verbo **forget**.
▷ I've forgotten her name. Me he olvidado de su nombre.

fork /fɔːk/ tenedor.

form /fɔːm/ *tiene varias categorías gramaticales y varios sentidos:*

> *Puede ser un* SUSTANTIVO:
1 **form** *puede significar* forma.
2 **form** *puede significar* formulario o impreso.
3 *En inglés británico,* **form** *puede significar* clase o curso (= en la escuela).
▶ **the sixth form** es el nombre que se da a los dos últimos cursos de la enseñanza secundaria en Gran Bretaña. Estos dos cursos no son obligatorios.

En inglés americano, se dice **grade** en vez de **form** en esta última acepción.

> *Puede ser un* VERBO TRANSITIVO:
▶ **form something** formar algo.
> *Puede ser un* VERBO INTRANSITIVO:
form *significa* formarse.

format /ˈfɔːmæt/ formato.

former /ˈfɔːməʳ/ *tiene varios sentidos:*
1 **former** *significa* antiguo (= anterior).
2 **the former** *significa* el primero (de dos cosas o dos personas).

formerly /ˈfɔːməlɪ/ antes o antiguamente.

fort /fɔːt/ fuerte (= castillo).

forties /ˈfɔːtɪz/
▶ **the forties** la década de los cuarenta.
▷ She's in her forties. Tiene cuarenta y tantos años.

fortieth /ˈfɔːtɪəθ/ cuadragésimo.

fortnight /ˈfɔːtnaɪt/ quincena o quince días.
▷ In a fortnight. En quince días.

fortnight no se utiliza en inglés americano. En Estados Unidos, se dice **two weeks**.

fortunate /ˈfɔːtʃənət/ afortunado.
▶ **be fortunate** tener suerte.

fortunately /ˈfɔːtʃənətlɪ/ afortunadamente.

fortune /ˈfɔːtʃən/ *tiene varios sentidos:*
1 **fortune** *puede significar* fortuna.
▶ **make a fortune** ganar una fortuna.
2 **tell somebody's fortune** decir a alguien la buenaventura.

forty /ˈfɔːtɪ/ cuarenta.
▷ He is forty. Tiene cuarenta años.
▷ There are forty of us. Somos cuarenta.

forward /ˈfɔːwəd/ *tiene varias categorías gramaticales y varios sentidos:*

> *Puede ser un* ADVERBIO:
forward *significa* hacia delante.
▶ **go forward** avanzar.

> *Puede ser un* SUSTANTIVO:
forward *significa* delantero.
> *Puede ser un* VERBO:
▶ **forward a letter** remitir una carta.

forwards /ˈfɔːwədz/ hacia delante.
▶ **go backwards and forwards** ir de un lado para otro.

fought /fɔːt/ es el pretérito y el participio pasado del verbo **fight**.
▷ They fought for over an hour. Se pelearon durante más de una hora.

foul /faʊl/ *tiene varias categorías gramaticales y varios sentidos:*
> *Puede ser un* SUSTANTIVO:
En deporte, **foul** *significa* falta.
> *Puede ser un* ADJETIVO:
foul *significa* asqueroso o espantoso.

found /faʊnd/ fundar (una empresa, por ejemplo).

ℹ found también es el pretérito y el participio pasado del verbo **find**:
▷ Have you found your wallet? ¿Has encontrado tu cartera?

foundation /faʊnˈdeɪʃən/ *tiene varios sentidos:*
1 **foundation** *puede significar* fundación.
2 **foundations** cimientos (de un edificio).

fountain /ˈfaʊntən/ fuente (con caños de agua).
▶ **fountain pen** pluma (estilográfica).

four /fɔːʳ/ cuatro.
▷ He is four. Tiene cuatro años.
▷ There are four of us. Somos cuatro.
▷ It's four o'clock. Son las cuatro.

fourteen /fɔːˈtiːn/ catorce.
▷ She is fourteen. Tiene catorce años.
▷ There are fourteen of us. Somos catorce.

fourteenth /fɔːˈtiːnθ/ decimocuarto.
▷ The fourteenth of July o July the fourteenth. El catorce de julio.

fourth /fɔːθ/ cuarto.
▷ The fourth of July o July the fourth. El cuatro de julio.

fox /fɒks/ zorro.

fraction /ˈfrækʃən/ fracción o quebrado.

frame /freɪm/ *tiene varias categorías gramaticales y varios sentidos:*
> *Puede ser un* SUSTANTIVO:
1 **frame** *puede significar* marco.
2 **frame** *puede significar* montura (de unas gafas) o cuadro (de una bicicleta).

> *Puede ser un* VERBO:
► **frame something** emarcar algo.

France /frɑːns/ Francia.

frank /fræŋk/ franco (= sincero).

freckle /ˈfrekəl/ peca.

free /friː/ *tiene varias categorías gramaticales y varios sentidos:*
> *Puede ser un* ADJETIVO:
1 free *puede significar* libre.
► **set somebody free** liberar a alguien.
► **free kick** falta *o* golpe franco (= en fútbol).
2 free *puede significar* gratis *o* gratuito.
> *Puede ser un* ADVERBIO:
free *significa* gratis.
> *Puede ser un* VERBO:
► **free somebody** liberar a alguien.

freedom /ˈfriːdəm/ libertad.

freeway /ˈfriːweɪ/ autopista.

🖋 freeway es una palabra americana. En inglés británico, se dice **motorway**.

freeze /friːz/ *tiene varias categorías gramaticales:*
> *Puede ser un* VERBO TRANSITIVO:
► **freeze something** congelar *o* helar algo.
> *Puede ser un* VERBO INTRANSITIVO:
freeze *puede significar* congelarse *o* helarse.
▷ It froze last night. Heló anoche.

freezer /ˈfriːzəʳ/ congelador.

freezing /ˈfriːzɪŋ/ helado.
▷ It's freezing in this room. Hace un frío espantoso en esta habitación.

French /frentʃ/ francés (= el adjetivo y el idioma).
► **the French** los franceses.
► **French fries** patatas fritas.

Frenchman /ˈfrentʃmən/ francés (= hombre de Francia).

Frenchwoman /ˈfrentʃwʊmən/ francesa (= mujer de Francia).

frequently /ˈfriːkwəntlɪ/ con frecuencia *o* a menudo.

fresh /freʃ/ *tiene varios sentidos:*
1 fresh *puede significar* fresco (cuando te refieres a comida o fruta, por ejemplo).
► **fresh air** aire puro.
2 fresh *puede significar* nuevo (en el sentido de 'algo' que es diferente de lo anterior).
▷ A fresh coat of paint. Una nueva mano de pintura.

► **make a fresh start** empezar de nuevo.
3 fresh water agua dulce.

freshly /ˈfreʃlɪ/ recién.
► **freshly made** recién hecho.

Friday /ˈfraɪdɪ/ viernes.
▷ On Friday. El viernes.
▷ On Friday morning. El viernes por la mañana.
▷ On Fridays Los viernes.

fridge /frɪdʒ/ frigorífico *o* nevera.

fried /fraɪd/ frito.

ℹ fried también es el pretérito y el participio pasado del verbo **fry**:
▷ He fried the fish. Frió el pescado.

friend /frend/ amigo.
► **make friends with somebody** hacerse amigo de alguien.

friendly /ˈfrendlɪ/ simpático *o* amable *o* amistoso.

friendship /ˈfrendʃɪp/ amistad.

fries /fraɪz/ patatas fritas.

ℹ fries también es la tercera persona del singular del verbo **fry**:
▷ He always fries fish in olive oil. Siempre fríe el pescado en aceite de oliva.

fright /fraɪt/ susto.

frighten /ˈfraɪtən/ asustar.

frightened /ˈfraɪtənd/ asustado.
► **be frightened of something** tener miedo a algo.
▷ I'm frightened of her. Me da miedo.

ℹ frightenend también es el pretérito y el participio pasado del verbo **frighten**:
▷ The noise frightened me. El ruido me asustó.

frightening /ˈfraɪtənɪŋ/ aterrador.

ℹ frightening también es una forma del verbo **frighten**:
▷ Be quiet! You're frightening me! ¡Cállate! ¡Me estás asustando!

fringe /frɪndʒ/ flequillo.

frog /frɒg/ rana.
► **have a frog in one's throat** tener carraspera.

from /frɒm/ *tiene varios sentidos:*
1 from *puede indicar el origen de algo o alguien:*
▷ Where are you from? ¿De dónde eres?

▷ I'm from London. Soy de Londres.

▷ A train from Brussels. Un tren procedente de Bruselas.

▷ The road from Manchester to London. La carretera de Manchester a Londres.

▷ A present from my mother. Un regalo de mi madre.

▷ I bought it from her brother. Lo compré a su hermano.

▷ She took a glass from the cupboard. Sacó un vaso del armario.

2 from puede indicar la causa de algo:

▷ I got burnt from sitting in the sun. Me quemé por estar sentado al sol.

3 from puede indicar una distancia o una posición:

▷ It is 20 km from Dublin. Está a 20 km de Dublín.

▷ You can see the island from here. Desde aquí se ve la isla.

4 from puede indicar el momento o punto en que algo comienza:

▷ Open from 9 to 1. Abierto de 9 a 1.

▷ Girls from 6 to 12. Niñas de 6 a 12 años.

▷ Right from the start. Desde el principio.

▷ From today. A partir de hoy.

5 from puede indicar la acción de quitar algo:

▷ He took it from me. Me lo quitó.

▷ 4 from 10 leaves 6. 10 menos 4 igual a 6.

6 from se utiliza para decir que algo está hecho de algo:

▷ It's made from wood. Es de madera.

7 from se utiliza al final de una carta:

▷ From Sally. De Sally.

front /frʌnt/ tiene varias categorías gramaticales y varios sentidos:

> Puede ser un SUSTANTIVO:

front puede significar parte delantera (de un coche o un tren, por ejemplo) o fachada (de un edificio).

▷ He was sitting at the front of the class. Estaba sentado en la primera fila de la clase.

▷ I like sitting in the front. Me gusta sentarme delante.

▷ You've got ice-cream all down the front of your dress. Tienes la parte de delante del vestido llena de helado.

▶ **in front** delante.

▶ **in front of** delante de.

▷ She was walking in front. Andaba delante.

▷ Don't do that in front of the teacher. No hagas eso delante del profesor.

> Puede ser un ADJETIVO:

1 front puede significar delantero o de delante.

▷ The dog is in the front garden. El perro está en el jardín delantero.

▶ **the front door** la puerta principal.

▶ **front room** sala de estar.

2 front puede significar primero.

▷ We sat in the front row. Nos sentamos en la primera fila.

frost /frɒst/ helada o escarcha.

frosty /ˈfrɒstɪ/

▷ It's frosty today. Está cayendo una helada hoy.

frown /fraʊn/ tiene varias categorías gramaticales:

> Puede ser un SUSTANTIVO:

▶ **give a frown** fruncir el ceño.

> Puede ser un VERBO:

frown significa fruncir el ceño.

froze /frəʊz/ es el pretérito del verbo **freeze**.

▷ The lake froze in winter. El lago se heló en invierno.

frozen /ˈfrəʊzən/ congelado o helado.

> ℹ frozen también es el participio pasado del verbo **freeze**:
> ▷ I've frozen the fish. He congelado el pescado.

fruit /fruːt/ fruta.

▶ **fruit cake** pastel de frutas.

▶ **fruit juice** zumo de fruta.

frustrated /frʌˈstreɪtɪd/ frustrado.

frustrating /frʌˈsteɪtɪŋ/ frustrante.

fry /fraɪ/ freír.

frying pan /ˈfraɪɪŋpæn/ sartén.

fuel /fjʊəl/ combustible.

fulfil /fʊlˈfɪl/ tiene varios sentidos:

1 fulfil something puede significar realizar algo (un proyecto o una ambición).

2 fulfil something puede significar cumplir algo (una promesa o una condición) o cumplir con algo (el deber) o desempeñar algo (un papel).

3 fulfil somebody realizar a alguien (= satisfacerle).

fulfill /fʊlˈfɪl/ es la ortografía americana del verbo **fulfil**.

full /fʊl/ tiene varios sentidos:

1 full puede significar lleno.

▷ The box was full of books. La caja estaba llena de libros.

▷ The hotel is full o The hotel is full up. El hotel está completo.

▷ I'm full o I'm full up. No puedo más (= no puedo comer más).

2 full puede significar completo (cuando te refieres a un día o a un programa).

3 full *puede significar* entero (cuando te refieres a la totalidad de algo).

▷ Two full days. Dos días enteros.

▷ Write your name in full. Escribe tu nombre y apellidos.

► **full moon** luna llena.

► **full name** nombre y apellidos.

► **at full speed** a toda velocidad.

► **full stop** punto (= signo ortográfico).

> ⌐✎ full stop no se utiliza en inglés americano. En Estados Unidos, se dice **period**.

full-time /fʊlˈtaɪm/ a tiempo completo.

fumes /fjuːmz/ humo o gases.

fun /fʌn/ diversión.

► **be fun** ser divertido.

► **have fun** divertirse.

► **make fun of somebody** burlarse de alguien.

function /ˈfʌŋkʃən/ *tiene varias categorías gramaticales:*

> *Puede ser un SUSTANTIVO:*
function *significa* función.

> *Puede ser un VERBO:*
function *significa* funcionar.

fund /fʌnd/ *tiene varias categorías gramaticales:*

> *Puede ser un SUSTANTIVO:*
fund *significa* fondo (de dinero).

> *Puede ser un VERBO:*

► **fund something** financiar algo.

funeral /ˈfjuːnərəl/ entierro.

funfair /ˈfʌnfeəʳ/ feria.

> ⌐✎ funfair no se utiliza en inglés americano. En Estados Unidos, se dice **carnival**.

funnier /ˈfʌnɪəʳ/ *es el comparativo de* **funny**.

▷ This programme is funnier than the other one. Este programa es más divertido que el otro.

funniest /ˈfʌnɪɪst/ *es el superlativo de* **funny**.

▷ He's the funniest boy in the class. Es el niño más gracioso de la clase.

funny /ˈfʌnɪ/ *tiene varios sentidos:*

1 funny *puede significar* gracioso o divertido.

2 funny *puede significar* raro o extraño.

fur /fɜːʳ/ pelo o piel (de un animal).

► **fur coat** abrigo de piel.

furious /ˈfjʊərɪəs/ *tiene varios sentidos:*

1 furious *puede significar* furioso.

2 furious *puede significar* feroz (una lucha, por ejemplo).

furniture /ˈfɜːnɪtʃəʳ/ muebles.

► **a piece of furniture** un mueble.

> **i** furniture es un sustantivo incontable. No tiene plural y no se utiliza con el artículo a.

further /ˈfɜːðəʳ/ *es el comparativo de la palabra* **far** *y tiene varias categorías gramaticales:*

> *Puede ser un ADVERBIO:*
further *significa* más lejos.

▷ How much further is it? ¿Cuánto queda?

▷ I can't walk any further. No puedo andar más.

▷ It's further east. Es más hacia el este.

> *Puede ser un ADJETIVO:*
further *significa* otro o adicional.

▷ I have one further question. Tengo otra pregunta.

► **until further notice** hasta nuevo aviso.

furthest /ˈfɜːðɪst/ *es el superlativo de la palabra* **far**.

▷ The house furthest from the river. La casa más lejos del río.

▷ Who walked the furthest? ¿Quién anduvo más lejos?

fury /ˈfjʊərɪ/ furia.

fuse /fjuːz/ *tiene varios sentidos:*

1 fuse *puede significar* fusible.

2 fuse *puede significar* mecha o espoleta.

fuss /fʌs/ alboroto.

► **make a fuss about something** armar un alboroto por algo.

► **make a fuss of somebody** mimar a alguien.

fussy /ˈfʌsɪ/ quisquilloso.

future /ˈfjuːtʃəʳ/ *tiene varias categorías gramaticales:*

> *Puede ser un SUSTANTIVO:*
future *significa* futuro.

► **in future** de ahora en adelante.

> *Puede ser un ADJETIVO:*
future *significa* futuro.

G

La letra **G** se pronuncia /dʒiː/ en inglés.

G rima con **free**, **key** y **tea**.

gain /ɡəɪn/ *tiene varias categorías gramaticales y varios sentidos:*
> *Puede ser un* SUSTANTIVO:
1 **gain** *puede significar* ganancia.
2 **gain** *puede significar* aumento.
> *Puede ser un* VERBO TRANSITIVO:
1 **gain something** *puede significar* ganar algo *u* obtener algo.
2 **gain weight** engordar.
► **gain speed** ganar velocidad.

galaxies /ˈɡæləksɪz/ *es el plural de* **galaxy**.

galaxy /ˈɡæləksɪ/ galaxia.

gale /ɡeɪl/ vendaval.

Galician /ɡəˈlɪsɪən/ gallego.

galleries /ˈɡælərɪz/ *es el plural de* **gallery**.

gallery /ˈɡælərɪ/ galería.
► **art gallery** museo de arte.

gallon /ˈɡælən/ *es una unidad de medida equivalente a 4.546 litros en el Reino Unido y a 3.785 litros en Estados Unidos.*

gallop /ˈɡæləp/ *tiene varias categorías gramaticales:*
> *Puede ser un* SUSTANTIVO:
gallop *significa* galope.
> *Puede ser un* VERBO:
gallop *significa* galopar.

gamble /ˈɡæmbəl/ jugar (en el sentido de 'apostar dinero en juegos de azar').

gambler /ˈɡæmbləʳ/ jugador (en el sentido de 'persona que apuesta dinero en juegos de azar').

game /ɡeɪm/ *tiene varios sentidos:*
1 **game** *puede significar* juego.
► **video game** videojuego.
2 **game** *puede significar* partido (de fútbol, baloncesto o tenis, por ejemplo) o partida (de cartas o ajedrez, por ejemplo).
3 **game** *puede significar* caza (= animales que se cazan).
► **game park** o **game reserve** reserva animal.

gang /ɡæŋ/ banda o pandilla.

gap /ɡæp/ *tiene varios sentidos:*
1 **gap** *puede significar* hueco (en un muro, por ejemplo) o espacio (entre dos cosas).
2 **gap** *puede significar* espacio en blanco.
▷ You have to fill in the gaps. Tienes que rellenar los espacios en blanco.
3 **gap** *puede significar* intervalo (de tiempo).

garage /ˈɡærɑːʒ/ *tiene varios sentidos:*
1 **garage** *puede significar* garaje.
2 **garage** *puede significar* taller.

garbage /ˈɡɑːbɪdʒ/ basura.
► **garbage can** cubo de la basura.

> **garbage** se utiliza sobre todo en inglés americano. En inglés británico se suele decir **rubbish**.

garden /ˈɡɑːdən/ jardín.

gardener /ˈɡɑːdənəʳ/ jardinero.

gardening /ˈɡɑːdənɪŋ/ jardinería.
► **do the gardening** cuidar el jardín.

garlic /ˈɡɑːlɪk/ ajo.

► **garlic bread** pan de ajo.

gas /gæs/ *tiene varios sentidos:*
1 gas *puede significar* gas.
2 *En inglés americano,* **gas** *puede significar* gasolina.

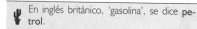 En inglés británico, 'gasolina', se dice **petrol**.

► **gas station** gasolinera.

gasmask /ˈgæsmɑːsk/ máscara antigás.

gasoline /ˈgæsəliːn/ gasolina.

 gasoline es una palabra americana. En inglés británico se dice **petrol**.

gasp /gɑːsp/ jadear o ahogar un grito (de sorpresa o miedo).

gate /geɪt/ puerta (de un jardín, una ciudad o un aeropuerto, por ejemplo) o verja (de metal).

gather /ˈgæðəʳ/ *tiene varias categorías gramaticales y varios sentidos:*
> *Puede ser un* VERBO TRANSITIVO:
1 gather something *puede significar* recoger algo (flores o fruta, por ejemplo).
2 gather something *puede significar* reunir algo o juntar algo (datos, por ejemplo).
3 gather people together reunir a gente.
4 gather that... entender que...
> *Puede ser un* VERBO INTRANSITIVO:
gather o **gather together** reunirse.

gave /geɪv/ *es el pretérito del verbo* **give**.
▷ I gave him the book. Le di el libro.
▷ He gave her a watch. Le regaló un reloj.

gaze /geɪz/ *tiene varias categorías gramaticales:*
> *Puede ser un* SUSTANTIVO:
gaze *significa* mirada.
> *Puede ser un* VERBO:
► **gaze at something** o **somebody** *significa* mirar fijamente algo o a alguien.

gear /gɪəʳ/ *tiene varios sentidos:*
1 gear *puede significar* equipo (los instrumentos y objetos que usas para hacer algo).
► **fishing gear** aparejos de pesca.
2 gear *puede significar* marcha o velocidad (de un coche o una bicicleta).
► **first gear** primera (marcha en el coche).
► **change gear** cambiar de marcha.

geese /giːs/ *es el plural de* **goose**.
► **a flock of geese** una bandada de gansos.

gem /dʒem/ piedra preciosa.

Gemini /ˈdʒemɪnaɪ/ Géminis.

gender /ˈdʒendəʳ/ *tiene varios sentidos:*
1 gender *puede significar* sexo (usado para diferenciar si una persona es un hombre o una mujer).
2 *En gramática,* **gender** *significa* género.

general /ˈdʒenərəl/ *tiene varias categorías gramaticales:*
> *Puede ser un* ADJETIVO:
general *significa* general.
► **general knowledge** cultura general.
► **in general** en general.
> *Puede ser un* SUSTANTIVO:
general *significa* general (del ejército).

generally /ˈdʒenərəlɪ/ en general o generalmente.

generate /ˈdʒenəreɪt/ generar.

generation /dʒenəˈreɪʃən/ generación.

generosity /dʒenəˈrɒsətɪ/ generosidad.

generous /ˈdʒenərəs/ generoso.

genetic /dʒəˈnetɪk/ genético.

genetically-modified /dʒəˈnetɪkəlɪ ˈmɒdɪfaɪd/ transgénico.

genius /ˈdʒiːnɪəs/ genio (= persona brillante).

gentle /ˈdʒentəl/ suave o tierno.
► **be gentle with something** tratar algo con cuidado.

gentleman /ˈdʒentəlmən/ caballero.

gently /ˈdʒentlɪ/ suavemente o con ternura.
► **handle something gently** tratar algo con cuidado.

gents /ˈdʒents/ servicio de caballeros.
► **"Gents"** "Caballeros".

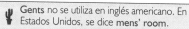 **Gents** no se utiliza en inglés americano. En Estados Unidos, se dice **mens' room**.

genuine /ˈdʒenjʊɪn/ *tiene varios sentidos:*
1 genuine *puede significar* auténtico o genuino.
2 genuine *puede significar* sincero.

geography /dʒɪˈɒgrəfɪ/ geografía.

germ /dʒɜːm/ microbio.

German /ˈdʒɜːmən/ alemán.

Germany /ˈdʒɜːmənɪ/ Alemania.

gesture /ˈdʒestʃəʳ/ *tiene varias categorías gramaticales:*

> *Puede ser un* SUSTANTIVO:
gesture *significa* gesto.

> *Puede ser un* VERBO:
▶ **gesture to somebody** *significa* hacer un gesto a alguien *o* hacer gestos a alguien.

get /get/ *tiene varias categorías gramaticales y varios sentidos. Para las expresiones* **have got** *y* **got to** *consulta la entrada* **got**.

> *Puede ser un* VERBO TRANSITIVO:
1 get something *puede significar* recibir algo *u* obtener algo.
▷ I got a letter from George. He recibido una carta de George.
▷ What did you get for your birthday? ¿Qué te regalaron para el cumpleaños?
▷ He got his father's permission. Obtuvo el permiso de su padre.
▷ We didn't get any snow this year. Este año no nevó.
▶ **get a job** encontrar trabajo.
▶ **get a surprise** llevarse una sorpresa.
2 get something *puede significar* comprar algo.
▷ He got a new car. Compró un coche nuevo.
▷ She got me a book. Me regaló un libro.
3 get something *puede significar* traer algo.
▷ Can you get my glasses? ¿Me traes las gafas?
▷ Get the doctor. Ve a buscar al médico.
4 get something *puede significar* coger algo (un medio de transporte o una enfermedad).
▷ He got the bus. Cogió el autobús.
▷ She'll get a cold. Va a coger un resfriado.
5 get somebody *puede significar* coger a alguien.
▷ The police got the thief. La policía cogió al ladrón.
6 get something *puede significar* entender algo.
▷ I didn't get what you said. No entendí lo que dijiste.
7 get somebody to do something pedir a alguien que haga algo.
▷ I'm going to get her to help me. Voy a pedirle que me ayude.
8 get something done *se utiliza para decir que mandas hacer algo:*
▷ She got the car repaired. Le arreglaron el coche.
▷ I got my hair cut. Me corté el pelo.
9 get to do something llegar a hacer algo.
▶ **get to know somebody** llegar a conocer a alguien.

> *Puede ser un* VERBO INTRANSITIVO:
1 get somewhere *puede significar* llegar a alguna parte.

▷ He got to the office early. Llegó temprano a la oficina.
▷ Can you get there by train? ¿Se puede ir en tren?
▶ **get home** llegar a casa.
2 get *se puede utilizar delante de un adjetivo para expresar la idea de 'ponerse' o 'hacerse':*
▷ She got rich. Se hizo rica.
▷ He's getting fat. Se está poniendo gordo.
▷ I'm getting cold. Estoy empezando a tener frío.
▷ She got angry. Se enfadó.
3 get *puede utilizarse delante de un participio pasado para expresar la voz pasiva o una acción reflexiva:*
▷ The window got broken. Se rompió la ventana.
▷ He got dressed. Se vistió.
▷ They got married. Se casaron.

Phrasal verbs:

Al verbo **get** *a veces le sigue una preposición como* **down** *u* **out**, *lo que puede cambiar su significado. En inglés, esto se llama un* **phrasal verb**.

GET AWAY:
▶ **get away** *puede significar* escaparse.
▷ **Get away from me!** ¡Aléjate de mí!

GET BACK:
▶ **get back** volver.
▶ **get back to work** volver a trabajar.
▶ **get something back** recuperar algo.
▷ **I got my money back.** Me devolvieron el dinero.

GET DOWN:
▶ **get down** bajarse.
▶ **get something down** bajar algo.
▶ **get somebody down** deprimir a alguien.

GET IN:
▶ **get in** llegar o entrar.

GET INTO:
▶ **get into something** entrar en algo o subirse a algo.

GET OFF:
▶ **get off something** bajarse de algo.
▷ **He got off his bike.** Se bajó de la bici.
▶ **get something off** quitar algo.
▷ **Get the mud off your shoes.** Quita el barro de los zapatos.

GET ON:
▶ **get on** *puede significar* subirse (a un autobús o un tren).
▶ **get on** *se utiliza para decir cómo le va a alguien:*
▷ **How are you getting on?** ¿Cómo te va?
▶ **get on** *puede significar* llevarse bien.
▷ **They get on very well.** Se llevan muy bien.

GET OUT:
▶ **get out** *puede significar* salir.
▷ **Get out!** ¡Vete de aquí!

► **get out of a car** bajarse de un coche.
► **get out** puede significar escapar.
► **get out of bed** levantarse de la cama.
► **get out of the way** quitarse de en medio.
► **get something out** puede significar sacar algo.
▷ **She got her pen out.** Sacó el bolígrafo.
► **get a stain out** quitar una mancha.
                    GET OVER:
► **get over something** puede significar cruzar algo (una calle o un río, por ejemplo) o franquear algo (un muro, por ejemplo).
► **get over something** puede significar superar algo (un problema, por ejemplo).
► **get over something** puede significar recuperarse de algo (una enfermedad, por ejemplo).
                    GET UP:
► **get up** levantarse.
▷ **What time do you get up?** ¿A qué hora te levantas?

ghost /gəʊst/ fantasma.
► **ghost story** historia de fantasmas.

giant /ˈdʒaɪənt/ tiene varias categorías gramaticales:
> Puede ser un SUSTANTIVO:
giant significa gigante.
> Puede ser un ADJETIVO:
giant significa gigantesco.

gift /gɪft/ tiene varios sentidos:
1 gift puede significar regalo.
► **gift shop** tienda de artículos de regalo.
► **gift token** o **gift voucher** vale para regalo.
2 gift puede significar don.
▷ **She has a gift for drawing.** Tiene un don especial para el dibujo.

gigantic /dʒaɪˈɡæntɪk/ gigantesco.

giggle /ˈɡɪɡəl/ tiene varias categorías gramaticales:
> Puede ser un SUSTANTIVO:
giggle significa risita.
► **have a fit of the giggles** o **get the giggles** tener un ataque de risita tonta.
> Puede ser un VERBO:
giggle significa reír tontamente.

gin /dʒɪn/ ginebra.

ginger /ˈdʒɪndʒəʳ/ tiene varias categorías gramaticales y varios sentidos:
> Puede ser un SUSTANTIVO:
ginger significa jengibre.
> Puede ser un ADJETIVO:
1 ginger puede significar pelirrojo.
▷ **He has ginger hair.** Es pelirrojo.

2 ginger puede significar de jengibre (un pastel, por ejemplo).

gingerbread /ˈdʒɪndʒəbred/ pan de jengibre o galleta de jengibre.

gipsies /ˈdʒɪpsɪz/ es el plural de **gipsy**.

gipsy /ˈdʒɪpsɪ/ gitano.

giraffe /dʒɪˈrɑːf/ jirafa.

girl /ɡɜːl/ niña o chica o hija.
► **girl guide** (en inglés británico) o **girl scout** (en inglés americano) exploradora (= miembro del escultismo).

girlfriend /ˈɡɜːlfrend/ amiga o novia (= chica con la que sales).

give /ɡɪv/ dar.
► **give something to somebody** o **give somebody something** dar algo a alguien o regalar algo a alguien.
▷ **Give it to me!** ¡Dámelo!
▷ **He gave her a drink.** Le dio algo de beber.
▷ **They gave him a watch for his birthday.** Le regalaron un reloj para el cumpleaños.

Phrasal verbs:

Al verbo **give** a veces le sigue una preposición como **back** o **up**, lo que puede cambiar su significado. En inglés, esto se llama un **phrasal verb**.
                    GIVE AWAY:
► **give something away** puede significar regalar algo.
► **give something away** puede significar revelar algo (un secreto, por ejemplo).
                    GIVE BACK:
► **give something back** devolver algo.
                    GIVE IN:
► **give in** rendirse o darse por vencido.
► **give something in** entregar algo (un trabajo, por ejemplo).
                    GIVE UP:
► **give up** rendirse o darse por vencido.
► **give something up** puede significar renunciar a algo.
► **give up smoking** dejar de fumar.

given /ˈɡɪvən/ es el participio pasado del verbo **give**.
▷ **He has given me a ticket.** Me ha regalado una entrada.

glad /ɡlæd/ contento.
► **be glad about something** alegrarse de algo.
▷ **I'm glad that he came.** Me alegro de que haya venido.
▷ **I would be glad to help.** Me encantaría ayudar.

glamorous /ˈɡlæmərəs/ glamouroso.

glance /glɑːns/ *tiene varias categorías gramaticales:*

> *Puede ser un* SUSTANTIVO:

glance *significa* vistazo.

▶ **have a glance at something** echar un vistazo a algo.

> *Puede ser un* VERBO:

▶ **glance at something** echar un vistazo a algo.

▶ **glance at somebody** lanzar una mirada a alguien.

glare /gleəʳ/ *tiene varias categorías gramaticales y varios sentidos:*

> *Puede ser un* VERBO:

▶ **glare at somebody** *significa* lanzar una mirada de furia a alguien.

> *Puede ser un* SUSTANTIVO:

1 **glare** *puede significar* mirada de furia.

2 **glare** *puede significar* luz deslumbrante.

glass /glɑːs/ *tiene varias categorías gramaticales:*

> *Puede ser un* SUSTANTIVO:

1 **glass** *puede significar* vidrio o cristal.

2 **glass** *puede significar* vaso o copa.

▶ **a glass of water** un vaso de agua.

▶ **a glass of wine** una copa de vino.

▶ **a wine glass** una copa para vino.

> *Puede ser un* ADJETIVO:

glass *significa* de vidrio o de cristal.

glasses /ˈglɑːsɪz/ gafas.

▶ **a pair of glasses** unas gafas.

gleam /gliːm/ *tiene varias categorías gramaticales:*

> *Puede ser un* SUSTANTIVO:

gleam *significa* destello.

> *Puede ser un* VERBO:

gleam *significa* relucir.

glide /glaɪd/ planear (= volar en un planeador).

glider /ˈglaɪdəʳ/ planeador.

glimmer /ˈglɪməʳ/ *tiene varias categorías gramaticales:*

> *Puede ser un* SUSTANTIVO:

glimmer *significa* luz tenue.

> *Puede ser un* VERBO:

glimmer *significa* relucir.

glimpse /glɪmps/ *tiene varias categorías gramaticales:*

> *Puede ser un* SUSTANTIVO:

▶ **catch a glimpse of something** entrever algo.

> *Puede ser un* VERBO:

▶ **glimpse something** *significa* entrever algo.

glisten /ˈglɪsən/ brillar.

glitter /ˈglɪtəʳ/ *tiene varias categorías gramaticales:*

> *Puede ser un* SUSTANTIVO:

1 **glitter** *puede significar* purpurina.

2 **glitter** *puede significar* brillo.

> *Puede ser un* VERBO:

glitter *significa* relucir.

global /ˈgləʊbəl/ global o mundial.

▶ **global warming** el calentamiento global.

gloomy /ˈgluːmɪ/ *tiene varios sentidos:*

1 **gloomy** *puede significar* melancólico o pesimista.

2 **gloomy** *puede significar* tenebroso u oscuro.

glorious /ˈglɔːrɪəs/ magnífico o glorioso.

glory /ˈglɔːrɪ/ gloria.

glossy /ˈglɒsɪ/ *tiene varios sentidos:*

1 **glossy** *puede significar* lustroso.

2 **glossy** *puede significar* en papel cuché (cuando te refieres a fotos o una revista).

glove /glʌv/ guante.

glow /gləʊ/ *tiene varias categorías gramaticales y varios sentidos:*

> *Puede ser un* SUSTANTIVO:

glow *significa* resplandor (de un fuego o del anochecer) o brillo (de una lámpara) o rubor (en la cara de alguien).

> *Puede ser un* VERBO:

glow *significa* resplandecer (cuando te refieres a un fuego o al anochecer) o brillar (cuando te refieres a una lámpara) o sonrojarse (cuando te refieres a la cara de alguien).

glue /gluː/ *tiene varias categorías gramaticales:*

> *Puede ser un* SUSTANTIVO:

glue *significa* pegamento o cola.

> *Puede ser un* VERBO:

▶ **glue something to something** *significa* pegar algo a algo.

▷ He glued the vase back together. Pegó el jarrón.

glum /glʌm/ triste o deprimido.

gnaw /nɔː/ roer.

go /gəʊ/ *tiene varias categorías gramaticales y varios sentidos:*

> *Puede ser un* VERBO:

1 **go** *puede significar* ir.

▷ Where is he going? ¿Adónde va?

▷ He's going to Rome. Va a Roma.

▷ She has gone for a walk. Ha ido a dar un paseo.

▷ They have gone to bed. Han ido a la cama.

i Cuando te refieres a deportes o pasatiempos, a menudo se utiliza **go** seguido de un verbo que termina en **-ing** (go dancing, go jogging, go sailing).

▶ **go swimming** ir a nadar.

2 go *puede significar* irse o marcharse (cuando te refieres a una persona) o salir (cuando te refieres a un autobús o un tren, por ejemplo).

▷ I have to go. Me tengo que ir.
▷ Let's go! ¡Vámonos!
▷ They have gone on holiday. Se han ido de vacaciones.
▷ The bus has gone. Ha salido el autobús.

3 go *puede significar* funcionar.

▷ It doesn't go any more. Ya no funciona.
▷ The car won't go. El coche no quiere arrancar.

4 go *se utiliza para decir que algo va bien o mal:*
▶ **go well/badly** ir bien/mal.

▷ My exam went well. El examen me salió bien.
▷ How's it going? ¿Qué tal?

5 go *se puede utilizar delante de un adjetivo para expresar la idea de 'volverse' o 'ponerse':*
▷ She went mad. Se volvió loca.
▷ He went red. Se puso rojo.
▷ I went blind. Me quedé ciego.

6 go *puede significar* pasar (cuando te refieres al tiempo).

▷ Time goes quickly. El tiempo pasa rápido.

7 go *se utiliza con* **let** *en las siguientes expresiones:*
▶ **let go** soltar.
▶ **let go of something** o **somebody** soltar algo o a alguien.

8 be going to *seguido del verbo en infinitivo se utiliza para decir que tienes la intención de hacer algo:*
▷ I am going to buy a new dress. Voy a comprarme un vestido nuevo.
▷ He's going to go on holiday. Se va de vacaciones.
▷ What are you going to do? ¿Qué vas a hacer?

> *Puede ser un* SUSTANTIVO:

1 go *puede significar* turno (= cuando te toca hacer algo).

▷ It's my go. Me toca a mí.
▷ Can I have a go on your bike? ¿Me dejas montar en tu bici?

2 go *puede significar* intento.

▶ **have a go** intentarlo

Phrasal verbs:

Al verbo **go** *a veces le sigue una preposición como* **down** *u* **out**, *lo que puede cambiar su significado. En inglés, esto se llama un* **phrasal verb**.

GO AWAY:
▶ **go away** irse.
▷ **Go away!** ¡Vete!

GO BACK:
▶ **go back** *puede significar* volver.
▶ **go back to work** volver a trabajar.

GO DOWN:
▶ **go down** *puede significar* bajar o bajar por.
▷ **He went down the stairs.** Bajó las escaleras.
▶ **go down** *puede significar* ponerse (cuando te refieres al sol).
▶ **go down** *puede significar* bajar o caer (cuando te refieres a los precios o la temperatura, por ejemplo).
▶ **go down** *puede significar* desinflarse (cuando te refieres a una rueda o un globo).

GO IN:
▶ **go in** entrar.

GO OFF:
▶ **go off** *puede significar* irse o marcharse.
▶ **go off** *puede significar* sonar (cuando te refieres a un despertador).
▶ **go off** *puede significar* echarse a perder (cuando te refieres a alimentos).

GO ON:
▶ **go on** *puede significar* seguir.
▶ **go on doing something** seguir haciendo algo.
▶ **go on** *puede significar* pasar.
▷ **What's going on here?** ¿Qué pasa aquí?

GO OUT:
▶ **go out** *puede significar* salir.
▷ **He went out of the room.** Salió de la habitación.
▷ **They went out for a meal.** Salieron a cenar fuera.
▷ **They are going out together.** Salen juntos.
▶ **go out** *puede significar* apagarse (cuando te refieres a un fuego o una luz).

GO TOGETHER:
▶ **go together** pegar (cuando te refieres a cómo combinan la ropa o los colores, por ejemplo).

GO UP:
▶ **go up** *significa* subir.
▷ **He went up the ladder.** Subió la escalera.
▷ **Prices have gone up.** Los precios han subido.

GO WITH:
▶ **go with** *significa* pegar con (cuando te refieres a cómo combinan la ropa o los colores, por ejemplo).

goal /gəʊl/ *tiene varios sentidos:*
1 goal *puede significar* objetivo.
2 *En deporte,* **goal** *significa* gol.

goalkeeper /ˈgəʊlkiːpəʳ/ portero o guardameta.

goalpost /ˈgəʊlpəʊst/ poste (de la portería).

goat /gəʊt/ cabra.

goblin /ˈgɒblɪŋ/ duende.

god /gɒd/ dios.

- ► **oh my God!** ¡Dios mío!
- ► **thank God!** ¡menos mal!

goddaughter /ˈgɒddɔːtəʳ/ ahijada.

godfather /ˈgɒdfɑːðəʳ/ padrino.

godmother /ˈgɒdmʌðəʳ/ madrina.

godson /ˈgɒdsʌn/ ahijado.

goes /gəʊz/ *tiene varios sentidos:*
1 goes *es la tercera persona del singular del verbo* **go**.
  ▷ She goes to work by bus. Va al trabajo en autobús.
2 goes *es el plural del sustantivo* **go**.
  ▷ I had two goes. Lo intenté dos veces.

goggles /ˈgɒgəlz/ gafas (protectoras, de un submarinista, para nadar o esquiar, por ejemplo).

going /ˈgəʊɪŋ/ *es el participio de presente y el gerundio del verbo* **go**.
  ▷ Where are you going? ¿Adónde vas?
  ▷ She likes going out. Le gusta salir.
- ► **be going to** *seguido de la forma infinitiva del verbo se utiliza para decir que tienes la intención de hacer algo:*
  ▷ I am going to buy a new dress. Voy a comprarme un vestido nuevo.
  ▷ He's going to go on holiday. Se va de vacaciones.
  ▷ What are you going to do? ¿Qué vas a hacer?

gold /gəʊld/ *tiene varias categorías gramaticales:*
  > *Puede ser un* SUSTANTIVO:
  gold *significa* oro.
  > *Puede ser un* ADJETIVO:
  gold *significa* de oro o dorado.

golden /ˈgəʊldən/ de oro o dorado.

goldfish /ˈgəʊldfɪʃ/ pez de colores.
- ► **goldfish bowl** pecera.

golf /gɒlf/ golf.
- ► **golf course** campo de golf.

gone /gɒn/ *es el participio pasado del verbo* **go**.
  ▷ They have gone. Se han ido.
  ▷ The cake's all gone. Se ha acabado el pastel.

good /gʊd/ *tiene varias categorías gramaticales y varios sentidos:*

> *Puede ser un* ADJETIVO:
1 good *puede significar* bueno o bien.
  ▷ The weather was good. Hizo buen tiempo.
  ▷ Be good! ¡Sé bueno!
  ▷ He's good at history. Se le da bien la historia.
  ▷ It tastes good. Sabe bien.
  ▷ It's good for you. Es bueno para la salud.
  ▷ We had a good time. Lo pasamos bien.
2 good *se utiliza en saludos:*
- ► **good morning** buenos días.
- ► **good afternoon** buenas tardes.
- ► **good evening** buenas tardes o buenas noches.
- ► **good night** buenas noches (cuando te vas a la cama).
3 good *puede significar* amable.
  ▷ That was very good of him. Fue muy amable de su parte.
> *Puede ser un* SUSTANTIVO:
1 good *puede significar* bien.
- ► **do somebody good** hacerle bien a alguien.
2 good *se utiliza para expresar la utilidad de hacer algo:*
  ▷ It's no good. No sirve para nada.
  ▷ What's the good of complaining? ¿Para qué sirve quejarse?
3 for good para siempre.

goodbye /gʊdˈbaɪ/ adiós.

good-looking /gʊdˈlʊkɪŋ/ guapo.

goodness /ˈgʊdnəs/ *se utiliza en exclamaciones:*
- ► **my goodness!** ¡Dios mío!
- ► **thank goodness!** ¡menos mal!

goods /gʊdz/ artículos o mercancías.

goose /guːs/ ganso u oca.
- ► **goose bumps** o **goose flesh goose pimples** carne de gallina.

gorgeous /ˈgɔːdʒəs/ magnífico o precioso o guapísimo.

gorilla /gəˈrɪlə/ gorila.

gory /ˈgɔːri/ sangriento.

gospel /ˈgɒspəl/ evangelio.

gossip /ˈgɒsɪp/ *tiene varias categorías gramaticales:*

> *Puede ser un* SUSTANTIVO:
1 gossip *puede significar* cotilleo.
2 gossip *puede significar* cotilla (= persona que cotillea).

> *Puede ser un* VERBO:
gossip *significa* cotillear.

got /gɒt/ *tiene varios sentidos:*

1 **got** *es el pretérito y el participio pasado del verbo* **get**.
▷ I got a camera for my birthday. Me regalaron una cámara para mi cumpleaños.

2 **got** *se usa a menudo con el verbo* **have** *con el significado de 'tener, poseer'. En este caso* **have** *aparece muchas veces en la forma contracta* **'ve**.
▷ I've got (= I have got) **a new bike.** Tengo una bici nueva.
▷ Have you got any brothers? ¿Tienes hermanos?
▷ She's got (= she has got) **two dogs.** Tiene dos perros.

3 **got to** *se utiliza para decir que tienes que hacer algo o debes hacer algo.*
▷ I've got to go. Me tengo que ir.
▷ You've got to tell the truth. Debes decir la verdad.

gotten /ˈgɒtən/ *es el participio pasado del verbo* **get** *en inglés americano.*
▷ Claire has gotten married. Claire se ha casado.

govern /ˈgʌvən/ gobernar.

government /ˈgʌvənmənt/ gobierno.

gown /gaʊn/ toga.

grab /græb/ agarrar.
► **grab hold of something** o **somebody** agarrar algo o a alguien.
► **grab something from somebody** arrebatar algo a alguien.

graceful /ˈgreɪsfʊl/ elegante.

⚡ La palabra inglesa **graceful** no significa 'gracioso'.

grade /greɪd/ *tiene varias categorías gramaticales y varios sentidos:*

> *Puede ser un* SUSTANTIVO:
1 **grade** *puede significar* calidad (de un producto).
2 **grade** *puede significar* grado o rango (en una jerarquía).
3 **grade** *puede significar* nota (por un trabajo en el colegio).
4 *En inglés americano,* **grade** *puede significar* curso (en el sentido de 'año escolar').
> *Puede ser un* VERBO:
1 **grade something** *puede significar* clasificar algo.
2 **grade something** *puede significar* calificar algo (los deberes, por ejemplo).

gradually /ˈgrædjʊəlɪ/ gradualmente.

graduate *se pronuncia de dos formas diferentes y su categoría gramatical y significado cambian en función de la pronunciación:*
◄)) /ˈgrædjʊət/ (la **-ate** final se pronuncia como la **at-** de **attack**).
> *Es un* SUSTANTIVO:
graduate *significa* licenciado.
◄)) /ˈgrædjʊeɪt/ (rima con **late** y **weight**).
> *Es un* VERBO:
graduate *significa* licenciarse.

grain /greɪn/ *tiene varios sentidos:*
1 **grain** *puede significar* grano (de sal, arena, azúcar, etc).
2 **grain** *puede significar* cereales.

ℹ En el sentido de 'cereales', **grain** es un sustantivo incontable. No tiene plural y no se utiliza con el artículo **a**.

gram /græm/ gramo.

grammar /ˈgræməʳ/ gramática.
► **grammar school** (en el Reino Unido) centro de enseñanza media o (en Estados Unidos) escuela primaria.

En el Reino Unido, los **grammar schools** son un tipo de centro de enseñanza media. Para acceder a ellos es necesario pasar una prueba de acceso. Las **grammar schools** no son muy comunes, y la mayoría de los alumnos van a las **comprehensive schools**.

grand /grænd/ grandioso.
► **grand piano** piano de cola.
► **grand total** total.

⚡ Excepto en algunos nombres, la palabra inglesa **grand** no significa 'grande'.

grandchild /ˈgræntʃaɪld/ nieto o nieta.

grandchildren /ˈgræntʃɪldrən/ nietos.

granddad /ˈgrændæd/ abuelito.

granddaughter /ˈgrændɔːtəʳ/ nieta.

grandfather /ˈgrændfɑːðəʳ/ abuelo.

grandma /ˈgrænmɑː/ abuelita.

grandmother /ˈgrænmʌðəʳ/ abuela.

grandpa /ˈgræmpɑː/ abuelito.

grandparents /ˈgrændpeərənts/ abuelos.

grandson /ˈgrændsʌn/ nieto.

granny /ˈgrænɪ/ abuelita.

grant /grɑːnt/ *tiene varias categorías gramaticales y varios sentidos:*

> *Puede ser un* SUSTANTIVO:
grant *significa* beca *o* subvención.
> *Puede ser un* VERBO:
▶ **grant somebody something** conceder algo a alguien.

grape /greɪp/ uva.

grapefruit /ˈgreɪpfruːt/ pomelo.

graph /grɑːf/ gráfico.

graphics /ˈgræfɪks/ gráficos.
▶ **graphics card** tarjeta gráfica.

grasp /grɑːsp/ agarrar.

grass /grɑːs/ hierba *o* césped.

grasshopper /ˈgrɑːshɒpəʳ/ saltamontes.

grate /greɪt/ *tiene varias categorías gramaticales y varios sentidos:*
> *Puede ser un* SUSTANTIVO:
grate *significa* parrilla (de una chimenea).
> *Puede ser un* VERBO TRANSITIVO:
▶ **grate something** *significa* rallar algo.

grateful /ˈgreɪtfʊl/ agradecido.

grater /ˈgreɪtəʳ/ rallador.

grave /greɪv/ *tiene varias categorías gramaticales y varios sentidos:*
> *Puede ser un* SUSTANTIVO:
grave *significa* tumba.
> *Puede ser un* ADJETIVO:
grave *significa* grave (un tema, un error o la voz de alguien, por ejemplo).

gravel /ˈgrævəl/ grava.

gravestone /ˈgreɪvstəʊn/ lápida (del sepulcro).

graveyard /ˈgreɪvjɑːd/ cementerio.

gravity /ˈgrævɪtɪ/ gravedad (= fuerza que atrae los cuerpos).

gravy /ˈgreɪvɪ/ salsa (que se hace con el jugo de la carne).

gray /greɪ/ gris.
▷ He is going grey. Le están saliendo canas.

ψ gray es la ortografía americana. En inglés británico, esta palabra se escribe **grey**.

graze /greɪz/ *tiene varias categorías gramaticales y varios sentidos:*
> *Puede ser un* VERBO INTRANSITIVO:
graze *significa* pastar.
> *Puede ser un* VERBO TRANSITIVO:
▶ **graze something** *significa* rasguñar algo.

▷ He grazed his knee. Se hizo un rasguño en la rodilla.

grease /griːs/ grasa.

greasy /ˈgriːsɪ/ grasiento *o* graso.

great /greɪt/ *tiene varios sentidos:*
1 great *puede significar* grande.
▷ He's a great player. Es un gran jugador.
▶ **a great deal of people** *o* **a great many people** muchísima gente.
▷ We took great care. Tuvimos mucho cuidado.
▷ They live in a great big house. Viven en una casa enorme.
2 great *puede significar* genial.
▷ I feel great. Me encuentro genial.
▷ They had a great time. Se lo pasaron muy bien.

Great Britain /ˌgreɪt ˈbrɪtən/ Gran Bretaña.

ℹ Great Britain se refiere no sólo a Inglaterra sino también a Gales y Escocia.

great-grandchild /ˌgreɪtˈgræntʃaɪld/ bisnieto *o* bisnieta.

great-grandchildren /ˌgreɪtˈgræntʃɪldrən/ bisnietos.

great-grandfather /ˌgreɪtˈgrændfɑːðəʳ/ bisabuelo.

great-grandmother /ˌgreɪtˈgrænmʌðəʳ/ bisabuela.

Greece /griːs/ Grecia.

greed /griːd/ glotonería *o* codicia.

greedy /ˈgriːdɪ/ glotón *o* codicioso.

Greek /griːk/ griego.

green /griːn/ verde.
▶ **the Greens** los verdes (= los ecologistas).

greengrocer /ˈgriːngrəʊsəʳ/ verdulero.
▶ **greengrocer's** *o* **greengrocer's shop** verdulería.

greenhouse /ˈgriːnhaʊs/ invernadero.
▶ **the greenhouse effect** el efecto invernadero.

greet /griːt/ saludar *o* acoger.

greeting /ˈgriːtɪŋ/ saludo.
▶ **greetings card** tarjeta de felicitación.

ℹ greeting también es una forma del verbo greet:
▷ She was greeting the guests. Saludaba a los invitados.

grew /gru:/ es el pretérito del verbo **grow**.
  ▷ He grew tomatoes on the farm. Cultivó tomates en la granja.

grey /greɪ/ gris.
  ▷ He is going grey. Le están saliendo canas.

  ⚡ En inglés americano, esta palabra se escribe **gray**.

greyhound /ˈgreɪhaʊnd/ galgo.

grid /grɪd/ reja.

grief /gri:f/ dolor (= tristeza por la muerte de alguien, por ejemplo).

grieve /gri:v/
  ► **grieve for somebody** llorar la muerte de alguien.

grill /grɪl/ tiene varias categorías gramaticales:
  ≻ Puede ser un SUSTANTIVO:
  grill significa grill o parrilla.
  ≻ Puede ser un VERBO:
  ► **grill something** significa asar algo a la parrilla.

grin /grɪn/ tiene varias categorías gramaticales:
  ≻ Puede ser un SUSTANTIVO:
  grin significa sonrisa amplia.
  ≻ Puede ser un VERBO:
  grin significa sonreír ampliamente.

grind /graɪnd/ moler.

grip /grɪp/ tiene varias categorías gramaticales y varios sentidos:
  ≻ Puede ser un SUSTANTIVO:
  1 grip puede significar sujeción (= la acción o manera de sujetar algo).
  ▷ He lost his grip on the rope. Se le escapó la cuerda.
  2 grip puede significar empuñadura (de una raqueta o un manillar, por ejemplo).
  ≻ Puede ser un VERBO:
  ► **grip something** sujetar algo o agarrar algo.

groan /grəʊn/ tiene varias categorías gramaticales:
  ≻ Puede ser un SUSTANTIVO:
  groan significa gemido.
  ≻ Puede ser un VERBO:
  groan significa gemir.

grocer /ˈgrəʊsə'/ tendero.
  ► **grocer's** o **grocer's shop** tienda de comestibles.

groceries /ˈgrəʊsəriz/ comida.

grocery /ˈgrəʊsəri/ tienda de comestibles.

groin /grɔɪn/ ingle.

groom /gru:m/ tiene varias categorías gramaticales y varios sentidos:
  ≻ Puede ser un SUSTANTIVO:
  1 groom puede significar mozo de cuadra.
  2 groom puede significar novio (en una boda).
  ≻ Puede ser un VERBO:
  ► **groom a horse** cepillar un caballo.

groove /gru:v/ ranura.

grope /grəʊp/
  ► **grope around for something** buscar algo a tientas.

gross /grəʊs/ bruto (cuando te refieres al peso de algo o a un sueldo, por ejemplo).

ground /graʊnd/ tiene varios sentidos:
  1 ground puede significar suelo o tierra.
  ▷ He was sitting on the ground. Estaba sentado en el suelo.
  ► **the ground floor** la planta baja.
  2 ground puede significar campo (de fútbol, por ejemplo).
  ► **a sports ground** un campo de deportes.
  3 grounds puede significar jardines (de un castillo, por ejemplo).
  4 grounds puede significar motivos o razones.

  ℹ **ground** también es el pretérito y el participio pasado del verbo **grind**:
  ▷ He ground the coffee. Molió el café.

group /gru:p/ grupo.

grow /grəʊ/ tiene varias categorías gramaticales y varios sentidos:
  ≻ Puede ser un VERBO INTRANSITIVO:
  1 grow puede significar crecer.
  2 grow se puede utilizar delante de un adjetivo para expresar la idea de 'ponerse' o 'hacerse':
  ► **grow sad** entristecerse.
  ► **grow old** envejecer.
  3 grow up significa crecer.
  ▷ When I grow up I want to be a teacher. Cuando sea mayor quiero ser profesor.
  ▷ I grew up in Liverpool. Me crié en Liverpool.
  ▷ Grow up! ¡No seas crío!
  ≻ Puede ser un VERBO TRANSITIVO:
  1 grow something puede significar cultivar algo.
  2 grow something puede significar dejarse crecer algo (la barba o las uñas, por ejemplo).

growl /graʊl/ tiene varias categorías gramaticales:

> *Puede ser un* SUSTANTIVO:
growl *significa* gruñido (de un perro).

> *Puede ser un* VERBO:
growl *significa* gruñir (cuando te refieres a un perro).

grown /grəʊn/ adulto.

▶ **a grown man** un hombre adulto.

ⓘ grown también es el participio pasado del verbo **grow**:
▷ She has **grown** a lot. Ha crecido mucho.

grown-up /ˈgrəʊnʌp/ adulto.

growth /grəʊθ/ crecimiento.

grudge /grʌdʒ/ rencor.

▶ **bear a grudge against somebody** guardar rencor a alguien.

grumble /ˈgrʌmbəl/ quejarse.

grumpy /ˈgrʌmpɪ/ gruñón.

grunt /grʌnt/ *tiene varias categorías gramaticales:*

> *Puede ser un* SUSTANTIVO:
grunt *significa* gruñido (de un cerdo).

> *Puede ser un* VERBO:
grunt *significa* gruñir (cuando te refieres a un cerdo).

guarantee /gærənˈtiː/ *tiene varias categorías gramaticales:*

> *Puede ser un* SUSTANTIVO:
guarantee *significa* garantía.

> *Puede ser un* VERBO:
▶ **guarantee something** *significa* garantizar algo.

guard /gɑːd/ *tiene varias categorías gramaticales y varios sentidos:*

> *Puede ser un* SUSTANTIVO:

1 **guard** *puede significar* guardia *o* guardián.

2 En inglés británico, **guard** *puede significar* jefe de tren.

ⓦ En inglés americano, 'jefe de tren' se dice **conductor**.

3 **be on guard** *significa* estar en guardia.

4 **catch somebody off guard** *significa* coger a alguien desprevenido.

> *Puede ser un* VERBO:
guard *significa* vigilar.

guardian /ˈgɑːdɪən/ *tiene varios sentidos:*

1 **guardian** *puede significar* guardián.

2 **guardian** *puede significar* tutor (= persona que cuida a un niño).

Guatemalan /gwætəˈmɑːlən/ guatemalteco.

guerrilla /gəˈrɪlə/ guerrillero.

 La palabra inglesa **guerrilla** no significa 'guerrilla'. 'Guerrilla' se dice **guerilla group** en inglés.

guess /ges/ *tiene varias categorías gramaticales y varios sentidos:*

> *Puede ser un* SUSTANTIVO:
guess *significa* suposición.

▶ **make a guess** *o* **have a guess** intentar adivinar.

> *Puede ser un* VERBO TRANSITIVO:

1 **guess something** *significa* adivinar algo.
▷ Guess what I did! ¿A que no sabes qué he hecho?

2 **guess that...** *significa* suponer que...
▷ I guess so. Supongo que sí.

> *Puede ser un* VERBO INTRANSITIVO:
guess *significa* adivinar.

guest /gest/ *tiene varios sentidos:*

1 **guest** *puede significar* invitado *o* huésped.

▶ **guest room** cuarto de los huéspedes.

2 **guest** *puede significar* cliente (en un hotel).

guesthouse /ˈgesthaʊs/ casa de huéspedes.

guide /gaɪd/ *tiene varias categorías gramaticales y varios sentidos:*

> *Puede ser un* SUSTANTIVO:

1 **guide** *puede significar* guía (una persona o un libro).

▶ **guide dog** perro lazarillo.

2 **guide** *puede significar* escultista *o* exploradora.

> *Puede ser un* VERBO:

▶ **guide somebody** guiar a alguien.

guidebook /ˈgaɪdbʊk/ guía (= libro).

guilt /gɪlt/ culpa.

guilty /ˈgɪltɪ/ culpable.

guinea-pig /ˈgɪnɪpɪg/ conejillo de Indias *o* cobaya.

guitar /gɪˈtɑːʳ/ guitarra.

guitarist /gɪˈtɑːrɪst/ guitarrista.

gulf /gʌlf/ *tiene varios sentidos:*

1 **gulf** *puede significar* golfo.

2 **gulf** *puede significar* abismo (= gran diferencia).

gull /gʌl/ gaviota.

gum /gʌm/ *tiene varios sentidos:*

1 **gum** *puede significar* encía.

2 **gum** *puede significar* pegamento.

3 **gum** *puede significar* chicle.

gun /gʌn/ pistola o fusil o escopeta.

gunfire /ˈgʌnfaɪəʳ/ tiros (de armas de fuego).

gunshot /ˈgʌnʃɒt/ tiro (de un arma de fuego).

gurgle /ˈgɜːgəl/ gorgotear o gorjear.

gush /gʌʃ/ chorrear o manar.

gust /gʌst/ ráfaga.

gut /gʌt/ *tiene varios sentidos:*
1 **gut** *puede significar* intestino.
2 **guts** *puede significar* agallas (en el sentido de 'valentía').
   ▷ She's got guts. Tiene agallas.

gutter /ˈgʌtəʳ/ cuneta (en la calle) o canalón (en el techo).

guy /gaɪ/ tipo (= hombre).
   ▷ He's a really nice guy. Es un tipo muy simpático.

gym /dʒɪm/ gimnasio (= el lugar) o gimnasia (= el deporte).

gymnasium /dʒɪmˈneɪzɪəm/ gimnasio.

gymnast /ˈdʒɪmnæst/ gimnasta.

gymnastics /dʒɪmˈnæstɪks/ gimnasia.

gypsies /ˈdʒɪpsɪz/ *es el plural de* **gypsy**.

gypsy /ˈdʒɪpsɪ/ gitano.

H

La letra **H** se pronuncia /eɪtʃ/ en inglés. Se pronuncia como la **a** de **make** seguida de la **ch** de **match**.

habit /ˈhæbɪt/ costumbre.
► **have a habit of doing something** tener la costumbre de hacer algo.

hacker /ˈhækəʳ/ pirata informático.

had /hæd/ *es el pretérito y el participio pasado del verbo* **have**.
▷ They had three dogs. Tenían tres perros.
▷ He has had a lot of trouble. Ha tenido muchos problemas.
▷ She had eaten everything. Se lo había comido todo.
► **had better** *es una expresión que se utiliza cuando das un consejo a alguien. A menudo se escribe de forma contraída*, **'d better**:
▷ You had better leave. Más vale que te vayas.
▷ I'd better speak to her. Será mejor que hable con ella.

hadn't /ˈhædənt/ *es la contracción de* **had not**.
▷ He hadn't seen me. No me había visto.

haggle /ˈhægəl/ regatear (= negociar el precio).

hail /heɪl/ *tiene varias categorías gramaticales:*
> *Puede ser un* SUSTANTIVO:
hail significa granizo.
> *Puede ser un* VERBO INTRANSITIVO:
hail significa granizar.
▷ It's hailing. Está granizando.

hair /heəʳ/ *tiene varios sentidos:*
1 hair *puede significar* pelo (tanto un pelo individual como el pelo de una persona o un animal).

▷ She brushed her hair. Se cepilló el pelo.
▷ Her hair is black. Tiene el pelo negro.
▷ There's a hair in my soup. Hay un pelo en la sopa.
▷ He has a few grey hairs. Tiene algunas canas.
► **do one's hair** peinarse.
► **hair gel** gomina.
2 hair *puede significar* vello.

hairband /ˈheəbænd/ cinta (para el pelo).

hairbrush /ˈheəbrʌʃ/ cepillo (para el pelo).

haircut /ˈheəkʌt/ corte de pelo.
► **have a haircut** cortarse el pelo.
► **give somebody a haircut** cortarle el pelo a alguien.

hairdo /ˈheəduː/ peinado.

hairdresser /ˈheədrəsəʳ/ peluquero.
► **haidresser's** peluquería.

hair-dryer /ˈheədraɪəʳ/ secador (para el pelo).

hairgrip /ˈheəgrɪp/ horquilla (para sujetar el pelo).

hairpin /ˈheəpɪn/ horquilla (para sujetar el moño).

hairspray /ˈheəsprɐɪ/ laca (para el pelo).

hairstyle /ˈheəstaɪl/ peinado.

hairy /ˈheərɪ/ peludo.

half /hɑːf/ *tiene varias categorías gramaticales y varios sentidos:*

> Puede ser un SUSTANTIVO:
1 **half** puede significar mitad.
▷ She ate half of the apple. Comió la mitad de la manzana.
2 **in half** por la mitad o en dos.
▷ She cut it in half. Lo cortó por la mitad.
▷ It broke in half. Se partió en dos.
3 **half** puede significar medio.
► **two and a half** dos y medio.
4 En deporte, **half** significa parte.
► **the first half** la primera parte.

> Puede ser un ADJETIVO:
half significa medio.
▷ He gave me half the books. Me dio la mitad de los libros.
► **half a dozen** media docena.
► **half an hour** media hora.

> Puede ser un ADVERBIO:
1 **half** puede significar medio.
▷ She was half asleep. Estaba medio dormida.
2 **half** se utiliza para decir la hora:
► **half past ten** (en inglés británico) o **half after ten** (en inglés americano) las diez y media.

half-price /hɑːˈpraɪs/ a mitad de precio.

half-time /hɑːˈtaɪm/ el descanso (en un partido de fútbol, por ejemplo).

halfway /ˈhɑːfˈweɪ/ a mitad de camino.
▷ We're halfway there. Ya estamos a mitad de camino.
▷ They left halfway through the film. Se marcharon a mitad de película.

hall /hɔːl/ tiene varios sentidos:
1 **hall** puede significar vestíbulo (en una casa o un hotel).
2 **hall** puede significar sala (para congresos o conciertos, por ejemplo).

hallo /həˈləʊ/ hola.

hallway /ˈhɔːlweɪ/ vestíbulo (en una casa).

halt /hɔːlt/ tiene varias categorías gramaticales:
> Puede ser un SUSTANTIVO:
halt significa parada.
► **come to a halt** pararse.
> Puede ser un VERBO:
halt significa pararse.

halve /hɑːv/ partir por la mitad o dividir en dos o reducir a la mitad.

halves /hɑːvz/ es el plural del sustantivo **half** y la tercera persona del singular del verbo **halve**.
► **go halves with somebody** ir a medias con alguien.

ham /hæm/ jamón.

hamburger /ˈhæmbɜːgəʳ/ hamburguesa.

hammer /ˈhæməʳ/ martillo.

hand /hænd/ tiene varias categorías gramaticales y varios sentidos:
> Puede ser un SUSTANTIVO:
1 **hand** puede significar mano.
▷ They were holding hands. Iban cogidos de la mano.
▷ They shook hands. Se dieron la mano.
► **by hand** a mano.
► **hand luggage** equipaje de mano.
2 **give somebody a hand** echar una mano a alguien.
3 **hand** puede significar manecilla (de un reloj).
> Puede ser un VERBO:
► **hand something to somebody** dar algo a alguien.

Phrasal verbs:

Al verbo **hand** a veces le sigue una preposición como **in** u **out**, lo que puede cambiar su significado. En inglés, esto se llama un **phrasal verb**.
HAND IN:
► **hand something in** entregar algo.
HAND OUT:
► **hand something out** repartir algo.
HAND OVER:
► **hand something over** entregar algo (un objeto) o ceder algo (poderes o responsabilidad).

---

handbag /ˈhændbæg/ bolso (de mujer).

handbook /ˈhændbʊk/ manual (= libro).

handbrake /ˈhændbreɪk/ freno de mano.

handcuff /ˈhændkʌf/ tiene varias categorías gramaticales:
> Puede ser un SUSTANTIVO:
handcuffs significa esposas (que la policía pone a un detenido).
> Puede ser un VERBO:
► **handcuff somebody** esposar a alguien.

handful /ˈhændfʊl/ puñado.

handicapped /ˈhændɪkæpt/ minusválido.

handkerchief /ˈhæŋkətʃiːf/ pañuelo.

handle /ˈhændəl/ tiene varias categorías gramaticales y varios sentidos:
> Puede ser un SUSTANTIVO:
handle significa mango (de un cuchillo o una sartén) o manilla (de una puerta) o empuñadura (de una raqueta) o asa (de una taza o una maleta).

> *Puede ser un* VERBO:

1 handle something *puede significar* manipular algo o tocar algo.

2 handle something *puede significar* encargarse de algo.

handlebars /ˈhændəlbɑːz/ manillar.

handmade /hændˈmeɪd/ hecho a mano.

handsome /ˈhænsəm/ guapo.

handwriting /ˈhændraɪtɪŋ/ caligrafía (= letra).

handy /ˈhændɪ/ práctico o útil.

hang /hæŋ/ *tiene varias categorías gramaticales y varios sentidos:*

> *Puede ser un* VERBO TRANSITIVO:

1 hang something colgar algo.

2 hang somebody ahorcar a alguien.

> *Puede ser un* VERBO INTRANSITIVO:

1 hang *puede significar* colgar.

2 hang *puede significar* ser ahorcado.

> *Puede ser un* SUSTANTIVO:

▶ **get the hang of something** coger el tranquillo a algo.

Phrasal verbs:

Al verbo **hang** *a veces le sigue una preposición como* **about** *o* **up**, *lo que puede cambiar su significado. En inglés, esto se llama un* **phrasal verb**.

HANG ABOUT, HANG AROUND:

▶ **hang about** o **hang around** perder el tiempo.

HANG ON:

▶ **hang on** *puede significar* esperar.

▶ **hang on to something** agarrarse a algo.

HANG OUT:

▶ **hang the washing out** tender la ropa.

HANG UP:

▶ **hang up** colgar (cuando hablas por teléfono).

▶ **hang something up** colgar algo.

---

hanger /ˈhæŋəʳ/ percha (para colgar ropa en el armario).

hang-gliding /ˈhæŋglaɪdɪŋ/ vuelo libre (con ala delta).

▶ **go hang-gliding** hacer ala delta.

hangover /ˈhæŋəʊvəʳ/ resaca (después de beber).

hankie /ˈhæŋkɪ/ pañuelo.

happen /ˈhæpən/ pasar u ocurrir.

> What happened? ¿Qué pasó?

happier /ˈhæpɪəʳ/ es el *comparativo de* **happy**.

> I'm happier now. Ahora soy más feliz.

happiest /ˈhæpɪɪst/ es el *superlativo de* **happy**.

> He's the happiest person I know. Es la persona más feliz que conozco.

happily /ˈhæpɪlɪ/ *tiene varios sentidos:*

1 happily *puede significar* alegremente.

> They lived happily ever after. Fueron felices y comieron perdices.

2 happily *puede significar* de buena gana.

3 happily *puede significar* afortunadamente.

happiness /ˈhæpɪnəs/ felicidad o alegría.

happy /ˈhæpɪ/ feliz o contento o alegre.

▶ **Happy birthday!** ¡Feliz cumpleaños!

▶ **Happy Christmas!** ¡Feliz Navidad!

▶ **Happy New Year!** ¡Feliz Año Nuevo!

harbour /ˈhɑːbəʳ/ puerto (para barcos).

⌐ En inglés americano, esta palabra se escribe harbor.

hard /hɑːd/ *tiene varias categorías gramaticales y varios sentidos:*

> *Puede ser un* ADJETIVO:

1 hard *puede significar* duro.

▶ **be hard on somebody** ser duro con alguien.

▶ **hard disk** disco duro.

▶ **hard drive** unidad de disco duro.

2 hard *puede significar* difícil.

3 find it hard to do something se utiliza para decir que te cuesta hacer algo:

> I find it hard to accept. Me cuesta aceptarlo.

> *Puede ser un* ADVERBIO:

1 hard *puede significar* duro.

▶ **work hard** trabajar duro.

2 hard *puede significar* fuerte.

▶ **hit somebody hard** pegarle un golpe fuerte a alguien.

3 hard se utiliza en las siguientes expresiones para expresar la idea de 'mucho':

▶ **think hard** reflexionar detenidamente.

▶ **listen hard** escuchar atentamente.

▶ **try hard** hacer un gran esfuerzo.

▶ **rain hard** llover mucho.

hard-boiled egg /ˈhɑːdbɔɪld eg/ huevo duro.

harden /ˈhɑːdən/ endurecer o endurecerse.

hardly /ˈhɑːdlɪ/ apenas.

> I can hardly see anything. Apenas veo nada.

▶ **hardly anyone** casi nadie.

▶ **hardly anything** casi nada.

▶ **hardly ever** casi nunca.

hardware /'hɑ:dweəʳ/ *tiene varios sentidos:*

1 hardware *puede significar* artículos de ferretería.

▶ **hardware shop** o **hardware store** ferretería.

2 *En informática,* **hardware** *significa* hardware.

hare /heəʳ/ liebre.

harm /hɑ:m/ *tiene varias categorías gramaticales y varios sentidos:*

> *Puede ser un* SUSTANTIVO:
harm *significa* daño.

▶ **do somebody harm** hacer daño a alguien.

▶ **do something harm** dañar algo.

> *Puede ser un* VERBO:
1 harm somebody hacer daño a alguien.

2 harm something dañar algo.

harmful /'hɑ:mfʊl/ dañino o nocivo.

harmless /'hɑ:mləs/ inofensivo.

harmony /'hɑ:mənɪ/ armonía.

harsh /hɑ:ʃ/ *tiene varios sentidos:*

1 harsh *puede significar* duro (cuando te refieres a una persona, un castigo o al clima, por ejemplo).

2 harsh *puede significar* áspero (cuando te refieres a la voz de alguien o a un sonido).

harvest /'hɑ:vɪst/ *tiene varias categorías gramaticales:*

> *Puede ser un* SUSTANTIVO:
harvest *significa* cosecha o vendimia.

> *Puede ser un* VERBO:
▶ **harvest something** cosechar algo o vendimiar algo.

has /hæz/ *es la tercera persona del singular del presente del verbo* **have**.

▷ She has many friends. Tiene muchos amigos.

▷ He has cleaned all the windows. Ha lavado todas las ventanas.

hasn't /'hæzənt/ *es la contracción de* **has not**.

▷ He hasn't finished yet. No ha terminado todavía.

▷ It hasn't stopped raining. No ha dejado de llover.

haste /heɪst/ prisa.

hat /hæt/ sombrero.

hate /heɪt/ *tiene varias categorías gramaticales:*

> *Puede ser un* SUSTANTIVO:
hate *significa* odio.

> *Puede ser un* VERBO:
hate *significa* odiar o detestar.

▶ **hate doing something** odiar o detestar hacer algo.

hatred /'heɪtrəd/ odio.

haunt /hɔ:nt/ aparecerse en (cuando te refieres a un fantasma).

have /hæv/ *tiene varias categorías gramaticales y varios sentidos:*

> *Puede ser un* VERBO *auxiliar:*

1 have *se utiliza para formar los tiempos compuestos cuando en español se utiliza 'haber':*

▷ I have seen that film. He visto esa película.

▷ She has changed. Ha cambiado.

▷ We have arrived. Hemos llegado.

▷ They have gone out. Han salido.

▷ I had already eaten. Ya había comido.

▷ He hadn't finished. No había terminado.

2 have *se usa en las frases interrogativas pequeñas y en las respuestas a ellas. A esto se le llama, en inglés, las tags:*

▷ He has got a new car, hasn't he? Tiene un coche nuevo, ¿no?

▷ Yes, he has. Sí.

▷ No, he hasn't. No.

3 have to *indica que tienes que hacer algo o debes hacer algo:*

▷ I have to leave. Me tengo que ir.

▷ He has to wear glasses. Tiene que llevar gafas.

▷ You don't have to do it. No tienes que hacerlo.

▷ You have to tell the truth. Debes decir la verdad.

> *Puede ser un* VERBO TRANSITIVO:

1 have something tener algo.

▷ She has three brothers. Tiene tres hermanos.

▷ I don't have time. No tengo tiempo.

▷ Do you have any money? ¿Tienes dinero?

▷ She has fair hair. Tiene el pelo rubio.

En inglés británico, también se dice **have got:** She has got three brothers, I haven't got any time, Have you got any money? She has got fair hair.

---

2 *A veces,* **have** *se traduce por otros verbos:*

▶ **have a sandwich** comer un bocadillo.

▶ **have a coffee** tomar un café.

▶ **have a cigarette** fumar un cigarrillo.

▶ **have a shower** ducharse.

▶ **have a swim** darse un baño.

▶ **have a party** dar una fiesta.

▶ **have dinner** cenar.

▷ I had a good evening. Pasé una tarde agradable.

▷ Can I have some more wine? ¿Me echas más vino?

3 have something done se utiliza para decir que mandas hacer algo:
▷ She had the car repaired. Le arreglaron el coche.
▷ I had my hair cut. Me corté el pelo.

haven't /ˈhævənt/ es la contracción de **have not**.
▷ I haven't any time. No tengo tiempo.
▷ We haven't finished yet. Todavía no hemos terminado.
▷ They haven't had anything to eat. No han comido nada.

hawk /hɔːk/ halcón.

hay /heɪ/ heno.
► **hay fever** fiebre del heno.

hazard /ˈhæzəd/ peligro o riesgo.

hazardous /ˈhæzədəs/ peligroso.

hazel /ˈheɪzəl/ color avellana.

hazelnut /ˈheɪzəlnʌt/ avellana.

hazy /ˈheɪzɪ/ neblinoso.

he /hiː/ él (pronombre personal masculino).
▷ He's a teacher. Es profesor.

> ⓘ En inglés, el pronombre personal he se refiere a personas y animales. El pronombre neutro it se utiliza para los objetos. El pronombre personal no suele traducirse en español, como en el ejemplo de arriba.

head /hed/ tiene varias categorías gramaticales y varios sentidos:
> Puede ser un SUSTANTIVO:
1 head puede significar cabeza.
► **from head to foot** de la cabeza a los pies.
2 head puede significar cabecera (de una cama o una mesa).
3 head puede significar jefe (de una empresa).
4 head puede significar director o directora (de una escuela).
5 heads or tails? ¿cara o cruz?
> Puede ser un VERBO:
► **head for something** dirigirse hacia algo.

headache /ˈhedeɪk/ dolor de cabeza.
▷ I have a headache. Me duele la cabeza.

headband /ˈhedbænd/ cinta (para el pelo).

header /ˈhedəʳ/ cabezazo (en fútbol).

headlamp /ˈhedlæmp/ faro (de un vehículo).

headlight /ˈhedlaɪt/ faro (de un vehículo).

headline /ˈhedlaɪn/ titular (de un periódico).

headmaster /hedˈmɑːstəʳ/ director (de un colegio).

headmistress /hedˈmɪstrəs/ directora (de un colegio).

headphones /ˈhedfəʊnz/ auriculares.

headquarters /ˈhedkwɔːtəz/ sede (de una empresa o una organización) o cuartel general (del ejército).

headteacher /ˈhedˈtiːtʃəʳ/ director o directora (de una escuela).

heal /hiːl/ tiene varias categorías gramaticales:
> Puede ser un VERBO INTRANSITIVO:
heal significa curarse (cuando te refieres a una herida).
> Puede ser un VERBO TRANSITIVO:
► **heal somebody** curar a alguien.

health /helθ/ salud.
► **be in good health** estar bien de salud.
► **health food** alimentos integrales.

healthy /ˈhelθɪ/ sano.

heap /hiːp/ montón o pila.
► **heaps of** un montón de.

hear /hɪəʳ/ oír.
▷ Can you hear me? ¿Me oyes?
▷ I can't hear. No oigo nada.
► **hear about something** saber de algo o enterarse de algo.
▷ Have you heard about what happened? ¿Te has enterado de lo que pasó?
► **hear from somebody** tener noticias de alguien.
▷ I haven't heard from him. No he tenido noticias suyas.
► **hear of** oír hablar de.
▷ I've never heard of it. No he oído hablar de ello.

heard /hɜːd/ es el pretérito y el participio pasado del verbo **hear**.
▷ I heard someone talking. Oía hablar a alguien.
▷ Have you heard of him? ¿Has oído hablar de él?

hearing /ˈhɪərɪŋ/ oído (= el sentido).

heart /hɑːt/ corazón.
► **heart attack** infarto o ataque al corazón.
► **learn something by heart** aprender algo de memoria.
► **lose heart** desanimarse.
► **hearts** corazones (palo de la baraja).

heartbeat /ˈhɑːtbiːt/ latido del corazón.

heartbroken /ˈhɑːtbrəʊkən/ abatido.

heat /hiːt/ *tiene varias categorías gramaticales:*
> *Puede ser un SUSTANTIVO:*
heat *significa* calor.
> *Puede ser un VERBO:*
heat o **heat up** *significa* calentar o calentarse.

heater /ˈhiːtər/ radiador o estufa.

heating /ˈhiːtɪŋ/ calefacción.

> **i** heating también es una forma del verbo heat.
> ▷ **He was heating up the soup.** Estaba calentando la sopa.

heatwave /ˈhiːtweɪv/ ola de calor.

heaven /ˈhevən/ el cielo (en el sentido religioso).

heavier /ˈheviər/ *es el comparativo de* **heavy**.
> ▷ **My suitcase is heavier than yours.** Mi maleta pesa más que la tuya.

heaviest /ˈheviɪst/ *es el superlativo de* **heavy**.
> ▷ **This is the heaviest box.** Ésta es la caja más pesada.

heavy /ˈhevɪ/ *tiene varios sentidos:*
1 **heavy** *puede significar* pesado.
> ▷ **How heavy is it?** ¿Cuánto pesa?
2 **heavy** *puede utilizarse para decir que algo es muy intenso:*
▶ **heavy fighting** enfrentamientos intensos.
> ▷ **I'm a heavy smoker.** Fumo mucho.
> ▷ **She has a heavy cold.** Tiene un fuerte resfriado.
> ▷ **There was heavy traffic.** Hubo mucho tráfico.
> ▷ **There will be heavy rain.** Habrá precipitaciones fuertes.

heavyweight /ˈheviweɪt/ peso pesado.

hectic /ˈhektɪk/ ajetreado.

he'd /hiːz/ *es la contracción de* **he had** *y de* **he would**.
> ▷ **He'd** (= he had) **finished his work.** Había terminado el trabajo.
> ▷ **He'd** (= he would) **like to leave.** Quiere marcharse.

hedge /hedʒ/ seto.

hedgehog /ˈhedʒhɒg/ erizo.

heel /hiːl/ *tiene varios sentidos:*
1 **heel** *puede significar* talón.
2 **heel** *puede significar* tacón.

▶ **high heels** zapatos de tacón alto.

height /haɪt/ *tiene varios sentidos:*
1 **height** *puede significar* altura.
2 **height** *puede significar* estatura (= lo que mide una persona).

heir /eər/ heredero.

held /held/ *es el pretérito y el participio pasado del verbo* **hold**.
> ▷ **He held a book in his hand.** Tenía un libro en la mano.

helicopter /ˈhelɪkɒptər/ helicóptero.

he'll /hiːl/ *es la contracción de* **he will**.
> ▷ **He'll help us.** Nos ayudará.

hell /hel/ el infierno.

hello /heˈləʊ/ hola.

helmet /ˈhelmɪt/ casco (para proteger la cabeza).

help /help/ *tiene varias categorías gramaticales y varios sentidos:*
> *Puede ser un SUSTANTIVO:*
help *significa* ayuda.
> ▷ **Help!** ¡Socorro!
> *Puede ser un VERBO:*
1 **help somebody** ayudar a alguien.
▶ **help somebody do something** ayudar a alguien a hacer algo.
2 **help oneself** servirse.
> ▷ **Help yourself to potatoes.** Sírvete patatas.
3 **help** *viene después de* **can't** *o* **couldn't** *en las siguientes expresiones:*
> ▷ **It can't be helped.** ¿Qué le vamos a hacer?
> ▷ **I can't help it.** No lo puedo evitar.
> ▷ **He can't help being so clumsy.** Él no tiene la culpa de ser tan torpe.
> ▷ **I couldn't help laughing.** No pude evitar reírme.

helper /ˈhelpər/ ayudante.

helpful /ˈhelpfʊl/ *tiene varios sentidos:*
1 **helpful** *puede significar* servicial.
> ▷ **They have been very helpful.** Nos han sido de gran ayuda.
2 **helpful** *puede significar* útil (cuando te refieres a un consejo o un libro, por ejemplo).

helping /ˈhelpɪŋ/ ración (de comida).
▶ **have a second helping of something** repetir algo (= volver a comer).

> **i** helping también es una forma del verbo help.
> ▷ **He was helping me.** Me ayudaba.

hem /hem/ dobladillo (de un vestido o una falda).

hemisphere /ˈhemɪsfɪəʳ/ hemisferio.

hen /hen/ gallina.

her /hɜːʳ/ *tiene varios sentidos:*

1 her *es el pronombre personal de la tercera persona del singular femenina, complemento de objeto directo o de objeto indirecto:*
- ▷ I can't see Ann but I can hear her. No veo a Ann, pero la oigo.
- ▷ Tim thinks Helen is very nice. He loves her. A Tim le gusta mucho Helen. La quiere.
- ▷ I sent her a letter. Le mandé una carta.
- ▷ They spoke to her. Le hablaron.
- ▷ This is for her. Esto es para ella.

2 her *es la forma femenina de la tercera persona del singular del adjetivo posesivo: "her" indica que quien posee un animal u un objeto es una mujer. También se usa 'her' para hablar de un vínculo de parentesco entre una hija o con una mujer.*
- ▷ Her mother lives in Italy. Su madre vive en Italia.
- ▷ Her books are on the table. Sus libros están sobre la mesa.
- ▷ She washed her hair. Se lavó el pelo.
- ▷ Her eyes are blue. Tiene los ojos azules.

herb /hɜːb/ hierba (= para comer o medicinal).

herd /hɜːd/ rebaño.

here /hɪəʳ/ aquí.
- ▷ She lives here. Vive aquí.
- ▷ Come here. Ven aquí.
- ▷ She's not here. No está aquí.
- ▷ Here is your key. Aquí tienes la llave.
- ▷ Here you are. Aquí tienes (= cuando alguien te da algo).
- ▶ **over here** aquí.
- ▶ **here and there** aquí y allá.

> **i** Fíjate en la diferencia entre here (aquí) y there (ahí, allí).

hero /ˈhɪərəʊ/ héroe o protagonista (de una película o una novela).

heroin /ˈherəʊɪn/ heroína (= la droga).

> **i** No confundas **heroin** con **heroine**.

heroine /ˈherəʊɪn/ heroína o protagonista (= mujer).

> **i** No confundas **heroine** con **heroin**.

herring /ˈherɪŋ/ arenque.

hers /hɜːz/ *es el pronombre posesivo de la tercera persona del singular femenina, y corresponde a 'suyo' o 'de ella'.*
- ▷ Which book is hers? ¿Cuál de los libros es suyo?
- ▷ This one is mine and that one is hers. Éste es el mío y ése es el suyo.
- ▷ Is this book one of hers? ¿Este libro es uno de los suyos?
- ▷ I am a friend of hers. Soy un amigo suyo.

herself /hɜːˈself/ *tiene varios sentidos:*

1 herself *es el pronombre personal de la tercera persona del singular femenina, usado como complemento de un verbo reflexivo:*
- ▷ She cut herself. Se cortó.
- ▷ She enjoyed herself. Lo pasó muy bien.

2 herself *puede significar ella misma.*
- ▷ She phoned me herself. Me llamó ella misma.

3 herself *puede venir después de una preposición y corresponde a 'ella' o 'sí misma':*
- ▷ She did it for herself. Lo hizo para ella.
- ▷ She was talking about herself. Estaba hablando de sí misma.

4 by herself *ella sola.*
- ▷ She did it by herself. Lo hizo ella sola.

he's /hiːz/ *es la contracción de* **he is** *o* **he has.**
- ▷ He's (= he is) **very tall.** Es muy alto.
- ▷ He's (= he has) **arrived.** Ha llegado.

hesitate /ˈhezɪteɪt/ vacilar o dudar.

hi /haɪ/ hola.

hiccup /ˈhɪkʌp/ *tiene varias categorías gramaticales:*

> *Puede ser un SUSTANTIVO:*

hiccup *significa* hipo.
- ▶ **have hiccups** tener hipo.

> *Puede ser un VERBO:*

hiccup *significa* hipar.

hid /hɪd/ *es el pretérito del verbo* **hide.**
- ▷ He hid behind the curtain. Se escondió detrás de la cortina.

hidden /ˈhɪdən/ *es el participio pasado del verbo* **hide.**
- ▷ They've hidden the money. Han escondido el dinero.

hide /haɪd/ *tiene varias categorías gramaticales y varios sentidos:*

> *Puede ser un VERBO TRANSITIVO:*

- ▶ **hide something** esconder algo u ocultar algo.
- ▶ **hide something from somebody** esconder algo de alguien u ocultar algo a alguien.

> *Puede ser un* VERBO INTRANSITIVO:
hide *significa* esconderse.

> *Puede ser un* SUSTANTIVO:
1 hide *puede significar* piel (de un animal).
2 hide *puede significar* puesto de observación (para observar aves, por ejemplo).

hide-and-seek /ˈhaɪdənˈsiːk/ el escondite (= el juego).

hi-fi /ˈhaɪfaɪ/ equipo de alta fidelidad.

high /haɪ/ *tiene varios sentidos:*
1 high *puede significar* alto.
▷ How high is it? ¿Cuánto mide?
▷ The tree is 4 metres high. El árbol mide 4 metros de alto.
► **high jump** salto de altura.
► **high school** instituto de enseñanza secundaria.
► **high street** calle principal.
2 high *puede significar* grande (cuando te refieres a la calidad o la velocidad de algo).
3 high *puede significar* agudo (cuando te refieres a un sonido o la voz de alguien).

higher /ˈhaɪəʳ/ *es el comparativo de* **high**.
▷ Throw the ball higher. Lanza la pelota más alto.
► **higher education** enseñanza superior.

highest /ˈhaɪɪst/ *es el superlativo de* **high**.
▷ What's the highest mountain in Spain? ¿Cuál es la montaña más alta de España?

highlight /ˈhaɪlaɪt/ *tiene varias categorías gramaticales y varios sentidos:*

> *Puede ser un* SUSTANTIVO:
1 highlight *puede significar* punto culminante (de un acontecimiento o del año, por ejemplo).
► **the highlights** los mejores momentos (de un partido, por ejemplo).
2 highlights *puede significar* reflejos o mechas (en el pelo).

> *Puede ser un* VERBO:
1 highlight something *puede significar* resaltar algo (con un rotulador) o seleccionar algo (en informática).
2 highlight something *puede significar* destacar algo.

high-tech /haɪˈtek/ de alta tecnología.

highway /ˈhaɪweɪ/ *tiene varios sentidos:*
1 *En inglés americano,* **highway** *significa* autopista.
2 *En inglés británico,* **highway** *significa* carretera.

hijack /ˈhaɪdʒæk/ secuestrar (un avión).

hijacker /ˈhaɪdʒækəʳ/ pirata aéreo.

hike /haɪk/ *tiene varias categorías gramaticales:*
> *Puede ser un* SUSTANTIVO:
hike *significa* caminata.
> *Puede ser un* VERBO:
hike *significa* caminar.

hiker /ˈhaɪkəʳ/ excursionista.

hiking /ˈhaɪkɪŋ/ excursionismo.
► **go hiking** hacer excursionismo.

hilarious /hɪˈleərɪəs/ divertidísimo.

hill /hɪl/ colina *o* monte *o* cuesta.

him /hɪm/ *es el pronombre personal de la tercera persona del singular masculina, complemento de objeto directo o de objeto indirecto:*
▷ I can't see Andrew, but I can hear him. No veo a Andrew, pero lo oigo.
▷ Helen thinks Tim is very nice. She loves him. A Helen le gusta mucho Tim. Lo quiere.
▷ I sent him a letter. Le mandé una carta.
▷ They spoke to him. Le hablaron.
▷ This is for him. Esto es para él.

himself /hɪmˈself/ *tiene varios sentidos:*
1 himself *es el pronombre personal de la tercera persona del singular masculino, usado como complemento de un verbo reflexivo:*
▷ He cut himself. Se cortó.
▷ He enjoyed himself. Lo pasó muy bien.
2 himself *puede significar* él mismo.
▷ He phoned me himself. Me llamó él mismo.
3 himself *puede venir después de una preposición y corresponde a 'él' o 'sí mismo':*
▷ He did it for himself. Lo hizo para él.
▷ He was talking about himself. Estaba hablando de sí mismo.
4 by himself él solo.
▷ He did it by himself. Lo hizo él solo.

hinge /hɪndʒ/ bisagra.

hint /hɪnt/ *tiene varias categorías gramaticales y varios sentidos:*

> *Puede ser un* SUSTANTIVO:
1 hint *puede significar* indirecta.
► **drop a hint** lanzar una indirecta.
2 hint *puede significar* consejo.
▷ They gave me a few hints. Me dieron algunos consejos.
3 a hint of something un asomo de algo *o* una pizca de algo.
> *Puede ser un* VERBO:
1 hint that... insinuar que...
2 hint at something insinuar algo.

hip /hɪp/ cadera.

hire /ˈhaɪəʳ/ *tiene varias categorías gramaticales y varios sentidos:*

> *Puede ser un* SUSTANTIVO:

hire *significa* alquiler (de un coche).

▶ **for hire** se alquila.

> *Puede ser un* VERBO:

1 **hire something** alquilar algo.

2 **hire somebody** contratar a alguien.

his /hɪz/ *es la forma masculina de la tercera persona del singular del adjetivo posesivo y del pronombre posesivo.*

▷ His mother lives in Italy. Su madre vive en Italia.

▷ His books are on the table. Sus libros están sobre la mesa.

▷ He washed his hair. Se lavó el pelo.

▷ His eyes are blue. Tiene los ojos azules.

▷ Which book is his? ¿Cuál de los libros es suyo?

▷ This one is mine and that one is his. Éste es el mío y ése es el suyo.

▷ Is this book one of his? ¿Este libro es uno de los suyos?

▷ I am a friend of his. Soy un amigo suyo.

hiss /hɪs/ *tiene varias categorías gramaticales:*

> *Puede ser un* SUSTANTIVO:

hiss *significa* silbido (de un animal) *o* siseo (de una persona).

> *Puede ser un* VERBO:

hiss *significa* silbar (un animal) *o* sisear (una persona).

historical /hɪˈstɒrɪkəl/ histórico.

history /ˈhɪstərɪ/ historia (= la ciencia).

> 💡 Fíjate que la palabra inglesa **history** no significa 'historia' en el sentido de 'cuento'. Este significado de 'historia' se dice **story** en inglés.

hit /hɪt/ *tiene varias categorías gramaticales y varios sentidos:*

> *Puede ser un* SUSTANTIVO:

1 **hit** *puede significar* golpe (= acción de pegar algo o a alguien).

2 **hit** *puede significar* éxito (un disco o una película, por ejemplo).

3 **hit** *puede significar* visita (a una página Web) *o* aparición (cuando haces una búsqueda en Internet).

> *Puede ser un* VERBO:

1 **hit something** *o* **somebody** *puede significar* golpear algo o a alguien o pegar algo o a alguien.

▷ She hit her brother. Pegó a su hermano.

2 **hit something** *o* **somebody** *puede significar* chocar contra algo *o* atropellar a alguien.

▷ The car hit a tree. El coche chocó contra un árbol.

3 **hit something** *puede significar* darse un golpe en algo.

▷ I hit my head. Me di un golpe en la cabeza.

4 **hit something** *puede significar* dar en algo.

▷ He hit the target. Dio en el blanco.

> ℹ **hit** es el infinitivo, pero también es el pasado y el participio pasado, como muestran los ejemplos.

hitch-hike /ˈhɪtʃhaɪk/ hacer autoestop.

hitch-hiker /ˈhɪtʃhaɪkəʳ/ autoestopista.

hi-tech /haɪˈtek/ de alta tecnología.

hive /haɪv/ colmena.

hoarse /hɔːs/ ronco.

hold /həʊld/ *tiene varias categorías gramaticales y varios sentidos:*

> *Puede ser un* SUSTANTIVO:

1 **catch hold of something** agarrar algo.

2 **get hold of something** hacerse con algo (= obtener).

3 **get hold of somebody** localizar a alguien.

4 **hold** *puede significar* bodega (de un avión o un barco).

> *Puede ser un* VERBO TRANSITIVO:

1 **hold something** *puede significar* sujetar algo.

▷ She was holding a newspaper. Tenía un periódico en la mano.

▷ Could you hold this for me? ¿Me aguantas esto?

▷ They were holding hands. Iban cogidos de la mano.

▶ **hold something in place** sujetar algo (de manera que no se mueva).

▶ **hold one's breath** contener la respiración.

> ℹ El pronombre personal de la expresión **hold one's breath** funciona de la siguiente forma en inglés: I hold **my** breath, you hold **your** breath, he holds **his** breath, she holds **her** breath, we hold **our** breath, they hold **their** breath.

2 **hold something** *puede significar* contener algo (cuando te refieres a una caja o una maleta, por ejemplo).

3 **hold something** *puede significar* celebrar algo (una reunión o unas elecciones, por ejemplo) *o* dar algo (una fiesta).

4 **hold somebody** *puede significar* detener a alguien (cuando te refieres a la policía).

> *Puede ser un* VERBO INTRANSITIVO:

hold *significa* no colgar (cuando hablas por teléfono).

► **Can you hold, please?** No cuelgue, por favor.

Phrasal verbs:

Al verbo **hold** a veces le sigue una preposición como **on** o **up**, lo que puede cambiar su significado. En inglés, esto se llama un **phrasal verb**.

HOLD ON:
► **hold on** puede significar esperar o (cuando hablas por teléfono) no colgar.
► **hold on** puede significar agarrarse.
▷ **Hold on tight!** ¡Agárrate fuerte!

HOLD ON TO:
► **hold on to something** agarrarse a algo.

HOLD OUT:
► **hold something out** tender o extender algo.

HOLD UP:
► **hold something up** puede significar alzar o levantar algo.
► **hold something** o **somebody up** puede significar retrasar algo o a alguien.

---

holdup /ˈhəʊldʌp/ tiene varios sentidos:
1 **holdup** puede significar retraso.
2 **holdup** puede significar atraco.

hole /həʊl/ tiene varios sentidos:
1 **hole** puede significar agujero u hoyo.
2 **hole** puede significar madriguera.

holiday /ˈhɒlɪdeɪ/ tiene varios sentidos:
1 **holiday** puede significar vacaciones.
► **on holiday** de vacaciones.
2 **holiday** puede significar fiesta (= día festivo).

hollow /ˈhɒləʊ/ hueco.

holly /ˈhɒlɪ/ acebo.

 No confundas **holly** con **holy**.

holy /ˈhəʊlɪ/ santo o sagrado.

 No confundas **holy** con **holly**.

home /həʊm/ tiene varias categorías gramaticales y varios sentidos:
> Puede ser un SUSTANTIVO:
1 **home** puede significar casa.
► **at home** en casa.
▷ **Make yourself at home!** ¡Estás en tu casa!
2 **home** puede significar hogar.
3 **home** puede significar país natal o pueblo natal.
4 **home** puede significar residencia (infantil o de ancianos).
5 **home address** domicilio.
► **home page** portada o página inicial (en Internet).

► **home town** pueblo natal.
> Puede ser un ADVERBIO:
home significa a casa.
► **go home** volver a casa.
► **be home** estar en casa.

homeless /ˈhəʊmləs/ sin techo.
► **the homeless** los sin techo.

home-made /ˈhəʊmˈmeɪd/ casero.

homesick /ˈhəʊmsɪk/
► **be homesick** tener morriña.

homework /ˈhəʊmwɜːk/ deberes (trabajo escolar).

Honduran /hɒnˈdjʊrən/ hondureño.

honest /ˈɒnɪst/ honrado o sincero.

honestly /ˈɒnɪstlɪ/ honradamente o sinceramente.

honesty /ˈɒnɪstɪ/ honradez o sinceridad.

honey /ˈhʌnɪ/ miel.

honeymoon /ˈhʌnɪmuːn/ luna de miel.

honour /ˈɒnəʳ/ tiene varias categorías gramaticales:
> Puede ser un SUSTANTIVO:
honour significa honor u honra.
► **in honour of...** en honor de...
> Puede ser un VERBO:
honour significa honrar.

En inglés americano, esta palabra se escribe **honor**.

hood /hʊd/ capucha (de ropa).

hoof /huːf/ pezuña (de una vaca u oveja) o casco (de un caballo).

hook /hʊk/ tiene varias categorías gramaticales y varios sentidos:
> Puede ser un SUSTANTIVO:
hook significa gancho o corchete (de ropa) o anzuelo.
> Puede ser un VERBO:
► **hook something** enganchar algo.

hooligan /ˈhuːlɪgən/ gamberro.

hoop /huːp/ aro.

hooray! /hʊˈreɪ/ ¡hurra!

hoot /huːt/ tiene varios sentidos:
1 **hoot** puede significar ulular.
2 **hoot** puede significar dar bocinazos.

hooter /ˈhuːtəʳ/ bocina.

hoover /ˈhuːvəʳ/ *tiene varias categorías gramaticales:*
> *Puede ser un* SUSTANTIVO:
Hoover® *significa* aspiradora.
> *Puede ser un* VERBO:
▶ **hoover a room** pasar la aspiradora por una habitación.

> hoover no se utiliza en inglés americano. En Estados Unidos, se dice **vacuum cleaner** para el sustantivo y **vacuum** para el verbo.

hooves /ˈhuːvz/ *es el plural de* **hoof**.

hop /hɒp/ brincar o saltar a la pata coja.

hope /həʊp/ *tiene varias categorías gramaticales:*
> *Puede ser un* SUSTANTIVO:
hope *significa* esperanza.
> *Puede ser un* VERBO:
hope *significa* esperar.
▷ I hope so. Espero que sí.
▷ I hope not. Espero que no.

hopeful /ˈhəʊpfʊl/ optimista o prometedor.

hopefully /ˈhəʊpfʊlɪ/ *tiene varios sentidos:*
1 **hopefully** *puede significar* esperanzadamente.
2 **hopefully** *puede significar* ojalá o con suerte.
▶ **hopefully not** esperemos que no.

hopeless /ˈhəʊpləs/ *tiene varios sentidos:*
1 **hopeless** *puede significar* desesperado.
2 **hopeless** *puede significar* inútil (en el sentido de muy malo).

horizon /həˈraɪzən/ horizonte.

horn /hɔːn/ *tiene varios sentidos:*
1 **horn** *puede significar* cuerno (de un animal).
2 **horn** *puede significar* trompa (= instrumento musical).
3 **horn** *puede significar* bocina.

horrible /ˈhɒrɪbəl/ *tiene varios sentidos:*
1 **horrible** *puede significar* antipático.
2 **horrible** *puede significar* horrible.

horrid /ˈhɒrɪd/ *tiene varios sentidos:*
1 **horrid** *puede significar* antipático.
2 **horrid** *puede significar* horrendo.

horror /ˈhɒrəʳ/ horror.
▶ **horror film** película de terror.

horse /hɔːs/ caballo.
▶ **ride a horse** montar a caballo.

horseshoe /ˈhɔːsʃuː/ herradura.

hose /həʊz/ manguera.

hosepipe /ˈhəʊzpaɪp/ manguera.

host /həʊst/ *tiene varios sentidos:*
1 **host** *puede significar* anfitrión.
2 **host** *puede significar* presentador (de un programa de televisión o radio).

hostage /ˈhɒstɪdʒ/ rehén.
▶ **take somebody hostage** tomar a alguien como rehén.

hostel /ˈhɒstəl/ residencia o albergue.
▶ **youth hostel** albergue juvenil.

hostess /ˈhəʊstəs/ anfitriona.

hot /hɒt/ *tiene varios sentidos:*
1 **hot** *puede significar* caliente o caluroso.
▶ **it's hot today** hace calor hoy.
▶ **I'm hot** tengo calor.
▶ **hot dog** perrito caliente.
2 **hot** *puede significar* picante (cuando te refieres a comida).

hot-air balloon /hɒtˈeəbəluːn/ globo (aerostático).

hot-water bottle /hɒtˈwɔːtə ˈbɒtəl/ bolsa de agua caliente.

hour /aʊəʳ/ hora.
▶ **half an hour** media hora.
▶ **100 km an hour** o **per hour** 100 km por hora.
▷ She's been waiting for hours. Lleva horas esperando.

house /haʊs/ casa.

housewife /ˈhaʊswaɪf/ ama de casa.

housewives /ˈhaʊswaɪvz/ *es el plural de* **housewife**.

housework /ˈhaʊswɜːk/ quehaceres domésticos

how /haʊ/ *tiene varios sentidos:*
1 **how** *puede significar* cómo.
▷ How are you? ¿Cómo estás?
▷ How did he do it? ¿Cómo lo hizo?
▷ I don't know how he did it. No sé cómo lo hizo.
2 **how** se utiliza delante de un adjetivo o un adverbio en preguntas sobre el tamaño o la cantidad de algo, por ejemplo:
▷ How big is the garden? ¿Cómo es de grande el jardín?
▷ How tall is he? ¿Cuánto mide?
▷ How long will it take? ¿Cuánto tiempo llevará?
▷ How old is he? ¿Cuántos años tiene?
▷ How much does it cost? ¿Cuánto cuesta?
▷ How many people came? ¿Cuánta gente vino?

3 how *se utiliza para preguntar qué tal ha sido algo:*
▷ How was the film? ¿Qué tal fue la película?

4 how *se utiliza en exclamaciones:*
▷ How nice! ¡Qué bien!
▷ How terrible! ¡Qué horror!

5 how about *se utiliza para hacer una sugerencia:*
▷ How about going for a walk? ¿Qué tal si damos un paseo?
▷ How about a drink? ¿Te apetece tomar una copa?

however /haʊˈevəʳ/ *tiene varios sentidos:*

1 however *puede significar* sin embargo.

2 however *puede ir seguido de un adjetivo:*
▷ However hard I try, I can't do it. Por mucho que lo intente, no consigo hacerlo.
▷ However difficult it is, you must keep trying. Por muy difícil que sea, debes seguir intentándolo.
▷ However much it costs, we will pay for it. Lo pagaremos, cueste lo que cueste.

howl /haʊl/ aullar.

hug /hʌg/ *tiene varias categorías gramaticales:*
≻ *Puede ser un* SUSTANTIVO:
hug *significa* abrazo.
≻ *Puede ser un* VERBO:
► **hug somebody** abrazar a alguien.

huge /hju:dʒ/ enorme.

hum /hʌm/ zumbar *o* tararear.

human /ˈhju:mən/ *tiene varias categorías gramaticales:*
≻ *Puede ser un* SUSTANTIVO:
human *significa* ser humano.
≻ *Puede ser un* ADJETIVO:
human *significa* humano.
► **human being** ser humano.

humble /ˈhʌmbəl/ humilde.

humor /ˈhju:məʳ/ *es la ortografía americana de* **humour**.

humorous /ˈhju:mərəs/ humorístico *o* gracioso.

humour /ˈhju:məʳ/ humor.

> En inglés americano, esta palabra se escribe humor.

hump /hʌmp/ joroba.

hundred /ˈhʌndrəd/ cien.
► **a hundred** *o* **one hundred** cien.
► **a hundred and ten** ciento diez.

► **two hundred** doscientos.
► **a hundred per cent** cien por cien.
► **hundreds of...** cientos de...

hundredth /ˈhʌndrədθ/ centésimo.

hung /hʌŋ/ *es el pretérito y el participio pasado del verbo* **hang**.
▷ I hung the picture on the wall. Colgué el cuadro en la pared.
▷ He has hung the washing out. Ha tendido la ropa.

Hungarian /hʌŋˈgeərɪən/ húngaro.

Hungary /ˈhʌŋgərɪ/ Hungría.

hunger /ˈhʌŋgəʳ/ hambre.

hungry /ˈhʌŋgrɪ/ *tiene varios sentidos:*

1 be hungry tener hambre.

2 be hungry for something estar ávido de algo.

hunt /hʌnt/ *tiene varias categorías gramaticales:*
≻ *Puede ser un* SUSTANTIVO:
hunt *significa* caza *o* búsqueda.
≻ *Puede ser un* VERBO:
hunt *significa* cazar.
► **hunt for something** buscar algo.

hunter /ˈhʌntəʳ/ cazador.

hunting /ˈhʌntɪŋ/ la caza.
► **go hunting** ir de caza.

> **i** hunting también es una forma del verbo hunt.
> ▷ They were hunting for a lost photo. Estaban buscando una foto que habían perdido.

hurl /hɜ:l/ arrojar.

hurricane /ˈhʌrɪkən/ huracán.

hurried /ˈhʌrɪd/ precipitado *o* apresurado.

> **i** hurried también es el pretérito y el participio pasado del verbo hurry.
> ▷ She hurried home. Volvió apresuradamente a casa.

hurries /ˈhʌrɪz/ *es la tercera persona del singular del verbo* **hurry** *en el presente indicativo.*

hurry /ˈhʌrɪ/ *tiene varias categorías gramaticales:*
≻ *Puede ser un* SUSTANTIVO:
hurry *significa* prisa.
► **be in a hurry** tener prisa.
► **do something in a hurry** hacer algo deprisa.
≻ *Puede ser un* VERBO:
hurry *significa* apresurarse.
▷ Hurry up! ¡Date prisa!

▷ She hurried home. Volvió apresuradamente a casa.

hurt /hɜːt/ *tiene varias categorías gramaticales y varios sentidos:*

> *Puede ser un* VERBO TRANSITIVO:

1 hurt somebody *puede significar* hacer daño a alguien.

▷ I've hurt myself. Me he hecho daño.

▷ She hurt her arm. Se hizo daño en el brazo.

▷ You're hurting me. Me estás haciendo daño.

2 hurt somebody *puede significar* herir a alguien (en los sentimientos).

> *Puede ser un* VERBO INTRANSITIVO:

hurt *significa* doler.

▷ My leg hurts. Me duele la pierna.

> *Puede ser un* ADJETIVO:

hurt *significa* herido.

husband /ˈhʌzbənd/ marido.

hut /hʌt/ cabaña o cobertizo.

hydrogen /ˈhaɪdrədʒən/ hidrógeno.

hymn /hɪm/ himno.

hyphen /ˈhaɪfən/ guión.

I

I /aɪ/ yo.
- ▷ **I** am happy. Soy feliz.
- ▷ **I** live in Rome. Vivo en Roma.
- ▷ **I** didn't do it! ¡Yo no lo hice!

> **ℹ** El pronombre personal **I** no suele traducirse en español, como en los dos primeros ejemplos de arriba.

ice /aɪs/ *tiene varias categorías gramaticales y varios sentidos:*
> ➢ *Puede ser un* SUSTANTIVO:

ice *significa* hielo.
- ► **ice cream** helado.
- ► **ice cube** cubito de hielo.
- ► **ice hockey** hockey sobre hielo.
- ► **ice lolly** polo (para comer).

> **ice lolly** no se utiliza en inglés americano. En Estados Unidos, se dice **Popsicle**®.

- ► **ice rink** pista de hielo.
> ➢ *Puede ser un* VERBO:
- 1 **ice a cake** glasear una tarta.
- 2 **ice up** o **ice over** helarse.

icebox /ˈaɪsbɒks/ *tiene varios sentidos:*
- 1 *En inglés británico,* **icebox** *significa* congelador.
- 2 *En inglés americano,* **icebox** *significa* nevera.

ice-skate /ˈaɪsskeɪt/ patinar sobre hielo.

ice-skating /ˈaɪskeɪtɪŋ/ patinaje sobre hielo.
- ► **go ice-skating** ir a patinar sobre hielo.

icicle /ˈaɪsɪkəl/ carámbano.

icing /ˈaɪsɪŋ/ glaseado.

> **ℹ** **icing** también es una forma del verbo **ice**.
> ▷ The river was **icing** over. El río se estaba helando.

icon /ˈaɪkən/ icono.

icy /ˈaɪsɪ/ helado (= muy frío).

ID /ˈaɪˈdiː/ documentación (el DNI, por ejemplo).
- ► **ID card** carné de identidad.

> **ℹ** **ID** es la abreviatura de la palabra **identity**.

I'd /aɪd/ *es la contracción de* **I had** y **I would**.
- ▷ **I'd** (= I had) **already eaten.** Ya había comido.
- ▷ **I'd** (= I would) **go if I were you.** Yo en tu lugar iría.

identical /aɪˈdentɪkəl/ idéntico.
- ► **identical twins** gemelos idénticos.

identify /aɪˈdentɪfaɪ/ identificar.

identity /aɪˈdentɪtɪ/ identidad.
- ► **identity card** carné de identidad.

idiot /ˈɪdɪət/ idiota.

idle /ˈaɪdəl/ perezoso.

if /ɪf/ si.
- ▷ I'll go **if** you want. Iré si quieres.
- ▷ **If** I won the lottery, I would buy a big house. Si ganase la lotería me compraría una casa grande.
- ▷ Do you mind **if** I smoke? ¿Te importa que fume?

▷ I wonder if he's there. Me pregunto si está ahí.
► **if I were you...** yo en tu lugar...
► **as if** como si.
► **even if...** aunque...
► **if only...** ojalá...
▷ If only I had known! ¡Ojalá lo hubiera sabido!

ignore /ɪgˈnɔːʳ/ *tiene varios sentidos:*
1 **ignore somebody** *puede significar* pasar de alguien (en el sentido de 'hacerle el vacío').
2 **ignore something** o **somebody** *puede significar* no hacer caso de algo o no hacer caso a alguien.

 ignore no significa 'ignorar' en el sentido de 'no saber algo'.

I'll /aɪl/ *es la contracción de* **I will** o **I shall**.
▷ I'll be at home. Estaré en casa.

ill /ɪl/ *tiene varios sentidos:*
1 **ill** *puede significar* enfermo.
▷ He is very ill. Está muy enfermo.
▷ It made her ill. La puso enferma.
▷ I feel ill. No me encuentro muy bien.
2 **ill** *puede significar* malo.
► **ill health** mala salud.

illness /ˈɪlnəs/ enfermedad.

illusion /ɪˈluːʒən/ ilusión (en el sentido de 'espejismo').

 illusion no significa 'ilusión' en el sentido de 'esperanza'.

I'm /aɪm/ *es la contracción de* **I am**.
▷ I'm very angry. Estoy muy enfadado.

image /ˈɪmɪdʒ/ imagen.

imagination /ɪˌmædʒɪˈneɪʃən/ imaginación.

imagine /ɪˈmædʒɪn/ imaginar o imaginarse.

imitate /ˈɪmɪteɪt/ imitar.

immediate /ɪˈmiːdɪət/ inmediato.

immediately /ɪˈmiːdɪətlɪ/ inmediatamente.

immigrant /ˈɪmɪgrənt/ inmigrante.

immigrate /ˈɪmɪgreɪt/ inmigrar.

immigration /ˌɪmɪˈgreɪʃən/ inmigración.

immune /ɪˈmjuːn/ inmune.
► **immune system** sistema inmunológico.

impact /ˈɪmpækt/ impacto.

impatient /ɪmˈpeɪʃənt/ impaciente.

► **get impatient** impacientarse.

imperfect /ɪmˈpɜːfekt/ imperfecto.

imply /ɪmˈplaɪ/ insinuar.

 Normalmente, **imply** no significa 'implicar'.

impolite /ˌɪmpəˈlaɪt/ maleducado.

import *se pronuncia de dos formas diferentes y su categoría gramatical cambia en función de la pronunciación:*
◀)) /ˈɪmpɔːt/ (el acento recae sobre la primera sílaba **im-**).
≻ *Es un* SUSTANTIVO.
import *significa* importación.
◀)) /ɪmˈpɔːt/ (el acento recae sobre la segunda sílaba **-port**).
≻ *Es un* VERBO:
► **import something** importar algo.

importance /ɪmˈpɔːtəns/ importancia.
► **of great importance** muy importante.
► **of no importance** sin importancia.

important /ɪmˈpɔːtənt/ importante.
▷ It's not important. No tiene importancia.

impose /ɪmˈpəʊz/ *tiene varias categorías gramaticales:*
≻ *Puede ser un* VERBO TRANSITIVO:
► **impose something on somebody** imponer algo a alguien.
≻ *Puede ser un* VERBO INTRANSITIVO:
► **impose on somebody** molestar a alguien.

impossible /ɪmˈpɒsɪbəl/ imposible.

impress /ɪmˈpres/ impresionar.
▷ I was impressed by it. Me impresionó.

impression /ɪmˈpreʃən/ *tiene varios sentidos:*
1 **impression** *puede significar* impresión.
► **make a good impression on somebody** causarle una buena impresión a alguien.
2 **impression** *puede significar* imitación.
► **do an impression of somebody** imitar a alguien.

impressive /ɪmˈpresɪv/ impresionante.

improve /ɪmˈpruːv/ mejorar.

improvement /ɪmˈpruːvmənt/ mejora.
▷ It's a great improvement. Es mucho mejor.

impulse /ˈɪmpʌls/ impulso.

in /ɪn/ *tiene varios sentidos:*

1 **in** *puede significar* en.
- ▷ Put the toys **in** a box. Pon los juguetes en una caja.
- ▷ Mark is **in** England. Mark está en Inglaterra.
- ▷ They will return **in** May. Volverán en mayo.
- ▷ It is cold **in** the winter. Hace frío en invierno.
- ▷ She was born **in** 1997. Nació en 1997.
- ▷ He did it **in** two hours. Lo hizo en dos horas.
- ▷ Say it **in** English. Dilo en inglés.
- ▷ He spoke **in** a loud voice. Habló en voz alta.
- ▶ **in bed** en la cama.

2 **in** *puede significar* dentro de *o* dentro.
- ▷ She'll be back **in** two weeks. Volverá dentro de dos semanas.
- ▶ **in here** aquí dentro.

3 **in** *puede significar* de.
- ▷ There was a rise **in** prices. Hubo una subida de precios.
- ▷ He was covered **in** mud. Estaba cubierto de barro.
- ▷ I'll take the dress **in** the window. Me voy a llevar el vestido del escaparate.
- ▷ The woman **in** the red skirt. La mujer de la falda roja.
- ▷ He's the best singer **in** the world. Es el mejor cantante del mundo.
- ▶ **one in twenty** uno de cada veinte.

4 **in** *puede significar* a.
- ▷ When do you arrive **in** London? ¿Cuándo llegas a Londres?
- ▷ Write **in** pencil. Escribe a lápiz.
- ▶ **in the sun** al sol.

5 **in** *también se utiliza en las siguientes expresiones:*
- ▷ They were **in** shorts. Llevaban pantalones cortos.
- ▶ **in the morning** por la mañana.
- ▶ **in the rain** bajo la lluvia.

6 *Cuando viene después de un verbo,* **in** *puede significar 'dentro' o 'hacia dentro':*
- ▷ They all ran **in**. Todos entraron corriendo.
- ▷ Come **in**! ¡Pase!

7 **in** *también se utiliza para decir que alguien está en casa.*
- ▷ Is Mary **in**? ¿Está Mary?
- ▷ He's always **in** at the weekend. Siempre está en casa los fines de semana.

inability /ɪnəˈbɪlɪti/ incapacidad.

inaccurate /ɪnˈækjərət/ inexacto *o* impreciso.

inadequate /ɪnˈædɪkwət/ insuficiente.

inappropriate /ɪnəˈprəʊpriət/ poco adecuado *o* inoportuno.

inbox /ˈɪnbɒks/ buzón de entrada (de correo electrónico).

incapable /ɪnˈkeɪpəbəl/ incapaz.
- ▶ **be incapable of doing something** ser incapaz de hacer algo.

inch /ɪntʃ/ pulgada (= unidad de medida equivalente a 2,54 cm).

inclined /ɪnˈklaɪnd/
- ▶ **be inclined to do something** tener tendencia a hacer algo.

include /ɪnˈkluːd/ incluir.

including /ɪnˈkluːdɪŋ/ incluyendo *o* inclusive.

> ℹ️ including también es una forma del verbo include.
> ▷ Are you including us? ¿Nos estás incluyendo?

inclusive /ɪnˈkluːsɪv/ incluido *o* inclusive.

income /ˈɪnkʌm/ ingresos.
- ▶ **income tax** impuesto sobre la renta.

inconsiderate /ɪnkənˈsɪdərət/ desconsiderado.
- ▶ **be inconsiderate to somebody** no tener consideración con alguien.

inconsistent /ɪnkənˈsɪstənt/ incoherente.

> ✗ inconsistent no significa 'inconsistente'.

inconvenient /ɪnkənˈviːnɪənt/ inoportuno.
- ▷ It's rather inconvenient for me. No me viene muy bien.

increase *se pronuncia de dos formas diferentes y su categoría gramatical cambia en función de la pronunciación:*
- /ˈɪnkriːs/ (el acento recae sobre la primera sílaba **in-**).
- > *Es un* SUSTANTIVO:
  increase *significa* aumento *o* subida.
  - ▶ **be on the increase** ir en aumento.
- /ɪnˈkriːs/ (el acento recae sobre la segunda sílaba **-crease**).
- > *Es un* VERBO:
  increase *significa* aumentar *o* subir.

increasingly /ɪnˈkriːsɪŋli/ cada vez más.

incredible /ɪnˈkredɪbəl/ increíble.

incredibly /ɪnˈkredəbli/ increíblemente.

indeed /ɪnˈdiːd/ *tiene varios sentidos:*

1 indeed *puede significar* efectivamente.
▷ The food was indeed excellent. Efectivamente, la comida fue excelente.

2 indeed *puede significar* claro que sí.
▷ Are you coming? —Indeed I am! ¿Vienes? —¡Claro que sí!

3 indeed *puede significar* realmente.
▷ He is very clever indeed. Es realmente listo.
▷ Thank you very much indeed. Muchísimas gracias.

indefinite /ɪnˈdefɪnət/ indefinido.

indefinitely /ɪnˈdefɪnətlɪ/ indefinidamente.

independence /ɪndɪˈpendəns/ independencia.
► **Independence Day** el Día de la Independencia (= fiesta que se celebra el 4 de julio en Estados Unidos).

independent /ɪndɪˈpendənt/ independiente.

index /ˈɪndeks/ índice.
► **index finger** dedo índice.

Indian /ˈɪndɪən/ indio.

indicate /ˈɪndɪkeɪt/ *tiene varias categorías gramaticales:*
> *Puede ser un* VERBO TRANSITIVO:
► **indicate something** indicar algo o señalar algo.
> *Puede ser un* VERBO INTRANSITIVO:
indicate *significa* poner el intermitente.

En el sentido de 'poner el intermitente', indicate no se utiliza en inglés americano. En Estados Unidos, se dice **signal**.

indicator /ˈɪndɪkeɪtəʳ/ *tiene varios sentidos:*
1 indicator *puede significar* indicador.
2 indicator *puede significar* intermitente.

En el sentido de 'intermitente', indicator no se utiliza en inglés americano. En Estados Unidos, se dice **signal light**.

indifferent /ɪnˈdɪfərənt/ *tiene varios sentidos:*
1 indifferent *puede significar* indiferente.
2 indifferent *puede significar* mediocre.

indirect /ɪndɪˈrekt/ indirecto.

individual /ɪndɪˈvɪdjʊəl/ *tiene varias categorías gramaticales y varios sentidos:*
> *Puede ser un* SUSTANTIVO:
individual *significa* individuo.
> *Puede ser un* ADJETIVO:
1 individual *puede significar* individual.
2 individual *puede significar* personal.

indoor /ˈɪndɔːʳ/ *tiene varios sentidos:*
1 indoor *puede significar* interior o de interior (= para dentro de una casa).
2 indoor *puede significar* cubierto (una piscina o pista de tenis, por ejemplo) o en pista cubierta (atletismo).
► **indoor five-a-side** fútbol sala.

indoors /ɪnˈdɔːz/ dentro (en el sentido de 'dentro de la casa').

industries /ˈɪndəstrɪz/ *es el plural de la palabra* **industry**.

industry /ˈɪndəstrɪ/ industria.

inefficient /ɪnɪˈfɪʃənt/ ineficiente.

inequality /ɪnɪˈkwɒlətɪ/ desigualdad.

inexperienced /ɪnɪkˈspɪərɪənst/ inexperto.
▷ I'm rather inexperienced. No tengo mucha experiencia.

infant /ˈɪnfənt/ bebé o niño pequeño.

infect /ɪnˈfekt/ infectar.
► **infect somebody with something** contagiar algo a alguien.

infection /ɪnˈfekʃən/ infección.

infectious /ɪnˈfekʃəs/ infeccioso o contagioso.

infinite /ˈɪnfɪnət/ infinito.

infinitely /ˈɪnfɪnətlɪ/ infinitamente.

infirmary /ɪnˈfɜːmərɪ/ hospital o enfermería.

inflatable /ɪnˈfleɪtəbəl/ hinchable.

inflate /ɪnˈfleɪt/ hinchar.

influence /ˈɪnflʊəns/ *tiene varias categorías gramaticales:*
> *Puede ser un* SUSTANTIVO:
influence *significa* influencia.
> *Puede ser un* VERBO:
influence *significa* influenciar.

inform /ɪnˈfɔːm/ informar.
► **keep somebody informed** mantener a alguien al tanto.

information /ɪnfəˈmeɪʃən/ información.
► **a piece of information** un dato.
▷ I need some information. Necesito información.
► **information desk** mostrador de información.
► **information technology** informática.

ℹ **Information** es un sustantivo incontable. No tiene plural y no se utiliza con el artículo **an**.

infuriating /ɪnˈfjʊərɪeɪtɪŋ/ exasperante.

ingredient /ɪnˈgriːdɪənt/ ingrediente.

inhabit /ɪnˈhæbɪt/ habitar.

inhabitant /ɪnˈhæbɪtənt/ habitante.

inhale /ɪnˈheɪl/ *tiene varias categorías gramaticales y varios sentidos:*
> *Puede ser un* VERBO TRANSITIVO:
▶ **inhale something** inhalar algo.
> *Puede ser un* VERBO INTRANSITIVO:
1 **inhale** *puede significar* inspirar (en el sentido de 'respirar').
2 **inhale** *puede significar* tragarse el humo (cuando te refieres a un fumador).

inherit /ɪnˈherɪt/ heredar.

inheritance /ɪnˈherɪtəns/ herencia.

initial /ɪˈnɪʃəl/ *tiene varias categorías gramaticales:*
> *Puede ser un* SUSTANTIVO:
initials *significa* iniciales.
> *Puede ser un* ADJETIVO:
initial *significa* inicial.
> *Puede ser un* VERBO:
▶ **initial something** poner las iniciales en algo.

initially /ɪˈnɪʃəli/ inicialmente.

injection /ɪnˈdʒekʃən/ inyección.

injure /ˈɪndʒər/ herir o lesionar.
▶ **injure oneself** lesionarse.

ℹ El pronombre personal de la expresión **injure oneself** funciona de la siguiente forma en inglés: I injure **myself**, you injure **yourself**, he injures **himself**, she injures **herself**, we injure **ourselves**, they injure **themselves**.

injuries /ˈɪndʒəriz/ *es el plural de la palabra* **injury**.

injury /ˈɪndʒəri/ herida o lesión.

ink /ɪŋk/ tinta.

inkjet printer /ˈɪŋkdʒet ˈprɪntər/ impresora de chorro de tinta.

inn /ɪn/ posada.

inner /ˈɪnər/ *tiene varios sentidos:*
1 **inner** *puede significar* interior.
2 **inner** *puede significar* íntimo (cuando te refieres a los sentimientos o pensamientos).

innocent /ˈɪnəsənt/ inocente.

inquire /ɪnˈkwaɪər/ preguntar.
▶ **inquire about something** informarse sobre algo.

inquiries /ɪnˈkwaɪərɪz/ *es el plural de la palabra* **inquiry**.

inquiry /ɪnˈkwaɪəri/ *tiene varios sentidos:*
1 **inquiry** *puede significar* pregunta o consulta.
▶ **make inquiries** informarse.
2 **inquiry** *puede significar* investigación (de una muerte, por ejemplo).

inquisitive /ɪnˈkwɪzɪtɪv/ curioso (cuando te refieres a una persona a quien le gusta investigar las cosas).

insane /ɪnˈseɪn/ loco.

insanity /ɪnˈsænɪti/ locura.

insect /ˈɪnsekt/ insecto.

insecure /ɪnsɪˈkjʊər/ inseguro o poco seguro.

insensitive /ɪnˈsensətɪv/ insensible.

insert /ɪnˈsɜːt/ *tiene varios sentidos:*
1 **insert** *puede significar* introducir (= meter algo dentro de algo).
▶ **insert something into something** introducir algo en algo.
2 En informática, **insert** *significa* insertar.

inside /ɪnˈsaɪd/ *tiene varias categorías gramaticales y varios sentidos:*
> *Puede ser una* PREPOSICIÓN:
1 **inside** *puede significar* dentro de.
▷ It's inside the box. Está dentro de la caja.
2 **inside** *puede significar* en menos de.
▷ The work was finished inside a year. Se terminó el trabajo en menos de un año.
> *Puede ser un* ADVERBIO:
inside *significa* dentro o adentro.
▷ She's inside. Está dentro.
▷ Come inside, children! ¡Vamos adentro, niños!
> *Puede ser un* ADJETIVO:
inside *significa* interior.
> *Puede ser un* SUSTANTIVO:
inside *significa* interior.
▶ **on the inside** en el interior.
▷ Your socks are inside out. Llevas los calcetines al revés.
▷ She turned the glove inside out. Le dio la vuelta al guante.
▷ I know the route inside out. Conozco el camino como la palma de la mano.

insignificant /ɪnsɪgˈnɪfɪkənt/ insignificante.

insincere /ɪnsɪnˈsɪəʳ/ falso (= cuando te refieres a una persona que no dice la verdad).
- ► **be insincere** mentir.

insist /ɪnˈsɪst/
- ► **insist on something** exigir algo.
- ► **insist on doing something** empeñarse en hacer algo.
- ► **insist that...** insistir en que...

inspect /ɪnˈspekt/ inspeccionar.

inspection /ɪnˈspekʃən/ inspección.

inspector /ɪnˈspektəʳ/ inspector o revisor (= en el autobús o el tren).

inspire /ɪnˈspaɪəʳ/ inspirar.
- ► **inspire somebody to do something** dar a alguien la idea de hacer algo.

install /ɪnˈstɔːl/ instalar.

> 🖋 En inglés americano, esta palabra se escribe con una l: instal.

instalment /ɪnˈstɔːlmənt/ tiene varios sentidos:
1 **instalment** puede significar plazo (= pago que haces mensualmente, por ejemplo).
- ► **pay in instalments** pagar a plazos.
2 **instalment** puede significar episodio (de un programa de televisión).

> 🖋 En inglés americano, esta palabra se escribe con dos l: installment.

instance /ˈɪnstəns/ caso o ejemplo.
- ► **for instance** por ejemplo.

instant /ˈɪnstənt/ tiene varias categorías gramaticales y varios sentidos:

> Puede ser un ADJETIVO:

instant significa instantáneo.
- ► **instant coffee** café instantáneo.

> Puede ser un SUSTANTIVO:

instant significa instante.
- ▷ Come here this instant! ¡Ven aquí ahora mismo!

instantly /ˈɪnstəntlɪ/ al instante o en el acto.

instead /ɪnˈsted/ en vez de eso:
- ▷ I didn't go home, I went to the park instead. En vez de volver a casa, fui al parque.
- ▷ If you don't want wine, have some water instead. Si no quieres vino, bebe agua.
- ▷ John couldn't come, but Peter came instead. John no podía venir, pero vino Peter en su lugar.
- ► **instead of** en vez de o en lugar de.

- ▷ She stayed at home instead of going to the office. Se quedó en casa en vez de ir a la oficina.
- ▷ John came instead of Peter. Vino John en lugar de Peter.

instinct /ˈɪnstɪŋkt/ instinto.

institute /ˈɪnstɪtjuːt/ instituto.

> 🖐 institute no significa 'instituto' en el sentido de 'colegio'.

instruct /ɪnˈstrʌkt/ tiene varios sentidos:
1 **instruct somebody** significa instruir a alguien.
2 **instruct somebody to do something** significa mandar a alguien que haga algo.

instruction /ɪnˈstrʌkʃən/ tiene varios sentidos:
1 **instruction** significa instrucción.
2 **instructions** significa instrucciones o modo de empleo.

instructor /ɪnˈstrʌktəʳ/ instructor o monitor (de esquí) o profesor (de autoescuela).

instrument /ˈɪnstrəmənt/ instrumento.

insult se pronuncia de dos formas diferentes y su categoría gramatical cambia en función de la pronunciación:

 /ˈɪnsʌlt/ (el acento recae sobre la primera sílaba **in-**).

> Es un SUSTANTIVO:

insult significa insulto.

🔊 /ɪnˈsʌlt/ (el acento recae sobre la segunda sílaba **-sult**).

> Es un VERBO:

- ► **insult somebody** insultar a alguien.

insurance /ɪnˈʃʊərəns/ seguro (contra accidentes o incendios, por ejemplo).

integrate /ˈɪntɪɡreɪt/ integrar o integrarse.

intelligent /ɪnˈtelɪʒənt/ inteligente.

intend /ɪnˈtend/ tiene varios sentidos:
1 **intend to do something** o **intend doing something** significa tener la intención de hacer algo.
2 **be intended for...** estar dirigido a...
- ► **be intended as something** pretender ser algo.
- ► **be intended to do something** pretender hacer algo.

intensive /ɪnˈtensɪv/ intensivo.
- ► **intensive care unit** unidad de cuidados intensivos.

intention /ɪnˈtenʃən/ intención.

intentional /ɪnˈtenʃənəl/ intencionado.

▷ It wasn't intentional. No ha sido a propósito.

interactive /ɪntərˈæktɪv/ interactivo.

intercom /ˈɪntəkɒm/ interfono.

intercourse /ˈɪntəkɔːs/ coito.

interest /ˈɪntrəst/ *tiene varias categorías gramaticales y varios sentidos:*
  ≻ *Puede ser un* SUSTANTIVO:
  interest *significa* interés.
  ▸ **lose interest in something** perder el interés por algo.
  ≻ *Puede ser un* VERBO:
  ▸ **interest somebody** interesar a alguien.

interested /ˈɪntrəstɪd/ interesado (en el sentido de 'curioso').
  ▸ **be interested in...** interesarse por...
  ▷ He's not interested in it. No le interesa.

 interested no significa 'interesado' en el sentido de 'egoísta'.

interesting /ˈɪntrəstɪŋ/ interesante.

interfere /ɪntəˈfɪəʳ/ *tiene varios sentidos:*
1 interfere in something entrometerse en algo.
2 interfere with something interferir en algo *o* afectar algo.

interference /ɪntəˈfɪərəns/ *tiene varios sentidos:*
1 interference *puede significar* intromisión.
2 interference *puede significar* interferencia (en la televisión o la radio).

intermediate /ɪntəˈmiːdɪət/ *tiene varios sentidos:*
1 intermediate *puede significar* intermedio.
2 intermediate *puede significar* de nivel medio (un curso, por ejemplo).

internal /ɪnˈtɜːnəl/ interno.

international /ɪntəˈnæʃənəl/ internacional.

Internet /ˈɪntənet/ Internet.
  ▸ **surf the Internet** navegar por Internet.
  ▸ **Internet café** cibercafé.
  ▸ **Internet user** internauta.

interpret /ɪnˈtɜːprət/ interpretar.

interrupt /ɪntəˈrʌpt/ interrumpir.

interval /ˈɪntəvəl/ *tiene varios sentidos:*
1 interval *puede significar* intervalo.
2 interval *puede significar* entreacto.

interview /ˈɪntəvjuː/ *tiene varias categorías gramaticales:*
  ≻ *Puede ser un* SUSTANTIVO:
  interview *significa* entrevista.
  ≻ *Puede ser un* VERBO:
  ▸ **interview somebody** entrevistar a alguien.

intimate /ˈɪntɪmət/ íntimo.

into /ˈɪntʊ/ *tiene varios sentidos:*
1 into *indica un cambio de posición o lugar:*
  ▷ He came into the kitchen. Entró en la cocina.
  ▷ I'm going into town. Voy al centro.
  ▷ I got into the car. Me subí al coche.
  ▷ He poured the coffee into the cup. Sirvió el café en la taza.
2 into *indica un cambio de estado:*
  ▷ He translated it into Spanish. Lo tradujo al español.
  ▷ She changed dollars into euros. Cambió dólares por euros.
  ▷ Cut it into four pieces. Córtalo en cuatro partes.
3 be into something *indica que algo te gusta:*
  ▷ She's really into music. Le gusta mucho la música.

intricate /ˈɪntrɪkət/ intrincado.

intrigue /ɪnˈtriːg/ intrigar.

introduce /ɪntrəˈdjuːs/ *tiene varios sentidos:*
1 introduce somebody presentar a alguien.
  ▷ She introduced him to her father. Le presentó a su padre.
2 introduce somebody to something iniciar a alguien en algo.
3 introduce something *puede significar* introducir algo (una ley o una costumbre, por ejemplo).
4 introduce something *puede significar* presentar algo (un programa de televisión, por ejemplo).

introduction /ɪntrəˈdʌkʃən/ *tiene varios sentidos:*
1 introduction *puede significar* introducción.
2 introduction *puede significar* presentación (de una persona a otra).

invade /ɪnˈveɪd/ invadir.

invalid *se pronuncia de dos formas diferentes y su significado cambia en función de la pronunciación:*
◀⟩ /ˈɪnvəlɪd/ (el acento recae sobre la primera sílaba **in**-).
  ≻ *Es un* SUSTANTIVO:
  invalid *significa* inválido.
◀⟩ /ɪnˈvælɪd/ (el acento recae sobre la segunda sílaba **va**-).
  ≻ *Es un* ADJETIVO:
  invalid *significa* nulo (= sin validez).

invaluable /ɪnˈvæljʊəbəl/ muy valioso.

invent /ɪnˈvent/ inventar o inventarse.

invention /ɪnˈvenʃən/ invención o invento.

inverted commas /ɪnˈvɜːtɪd ˈkɒməz/ comillas.

invest /ɪnˈvest/ invertir.

investigate /ɪnˈvestɪgeɪt/ investigar.

investigation /ɪnvestɪˈgeɪʃən/ investigación.

investment /ɪnˈvestmənt/ inversión.

invitation /ɪnvɪˈteɪʃən/ invitación.

invite /ɪnˈvaɪt/ invitar.
- ▶ **invite somebody to dinner** invitar a alguien a cenar.

invoice /ˈɪnvɔɪs/ factura.

involve /ɪnˈvɒlv/ *tiene varios sentidos:*
1 **involve something** suponer algo o implicar algo.
  ▷ There's a lot of work involved. Supone mucho trabajo.
2 **be involved in something** *puede significar* participar en algo.
3 **be involved in something** *puede significar* verse envuelto en algo.

inwards /ˈɪnwədz/ hacia dentro.

Iranian /ɪˈreɪnɪən/ iraní.

Iraqi /ɪˈrɑːkɪ/ iraquí.

Ireland /ˈaɪələnd/ Irlanda.

Irish /ˈaɪrɪʃ/ irlandés.
- ▶ **the Irish** los irlandeses.

Irishman /ˈaɪrɪʃmən/ irlandés (= hombre de Irlanda).

Irishwoman /ˈaɪrɪʃwʊmən/ irlandesa (= mujer de Irlanda).

iron /ˈaɪən/ *tiene varias categorías gramaticales y varios sentidos:*
  > *Puede ser un* SUSTANTIVO:
1 **iron** *puede significar* hierro.
2 **iron** *puede significar* plancha (para planchar ropa).
  > *Puede ser un* ADJETIVO:
  iron *significa* de hierro.
  > *Puede ser un* VERBO:
  iron *significa* planchar.

ironic /aɪˈrɒnɪk/ irónico.

ironing /ˈaɪənɪŋ/ planchado.

- ▶ **do the ironing** planchar.
- ▶ **ironing board** tabla de planchar.

  i ironing también es una forma del verbo iron:
  ▷ He was ironing a shirt. Planchaba una camisa.

irony /ˈaɪrənɪ/ ironía.

irrelevant /ɪˈrelɪvənt/ que no viene al caso.

irritate /ˈɪrɪteɪt/ irritar.
- ▶ **get irritated** irritarse.

irritating /ˈɪrɪteɪtɪŋ/ irritante.

  i irritating también es una forma del verbo irritate:
  ▷ You're irritating me. Me estás irritando.

is /ɪz/ *es la tercera persona del singular del presente del verbo* **be**.
  ▷ He is French. Es francés.
  ▷ She is pretty. Es guapa.
  ▷ It is very important. Es muy importante.

Islamic /ɪzˈlæmɪk/ islámico.

island /ˈaɪlənd/ isla.

isn't /ˈɪzənt/ *es la contracción de* **is not**.
  ▷ He isn't here. No está aquí.
  ▷ She isn't happy. No es feliz.
  ▷ It isn't easy. No es fácil.

isolated /ˈaɪsəleɪtɪd/ aislado (en el sentido de 'remoto').

issue /ˈɪʃuː/ *tiene varias categorías gramaticales y varios sentidos:*
  > *Puede ser un* SUSTANTIVO:
1 **issue** *puede significar* cuestión o tema.
2 **issue** *puede significar* número (de una revista o un periódico).
  > *Puede ser un* VERBO:
- ▶ **issue something** *puede significar* emitir algo o expedir algo (un pasaporte, por ejemplo).

it /ɪt/ *tiene varios sentidos:*
1 **it** *es el pronombre personal que se utiliza para los objetos y los animales que no son mascotas:*
  ▷ It's a very big house. Es una casa muy grande.
  ▷ I've lost my pen. Have you seen it? He perdido el bolígrafo. ¿Lo has visto?
  ▷ Give it to me! ¡Dámelo!
  ▷ He got off the horse and gave it a drink. Se bajó del caballo y le dio de beber.
  ▷ Here's the cup. Put some milk in it. Aquí tienes la taza. Échale leche.
2 **it** *puede ser el sujeto de locuciones impersonales y también el pronombre demostrativo:*

▷ **It's raining.** Está lloviendo.

▷ **It's hot today.** Hoy hace calor.

▷ **It's three o'clock.** Son las tres.

▷ **It's Sunday.** Es domingo.

▷ **It isn't fair.** No hay derecho.

▷ **Who is it?** ¿Quién es?

▷ **It's me!** ¡Soy yo!

3 *Cuando* **it** *se utiliza después de una preposición, se traduce por* '*él*'*,* '*ella*' *o* '*ello*':

▷ **I've got a problem. Can you help me with it?** Tengo un problema. ¿Me puedes ayudar con él?

▷ **The house is small. Will we all fit in it?** La casa es pequeña. ¿Cabremos todos nosotros en ella?

▷ **I can't remember anything about it.** No recuerdo nada de ello.

IT /ˌaɪˈtiː/ informática.

ℹ️ **it** *es la abreviatura de* information technology.

Italian /ɪˈtælɪən/ italiano.

italics /ɪˈtælɪks/

▶ **in italics** en cursiva.

Italy /ˈɪtəlɪ/ Italia.

itch /ɪtʃ/ *tiene varias categorías gramaticales y varios sentidos:*

≻ *Puede ser un* SUSTANTIVO:

itch *significa* picor.

≻ *Puede ser un* VERBO:

1 itch *significa* picar.

▷ **My back itches.** Me pica la espalda.

2 be itching to do something tener unas ganas tremendas de hacer algo.

it'd /ˈɪtəd/ *es la contracción de* **it had** *o* **it would**.

▷ **It'd** (= it had) **gone.** Se había ido.

▷ **It'd** (= it would) **be a good idea.** Sería una buena idea.

item /ˈaɪtəm/ artículo (= objeto).

▶ **an item of clothing** una prenda de vestir.

it'll /ˈɪtəl/ *es la contracción de* **it will**.

▷ **It'll be too late.** Será demasiado tarde.

its /ɪts/ *es el adjetivo posesivo que se aplica a un objeto o un animal. Corresponde a* su *y* sus *en español.*

▷ **Its lid has fallen off.** Se le ha caído la tapa.

▷ **Its collar is blue.** Su collar es azul.

▷ **The dog has hurt its paw.** El perro se ha hecho daño en la pata.

ℹ️ En inglés se usa el adjetivo posesivo (**my, her, his,** etc.) y no el artículo definido (**the**) delante de una parte del cuerpo cuando ésta es el complemento directo.

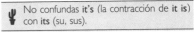

No confundas **its** (= su, sus) con **it's** (la contracción de **it is**).

it's /ɪts/ *es la contracción de* **it is** *o* **it has**.

▷ **It's** (= it is) **not easy.** No es fácil.

▷ **It's** (= it has) **changed.** Ha cambiado.

No confundas **it's** (la contracción de **it is**) con **its** (su, sus).

itself /ɪtˈself/ *tiene varios sentidos:*

1 itself *es el pronombre personal de la tercera persona del singular que se emplea para un objeto o un animal, usado como complemento de un verbo reflexivo:*

▷ **The cat was licking itself.** El gato se lamía.

2 itself *puede venir después de una preposición:*

▷ **The team is proud of itself.** El equipo está orgulloso de sí mismo.

▷ **The door closed by itself.** La puerta se cerró por sí misma.

I've /aɪv/ *es la contracción de* **I have**.

▷ **I've forgotten his name.** Se me ha olvidado su nombre.

ivory /ˈaɪvərɪ/ marfil.

ivy /ˈaɪvɪ/ hiedra.

J

La letra **J** se pronuncia /dʒeɪ/ en inglés.
J rima con **day, grey** y **weigh**.

jack /dʒæk/ *tiene varios sentidos:*
1 jack *puede significar* gato (= para cambiar la rueda de un coche).
2 jack *puede significar* jota o sota (en una baraja).

jacket /ˈdʒækɪt/ cazadora o chaqueta.
► **jacket potato** patata asada con piel.

jackpot /ˈdʒækpɒt/
► **the jackpot** el gordo (de la lotería).

jail /dʒeɪl/ *tiene varias categorías gramaticales:*
> *Puede ser un* SUSTANTIVO:
jail *significa* cárcel.
> *Puede ser un* VERBO:
► **jail somebody** encarcelar a alguien.

jam /dʒæm/ *tiene varias categorías gramaticales y varios sentidos:*
> *Puede ser un* SUSTANTIVO:
1 jam *puede significar* mermelada.
► **jam jar** tarro de mermelada.
2 jam *puede significar* atasco (de vehículos).
> *Puede ser un* VERBO TRANSITIVO:
1 jam something *puede significar* atascar algo.
2 jam something *puede significar* atestar algo.
3 jam something into something embutir algo en algo o meter algo en algo.
> *Puede ser un* VERBO INTRANSITIVO:
jam *significa* atascarse.

January /ˈdʒænjʊərɪ/ enero.
► **January the first** o **the first of January** el primero de enero.

Japan /dʒəˈpæn/ Japón.

Japanese /dʒæpəˈniːz/ japonés.
► **the Japanese** los japoneses.

jar /dʒɑːʳ/ tarro.

javelin /ˈdʒævəlɪn/ jabalina.

jaw /dʒɔː/ mandíbula.
► **the jaws of an animal** las fauces de un animal.

jealous /ˈdʒeləs/ celoso.
► **be jealous** tener celos.
► **be jealous of somebody** tener envidia de alguien.

jealousy /ˈdʒeləsɪ/ celos o envidia.

jeans /dʒiːnz/ vaqueros.
► **a pair of jeans** unos vaqueros.

jelly /ˈdʒelɪ/ gelatina (= el postre).

jellyfish /ˈdʒelɪfɪʃ/ medusa.

jet /dʒet/ *tiene varios sentidos:*
1 jet *puede significar* reactor (= avión).
2 jet *puede significar* chorro (de agua, por ejemplo).

jetlag /ˈdʒetlæg/ desfase horario (= cuando viajas en avión).

Jew /dʒuː/ judío o judía (= persona judía).

jewel /ˈdʒuːəl/ joya.

jeweller /ˈdʒuːələʳ/ joyero (= persona).
► **jeweller's** o **jeweller's shop** joyería.

En inglés americano, esta palabra se escribe con una sola l: **jeweler**.

jewellery /ˈdʒuːəlrɪ/ joyas.
- ► **a piece of jewellery** una joya.

> ℹ **jewellery** es un sustantivo incontable. No tiene plural y no se utiliza con el artículo **a**.

> ⌐⌐ En inglés americano, esta palabra se escribe **jewelry**.

Jewish /ˈdʒʊɪʃ/ judío o judía (= adjetivo).

jigsaw /ˈdʒɪgsɔː/ puzzle.

job /dʒɒb/ tiene varios sentidos:
1 **job** puede significar puesto de trabajo o empleo.
  ▷ He hasn't got a job. Está sin trabajo.
2 **job** puede significar tarea.
  ▷ That's not my job. Esa tarea no me corresponde a mí.
  ▷ He made a good job of it. Lo hizo muy bien.

jobless /ˈdʒɒbləs/ desempleado.

jog /dʒɒg/ tiene varias categorías gramaticales y varios sentidos:
> Puede ser un SUSTANTIVO:
- ► **go for a jog** ir a hacer footing.
> Puede ser un VERBO TRANSITIVO:
- ► **jog somebody's memory** significa refrescar la memoria a alguien.
> Puede ser un VERBO INTRANSITIVO:
jog significa hacer footing.

jogging /ˈdʒɒgɪŋ/ footing.
- ► **go jogging** ir a hacer footing.
- ► **jogging bottoms** pantalones de chándal.

join /dʒɔɪn/ tiene varias categorías gramaticales y varios sentidos:
> Puede ser un VERBO TRANSITIVO:
1 **join two things** o **join two things together** unir dos cosas.
2 **join somebody** reunirse con alguien.
  ▷ Would you like to join us for dinner? ¿Quieres cenar con nosotros?
3 **join something** puede significar hacerse socio de algo (un club o una asociación, por ejemplo) o afiliarse a algo (un partido político).
- ► **join the army** alistarse en el ejército.
> Puede ser un VERBO INTRANSITIVO:
1 **join** puede significar unirse.
2 **join** puede significar hacerse socio (de un club o una asociación, por ejemplo) o afiliarse (a un partido político).
3 **join in** participar.
> Puede ser un SUSTANTIVO:
join significa juntura.

joint /dʒɔɪnt/ tiene varias categorías gramaticales y varios sentidos:
> Puede ser un SUSTANTIVO:
1 **joint** puede significar articulación (entre dos huesos).
2 **joint** puede significar asado o pieza de carne.
> Puede ser un ADJETIVO:
joint significa conjunto.

joke /dʒəʊk/ tiene varias categorías gramaticales:
> Puede ser un SUSTANTIVO:
joke significa chiste o broma.
> Puede ser un VERBO:
joke significa bromear.
  ▷ He was only joking. Estaba de broma.

joker /ˈdʒəʊkəʳ/ comodín (de la baraja).

jolly /ˈdʒɒlɪ/ alegre.

journal /ˈdʒɜːnəl/ tiene varios sentidos:
1 **journal** puede significar revista.
2 **journal** puede significar diario (= libro en el que escribes lo que te pasa cada día).

journalist /ˈdʒɜːnəlɪst/ periodista.

journey /ˈdʒɜːnɪ/ viaje.
- ► **go on a journey** irse de viaje.

joy /dʒɔɪ/ alegría.

judge /dʒʌdʒ/ tiene varias categorías gramaticales:
> Puede ser un SUSTANTIVO:
judge significa juez.
> Puede ser un VERBO:
judge significa juzgar.

judgement /ˈdʒʌdʒmənt/ juicio o fallo (de un juez).

> ℹ Esta palabra también se puede escribir **judgment**.

jug /dʒʌg/ jarra.

juggle /ˈdʒʌgəl/ hacer juegos malabares.

juice /dʒuːs/ zumo o jugo.
- ► **fruit juice** zumo de fruta.

juicy /ˈdʒuːsɪ/ jugoso.

July /dʒuːˈlaɪ/ julio.
- ► **July the first** o **the first of July** el primero de julio.

jumble /ˈdʒʌmbəl/ tiene varias categorías gramaticales y varios sentidos:
> Puede ser un SUSTANTIVO:
1 **jumble** significa revoltijo.
2 En inglés británico, **jumble sale** significa rastrillo benéfico.

> *Puede ser un* VERBO:
▶ **jumble things** o **jumble things up** revolver las cosas.

jump /dʒʌmp/ *tiene varias categorías gramaticales y varios sentidos:*
> *Puede ser un* SUSTANTIVO:
1 jump *puede significar* salto.
2 jump *puede significar* obstáculo (en una carrera de caballos).
> *Puede ser un* VERBO INTRANSITIVO:
jump *significa* saltar o dar un salto.
▷ The noise made me jump. El ruido me dio un susto.
> *Puede ser un* VERBO TRANSITIVO:
▶ **jump something** saltar algo.

jumper /ˈdʒʌmpəʳ/ *tiene varios sentidos:*
1 En inglés británico, **jumper** *significa* jersey.
2 En inglés americano, **jumper** *significa* pichi.

June /dʒuːn/ junio.
▶ **June the first** o **the first of June** el primero de junio.

jungle /ˈdʒʌŋgəl/ selva o jungla.

junior /ˈdʒuːnɪəʳ/ *tiene varias categorías gramaticales y varios sentidos:*
> *Puede ser un* ADJETIVO:
1 junior *puede significar* más joven.
2 junior *puede significar* subalterno o de rango inferior.
3 En deporte, **junior** *significa* juvenil.
> *Puede ser un* SUSTANTIVO:
1 junior *puede significar* subalterno.
2 En deporte, **junior** *significa* junior.
3 En inglés británico, **junior** *significa* alumno de primaria.
4 En inglés americano, **junior** *significa* alumno de penúltimo año.

junk /dʒʌŋk/ *tiene varios sentidos:*
1 junk *puede significar* trastos (= cosas inútiles).
▶ **junk shop** tienda de objetos usados.
2 junk *puede significar* cosas (= las pertenencias de alguien).
3 junk food *significa* comida basura.

▶ **junk mail** *significa* correo basura (electrónico) o propaganda postal.

jury /ˈdʒʊərɪ/ jurado.

just /dʒʌst/ *tiene varias categorías gramaticales y varios sentidos:*
> *Puede ser un* ADVERBIO:
1 just *puede significar* exactamente o justo:
▷ It's just what I wanted. Es justo lo que quería.
▷ You're just in time. Llegas justo a tiempo.
▷ It's just as big as mine. Es igual de grande que el mío.
2 just *puede significar* un poco o justo:
▷ It was just before Easter. Fue justo antes de Semana Santa.
▷ It cost just over 10 euros. Costó poco más de 10 euros.
3 just *puede significar* simplemente o solamente:
▷ I just want to see it. Simplemente quiero verlo.
▷ It's just a rumour. Es solamente un rumor.
▷ If you need my help, just ask. Si necesitas que te ayude, no tienes más que pedirlo.
4 just *puede significar* apenas o por poco:
▷ I could only just hear him. Apenas le oía.
▷ He only just caught the train. Cogió el tren por muy poco.
5 just *puede significar* ahora o en ese mismo momento:
▷ He arrived just as I was leaving. Llegó justamente cuando yo me iba.
▷ She was just about to go. Estaba a punto de irse.
▷ I'm just coming. Ya voy.
6 have just... *se utiliza para hablar de lo que acaba de hacer alguien:*
▷ She has just left. Acaba de salir.
▷ I had just told her. Acababa de decírselo.
7 just about *significa* casi o más o menos.
> *Puede ser un* ADJETIVO:
just *significa* justo.

justice /ˈdʒʌstɪs/ justicia.

justify /ˈdʒʌstɪfaɪ/ justificar.

K

La letra **K** se pronuncia /keɪ/ en inglés.
K rima con **day**, **grey** y **weigh**.

kangaroo /k ŋgəˠruː/ canguro.

keen /kiːn/ *tiene varios sentidos:*

1 **keen** *puede significar* entusiasta.
   ► **be keen to do something** tener muchas ganas de hacer algo.
   ▷ I'm really keen on football. Me gusta mucho el fútbol.

2 **keen** *puede significar* profundo (cuando te refieres a un deseo o un interés, por ejemplo).

keep /kiːp/ *tiene varias categorías gramaticales y varios sentidos:*

> *Puede ser un* VERBO TRANSITIVO:

1 **keep something** *puede significar* guardar algo.
   ▷ You must keep it in a cold place. Tienes que guardarlo en un lugar frío.
   ▷ She keeps her jewellery in a safe. Guarda las joyas en una caja fuerte.

2 **keep something** *puede significar* quedarse con algo.
   ▷ You can keep the pen. Te puedes quedar con el bolígrafo.

3 **keep somebody** *puede significar* detener a alguien o entretener a alguien.
   ▷ What kept you? ¿Por qué llegas tan tarde?

4 **keep somebody** *puede significar* mantener a alguien (= sustentar).

5 **keep somebody waiting** hacer esperar a alguien.

6 **keep somebody from doing something** impedir que alguien haga algo.

7 **keep somebody awake** mantener a alguien despierto.

8 **keep something from somebody** ocultar algo a alguien.

9 **keep something** tener algo (una tienda o animales, por ejemplo).

10 **keep** *se utiliza en las siguientes expresiones:*
   ► **keep a promise** cumplir una promesa.
   ► **keep a diary** llevar un diario.

> *Puede ser un* VERBO INTRANSITIVO:

1 **keep doing something** seguir haciendo algo *o* no parar de hacer algo.
   ▷ She kept working. Siguió trabajando.
   ▷ He keeps asking me questions. No para de hacerme preguntas.
   ▷ I keep making the same mistake. Siempre hago el mismo error.

2 **keep** *puede significar* conservarse.
   ▷ Eat it now, it doesn't keep. Cómetelo ahora, no se conserva bien.

3 **keep** *puede venir antes de un adjetivo:*
   ► **keep still** estarse quieto.
   ► **keep quiet** callarse *o* estar callado.
   ► **keep calm** mantener la calma.

Phrasal verbs:

Al verbo **keep** *a veces le sigue una preposición como* **on** *o* **up**, *lo que puede cambiar su significado. En inglés, esto se llama un* **phrasal verb**.

   KEEP ON:
   ► **keep on doing something** seguir haciendo algo *o* no parar de hacer algo.
   ▷ She kept on working. Siguió trabajando.
   ▷ He keeps on asking me questions. No para de hacerme preguntas.
   ▷ I keep on making the same mistake. Siempre hago el mismo error.

   KEEP OUT:
   ► **keep out of somewhere** no entrar en algún lugar.
   ▷ **Keep out!** Prohibido el paso.

KEEP UP:
► **keep up with somebody** seguir el ritmo de alguien.
▷ **I can't keep up with you.** No consigo seguirte el ritmo.

keep-fit /ˈkiːpˠfɪt/ gimnasia de mantenimiento.

kennel /ˈkeńl/ *tiene varios sentidos:*
1 kennel *puede significar* caseta (de un perro).
2 kennels *significa* residencia canina.

kept /kept/ *es el pretérito y el participio pasado del verbo* **keep.**
▷ **I kept a seat for you.** Te he guardado un asiento.
▷ **He has kept the letter.** Se ha quedado con la carta.

kerb /kɛːb/ bordillo.

En inglés americano, esta palabra se escribe **curb.**

kettle /ˈketˤl/ hervidor *o* tetera.

key /kiː/ *tiene varios sentidos:*
1 key *puede significar* llave.
► **key ring** llavero.
2 key *puede significar* tecla (de un teclado).

keyboard /ˈkiːbɔːd/ teclado.

keyhole /ˈkiːhəʊl/ ojo de la cerradura.

keypad /ˈkiːpd/ teclado numérico.

kick /kɪk/ *tiene varias categorías gramaticales:*
> *Puede ser un* SUSTANTIVO:
kick *significa* patada.
> *Puede ser un* VERBO:
► **kick somebody** dar una patada a alguien *o* dar patadas a alguien.

kid /kɪd/ *tiene varias categorías gramaticales y varios sentidos:*
> *Puede ser un* SUSTANTIVO:
1 kid *puede significar* niño.
2 kid *puede significar* cabrito.
> *Puede ser un* VERBO:
kid *significa* estar bromeando.
▷ **I was only kidding!** ¡Estaba bromeando!

kidnap /ˈkɪdnp/ secuestrar.

kidney /ˈkɪdnɪ/ riñón.

kill /kɪl/ matar.

killer /ˈkɪlər/ asesino.

kilogram /ˈkɪləɡrm/ kilogramo.

Esta palabra también se escribe **kilogramme.**

kilometre /kɪˠlomɪtər/ kilómetro.

En inglés americano, esta palabra se escribe **kilometer.**

kind /kaɪnd/ *tiene varias categorías gramaticales:*
> *Puede ser un* SUSTANTIVO:
kind *significa* tipo *o* clase.
▷ **It's a kind of duck.** Es una especie de pato.
> *Puede ser un* ADJETIVO:
kind *significa* amable.
► **be kind to somebody** ser amable con alguien.

kindergarten /ˈkɪndəɡɑːtn/ jardín de infancia.

kindness /ˈkaɪndnəs/ amabilidad.

king /kɪŋ/ rey.

kingdom /ˈkɪŋdəm/ reino.

kiosk /ˈkiːosk/ *tiene varios sentidos:*
1 kiosk *puede significar* quiosco.
2 kiosk *puede significar* cabina telefónica.

En el sentido de 'cabina telefónica', **kiosk** no se utiliza en inglés americano. En Estados Unidos, se dice **booth.**

kiss /kɪs/ *tiene varias categorías gramaticales:*
> *Puede ser un* SUSTANTIVO:
kiss *significa* beso.
> *Puede ser un* VERBO TRANSITIVO:
► **kiss somebody** besar a alguien.
> *Puede ser un* VERBO INTRANSITIVO:
kiss *significa* besarse.

kit /kɪt/ *tiene varios sentidos:*
1 kit *puede significar* equipo (= los utensilios o la ropa que utilizas para hacer algo).
► **football kit** uniforme completo de fútbol.
2 kit *puede significar* kit.

kitchen /ˈkɪtʃɪn/ cocina (= la habitación).
► **kitchen sink** fregadero.

kite /kaɪt/ cometa (= juguete).

kitten /ˈkɪtˤn/ gatito.

knee /niː/ rodilla.

kneel /niːl/ ponerse de rodillas *o* estar de rodillas.
► **kneel down** ponerse de rodillas.

knelt /nelt/ *es el pretérito y el participio pasado del verbo* **kneel.**
▷ **He knelt down.** Se puso de rodillas.

knew /njuː/ es el *pretérito del verbo* **know**.
- ▷ He knew what he wanted. Sabía lo que quería.

knickers /ˈnɪkəz/ *tiene varios sentidos:*

1 *En inglés británico,* **knickers** *significa* bragas.
- ► a pair of knickers unas bragas.

2 *En inglés americano,* **knickers** *significa* bombachos.

knife /naɪf/ cuchillo.

knight /naɪt/ *tiene varios sentidos:*

1 **knight** *puede significar* caballero (de la Edad Media).

2 *En ajedrez,* **knight** *significa* caballo.

knit /nɪt/ tejer o hacer punto.

knives /naɪvz/ es el *plural de la palabra* **knife**.
- ► knives and forks cubiertos.

knob /nob/ pomo (de un cajón o una puerta) o botón (de un aparato).

knock /nok/ *tiene varias categorías gramaticales:*

> *Puede ser un* SUSTANTIVO:

knock *significa* golpe.

> *Puede ser un* VERBO TRANSITIVO:
- ► knock something golpear algo.
- ▷ He knocked the lamp off the table. Tiró la lámpara de la mesa.
- ▷ She knocked her head on the table. Se golpeó la cabeza contra la mesa.

> *Puede ser un* VERBO INTRANSITIVO:

knock *significa* llamar (a la puerta).
- ► knock at the door o knock on the door llamar a la puerta (dando golpes con el puño).

Phrasal verbs:

Al verbo **knock** *a veces le sigue una preposición como* **down** *u* **out**, *lo que puede cambiar su significado. En inglés, esto se llama un* **phrasal verb**.

KNOCK DOWN:
- ► knock somebody down atropellar a alguien o derribar a alguien.
- ► knock a building down derribar un edificio.

KNOCK OUT:
- ► knock somebody out puede significar dejar sin sentido a alguien o dejar K.O. a alguien.
- ► knock somebody out puede significar eliminar a alguien (de una competición).

KNOCK OVER:
- ► knock something over volcar algo.
- ► knock somebody over atropellar a alguien o derribar a alguien.

knot /not/ nudo.
- ► tie a knot hacer un nudo.

know /nəʊ/ *tiene varias categorías gramaticales:*

> *Puede ser un* VERBO TRANSITIVO:
- ► know something saber algo.
- ► know somebody conocer a alguien.
- ▷ He knows how to drive. Sabe conducir.
- ▷ I don't know what to do. No sé qué hacer.

> *Puede ser un* VERBO INTRANSITIVO:

know *significa* saber.
- ▷ I know. Ya lo sé.
- ▷ I don't know. No lo sé.
- ▷ I'll let you know next week. Ya te avisaré la semana que viene.
- ► know about something saber de algo.
- ▷ She knows a lot about computers. Sabe mucho de informática.
- ▷ She doesn't know about the meeting. No sabe que hay una reunión.

knowledge /ˈnolɪdʒ/ conocimientos o conocimiento.

> **i** knowledge es un sustantivo incontable. No tiene plural y no se utiliza con el artículo **a**.

known /nəʊn/ es el *participio pasado del verbo* **know**.
- ▷ I have known her for a long time. La conozco desde hace mucho tiempo.
- ▷ If I had known you were coming... Si hubiera sabido que ibas a venir...

knuckle /ˈnʌkl/ nudillo.

Korea /kəˈrɪə/ Corea.

Korean /kəˈrɪən/ coreano.

L

lab /læb/ laboratorio.

> **i** lab es la abreviatura de la palabra **labora-tory**.

label /ˈleɪbəl/ *tiene varias categorías gramaticales:*
> *Puede ser un* SUSTANTIVO:
label *significa* etiqueta.
> *Puede ser un* VERBO:
► **label something** etiquetar algo.

labor /ˈleɪbəʳ/ *es la ortografía americana de la palabra* **labour**.

laboratory /ləˈbɒrətərɪ/ laboratorio.

labour /ˈleɪbəʳ/ trabajo o mano de obra.
► **the Labour party** el partido laborista.

lace /leɪs/ *tiene varias categorías gramaticales y varios sentidos:*
> *Puede ser un* SUSTANTIVO:
1 **lace** *puede significar* encaje.
2 **laces** *significa* cordones (de los zapatos).
> *Puede ser un* VERBO:
► **lace** o **lace up one's shoes** atarse los zapatos.

> **i** El pronombre personal de la expresión **lace up one's shoes** funciona de la siguiente forma en inglés: I lace up **my** shoes, you lace up **your** shoes, he laces up **his** shoes, she laces up **her** shoes, etc.

lack /læk/ *tiene varias categorías gramaticales y varios sentidos:*
> *Puede ser un* SUSTANTIVO:
lack *significa* falta (= insuficiencia de algo).
> *Puede ser un* VERBO TRANSITIVO:
► **lack something** *se utiliza para expresar la idea de que le falta algo a algo o alguien.*

▷ The film lacks excitement. Le falta emoción a la película.
> *Puede ser un* VERBO INTRANSITIVO:
► **be lacking** faltar.
▷ The film is lacking in excitement. Le falta emoción a la película.

lad /læd/ chaval.

ladder /ˈlædəʳ/ escalera (de mano).

ladies /ˈleɪdɪz/ es el plural de **lady**.
► **ladies** (en inglés británico) o **ladies' room** (en inglés americano) servicio de señoras.

lady /ˈleɪdɪ/ señora o dama.

ladybird /ˈleɪdɪbɜːd/ mariquita (en inglés británico).

ladybug /ˈleɪdɪbʌg/ mariquita (en inglés americano).

lager /ˈlɑːgəʳ/ cerveza.

laid /leɪd/ es el pretérito y el participio pasado del verbo **lay**.
▷ She laid the map on the ground. Extendió el mapa en el suelo.
▷ He has laid the table. Ha puesto la mesa.

lain /leɪn/ es el participio pasado del verbo **lie**.
▷ The dog had lain there for hours. El perro había estado tumbado ahí durante horas.

lake /leɪk/ lago.

lamb /læm/ cordero.

lame /leɪm/ cojo (cuando te refieres a una persona o un animal).

lamp /læmp/ lámpara.

lamppost /ˈlæmppəʊst/ farola.

lampshade /ˈlæmpʃeɪd/ pantalla (de una lámpara).

land /lænd/ *tiene varias categorías gramaticales y varios sentidos:*

> *Puede ser un* SUSTANTIVO:
1 **land** *puede significar* tierra.
▶ **on dry land** en tierra firme.
▷ **They sent it by land.** Lo enviaron por vía terrestre.
2 **land** *puede significar* tierras o terrenos.
▶ **a piece of land** unas tierras o un solar.
3 **land** *puede significar* país.

> *Puede ser un* VERBO INTRANSITIVO:
1 **land** *puede significar* aterrizar.
2 **land** *puede significar* desembarcar.
3 **land** *puede significar* caer.
▷ **He landed on his feet.** Cayó de pie.

> *Puede ser un* VERBO TRANSITIVO:
▶ **land a plane** hacer aterrizar un avión.

landing /ˈlændɪŋ/ *tiene varios sentidos:*
1 **landing** *puede significar* rellano.
2 **landing** *puede significar* aterrizaje.
3 **landing** *puede significar* desembarco.

> **i** landing también es una forma del verbo **land**.
> ▷ **The plane was landing.** El avión estaba aterrizando.

landlady /ˈlændleɪdɪ/ casera (= mujer que alquila una casa o un piso) o patrona (= mujer que tiene un bar).

landlord /ˈlændlɔːd/ casero (= hombre que alquila una casa o un piso) o patrón (= hombre que tiene un bar).

landmark /ˈlændmɑːk/ punto de referencia (= lugar o edificio famoso en una ciudad, por ejemplo).

landowner /ˈlændəʊnəʳ/ terrateniente.

landscape /ˈlændskeɪp/ paisaje.

lane /leɪn/ *tiene varios sentidos:*
1 **lane** *puede significar* camino o callejuela.
2 **lane** *puede significar* carril (= parte de una carretera) o calle (en una piscina o pista de atletismo).
▶ **the left-hand lane** el carril de la izquierda.

language /ˈlæŋgwɪdʒ/ lengua o idioma o lenguaje.

lap /læp/ *tiene varios sentidos:*
1 **lap** *puede significar* regazo.

2 *En deporte,* **lap** *significa* vuelta (en una carrera).

lapel /ləˈpel/ solapa (de una prenda de vestir).

laptop /ˈlæptɒp/ ordenador portátil.

lard /lɑːd/ manteca de cerdo.

larder /ˈlɑːdəʳ/ despensa.

large /lɑːdʒ/ grande.

> En inglés, **large** no significa 'largo'.

largely /ˈlɑːdʒlɪ/ principalmente.

> En inglés, **largely** no significa 'largamente'.

last /lɑːst/ *tiene varias categorías gramaticales y varios sentidos:*

> *Puede ser un* ADJETIVO:
last *significa* último.
▶ **at the last minute** en el último momento.
▶ **last week** la semana pasada.
▶ **last night** anoche.
▶ **last May** en mayo del año pasado.
▶ **last name** apellido.

> *Puede ser un* ADVERBIO:
1 **last** *puede significar* por última vez.
▷ **When did you last see him?** ¿Cuál fue la última vez que lo viste?
2 **last** *puede significar* en último lugar.
▷ **He came last.** Llegó en último lugar.

> *Puede ser un* SUSTANTIVO:
▶ **the last** *significa* el último o la última.
▶ **the last but one** el penúltimo o la penúltima.
▶ **the week before last** hace dos semanas.
▶ **the night before last** anteanoche.
▶ **at last!** ¡por fin!

> *Puede ser un* VERBO:
last *significa* durar.
▷ **How long did the concert last?** ¿Cuánto tiempo duró el concierto?

lastly /ˈlɑːstlɪ/ por último.

late /leɪt/ *tiene varios sentidos:*
1 **late** *puede significar* tarde.
▷ **I'm going to be late.** Voy a llegar tarde.
▷ **She was 10 minutes late.** Llegó 10 minutos tarde.
▷ **The bus is an hour late.** El autobús lleva una hora de retraso.
▷ **It's getting late.** Se está haciendo tarde.
▷ **We had a late lunch.** Almorzamos tarde.

2 late *puede significar* al final de un periodo de tiempo:
- ▶ **in late July** o **late in July** a finales de julio.
- ▶ **late at night** por la noche tarde.
- ▶ **in the late afternoon** o **late in the afternoon** al final de la tarde.

lately /ˈleɪtlɪ/ recientemente.

later /ˈleɪtəʳ/ *tiene varias categorías gramaticales:*
> *Puede ser un* ADVERBIO:
later *significa* más tarde.
▷ **See you later!** ¡Hasta luego!
- ▶ **later on** más tarde.
- ▶ **sooner or later** tarde o temprano.
> *Puede ser un* ADJETIVO:
later *significa* posterior.
▷ **We caught a later bus.** Cogimos un autobús más tarde.

latest /ˈleɪtɪst/ *tiene varias categorías gramaticales:*
> *Puede ser un* ADJETIVO:
latest *significa* último (en el sentido de más reciente).
> *Puede ser un* SUSTANTIVO:
- ▶ **at the latest** como muy tarde.

Latin America /ˈlætɪn əˈmerɪkə/ Latinoamérica.

Latin American /ˈlætɪn əˈmerɪkən/ latinoamericano.

latter /ˈlætəʳ/ último (de dos cosas).
- ▶ **the former..., the latter...** el primero..., el último...

Latvia /ˈlætvɪə/ Letonia.

Latvian /ˈlætvɪən/ letón.

laugh /lɑːf/ *tiene varias categorías gramaticales:*
> *Puede ser un* SUSTANTIVO:
laugh *significa* risa.
> *Puede ser un* VERBO:
laugh *significa* reírse.
- ▶ **laugh at something** o **laugh about something** reírse de algo.
- ▶ **laugh at somebody** reírse de alguien.

laughter /ˈlɑːftəʳ/ risas.

launch /lɔːntʃ/ *tiene varias categorías gramaticales y varios sentidos:*
> *Puede ser un* SUSTANTIVO:
1 launch *puede significar* lanzamiento (de un producto o un cohete) o botadura (de un barco).
- ▶ **launch pad** plataforma de lanzamiento.
2 launch *puede significar* lancha.

> *Puede ser un* VERBO:
- ▶ **launch something** lanzar algo (un producto o un cohete) o botar algo (un barco).

launderette /lɔːndəˈret/ lavandería.

⌐ launderette no se utiliza en inglés americano. En Estados Unidos, se dice **Laundromat®**.

Laundromat ® /ˈlɔːndrəmæt/ lavandería.

⌐ La palabra **Laundromat®** es americana. En inglés británico, se dice **launderette**.

laundry /ˈlɔːndrɪ/ *tiene varios sentidos:*
1 laundry *puede significar* ropa sucia (antes de lavarla) o ropa limpia (después de lavarla).
- ▶ **laundry basket** cesto de la ropa sucia.
2 laundry *puede significar* lavandería.

lavatories /ˈlævətərɪz/ es el plural de **lavatory**.

lavatory /ˈlævətərɪ/ *tiene varios sentidos:*
1 lavatory *puede significar* váter.
2 lavatory *puede significar* servicios o aseos.

lavender /ˈlævɪndəʳ/ lavanda.

law /lɔː/ *tiene varios sentidos:*
1 law *puede significar* ley.
▷ **It's against the law.** Es ilegal.
2 law *puede significar* derecho (= el sistema legal o la materia).
▷ **He's studying law.** Está estudiando derecho.

lawn /lɔːn/ césped.

lawnmower /ˈlɔːnməʊəʳ/ cortacésped.

lawyer /ˈlɔːjəʳ/ abogado.

lay /leɪ/ *tiene varios sentidos:*
1 lay something somewhere poner algo en alguna parte.
▷ **He laid the book on the table.** Puso el libro encima de la mesa.
2 lay an egg poner un huevo.
- ▶ **lay the table** poner la mesa.
- ▶ **lay a trap** tender una trampa.

Phrasal verbs:

Al verbo **lay** a veces le sigue una preposición como **down** u **out**, lo que puede cambiar su significado. En inglés, esto se llama un **phrasal verb**.

LAY DOWN:
- ▶ **lay something down somewhere** *puede significar* dejar algo en alguna parte.
- ▶ **lay something down** *puede significar* establecer algo (reglas o condiciones, por ejemplo).

> **LAY OFF:**
> ▶ **lay somebody off** despedir a alguien (del trabajo).
> **LAY OUT:**
> ▶ **lay something out** *puede significar* disponer algo.
> ▶ **lay a map out** extender un mapa.
> ▶ **lay something out** *puede significar* diseñar el trazado de algo.

---

i lay también es el pretérito del verbo intransitivo **lie**.
▷ **She lay on the floor.** Estaba tumbada en el suelo.

layer /ˈleɪəʳ/ capa (de pintura o polvo, por ejemplo).

layout /ˈleɪaʊt/ disposición o diseño.

lazier /ˈleɪzɪəʳ/ *es el comparativo de* **lazy**.
▷ **He's even lazier than you.** Es aún más vago que tú.

laziest /ˈleɪzɪɪst/ *es el superlativo de* **lazy**.
▷ **She's the laziest girl in the class.** Es la chica más vaga de la clase.

lazy /ˈleɪzɪ/ vago o perezoso.

lead *se pronuncia de dos formas diferentes y su significado cambia en función de la pronunciación:*
◀) /led/ (la **ea** se pronuncia como la **e** de **bed**).
≻ *Puede ser un* SUSTANTIVO:
1 **lead** *puede significar* plomo.
2 **lead** *puede significar* mina (de un lápiz).
≻ *Puede ser un* ADJETIVO:
lead *significa* de plomo.
◀) /liːd/ (la **ea** se pronuncia como la **ee** de **week**).
≻ *Puede ser un* SUSTANTIVO:
1 **lead** *puede significar* ventaja (en una carrera o una competición).
▶ **be in the lead** ir en cabeza.
▷ **He has a 2-metre lead.** Lleva una ventaja de 2 metros.
2 **lead** *puede significar* correa (para un perro).
3 **lead** *puede significar* pista (en una investigación).
4 **lead** *puede significar* papel principal (en una película o una obra de teatro).
▶ **lead singer** cantante (de un grupo de música).
5 **lead** *puede significar* cable (eléctrico).
≻ *Puede ser un* VERBO TRANSITIVO:
1 **lead somebody** *puede significar* conducir a alguien o llevar a alguien.
2 **lead something** *puede significar* dirigir algo (un grupo o el gobierno, por ejemplo).
3 **lead something** *puede significar* encabe-

zar algo (un desfile o una clasificación, por ejemplo).
4 **lead something** *puede significar* llevar algo (cuando te refieres a tu estilo de vida).
▷ **I lead a very quiet life.** Llevo una vida muy tranquila.
5 **lead somebody to do something** *significa* llevar a alguien a hacer algo.
≻ *Puede ser un* VERBO INTRANSITIVO:
1 **lead** *puede significar* ir ganando (en un partido) o ir en cabeza (en una carrera).
2 **lead** *puede significar* ir delante (en un grupo que marcha hacia alguna parte).
3 **lead somewhere** *significa* llevar a alguna parte.
▷ **This road leads to my house.** Esta carretera lleva a mi casa.
4 **lead to something** llevar a algo o causar algo.

leader /ˈliːdəʳ/ líder o dirigente.

lead-free /ˈledˈfriː/ sin plomo.

leading /ˈliːdɪŋ/ *tiene varios sentidos:*
1 **leading** *puede significar* principal o destacado.
▷ **It is one of Europe's leading industries.** Es una de las principales industrias europeas.
2 **leading** *puede significar* de cabeza (cuando te refieres al primer equipo de una clasificación, por ejemplo).

---

i leading también es una forma del verbo **lead**.
▷ **Italy are leading the table.** Italia encabeza la clasificación.

leaf /liːf/ hoja.

leaflet /ˈliːflət/ folleto.

league /liːg/ liga.

leak /liːk/ *tiene varias categorías gramaticales:*
≻ *Puede ser un* SUSTANTIVO:
leak *significa* agujero (por el que sale agua, por ejemplo) o gotera o fuga (= escape de gas, por ejemplo).
≻ *Puede ser un* VERBO INTRANSITIVO:
leak *significa* perder (cuando te refieres a agua que sale de un cubo, por ejemplo) o tener goteras o tener una fuga.

lean /liːn/ *tiene varias categorías gramaticales y varios sentidos:*
≻ *Puede ser un* ADJETIVO:
lean *significa* flaco (cuando te refieres a una persona) o magro (cuando te refieres a la carne).
≻ *Puede ser un* VERBO INTRANSITIVO:
1 **lean** *puede significar* inclinarse (cuando te refieres a un edificio o un árbol, por ejemplo).

▶ **lean forward** inclinarse hacia delante (una persona).
▶ **lean back** echarse hacia atrás (en una silla, por ejemplo).
2 lean against something apoyarse contra algo.
▶ **lean on something** apoyarse en algo.
> *Puede ser un* VERBO TRANSITIVO:
▶ **lean something against something** apoyar algo contra algo.

leant /lent/ *es el pretérito y el participio pasado del verbo* **lean**.
▷ He leant forward. Se inclinó hacia delante.
▷ She had leant her bike against the wall. Había apoyado su bicicleta contra el muro.

leap /liːp/ *tiene varias categorías gramaticales y varios sentidos:*
> *Puede ser un* SUSTANTIVO:
1 leap *significa* salto.
2 leap year año bisiesto.
> *Puede ser un* VERBO:
leap *significa* saltar.

leapfrog /ˈliːpfrɒg/ pídola.

leapt /lept/ *es el pretérito y el participio pasado del verbo* **leap**.
▷ The dog leapt over the garden gate. El perro saltó por encima de la puerta del jardín.

learn /lɜːn/ aprender.
▶ **learn how to do something** aprender a hacer algo.

learner /ˈlɜːnəʳ/ principiante.
▶ **learner driver** conductor en prácticas.

learnt /lɜːnt/ *es el pretérito y el participio pasado del verbo* **learn**.
▶ **What have you learnt today?** ¿Qué has aprendido hoy?

lease /liːs/ *tiene varias categorías gramaticales:*
> *Puede ser un* SUSTANTIVO:
lease *significa* contrato de alquiler.
> *Puede ser un* VERBO:
▶ **lease something** alquilar algo.

leash /liːʃ/ correa (para un perro).

least /liːst/ menos.
▷ She had the least money. Ella era la que menos dinero tenía.
▷ He ate the least. Él fue el que menos comió.
▷ It was the least expensive. Fue el menos caro.
▷ I don't have the least idea. No tengo la menor idea.

▶ **at least** por lo menos.
▶ **not in the least** en absoluto.

leather /ˈleðəʳ/ *tiene varias categorías gramaticales:*
> *Puede ser un* SUSTANTIVO:
leather *significa* cuero o piel.
> *Puede ser un* ADJETIVO:
leather *significa* de cuero o de piel.

leave /liːv/ *tiene varias categorías gramaticales y varios sentidos:*
> *Puede ser un* VERBO TRANSITIVO:
1 leave something o **somebody** puede significar dejar algo o a alguien.
▷ He left a message for you. Dejó un mensaje para ti.
▷ Leave him alone! ¡Déjale en paz!
▶ **leave somebody something** dejar algo a alguien.
2 leave somewhere puede significar irse de alguna parte o salir de alguna parte.
▷ She left home. Se fue de casa.
▷ He left the building. Salió del edificio.
3 leave something puede significar dejarse algo.
▷ I left my handbag on the bus. Me dejé el bolso en el autobús.
> *Puede ser un* VERBO INTRANSITIVO:
leave *significa* irse o salir.
> *Puede ser un* SUSTANTIVO:
leave *significa* permiso (= tiempo libre del trabajo).

Phrasal verbs:

Al verbo **leave** *a veces le sigue una preposición como* **behind** *u* **out**, *lo que puede cambiar su significado. En inglés, esto se llama un* **phrasal verb**.
LEAVE BEHIND:
▶ **leave something behind** dejar algo o dejarse algo.
LEAVE ON:
▶ **leave something on** puede significar no quitarse algo (cuando te refieres a una prenda de vestir).
▶ **leave something on** puede significar dejar algo encendido (la calefacción o la televisión, por ejemplo) o dejar algo abierto (el grifo, por ejemplo).
LEAVE OUT:
▶ **leave something out** omitir algo.
▶ **leave somebody out** excluir a alguien.

---

leaves /liːvz/ *tiene varios sentidos:*
1 leaves puede ser el plural del sustantivo **leaf**.
▷ There were lots of leaves on the ground. Había muchas hojas en el suelo.
2 leaves puede ser la tercera persona del singular del presente del verbo **leave**.
▷ He leaves at six o'clock. Se va a las seis.

lecture /ˈlektʃəʳ/ *tiene varias categorías gramaticales y varios sentidos:*

> Puede ser un SUSTANTIVO:

1 **lecture** *puede significar* conferencia (= discurso público).

2 *En la universidad,* **lecture** *significa* clase (que da un profesor).

▶ **lecture hall** o **lecture theatre** aula.

> Puede ser un VERBO INTRANSITIVO:

lecture *significa* dar una conferencia o dar clases.

> Puede ser un VERBO TRANSITIVO:

lecture somebody *significa* echar un sermón a alguien.

🌵 En inglés, **lecture** no significa 'lectura'.

---

lecturer /ˈlektʃərəʳ/ profesor (de universidad).

led /led/ *es el pretérito y el participio pasado del verbo* **lead**.

▷ He led me to his office. Me llevó a su oficina.

▷ He has led them to victory. Les ha llevado a la victoria.

leek /liːk/ puerro.

left /left/ *tiene varias categorías gramaticales y varios sentidos:*

> Puede ser un SUSTANTIVO:

left *significa* izquierda.

▶ **on the left** o **to the left** a la izquierda.

> Puede ser un ADVERBIO:

left *significa* a la izquierda.

▷ Turn left. Gira a la izquierda.

> Puede ser un ADJETIVO:

left *significa* izquierdo.

1 **My left leg hurts.** Me duele la pierna izquierda.

2 **be left** *significa* quedar.

▷ How much is left? ¿Cuánto queda?

▷ There are two pieces of cake left. Quedan dos trozos de pastel.

▷ I don't have any money left. No tengo más dinero.

ℹ **left** también es el pretérito y el participio pasado del verbo **leave**:

▷ She left me a message. Me dejó un mensaje.

▷ She has left home. Se ha ido de casa.

---

left-hand /ˈleftˈhænd/ de la izquierda.

▷ It's on the left-hand page. Está en la página de la izquierda.

▶ **on the left-hand side** a la izquierda.

left-handed /ˈleftˈhændɪd/ zurdo.

left-luggage office /ˈleftˈlʌgɪdʒɒfɪs/ consigna (= lugar donde dejas las maletas).

✂ No se dice **left-luggage office** en inglés americano. En Estados Unidos, se dice **checkroom**.

---

leftovers /ˈleftəʊvəz/ sobras (de una comida).

leg /leg/ *tiene varios sentidos:*

1 **leg** *puede significar* pierna (de una persona) o pata (de un animal o un mueble).

▶ **pull somebody's leg** tomar el pelo a alguien.

2 **leg** *puede significar* muslo (de pollo).

legal /ˈliːgəl/ legal o jurídico.

legend /ˈledʒənd/ leyenda.

leggings /ˈlegɪŋz/ mallas.

legislation /ˌledʒɪsˈleɪʃən/ legislación.

legitimate /lɪˈdʒɪtɪmət/ legítimo.

leisure /ˈleʒəʳ/ ocio.

▶ **leisure centre** polideportivo.

lemon /ˈlemən/ limón.

lemonade /ˌleməˈneɪd/ gaseosa o limonada.

lend /lend/ prestar.

▶ **lend somebody something** prestar algo a alguien.

length /leŋθ/ *tiene varios sentidos:*

1 **length** *puede significar* longitud.

▷ What length is it? ¿Cuánto mide de largo?

▷ It's 5 metres in length. Tiene 5 metros de largo.

2 **length** *puede significar* duración.

3 **length** *puede significar* extensión (de un artículo o un trabajo escrito).

4 **length** *puede significar* trozo (de cuerda) o largo (de tela).

5 **length** *puede significar* largo (de una piscina).

lengthen /ˈleŋθən/ alargar o alargarse.

lenient /ˈliːnɪənt/ indulgente.

lens /lenz/ lente u objetivo.

Lent /lent/ cuaresma.

lent /lent/ *es el pretérito y el participio pasado del verbo* **lend**.

▷ He lent me some money. Me prestó dinero.

▷ She has lent him a book. Le ha prestado un libro.

lentil /ˈlentəl/ lenteja.

Leo /ˈliːəʊ/ Leo (signo del zodiaco).

leopard /ˈlepəd/ leopardo.

leotard /ˈliːətɑːd/ malla (= prenda de vestir).

less /les/ menos.

▷ He has less money than I have. Tiene menos dinero que yo.

▷ There is less and less time. Hay cada vez menos tiempo.

▷ He has even less than me. Tiene aún menos que yo.

▷ It took us less than a week. Nos llevó menos de una semana.

▷ The less you work, the less you earn. Cuanto menos trabajas, menos ganas.

lessen /ˈlesən/ disminuir.

lesson /ˈlesən/ clase (que da un profesor en el colegio) o lección o lectura (en la iglesia).

let /let/ *tiene varios sentidos:*

1 let somebody do something dejar a alguien hacer algo.

▷ He won't let me go out. No me deja salir.

▶ **let somebody know something** avisar a alguien de algo.

▷ I'll let you know next week. Ya te avisaré la semana que viene.

2 let go soltar.

▶ **let go of something** o **somebody** soltar algo o a alguien.

3 let's y **let me** *se utilizan con el infinitivo de otros verbos para formar el imperativo:*

▷ Let's go! ¡Vamos!

▷ Let's not talk about it. No hablemos de ello.

▷ Let me see it. Déjame verlo.

▷ Let's see... Vamos a ver...

4 let something alquilar algo.

Phrasal verbs:

Al verbo **let** *a veces le sigue una preposición como* **down** *u* **out***, lo que puede cambiar su significado. En inglés, esto se llama un* **phrasal verb**.

LET DOWN:
▶ **let somebody down** fallar a alguien.

LET IN:
▶ **let somebody in** dejar pasar a alguien.

LET OFF:
▶ **let something off** hacer explotar algo (una bomba, por ejemplo).

▶ **let somebody off** perdonar a alguien.

▶ **let somebody off something** decir a alguien que no tiene que hacer algo.

LET OUT:
▶ **let somebody out** *puede significar* dejar salir a alguien.

▶ **let out a scream** soltar un grito.

LET PAST:
▶ **let somebody past** dejar pasar a alguien.

---

lethal /ˈliːθəl/ letal.

let's /lets/ *es la contracción de* **let us**.

▷ Let's go! ¡Vamos!

letter /ˈletər/ *tiene varios sentidos:*

1 letter *puede significar* carta.

2 letter *puede significar* letra.

letterbox /ˈletəbɒks/ buzón.

lettuce /ˈletɪs/ lechuga.

level /ˈlevəl/ *tiene varias categorías gramaticales y varios sentidos:*

> *Puede ser un* SUSTANTIVO:

level *significa* nivel.

▶ **level crossing** paso a nivel.

> *Puede ser un* ADJETIVO:

1 level *puede significar* llano o nivelado o raso (una cucharada).

2 level *puede significar* al mismo nivel o a la misma altura.

3 level *puede significar* igualados (dos equipos, por ejemplo).

lever /ˈliːvər/ palanca.

liar /ˈlaɪər/ mentiroso.

liberty /ˈlɪbətɪ/ libertad.

Libra /ˈliːbrə/ Libra (signo del zodiaco).

librarian /laɪˈbreərɪən/ bibliotecario.

libraries /ˈlaɪbrərɪz/ *es el plural de* **library**.

library /ˈlaɪbrərɪ/ biblioteca.

 library no significa 'librería'.

licence /ˈlaɪsəns/ licencia o permiso.

▶ **driving licence** carné de conducir.

En inglés americano, esta palabra se escribe **license**.

license /ˈlaɪsəns/ *tiene varias categorías gramaticales:*

> *Puede ser un* VERBO:

▶ **be licensed** *significa* tener un permiso.

> *Puede ser un* SUSTANTIVO:

license es la ortografía americana de la palabra **licence**.

lick /lɪk/ lamer.

licorice

licorice /ˈlɪkərɪs/ regaliz.

⟨🖐⟩ licorice es la ortografía americana de la palabra **liquorice**.

lid /lɪd/ tapa (para cerrar un tarro o una olla, por ejemplo).

lie /laɪ/ *tiene varias categorías gramaticales y varios sentidos:*
> *Puede ser un* SUSTANTIVO:
lie *significa* mentira.
► **tell lies** mentir.
> *Puede ser un* VERBO INTRANSITIVO:
1 lie *puede significar* mentir.
2 lie o **lie down** *puede significar* acostarse o tumbarse.
▷ He lay down on the bed. Se acostó en la cama.
3 be lying o **be lying down** estar acostado o estar tumbado.
▷ She was lying on the floor. Estaba tumbada en el suelo.
4 lie *puede significar* estar o encontrarse.
▷ Her books were lying on the floor. Sus libros estaban en el suelo.
▷ The town lies in a valley. La ciudad se encuentra en un valle.

ⓘ Cuando **lie** significa 'mentir', el pretérito y el participio pasado del verbo es **lied** (you lied to me, you have lied to me). El pretérito de los otros sentidos del verbo es **lay** (I lay down to sleep) y el participio pasado es **lain** (he had lain down).

✋ No confundas el verbo **lie** con el verbo **lay**. Lay es el pretérito del verbo intransitivo **lie**, pero también es un verbo transitivo distinto (I lay down me acosté; I lay the book down on the table pongo el libro encima de la mesa; I laid the book down on the table puse el libro encima de la mesa).

life /laɪf/ vida.
► **life jacket** chaleco salvavidas.

lifebelt /ˈlaɪfbelt/ flotador (= salvavidas).

lifeboat /ˈlaɪfbəʊt/ bote salvavidas o lancha de salvamento.

lifeguard /ˈlaɪfgɑːd/ socorrista.

lifestyle /ˈlaɪfstaɪl/ estilo de vida.

lifetime /ˈlaɪftaɪm/ vida.

lift /lɪft/ *tiene varias categorías gramaticales y varios sentidos:*
> *Puede ser un* SUSTANTIVO:
1 lift *puede significar* ascensor.

⟨🖐⟩ En este sentido, **lift** no se utiliza en inglés americano. En Estados Unidos, se dice **elevator**.

2 give somebody a lift acercar a alguien o llevar a alguien (en coche).
> *Puede ser un* VERBO TRANSITIVO:
► **lift something** o **lift something up** levantar algo.
► **lift somebody** o **lift somebody up** coger a alguien en brazos.
> *Puede ser un* VERBO INTRANSITIVO:
lift *significa* subir.

lift-off /ˈlɪftɒf/ despegue (de una nave espacial).

light /laɪt/ *tiene varias categorías gramaticales y varios sentidos:*
> *Puede ser un* SUSTANTIVO:
1 light *puede significar* luz.
▷ There isn't much light. Hay poca luz.
▷ He turned the light on. Encendió la luz.
▷ She left her lights on. Dejó las luces encendidas.
► **light bulb** bombilla.
► **light switch** interruptor de la luz.
2 light *puede significar* semáforo.
▷ The lights are red. El semáforo está en rojo.
▷ I went through a red light. Me salté un semáforo en rojo.
3 light *puede significar* fuego (para encender un cigarrillo).
▷ Do you have a light? ¿Tienes fuego?
► **set light to something** prender fuego a algo.
4 light *se utiliza en las siguientes expresiones:*
► **come to light** salir a la luz.
► **see something in a different light** ver algo desde una perspectiva diferente.
> *Puede ser un* ADJETIVO:
1 light *puede significar* claro (el pelo o los ojos de alguien, por ejemplo) o luminoso (una habitación).
▷ Her eyes are light blue. Tiene los ojos azul claro.
▷ It's a very light room. Es una habitación muy luminosa.
▷ It's getting light. Se está haciendo de día.
2 light *puede significar* ligero.
▷ These cases are quite light. Estas maletas son bastante ligeras.
3 light *puede significar* leve (un golpe, por ejemplo) o fino (cuando te refieres a la lluvia).
> *Puede ser un* VERBO:
1 light something *puede significar* encender algo (un cigarrillo o una vela, por ejemplo) o prender algo (un fuego).

2 light something *puede significar* iluminar algo.

lighter /ˈlaɪtəʳ/ mechero (para cigarrillos).

> **i** lighter también es el comparativo del adjetivo light.
> ▷ The cases are lighter now. Las maletas son más ligeras ahora.

lighthouse /ˈlaɪthaʊs/ faro (en la costa).

lighting /ˈlaɪtɪŋ/ iluminación o alumbrado.

> **i** lighting también es una forma del verbo light.
> ▷ He was lighting a cigarette. Encendía un cigarrillo.

lightning /ˈlaɪtənɪŋ/ relámpagos.

- ► **a flash of lightning** un relámpago.
- ▷ She was struck by lightning. Le alcanzó un rayo.

> **i** lightning es un sustantivo incontable. No tiene plural y no se utiliza con el artículo a.

like /laɪk/ *tiene varias categorías gramaticales y varios sentidos:*

> **Puede ser una PREPOSICIÓN:**

1 like *puede significar* como.

- ▷ She has a dress like mine. Tiene un vestido como el mío.
- ▷ I enjoy sports like football. Me gustan los deportes como el fútbol.
- ► **look like somebody** o **something** parecerse a alguien o algo.
- ▷ What does it look like? ¿Qué aspecto tiene?
- ► **like this** así (= de esta manera).
- ► **like that** así (= de esa manera).

2 like *puede significar* cómo.

- ▷ What is she like? ¿Cómo es?
- ▷ What's the weather like? ¿Qué tiempo hace?

> **Puede ser un VERBO:**

1 like somebody o **something** *se utiliza para decir que alguien o algo te gusta:*

- ▷ I like football. Me gusta el fútbol.
- ▷ I don't like him. No me gusta.
- ▷ I like oysters. Me gustan las ostras.
- ▷ She likes dancing. Le gusta bailar.

2 like *puede significar* querer.

- ▷ You can do what you like. Puedes hacer lo que quieras.

3 would like *expresa un deseo:*

- ▷ I'd like a cup of tea. Quería una taza de té.
- ▷ I'd like a kilo of apples. Ponme un kilo de manzanas.
- ▷ I'd like the roast chicken. Voy a tomar el pollo asado.
- ▷ I'd like to go. Quiero irme.

- ▷ I'd like you to help me. Me gustaría que me ayudaras.
- ▷ Would you like something to eat? ¿Quieres algo de comer?

likelihood /ˈlaɪklɪhʊd/ probabilidad.

likely /ˈlaɪklɪ/ *tiene varias categorías gramaticales y varios sentidos:*

> **Puede ser un ADJETIVO:**

likely *significa* probable.

- ▷ That's not very likely. Es poco probable.
- ▷ She's likely to fail. Es probable que suspenda.

> **Puede ser un ADVERBIO:**

- ► **very likely** o **most likely** muy probablemente.
- ► **not likely!** ¡ni hablar!

lilac /ˈlaɪlək/ lila.

lilies /ˈlɪlɪz/ *es el plural de* **lily**.

lily /ˈlɪlɪ/ lirio.

limb /lɪmb/ miembro (= brazo o pierna, por ejemplo).

lime /laɪm/ lima.

limestone /ˈlaɪmstəʊn/ piedra caliza.

limit /ˈlɪmɪt/ *tiene varias categorías gramaticales:*

> **Puede ser un SUSTANTIVO:**

limit *significa* límite.

> **Puede ser un VERBO:**

- ► **limit something** limitar algo.

limp /lɪmp/ *tiene varias categorías gramaticales y varios sentidos:*

> **Puede ser un ADJETIVO:**

limp *significa* flojo (en el sentido de algo a lo que le falta rigidez).

> **Puede ser un SUSTANTIVO:**

- ► **have a limp** cojear.

> **Puede ser un VERBO:**

limp *significa* cojear.

line /laɪn/ *tiene varias categorías gramaticales y varios sentidos:*

> **Puede ser un SUSTANTIVO:**

1 line *puede significar* línea.

2 line *puede significar* fila.

- ► **in a line** en fila.

3 line *puede significar* cola (de gente esperando).

- ► **wait in line** hacer cola.

> En este sentido, la palabra line es americana. En inglés británico, se dice queue.

4 line *puede significar* arruga (en la cara de alguien).

5 line *puede significar* cuerda o sedal (para pescar).

► **washing line** cuerda de tender la ropa.

6 line *puede significar* verso (de una canción o poesía).

7 line *puede significar* vía (de ferrocarril).

8 the line is busy *significa* está comunicando (cuando haces una llamada por teléfono).

> *Puede ser un* VERBO:

1 line something *puede significar* forrar algo *o* recubrir algo.

2 be lined with something estar bordeado de algo.

3 line up ponerse en fila *o* alinearse.

linen /ˈlɪnɪn/ *tiene varios sentidos:*

1 linen *puede significar* lino (= el tejido).

2 linen *puede significar* ropa blanca.

liner /ˈlaɪnəʳ/ transatlántico.

linger /ˈlɪŋɡəʳ/ *tiene varios sentidos:*

1 linger *puede significar* entretenerse (= quedarse mucho tiempo en un lugar).

2 linger *puede significar* persistir (un olor, una duda *o* un dolor, por ejemplo).

link /lɪŋk/ *tiene varias categorías gramaticales y varios sentidos:*

> *Puede ser un* SUSTANTIVO:

1 link *puede significar* conexión *o* vínculo.

2 link *puede significar* enlace (de transporte *o* en Internet).

3 link *puede significar* eslabón.

> *Puede ser un* VERBO:

► **link something** conectar algo *o* comunicar algo *o* relacionar algo.

lion /laɪən/ león.

lioness /ˈlaɪənəs/ leona.

lip /lɪp/ labio.

lipstick /ˈlɪpstɪk/ lápiz de labios *o* carmín.

liquid /ˈlɪkwɪd/ líquido.

liquor /ˈlɪkəʳ/ alcohol.

> **liquor** se utiliza principalmente en inglés americano.

liquorice /ˈlɪkərɪs/ regaliz.

> En inglés americano se escribe **licorice**.

Lisbon /ˈlɪzbən/ Lisboa.

lisp /lɪsp/ *tiene varias categorías gramaticales:*

> *Puede ser un* SUSTANTIVO:

lisp *significa* ceceo.

► **have a lisp** cecear.

> *Puede ser un* VERBO:

lisp *significa* cecear.

list /lɪst/ *tiene varias categorías gramaticales:*

> *Puede ser un* SUSTANTIVO:

list *significa* lista.

> *Puede ser un* VERBO:

► **list something** hacer una lista de algo *o* enumerar algo.

listen /ˈlɪsən/ *tiene varios sentidos:*

1 listen *puede significar* escuchar

► **listen to something** *o* **somebody** escuchar algo *o* a alguien.

2 listen to somebody *puede significar* hacer caso a alguien.

listener /ˈlɪsənəʳ/ oyente.

lit /lɪt/ *es el pretérito y el participio pasado del verbo* **light**.

▷ He lit a cigarette. Encendió un cigarrillo.

▷ I have lit the fire. He encendido el fuego.

liter /ˈliːtəʳ/ *es la ortografía americana de la palabra* **litre**.

literally /ˈlɪtərəlɪ/ literalmente.

literature /ˈlɪtərətʃəʳ/ literatura.

Lithuanian /ˌlɪθjʊˈeɪnɪən/ lituano.

litre /ˈliːtəʳ/ litro.

> En inglés americano, esta palabra se escribe **liter**.

litter /ˈlɪtəʳ/ *tiene varias categorías gramaticales y varios sentidos:*

> *Puede ser un* SUSTANTIVO:

1 litter *puede significar* basura.

► **litter bin** papelera (en la calle, para tirar la basura en ella).

> **litter bin** no se utiliza en inglés americano. En Estados Unidos, se dice **trash can**.

2 litter *puede significar* camada (de animales).

> *Puede ser un* VERBO:

► **be littered with something** estar cubierto de algo.

little /ˈlɪtəl/ *tiene varios sentidos:*

1 little *puede significar* pequeño.

▷ I have a little dog. Tengo un perrito.

► **little finger** meñique.

2 little *puede significar* poco.

▷ There is little hope. Hay poca esperanza.

▷ He has very little money. Tiene muy poco dinero.

▷ He ate little. Comió poco.

► **a little bit** un poco.

3 a little un poco *o* un poco de.

▷ He has **a little** money left. Le queda un poco de dinero.

▷ She's **a little** better. Se encuentra un poco mejor.

> ℹ️ **little** se utiliza delante de los sustantivos incontables (**little** money, a **little** milk). Delante de los nombres contables, se utiliza **few** (**few** people, **few** books).

live *se pronuncia de dos formas diferentes y su significado cambia en función de la pronunciación:*

◀)) /lɪv/ (la **i** se pronuncia como la **i** de la palabra **ill**).

> *Es un* VERBO:

live *significa* vivir.

▷ Where do you **live**? ¿Dónde vives?

▶ **live a quiet life** llevar una vida tranquila.

◀)) /laɪ/ (la **i** se pronuncia como la **i** de la palabra **fire**).

> *Es un* ADJETIVO:

1 live *puede significar* vivo (= con vida).

2 live *puede significar* en directo o en vivo.

3 live *puede significar* con corriente (un cable, por ejemplo).

lively /ˈlaɪvlɪ/ vivo o animado.

liven /ˈlaɪvən/

▶ **liven something up** animar algo.

liver /ˈlɪvəʳ/ hígado.

lives *se pronuncia de dos formas diferentes y su categoría gramatical cambia en función de la pronunciación:*

◀)) /lɪvz/ (la **i** se pronuncia como la **i** de la palabra **ill**).

> ℹ️ **lives** es la tercera persona del singular del presente del verbo **live**.
>
> ▷ She **lives** in Rome. Vive en Roma.

◀)) /laɪvz/ (la **i** se pronuncia como la **i** de la palabra **fire**).

> ℹ️ **lives** es el plural del sustantivo **life**.
>
> ▷ The accident cost nine **lives**. El accidente se cobró nueve vidas.

living /ˈlɪvɪŋ/ *tiene varias categorías gramaticales:*

> *Puede ser un* ADJETIVO:

living *significa* vivo.

> *Puede ser un* SUSTANTIVO:

▷ What do you do for a **living**? ¿A qué te dedicas?

▶ **earn a living** o **make a living** ganarse la vida.

▶ **living room** salón o cuarto de estar.

> ℹ️ **living** también es una forma del verbo **live**.
>
> ▷ I was **living** in Athens at the time. En aquel entonces, vivía en Atenas.

lizard /ˈlɪzəd/ lagartija o lagarto.

load /ləʊd/ *tiene varias categorías gramaticales y varios sentidos:*

> *Puede ser un* SUSTANTIVO:

1 load *puede significar* carga.

2 a load of... o **loads of...** un montón de...

▷ He has **loads of** money. Tiene un montón de dinero.

> En esta última acepción, **load** es una palabra familiar, y no debe utilizarse cuando estás hablando con alguien que no conoces bien o cuando escribes algo.

> *Puede ser un* VERBO:

▶ **load something onto something...** cargar algo en algo...

loaf /ləʊf/ pan.

▶ **a loaf of bread** un pan.

loan /ləʊn/ *tiene varias categorías gramaticales:*

> *Puede ser un* SUSTANTIVO:

loan *significa* préstamo.

> *Puede ser un* VERBO:

▶ **loan something to somebody** prestar algo a alguien.

loaves /ləʊvz/ es el plural de **loaf**.

lobby /ˈlɒbɪ/ vestíbulo.

lobster /ˈlɒbstəʳ/ langosta o bogavante.

local /ˈləʊkəl/ *tiene varias categorías gramaticales y varios sentidos:*

> *Puede ser un* ADJETIVO:

1 local *puede significar* local.

2 local *puede significar* del barrio o de la región (productos, por ejemplo).

▶ **the local shops** las tiendas del barrio.

> *Puede ser un* SUSTANTIVO:

local *significa* lugareño.

locate /ləʊˈkeɪt/ *tiene varios sentidos:*

1 locate something *puede significar* localizar algo.

2 locate something *puede significar* situar algo o ubicar algo.

▶ **be located** estar situado.

location /ləʊˈkeɪʃən/ lugar o posición.

lock /lɒk/ *tiene varias categorías gramaticales y varios sentidos:*

> *Puede ser un* SUSTANTIVO:

1 lock *puede significar* cerradura.

2 lock *puede significar* esclusa.

3 lock *puede significar* mechón (de pelo).

> *Puede ser un* VERBO TRANSITIVO:

▶ **lock something** cerrar algo con llave.

Phrasal verbs:

Al verbo **lock** *a veces le sigue una preposición como* **in** *o* **up**, *lo que puede cambiar su significado. En inglés, esto se llama un* **phrasal verb**.

LOCK IN:
► **lock somebody in** encerrar a alguien (en una habitación o celda).

LOCK OUT:
► **lock somebody out** *puede significar* dejar a alguien en la calle (para que no vuelva a entrar en tu casa).
► **lock somebody out** *puede significar* dejar fuera a alguien (al olvidar las llaves dentro de casa).
▷ **I've locked myself out.** Me he olvidado la llave dentro.

LOCK UP:
► **lock somebody up** encerrar a alguien (en la cárcel).
► **lock something up** guardar algo bajo llave (objetos de valor) *o* cerrar algo con llave (un edificio).

---

locker /ˈlɒkəʳ/ taquilla (para guardar cosas).

lodger /ˈlɒdʒəʳ/ huésped (= persona que se aloja pagando en una casa particular).

loft /lɒft/ desván.

log /lɒg/ *tiene varias categorías gramaticales y varios sentidos:*
> *Puede ser un* SUSTANTIVO:
1 **log** *puede significar* tronco *o* leño.
2 **log** *puede significar* diario de a bordo *o* registro.
> *Puede ser un* VERBO:
1 *En informática,* **log in** *o* **log on** *significa* entrar.
2 *En informática,* **log off** *o* **log out** *significa* salir.

logic /ˈlɒdʒɪk/ lógica.

logical /ˈlɒdʒɪkəl/ lógico.

lollies /ˈlɒlɪz/ *es el plural de* **lolly**.

lollipop /ˈlɒlɪpɒp/ piruleta.

lolly /ˈlɒlɪ/ polo (para comer).

London /ˈlʌndən/ Londres.

Londoner /ˈlʌndənəʳ/ londinense (= persona de Londres).

loneliness /ˈləʊnlɪnəs/ soledad.

lonely /ˈləʊnlɪ/ solo *o* solitario.
► **be lonely** *o* **feel lonely** sentirse muy solo.

---

long /lɒŋ/ *tiene varias categorías gramaticales y varios sentidos:*
> *Puede ser un* ADJETIVO:
long *significa* largo.
▷ **The rope is 7 metres long.** La cuerda tiene 7 metros de largo.
▷ **How long is the rope?** ¿Cuánto mide de largo la cuerda?
▷ **The film is two hours long.** La película dura dos horas.
▷ **How long is the film?** ¿Cuánto dura la película?
▷ **It's a long way away.** Está muy lejos.
► **a long time** mucho tiempo.
▷ **She has been a teacher for a long time.** Es profesora desde hace mucho tiempo.
► **long jump** salto de longitud.
> *Puede ser un* ADVERBIO:
1 **long** *significa* mucho *o* mucho tiempo.
▷ **He didn't stay long.** No se quedó mucho tiempo.
▷ **I won't be long.** No tardaré mucho.
► **long ago** hace mucho tiempo.
► **how long?** *se utiliza para hacer preguntas acerca de la duración de algo:*
▷ **How long has she lived here?** ¿Desde cuándo vive aquí?
▷ **How long will it take you?** ¿Cuánto tiempo te llevará?
2 **as long as** siempre y cuando *o* mientras.
▷ **You can borrow it as long as you give it back to me.** Te lo dejo siempre y cuando me lo devuelvas.
▷ **I'll love her as long as I live.** La amaré mientras viva.
▷ **Keep it as long as you need it.** Quédatelo todo el tiempo que lo necesites.
> *Puede ser un* VERBO:
► **long for something** desear mucho algo.
► **long to do something** desear mucho hacer algo.

longer /ˈlɒŋgəʳ/ *es el comparativo de* **long**.
► **get longer** *o* **grow longer** alargarse (cuando te refieres a los días, por ejemplo) *o* crecer (cuando te refieres a una cola, al pelo de alguien o a la hierba).
► **no longer** ya no.
▷ **She no longer lives here.** Ya no vive aquí.
▷ **I can't wait any longer.** No puedo esperar más.

loo /luː/ váter.

> La palabra **loo** no se utiliza en Estados Unidos. En inglés americano, se dice **bathroom**.

look /lʊk/ *tiene varias categorías gramaticales y varios sentidos:*

> *Puede ser un* SUSTANTIVO:

1 look *puede significar* mirada.

▶ **take a look at something** o **have a look at something** mirar algo o echar un vistazo a algo.

▶ **have a look for something** buscar algo.

2 look *puede significar* aspecto (= apariencia).

▷ She has a sad look about her. Tiene un aspecto triste.

3 look *puede significar* imagen.

> *Puede ser un* VERBO:

1 look *puede significar* mirar.

▷ Look what he's done! ¡Mira lo que ha hecho!

2 look *puede significar* buscar.

▷ I've looked everywhere. He buscado por todas partes.

3 look *puede significar* parecer.

▷ You look tired. Pareces cansado.

▷ He looks well. Tiene muy buen aspecto.

▷ She looks great in that skirt. Esa falda le queda muy bien.

4 look like parecerse a.

▷ She looks like her mother. Se parece a su madre.

▷ What does it look like? ¿Cómo es?

▷ It looks like they're going to come. Parece que van a venir.

Phrasal verbs:

Al verbo **look** *a veces le sigue una preposición como* **for** *o* **up***, lo que puede cambiar su significado. En inglés, esto se llama un* **phrasal verb***.*

LOOK AFTER:

▶ **look after something** o **somebody** *puede significar* cuidar algo o a alguien.

▶ **look after something** *puede significar* encargarse de algo u ocuparse de algo.

LOOK AT:

▶ **look at something** o **somebody** *puede significar* mirar algo o a alguien.

▶ **look at something** o **somebody** *puede significar* examinar algo o a alguien.

LOOK DOWN ON:

▶ **look down on somebody** despreciar a alguien.

LOOK FOR:

▶ **look for something** o **somebody** buscar algo o a alguien.

LOOK FORWARD TO:

▶ **look forward to something** tener muchas ganas de que empiece algo.

▶ **look forward to doing something** tener muchas ganas de hacer algo.

LOOK OUT:

▶ **look out** tener cuidado.

▷ Look out! ¡Cuidado!

LOOK ROUND:

▶ **look round** *puede significar* mirar a su alrededor.

▶ **look round** *puede significar* volver la cabeza.

▶ **look round something** visitar algo.

LOOK UP:

▶ **look up** *puede significar* levantar la mirada.

▶ **look something up** buscar algo (en un diccionario, por ejemplo).

LOOK UP TO:

▶ **look up to somebody** admirar a alguien.

loop /luːp/ lazo o bucle.

loose /luːs/ suelto o flojo.

▶ **come loose** soltarse o aflojarse.

loosen /ˈluːsən/

▶ **loosen something** aflojar algo.

loot /luːt/ *tiene varias categorías gramaticales:*

> *Puede ser un* SUSTANTIVO:

loot *significa* botín.

> *Puede ser un* VERBO:

▶ **loot something** saquear algo.

lord /lɔːd/ *tiene varios sentidos:*

1 lord *puede significar* señor (= noble).

2 the Lord el Señor (= Dios).

▶ **the Lord's prayer** el padrenuestro.

lorries /ˈlɒrɪz/ *es el plural de* **lorry**.

lorry /ˈlɒrɪ/ camión.

▶ **lorry driver** camionero.

⚡ La palabra **lorry** no se utiliza en Estados Unidos. En inglés americano, se dice **truck**.

lose /luːz/ perder.

loser /ˈluːzər/ perdedor.

loss /lɒs/ pérdida.

lost /lɒst/ perdido.

▷ I'm lost. Me he perdido.

▶ **get lost** perderse.

▷ I got lost. Me perdí.

▷ The letter got lost in the post. La carta se extravió.

▷ Get lost! ¡Vete a paseo!

⚡ **Get lost** es una expresión familiar, y no debe utilizarse cuando estás hablando con alguien que no conoces bien o cuando escribes algo.

▶ **lost property office** (en inglés británico) o **lost and found office** (en inglés americano) oficina de objetos perdidos.

i lost también es el pretérito y el participio pasado del verbo lose.
▷ **He lost his backpack.** Perdió su mochila.

lot /lɒt/ *tiene varios sentidos:*
1 **a lot** mucho o muchos.
  ▷ **He cried a lot.** Lloró mucho.
  ▷ **I shared my biscuits with him although I didn't have a lot.** Compartí las galletas con él aunque no tenía muchas.
2 **a lot of** mucho o muchos.
  ▷ **She has a lot of money.** Tiene mucho dinero.
  ▷ **We visited a lot of museums.** Visitamos muchos museos.
  ▶ **quite a lot of** bastante o bastantes.
  ▷ **There are quite a lot of people.** Hay bastante gente.
3 **lots** mucho o muchos.
  ▷ **There's still lots to do.** Todavía queda mucho que hacer.
  ▷ **He wouldn't give me a sweet although he had lots.** No me dio un caramelo aunque tenía muchos.
4 **lots of** mucho o muchos.
  ▷ **We have lots of time.** Tenemos mucho tiempo.
  ▷ **There are lots of cars.** Hay muchos coches.
5 **lot** *puede significar* lote (en una subasta).

lotion /ˈləʊʃən/ loción.

lotteries /ˈlɒtərɪz/ *es el plural de* **lottery**.

lottery /ˈlɒtərɪ/ lotería.
  ▶ **lottery ticket** billete de lotería.

loud /laʊd/ *tiene varias categorías gramaticales y varios sentidos:*
  > *Puede ser un* ADJETIVO:
  1 **loud** *puede significar* fuerte (cuando te refieres a un ruido) o alto (cuando te refieres a música o la televisión o la voz de alguien).
  2 **loud** *puede significar* chillón (cuando te refieres a colores o la ropa de alguien).
  > *Puede ser un* ADVERBIO:
  loud *significa* fuerte o alto.
  ▷ **She was shouting very loud.** Estaba gritando muy fuerte.
  ▷ **He said it out loud.** Lo dijo en voz alta.

louder /ˈlaʊdə'/ *es el comparativo de* **loud**.
  ▷ **Can you speak a bit louder?** ¿Podrías hablar un poco más fuerte?

loudest /ˈlaʊdɪst/ *es el superlativo de* **loud**.
  ▷ **Harry has the loudest voice.** Harry es el que tiene la voz más fuerte.

loudly /ˈlaʊdlɪ/ fuerte o alto.

loudspeaker /laʊdˈspiːkə'/ altavoz (de hifi).

lounge /laʊndʒ/ salón (de una casa) o sala de espera (en un aeropuerto).

love /lʌv/ *tiene varias categorías gramaticales y varios sentidos:*
  > *Puede ser un* SUSTANTIVO:
  1 **love** *puede significar* amor.
  ▶ **be in love with somebody** estar enamorado de alguien.
  ▶ **fall in love with somebody** enamorarse de alguien.
  ▶ **love affair** aventura amorosa.
  ▶ **love letter** carta de amor.
  2 **love** *se utiliza al final de una carta y corresponde a 'un abrazo'.*
  3 *En tenis,* **love** *significa* nada o cero.
  ▶ **forty love** cuarenta nada.
  > *Puede ser un* VERBO:
  1 **love somebody** amar a alguien o querer a alguien.
  ▷ **They love each other.** Se quieren.
  2 **love something** *se utiliza para decir que algo te encanta.*
  ▷ **I love English cheese.** Me encanta el queso inglés.
  ▷ **We love swimming.** Nos encanta nadar.

lovely /ˈlʌvlɪ/ precioso o guapo o estupendo o encantador.
  ▷ **They had a lovely time.** Lo pasaron estupendamente.

lover /ˈlʌvə'/ amante.

low /ləʊ/ *tiene varias categorías gramaticales y varios sentidos:*
  > *Puede ser un* ADJETIVO:
  1 **low** *puede significar* bajo.
  ▶ **get lower** bajar (los precios o la temperatura, por ejemplo).
  ▷ **We're getting low on bread.** Nos estamos quedando sin pan.
  2 **low** *puede significar* deprimido
  > *Puede ser un* ADVERBIO:
  1 **low** *significa* bajo.
  2 **turn something down low** bajar algo (las luces o la música, por ejemplo).

lower /ˈləʊə'/ *tiene varias categorías gramaticales:*
  > *Puede ser un* ADJETIVO:
  lower *significa* inferior.
  > *Puede ser un* VERBO:
  1 **lower something** *puede significar* bajar algo o arriar algo.
  2 **lower something** *puede significar* reducir algo.

> He helped me with my luggage. Me ayudó con las maletas.

ℹ **lower** también es el comparativo de **low**.

> We got it for a lower price. Lo conseguimos por un precio más bajo.

---

lowest /ˈləʊɪst/ es el superlativo de **low**.

> Today we had the lowest temperature of the year. Hoy tuvimos la temperatura más baja del año.

low-fat /ˈləʊˈfæt/ bajo en grasas.

loyal /ˈlɔɪəl/ leal.

loyalty /ˈlɔɪəltɪ/ lealtad.

luck /lʌk/ suerte.

> Good luck! ¡Suerte!
> Bad luck! ¡Qué pena!

luckier /ˈlʌkɪəʳ/ es el comparativo de **lucky**.

> You're luckier than me. Tienes más suerte que yo.

luckiest /ˈlʌkɪɪst/ es el superlativo de **lucky**.

> She's the luckiest person I know. Es la persona más afortunada que conozco.

luckily /ˈlʌkɪlɪ/ afortunadamente.

lucky /ˈlʌkɪ/ afortunado (una persona) o de la suerte (un número o un color, por ejemplo).

► **be lucky** tener suerte.
► **lucky charm** amuleto.

luggage /ˈlʌgɪdʒ/ equipaje.

lukewarm /ˈluːkwɔːm/ tibio.

lullabies /ˈlʌləbaɪz/ es el plural de **lullaby**.

lullaby /ˈlʌləbaɪ/ canción de cuna.

lump /lʌmp/ tiene varios sentidos:

1 **lump** puede significar terrón (de azúcar) o trozo (de carbón).
2 **lump** puede significar grumo.
3 **lump** puede significar bulto (en el cuerpo).

lunatic /ˈluːnətɪk/ loco.

lunch /lʌntʃ/ comida o almuerzo.

► **have lunch** comer o almorzar.

lunchtime /ˈlʌntʃtaɪm/ hora de comer u hora del almuerzo.

lung /lʌŋ/ pulmón.

luxurious /lʌgˈzjʊərɪəs/ lujoso.

luxury /ˈlʌkʃərɪ/ lujo.

lying /ˈlaɪɪŋ/ es una forma del verbo **lie** y tiene varios sentidos:

1 **be lying** o **be lying down** estar tumbado.
> She was lying on the floor. Estaba tumbada en el suelo.
2 **be lying** estar mintiendo.
> You're lying! ¡Mentira!

lyrics /ˈlɪrɪks/ letra (de una canción).

M

La letra **M** se pronuncia /em/ en inglés.
Fíjate que no se pronuncia con una **e** final como en español.

macaroni /mækə'rəʊnɪ/ macarrones.

machine /mə'ʃiːn/ máquina.
  ► **machine gun** metralleta o ametralladora.

machinery /mə'ʃiːnərɪ/ maquinaria.

mad /mæd/ *tiene varios sentidos:*
1 mad *puede significar* loco.
  ► **go mad** volverse loco.
  ► **drive somebody mad** volver loco a alguien.
  ► **mad cow disease** el mal de las vacas locas.
  ► **be mad about somebody** o **something** estar loco por alguien o algo.
2 mad *puede significar* disparatado (una idea o sugerencia, por ejemplo).
3 mad *puede significar* muy enfadado.
  ► **be mad at somebody** estar muy enfadado con alguien.

madam /'mædəm/ señora.

made /meɪd/ fabricado.
  ▷ Made in Germany. Fabricado en Alemania.
  ► **be made of something** ser de algo.
  ▷ It's made of gold. Es de oro.

  i made también es el pretérito y el participio pasado del verbo **make**.
  ▷ I made a cake. Hice un pastel.
  ▷ She has made three mistakes. Ha cometido tres errores.

madness /'mædnəs/ locura.

magazine /mægə'ziːn/ revista.

maggot /'mægət/ larva (de una mosca).

magic /'mædʒɪk/ *tiene varias categorías gramaticales:*
  > *Puede ser un* SUSTANTIVO:
  magic *significa* magia.
  > *Puede ser un* ADJETIVO:
  magic *significa* mágico.

magical /'mædʒɪkəl/ mágico.

magician /mə'dʒɪʃən/ mago.

magnet /'mægnət/ imán.

magnetic /mæg'netɪk/ magnético.

magnificent /mæg'nɪfɪsənt/ magnífico.

magnify /'mægnɪfaɪ/ aumentar (una imagen).

magnifying glass /'mægnɪfaɪɪŋ glɑːs/ lupa.

maid /meɪd/ criada o camarera (en un hotel).

mail /meɪl/ *tiene varias categorías gramaticales y varios sentidos:*
  > *Puede ser un* SUSTANTIVO:
  1 mail *puede significar* correo.
  ► **by mail** por correo.
  2 mail *puede significar* correo electrónico.
  > *Puede ser un* VERBO:
  1 mail something *puede significar* enviar algo o mandar algo (por correo o por correo electrónico).
  2 mail somebody enviar un correo electrónico a alguien.

mailbox /'meɪlbɒks/ buzón.

mailman /'meɪlmæn/ cartero.

  ⌐ mailman es una palabra americana. En inglés británico, se dice **postman**.

main /meɪn/ principal.

- ► **main course** plato principal.
- ► **main road** carretera principal.
- ► **main street** calle principal.

mainly /ˈmeɪnlɪ/ principalmente.

maintain /meɪnˈteɪn/ mantener.

maintenance /ˈmeɪntənəns/ mantenimiento.

maize /meɪz/ maíz.

> **maize** sólo se utiliza en inglés británico. En inglés americano se dice **corn**.

major /ˈmeɪdʒəʳ/ tiene varias categorías gramaticales y varios sentidos:

> Puede ser un ADJETIVO:

1 **major** puede significar principal.

2 **major** puede significar importante o destacado.

> Puede ser un SUSTANTIVO:

major significa comandante (del ejército).

Majorca /məˈdʒɔːkə/ Mallorca.

Majorcan /məˈdʒɔːkən/ mallorquín.

majority /məˈdʒɒrɪtɪ/ mayoría.

make /meɪk/ tiene varias categorías gramaticales y varios sentidos:

> Puede ser un SUSTANTIVO:

make significa marca.

▷ What **make** is that mobile phone? ¿De qué marca es ese móvil?

> Puede ser un VERBO:

1 Normalmente, **make** something significa hacer algo.

▷ I've made the bed. He hecho la cama.

▷ Don't make so much noise. No hagas tanto ruido.

2 En algunos casos, **make** something se traduce por otros verbos:

- ► **make a mistake** cometer un error.
- ► **make a decision** tomar una decisión.
- ► **make a speech** pronunciar un discurso.

3 **make** puede ir seguido de un adjetivo:

- ► **make somebody happy** hacer feliz a alguien.
- ► **make somebody jealous** dar celos a alguien.
- ► **make somebody angry** enfadar a alguien.
- ► **make somebody nervous** poner nervioso a alguien.

4 **make money** ganar dinero.

▷ He makes 300 euros a week. Gana 300 euros por semana.

5 **make somebody do something** hacer que alguien haga algo u obligar a alguien a hacer algo.

▷ They made me tell her. Me obligaron a decírselo.

▷ It made me laugh. Me hizo reír.

6 **make** se utiliza en las siguientes expresiones:

- ► **make do** arreglárselas.
- ► **make do with something** arreglárselas con algo.
- ► **make it** venir o llegar o conseguirlo.
- ▷ She can't make it. No puede venir.
- ▷ He made it in time. Llegó a tiempo.
- ▷ She's made it! ¡Lo ha conseguido!

Phrasal verbs:

Al verbo **make** a veces le sigue una preposición como **for** o **up**, lo que puede cambiar su significado. En inglés, esto se llama un **phrasal verb**.

MAKE FOR:

- ► **make for something** dirigirse hacia algo.

MAKE UP:

- ► **make up** significa reconciliarse.
- ► **make oneself up** significa maquillarse.

i El pronombre personal de la expresión **make oneself up** funciona de la siguiente forma en inglés: I make **myself** up, you make **yourself** up, he makes **himself** up, she makes **herself** up, we make **ourselves** up, they make **themselves** up.

- ► **make something up** inventar algo (una excusa, por ejemplo).
- ► **be made up of...** estar integrado por... o estar compuesto por...

MAKE UP FOR:

make up for something compensar algo.

---

make-up /ˈmeɪkʌp/ maquillaje.

male /meɪl/ masculino o macho (cuando te refieres a un animal).

mall /mæl/ centro comercial.

> Esta palabra se utiliza sobre todo en inglés americano. En inglés británico, se dice **shopping centre**.

mammal /ˈmæməl/ mamífero.

man /mæn/ hombre.

manage /ˈmænɪdʒ/ tiene varias categorías gramaticales y varios sentidos:

> Puede ser un VERBO TRANSITIVO:

1 **manage something** dirigir algo o administrar algo o gestionar algo.

2 **manage to do something** conseguir hacer algo.

3 I can't **manage** any more. No puedo más (= no puedo comer más).

> *Puede ser un* VERBO INTRANSITIVO:
manage *significa* arreglárselas.

management /ˈmænɪdʒmənt/ *tiene varios sentidos:*

1 **management** *puede significar* dirección o administración o gestión (= acción de dirigir, etc.).

2 **management** *puede significar* dirección (= conjunto de directores).

manager /ˈmænɪdʒəʳ/ director (de una empresa) o encargado (de una tienda o un restaurante) o entrenador (de un equipo de fútbol).

managing director /ˈmænɪdʒɪŋ dɪˈrektəʳ/ director gerente.

Esta palabra no se utiliza en inglés americano. En Estados Unidos, se dice **chief executive officer** o **CEO**.

mane /meɪn/ crines.

maneuver /məˈnuːvəʳ/ es *la ortografía americana de la palabra* **manoeuvre**.

manicure /ˈmænɪkjʊəʳ/ *tiene varias categorías gramaticales:*

> *Puede ser un* SUSTANTIVO:
manicure *significa* manicura.

> *Puede ser un* VERBO:
▶ **manicure one's nails** hacerse la manicura.

ℹ El pronombre personal de la expresión **manicure one's nails** funciona de la siguiente forma en inglés: I manicure my nails, you manicure your nails, he manicures his nails, she manicures her nails, we manicure our nails, they manicure their nails.

manipulate /məˈnɪpjəleɪt/ manipular.

mankind /mænˈkaɪnd/ la humanidad.

man-made /ˌmænˈmeɪd/ artificial.

manner /ˈmænəʳ/ *tiene varios sentidos:*

1 **manner** *puede significar* manera.
▶ **in this manner** de esta manera.

2 **good manners** buenos modales.
▶ **bad manners** malos modales.

manoeuvre /məˈnuːvəʳ/ *tiene varias categorías gramaticales:*

> *Puede ser un* SUSTANTIVO:
manoeuvre *significa* maniobra.

> *Puede ser un* VERBO:
manoeuvre *significa* maniobrar.

En inglés americano, esta palabra se escribe **maneuver**.

manor /ˈmænəʳ/ casa solariega.

manslaughter /ˈmænslɔːtəʳ/ homicidio involuntario.

mantelpiece /ˈmæntəlpiːs/ repisa (de la chimenea).

manufacture /ˌmænjəˈfæktʃəʳ/ fabricar.

manufacturer /ˌmænjəˈfæktʃərəʳ/ fabricante.

manure /məˈnjʊəʳ/ estiércol (= abono).

many /ˈmenɪ/ muchos.

▷ Do you have many customers? ¿Tenéis muchos clientes?

▷ There aren't many flowers. Hay pocas flores.

▷ I can only give you one sweet because I don't have many. Sólo te puedo dar un caramelo porque no tengo muchos.

▶ **how many?** ¿cuántos?
▷ How many plates are there? ¿Cuántos platos hay?

▶ **so many** tantos.
▷ There were so many flowers. Había tantas flores.

▶ **too many** demasiados.
▷ There are too many cars. Hay demasiados coches.

▶ **as many as...** todos los que...
▷ Take as many as you like. Coge todos los que quieras.

ℹ Con sustantivos contables en plural se utiliza **many** (many people, many things). Con los sustantivos incontables, se utiliza **much** (much time, much money).

map /mæp/ mapa o plano (de una ciudad).

marathon /ˈmærəθən/ maratón.

marble /ˈmɑːbəl/ *tiene varios sentidos:*

1 **marble** *puede significar* mármol.
2 **marble** *puede significar* canica.

March /mɑːtʃ/ marzo.
▶ **March the first** o **the first of March** el primero de marzo.

march /mɑːtʃ/ *tiene varias categorías gramaticales y varios sentidos:*

> *Puede ser un* SUSTANTIVO:
march *significa* marcha (de soldados o de protesta).

> *Puede ser un* VERBO:
1 **march** *puede significar* marchar.
2 **march** *puede significar* manifestarse.

mare /meəʳ/ yegua.

margarine /mɑːdʒəˈriːn/ margarina.

margin /ˈmɑːdʒɪn/ margen.

mark /mɑːk/ *tiene varias categorías gramaticales y varios sentidos:*
> *Puede ser un* SUSTANTIVO:
1 mark *puede significar* marca (= señal).
2 mark *puede significar* mancha.
3 mark *puede significar* nota (de un examen, por ejemplo) o punto (que forma parte del total de una nota).
> *Puede ser un* VERBO:
1 mark something *puede significar* marcar algo.
2 mark something *puede significar* manchar algo.
3 mark something *puede significar* calificar algo o corregir algo (un examen, por ejemplo).

market /ˈmɑːkɪt/ *tiene varias categorías gramaticales:*
> *Puede ser un* SUSTANTIVO:
market *significa* mercado.
> *Puede ser un* VERBO:
► **market something** comercializar algo.

marmalade /ˈmɑːməleɪd/ mermelada de naranja.

> marmalade no sirve para cualquier tipo de mermelada (por ejemplo, no significa mermelada de fresa o de melocotón). Sólo se refiere a la mermelada de naranja.

marriage /ˈmærɪdʒ/ matrimonio o boda.

married /ˈmærɪd/ casado.
► **get married** casarse.

> **i** married también es el pretérito y el participio pasado del verbo **marry**.
▷ She married a millionaire. Se casó con un millonario.

marries /ˈmærɪz/ *es la tercera persona del singular del verbo* **marry** *en el presente indicativo.*

marrow /ˈmærəʊ/ *tiene varios sentidos:*
1 marrow *puede significar* médula.
2 marrow *puede significar* calabacín grande.

marry /ˈmærɪ/ *tiene varias categorías gramaticales y varios sentidos:*
> *Puede ser un* VERBO TRANSITIVO:
1 marry somebody *puede significar* casarse con alguien.
2 marry somebody *puede significar* casar a alguien.
> *Puede ser un* VERBO INTRANSITIVO:
marry *significa* casarse.

Mars /mɑːz/ Marte.

marsh /mɑːʃ/ pantano o marisma.

martial /ˈmɑːʃəl/ marcial.
► **martial arts** artes marciales.

marvellous /ˈmɑːvələs/ maravilloso.

> En inglés americano, esta palabra se escribe **marvelous**.

marzipan /ˈmɑːzɪpæn/ mazapán.

mascara /mæˈskɑːrə/ rímel.

> La palabra inglesa **mascara** no significa 'máscara'.

masculine /ˈmɑːskjəlɪn/ masculino.

mash /mæʃ/ machacar.
► **mash** o **mashed potatoes** puré de patatas.

mask /mɑːsk/ *tiene varias categorías gramaticales:*
> *Puede ser un* SUSTANTIVO:
mask *significa* máscara.
> *Puede ser un* VERBO:
► **mask something** ocultar algo.

mass /mæs/ *tiene varios sentidos:*
1 mass *puede significar* masa.
2 mass *puede significar* montón.
► **masses of...** un montón de...
3 mass *puede significar* misa.

massacre /ˈmæsəkəʳ/ *tiene varias categorías gramaticales:*
> *Puede ser un* SUSTANTIVO:
massacre *significa* masacre.
> *Puede ser un* VERBO:
► **massacre somebody** masacrar a alguien.

massage /ˈmæsɑːʒ/ *tiene varias categorías gramaticales:*
> *Puede ser un* SUSTANTIVO:
massage *significa* masaje.
> *Puede ser un* VERBO:
► **massage something** dar un masaje a algo.
▷ She massaged his back. Le dio un masaje en la espalda.

massive /ˈmæsɪv/ enorme.

mast /mɑːst/ mástil (de un barco) o torre (de teléfonos móviles, por ejemplo).

master /ˈmɑːstəʳ/ *tiene varias categorías gramaticales y varios sentidos:*

> Puede ser un SUSTANTIVO:

1 master puede significar señor (de la casa) o amo.

2 master puede significar maestro.

3 master's degree máster (= diploma).

> Puede ser un VERBO:

▶ **master something** significa dominar algo.

masterpiece /ˈmɑːstəpiːs/ obra maestra.

mat /mæt/ tiene varios sentidos:

1 mat puede significar felpudo o alfombrilla.

2 mat puede significar posavasos o salvamanteles.

match /mætʃ/ tiene varias categorías gramaticales y varios sentidos:

> Puede ser un SUSTANTIVO:

1 match puede significar partido (deportivo).

2 match puede significar cerilla.

> Puede ser un VERBO TRANSITIVO:

1 match something hacer juego con algo.

2 match somebody igualar a alguien.

> Puede ser un VERBO INTRANSITIVO:

match significa hacer juego.

matchbox /ˈmætʃbɒks/ caja de cerillas.

matching /ˈmætʃɪŋ/ a juego.

matchstick /ˈmætʃstɪk/ cerilla.

mate /meɪt/ amigo.

material /məˈtɪərɪəl/ tiene varios sentidos:

1 material puede significar material o materia.

2 material puede significar tela (= tejido).

3 material puede significar documentación (para hacer un trabajo o escribir un libro).

4 reading material lectura (= cosas para leer).

materialistic /mətɪərɪəˈlɪstɪk/ materialista.

math /mæθ/ matemáticas.

> math sólo se utiliza en inglés americano. En inglés británico se dice **maths**.

mathematics /mæθəˈmætɪks/ matemáticas.

maths /mæθs/ matemáticas.

> En inglés americano, se dice **math**.

matinée /ˈmætɪneɪ/ sesión de tarde (en el cine).

matter /ˈmætər/ tiene varias categorías gramaticales y varios sentidos:

> Puede ser un SUSTANTIVO:

1 matter puede significar materia (= sustancia).

2 matter puede significar cuestión o asunto.

▷ It's a matter of life and death. Es una cuestión de vida o muerte.

3 the matter se utiliza para decir o preguntar qué le pasa a alguien o algo:

▷ What's the matter? ¿Qué pasa?

▷ What's the matter with her? ¿Qué le pasa?

▷ There's something the matter with the computer. Hay un problema con el ordenador.

▷ Is something the matter? ¿Te pasa algo?

4 no matter se utiliza en las siguientes expresiones:

▷ No matter what he does. Haga lo que haga.

▷ No matter how hard I try. Por mucho que lo intente.

> Puede ser un VERBO:

matter significa importar.

▷ It doesn't matter. No importa.

▷ It doesn't matter what you say, she won't help us. Digas lo que digas, no nos ayudará.

mattress /ˈmætrəs/ colchón (de una cama).

mature /məˈtʃʊər/ tiene varias categorías gramaticales:

> Puede ser un ADJETIVO:

mature significa maduro.

> Puede ser un VERBO:

mature significa madurar (una persona) o criar (un vino).

maximum /ˈmæksɪməm/ máximo.

May /meɪ/ mayo.

▶ **May the first** o **the first of May** el primero de mayo.

may /meɪ/ tiene varios sentidos:

> **i** may es un verbo modal. Los verbos modales se emplean delante de la forma infinitiva de otros verbos (por ejemplo, you may go now). La tercera persona del singular de estos verbos no tiene una -s al final (he may, she may, it may). A diferencia de otros verbos, las formas negativas e interrogativas no utilizan una construcción con do (por ejemplo, se dice may I go? y he may not come). Los verbos modales no tienen infinitivo ni tampoco participio de presente o participio pasado.

1 may se utiliza para decir que algo es posible:

▷ He may come. Puede que venga.

▷ It may rain. Es posible que llueva.

▷ Will you tell her? —I may do and I may not. ¿Se lo vas a decir? —Puede que sí y puede que no.

2 may se utiliza para dar o pedir permiso:
▷ May I come in? ¿Puedo entrar?
▷ You may leave. Te puedes ir.
▷ May I help you? ¿En qué puedo ayudarle?

maybe /ˈmeɪbɪ/ quizás o tal vez.

mayonnaise /meɪəˈneɪz/ mayonesa.

mayor /meəʳ/ alcalde.

maze /meɪz/ laberinto.

me /miː/ me o mí o yo.
▷ Can you hear me? ¿Me oyes?
▷ Give it to me. Dámelo.
▷ It's for me. Es para mí.
▷ She's coming with me. Viene conmigo.
▷ It's me! ¡Soy yo!

meadow /ˈmedəʊ/ prado.

meal /miːl/ comida (a cualquier hora).
► **evening meal** cena.

mealtime /ˈmiːltaɪm/ hora de comer.

mean /miːn/ tiene varias categorías gramaticales y varios sentidos:
> Puede ser un VERBO:
1 mean something querer decir algo o significar algo.
▷ What does she mean by that? ¿Qué quiere decir con eso?
▷ What does this symbol mean? ¿Qué significa este símbolo?
2 mean to do something tener la intención de hacer algo.
▷ I didn't mean to do it. No lo hice a propósito.
3 mean se utiliza para decir que alguien habla en serio:
▷ Do you mean it? ¿En serio?
▷ I mean it. Lo digo en serio.
> Puede ser un ADJETIVO:
1 mean puede significar tacaño.
2 mean puede significar mezquino o malo.
► **be mean to somebody** ser malo con alguien.

meaning /ˈmiːnɪŋ/ sentido o significado.

means /miːnz/ tiene varios sentidos:
1 means puede significar medio o forma (= manera de hacer o conseguir algo).
► **a means of doing something** una forma de hacer algo.
2 means puede significar medios (= recursos financieros).

| **i** means también es una forma del verbo mean:
▷ This means that we will be late. Esto significa que vamos a llegar tarde.

meant /ment/ es el pretérito y el participio pasado del verbo **mean**.
► **be meant for...** ir dirigido a... o ser para...
▷ The letter wasn't meant for you. La carta no era para ti.
▷ I meant to tell you. Te lo iba a decir.
▷ You were meant to tell her. Se suponía que se lo ibas a decir.
▷ It was meant to be a joke. Lo he dicho en broma.

meantime /ˈmiːntaɪm/
► **in the meantime** mientras tanto.

meanwhile /ˈmiːnwaɪl/ mientras tanto.

measles /ˈmiːzəlz/ sarampión.

measure /ˈmeʒəʳ/ tiene varias categorías gramaticales:
> Puede ser un SUSTANTIVO:
measure significa medida.
> Puede ser un VERBO:
measure significa medir.

measurements /ˈmeʒəmənts/ medidas.

meat /miːt/ carne.

mechanic /məˈkænɪk/ mecánico (= persona).

mechanical /məˈkænɪkəl/ mecánico (= adjetivo).

mechanism /ˈmekənɪzəm/ mecanismo.

medal /ˈmedəl/ medalla.

meddle /ˈmedəl/ tiene varios sentidos:
1 meddle in something entrometerse en algo.
2 meddle with something toquetear algo.

media /ˈmiːdɪə/
► **the media** los medios de comunicación.

medical /ˈmedɪkəl/ tiene varias categorías gramaticales:
> Puede ser un ADJETIVO:
medical significa médico.
> Puede ser un SUSTANTIVO:
medical significa reconocimiento médico.

medicine /ˈmedɪsən/ tiene varios sentidos:
1 medicine puede significar medicina.
2 medicine puede significar medicamento.
► **medicine cabient** botiquín (= el mueble).

meditate /ˈmedɪteɪt/ meditar.

Mediterranean /medɪtəˈreɪnɪən/ mediterráneo.

▶ **the Mediterranean** el Mediterráneo.

medium /ˈmiːdɪəm/ *tiene varias categorías gramaticales y varios sentidos:*
➢ *Puede ser un* SUSTANTIVO:
medium *significa* medio.
➢ *Puede ser un* ADJETIVO:
medium *significa* medio o mediano.

medium-sized /ˈmiːdɪəm saɪzd/ de tamaño mediano.

meet /miːt/ *tiene varias categorías gramaticales y varios sentidos:*

➢ *Puede ser un* VERBO TRANSITIVO:
1 meet somebody *puede significar* quedar con alguien o encontrarse con alguien.
▷ I'm meeting her at the cinema. He quedado con ella en el cine.
▷ I'll meet you at the swimming pool. Nos veremos en la piscina.
▷ I met him in the street. Me encontré con él en la calle.
2 meet somebody *puede significar* conocer a alguien.
▷ I met her last year. La conocí el año pasado.
▷ Have you met my father? ¿Conoces a mi padre?
3 meet *se utiliza para presentar a alguien:*
▷ Fred, I'd like you to meet Julie. Fred, te presento a Julie.
▷ Pleased to meet you! ¡Encantado!
4 meet somebody *puede significar* ir a buscar a alguien o venir a buscar a alguien.
▷ He met me at the station. Vino a buscarme a la estación.
5 meet something *puede significar* cumplir con algo (un objetivo, por ejemplo) o satisfacer algo (una demanda o una necesidad).
6 meet something *puede significar* pagar algo o cubrir algo (el coste, por ejemplo).
➢ *Puede ser un* VERBO INTRANSITIVO:
1 meet *puede significar* quedar o encontrarse.
2 meet *puede significar* conocerse.
3 meet *puede significar* unirse (cuando te refieres a dos carreteras, por ejemplo).

meeting /ˈmiːtɪŋ/ reunión o cita.

> ℹ **meeting** también es una forma del verbo **meet**.
> ▷ We're meeting at the cinema. Hemos quedado en el cine.

melt /melt/ derretir o derretirse.

member /ˈmembəʳ/ miembro o socio o afiliado.
▶ **member of parliament** diputado.

membership /ˈmembəʃɪp/ calidad de socio o afiliación

memorial /məˈmɔːrɪəl/ monumento conmemorativo.

memories /ˈmemərɪz/ es el plural de la palabra **memory**.

memory /ˈmemərɪ/ memoria o recuerdo.

men /men/ es el plural de la palabra **man**.
▶ **men's room** servicio de caballeros.

menace /ˈmenəs/ *tiene varias categorías gramaticales:*
➢ *Puede ser un* SUSTANTIVO:
menace *significa* amenaza.
➢ *Puede ser un* VERBO:
menace *significa* amenazar.

mend /mend/ arreglar (= reparar).

mention /ˈmenʃən/ *tiene varias categorías gramaticales:*
➢ *Puede ser un* SUSTANTIVO:
mention *significa* mención.
➢ *Puede ser un* VERBO:
▶ **mention something** mencionar algo.
▶ **Don't mention it!** ¡No hay de qué!

menu /ˈmenjuː/ carta (en un restaurante) o menú.

mercy /ˈmɜːsɪ/ compasión.
▶ **have mercy on somebody** tener compasión de alguien.
▶ **be at somebody's mercy** estar a merced de alguien.

merely /ˈmɪəlɪ/ simplemente.

merge /mɜːdʒ/ fusionar o fusionarse.

merger /ˈmɜːdʒəʳ/ fusión (de dos empresas).

merit /ˈmerɪt/ *tiene varias categorías gramaticales:*
➢ *Puede ser un* SUSTANTIVO:
merit *significa* mérito.
➢ *Puede ser un* VERBO:
▶ **merit something** merecer algo.

mermaid /ˈmɜːmeɪd/ sirena (= ser mitológico).

merry /ˈmerɪ/ alegre.
▷ Merry Christmas! ¡Feliz Navidad!

merry-go-round /ˈmerɪɡəʊˈraʊⁿD/ tiovivo.

mess /mes/ *tiene varias categorías gramaticales y varios sentidos:*

➢ *Puede ser un* SUSTANTIVO:
1 mess *puede significar* desorden.
▷ The living room was in a mess. El salón estaba hecho un desastre.

▷ She made a mess in the kitchen. Dejó la cocina hecha un desastre.

▷ He looked a mess. Estaba hecho un desastre.

2 **mess** *puede significar* lío *o* desastre.

▶ **make a mess of something** hacer algo muy mal.

> *Puede ser un* VERBO:

1 **mess about** *o* **mess around** hacer el tonto *o* perder el tiempo.

2 **mess something up** estropear algo *o* dejar algo hecho un desastre.

message /ˈmesɪdʒ/ mensaje *o* recado.

▶ **leave a message for somebody** dejar un recado para alguien.

messenger /ˈmesɪndʒəʳ/ mensajero.

messier /ˈmesɪəʳ/ *es el comparativo de* **messy**.

▷ He's even messier than you. Es aún más sucio que tú.

messiest /ˈmesɪɪst/ *es el superlativo de* **messy**.

▷ Hers is the messiest room in the house. Su cuarto es el más sucio de la casa.

messy /ˈmesɪ/ desordenado *o* sucio.

met /met/ *es el pretérito y el participio pasado del verbo* **meet**.

▷ I met him yesterday. Me encontré con él ayer.

▷ Have you met my brother? ¿Conoces a mi hermano?

metal /ˈmetəl/ *tiene varias categorías gramaticales:*

> *Puede ser un* SUSTANTIVO:
metal *significa* metal.

> *Puede ser un* ADJETIVO:
2 **metal** *significa* de metal *o* metálico.

meter /ˈmiːtəʳ/ *tiene varios sentidos:*

meter *puede significar* contador (del gas o de la electricidad, por ejemplo).

▶ **parking meter** parquímetro.

⌐¬ **meter** también es la ortografía americana de la palabra **metre**.

---

method /ˈmeθəd/ método.

metre /ˈmiːtəʳ/ metro.

⌐¬ En inglés americano, esta palabra se escribe **meter**.

Mexican /ˈmeksɪkən/ mejicano.

Mexico /ˈmeksɪləʊ/ Méjico.

▶ **Mexico City** Ciudad de Méjico.

miaow /miːˈaʊ/ *tiene varias categorías gramaticales:*

> *Puede ser un* SUSTANTIVO:
miaow *significa* maullido.

> *Puede ser un* VERBO:
miaow *significa* maullar.

mice /maɪs/ *es el plural de la palabra* **mouse**.

▷ I'm scared of mice. Me dan miedo los ratones.

microphone /ˈmaɪkrəfəʊn/ micrófono.

microscope /ˈmaɪkrəskəʊp/ microscopio.

microwave /ˈmaɪkrəweɪv/ *tiene varias categorías gramaticales y varios sentidos:*

> *Puede ser un* SUSTANTIVO:
microwave *significa* microondas.

> *Puede ser un* VERBO:
▶ **microwave something** cocinar algo en el microondas.

mid /mɪd/ *es un prefijo que significa 'a mediados de' o 'en medio de':*

▶ **mid-morning** a media mañana.

▶ **in mid-July** a mediados de julio.

midday /mɪdˈdeɪ/ mediodía.

▶ **at midday** a mediodía.

middle /ˈmɪdəl/ *tiene varias categorías gramaticales y varios sentidos:*

> *Puede ser un* SUSTANTIVO:
middle *significa* medio (= centro).

▶ **in the middle of the night** en plena noche.

▶ **in the middle of the month** a mediados de mes.

> *Puede ser un* ADJETIVO:
1 **middle** *significa* del medio.

▷ I like the middle one. Me gusta el del medio.

2 **the Middle Ages** la Edad Media.

▶ **the middle classes** la clase media.

▶ **the Middle East** el Oriente Medio.

▶ **middle name** segundo nombre.

middle-aged /ˈmɪdəlˈeɪdʒd/ de mediana edad.

middle-class /ˈmɪdəlˈklɑːs/ de clase media.

midfielder /mɪdˈfiːldəʳ/ centrocampista.

midnight /ˈmɪdnaɪt/ medianoche.

▶ **at midnight** a medianoche.

midst /mɪdst/

▶ **in the midst of** en medio de.

midsummer /mɪdˈsʌməʳ/ pleno verano.

midweek /ˈmɪdwiːk/ de entre semana.

might /maɪt/ *tiene varias categorías gramaticales y varios sentidos:*

> *Puede ser un* VERBO:

---

  i might es un verbo modal. Los verbos modales se emplean delante de la forma infinitiva de otros verbos (por ejemplo, **you might be right**).La tercera persona del singular de estos verbos no tiene una -s al final (**he might, she might, it might**). A diferencia de otros verbos, las formas negativas e interrogativas no utilizan una construcción con do (por ejemplo, se dice **might I help?** y **he might not come**). Los verbos modales no tienen infinitivo ni tampoco participio de presente o participio pasado.

---

1 might *se utiliza para decir que algo es posible:*
  ▷ He might come. Puede que venga.
  ▷ It might rain. Es posible que llueva.
  ▷ Will you tell her? —I might do and I might not. ¿Se lo vas a decir? —Puede que sí y puede que no.
2 might *se utiliza para hacer* sugerencias:
  ▷ It might be better to tell him. Quizá sea mejor decírselo.
  ▷ You might try phoning her. Podrías llamarla.

> *Puede ser un* SUSTANTIVO:
might *significa* fuerza.
  ▶ **with all his might** con todas sus fuerzas.

mighty /ˈmaɪtɪ/ poderoso *o* enorme.

migraine /ˈmaɪɡreɪn/ migraña.

migrate /maɪˈɡreɪt/ migrar *o* emigrar.

mild /maɪld/ suave *o* leve.

mile /maɪl/ *es una* milla, *es decir una unidad de medida equivalente a 1609 metros.*

military /ˈmɪlɪtərɪ/ militar (= el adjetivo).

   En inglés, **military** no significa 'militar' en el sentido de 'soldado'.

---

milk /mɪlk/ *tiene varias categorías gramaticales:*

> *Puede ser un* SUSTANTIVO:
milk *significa* leche.
  ▶ **milk chocolate** chocolate con leche.
> *Puede ser un* VERBO:
  ▶ **milk a cow** ordeñar una vaca.

milkman /ˈmɪlkmən/ lechero.

milky /ˈmɪlkɪ/ *tiene varios sentidos:*

1 milky *puede significar* con mucha leche (un café, por ejemplo).
2 the Milky Way la Vía Láctea.

mill /mɪl/ *tiene varios sentidos:*

1 mill *puede significar* molino.
2 mill *puede significar* fábrica (textil o de papel, por ejemplo).

millennium /mɪˈlenɪəm/ milenio.

million /ˈmɪljən/ millón.
  ▶ **millions of...** millones de...

millionaire /mɪljəˈneəʳ/ millonario.

mimic /ˈmɪmɪk/ imitar.

   La palabra inglesa **mimic** no significa 'mímica'.

---

mince /mɪns/ *tiene varias categorías gramaticales:*

> *Puede ser un* SUSTANTIVO:
mince *significa* carne picada.

   En este sentido, la palabra **mince** no se utiliza en inglés americano. En Estados Unidos, se dice **ground meat** o **mincemeat**.

> *Puede ser un* VERBO:
  ▶ **mince something** picar algo.

mincemeat /ˈmɪnsmiːt/ *tiene varios sentidos:*

1 *En inglés británico,* **mincemeat** *es un relleno de frutos secos, manzana y especias que se emplea en pastelería.*
2 *En inglés americano,* **mincemeat** *significa* carne picada.

mind /maɪnd/ *tiene varias categorías gramaticales y varios sentidos:*

> *Puede ser un* SUSTANTIVO:
1 mind *puede significar* mente.
  ▶ **bear something in mind** tener algo en cuenta.
  ▶ **nothing comes to mind** no se me ocurre nada.
  ▶ **have a lot on one's mind** andar muy preocupado.
  ▶ **have something in mind** estar pensando en algo.
  ▶ **make up one's mind** decidirse.
  ▶ **read somebody's mind** adivinar los pensamientos a alguien.
  ▷ Is she out of her mind? ¿Está loca?
  ▶ **state of mind** estado de ánimo.

---

  i El pronombre personal de las expresiones **have a lot on one's mind** y **make up one's mind** funciona de la siguiente forma en inglés: **I have a lot on/make up my mind, you have a lot on/make up your mind, he has a lot on/makes up his mind, she has a lot on/makes up her mind, etc.**

---

2 change one's mind cambiar de opinión.
> *Puede ser un* VERBO:
1 mind *se utiliza para decir que algo le importa a alguien o para pedir algo a alguien:*

▷ I don't mind getting up early. No me importa levantarme temprano.

▷ I don't mind what we do. Me da igual lo que hagamos.

▷ I don't mind. No me importa.

▷ Do you mind if I smoke? ¿Te importa que fume?

▷ Would you mind opening the window? ¿Te importaría abrir la ventana?

▷ Never mind! ¡Es igual! o ¡No te preocupes!

2 mind se utiliza para decir a alguien que debe tener cuidado:

▷ Mind your head! ¡Cuidado con la cabeza!

▷ Mind your language! ¡No digas palabrotas!

3 mind your own business! ¡métete en tus asuntos!

4 mind something puede significar cuidar algo.

mine /maɪn/ tiene varias categorías gramaticales:

> Puede ser un PRONOMBRE:

mine es el pronombre posesivo de la primera persona del singular, y corresponde a 'mío' o 'el mío' o 'los míos'.

▷ This book is mine. Este libro es mío.

▷ His car is old, mine is new. Su coche es viejo, el mío es nuevo.

▷ Her marks are good, mine are bad. Sus notas son buenas, las mías son malas.

▷ He's a friend of mine. Es un amigo mío.

> Puede ser un SUSTANTIVO:

mine significa mina.

► **gold mine** mina de oro.

minefield /ˈmaɪnfiːld/ campo de minas.

miner /ˈmaɪnə^r/ minero.

mineral /ˈmɪnərəl/ mineral.

► **mineral water** agua mineral.

minibus /ˈmɪnɪbʌs/ microbús.

minimum /ˈmɪnɪməm/ mínimo.

miniskirt /ˈmɪnɪskɜːt/ minifalda.

minister /ˈmɪnɪstə^r/ ministro.

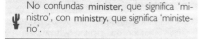
No confundas minister, que significa 'ministro', con ministry, que significa 'ministerio'.

ministry /ˈmɪnɪstrɪ/ ministerio.

No confundas ministry, que significa 'ministerio', con minister, que significa 'ministro'.

mink /mɪŋk/ visón.

minor /ˈmaɪnə^r/ menor.

minorities /maɪˈnɒrɪtɪz/ es el plural de la palabra **minority**.

minority /maɪˈnɒrɪtɪ/ minoría.

mint /mɪnt/ menta o pastilla de menta.

minus /ˈmaɪnəs/ tiene varios sentidos:

1 minus puede significar menos.

▷ 10 minus 3 equals 7. 10 menos 3 igual a 7.

2 minus puede significar bajo cero.

▷ It's minus 5 degrees. Hace cinco grados bajo cero.

minute se pronuncia de dos formas diferentes y su sentido cambia en función de la pronunciación:

◀)) /ˈmɪnɪt/ (el acento recae sobre la primera sílaba **min**- que rima con **thin**).

> Es un SUSTANTIVO:

minute significa minuto.

► **minute hand** minutero.

◀)) /maɪˈnjuːt/ (el acento recae sobre la segunda sílaba -**ute**. La primera sílaba **min**- se pronuncia igual que la palabra **mine**).

> Es un ADJETIVO:

minute significa diminuto.

miracle /ˈmɪrəkəl/ milagro.

mirror /ˈmɪrə^r/ espejo.

misbehave /mɪsbɪˈheɪv/ portarse mal.

mischief /ˈmɪstʃɪf/ travesura.

mischievous /ˈmɪstʃɪvəs/ travieso.

miser /ˈmaɪzə^r/ avaro (= persona tacaña).

miserable /ˈmɪzərəbəl/ tiene varios sentidos:

1 miserable puede significar triste.

2 miserable puede significar horrible.

misery /ˈmɪzərɪ/ tristeza.

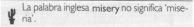
La palabra inglesa **misery** no significa 'miseria'.

misfortune /mɪsˈfɔːtʃən/ desgracia.

mishap /ˈmɪshæp/ contratiempo.

misjudge /mɪsˈdʒʌdʒ/ tiene varios sentidos:

1 misjudge something calcular mal algo.

2 misjudge somebody juzgar mal a alguien.

misleading /mɪsˈliːdɪŋ/ engañoso.

misprint /ˈmɪsprɪnt/ errata.

miss /mɪs/ tiene varias categorías gramaticales y varios sentidos:

> Puede ser un VERBO TRANSITIVO:

1 miss something puede significar perderse

algo (una película, por ejemplo) o perder algo (el autobús, un vuelo o una oportunidad, por ejemplo) o faltar a algo (una cita o clase, por ejemplo).

▷ Don't miss this programme. No te pierdas este programa.

▷ I missed my train. He perdido el tren.

2 miss something *puede significar* no dar en algo (el blanco, por ejemplo) o fallar algo (un penalti, por ejemplo).

3 miss *se utiliza para decir que algo no ha alcanzado algo o a alguien por poco:*

▷ The bullet just missed me. La bala no me alcanzó por poco.

4 miss something o **somebody** *puede significar* echar de menos algo o a alguien.

▷ I miss you. Te echo de menos.

5 miss something out *omitir algo.*

> *Puede ser un* VERBO INTRANSITIVO:
miss *significa* fallar.

> *Puede ser un* SUSTANTIVO:
1 miss *significa* fallo.
2 Miss *significa* señorita.

missile /ˈmɪsaɪl/ misil.

missing /ˈmɪsɪŋ/ *tiene varios sentidos:*
1 be missing *puede significar* faltar.
▷ There's nothing missing. No falta nada.
▷ It's gone missing. Se ha extraviado.
2 missing *puede significar* desaparecido.

> ℹ️ missing también es una forma del verbo miss.
▷ I'm missing her. La echo de menos.

mission /ˈmɪʃən/ misión.

mist /mɪst/ neblina o bruma.

mistake /mɪsˈteɪk/ *tiene varias categorías gramaticales y varios sentidos:*

> *Puede ser un* SUSTANTIVO:
mistake *significa* error.
► **by mistake** por error.
► **make a mistake** cometer un error o equivocarse.

> *Puede ser un* VERBO:
1 mistake something *puede significar* entender mal algo.
2 mistake something o **somebody for...** confundir algo o a alguien con...

mistaken /mɪsˈteɪkən/ equivocado.
► **be mistaken about something** estar equivocado respecto a algo.

> ℹ️ mistaken también es el participio pasado del verbo mistake.
▷ He must have mistaken you for somebody else. Debe haberte confundido con otro.

mister /ˈmɪstər/ señor.

mistook /mɪsˈtʊk/ es el pretérito del verbo **mistake**.
▷ I mistook you for somebody else. Te he confundido con otro.

mistreat /mɪsˈtriːt/ maltratar.

mistress /ˈmɪstrəs/ *tiene varios sentidos:*
1 mistress *puede significar* señora (de la casa) o ama.
2 mistress *puede significar* maestra o profesora.
3 mistress *puede significar* amante.

misty /ˈmɪstɪ/ neblinoso o brumoso.

misunderstand /mɪsʌndəˈstænd/ entender mal.

misunderstanding /mɪsʌndəˈstændɪŋ/ malentendido.

misunderstood /mɪsʌndəˈstʊd/ es el pretérito y el participio pasado del verbo **misunderstand**.
▷ I misunderstood the instructions. Entendí mal las instrucciones.

mix /mɪks/ *tiene varias categorías gramaticales y varios sentidos:*

> *Puede ser un* SUSTANTIVO:
mix *significa* mezcla.

> *Puede ser un* VERBO TRANSITIVO:
► **mix something** mezclar algo.

mixed /mɪkst/ mixto.

> ℹ️ mixed también es el pretérito y el participio pasado del verbo mix.
▷ He mixed the ingredients. Mezcló los ingredientes.

mixer /ˈmɪksər/ batidora.

mixture /ˈmɪkstʃər/ *tiene varios sentidos:*
1 mixture *puede significar* mezcla.
2 cough mixture jarabe para la tos.

mix-up /ˈmɪksʌp/ confusión.

moan /məʊn/ *tiene varias categorías gramaticales y varios sentidos:*

> *Puede ser un* SUSTANTIVO:
moan *significa* gemido.

> *Puede ser un* VERBO:
moan *significa* gemir o quejarse.

moat /məʊt/ foso (de un castillo).

mobile /ˈməʊbaɪl/ *tiene varias categorías gramaticales y varios sentidos:*

> *Puede ser un* ADJETIVO:
mobile *significa* móvil.
► **mobile phone** teléfono móvil.

> *Puede ser un* SUSTANTIVO:
mobile *significa* móvil.

mock /mɒk/ *tiene varias categorías gramaticales*:
> *Puede ser un* VERBO:
► **mock somebody** o **something** burlarse de alguien o algo.
> *Puede ser un* ADJETIVO:
mock *significa* fingido.
► **mock exam** examen de prueba.

model /ˈmɒdəl/ *tiene varias categorías gramaticales y varios sentidos*:
> *Puede ser un* SUSTANTIVO:
1 **model** *puede significar* modelo.
2 **model** *puede significar* maqueta.
> *Puede ser un* ADJETIVO:
► **model airplane** maqueta de avión.
> *Puede ser un* VERBO TRANSITIVO:
1 **be modelled on something** inspirarse en algo.
2 *En informática,* **model something** *significa* simular algo.

moderate /ˈmɒdərət/ moderado.

modern /ˈmɒdən/ moderno.
► **modern languages** lenguas modernas.

modernize /ˈmɒdənaɪz/ modernizar.

modest /ˈmɒdɪst/ modesto.

modesty /ˈmɒdɪstɪ/ modestia.

module /ˈmɒdjuːl/ módulo.

moist /mɔɪst/ húmedo.

moisture /ˈmɔɪstʃəʳ/ humedad o vaho.

moisturizer /ˈmɔɪstʃəraɪzəʳ/ hidratante.

mold /məʊld/ *es la ortografía americana de la palabra* **mould**.

moldy /ˈməʊldɪ/ *es la ortografía americana de la palabra* **mouldy**.

mole /məʊl/ *tiene varios sentidos*:
1 **mole** *puede significar* topo (= el animal).
2 **mole** *puede significar* lunar (en la piel).

molecule /ˈmɒlɪkjuːl/ molécula.

mom /mɒm/ mamá.

La palabra **mom** es inglés americano. En inglés británico, se dice **mum**.

moment /ˈməʊmənt/ momento.
► **at the moment** en este momento o actualmente.
► **at any moment** en cualquier momento.
▷ Wait a moment! ¡Espera un momento!

▷ Just a moment! ¡Un momento!

mommy /ˈmɒmɪ/ mamá.

La palabra **mommy** es inglés americano. En inglés británico, se dice **mummy**.

monarchy /ˈmɒnəkɪ/ monarquía.

monasteries /ˈmɒnəstərɪz/ *es el plural de la palabra* **monastery**.

monastery /ˈmɒnəstərɪ/ monasterio.

Monday /ˈmʌndɪ/ lunes.
► **on Monday** el lunes.
► **on Monday morning** el lunes por la mañana.
► **on Mondays** los lunes.

money /ˈmʌnɪ/ dinero.
► **make money** ganar dinero.
► **money belt** riñonera.

moneybox /ˈmʌnɪbɒks/ hucha.

mongrel /ˈmʌŋgrəl/ perro cruzado.

monitor /ˈmɒnɪtəʳ/ *tiene varias categorías gramaticales y varios sentidos*:
> *Puede ser un* SUSTANTIVO:
monitor *significa* monitor.
> *Puede ser un* VERBO:
► **monitor something** o **somebody** controlar algo o a alguien (en el sentido de 'hacerle el seguimiento').

monk /mʌŋk/ monje.

monkey /ˈmʌŋkɪ/ mono.

monopoly /məˈnɒpəlɪ/ monopolio.

monotonous /məˈnɒtənəs/ monótono.

monster /ˈmɒnstəʳ/ monstruo.

month /mʌnθ/ mes.

monthly /ˈmʌnθlɪ/ *tiene varias categorías gramaticales*:
> *Puede ser un* ADJETIVO:
monthly *significa* mensual.
> *Puede ser un* ADVERBIO:
monthly *significa* mensualmente.

monument /ˈmɒnjəmənt/ monumento.

moo /muː/ mugir.
▷ Moo! ¡Mu!

mood /muːd/ humor (= estado anímico de una persona).
▷ She's in a bad mood o She's in a mood. Está de mal humor.

▷ I'm in a good mood. Estoy de buen humor.

▷ Are you in the mood for a dance? ¿Te apetece bailar?

moody /ˈmuːdɪ/ *tiene varios sentidos:*
1 moody *puede significar* malhumorado.
▶ **be moody** tener mal humor o estar malhumorado.
2 moody *puede significar* voluble.

moon /muːn/ luna.

moonlight /ˈmuːnlaɪt/ luz de luna.

moor /mʊəʳ/ *tiene varias categorías gramaticales:*
> *Puede ser un* SUSTANTIVO:
moor *significa* páramo.
> *Puede ser un* VERBO TRANSITIVO:
▶ **moor a boat** amarrar un barco.

moose /muːs/ alce.

mop /mɒp/ *tiene varias categorías gramaticales y varios sentidos:*
> *Puede ser un* SUSTANTIVO:
mop *significa* fregona.
> *Puede ser un* VERBO:
1 mop the floor fregar el suelo.
2 mop something up limpiar algo.

moped /ˈməʊped/ ciclomotor.

moral /ˈmɒrəl/ *tiene varias categorías gramaticales y varios sentidos:*
> *Puede ser un* ADJETIVO:
moral *significa* moral.
> *Puede ser un* SUSTANTIVO:
1 moral *significa* moraleja.
2 morals moralidad.

more /mɔːʳ/ más.
▷ It's more difficult. Es más difícil.
▷ I'll come more often. Vendré más a menudo.
▷ He has more money than you do. Tiene más dinero que tú.
▷ There were more than 20 people. Había más de 20 personas.
▷ There's no more bread. No queda pan.
▷ I bought some more books. He comprado más libros.
▷ I need a bit more. Necesito un poco más.
▷ I haven't got any more. No tengo más.
▷ It's getting more and more dangerous. Es cada vez más peligroso.
▷ The more you work the more you earn. Cuanto más trabajas, más ganas.
▶ **more or less** más o menos.
▶ **not any more** ya no.
▷ I don't want any more. No quiero más.
▶ **once more** una vez más.

moreover /mɔːˈrəʊvəʳ/ además.

morning /ˈmɔːnɪŋ/ mañana (= parte del día).
▶ **in the morning** por la mañana.
▶ **at seven o'clock in the morning** a las siete de la mañana.
▷ Good morning! ¡Buenos días!

Moroccan /məˈrɒkən/ marroquí.

Morocco /məˈrɒkəʊ/ Marruecos.

mortgage /ˈmɔːgɪdʒ/ hipoteca.

Moscow /ˈmɒskəʊ/ Moscú.

Moslem /ˈmɒzləm/ musulmán.

mosque /mɒsk/ mezquita.

moss /mɒs/ musgo.

most /məʊst/ *tiene varias categorías gramaticales y varios sentidos:*
> *Puede ser un* ADVERBIO:
1 the most... el más... o la más... o los más... o las más...
▷ It's the most beautiful city in the world. Es la ciudad más bonita del mundo.
▷ They are the most intelligent children I have met. Son los niños más inteligentes que he conocido.
▷ I like this one most of all. Éste es el que más me gusta.
2 most *puede significar* muy.
▷ He's most unhappy. Está muy triste.
> *Puede ser un* ADJETIVO:
1 the most más.
▷ She has the most points. Es la que más puntos tiene.
2 most *puede significar* la mayoría de.
▷ Most people have a car. La mayoría de la gente tiene coche.
> *Puede ser un* PRONOMBRE:
1 the most más.
▷ He has the most. Es el que más tiene.
2 most *puede significar* la mayoría.
▷ Most of them are English. La mayoría de ellos son ingleses.
3 make the most of something aprovechar algo al máximo.

mostly /ˈməʊstlɪ/ *tiene varios sentidos:*
1 mostly *puede significar* principalmente o en su mayoría.
2 mostly *puede significar* normalmente

moth /mɒθ/ mariposa nocturna o polilla.

mother /ˈmʌðəʳ/ madre.
▶ **Mother's Day** el Día de la Madre.

mother-in-law /ˈmʌðərɪnlɔː/ suegra.

motion /ˈməʊʃən/ *tiene varios sentidos:*
1 **motion** *puede significar* movimiento.
▶ **set something in motion** poner algo en marcha.
2 **motion** *puede significar* moción.

motivate /ˈməʊtɪveɪt/ motivar.

motive /ˈməʊtɪv/ motivo *o* móvil.

motorbike /ˈməʊtəbaɪk/ moto.

motorboat /ˈməʊtəbəʊt/ lancha motora.

motor car /ˈməʊtə kɑːʳ/ automóvil.

motorcycle /ˈməʊtəsaɪkəl/ moto.

motorist /ˈməʊtərɪst/ automovilista.

motor racing /ˈməʊtə ˈreɪsɪŋ/ carreras de coches.

motorway /ˈməʊtəweɪ/ autopista.

> **motorway** es una palabra británica. En Estados Unidos se dice **freeway**.

motto /ˈmɒtəʊ/ lema.

mould /məʊld/ *tiene varias categorías gramaticales y varios sentidos:*
> *Puede ser un* SUSTANTIVO:
1 **mould** *puede significar* molde.
2 **mould** *puede significar* moho.
> *Puede ser un* VERBO:
▶ **mould something** moldear algo.

> En inglés americano, esta palabra se escribe **mold**.

mouldy /ˈməʊldɪ/ mohoso.
▶ **go mouldy** estropearse *o* enmohecerse.

> En inglés americano, esta palabra se escribe **moldy**.

mound /maʊnd/ montículo *o* colina *o* montón.

mount /maʊnt/ *tiene varias categorías gramaticales y varios sentidos:*
> *Puede ser un* SUSTANTIVO:
mount *significa* monte (= montaña).
▷ **Mount Everest.** El Everest.
> *Puede ser un* VERBO TRANSITIVO:
1 **mount something** *puede significar* subirse a algo (un caballo o una bicicleta, por ejemplo).
2 **mount something** *puede significar* montar algo.

mountain /ˈmaʊntən/ montaña.
▶ **mountain bike** bicicleta de montaña.

mountaineer /maʊntəˈnɪəʳ/ alpinista.

mountainside /ˈmaʊntənsaɪd/ ladera.

mourn /mɔːn/ llorar la muerte de.

mourning /ˈmɔːnɪŋ/ luto.

mouse /maʊs/ ratón (el animal y el dispositivo para el ordenador).
▶ **mouse mat** *o* **mouse pad** alfombrilla (en informática).

mousetrap /ˈmaʊstræp/ ratonera (para cazar ratones).

mouth /maʊθ/ *tiene varios sentidos:*
1 **mouth** *puede significar* boca.
2 **mouth** *puede significar* desembocadura (de un río).

mouthful /ˈmaʊθfʊl/ bocado *o* trago.

mouthwash /ˈmaʊθwɒʃ/ elixir bucal.

move /muːv/ *tiene varias categorías gramaticales y varios sentidos:*
> *Puede ser un* SUSTANTIVO:
1 **move** *puede significar* movimiento.
2 **move** *puede significar* mudanza (de casa).
3 **move** *puede significar* jugada.
▷ **It's your move.** Mueves tú.
> *Puede ser un* VERBO TRANSITIVO:
1 **move something** *puede significar* mover algo.
▶ **move something closer** acercar algo.
2 **move somebody** *puede significar* conmover a alguien.
3 **move house** mudarse de casa.
> *Puede ser un* VERBO INTRANSITIVO:
1 **move** *puede significar* moverse.
▶ **move closer** acercarse.
2 **move** *puede significar* mudarse de casa.
3 **move** *puede significar* mover (en ajedrez, por ejemplo).

Phrasal verbs:

Al verbo **move** *a veces le sigue una preposición como* **away** *o* **in**, *lo que puede cambiar su significado. En inglés, esto se llama un* **phrasal verb**.

MOVE AWAY:
▶ **move away** *puede significar* partir *o* apartarse.
▶ **move away** *puede significar* mudarse de casa.
▶ **move something** *o* **somebody away** apartar algo o a alguien.
MOVE IN:
▶ **move in** instalarse (en una casa nueva).
MOVE OUT:
▶ **move out** mudarse *o* dejar la casa.

movement /ˈmuːvmənt/ movimiento.

movie /ˈmuːvɪ/ película.
▶ **movie star** estrella de cine.

moving /ˈmuːvɪŋ/ *tiene varios sentidos:*
1 **moving** *puede significar* conmovedor.
2 **moving** *puede significar* en movimiento.

> **i** moving también es una forma del verbo move.
> ▷ They are moving house. Se van a mudar de casa.

mow /məʊ/ cortar (el césped).

mower /ˈməʊəʳ/ cortacésped.

mown /məʊn/ es el *participio pasado del verbo* mow.
▶ **I have just mown the lawn.** Acabo de cortar el césped.

MP /ˈemˈpiː/ diputado.

> **i** MP es la abreviatura de member of parliament.

Mr /ˈmɪstəʳ/ Sr. o Señor.
▶ **Mr Brown** El Sr. Brown.

Mrs /ˈmɪsɪs/ Sra. o Señora.
▶ **Mrs Brown** La Sra. Brown.

Ms /məz/ Sra.

> **i** Ms es una abreviatura usada por aquellas mujeres que no quieren indicar si están solteras o casadas.

much /mʌtʃ/ mucho.
▷ He doesn't talk much. No habla mucho.
▷ Thank you very much. Muchas gracias.
▷ It's much bigger. Es mucho mayor.
▷ I haven't got much time. No tengo mucho tiempo.
▶ **twice as much** el doble.
▶ **half as much** la mitad.
▶ **how much** cuánto.
▷ How much is it? ¿Cuánto es?
▷ How much money have you got? ¿Cuánto dinero tienes?
▶ **so much** tanto.
▷ They have so much money. Tienen tanto dinero.
▶ **too much** demasiado.
▷ He smokes too much. Fuma demasiado.
▷ There's too much milk in my coffee. Tengo demasiada leche en el café.

mud /mʌd/ barro.

muddle /ˈmʌdəl/ lío.
▶ **get in a muddle** hacerse un lío.

muddy /ˈmʌdɪ/ embarrado o lleno de barro.

mug /mʌg/ *tiene varias categorías gramaticales:*
> *Puede ser un* SUSTANTIVO:
mug *significa* taza alta.
> *Puede ser un* VERBO:
▶ **mug somebody** atracar a alguien.

mule /mjuːl/ mula.

multiply /ˈmʌltɪplaɪ/ multiplicar o multiplicarse.

mum /mʌm/ mamá.

> **┌** mum no se utiliza en inglés americano. En Estados Unidos, 'mamá' se dice mom.

mumble /ˈmʌmbəl/ mascullar.

mummy /ˈmʌmɪ/ *tiene varios sentidos:*
1 **mummy** *puede significar* mamá.
2 **mummy** *puede significar* momia.

> **┌** En el sentido de 'mamá', mummy no se utiliza en inglés americano. En Estados Unidos se dice mommy.

munch /mʌntʃ/ mascar.

murder /ˈmɜːdəʳ/ *tiene varias categorías gramaticales:*
> *Puede ser un* SUSTANTIVO:
murder *significa* asesinato.
> *Puede ser un* VERBO:
▶ **murder somebody** asesinar a alguien.

murderer /ˈmɜːdərəʳ/ asesino.

murmur /ˈmɜːməʳ/ *tiene varias categorías gramaticales y varios sentidos:*
> *Puede ser un* SUSTANTIVO:
murmur *significa* murmullo.
> *Puede ser un* VERBO:
murmur *significa* murmurar.

muscle /ˈmʌsəl/ músculo.

muscular /ˈmʌskjələʳ/ *tiene varios sentidos:*
1 **muscular** *puede significar* musculoso.
2 **muscular** *puede significar* muscular.

museum /mjuːˈzɪəm/ museo.

mushroom /ˈmʌʃruːm/ champiñón o seta.

music /ˈmjuːzɪk/ música.

musician /mjuːˈzɪʃən/ músico.

Muslim /ˈmʌzlɪm/ musulmán.

mussel /ˈmʌsəl/ mejillón.

must /mʌst/ *tiene varios sentidos:*

mustard

ɪ must es un verbo modal. Los verbos modales se emplean delante de la forma infinitiva de otros verbos (por ejemplo, I must go). La tercera persona del singular de estos verbos no tiene una -s al final (he must, she must, it must). A diferencia de otros verbos, las formas negativas e interrogativas no utilizan una construcción con do (por ejemplo, se dice must you go? y you mustn't tell him). Los verbos modales no tienen infinitivo ni tampoco participio de presente o participio pasado.

1 **must** puede significar tener que o deber.
▷ I must go. Me tengo que ir o Debo irme.
▷ You must tell me the truth. Tienes que decirme la verdad.

2 **must not** o **mustn't** se utiliza para decir que no debes hacer algo.
▷ You mustn't tell anybody. No debes decírselo a nadie.

3 **must** se utiliza para invitar a alguien a hacer algo o para hacer una sugerencia:
▷ You must come to dinner. Tienes que venir a cenar.
▷ You must be careful. Tienes que tener cuidado.

4 **must** se utiliza para hacer una suposición o para decir que algo es muy probable:
▷ She must be right. Debe tener razón.
▷ I must have left it at home. Debo de haberlo dejado en casa.

mustard /'mʌstəd/ mostaza.

mustn't /'mʌsənt/ es la contracción de **must not** y se utiliza para decir que no debes hacer algo.
▷ You mustn't go. No debes irte.

mute /mjuːt/ mudo.

mutter /'mʌtəʳ/ murmurar.

mutual /'mjuːtʃʊəl/ mutuo o común.

muzzle /'mʌzəl/ tiene varias categorías gramaticales y varios sentidos:
> Puede ser un SUSTANTIVO:
1 **muzzle** puede significar hocico.
2 **muzzle** puede significar bozal.
> Puede ser un VERBO:
▶ **muzzle a dog** poner un bozal a un perro.

my /maɪ/ es la primera persona del singular del adjetivo posesivo.
▷ My brother is a doctor. Mi hermano es médico.
▷ My books are on the table. Mis libros están sobre la mesa.
▷ I washed my hair. Me lavé el pelo.
▷ My eyes are blue. Tengo los ojos azules.

myself /maɪ'self/ tiene varios sentidos:
1 **myself** es el pronombre personal de la primera persona del singular, usado como complemento de un verbo reflexivo:
▷ I cut myself. Me corté.
▷ I enjoyed myself. Lo pasé muy bien.
2 **myself** puede significar yo mismo.
▷ I phoned him myself. Le llamé yo mismo.
3 **myself** puede venir después de una preposición:
▷ I did it for myself. Lo hice para mí.
▷ I was talking about myself. Estaba hablando de mí mismo.
4 **by myself** yo solo.
▷ I did it by myself. Lo hice yo solo.

mysteries /'mɪstəriz/ es el plural de la palabra **mystery**.

mysterious /mɪ'stɪəriəs/ misterioso.

mystery /'mɪstəri/ misterio.

myth /mɪθ/ mito.

N

La letra **N** se pronuncia /**en**/ en inglés.
Fíjate que no se pronuncia con una **e** final como en español.

nail /neɪl/ *tiene varias categorías gramaticales y varios sentidos:*

> *Puede ser un* SUSTANTIVO:
1 **nail** *puede significar* uña.
► **nail file** lima de uñas.
► **nail polish** esmalte de uñas.
► **nail varnish** esmalte de uñas.
2 **nail** *puede significar* clavo (de metal).
> *Puede ser un* VERBO:
► **nail something** clavar algo.

naked /ˈneɪkɪd/ desnudo.

name /neɪm/ *tiene varias categorías gramaticales y varios sentidos:*

> *Puede ser un* SUSTANTIVO:
1 **name** *puede significar* nombre.
▷ What's your name? ¿Cómo te llamas?
▷ My name is John. Me llamo John.
► **call somebody names** insultar a alguien.
2 **name** *puede significar* reputación.
> *Puede ser un* VERBO:
name *significa* nombrar o llamar.

nannies /ˈnænɪz/ *es el plural de* **nanny**.

nanny /ˈnænɪ/ niñera.

nap /næp/ siesta.

napkin /ˈnæpkɪn/ servilleta.

nappies /ˈnæpɪz/ *es el plural de* **nappy**.

nappy /ˈnæpɪ/ pañal.

> ♥ Esta palabra no se utiliza en inglés americano. En Estados Unidos, se dice diaper.

narrow /ˈnærəʊ/ estrecho.

nastier /ˈnɑːstɪəʳ/ *es el comparativo de* **nasty**.
▷ He's even nastier than her. Es aún más desagradable que ella.

nastiest /ˈnɑːstɪɪst/ *es el superlativo de* **nasty**.
▷ He's the nastiest boy in the class. Es el niño más desagradable de la clase.

nasty /ˈnɑːstɪ/ *tiene varios sentidos:*
1 **nasty** *puede significar* desagradable.
► **be nasty to somebody** ser muy malo con alguien.
2 **nasty** *puede significar* malintencionado (un comentario, por ejemplo).
3 **nasty** *puede significar* grave (un accidente) o muy malo (una caída o un resfriado).

nation /ˈneɪʃən/ nación.

national /ˈnæʃənəl/ nacional.
► **national anthem** himno nacional.

nationalities /næʃəˈnælɪtɪz/ *es el plural de* **nationality**.

nationality /næʃəˈnælɪtɪ/ nacionalidad.

native /ˈneɪtɪv/ *tiene varias categorías gramaticales y varios sentidos:*

> *Puede ser un* ADJETIVO:
1 **native** *puede significar* natal (país o región).
2 **native** *puede significar* materno (lengua) o nativo (hablante).
3 **native** *puede significar* autóctono (pueblo, animal o planta).
> *Puede ser un* SUSTANTIVO:
native *significa* natural (= persona que viene de una ciudad o un país).

naturally /ˈnætʃərəlɪ/ naturalmente.

nature /ˈneɪtʃəʳ/ naturaleza.

► **nature reserve** reserva natural.

naughtier /ˈnɔːtɪəʳ/ es el comparativo de **naughty**.
▷ He's even naughtier than her. Es aún más malo que ella.

naughtiest /ˈnɔːtɪɪst/ es el superlativo de **naughty**.
▷ He's the naughtiest boy in the class. Es el niño más malo de la clase.

naughty /ˈnɔːtɪ/ malo (= travieso).

nausea /ˈnɔːzɪə/ náuseas.

nauseous /ˈnɔːzɪəs/
► **feel nauseous** tener náuseas.

navel /ˈneɪvəl/ ombligo.

navy /ˈneɪvɪ/ tiene varias categorías gramaticales:
> Puede ser un SUSTANTIVO:
► **the navy** la armada.
> Puede ser un ADJETIVO:
► **navy blue** azul marino.

near /nɪəʳ/ tiene varias categorías gramaticales y varios sentidos:
> Puede ser un ADVERBIO:
near significa cerca.
▷ They live very near. Viven muy cerca.
> Puede ser una PREPOSICIÓN:
near significa cerca de.
▷ Is it near here? ¿Está cerca de aquí?
▷ Don't come near me! ¡No te me acerques!
▷ Near the end of the film. Casi al final de la película.
> Puede ser un ADJETIVO:
near significa cercano o próximo.
► **in the near future** en un futuro próximo.

nearby /ˈnɪəbaɪ/ cerca.

nearly /ˈnɪəlɪ/ casi.
▷ I've nearly finished. Casi he terminado.
▷ She nearly fell. Por poco se cae.

neat /niːt/ tiene varios sentidos:
1 neat puede significar pulcro u ordenado.
▷ She has very neat handwriting. Tiene muy buena letra.
2 neat puede significar hábil o ingenioso (un plan o una solución, por ejemplo).
3 neat puede significar solo (cuando te refieres a alcohol).

necessarily /nesəˈserɪlɪ/ necesariamente.

► **not necessarily** no necesariamente.

necessary /ˈnesɪsərɪ/ necesario.

neck /nek/ tiene varios sentidos:
1 neck puede significar cuello.
2 neck puede significar pescuezo.

necklace /ˈnekləs/ collar (= joya que lleva una persona al cuello).

necktie /ˈnektaɪ/ corbata.

 necktie es una palabra americana. En inglés británico, se dice **tie**.

need /niːd/ tiene varias categorías gramaticales y varios sentidos:
> Puede ser un SUSTANTIVO:
need significa necesidad.
▷ There's no need to wait. No hace falta esperar.
► **be in need of something** necesitar algo.
> Puede ser un VERBO:
1 need something necesitar algo.
▷ I need a drink. Necesito beber algo.
▷ It needs more salt. Le falta sal.
2 need to... tener que...
▷ You need to be patient. Tienes que tener paciencia.
▷ Do we need to do it? ¿Tenemos que hacerlo?
3 needn't se utiliza para decir que no hace falta hacer algo:
▷ You needn't wait. No hace falta que esperes.
▷ He needn't have gone. No tenía que ir.

needle /ˈniːdəl/ aguja.
► **knitting needle** aguja de punto.

needless /ˈniːdləs/ innecesario.
► **needless to say...** ni que decir tiene...

needlework /ˈniːdəlwɜːk/ costura (= actividad de coser).

needn't /ˈniːdənt/ es la contracción de **need not**.

negative /ˈnegətɪv/ negativo.

neglect /nɪˈglekt/ tiene varias categorías gramaticales y varios sentidos:
> Puede ser un VERBO:
1 neglect somebody descuidar a alguien o tener abandonado a alguien.
2 neglect something no cumplir con algo (el deber, por ejemplo).
> Puede ser un SUSTANTIVO:
neglect significa descuido o abandono.

negotiate /nɪˈgəʊʃɪeɪt/ negociar.

negotiations /nɪˈgəʊʃɪeɪʃənz/ negociaciones.

neigh /neɪ/ *tiene varias categorías gramaticales:*
> *Puede ser un* SUSTANTIVO:
neigh *significa* relincho.
> *Puede ser un* VERBO:
neigh *significa* relinchar.

neighbour /ˈneɪbəʳ/ vecino.

 En inglés americano, esta palabra se escribe **neighbor**.

neighbourhood /ˈneɪbəhʊd/ barrio o vecindario o cercanías.

 En inglés americano, esta palabra se escribe **neighborhood**.

neither /ˈnaɪðəʳ/ *tiene varias categorías gramaticales:*
> *Puede ser un* ADVERBIO:
► **neither... nor...** ni... ni...
▷ She can neither sing nor dance. No sabe ni cantar ni bailar.
► **me neither** o **neither do I** yo tampoco.
> *Puede ser una* CONJUNCIÓN:
neither *significa* tampoco.
▷ I don't want it and neither does he. Yo no lo quiero y él tampoco.
> *Puede ser un* ADJETIVO:
neither *significa* ninguno de los dos.
▷ Neither child is ready. Ninguno de los dos niños está listo.
> *Puede ser un* PRONOMBRE:
neither *significa* ninguno.
▷ Neither of them is ready. Ninguno está listo.

nephew /ˈnevju:/ sobrino.

nerve /nɜ:v/ *tiene varios sentidos:*
1 nerve *puede significar* nervio (del cuerpo).
▷ It's getting on my nerves. Me está poniendo nervioso.
2 nerve *puede significar* valor o sangre fría.
▷ She lost her nerve. Perdió el valor.
3 nerve *puede significar* caradura.
▷ What a nerve! ¡Qué caradura!

nervous /ˈnɜ:vəs/ nervioso.
► **feel nervous** estar nervioso.
► **be nervous about doing something** tener miedo de hacer algo.
► **nervous breakdown** crisis nerviosa.

nest /nest/ nido.

net /net/ *tiene varias categorías gramaticales y varios sentidos:*
> *Puede ser un* SUSTANTIVO:
1 net *puede significar* red.
2 the Net la Red (= Internet).
> *Puede ser un* ADJETIVO:
net *significa* neto (precio o peso, por ejemplo).

Netherlands /ˈneðələndʒ/
► **the Netherlands** los Países Bajos.

nettle /ˈnetəl/ ortiga.

network /ˈnetwɜ:k/ red.

neurotic /njʊˈrɒtɪk/ neurótico.

neutral /ˈnju:trəl/ neutro o neutral.

never /ˈnevəʳ/ nunca o jamás.
▷ He never drinks wine. Nunca bebe vino.
▷ I've never been to China. No he estado nunca en China.
▷ I never want to see you again! ¡No quiero verte nunca más!
▷ I've never seen anything like it. Jamás había visto algo así.

nevertheless /nevəðəˈles/ sin embargo.

new /nju:/ nuevo.
▷ It's as good as new. Es como nuevo.

newborn /ˈnju:bɔ:n/ recién nacido.

newcomer /ˈnju:kʌməʳ/ recién llegado.

news /nju:z/ *tiene varios sentidos:*
news *significa* noticias.
► **a piece of news** una noticia (= una información).
► **a news item** una noticia (en el telediario).
▷ That's good news! ¡Es una buena noticia!
▷ He's watching the news. Está viendo las noticias.

newsagent /ˈnju:zeɪdʒənt/ vendedor de periódicos.
► **newsagent's** tienda en la que se venden periódicos, revistas, caramelos y tabaco.

 newsagent no se utiliza en inglés americano. En Estados Unidos, se dice **newsdealer**.

newsdealer /ˈnju:zdi:ləʳ/ vendedor de periódicos.

 newsdealer es una palabra americana. En inglés británico, se dice **newsagent**.

newsgroup /ˈnju:zgru:p/ grupo de noticias (en Internet).

newsletter /ˈnjuːzletəʳ/ boletín.

newspaper /ˈnjuːspeɪpəʳ/ periódico.
▶ **daily newspaper** diario.

New Year /ˈnjuː ˈjɪəʳ/ año nuevo.
▶ **Happy New Year!** ¡Feliz Año Nuevo!
▶ **New Year's Day** día de Año Nuevo.
▶ **New Year's Eve** Nochevieja.

New York /njuːˈjɔːk/ Nueva York.

New Zealand /njuːˈziːlənd/ Nueva Zelanda.

New Zealander /njuːˈziːləndəʳ/ neozelandés.

next /nekst/ *tiene varias categorías gramaticales y varios sentidos:*
> *Puede ser un* ADJETIVO:
1 **next** *puede significar* siguiente *o* próximo.
▷ I'll take the next train. Voy a coger el próximo tren.
▷ He's next on the list. Es el siguiente de la lista.
▷ It's on the next page. Está en la página siguiente.
▶ **next Sunday** el domingo que viene.
▶ **next week** la semana que viene.
▶ **the next day** el día siguiente.
▶ **the day after next** pasado mañana.
2 **next** *puede significar* de al lado.
▷ He's in the next room. Está en la habitación de al lado.
> *Puede ser un* ADVERBIO:
1 **next** *puede significar* después.
▷ What happened next? ¿Qué pasó después?
2 **next** *puede significar* la próxima vez.
▷ Tell him when you next see him. Díselo la próxima vez que lo veas.
3 **next** *se utiliza con los superlativos:*
▷ He's the next tallest after me. Es el más alto después de mí.
4 **next to** *al lado de.*
▷ Sit next to me. Siéntate a mi lado.

next door /nekst dɔːʳ/ *tiene varias categorías gramaticales:*
> *Puede ser un* ADVERBIO:
next door *significa* al lado (= en la casa o piso de al lado).
▷ She lives next door. Vive al lado.
▷ They live next door to each other. Son vecinos.
> *Puede ser un* ADJETIVO:
next-door *significa* de al lado.
▶ **next-door neighbour** vecino de al lado.

nibble /ˈnɪbəl/ mordisquear.

Nicaraguan /nɪkəˈrægjʊən/ nicaragüense.

nice /naɪs/ *tiene varios sentidos:*
1 **nice** *puede significar* agradable *o* bueno *o* guapo.
▷ It smells very nice. Huele muy bien.
▷ The weather's nice. Hace buen tiempo.
▷ We had a nice time. Lo pasamos bien.
▷ You look very nice. Estás muy guapo.
▷ It would be nice to go for a walk. Estaría bien dar un paseo.
▷ Nice to meet you! ¡Encantado!
▷ Have a nice day! ¡Que pase un buen día!
2 **nice** *puede significar* simpático *o* amable.
▷ She's very nice. Es muy simpática.
▷ He was very nice to me. Fue muy amable conmigo.
▷ It's very nice of you to help us. Es muy amable de tu parte ayudarnos.

nice-looking /naɪsˈlʊkɪŋ/ guapo.

nicely /ˈnaɪsli/ *tiene varios sentidos:*
1 **nicely** *puede significar* bien.
▷ She always dresses nicely. Siempre va bien vestida.
2 **nicely** *puede significar* educadamente.

nickel /ˈnɪkəl/ *tiene varios sentidos:*
1 **nickel** *puede significar* níquel.
2 *En Canadá y Estados Unidos,* **nickel** *significa* moneda de cinco centavos.

nickname /ˈnɪkneɪm/ apodo.

niece /niːs/ sobrina.

night /naɪt/ noche *o* tarde.
▶ **all night** toda la noche.
▶ **at night** por la noche.
▶ **last night** anoche.
▶ **on Monday night** el lunes por la noche *o* el lunes por la tarde.
▶ **tomorrow night** mañana por la noche *o* mañana por la tarde.
▶ **have a late night** acostarse tarde.

nightclub /ˈnaɪtklʌb/ discoteca.

nightie /ˈnaɪti/ camisón.

nightlife /ˈnaɪtlaɪf/ vida nocturna.

nightmare /ˈnaɪtmeəʳ/ pesadilla.

night-time /ˈnaɪttaɪm/ noche.

nil /nɪl/ cero.

nimble /ˈnɪmbəl/ ágil.

nine /naɪn/ nueve.
▷ He is nine. Tiene nueve años.
▷ There are nine of us. Somos nueve.

▷ It's nine o'clock. Son las nueve.

nineteen /naɪnˈtiːn/ diecinueve.

▷ She's nineteen. Tiene diecinueve años.

▷ There are nineteen of us. Somos diecinueve.

nineteenth /naɪnˈtiːnθ/ decimonoveno.

▶ **the nineteenth of May** o **May the nineteenth** el diecinueve de mayo.

nineties /ˈnaɪntɪz/

▶ **the nineties** la década de los noventa.

▷ She's in her nineties. Tiene noventa y tantos años.

ninetieth /ˈnaɪntɪəθ/ nonagésimo.

ninety /ˈnaɪntɪ/ noventa.

▷ He's ninety. Tiene noventa años.

ninth /naɪnθ/ noveno.

▶ **the ninth of June** o **June the ninth** el nueve de junio.

nip /nɪp/ *tiene varios sentidos:*

1 nip somebody *puede significar* pellizcar a alguien.

2 nip somebody *puede significar* mordisquear a alguien.

nipple /ˈnɪpəl/ pezón o tetilla.

nitrogen /ˈnaɪtrədʒən/ nitrógeno.

no /nəʊ/ *tiene varios sentidos:*

1 no *puede significar* no.

▷ No thanks! ¡No gracias!

▷ We have no bread. No tenemos pan.

▷ We have no chance of doing it. No tenemos ninguna posibilidad de hacerlo.

▶ **say no** decir que no.

2 no *se utiliza con el gerundio para decir que algo está prohibido:*

▷ No smoking. Prohibido fumar.

3 no *se utiliza con los comparativos:*

▷ He's no more good-looking than you. No es más guapo que tú.

▷ She's still no better. Todavía no ha mejorado.

4 no one nadie.

▷ No one saw me. No me vio nadie.

nobody /ˈnəʊbədɪ/ nadie.

▷ Nobody phoned. No ha llamado nadie.

▷ Nobody wants it. Nadie lo quiere.

nod /nɒd/ *tiene varias categorías gramaticales y varios sentidos:*

> *Puede ser un* VERBO TRANSITIVO:

▶ **nod one's head** asentir con la cabeza o hacer una señal con la cabeza.

> *Puede ser un* VERBO INTRANSITIVO:

1 nod *significa* asentir con la cabeza o hacer una señal con la cabeza.

2 nod to somebody hacer una señal con la cabeza a alguien.

noise /nɔɪz/ ruido.

▶ **make a noise** hacer ruido o hacer un ruido.

noisier /ˈnɔɪzɪəʳ/ *es el comparativo de* **noisy**.

▷ It's much noisier. Es mucho más ruidoso.

noisiest /ˈnɔɪzɪɪst/ *es el superlativo de* **noisy**.

▷ This is the noisiest machine. Ésta es la máquina más ruidosa.

noisy /ˈnɔɪzɪ/ ruidoso.

▷ It's very noisy in here. Aquí dentro hay mucho ruido.

none /nʌn/ *tiene varios sentidos:*

1 *Cuando se refiere a un sustantivo en plural,* **none** *significa* ninguno.

▷ None of the boys came. No vino ninguno de los niños.

▷ None of them came. No vino ninguno de ellos.

▷ There are none left. No queda ninguno.

2 *Cuando se refiere a un sustantivo en singular,* **none** *significa* nada.

▷ None of this is true. Nada de esto es verdad.

▷ There is none left. No queda nada.

nonsense /ˈnɒnsəns/ tonterías.

▷ That's nonsense! ¡Tonterías!

▷ He's talking nonsense. Lo que dice son tonterías.

nonstop /nɒnˈstɒp/ *tiene varias categorías gramaticales y varios sentidos:*

> *Puede ser un* ADJETIVO:

1 nonstop *puede significar* directo o sin escalas (cuando te refieres a un vuelo).

2 nonstop *puede significar* continuo.

> *Puede ser un* ADVERBIO:

nonstop *significa* sin parar.

noodles /ˈnuːdəlz/ espaguetis o fideos.

noon /nuːn/ mediodía.

▶ **at noon** a mediodía.

no one /nəʊ wʌn/ nadie.

▷ No one saw me. No me vio nadie.

nor /nɔːʳ/ *tiene varios sentidos:*

1 neither... nor... ni... ni...

▷ She can neither sing nor dance. No sabe ni cantar ni bailar.

2 nor *puede significar* tampoco.

▷ She doesn't want to and nor do I. No quiere y yo tampoco.

normal /ˈnɔːməl/ normal

► **return to normal** volver a la normalidad o normalizarse.

normally /ˈnɔːməlɪ/ normalmente.

north /nɔːθ/ norte.

▷ In the north of the country. En el norte del país.
▷ The north wind. El viento del norte.
▷ Go north. Vete hacia el norte.
▷ It's north of the city. Se encuentra al norte de la ciudad.
► **North America** Norteamérica.
► **the North Pole** el Polo Norte.
► **the North Sea** el mar del Norte.

northern /ˈnɔːðən/ del norte.

► **Northern Ireland** Irlanda del Norte.
► **Northern Irish** norirlandés.

Norway /ˈnɔːweɪ/ Noruega.

Norwegian /nɔːˈwiːdʒən/ noruego.

nose /nəʊz/ nariz u hocico.

nosebleed /ˈnəʊzbliːd/

▷ She has a nosebleed. Está sangrando por la nariz.

nosey /ˈnəʊzɪ/ entrometido o curioso.

nostalgic /nɒˈstældʒɪk/ nostálgico.

nostril /ˈnɒstrəl/ ventana de la nariz.

nosy /ˈnəʊzɪ/ entrometido o curioso.

not /nɒt/ se utiliza para formar negaciones en inglés:

> ℹ Cuando **not** se usa con los verbos auxiliares, a menudo aparece en forma de contracción, pegado al verbo: is not se convierte en **isn't**, are not en **aren't**, was not en **wasn't**, do not en **don't**, did not en **didn't**, could not en **couldn't**, etc.
> ▷ I'm not angry. No estoy enfadado.
> ▷ It's not mine o It isn't mine. No es mío.
> ▷ She told me not to do it. Me dijo que no lo hiciera.
> ▷ I hope not. Espero que no.
> ▷ Are you hungry? —Not at all. ¿Tienes hambre? —En absoluto.
> ▷ Thank you very much —Not at all. Muchas gracias. —De nada.

► **not any more** ya no.
► **not even** ni siquiera.
► **not yet** todavía no.

note /nəʊt/ tiene varias categorías gramaticales y varios sentidos:

> Puede ser un SUSTANTIVO:
1 note puede significar nota.

► **make a note of something** tomar nota de algo.
2 notes apuntes (de clase, por ejemplo).
3 note puede significar billete (de banco).
> Puede ser un VERBO:
1 note something notar algo o darse cuenta de algo.
2 note that... observar que...
3 note something down apuntar algo.

notebook /ˈnəʊtbʊk/ / tiene varios sentidos:

1 notebook puede significar libreta o cuaderno.
2 notebook puede significar ordenador portátil.

notepad /ˈnəʊtpæd/ bloc de notas.

notepaper /ˈnəʊtpeɪpəʳ/ papel de cartas.

nothing /ˈnʌθɪŋ/ nada.

▷ Nothing has changed. No ha cambiado nada.
▷ It's nothing new. No es nada nuevo.
▷ He looks nothing like John. No se parece en nada a John.
▷ That has nothing to do with it. No tiene nada que ver.
▷ I got it for nothing. Me lo dieron gratis.

notice /ˈnəʊtɪs/ tiene varias categorías gramaticales y varios sentidos:

> Puede ser un SUSTANTIVO:
1 notice puede significar cartel (= anuncio).
► **notice board** tablón de anuncios.
2 take notice of somebody o **something** prestar atención a alguien o algo.
▷ Don't take any notice of him. No le hagas caso.
3 notice puede significar aviso.
► **at short notice** con muy poca antelación.
4 hand in one's notice presentar la dimisión.

> ℹ El pronombre personal de la expresión hand in one's notice funciona de la siguiente forma en inglés: I hand in my notice, you hand in your notice, he hands in his notice, she hands in her notice, etc.

> Puede ser un VERBO:
1 notice somebody o **something** puede significar fijarse en alguien o algo.
2 notice something puede significar darse cuenta de algo.

noticeable /ˈnəʊtɪsəbəl/ notable.

notorious /nəʊˈtɔːrɪəs/ famoso (por algo malo).

> La palabra inglesa **notorious** no significa 'notorio'.

nought /nɔːt/ cero.

noun /naʊn/ sustantivo.

novel /ˈnɒvəl/ *tiene varias categorías gramaticales:*

> ➤ *Puede ser un* SUSTANTIVO:
> **novel** *significa* novela.
> ► **detective novel** novela policíaca.
> ➤ *Puede ser un* ADJETIVO:
> **novel** *significa* novedoso.

novelist /ˈnɒvəlɪst/ novelista.

novelties /ˈnɒvəltɪz/ *es el plural de* **novelty**.

novelty /ˈnɒvəltɪ/ novedad o baratija.

November /nəʊˈvembəʳ/ noviembre.
► **November the first** o **the first of November** el primero de noviembre.

now /naʊ/ ahora.
▷ What are you doing now? ¿Qué estás haciendo ahora?
▷ I'll do it right now. Lo hago enseguida.
▷ I can't do it right now. No lo puedo hacer ahora mismo.
► **from now on** de ahora en adelante.
► **up until now** hasta ahora.
► **every now and then** o **now and again** de vez en cuando.

nowadays /ˈnaʊədeɪz/ hoy en día.

nowhere /ˈnəʊweəʳ/ a ninguna parte o dónde.
▷ We're going nowhere. No vamos a ninguna parte.
▷ There's nowhere to sit. No hay dónde sentarse.

nuclear /ˈnjuːklɪəʳ/ nuclear.
► **nuclear power** energía nuclear.
► **nuclear war** guerra nuclear.
► **nuclear weapons** armas nucleares.

nude /njuːd/ desnudo.

nudge /nʌdʒ/ dar un pequeño codazo a o dar un pequeño empujón a.

nuisance /ˈnjuːsəns/ *tiene varios sentidos:*
► **be a nuisance** ser un fastidio.
▷ It's a nuisance that she isn't coming. Es un fastidio que no venga.
▷ What a nuisance! ¡Qué fastidio!

numb /nʌm/ entumecido.
► **go numb** entumecerse.

number /ˈnʌmbəʳ/ número.
► **a number of...** varios...
► **get the wrong number** equivocarse (cuando llamas a alguien por teléfono).
► **number plate** placa de la matrícula.

📌 number plate no se utiliza en inglés americano. En Estados Unidos, se dice **license plate**.

numerous /ˈnjuːmərəs/ numeroso.

nun /nʌn/ monja.

nurse /nɜːs/ *tiene varias categorías gramaticales y varios sentidos:*
> ➤ *Puede ser un* SUSTANTIVO:
> **nurse** *significa* enfermera o enfermero.
> ➤ *Puede ser un* VERBO:
> ► **nurse somebody** cuidar a alguien.

nurseries /ˈnɜːsəriz/ *es el plural de* **nursery**.

nursery /ˈnɜːsəri/ guardería.
► **nursery rhyme** poema infantil.
► **nursery school** parvulario.

nut /nʌt/ *tiene varios sentidos:*
1 **nut** *puede significar* fruto seco.
2 **nut** *puede significar* tuerca.

ℹ️ Cuando significa fruto seco, muchas veces nut se traduce por el nombre del fruto seco al que se refiere. Por ejemplo, si alguien te pregunta **do you want some nuts?** probablemente está diciendo ¿quieres avellanas/almendras/etc.? dependiendo del fruto seco que tenga en la mano.

nutcrackers /ˈnʌtkrækəz/ cascanueces.

O

oak /əʊk/ roble.

oar /ɔːʳ/ remo (= pala para remar).

oats /əʊts/ avena o copos de avena.

obedient /əˈbiːdɪənt/ obediente.

obey /əˈbeɪ/ obedecer.

object se pronuncia de dos formas diferentes y su categoría gramatical y sentido cambian en función de la pronunciación:

◀) /ˈɒbdʒekt/ (el acento recae sobre la primera sílaba **ob-**).

> Es un SUSTANTIVO:

1 object puede significar objeto.

2 object puede significar complemento (en gramática).

◀) /ɒbˈdʒekt/ (el acento recae sobre la segunda sílaba **-ject**).

> Es un VERBO:

▶ **object to something** significa oponerse a algo.

▷ **I object.** No estoy de acuerdo.

objection /əbˈdʒekʃən/ objeción.

▷ **I have no objection.** No tengo ningún inconveniente.

oblige /əˈblaɪdʒ/ obligar.

▶ **be obliged to do something** estar obligado a hacer algo.

oblong /ˈɒblɒŋ/ tiene varias categorías gramaticales:

> Puede ser un SUSTANTIVO:

oblong significa rectángulo.

> Puede ser un ADJETIVO:

oblong significa rectangular.

obscure /əbsˈkjʊəʳ/ tiene varias categorías gramaticales:

> Puede ser un ADJETIVO:

obscure significa oscuro.

> Puede ser un VERBO:

▶ **obscure something** ocultar algo.

observant /əbˈzɜːvənt/ observador.

observatories /əbˈzɜːvətərɪz/ es el plural de **observatory**.

observatory /əbˈzɜːvətərɪ/ observatorio.

observe /əbˈzɜːv/ observar.

observer /əbˈzɜːvəʳ/ observador.

obsess /əbˈses/ obsesionar.

▶ **be obsessed with somebody** o **something** estar obsesionado con alguien o algo.

obstacle /ˈɒbstəkəl/ obstáculo.

obstinate /ˈɒbstɪnət/ obstinado o terco.

obstruct /əbˈstrʌkt/ tiene varios sentidos:

1 obstruct something puede significar obstruir algo.

2 obstruct something puede significar entorpecer algo.

obtain /əbˈteɪn/ obtener.

obvious /ˈɒbvɪəs/ evidente u obvio.

obviously /ˈɒbvɪəslɪ/ tiene varios sentidos:

1 obviously puede significar por supuesto.

▶ **obviously not** por supuesto que no.

2 obviously puede significar evidentemente.

occasion /əˈkeɪʒən/ *tiene varios sentidos:*

1 occasion *puede significar* ocasión.
► **on several occasions** en varias ocasiones.

2 occasion *puede significar* acontecimiento.
► **rise to the occasion** ponerse a la altura de las circunstancias.

occasional /əˈkeɪʒənəl/ ocasional o esporádico.

occasionally /əˈkeɪʒənəlɪ/ de vez en cuando.

occupation /ɒkjəˈpeɪʃən/ *tiene varios sentidos:*

1 occupation *puede significar* profesión u ocupación.

2 occupation *puede significar* pasatiempo.

occupied /ˈɒkjəpaɪd/ ocupado.

> **i** occupied también es el pretérito y el participio pasado del verbo **occupy**.
> ▷ They occupied this town in the war. Ocuparon este pueblo durante la guerra.

occupy /ˈɒkjəpaɪ/ ocupar.
► **occupy oneself** entretenerse.

> **i** El pronombre personal de la expresión **occupy oneself** funciona de la siguiente forma en inglés: I occupy **myself**, you occupy **yourself**, he occupies **himself**, she occupies **herself**, we occupy **ourselves**, they occupy **themselves**.

occur /əˈkɜːʳ/ *tiene varios sentidos:*

1 occur *puede significar* ocurrir o suceder.

2 occur to somebody ocurrírsele a alguien.

ocean /ˈəʊʃən/ océano.

o'clock /əˈklɒk/ *se utiliza para decir la hora:*
▷ It's three o'clock. Son las tres.
▷ It's one o'clock. Es la una.
▷ It's three o'clock in the afternoon. Son las tres de la tarde.
► **at ten o'clock** a las diez.

October /ɒkˈtəʊbəʳ/ octubre.
► **October the first** o **the first of October** el primero de octubre.

octopus /ˈɒktəpəs/ pulpo.

odd /ɒd/ *tiene varios sentidos:*

1 odd *puede significar* raro o extraño.

2 odd *puede significar* impar (cuando te refieres a un número).

3 odd *puede significar* desparejado (un calcetín o un guante, por ejemplo).
► **the odd one out** la excepción.

odds /ɒdz/ *tiene varios sentidos:*

1 the odds *puede significar* las apuestas.

2 the odds *puede significar* las posibilidades.
▷ The odds are against him. Tiene pocas posibilidades.
▷ The odds are that he'll win. Lo más probable es que gane.

odour /ˈəʊdəʳ/ olor.

> ⌐ En inglés americano, esta palabra se escribe **odor**.

of /ɒv/ *tiene varios sentidos:*

1 of *puede significar* de.
► **the capital of France** la capital de Francia.
► **a cup of tea** una taza de té.
► **a friend of mine** un amigo mío.
► **a kilo of apples** un kilo de manzanas.
► **a ring of gold** un anillo de oro.
► **the fourth of June** el cuatro de junio.
► **die of hunger** morir de hambre.
▷ It was very kind of you. Fue muy amable de tu parte.

2 of *puede ir seguido de un pronombre personal en función de complemento de objeto* (**of it**, **of them**, **of us**) *en cuyo caso normalmente no se traduce:*
▷ How much of it can I take? ¿Cuánto puedo coger?
▷ There's a lot of it. Hay mucho.
▷ There are five of them. Son cinco.

3 *En inglés americano,* **of** *se utiliza para decir la hora:*
▷ It's a quarter of seven. Son las siete menos cuarto.

> ⌐ En inglés británico, se dice **a quarter to seven**.

off /ɒf/ *tiene varias categorías gramaticales y varios sentidos:*

> **Puede ser una PREPOSICIÓN:**

1 off *puede significar* de.
▷ They got off the bus. Se bajaron del autobús.
▷ She fell off her bicycle. Se cayó de la bicicleta.
▷ A button came off her dress. Se le cayó un botón del vestido.

2 off *se utiliza para decir que alguien falta a algo:*
▷ We're off school next week. La semana que viene no tenemos que ir al colegio.
▷ She's off work today. Hoy no viene al trabajo.

> **Puede ser un ADVERBIO:**

1 off *se utiliza para decir que algo está a cierta distancia en el espacio o el tiempo:*
▷ The town is 5 kilometres off. El pueblo está a 5 kilómetros.
▷ Easter isn't far off. No queda mucho para Semana Santa.

▷ The holidays are two days off. Quedan dos días para las vacaciones.

2 be off significa irse.

▷ I'm off. Me voy.

3 off se utiliza para hablar de los días libres:

▷ I'm taking a day off. Voy a tomar un día libre.

4 off se utiliza para indicar la acción de quitar algo:

▷ She took her coat off. Se quitó el abrigo.

▷ A button came off. Se le cayó un botón.

5 off se utiliza para hablar de reducciones de precio:

▷ We're offering 30% off. Ofrecemos una rebaja del 30%.

> *Puede ser un* ADJETIVO:

1 off puede significar apagado (cuando te refieres a una luz o la televisión, por ejemplo) o desconectado (cuando te refieres al agua o al gas) o cerrado (cuando te refieres a un grifo).

▷ The lights are off. Las luces están apagadas.

2 off se utiliza para decir que alguien falta:

▷ I'm off next week. No estaré en el trabajo la semana que viene.

3 off puede significar pasado o estropeado o cortado (cuando te refieres a leche):

▷ This food is off. Esta comida está estropeada.

4 off se utiliza para decir que algo ha sido suspendido o cancelado:

▷ The match is off. Se ha suspendido el partido.

offence /əˈfens/ tiene varios sentidos:

1 offence puede significar delito.

2 take offence at something ofenderse por algo.

⌐ En inglés americano, esta palabra se escribe **offense**.

offend /əˈfend/ ofender.

► **be offended** ofenderse.

offender /əˈfendəʳ/ delincuente o culpable.

offense /ˈɒfens/ es la ortografía americana de la palabra **offence**.

offensive /əˈfensɪv/ tiene varias categorías gramaticales y varios sentidos:

> *Puede ser un* ADJETIVO:
offensive significa ofensivo.

> *Puede ser un* SUSTANTIVO:
offensive significa ofensiva.

offer /ˈɒfəʳ/ tiene varias categorías gramaticales y varios sentidos:

> *Puede ser un* SUSTANTIVO:

1 offer puede significar oferta.

2 on offer de oferta o disponible.

> *Puede ser un* VERBO:

► **offer somebody something** u **offer something to somebody** ofrecer algo a alguien.

► **offer to do something** ofrecerse a hacer algo.

office /ˈɒfɪs/ oficina o despacho.

officer /ˈɒfɪsəʳ/ oficial (del ejército).

► **police officer** agente de policía.

official /əˈfɪʃəl/ tiene varias categorías gramaticales:

> *Puede ser un* ADJETIVO:
official significa oficial.

> *Puede ser un* SUSTANTIVO:
official significa funcionario.

off-line /ˈɒfˈlaɪn/ fuera de línea o desconectado.

offside /ˈɒfˈsaɪd/ fuera de juego.

often /ˈɒfən/ a menudo.

▷ I often go to the park. Voy mucho al parque.

▷ How often do you see her? ¿Con qué frecuencia la ves?

► **every so often** de vez en cuando.

oil /ɔɪl/ tiene varias categorías gramaticales y varios sentidos:

> *Puede ser un* SUSTANTIVO:

1 oil puede significar aceite.

2 oil puede significar petróleo.

► **oil rig** plataforma petrolífera.

► **oil slick** marea negra.

► **oil well** pozo de petróleo.

3 oil painting óleo.

> *Puede ser un* VERBO:
oil something engrasar algo.

ointment /ˈɔɪntmənt/ pomada.

OK /əʊˈkeɪ/ tiene varias categorías gramaticales:

> *Puede ser un* ADJETIVO:
OK significa bien.

▷ Are you OK? ¿Estás bien?

▷ Is everything OK? ¿Todo va bien?

▷ That's OK by me. Me parece bien.

▷ Sorry. —That's OK. Lo siento. —No pasa nada.

> *Puede ser una* EXCLAMACIÓN:
OK significa vale o de acuerdo.

okay /əʊˈkeɪ/ es otra manera de escribir la palabra inglesa **OK**.

old /əʊld/ tiene varios sentidos:

1 old puede significar viejo.

▷ It's an old car. Es un coche viejo.

▷ He's an old man. Es un viejo.
► **get old** hacerse mayor o envejecer.
► **old age** vejez.
► **old age pensioner** pensionista.
► **old people** los viejos.
► **old people's home** residencia de ancianos.

2 old *puede significar* antiguo.
▷ That is our old house. Es nuestra antigua casa.
► **in the old days** antiguamente.

3 old *se utiliza para indicar cuántos años tiene alguien:*
▷ How old are you? ¿Cuántos años tienes?
▷ I'm nineteen years old. Tengo diecinueve años.

older /ˈəʊldəʳ/ mayor.
▷ He's my older brother. Es mi hermano mayor.
▷ When you're older. Cuando seas mayor.
► **get older** hacerse mayor o envejecer.

i older es el superlativo de la palabra old.

oldest /ˈəʊldɪst/ es el superlativo de la palabra **old**.
▷ It's the oldest church in England. Es la iglesia más vieja de Inglaterra.
▷ He's our oldest son. Es nuestro hijo mayor.

old-fashioned /əʊldˈfæʃənd/ anticuado.

olive /ˈɒlɪv/ aceituna u oliva.
► **olive oil** aceite de oliva.

Olympic /əˈlɪmpɪk/ olímpico.
► **the Olympic Games** los Juegos Olímpicos.

omelette /ˈɒmlət/ tortilla.

on /ɒn/ *tiene varias categorías gramaticales y varios sentidos:*

> *Puede ser una* PREPOSICIÓN:

1 on *puede indicar la posición de algo y significa "en" o "encima de":*
▷ She was sitting on a chair. Estaba sentada en una silla.
▷ The book is on the table. El libro está encima de la mesa.
► **on the wall** en la pared.
► **on the left** a la izquierda.
► **on the other side of the street** al otro lado de la calle.

2 on *puede indicar un medio de transporte:*
▷ They came on the bus. Vinieron en autobús.
▷ She went to London on the train. Viajó a Londres en tren.
▷ I went on foot. Fui andando.

3 on *puede indicar el día:*
▷ I'm leaving on Monday. Me voy el lunes.
▷ He phones me on Mondays. Me llama los lunes.
▷ My birthday is on 15 May. Mi cumpleaños es el 15 de mayo.

4 on *puede indicar un medio de comunicación:*
► **on television** en la televisión.
► **on the radio** en la radio.
► **on the telephone** al teléfono.

5 on *puede indicar el tema de algo y puede significar "sobre" o "acerca de":*
► **a book on astrology** un libro sobre astrología.

6 on *puede referirse a lo que alguien consume:*
▷ He's on drugs. Se droga.
▷ She's on a diet. Está a dieta.

7 on *puede indicar que alguien forma parte de algo:*
▷ She's on the team. Está en el equipo.
▷ Is he on the committee? ¿Forma parte de la comisión?

8 on *puede indicar el instrumento musical que utiliza alguien:*
► **play something on the piano** tocar algo al piano.

9 on *puede indicar el estado de algo o alguien:*
► **be on holiday** estar de vacaciones.

> *Puede ser un* ADVERBIO:

1 on *se puede utilizar con verbos como* **put** *o* **have** *para decir* poner *o* llevar:
▷ Put the lid on. Pon la tapa.
▷ She had a skirt on. Llevaba una falda.

2 on *puede indicar que alguien continúa haciendo algo:*
▷ They walked on. Siguieron andando.
▷ She kept on reading. Siguió leyendo.

3 on *se utiliza en expresiones de tiempo:*
► **from now on** de ahora en adelante.
► **later on** más tarde.

> *Puede ser un* ADJETIVO:

1 on *puede significar* encendido (cuando te refieres a una luz o la televisión, por ejemplo) o abierto (cuando te refieres al gas o al agua o a un grifo).
▷ The radio was on. La radio estaba encendida.

2 on *puede indicar lo que hay en la televisión o lo que echan en el cine:*
▷ What's on at the cinema? ¿Qué películas echan en el cine?
▷ What's on TV? ¿Qué hay en la tele?

once /wʌns/ *tiene varios sentidos:*

1 once *puede significar* una vez.
► **once a week** una vez a la semana.
► **once again** una vez más u otra vez.
► **once or twice** un par de veces.

2 once *puede significar* una vez que.

► **once you've arrived** una vez que hayas llegado.

3 once *puede significar* en otro tiempo.

4 once *se utiliza en las siguientes expresiones:*
► **at once** inmediatamente.
► **all at once** al mismo tiempo.
► **for once** por una vez.
► **once upon a time there was...** érase una vez...

one /wʌn/*tiene varios sentidos:*

1 one *puede significar* uno *o* una *o* un.
▷ He is one year old. Tiene un año.
▷ It's one o'clock. Es la una.
▷ One of my friends is getting married. Un amigo mío se va a casar.
▷ Those cakes look nice, can I have one? Esos pasteles tienen buena pinta, ¿me das uno?
▷ I'll take the biggest one. Me llevo el más grande.
▷ I like the blue ones. Me gustan los azules.
► **that one** ése *o* aquél.
► **this one** éste.
► **which one?** ¿cuál?
► **one at a time** de uno en uno.
► **one another** el uno al otro.
▷ They love one another. Se quieren.

2 one *puede significar* único.
▷ She's the one person that knows. Es la única persona que lo sabe.
▷ It's my one ambition. Es mi única ambición.

3 one *puede ser el sujeto impersonal:*
▷ One never knows. Nunca se sabe.

one's /wʌnz/ *es el adjetivo posesivo del pronombre* **one**.
► **keep one's word** cumplir la palabra.

oneself /wʌnˈself/ *tiene varios sentidos:*

1 oneself *es el pronombre personal de la tercera persona del singular, usado como complemento de un verbo reflexivo:*
► **hurt oneself** hacerse daño.
► **enjoy oneself** pasarlo bien.

2 oneself *puede significar* uno mismo.
► **do something oneself** hacer algo uno mismo.

3 oneself *puede venir después de una preposición y corresponde a "sí mismo":*
► **pleased with oneself** satisfecho de sí mismo.
► **by oneself** uno solo.
► **do something by oneself** hacer algo uno solo.

one-way street /ˈwʌnweɪˈstriːt/ calle de sentido único.

onion /ˈʌnɪən/ cebolla.

on-line /ˈɒnˈlaɪn/ en línea *o* conectado (a Internet).
► **go on-line** conectarse (a Internet).

only /ˈəʊnlɪ/ *tiene varias categorías gramaticales y varios sentidos:*

➢ *Puede ser un* ADJETIVO:
only *significa* único.
▷ It's the only pen I have. Es el único bolígrafo que tengo.
▷ She's the only one who knows. Es la única que lo sabe.
▷ He's an only child. Es hijo único.

➢ *Puede ser un* ADVERBIO:
1 only *puede significar* sólo *o* solamente.
▷ There are only two left. Sólo quedan dos.
▷ It's only five o'clock. Sólo son las cinco.
▷ He only eats fish. No come más que pescado.

2 not only no sólo.
▷ Not only is he rich, he's handsome too. No sólo es rico sino que también es guapo.

3 only just *se utiliza en las siguientes expresiones:*
▷ He has only just left. Acaba de salir.
▷ I only just caught the bus. Por poco no cogí el autobús.

➢ *Puede ser una* CONJUNCIÓN:
only *significa* pero.
▷ She wants to come, only she's ill. Quiere venir, pero está enferma.
► **if only** ojalá.
▷ If only I were rich! ¡Ojalá fuera rico!

onto /ˈɒntʊ/ encima de *o* sobre.
▷ She put it onto the pile. Lo puso encima del montón.
▷ He jumped onto the bed. Saltó sobre la cama.

onwards /ˈɒnwədz/*tiene varios sentidos:*

1 onwards *puede significar* hacia delante.
▷ move onwards moverse hacia delante.
▷ continue onwards continuar *o* avanzar.

2 onwards *se utiliza en expresiones de tiempo:*
► **from now onwards** de ahora en adelante.
► **from today onwards** a partir de hoy.

open /ˈəʊpən/ *tiene varias categorías gramaticales y varios sentidos:*

➢ *Puede ser un* ADJETIVO:
1 open *puede significar* abierto.
▷ The shop is open. La tienda está abierta.
2 open *puede significar* descubierto (cuando te refieres a un coche, por ejemplo).
3 in the open air al aire libre.
4 be open with somebody ser franco con alguien.

> *Puede ser un* SUSTANTIVO:
► **out in the open** al aire libre.
> *Puede ser un* VERBO TRANSITIVO:
1 **open something** *puede significar* abrir algo.
2 **open something** *puede significar* inaugurar algo.
3 **open something** *puede significar* comenzar algo.
> *Puede ser un* VERBO INTRANSITIVO:
1 **open** *puede significar* abrirse *o* abrir.
2 **open** *puede significar* comenzar.

opening /ˈəʊpənɪŋ/ *tiene varios sentidos:*
1 **opening** *puede significar* apertura.
   ► **opening hours** horario (de una tienda o un banco, por ejemplo).
2 **opening** *puede significar* inauguración.
3 **opening** *puede significar* comienzo.
4 **opening** *puede significar* oportunidad.
5 **opening** *puede significar* abertura.

---
i opening también es una forma del verbo **open**.
▷ She was **opening** the window. Estaba abriendo la ventana.

---

openly /ˈəʊpənlɪ/ abiertamente.

open-minded /ˈəʊpənˈmaɪndɪd/ liberal (= cuando te refieres a una persona abierta a las opiniones e ideas de los otros).

opera /ˈɒpərə/ ópera.
   ► **opera house** ópera (= el edificio).
   ► **opera singer** cantante de ópera.

operate /ˈɒpəreɪt/ *tiene varias categorías gramaticales y varios sentidos:*
> *Puede ser un* VERBO INTRANSITIVO:
1 **operate** *puede significar* operar.
   ► **operate on somebody** operar a alguien.
2 **operate** *puede significar* funcionar.
> *Puede ser un* VERBO TRANSITIVO:
   ► **operate something** hacer funcionar algo.

operation /ɒpəˈreɪʃən/ *tiene varios sentidos:*
1 **operation** *puede significar* operación.
   ► **have an operation** operarse.
2 **operation** *puede significar* funcionamiento.

operator /ˈɒpəreɪtəʳ/ operario *u* operador.

opinion /əˈpɪnɪən/ opinión.
   ► **in my opinion** en mi opinión.
   ► **opinion poll** sondeo *o* encuesta.

opponent /əˈpəʊnənt/ adversario.

opportunities /ɒpəˈtjuːnɪtɪz/ *es el plural de* **opportunity**.

opportunity /ɒpəˈtjuːnɪtɪ/ oportunidad.
   ► **have the opportunity to do something** tener la oportunidad de hacer algo.

oppose /əˈpəʊz/ oponerse a.

opposite /ˈɒpəzɪt/ *tiene varias categorías gramaticales y varios sentidos:*
> *Puede ser un* ADJETIVO:
1 **opposite** *puede significar* opuesto *o* contrario.
   ► **in the opposite direction** en dirección contraria.
2 **opposite** *puede significar* otro (en el sentido de "de enfrente").
   ► **the opposite side** el otro lado.
> *Puede ser un* ADVERBIO:
opposite *significa* enfrente.
   ▷ They live **opposite**. Viven enfrente.
> *Puede ser una* PREPOSICIÓN:
opposite *significa* enfrente de.
   ▷ He was sitting **opposite** me. Estaba sentado enfrente de mí.
> *Puede ser un* SUSTANTIVO:
opposite *significa* contrario.
   ► **the opposite of** lo contrario de.

opposition /ɒpəˈzɪʃən/ oposición.

optician /ɒpˈtɪʃən/ óptico.
   ► **the optician's** la óptica.

optimist /ˈɒptɪmɪst/ optimista (= persona optimista).

optimistic /ɒptɪˈmɪstɪk/ optimista (adjetivo).

option /ˈɒpʃən/ opción.
   ▷ We have no **option**. No tenemos más remedio.

optional /ˈɒpʃənəl/ optativo.

or /ɔːʳ/ *tiene varios sentidos:*
1 **or** *puede significar* o.
   ▷ Do you want tea or coffee? ¿Quieres té o café?
2 **or** *puede significar* ni.
   ▷ She can't read or write. No sabe ni leer ni escribir.
3 **or** *puede significar* si no.
   ▷ It must have been difficult or she wouldn't have failed. Debe haber sido difícil, si no no hubiera suspendido.

orange /ˈɒrɪndʒ/ naranja.
   ► **orange juice** zumo de naranja.

orchard /ˈɔːtʃəd/ huerto (de frutales).

orchestra /ˈɔːkɪstrə/ orquesta.

ordeal /ɔːˈdiːl/ calvario (= sufrimiento).

order /ˈɔːdəʳ/ *tiene varias categorías gramaticales y varios sentidos:*

> *Puede ser un* SUSTANTIVO:

1 order *puede significar* orden (tanto el sustantivo femenino 'una orden' como el sustantivo masculino 'un orden').
► **give somebody an order** dar una orden a alguien.
► **keep order** mantener el orden.
▷ The names were in alphabetical order. Los nombres estaban en orden alfabético.
▷ The pages were out of order. Las páginas estaban desordenadas.
▷ The machine is out of order. La máquina está averiada.
2 order *puede significar* pedido.
► **order form** hoja de pedido.
3 in order to para.
▷ She came in order to talk to him. Vino para hablar con él.

> *Puede ser un* VERBO:

1 order somebody to do something mandar a alguien hacer algo.
2 order something pedir algo.

ordinary /ˈɔːdɪnəri/ normal o común.
► **be out of the ordinary** ser fuera de lo común.

ore /ɔːʳ/ mineral.
► **iron ore** mineral de hierro.

organ /ˈɔːgən/ órgano.

organic /ɔːˈgænɪk/ *tiene varios sentidos:*
1 organic *puede significar* orgánico.
2 organic *puede significar* biológico (cuando te refieres a productos o agricultura).

organisation u **organization** /ɔːgənaɪˈzeɪʃən/ organización.

organise u **organize** /ˈɔːgənaɪz/ organizar.

organiser u **organizer** /ˈɔːgənaɪzəʳ/ *tiene varios sentidos:*
1 organiser *puede significar* organizador.
2 organiser *puede significar* agenda electrónica.

origin /ˈɒrɪdʒɪn/ origen.

originally /əˈrɪdʒɪnəli/ originalmente.

originate /əˈrɪdʒɪneɪt/ *tiene varios sentidos:*
1 originate from *puede significar* proceder de.
2 originate from *puede significar* originarse de.

ornament /ˈɔːnəmənt/ adorno.

orphan /ˈɔːfən/ huérfano.

ostrich /ˈɒstrɪtʃ/ avestruz.

other /ˈʌðəʳ/ *tiene varios sentidos:*
1 other *puede significar* otro.
▷ The other one is mine. El otro es mío.
▷ The other children left. Los otros niños se fueron.
▷ He was here the other day. Estuvo aquí el otro día.
▷ Where are the others? ¿Dónde están los demás?
2 other than that excepto.
▷ There's no one here other than Fred. No hay nadie aquí excepto Fred.

otherwise /ˈʌðəwaɪz/ *tiene varios sentidos:*
1 otherwise *puede significar* si no.
▷ Leave now, otherwise you'll be late. Vete ahora, si no llegarás tarde.
2 otherwise *puede significar* de otra manera.
▷ She couldn't do otherwise. No pudo hacer otra cosa.

otter /ˈɒtəʳ/ nutria.

ouch! /aʊtʃ/ ¡ay! (= cuando algo te duele).

ought /ɔːt/ *tiene varios sentidos:*

> **i** **ought** es un verbo modal. Los verbos modales se emplean delante de la forma infinitiva de otros verbos (por ejemplo, **you ought to go now**). La tercera persona del singular de estos verbos no tiene una **-s** al final (**he ought, she ought, it ought**). Los verbos modales no tienen infinitivo ni tampoco participio de presente o participio pasado.

1 ought *puede indicar la* obligación:
▷ I ought to write to her. Debería escribirle.
▷ You ought to have phoned him. Deberías haberle llamado.
2 ought *puede significar que algo es* probable:
▷ He ought to pass his exams. Debería aprobar sus exámenes.
▷ They ought to be arriving soon. Deberían llegar pronto.

our /aʊəʳ/ nuestro.
▷ Our mother lives in Italy. Nuestra madre vive en Italia.
▷ Our books are on the table. Nuestros libros están sobre la mesa.
▷ We washed our hands. Nos lavamos las manos.
▷ Our eyes are blue. Tenemos los ojos azules.

ours /aʊəz/ nuestro o el nuestro o los nuestros.
▷ Which book is ours? ¿Cuál de los libros es nuestro?
▷ This one is hers and that one is ours. Éste es el suyo y ése es el nuestro.

▷ Is this book one of ours? ¿Este libro es uno de los nuestros?

▷ He is a friend of ours. Es un amigo nuestro.

ourselves /aʊəˈselvz/*tiene varios sentidos:*

1 ourselves *es el pronombre personal de la primera persona del plural, usado como complemento de un verbo reflexivo:*

▷ We hurt ourselves. Nos hicimos daño.

▷ We enjoyed ourselves. Lo pasamos muy bien.

2 ourselves *puede significar* nosotros mismos.

▷ We did it ourselves. Lo hicimos nosotros mismos.

3 ourselves *puede venir después de una preposición y corresponde a 'nosotros' o 'nosotros mismos':*

▷ We did it for ourselves. Lo hizo para nosotros.

▷ We were talking about ourselves. Estábamos hablando de nosotros mismos.

4 by ourselves nosotros solos.

▷ We did it by ourselves. Lo hicimos nosotros solos.

out /aʊt/*tiene varias categorías gramaticales y varios sentidos:*

> *Puede ser un* ADVERBIO:

1 out *puede significar* fuera.

▷ It's cold out. Hace frío fuera.

▷ Mary's out. Mary está fuera.

2 out *puede indicar la acción de* sacar *algo:*

▷ He took his wallet out. Sacó su cartera.

3 come out *puede significar* salir (cuando te refieres a una flor o al sol).

> *Puede ser una* PREPOSICIÓN:

1 out of *puede indicar la acción de salir de algún lugar:*

▷ He walked out of the house. Salió de la casa.

▷ She ran out of the shop. Salió corriendo de la tienda.

2 out of *puede indicar la acción de sacar o quitar algo:*

▷ He took the knife out of the drawer. Sacó el cuchillo del cajón.

▷ She tore a page out of the book. Arrancó una página del libro.

3 out of *puede indicar que algo está hecho de algo:*

▷ It is made out of wood. Es de madera.

4 be out of something *puede indicar que te has quedado sin algo:*

▷ We're out of sugar. Nos hemos quedado sin azúcar.

5 out of *puede significar* a resguardo de.

▷ They were out of the wind. Estaban resguardados del viento.

6 out of *se utiliza para indicar proporciones:*

► **one person out of ten** una persona de cada diez.

▷ I got ten out of ten. Saqué diez de diez.

> *Puede ser un* ADJETIVO:

1 out *puede significar* apagado (cuando te refieres a una luz o un fuego).

2 be out *puede significar* haber salido (cuando te refieres a una flor, al sol o a un libro o disco, por ejemplo).

outbox /ˈaʊtbɒks/ buzón de salida (en correo electrónico).

outcome /ˈaʊtkʌm/ resultado.

outdated /aʊtˈdeɪtɪd/ anticuado.

outdoor /ˈaʊtdɔːʳ/ al aire libre.

outdoors /aʊtˈdɔːz/ fuera.

► **go outdoors** salir fuera.

► **sleep outdoors** dormir al raso.

outer /ˈaʊtəʳ/ exterior.

► **outer space** el espacio exterior.

outfit /ˈaʊtfɪt/ traje.

outing /ˈaʊtɪŋ/ excursión.

outline /ˈaʊtlaɪn/ tiene varios sentidos:

1 outline *puede significar* silueta.

2 outline *puede significar* esbozo.

outrageous /aʊtˈreɪdʒəs/ *tiene varios sentidos:*

1 outrageous *puede significar* escandaloso.

2 outrageous *puede significar* extravagante.

outside /aʊtˈsaɪd/ *tiene varias categorías gramaticales y varios sentidos:*

> *Puede ser un* SUSTANTIVO:

outside *significa* exterior.

> *Puede ser un* ADJETIVO:

outside *significa* exterior o de fuera.

> *Puede ser una* PREPOSICIÓN:

1 outside *puede significar* fuera de.

2 outside *puede significar* delante de.

▷ She was waiting for us outside the school. Nos esperaba delante de la escuela.

> *Puede ser un* ADVERBIO:

outside *significa* fuera.

► **look outside** mirar afuera.

► **go outside** salir fuera.

outskirts /ˈaʊtskɜːts/ afueras.

outwards /ˈaʊtwədz/ hacia fuera.

oval /ˈəʊvəl/ *tiene varias categorías gramaticales:*

> *Puede ser un* SUSTANTIVO:

oval *significa* óvalo.

> *Puede ser un* ADJETIVO:

oval *significa* oval u ovalado.

oven /ˈʌvən/ horno.

over /ˈəʊvəʳ/ *tiene varias categorías gramaticales y varios sentidos:*

> *Puede ser una* PREPOSICIÓN:

1 **over** *puede significar* encima de *o* sobre.
▷ There's a painting over the shelf. Hay un cuadro encima de la estantería.
▷ She wore a jacket over her dress. Llevaba una chaqueta sobre el vestido.
▷ He threw the ball over the wall. Tiró el balón por encima de la tapia.

2 **over** *puede significar* al otro lado de.
▷ They live over the road. Viven al otro lado de la calle.
► **cross over the road** cruzar la carretera.

3 **over** *puede significar* más de.
▷ It costs over 20 euros. Cuesta más de 20 euros.
▷ This book is for children over 8. Este libro es para los niños mayores de 8 años.

4 **over** *puede significar* durante.
▷ I'll do it over the weekend. Lo haré durante el fin de semana.

5 **all over the country** por todo el país.

> *Puede ser un* ADVERBIO:
► **over here** aquí.
► **over there** allí.

> *Puede ser un* ADJETIVO:
► **be over** haber terminado.
▷ The party's over. Ha terminado la fiesta.

overall /ˈəʊvərɔːl/ *tiene varias categorías gramaticales:*

> *Puede ser un* ADJETIVO:
overall *significa* total *o* global.

> *Puede ser un* ADVERBIO:
overall *significa* en general *o* en conjunto.

overalls /ˈəʊvərɔːlz/ mono (= prenda de vestir).

overcame /əʊvəˈkeɪm/ *es el pretérito del verbo* **overcome**.
▷ She overcame the difficulties. Superó las dificultades.

overcoat /ˈəʊvəkəʊt/ abrigo.

overcome /əʊvəˈkʌm/ *tiene varios sentidos:*

1 **overcome something** superar algo *o* vencer algo.

2 **be overcome** estar abrumado.
► **be overcome with grief** estar abrumado por el dolor.

overconfident /əʊvəˈkɒnfɪdənt/ demasiado confiado.

overcrowded /əʊvəˈkraʊdɪd/ abarrotado *o* masificado.

overdose /ˈəʊvədəʊs/ sobredosis.

overflow /ˈəʊvəfləʊ/ desbordarse *o* rebosar.

overjoyed /əʊvəˈdʒɔɪd/ contentísimo.

overlap /əʊvəˈlæp/ superponerse.

overlook /əʊvəˈlʊk/ *tiene varios sentidos:*

1 **overlook something** *puede significar* dar a algo (una ventana o un edificio, por ejemplo).

2 **overlook something** *puede significar* pasar por alto algo.

overnight /əʊvəˈnaɪt/ durante la noche.

overseas /əʊvəˈsiːz/ *tiene varias categorías gramaticales:*

> *Puede ser un* ADJETIVO:
overseas *significa* extranjero.

> *Puede ser un* ADVERBIO:
overseas *significa* en el extranjero *o* al extranjero.

oversleep /əʊvəˈsliːp/ quedarse dormido (= no despertarse).

overslept /əʊvəˈslept/ *es el pretérito del verbo* **overtake**.

overtake /əʊvəˈteɪk/ adelantar (un coche, por ejemplo).

overtime /ˈəʊvətaɪm/ *tiene varios sentidos:*

1 **overtime** *puede significar* horas extras.

2 *En deporte,* **overtime** *significa* prórroga.

overtook /əʊvəˈtʊk/ *es el pretérito del verbo* **overtake**.

overwhelm /əʊvəˈwelm/ *tiene varios sentidos:*

1 **overwhelm somebody** *puede significar* abrumar a alguien.

2 **overwhelm somebody** *puede significar* arrollar a alguien.

owe /əʊ/ deber.
► **owe something to somebody** u **owe somebody something** deber algo a alguien.

owl /aʊl/ búho *o* lechuza.

own /əʊn/ *tiene varias categorías gramaticales:*

> *Puede ser un* ADJETIVO:
own *significa* propio.
▷ She has her own car. Tiene su propio coche.
▷ I saw it with my own eyes. Lo vi con mis propios ojos.

> *Puede ser un* PRONOMBRE:
► **my own** el mío.
► **your own** el tuyo *o* el vuestro.
► **his own** *o* **her own** *o* **its own** *o* **their own** el suyo.

► **our own** el nuestro.

▷ He's got a car of his own. Tiene su propio coche.

▷ I was on my own. Estaba solo.

► **get one's own back on somebody** vengarse de alguien.

ℹ El pronombre personal de la expresión get one's own back funciona de la siguiente forma en inglés: I get my own back, you get your own back, he gets his own back, she gets her own back, etc.

≻ *Puede ser un* VERBO:

► **own something** poseer algo o tener algo.

▷ Who owns it? ¿De quién es?

owner /ˈəʊnərˈ/ dueño o propietario.

ox /ɒks/ buey.

oxen /ˈɒksən/ *es el plural de* **ox**.

oxygen /ˈɒksɪdʒən/ oxígeno.

oyster /ˈɔɪstərˈ/ ostra.

ozone layer /ˈəʊzəʊn ˈleɪəˈ/ capa de ozono.

P

La letra **P** se pronuncia /piː/ en inglés.

P rima con **free**, **key** y **tea**.

pace /peɪs/ *tiene varias categorías gramaticales y varios sentidos:*

> *Puede ser un* SUSTANTIVO:

1 **pace** *puede significar* paso.

▷ He took two **paces** forward. Dio dos pasos hacia delante.

2 **pace** *puede significar* ritmo.

▷ Do it at your own **pace**. Hazlo a tu propio ritmo.

> *Puede ser un* VERBO:

▶ **pace up and down** *significa* andar de un lado a otro.

Pacific /pəˈsɪfɪk/

▶ the **Pacific Ocean** el océano Pacífico.

pack /pæk/ *tiene varias categorías gramaticales y varios sentidos:*

> *Puede ser un* SUSTANTIVO:

1 **pack** *puede significar* paquete.

2 **pack** *puede significar* baraja.

3 **pack** *puede significar* manada (de lobos).

> *Puede ser un* VERBO TRANSITIVO:

1 **pack something** *puede significar* empaquetar algo o envasar algo.

2 **pack one's bags** o **pack one's things** hacer las maletas.

> **i** El pronombre personal de la expresión pack one's bags funciona de la siguiente forma en inglés: I pack my bags, you pack your bags, he packs his bags, she packs her bags, etc.

> *Puede ser un* VERBO INTRANSITIVO:

pack *significa* hacer las maletas.

package /ˈpækɪdʒ/ paquete.

▶ **package tour** paquete turístico.

packed /pækt/ abarrotado.

> **i** packed también es el pretérito y el participio pasado del verbo **pack**.
> ▷ I **packed** my bags. Hice las maletas.
> ▷ Have you **packed**? ¿Has hecho las maletas?

packet /ˈpækɪt/ paquete.

pad /pæd/ bloc de notas.

padded /ˈpædɪd/ acolchado o con hombreras.

paddle /ˈpædəl/ *tiene varias categorías gramaticales y varios sentidos:*

> *Puede ser un* SUSTANTIVO:

paddle *significa* remo o pala.

> *Puede ser un* VERBO:

1 **paddle** *puede significar* chapotear.

2 **paddle** *puede significar* remar.

padlock /ˈpædlɒk/ *tiene varias categorías gramaticales:*

> *Puede ser un* SUSTANTIVO:

padlock *significa* candado.

> *Puede ser un* VERBO:

▶ **padlock something** cerrar algo con candado.

page /peɪdʒ/ *tiene varias categorías gramaticales:*

> *Puede ser un* SUSTANTIVO:

page *significa* página.

> *Puede ser un* VERBO:

▶ **page somebody** llamar a alguien por megafonía.

paid /peɪd/ *es el pretérito y el participio pasado del verbo* **pay**.

▷ I **paid** by credit card. Pagué con tarjeta de crédito.

▷ Have you **paid**? ¿Has pagado?

pain /peɪn/ dolor.
▶ **be in pain** estar sufriendo.

painful /ˈpeɪnfʊl/ doloroso o dolorido.
▷ Is it painful? ¿Te duele?

painkiller /ˈpeɪnkɪləʳ/ analgésico.

paint /peɪnt/ tiene varias categorías gramaticales:
≻ Puede ser un SUSTANTIVO:
paint significa pintura.
≻ Puede ser un VERBO:
paint significa pintar.

paintbrush /ˈpeɪntbrʌʃ/ pincel o brocha.

painter /ˈpeɪntəʳ/ pintor.

painting /ˈpeɪntɪŋ/ tiene varios sentidos:
1 **painting** puede significar la pintura (= la actividad).
2 **painting** puede significar cuadro (= obra de arte).

> **i** painting también es una forma del verbo paint.
> ▷ She was painting the wall. Pintaba la pared.

pair /peəʳ/ par o pareja.
▶ **a pair of scissors** unas tijeras.
▶ **a pair of trousers** unos pantalones.
▶ **in pairs** de dos en dos.

pajamas /pəˈdʒæməz/ pijama.
▶ **a pair of pajamas** un pijama.

> ✁ pajamas es la ortografía americana de pyjamas.

Pakistan /pɑːkɪˈstɑːn/ Paquistán.

Pakistani /pɑːkɪˈstɑːnɪ/ paquistaní.

pal /pæl/ amiguete.

> **i** pal es una palabra familiar, y no debe utilizarse cuando estás hablando con alguien que no conoces bien o cuando escribes algo.

palace /ˈpæləs/ palacio.

palate /ˈpælət/ paladar.

pale /peɪl/ tiene varios sentidos:
1 **pale** puede significar pálido.
▶ **go pale** palidecer.
2 **pale** puede significar claro (cuando te refieres al color de algo).

Palestinian /pælɪˈstɪnɪən/ palestino.

palm /pɑːm/ tiene varios sentidos:
1 **palm** puede significar palma.
2 **palm** puede significar palmera.

pamphlet /ˈpæmflət/ folleto.

pan /pæn/ tiene varios sentidos:
1 **pan** puede significar cazuela o sartén.
2 En inglés americano, **pan** puede significar molde (para pasteles).

> La palabra inglesa pan no significa 'pan'.

Panamanian /pænəˈmeɪnɪən/ panameño.

pancake /ˈpænkeɪk/ crepe.

pane /peɪn/ hoja de cristal.

panic /ˈpænɪk/ tiene varias categorías gramaticales:
≻ Puede ser un SUSTANTIVO:
panic significa pánico.
≻ Puede ser un VERBO:
panic significa aterrorizarse.
▷ I panicked. Me entró el pánico.

pant /pænt/ jadear.

panties /ˈpæntɪz/ bragas.
▶ **a pair of panties** unas bragas.

pantomime /ˈpæntəmaɪm/ espectáculo musical navideño para niños.

pants /pænts/ tiene varios sentidos:
1 En inglés británico, **pants** significa calzoncillos.
▶ **a pair of pants** unos calzoncillos.
2 En inglés americano, **pants** significa pantalones.
▶ **a pair of pants** unos pantalones.

pantyhose /ˈpæntɪhəʊz/ medias.

> ✁ pantyhose es una palabra americana. En inglés británico, se dice tights.

paper /ˈpeɪpəʳ/ tiene varios sentidos:
1 **paper** puede significar papel.
▶ **a piece of paper** un papel.
▶ **paper bag** bolsa de papel.
2 **paper** puede significar periódico.
3 **papers** documentación.

paperback /ˈpeɪpəbæk/ libro de bolsillo.

paperclip /ˈpeɪpəklɪp/ clip (para papel).

parachute /ˈpærəʃuːt/ paracaídas.

parade /pəˈreɪd/ desfile.

paradise /ˈpærədaɪs/ paraíso.

paragliding /ˈpærəglaɪdɪŋ/ parapente.
▶ **go paragliding** ir a hacer parapente.

paragraph /ˈpærəgrɑːf/ párrafo.

Paraguayan /ˌpærəˈgwaɪən/ paraguayo.

parallel /ˈpærəlel/ paralelo.

paralyse o **paralyze** /ˈpærəlaɪz/ paralizar.

paranoid /ˈpærənɔɪd/ paranoico.

parasite /ˈpærəsaɪt/ parásito.

parcel /ˈpɑːsəl/ paquete (con un regalo o que recibes por correo, por ejemplo).

pardon /ˈpɑːdən/ *tiene varias categorías gramaticales y varios sentidos:*
> *Puede ser un* SUSTANTIVO:
pardon *significa* perdón.
> *Puede ser un* VERBO:
► **pardon somebody** perdonar a alguien.
▷ Pardon me! ¡Discúlpeme!
▷ Pardon? ¿Cómo dice?

parent /ˈpeərənt/ padre o madre.
► **my parents** mis padres.

park /pɑːk/ *tiene varias categorías gramaticales:*
> *Puede ser un* SUSTANTIVO:
park *significa* parque.
> *Puede ser un* VERBO INTRANSITIVO:
park *significa* aparcar.
> *Puede ser un* VERBO TRANSITIVO:
► **park a car** aparcar un coche.

parking /ˈpɑːkɪŋ/ aparcamiento.
▷ "No parking" 'Prohibido aparcar'.
► **parking meter** parquímetro.
► **parking space** sitio para aparcar.
► **parking ticket** multa por aparcar mal.

> **i** parking también es una forma del verbo park.
> ▷ He was parking the car. Estaba aparcando el coche.

> La palabra inglesa **parking** no significa 'parking'.

parliament /ˈpɑːləmənt/ parlamento.

parrot /ˈpærət/ loro.

parsley /ˈpɑːslɪ/ perejil.

part /pɑːt/ *tiene varias categorías gramaticales y varios sentidos:*
> *Puede ser un* SUSTANTIVO:
1 **part** *puede significar* parte.
► **be part of something** formar parte de algo.
2 **part** *puede significar* pieza (de una máquina o un coche).
► **spare part** pieza de recambio.

3 **part** *puede significar* papel (en una obra de teatro o una película, por ejemplo).
► **take part in something** participar en algo.
4 *En inglés americano,* **part** *puede significar* raya (en el pelo).

> ⌐ En inglés británico la 'raya' del pelo se dice parting.

> *Puede ser un* VERBO:
part *significa* separarse o abrirse.

participate /pɑːˈtɪsɪpeɪt/ participar.
► **participate in something** participar en algo.

participle /ˈpɑːtɪsɪpəl/ participio.

particle /ˈpɑːtɪkəl/ partícula.

particular /pəˈtɪkjʊləʳ/ *tiene varias categorías gramaticales y varios sentidos:*
> *Puede ser un* ADJETIVO:
1 **particular** *puede significar* especial o en concreto.
► **in particular** en particular.
2 **particular** *puede significar* exigente.
> *Puede ser un* SUSTANTIVO:
► **particulars** detalles o datos (de una persona).

particularly /pəˈtɪkjʊləlɪ/ especialmente.

parties /ˈpɑːtɪz/ es el plural de **party**.

parting /ˈpɑːtɪŋ/ raya (en el pelo).

> ⌐ En el sentido de 'raya del pelo', la palabra parting no se utiliza en inglés americano. En Estados Unidos, 'raya' se dice part.

> **i** parting también es una forma del verbo part.
> ▷ Just as we were parting... Justo cuando nos separábamos...

partly /ˈpɑːtlɪ/ en parte.

partner /ˈpɑːtnəʳ/ socio o compañero.

partridge /ˈpɑːtrɪdʒ/ perdiz.

part-time /ˌpɑːtˈtaɪm/ a tiempo parcial.

party /ˈpɑːtɪ/ *tiene varios sentidos:*
1 **party** *puede significar* fiesta.
► **birthday party** fiesta de cumpleaños.
2 **party** *puede significar* partido (político).
3 **party** *puede significar* grupo (de viajeros, por ejemplo).

pass /pɑːs/ *tiene varias categorías gramaticales y varios sentidos:*

> *Puede ser un* SUSTANTIVO:

1 pass *puede significar* pase (= permiso para hacer algo y también la acción de pasar el balón en fútbol, por ejemplo).

2 pass *puede significar* abono (de transporte).

► **bus pass** abono de autobús.

3 pass *puede significar* paso (en una montaña).

4 pass *puede significar* aprobado (en un examen).

> *Puede ser un* VERBO INTRANSITIVO:

1 pass *puede significar* pasar.

▷ She let me pass. Me dejó pasar.

▷ The time passed quickly. El tiempo pasó rápidamente.

2 pass *puede significar* adelantar (en un coche).

3 pass *puede significar* aprobar (en un examen).

> *Puede ser un* VERBO TRANSITIVO:

1 pass something *puede significar* pasar algo.

► **pass something to somebody** pasar algo a alguien.

▷ Could you pass the salt, please? ¿Me pasas la sal, por favor?

2 pass something *o* **somebody** *puede significar* pasar por delante de algo *o* pasar delante de alguien.

► **pass somebody in the street** cruzarse con alguien en la calle.

3 pass somebody *puede significar* adelantar a alguien.

4 pass something *o* **somebody** *puede significar* aprobar algo *o* a alguien (un examen, una ley o a un candidato).

Phrasal verbs:

Al verbo **pass** *a veces le sigue una preposición como* **by** *u* **out**, *lo que puede cambiar su significado. En inglés, esto se llama un* **phrasal verb**.

PASS BY:
► **pass by** pasar o pasar delante de.

PASS ON:
► **pass something on** pasar algo o transmitir algo.

PASS OUT:
► **pass out** desmayarse.

PASS ROUND:
► **pass something round** pasar algo (una caja de bombones o unas fotografías, por ejemplo).

---

passage /ˈpæsɪdʒ/ *tiene varios sentidos:*

1 passage *puede significar* paso.

2 passage *puede significar* pasillo.

passenger /ˈpæsɪndʒəʳ/ pasajero.

passer-by /pɑːsəˈbaɪ/ transeúnte.

passion /ˈpæʃən/ pasión.

passionate /ˈpæʃənət/ apasionado.

passive /ˈpæsɪv/ pasivo.

passport /ˈpɑːspɔːt/ pasaporte.

password /ˈpɑːswɜːd/ contraseña.

past /pɑːst/ *tiene varias categorías gramaticales y varios sentidos:*

> *Puede ser un* SUSTANTIVO:

► **the past** el pasado.

► **in the past** en el pasado.

> *Puede ser un* ADJETIVO:

past *significa* último.

► **the past few days** los últimos días.

> *Puede ser una* PREPOSICIÓN:

1 past *puede significar* por delante de.

▷ He walked past me. Pasó a mi lado.

2 past *puede significar* después de.

▷ Our house is just past the church. Nuestra casa está justo después de la iglesia.

3 *En inglés británico,* **past** *se utiliza para decir la hora:*

▷ It is half past four. Son las cuatro y media.

▷ It is five past ten. Son las diez y cinco.

⌐ En inglés americano, se dice **after**: it's half after four, it's five after ten.

---

paste /peɪst/ *tiene varias categorías gramaticales y varios sentidos:*

> *Puede ser un* SUSTANTIVO:

1 paste *puede significar* pasta (= masa).

2 paste *puede significar* paté.

3 paste *puede significar* pegamento o cola.

> *Puede ser un* VERBO:

► **paste something** pegar algo.

pastime /ˈpɑːstaɪm/ pasatiempo.

pastries /ˈpeɪstrɪz/ es el plural de **pastry**.

pastry /ˈpeɪstrɪ/ *tiene varios sentidos:*

1 pastry *puede significar* masa (para tartas).

2 pastry *puede significar* pastel.

pat /pæt/ *tiene varias categorías gramaticales y varios sentidos:*

> *Puede ser un* SUSTANTIVO:

pat *significa* palmadita.

▷ I gave the dog a pat. Acaricié al perro.

> *Puede ser un* VERBO:

1 pat something dar una palmadita en algo.

2 pat an animal acariciar a un animal.

patch /pætʃ/ *tiene varias categorías gramaticales y varios sentidos:*

> _Puede ser un_ SUSTANTIVO:
1 **patch** _puede significar_ remiendo.
2 **patch** _puede significar_ parche (en el ojo).
3 **patch** _puede significar_ mancha (de color).
4 **patch** _puede significar_ parcela (de terreno).
> _Puede ser un_ VERBO:
▶ **patch something** remendar algo.

path /pɑːθ/ camino.

pathetic /pəˈθetɪk/ patético o penoso.

patience /ˈpeɪʃəns/ paciencia.

patient /ˈpeɪʃənt/ paciente.

patrol /pəˈtrəʊl/ _tiene varias categorías gramaticales:_
> _Puede ser un_ SUSTANTIVO:
patrol _significa_ patrulla.
▶ **patrol car** coche patrulla.
> _Puede ser un_ VERBO:
patrol _significa_ patrullar.

pattern /ˈpætən/ dibujo (en el sentido de 'estampado' de una prenda, por ejemplo).

pause /pɔːz/ _tiene varias categorías gramaticales y varios sentidos:_
> _Puede ser un_ SUSTANTIVO:
pause _significa_ pausa.
> _Puede ser un_ VERBO:
1 **pause** _puede significar_ hacer una pausa.
2 **pause** _puede significar_ detenerse o parar.

pavement /ˈpeɪvmənt/ acera.

⌐┐ Esta palabra no se utiliza en inglés americano. En Estados Unidos se dice **sidewalk**.

paw /pɔː/ pata (de un animal).

pawn /pɔːn/ _tiene varias categorías gramaticales:_
> _Puede ser un_ SUSTANTIVO:
pawn _significa_ peón (en ajedrez).
> _Puede ser un_ VERBO:
▶ **pawn something** empeñar algo.

pay /peɪ/ _tiene varias categorías gramaticales y varios sentidos:_
> _Puede ser un_ SUSTANTIVO:
pay _significa_ sueldo.
> _Puede ser un_ VERBO TRANSITIVO:
1 **pay somebody** pagar a alguien.
▷ He paid 20 euros for that shirt. Pagó 20 euros por esa camisa.
2 **pay attention to somebody** o **something** prestar atención a alguien o algo.
3 **pay somebody a compliment** hacer un cumplido a alguien.
▶ **pay somebody a visit** hacer una visita a alguien.

> _Puede ser un_ VERBO INTRANSITIVO:
pay _significa_ pagar.
▶ **pay for something** pagar algo.

Phrasal verbs:

Al verbo **pay** _a veces le sigue una preposición como_ **back** _u_ **off**_, lo que puede cambiar su significado. En inglés, esto se llama un_ **phrasal verb**.

PAY BACK:
▶ **pay somebody back** devolver el dinero a alguien.
▶ **pay something back** devolver algo.

PAY OFF:
▶ **pay something off** saldar algo o liquidar algo.

payment /ˈpeɪmənt/ pago.

pay phone /peɪ fəʊn/ teléfono público.

PC /piːˈsiː/ _tiene varios sentidos:_
1 **PC** _puede significar_ PC.

ⓘ **PC** es la abreviatura de **personal computer**.

2 **PC** _puede significar_ políticamente correcto.

ⓘ **PC** es la abreviatura de **politically correct**.

PE /ˌpiːˈiː/ educación física.

ⓘ **PE** es la abreviatura de **physical education**.

pea /piː/ guisante.

peace /piːs/ paz.
▶ **at peace** en paz.
▷ I need some peace and quiet. Necesito un poco de tranquilidad.

peaceful /ˈpiːsfʊl/ _tiene varios sentidos:_
1 **peaceful** _puede significar_ tranquilo.
2 **peaceful** _puede significar_ pacífico.

peach /piːtʃ/ melocotón

peacock /ˈpiːkɒk/ pavo real.

peak /piːk/ _tiene varios sentidos:_
1 **peak** _puede significar_ pico o cima.
2 **peak** _puede significar_ visera (de una gorra).

peanut /ˈpiːnʌt/ cacahuete.

pear /peəʳ/ pera.

pearl /pɜːl/ perla.

peasant /ˈpezənt/ campesino.

pebble /ˈpebəl/ guijarro.

pecan /ˈpiːkæn/ pacana.

peck /pek/ *tiene varias categorías gramaticales y varios sentidos:*

> *Puede ser un* SUSTANTIVO:

1 peck *puede significar* picotazo.
2 peck *puede significar* besito.

> *Puede ser un* VERBO TRANSITIVO:

► **peck something** picotear algo.

peculiar /pɪˈkjuːlɪəʳ/ raro.

► **feel peculiar** sentirse mal.

 La palabra inglesa **peculiar** no significa 'peculiar'.

pedal /ˈpedəl/ *tiene varias categorías gramaticales:*

> *Puede ser un* SUSTANTIVO:
pedal *significa* pedal.
> *Puede ser un* VERBO:
pedal *significa* pedalear.

pedestrian /pəˈdestrɪən/ peatón.

► **pedestrian crossing** paso de peatones.

pee /piː/ hacer pis.

 pee es una palabra familiar, y no debe utilizarse cuando estás hablando con alguien que no conoces bien o cuando escribes algo.

peel /piːl/ *tiene varias categorías gramaticales y varios sentidos:*

> *Puede ser un* SUSTANTIVO:
peel *significa* piel (de una fruta u hortaliza) o mondadura.
> *Puede ser un* VERBO TRANSITIVO:
► **peel something** *significa* pelar algo.
> *Puede ser un* VERBO INTRANSITIVO:
1 peel *puede significar* desconcharse o desprenderse.
2 peel *puede significar* pelarse.

peep /piːp/ *tiene varias categorías gramaticales:*

> *Puede ser un* SUSTANTIVO:
peep *significa* ojeada.
> *Puede ser un* VERBO:
► **peep at something** *significa* echar una ojeada a algo.

peer /pɪəʳ/ *tiene varias categorías gramaticales:*

> *Puede ser un* SUSTANTIVO:
peer *significa* igual (= persona).
> *Puede ser un* VERBO:
► **peer at somebody** o **something** *significa* mirar a alguien con atención o mirar algo con atención.

peg /peg/ *tiene varios sentidos:*

1 peg *puede significar* colgador (para una prenda de vestir).

2 peg *puede significar* clavija (para una tienda de campaña, por ejemplo).

3 *En inglés británico,* **peg** *puede significar* pinza.

 En inglés americano, para decir 'pinza', se dice **clothes-pin**.

pen /pen/ *tiene varios sentidos:*

1 pen *puede significar* bolígrafo o pluma.
► **pen friend** o **pen pal** amigo por correspondencia.
2 pen *puede significar* redil o corral.

penalties /ˈpenəltɪz/ es el plural de **penalty**.

penalty /ˈpenəltɪ/ *tiene varios sentidos:*

1 penalty *puede significar* pena o sanción.
2 *En deporte,* **penalty** *significa* penalti (en fútbol) o golpe de castigo (en rugby).

pence /pens/ es el plural de **penny**.

▷ **It cost ten pence.** Costó diez peniques.

pencil /ˈpensəl/ lápiz.

► **pencil case** plumier.
► **pencil sharpener** sacapuntas.

pendant /ˈpendənt/ colgante.

penguin /ˈpeŋgwɪn/ pingüino.

penknife /ˈpennaɪf/ navaja (pequeña).

pennies /ˈpenɪz/ es el plural de **penny**.

penny /ˈpenɪ/ penique.

i El plural de **penny** es **pence** cuando te refieres a una cantidad específica (**20 pence, 50 pence**). Cuando te refieres a las monedas como objetos individuales, se dice **pennies** (**a handful of pennies, a bag of pennies**).

pension /ˈpenʃən/ pensión (= el dinero que se paga a las personas mayores).

 En inglés, **pension** no significa 'pensión' en el sentido de 'hotel'.

pensioner /ˈpenʃənəʳ/ pensionista (= jubilado).

people /ˈpiːpəl/ *tiene varios sentidos:*

1 people *puede significar* gente o personas.
► **old people** las personas mayores.
► **young people** los jóvenes.
▷ **They are nice people.** Son gente simpática.
▷ **She's one of those people who are never happy.** Es una de esas personas que nunca están contentas.

2 people *puede significar* pueblo (= habitantes de un país).

pepper /ˈpepəʳ/ *tiene varios sentidos:*

1 pepper *puede significar* pimienta.

2 pepper *puede significar* pimiento.

peppermint /ˈpepəmɪnt/ *tiene varios sentidos:*

1 peppermint *puede significar* pastilla de menta.

2 peppermint *puede significar* hierbabuena.

per /pɜːʳ/ por.

▷ It costs 10 euros per person. Cuesta 10 euros por persona.

▷ He earns 100 euros per day. Gana 100 euros al día.

▷ We were doing 70 kilometres per hour. Íbamos a 70 kilómetros por hora.

per cent /sent/ por ciento.

percentage /pəˈsentɪdʒ/ porcentaje.

perfect *se pronuncia de dos formas diferentes y su categoría gramatical cambia en función de la pronunciación:*

◀» /ˈpɜːfekt/ (el acento recae sobre la primera sílaba **per-**).

> *Es un* ADJETIVO:

perfect *significa* perfecto.

◀» /pɜːˈfekt/ (el acento recae sobre la segunda sílaba **-fect**).

> *Es un* VERBO:

▶ **perfect something** perfeccionar algo.

perfectly /ˈpɜːfektlɪ/ perfectamente.

perform /pəˈfɔːm/ *tiene varias categorías gramaticales y varios sentidos:*

> *Puede ser un* VERBO TRANSITIVO:

1 perform something *puede significar* realizar algo o llevar algo a cabo.

2 perform something *puede significar* representar algo (una obra de teatro) o interpretar algo (un papel o una canción, por ejemplo).

> *Puede ser un* VERBO INTRANSITIVO:

1 perform *puede significar* actuar (un actor) o tocar (un músico) o interpretar (un cantante).

2 perform *puede significar* rendir (un equipo o un jugador, por ejemplo) o funcionar (una máquina o un coche).

performance /pəˈfɔːməns/ *tiene varios sentidos:*

1 performance *puede significar* representación (de una obra de teatro) o interpretación (de un papel o una canción, por ejemplo).

2 performance *puede significar* actuación (de un actor o un músico o un equipo o un jugador).

3 performance *puede significar* rendimiento (de una máquina o un coche).

performer /pəˈfɔːməʳ/ intérprete (= actor, cantante, etc).

perfume /ˈpɜːfjuːm/ perfume.

perhaps /pəˈhæps/ quizás o tal vez.

period /ˈpɪərɪəd/ *tiene varios sentidos:*

1 period *significa* periodo.

2 *En el colegio,* **period** *significa* clase (= hora).

3 *En inglés americano,* **period** *significa* punto (= signo de puntuación).

⌐┐ En inglés británico, 'punto' se dice **full**
└┘ **stop**.

perm /pɜːm/ *tiene varias categorías gramaticales:*

> *Puede ser un* SUSTANTIVO:

perm *significa* permanente (= peinado).

> *Puede ser un* VERBO:

▶ **have one's hair permed** hacerse la permanente.

i El pronombre personal de la expresión **have one's hair permed** funciona de la siguiente forma en inglés: I have **my** hair permed, **you** have **your** hair permed, **he** has **his** hair permed, **she** has **her** hair permed, etc.

permanent /ˈpɜːmənənt/ permanente o fijo (un trabajo, por ejemplo).

permission /pəˈmɪʃən/ permiso (= autorización para hacer algo).

permit *se pronuncia de dos formas diferentes y su categoría gramatical cambia en función de la pronunciación:*

◀» /ˈpɜːmɪt/ (el acento recae sobre la primera sílaba **per-**).

> *Es un* SUSTANTIVO:

permit *significa* permiso (= documento).

◀» /ˈpɜːmɪt/ (el acento recae sobre la segunda sílaba **-mit**).

> *Es un* VERBO:

permit *significa* permitir.

person /ˈpɜːsən/ persona.

personal /ˈpɜːsənəl/ personal.

▶ **personal computer** ordenador personal.

▶ **personal stereo** walkman®.

personality /pɜːsəˈnælɪtɪ/ personalidad.

personnel /pɜːsəˈnel/ personal (= empleados).

persuade /pəˈsweɪd/ convencer.

▶ **persuade somebody do to something** convencer a alguien para que haga algo.

Peruvian /pəˈruːvɪən/ peruano.

pessimist /ˈpesɪmɪst/ pesimista (= persona pesimista).

pessimistic /pesɪˈmɪstɪk/ pesimista (= adjetivo).

pest /pest/ *tiene varios sentidos:*
1 **pest** *puede significar* plaga (= insecto o animal nocivo).
2 **pest** *puede significar* pesado (= persona).

pester /ˈpestəʳ/ incordiar.

pet /pet/ *tiene varios sentidos:*
1 **pet** *puede significar* animal de compañía o mascota.
 ▷ My pet rabbit died. Se murió el conejo que tenía de mascota.
2 **pet** *puede significar* preferido (del profesor).

petal /ˈpetəl/ pétalo.

petrol /ˈpetrəl/ gasolina.
 ▶ **petrol station** gasolinera.

 Esta palabra no se utiliza en inglés americano. En Estados Unidos, 'gasolina' se dice **gas** y 'gasolinera' se dice **gas station**.

 petrol no significa 'petróleo'.

pharmacist /ˈfɑːməsɪst/ farmacéutico.

pharmacy /ˈfɑːməsɪ/ farmacia.

phase /feɪz/ fase.

pheasant /ˈfezənt/ faisán.

phenomena /fɪˈnɒmɪnənə/ *es el plural de* **phenomenon**.

phenomenon /fɪˈnɒmɪnən/ fenómeno.

philosopher /fɪˈlɒsəfəʳ/ filósofo.

philosophical /fɪləˈsɒfɪkəl/ filosófico.

philosophy /fɪˈlɒsəfɪ/ filosofía.

phone /fəʊn/ *tiene varias categorías gramaticales:*
 ≻ *Puede ser un* SUSTANTIVO:
 phone *significa* teléfono.
 ▷ He's on the phone. Está al teléfono.
 ▶ **phone bill** factura del teléfono.
 ▶ **phone book** guía telefónica.
 ▶ **phone booth** cabina telefónica.
 ▶ **phone call** llamada telefónica.
 ▶ **phone number** número de teléfono.
 ≻ *Puede ser un* VERBO TRANSITIVO:
 ▶ **phone somebody** llamar a alguien (por teléfono).

▶ **phone somebody back** llamar a alguien más tarde.

phonecard /ˈfəʊnkɑːd/ tarjeta telefónica.

photo /ˈfəʊtəʊ/ foto.

photocopies /ˈfəʊtəʊkɒpɪz/ *es el plural del sustantivo* **photocopy**.

photocopy /ˈfəʊtəʊkɒpɪ/ *tiene varias categorías gramaticales:*
 ≻ *Puede ser un* SUSTANTIVO:
 photocopy *significa* fotocopia.
 ≻ *Puede ser un* VERBO:
 ▶ **photocopy something** fotocopiar algo.

photograph /ˈfəʊtəɡrɑːf/ *tiene varias categorías gramaticales:*
 ≻ *Puede ser un* SUSTANTIVO:
 photograph *significa* fotografía o foto.
 ▶ **take a photograph** sacar una foto.
 ≻ *Puede ser un* VERBO:
 ▶ **photograph something** o **somebody** fotografiar algo o a alguien.

 No confundas **photograph** (= foto), **photographer** (= fotógrafo) y **photography** (= fotografía, la actividad).

photographer /fəˈtɒɡrəfəʳ/ fotógrafo.

 No confundas **photograph** (= foto), **photographer** (= fotógrafo) y **photography** (= fotografía, la actividad).

photography /fəˈtɒɡrəfɪ/ fotografía (= la actividad).

 No confundas **photograph** (= foto), **photographer** (= fotógrafo) y **photography** (= fotografía, la actividad).

phrase /freɪz/ frase.

phrasebook /ˈfreɪzbʊk/ guía de conversación.

physical /ˈfɪzɪkəl/ físico (= adjetivo).

physics /ˈfɪzɪks/ física.

pick /pɪk/ *tiene varias categorías gramaticales y varios sentidos:*
 ≻ *Puede ser un* SUSTANTIVO:
 1 **pick** *puede significar* pico (= herramienta).
 2 **Take your pick!** ¡Escoge el que quieras!
 ≻ *Puede ser un* VERBO TRANSITIVO:
 1 **pick something** o **somebody** *puede significar* elegir algo o a alguien.
 2 **pick somebody** *puede significar* seleccionar a alguien.
 3 **pick something** *puede significar* coger algo o recoger algo (fruta, por ejemplo).

4 pick something off the ground coger algo del suelo.

5 pick a fight buscar pelea.

6 pick one's nose meterse el dedo en la nariz.

> **i** El pronombre personal de la expresión pick one's nose funciona de la siguiente forma en inglés: I pick my nose, you pick your nose, he picks his nose, she picks her nose, etc.

7 I had my pocket picked. Me robaron lo que llevaba en el bolsillo.

Phrasal verbs:

Al verbo **pick** a veces le sigue una preposición como **out** o **up**, lo que puede cambiar su significado. En inglés, esto se llama un **phrasal verb**.

PICK OUT:

► **pick something** o **somebody out** puede significar elegir algo o a alguien.

► **pick something** o **somebody out** puede significar reconocer algo o a alguien.

PICK UP:

► **pick something up** puede significar coger algo o recoger algo o levantar algo.

► **pick somebody up** puede significar levantar a alguien en brazos o coger a alguien en brazos.

► **pick somebody up** puede significar recoger a alguien o ir a buscar a alguien (en coche).

► **pick something up** puede significar aprender algo (un idioma) o adquirir algo (una costumbre) o conseguir algo (una información o algo que compras).

pickpocket /'pɪkpɒkɪt/ carterista.

picture /'pɪktʃəʳ/ tiene varias categorías gramaticales:

> Puede ser un SUSTANTIVO:

picture significa dibujo o cuadro (en el sentido de 'pintura') o ilustración o foto o imagen (= de televisión o en una pantalla).

> Puede ser un VERBO:

► **picture something** imaginarse algo.

pie /paɪ/ empanada.

piece /piːs/ tiene varios sentidos:

1 piece puede significar trozo.

► **a piece of paper** un trozo de papel o un pedazo de papel.

► **in one piece** intacto.

► **fall to pieces** caerse a pedazos.

► **take something to pieces** desmontar algo.

2 piece se utiliza con algunos sustantivos incontables y no se traduce en español:

► **a piece of advice** un consejo.

► **a piece of fruit** una fruta.

► **a piece of furniture** un mueble.

► **a piece of toast** una tostada.

3 piece puede significar pieza.

4 piece puede significar moneda.

► **a ten pence piece** una moneda de diez peniques.

pier /pɪəʳ/ muelle o malecón.

pierce /pɪəs/ perforar.

► **have one's ears pierced** hacerse agujeros en las orejas.

► **have one's navel pierced** hacerse un piercing en el ombligo.

> **i** El pronombre personal de las expresiones have one's ears pierced y have one's navel pierced funciona de la siguiente forma en inglés: I have my ears/navel pierced, you have your ears/navel pierced, he has his ears/navel pierced, she has her ears/navel pierced, etc.

pierced /pɪəst/ perforado.

▷ She has pierced ears. Se ha hecho agujeros en las orejas.

> **i** pierced también es el pretérito y el participio pasado del verbo pierce.
> ▷ The bullet pierced his arm. La bala le perforó el brazo.

pig /pɪg/ cerdo.

pigeon /'pɪdʒɪn/ paloma.

piggy bank /'pɪgɪ bæŋk/ hucha (en forma de cerdito).

piglet /'pɪglət/ cerdito.

pigsty /'pɪgstaɪ/ pocilga.

pigtail /'pɪgteɪl/ trenza o coleta.

pile /paɪl/ tiene varias categorías gramaticales y varios sentidos:

> Puede ser un SUSTANTIVO:

pile significa montón o pila.

► **piles of...** un montón de...

> Puede ser un VERBO TRANSITIVO:

► **pile something up** apilar algo.

> Puede ser un VERBO INTRANSITIVO:

► **pile up** amontonarse.

pilgrim /'pɪlgrɪm/ peregrino.

pill /pɪl/ píldora.

pillar /'pɪləʳ/ pilar (= columna).

pillow /'pɪləʊ/ almohada.

pillowcase /'pɪləʊkeɪs/ funda de almohada.

pilot /'paɪlət/ piloto.

pin /pɪn/ *tiene varias categorías gramaticales y varios sentidos:*

➢ *Puede ser un* SUSTANTIVO:
1 **pin** *puede significar* alfiler.
2 **pin** *puede significar* clavija.
3 **have pins and needles** sentir un hormigueo.
4 **PIN number** o **PIN** *significa* PIN o código personal.

ℹ PIN es la abreviatura de **personal identification number**.

➢ *Puede ser un* VERBO:
1 **pin something to something** *puede significar* clavar algo a algo (con un alfiler).
2 **pin two things together** sujetar dos cosas con un alfiler.

pinch /pɪntʃ/ *tiene varias categorías gramaticales y varios sentidos:*

➢ *Puede ser un* SUSTANTIVO:
pinch *significa* pizca.
▶ **a pinch of salt** una pizca de sal.
➢ *Puede ser un* VERBO:
1 **pinch somebody** *puede significar* pellizcar a alguien.
2 **pinch something** afanar algo.

🌵 En el sentido de 'afanar', **pinch** es una palabra familiar, y no debe utilizarse cuando estás hablando con alguien que no conoces bien o cuando escribes algo.

pine /paɪn/ pino.
▶ **pine cone** piña (de un pino).

pineapple /ˈpaɪnæpəl/ piña (= fruta tropical).

pink /pɪŋk/ rosa (= color).

pint /paɪnt/ pinta (= unidad de medida equivalente a medio litro, más o menos).

pioneer /paɪəˈnɪəʳ/ pionero.

pip /pɪp/ pepita (de una fruta).

pipe /paɪp/ *tiene varios sentidos:*
1 **pipe** *puede significar* pipa (para fumar).
2 **pipe** *puede significar* tubería.

pirate /ˈpaɪərət/ pirata.

Pisces /ˈpaɪsiːz/ Piscis (= signo del zodiaco).

pistol /ˈpɪstəl/ pistola.

pit /pɪt/ *tiene varios sentidos:*
1 **pit** *puede significar* hoyo.
2 **pit** *puede significar* mina (de carbón).
3 *En inglés americano,* **pit** *puede significar* hueso (de una fruta).

pitch /pɪtʃ/ campo (de fútbol, por ejemplo).

pity /ˈpɪtɪ/ *tiene varias categorías gramaticales y varios sentidos:*

➢ *Puede ser un* SUSTANTIVO:
1 **pity** *puede significar* compasión.
▶ **take pity on somebody** compadecerse de alguien.
2 **pity** *puede significar* pena o lástima.
▷ What a pity! ¡Qué pena!
➢ *Puede ser un* VERBO:
▶ **pity somebody** tener lástima de alguien.

place /pleɪs/ *tiene varias categorías gramaticales y varios sentidos:*

➢ *Puede ser un* SUSTANTIVO:
1 **place** *puede significar* lugar o sitio.
▶ **in your place...** en tu lugar...
▶ **take somebody's place** reemplazar a alguien.
▶ **finish in second place** llegar en segundo lugar.
▶ **be in place** estar en su sitio.
▶ **be out of place** no estar en su sitio o estar fuera de lugar.
2 **place** *puede significar* casa.
▶ **at somebody's place** en casa de alguien.
▷ Come round to my place. Pásate por mi casa.
3 **take place** tener lugar.
4 **in the first place** en primer lugar.
➢ *Puede ser un* VERBO:
▶ **place something** *significa* poner algo o colocar algo.

plague /pleɪɡ/ peste o plaga.

plain /pleɪn/ *tiene varias categorías gramaticales y varios sentidos:*

➢ *Puede ser un* SUSTANTIVO:
plain *significa* llanura.
➢ *Puede ser un* ADJETIVO:
1 **plain** *puede significar* claro o evidente.
2 **plain** *puede significar* sencillo (cuando te refieres al estilo de algo o a la ropa de alguien) o natural (cuando te refieres al yogur).
3 **plain** *puede significar* liso (cuando te refieres a un tejido, por ejemplo).
4 **plain chocolate** chocolate amargo.

plait /plæt/ *tiene varias categorías gramaticales:*

➢ *Puede ser un* SUSTANTIVO:
plait *significa* trenza.
➢ *Puede ser un* VERBO:
▶ **plait something** trenzar algo.
▶ **plait one's hair** trenzarse el pelo.

> **i** El pronombre personal de la expresión plait one's hair funciona de la siguiente forma en inglés: I plait my hair, you plait your hair, she plaits her hair, etc.

plan /plæn/ *tiene varias categorías gramaticales y varios sentidos:*
> *Puede ser un* SUSTANTIVO:
plan *significa* plan.
> *Puede ser un* VERBO:
1 **plan something** *puede significar* planear algo *o* planificar algo.
2 **plan to do something** tener la intención de hacer algo.

plane /pleɪn/ *tiene varios sentidos:*
1 **plane** *puede significar* avión.
2 **plane** *puede significar* cepillo (= herramienta de carpintero).

planet /ˈplænət/ planeta.

plank /plæŋk/ tablón.

plant /plɑ:nt/ *tiene varias categorías gramaticales y varios sentidos:*
> *Puede ser un* SUSTANTIVO:
plant *significa* planta (una flor, por ejemplo, y también una fábrica).
> *Puede ser un* VERBO:
▶ **plant something** plantar algo.

plaster /ˈplɑ:stəʳ/ *tiene varios sentidos:*
1 **plaster** *puede significar* yeso.
2 **plaster** *puede significar* tirita.

plastic /ˈplæstɪk/ *tiene varias categorías gramaticales:*
> *Puede ser un* SUSTANTIVO:
plastic *significa* plástico.
> *Puede ser un* ADJETIVO:
plastic *significa* de plástico
▶ **plastic bag** bolsa de plástico.
▶ **plastic surgery** cirugía plástica.

plate /pleɪt/ *tiene varios sentidos:*
1 **plate** *puede significar* plato.
2 **plate** *puede significar* placa (en la puerta, por ejemplo).
▶ **number plate** placa de la matrícula.

> ⚐ number plate no se utiliza en inglés americano. En Estados Unidos, se dice license plate.

platform /ˈplætfɔ:m/ *tiene varios sentidos:*
1 **platform** *puede significar* plataforma *o* tribuna.
2 **platform** *puede significar* andén *o* vía (en una estación de tren).
3 **platform shoes** zapatos de plataforma.

platinum /ˈplætɪnəm/ platino.

play /pleɪ/ *tiene varias categorías gramaticales y varios sentidos:*
> *Puede ser un* SUSTANTIVO:
1 **play** *puede significar* obra de teatro.
2 **play** *puede significar* el juego.
▶ **at play** jugando.
> *Puede ser un* VERBO TRANSITIVO:
1 **play something** *puede significar* jugar algo.
2 **play something** *puede significar* jugar a algo (al fútbol o al ajedrez, por ejemplo).
3 **play somebody at something** jugar contra alguien a algo.
4 **play something** *puede significar* interpretar algo (un papel en una obra de teatro, por ejemplo).
▶ **play an important role** desempeñar un papel importante.
5 **play something** *puede significar* tocar algo (un instrumento).
6 **play something** *puede significar* poner algo (un disco o un CD, por ejemplo).
7 **play a joke on somebody** gastar una broma a alguien.
> *Puede ser un* VERBO INTRANSITIVO:
play *significa* jugar.

player /ˈpleɪəʳ/ jugador.

playground /ˈpleɪgraʊnd/ patio de recreo.

playschool /ˈpleɪsku:l/ guardería.

playtime /ˈpleɪtaɪm/ el recreo.

playwright /ˈpleɪraɪt/ dramaturgo.

pleasant /ˈplezənt/ agradable.

please /pli:z/ *tiene varias categorías gramaticales:*
> *Puede ser un* ADVERBIO:
please *significa* por favor.
> *Puede ser un* VERBO TRANSITIVO:
▶ **please somebody** complacer a alguien.
> *Puede ser un* VERBO INTRANSITIVO:
▶ **do as you please** haz lo que quieras.

pleased /pli:zd/ contento.

> **i** pleased también es el pretérito y el participio pasado del verbo please.
> ▷ It pleased him. Le agradó.

pleasure /ˈpleʒəʳ/ placer.
▶ **It's a pleasure!** *o* **My pleasure !** ¡No hay de qué!
▶ **With pleasure!** ¡Con mucho gusto!

pleat /pli:t/ pliegue (en una prenda de vestir).

plenty /ˈplentɪ/ abundancia.

plimsoll

▷ That's plenty. Es suficiente.
▶ **plenty of...** mucho...
▷ We have plenty of time. Tenemos mucho tiempo *o* Tenemos más que suficiente tiempo.

plimsoll /ˈplɪmsəl/ playera.

> Esta palabra no se utiliza en inglés americano. En Estados Unidos se dice **tennis shoe.**

plot /plɒt/ *tiene varias categorías gramaticales y varios sentidos:*

> *Puede ser un* SUSTANTIVO:
1 **plot** *puede significar* complot.
2 **plot** *puede significar* argumento *o* trama (de una novela, por ejemplo).
3 **plot** *puede significar* terreno (= solar o parcela).

> *Puede ser un* VERBO TRANSITIVO:
1 **plot something** *puede significar* tramar algo.
2 **plot something** *puede significar* trazar algo (una ruta o trayectoria, por ejemplo).

> *Puede ser un* VERBO INTRANSITIVO:
plot *significa* conspirar.

plough /plaʊ/ *tiene varias categorías gramaticales:*

> *Puede ser un* SUSTANTIVO:
plough *significa* arado.

> *Puede ser un* VERBO:
▶ **plough a field** arar un campo.

> En inglés americano, esta palabra se escribe **plow.**

plow /plaʊ/ *es la ortografía americana de la palabra* **plough.**

pluck /plʌk/ *tiene varios sentidos:*
1 **pluck something** *puede significar* arrancar algo.
2 **pluck something** *puede significar* puntear algo (las cuerdas de un instrumento).
3 **pluck a chicken** desplumar un pollo.
4 **pluck one's eyebrows** depilarse las cejas.
5 **pluck up the courage to do something** armarse de valor para hacer algo.

plug /plʌg/ *tiene varias categorías gramaticales y varios sentidos:*

> *Puede ser un* SUSTANTIVO:
1 **plug** *puede significar* enchufe.
2 **plug** *puede significar* tapón (del fregadero o baño, por ejemplo).

> *Puede ser un* VERBO:
▶ **plug something in** enchufar algo.

plum /plʌm/ ciruela.

plumber /ˈplʌməʳ/ fontanero.

plump /plʌmp/ rechoncho.

plus /plʌs/ más.
▷ Two plus three. Dos más tres.

pm /ˈpiːˈem/ de la tarde.
▷ It's 4 pm. Son las cuatro de la tarde.

poach /pəʊtʃ/ *tiene varios sentidos:*
1 **poach something** *puede significar* escalfar algo.
▶ **poached egg** huevo escalfado.
2 **poach something** *puede significar* cazar algo furtivamente *o* pescar algo furtivamente.

pocket /ˈpɒkɪt/ bolsillo.
▶ **pocket money** propina (= dinero que te dan tus padres).

poem /ˈpəʊəm/ poema.

poet /ˈpəʊət/ poeta.

poetry /ˈpəʊətrɪ/ poesía (= el arte).

point /pɔɪnt/ *tiene varias categorías gramaticales y varios sentidos:*

> *Puede ser un* SUSTANTIVO:
1 **point** *puede significar* punto.
▶ **point of view** punto de vista.
2 **point** *puede significar* coma (decimal).
▷ Five point three. Cinco coma tres (5, 3).
3 **point** *puede significar* punta (de un cuchillo, una aguja o un lápiz, por ejemplo).
4 **point** *puede significar* momento.
▶ **at this point** en este momento.
5 **point** *puede significar* sentido.
▷ What's the point? ¿Para qué?
▷ What's the point of going? ¿Qué sentido tiene ir?
▷ There's no point telling her. No tiene sentido decírselo.
6 **point** *se utiliza en las siguientes expresiones:*
▷ That's the point. De eso se trata.
▷ That's beside the point. Eso no viene al caso.

> *Puede ser un* VERBO TRANSITIVO:
1 **point something at somebody** apuntar a alguien con algo (un arma, por ejemplo) *o* señalar a alguien con algo (el dedo, por ejemplo)
2 **point something out** *puede significar* señalar algo.
3 **point out that...** señalar que...

> *Puede ser un* VERBO INTRANSITIVO:
▶ **point at something** *o* **somebody** señalar algo *o* a alguien con el dedo.

pointless /ˈpɔɪntləs/ inútil.

poison /ˈpɔɪzən/ *tiene varias categorías gramaticales y varios sentidos:*

> *Puede ser un* SUSTANTIVO:

poison *significa* veneno.

> *Puede ser un* VERBO:

1 **poison somebody** envenenar a alguien o intoxicar a alguien.

2 **poison something** contaminar algo.

poisonous /ˈpɔɪzənəs/ venenoso o tóxico.

poke /pəʊk/ *tiene varios sentidos:*

1 **poke somebody** *puede significar* empujar a alguien (con el dedo o un palo, por ejemplo) o dar un codazo a alguien.

▷ **He poked me in the eye with his finger.** Me metió el dedo en el ojo.

2 **poke something** *puede significar* dar un golpecito a algo (con el dedo o un palo, por ejemplo).

3 **poke something into something** *puede significar* hundir algo en algo.

4 **poke the fire** atizar el fuego.

poker /ˈpəʊkəʳ/ *tiene varios sentidos:*

1 **poker** *puede significar* atizador (para chimenea).

2 **poker** *puede significar* póquer.

Poland /ˈpəʊlənd/ Polonia.

polar bear /ˈpəʊlə beəʳ/ oso polar.

Pole /pəʊl/ polaco (= persona de Polonia).

ℹ️ Fíjate también en la siguiente entrada, **pole**.

pole /pəʊl/ *tiene varios sentidos:*

1 **pole** *puede significar* poste o mástil.

2 **pole** *puede significar* bastón (de esquí).

3 **pole** *puede significar* polo (= parte de la Tierra).

ℹ️ Fíjate también en la entrada anterior, **Pole**.

police /pəˈliːs/ policía (= organización).

▶ **police car** coche de policía.

▶ **police force** policía (= organización).

▶ **police officer** policía (= agente).

▶ **police station** comisaría.

policeman /pəˈliːsmən/ policía (hombre).

policewoman /pəˈliːswʊmən/ policía (mujer).

policies /ˈpɒlɪsɪz/ *es el plural de* **policy**.

policy /ˈpɒlɪsɪ/ *tiene varios sentidos:*

1 **policy** *puede significar* política (en el sentido de 'estrategia').

2 **policy** *puede significar* póliza (de seguro).

Polish /ˈpəʊlɪʃ/ *tiene varias categorías gramaticales y varios sentidos:*

> *Puede ser un* SUSTANTIVO:

1 **Polish** *puede significar* polaco (= el idioma).

2 **the Polish** *significa* los polacos.

> *Puede ser un* ADJETIVO:

Polish *significa* polaco.

ℹ️ Fíjate también en la siguiente entrada, **polish**.

polish /ˈpɒlɪʃ/ *tiene varias categorías gramaticales y varios sentidos:*

> *Puede ser un* SUSTANTIVO:

1 **polish** *puede significar* betún (para zapatos) o cera (para limpiar muebles).

2 **give something a polish** *significa* sacar brillo a algo o encerar algo o limpiar algo (los zapatos).

> *Puede ser un* VERBO:

▶ **polish something** *significa* sacar brillo a algo o encerar algo o limpiar algo (los zapatos).

ℹ️ Fíjate también en la entrada anterior, **Polish**.

polite /pəˈlaɪt/ educado (= cortés).

political /pəˈlɪtɪkəl/ político (= adjetivo).

politician /pɒlɪˈtɪʃən/ político (= hombre o mujer que se dedica a la política).

politics /ˈpɒlɪtɪks/ la política.

poll /pəʊl/ *tiene varios sentidos:*

1 **poll** *puede significar* votación.

2 **poll** *puede significar* sondeo o encuesta.

▶ **opinion poll** sondeo o encuesta.

pollute /pəˈluːt/ contaminar.

pollution /pəˈluːʃən/ contaminación.

polo-neck /ˈpəʊləʊnek/ jersey de cuello alto.

pond /pɒnd/ estanque (en un parque o un jardín).

ponies /ˈpəʊnɪz/ *es el plural de* **pony**.

pony /ˈpəʊnɪ/ poni.

ponytail /ˈpəʊnɪteɪl/ coleta.

poodle /ˈpuːdəl/ caniche.

pool /puːl/ *tiene varios sentidos:*

1 **pool** *puede significar* charco o charca.

2 **pool** *puede significar* piscina.

ℹ️ También se dice **swimming pool**.

3 **pool** *puede significar* billar americano.

poor

poor /pʊəʳ/ *tiene varias categorías gramaticales y varios sentidos:*

> *Puede ser un* ADJETIVO:
1 **poor** *puede significar* pobre.
2 **poor** *puede significar* malo.
> *Puede ser un* SUSTANTIVO:
▶ **the poor** los pobres.

pop /pɒp/ *tiene varias categorías gramaticales y varios sentidos:*

> *Puede ser un* SUSTANTIVO:
1 **pop** *puede significar* música pop.
2 **pop** *puede significar* gaseosa.
3 **pop** *puede significar* pequeño estallido.
> *Puede ser un* VERBO TRANSITIVO:
▶ **pop something** hacer explotar algo o pinchar algo (un globo, por ejemplo).
> *Puede ser un* VERBO INTRANSITIVO:
1 **pop** *puede significar* reventar (cuando te refieres a un globo, por ejemplo) o saltar (cuand te refieres a un corcho, por ejemplo).
2 **pop in and see somebody** pasarse por casa de alguien.
▶ **pop into town** pasar por el centro.

> ℹ En este sentido, **pop** es familiar, y no debe utilizarse cuando estás hablando con alguien que no conoces bien o cuando escribes algo.

popcorn /ˈpɒpkɔːn/ palomitas.

pope /pəʊp/ papa (= pontífice).

poppies /ˈpɒpɪz/ *es el plural de* **poppy**.

poppy /ˈpɒpɪ/ amapola.

population /pɒpjʊˈleɪʃən/ población.

pork /pɔːk/ carne de cerdo.
▶ **pork chop** chuleta de cerdo.
▶ **pork pie** empanada de carne de cerdo.

porridge /ˈpɒrɪdʒ/ gachas de avena (que se toman en el desayuno).

port /pɔːt/ *tiene varios sentidos:*
1 **port** *puede significar* puerto.
2 **port** *puede significar* oporto.

portable /ˈpɔːtəbəl/ portátil.

porter /ˈpɔːtəʳ/ *tiene varios sentidos:*
1 **porter** *puede significar* mozo de equipaje.
2 *En inglés británico*, **porter** *puede significar* portero.

> ⌐┐ En inglés americano, 'portero' se dice **doorman**.

portion /ˈpɔːʃən/ porción o parte o ración.

portrait /ˈpɔːtreɪt/ retrato.

Portuguese /pɔːtjʊˈgiːz/ portugués.

posh /pɒʃ/ *tiene varios sentidos:*
1 **posh** *puede significar* de lujo o elegante.
2 **posh** *puede significar* pijo.

> ℹ **posh** es una palabra familiar, y no debe utilizarse cuando estás hablando con alguien que no conoces bien o cuando escribes algo.

position /pəˈzɪʃən/ *tiene varias categorías gramaticales y varios sentidos:*

> *Puede ser un* SUSTANTIVO:
1 **position** *puede significar* posición.
2 **position** *puede significar* puesto (= empleo).
> *Puede ser un* VERBO:
▶ **position something** colocar algo.

positive /ˈpɒzɪtɪv/ *tiene varios sentidos:*
1 **positive** *puede significar* positivo.
2 **positive** *puede significar* seguro.
▷ **Are you positive?** ¿Estás seguro?

possess /pəˈzes/ poseer.

possession /pəˈzeʃən/ posesión.

possible /ˈpɒsɪbəl/ posible.
▶ **as soon as possible** cuanto antes.

possibly /ˈpɒsɪblɪ/ posiblemente o quizás.

post /pəʊst/ *tiene varias categorías gramaticales y varios sentidos:*

> *Puede ser un* SUSTANTIVO:
1 **post** *puede significar* correo.
▶ **send something by post** enviar algo por correo.
▶ **a post office** una oficina de correos.
▷ **Has the post come?** ¿Ha llegado el correo?
2 **post** *puede significar* poste.
3 **post** *puede significar* puesto (= empleo).
> *Puede ser un* VERBO:
1 **post something** *puede significar* echar algo al buzón o echar algo al correo.
2 **post something** *puede significar* enviar algo por correo.

postbox /ˈpəʊstbɒks/ buzón.

> ⌐┐ Esta palabra no se utiliza en inglés americano. En Estados Unidos se dice **mailbox**.

postcard /ˈpəʊstkɑːd/ postal (= tarjeta).

postcode /ˈpəʊstkəʊd/ código postal.

> ⌐┐ Esta palabra no se utiliza en inglés americano. En Estados Unidos se dice **zipcode**.

poster /ˈpəʊstəʳ/ póster o cartel.

postman /ˈpəʊstmən/ cartero.

postpone /pəsˈpəʊn/ aplazar.

pot /pɒt/ *tiene varios sentidos:*

1 pot *puede significar* bote (de pintura o mermelada, por ejemplo).

2 pot *puede significar* tiesto o maceta.

3 pot *puede significar* olla o cacerola.

4 pot *puede significar* tetera o cafetera.

potato /pəˈteɪtəʊ/ patata.

▸ **potato peeler** pelapatatas.

potatoes /pəˈteɪtəʊz/ *es el plural de* **potato**.

pottery /ˈpɒtərɪ/ alfarería o cerámica.

▸ **a piece of pottery** un objeto de cerámica.

pound /paʊnd/ *tiene varios sentidos:*

1 pound *puede significar* libra esterlina.

▷ Steve gave me a pound. Steve me dio una libra.

2 pound *puede significar* libra (= unidad de medida equivalente a 453, 6 gramos).

▷ I'd like a pound of sausages, please. Póngame una libra de salchichas, por favor.

pour /pɔːʳ/ *tiene varias categorías gramaticales y varios sentidos:*

▷ *Puede ser un* VERBO TRANSITIVO:

▸ **pour something** verter algo (cuando te refieres a un líquido).

▷ *Puede ser un* VERBO INTRANSITIVO:

1 pour *puede significar* brotar.

2 it's pouring está lloviendo a cántaros.

Phrasal verbs:

Al verbo **pour** a veces le sigue una preposición como **away** o **in**, lo que puede cambiar su significado. En inglés, esto se llama un **phrasal verb**.

POUR AWAY:

▸ **pour something away** tirar algo (cuando te refieres a un líquido).

POUR IN:

▸ **pour in** llegar a raudales (cuando te refieres a personas o cartas, por ejemplo).

POUR OUT:

▸ **pour something out** *puede significar* servir algo (cuando te refieres a sopa o una bebida).

▸ **pour something out** *puede significar* vaciar algo (cuando te refieres a un vaso, por ejemplo).

---

poverty /ˈpɒvətɪ/ pobreza.

powder /ˈpaʊdəʳ/ polvo o polvos.

power /ˈpaʊəʳ/ *tiene varios sentidos:*

1 power *puede significar* poder o potencia o fuerza.

▸ **be in power** estar en el poder.

▸ **come to power** subir al poder.

2 power *puede significar* energía o electricidad o corriente.

▸ **power cut** apagón.

▸ **power station** central eléctrica.

powerboat /ˈpaʊəbəʊt/ motora.

powerful /ˈpaʊəfʊl/ poderoso o potente o fuerte.

practical /ˈpræktɪkəl/ *tiene varias categorías gramaticales y varios sentidos:*

▷ *Puede ser un* ADJETIVO:

1 practical *puede significar* práctico.

2 practical joke broma (que le gastas a alguien).

▷ *Puede ser un* SUSTANTIVO:

practical *significa* examen práctico.

practically /ˈpræktɪkəlɪ/ prácticamente.

practice /ˈpræktɪs/ *tiene varios sentidos:*

1 practice *puede significar* práctica.

▸ **in practice** en la práctica.

▸ **put something into practice** poner en práctica algo.

2 En deporte, **practice** *puede significar* entrenamiento.

▸ **be out of practice** estar desentrenado.

3 En música, **practice** *puede significar* ensayo.

4 practice *puede significar* consulta (de médicos) o bufete (de abogados).

> En inglés americano, **practice** es también un verbo. En inglés británico, el verbo se escribe con una **s**: **practise**.

practise /ˈpræktɪs/ *tiene varias categorías gramaticales y varios sentidos:*

▷ *Puede ser un* VERBO TRANSITIVO:

1 practise something *puede significar* practicar algo.

2 practise something *puede significar* ensayar algo.

3 practise something *puede significar* ejercer algo (la medicina o la abogacía).

▷ *Puede ser un* VERBO INTRANSITIVO:

1 practise *puede significar* practicar.

2 practise *puede significar* entrenar o ensayar.

3 practise *puede significar* ejercer (cuando te refieres a un médico o un abogado).

> En inglés americano, este verbo se escribe **practice**.

praise /preɪz/ *tiene varias categorías gramaticales:*

▷ *Puede ser un* SUSTANTIVO:

praise *significa* elogios.

> *Puede ser un* VERBO:
► **praise something** *o* **somebody** elogiar algo *o* a alguien.

pram /præm/ cochecito (de niño).

> Esta palabra no se utiliza en inglés americano. En Estados Unidos, para decir 'cochecito', se dice **baby carriage**.

prank /præŋk/ broma (que le gastas a alguien).

prawn /prɔːn/ gamba.

pray /preɪ/ rezar.

prayer /preəʳ/ oración (religiosa).

preach /priːtʃ/ predicar.

precaution /prɪˈkɔːʃən/ precaución.

precious /ˈpreʃəs/ precioso (= valioso) *o* preciado.

> precious no significa 'precioso' en el sentido de 'bonito'.

precise /prɪˈsaɪs/ preciso.

precisely /prɪˈsaɪslɪ/ precisamente.

predict /prɪˈdɪkt/ predecir.

predictable /prɪˈdɪktəbəl/ *tiene varios sentidos:*
1 **predictable** *puede significar* previsible.
2 **predictable** *puede significar* poco original.

prefer /prɪˈfɜːʳ/ preferir.
> I prefer coffee to tea. Prefiero el café al té.

preferably /ˈprefərəblɪ/ preferentemente.

preference /ˈprefərəns/ preferencia.

pregnancy /ˈpregnənsɪ/ embarazo (de una mujer).

pregnant /ˈpregnənt/ embarazada.

prejudice /ˈpredʒədɪs/ prejuicio *o* prejuicios.

prejudiced /ˈpredʒʊdɪst/
► **be prejudiced** tener prejuicios.
► **be prejudiced against somebody** estar predispuesto en contra de alguien.

premature /preməˈtjʊəʳ/ prematuro.

premiere /ˈpremɪeəʳ/ estreno (de una película, por ejemplo).

preparation /prepəˈreɪʃən/ preparación.
► **preparations** preparativos.

► **make preparations for...** hacer los preparativos para...

prepare /prɪˈpeəʳ/ *tiene varias categorías gramaticales:*
> *Puede ser un* VERBO TRANSITIVO:
► **prepare something** preparar algo.
> *Puede ser un* VERBO INTRANSITIVO:
► **prepare for something** prepararse para algo.
► **prepare to do something** prepararse para hacer algo.

prepared /prɪˈpeəd/ *tiene varios sentidos:*
1 **prepared** *puede significar* preparado.
2 **prepared** *puede significar* dispuesto.
► **be prepared to do something** estar dispuesto a hacer algo.

> **i** prepared también es el pretérito y el participio pasado del verbo **prepare**.
> ▷ **Dad prepared the meal.** Papá preparó la comida.

preposition /prepəˈzɪʃən/ preposición.

prescription /prɪsˈkrɪpʃən/ receta (médica).

presence /ˈprezəns/ presencia.

present *se pronuncia de dos formas diferentes y su significado y categoría gramatical cambian en función de la pronunciación:*
◀)) /ˈprezənt/ (el acento recae sobre la primera sílaba **pre-**).
> *Puede ser un* SUSTANTIVO:
1 **the present** el presente.
► **at present** actualmente *o* en estos momentos.
2 **present** *puede significar* regalo.
> *Puede ser un* ADJETIVO:
1 **present** *puede significar* actual.
2 **present** *puede significar* presente.
► **be present at something** asistir a algo.
◀)) /prɪˈzent/ (el acento recae sobre la segunda sílaba **-sent**).
> *Es un* VERBO:
► **present something** presentar algo.

presenter /prɪˈzentəʳ/ presentador.

preservation /prezəˈveɪʃən/ conservación.

preserve /prɪˈzɜːv/ conservar.

president /ˈprezɪdənt/ presidente.

press /pres/ *tiene varias categorías gramaticales y varios sentidos:*
> *Puede ser un* SUSTANTIVO:
► **the press** la prensa.

> *Puede ser un* VERBO TRANSITIVO:
▶ **press something** apretar algo.

press-up /ˈpresʌp/ fondo (= ejercicio).

pressure /ˈpreʃəʳ/ presión.
▶ **put pressure on somebody to do something** presionar a alguien para que haga algo.

pretend /prɪˈtend/ fingir.
▷ **He pretended not to hear me.** Hizo como si no me hubiera oído.

prettier /ˈprɪtɪəʳ/ *es el comparativo de* **pretty**.
▷ **She's prettier than her sister.** Es más bonita que su hermana.

prettiest /ˈprɪtɪɪst/ *es el superlativo de* **pretty**.
▷ **She's the prettiest girl in the class.** Es la niña más bonita de la clase.

pretty /ˈprɪtɪ/ *tiene varias categorías gramaticales*:
> *Puede ser un* ADJETIVO:
pretty *significa* bonito.
> *Puede ser un* ADVERBIO:
pretty *significa* bastante.
▷ **It's pretty cold today.** Hace bastante frío hoy.

prevent /prɪˈvent/ impedir *o* evitar *o* prevenir.
▶ **prevent somebody from doing something** evitar que alguien haga algo.

previous /ˈpriːvɪəs/ anterior *o* previo.

previously /ˈpriːvɪəslɪ/ antes *o* anteriormente.

prey /preɪ/ presa (de un anaimal).
▶ **bird of prey** ave rapaz.

price /praɪs/ precio.

priceless /ˈpraɪsləs/ inestimable.

prick /prɪk/ *tiene varias categorías gramaticales*:
> *Puede ser un* SUSTANTIVO:
prick *significa* pinchazo.
> *Puede ser un* VERBO:
▶ **prick something** *o* **somebody** pinchar algo *o* a alguien.

pride /praɪd/ orgullo.

priest /priːst/ sacerdote.

primary /ˈpraɪmərɪ/ primario.
▶ **primary school** escuela primaria.

prime /praɪm/ principal.
▶ **prime minister** primer ministro.

primitive /ˈprɪmɪtɪv/ primitivo.

primrose /ˈprɪmrəʊz/ primavera (= la flor).

prince /prɪns/ príncipe.
▶ **Prince Charles** el príncipe Carlos.

princess /ˈprɪnses/ princesa.
▶ **Princess Anne** la princesa Ana.

principal /ˈprɪnsɪpəl/ *tiene varias categorías gramaticales*:
> *Puede ser un* ADJETIVO:
principal *significa* principal.
> *Puede ser un* SUSTANTIVO:
principal *significa* director (de una escuela).

principle /ˈprɪnsɪpəl/ principio.

print /prɪnt/ *tiene varias categorías gramaticales y varios sentidos*:
> *Puede ser un* SUSTANTIVO:
1 **print** *puede significar* huella (de los dedos o pies, por ejemplo).
2 **print** *puede significar* caracteres (impresos).
3 **print** *puede significar* estampado (= tela).
4 **print** *puede significar* foto.
> *Puede ser un* VERBO:
▶ **print something** imprimir algo.

printer /ˈprɪntəʳ/ *tiene varios sentidos*:
1 **printer** *puede significar* impresora (= máquina).
2 **printer** *puede significar* impresor (= persona).

printout /ˈprɪntaʊt/ copia impresa.
▶ **do a printout of something** imprimir algo.

priorities /praɪˈɒrɪtɪz/ *es el plural de* **priority**.

priority /praɪˈɒrɪtɪ/ prioridad.

prison /ˈprɪzən/ prisión *o* cárcel.
▶ **prison sentence** pena de cárcel.

prisoner /ˈprɪzənəʳ/ preso *o* prisionero.

privacy /ˈpraɪvəsɪ/ privacidad *o* intimidad.

private /ˈpraɪvət/ privado *o* personal *o* particular.
▶ **in private** en privado.

privilege /ˈprɪvɪlɪdʒ/ privilegio.

prize /praɪz/ premio.

prize-giving /ˈpraɪzgɪvɪŋ/ entrega de premios.

prizewinner /ˈpraɪzwɪnəʳ/ premiado.

probability /prɒbəˈbɪlɪtɪ/ probabilidad.

probably /ˈprɒbəblɪ/ probablemente.

problem /ˈprɒbləm/ problema.

procedure /prəˈsiːdʒəʳ/ procedimiento.

process /ˈprəʊses/ *tiene varias categorías gramaticales y varios sentidos:*
> *Puede ser un* SUSTANTIVO:
process *significa* proceso.
- ► **be in the process of doing something** estar en vías de hacer algo.
> *Puede ser un* VERBO:
- ► **process something** procesar algo.

procession /prəˈseʃən/ procesión.

processor /ˈprəʊsesəʳ/ procesador.

produce *se pronuncia de dos formas diferentes y su significado cambia en función de la pronunciación:*
◄)) /ˈprɒdjuːs/ (el acento recae sobre la primera sílaba **pro-**).
> *Es un* SUSTANTIVO:
produce *significa* productos agrícolas o productos lácteos.
◄)) /prəˈdjuːs/ (el acento recae sobre la segunda sílaba **-duce**).
> *Es un* VERBO:
- ► **produce something** producir algo.

producer /prəˈdjuːsəʳ/ productor.

product /ˈprɒdʌkt/ producto.

production /prəˈdʌkʃən/ producción.

profession /prəˈfeʃən/ profesión.

professor /prəˈfesəʳ/ catedrático.

profile /ˈprəʊfaɪl/ perfil.

profit /ˈprɒfɪt/ *tiene varias categorías gramaticales:*
> *Puede ser un* SUSTANTIVO:
profit *significa* beneficio.
- ► **make a profit** sacar un beneficio.
> *Puede ser un* VERBO:
- ► **profit from something** sacar provecho de algo.

profitable /ˈprɒfɪtəbəl/ rentable o provechoso.

profound /prəˈfaʊnd/ profundo.

program /ˈprəʊgræm/ *tiene varias categorías gramaticales:*
> *Puede ser un* SUSTANTIVO:
> **i** En informática, **program** *significa* programa.

> *Puede ser un* VERBO:
> **i** En informática, **program something** *significa* programar algo.

> ☞ **program** también es la ortografía americana de la palabra **programme**.

programme /ˈprəʊgræm/ *tiene varias categorías gramaticales y varios sentidos:*
> *Puede ser un* SUSTANTIVO:
programme *significa* programa.
> *Puede ser un* VERBO:
- ► **programme something** programar algo.

> ☞ En inglés americano, esta palabra se escribe **program**.

progress *se pronuncia de dos formas diferentes y su significado cambia en función de la pronunciación:*
◄)) /ˈprəʊgres/ (el acento recae sobre la primera sílaba **pro-**).
> *Es un* SUSTANTIVO:
progress *significa* progreso.
- ► **in progress** en curso.
- ► **make progress** hacer progresos o avanzar.
◄)) /prəʊˈgres/ (el acento recae sobre la segunda sílaba **-gress**).
> *Es un* VERBO:
progress *significa* progresar o hacer progresos o avanzar.

prohibit /prəˈhɪbɪt/ prohibir.
- ► **smoking is prohibited** prohibido fumar.

project *se pronuncia de dos formas diferentes y su significado cambia en función de la pronunciación:*
◄)) /ˈprɒdʒekt/ (el acento recae sobre la primera sílaba **pro-**).
> *Es un* SUSTANTIVO:
1 project *puede significar* proyecto.
2 project *puede significar* trabajo (que hace un alumno en el colegio).
◄)) /prəˈdʒekt/ (el acento recae sobre la segunda sílaba **-ject**).
> *Es un* VERBO:
- ► **project something** proyectar algo.

projector /prəˈdʒektəʳ/ proyector.

promise /ˈprɒmɪs/ *tiene varias categorías gramaticales:*
> *Puede ser un* SUSTANTIVO:
promise *significa* promesa.
- ► **keep a promise** cumplir una promesa.
> *Puede ser un* VERBO:
promise *significa* prometer.

▶ **promise to do something** prometer hacer algo.

promote /prəˈməʊt/ *tiene varios sentidos:*
1 promote *puede significar* ascender (a una persona en el trabajo, o a un equipo deportivo).
2 promote *puede significar* fomentar.

prompt /prɒmpt/ *tiene varias categorías gramaticales y varios sentidos:*
> *Puede ser un* ADJETIVO:
prompt *significa* rápido o puntual.
> *Puede ser un* VERBO:
▶ **prompt somebody to do something** impulsar a alguien a hacer algo.

pronoun /ˈprəʊnaʊn/ pronombre.

pronounce /prəˈnaʊns/ pronunciar.

pronunciation /prənʌnsɪˈeɪʃən/ pronunciación.

proof /pruːf/ prueba o pruebas.

prop /prɒp/ *tiene varias categorías gramaticales y varios sentidos:*
> *Puede ser un* SUSTANTIVO:

> ℹ En el teatro, **prop** significa accesorio.

> *Puede ser un* VERBO:
1 prop something against something apoyar algo contra algo.
2 prop something up apuntalar algo.

propeller /prəˈpelər/ hélice (de un avión o barco).

proper /ˈprɒpər/ correcto o adecuado o de verdad.

properly /ˈprɒpəlɪ/ correctamente o bien.

properties /ˈprɒpətɪz/ *es el plural de* **property**.

property /ˈprɒpətɪ/ *tiene varios sentidos:*
1 property *puede significar* propiedad.
▶ **personal property** bienes personales.
2 property *puede significar* bienes inmuebles.
3 property *puede significar* inmueble (= casa u otro edificio).

proposal /prəˈpəʊzəl/ *tiene varios sentidos:*
1 proposal *puede significar* propuesta.
2 proposal *puede significar* proposición de matrimonio.

propose /prəˈpəʊz/ *tiene varias categorías gramaticales y varios sentidos:*
> *Puede ser un* VERBO TRANSITIVO:
▶ **propose something** proponer algo.

> *Puede ser un* VERBO INTRANSITIVO:
▶ **propose to somebody** pedir la mano de alguien.

prosecute /ˈprɒsɪkjuːt/ procesar o presentar una demanda contra.

prospect /XXX/ *tiene varios sentidos:*
1 prospect *puede significar* perspectiva.
2 prospect *puede significar* posibilidad.

protect /prəˈtekt/ proteger.

protection /prəˈtekʃən/ protección.

protest *se pronuncia de dos formas diferentes y su significado cambia en función de la pronunciación:*
🔊 /ˈprəʊtest/ (el acento recae sobre la primera sílaba **pro-**).
> *Puede ser un* SUSTANTIVO:
protest *significa* protesta.
🔊 /prəˈtest/ (el acento recae sobre la segunda sílaba **-test**).
> *Puede ser un* VERBO:
protest *significa* protestar.

protester /prəˈtestər/ manifestante.

proud /praʊd/ orgulloso.

prove /pruːv/ probar o demostrar.

provide /prəˈvaɪd/ proporcionar o suministrar.
▶ **provide somebody with something** proporcionar algo a alguien.
▶ **provide for somebody** mantener a alguien.

provided /prəˈvaɪdɪd/ siempre que.
▷ We'll go to the beach provided it doesn't rain. Iremos a la playa siempre que no llueva.

> ℹ **provided** también es el pretérito y el participio pasado del verbo **provide**.
> ▷ They provided us with food. Nos proporcionaron comida.

providing /prəˈvaɪdɪŋ/ siempre que.
▷ We'll go to the beach providing it doesn't rain. Iremos a la playa siempre que no llueva.

> ℹ **providing** también es una forma del verbo **provide**.
> ▷ They are providing the money. Ellos van a proporcionar el dinero.

province /ˈprɒvɪns/ provincia.

provoke /prəˈvəʊk/ provocar.

prune /pruːn/ *tiene varias categorías gramaticales:*

> *Puede ser un* SUSTANTIVO:
prune *significa* ciruela pasa.
> *Puede ser un* VERBO:
▶ **prune something** podar algo.

psychiatrist /saɪˈkaɪətrɪst/ psiquiatra.

psychologist /saɪˈkɒlədʒɪst/ psicólogo.

public /ˈpʌblɪk/ *tiene varias categorías gramaticales y varios sentidos:*
> *Puede ser un* SUSTANTIVO:
public *significa* público.
▶ **the general public** el gran público.
> *Puede ser un* ADJETIVO:
1 **public** *puede significar* público.
▶ **public holiday** día festivo.
▶ **public transport** transporte público.
2 *En inglés británico,* **public school** *significa* colegio privado.

i En inglés americano, **public school** significa colegio público.

publicity /pʌˈblɪsɪtɪ/ publicidad.

publish /ˈpʌblɪʃ/ publicar.

publisher /ˈpʌblɪʃər/ editorial (= empresa editorial).

pudding /ˈpʊdɪŋ/ *tiene varios sentidos:*
1 **pudding** *puede significar* budín.
2 *En inglés británico,* **pudding** *puede significar* postre.
▷ What's for pudding? ¿Qué hay de postre?

puddle /ˈpʌdəl/ charco.

Puerto Rican /pwɜːtəˈriːkən/ portorriqueño.

pull /pʊl/ *tiene varias categorías gramaticales y varios sentidos:*
> *Puede ser un* SUSTANTIVO:
▶ **give something a pull** dar un tirón a algo.
> *Puede ser un* VERBO TRANSITIVO:
1 **pull something** *puede significar* tirar de algo *o* arrastrar algo.
2 **pull a muscle** sufrir un tirón en un músculo.
3 **pull the trigger** apretar el gatillo.
> *Puede ser un* VERBO INTRANSITIVO:
pull *significa* tirar.

Phrasal verbs:

Al verbo **pull** *a veces le sigue una preposición como* **down** *o* **up**, *lo que puede cambiar su significado. En inglés, esto se llama un* **phrasal verb**.
PULL APART:
▶ **pull something apart** desmontar algo *o* hacer trizas algo.

PULL DOWN:
▶ **pull something down** puede significar derribar algo (un edificio).
▶ **pull something down** puede significar bajar algo (una persiana) o bajarse algo (los pantalones).
PULL OFF:
▶ **pull something off** puede significar quitarse algo (los guantes o el jersey, por ejemplo).
▶ **pull something off** puede significar conseguir llevar a cabo algo (un plan, por ejemplo).
PULL OUT:
▶ **pull something out** sacar algo.
PULL UP:
▶ **pull something up** subirse algo (los calcetines o los pantalones, por ejemplo).

pullover /ˈpʊləʊvər/ jersey.

pulse /pʌls/ pulso (= latido).

pump /pʌmp/ *tiene varias categorías gramaticales y varios sentidos:*
> *Puede ser un* SUSTANTIVO:
1 **pump** *puede significar* bomba (para agua, una bicicleta, etc) *o* surtidor (en una gasolinera).
2 **pumps** *puede significar* zapatillas de tenis.
> *Puede ser un* VERBO:
1 **pump something** bombear algo.
2 **pump something up** inflar algo.

pumpkin /ˈpʌmpkɪn/ calabaza.

punch /pʌntʃ/ *tiene varias categorías gramaticales y varios sentidos:*
> *Puede ser un* SUSTANTIVO:
1 **punch** *puede significar* puñetazo.
2 **punch** *puede significar* ponche.
> *Puede ser un* VERBO:
▶ **punch something** *o* **somebody** *significa* pegar algo *o* pegar un puñetazo a alguien.

punctual /ˈpʌŋktjʊəl/ puntual (= que llega a tiempo).

punctuation /pʌŋktjʊˈeɪʃən/ puntuación (= puntos y comas, por ejemplo).
▶ **punctuation mark** signo de puntuación.

puncture /ˈpʌŋktʃər/ *tiene varias categorías gramaticales:*
> *Puede ser un* SUSTANTIVO:
puncture *significa* pinchazo (en un neumático).
> *Puede ser un* VERBO:
▶ **puncture something** pinchar algo.

punish /ˈpʌnɪʃ/ castigar.

punishment /ˈpʌnɪʃmənt/ castigo.

pupil /ˈpjuːpəl/ *tiene varios sentidos:*
1 **pupil** *puede significar* alumno.
2 **pupil** *puede significar* pupila (del ojo).

puppet /ˈpʌpɪt/ títere.

puppies /ˈpʌpɪz/ *es el plural de* **puppy**.

puppy /ˈpʌpɪ/ cachorro.

purchase /ˈpɜːtʃəs/ *tiene varias categorías gramaticales:*
> *Puede ser un* SUSTANTIVO:
purchase *significa* compra.
> *Puede ser un* VERBO:
▶ **purchase something from some-body** comprar algo a alguien.

pure /ˈpjʊərʲ/ puro.

purer /ˈpjʊərərʲ/ *es el comparativo de* **pure**.
▷ It's much purer. Es mucho más puro.

purest /ˈpjʊərɪst/ *es el superlativo de* **pure**.
▷ It's the purest water. Es el agua más pura.

purple /ˈpɜːpəl/ morado.

purpose /ˈpɜːpəs/ propósito.
▶ **do something on purpose** hacer algo a propósito.

purr /pɜːʳ/ *tiene varias categorías gramaticales:*
> *Puede ser un* SUSTANTIVO:
purr *significa* ronroneo.
> *Puede ser un* VERBO:
purr *significa* ronronear.

purse /pɜːs/ *tiene varios sentidos:*
1 En inglés británico, **purse** *significa* monedero.

> En inglés americano, "monedero" se dice **coin purse**.

2 En inglés americano, **purse** *significa* bolso (de mujer).

> En inglés británico, "bolso" se dice **handbag**.

pursue /pəˈsjuː/ perseguir.

push /pʊʃ/ *tiene varias categorías gramaticales y varios sentidos:*
> *Puede ser un* SUSTANTIVO:
push *significa* empujón.
▶ **give somebody a push** dar un empujón a alguien.
> *Puede ser un* VERBO:
1 **push something** *o* **somebody** empujar algo *o* a alguien.
▶ **push somebody out of the way** apartar a alguien de un empujón.

2 **push a button** apretar un botón.

Phrasal verbs:

Al verbo **push** *a veces le sigue una preposición como* **away** *u* **over**, *lo que puede cambiar su significado. En inglés, esto se llama un* **phrasal verb**.

PUSH AWAY:
▶ **push something** *o* **somebody away** apartar algo *o* a alguien.

PUSH OVER:
▶ **push something over** *significa* volcar algo.
▶ **push somebody over** *significa* tirar a alguien al suelo.

---

pushchair /ˈpʊʃtʃeəʳ/ silla de paseo.

> Esta palabra no se utiliza en inglés americano. En Estados Unidos se dice **stroller**.

put /pʊt/ *tiene varios sentidos:*
1 **put** *puede significar* poner *o* colocar *o* meter.
▷ Put the bottle on the table. Pon la botella en la mesa.
▷ He put the ball on the penalty spot. Colocó el balón en el punto de penalti.
▷ She put the knife in the drawer. Metió el cuchillo en el cajón.
▷ They put him in prison. Lo metieron en la cárcel.

2 **put something** *puede significar* expresar algo.
▷ I don't know how to put it. No sé cómo decirlo.

3 **put something to somebody** proponer algo a alguien.

Phrasal verbs:

Al verbo **put** *a veces le sigue una preposición como* **off** *u* **on**, *lo que puede cambiar su significado. En inglés, esto se llama un* **phrasal verb**.

PUT AWAY:
▶ **put something away** recoger algo *o* guardar algo (= poner en su sitio).

PUT BACK:
▶ **put something back** *puede significar* devolver algo a su sitio.
▶ **put something back** *puede significar* retrasar algo (un reloj, por ejemplo).

PUT DOWN:
▶ **put something down** *puede significar* dejar algo (en el suelo o la mesa, por ejemplo) o colgar algo (el teléfono).
▶ **put something down** *puede significar* apuntar algo.

PUT FORWARD:
▶ **put something forward** *puede significar* proponer algo o presentar algo.
▶ **put something forward** *puede significar* adelantar algo (un reloj, por ejemplo).

puzzle

PUT OFF:

► put **something off** *puede significar* aplazar algo.

► put **somebody off** *puede significar* disuadir a alguien *o* desanimar a alguien.

► put **somebody off** *puede significar* resultar desagradable a alguien.

► put **somebody off something** *puede significar* quitar a alguien las ganas de algo.

► put **somebody off** *puede significar* distraer a alguien.

PUT ON:

► put **something on** *puede significar* ponerse algo (ropa o las gafas, por ejemplo).

► put **something on** *puede significar* encender algo (la televisión o la radio, por ejemplo) *o* poner algo (un CD o un disco, por ejemplo).

► put **on weight** engordar.

PUT OUT:

► put **something out** *puede significar* sacar algo (= poner algo fuera, la ropa o la basura, por ejemplo).

► put **something out** *puede significar* apagar algo (un fuego o un cigarrillo, por ejemplo).

► put **somebody out** molestar a alguien.

PUT UP:

► put **something up** *puede significar* construir algo (una barrera, por ejemplo) *o* montar algo (una tienda de campaña).

► put **something up** *puede significar* colocar algo *o* poner algo (en la pared o en un tablón de anuncios).

► put **one's hand up** levantar la mano.

ℹ El pronombre personal de la expresión put **one's hand up** funciona de la siguiente forma en inglés: I put **my** hand up, you put **your** hand up, he puts **his** hand up, she puts **her** hand up, we put **our** hands up, they put **their** hands up.

► put **an umbrella up** abrir un paraguas.

► put **a flag up** izar una bandera.

► put **something up** *puede significar* subir algo (los precios o el alquiler, por ejemplo).

► put **somebody up** alojar a alguien.

PUT UP WITH:

► put **up with something** *o* **somebody** aguantar algo *o* a alguien.

puzzle /ˈpʌzəl/ *tiene varias categorías gramaticales y varios sentidos:*

> *Puede ser un* SUSTANTIVO:

1 **puzzle** *puede significar* rompecabezas.

► **crossword puzzle** crucigrama.

► **jigsaw puzzle** puzzle.

2 **puzzle** *puede significar* enigma.

> *Puede ser un* VERBO:

► **puzzle somebody** dejar perplejo a alguien.

puzzled /ˈpʌzld/ perplejo.

ℹ **puzzled** también es el pretérito y el participio pasado del verbo **puzzle**.
▷ It **puzzled** me. Me dejó perplejo.

pyjamas /pəˈdʒɑːməz/ pijama.

► **a pair of pyjamas** un pijama.

✐ En inglés americano, esta palabra se escribe **pajamas**.

Q

La letra **Q** se pronuncia /kjuː/ en inglés.

Q rima con **few** y **you**.

quack /kwæk/ *tiene varias categorías gramaticales:*
> *Puede ser un* SUSTANTIVO:

quack *significa* graznido (de un pato).
> *Puede ser un* VERBO:

quack *significa* graznar (cuando te refieres a un pato).

qualification /kwɒlɪfɪˈkeɪʃən/ *tiene varios sentidos:*

1 **qualification** *puede significar* título (= diploma).

2 **qualification** *puede significar* requisito.

qualified /ˈkwɒlɪfaɪd/ titulado o cualificado.

> **i** **qualified** también es el pretérito y el participio pasado del verbo **qualify**.
> ▷ **He qualifed as a lawyer.** Obtuvo el título de abogado.

qualify /ˈkwɒlɪfaɪ/ *tiene varios sentidos:*

1 **qualify** *puede significar* obtener el título.
► **qualify as a lawyer** obtener el título de abogado.

2 **qualify for something** tener derecho a algo.

3 *En deporte,* **qualify** *significa* clasificarse.

qualities /ˈkwɒlɪtɪz/ *es el plural de* **quality**.

quality /ˈkwɒlɪtɪ/ *tiene varios sentidos:*

1 **quality** *puede significar* calidad.

2 **quality** *puede significar* cualidad.

quantities /ˈkwɒntɪtɪz/ *es el plural de* **quantity**.

quantity /ˈkwɒntɪtɪ/ cantidad.

quarrel /ˈkwɒrəl/ *tiene varias categorías gramaticales:*

> *Puede ser un* SUSTANTIVO:

quarrel *significa* pelea o discusión.
> *Puede ser un* VERBO:

quarrel *significa* pelearse o discutir.

quarries /ˈkwɒrɪz/ *es el plural de* **quarry**.

quarry /ˈkwɒrɪ/ cantera (de piedra).

quarter /ˈkwɔːtəʳ/ *tiene varios sentidos:*

1 **quarter** *puede significar* cuarto o cuarta parte.
► **a quarter of an hour** un cuarto de hora.
► **a quarter past two** (en inglés británico) o **a quarter after two** (en inglés americano) las dos y cuarto.
► **quarter finals** cuartos de final.

2 **quarter** *puede significar* barrio.

3 *En Estados Unidos,* **quarter** *puede significar* cuarto de dólar.

quay /kiː/ muelle.

queen /kwiːn/ reina.
► **Queen Elizabeth** la reina Isabel.

queer /kwɪəʳ/ raro.

queries /ˈkwɪərɪz/ *es el plural de* **query**.

query /ˈkwɪərɪ/ *tiene varias categorías gramaticales:*

> *Puede ser un* SUSTANTIVO:

query *significa* pregunta o consulta.
> *Puede ser un* VERBO:

► **query something** cuestionar algo.

question /ˈkwestʃən/ *tiene varias categorías gramaticales y varios sentidos:*

> *Puede ser un* SUSTANTIVO:

1 question *puede significar* pregunta.

▶ **ask somebody a question** hacer una pregunta a alguien.

▶ **question mark** signo de interrogación.

2 question *puede significar* cuestión.

> *Puede ser un* VERBO:

1 question somebody interrogar a alguien.

2 question something cuestionar algo.

queue /kju:/ *tiene varias categorías gramaticales*:

> *Puede ser un* SUSTANTIVO:

queue *significa* cola (= fila de personas).

> *Puede ser un* VERBO:

queue *significa* hacer cola.

> **i** queue no se utiliza en inglés americano. En Estados Unidos 'una cola' se dice **a line** y 'hacer cola' se dice **wait in line**.

quick /kwɪk/ *tiene varios sentidos:*

1 quick *puede significar* rápido.

▷ Be quick! ¡Date prisa!

2 quick *puede significar* espabilado (en el sentido de 'inteligente').

quickly /ˈkwɪklɪ/ rápidamente *o* deprisa.

quiet /ˈkwaɪət/ *tiene varias categorías gramaticales y varios sentidos:*

> *Puede ser un* ADJETIVO:

1 quiet *puede significar* tranquilo *o* silencioso.

▶ **a quiet voice** una voz baja.

2 quiet *puede significar* callado.

▷ Be quiet! ¡Cállate!

▶ **keep quiet about something** guardar silencio sobre algo.

▷ Try to keep quiet. Intenta no hacer ruido.

▷ He went quiet. Se calló.

3 keep something quiet mantener algo en secreto.

> *Puede ser un* SUSTANTIVO:

1 quiet *puede significar* silencio.

2 quiet *puede significar* tranquilidad.

quietly /ˈkwaɪətlɪ/ tranquilamente *o* silenciosamente.

quilt /kwɪlt/ edredón.

quit /kwɪt/ *tiene varias categorías gramaticales y varios sentidos:*

> *Puede ser un* VERBO TRANSITIVO:

1 quit something dejar algo.

2 quit doing something dejar de hacer algo.

> *Puede ser un* VERBO INTRANSITIVO:

1 quit *puede significar* abandonar.

2 quit *puede significar* dimitir.

quite /kwaɪt/ *tiene varios sentidos:*

1 quite *puede significar* completamente.

▷ I'm quite sure. Estoy completamente seguro.

▶ **not quite** no del todo.

▷ I'm not quite sure. No estoy del todo seguro.

2 quite *puede significar* bastante.

▷ This coffee is quite strong. Este café es bastante fuerte.

▷ Quite a lot of people came. Vino bastante gente.

quiz /kwɪz/ *tiene varios sentidos:*

1 quiz *puede significar* concurso.

2 *En inglés americano,* **quiz** *puede significar* examen (en el colegio).

> En inglés británico, se dice **test**.

quotation /kwəʊˈteɪʃən/ cita (de una obra).

▶ **quotation marks** comillas.

quote /kwəʊt/ *tiene varias categorías gramaticales y varios sentidos:*

> *Puede ser un* VERBO:

▶ **quote something** *o* **somebody** citar algo *o* a alguien.

> *Puede ser un* SUSTANTIVO:

quote *significa* cita (de una obra).

R

rabbit /ˈræbɪt/ conejo.

race /reɪs/ *tiene varias categorías gramaticales y varios sentidos:*

> *Puede ser un* SUSTANTIVO:

1 race *puede significar* carrera (= competición).

2 race *puede significar* raza.

> *Puede ser un* VERBO TRANSITIVO:

► **race somebody** echar una carrera a alguien.

> *Puede ser un* VERBO INTRANSITIVO:

1 race *puede significar* correr (en una carrera).

2 race in entrar corriendo.

► **race out** salir corriendo.

racecourse /ˈreɪskɔːs/ hipódromo.

racehorse /ˈreɪhɔːs/ caballo de carreras.

racetrack /ˈreɪstræk/ pista (de atletismo) o circuito (de automovilismo).

racing /ˈreɪsɪŋ/ las carreras.

► **racing car** coche de carreras.

► **racing driver** piloto de carreras.

> **i** racing también es el participio de presente del verbo **race**.
> ▷ **They were racing each other.** Estaban echando una carrera.

racism /ˈreɪsɪzəm/ racismo.

racist /ˈreɪsɪst/ racista.

rack /ræk/ *tiene varios sentidos:*

1 rack *puede significar* botellero o revistero.

2 rack *puede significar* portaequipajes.

3 rack *puede significar* escurreplatos.

racket /ˈrækɪt/ *tiene varios sentidos:*

1 racket *puede significar* raqueta.

2 racket *puede significar* alboroto.

radiator /ˈreɪdɪeɪtəʳ/ radiador.

radio /ˈreɪdɪəʊ/ radio.

► **on the radio** en la radio.

► **radio alarm** radiodespertador.

► **radio station** cadena de radio.

radish /ˈrædɪʃ/ rábano.

raffle /ˈræfəl/ rifa.

raft /rɑːft/ balsa (= embarcación).

rag /ræg/ trapo sucio.

rage /reɪdʒ/

► **in a rage** furioso.

raid /reɪd/ *tiene varios sentidos:*

1 raid *puede significar* redada.

2 raid *puede significar* atraco.

rail /reɪl/ *tiene varios sentidos:*

1 rail *puede significar* ferrocarril.

► **by rail** en tren.

2 rail *puede significar* barandilla.

railing /ˈreɪlɪŋz/ *tiene varios sentidos:*

1 railing *puede significar* reja.

2 railing *puede significar* valla.

railroad /ˈreɪlrəʊd/ ferrocarril o vía férrea.

> railroad es una palabra americana. En inglés británico, se dice **railway**.

railway /ˈreɪlweɪ/ ferrocarril o vía férrea.
- ► **railway station** estación de tren.

> ⌐┐ railway no se utiliza en inglés americano.
> En Estados Unidos, se dice railroad.

rain /reɪn/ tiene varias categorías gramaticales:
> ➢ Puede ser un SUSTANTIVO:
> **rain** significa lluvia.
> ➢ Puede ser un VERBO:
> **rain** significa llover.
- ► **it's raining** está lloviendo.

rainbow /ˈreɪnbəʊ/ arco iris.

raincoat /ˈreɪnkəʊt/ impermeable.

raindrop /ˈreɪndrɒp/ gota de lluvia.

rainforest /ˈreɪnfɒrɪst/ selva tropical.

rainier /ˈreɪnɪəʳ/ es el comparativo de **rainy**.
> ▷ The climate is rainier than in Europe. El clima es más lluvioso que en Europa.

rainiest /ˈreɪnɪɪst/ es el superlativo de **rainy**.
> ▷ It's the rainiest day this year. Es el día más lluvioso de este año.

rainy /ˈreɪnɪ/ lluvioso.

raise /reɪz/ tiene varias categorías gramaticales y varios sentidos:
> ➢ Puede ser un VERBO:
> 1 **raise something** puede significar levantar algo (la mano, la persiana, un objeto).
> 2 **raise something** puede significar subir algo (el precio, el salario, el volumen).
- ► **raise one's voice** levantar la voz.

> ⓘ El pronombre personal de la expresión raise one's voice funciona de la siguiente forma en inglés: I raise my voice, you raise your voice, he raises his voice, she raises her voice, etc.

> 3 **raise something** puede significar criar algo (niños o animales).
> 4 **raise something** puede significar plantear algo (problemas o cuestiones).
> 5 **raise money** recaudar fondos.
> ➢ Puede ser un SUSTANTIVO:

> ⓘ En inglés americano, raise significa aumento de sueldo.

> ⌐┐ En inglés británico 'aumento de sueldo' se dice pay rise.

raisin /ˈreɪzən/ pasa.

rake /reɪk/ rastrillo (= herramienta).

rallies /ˈrælɪz/ es el plural de **rally**.

rally /ˈrælɪ/ tiene varios sentidos:
1 **rally** puede significar mitin.
2 **rally** puede significar rally.

rambling /ˈræmblɪŋ/ senderismo.

ran /ræn/ es el pretérito del verbo **run**.
> ▷ She ran home. Volvió a casa corriendo.

random /ˈrændəm/ aleatorio.
- ► **at random** al azar.

rang /ræŋ/ es el pretérito del verbo **ring**.
> ▷ He rang his mother. Llamó a su madre.

range /reɪndʒ/ tiene varias categorías gramaticales y varios sentidos:
> ➢ Puede ser un SUSTANTIVO:
> 1 **range** puede significar gama (de productos) o abanico (de temas) o variedad (de precios o colores).
- ► **a wide range of...** una gran variedad de...
> 2 **range** puede significar alcance (de un misil o un telescopio, por ejemplo).
- ► **be out of range** estar fuera del alcance.
> 3 **range** puede significar cordillera.
> ➢ Puede ser un VERBO:
- ► **range from... to...** oscilar entre... y...

ranger /ˈreɪndʒəʳ/ guardabosques.

rank /ræŋk/ rango (de un soldado o un policía, por ejemplo).

ransom /ˈrænsəm/ rescate (= dinero).

rape /reɪp/ tiene varias categorías gramaticales y varios sentidos:
> ➢ Puede ser un SUSTANTIVO:
> 1 **rape** puede significar violación (de una mujer).
> 2 **rape** puede significar colza.
> ➢ Puede ser un VERBO:
- ► **rape somebody** violar a alguien.

> ⚘ La palabra inglesa rape no significa 'rape'.

rare /reəʳ/ tiene varios sentidos:
1 **rare** puede significar raro (= infrecuente o poco común).
2 **rare** puede significar poco hecho (cuando te refieres a la carne).

rarely /ˈreəlɪ/ pocas veces.

rash /ræʃ/ tiene varias categorías gramaticales y varios sentidos:
> ➢ Puede ser un SUSTANTIVO:
> **rash** significa erupción (= sarpullido).
> ➢ Puede ser un ADJETIVO:
> **rash** significa precipitado (= imprudente).

real

raspberries /ˈrɑːzbərɪz/ es el plural de **raspberry**.

raspberry /ˈrɑːzbərɪ/ frambuesa.

rat /ræt/ rata.

rate /reɪt/ tiene varios sentidos:
1 **rate** puede significar tasa o índice o tipo (de interés).
2 **rate** puede significar velocidad o ritmo.
▸ **at this rate** a este paso.
3 **rate** puede significar tarifa.
4 **at any rate** en cualquier caso.

rather /ˈrɑːðəʳ/ tiene varios sentidos:
1 **rather** puede significar bastante.
▷ It's rather easy. Es bastante fácil.
2 **rather than** en vez de.
▷ We could go now rather than going tomorrow. Podríamos ir ahora en vez de ir mañana.
3 **would rather** se utiliza para expresar una preferencia:
▷ I would rather go to the cinema. Preferiría ir al cine.
▷ Would you rather stay here? ¿Prefieres quedarte aquí?

ℹ En muchos casos, **would rather** se contrae: 'd rather: I'd rather wait, he'd rather you came, etc.

ration /ˈræʃən/ ración.

rattle /ˈrætəl/ tiene varias categorías gramaticales y varios sentidos:
> Puede ser un SUSTANTIVO:
1 **rattle** puede significar tintineo o traqueteo.
2 **rattle** puede significar sonajero.
> Puede ser un VERBO INTRANSITIVO:
rattle significa tintinear o traquetear.
> Puede ser un VERBO TRANSITIVO:
▸ **rattle something** agitar algo o hacer entrechocar algo.

rave /reɪv/ macrofiesta.

raven /ˈreɪvən/ cuervo.

raw /rɔː/ crudo.

ray /reɪ/ rayo (de luz).

razor /ˈreɪzəʳ/ navaja o maquinilla de afeitar.

reach /riːtʃ/ tiene varias categorías gramaticales y varios sentidos:
> Puede ser un SUSTANTIVO:
▸ **within reach** al alcance.
▸ **out of reach** fuera del alcance.

> Puede ser un VERBO TRANSITIVO:
1 **reach something** puede significar alcanzar algo.
2 **reach something** puede significar llegar a algo (un acuerdo o una decisión, por ejemplo).
> Puede ser un VERBO INTRANSITIVO:
1 **reach** puede significar extenderse (cuando te refieres a un terreno o un bosque, por ejemplo).
2 **I can't reach.** No llego.
▸ **reach out** extender el brazo.
▸ **reach for something** intentar alcanzar algo.

react /rɪˈækt/ reaccionar.

reaction /rɪˈækʃən/ reacción.

read /riːd/ tiene varias categorías gramaticales y varios sentidos:
> Puede ser un VERBO INTRANSITIVO:
read significa leer.
> Puede ser un VERBO TRANSITIVO:
1 **read something** puede significar leer algo.
▸ **read something out** leer algo en voz alta.
▷ I can't read her writing. No entiendo su letra.
2 **read something** puede significar marcar algo (cuando te refieres a un termómetro o un indicador, por ejemplo).

ℹ **read** también es el pretérito y el participio pasado del verbo **read**. En este sentido, se pronuncia /red/.
▷ Danny read a book about planes. Danny leyó un libro sobre aviones.
▷ Have you read the paper? ¿Has leído el periódico?

reader /ˈriːdəʳ/ lector.

reading /ˈriːdɪŋ/ lectura.

ℹ **reading** también es una forma del verbo **read**.
▷ She was reading a book. Estaba leyendo un libro.

ready /ˈredɪ/ listo o preparado.
▸ **be ready to do something** estar listo para hacer algo o estar dispuesto a hacer algo.
▸ **get something ready** preparar algo.
▸ **get ready** prepararse.
▷ Ready, steady, go! Preparados, listos, ¡ya!

ready-made /redɪˈmeɪd/ precocinado (cuando te refieres a comida) o confeccionado (cuando te refieres a ropa).

real /rɪəl/ real o auténtico.

realise /ˈrɪəlaɪz/ *es otra forma de escribir* **realize**.

reality /rɪˈælɪtɪ/ realidad.

realize /ˈrɪəlaɪz/ *tiene varios sentidos:*
1 **realize something** *puede significar* darse cuenta de algo.
2 **realize something** *puede significar* realizar algo (una ambición o un sueño, por ejemplo).

really /ˈrɪəlɪ/ *tiene varios sentidos:*
1 **really** *puede significar* realmente.
  ▷ It was really bad. Fue malísimo.
2 **really** *puede significar* de verdad.

rear /rɪəʳ/ *tiene varias categorías gramaticales y varios sentidos:*
  ≻ *Puede ser un* SUSTANTIVO:
rear *significa* parte de atrás.
  ▷ He was at the rear of the procession. Estaba al final del desfile.
  ≻ *Puede ser un* ADJETIVO:
rear *significa* trasero o de atrás.
  ≻ *Puede ser un* VERBO TRANSITIVO:
▶ **rear something** criar algo.
  ≻ *Puede ser un* VERBO INTRANSITIVO:
rear *significa* encabritarse.

reason /ˈriːzən/ *tiene varias categorías gramaticales:*
  ≻ *Puede ser un* SUSTANTIVO:
reason *significa* razón.
  ≻ *Puede ser un* VERBO:
reason with somebody *significa* razonar con alguien.

reasonable /ˈriːzənəbəl/ razonable.

reasonably /ˈriːzənəblɪ/ *tiene varios sentidos:*
1 **reasonably** *puede significar* bastante.
2 **reasonably** *puede significar* razonablemente.

reassure /riːəˈʃʊəʳ/ tranquilizar.

rebel *se pronuncia de dos formas diferentes y su categoría gramatical cambia en función de la pronunciación:*
◀)) /ˈrebəl/ (el acento recae sobre la primera sílaba **re-**).
  ≻ *Es un* SUSTANTIVO:
rebel *significa* rebelde.
◀)) /rɪˈbel/ (el acento recae sobre la segunda sílaba **-bel**).
  ≻ *Es un* VERBO:
rebel *significa* rebelarse.

reboot /riːˈbuːt/ reinicializar (un ordenador).

recall /rɪˈkɔːl/ *tiene varios sentidos:*
1 **recall something** *puede significar* recordar algo.

2 **recall something** *puede significar* retirar algo (del mercado).

receipt /rɪˈsiːt/ recibo o ticket (de compra).

receive /rɪˈsiːv/ recibir.

receiver /rɪˈsiːvəʳ/ auricular (del teléfono).
  ▶ **hang up the receiver** colgar el teléfono.

recent /ˈriːsənt/ reciente.
  ▶ **in recent weeks** en las últimas semanas.

recently /ˈriːsəntlɪ/ recientemente.

reception /rɪˈsepʃən/ recepción o acogida.
  ▶ **reception desk** recepción (en un hotel).

recipe /ˈresəpɪ/ receta (de comida).

reckon /ˈrekən/ *tiene varios sentidos:*
1 **reckon something** calcular algo.
2 **reckon that...** pensar que...

recognize /ˈrekəgnaɪz/ reconocer.

recommend /rekəˈmend/ recomendar.

record *se pronuncia de dos formas diferentes y su significado y categoría gramatical cambian en función de la pronunciación:*
◀)) /ˈrekɔːd/ (el acento recae sobre la primera sílaba **re-**).
  ≻ *Es un* SUSTANTIVO:
1 **record** *puede significar* disco (musical).
  ▶ **record player** tocadiscos.
2 **record** *puede significar* registro (= constancia de algo).
  ▶ **criminal record** antecedentes penales.
3 **record** *puede significar* récord.
  ▶ **break a record** batir un récord.
◀)) /rɪˈkɔːd/ (el acento recae sobre la segunda sílaba **-cord**).
  ≻ *Es un* VERBO:
1 **record something** *puede significar* grabar algo.
2 **record something** *puede significar* anotar algo.

recorder /rɪˈkɔːdəʳ/ *tiene varios sentidos:*
1 **recorder** *puede significar* flauta dulce.
2 **cassette recorder** grabadora (= magnetófono).
  ▶ **video recorder** vídeo (= aparato).

recording /rɪˈkɔːdɪŋ/ grabación.

> **i** **recording** también es una forma del verbo **record**.
> ▷ I'm recording a tape. Estoy grabando una cinta.

recover /rɪˈkʌvəʳ/ recuperar o recuperarse.

recovery /rɪˈkʌvərɪ/ recuperación.

recruit /rɪˈkruːt/ *tiene varias categorías gramaticales*:
> *Puede ser un* SUSTANTIVO:
recruit *significa* recluta.
> *Puede ser un* VERBO:
► **recruit somebody** reclutar a alguien *o* contratar a alguien.

rectangle /ˈrektæŋgəl/ rectángulo.

recycle /riːˈsaɪkəl/ reciclar.

recycling /riːˈsaɪkəlɪŋ/ reciclaje.

> **i** recycling también es una forma del verbo recycle.
> ▷ **We're recycling a lot of glass.** Estamos reciclando mucho vidrio.

red /red/ *tiene varios sentidos:*
1 **red** *puede significar* rojo.
► **go red** *o* **turn red** ponerse rojo.
► **have red hair** ser pelirrojo.
► **the Red Cross** la Cruz Roja.
2 **red** *puede significar* tinto (cuando te refieres a vino).

reduce /rɪˈdjuːs/ reducir.

reduction /rɪˈdʌkʃən/ reducción *o* rebaja (del precio de algo).

redundant /rɪˈdʌndənt/
► **be made redundant** ser despedido.

reed /riːd/ caña (= planta que encuentras en la orilla de un río).

refer /rɪˈfɜːʳ/ *tiene varios sentidos:*
1 **refer to something** *puede significar* referirse a algo.
2 **refer to something** *puede significar* consultar algo.

referee /refəˈriː/ árbitro (en fútbol, por ejemplo).

reference /ˈrefərəns/ referencia *o* consulta.

refine /rɪˈfaɪn/ *tiene varios sentidos:*
1 **refine something** *puede significar* refinar algo.
2 **refine something** *puede significar* perfeccionar algo.

reflect /rɪˈflekt/ *tiene varias categorías gramaticales*:
> *Puede ser un* VERBO TRANSITIVO:
► **reflect something** reflejar algo.
> *Puede ser un* VERBO INTRANSITIVO:
reflect *significa* reflexionar.

reflection /rɪˈflekʃən/ reflejo *o* reflexión.

reform /rɪˈfɔːm/ *tiene varias categorías gramaticales*:
> *Puede ser un* SUSTANTIVO:
reform *significa* reforma.
> *Puede ser un* VERBO:
reform *significa* reformar.

refresh /rɪˈfreʃ/ refrescar.

refreshing /rɪˈfreʃɪŋ/ refrescante *o* vigorizante.

refreshments /rɪˈfreʃmənts/ refrigerio.

> La palabra inglesa **refreshments** no significa 'refrescos'.

refrigerator /rɪˈfrɪdʒəreɪtəʳ/ frigorífico.

refugee /refjuːˈdʒiː/ refugiado.

refund *se pronuncia de dos formas diferentes y su categoría gramatical cambia en función de la pronunciación*:
◄) /ˈriːfʌnd/ (el acento recae sobre la primera sílaba **re-**).
> *Es un* SUSTANTIVO:
refund *significa* reembolso.
◄) /riːˈfʌnd/ (el acento recae sobre la segunda sílaba **-fund**).
> *Es un* VERBO:
► **refund something** reembolsar algo.

refusal /rɪˈfjuːzəl/ negativa.

refuse *se pronuncia de dos formas diferentes y su categoría gramatical y significado cambian en función de la pronunciación*:
◄) /ˈrefjuːs/ (el acento recae sobre la primera sílaba **re-**).
> *Es un* SUSTANTIVO:
refuse *significa* basura.
◄) /rɪˈfjuːz/ (el acento recae sobre la segunda sílaba **-fuse**).
> *Es un* VERBO:
refuse *significa* negarse.
► **refuse to do something** negarse a hacer algo.

regard /rɪˈgɑːd/ *tiene varias categorías gramaticales y varios sentidos:*
> *Puede ser un* SUSTANTIVO:
1 **regard** *puede significar* respecto.
► **with regard to** con respecto a.
2 **regards** *significa* saludos (= recuerdos que mandas a alguien).
> *Puede ser un* VERBO:
► **regard something** *o* **somebody as...** considerar algo *o* a alguien...
▷ **I regard him as a friend.** Le considero un amigo.

register /ˈredʒɪstəʳ/ *tiene varias categorías gramaticales y varios sentidos:*

> *Puede ser un* SUSTANTIVO:
register *significa* registro.
▶ **take the register** pasar lista.

> *Puede ser un* VERBO TRANSITIVO:
1 register something *puede significar* registrar algo.
2 register something *puede significar* darse cuenta de algo.
3 register somebody *puede significar* matricular a alguien o inscribir a alguien.

> *Puede ser un* VERBO INTRANSITIVO:
register *significa* matricularse o inscribirse.

registration /redʒɪsˈtreɪʃən/ *tiene varios sentidos:*

1 registration *puede significar* matriculación o inscripción.
2 registration *puede significar* registro.
3 registration *puede significar* la hora de pasar lista.
4 registration number *matrícula* (de un coche).

regret /rɪˈgret/ *tiene varias categorías gramaticales:*

> *Puede ser un* SUSTANTIVO:
regret *significa* pesar o tristeza.
▶ **my one regret...** lo único que lamento...

> *Puede ser un* VERBO:
▶ **regret something** lamentar algo.
▶ **regret doing something** lamentar haber hecho algo.

regular /ˈregjʊləʳ/ *tiene varios sentidos:*

1 regular *puede significar* frecuente.
2 regular *puede significar* habitual.
▶ **a regular customer** un cliente habitual.
3 regular *puede significar* regular (= constante, o en sentido gramatical).
4 regular *puede significar* normal (cuando te refieres al tamaño de una bebida, por ejemplo).

regularly /ˈregjʊləlɪ/ a menudo.

regulations /ˈregjʊleɪʃənz/ normas.

rehearsal /rɪˈhɜːsəl/ ensayo (para una obra de teatro, por ejemplo).

rehearse /rɪˈhɜːs/ ensayar (para una obra de teatro, por ejemplo).

reign /reɪn/ *tiene varias categorías gramaticales:*

> *Puede ser un* SUSTANTIVO:
rein *significa* reinado.
> *Puede ser un* VERBO:
rein *significa* reinar.

rein /reɪn/ rienda.

reindeer /ˈreɪndɪəʳ/ reno.

reinforce /riːɪnˈfɔːs/ reforzar.

reject /rɪˈdʒekt/ rechazar.

rejection /rɪˈdʒekʃən/ rechazo.

rejoice /rɪˈdʒɔɪs/ alegrarse.

related /rɪˈleɪtɪd/ *tiene varios sentidos:*

1 related *puede significar* emparentado.
▷ He's related to Tom. Es pariente de Tom.
2 related *puede significar* relacionado.

relation /rɪˈleɪʃən/ *tiene varios sentidos:*

1 relation *puede significar* pariente.
2 relation *puede significar* relación (= conexión).
3 relations *puede significar* relaciones (laborales o entre países, por ejemplo).

relationship /rɪˈleɪʃənʃɪp/ *tiene varios sentidos:*

1 relationship *puede significar* relación.
2 relationship *puede significar* parentesco.

relative /ˈrelətɪv/ *tiene varias categorías gramaticales:*

> *Puede ser un* SUSTANTIVO:
relative *significa* pariente.
> *Puede ser un* ADJETIVO:
relative *significa* relativo.

relax /rɪˈlæks/ *tiene varias categorías gramaticales:*

> *Puede ser un* VERBO TRANSITIVO:
▶ **relax something** o **somebody** relajar algo o a alguien.
> *Puede ser un* VERBO INTRANSITIVO:
relax *significa* relajarse.

relaxed /rɪˈlækst/ relajado.

ℹ **relaxed** también es el pretérito y el participio pasado del verbo **relax**.
▷ I **relaxed** on the beach. Me relajé en la playa.

relaxing /rɪˈlæksɪŋ/ relajante.

ℹ **relaxing** también es una forma del verbo **relax**.
▷ She was **relaxing** on the beach. Se estaba relajando en la playa.

release /rɪˈliːs/ *tiene varias categorías gramaticales y varios sentidos:*

> *Puede ser un* SUSTANTIVO:
1 release *puede significar* liberación.
2 release *puede significar* publicación o estreno (de una película).

▶ **a new release** una novedad (= un disco, un libro o una película que acaba de aparecer).

▷ I read an article about Almodóvar's new release. Leí un artículo sobre la última película de Almodóvar.

> *Puede ser un* VERBO:

1 release something o **somebody** *puede significar* liberar algo o a alguien.

2 release something o **somebody** *puede significar* soltar algo o a alguien.

3 release something *puede significar* sacar algo (un disco, un libro o una película).

reliable /rɪˈlaɪəbəl/ fiable.

relied /rɪˈlaɪd/ es el pretérito y el participio pasado del verbo **rely**.

▷ I relied on my father. Dependía de mi padre.

relief /rɪˈliːf/ *tiene varios sentidos:*

1 relief *puede significar* alivio.

2 relief *puede significar* ayuda (a otros países, por ejemplo).

relies /rɪˈlaɪz/ es la tercera persona del singular del verbo **rely**.

▷ She relies on her sister. Depende de su hermana.

relieve /rɪˈliːv/ *tiene varios sentidos:*

1 relieve something o **somebody** *puede significar* aliviar algo o a alguien.

2 relieve somebody *puede significar* relevar a alguien.

relieved /rɪˈliːvd/ aliviado.

▷ I'm so relieved! ¡Qué alivio!

> ℹ **relieved** también es el pretérito y el participio pasado del verbo **relieve**.
> ▷ The medicine relieved the pain. El medicamento alivió el dolor.

religious /rɪˈlɪdʒəs/ religioso.

reluctant /rɪˈlʌktənt/ reacio.

reluctantly /rɪˈlʌktəntlɪ/ de mala gana.

rely /rɪˈlaɪ/ *tiene varios sentidos:*

1 rely on somebody *puede significar* contar con alguien.

2 rely on somebody *puede significar* depender de alguien.

remain /rɪˈmeɪn/ quedar o quedarse.

remainder /rɪˈmeɪndər/ resto.

remark /rɪˈmɑːk/ *tiene varias categorías gramaticales:*

> *Puede ser un* SUSTANTIVO:

remark *significa* comentario.

> *Puede ser un* VERBO:

▶ **remark that...** comentar que...

remarkable /rɪˈmɑːkəbəl/ extraordinario.

remember /rɪˈmembər/ *tiene varias categorías gramaticales:*

> *Puede ser un* VERBO TRANSITIVO:

▶ **remember something** recordar algo o acordarse de algo.

> *Puede ser un* VERBO INTRANSITIVO:

remember *significa* recordar o acordarse.

remind /rɪˈmaɪnd/ recordar.

▶ **remind somebody to do something** recordar a alguien que haga algo.

▷ She reminds me of my mother. Me recuerda a mi madre.

remorse /rɪˈmɔːs/ remordimientos.

remote /rɪˈməʊt/ remoto o lejano.

▶ **remote control** mando a distancia.

remove /rɪˈmuːv/ *tiene varios sentidos:*

1 remove something *puede significar* quitar algo.

2 remove something *puede significar* eliminar algo o suprimir algo.

renew /rɪˈnjuː/ *tiene varios sentidos:*

1 renew something *puede significar* renovar algo.

2 renew something *puede significar* reanudar algo.

renovate /ˈrenəveɪt/ reformar o renovar o restaurar.

rent /rent/ *tiene varias categorías gramaticales:*

> *Puede ser un* SUSTANTIVO:

rent *significa* alquiler.

> *Puede ser un* VERBO:

▶ **rent something** o **rent something out** alquilar algo.

 En inglés, **rent** no significa 'renta'.

repair /rɪˈpeər/ *tiene varias categorías gramaticales:*

> *Puede ser un* SUSTANTIVO:

repair *significa* reparación o arreglo.

> *Puede ser un* VERBO:

▶ **repair something** reparar algo o arreglar algo.

repay /riːˈpeɪ/ *tiene varios sentidos:*

1 repay something *significa* devolver algo (dinero) o pagar algo (una deuda).

2 repay somebody *significa* pagar a alguien.

repeat /rɪˈpiːt/ repetir.

repeatedly /rɪˈpiːtɪdlɪ/ repetidas veces.

replace /rɪˈpleɪs/ *tiene varios sentidos:*

1 **replace something** *o* **somebody** *puede significar* sustituir algo o a alguien.
   ► **replace something with something** cambiar algo por algo.
2 **replace something** *puede significar* devolver algo a su sitio.

reply /rɪˈplaɪ/ *tiene varias categorías gramaticales:*
   ➤ *Puede ser un* SUSTANTIVO:
   reply *significa* respuesta.
   ➤ *Puede ser un* VERBO:
   reply *significa* responder o contestar.

report /rɪˈpɔːt/ *tiene varias categorías gramaticales y varios sentidos:*
   ➤ *Puede ser un* SUSTANTIVO:
1 **report** *puede significar* informe.
2 **report** *puede significar* reportaje o información (en el telediario o el periódico).
3 *En inglés británico,* **report** *puede significar* boletín de evaluación (en el colegio).

> En inglés americano, 'boletín de evaluación' se dice **report card**.

   ➤ *Puede ser un* VERBO TRANSITIVO:
1 **report something** *puede significar* informar de algo o anunciar algo.
2 **report something** *puede significar* dar parte de algo.
3 **report somebody** denunciar a alguien.
   ➤ *Puede ser un* VERBO INTRANSITIVO:
1 **report** *puede significar* informar.
2 **report to somebody** *puede significar* estar bajo las órdenes de alguien.
3 **report to somebody** *puede significar* presentarse a alguien.

reporter /rɪˈpɔːtəʳ/ periodista o reportero.

represent /reprɪˈzent/ representar.

representative /reprɪˈzentətɪv/ *tiene varias categorías gramaticales:*
   ➤ *Puede ser un* SUSTANTIVO:
   representative *significa* representante.
   ➤ *Puede ser un* ADJETIVO:
   representative *significa* representativo.

reproach /rɪˈprəʊtʃ/ *tiene varias categorías gramaticales:*
   ➤ *Puede ser un* SUSTANTIVO:
   reproach *significa* reproche.
   ➤ *Puede ser un* VERBO:
   ► **reproach somebody for something** reprochar algo a alguien.

reproduce /riːprəˈdjuːs/ reproducir o reproducirse.

republic /rɪˈpʌblɪk/ república.

reputation /repjʊˈteɪʃən/ reputación.

request /rɪˈkwest/ *tiene varias categorías gramaticales:*
   ➤ *Puede ser un* SUSTANTIVO:
   request *significa* petición.
   ➤ *Puede ser un* VERBO:
   ► **request something** pedir algo.
   ► **request somebody to do something** pedir a alguien que haga algo.

require /rɪˈkwaɪəʳ/ *tiene varios sentidos:*
1 **require something** *puede significar* necesitar algo.
2 **require something** *puede significar* requerir algo o exigir algo.

requirement /rɪˈkwaɪəment/ requisito.

rescue /ˈreskjuː/ *tiene varias categorías gramaticales:*
   ➤ *Puede ser un* SUSTANTIVO:
   rescue *significa* rescate.
   ➤ *Puede ser un* VERBO:
   ► **rescue somebody** rescatar a alguien.

research /rɪˈsɜːtʃ/ *tiene varias categorías gramaticales:*
   ➤ *Puede ser un* SUSTANTIVO:
   research *significa* investigación (científica o académica).
   ➤ *Puede ser un* VERBO:
   ► **research something** investigar algo.

resemble /rɪˈzembəl/ parecerse a.

reservation /rezəˈveɪʃən/ reserva.

reserve /rɪˈzɜːv/ *tiene varias categorías gramaticales y varios sentidos:*
   ➤ *Puede ser un* VERBO:
   ► **reserve something** reservar algo.
   ➤ *Puede ser un* SUSTANTIVO:
   reserve *significa* reserva.

reservoir /ˈrezəvwɑːʳ/ pantano o embalse.

residence /ˈrezɪdəns/ residencia.
   ► **residence permit** permiso de residencia.

resident /ˈrezɪdənt/ residente.

resign /rɪˈzaɪn/ *tiene varios sentidos:*
1 **resign** *significa* dimitir.
2 **resign oneself to something** resignarse a algo.

resignation /rezɪgˈneɪʃən/ *tiene varios sentidos:*
1 **resignation** *puede significar* dimisión.
2 **resignation** *puede significar* resignación.

resist /rɪˈzɪst/ resistir o resistirse a.

resistance /rɪˈzɪstəns/ resistencia.

> ℹ️ Fíjate bien en la ortografía de la palabra inglesa **resistance**.

resort /rɪˈzɔːt/ *tiene varias categorías gramaticales y varios sentidos:*
> ➤ *Puede ser un* SUSTANTIVO:
1 resort *puede significar* recurso (= solución o alternativa).
► **as a last resort** como último recurso.
2 resort *puede significar* lugar de vacaciones.
► **ski resort** estación de esquí.
> ➤ *Puede ser un* VERBO:
► **resort to something** recurrir a algo.

resource /rɪˈzɔːs/ recurso (cuando te refieres a recursos naturales, por ejemplo).

respect /rɪˈspekt/ *tiene varias categorías gramaticales y varios sentidos:*
> ➤ *Puede ser un* SUSTANTIVO:
1 respect *puede significar* respeto.
2 in many respects en muchos sentidos.
► **with respect to** con respecto a.
> ➤ *Puede ser un* VERBO:
► **respect something** o **somebody** respetar algo o a alguien.

respectable /rɪˈspektəbəl/ respetable.

respectful /rɪˈspektfʊl/ respetuoso.

respond /rɪˈspɒnd/ responder.

response /rɪˈspɒns/ respuesta.

responsibility /rɪspɒnsɪˈbɪlɪtɪ/ responsabilidad.

> ℹ️ Fíjate bien en la ortografía de la palabra inglesa **responsibility**.

responsible /rɪˈspɒnsəbəl/ responsable.

> ℹ️ Fíjate bien en la ortografía de la palabra inglesa **responsible**.

rest /rest/ *tiene varias categorías gramaticales y varios sentidos:*
> ➤ *Puede ser un* SUSTANTIVO:
1 rest *puede significar* descanso.
► **have a rest** descansar.
2 rest *puede significar* resto.
► **the rest of the books** el resto de los libros.
► **the rest of us** o **the rest of you** los demás.
> ➤ *Puede ser un* VERBO INTRANSITIVO:
1 rest *puede significar* descansar.

2 rest against something estar apoyado contra algo.
> ➤ *Puede ser un* VERBO TRANSITIVO:
► **rest something against something** apoyar algo contra algo.

restart /riːˈstɑːt/ empezar de nuevo o reiniciar (un ordenador).

restaurant /ˈrestərɒnt/ restaurante.

restless /ˈrestləs/ inquieto.

restore /rɪˈstɔːʳ/ restaurar o restablecer.

restrict /rɪˈstrɪkt/ restringir o limitar.

restriction /rɪˈstrɪkʃən/ restricción o límite.

result /rɪˈzʌlt/ *tiene varias categorías gramaticales:*
> ➤ *Puede ser un* SUSTANTIVO:
result *significa* resultado.
> ➤ *Puede ser un* VERBO:
result *significa* resultar.
► **result in something** tener algo como resultado.

resume /rɪˈzjuːm/ reanudar o reanudarse.

> En inglés, **resume** no significa 'resumir'.

retain /rɪˈteɪn/ conservar o retener.

retire /rɪˈtaɪəʳ/ *tiene varios sentidos:*
1 retire *puede significar* jubilarse.
2 retire *puede significar* retirarse.

retired /rɪˈtaɪəd/ jubilado (= adjetivo).

> ℹ️ **retired** también es el pretérito y el participio pasado del verbo **retire**.
> ▷ **He retired last year.** Se jubiló el año pasado.

retirement /rɪˈtaɪəmənt/ jubilación.

retreat /rɪˈtriːt/ *tiene varias categorías gramaticales:*
> ➤ *Puede ser un* SUSTANTIVO:
retreat *significa* retirada (de un ejército).
> ➤ *Puede ser un* VERBO:
retreat *significa* retirarse.

return /rɪˈtɜːn/ *tiene varias categorías gramaticales y varios sentidos:*
> ➤ *Puede ser un* VERBO INTRANSITIVO:
return *significa* volver.
> ➤ *Puede ser un* VERBO TRANSITIVO:
► **return something** *significa* devolver algo.
> ➤ *Puede ser un* SUSTANTIVO:
1 return *puede significar* vuelta o regreso.

2 return *puede significar* devolución.

3 *En inglés británico,* **return** *puede significar* billete de ida y vuelta.

> 🔏 En inglés americano, 'billete de ida y vuelta' se dice **round-trip ticket**.

4 in return for a cambio de.

reveal /rɪˈviːl/ revelar.

revenge /rɪˈvendʒ/ venganza.

reverse /rɪˈvɜːs/ *tiene varias categorías gramaticales y varios sentidos:*

> *Puede ser un* SUSTANTIVO:

1 the reverse lo contrario.

2 reverse *puede significar* marcha atrás.

▶ **be in reverse** tener metida la marcha atrás.

> *Puede ser un* ADJETIVO:

reverse *significa* inverso.

▶ **in reverse order** en orden inverso.

> *Puede ser un* VERBO:

1 reverse something *puede significar* invertir algo.

2 reverse the car dar marcha atrás.

review /rɪˈvjuː/ *tiene varias categorías gramaticales y varios sentidos:*

> *Puede ser un* SUSTANTIVO:

1 review *puede significar* revisión.

2 review *puede significar* reseña (de una película, por ejemplo).

> *Puede ser un* VERBO:

1 review something *puede significar* revisar algo.

2 review something *puede significar* reseñar algo (una película, por ejemplo).

revise /rɪˈvaɪz/ *tiene varias categorías gramaticales y varios sentidos:*

> *Puede ser un* VERBO TRANSITIVO:

▶ **revise something** revisar algo.

> *Puede ser un* VERBO INTRANSITIVO:

▶ **revise** *significa* repasar (para un examen).

revive /rɪˈvaɪv/ *tiene varios sentidos:*

1 revive somebody reanimar a alguien.

2 revive something resucitar algo o restablecer algo.

revolt /rɪˈvəʊlt/ *tiene varias categorías gramaticales y varios sentidos:*

> *Puede ser un* SUSTANTIVO:

revolt *significa* rebelión.

> *Puede ser un* VERBO INTRANSITIVO:

revolt *significa* rebelarse.

> *Puede ser un* VERBO TRANSITIVO:

▶ **revolt somebody** repugnar a alguien.

revolting /rɪˈvəʊltɪŋ/ asqueroso.

revolution /revəˈluːʃən/ revolución.

revolve /rɪˈvɒlv/ girar.

reward /rɪˈwɔːd/ *tiene varias categorías gramaticales:*

> *Puede ser un* SUSTANTIVO:

reward *significa* recompensa.

> *Puede ser un* VERBO:

▶ **reward somebody** recompensar a alguien.

rewind /riːˈwaɪnd/ rebobinar o rebobinarse.

rhinoceros /raɪˈnɒsərəs/ rinoceronte.

rhubarb /ˈruːbɑːb/ ruibarbo.

rhyme /raɪm/ *tiene varias categorías gramaticales:*

> *Puede ser un* SUSTANTIVO:

rhyme *significa* rima.

> *Puede ser un* VERBO:

rhyme *significa* rimar.

rhythm /ˈrɪðəm/ ritmo.

rib /rɪb/ costilla (= el hueso).

ribbon /ˈrɪbən/ cinta (de tela).

rice /raɪs/ arroz.

rich /rɪtʃ/ rico.

▶ **the rich** los ricos.

▶ **riches** riquezas o riqueza.

rid /rɪd/

▶ **get rid of something** deshacerse de algo.

ridden /ˈrɪdən/ es el participio pasado del verbo **ride**.

▷ **Have you ever ridden a horse?** ¿Has montado a caballo alguna vez?

riddle /ˈrɪdəl/ adivinanza.

ride /raɪd/ *tiene varias categorías gramaticales y varios sentidos:*

> *Puede ser un* SUSTANTIVO:

ride *significa* paseo (en coche, en bici o en caballo, por ejemplo).

▶ **go for a ride** dar una vuelta en el coche o dar un paseo en bici o dar un paseo a caballo.

> *Puede ser un* VERBO TRANSITIVO:

▶ **ride a horse** montar a caballo.

▶ **ride a bike** montar en bici.

> *Puede ser un* VERBO INTRANSITIVO:

1 ride *puede significar* montar a caballo.

2 ride *puede significar* ir a caballo o ir en bici o ir en coche.

▶ **ride on the bus** ir en autobús.

rider /ˈraɪdəʳ/ jinete.

ridiculous /rɪˈdɪkjʊləs/ ridículo.

riding /ˈraɪdɪŋ/ equitación.

- ▶ **riding school** escuela de equitación.

> **i** riding también es el participio de presente del verbo ride.
> ▷ She was riding a bike. Montaba en bici.

rifle /ˈraɪfəl/ fusil.

right /raɪt/ *tiene varias categorías gramaticales y varios sentidos:*
> ➤ *Puede ser un* ADJETIVO:

1 right *puede significar* correcto.
- ▷ Do you have the right time? ¿Llevas la hora exacta?
- ▷ Is it the right size? ¿Es el tamaño correcto?
- ▷ She got the right answer. Acertó la respuesta.
- ▶ **that's right** sí.

2 right *puede significar* bien.
- ▷ It isn't right to lie. No está bien mentir.

3 be right *puede significar* tener razón.
- ▷ You're right. Tienes razón.
- ▷ He was right to leave. Hizo bien en marcharse.

4 put something right arreglar algo.

5 right *puede significar* apropiado.
- ▷ These are not the right shoes for rambling. Estos zapatos no son apropiados para hacer senderismo.
- ▶ **do something the right way** hacer algo bien.

6 right *puede significar* derecho (= el contrario de izquierda).
- ▶ **on the right side** a la derecha.

7 right angle ángulo recto.
> ➤ *Puede ser un* ADVERBIO:

1 right *puede significar* justo o directamente.
- ▷ It's right in front of you. Está justo delante de ti.
- ▷ He went right home. Volvió directamente a casa.
- ▶ **right away** en seguida.
- ▶ **right now** ahora mismo.
- ▶ **right here** aquí mismo.
- ▶ **right in the middle** justo en medio.
- ▶ **right at the end** al final del todo.

2 right *puede significar* bien.
- ▷ He guessed right. Acertó.

3 right *puede significar* a la derecha.
- ▷ Turn right at the end of the street. Gira a la derecha al final de la calle.
> ➤ *Puede ser un* SUSTANTIVO:

1 right *puede significar* bien.
- ▶ **right and wrong** el bien y el mal.

2 right *puede significar* derecho.

- ▶ **human rights** los derechos humanos.
- ▶ **right of way** derecho de paso o prioridad (cuando estás conduciendo).

3 right *puede significar* derecha.
- ▶ **on the right** a la derecha.

right-hand /ˈraɪthænd/ derecho (= adjetivo).

- ▶ **the right-hand side** la derecha.

right-handed /raɪtˈhændɪd/ diestro (= lo contrario de zurdo).

rim /rɪm/ borde (de un recipiente, por ejemplo).

ring /rɪŋ/ *tiene varias categorías gramaticales y varios sentidos:*
> ➤ *Puede ser un* SUSTANTIVO:

1 ring *puede significar* anillo o sortija.
- ▶ **wedding ring** alianza.

2 ring *puede significar* aro o anilla.

3 ring *puede significar* círculo (de personas u objetos).

4 ring *puede significar* pista (en el circo).

5 *En boxeo,* **ring** *significa* cuadrilátero.

6 give somebody a ring llamar a alguien por teléfono.

7 ring *puede significar* timbrazo.
> ➤ *Puede ser un* VERBO TRANSITIVO:

1 ring somebody o **ring somebody up** llamar a alguien por teléfono.

2 ring something hacer sonar algo.
- ▷ He rang the doorbell. Llamó a la puerta (usando el timbre).
> ➤ *Puede ser un* VERBO INTRANSITIVO:

1 ring *puede significar* llamar por teléfono.

2 ring *puede significar* sonar.

rink /rɪŋk/ pista (de patinaje).

rinse /rɪns/ enjuagar.

riot /ˈraɪət/ *tiene varias categorías gramaticales:*
> ➤ *Puede ser un* SUSTANTIVO:

riot *significa* disturbio.
> ➤ *Puede ser un* VERBO:

riot *significa* amotinarse.

rip /rɪp/ *tiene varias categorías gramaticales:*
> ➤ *Puede ser un* SUSTANTIVO:

rip *significa* rasgadura.
> ➤ *Puede ser un* VERBO TRANSITIVO:

- ▶ **rip something** rasgar algo.
> ➤ *Puede ser un* VERBO INTRANSITIVO:

rip *significa* rasgarse.

ripe /raɪp/ maduro (cuando te refieres a fruta).

ripen /ˈraɪpən/ madurar (cuando te refieres a fruta).

rise /raɪz/ *tiene varias categorías gramaticales y varios sentidos:*

> *Puede ser un* SUSTANTIVO:
1 **rise** *puede significar* subida *o* aumento.
2 *En inglés británico,* **rise** *puede significar* aumento de sueldo.

🖐 En inglés americano, 'aumento de sueldo' se dice **raise**.

3 **rise** *puede significar* ascenso.
4 **give rise to something** causar algo.
> *Puede ser un* VERBO:
1 **rise** *puede significar* subir.
2 **rise** *puede significar* salir (cuando te refieres al sol).
3 **rise** *puede significar* levantarse.

risen /ˈrɪzən/ *es el participio pasado del verbo* **rise**.
▷ Prices have risen. Los precios han subido.

risk /rɪsk/ *tiene varias categorías gramaticales:*

> *Puede ser un* SUSTANTIVO:
risk *significa* riesgo *o* peligro.
► **at risk** en peligro.
► **take a risk** arriesgarse.
> *Puede ser un* VERBO:
► **risk something** arriesgar algo *o* poner algo en peligro.

riskier /ˈrɪskɪəʳ/ *es el comparativo de* **risky**.
▷ That would be much riskier. Eso sería mucho más arriesgado.

riskiest /ˈrɪskiːɪst/ *es el superlativo de* **risky**.
▷ It is the riskiest method. Es el método más arriesgado.

risky /ˈrɪski/ arriesgado.

river /ˈrɪvəʳ/ río.

riverbank /ˈrɪvəbæŋk/ orilla del río.

road /rəʊd/ carretera *o* camino *o* calle.
► **road sign** señal de tráfico.

roadworks /ˈrəʊdwɜːks/ obras (de carretera).

roam /rəʊm/ vagar.

roar /rɔːʳ/ *tiene varias categorías gramaticales:*
> *Puede ser un* SUSTANTIVO:
roar *significa* rugido *o* bramido.
> *Puede ser un* VERBO:
roar *significa* rugir *o* bramar.

roast /rəʊst/ *tiene varias categorías gramaticales:*
> *Puede ser un* SUSTANTIVO *o un* ADJETIVO:
roast *significa* asado.
> *Puede ser un* VERBO:
► **roast something** asar algo.

rob /rɒb/ robar *o* atracar.

robber /ˈrɒbəʳ/ ladrón *o* atracador.

robberies /ˈrɒbəriz/ *es el plural de* **robbery**.

robbery /ˈrɒbəri/ robo *o* atraco.

robe /rəʊb/ *tiene varios sentidos:*
1 **robe** *puede significar* toga (de un juez o un estudiante).
2 *En inglés americano,* **robe** *puede significar* bata.

🖐 En inglés británico, 'bata' se dice **dressing gown**.

robin /ˈrɒbɪn/ petirrojo.

rock /rɒk/ *tiene varias categorías gramaticales y varios sentidos:*

> *Puede ser un* SUSTANTIVO:
1 **rock** *puede significar* roca *o* piedra.
2 *En música,* **rock** *significa* rock.
> *Puede ser un* VERBO TRANSITIVO:
1 **rock something** *o* **somebody** *puede significar* mecer algo *o* a alguien.
2 **rock something** *puede significar* sacudir algo.
> *Puede ser un* VERBO INTRANSITIVO:
rock *significa* mecerse.

rocket /ˈrɒkɪt/ cohete.

rod /rɒd/ barra (de metal) *o* vara (de madera) *o* caña de pescar.

rode /rəʊd/ *es el pretérito del verbo* **ride**.
▷ He rode to school on his bike. Fue a la escuela en bici.

role /rəʊl/ papel (= función, o en una obra de teatro o una película)

roll /rəʊl/ *tiene varias categorías gramaticales y varios sentidos:*

> *Puede ser un* SUSTANTIVO:
1 **roll** *puede significar* rollo (de papel o tejido, por ejemplo).
2 **roll** *puede significar* panecillo.
3 **roll** *puede significar* redoble *o* retumbo.
> *Puede ser un* VERBO INTRANSITIVO:
roll *significa* rodar (= deslizarse).
> *Puede ser un* VERBO TRANSITIVO:
1 **roll something** *puede significar* hacer rodar algo.
2 **roll something** *puede significar* enrollar algo.

Phrasal verbs:

Al verbo **roll** *a veces le sigue una preposición como* **over** *o* **up***, lo que puede cambiar su significado. En inglés, esto se llama un* **phrasal verb**.

▶ **roll over** darse la vuelta (cuando estás tumbado).
ROLL UP:
▶ **roll something up** enrollar algo o subir algo (cuando te refieres a una persiana).
▶ **roll up one's sleeves** remangarse la camisa.

ℹ El pronombre personal de la expresión roll up one's sleeves funciona de la siguiente forma en inglés: I roll up **my** sleeves, **you** roll up **your** sleeves, **he** rolls up **his** sleeves, **she** rolls up **her** sleeves, etc.

roller /ˈrəʊləʳ/ *tiene varios sentidos:*
1 **roller** *puede significar* rodillo (para pintar, por ejemplo).
2 **roller** *puede significar* rulo (para el pelo).

rollerblades® /ˈrəʊləbleɪdz/ patines en línea.

ℹ La palabra **rollerblades** es una marca registrada.

rollerblading /ˈrəʊləbleɪdɪŋ/ patinaje (con patines en línea).
▶ **go rollerblading** patinar (con patines en línea).

rollercoaster /ˈrəʊləkəʊstəʳ/ montaña rusa.

roller skates /ˈrəʊləskeɪts/ patines de ruedas.

roller-skating /ˈrəʊləskeɪtɪŋ/ patinaje (sobre ruedas).
▶ **go roller-skating** patinar (sobre ruedas).

Roman Catholic /ˈrəʊmən ˈkæθəlɪk/ católico romano.

romance /rəʊˈmæns/ *tiene varios sentidos:*
1 **romance** *puede significar* novela romántica.
2 **romance** *puede significar* aventura amorosa.

Romania /ruːˈmeɪnɪə/ Rumanía.

Romanian /ruːˈmeɪnɪən/ rumano.

romantic /rəʊˈmæntɪk/ romántico.

roof /ruːf/ tejado o techo.

room /ruːm/ *tiene varios sentidos:*
1 **room** *puede significar* habitación o cuarto o dormitorio o sala.
2 **room** *puede significar* sitio o espacio.
▶ **make room for somebody** o **something** hacer sitio para alguien o algo.

root /ruːt/ raíz.

rope /rəʊp/ cuerda o soga o cabo.

rose /rəʊz/ rosa.

ℹ **rose** también es el pretérito del verbo **rise**.
▷ The temperature rose. Subió la temperatura.

rot /rɒt/ *tiene varias categorías gramaticales:*
▷ *Puede ser un SUSTANTIVO:*
rot *significa* podredumbre.
▷ *Puede ser un VERBO:*
rot *significa* pudrirse.

rotate /rəʊˈteɪt/ girar o hacer girar.

rotten /ˈrɒtən/ podrido.

rough /rʌf/ *tiene varios sentidos:*
1 **rough** *puede significar* áspero o accidentado (cuando te refieres a un terreno).
2 **rough** *puede significar* embravecido (cuanto te refieres al mar).
3 **rough** *puede significar* bruto (= violento).
4 **rough** *puede significar* tosco.
5 **rough** *puede significar* duro (= difícil o desagradable).
6 **rough** *puede significar* aproximado.
▶ **a rough sketch** un bosquejo.

roughly /ˈrʌflɪ/ *tiene varios sentidos:*
1 **roughly** *puede significar* aproximadamente.
2 **roughly** *puede significar* brutalmente.
3 **roughly** *puede significar* toscamente.

round /raʊnd/ *tiene varias categorías gramaticales y varios sentidos:*
▷ *Puede ser un ADJETIVO:*
round *significa* redondo.
▷ *Puede ser un ADVERBIO:*
1 **all round** por todos lados o alrededor.
▷ There were pines all round. Había pinos por todos lados.
2 **go round** dar una vuelta o dar vueltas.
▶ **go round and round** dar vueltas.
3 **round about** alrededor de o aproximadamente.
4 **ask somebody round** invitar a alguien a casa.
▷ Come round on Friday. Pásate por casa el viernes.
▷ *Puede ser una PREPOSICIÓN:*
1 **round** *puede significar* alrededor de.
▷ They were sitting round the table. Estaban sentados alrededor de la mesa.
2 **round** *puede significar* por.
▷ We travelled round France. Viajamos por Francia.
3 **go round something** *tiene varios sentidos:*

▷ They went round the island. Rodearon la isla.

▷ We went round the town centre. Dimos una vuelta por el centro.

▷ They went round the corner. Doblaron la esquin.

> round sólo se utiliza como adverbio y preposición en inglés británico. En inglés americano, se dice **around**.

> *Puede ser un* SUSTANTIVO:

round *significa* vuelta (de una competición) *o* asalto (en boxeo) *o* partido (de golf) *o* mano (de cartas) *o* ronda (de bebidas).

▶ **a round of applause** una ovación *o* un aplauso.

roundabout /ˈraʊndəbaʊt/ *tiene varios sentidos:*

1 **roundabout** *puede significar* tiovivo.
2 **roundabout** *puede significar* rotonda (en una carretera).

> roundabout no se utiliza en inglés americano. En Estados Unidos, 'tiovivo' se dice **carousel** y 'rotonda' se dice **traffic circle**.

route /ruːt/ ruta *o* línea (de autobús).

routine /ruːˈtiːn/ *tiene varias categorías gramaticales:*

> *Puede ser un* SUSTANTIVO:

routine *significa* routine.

> *Puede ser un* ADJETIVO:

routine *significa* rutinario.

row *se pronuncia de dos formas diferentes y su significado y categoría gramatical cambian en función de la pronunciación:*

◀ /raʊ/ (**row** *rima con* **go** *y* **toe**).

> *Puede ser un* SUSTANTIVO:

row *significa* hilera *o* fila.

▷ They were sitting in a row. Estaban sentados en fila.

▶ **three times in a row** tres veces seguidas.

> *Puede ser un* VERBO:

row *significa* remar.

▷ He rowed across the river. Cruzó el río remando.

◀ /raʊ/ (**row** *rima con* **how** *y* **now**).

> *Es un* SUSTANTIVO:

row *significa* bronca.

▶ **have a row** pelearse *o* tener una bronca.

rowing /ˈraʊɪŋ/ remo (= la actividad).

▶ **go rowing** ir a remar.
▶ **rowing boat** bote de remos.

ⅰ rowing también es una forma del verbo row.
▷ He was rowing across the lake. Cruzaba el lago a remo.

royal /ˈrɔɪəl/ real (cuando te refieres a la realeza).

rub /rʌb/ *tiene varias categorías gramaticales:*

> *Puede ser un* VERBO TRANSITIVO:

▶ **rub something** frotar algo.
▷ He rubbed his eyes. Se frotó los ojos.

> *Puede ser un* VERBO INTRANSITIVO:

rub *significa* rozar.

Phrasal verbs:

Al verbo **rub** *a veces le sigue una preposición como* **in** *u* **out**, *lo que puede cambiar su significado. En inglés, esto se llama un* **phrasal verb**.

RUB IN:
▶ **rub something in** aplicar algo frotando.

RUB OUT:
▶ **rub something out** borrar algo.

rubber /ˈrʌbər/ *tiene varias categorías gramaticales y varios sentidos:*

> *Puede ser un* SUSTANTIVO:

1 **rubber** *puede significar* goma *o* caucho.
2 *En inglés británico,* **rubber** *puede significar* goma de borrar.

> En este sentido, rubber no se utiliza en inglés americano. En Estados Unidos, 'goma de borrar' se dice **eraser**.

> *Puede ser un* ADJETIVO:

rubber *significa* de goma.

▶ **a rubber band** una goma elástica.

rubbish /ˈrʌbɪʃ/ *tiene varios sentidos:*

1 **rubbish** *puede significar* basura.
▶ **rubbish bin** cubo de la basura.
▶ **rubbish dump** vertedero.

> rubbish no se utiliza en inglés americano. En Estados Unidos, 'basura' se dice **garbage** *o* **trash**.

2 **rubbish** *puede utilizarse para decir que algo es muy malo o que es una tontería:*

▷ The film was rubbish. La película fue una porquería.

▷ You're talking rubbish. Estás diciendo tonterías.

 En este último sentido, **rubbish** es una palabra familiar, y no debe utilizarse cuando estás hablando con alguien que no conoces bien o cuando escribes algo.

rubies /ˈruːbɪz/ *es el plural de* **ruby**.

ruby /ˈruːbɪ/ rubí.

rucksack /ˈrʌksæk/ mochila.

rudder /ˈrʌdər/ timón (en el casco de un barco, en contacto con el agua).

rude /ruːd/ maleducado o grosero.
- ► **be rude to somebody** faltar al respeto a alguien.

rug /rʌg/ *tiene varios sentidos:*
1 **rug** *puede significar* alfombra.
2 **rug** *puede significar* manta.

ruin /ˈruːɪn/ *tiene varias categorías gramaticales y varios sentidos:*
> *Puede ser un* SUSTANTIVO:
ruin *significa* ruina.
> *Puede ser un* VERBO:
ruin *significa* arruinar.

rule /ruːl/ *tiene varias categorías gramaticales y varios sentidos:*
> *Puede ser un* SUSTANTIVO:
rule *significa* regla o norma.
- ► **as a rule** por regla general.
> *Puede ser un* VERBO TRANSITIVO:
- ► **rule a country** gobernar un país.
> *Puede ser un* VERBO INTRANSITIVO:
rule *significa* reinar.

ruler /ˈruːləʳ/ *tiene varios sentidos:*
1 **ruler** *puede significar* gobernante o soberano.
2 **ruler** *puede significar* regla (= instrumento para medir).

rum /rʌm/ ron.

rumble /ˈrʌmbəl/ *tiene varias categorías gramaticales y varios sentidos:*
> *Puede ser un* SUSTANTIVO:
rumble *significa* retumbo (de truenos) o gruñido (del estómago).
> *Puede ser un* VERBO:
rumble *significa* retumbar (cuando te refieres a truenos) o gruñir (cuando te refieres al estómago).

rumour /ˈruːməʳ/ rumor.

> 📝 En inglés americano, esta palabra se escribe **rumor**.

run /rʌn/ *tiene varias categorías gramaticales y varios sentidos:*
> *Puede ser un* VERBO INTRANSITIVO:
1 **run** *puede significar* correr.
 ▷ **He ran down the road.** Bajó la calle corriendo.
2 **run** *puede significar* pasar o ir.
 ▷ **The road runs past the church.** La calle pasa por delante de la iglesia.
3 **run** *puede significar* moquear o llorar.
 ▷ **My nose is running.** Me moquea la nariz.
 ▷ **My eyes are running.** Me lloran los ojos.
4 **run** *puede significar* funcionar (cuando te refieres a una máquina).

 ▷ **The engine is running.** El motor está en marcha.
5 **run** *puede significar* circular (cuando te refieres al transporte público).
 ▷ **The train is running late.** El tren va con retraso.
6 **run** *puede significar* presentarse (a unas elecciones, por ejemplo).
 ▷ **He's running for president.** Es candidato a la presidencia.
> *Puede ser un* VERBO TRANSITIVO:
1 **run something** *puede significar* correr algo (una distancia, una carrera, un riesgo).
2 **run something** *puede significar* dirigir algo o llevar algo (una empresa o un hotel, por ejemplo).
3 **run something** *puede significar* hacer funcionar algo (una máquina) o ejecutar algo (un programa).
4 **run some water** dejar correr agua (del grifo).
- ► **run a bath** preparar un baño.
> *Puede ser un* SUSTANTIVO:
1 **run** *significa* carrera.
- ► **go for a run** ir a correr.
2 **in the long run** a largo plazo.

> ### Phrasal verbs:
> *Al verbo* **run** *a veces le sigue una preposición como* **away** *u* **over**, *lo que puede cambiar su significado. En inglés, esto se llama un* **phrasal verb**.
> **RUN AWAY:**
> - ► **run away** huir o escaparse.
> **RUN OUT:**
> - ► **run out** *puede significar* vencer (cuando te refieres a un contrato, por ejemplo) o caducar (cuando te refieres a un pasaporte, por ejemplo).
> - ► **run out** *puede significar* agotarse (cuando te refieres a provisiones o alimentos, por ejemplo).
> ▷ **Time is running out.** Se nos está acabando el tiempo.
> **RUN OUT OF:**
> - ► **run out of something** quedarse sin algo.
> ▷ **We've run out of petrol.** Se nos ha agotado la gasolina.
> **RUN OVER:**
> - ► **run something** o **somebody over** atropellar algo o a alguien.

rung /rʌŋ/ peldaño (de una escalera de mano).

> **i** rung es también el participio pasado del verbo **ring**
> ▷ **He has rung three times.** Ha llamado tres veces.

runner /ˈrʌnəʳ/ corredor (= atleta).

runner beans /rʌnə ˈbiːnz/ judías verdes.

runner-up /rʌnər'ʌp/ subcampeón.

running /'rʌnɪŋ/ *tiene varias categorías gramaticales y varios sentidos:*
> *Puede ser un* SUSTANTIVO:
1 I like running. Me gusta correr.
▶ **go running** ir a correr.
▶ **running shoes** zapatillas de deporte.
2 running *puede significar* gestión (de una empresa).
> *Puede ser un* ADJETIVO:
▶ **running water** agua corriente.
> *Puede ser un* ADVERBIO:
running *significa* seguido.
▶ **three days running** tres días seguidos.

| **i** running también es una forma del verbo run. ▷ She was running towards the road. Corría hacia la calle. |

runway /'rʌnweɪ/ pista de aterrizaje *o* pista de despegue.

rush /rʌʃ/ *tiene varias categorías gramaticales y varios sentidos:*
> *Puede ser un* SUSTANTIVO:
rush *significa* prisa.
▶ **be in a rush** tener prisa.
▶ **rush hour** hora punta.
> *Puede ser un* VERBO INTRANSITIVO:
1 rush *puede significar* precipitarse.
▷ **He rushed out.** Salió corriendo.
2 rush *puede significar* apresurarse.
> *Puede ser un* VERBO TRANSITIVO:
▶ **rush something** hacer algo apresuradamente.
▶ **rush somebody to hospital** llevar a alguien al hospital a toda prisa.

Russia /'rʌʃə/ Rusia.

Russian /'rʌʃən/ ruso.

rust /rʌst/ herrumbre *u* óxido.

rusty /'rʌstɪ/ herrumbroso *u* oxidado.

S

sack /sæk/ *tiene varias categorías gramaticales y varios sentidos:*

> *Puede ser un* SUSTANTIVO:
1 **sack** *significa* saco.
2 **give somebody the sack** despedir a alguien (de su trabajo).
> *Puede ser un* VERBO:
▶ **sack somebody** despedir a alguien (de su trabajo).

sacred /ˈseɪkrəd/ sagrado.

sacrifice /ˈsækrɪfaɪs/ sacrificio.

sad /sæd/ triste.

saddle /ˈsædəl/ sillín *o* silla de montar.

sadly /ˈsædlɪ/ desgraciadamente *o* tristemente.

sadness /ˈsædnəs/ tristeza.

safe /seɪf/ *tiene varias categorías gramaticales y varios sentidos:*

> *Puede ser un* ADJETIVO:
1 **safe** *puede significar* seguro (= sin peligro).
> He put the money in a **safe** place. Puso el dinero en un lugar seguro.
2 **safe** *puede significar* sano y salvo.
▶ **safe and sound** sano y salvo.
> *Puede ser un* SUSTANTIVO:
safe *significa* caja fuerte.

safety /ˈseɪftɪ/ seguridad.
▶ **safety belt** cinturón de seguridad.
▶ **safety pin** imperdible.

Sagittarius /sædʒɪˈteərɪəs/ Sagitario (signo del zodiaco).

said /sed/ *es el pretérito y el participio pasado del verbo* **say**.
> I **said** that I wanted to go. Dije que quería ir.
> He has **said** yes. Ha dicho que sí.

sail /seɪl/ *tiene varias categorías gramaticales y varios sentidos:*

> *Puede ser un* SUSTANTIVO:
sail *significa* vela (de un barco).
▶ **set sail** zarpar.
> *Puede ser un* VERBO TRANSITIVO:
▶ **sail a boat** gobernar un barco.
> *Puede ser un* VERBO INTRANSITIVO:
1 **sail** *puede significar* navegar.
2 **sail** *puede significar* ir en barco.
> She **sailed** round the world. Dio la vuelta al mundo en barco.

sailboard /ˈseɪlbɔːd/ tabla de windsurf.

sailboat /ˈseɪlbəʊt/ velero.

> **sailboat** es una palabra americana. En inglés británico, se dice **sailing boat**.

sailing /ˈseɪlɪŋ/ vela (= el deporte).
▶ **go sailing** ir a navegar.
▶ **sailing boat** velero.

> **Sailing boat** no se utiliza en inglés americano. En Estados Unidos, se dice **sailboat**.

> **i** **sailing** también es una forma del verbo **sail**.
> We're **sailing** to Casablanca. Vamos a Casablanca en barco.

sailor /ˈseɪləʳ/ marinero.

saint /seɪnt/ santo.

sake /seɪk/
- ► **for the sake of...** por...
- ► **for my sake** por mí.

salad /ˈsæləd/ ensalada.
- ► **salad dressing** aliño (para la ensalada).

salary /ˈsælərɪ/ salario.

sale /seɪl/ *tiene varios sentidos:*
1 **sale** *puede significar* venta.
- ► **for sale** en venta o se vende (cuando aparece en un cartel).
2 **sale** *puede significar* rebajas.

salesman /ˈseɪlzmən/ vendedor.

saleswoman /ˈseɪlzwʊmən/ vendedora.

salt /sɔːlt/ sal.
- ► **salt water** agua salada.

salty /ˈsɔːltɪ/ salado.

salute /səˈluːt/ *tiene varias categorías gramaticales:*
- > *Puede ser un* SUSTANTIVO:
salute *significa* saludo (militar).
- > *Puede ser un* VERBO:
salute *significa* saludar.

same /seɪm/ mismo.
- ▷ They are the same size. Tienen el mismo tamaño.
- ▷ Your shirt is the same as mine. Tu camisa es igual que la mía.
- ▷ I said exactly the same. Dije exactamente lo mismo.
- ► **at the same time** al mismo tiempo.
- ► **all the same** de todos modos.
- ▷ It's all the same to me. Me da igual.

sample /ˈsɑːmpəl/ *tiene varias categorías gramaticales:*
- > *Puede ser un* SUSTANTIVO:
sample *significa* muestra.
- > *Puede ser un* VERBO:
- ► **sample something** probar algo (comida o bebida).

sand /sænd/ arena.
- ► **sand castle** castillo de arena.

sandal /ˈsændəl/ sandalia.

sandpaper /ˈsændpeɪpəʳ/ papel de lija.

sandpit /ˈsændpɪt/ cuadro con arena (en un parque, para jugar).

sandwich /ˈsænwɪdʒ/ bocadillo o sándwich.

sandy /ˈsændɪ/ *tiene varios sentidos:*
1 **sandy** *puede significar* arenoso.
2 **sandy** *puede significar* rubio rojizo (es decir, el color de la arena).

sane /seɪn/ cuerdo.

 La palabra inglesa **sane** no significa 'sano'.

sang /sæŋ/ es el pretérito del verbo **sing**.
- ▷ He sang a song. Cantó una canción.

sanitary /ˈsænɪtərɪ/ sanitario o higiénico.
- ► **sanitary towel** o **sanitary napkin** compresa (para mujeres).

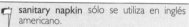 **sanitary napkin** sólo se utiliza en inglés americano.

sanity /ˈsænətɪ/ cordura.

 La palabra inglesa **sanity** no significa 'sanidad'.

sank /sæŋk/ es el pretérito del verbo **sink**.
- ▷ The boat sank. El barco se hundió.

Santa Claus /sæntə ˈklɔːz/ Papá Noel.

sapphire /ˈsæfaɪəʳ/ zafiro.

sarcastic /sɑːˈkæstɪk/ sarcástico.

sardine /sɑːˈdiːn/ sardina.

sat /sæt/ es el pretérito y el participio pasado del verbo **sit**.
- ▷ She sat down. Se sentó.

satchel /ˈsætʃəl/ cartera (del colegio).

satellite /ˈsætəlaɪt/ satélite.
- ► **satellite dish** antena parabólica.
- ► **satellite TV** televisión por satélite.

satisfaction /sætɪsˈfækʃən/ satisfacción.

satisfactory /sætɪsˈfæktərɪ/ satisfactorio.

satisfied /ˈsætɪsfaɪd/ satisfecho.

> **satisfied** también es el pretérito y el participio pasado del verbo **satisfy**.
> ▷ His answer satisfied her. Su respuesta la satisfizo.

satisfy /ˈsætɪsfaɪ/ satisfacer.

satisfying /ˈsætɪsfaɪɪŋ/ satisfactorio o gratificante.

Saturday /ˈsætədɪ/ sábado.
- ► **on Saturday** el sábado.
- ► **on Saturday morning** el sábado por la mañana.
- ► **on Saturdays** los sábados.

sauce /sɔːs/ salsa.

 La palabra inglesa **sauce** no significa 'sauce'.

saucepan /ˈsɔːspən/ cazo o cacerola.

saucer /ˈsɔːsəʳ/ platillo.

Saudi Arabia /ˈsaʊdɪ əˈreɪbɪə/ Arabia Saudí.

sausage /ˈsɒsɪdʒ/ salchicha.

save /seɪv/ *tiene varias categorías gramaticales y varios sentidos:*

> *Puede ser un* VERBO TRANSITIVO:
1 **save something** o **somebody** *puede significar* salvar algo o a alguien.
2 **save something** *puede significar* guardar algo (alimentos, un asiento, o también un archivo informático).
3 **save something** *puede significar* ahorrar algo (dinero, tiempo, trabajo, problemas, etc).
4 *En fútbol,* **save a shot** *significa* parar un disparo.
> *Puede ser un* VERBO INTRANSITIVO:
1 *En informática,* **save** *significa* guardar cambios.
2 **save up** ahorrar.
> *Puede ser un* SUSTANTIVO:

i *En fútbol,* **save** *significa* parada.

savings /ˈseɪvɪŋz/ ahorros.

savoury /ˈseɪvərɪ/ salado (hablando de comidas que no son dulces).

En inglés americano, esta palabra se escribe **savory**.

saw /sɔː/ *tiene varias categorías gramaticales:*
> *Puede ser un* SUSTANTIVO:
saw *significa* sierra (= herramienta).
> *Puede ser un* VERBO:
saw something serrar algo.

i **saw** también es el pretérito del verbo **see**.
▷ I **saw** him yesterday. Lo vi ayer.

sawn /sɔːn/ es el participio pasado del verbo **saw**.
▷ Dad has **sawn** the plank of wood in two. Papá ha serrado la tabla de madera por la mitad.

saxophone /ˈsæksəfəʊn/ saxofón.

say /seɪ/ decir.
▷ What did you **say**? ¿Qué has dicho?

▷ I said I'm hungry. He dicho que tengo hambre.
▷ The clock said five o'clock. El reloj marcaba las cinco.
▶ **say yes** decir que sí.
▶ **let's say...** supongamos que...

saying /ˈseɪɪŋ/ dicho (= refrán).

i **saying** también es una forma del verbo **say**.
▷ What is he **saying**? ¿Qué dice?

scab /skæb/ costra (= postilla).

scaffolding /ˈskæfəldɪŋ/ andamios o andamiaje.

scale /skeɪl/ *tiene varios sentidos:*
1 **scale** *puede significar* escala.
▶ **on a large scale** a gran escala.
2 **scale** *puede significar* escama (de un pez).
3 **scales** *puede significar* balanza (para pesar) o báscula.

scalp /skælp/ cuero cabelludo.

scampi /ˈskæmpɪ/ gambas rebozadas.

scan /skæn/ *tiene varias categorías gramaticales y varios sentidos:*
> *Puede ser un* SUSTANTIVO:
scan *significa* escáner o escaneo o ecografía.
> *Puede ser un* VERBO:
1 **scan something** *puede significar* echar un vistazo a algo.
2 **scan something** *puede significar* escudriñar algo.
3 **scan something** *puede significar* explorar algo (con radar).
4 *En informática,* **scan something** *significa* escanear algo.

scandal /ˈskændəl/ escándalo.

Scandinavia /skændɪˈneɪvɪə/ Escandinavia.

scanner /ˈskænəʳ/ escáner.

scar /skɑːʳ/ cicatriz.

scarce /skeəs/ escaso.

scarcely /ˈskeəslɪ/ apenas.

scare /skeəʳ/ *tiene varias categorías gramaticales y varios sentidos:*
> *Puede ser un* SUSTANTIVO:
scare *significa* susto.
▶ **bomb scare** amenaza de bomba.
> *Puede ser un* VERBO:
1 **scare somebody** asustar a alguien.
2 **scare somebody away** o **scare somebody off** ahuyentar a alguien.

scarecrow

scarecrow /ˈskeəkrəʊ/ espantapájaros.

scared /ˈskeəd/ asustado.
- ▶ **be scared of** tener miedo de.
- ▷ He's scared of wasps. Le dan miedo las avispas.

> i **scared** también es el pretérito y el participio pasado del verbo **scare**.
> ▷ His behaviour scared me. Su comportamiento me asustaba.

scarf /skɑːf/ bufanda o pañuelo (que se ponen las mujeres en la cabeza).

scarlet /ˈskɑːlət/ escarlata.

scarves /skɑːvz/ es el plural de **scarf**.

scary /ˈskeərɪ/ aterrador.

scatter /ˈskætər/ tiene varias categorías gramaticales:
> Puede ser un VERBO TRANSITIVO:
- ▶ **scatter something** esparcir algo.
> Puede ser un VERBO INTRANSITIVO:
scatter significa dispersarse.

scene /siːn/ tiene varios sentidos:
1 **scene** puede significar escena.
- ▶ **behind the scenes** entre bastidores.
2 **the scene of the crime** el lugar del crimen.

scenery /ˈsiːnərɪ/ tiene varios sentidos:
1 **scenery** puede significar paisaje.
2 En el teatro, **scenery** significa decorado.

scent /sent/ aroma o perfume o rastro (de un animal).

schedule /ˈʃedjuːl/ tiene varias categorías gramaticales y varios sentidos:
> Puede ser un SUSTANTIVO:
1 **schedule** puede significar programa (de trabajo, por ejemplo).
- ▶ **be behind schedule** ir retrasado.
- ▶ **be on schedule** no llevar retraso.
2 **schedule** puede significar horario.
> Puede ser un VERBO:
- ▶ **schedule something** programar algo.

scheme /skiːm/ plan o proyecto.

scholarship /ˈskɒləʃɪp/ beca.

school /skuːl/ tiene varios sentidos:
1 **school** puede significar colegio o escuela o instituto.
- ▷ What did you do at school? ¿Qué has hecho en clase?
- ▶ **school uniform** uniforme escolar.
2 **school** puede significar academia.
3 **school** puede significar facultad (en la universidad).

4 En inglés americano, **school** puede significar universidad.

schoolbook /ˈskuːlbʊk/ libro de texto.

schoolboy /ˈskuːlbɔɪ/ colegial.

schoolchildren /ˈskuːltʃɪldrən/ colegiales.

schoolfriend /ˈskuːlfrend/ amigo del colegio.

schoolgirl /ˈskuːlɡɜːl/ colegiala.

schoolteacher /ˈskuːltiːtʃər/ profesor o maestro.

science /ˈsaɪəns/ ciencia o ciencias.
- ▶ **science fiction** ciencia ficción.

scientific /saɪənˈtɪfɪk/ científico (= adjetivo).

scientist /ˈsaɪəntɪst/ científico (= persona).

scissors /ˈsɪzəz/ tijeras.

scold /skəʊld/ regañar.

scoop /skuːp/ tiene varias categorías gramaticales y varios sentidos:
> Puede ser un SUSTANTIVO:
1 **scoop** puede significar paleta (para harina, por ejemplo).
2 **scoop** puede significar pinzas (para helado).
3 **scoop** puede significar bola (de helado) o cucharada (de harina, por ejemplo).
> Puede ser un VERBO:
- ▶ **scoop something out** sacar algo con cuchara.

scooter /ˈskuːtər/ tiene varios sentidos:
1 **scooter** puede significar escúter.
2 **scooter** puede significar patinete.

score /skɔːr/ tiene varias categorías gramaticales y varios sentidos:
> Puede ser un SUSTANTIVO:
1 En deporte, **score** significa resultado.
- ▷ What's the score? ¿Cómo van?
2 **score** puede significar calificación o puntuación.
3 **score** puede significar partitura o banda sonora.
> Puede ser un VERBO TRANSITIVO:
- ▶ **score a goal** marcar un gol.
- ▶ **score a point** anotar un punto.
> Puede ser un VERBO INTRANSITIVO:
score significa marcar.

scoreboard /ˈskɔːbɔːd/ marcador.

scorn /skɔːn/ tiene varias categorías gramaticales y varios sentidos:
> Puede ser un SUSTANTIVO:
scorn significa desprecio.

> *Puede ser un* VERBO:
scorn *significa* despreciar.

scornful /ˈskɔːnfʊl/ desdeñoso.

Scorpio /ˈskɔːpɪəʊ/ Escorpión (= signo del zodiaco).

scorpion /ˈskɔːpɪən/ escorpión (= animal).

Scot /skɒt/ escocés (= persona).

Scotch /skɒtʃ/ whisky escocés.

Scotland /ˈskɒtlənd/ Escocia.

Scottish /ˈskɒtɪʃ/ escocés (= adjetivo).

scout /skaʊt/ boy-scout.

scowl /skaʊl/ *tiene varias categorías gramaticales:*
> *Puede ser un* SUSTANTIVO:
scowl *significa* mirada de enfado.
> *Puede ser un* VERBO:
► **scowl at somebody** mirar a alguien con enfado.

scrambled eggs /ˈskræmbəldˈegz/ huevos revueltos.

scrap /skræp/ *tiene varias categorías gramaticales y varios sentidos:*
> *Puede ser un* SUSTANTIVO:
1 **scrap** *puede significar* trozo (de papel o tela) o fragmento (de información, por ejemplo).
► **scraps** sobras (de una comida).
2 **scrap** *puede significar* chatarra.
> *Puede ser un* VERBO:
► **scrap something** descartar algo.

scrapbook /ˈskræpbʊk/ álbum de recortes.

scrape /skreɪp/ rayar o raspar o rascar o rasguñarse.

scratch /skrætʃ/ *tiene varias categorías gramaticales y varios sentidos:*
> *Puede ser un* SUSTANTIVO:
1 **scratch** *significa* arañazo o raya.
2 **start from scratch** partir de cero.
> *Puede ser un* VERBO TRANSITIVO:
scratch *significa* arañar o rayar o rascar.
▷ **She scratched her head.** Se rascó la cabeza.
> *Puede ser un* VERBO INTRANSITIVO:
scratch *significa* rascarse.

scream /skriːm/ *tiene varias categorías gramaticales:*
> *Puede ser un* SUSTANTIVO:
scream *significa* grito o chillido.

> *Puede ser un* VERBO:
scream *significa* gritar o chillar.
► **scream with laughter** reírse a carcajadas.

screen /skriːn/ *tiene varias categorías gramaticales y varios sentidos:*
> *Puede ser un* SUSTANTIVO:
1 **screen** *puede significar* pantalla.
2 **screen** *puede significar* biombo o mampara.
> *Puede ser un* VERBO:
1 **screen somebody** o **something** *puede significar* controlar algo o a alguien (= examinar).
2 **screen something** o **somebody** *puede significar* proteger algo o a alguien.
3 **screen a film** proyectar una película.

screensaver /ˈskriːnseɪvəʳ/ salvapantallas.

screw /skruː/ *tiene varias categorías gramaticales y varios sentidos:*
> *Puede ser un* SUSTANTIVO:
screw *significa* tornillo.
> *Puede ser un* VERBO TRANSITIVO:
1 **screw something to something** atornillar algo a algo.
2 **screw something up** arrugar algo (un papel o la cara).

screwdriver /ˈskruːdraɪvəʳ/ destornillador.

scribble /ˈskrɪbəl/ garabatear.

script /skrɪpt/ guión (de una película u obra de teatro).

scroll /skrəʊl/ *tiene varias categorías gramaticales:*
> *Puede ser un* SUSTANTIVO:
scroll *significa* rollo (de pergamino o papel).
> *Puede ser un* VERBO:

> **i** En informática, **scroll** significa desplazarse.
> ▷ **scroll down** bajar (por la pantalla del ordenador).
> ▷ **scroll up** subir (por la pantalla del ordenador).

scrub /skrʌb/ fregar o restregar.

scrubbing brush /ˈskrʌbɪŋ brʌʃ/ cepillo de fregar.

scruffy /ˈskrʌfɪ/ andrajoso o desaliñado.

scrum /skrʌm/ melé (en rugby).

scruple /ˈskruːpəl/ escrúpulo.

scuba-diving /ˈskuːbə ˈdaɪvɪŋ/ submarinismo.

▶ **go scuba-diving** hacer submarinismo.

sculptor /ˈskʌlptəʳ/ escultor.

sculpture /ˈskʌlptʃəʳ/ escultura.

sea /siː/ mar.
▷ They live in a house by the sea. Viven en una casa junto al mar.
▷ They travelled by sea. Fueron en barco.
▶ **sea front** paseo marítimo.
▶ **sea shell** concha.

seafood /ˈsiːfuːd/ marisco.

seagull /ˈsiːgʌl/ gaviota.

seal /siːl/ tiene varias categorías gramaticales y varios sentidos:
> Puede ser un SUSTANTIVO:
1 seal puede significar foca.
2 seal puede significar precinto o sello.
> Puede ser un VERBO:
1 seal something puede significar cerrar algo (un sobre, por ejemplo).
2 seal something puede significar sellar algo.
3 seal something puede significar sellar algo herméticamente.

seam /siːm/ costura (en una prenda de vestir).

search /sɜːtʃ/ tiene varias categorías gramaticales y varios sentidos:
> Puede ser un SUSTANTIVO:
1 search puede significar búsqueda.
▶ **search engine** motor de búsqueda.
▶ **search party** equipo de búsqueda.
2 search puede significar registro (por la policía, por ejemplo).
> Puede ser un VERBO TRANSITIVO:
1 search something o **somebody** puede significar registrar algo o a alguien.
▷ She searched the document for his name. Buscó su nombre en el documento.
2 search something puede significar examinar algo.
> Puede ser un VERBO INTRANSITIVO:
search significa buscar.
▶ **search for something** buscar algo.

seashore /ˈsiːʃɔːʳ/ orilla del mar.

seasick /ˈsiːsɪk/ mareado.
▶ **get seasick** marearse.

seaside /ˈsiːsaɪd/ playa.
▶ **at the seaside** o **by the seaside** en la playa.

season /ˈsiːzən/ tiene varias categorías gramaticales:

> Puede ser un SUSTANTIVO:
1 season puede significar estación (del año).
2 season puede significar temporada.
▶ **in season** en temporada.
▶ **out of season** fuera de temporada.
▶ **season ticket** abono (de transporte o de un club deportivo).
> Puede ser un VERBO:
▶ **season something** condimentar algo.

seasoning /ˈsiːzənɪŋ/ condimento.

seat /siːt/ tiene varias categorías gramaticales y varios sentidos:
> Puede ser un SUSTANTIVO:
1 seat puede significar asiento.
▶ **seat belt** cinturón de seguridad.
2 seat puede significar escaño.
> Puede ser un VERBO:
seat significa tener cabida para (cuando te refieres a un estadio o un vehículo).

seaweed /ˈsiːwiːd/ algas marinas.

second /ˈsekənd/ tiene varias categorías gramaticales y varios sentidos:
> Puede ser un SUSTANTIVO:
1 second puede significar segundo (= unidad de tiempo y también el ordinal que va después de primero).
▷ Wait a second! ¡Un momento!
▶ **the second of May** o **May the second** el dos de mayo.
2 seconds puede significar artículos defectuosos.
3 have seconds puede significar repetir (en una comida).
> Puede ser un ADJETIVO o un ADVERBIO:
second significa segundo.
▷ She came second. Quedó segunda.

secondary /ˈsekəndərɪ/ secundario.
▶ **secondary school** instituto de enseñanza media.

second-class /sekəndˈklɑːs/ tiene varios sentidos:
1 second-class ticket billete de segunda clase.
2 second-class mail servicio postal barato.

secondhand /sekəndˈhænd/ de segunda mano.
▶ **secondhand shop** tienda de artículos de segunda mano.

secondly /ˈsekəndlɪ/ en segundo lugar.

secret /ˈsiːkrət/ secreto.

secretaries /ˈsekrətərɪz/ es el plural de **secretary**.

secretary /ˈsekrətərɪ/ secretario.

secretive /ˈsiːkrətɪv/ reservado (cuando te refieres a alguien que se anda con secretos).

section /ˈsekʃən/ sección o parte.

secure /sɪˈkjʊəʳ/ tiene varias categorías gramaticales y varios sentidos:

> Puede ser un ADJETIVO:

secure significa seguro.

> Puede ser un VERBO:

1 secure something puede significar asegurar algo o cerrar bien algo.

2 secure something puede significar proteger algo.

3 secure something puede significar conseguir algo.

security /sɪˈkjʊərətɪ/ seguridad.

seduce /sɪˈdjuːs/ seducir.

see /siː/ tiene varias categorías gramaticales y varios sentidos:

> Puede ser un VERBO TRANSITIVO:

1 see something o **somebody** puede significar ver algo o a alguien.

▷ Can you see him? ¿Lo ves?

▷ I can't see her. No la veo.

▷ She came to see me. Vino a verme.

▷ See you! ¡Hasta luego!

▷ See you soon! ¡Hasta pronto!

▷ See you later! ¡Hasta luego!

▷ See you on Sunday! ¡Hasta el domingo!

2 see somebody to the door acompañar a alguien a la puerta.

▷ He saw me to the station. Me acompañó a la estación.

3 see that... puede significar encargarse de que...

> Puede ser un VERBO INTRANSITIVO:

see significa ver.

▷ I can't see. No veo nada.

▷ I'll go and see. Voy a ver.

▷ Let's see. Vamos a ver.

Phrasal verbs:

Al verbo **see** a veces le sigue una preposición como **off** o **to**, lo que puede cambiar su significado. En inglés, esto se llama un **phrasal verb**.

SEE OFF:

► **see somebody off** despedir a alguien (= ir a decir adiós).

SEE OUT:

► **see somebody out** acompañar a alguien a la puerta.

SEE TO:

► **see to something** ocuparse de algo.

---

seed /siːd/ semilla o pepita (de una fruta).

seek /siːk/ buscar.

seem /siːm/ parecer.

▷ She seems sad. Parece triste.

▷ It seems he has left. Parece que se ha ido.

▷ It seems to me that she's right. Me parece que tiene razón.

seen /siːn/ es el participio pasado del verbo **see**.

▷ Have you seen John? ¿Has visto a John?

seesaw /ˈsiːsɔː/ subibaja.

see-through /ˈsiːθruː/ transparente.

seize /siːz/ agarrar.

seldom /ˈseldəm/ pocas veces.

select /sɪˈlekt/ elegir o seleccionar.

selection /sɪˈlekʃən/ selección o elección o surtido.

self-confidence /selfˈkɒnfɪdəns/ confianza en sí mismo.

self-confident /selfˈkɒnfɪdənt/ seguro de sí mismo.

self-defence /selfdɪˈfens/ defensa propia o defensa personal.

self-employed /selfɪmˈplɔɪd/ autónomo (= que trabaja por cuenta propia).

selfish /ˈselfɪʃ/ egoísta.

selfishness /ˈselfɪʃnəs/ egoísmo.

self-service /selfˈsɜːvɪs/ autoservicio.

sell /sel/ vender.

▷ I'm going to sell him my car. Le voy a vender mi coche.

▷ He sold it for 30 euros. Lo vendió por 30 euros.

sell-by date /ˈselbaɪ deɪt/ fecha límite de venta.

Sellotape ® /ˈseləteɪp/ celo o cinta adhesiva.

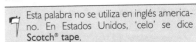

> Esta palabra no se utiliza en inglés americano. En Estados Unidos, 'celo' se dice Scotch® tape.

> **i** Las palabras **Sellotape** y **Scotch tape** son marcas registradas.

semicolon /semɪˈkəʊlən/ punto y coma (= signo ortográfico).

senator /ˈsenətəʳ/ senador.

send /send/ tiene varios sentidos:

1 send puede significar enviar o mandar.

▷ I sent him a letter. Le envié una carta.

▷ **Send him my love.** Dale un abrazo de mi parte.

2 send somebody to sleep hacer dormir a alguien.

Phrasal verbs:

Al verbo **send** *a veces le sigue una preposición como* **back** *o* **for**, *lo que puede cambiar su significado. En inglés, esto se llama un* **phrasal verb**.

SEND BACK:

▶ **send something back** devolver algo (un pedido, por ejemplo).

SEND FOR:

▶ **send for somebody** mandar llamar a alguien o llamar a alguien (un médico, por ejemplo).

SEND IN:

▶ **send something in** enviar algo o mandar algo (una solicitud, por ejemplo).

SEND OFF:

▶ **send something off** enviar algo o mandar algo.

▶ **send somebody off** *significa* expulsar a alguien (en deporte).

▶ **send off for something** pedir algo por correo.

---

sender /ˈsendəʳ/ remitente.

senior /ˈsiːnɪəʳ/ *tiene varias categorías gramaticales y varios sentidos:*

> *Puede ser un* ADJETIVO:

1 senior *puede significar* superior o de rango superior.

2 senior *puede significar* mayor (= más viejo).

▶ **senior citizen** persona de la tercera edad.

> *Puede ser un* SUSTANTIVO:

1 be somebody's senior ser mayor que alguien.

2 *En inglés británico,* **senior** *puede significar* estudiante de los últimos cursos.

3 *En inglés americano,* **senior** *puede significar* estudiante del último curso.

sensational /senˈseɪʃənəl/ sensacional.

sense /sens/ *tiene varias categorías gramaticales y varios sentidos:*

> *Puede ser un* SUSTANTIVO:

1 sense *puede significar* sentido.

▶ **sense of direction** sentido de la orientación.

▶ **sense of humour** sentido del humor.

▶ **sense of smell** sentido del olfato.

▶ **make sense** tener sentido.

▷ **What he did doesn't make sense.** Lo que hizo no tiene sentido.

2 sense *puede significar* sensación.

3 sense *puede significar* sensatez o sentido común.

> *Puede ser un* VERBO:

▶ **sense something** percibir algo.

▷ **I sensed she didn't believe me.** Tenía la sensación de que no me creía.

sensible /ˈsensɪbəl/ *tiene varios sentidos:*

1 sensible *puede significar* sensato.

2 sensible *puede significar* práctico (cuando te refieres a ropa o zapatos).

🌵 *En inglés,* **sensible** *no significa 'sensible'.*

---

sensitive /ˈsensɪtɪv/ *tiene varios sentidos:*

1 sensitive *puede significar* sensible.

2 sensitive *puede significar* delicado.

3 sensitive *puede significar* susceptible (= que se enfada fácilmente).

sent /sent/ *es el pretérito y el participio pasado del verbo* **send**.

▷ **She sent him a present.** Le mandó un regalo.

▷ **Mark has sent postcards to all his friends.** Mark ha enviado postales a todos sus amigos.

sentence /ˈsentəns/ *tiene varias categorías gramaticales y varios sentidos:*

> *Puede ser un* SUSTANTIVO:

1 sentence *puede significar* oración o frase (en el sentido gramatical).

2 sentence *puede significar* sentencia o pena o condena.

▶ **a prison sentence** una pena de cárcel.

> *Puede ser un* VERBO:

▶ **sentence somebody to...** condenar a alguien a...

▷ **He was sentenced to death.** Lo condenaron a muerte.

sentries /ˈsentrɪz/ *es el plural de* **sentry**.

sentry /ˈsentrɪ/ centinela.

separate *se pronuncia de dos formas diferentes y su sentido cambia en función de la pronunciación:*

🔊 /ˈseprət/ (rima con **carrot**).

> *Es un* ADJETIVO:

separate *significa* separado o distinto.

🔊 /ˈsepəreɪt/ (rima con **late**).

> *Puede ser un* VERBO TRANSITIVO:

separate *significa* separar o distinguir

> *Puede ser un* VERBO INTRANSITIVO:

separate *significa* separarse.

separately /ˈsepərətlɪ/ por separado.

September /səpˈtembəʳ/ septiembre.

▶ **September the first** *o* **the first of September** el primero de septiembre.

sequence /ˈsiːkwəns/ secuencia o sucesión o serie.

Serbian /ˈsɜːbɪən/ serbio.

sergeant /ˈsɑːdʒənt/ sargento o subinspector (= policía).

series /ˈsɪəriːz/ serie.

serious /ˈsɪərɪəs/ serio o grave.
▷ I'm serious. Lo digo en serio.

seriously /ˈsɪərɪəslɪ/ seriamente o gravemente.
▸ **take something seriously** tomar algo en serio.

servant /ˈsɜːvənt/ sirviente.

serve /sɜːv/ tiene varias categorías gramaticales y varios sentidos:
> Puede ser un VERBO:
1 **serve** puede significar servir.
2 **serve** puede significar atender (a un cliente en una tienda).
3 **it serves you right** lo tienes bien merecido.
> Puede ser un SUSTANTIVO:

> i En tenis, **serve** significa servicio.

server /ˈsɜːvəʳ/ servidor (= ordenador).

service /ˈsɜːvɪs/ tiene varios sentidos:
1 **service** puede significar servicio.
▷ Service is included. El servicio está incluido.
▸ **service station** estación de servicio.
2 En informática, **service provider** significa proveedor de servicios.
3 **service** puede significar revisión (de un vehículo).
4 **service** puede significar oficio (religioso).

serving /ˈsɜːvɪŋ/ ración (de comida).
▸ **serving dish** fuente (= bandeja).

> i **serving** también es una forma del verbo **serve**.
▷ He was serving a customer. Estaba atendiendo a un cliente.

session /ˈseʃən/ sesión.

set /set/ tiene varias categorías gramaticales y varios sentidos:
> Puede ser un SUSTANTIVO:
1 **set** puede significar juego (de llaves, herramientas o cacerolas, por ejemplo) o serie (de libros o sellos, por ejemplo).
2 **set** puede significar grupo (de personas).
3 **set** puede significar televisor.

4 **set** puede significar plató o decorado.
5 En tenis, **set** significa set.
> Puede ser un ADJETIVO:
1 **set** puede significar fijo.
2 **set** puede significar listo o preparado.
▷ We're all set! ¡Ya estamos listos!
> Puede ser un VERBO TRANSITIVO:
1 **set something** puede significar poner algo.
▷ She set the vase on the table. Puso el jarrón en la mesa.
▸ **set a watch** poner un reloj en hora.
▷ I've set the alarm for six o'clock. He puesto el despertador a las seis.
2 **set something** puede significar fijar algo (una fecha, un precio o un límite, por ejemplo).
▷ I want to have a party but I haven't set a date yet. Quiero dar una fiesta pero todavía no he fijado la fecha.
3 **set somebody something** puede significar dar algo a alguien (una tarea, por ejemplo).
▸ **set somebody an exam** poner un examen a alguien.
▷ The teacher set us some homework. El profesor nos puso deberes.
4 **be set somewhere** transcurrir en algún lugar (cuando te refieres a una novela o una película).
▷ The film is set in Paris. La película transcurre en París.
5 **Set** se utiliza en las siguientes expresiones:
▸ **set something in motion** poner algo en marcha.
▸ **set something on fire** prender fuego a algo.
▸ **set somebody free** poner en libertad a alguien.
▸ **set a record** establecer un récord.
▸ **set the table** poner la mesa.
▸ **set a trap** tender una trampa.
> Puede ser un VERBO INTRANSITIVO:
1 **set** puede significar ponerse (cuando te refieres al sol).
2 **set** puede significar soldarse (cuando te refieres a un hueso roto).
3 **set** puede significar cuajar (cuando te refieres a gelatina) o endurecerse (cuando te refieres a cemento).

Phrasal verbs:

Al verbo **set** a veces le sigue una preposición como **about** o **up**, lo que puede cambiar su significado. En inglés, esto se llama un **phrasal verb**.

SET ASIDE:
▸ **set something aside** puede significar reservar algo.

▶ **set something aside** *puede significar* dejar algo a un lado.

SET DOWN:

▶ **set something down** *puede significar* dejar algo (en el suelo o la mesa, por ejemplo).

▶ **set something down in writing** *significa* poner algo por escrito.

SET OFF:

▶ **set off** salir (de viaje).

▶ **set something off** *puede significar* hacer explotar algo (una bomba) o lanzar algo (fuegos artificiales).

▶ **set something off** *puede significar* activar algo (una alarma).

SET OUT:

▶ **set out** salir (de viaje).

▶ **set out to do something** proponerse hacer algo.

▶ **set something out** *puede significar* disponer algo.

▶ **set something out** *puede significar* exponer algo.

SET UP:

▶ **set something up** *puede significar* montar algo (una tienda de campaña, por ejemplo) o levantar algo (una barrera, por ejemplo).

▶ **set something up** *puede significar* establecer algo o crear algo.

▶ **set something up** *puede significar* organizar algo.

settee /se'tiː/ sofá.

setting /'setɪŋ/ *tiene varios sentidos:*

1 **setting** *puede significar* escenario.

2 **setting** *puede significar* posición (de un mecanismo o un control).

---

i setting también es una forma del verbo **set**.

▷ The sun was setting. El sol se ponía.

---

settle /'setəl/ *tiene varias categorías gramaticales y varios sentidos:*

> *Puede ser un* VERBO TRANSITIVO:

1 **settle something** *puede significar* resolver algo (una cuestión o una disputa).

2 **settle something** *puede significar* pagar algo (una cuenta o una factura).

> *Puede ser un* VERBO INTRANSITIVO:

1 **settle** *puede significar* acomodarse (en una casa nueva, por ejemplo) o instalarse (en un sillón, por ejemplo).

2 **settle** *puede significar* cuajar (cuando te refieres a la nieve).

3 **settle** *puede significar* posarse (cuando te refieres a un insecto o un pájaro).

Phrasal verbs:

Al verbo **settle** *a veces le sigue una preposición como* **down** *u* **on***, lo que puede cambiar su significado. En inglés, esto se llama un* **phrasal verb***.*

SETTLE DOWN:

▶ **settle down** *puede significar* acomodarse o instalarse.

▶ **settle down** *puede significar* calmarse.

SETTLE FOR:

▶ **settle for something** conformarse con algo.

SETTLE ON:

▶ **settle on something** decidirse por algo.

SETTLE UP:

▶ **settle up** pagar (en un restaurante, por ejemplo).

settlement /'setəlmənt/ *tiene varios sentidos:*

1 **settlement** *puede significar* acuerdo.

2 **settlement** *puede significar* asentamiento o poblado.

seven /'sevən/ siete.

▷ He is seven. Tiene siete años.

▷ There are seven of us. Somos siete.

▷ It's seven o'clock. Son las siete.

seventeen /sevən'tiːn/ diecisiete.

▷ She is seventeen. Tiene diecisiete años.

▷ There are seventeen of us. Somos diecisiete.

seventeenth /sevən'tiːnθ/ decimoséptimo.

▶ **the seventeenth of May** o **May the seventeenth** el diecisiete de mayo.

seventh /'sevənθ/ séptimo.

▶ **the seventh of May** o **May the seventh** el siete de mayo.

seventies /'sevəntɪz/

▶ **the seventies** la década de los setenta.

▷ She's in her seventies. Tiene setenta y tantos años.

seventieth /'sevəntɪəθ/ septuagésimo.

seventy /'sevəntɪ/ setenta.

▷ He's seventy. Tiene setenta años.

▷ There are seventy of them. Son setenta.

several /'sevərəl/ varios.

severe /sɪ'vɪəʳ/ severo o grave o serio o intenso.

sew /səʊ/ coser.

sewage /'sjuːɪdʒ/ aguas residuales.

sewer /sjʊəʳ/ cloaca.

sewing /'səʊɪŋ/ costura (= la actividad de coser).

▶ **sewing machine** máquina de coser.

---

i sewing también es una forma del verbo **sew**.

▷ She was sewing a button on the shirt. Estaba cosiendo un botón en la camisa.

---

sewn /səʊn/ es el participio pasado del verbo **sew**.
> ▷ I've sewn a button on the shirt. He cosido un botón en la camisa.

sex /seks/ sexo.
> ▶ **have sex with somebody** acostarse con alguien.
> ▶ **sex education** educación sexual.

shabby /ˈʃæbɪ/ desastrado.

shade /ʃeɪd/ tiene varias categorías gramaticales y varios sentidos:
> **> Puede ser un SUSTANTIVO:**
> **1 shade** puede significar sombra.
> ▷ She was sitting in the shade. Estaba sentada a la sombra.
> **2 shade** puede significar pantalla (de una lámpara).
> **3 shade** puede significar tono (de un color).
> **> Puede ser un VERBO:**
> ▶ **shade one's eyes** protegerse los ojos con la mano.

> ℹ El pronombre personal de la expresión shade one's eyes funciona de la siguiente forma en inglés: I shade **my** eyes, **you** shade **your** eyes, **he** shades **his** eyes, **she** shades **her** eyes, etc.

shadow /ˈʃædəʊ/ sombra.

shady /ˈʃeɪdɪ/ sombreado.

shaggy /ˈʃægɪ/ peludo.

shake /ʃeɪk/ tiene varias categorías gramaticales y varios sentidos:
> **> Puede ser un SUSTANTIVO:**
> **1 give something a shake** agitar algo o sacudir algo.
> **2 shake** puede significar batido (= refresco).
> **> Puede ser un VERBO TRANSITIVO:**
> **1 shake** puede significar agitar o sacudir.
> ▷ He shook his head. Negó con la cabeza.
> ▷ He shook his fist at me. Me amenazó con el puño.
> **2 shake somebody's hand** dar la mano a alguien.
> ▶ **shake hands** darse la mano.
> **> Puede ser un VERBO INTRANSITIVO:**
> **shake** significa temblar.

shaky /ˈʃeɪkɪ/ tembloroso.

shall /ʃæl/ tiene varios sentidos:
> **1 shall + infinitivo sin 'to'** se utiliza para formar la primera persona del futuro:
> ▷ I shall phone you tomorrow. Te llamaré mañana.
> ▷ We shall arrive at six o'clock. Llegaremos a las seis.

2 shall I ? y **shall we ?** se utilizan para hacer sugerencias:
> ▷ Shall I close the door? ¿Cierro la puerta?
> ▷ Shall we go to the cinema? ¿Qué te parece si vamos al cine?

shallow /ˈʃæləʊ/ poco profundo.

shame /ʃeɪm/ tiene varios sentidos:
> **1 shame** puede significar vergüenza.
> **2 shame** puede significar pena.
> ▷ What a shame! ¡Qué pena!

shampoo /ʃæmˈpuː/ tiene varias categorías gramaticales:
> **> Puede ser un SUSTANTIVO:**
> **shampoo** significa champú.
> **> Puede ser un VERBO:**
> ▶ **shampoo one's hair** lavarse el pelo con champú.

> ℹ El pronombre personal de la expresión shampoo one's hair funciona de la siguiente forma en inglés: I shampoo **my** hair, **you** shampoo **your** hair, **he** shampoos **his** hair, **she** shampoos **her** hair, etc.

shan't /ʃɑːnt/ es la contracción de **shall not**.
> ▷ I shan't tell you. No te lo voy a decir.

shape /ʃeɪp/ tiene varias categorías gramaticales:
> **> Puede ser un SUSTANTIVO:**
> **shape** significa forma.
> ▶ **take shape** tomar forma.
> ▶ **be out of shape** estar deformado (cuando te refieres a ropa o un objeto) o no estar en forma (cuando te refieres a una persona).
> **> Puede ser un VERBO:**
> ▶ **shape something** moldear algo.

share /ʃeəʳ/ tiene varias categorías gramaticales y varios sentidos:
> **> Puede ser un SUSTANTIVO:**
> **1 share** puede significar parte (= cuota o porción).
> **2 share** puede significar acción (en la Bolsa).
> **> Puede ser un VERBO:**
> **1 share** significa compartir.
> **2 share something out** repartir algo.

shark /ʃɑːk/ tiburón.

sharp /ʃɑːp/ tiene varias categorías gramaticales y varios sentidos:
> **> Puede ser un ADJETIVO:**
> **1 sharp** puede significar afilado o puntiagudo.
> **2 sharp** puede significar nítido (cuando te refieres a una silueta o una imagen) o marcado (cuando te refieres a un contraste).

3 sharp *puede significar* agudo (cuando te refieres a la vista o a la inteligencia de alguien, o a un dolor).

4 sharp *puede significar* brusco (cuando te refieres a un cambio, una subida o una reducción).

5 sharp *puede significar* ácido (cuando te refieres al gusto de algo) o mordaz (cuando te refieres a un comentario).

> *Puede ser un* ADVERBIO:
► **at 5 o'clock sharp** a las 5 en punto.

sharpen /ˈʃɑːpən/ afilar (un cuchillo o una herramienta) o sacar punta a (un lápiz).

shatter /ˈʃætər/ *tiene varias categorías gramaticales y varios sentidos:*

> *Puede ser un* VERBO TRANSITIVO:
1 shatter something *puede significar* hacer añicos algo.
2 shatter something *puede significar* destruir algo (las esperanzas de alguien, por ejemplo).
> *Puede ser un* VERBO INTRANSITIVO:
shatter *significa* hacerse añicos.

shave /ʃeɪv/ *tiene varias categorías gramaticales:*

> *Puede ser un* SUSTANTIVO:
► **have a shave** afeitarse.
> *Puede ser un* VERBO:
shave *significa* afeitar o afeitarse.

shaver /ˈʃeɪvər/ maquinilla eléctrica.

shaving cream /ˈʃeɪvɪŋ kriːm/ crema de afeitar.

shaving foam /ˈʃeɪvɪŋ fəʊm/ espuma de afeitar.

shawl /ʃɔːl/ chal.

she /ʃiː/ ella.
▷ She's a teacher. Es profesora.

> **i** En inglés, el pronombre personal **he** se refiere a personas y animales. El pronombre neutro **it** se utiliza para los objetos. El pronombre personal no suele traducirse en español, como en el ejemplo de arriba.

shed /ʃed/ cobertizo.

she'd /ʃiːd/ *es la contracción de* **she had** o **she would**.
▷ She'd finished. Había terminado.
▷ She'd like to come. Le gustaría venir.

sheep /ʃiːp/ oveja.

sheepdog /ˈʃiːpdɒg/ perro pastor.

sheepskin /ˈʃiːpskɪn/ piel de oveja.

sheer /ʃɪər/ *tiene varios sentidos:*

1 sheer *puede significar* puro (cuando te refieres a felicidad, pánico, estupidez, etc).
2 sheer *puede significar* escarpado.

sheet /ʃiːt/ *tiene varios sentidos:*

1 sheet *puede significar* sábana.
2 sheet *puede significar* hoja (de papel o vidrio).
3 sheet *puede significar* lámina (de metal) o capa (de hielo).

shelf /ʃelf/ estante.

shell /ʃel/ *tiene varias categorías gramaticales y varios sentidos:*

> *Puede ser un* SUSTANTIVO:
1 shell *puede significar* concha o caparazón.
2 shell *puede significar* cáscara (de huevos o frutos secos).
3 shell *puede significar* obús.
> *Puede ser un* VERBO:
1 shell something *puede significar* bombardear algo.
2 shell something *puede significar* pelar algo o desgranar algo (guisantes).

she'll /ʃiːl/ *es la contracción de* **she will**.
▷ She'll finish tomorrow. Terminará mañana.

shellfish /ˈʃelfɪʃ/ crustáceos o marisco.

shelter /ˈʃeltər/ *tiene varias categorías gramaticales y varios sentidos:*

> *Puede ser un* SUSTANTIVO:
shelter *significa* refugio.
> *Puede ser un* VERBO TRANSITIVO:
► **shelter somebody** proteger a alguien.
> *Puede ser un* VERBO INTRANSITIVO:
shelter *significa* refugiarse.

sheltered /ˈʃeltəd/ protegido.

> **i** **sheltered** también es el pretérito y el participio pasado del verbo **shelter**.
> ▷ She sheltered from the wind. Se refugió del viento.

shelves /ʃelvz/ *es el plural de* **shelf**.

shepherd /ˈʃepəd/ pastor (de ovejas).

sherry /ˈʃerɪ/ jerez.

she's /ʃiːz/ *es la contracción de* **she is** *y* **she has**.
▷ She's (= she is) unhappy. Está triste.
▷ She's (= she has) finished. Ha terminado.

shield /ʃiːld/ escudo (de guerrero).

shift /ʃɪft/ *tiene varias categorías gramaticales y varios sentidos:*

> *Puede ser un* SUSTANTIVO:
1 shift *puede significar* cambio.

2 shift *puede significar* turno (de trabajo).
> *Puede ser un* VERBO TRANSITIVO:
▶ **shift something** mover algo.
> *Puede ser un* VERBO INTRANSITIVO:
shift *significa* moverse.

shin /ʃɪn/ espinilla (= hueso).

shine /ʃaɪn/ *tiene varias categorías gramaticales y varios sentidos:*
> *Puede ser un* VERBO TRANSITIVO:
1 shine something sacar brillo a algo.
2 shine a torch on something dirigir una linterna hacia algo.
> *Puede ser un* VERBO INTRANSITIVO:
shine *significa* brillar.
▶ **shine on something** iluminar algo.

shiny /ʃaɪnɪ/ brillante.

ship /ʃɪp/ barco.

shipwreck /ʃɪprek/ naufragio *o* barco naufragado.

shipwrecked /ʃɪprekt/
▶ **be shipwrecked** naufragar.

shirt /ʃɜːt/ camisa.

shiver /ʃɪvəʳ/ *tiene varias categorías gramaticales:*
> *Puede ser un* SUSTANTIVO:
shiver *significa* escalofrío.
> *Puede ser un* VERBO:
shiver *significa* tiritar *o* temblar.

shock /ʃɒk/ *tiene varias categorías gramaticales y varios sentidos:*
> *Puede ser un* SUSTANTIVO:
1 shock *puede significar* susto.
▶ **be in shock** estar conmocionado.
▶ **get a shock** llevarse un susto.
2 shock *puede significar* descarga eléctrica.
> *Puede ser un* VERBO:
▶ **shock somebody** dar un susto a alguien *o* conmocionar a alguien *u* horrorizar a alguien *o* escandalizar a alguien.

shocked /ʃɒkt/ horrorizado *o* conmocionado.

> ℹ **shocked** también es el pretérito y el participio pasado del verbo **shock**.
> ▷ **The news shocked me.** La noticia me conmocionó.

shocking /ʃɒkɪŋ/ escandaloso *o* malísimo.

> ℹ **shocking** también es una forma del verbo **shock**.
> ▷ **He likes shocking people.** Le gusta escandalizar a la gente.

shoe /ʃuː/ zapato.
▶ **shoe polish** betún.
▶ **shoe shop** zapatería.

shoelace /ʃuːleɪs/ cordón (del zapato).

shone /ʃɒn/ es el pretérito y el participio pasado del verbo **shine**.
▷ **Her eyes shone.** Le brillaban los ojos.

shook /ʃʊk/ es el pretérito del verbo **shake**.
▷ **The ground shook.** La tierra tembló.
▷ **They shook hands.** Se dieron la mano.

shoot /ʃuːt/ *tiene varias categorías gramaticales y varios sentidos:*
> *Puede ser un* SUSTANTIVO:
shoot *significa* retoño.
> *Puede ser un* VERBO TRANSITIVO:
1 shoot somebody disparar a alguien *o* matar a alguien a tiros.
▷ **He was shot in the leg.** Recibió un balazo en la pierna.
2 shoot a film rodar una película.
> *Puede ser un* VERBO INTRANSITIVO:
1 shoot *puede significar* disparar (con un arma de fuego).
▶ **shoot at somebody** *o* **something** disparar a alguien *o* algo.
2 shoot *se utiliza para describir un movimiento rápido:*
▷ **The car shot past us.** El coche nos pasó a toda velocidad.
3 *En cine,* **shoot** *significa* rodar.
4 *En fútbol,* **shoot** *significa* tirar *o* chutar.

Phrasal verbs:

Al verbo **shoot** *a veces le sigue una preposición como* **down** *o* **up**, *lo que puede cambiar su significado. En inglés, esto se llama un* **phrasal verb**.
SHOOT DOWN:
▶ **shoot somebody down** abatir a alguien a tiros.
▶ **shoot a plane down** derribar un avión.
SHOOT UP:
▶ **shoot up** *puede significar* crecer rápidamente.
▶ **shoot up** *puede significar* dispararse (los precios, por ejemplo).

---

shop /ʃɒp/ *tiene varias categorías gramaticales:*
> *Puede ser un* SUSTANTIVO:
shop *significa* tienda.
▶ **shop assistant** dependiente.
▶ **shop window** escaparate.
> *Puede ser un* VERBO:
shop *significa* comprar.
▶ **go shopping** ir de compras.

shopkeeper /ʃɒpkiːpəʳ/ tendero.

shoplifting /'ʃɒplɪftɪŋ/ robo (en tiendas).

shopping /'ʃɒpɪŋ/ compra.
- ► **do the shopping** hacer la compra.
- ► **shopping bag** bolsa de la compra.
- ► **shopping centre** centro comercial.

> **i** shopping también es una forma del verbo shop.
> ▷ He loves shopping. Le encanta ir de compras.

shore /ʃɔːʳ/ orilla.
- ► **on shore** en tierra.

short /ʃɔːt/ *tiene varias categorías gramaticales y varios sentidos:*
> *Puede ser un* ADJETIVO:
1 **short** *puede significar* corto (cuando te refieres a un objeto) o bajo (cuando te refieres a una persona).
- ► **a short cut** un atajo.
2 **short** *puede significar* breve.
- ► **in short...** en resumen...
- ► **short story** cuento.
3 **be short of something** andar escaso de algo.
4 **be short for something** ser el diminutivo de algo o ser la abreviatura de algo.
> *Puede ser un* ADVERBIO:
1 **cut something short** interrumpir algo.
▷ We are running short of money. Se nos está acabando el dinero.
2 **stop short** pararse en seco.

shortage /'ʃɔːtɪdʒ/ escasez.

shorten /'ʃɔːtən/ acortar.

shortly /'ʃɔːtlɪ/ dentro de poco.

shorts /ʃɔːts/ pantalones cortos.
- ► **a pair of shorts** unos pantalones cortos.

short-sighted /'ʃɔːtsaɪtɪd/ miope.

shot /ʃɒt/ *tiene varios sentidos:*
1 **shot** *puede significar* disparo (de un arma de fuego)
2 **shot** *puede significar* tiro (en fútbol o hockey) o golpe (en tenis o golf).
3 **shot** *puede significar* foto o plano (en una película).
4 **shot** *puede significar* inyección.

> **i** shot también es el pretérito y el participio pasado del verbo shoot:
> ▷ He shot his enemy. Mató a su enemigo a tiros.
> ▷ He's been shot in the leg. Ha recibido un balazo en la pierna.

shotgun /'ʃɒtgʌn/ escopeta.

should /ʃʊd/ *tiene varios sentidos:*

> **i** should es un verbo modal. Los verbos modales se emplean delante de la forma infinitiva de otros verbos (por ejemplo, you should go now).La tercera persona del singular de estos verbos no tiene una -s al final (he should, she should, it should). A diferencia de otros verbos, las formas negativas e interrogativas no utilizan una construcción con do (por ejemplo, se dice should I go?, you should not). Los verbos modales no tienen infinitivo ni tampoco participio de presente o participio pasado.

1 **should** *puede indicar la* **obligación**:
▷ You should tell him. Deberías decírselo.
▷ We should leave. Deberíamos irnos.
▷ You shouldn't smoke. No deberías fumar.
2 **should** *se utiliza para pedir un* **consejo**:
▷ Should I lock the door? ¿Cierro la puerta con llave?
▷ What should I do? ¿Qué hago?
3 **should** *puede significar que algo es* **probable**:
▷ She should finish today. Debería terminarlo hoy.
4 **should have** *se utiliza para expresar* **arrepentimiento** *o un* **reproche**:
▷ I should have told him. Debería habérselo dicho.
▷ You should have helped her. Deberías haberla ayudado.
5 **should** *se utiliza para formar el* **condicional**:
▷ I should love to come. Me encantaría venir.
▷ If you should need anything, let me know. Avísame si necesitas algo.

shoulder /'ʃəʊldəʳ/ hombro.
- ► **shoulder bag** bolsa (de bandolera).
- ► **shoulder blade** omoplato.
- ► **shoulder strap** tirante o correa.

shouldn't /'ʃʊdənt/ *es la contracción de* **should not**.
▷ I shouldn't tell you. No debería decírtelo.
▷ You shouldn't have gone. No deberías haberte ido.

shout /ʃaʊt/ *tiene varias categorías gramaticales:*
> *Puede ser un* SUSTANTIVO:
shout significa grito.
> *Puede ser un* VERBO:
shout significa gritar.
- ► **shout at somebody** gritar a alguien.

shove /ʃʌv/ empujar.

shovel /'ʃʌvəl/ pala (= herramienta para mover carbón o nieve, por ejemplo).

show /ʃəʊ/ *tiene varias categorías gramaticales y varios sentidos:*

> *Puede ser un* SUSTANTIVO:

1 show *puede significar* espectáculo (= obra de teatro, concierto, etc.) *o* programa (de televisión).

2 show *puede significar* exposición.

▶ **on show** expuesto.

> *Puede ser un* VERBO TRANSITIVO:

1 show something to somebody *o* **show somebody something** *significa* mostrar algo a alguien *o* enseñar algo a alguien.

2 show somebody how to do something enseñar a alguien a hacer algo.

3 show something *puede significar* demostrar algo (un talento o una cualidad).

4 show something *puede significar* indicar algo (la hora o la temperatura).

5 show something *puede significar* proyectar algo (una película) *o* poner algo (en la tele).

6 show somebody to their seat acompañar a alguien a su asiento.

▶ **show somebody into a room** hacer pasar a alguien a una habitación.

> *Puede ser un* VERBO INTRANSITIVO:

show *significa* notarse *o* verse.

▷ **Does the stain show?** ¿Se nota la mancha?

Phrasal verbs:

Al verbo **show** *a veces le sigue una preposición como* **off** *o* **up**, *lo que puede cambiar su significado. En inglés, esto se llama un* **phrasal verb**.

SHOW OFF:

▶ **show off** presumir.

▶ **show something off** enseñar algo con orgullo.

SHOW UP:

▶ **show up** *puede significar* notarse *o* verse.

▶ **show up** *puede significar* aparecer *o* venir.

▷ **He didn't show up.** No vino.

▶ **show somebody up** poner en evidencia a alguien.

---

shower /ˈʃaʊəʳ/ *tiene varias categorías gramaticales y varios sentidos:*

> *Puede ser un* SUSTANTIVO:

1 shower *puede significar* ducha.

▶ **have a shower** ducharse.

▶ **shower gel** gel de baño.

2 shower *puede significar* chubasco.

> *Puede ser un* VERBO TRANSITIVO:

▶ **shower somebody with something** colmar a alguien de algo.

> *Puede ser un* VERBO INTRANSITIVO:

shower *significa* ducharse.

shown /ʃəʊn/ *es el participio pasado del verbo* **show**.

▷ **Has he shown you the photos?** ¿Te ha enseñado las fotos?

show-off /ˈʃəʊɒf/ presumido (= persona fanfarrona).

shrank /ʃræŋk/ *es el pretérito del verbo* **shrink**.

▷ **My jumper shrank in the wash.** Se me encogió el jersey al lavarlo.

shred /ʃred/ *tiene varias categorías gramaticales y varios sentidos:*

> *Puede ser un* SUSTANTIVO:

shred *significa* pedacito (de tela o papel).

> *Puede ser un* VERBO:

1 shred something *puede significar* triturar algo (papel, por ejemplo).

2 shred something *puede significar* rallar algo *o* cortar algo en trizas.

shrewd /ʃruːd/ astuto.

shriek /ʃriːk/ *tiene varias categorías gramaticales:*

> *Puede ser un* SUSTANTIVO:

shriek *significa* chillido.

> *Puede ser un* VERBO:

shriek *significa* chillar.

shrimp /ʃrɪmp/ camarón (= gamba pequeña).

shrine /ʃraɪn/ santuario.

shrink /ʃrɪŋk/ encogerse *o* contraerse *o* disminuirse.

▶ **shrink away from somebody** *o* **something** retroceder ante alguien o algo.

shrivel /ˈʃrɪvəl/ arrugarse *o* secarse.

shrub /ʃrʌb/ arbusto.

shrug /ʃrʌg/

▶ **shrug one's shoulders** encogerse de hombros.

---

i El pronombre personal de la expresión **shrug one's shoulders** funciona de la siguiente forma en inglés: I shrug **my** shoulders, **you** shrug **your** shoulders, he shrugs **his** shoulders, **she** shrugs **her** shoulders, etc.

---

shrunk /ʃrʌŋk/ *es el participio pasado del verbo* **shrink**.

▷ **My jumper has shrunk.** Se me ha encogido el jersey.

shudder /ˈʃʌdəʳ/ *tiene varias categorías gramaticales y varios sentidos:*

> *Puede ser un* SUSTANTIVO:

1 shudder *puede significar* escalofrío *o* estremecimiento.

2 shudder *puede significar* sacudida.

> *Puede ser un* VERBO:

shudder *significa* estremecerse *o* tiritar *o* temblar.

shuffle /'ʃʌfəl/ *tiene varios sentidos:*
1 **shuffle the cards** barajar las cartas.
2 **shuffle one's feet** arrastrar los pies.

shut /ʃʌt/ *tiene varias categorías gramaticales y varios sentidos:*
> *Puede ser un* ADJETIVO:
shut *significa* cerrado.
> *Puede ser un* VERBO:
shut *significa* cerrar o cerrarse.

Phrasal verbs:

Al verbo **shut** *a veces le sigue una preposición como* **away** *o* **up**, *lo que puede cambiar su significado. En inglés, esto se llama un* **phrasal verb**.

SHUT AWAY:
► **shut something** o **somebody away** encerrar algo o a alguien.
SHUT DOWN:
► **shut down** cerrar (definitivamente).
SHUT UP:
► **shut up** callarse.
> **Shut up!** ¡Cállate!
► **shut somebody up** hacer callar a alguien.

---

shutters /'ʃʌtəz/ contraventanas.

shuttle /'ʃʌtəl/ *tiene varios sentidos:*
1 **shuttle** *puede significar* transbordador espacial.
2 **shuttle** *puede significar* puente aéreo o servicio de conexión (en autobús).

shy /ʃaɪ/ tímido.

sick /sɪk/ *tiene varios sentidos:*
1 **sick** *puede significar* enfermo.
► **be sick** estar enfermo.
2 *En inglés británico,* **be sick** *puede significar* vomitar.
► **feel sick** estar mareado o tener ganas de vomitar.

En inglés americano, 'vomitar' se dice **vomit** y 'estar mareado' se dice **feel nauseous**.

3 **be sick of somebody** o **something** estar harto de alguien o algo.
4 **sick** *puede significar* de mal gusto (una broma, por ejemplo).

sickness /'sɪknəs/ enfermedad.

side /saɪd/ *tiene varias categorías gramaticales y varios sentidos:*
> *Puede ser un* SUSTANTIVO:
1 **side** *puede significar* lado.
► **at my side** o **by my side** a mi lado.
► **side by side** uno al lado del otro.
► **on the other side** al otro lado.

2 **side** *puede significar* costado (de una persona).
3 **side** *puede significar* cara (de un disco o una hoja de papel, por ejemplo).
4 **side** *puede significar* borde (de una carretera).
5 **side** *puede significar* equipo (en deporte) o parte (en una guerra, por ejemplo).
> He's on our side. Está de nuestro lado.
► **take sides** tomar partido.
> *Puede ser un* ADJETIVO:
1 **side effect** efecto secundario.
2 **side street** bocacalle.
> *Puede ser un* VERBO:
► **side with somebody** ponerse de parte de alguien.

sideboard /'saɪdbɔːd/ aparador.

sidewalk /'saɪdwɔːk/ acera.

sidewalk es una palabra americana. En inglés británico, se dice **pavement**.

sideways /'saɪdweɪz/ de lado.

siege /siːdʒ/ sitio (= cerco).

sieve /sɪv/ *tiene varias categorías gramaticales:*
> *Puede ser un* SUSTANTIVO:
sieve *significa* colador o tamiz.
> *Puede ser un* VERBO:
► **sieve something** colar algo o tamizar algo.

sigh /saɪ/ *tiene varias categorías gramaticales:*
> *Puede ser un* SUSTANTIVO:
sigh *significa* suspiro.
> *Puede ser un* VERBO:
sigh *significa* suspirar.

sight /saɪt/ *tiene varios sentidos:*
1 **sight** *puede significar* vista.
► **at first sight** a primera vista.
► **disappear out of sight** perderse de vista.
► **catch sight of something** o **somebody** ver algo o a alguien.
► **lose sight of something** o **somebody** perder de vista algo o a alguien.
2 **sight** *puede significar* espectáculo.
> It was a horrible sight. Fue un espectáculo espantoso.
3 **see the sights** ver los lugares de interés.

sightseeing /'saɪtsiːɪŋ/ turismo.
► **go sightseeing** hacer turismo.

sign /saɪn/ *tiene varias categorías gramaticales y varios sentidos:*
> *Puede ser un* SUSTANTIVO:
1 **sign** *puede significar* señal.

2 sign *puede significar* signo.
3 sign *puede significar* letrero *o* cartel.
> *Puede ser un* VERBO:
1 sign *puede significar* firmar.
2 *En deporte,* **sign** *significa* fichar.
3 sign up matricularse (en un curso) *o* alistarse (en el ejército).

signal /ˈsɪgnəl/ *tiene varias categorías gramaticales y varios sentidos:*
> *Puede ser un* SUSTANTIVO:
signal *significa* señal.
> *Puede ser un* VERBO TRANSITIVO:
► **signal something** indicar algo.
> *Puede ser un* VERBO INTRANSITIVO:
► **signal to somebody** hacer señas a alguien.

signature /ˈsɪgnɪtʃəʳ/ firma (= rúbrica).

significant /sɪgˈnɪfɪkənt/ importante *o* significativo.

signpost /ˈsaɪnpəʊst/ señal (en la calle).

silence /ˈsaɪləns/ *tiene varias categorías gramaticales:*
> *Puede ser un* SUSTANTIVO:
silence *significa* silencio.
> *Puede ser un* VERBO:
► **silence somebody** hacer callar a alguien.

silent /ˈsaɪlənt/ silencioso *o* callado *o* mudo (cuando te refieres a una película).

silently /ˈsaɪləntlɪ/ en silencio *o* silenciosamente.

silicon chip /ˈsɪlɪkən tʃɪp/ chip de silicio.

silk /sɪlk/ seda.

sillier /ˈsɪlɪəʳ/ *es el comparativo de* **silly**.
▷ He's even sillier than she is. Él es aún más tonto que ella.

silliest /ˈsɪlɪɪst/ *es el superlativo de* **silly**.
▷ He's the silliest boy in the class. Es el niño más tonto de la clase.

silly /ˈsɪlɪ/ tonto.

silver /ˈsɪlvəʳ/ *tiene varias categorías gramaticales y varios sentidos:*
> *Puede ser un* SUSTANTIVO:
silver *significa* plata.
> *Puede ser un* ADJETIVO:
silver *significa* de plata *o* plateado.

SIM card /ˈsɪm kɑːd/ tarjeta SIM.

similarity /sɪmɪˈlærətɪ/ similitud *o* parecido.

simple /ˈsɪmpəl/ sencillo.

simplify /ˈsɪmplɪfaɪ/ simplificar.

simply /ˈsɪmplɪ/ sencillamente *o* con sencillez.

sin /sɪn/ *tiene varias categorías gramaticales:*
> *Puede ser un* SUSTANTIVO:
sin *significa* pecado.
> *Puede ser un* VERBO:
sin *significa* pecar.

since /sɪns/ *tiene varios sentidos:*
1 since *puede significar* desde *o* desde que.
▷ I have been here since nine o'clock. Estoy aquí desde las nueve.
▷ He hasn't seen her since yesterday. No la ha visto desde ayer.
▷ I've lived here since I got married. Vivo aquí desde que me casé.
▷ It's a long time since I went to the cinema. Hace mucho tiempo que no voy al cine.
2 since *puede significar* ya que.
▷ Since they're late, we'll start without them. Ya que no han llegado, vamos a comenzar sin ellos.

sincere /sɪnˈsɪəʳ/ sincero.

sing /sɪŋ/ cantar.

singer /ˈsɪŋəʳ/ cantante.

single /ˈsɪŋgəl/ *tiene varias categorías gramaticales y varios sentidos:*
> *Puede ser un* ADJETIVO:
1 single *puede significar* solo.
▷ There's not a single biscuit left. No queda ni una sola galleta.
2 single *puede significar* soltero.
► **single parent** madre soltera *o* padre soltero.
3 single *puede significar* individual (cuando te refieres a una habitación, una cama o una sábana).
4 in single file en fila india.
> *Puede ser un* SUSTANTIVO:
1 single *puede significar* sencillo (= disco).
2 single *puede significar* billete de ida.

sinister /ˈsɪnɪstəʳ/ siniestro.

sink /sɪŋk/ *tiene varias categorías gramaticales y varios sentidos:*
> *Puede ser un* SUSTANTIVO:
sink *significa* fregadero *o* lavabo.
> *Puede ser un* VERBO:
1 sink *puede significar* hundir *o* hundirse.
2 sink *puede significar* bajar.

sip /sɪp/ *tiene varias categorías gramaticales:*
> *Puede ser un* SUSTANTIVO:
sip *significa* sorbo.
> *Puede ser un* VERBO:
► **sip something** beber algo a sorbos.

sir /sɜːʳ/ señor.

siren /ˈsaɪərən/ sirena.

sister /ˈsɪstəʳ/ hermana.

sister-in-law /ˈsɪstərɪnlɔː/ cuñada.

sit /sɪt/ *tiene varias categorías gramaticales y varios sentidos:*
> *Puede ser un* VERBO INTRANSITIVO:
1 sit *puede significar* sentarse *o* estar sentado.
▷ I'll sit here. Me voy a sentar aquí.
▷ They were sitting on the floor. Estaban sentados en el suelo.
▷ Sit still! ¡Estate quieto!
2 sit *puede significar* reunirse (cuando te refieres a un comité o una asamblea).
> *Puede ser un* VERBO TRANSITIVO:

> ℹ En inglés británico, sit an exam significa presentarse a un examen.

Phrasal verbs:

Al verbo **sit** *a veces le sigue una preposición como* **down** *o* **up**, *lo que puede cambiar su significado. En inglés, esto se llama un* **phrasal verb**.
SIT DOWN:
► **sit down** sentarse.
► **be sitting down** estar sentado.
SIT UP:
► **sit up** puede significar incorporarse *o* sentarse derecho.
► **sit up** puede significar quedarse levantado.

site /saɪt/ *tiene varios sentidos:*
1 site *puede significar* lugar.
2 site *puede significar* obra (de construcción).
3 *En informática,* **site** *significa* sitio *o* página Web.

sitting room /ˈsɪtɪŋ ruːm/ sala de estar.

six /sɪks/ seis.
▷ She's six. Tiene seis años.
▷ It's six o'clock. Son las seis.
▷ There are six of us. Somos seis.

sixteen /sɪksˈtiːn/ dieciséis.
▷ He's sixteen. Tiene dieciséis años.
▷ There are sixteen of us. Somos dieciséis.

sixteenth /sɪksˈtiːnθ/ decimosexto.
► **the sixteenth of June** *o* **June the sixteenth** el dieciséis de junio.

sixth /sɪksθ/ sexto.
► **the sixth of June** *o* **June the sixth** el seis de junio.

sixties /ˈsɪkstɪz/
► **the sixties** la década de los sesenta.
▷ She's in her sixties. Tiene sesenta y tantos años.

sixtieth /ˈsɪkstɪəθ/ sexagésimo.

sixty /ˈsɪkstɪ/ sesenta.
▷ She's sixty. Tiene sesenta años.
▷ There are sixty of us. Somos sesenta.

size /saɪz/ tamaño *o* dimensiones *o* talla *o* número (de zapato).

skate /skeɪt/ *tiene varias categorías gramaticales:*
> *Puede ser un* SUSTANTIVO:
skate *significa* patín.
> *Puede ser un* VERBO:
skate *significa* patinar.

skateboard /ˈskeɪtbɔːd/ monopatín.

skater /ˈskeɪtəʳ/ patinador.

skating /ˈskeɪtɪŋ/ patinaje.
► **go skating** ir a patinar.
► **skating rink** pista de patinaje.

skeleton /ˈskelɪtən/ esqueleto.

sketch /sketʃ/ *tiene varias categorías gramaticales y varios sentidos:*
> *Puede ser un* SUSTANTIVO:
1 sketch *puede significar* esbozo.
► **sketch pad** bloc de dibujo.
2 sketch *puede significar* sketch.
> *Puede ser un* VERBO:
► **sketch something** esbozar algo.

skewer /ˈskjʊəʳ/ brocheta.

ski /skiː/ *tiene varias categorías gramaticales:*
> *Puede ser un* SUSTANTIVO:
ski *significa* esquí.
► **ski lift** remonte.
► **ski slope** pista de esquí.
> *Puede ser un* VERBO:
ski *significa* esquiar.

skid /skɪd/ patinar *o* derrapar.

skiing /ˈskiːɪŋ/ esquí (= la actividad).
► **go skiing** ir a esquiar.

skilful /ˈskɪlfʊl/ hábil.

> ⌐ En inglés americano, esta palabra se escribe skillful.

skill /skɪl/ *tiene varios sentidos:*
1 skill *puede significar* habilidad.

2 skill *puede significar* técnica.

skilled /skɪld/ especializado o hábil.

skillful /ˈskɪlfʊl/ *es la ortografía americana de la palabra* **skilful**.

skimmed milk /mɪlk/ leche desnatada.

skin /skɪn/ piel.

skinnier /ˈskɪnɪəʳ/ *es el comparativo de* **skinny**.
▷ He's even skinnier than she is. Él es aún más flaco que ella.

skinniest /ˈskɪnɪɪst/ *es el superlativo de* **skinny**.
▷ He's the skinniest boy in the class. Es el niño más flaco de la clase.

skinny /ˈskɪnɪ/ flaco.

skip /skɪp/ *tiene varias categorías gramaticales y varios sentidos:*
> *Puede ser un* VERBO INTRANSITIVO:
1 skip *puede significar* brincar.
2 skip *puede significar* saltar a la comba.
> *Puede ser un* VERBO TRANSITIVO:
► **skip something** saltarse algo.

skirt /skɜːt/ falda.

skull /skʌl/ cráneo o calavera.

sky /skaɪ/ cielo.

skyscraper /ˈskaɪskreɪpəʳ/ rascacielos.

slam /slæm/ cerrar de un portazo.

slang /slæŋ/ argot.

slap /slæp/ *tiene varias categorías gramaticales:*
> *Puede ser un* SUSTANTIVO:
slap *significa* bofetada.
> *Puede ser un* VERBO:
► **slap somebody** dar una bofetada a alguien.

slash /slæʃ/ *tiene varias categorías gramaticales y varios sentidos:*
> *Puede ser un* SUSTANTIVO:
1 slash *puede significar* corte o raja.
2 slash *puede significar* barra oblicua.
> *Puede ser un* VERBO:
► **slash something** cortar algo.

slate /sleɪt/ pizarra.

slaughter /ˈslɔːtəʳ/ *tiene varias categorías gramaticales y varios sentidos:*
> *Puede ser un* SUSTANTIVO:
1 slaughter *puede significar* matanza.

2 slaughter *puede significar* sacrificio (de animales).
> *Puede ser un* VERBO:
1 slaughter somebody matar a alguien.
2 slaughter an animal sacrificar un animal.

slave /sleɪv/ esclavo.

slavery /ˈsleɪvərɪ/ esclavitud.

sled /sled/ trineo.

sledge /sledʒ/ trineo.

sleep /sliːp/ *tiene varias categorías gramaticales y varios sentidos:*
> *Puede ser un* SUSTANTIVO:
sleep *significa* sueño.
► **go to sleep** dormirse.
► **have a sleep** echarse una siesta.
> *Puede ser un* VERBO:
sleep *significa* dormir.
► **sleep with somebody** acostarse con alguien.
► **sleep in** dormir hasta tarde.

sleeping bag /ˈsliːpɪŋ bæg/ saco de dormir.

sleeping pill /ˈsliːpɪŋ pɪl/ pastilla para dormir.

sleepwalk /ˈsliːpwɔːk/ ser sonámbulo.

sleepy /ˈsliːpɪ/ somnoliento.
► **be sleepy** o **feel sleepy** tener sueño.

sleet /sliːt/ aguanieve.

sleeve /sliːv/ *tiene varios sentidos:*
1 sleeve *puede significar* manga (de una prenda de vestir).
2 sleeve *puede significar* funda (de un disco).

sleigh /sleɪ/ trineo.

slender /ˈslendəʳ/ esbelto.

slept /slept/ *es el pretérito y el participio pasado del verbo* **sleep**.
▷ I slept well. He dormido bien.
▷ I have never slept in a hotel. No he dormido nunca en un hotel.

slice /slaɪs/ *tiene varias categorías gramaticales y varios sentidos:*
> *Puede ser un* SUSTANTIVO:
slice *significa* trozo o rebanada o loncha o rodaja o raja o tajada.
> *Puede ser un* VERBO:
► **slice something** cortar algo.

slid /slɪd/ *es el pretérito y el participio pasado del verbo* **slide**.

▷ He slid and fell. Resbaló y se cayó.

slide /slaɪd/ *tiene varias categorías gramaticales y varios sentidos:*

> *Puede ser un* SUSTANTIVO:

1 slide *puede significar* tobogán (= rampa).
2 slide *puede significar* diapositiva.
3 slide *puede significar* pasador (= para el pelo).

> *Puede ser un* VERBO:

slide *significa* resbalar *o* deslizarse.

slight /slaɪt/ ligero (= leve, pequeño).

slightest /ˈslaɪtɪst/

▷ I don't have the slightest idea. No tengo la menor idea.
▷ I don't mind in the slightest. No me importa en lo más mínimo.

slightly /ˈslaɪtlɪ/ ligeramente.

slim /slɪm/ *tiene varias categorías gramaticales y varios sentidos:*

> *Puede ser un* ADJETIVO:

1 slim *puede significar* delgado.
2 slim *puede significar* remoto (cuando te refieres a una posibilidad).

> *Puede ser un* VERBO:

slim *significa* adelgazar.

sling /slɪŋ/ *tiene varios sentidos:*

1 sling *puede significar* honda
2 sling *puede significar* cabestrillo.

slip /slɪp/ *tiene varias categorías gramaticales y varios sentidos:*

> *Puede ser un* SUSTANTIVO:

1 slip *puede significar* desliz.
2 slip *puede significar* combinación (= prenda de vestir).
3 a slip of paper una hoja de papel.

> *Puede ser un* VERBO:

1 slip *significa* resbalar.
2 slip something on ponerse algo (ropa, por ejemplo).
► **slip something off** quitarse algo (ropa, por ejemplo).
3 slip out salir discretamente.

slipper /ˈslɪpəʳ/ zapatilla (de estar en casa).

slippery /ˈslɪpərɪ/ resbaladizo.

slit /slɪt/ raja *o* hendidura.

slope /sləʊp/ *tiene varias categorías gramaticales y varios sentidos:*

> *Puede ser un* SUSTANTIVO:

slope *significa* cuesta *o* pendiente *o* ladera.

> *Puede ser un* VERBO:

slope *significa* estar inclinado.

slot /slɒt/ *tiene varios sentidos:*

1 slot *puede significar* ranura.
► **slot machine** máquina tragaperras *o* máquina expendedora.
2 slot *puede significar* hueco (= en una lista o un calendario, por ejemplo).

Slovakia /sləʊˈvækɪə/ Eslovaquia.

Slovenia /sləʊˈviːnə/ Eslovenia.

slow /sləʊ/ *tiene varias categorías gramaticales y varios sentidos:*

> *Puede ser un* ADJETIVO:

1 slow *puede significar* lento.
2 be slow *puede significar* tardar (cuando te refieres a una persona) *o* ir atrasado (cuando te refieres a un reloj).

> *Puede ser un* ADVERBIO:

slow *significa* despacio.

> *Puede ser un* VERBO:

► **slow down** ir más despacio.

slowly /ˈsləʊlɪ/ despacio.

slug /slʌg/ babosa.

slum /slʌm/ barrio bajo.

sly /slaɪ/ astuto *o* taimado.

smack /smæk/ *tiene varias categorías gramaticales:*

> *Puede ser un* SUSTANTIVO:

smack *significa* azote *o* bofetada *o* cachete.

> *Puede ser un* VERBO:

► **smack somebody** dar un azote a alguien *o* dar una bofetada a alguien *o* dar un cachete a alguien.

small /smɔːl/ pequeño.

smaller /ˈsmɔːləʳ/ *es el comparativo de* **small**.

▷ Their house is smaller than ours. Su casa es más pequeña que la nuestra.
► **get smaller** disminuir.

smallest /ˈsmɔːlɪst/ *es el superlativo de* **small**.

▷ Give me the smallest piece. Dame el trozo más pequeño.

smart /smɑːt/ *tiene varios sentidos:*

1 smart *puede significar* elegante.
2 smart *puede significar* inteligente.

smash /smæʃ/ *tiene varias categorías gramaticales y varios sentidos:*

> *Puede ser un* VERBO TRANSITIVO:

► **smash something** romper algo *o* hacer pedazos algo *o* hacer añicos algo.

> *Puede ser un* VERBO INTRANSITIVO:

smash *significa* romperse *o* hacerse pedazos *o* hacerse añicos.

smell /smel/ *tiene varias categorías gramaticales y varios sentidos:*

> *Puede ser un* SUSTANTIVO:

smell *significa* olor.

> *Puede ser un* VERBO TRANSITIVO:

▶ **smell something** oler algo.

> *Puede ser un* VERBO INTRANSITIVO:

1 **smell** *puede significar* oler.

▷ It smells of chocolate. Huele a chocolate.

2 **smell** *puede significar* apestar *u* oler mal.

smellier /ˈsmelɪəʳ/ *es el comparativo de* **smelly**.

▷ This cheese is even smellier. Este queso huele aún peor.

smelliest /ˈsmelɪɪst/ *es el superlativo de* **smelly**.

▷ He has the smelliest breath. Él tiene el aliento más maloliente.

smelly /ˈsmelɪ/ maloliente.

▶ **be smelly** oler mal.

smelt /smelt/ *es el pretérito y el participio pasado del verbo* **smell**.

▷ It smelt of chocolate. Olía a chocolate.

smile /smaɪl/ *tiene varias categorías gramaticales:*

> *Puede ser un* SUSTANTIVO:

smile *significa* sonrisa.

> *Puede ser un* VERBO:

smile *significa* sonreír.

▶ **smile at somebody** sonreírle a alguien.

smoke /sməʊk/ *tiene varias categorías gramaticales:*

> *Puede ser un* SUSTANTIVO:

smoke *significa* humo.

> *Puede ser un* VERBO:

smoke *significa* fumar.

smoked /sməʊkt/ ahumado.

smoker /ˈsməʊkəʳ/ fumador.

smoking /ˈsməʊkɪŋ/

▷ Smoking is bad for you. Fumar es malo para la salud.

▷ "No smoking" 'Prohibido fumar'.

> **i** smoking también es una forma del verbo smoke.
> ▷ He was smoking a cigar. Estaba fumando un puro.

smooth /smuːð/ *tiene varios sentidos:*

1 **smooth** *puede significar* liso.

3 **smooth** *puede significar* suave.

4 **smooth** *puede significar* tranquilo (cuando te refieres a un vuelo) *o* sin contratiempos (cuando te refieres a una operación).

smother /ˈsmʌðəʳ/ ahogar *o* asfixiar.

smuggle /ˈsmʌgəl/ pasar de contrabando.

smuggler /ˈsmʌgələʳ/ contrabandista.

snack /snæk/ tentempié *o* aperitivo.

snail /sneɪl/ caracol.

snake /sneɪk/ serpiente *o* culebra.

snap /snæp/ *tiene varias categorías gramaticales y varios sentidos:*

> *Puede ser un* SUSTANTIVO:

1 **snap** *puede significar* chasquido.

2 **snap** *puede significar* foto.

> *Puede ser un* VERBO TRANSITIVO:

1 **snap something** partir algo.

2 **snap one's fingers** chasquear los dedos.

> **i** El pronombre personal de la expresión snap one's fingers funciona de la siguiente forma en inglés: I snap my fingers, you snap your fingers, he snaps his fingers, she snaps her fingers, etc.

> *Puede ser un* VERBO INTRANSITIVO:

1 **snap** *significa* partirse.

2 **snap at somebody** *puede significar* intentar morder a alguien (cuando te refieres a un perro, por ejemplo).

3 **snap at somebody** *puede significar* hablar de manera brusca a alguien.

snapshot /ˈsnæpʃɒt/ foto.

snarl /snɑːl/ gruñir (cuando te refieres a un perro).

snatch /snætʃ/

▶ **snatch something from somebody** arrebatar algo a alguien.

sneak /sniːk/ se utiliza para describir movimientos furtivos:

▶ **sneak in** entrar a hurtadillas.

▶ **sneak out** salir a hurtadillas.

▶ **sneak away** escabullirse.

sneakers /ˈsniːkəz/ playeras.

sneeze /sniːz/ *tiene varias categorías gramaticales:*

> *Puede ser un* SUSTANTIVO:

sneeze *significa* estornudo.

> *Puede ser un* VERBO:

sneeze *significa* estornudar.

sniff /snɪf/ olfatear *o* sorberse la nariz.

snigger /ˈsnɪgəʳ/ reírse *o* burlarse.

snip /snɪp/ cortar (con una tijera).

sniper /ˈsnaɪpəʳ/ francotirador.

snob /snɒb/ presuntuoso (= persona presuntuosa).

 En inglés, **snob** no significa 'esnob'.

---

snooze /snuːz/ *tiene varias categorías gramaticales:*
> *Puede ser un* SUSTANTIVO:
snooze *significa* cabezada.
> *Puede ser un* VERBO:
snooze *significa* echar una cabezada.

snore /snɔːʳ/ *tiene varias categorías gramaticales:*
> *Puede ser un* SUSTANTIVO:
snore *significa* ronquido.
> *Puede ser un* VERBO:
snore *significa* roncar.

snorkel /ˈsnɔːkəl/ *tiene varias categorías gramaticales:*
> *Puede ser un* SUSTANTIVO:
snorkel *significa* tubo respiratorio (de buzo).
> *Puede ser un* VERBO:
snorkel *significa* bucear con tubo.

snout /snaʊt/ hocico.

snow /snəʊ/ *tiene varias categorías gramaticales:*
> *Puede ser un* SUSTANTIVO:
snow *significa* nieve.
> *Puede ser un* VERBO:
snow *significa* nevar.
▷ **It's snowing.** Está nevando.

snowball /ˈsnəʊbɔːl/ bola de nieve.

snowflake /ˈsnəʊfleɪk/ copo de nieve.

snowman /ˈsnəʊmæn/ muñeco de nieve.

so /səʊ/ *tiene varios sentidos:*
1 so *puede significar* tan.
> ▷ **She was running so fast that I couldn't catch her up.** Corría tan rápido que no conseguía alcanzarla.
2 so much o **so many** *significa* tanto o tantos.
> ▷ **He has so much money!** ¡Tiene tanto dinero!
> ▷ **I have never seen so many birds.** En mi vida he visto tantos pájaros.
3 so *puede significar* muy.
> ▷ **I'm so happy!** ¡Estoy muy contento!
> ▷ **It's so easy!** ¡Es facilísimo!
4 so *puede significar* así que.
> ▷ **He was tired so he went to bed.** Estaba cansado, así que se fue a la cama.
> ▷ **So what?** ¿Y qué?
5 so *puede significar* también.
> ▷ **So do I.** Yo también.

> ▷ **He speaks English and so does she.** Él habla inglés y ella también.
6 so that *significa* para que.
> ▷ **She gave it to me so that I could read it.** Me lo dio para que lo leyera.
7 so *puede sustituir una frase o una palabra:*
> ▷ **I think so.** Creo que sí.
> ▷ **I don't think so.** No creo.
> ▷ **I told you so.** Ya te lo dije.
8 so *se utiliza para introducir una frase:*
> ▷ **So where have you been?** ¿Y tú dónde has estado?

soak /səʊk/ *tiene varios sentidos:*
1 soak something *puede significar* empapar algo.
2 soak something *puede significar* poner algo en remojo.
3 soak something up absorber algo.

soaked /səʊkt/ empapado.
▶ **be soaked through** estar calado hasta los huesos.

---

i **soaked** también es el pretérito y el participio pasado del verbo **soak**.
▷ **She soaked the bread in some milk.** Empapó el pan en leche.

---

soaking /ˈsəʊkɪŋ/ empapado.
▶ **be soaking wet** estar calado hasta los huesos.

---

i **soaking** también es una forma del verbo **soak**.
▷ **He was soaking his shirt.** Estaba poniendo su camisa en remojo.

---

soap /səʊp/ jabón.
▶ **soap opera** culebrón.

soar /sɔːʳ/ *tiene varios sentidos:*
1 soar *puede significar* remontar el vuelo.
2 soar *puede significar* dispararse (los precios, por ejemplo) o alcanzar cotas muy altas (la temperatura).

sob /sɒb/ *tiene varias categorías gramaticales:*
> *Puede ser un* SUSTANTIVO:
sob *significa* sollozo.
> *Puede ser un* VERBO:
sob *significa* sollozar.

sober /ˈsəʊbəʳ/ *tiene varios sentidos:*
1 sober *puede significar* sobrio.
2 sober *puede significar* serio.

soccer /ˈsɒkəʳ/ fútbol.

social /ˈsəʊʃəl/ social.
▶ **social security** seguridad social.
▶ **social worker** asistente social.

societies /səˈsaɪətɪz/ *es el plural de* **society**.

society /səˈsaɪətɪ/ sociedad.

sock /sɒk/ calcetín.

socket /ˈsɒkɪt/ enchufe *o* zócalo.

sofa bed /ˈsəʊfə bed/ sofá-cama.

soft /sɒft/ *tiene varios sentidos:*
1 **soft** *puede significar* suave.
2 **soft** *puede significar* blando.
3 **soft** *puede significar* dulce (cuando te refieres a una persona, por ejemplo).
4 **soft drink** *refresco.*

soften /ˈsɒfən/ suavizar *o* ablandar.

softly /ˈsɒftlɪ/ suavemente.

soggy /ˈsɒgɪ/ empapado.

soil /sɔɪl/ *tiene varias categorías gramaticales:*
> *Puede ser un* SUSTANTIVO:
soil *significa* tierra (= la sustancia).
> *Puede ser un* VERBO:
▶ **soil something** ensuciar algo.

sold /səʊld/ *es el pretérito y el participio pasado del verbo* **sell**.
▷ I sold my car last week. Vendí el coche la semana pasada.
▷ He has sold his house. Ha vendido su casa.

soldier /ˈsəʊldʒəʳ/ soldado.

sole /səʊl/ *tiene varias categorías gramaticales y varios sentidos:*
> *Puede ser un* SUSTANTIVO:
1 **sole** *puede significar* suela (de un zapato).
2 **sole** *puede significar* planta (del pie).
3 **sole** *puede significar* lenguado.
> *Puede ser un* ADJETIVO:
1 **sole** *puede significar* único.
2 **sole** *puede significar* exclusivo.

solicitor /səˈlɪsɪtəʳ/ abogado *o* notario.

solid /ˈsɒlɪd/ *tiene varios sentidos:*
1 **solid** *puede significar* sólido.
2 **solid** *puede significar* macizo (cuando te refieres a oro o plata, por ejemplo).

solution /səˈluːʃən/ solución.

solve /sɒlv/ resolver.

some /sʌm/ *tiene varios sentidos:*
1 **some** *se utiliza para decir* **algo de** *o* **un poco de** *o* **algunos**, *pero en muchos casos no se traduce:*
▷ Would you like some tea? ¿Quieres té?

▷ There is some cream left. Queda un poco de nata.
▷ There is some water in the jug. Queda algo de agua en la jarra.
▷ He bought some cakes. Compró pasteles.
▷ There are still some apples left. Quedan algunas manzanas todavía.
▷ Some children like it. A algunos niños les gusta.
2 **some** *se utiliza para decir* **un poco** *o* **algunos**, *pero en muchos casos no se traduce:*
▷ He spent most of the money, but he still has some. Gastó la mayor parte del dinero, pero todavía le queda un poco.
▷ Some are better than others. Algunos son mejores que otros.
▷ Most of the children didn't like it, but some did. A la mayoría de los niños no les gustó, pero a algunos sí.
▷ I've got some biscuits, would you like some? Tengo galletas, ¿quieres?
▷ I don't want more wine, I've already had some. No quiero más vino, ya he tomado.
▷ Put some of the milk in a jug. Pon un poco de la leche en una jarra.
▷ You can eat some of these apples. Podéis comeros algunas de estas manzanas.

somebody /ˈsʌmbədɪ/ alguien.
▶ **somebody else** otra persona *u* otro.

somehow /ˈsʌmhaʊ/ de alguna manera.

someone /ˈsʌmwʌn/ alguien.
▶ **someone else** otra persona *u* otro.

someplace /ˈsʌmpleɪs/ en alguna parte *o* a alguna parte.
▶ **someplace else** en algún otro sitio *o* a algún otro sitio.

> ✂ **someplace** es una palabra americana. En inglés británico, se dice **somewhere**.

something /ˈsʌmθɪŋ/ algo.
▶ **something else** otra cosa *o* algo más.

sometime /ˈsʌmtaɪm/ en algún momento.

sometimes /ˈsʌmtaɪmz/ a veces.

somewhere /ˈsʌmweəʳ/ en alguna parte *o* a alguna parte.
▶ **somewhere else** en algún otro sitio *o* a algún otro sitio.

son /sʌn/ hijo.

song /sɒŋ/ canción *o* canto.

son-in-law /ˈsʌnɪnlɔː/ yerno.

soon /suːn/ pronto.

▷ See you soon! ¡Hasta pronto!

▷ He left too soon. Se fue muy pronto.

▷ How soon will you know? ¿Cuándo lo sabrás?

► **as soon as possible** cuanto antes.

▷ I'll come as soon as I can. Vendré tan pronto como pueda.

▷ I'll tell you as soon as she goes. Te lo diré en cuanto se vaya ella.

sooner /ˈsuːnəʳ/ *tiene varios sentidos:*

1 sooner *puede significar* antes.

▷ The sooner the better. Cuanto antes mejor.

► **sooner or later** tarde o temprano.

2 sooner *se utiliza para hablar de* **preferencias**:

▷ I'd sooner leave now. Preferiría irme ahora.

soot /sʊt/ hollín.

soothe /suːð/ calmar o aliviar.

soothing /ˈsuːðɪŋ/ calmante o relajante.

> **i** soothing también es una forma del verbo soothe.
> ▷ The cream was soothing the pain. La crema aliviaba el dolor.

sophisticated /səˈfɪstɪkeɪtɪd/ sofisticado.

sore /sɔːʳ/ *tiene varias categorías gramaticales:*

> *Puede ser un* ADJETIVO:

sore *significa* dolorido.

► **have a sore throat** tener dolor de garganta.

▷ Is it sore here? ¿Te duele aquí?

> *Puede ser un* SUSTANTIVO:

sore *significa* llaga.

sorrow /ˈsɒrəʊ/ pena (= tristeza).

sorry /ˈsɒri/ *se utiliza para pedir* **perdón** *o para decir que* **lamentas** *algo:*

▷ I'm sorry. Lo siento.

▷ I'm sorry about what I said. Siento lo que dije.

▷ I'm sorry to disturb you. Siento molestarte.

▷ She was really sorry you didn't come. Sintió mucho que no vinieras.

▷ Sorry! ¡Perdón!

▷ Sorry? ¿Perdón?

► **feel sorry for somebody** sentir lástima por alguien.

► **say sorry to somebody** pedir perdón a alguien.

sort /sɔːt/ *tiene varias categorías gramaticales y varios sentidos:*

> *Puede ser un* SUSTANTIVO:

sort *significa* tipo o clase.

▷ There are all sorts of people here. Hay todo tipo de gente aquí.

► **a sort of** una especie de.

> *Puede ser un* VERBO:

1 sort something clasificar algo.

2 sort something out *puede significar* ordenar algo.

3 sort something out *puede significar* resolver algo.

sought /sɔːt/ *es el pretérito y el participio pasado del verbo* **seek**.

▷ They sought a new leader. Buscaban a un nuevo líder.

soul /səʊl/ *tiene varios sentidos:*

1 soul *puede significar* alma.

2 soul *puede significar* música soul.

sound /saʊnd/ *tiene varias categorías gramaticales y varios sentidos:*

> *Puede ser un* SUSTANTIVO:

sound *significa* sonido o ruido.

> *Puede ser un* VERBO:

1 sound *puede significar* parecer.

▷ It sounds interesting. Parece interesante.

2 sound *puede significar* sonar.

> *Puede ser un* ADJETIVO:

sound *significa* sano o sólido.

> *Puede ser un* ADVERBIO:

► **be sound asleep** estar profundamente dormido.

soundproof /ˈsaʊndpruːf/ insonorizado.

soundtrack /ˈsaʊndtræk/ banda sonora.

soup /suːp/ sopa.

sour /ˈsaʊəʳ/ agrio o ácido.

source /sɔːs/ fuente (= origen).

south /saʊθ/ sur.

▷ In the south of the country. En el sur del país.

▷ The south wind. El viento del sur.

▷ Go south. Vete hacia el sur.

▷ It's south of the city. Se encuentra al sur de la ciudad.

► **South Africa** Sudáfrica.

► **South America** Sudamérica.

► **the South Pole** el Polo Sur.

southern /ˈsʌðən/ del sur.

souvenir /suːvəˈnɪəʳ/ recuerdo (= objeto que traes de un viaje).

sow /səʊ/ sembrar.

space /speɪs/ *tiene varios sentidos:*
1 **space** *puede significar* espacio.
2 **space** *puede significar* sitio (para poner algo).
▷ It takes up a lot of space. Ocupa mucho sitio.

spaceship /ˈspeɪsʃɪp/ nave espacial.

spacious /ˈspeɪʃəs/ espacioso.

spade /speɪd/ *tiene varios sentidos:*
1 **spade** *puede significar* pala (para cavar).
2 **spades** picas (palo de la baraja).

spaghetti /spəˈgetɪ/ espaguetis.

Spain /speɪn/ España.

spam /spæm/ correo basura (en informática).

Spaniard /ˈspænjəd/ español (= persona).

Spanish /ˈspænɪʃ/ español (= adjetivo e idioma).
▶ **the Spanish** los españoles.

spare /speəʳ/ *tiene varias categorías gramaticales y varios sentidos:*
> *Puede ser un* ADJETIVO:
1 **spare** *puede significar* de sobra.
▶ **spare part** pieza de recambio.
▶ **spare room** habitación de invitados.
▶ **spare tyre** rueda de repuesto.
2 **spare** *puede significar* libre.
▶ **spare time** tiempo libre.
> *Puede ser un* SUSTANTIVO:
spare *significa* pieza de recambio.
> *Puede ser un* VERBO:
1 **Can you spare me some money?** ¿Me puedes dejar algo de dinero?
2 **I can't spare the time.** No tengo tiempo.
3 **I have an hour to spare.** Tengo una hora libre.
4 **spare somebody the trouble of doing something** ahorrarle a alguien las molestias de hacer algo.

spark /spɑːk/ chispa.

sparkle /ˈspɑːkəl/ centellear.

sparkling /ˈspɑːkəlɪŋ/ con gas (cuando te refieres a agua) o espumoso (cuando te refieres a vino).

> ℹ **sparkling** también es una forma del verbo **sparkle**.
> ▷ The sea was sparkling in the sun. El mar centelleaba a la luz del sol.

sparrow /ˈspærəʊ/ gorrión.

spat /spæt/ es el pretérito y el participio pasado del verbo **spit**.
▷ He spat it out. Lo escupió.

speak /spiːk/ hablar.
▶ **speak to somebody about something** hablar con alguien de algo.
▷ He's not speaking to her. No se habla con ella.
▷ Who's speaking? ¿De parte de quién? (cuando hablas por teléfono).
▶ **speak up** hablar más alto.

speaker /ˈspiːkəʳ/ *tiene varios sentidos:*
1 **speaker** *puede significar* hablante.
▶ **French speaker** francófono.
2 **speaker** *puede significar* orador.
3 **speaker** *puede significar* altavoz o bafle.

spear /spɪəʳ/ lanza o jabalina.

special /ˈspeʃəl/ especial.
▶ **nothing special** nada en especial o nada del otro mundo.
▶ **special effects** efectos especiales.

specially /ˈspeʃəlɪ/ especialmente.

species /ˈspiːʃiːz/ especie (= clase de planta o animal).

specific /spəˈsɪfɪk/ específico o preciso.

speck /spek/ *tiene varios sentidos:*
1 **speck** *puede significar* mancha pequeña.
2 **speck** *puede significar* mota (de polvo).

spectacle /ˈspektəkəl/ *tiene varios sentidos:*
1 **spectacle** *significa* espectáculo.
2 *En inglés británico,* **spectacles** *significa* gafas.

spectacular /spekˈtækjələʳ/ espectacular.

spectator /spekˈteɪtəʳ/ espectador.

sped /sped/ es el pretérito y el participio pasado del verbo **speed**.
▷ He sped down the street. Bajó la calle a toda velocidad.

speech /spiːtʃ/ *tiene varios sentidos:*
1 **speech** *puede significar* habla.
2 **speech** *puede significar* discurso.
▷ He made a speech. Pronunció un discurso.

speed /spiːd/ *tiene varias categorías gramaticales y varios sentidos:*
> *Puede ser un* SUSTANTIVO:
speed *significa* velocidad o rapidez.
▶ **speed limit** límite de velocidad.
▶ **at top speed** a toda velocidad.

> *Puede ser un* VERBO:

1 speed along *significa* ir a toda velocidad.
▷ He sped past. Nos pasó a toda velocidad.

2 speed *puede significar* exceder el límite de velocidad.

3 speed up *significa* acelerarse *o* darse prisa.

speedboat /ˈspiːdbəʊt/ lancha motora.

speedometer /spɪˈdɒmɪtəʳ/ velocímetro.

spell /spel/ *tiene varias categorías gramaticales y varios sentidos:*

> *Puede ser un* SUSTANTIVO:

1 spell *puede significar* fórmula mágica *o* conjuro.
▶ **cast a spell on somebody** hechizar a alguien.

2 spell *puede significar* temporada *o* periodo.

> *Puede ser un* VERBO:

▶ **spell something** deletrear algo *o* escribir algo.
▷ How do you spell it? ¿Cómo se escribe?

spelling /ˈspelɪŋ/ ortografía.

spelt /spelt/ *es el pretérito y el participio pasado del verbo* **spell**.
▷ You spelt it wrong. Lo has escrito mal.

spend /spend/ *tiene varios sentidos:*

1 spend *puede significar* gastar (cuando te refieres a dinero).

2 spend *puede significar* pasar (cuando te refieres a tiempo).
▷ I spent a lot of time on this essay. Este trabajo me ha costado mucho tiempo.

spent /spent/ *es el pretérito y el participio pasado del verbo* **spend**.
▷ I spent the night at a friend's house. Pasé la noche en casa de un amigo.
▷ He has spent all the money. Ha gastado todo el dinero.

sphere /sfɪəʳ/ esfera.

spice /spaɪs/ especia.

spicy /ˈspaɪsɪ/ picante.

spider /ˈspaɪdəʳ/ araña.
▶ **spider's web** telaraña.

spike /spaɪk/ punta *o* pincho.

spill /spɪl/ derramar *o* derramarse.

spilt /spɪlt/ *es el pretérito y el participio pasado del verbo* **spill**.
▷ I spilt the milk. He derramado la leche.

spin /spɪn/ *tiene varias categorías gramaticales y varios sentidos:*

> *Puede ser un* VERBO TRANSITIVO:

1 spin something *puede significar* girar algo.

2 spin something *puede significar* centrifugar algo (en una lavadora).

3 spin something *puede significar* hilar algo *o* tejer algo (una telaraña).

> *Puede ser un* VERBO INTRANSITIVO:

spin *significa* girar *o* dar vueltas.
▷ My head is spinning. Me da vueltas la cabeza.

spinach /ˈspɪnɪdʒ/ espinacas.

spine /spaɪn/ *tiene varios sentidos:*

1 spine *puede significar* columna vertebral.

2 spine *puede significar* lomo (de un libro).

3 spine *puede significar* espina.

spiral /ˈspaɪərəl/ *tiene varias categorías gramaticales:*

> *Puede ser un* SUSTANTIVO:

spiral *significa* espiral.

> *Puede ser un* ADJETIVO:

spiral *significa* en espiral.
▶ **spiral staircase** escalera de caracol.

spire /ˈspaɪəʳ/ aguja (de una iglesia).

spirit /ˈspɪrɪt/ *tiene varios sentidos:*

1 spirit *puede significar* espíritu.

2 spirit *puede significar* valor (= coraje) *o* energía (= brío).

3 be in good spirits *significa* tener la moral alta.

4 spirits *puede significar* licores.

spit /spɪt/ *tiene varias categorías gramaticales y varios sentidos:*

> *Puede ser un* SUSTANTIVO:

1 spit *puede significar* saliva.

2 spit *puede significar* asador (= varilla para asar).

> *Puede ser un* VERBO:

1 spit *significa* escupir.

2 spit something out escupir algo.

spite /spaɪt/ rencor.
▶ **in spite of...** a pesar de...

spiteful /ˈspaɪtfʊl/ malévolo.

splash /splæʃ/ *tiene varias categorías gramaticales y varios sentidos:*

> *Puede ser un* SUSTANTIVO:

splash *significa* salpicadura.
▷ She fell into the pool with a splash. Cayó a la piscina ruidosamente.

> *Puede ser un* VERBO TRANSITIVO:

splash *significa* salpicar.

splendid /ˈsplendɪd/ magnífico o espléndido.

splinter /ˈsplɪntəʳ/ astilla o esquirla.

split /splɪt/ tiene varias categorías gramaticales y varios sentidos:
> Puede ser un SUSTANTIVO:
1 **split** puede significar grieta o desgarrón.
2 **split** puede significar escisión.
3 **do the splits** hacer el spagat.
> Puede ser un VERBO TRANSITIVO:
1 **split something** puede significar partir algo o desgarrar algo.
2 **split something** puede significar dividir algo.
3 **split something** puede significar repartir algo.
> Puede ser un VERBO INTRANSITIVO:
1 **split** puede significar partirse o desgarrarse.
2 **split** puede significar dividirse o bifurcarse.
3 **split up** separarse.

spoil /spɔɪl/ tiene varios sentidos:
1 **spoil something** estropear algo.
2 **spoil somebody** mimar a alguien.

spoilt /spɔɪlt/ mimado.

> **i** spoilt también es el pretérito y el participio pasado del verbo spoil.
> ▷ I spoilt my dress. He estropeado el vestido.

spoke /spəʊk/ radio (de una rueda).

> **i** spoke también es el participio pasado del verbo speak.
> ▷ I spoke to him yesterday. Hablé con él ayer.

spoken /ˈspəʊkən/ es el participio pasado del verbo **speak**.
> ▷ Have you spoken to her? ¿Has hablado con ella?

spokesman /ˈspəʊksmən/ portavoz (hombre).

spokesperson /ˈspəʊkspɜːsən/ portavoz (hombre o mujer).

spokeswoman /ˈspəʊkswʊmən/ portavoz (mujer).

sponge /spʌndʒ/ tiene varias categorías gramaticales y varios sentidos:
> Puede ser un SUSTANTIVO:
1 **sponge** puede significar esponja.
2 **sponge** puede significar bizcocho.
> Puede ser un VERBO:
▶ **sponge something** limpiar algo con una esponja.

sponsor /ˈspɒnsəʳ/ tiene varias categorías gramaticales:
> Puede ser un SUSTANTIVO:
sponsor significa patrocinador.
> Puede ser un VERBO:
▶ **sponsor something** patrocinar algo.

spontaneous /spɒnˈteɪnɪəs/ espontáneo.

spooky /ˈspuːkɪ/ escalofriante.

spoon /spuːn/ cuchara.

spoonful /ˈspuːnfʊl/ cucharada.

sport /spɔːt/ deporte.
▶ **sports car** coche deportivo.
▶ **sports centre** polideportivo.
▶ **sports ground** campo de deportes.

sportsman /ˈspɔːtsmən/ deportista (hombre).

sportswoman /ˈspɔːtswʊmən/ deportista (mujer).

spot /spɒt/ tiene varias categorías gramaticales y varios sentidos:
> Puede ser un SUSTANTIVO:
1 **spot** puede significar mancha.
2 **spot** puede significar lunar (en tela) o punto.
3 **spot** puede significar gota.
4 **spot** puede significar grano (en la piel de alguien).
5 **spot** puede significar lugar.
▶ **do something on the spot** hacer algo en el acto.
> Puede ser un VERBO:
▶ **spot something** ver algo.

spotless /ˈspɒtləs/ impecable.

spotlight /ˈspɒtlaɪt/ foco (= luz).

spouse /spaʊz/ cónyuge.

spout /spaʊt/ pitorro.

sprain /spreɪn/ tiene varias categorías gramaticales:
> Puede ser un SUSTANTIVO:
sprain significa torcedura.
> Puede ser un VERBO:
▶ **sprain one's ankle** torcerse el tobillo.

> **i** El pronombre personal de la expresión sprain one's ankle funciona de la siguiente forma en inglés: I sprain my ankle, you sprain your ankle, he sprains his ankle, she sprains her ankle, etc.

sprang /spræŋ/ es el pretérito del verbo **spring**.
> ▷ He sprang to his feet. Se levantó de un salto.

spray /spreɪ/ *tiene varias categorías gramaticales y varios sentidos:*
➢ *Puede ser un* SUSTANTIVO:
spray *significa* spray *o* atomizador.
➢ *Puede ser un* VERBO:
▶ **spray something** rociar algo.

spread /spred/ *tiene varias categorías gramaticales y varios sentidos:*
➢ *Puede ser un* SUSTANTIVO:
1 spread *puede significar* propagación *o* difusión.
2 cheese spread queso para untar.
▶ **chocolate spread** crema de cacao.
➢ *Puede ser un* VERBO TRANSITIVO:
1 spread something *o* **spread something out** *significa* extender algo.
▶ **spread one's legs** extender las piernas.
3 spread something *puede significar* propagar algo *o* difundir algo.
4 spread something with something *puede significar* untar algo con algo (pan con mantequilla, por ejemplo).
➢ *Puede ser un* VERBO INTRANSITIVO:
1 spread *puede significar* extenderse.
2 spread *puede significar* propagarse *o* difundirse.

spring /sprɪŋ/ *tiene varias categorías gramaticales y varios sentidos:*
➢ *Puede ser un* SUSTANTIVO:
1 spring *puede significar* primavera.
2 spring *puede significar* salto *o* brinco.
3 spring *puede significar* muelle (metálico).
4 spring *puede significar* manantial.
➢ *Puede ser un* VERBO:
1 spring *significa* saltar *o* brincar.
▶ **spring to one's feet** levantarse de un salto.

> **i** El pronombre personal de la expresión **spring to one's feet** funciona de la siguiente forma en inglés: I spring to my feet, you spring to your feet, he springs to his feet, she springs to her feet, etc.

2 spring up surgir.

springboard /ˈsprɪŋbɔːd/ trampolín.

spring-cleaning /sprɪŋˈkliːnɪŋ/ limpieza a fondo.

springtime /ˈsprɪŋtaɪm/ primavera.

sprinkle /ˈsprɪŋkəl/ rociar *o* espolvorear.

sprint /sprɪnt/ *tiene varias categorías gramaticales:*
➢ *Puede ser un* SUSTANTIVO:
sprint *significa* esprint *o* carrera.
➢ *Puede ser un* VERBO:
sprint *significa* esprintar *o* correr a toda velocidad.

sprouts /sprauts/ coles de Bruselas.

sprung /sprʌŋ/ *es el participio pasado del verbo* **spring**.
▷ The cat has sprung onto the fence. El gato se ha subido a la valla de un salto.

spun /spʌn/ *es el pretérito y el participio pasado del verbo* **spin**.
▷ The dancer spun round. La bailarina daba vueltas.

spur /spɜːʳ/ espuela.
▶ **on the spur of the moment** sin pensarlo.

spy /spaɪ/ *tiene varias categorías gramaticales:*
➢ *Puede ser un* SUSTANTIVO:
spy *significa* espía.
➢ *Puede ser un* VERBO:
spy *significa* espiar.

squad /skwɒd/ plantilla (de un equipo deportivo).

squadron /ˈskwɒdrən/ escuadrón.

squander /ˈskwɒndəʳ/ despilfarrar *o* desaprovechar.

square /skweəʳ/ *tiene varias categorías gramaticales y varios sentidos:*
➢ *Puede ser un* SUSTANTIVO:
1 square *puede significar* cuadrado.
2 square *puede significar* plaza (de un pueblo).
➢ *Puede ser un* ADJETIVO:
square *significa* cuadrado.
▶ **5 square metres** 5 metros cuadrados.

squash /skwɒʃ/ *tiene varias categorías gramaticales y varios sentidos:*
➢ *Puede ser un* SUSTANTIVO:
1 squash *puede significar* squash.
2 *En inglés británico*, **orange squash** *significa* naranjada.
3 *En inglés americano*, **squash** *puede significar* cucurbitácea.
➢ *Puede ser un* VERBO:
▶ **squash something** aplastar algo.

squat /skwɒt/ *tiene varias categorías gramaticales y varios sentidos:*
➢ *Puede ser un* VERBO:
1 squat *puede significar* ponerse en cuclillas.
2 squat *puede significar* ocupar una vivienda ilegalmente.
➢ *Puede ser un* SUSTANTIVO:
squat *significa* vivienda ocupada (por ocupantes ilegales).

squeak /skwiːk/ *tiene varias categorías gramaticales y varios sentidos:*

> *Puede ser un* SUSTANTIVO:

1 squeak *puede significar* chillido.

2 squeak *puede significar* chirrido *o* crujido.

> *Puede ser un* VERBO:

1 squeak *puede significar* chillar.

2 squeak *puede significar* chirriar *o* crujir.

squeeze /skwi:z/ *tiene varios sentidos:*

1 squeeze something apretar algo.

2 squeeze something out of something exprimir algo de algo.

3 squeeze something into something meter algo en algo (apretando).

squid /skwɪd/ calamar *o* calamares.

squint /skwɪnt/ entrecerrar los ojos.

squirrel /ˈskwɪrəl/ ardilla.

St /seɪnt/ *es la abreviatura de* **Saint** *y de* **Street**.

stab /stæb/ apuñalar.

stable /ˈsteɪbəl/ *tiene varias categorías gramaticales y varios sentidos:*

> *Puede ser un* SUSTANTIVO:

stable *significa* cuadra.

> *Puede ser un* ADJETIVO:

stable *significa* estable.

stack /stæk/ *tiene varias categorías gramaticales:*

> *Puede ser un* SUSTANTIVO:

stack *significa* montón *o* pila.

> *Puede ser un* VERBO:

▶ **stack something** *o* **stack something up** apilar algo.

stadium /ˈsteɪdɪəm/ estadio.

staff /stɑ:f/ personal (= empleados).

stag /stæg/ ciervo (macho).

stage /steɪdʒ/ *tiene varios sentidos:*

1 stage *puede significar* escenario (en un teatro).

2 stage *puede significar* estrado.

3 stage *puede significar* etapa.

▶ **at this stage** a estas alturas *o* en este momento.

stagger /ˈstægəʳ/ *tiene varias categorías gramaticales y varios sentidos:*

> *Puede ser un* VERBO INTRANSITIVO:

stagger *significa* tambalearse.

> *Puede ser un* VERBO TRANSITIVO:

▶ **stagger somebody** dejar atónito a alguien.

stain /steɪn/ *tiene varias categorías gramaticales:*

> *Puede ser un* SUSTANTIVO:

stain *significa* mancha.

> *Puede ser un* VERBO:

▶ **stain something** manchar algo.

stained-glass window /ˈsteɪnd glɑ:s ˈwɪndəʊ/ vidriera (en una iglesia).

stainless steel /ˈsteɪnləs sti:l/ acero inoxidable.

stair /steəʳ/ escalón (de una escalera).

▶ **stairs** escalera *o* escaleras.

staircase /ˈsteəkeɪs/ escalera.

stake /steɪk/ *tiene varios sentidos:*

1 stake *puede significar* estaca.

2 stake *puede significar* apuesta.

▶ **be at stake** estar en juego.

stale /steɪl/ rancio *o* pasado.

stalk /stɔ:k/ tallo *o* rabillo (de un fruto o una hoja).

stall /stɔ:l/ puesto *o* caseta (en una feria, por ejemplo).

stamina /ˈstæmɪnə/ resistencia (de un atleta, por ejemplo).

stammer /ˈstæməʳ/ *tiene varias categorías gramaticales:*

> *Puede ser un* SUSTANTIVO:

stammer *significa* tartamudeo.

▶ **have a stammer** tartamudear.

> *Puede ser un* VERBO:

stammer *significa* tartamudear.

stamp /stæmp/ *tiene varias categorías gramaticales y varios sentidos:*

> *Puede ser un* SUSTANTIVO:

1 stamp *puede significar* sello.

2 stamp *puede significar* tampón (de tinta).

> *Puede ser un* VERBO:

1 stamp one's foot patear.

---

i El pronombre personal de la expresión **stamp one's foot** funciona de la siguiente forma en inglés: I stamp **my** foot, you stamp **your** foot, he stamps **his** foot, she stamps **her** foot, etc.

---

2 stamp something estampar algo.

3 stamp an envelope poner un sello en un sobre.

stand /stænd/ *tiene varias categorías gramaticales y varios sentidos:*

> *Puede ser un* SUSTANTIVO:

1 stand *puede significar* puesto (en una feria, por ejemplo).

2 stand *puede significar* quiosco (de periódicos).

3 stand *puede significar* soporte (de una lámpara, por ejemplo).

4 stand *puede significar* tribuna (en un campo de fútbol, por ejemplo).

▶ **the stands** las gradas.

5 stand *puede significar* postura (= punto de vista).

▶ **take a stand** adoptar una postura.

≻ *Puede ser un* VERBO INTRANSITIVO:

1 stand *puede significar* ponerse de pie *o* levantarse.

▷ He stood when she came in. Se levantó cuando entró.

2 stand *puede significar* estar de pie *o* estar.

▷ I sat while he stood. Yo estaba sentada mientras que él estaba de pie.

▷ He was standing at the bar. Estaba en la barra.

3 stand *puede significar* encontrarse.

▷ The house stood by the sea. La casa se encontraba a orillas del mar.

≻ *Puede ser un* VERBO TRANSITIVO:

1 stand something *puede significar* colocar algo.

▷ Stand the lamp on the table. Coloca la lámpara en la mesa.

2 stand something against something apoyar algo en algo.

3 stand something *puede significar* aguantar algo.

▷ I can't stand spinach. No aguanto las espinacas.

▷ She can't stand being kept waiting. No aguanta que le hagan esperar.

Phrasal verbs:

Al verbo **stand** *a veces le sigue una preposición como* **back** *o* **up**, *lo que puede cambiar su significado. En inglés, esto se llama un* **phrasal verb**.

STAND BACK:
▶ **stand back** echarse para atrás.

STAND FOR:
▶ **stand for something** *puede significar* representar algo *o* significar algo.

▷ What do those letters stand for? ¿Qué significan esas letras?

▶ **stand for something** *puede significar* tolerar algo.

▷ I won't stand for such behaviour. No voy a tolerar ese comportamiento.

STAND IN FOR:
▶ **stand in for somebody** sustituir a alguien.

STAND OUT:
▶ **stand out** destacar.

STAND UP:
▶ **stand up** ponerse de pie *o* levantarse.
▶ **be standing up** estar de pie.
▶ **stand something up** colocar algo de pie.

STAND UP FOR:
▶ **stand up for somebody** defender a alguien.

---

standard /ˈstændəd/ *tiene varias categorías gramaticales y varios sentidos:*

≻ *Puede ser un* SUSTANTIVO:

1 standard *puede significar* norma o criterio.

2 standard *puede significar* nivel.

▶ **standard of living** nivel de vida.

3 standards *puede significar* principios (valores morales).

≻ *Puede ser un* ADJETIVO:

standard *significa* estándar *o* corriente *o* normal.

standstill /ˈstændstɪl/

▶ **come to a standstill** detenerse *o* paralizarse.

stank /stæŋk/ *es el pretérito del verbo* **stink**.

▷ His room stank. Su habitación apestaba.

staple /ˈsteɪpəl/ *tiene varias categorías gramaticales:*

≻ *Puede ser un* SUSTANTIVO:

staple *significa* grapa.

≻ *Puede ser un* VERBO:

staple something *significa* grapar algo.

stapler /ˈsteɪpələr/ grapadora.

star /stɑːr/ *tiene varias categorías gramaticales y varios sentidos:*

≻ *Puede ser un* SUSTANTIVO:

star *significa* estrella.

≻ *Puede ser un* VERBO:

star in something *significa* protagonizar algo (una película, por ejemplo).

stare /steər/ *tiene varias categorías gramaticales:*

≻ *Puede ser un* SUSTANTIVO:

stare *significa* mirada fija.

≻ *Puede ser un* VERBO:

▶ **stare at something** *o* **somebody** mirar fijamente algo *o* a alguien.

starfish /ˈstɑːfɪʃ/ estrella de mar.

start /stɑːt/ *tiene varias categorías gramaticales y varios sentidos:*

≻ *Puede ser un* SUSTANTIVO:

1 start *puede significar* comienzo *o* principio.

▶ **at the start of the year** a principios de año.

2 start *puede significar* salida (de una carrera).

3 start *puede significar* sobresalto.

≻ *Puede ser un* VERBO TRANSITIVO:

1 start something *puede significar* comenzar algo *o* empezar algo.

▶ **start doing something** *o* **start to do something** comenzar a hacer algo *o* empezar a hacer algo.

▶ **get started** comenzar *o* empezar.

2 start something *puede significar* poner algo en marcha o arrancar algo.

3 start something *puede significar* formar algo (una asociación, por ejemplo) o montar algo (un negocio).

> *Puede ser un* VERBO INTRANSITIVO:

1 start *puede significar* comenzar o empezar.

2 start *puede significar* salir o partir.

3 start *puede significar* ponerse en marcha o arrancar.

4 start *puede significar* sobresaltarse.

starter /ˈstɑːtəʳ/ *tiene varios sentidos:*

1 En inglés británico, **starter** *puede significar* primer plato.

▶ **for starters** de primero.

2 starter *puede significar* motor de arranque.

startle /ˈstɑːtəl/ asustar.

starve /stɑːv/ *tiene varias categorías gramaticales y varios sentidos:*

> *Puede ser un* VERBO TRANSITIVO:

▶ **starve somebody** privar de comida a alguien.

> *Puede ser un* VERBO INTRANSITIVO:

starve *significa* pasar hambre.

▶ **starve to death** morir de hambre.

▷ I'm starving ¡Me muero de hambre!

state /steɪt/ *tiene varias categorías gramaticales y varios sentidos:*

> *Puede ser un* SUSTANTIVO:

1 state *significa* estado.

2 the States Estados Unidos.

> *Puede ser un* ADJETIVO:

state *significa* estatal.

> *Puede ser un* VERBO:

▶ **state something** indicar algo.

▶ **state that...** declarar que...

statement /ˈsteɪtmənt/ *tiene varios sentidos:*

1 statement *puede significar* declaración.

2 statement *puede significar* extracto de cuenta.

station /ˈsteɪʃən/ *tiene varios sentidos:*

1 station *puede significar* estación (de tren o autobús).

▷ bus station estación de autobús.

2 station *puede significar* cadena (de radio) o canal (de televisión).

3 station *puede significar* comisaría.

stationary /ˈsteɪʃənərɪ/ inmóvil.

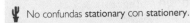 No confundas **stationary** con **stationery**.

stationer's /ˈsteɪʃənəz/ papelería (= tienda).

stationery /ˈsteɪʃənərɪ/ artículos de papelería.

 No confundas **stationery** con **stationary**.

statistics /stəˈtɪstɪks/ datos o estadísticas.

statue /ˈstætjuː/ estatua.

stay /steɪ/ *tiene varias categorías gramaticales y varios sentidos:*

> *Puede ser un* SUSTANTIVO:

stay *significa* estancia.

> *Puede ser un* VERBO:

1 stay *puede significar* quedarse o permanecer.

2 stay with somebody quedarse en casa de alguien.

▷ I'm staying at a hotel. Estoy en un hotel.

▷ She came to stay for a week. Pasó una semana en nuestra casa.

Phrasal verbs:

Al verbo **stay** *a veces le sigue una preposición como* **in** *o* **up**, *lo que puede cambiar su significado. En inglés, esto se llama un* **phrasal verb**.

STAY IN:

▶ **stay in** quedarse en casa.

STAY OUT:

▶ **stay out** no volver a casa.

STAY UP:

▶ **stay up** quedarse levantado.

---

steadier /ˈstedɪəʳ/ es el *comparativo de* **steady**.

▷ It's steadier now. Ahora está más estable.

steadiest /ˈstedɪɪst/ es el *superlativo de* **steady**.

▷ It's steadiest if you hold it this way. Esta es la forma más estable de sujetarlo.

steady /ˈstedɪ/ *tiene varias categorías gramaticales y varios sentidos:*

> *Puede ser un* ADJETIVO:

1 steady *puede significar* firme o estable.

2 steady *puede significar* constante o regular.

▷ He has a steady income. Tiene ingresos regulares.

> *Puede ser un* VERBO:

1 steady something sujetar algo o estabilizar algo.

2 steady somebody's nerves calmar a alguien.

steak /steɪk/ filete o bistec.

steal /stiːl/ robar.

steam /stiːm/ vapor.

steel /stiːl/ acero.

steep /stiːp/ *tiene varios sentidos:*

1 steep *puede significar* empinado.

2 steep *puede significar* importante (cuando te refieres a un aumento o una caída).

steeple /ˈstiːpəl/ torre (de una iglesia).

steer /stɪərʳ/ conducir (un vehículo) *o* gobernar (un barco).

steering wheel /ˈstɪərɪŋ wiːl/ volante (de un vehículo).

stem /stem/ tallo *o* rabillo (de un fruto o una hoja).

stencil /ˈstensəl/ plantilla (= patrón).

step /step/ *tiene varias categorías gramaticales y varios sentidos:*

> *Puede ser un* SUSTANTIVO:

1 step *puede significar* paso (al andar, y también en el sentido de 'etapa').

► **step by step** paso a paso.

2 step *puede significar* peldaño *o* escalón.

► **steps** escalera.

3 step *puede significar* medida.

> *Puede ser un* VERBO:

► **step in something** pisar algo *o* meter el pie en algo.

► **step on something** pisar algo.

► **step back** dar un paso atrás.

► **step forward** dar un paso adelante.

stepbrother /ˈstepbrʌðəʳ/ hermanastro.

stepdaughter /ˈstepdɔːtəʳ/ hijastra.

stepfather /ˈstepfɑːðəʳ/ padrastro

stepladder /ˈsteplædəʳ/ escalera de tijera.

stepmother /ˈstepmʌðəʳ/ madrastra

stepsister /ˈstepsɪʃtəʳ/ hermanastra.

stepson /ˈstepsʌn/ hijastro.

stereo /ˈsterɪəʊ/ *tiene varios sentidos:*

1 stereo *puede significar* estéreo.

2 stereo *puede significar* equipo de música.

stern /stɜːn/ *tiene varias categorías gramaticales:*

> *Puede ser un* SUSTANTIVO:

stern *significa* popa.

> *Puede ser un* ADJETIVO:

stern *significa* severo.

stew /stjuː/ guiso.

stick /stɪk/ *tiene varias categorías gramaticales y varios sentidos:*

> *Puede ser un* SUSTANTIVO:

stick *significa* palo *o* bastón.

> *Puede ser un* VERBO TRANSITIVO:

1 stick something *puede significar* pegar algo (con pegamento).

▷ I stuck the knob back on. Pegué el pomo.

2 stick something *puede significar* clavar algo.

▷ He stuck a pin in the trousers. Clavó un alfiler en el pantalón.

3 stick something *puede significar* meter algo.

▷ Stick your clothes in this cupboard. Mete la ropa en este armario.

> *Puede ser un* VERBO INTRANSITIVO:

1 stick *puede significar* pegarse.

2 stick *puede significar* atascarse.

Phrasal verbs:

Al verbo **stick** *a veces le sigue una preposición como* **out** *o* **up**, *lo que puede cambiar su significado. En inglés, esto se llama un* **phrasal verb**.

STICK OUT:

► **stick out** sobresalir.

► **stick one's tongue out** sacar la lengua.

STICK UP:

► **stick something up** pegar algo (en la pared o un tablón de anuncios, por ejemplo).

► **stick one's hand up** levantar la mano.

STICK UP FOR:

► **stick up for somebody** defender a alguien.

i El pronombre personal de las expresiones **stick one's tongue out** y **stick one's hand up** funciona de la siguiente forma en inglés: I stick **my** tongue out/hand up, you stick **your** tongue out/hand up, he sticks **his** tongue out/hand up, she sticks **her** tongue out/hand up, etc.

sticker /ˈstɪkəʳ/ pegatina *o* etiqueta.

stickier /ˈstɪkɪəʳ/ *es el comparativo de* **sticky**.

▷ My hands are even sticker now. Ahora tengo las manos aún más pegajosas.

stickiest /ˈstɪkɪɪst/ *es el superlativo de* **sticky**.

▷ Who has the stickiest hands? ¿Quién tiene las manos más pegajosas?

sticky /ˈstɪkɪ/ pegajoso *o* adhesivo.

stiff /stɪf/ rígido *o* tieso.

► **be bored stiff** estar muerto de aburrimiento.

► **be scared stiff** estar muerto de miedo.

stiffen /ˈstɪfən/ *tiene varias categorías gramaticales y varios sentidos:*

> *Puede ser un* VERBO TRANSITIVO:

► **stiffen something** poner rígido algo *o* endurecer algo.

> *Puede ser un* VERBO INTRANSITIVO:
▶ **stiffen** *significa* endurecerse.

stilleto heels /stɪˈletəʊ ˈhiːlz/ tacones de aguja.

still /stɪl/ *tiene varias categorías gramaticales y varios sentidos:*
> *Puede ser un* ADVERBIO:
still *significa* todavía *o* aún.
▷ I still haven't finished. Aún no he terminado.
▷ We still have time. Todavía tenemos tiempo.
> *Puede ser un* ADJETIVO:
1 still *puede significar* quieto.
▶ **stay still!** ¡Estate quieto! *o* ¡No te muevas!
2 still *puede significar* tranquilo.
3 still *puede significar* sin gas (cuando te refieres a agua mineral).

stilts /stɪlts/ zancos.

stimulate /ˈstɪmjəleɪt/ estimular.

sting /stɪŋ/ *tiene varias categorías gramaticales y varios sentidos:*
> *Puede ser un* SUSTANTIVO:
1 sting *puede significar* picadura.
2 sting *puede significar* aguijón.
> *Puede ser un* VERBO:
sting *significa* picar.

stinging nettle /ˈstɪŋɪŋ ˈnetəl/ ortiga.

stink /stɪŋk/ *tiene varias categorías gramaticales:*
> *Puede ser un* SUSTANTIVO:
stink *significa* peste (= mal olor).
> *Puede ser un* VERBO:
stink *significa* apestar.

stir /stɜːʳ/ *tiene varias categorías gramaticales y varios sentidos:*
> *Puede ser un* VERBO TRANSITIVO:
▶ **stir something** remover algo.
> *Puede ser un* VERBO INTRANSITIVO:
stir *significa* moverse.

stirrup /ˈstɪrəp/ estribo.

stitch /stɪtʃ/ *tiene varias categorías gramaticales y varios sentidos:*
> *Puede ser un* SUSTANTIVO:
1 stitch *puede significar* puntada (en costura) o punto (al tejer) o punto de sutura.
2 stitch *puede significar* flato.
> *Puede ser un* VERBO:
▶ **stitch something** coser algo.

stock /stɒk/ *tiene varias categorías gramaticales y varios sentidos:*

> *Puede ser un* SUSTANTIVO:
1 stock *puede significar* existencias o reserva.
▶ **in stock** en almacén.
▶ **out of stock** agotado (cuando te refieres a un producto).
2 stock *puede significar* valor (= título financiero).
▶ **stocks and shares** valores.
▶ **the stock exchange** *o* **the stock market** la bolsa.
3 stock *puede significar* caldo.
> *Puede ser un* VERBO:
1 stock something tener algo o vender algo (cuando te refieres a una tienda).
▷ Do you stock sleeping bags? ¿Tienes sacos de dormir?
2 stock up with something abastecerse de algo.

stockings /ˈstɒkɪŋz/ medias (= prenda interior femenina).

stole /stəʊl/ *es el pretérito del verbo* **steal**.
▷ He stole my bicycle. Me robó la bicicleta.

stolen /ˈstəʊlən/ *es el participio pasado del verbo* **steal**.
▷ Someone has stolen his wallet. Le han robado la cartera.

stomach /ˈstʌmək/ estómago o vientre.
▶ **have stomach ache** tener dolor de estómago.

stone /stəʊn/ *tiene varios sentidos:*
1 stone *puede significar* piedra.
▶ **a stone wall** un muro de piedra.
2 stone *puede significar* hueso (de un fruto).
3 *En inglés británico*, **stone** *es una unidad de medida equivalente a 6,35 kg.*
▷ I weigh six stone. Peso 38 kilos.

stood /stʊd/ *es el pretérito y el participio pasado del verbo* **stand**.
▷ She stood up. Se levantó.
▷ He has always stood up for me. Siempre me ha defendido.

stool /stuːl/ taburete o banqueta.

stoop /stuːp/ *tiene varios sentidos:*
1 stoop *puede significar* agacharse.
2 stoop *puede significar* encorvarse.

stop /stɒp/ *tiene varias categorías gramaticales y varios sentidos:*
> *Puede ser un* SUSTANTIVO:
stop *significa* parada.
▶ **come to a stop** detenerse.
▶ **put a stop to something** poner fin a algo.

> *Puede ser un* VERBO TRANSITIVO:

1 stop something *puede significar* parar algo.

2 stop something *puede significar* poner fin a algo *o* detener algo.

3 stop doing something dejar de hacer algo.

▶ **Stop shouting!** ¡Deja de gritar!

4 stop somebody doing something impedir que alguien haga algo.

> *Puede ser un* VERBO INTRANSITIVO:

stop *significa* pararse *o* detenerse *o* cesar.

stopwatch /ˈstɒpwɒtʃ/ cronómetro.

store /stɔːʳ/ *tiene varias categorías gramaticales y varios sentidos:*

> *Puede ser un* SUSTANTIVO:

1 store *puede significar* tienda.

2 store *puede significar* reserva *o* provisión.

3 store *puede significar* almacén.

> *Puede ser un* VERBO:

▶ **store something** almacenar algo *o* guardar algo.

storey /ˈstɔːrɪ/ planta (de un edificio).

⌐ En inglés americano, esta palabra se escribe **story**.

stork /stɔːk/ cigüeña.

storm /stɔːm/ tormenta.

stormy /ˈstɔːmɪ/ tormentoso *o* tempestuoso.

story /ˈstɔːrɪ/ *tiene varios sentidos:*

1 story *puede significar* cuento *o* historia.

2 story *puede significar* artículo (de prensa).

3 *En inglés americano*, **story** *puede significar* planta (de un edificio).

⌐ En el sentido de 'planta', esta palabra se escribe **storey** en inglés británico.

stove /stəʊv/ cocina (= el aparato) *o* estufa.

straight /streɪt/ *tiene varias categorías gramaticales y varios sentidos:*

> *Puede ser un* ADJETIVO:

1 straight *puede significar* recto *o* derecho (cuando te refieres a algo que no está torcido) *o* liso (cuando te refieres al pelo de alguien).

2 straight *puede significar* franco.

> *Puede ser un* ADVERBIO:

1 straight *puede significar* recto (= en línea recta, sin torcer).

▷ Sit up **straight!** ¡Siéntate derecho!

2 straight *puede significar* directamente.

▷ Go **straight** home. Vete directamente a casa.

3 straight *puede venir antes de una preposición:*

▶ **straight ahead** todo recto *o* justo delante.

▶ **straight away** en seguida.

▶ **straight off** de entrada.

▶ **straight on** todo recto.

▶ **straight out** sin tapujos.

straighten /ˈstreɪtən/ enderezar algo *o* poner algo derecho.

straightforward /streɪtˈfɔːwəd/ *tiene varios sentidos:*

1 straightforward *puede significar* sencillo.

2 straightforward *puede significar* franco.

strain /streɪn/ *tiene varias categorías gramaticales y varios sentidos:*

> *Puede ser un* SUSTANTIVO:

1 strain *puede significar* tensión *o* presión.

2 strain *puede significar* estrés.

3 strain *puede significar* distensión *o* torcedura.

> *Puede ser un* VERBO:

1 strain something *puede significar* distenderse algo *o* torcerse algo.

▶ **strain one's eyes** cansar la vista.

ℹ El pronombre personal de la expresión **strain one's eyes** funciona de la siguiente forma en inglés: I strain **my** eyes, you strain **your** eyes, he strains **his** eyes, she strains **her** eyes, etc.

2 strain something *puede significar* ejercer mucha presión sobre algo *o* poner algo a prueba.

3 strain something *puede significar* colar algo (una sustancia líquida) *o* escurrir algo.

strainer /ˈstreɪnəʳ/ colador.

strange /streɪndʒ/ *tiene varios sentidos:*

1 strange *puede significar* raro *o* extraño.

2 strange *puede significar* desconocido.

stranger /ˈstreɪndʒəʳ/ desconocido *o* extraño *o* forastero.

ℹ **stranger** también es el comparativo de **strange**:
▷ The truth is even **stranger**. La verdad es aún más extraña.

strangest /ˈstreɪndʒɪst/ es el superlativo de **strange**.

▷ It's the **strangest** dog I've ever seen. Es el perro más raro que he visto en mi vida.

strangle /ˈstræŋɡəl/ estrangular.

strap /stræp/ correa *o* tirante.

strategies /ˈstrætədʒɪz/ es el plural de **strategy**.

strategy /ˈstrætədʒɪ/ estrategia.

straw /strɔː/ paja o pajita.

strwberries /ˈstrɔːbərɪz/ es el plural de **strawberry**.

strawberry /ˈstrɔːbərɪ/ fresa.

stray /streɪ/ tiene varias categorías gramaticales y varios sentidos:
> Puede ser un ADJETIVO:
1 **stray** puede significar callejero (cuando te refieres a un animal).
2 **stray** puede significar perdido (cuando te refieres a una bala).
> Puede ser un VERBO:
stray significa extraviarse o desviarse.

streak /striːk/ tiene varios sentidos:
1 **streak** puede significar raya o mecha (en el pelo).
▶ **a streak of lightning** un rayo.
2 **streak** puede significar vena (cuando te refieres a la personalidad de alguien).
▷ He's got a nasty streak. Tiene una vena mezquina.

stream /striːm/ tiene varias categorías gramaticales y varios sentidos:
> Puede ser un SUSTANTIVO:
1 **stream** puede significar arroyo.
2 **stream** puede significar chorro (de agua o luz) o torrente (de insultos o tráfico, por ejemplo).
> Puede ser un VERBO:
1 **stream** puede significar chorrear o salir a chorros.
2 **stream in** entrar a raudales.
▶ **stream out** salir en masa.

street /striːt/ calle.

streetcar /ˈʃtriːtkɑːʳ/ tranvía.

> streetcar es una palabra americana. En inglés británico, se dice tram.

streetlamp /ˈstriːtlæmp/ farola.

streetlight /ˈstriːtlaɪt/ farola.

strength /streŋθ/ tiene varios sentidos:
1 **strength** puede significar fuerza o fortaleza o resistencia.
2 **strength** puede significar punto fuerte.
3 **strength** puede significar intensidad.

strengthen /ˈstreŋθən/ reforzar o fortalecer.

stress /stres/ tiene varias categorías gramaticales y varios sentidos:
> Puede ser un SUSTANTIVO:
1 **stress** puede significar estrés.
▶ **be under stress** estar estresado.
2 **stress** puede significar hincapié.
▶ **place stress on something** hacer hincapié en algo.
> Puede ser un VERBO:
▶ **stress something** subrayar algo.

stressful /ˈstresfʊl/ estresante.

stretch /stretʃ/ tiene varias categorías gramaticales y varios sentidos:
> Puede ser un SUSTANTIVO:
1 **stretch** puede significar período.
2 **stretch** puede significar extensión (de tierra o agua) o tramo (de una calle o un río).
> Puede ser un VERBO TRANSITIVO:
stretch something significa estirar algo.
> Puede ser un VERBO INTRANSITIVO:
1 **stretch** puede significar estirarse.
2 **stretch** puede significar extenderse.

stretcher /ˈstretʃəʳ/ camilla.

strict /strɪkt/ estricto.

stride /straɪd/ tiene varias categorías gramaticales:
> Puede ser un SUSTANTIVO:
stride significa zancada.
> Puede ser un VERBO:
▶ **stride along** andar dando zancadas.

strike /straɪk/ tiene varias categorías gramaticales y varios sentidos:
> Puede ser un SUSTANTIVO:
1 **strike** puede significar huelga.
▶ **go on strike** declararse en huelga.
2 **strike** puede significar ataque.
> Puede ser un VERBO TRANSITIVO:
1 **strike somebody** puede significar golpear a alguien.
2 **strike something** puede significar chocar contra algo o alcanzar algo.
▷ The building was struck by lightning. El edificio fue alcanzado por un rayo.
3 **strike a match** encender una cerilla.
4 **strike somebody** puede significar ocurrírsele a alguien.
▷ It strikes me as odd. Me parece raro.
> Puede ser un VERBO INTRANSITIVO:
1 **strike** puede significar atacar.
2 **strike** puede significar dar la hora.

string /strɪŋ/ tiene varios sentidos:
1 **string** puede significar cuerda (= el material y también el componente de un instrumento musical o de una raqueta).

► **a piece of string** una cuerda.

2 string *puede significar* sarta (de perlas).

3 string *puede significar* serie (de derrotas, por ejemplo).

strip /strɪp/ *tiene varias categorías gramaticales y varios sentidos:*

> *Puede ser un* SUSTANTIVO:

strip *significa* tira (de papel o tela, por ejemplo).

> *Puede ser un* VERBO TRANSITIVO:

1 strip somebody *puede significar* desnudar a alguien.

2 strip somebody of something quitar algo a alguien.

3 strip something *puede significar* quitar algo (pintura o papel pintado) o raspar algo (las paredes, por ejemplo).

> *Puede ser un* VERBO INTRANSITIVO:

strip *significa* desnudarse.

stripe /straɪp/ raya (= línea).

striped /straɪpt/ a rayas.

strode /strəʊd/ *es el pretérito del verbo* **stride**.

▷ They strode along. Andaban dando zancadas.

stroke /strəʊk/ *tiene varias categorías gramaticales y varios sentidos:*

> *Puede ser un* SUSTANTIVO:

1 stroke *puede significar* golpe (en tenis, por ejemplo) o estilo (en natación).

2 stroke *puede significar* derrame cerebral.

3 a stroke of luck un golpe de suerte.

> *Puede ser un* VERBO:

► **stroke something** *o* **somebody** acariciar algo o a alguien.

stroll /strəʊl/ *tiene varias categorías gramaticales:*

> *Puede ser un* SUSTANTIVO:

stroll *significa* paseo.

> *Puede ser un* VERBO:

stroll *significa* caminar.

stroller /ˈstrəʊləʳ/ silla de paseo.

stroller es una palabra americana. En inglés británico, se dice **pushchair**.

strong /strɒŋ/ fuerte o firme o resistente.

strongly /ˈstrɒŋlɪ/ fuertemente.

struck /strʌk/ *es el pretérito y el participio pasado del verbo* **strike**.

▷ He struck his fist on the table. Golpeó la mesa con el puño.

structure /ˈstrʌktʃəʳ/ estructura.

struggle /ˈstrʌgəl/ *tiene varias categorías gramaticales y varios sentidos:*

> *Puede ser un* SUSTANTIVO:

struggle *significa* lucha o forcejeo.

> *Puede ser un* VERBO:

1 struggle *puede significar* luchar.

► **struggle to do something** luchar por hacer algo.

2 struggle *puede significar* forcejear.

stub /stʌb/ *tiene varias categorías gramaticales y varios sentidos:*

> *Puede ser un* SUSTANTIVO:

1 stub *puede significar* colilla.

2 stub *puede significar* matriz (de un cheque o una entrada).

> *Puede ser un* VERBO:

► **stub a cigarette out** apagar un cigarrillo.

stubble /ˈstʌbəl/ *tiene varios sentidos:*

1 stubble *puede significar* barba incipiente o barba de tres días.

2 stubble *puede significar* rastrojo.

stubborn /ˈstʌbən/ terco o testarudo.

stuck /stʌk/ atascado.

i stuck también es el pretérito y el participio pasado del verbo stick:
▷ I stuck my hand in my pocket. Metí la mano en el bolsillo.

student /ˈstjuːdənt/ estudiante.

studied /ˈstʌdɪd/ *es el pretérito y el participio pasado del verbo* **study**.

▷ He studied law. Estudió derecho.

studies /ˈstʌdɪz/ *tiene varios sentidos:*

1 studies *es el plural de* **study**.

▷ He has finished his studies. Ha terminado sus estudios.

2 studies *es la tercera persona del singular del presente de indicativo del verbo* **study**.

▷ She studies in France. Estudia en Francia.

studio /ˈstjuːdɪəʊ/ estudio.

study /ˈstʌdɪ/ *tiene varias categorías gramaticales:*

> *Puede ser un* SUSTANTIVO:

study *significa* estudio.

> *Puede ser un* VERBO:

study *significa* estudiar.

stuff /stʌf/ *tiene varias categorías gramaticales y varios sentidos:*

> *Puede ser un* SUSTANTIVO:

1 stuff *puede significar* cosas.

▷ Bring all your stuff. Trae todas tus cosas.

2 stuff *puede significar* cosa o sustancia.

▷ What's that stuff on your arm? ¿Qué es eso que tienes en el brazo?

> *Puede ser un* VERBO:
1 **stuff something** rellenar algo.
2 **stuff something with something** llenar algo de algo.
3 **stuff something into something** meter algo en algo.

stuffy /ˈstʌfɪ/ cargado (cuando te refieres al ambiente).

stumble /ˈstʌmbəl/ tropezar.

stun /stʌn/ aturdir o dejar de piedra.

stung /stʌŋ/ es el participio pasado del verbo **sting**.
▷ **I've been stung by a bee.** Me ha picado una abeja.

stunning /ˈstʌnɪŋ/ sensacional o despampanante.

stunt /stʌnt/ *tiene varios sentidos:*
1 **stunt** puede significar escena peligrosa (en una película).
2 **stunt** puede significar truco publicitario.

stuntman /ˈstʌntmæn/ especialista o doble (en una película).

stupid /ˈstjuːpɪd/ estúpido o tonto.

sturdy /ˈstɜːdɪ/ sólido o fuerte o robusto.

stutter /ˈstʌtəʳ/ *tiene varias categorías gramaticales:*
> *Puede ser un* SUSTANTIVO:
stutter significa tartamudeo.
▶ **have a stutter** tartamudear.
> *Puede ser un* VERBO:
stutter significa tartamudear.

style /staɪl/ *tiene varios sentidos:*
1 **style** puede significar estilo.
2 **style** puede significar modelo o clase.
3 **style** puede significar moda.

stylish /ˈstaɪlɪʃ/ elegante.

subject se pronuncia de dos formas diferentes y su sentido y categoría gramatical cambian en función de la pronunciación:
🔊 /ˈsʌbdʒekt/ (el acento recae sobre la primera sílaba **sub-**).
> *Puede ser un* SUSTANTIVO:
1 **subject** puede significar tema.
2 **subject** puede significar asignatura.
3 **subject** puede significar sujeto.
> *Puede ser un* ADJETIVO:
▶ **be subject to something** estar sujeto a algo.
🔊 /sʌbˈdʒekt/ (el acento recae sobre la segunda sílaba **-ject**).

> *Es un* VERBO:
▶ **subject somebody to something** someter a alguien a algo.

submarine /ˈsʌbməriːn/ submarino.

submit /səbˈmɪt/ *tiene varias categorías gramaticales y varios sentidos:*
> *Puede ser un* VERBO TRANSITIVO:
submit significa presentar (una solicitud, por ejemplo).
> *Puede ser un* VERBO INTRANSITIVO:
submit significa someterse.

subscribe /səbˈskraɪb/ suscribirse o abonarse.

subscription /səbˈskrɪpʃən/ suscripción o cuota.

substance /ˈsʌbstəns/ sustancia.

substantial /səbˈstænʃəl/ importante o sustancial o considerable o sustancioso.

substitute /ˈsʌbstɪtjuːt/ *tiene varias categorías gramaticales y varios sentidos:*
> *Puede ser un* SUSTANTIVO:
1 **substitute** puede significar sustituto o suplente.
2 **substitute** puede significar sucedáneo.
> *Puede ser un* VERBO:
▶ **substitute something for something** sustituir algo por algo.
▷ **You can substitute honey for the sugar.** Se puede sustituir el azúcar por miel.

> ℹ️ Fíjate que el orden de lo que sustituyes cambia en inglés y en español: to substitute **honey** for **sugar** = sustituir **azúcar** por **miel**.

subtitles /ˈsʌbtaɪtəlz/ subtítulos.

subtle /ˈsʌtəl/ sutil.

subtract /səbˈtrækt/ restar.

suburb /ˈsʌbɜːb/ barrio residencial de la periferia.

subway /ˈsʌbweɪ/ *tiene varios sentidos:*
1 En inglés británico, **subway** significa paso subterráneo.
2 En inglés americano, **subway** significa metro (= medio de transporte).

succeed /səkˈsiːd/ tener éxito.
▶ **succeed in doing something** conseguir hacer algo.

success /səkˈses/ éxito.

successful /səkˈsesfʊl/ de éxito.
▶ **be successful** tener éxito.

► **be successful in doing something** conseguir hacer algo.

successfully /sʌk'sesfʊlɪ/ con éxito.

such /sʌtʃ/ *tiene varios sentidos:*

1 such *puede significar* tal.

▷ It is hard to find such a book. Es difícil encontrar tal libro.

▷ Such cases are rare. Tales casos son poco comunes.

► **such as** como.

2 such *puede significar* tan.

▷ I've never read such a good book. En mi vida he leído un libro tan bueno.

▷ It has been such a long journey. Ha sido un viaje larguísimo.

▷ I was in such pain. Sufría tanto.

suck /sʌk/ chupar o aspirar.

sudden /'sʌdən/ repentino.

► **all of a sudden** de repente.

suddenly /'sʌdənlɪ/ de repente.

sue /suː/ demandar (= enjuiciar).

suede /sweɪd/ ante (= piel).

suffer /'sʌfəʳ/ sufrir.

► **suffer from something** sufrir de algo.

suffering /'sʌfərɪŋ/ sufrimiento.

> **i** suffering también es una forma del verbo suffer.
> ▷ He's suffering. Está sufriendo.

sufficient /sə'fɪʃənt/ suficiente.

suffocate /'sʌfəkeɪt/ asfixiar o asfixiarse.

sugar /'ʃʊgəʳ/ azúcar.

suggest /sə'dʒest/ *tiene varios sentidos:*

1 suggest *puede significar* sugerir.

2 suggest *puede significar* insinuar.

3 suggest *puede significar* indicar.

suggestion /sə'dʒestʃən/ sugerencia.

suicide /'suːɪsaɪd/ suicidio.

► **commit suicide** suicidarse.

suit /suːt/ *tiene varias categorías gramaticales y varios sentidos:*

≻ *Puede ser un* SUSTANTIVO:

1 suit *puede significar* traje (de chaqueta y pantalón).

2 suit *puede significar* palo (de la baraja).

≻ *Puede ser un* VERBO:

1 suit somebody *puede significar* sentar bien a alguien.

▷ That colour doesn't suit you. Ese color no te sienta bien.

2 suit somebody *puede significar* venir bien a alguien.

▷ Does tomorrow suit you? ¿Te viene bien mañana?

suitable /'suːtəbəl/ adecuado o conveniente.

suitcase /'suːtkeɪs/ maleta.

suite /swiːt/ *tiene varios sentidos:*

1 suite *puede significar* suite (en un hôtel).

2 suite *puede significar* tresillo o juego (de muebles).

sulk /sʌlk/ enfurruñarse.

sulky /'sʌlkɪ/ malhumorado.

sum /sʌm/ *tiene varias categorías gramaticales y varios sentidos:*

≻ *Puede ser un* SUSTANTIVO:

sum *significa* suma.

► **do sums** hacer cuentas.

≻ *Puede ser un* VERBO:

► **sum something up** resumir algo.

summarize /'sʌməraɪz/ resumir.

summary /'sʌmərɪ/ resumen.

summer /'sʌməʳ/ verano.

► **summer holidays** vacaciones de verano.

summertime /'sʌmətaɪm/ verano.

summit /'sʌmɪt/ cumbre.

summon /'sʌmən/ llamar o convocar.

sun /sʌn/ sol.

► **sun cream** loción bronceadora.

sunbathe /'sʌnbeɪð/ tomar el sol.

sunblock /'sʌnblɒk/ pantalla solar (crema).

sunburn /'sʌnbɜːn/ quemaduras de sol.

sunburned /'sʌnbɜːnt/ quemado por el sol.

▷ I got sunburned. El sol me quemó.

Sunday /'sʌndɪ/ domingo.

► **on Sunday** el domingo.

► **on Sunday morning** el domingo por la mañana.

► **on Sundays** los domingos.

sundial /'sʌndaɪəl/ reloj de sol.

sunflower /'sʌnflaʊəʳ/ girasol.

sung /sʌŋ/ *es el participio pasado del verbo* **sing**.

▷ I have never sung that song. No he cantado nunca esa canción.

sunglasses /ˈsʌnglɑːsɪz/ gafas de sol.

sunk /sʌŋk/ es el participio pasado del verbo **sink**.
▷ The boat has sunk. Se ha hundido el barco.

sunlight /ˈsʌnlaɪt/ luz del sol.

sunny /ˈsʌnɪ/ soleado.
▶ it's sunny hace sol.

sunrise /ˈsʌnraɪz/ amanecer.

sunroof /ˈsʌnruːf/ techo solar.

sunset /ˈsʌnset/ atardecer o puesta del sol.

sunshade /ˈsʌnʃeɪd/ sombrilla.

sunshine /ˈsʌnʃaɪn/ sol (= luz).
▶ in the sunshine al sol.

sunstroke /ˈsʌnstrəʊk/ insolación.

suntan /ˈsʌntæn/ bronceado.
▶ suntan cream o suntan lotion loción bronceadora.

super /ˈsuːpəʳ/ genial.

superb /suːˈpɜːb/ magnífico.

supermarket /suːpəˈmɑːkɪt/ supermercado.

superstitious /sjuːpəˈstɪʃəs/ supersticioso.

superstore /ˈsuːpəstɔːʳ/ hipermercado.

supervise /ˈsuːpəvaɪz/ vigilar o supervisar.

supper /ˈsʌpəʳ/ cena.

supplies /səˈplaɪz/ es el plural de **supply**.

supply /səˈplaɪ/ tiene varias categorías gramaticales y varios sentidos:
> Puede ser un SUSTANTIVO:
1 **supply** o **supplies** puede significar provisiones o reservas.
2 **supply** puede significar suministro.
3 **supply and demand** la oferta y la demanda.
> Puede ser un VERBO:
▶ **supply somebody with something** suministrar algo a alguien.

support /səˈpɔːt/ tiene varias categorías gramaticales y varios sentidos:
> Puede ser un SUSTANTIVO:
1 **support** puede significar apoyo o ayuda (financiera).
2 **support** puede significar soporte.

> Puede ser un VERBO:
1 **support something** o **somebody** puede significar sostener algo o a alguien.
2 **support something** o **somebody** puede significar apoyar algo o a alguien.
3 **support a team** ser de un equipo.
▷ Who do you support? ¿De qué equipo eres?
4 **support somebody** puede significar mantener a alguien (a la familia, por ejemplo).

supporter /səˈpɔːtəʳ/ hincha o seguidor (de un equipo).

suppose /səˈpəʊz/ suponer.
▷ I suppose so. Supongo que sí.
▷ I suppose not. Supongo que no.

supposed /səˈpəʊzd/ supuesto.
▶ **be supposed to do something** tener que hacer algo.
▷ You weren't supposed to tell her. No tenías que habérselo dicho.
▷ It's supposed to be very interesting Se supone que es muy interesante.

> ⓘ supposed también es el pretérito y el participio pasado del verbo **suppose**.
▷ I supposed it was true. Suponía que era verdad.

supposedly /səˈpəʊsədlɪ/ supuestamente.

supposing /səˈpəʊzɪŋ/ suponiendo que.

suppress /səˈpres/ reprimir.

sure /ʃʊəʳ/ seguro.
▷ I'm sure he'll come. Estoy seguro de que vendrá.
▷ I'm not sure whether he's coming. No estoy seguro de que venga.
▷ He's very sure of himself. Está muy seguro de sí mismo.
▶ **make sure that...** asegurarse de que...
▶ **for sure** con toda seguridad.

surely /ˈʃʊəlɪ/ se utiliza para hacer una pregunta retórica:
▷ Surely you don't agree with her? No estarás de acuerdo con ella, ¿no?
▷ Surely it's not that difficult? Tan difícil no puede ser, ¿no?

surf /sɜːf/ tiene varias categorías gramaticales y varios sentidos:
> Puede ser un SUSTANTIVO:
surf significa espuma (de las olas).
> Puede ser un VERBO TRANSITIVO:
▶ **surf the Net** navegar por Internet.
> Puede ser un VERBO INTRANSITIVO:
1 **surf** puede significar hacer surf.
2 **surf** puede significar navegar (por Internet).

surface /ˈsɜːfəs/ *tiene varias categorías gramaticales y varios sentidos:*

> *Puede ser un* SUSTANTIVO:
surface *significa* superficie.
► **on the surface** a primera vista.
> *Puede ser un* VERBO:
surface *significa* salir a la superficie.

surfboard /ˈsɜːfbɔːd/ tabla de surf.

surfer /ˈsɜːfəʳ/ *tiene varios sentidos:*
1 **surfer** *puede significar* surfista.
2 **surfer** *puede significar* internauta.

surfing /ˈsɜːfɪŋ/ el surf.
► **go surfing** hacer surf.

> ℹ **surfing** también es una forma del verbo **surf**.
▷ **I spent the afternoon surfing the Net.** Pasé la tarde navegando por Internet.

surgeon /ˈsɜːdʒən/ cirujano.

surgery /ˈsɜːdʒəri/ *tiene varios sentidos:*
1 **surgery** *puede significar* cirugía.
2 *En inglés británico,* **surgery** *puede significar* consulta (de un médico o un dentista).

surname /ˈsɜːneɪm/ apellido.

surplus /ˈsɜːpləs/ excedente.

surprise /səˈpraɪz/ *tiene varias categorías gramaticales:*
> *Puede ser un* SUSTANTIVO:
surprise *significa* sorpresa.
> *Puede ser un* VERBO:
► **surprise somebody** sorprender a alguien.

surprised /səˈpraɪzd/ sorprendido.

> ℹ **surprised** también es el pretérito y el participio pasado del verbo **surprise**.
▷ **It really surprised me.** Me sorprendió mucho.

surprising /səˈpraɪzɪŋ/ sorprendente.

> ℹ **surprising** también es una forma del verbo **surprise**.
▷ **He likes surprising people.** Le gusta sorprender a la gente.

surrender /səˈrendəʳ/ *tiene varias categorías gramaticales y varios sentidos:*
> *Puede ser un* SUSTANTIVO:
surrender *significa* rendición.
> *Puede ser un* VERBO:
surrender *significa* rendirse (= entregarse).

surround /səˈraʊnd/ rodear.

surroundings /səˈraʊndɪŋz/ alrededores o entorno.

survey *se pronuncia de dos formas diferentes y su categoría gramatical y sentido cambian en función de la pronunciación:*
◀)) /ˈsɜːveɪ/ (el acento recae sobre la primera sílaba **sur-**).
> *Es un* SUSTANTIVO:
survey *significa* estudio o encuesta.
◀)) /sɜːˈveɪ/ (el acento recae sobre la segunda sílaba **-vey**).
> *Es un* VERBO:
1 **survey something** *puede significar* estudiar algo.
2 **survey somebody** *puede significar* encuestar a alguien.
3 **survey something** *puede significar* contemplar algo.

survival /səˈvaɪvəl/ supervivencia.

survive /səˈvaɪv/ sobrevivir o sobrevivir a.

survivor /səˈvaɪvəʳ/ superviviente.

suspect *se pronuncia de dos formas diferentes y su sentido cambia en función de la pronunciación:*
◀)) /ˈsʌspekt/ (el acento recae sobre la primera sílaba **sus-**).
> *Puede ser un* SUSTANTIVO *o un* ADJETIVO:
suspect *significa* sospechoso.
◀)) /səsˈpekt/ (el acento recae sobre la segunda sílaba **-pect**).
> *Es un* VERBO:
1 **suspect somebody** *significa* sospechar de alguien.
▷ **I suspect him of telling her.** Sospecho que ha sido él quien se lo dijo.
2 **suspect something** *puede significar* sospechar algo.
3 **suspect something** *puede significar* tener dudas acerca de algo.

suspend /səˈspend/ suspender.

suspicion /səˈspɪʃən/ sospecha o recelo.

suspicious /səˈspɪʃəs/ *tiene varios sentidos:*
1 **suspicious** *puede significar* receloso.
► **be suspicious of somebody** o **something** desconfiar de alguien o algo.
2 **suspicious** *puede significar* sospechoso.

swallow /ˈswɒləʊ/ *tiene varias categorías gramaticales:*
> *Puede ser un* SUSTANTIVO:
swallow *significa* golondrina.
> *Puede ser un* VERBO:
swallow *significa* tragar.

swam /swæm/ *es el pretérito del verbo* **swim**.

▷ She swam across the river. Cruzó el río nadando.

swan /swɒn/ cisne.

swap /swɒp/ cambiar o intercambiar.
► **swap something for something** cambiar algo por algo.

sway /sweɪ/ balancearse.

swear /sweə'/ jurar.

swearword /ˈsweəwɜːd/ palabrota.

sweat /swet/ *tiene varias categorías gramaticales:*
> *Puede ser un* SUSTANTIVO:
sweat *significa* sudor.
> *Puede ser un* VERBO:
sweat *significa* sudar.

sweater /ˈswetə'/ jersey o suéter.

sweatsuit /ˈswetsuːt/ chándal.

🖐 sweatsuit es una palabra americana. En inglés británico, se dice **tracksuit**.

sweaty /ˈswetɪ/ sudoroso o sudado.

Swede /swiːd/ sueco (= persona).

Sweden /ˈswiːdən/ Suecia.

Swedish /ˈswiːdɪʃ/ sueco (= adjetivo e idioma).

sweep /swiːp/ barrer.

sweet /swiːt/ *tiene varias categorías gramaticales y varios sentidos:*
> *Puede ser un* SUSTANTIVO:
1 *En inglés británico* **sweet** *puede significar* caramelo.
2 *En inglés británico* **sweet** *puede significar* postre.

🖐 En Estados Unidos, 'caramelo' se dice **candy** y 'postre' se dice **dessert**.

> *Puede ser un* ADJETIVO:
1 **sweet** *puede significar* dulce.
► **have a sweet tooth** ser goloso.
2 **sweet** *puede significar* amable.
3 **sweet** *puede significar* mono (= bonito).

sweetcorn /ˈswiːtkɔːn/ maíz tierno.

sweeten /ˈswiːtən/ endulzar.

sweetener /ˈswiːtənə'/ edulcorante.

swell /swel/ hincharse.

swelling /ˈswelɪŋ/ hinchazón.

swept /swept/ *es el pretérito y el participio pasado del verbo* **sweep**.

▷ He swept the floor. Barrió el suelo.

swerve /swɜːv/ girar bruscamente.

swift /swɪft/ rápido.

swim /swɪm/ *tiene varias categorías gramaticales:*
> *Puede ser un* SUSTANTIVO:
► **go for a swim** ir a nadar.
> *Puede ser un* VERBO:
swim *significa* nadar.

swimming /ˈswɪmɪŋ/ natación.
► **go swimming** ir a nadar.
► **swimming costume** bañador (de mujer).
► **swimming pool** piscina.
► **swimming trunks** bañador (de hombre).

ℹ️ swimming también es una forma del verbo swim:
▷ She was swimming in the lake. Nadaba en el lago.

swimsuit /ˈswɪmsuːt/ bañador (de mujer).

swindle /ˈswɪndəl/ *tiene varias categorías gramaticales:*
> *Puede ser un* SUSTANTIVO:
swindle *significa* estafa.
> *Puede ser un* VERBO:
► **swindle somebody** estafar a alguien.

swing /swɪŋ/ *tiene varias categorías gramaticales y varios sentidos:*
> *Puede ser un* SUSTANTIVO:
1 **swing** *puede significar* columpio.
2 **swing** *puede significar* balanceo u oscilación.
3 **swing** *puede significar* giro (cuando te refieres a la opinión pública).
> *Puede ser un* VERBO INTRANSITIVO:
1 **swing** *puede significar* balancearse u oscilar.
2 **swing** *puede significar* girar.
▷ He swung round. Dio media vuelta.
> *Puede ser un* VERBO TRANSITIVO:
► **swing something** balancear algo.

Swiss /swɪs/ suizo.
► **the Swiss** los suizos.

switch /swɪtʃ/ *tiene varias categorías gramaticales y varios sentidos:*
> *Puede ser un* SUSTANTIVO:
1 **switch** *puede significar* interruptor.
2 **switch** *puede significar* cambio.
> *Puede ser un* VERBO:
► **switch something** cambiar algo o intercambiar algo.
► **switch something round** cambiar de sitio algo.

Phrasal verbs:

Al verbo **switch** *a veces le sigue una preposición como* **on** *u* **over**, *lo que puede cambiar su significado. En inglés, esto se llama un* **phrasal verb**.

SWITCH OFF:
► **switch something off** apagar algo.
SWITCH ON:
► **switch something on** encender algo.
SWITCH OVER:
► **switch over** cambiar de canal.

Switzerland /ˈswɪtsələnd/ Suiza.

swollen /ˈswəʊlən/ hinchado.

> ℹ **swollen** también es el pretérito y el participio pasado del verbo **swell**.
> ▷ **Her face has swollen up.** Se le ha hinchado la cara.

swop /swɒp/ cambiar o intercambiar.
► **swop something for something** cambiar algo por algo.

sword /sɔːd/ espada.

swore /swɔː'/ es el pretérito del verbo **swear**.
> ▷ **He swore never to do it again.** Juró que no volvería a hacerlo.

sworn /swɔːn/ es el participio pasado del verbo **swear**.
> ▷ **She has sworn never to do it again.** Ha jurado que no volverá a hacerlo.

swum /swʌm/ es el participio pasado del verbo **swim**.
> ▷ **He has swum across the Channel.** Ha cruzado el Canal de la Mancha nadando.

swung /swʌŋ/ es el pretérito y el participio pasado del verbo **swing**.

> ▷ **He swung round when I spoke to him.** Cuando le hablé, se dio media vuelta.

syllable /ˈsɪləbəl/ sílaba.

symbol /ˈsɪmbəl/ símbolo.

symmetrical /sɪˈmetrɪkəl/ simétrico.

symmetry /ˈsɪmɪtrɪ/ simetría.

sympathetic /sɪmpəˈθetɪk/ comprensivo.
► **be sympathetic to...** mostrarse favorable a...

> En inglés, **sympathetic** no significa 'simpático'.

sympathize /ˈsɪmpəθaɪz/ compadecerse.

> En inglés, **sympathize** no significa 'simpatizar'.

sympathy /ˈsɪmpəθɪ/ compasión o solidaridad.

> En inglés, **sympathy** no significa 'simpatía'.

symphonies /ˈsɪmfənɪz/ es el plural de **symphony**.

symphony /ˈsɪmfənɪ/ sinfonía.

symptom /ˈsɪmptəm/ síntoma.

synonym /ˈsɪnənɪm/ sinónimo.

syringe /sɪˈrɪndʒ/ jeringuilla.

syrup /ˈsɪrəp/ almíbar o jarabe.

system /ˈsɪstəm/ sistema.

T

table /ˈteɪbəl/ *tiene varios sentidos:*

1 **table** *puede significar* mesa.
► **lay the table** poner la mesa.
► **table tennis** ping-pong.
2 **table** *puede significar* tabla o clasificación.

tablecloth /ˈteɪbəlklɒθ/ mantel.

tablemat /ˈteɪbəlmæt/ salvamanteles.

tablespoon /ˈteɪbəlspuːn/ cuchara grande o cucharada grande.

tablet /ˈtæblɪt/ pastilla o comprimido.

tackle /ˈtækəl/ *tiene varias categorías gramaticales y varios sentidos:*

> *Puede ser un* SUSTANTIVO:
1 **tackle** *puede significar* equipo.
► **fishing tackle** aparejos de pesca.
2 **tackle** *puede significar* entrada (en fútbol) o placaje (en rugby).

> *Puede ser un* VERBO:
1 **tackle somebody** *puede significar* entrar a alguien (en fútbol) o hacer un placaje a alguien (en rugby).
2 **tackle somebody about something** plantear algo a alguien.
3 **tackle something** abordar algo.

tactful /ˈtæktfʊl/ discreto.

tactics /ˈtæktɪks/ táctica.

tadpole /ˈtædpəʊl/ renacuajo.

tagliatelle /tæljəˈtelɪ/ tallarines.

tail /teɪl/ *tiene varios sentidos:*

1 **tail** *puede significar* cola o rabo.
2 **heads or tails** cara o cruz.

tailor /ˈteɪləʳ/ sastre.

take /teɪk/ *tiene varios sentidos:*

1 **take something** *puede significar* tomar algo.
► **take notes** tomar apuntes.
► **take drugs** tomar drogas.
2 **take something** o **somebody** *puede significar* coger algo o a alguien.
▷ She took him by the hand. Le cogió de la mano.
▷ He took a book from the shelf. Cogió un libro de la estantería.
▷ I'll take the bus. Voy a coger el autobús.
3 **take something from somebody** quitar algo a alguien.
4 **take something** o **somebody** *puede significar* llevar algo o a alguien.
▷ He took me to the cinema. Me llevó al cine.
▷ Don't forget to take an umbrella. No te olvides de llevar un paraguas.
▷ She took him some flowers. Le llevó flores.
▷ It took her a long time. Le llevó mucho tiempo.
5 **take an exam** hacer un examen.
▷ He's taking French lessons. Está recibiendo clases de francés.
6 **take something** *puede significar* aceptar algo o asumir algo (la culpa, por ejemplo).
7 **take something** *puede significar* soportar algo.
▷ She can't take being criticized. No soporta que la critiquen.
8 **take something** *puede significar* requerir algo.
▷ It takes a lot of courage. Requiere mucho valor.

9 take something *puede significar* usar algo (cuando te refieres a la talla de la ropa) *o* calzar algo (cuando te refieres al número de los zapatos).

10 take something *puede significar* quedarse con algo (= comprar algo).

11 take something *puede significar* lanzar algo (un penalti o un córner, por ejemplo).

12 take *también se utiliza en las siguientes expresiones*:

► **take a photograph** sacar una foto.
► **take a seat** sentarse.
► **take a shower** ducharse.
▷ **Is this seat taken?** ¿Está ocupado este asiento?

Phrasal verbs:

Al verbo **take** *a veces le sigue una preposición como* **away** *u* **out***, lo que puede cambiar su significado. En inglés, esto se llama un* **phrasal verb**.

TAKE AFTER:
► **take after somebody** parecerse a alguien.

TAKE AWAY:
► **take something** *o* **somebody away** *puede significar* llevarse algo o a alguien.
► **take something away from somebody** quitar algo a alguien.
► **take something away** *puede significar* restar algo (en matemáticas).

TAKE BACK:
► **take something back** *puede significar* devolver algo.
► **take something back** *puede significar* aceptar la devolución de algo.
► **take somebody back** llevar a alguien de vuelta.

TAKE DOWN:
► **take something down** *puede significar* bajar algo.
► **take something down** *puede significar* quitar algo o desmontar algo.
► **take something down** *puede significar* apuntar algo.

TAKE IN:
► **take something in** *puede significar* comprender algo.
► **take somebody in** *puede significar* engañar a alguien.
► **take somebody in** *puede significar* acoger a alguien.

TAKE OFF:
► **take off** despegar.
► **take something off** quitar algo o quitarse algo.
► **take a day off** tomarse un día libre.

TAKE OUT:
► **take somebody out** invitar a alguien a salir.
▷ **He took me out to dinner.** Me invitó a cenar.
► **take something out** sacar algo.

▷ **She took the knife out of the drawer.** Sacó el cuchillo del cajón.

TAKE OVER:
► **take over** tomar el poder.
► **take over something** asumir algo o hacerse cargo de algo.

TAKE UP:
► **take up something** *puede significar* ocupar algo (tiempo o espacio).
▷ **I've taken up the violin.** Estoy aprendiendo a tocar el violín.
▷ **He's taken up judo.** Ha empezado a hacer judo.

---

takeaway /ˈteɪkəweɪ/ *tiene varios sentidos*:

1 takeaway *puede significar* establecimiento de comida para llevar.

2 takeaway *puede significar* comida para llevar.

☞ takeaway no se utiliza en inglés americano. En Estados Unidos, se dice takeout.

taken /ˈteɪkən/ *es el participio pasado del verbo* **take**.

▷ **I have taken the last cake.** He cogido el último pastel.

takeoff /ˈteɪkɒf/ despegue.

takeout /ˈteɪkaʊt/ *tiene varios sentidos*:

1 takeout *puede significar* establecimiento de comida para llevar.

2 takeout *puede significar* comida para llevar.

☞ takeout es una palabra americana. En inglés británico, se dice takeaway.

takeover /ˈteɪkəʊvəʳ/ adquisición (de una empresa).

talcum powder /ˈtælkəm ˈpaʊdəʳ/ talco.

tale /teɪl/ cuento o historia.

talent /ˈtælənt/ talento.

talented /ˈtæləntɪd/ con talento.

talk /tɔːk/ *tiene varias categorías gramaticales y varios sentidos*:

> *Puede ser un* SUSTANTIVO:
1 talk *significa* conversación o charla.
2 talks negociaciones o conversaciones.

> *Puede ser un* VERBO:
1 talk *significa* hablar.
► **talk to somebody about something** hablar de algo con alguien.
▷ **He was talking to himself.** Estaba hablando solo.
2 talk somebody into doing something convencer a alguien para que haga algo.
► **talk somebody out of doing something** convencer a alguien para que no haga algo.

talkative /ˈtɔːkətɪv/ hablador.

tall /tɔːl/ alto.

▷ How tall is he? ¿Cuánto mide?
▷ He's two metres tall. Mide dos metros.

tambourine /tæmbəˈriːn/ pandereta.

tame /teɪm/ tiene varias categorías gramaticales:

> Puede ser un ADJETIVO:
tame significa manso o domesticado.

> Puede ser un VERBO:
▶ **tame an animal** domar un animal o domesticar un animal.

tan /tæn/ tiene varias categorías gramaticales:

> Puede ser un SUSTANTIVO:
tan significa bronceado.

> Puede ser un VERBO:
tan significa broncear o broncearse.

> Puede ser un ADJETIVO:
tan significa marrón claro.

tangerine /tændʒəˈriːn/ mandarina.

tangle /ˈtæŋɡəl/ tiene varias categorías gramaticales y varios sentidos:

> Puede ser un SUSTANTIVO:
tangle significa maraña.
▶ **get into a tangle** hacerse un lío.

> Puede ser un VERBO:
▶ **tangle something up** enmarañar algo o enredar algo.
▶ **get tangled up** enredarse.

tank /tæŋk/ tiene varios sentidos:

1 **tank** puede significar depósito (= recipiente).
▶ **fish tank** pecera.
2 **tank** puede significar carro de combate o tanque.

tanned /tænd/ bronceado.

> ℹ **tanned** también es el pretérito y el participio pasado del verbo **tan**.
▷ The sun tanned him. El sol le bronceó.

tantrum /ˈtæntrəm/ rabieta.

tap /tæp/ tiene varias categorías gramaticales y varios sentidos:

> Puede ser un SUSTANTIVO:
1 **tap** puede significar grifo.
▶ **tap water** agua del grifo.

> ⌐ En este sentido, **tap** no se utiliza en inglés americano. En Estados Unidos, 'grifo', se dice **faucet**.

2 **tap** puede significar golpecito.

> Puede ser un VERBO:
▶ **tap something** dar un golpecito a algo.

▷ He was tapping his fingers. Tamborileaba con los dedos.

tape /teɪp/ tiene varias categorías gramaticales y varios sentidos:

> Puede ser un SUSTANTIVO:
tape significa cinta.
▶ **tape deck** platina.
▶ **tape recorder** magnetófono.
▶ **tape measure** cinta métrica.

> Puede ser un VERBO:
1 **tape something** puede significar grabar algo.
2 **tape something** puede significar pegar algo con cinta adhesiva.

tapestries /ˈtæpəstrɪz/ es el plural de **tapestry**.

tapestry /ˈtæpəstrɪ/ tapiz (para la pared).

tar /tɑːʳ/ alquitrán.

target /ˈtɑːɡɪt/ tiene varias categorías gramaticales y varios sentidos:

> Puede ser un SUSTANTIVO:
1 **target** puede significar blanco (= diana o de una crítica, por ejemplo).
2 **target** puede significar objetivo.

> Puede ser un VERBO:
▶ **target something** apuntar a algo.

tart /tɑːt/ tiene varias categorías gramaticales:

> Puede ser un SUSTANTIVO:
tart significa tarta.

> Puede ser un ADJETIVO:
tart significa ácido.

task /tɑːsk/ tarea.

taste /teɪst/ tiene varias categorías gramaticales y varios sentidos:

> Puede ser un SUSTANTIVO:
1 **taste** puede significar sabor.
2 **taste** puede significar gusto.

> Puede ser un VERBO TRANSITIVO:
1 **taste something** puede significar notar un sabor a algo.
2 **taste something** puede significar probar algo (comida o bebida).

> Puede ser un VERBO INTRANSITIVO:
1 **taste of something** saber a algo.
2 **It tastes nice.** Tiene un sabor agradable.
▷ It tastes horrible. Tiene un sabor horrible.

tasteless /ˈteɪstləs/ tiene varios sentidos:

1 **tasteless** puede significar de mal gusto.
2 **tasteless** puede significar insípido o soso.

tastier /ˈteɪstɪəʳ/ es el comparativo de **tasty**.

▷ The food is tastier in this restaurant. La comida de este restaurante es más sabrosa.

tastiest /ˈteɪstɪɪst/ es el superlativo de **tasty**.

▷ This is the tastiest meal I've ever eaten. Es la comida más sabrosa que he comido en mi vida.

tasty /ˈteɪstɪ/ sabroso.

tattoo /təˈtuː/ tatuaje.

taught /tɔːt/ es el pretérito y el participio pasado del verbo **teach**.

▷ Mr. Thomas taught English at our school. El señor Thomas daba clases de inglés en nuestro colegio.

Taurus /ˈtɔːrəs/ Tauro (signo del zodiaco).

tax /tæks/ tiene varias categorías gramaticales y varios sentidos:

> Puede ser un SUSTANTIVO:

tax significa impuesto o impuestos.

> Puede ser un VERBO:

1 **tax something** significa gravar algo.

2 **tax somebody** significa cobrar impuestos a alguien.

taxi /ˈtæksɪ/ taxi.

▶ **taxi driver** taxista.

▶ **taxi rank** parada de taxis.

tea /tiː/ tiene varios sentidos:

1 **tea** puede significar té.

▶ **tea bag** bolsita de té.

▶ **tea towel** paño de cocina.

2 **tea** puede significar cena o merienda.

> En el sentido de 'cena', tea no se utiliza en inglés americano. En Estados Unidos, 'cena', se dice evening meal.

teach /tiːtʃ/ enseñar.

▶ **teach somebody to do something** enseñar a alguien a hacer algo.

▶ **teach somebody something** enseñar algo a alguien.

▷ I teach English. Doy clases de inglés.

teacher /ˈtiːtʃəʳ/ profesor o maestro.

teacup /ˈtiːkʌp/ taza de té.

team /tiːm/ equipo (deportivo, por ejemplo).

teapot /ˈtiːpɒt/ tetera.

tear se pronuncia de dos formas diferentes y su sentido y categoría gramatical cambian en función de la pronunciación:

◀)) /tɪəʳ/ (**tear** rima con **beer** y **here**).

> Es un SUSTANTIVO:

tear significa lágrima.

▶ **burst into tears** echarse a llorar.

◀)) /teəʳ/ (**tear** rima con **hair** y **there**).

> Puede ser un SUSTANTIVO:

tear significa desgarrón.

> Puede ser un VERBO TRANSITIVO:

▶ **tear something** rasgar algo.

▶ **tear something in half** romper algo en dos.

> Puede ser un VERBO INTRANSITIVO:

tear significa rasgarse.

Phrasal verbs:

Al verbo **tear** a veces le sigue una preposición como **out** o **up**, lo que puede cambiar su significado. En inglés, esto se llama un **phrasal verb**.

TEAR DOWN:

▶ **tear something down** arrancar algo (un cartel, por ejemplo) o derribar algo.

TEAR OUT:

▶ **tear something out** arrancar algo.

TEAR UP:

▶ **tear something up** romper algo en pedazos.

---

teardrop /ˈtɪədrɒp/ lágrima.

tease /tiːz/ tomar el pelo a.

teaspoon /ˈtiːspuːn/ cucharilla o cucharadita.

technical /ˈteknɪkəl/ técnico (= adjetivo).

technician /tekˈnɪʃən/ técnico (= persona).

technique /tekˈniːk/ técnica.

technological /teknəˈlɒdʒɪkəl/ tecnológico.

technologies /tekˈnɒlədʒɪz/ es el plural de **technology**.

technology /tekˈnɒlədʒɪ/ tecnología.

teddy /ˈtedɪ/ osito de peluche.

ℹ También se dice teddy bear.

teenager /ˈtiːneɪdʒəʳ/ adolescente.

teens /tiːnz/ adolescencia.

▷ He's in his teens. Es adolescente.

teeth /tiːθ/ es el plural de **tooth**.

▶ **clean one's teeth** lavarse los dientes.

ℹ El pronombre personal de la expresión clean one's teeth funciona de la siguiente forma en inglés: I clean my teeth, you clean your teeth, he cleans his teeth, she cleans her teeth, we clean our teeth, they clean their teeth.

telephone /ˈtelɪfəʊn/ *tiene varias categorías gramaticales*:
> *Puede ser un* SUSTANTIVO:
telephone *significa* teléfono.
► **telephone book** guía telefónica.
► **telephone booth** *o* **telephone box** cabina telefónica.
► **telephone directory** guía telefónica.
► **telephone number** número de teléfono.
> *Puede ser un* VERBO:
► **telephone somebody** llamar a alguien por teléfono.

telescope /ˈtelɪskəʊp/ telescopio.

television /ˈtelɪvɪʒən/ televisión.
► **television set** televisor.

tell /tel/ *tiene varios sentidos*:
1 **tell somebody something** *puede significar* decir algo a alguien.
► **tell somebody to do something** decir a alguien que haga algo.
▷ You must tell him the truth. Tienes que decirle la verdad.
▷ I told you so! ¡Ya te lo dije!
▷ He told me to come. Me dijo que viniera.
▷ She told us that she didn't want to go. Nos dijo que no quería ir.
2 **tell somebody something** *puede significar* contar algo a alguien (una historia o un chiste, por ejemplo).
3 **tell somebody about something** hablar a alguien de algo.
▷ He told me about his new job. Me habló de su nuevo trabajo.
4 **can tell** *o* (en el pasado) **could tell** *se utiliza para hablar de cosas que son visibles o evidentes.*
▷ You can tell she's very clever. Se nota que es muy inteligente.
▷ I could tell he was lying. Sabía que estaba mintiendo.
5 **tell apart** distinguir entre.
▷ I can't tell them apart. No sé distinguir el uno del otro.
6 **tell somebody off** echar una bronca a alguien.

tellies /ˈtelɪz/ *es el plural de* **telly**.

telly /ˈtelɪ/ tele.

⚐ telly es una palabra familiar, y no debe utilizarse cuando estás hablando con alguien que no conoces bien o cuando escribes algo.

temper /ˈtempəʳ/ humor *o* mal humor.
► **be in a good temper** estar de buen humor.
► **be in a bad temper** estar de mal humor.
► **be in a temper** estar de mal humor.
► **lose one's temper** enfadarse.

temperature /ˈtempərɪtʃəʳ/ temperatura.
► **have a temperature** tener fiebre.

temple /ˈtempəl/ *tiene varios sentidos*:
1 **temple** *puede significar* templo.
2 **temple** *puede significar* sien.

temporary /ˈtempərərɪ/ temporal *o* provisional.

tempt /tempt/ tentar.

ten /ten/ diez.
▷ She's ten. Tiene diez años.
▷ It's ten o'clock. Son las diez.
▷ There are ten of us. Somos diez.

tenant /ˈtenənt/ inquilino.

tend /tend/
► **tend to do something** soler hacer algo.

tendency /ˈtendənsɪ/ tendencia.

tender /ˈtendəʳ/ *tiene varios sentidos*:
1 **tender** *puede significar* tierno.
2 **tender** *puede significar* dolorido.

tennis /ˈtenɪs/ tenis.
► **tennis ball** pelota de tenis.
► **tennis court** cancha de tenis.
► **tennis player** tenista.
► **tennis racket** raqueta de tenis.

tense /tens/ *tiene varias categorías gramaticales y varios sentidos*:
> *Puede ser un* SUSTANTIVO:
tense *significa* tiempo (de un verbo).
► **the present tense** el presente.
> *Puede ser un* ADJETIVO:
tense *significa* tenso.

tent /tent/ tienda de campaña.

tenth /tenθ/ décimo.
► **the tenth of May** *o* **May the tenth** el diez de mayo.

term /tɜːm/ *tiene varios sentidos*:
1 **term** *puede significar* trimestre.
2 **term** *puede significar* término (= palabra).
3 **in the long term** a largo plazo.
► **in the short term** a corto plazo.
4 **terms** *puede significar* condiciones *o* términos (de un contrato o acuerdo).
5 **come to terms with something** aceptar algo.

terrace /ˈterəs/ *tiene varios sentidos:*
1 **terrace** *puede significar* terraza.
2 *En inglés británico*, **terrace** *puede significar* hilera de casas adosadas.

terrible /ˈterɪbəl/ terrible *o* espantoso *o* tremendo.

terribly /ˈterɪblɪ/ *tiene varios sentidos:*
1 **terribly** *puede significar* muy mal.
2 **terribly** *puede significar* muy.

terrific /təˈrɪfɪk/ *tiene varios sentidos:*
1 **terrific** *puede significar* estupendo.
2 **terrific** *puede significar* tremendo.

terrified /ˈterɪfaɪd/ aterrorizado.
▶ **be terrified of somebody** *o* **something** tener terror a alguien *o* algo.

terrifying /ˈterɪfaɪɪŋ/ aterrador.

territories /ˈterɪtərɪz/ *es el plural de* **territory**.

territory /ˈterɪtərɪ/ territorio.

terrorism /ˈterərɪzəm/ terrorismo.

terrorist /ˈterərɪst/ terrorista.

test /test/ *tiene varias categorías gramaticales y varios sentidos:*
> *Puede ser un* SUSTANTIVO:
1 **test** *puede significar* examen.
▶ **driving test** examen de conducir.
2 **test** *puede significar* prueba.
▶ **put somebody to the test** poner a alguien a prueba.
3 **test** *puede significar* análisis (de sangre, por ejemplo) *o* revisión (de la vista).
> *Puede ser un* VERBO:
1 **test somebody** *puede significar* examinar a alguien.
2 **test somebody** *puede significar* poner a alguien a prueba.
3 **test something** *puede significar* probar algo *o* comprobar algo.
4 **test something** *puede significar* analizar algo (la sangre, por ejemplo) *o* revisar algo (la vista).

testify /ˈtestɪfaɪ/ declarar (un testigo en el juzgado).

text /tekst/ *tiene varias categorías gramaticales y varios sentidos:*
> *Puede ser un* SUSTANTIVO:
text *significa* texto.
▶ **text message** mensaje de texto.
> *Puede ser un* VERBO:
▶ **text somebody** enviar un mensaje de texto a alguien.

textbook /ˈtekstbʊk/ libro de texto.

texting /ˈtekstɪŋ/ envío de mensajes de texto.

Thames /temz/ Támesis.

than /ðæn/ se utiliza para hacer **comparaciones**.
▷ He has more than me *o* He has more than I do. Tiene más que yo.
▷ She is taller than her mother. Es más alta que su madre.
▷ There are more than 20. Hay más de 20.
▷ It weighs less than one kilogramme. Pesa menos de un kilo.

thank /θæŋk/ agradecer *o* dar las gracias a.
▷ Thank you. Gracias.
▷ No, thank you. No, gracias.
▷ Thank you very much. Muchas gracias.
▷ Thank you for coming. Gracias por haber venido.

thankful /ˈθæŋkfʊl/ agradecido.

thanks /θæŋks/ gracias.
▷ Thanks! ¡Gracias!
▷ Thanks a lot! ¡Muchas gracias!
▶ **thanks to...** gracias a...

that /ðæt/ *tiene varias categorías gramaticales y varias funciones:*
> *Puede ser un* ADJETIVO *o un* PRONOMBRE DEMOSTRATIVO, *y se utiliza para* **señalar** *algo o a alguien:*
▷ What's that noise? ¿Qué es ese ruido?
▷ Who's that woman? ¿Quién es esa mujer?
▷ That woman at the back is my aunt. Aquella mujer del fondo es mi tía.
▷ I want that book at the top. Quiero aquel libro de arriba.
▷ Give me that one. Dame ése.
▷ I want that one, the one at the back. Quiero aquél, el del fondo.
▷ Who's that? ¿Quién es?
▷ What's that? ¿Qué es eso?

> **i** Fíjate en la diferencia entre **this** (= este *o* esto) y **that** (= ese *o* eso *o* aquel).

> *Puede ser un* PRONOMBRE RELATIVO *que corresponde a* **que** *en español.*
▷ The woman that was singing. La mujer que cantaba.
▷ The book that I read. El libro que leí.
> *Puede ser un* PRONOMBRE RELATIVO *que corresponde a* **el que** *o* **la que** *o* **los que** *o* **las que** *en español.*
▷ The pen that she is writing with. El bolígrafo con el que está escribiendo.

▷ **The woman that I danced with.** La mujer con la que bailé.

▷ **The children that I spoke to.** Los niños con los que hablé.

> *Puede ser una* CONJUNCIÓN *que corresponde a* **que** *en español.*

▷ **I told him that I would be late.** Le dije que llegaría tarde.

▷ **He said that he liked it.** Dijo que le gustaba.

> *Puede ser un* ADVERBIO *que corresponde a* **tan** *o* **así de** *en español.*

▷ **It's not that bad.** No es tan malo.

▷ **It was that big.** Era así de grande.

thaw /θɔː/ derretirse *o* descongelarse.

the /ðə/ el *o* la *o* los *o* las.

theatre /ˈθɪətərˈ/ teatro.

> En inglés americano, esta palabra se escribe **theater**.

theft /θeft/ robo *o* hurto.

their /ðeəˈ/ su *o* sus.

▷ **Their brother is a doctor.** Su hermano es médico.

▷ **Their children are married.** Sus hijos están casados.

▷ **They washed their hands.** Se lavaron las manos.

theirs /ðeəz/ el suyo *o* los suyos *o* suyo *o* suyos.

▷ **Our garden is big while theirs is small.** Nuestro jardín es grande mientras que el suyo es pequeño.

▷ **Our house is smaller than theirs.** Nuestra casa es más pequeña que la suya.

▷ **These pens are theirs.** Estos bolígrafos son suyos.

▷ **Is this money theirs?** ¿Este dinero es suyo?

them /ðem/ *es el pronombre personal de la tercera persona del plural, complemento de objeto directo o de objeto indirecto:*

▷ **I can see them.** Los veo.

▷ **I sent them a letter.** Les mandé una carta.

▷ **She gave it to them.** Se lo dio.

▷ **It's for them.** Es para ellos.

themselves /ðəmˈselvz/ *tiene varios sentidos:*

1 themselves *es el pronombre personal de la tercera persona del plural, usado como complemento de un verbo reflexivo:*

▷ **They cut themselves.** Se cortaron.

▷ **They enjoyed themselves.** Se divirtieron.

2 themselves *puede significar* ellos mismos *o* ellas mismas.

▷ **They phoned me themselves.** Me llamaron ellos mismos.

3 themselves *puede venir después de una preposición y corresponde a 'ellos' o 'sí mismos':*

▷ **They did it for themselves.** Lo hicieron para ellos.

▷ **They were talking about themselves.** Estaban hablando de sí mismos.

4 by themselves ellos solos *o* ellas solas.

▷ **They did it by themselves.** Lo hicieron ellos mismos.

then /ðen/ *tiene varios sentidos:*

1 then *puede significar* entonces *o* en aquel entonces.

▷ **We lived in London then.** En aquel entonces vivíamos en Londres.

2 then *puede significar* luego.

▷ **And then he went home.** Y luego se fue a casa.

3 then *puede significar* pues.

▷ **Well then, we'll have to try again.** Bueno, pues tendremos que volver a intentarlo.

theories /ˈθɪərɪz/ *es el plural de* **theory**.

theory /ˈθɪərɪ/ teoría.

therapy /ˈθerəpɪ/ terapia.

there /ðeəˈ/ *tiene varios sentidos:*

1 there *puede significar* ahí *o* allí *o* allá.

▷ **Put it there.** Ponlo ahí.

▷ **It's over there.** Está allí.

▷ **I've been there twice.** He estado dos veces.

▷ **Is Sharon there?** ¿Está Sharon?

2 there is... *o* **there are...** *puede significar* hay...

▷ **There is some bread on the table.** Hay pan en la mesa.

▷ **There are some apples in the kitchen.** Hay manzanas en la cocina.

▷ **There will be a storm tonight.** Esta noche habrá una tormenta.

▷ **There are ten of us.** Somos diez.

therefore /ˈðeəfɔːˈ/ por tanto.

there's /ðeəz/ *es la contracción de* **there is**.

▷ **There's not much time.** No hay mucho tiempo.

these /ðiːz/ *se utiliza para* **señalar** *varias cosas o varias personas:*

> *Puede ser un* ADJETIVO DEMOSTRATIVO:

▷ **These books are mine.** Estos libros son míos.

▷ **Whose are these shoes?** ¿De quién son estos zapatos?

> *Puede ser un* PRONOMBRE DEMOSTRATIVO:

▷ **What are these?** ¿Éstos qué son?

▷ **These are my books.** Éstos son mis libros.

ℹ️ Fíjate en la diferencia entre these (= estos) y those (= esos o aquellos).

they /ðeɪ/ ellos o ellas.
▷ They are teachers. Son profesores.

ℹ️ El pronombre personal they no suele traducirse en español, como en el ejemplo de arriba.

they'd /ðeɪd/ es la contracción de **they had** o **they would**.
▷ They'd (= they had) finished already. Ya habían terminado.
▷ If they wanted to, they'd (= they would) tell her. Si quisieran, se lo dirían.

they'll /ðeɪl/ es la contracción de **they will**.
▷ They'll be here tonight. Estarán esta noche.

they're /ðeəʳ/ es la contracción de **they are**.
▷ They're not ready. No están listos.

they've /ðeɪv/ es la contracción de **they have**.
▷ They've forgotten. Se han olvidado.

thick /θɪk/ tiene varios sentidos:
1 **thick** puede significar grueso.
▷ It is 2 centimetres thick. Tiene 2 centímetros de grueso.
2 **thick** puede significar espeso.

thicken /ˈθɪkən/ espesar o espesarse.

thickness /ˈθɪknəs/ espesor.

thief /θiːf/ ladrón.

thieves /θiːvz/ es el plural de **thief**.

thigh /θaɪ/ muslo (de una persona).

thin /θɪn/ tiene varios sentidos:
1 **thin** puede significar delgado.
▶ **get thinner** adelgazar.
2 **thin** puede significar fino (cuando te refieres a una capa, por ejemplo).
3 **thin** puede significar poco tupido.

thing /θɪŋ/ cosa.
▷ I've got lots of things to do. Tengo muchas cosas que hacer.
▷ How are things? ¿Qué tal van las cosas?

think /θɪŋk/ tiene varios sentidos:
1 **think** puede significar pensar.
▷ What are you thinking? ¿En qué estás pensando?
▷ I didn't think to phone you. No se me ocurrió llamarte.
▷ Let me think. A ver.
2 **think about something** o **think of something** puede significar pensar en algo.

▷ I was thinking of you. Estaba pensando en ti.
3 **think about something** o **think of something** puede significar opinar de algo.
▷ What do you think of his new record? ¿Qué te parece su nuevo disco?
4 **think** puede significar creer.
▶ **think that...** creer que...
▷ I think I'll go to bed. Creo que me voy a ir a la cama.
▷ I don't think he'll come. No creo que venga.
▷ I think so. Creo que sí.
▷ I don't think so. No creo.
5 **think** puede significar imaginarse.
▷ Think what we could do! ¡Imagínate lo que podríamos hacer!

third /θɜːd/ tiene varias categorías gramaticales:
▷ Puede ser un SUSTANTIVO:
third significa tercio o tercero.
▶ **the third of November** o **November the third** el tres de noviembre.
▷ Puede ser un ADJETIVO:
third significa tercero.
▶ **the Third World** el Tercer Mundo.

thirst /θɜːst/ sed.

thirstier /ˈθɜːstɪəʳ/ es el comparativo de **thirsty**.
▷ I'm even thirstier now. Ahora tengo aún más sed.

thristiest /ˈθɜːstɪɪst/ es el superlativo de **thirsty**.
▷ Who's thirstiest? ¿Quién tiene más sed?

thirsty /ˈθɜːstɪ/
▶ **be thirsty** tener sed.

thirteen /θɜːˈtiːn/ trece.
▷ She's thirteen. Tiene trece años.
▷ There are thirteen of us. Somos trece.

thirteenth /θɜːˈtiːnθ/ decimotercero.
▶ **the thirteenth of June** o **June the thirteenth** el trece de junio.

thirties /ˈθɜːtɪz/
▶ **the thirties** la década de los treinta.
▷ She's in her thirties. Tiene treinta y tantos años.

thirtieth /ˈθɜːtɪəθ/ trigésimo.
▶ **the thirtieth of June** o **June the thirtieth** el treinta de junio.

thirty /ˈθɜːtɪ/ treinta.
▷ He's thirty. Tiene treinta años.
▷ There are thirty of us. Somos treinta.

this /ðɪs/ *se utiliza para* **señalar** *algo o a alguien:*

> *Puede ser un* ADJETIVO DEMOSTRATIVO:
  ▷ This book is mine. Este libro es mío.
  ▷ Whose is this tie? ¿De quién es esta corbata?
  ▷ I like this one. Me gusta éste.
> *Puede ser un* PRONOMBRE DEMOSTRATIVO:
  ▷ What is this? ¿Qué es esto?
  ▷ Who is this? ¿Quién es éste?
  ▶ **this is** *se utiliza para presentar a alguien o para señalar algo o a alguien:*
  ▷ This is my father. Te presento a mi padre o Éste es mi padre (en una foto, por ejemplo).
  ▷ This is the kitchen. Ésta es la cocina.

  i Fíjate en la diferencia entre this (= este o esto) y that (= ese o eso o aquel).

thistle /ˈθɪsəl/ cardo.

thorn /θɔːn/ espina (de una planta).

thorough /ˈθʌrə/ *tiene varios sentidos:*

1 **thorough** *puede significar* concienzudo (cuando te refieres a una persona o un trabajo, por ejemplo).
2 **thorough** *puede significar* exhaustivo (cuando te refieres a una investigación, por ejemplo).

thoroughly /ˈθʌrəlɪ/ concienzudamente o a fondo o completamente.

those /ðəʊz/ *se utiliza para* **señalar** *varias cosas o varias personas:*

> *Puede ser un* ADJETIVO DEMOSTRATIVO:
  ▷ Those books are mine. Esos libros son míos.
  ▷ I'd like those shoes at the top. Quiero aquellos zapatos de arriba.
  ▷ Give me those ones. Dame ésos.
  ▷ I want those ones, the ones at the back. Quiero aquéllos, los del fondo.
> *Puede ser un* PRONOMBRE DEMOSTRATIVO:
  ▷ What are those? ¿Ésos qué son?
  ▷ Those at the top are my books. Aquéllos de arriba son mis libros.

  i Fíjate en la diferencia entre these (= estos) y those (= esos o aquellos).

though /ðəʊ/ *tiene varios sentidos:*

1 **though** *puede significar* aunque.
  ▷ Though I like him, he sometimes annoys me. Aunque me gusta, a veces me irrita.
2 **though** *puede significar* pero.
  ▷ It's not cold, though. Pero no hace frío.

thought /θɔːt/ pensamiento o reflexión o idea.

i thought también es el pretérito y el participio pasado del verbo think:
  ▷ I thought he had left. Creía que se había ido.
  ▶ Have you thought about it? ¿Lo has pensado?

thoughtful /ˈθɔːtfʊl/ *tiene varios sentidos:*

1 **thoughtful** *puede significar* pensativo.
2 **thoughtful** *puede significar* considerado.

thoughtless /ˈθɔːtləs/ desconsiderado.

thousand /ˈθaʊzənd/ mil.
  ▶ **thousands of...** miles de...

thousandth /ˈθaʊzənθ/ milésimo.

thread /θred/ hilo.

threat /θret/ amenaza.

threaten /ˈθretən/ amenazar.

three /θriː/ tres.
  ▷ He's three. Tiene tres años.
  ▷ There are three of us. Somos tres.
  ▷ It's three o'clock. Son las tres.

three-dimensional /θriːdɪˈmenʃənəl/ tridimensional.

three-quarters /θriːˈkwɔːtəz/ tres cuartos.
  ▶ **three-quarters of an hour** tres cuartos de hora.

threshold /ˈθreʃəʊld/ umbral.

threw /θruː/ *es el pretérito del verbo* **throw**.
  ▷ He threw the ball to me. Me lanzó la pelota.

thrill /θrɪl/
  ▶ **be a thrill** ser emocionante.
  ▶ **get a thrill out of doing something** disfrutar haciendo algo.

thrilled /θrɪld/ encantado.

thrilling /ˈθrɪlɪŋ/ emocionante.

throat /θrəʊt/ garganta o cuello.

throne /θrəʊn/ trono.

through /θruː/ *tiene varias categorías gramaticales y varios sentidos:*

> *Puede ser una* PREPOSICIÓN:
1 **through** *puede significar* a través de.
  ▷ The nail went through the plank. El clavo atravesó el tablón.
  ▷ She drove through the country. Atravesó el país en coche.
2 **through** *puede significar* por.

▷ He came in through the door. Entró por la puerta.

▷ He looked through the window. Miró por la ventana.

3 through *puede significar* durante.

▷ She talked through the whole film. Estuvo hablando durante toda la película.

> *Puede ser un* ADVERBIO:

1 let somebody through dejar pasar a alguien.

2 be wet through *o* **be soaked through** estar calado.

throw /θrəʊ/ *tiene varias categorías gramaticales y varios sentidos:*

> *Puede ser un* SUSTANTIVO:

throw *significa* lanzamiento *o* tirada.

> *Puede ser un* VERBO:

1 throw something tirar algo *o* lanzar algo.

▷ He threw the ball to her *o* He threw her the ball. Le lanzó la pelota.

▷ They were throwing stones at the cat. Tiraban piedras al gato.

2 throw somebody *puede significar* desconcertar a alguien.

Phrasal verbs:

Al verbo **throw** *a veces le sigue una preposición como* **away** *o* **up**, *lo que puede cambiar su significado. En inglés, esto se llama un* **phrasal verb**.

THROW AWAY:

▸ **throw something away** *puede significar* tirar algo (a la basura).

▸ **throw something away** *puede significar* desperdiciar algo.

THROW OUT:

▸ **throw something out** tirar algo (a la basura).

▸ **throw somebody out** echar a alguien.

THROW UP:

▸ **throw up** significa devolver (= vomitar).

▸ **throw something up** levantar algo.

---

thrown /θrəʊn/ *es el participio pasado del verbo* **throw**.

▷ I have thrown the books away. He tirado los libros.

throw-in /ˈθrəʊɪn/ saque de banda (en fútbol).

thug /θʌg/ matón.

thumb /θʌm/ pulgar (= dedo).

thump /θʌmp/ *tiene varias categorías gramaticales y varios sentidos:*

> *Puede ser un* SUSTANTIVO:

1 thump *puede significar* puñetazo.

2 thump *puede significar* ruido seco.

> *Puede ser un* VERBO:

▸ **thump somebody** pegar un puñetazo a alguien.

thunder /ˈθʌndər/ truenos.

thunderstorm /ˈθʌndəstɔːm/ tormenta.

Thursday /ˈθɜːzdɪ/ jueves.

▸ **on Thursday** el jueves.

▸ **on Thursday morning** el jueves por la mañana.

▸ **on Thursdays** los jueves.

tick /tɪk/ *tiene varias categorías gramaticales y varios sentidos:*

> *Puede ser un* SUSTANTIVO:

1 tick *puede significar* tictac.

2 tick *puede significar* señal de visto bueno.

3 tick *puede significar* garrapata.

> *Puede ser un* VERBO TRANSITIVO:

▸ **tick something** marcar algo (con una señal de visto bueno).

> *Puede ser un* VERBO INTRANSITIVO:

tick *significa* hacer tictac.

ticket /ˈtɪkɪt/ *tiene varios sentidos:*

1 ticket *puede significar* billete *o* entrada *o* tíquet.

▸ **ticket office** taquilla.

2 ticket *puede significar* carné (de biblioteca).

3 ticket *puede significar* etiqueta.

4 ticket *puede significar* multa.

tickle /ˈtɪkəl/ hacer cosquillas a.

tide /taɪd/ marea.

tidier /ˈtaɪdɪər/ *es el comparativo de* **tidy**.

▷ My room is tidier than hers. Mi cuarto está más ordenado que el suyo.

tidiest /ˈtaɪdɪɪst/ *es el superlativo de* **tidy**.

▷ Whose room is the tidiest? ¿Quién tiene el cuarto más ordenado?

tidy /ˈtaɪdɪ/ *tiene varias categorías gramaticales y varios sentidos:*

> *Puede ser un* ADJETIVO:

1 tidy *puede significar* ordenado.

2 tidy *puede significar* arreglado *o* aseado.

> *Puede ser un* VERBO:

▸ **tidy something** *o* **tidy something up** ordenar algo *o* arreglar algo.

tie /taɪ/ *tiene varias categorías gramaticales y varios sentidos:*

> *Puede ser un* SUSTANTIVO:

1 tie *puede significar* corbata.

2 tie *puede significar* atadura.

3 tie *puede significar* vínculo.

4 *En deporte,* **tie** *puede significar* empate *o* eliminatoria.

> *Puede ser un* VERBO TRANSITIVO:

1 **tie something** *o* **tie something up** *puede significar* atar algo.

► **tie a knot** hacer un nudo.

2 **be tied to something** estar ligado a algo.

> *Puede ser un* VERBO INTRANSITIVO:

tie *significa* empatar.

tiger /ˈtaɪgəʳ/ tigre.

tight /taɪt/ *tiene varias categorías gramaticales y varios sentidos:*

> *Puede ser un* ADJETIVO:

1 **tight** *puede significar* ajustado *o* justo (cuando te refieres a ropa).

> These trousers are too tight. Este pantalón me queda muy justo.

2 **tight** *puede significar* tirante (cuando te refieres a una cuerda, por ejemplo).

3 **tight** *puede significar* estricto *o* riguroso (cuando te refieres a controles o medidas de seguridad).

4 **tight** *puede significar* reñido (cuando te refieres a un partido, por ejemplo).

> *Puede ser un* ADVERBIO:

tight *significa* con fuerza (apretar, agarrar) *o bien* (cerrar).

> Hold on tight! ¡Agárrate fuerte!

> Sleep tight! ¡Que descanses!

tighten /ˈtaɪtən/ *tiene varios sentidos:*

1 **tighten something** *puede significar* apretar algo.

2 **tighten something** *puede significar* tensar algo.

3 **tighten something** *puede significar* intensificar algo (controles o medidas de seguridad).

tightly /ˈtaɪtlɪ/ con fuerza (apretar, agarrar) *o bien* (cerrar).

tightrope /ˈtaɪtrəʊp/ cuerda floja.

tights /taɪts/ medias.

► **a pair of tights** unas medias.

tile /taɪl/ teja *o* azulejo *o* baldosa.

till /tɪl/ *tiene varias categorías gramaticales y varios sentidos:*

> *Puede ser un* SUSTANTIVO:

till *significa* caja (en una tienda).

> *Puede ser un* ADVERBIO:

till *significa* hasta.

> He'll be here till Sunday. Estará aquí hasta el domingo.

> Open from 9 till 5. Abierto de 9 a 5.

> *Puede ser una* CONJUNCIÓN:

till *significa* hasta que.

> Don't go till I get back. No te vayas hasta que vuelva.

time /taɪm/ *tiene varias categorías gramaticales y varios sentidos:*

> *Puede ser un* SUSTANTIVO:

1 **time** *puede significar* tiempo.

> I haven't got time to do it. No tengo tiempo para hacerlo.

> It took us a long time to prepare it. Nos llevó mucho tiempo prepararlo.

> He took his time. Se tomó su tiempo.

> She works full time. Trabaja a tiempo completo.

► **all the time** constantemente.

► **a long time** mucho tiempo.

► **at the same time** al mismo tiempo.

► **in time for** a tiempo para.

► **most of the time** la mayor parte del tiempo.

► **in next to no time** en un abrir y cerrar de ojos.

2 **time** *puede significar* hora.

> What time is it? ¿Qué hora es?

> What time does it finish? ¿A qué hora termina?

> It's time for bed. Es hora de irse a la cama.

> It's about time he left. Va siendo hora de que se vaya.

► **be on time** llegar a la hora.

3 **time** *puede significar* época.

► **at that time** en aquella época.

► **in medieval times** en la época medieval.

4 **time** *puede significar* momento.

► **any time now** en cualquier momento.

► **at the time** en aquel momento.

► **for the time being** por el momento.

5 **time** *puede significar* vez.

► **at times** a veces.

► **the first time** la primera vez.

► **the last time** la última vez.

► **the next time** la próxima vez.

► **four times a year** cuatro veces al año.

► **from time to time** de vez en cuando.

6 **have a good time** pasarlo bien.

7 *En matemáticas,* **times** *significa* por.

> Two times three is six. Dos por tres son seis.

> *Puede ser un* VERBO:

► **time something** *o* **somebody** cronometrar algo *o* a alguien.

timer /ˈtaɪməʳ/ temporizador.

timetable /ˈtaɪmteɪbəl/ horario (de autobús o tren) *o* programa (de un proyecto, por ejemplo).

tin /tɪn/ *tiene varios sentidos:*

1 tin *puede significar* estaño *u* hojalata.

2 tin *puede significar* bote (de metal).

3 *En inglés británico,* **tin** *puede significar* lata.

► **tin opener** abrelatas.

> ✐ En inglés americano, 'lata' se dice **can** y 'abrelatas' se dice **can opener**.

tinfoil /ˈtɪnfɔɪl/ papel de aluminio.

tinsel /ˈtɪnsəl/ espumillón.

tinier /ˈtaɪnɪəʳ/ *es el comparativo de* **tiny**.

▷ This one's even tinier. Éste es aún más pequeñito.

tiniest /ˈtaɪnɪɪst/ *es el superlativo de* **tiny**.

▷ It's the tiniest one of all. Es el más pequeñito de todos.

tiny /ˈtaɪnɪ/ pequeñito.

tip /tɪp/ *tiene varias categorías gramaticales y varios sentidos:*

➢ *Puede ser un* SUSTANTIVO:

1 tip *puede significar* punta.

2 tip *puede significar* propina.

3 tip *puede significar* consejo.

4 *En inglés británico,* **tip** *puede significar* vertedero.

> ✐ En inglés americano, 'vertedero' se dice **dump**.

➢ *Puede ser un* VERBO TRANSITIVO:

1 tip something inclinar algo.

2 tip something over volcar algo.

3 tip something into something verter algo en algo.

4 tip somebody dar una propina a alguien.

➢ *Puede ser un* VERBO INTRANSITIVO:

1 tip *puede significar* inclinarse.

2 tip over volcarse.

tiptoe /ˈtɪptəʊ/ *tiene varias categorías gramaticales:*

➢ *Puede ser un* SUSTANTIVO:

► **on tiptoe** de puntillas.

➢ *Puede ser un* VERBO:

tiptoe *significa* andar de puntillas.

tire /taɪəʳ/ *tiene varias categorías gramaticales:*

➢ *Puede ser un* SUSTANTIVO:

> ℹ En inglés americano, **tire** significa neumático.

> ✐ En inglés británico, esta palabra se escribe **tyre**.

➢ *Puede ser un* VERBO TRANSITIVO:

► **tire somebody** cansar a alguien.

► **tire somebody out** agotar a alguien.

➢ *Puede ser un* VERBO INTRANSITIVO:

tire *significa* cansarse.

tired /taɪəd/ cansado (= fatigado).

► **get tired** cansarse.

► **be tired of something** estar harto de algo.

> ℹ tired también es el pretérito y el participio pasado del verbo tire.

▷ The journey tired me out. El viaje me agotó.

tiring /ˈtaɪərɪŋ/ cansado (= que cansa).

> ℹ tiring también es una forma del verbo tire.

▷ You're tiring me out. Me estás agotando.

tissue /ˈtɪʃuː/ *tiene varios sentidos:*

1 tissue *puede significar* tejido (del cuerpo).

2 tissue *puede significar* pañuelo de papel.

3 tissue paper papel de seda.

title /ˈtaɪtəl/ título.

to /tʊ/ *tiene varios sentidos:*

1 to *indica el* **lugar a donde vas**:

▷ She has gone to school. Ha ido a la escuela.

▷ We're going to Paris. Vamos a París.

▷ Let's go to the cinema. Vamos al cine.

2 to *puede significar* hacia.

▷ She turned to me. Se volvió hacia mí.

3 to *puede significar* hasta.

▷ He counted to ten. Contó hasta diez.

► **from... to...** de... a...

▷ Open from 9 to 5. Abierto de 9 a 5.

4 to *sirve para introducir un complemento de objeto directo:*

▷ He sent a letter to his mother. Envió una carta a su madre.

▷ I gave it to him. Se lo di.

▷ He spoke to her. Habló con ella.

5 to *indica que algo te* **pertenece**:

▷ It belongs to me. Me pertenece.

▷ Where is the key to the safe? ¿Dónde está la llave de la caja fuerte?

6 to *se utiliza para* **decir la hora**:

▷ It's twenty to five. Son las cinco menos veinte.

▷ It's a quarter to ten. Son las diez menos cuarto.

7 to *se utiliza para expresar una* **proporción**:

▷ There are 1.4 euros to the pound. Una libra vale 1,4 euros.

▷ They won by three goals to two. Ganaron por tres goles a dos.

8 to *indica el* **propósito** *de una acción y corresponde a 'para' en español:*

▷ He did it to impress his friends. Lo hizo para impresionar a sus amigos.
9 to *va delante de un verbo en infinitivo:*
▷ I want to help you. Quiero ayudarte.
▷ He began to cry. Empezó a llorar.
▷ It's easy to do. Es fácil hacerlo.
▷ She told me to leave. Me dijo que me fuera.
10 to *se utiliza para sustituir al infinitivo:*
▷ I don't want to. No quiero.

toad /təʊd/ sapo.

toadstool /ˈtəʊdstuːl/ seta venenosa.

toast /təʊst/ *tiene varios sentidos:*
1 toast *puede significar* tostadas.
▶ **a piece of toast** una tostada.
2 toast *puede significar* brindis.
▶ **drink a toast to somebody** brindar por alguien.

toaster /ˈtəʊstəʳ/ tostador.

tobacco /təˈbækəʊ/ tabaco.

tobacconist's /təˈbækənɪsts/ estanco.

toboggan /təˈbɒgən/ tobogán (= trineo).

today /təˈdeɪ/ hoy.

toddler /ˈtɒdləʳ/ niño pequeño (que está aprendiendo a andar).

toe /təʊ/ dedo del pie.

toenail /ˈtəʊneɪl/ uña del pie.

toffee /ˈtɒfɪ/ caramelo o tofe.

together /təˈgeðəʳ/ juntos.

toilet /ˈtɔɪlət/ retrete o servicios o váter.
▶ **toilet paper** papel higiénico.
▶ **toilet roll** rollo de papel higiénico.

toiletries /ˈtɔɪlətrɪz/ artículos de tocador.

told /təʊld/ *es el pretérito y el participio pasado del verbo* **tell**.
▷ I told him the truth. Le dije la verdad.
▷ He has told me to wait. Me ha dicho que espere.

tolerate /ˈtɒləreɪt/ tolerar.

tomato /təˈmɑːtəʊ/ tomate.

tomb /tuːm/ tumba.

tombstone /ˈtuːmstəʊn/ lápida.

tomorrow /təˈmɒrəʊ/ mañana.
▶ **tomorrow morning** mañana por la mañana.

ton /tʌn/ tonelada.

tone /təʊn/ *tiene varias categorías gramaticales y varios sentidos:*
> *Puede ser un* SUSTANTIVO:
1 tone *puede significar* tono.
2 tone *puede significar* señal (del teléfono).
> *Puede ser un* VERBO:
1 tone something down moderar algo.
2 tone something up tonificar algo.

tongue /tʌŋ/ lengua.

tonight /təˈnaɪt/ esta noche.

tonsils /ˈtɒnsəlz/ amígdalas.

too /tuː/ *tiene varios sentidos:*
1 too *puede significar* demasiado.
▷ It's too big. Es demasiado grande.
▶ **too much** demasiado.
▷ I've eaten too much. He comido demasiado.
▶ **too many** demasiados.
▷ You've given me too many. Me has dado demasiados.
2 too *puede significar* también.
▷ I want some too. Yo también quiero.

took /tʊk/ *es el pretérito del verbo* **take**.
▷ It took us three days. Nos llevó tres días.

tool /tuːl/ herramienta.

tooth /tuːθ/ diente.

toothache /ˈtuːθeɪk/ dolor de muelas.
▷ I've got toothache. Me duelen las muelas.

toothbrush /ˈtuːθbrʌʃ/ cepillo de dientes.

toothpaste /ˈtuːθpeɪst/ dentífrico.

toothpick /ˈtuːθpɪk/ palillo.

top /tɒp/ *tiene varias categorías gramaticales y varios sentidos:*
> *Puede ser un* SUSTANTIVO:
1 top *puede significar* parte de arriba o cima (de una montaña) o cabeza (de una lista) o copa (de un árbol).
▶ **at the top of** en lo alto de o en la parte de arriba de.
▷ My name's at the top of the list. Mi nombre encabeza la lista.
▶ **on top** encima.
▶ **on top of** encima de.
2 top *puede significar* tapa o tapón o capucha (de un bolígrafo).
3 top *puede significar* superficie o tablero (de una mesa).
4 top *puede significar* camiseta o blusa.
5 top *puede significar* peonza.

topic

> *Puede ser un* ADJETIVO:

1 top *puede significar* superior *o* de arriba *o* de encima *o* último (peldaño, piso).

▷ The socks are in the top drawer. Los calcetines están en el cajón de arriba.

▷ Take the top book. Coge el libro de encima.

▷ They live on the top floor. Viven en el último piso.

2 top *puede significar* mejor *o* de primera (deportista o actor, por ejemplo).

▷ I got top marks. Saqué la mejor nota.

3 top *puede significar* máximo.

topic /ˈtɒpɪk/ tema.

topping /ˈtɒpɪŋ/ ingrediente (que se pone encima).

▷ It has a cheese topping. Tiene queso encima.

torch /tɔːtʃ/ *tiene varios sentidos:*

1 torch *puede significar* linterna.

🕯 torch no se utiliza en inglés americano. En Estados Unidos, se dice **flashlight**.

---

2 torch *puede significar* antorcha.

tore /tɔːʳ/ *es el pretérito del verbo* **tear**.

▷ She tore her dress. Se rasgó el vestido.

torn /tɔːn/ *es el participio pasado del verbo* **tear**.

▷ I have torn the letter up. He roto la carta en pedazos.

tortoise /ˈtɔːtəs/ tortuga (terrestre).

torture /ˈtɔːtʃəʳ/ *tiene varias categorías gramaticales:*

> *Puede ser un* SUSTANTIVO:

torture *significa* tortura.

> *Puede ser un* VERBO:

▶ **torture somebody** torturar a alguien.

toss /tɒs/ *tiene varias categorías gramaticales y varios sentidos:*

> *Puede ser un* VERBO TRANSITIVO:

1 toss something *puede significar* lanzar algo o tirar algo.

2 toss a pancake dar la vuelta a una crepe.

▶ **toss a salad** remover una ensalada.

3 toss a coin echar a cara o cruz.

> *Puede ser un* VERBO INTRANSITIVO:

▶ **toss and turn** dar vueltas (en la cama).

totally /ˈtəʊtəlɪ/ totalmente.

touch /tʌtʃ/ *tiene varias categorías gramaticales y varios sentidos:*

> *Puede ser un* SUSTANTIVO:

1 touch *puede significar* contacto.

▶ **be in touch with somebody** estar en contacto con alguien.

▶ **get in touch with somebody** ponerse en contacto con alguien.

▶ **keep in touch with somebody** mantener el contacto con alguien.

▶ **lose touch with somebody** perder el contacto con alguien.

2 touch *puede significar* toque.

▶ **the finishing touches** los últimos retoques.

▶ **a touch of...** un toque de... o un poquito de...

3 touch *puede significar* tacto (= el sentido).

> *Puede ser un* VERBO TRANSITIVO:

▶ **touch something** o **somebody** tocar algo o a alguien.

> *Puede ser un* VERBO INTRANSITIVO:

touch *significa* tocarse o rozarse.

tough /tʌf/ *tiene varios sentidos:*

1 tough *puede significar* fuerte o resistente.

▷ This material is very tough. Esta tela es muy resistente.

2 tough *puede significar* duro.

▷ This steak is really tough! ¡Este bistec está muy duro!

▷ They've taken some very tough measures. Han tomado unas medidas muy duras.

3 tough *puede significar* difícil.

▷ This is a tough question. Es una pregunta difícil.

tour /tʊəʳ/ *tiene varias categorías gramaticales y varios sentidos:*

> *Puede ser un* SUSTANTIVO:

1 tour *puede significar* recorrido o visita (turística).

▷ We went on a tour of the museum. Visitamos el museo.

▶ **tour guide** guía turístico (= persona) o guía turística (= libro).

2 tour *puede significar* gira (de músicos, por ejemplo).

> *Puede ser un* VERBO:

▶ **tour something** recorrer algo o visitar algo.

tourism /ˈtʊərɪzəm/ turismo.

tourist /ˈtʊərɪst/ turista.

▶ **tourist office** oficina de turismo.

tournament /ˈtʊənəmənt/ torneo.

tow /təʊ/ remolcar.

towards /təˈwɔːdz/ hacia.

towel /taʊəl/ toalla.

tower /taʊəʳ/ torre.

town /taʊn/ ciudad o pueblo.

- ▶ **go into town** ir al centro.
- ▶ **town centre** centro (de la ciudad).
- ▶ **town hall** ayuntamiento (= edificio).

toy /tɔɪ/ juguete.

toyshop /ˈtɔɪʃɒp/ juguetería.

trace /treɪs/ *tiene varias categorías gramaticales y varios sentidos:*

> *Puede ser un* SUSTANTIVO:
trace *significa* rastro.

> *Puede ser un* VERBO:
1 **trace something** o **somebody** *puede significar* localizar algo o a alguien.
2 **trace something** *puede significar* trazar algo.
3 **trace something** *puede significar* calcar algo.

tracing paper /ˈtreɪsɪŋ ˈpeɪpəʳ/ papel de calco.

track /træk/ *tiene varias categorías gramaticales y varios sentidos:*

> *Puede ser un* SUSTANTIVO:
1 **track** *puede significar* huella o rastro (de un animal o una persona).
2 **track** *puede significar* camino o sendero.
3 **track** *puede significar* pista (de atletismo, por ejemplo).
4 **track** *puede significar* vía (férrea).
5 **track** *puede significar* canción (en un disco).
6 **track** *se utiliza en las siguientes expresiones:*
- ▶ **keep track of something** seguir algo.
- ▶ **keep track of somebody** seguir la pista a alguien.
- ▶ **lose track of something** perder la cuenta de algo.
- ▶ **lose track of time** no darse cuenta de la hora.
- ▶ **lose track of somebody** perder la pista a alguien.

> *Puede ser un* VERBO:
- ▶ **track somebody** o **something** seguir la pista de alguien o algo.

tracksuit /ˈtræksuːt/ chándal.

✂ tracksuit no se utiliza en inglés americano. En Estados Unidos, se dice **sweatsuit**.

trade /treɪd/ *tiene varias categorías gramaticales y varios sentidos:*

> *Puede ser un* SUSTANTIVO:
1 **trade** *puede significar* comercio.
2 **trade** *puede significar* oficio (= profesión).
- ▶ **trade union** sindicato.

> *Puede ser un* VERBO TRANSITIVO:
- ▶ **trade something for something** cambiar algo por algo.

> *Puede ser un* VERBO INTRANSITIVO:
trade *significa* comerciar.

trademark /ˈtreɪdmɑːk/ marca registrada.

trader /ˈtreɪdəʳ/ comerciante.

tradition /trəˈdɪʃən/ tradición.

traditional /trəˈdɪʃənəl/ tradicional.

traffic /ˈtræfɪk/ tráfico.

- ▶ **traffic jam** atasco o embotellamiento.
- ▶ **traffic lights** semáforo.

tragedies /ˈtrædʒədɪz/ *es el plural de* **tragedy**.

tragedy /ˈtrædʒədɪ/ tragedia.

tragic /ˈtrædʒɪk/ trágico.

trail /treɪl/ *tiene varios sentidos:*

1 **trail** *puede significar* rastro.
2 **trail** *puede significar* camino o sendero.

trailer /ˈtreɪləʳ/ *tiene varios sentidos:*

1 **trailer** *puede significar* remolque.
2 **trailer** *puede significar* roulotte.
3 **trailer** *puede significar* avance (de un programa o una película).

train /treɪn/ *tiene varias categorías gramaticales y varios sentidos:*

> *Puede ser un* SUSTANTIVO:
train *significa* tren.
- ▶ **train station** estación de tren.

> *Puede ser un* VERBO TRANSITIVO:
- ▶ **train somebody** formar a alguien o entrenar a alguien.

> *Puede ser un* VERBO INTRANSITIVO:
train *significa* estudiar o entrenarse.

trainee /treɪˈniː/ aprendiz.

trainer /ˈtreɪnəʳ/ preparador físico (de un equipo de fútbol, por ejemplo).

 trainer no significa 'entrenador'.

trainers /ˈtreɪnəz/ zapatillas de deporte.

✂ trainers no se utiliza en inglés americano. En Estados Unidos, se dice **running shoes**.

training /ˈtreɪnɪŋ/ formación o entrenamiento.

traitor /ˈtreɪtəʳ/ traidor.

tram /træm/ tranvía.

tram no se utiliza en inglés americano. En Estados Unidos, se dice **streetcar**.

tramp /træmp/ vagabundo.

trampoline /ˈtræmpəliːn/ cama elástica.

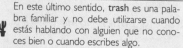 trampoline no significa 'trampolín'.

transfer /ˈtrɑːnsfɜːʳ/ *tiene varias categorías gramaticales y varios sentidos:*

> *Puede ser un* SUSTANTIVO:

1 **transfer** *puede significar* traslado *o* transferencia.
2 **transfer** *puede significar* fichaje (de un jugador).
3 **transfer** *puede significar* calcomanía.

> *Puede ser un* VERBO:

transfer *significa* trasladar *o* transferir *o* traspasar.

transform /trænsˈfɔːm/ transformar.

transitive /ˈtrænsɪtɪv/ transitivo.

translate /trænsˈleɪt/ traducir.

translation /trænsˈleɪʃən/ traducción.

translator /trænsˈleɪtəʳ/ traductor.

transmit /trænzˈmɪt/ transmitir.

transparent /trænsˈpeərənt/ transparente.

transplant *se pronuncia de dos formas diferentes y su categoría gramatical cambia en función de la pronunciación:*

◀)) /ˈtrænsplænt/ (el acento recae sobre la primera sílaba **trans-**).

> *Es un* SUSTANTIVO:

transplant *significa* trasplante.

◀)) /trænsˈplænt/ (el acento recae sobre la segunda sílaba **-plant**).

> *Es un* VERBO:

transplant something *significa* trasplantar algo.

transport *se pronuncia de dos formas diferentes y su categoría gramatical cambia en función de la pronunciación:*

◀)) /ˈtrænspɔːt/ (el acento recae sobre la primera sílaba **trans-**).

> *Es un* SUSTANTIVO:

transport *significa* transporte.

◀)) /trænsˈpɔːt/ (el acento recae sobre la segunda sílaba **-port**).

> *Es un* VERBO:

▶ **transport something** *o* **somebody** transportar algo o a alguien.

trap /træp/ *tiene varias categorías gramaticales:*

> *Puede ser un* SUSTANTIVO:

trap *significa* trampa.

▶ **set a trap for somebody** tender una trampa a alguien.

> *Puede ser un* VERBO:

▶ **trap something** *o* **somebody** atrapar algo o a alguien.

trash /træʃ/ *tiene varios sentidos:*

1 *En inglés americano,* **trash** *puede significar* basura.

▶ **trash can** cubo de la basura.

 En inglés británico, 'basura' se dice **rubbish** y 'cubo de la basura' se dice **bin**.

2 **trash** *se utiliza para hablar de algo que es muy malo o inútil:*

▷ This book is trash. Este libro es malísimo.

En este último sentido, **trash** es una palabra familiar y no debe utilizarse cuando estás hablando con alguien que no conoces bien o cuando escribes algo.

travel /ˈtrævəl/ *tiene varias categorías gramaticales y varios sentidos:*

> *Puede ser un* SUSTANTIVO:

travel *significa* los viajes.

▶ **travel agency** agencia de viajes.
▶ **travel agent** empleado de una agencia de viajes.

> *Puede ser un* VERBO INTRANSITIVO:

1 **travel** *puede significar* viajar.
2 **travel** *puede significar* ir.

▷ How fast was it travelling? ¿A qué velocidad iba?

traveller /ˈtrævələʳ/ viajero.

 En inglés americano, esta palabra se escribe **traveler**.

▶ **traveller's cheque** *o, en inglés americano,* **traveler's check** cheque de viaje.

tray /treɪ/ bandeja.

tread /tred/ caminar.

▶ **tread on something** pisar algo.

treason /ˈtriːzən/ traición.

treasure /ˈtreʒəʳ/ tesoro.

▶ **treasure hunt** caza del tesoro (juego).

treat /triːt/ *tiene varias categorías gramaticales y varios sentidos:*

> *Puede ser un* SUSTANTIVO:

treat *significa* regalo.

▷ I'm going to give you a treat and take you to the zoo. Voy a hacer algo especial por vosotros y os voy a llevar al zoo.

> *Puede ser un* VERBO:

1 treat something *o* **somebody** tratar algo *o* a alguien.

▷ They treated us very well. Nos trataron muy bien.

2 treat somebody to something invitar a alguien a algo.

▷ I'll treat you to an ice cream. Te invito a un helado.

treatment /'tri:mənt/ tratamiento *o* trato.

treaties /'tri:tɪz/ *es el plural de* **treaty**.

treaty /'tri:tɪ/ tratado.

tree /tri:/ árbol.

▶ **tree trunk** tronco de árbol.

tremble /'trembəl/ temblar.

tremendous /trɪ'mendəs/ tremendo *o* estupendo.

trend /trend/ tendencia.

▶ **set a trend** establecer una tendencia.

trendy /'trendɪ/ de moda *o* moderno.

trial /traɪəl/ *tiene varios sentidos:*

1 trial *puede significar* juicio (en un tribunal).

2 trial *puede significar* prueba (de un producto o un empleado).

3 trial *puede significar* suplicio (= fastidio).

triangle /'traɪæŋgəl/ triángulo.

tribe /traɪb/ tribu.

tribute /'trɪbju:t/ tributo *u* homenaje.

▶ **pay tribute to somebody** rendir homenaje a alguien.

trick /trɪk/ *tiene varias categorías gramaticales y varios sentidos:*

> *Puede ser un* SUSTANTIVO:

1 trick *puede significar* broma.

▶ **play a trick on somebody** gastar una broma a alguien.

2 trick *puede significar* trampa.

▶ **trick question** pregunta con trampa.

3 trick *puede significar* truco.

> *Puede ser un* VERBO:

▶ **trick somebody** engañar a alguien.

trickle /'trɪkəl/ *tiene varias categorías gramaticales:*

> *Puede ser un* SUSTANTIVO:

trickle *significa* hilo (de sangre o agua).

> *Puede ser un* VERBO:

trickle *significa* caer gota a gota.

▷ Blood trickled down her arm. Le corría un hilo de sangre por el brazo.

trigger /'trɪgər/ gatillo.

▶ **pull the trigger** apretar el gatillo.

trim /trɪm/ *tiene varias categorías gramaticales y varios sentidos:*

> *Puede ser un* SUSTANTIVO:

trim *significa* recorte.

▶ **give somebody a trim** cortar las puntas del pelo a alguien.

> *Puede ser un* VERBO:

▶ **trim something** *significa* recortar algo.

▶ **trim somebody's hair** cortar las puntas del pelo a alguien.

trip /trɪp/ *tiene varias categorías gramaticales y varios sentidos:*

> *Puede ser un* SUSTANTIVO:

trip *significa* viaje *o* excursión.

> *Puede ser un* VERBO INTRANSITIVO:

trip *o* **trip up** *significa* tropezar.

> *Puede ser un* VERBO TRANSITIVO:

▶ **trip somebody** *o* **trip somebody up** poner la zancadilla a alguien.

triumph /'traɪəmf/ *tiene varias categorías gramaticales:*

> *Puede ser un* SUSTANTIVO:

triumph *significa* triunfo.

> *Puede ser un* VERBO:

triumph *significa* triunfar.

trod /trɒd/ *es el pretérito del verbo* **tread**.

▷ He trod on my foot. Me pisó el pie.

trodden /'trɒdən/ *es el participio pasado del verbo* **tread**.

▷ You've trodden in something. Has pisado algo.

trolley /'trɒlɪ/ carrito *o* carro.

troops /tru:ps/ tropas.

trophies /'trəʊfɪz/ *es el plural de* **trophy**.

trophy /'trəʊfɪ/ trofeo.

trot /trɒt/ *tiene varias categorías gramaticales:*

> *Puede ser un* SUSTANTIVO:

trot *significa* trote.

> *Puede ser un* VERBO:

trot *significa* trotar.

trouble /'trʌbəl/ *tiene varias categorías gramaticales y varios sentidos:*

> *Puede ser un* SUSTANTIVO:

1 trouble *puede significar* problemas.

▶ **be in trouble** tener problemas.

▷ You're in trouble! ¡Te la vas a cargar!

▶ **get into trouble** meterse en líos.

▶ **have trouble doing something** tener dificultades para hacer algo.

► **make trouble** causar problemas.

2 trouble puede significar problema.

► **the trouble is...** el problema es que...

3 trouble puede significar molestia.

► **take the trouble to do something** tomarse la molestia de hacer algo.

> Puede ser un VERBO:

1 trouble somebody puede significar inquietar a alguien.

2 trouble somebody puede significar molestar a alguien.

▷ I'm sorry to trouble you. Disculpe la molestia.

trousers /ˈtraʊzəz/ pantalones.

► **a pair of trousers** unos pantalones.

⌐ trousers no se utiliza en inglés americano. En Estados Unidos, se dice **pants**.

trout /traʊt/ trucha.

truant /ˈtruːənt/

► **play truant** hacer novillos.

truck /trʌk/ camión.

► **truck driver** camionero.

true /truː/ verdadero o cierto.

▷ It's true. Es verdad.

► **come true** hacerse realidad.

trumpet /ˈtrʌmpɪt/ trompeta.

trunk /trʌŋk/ tiene varios sentidos:

1 trunk puede significar tronco (de un árbol o una persona).

2 trunk puede significar trompa (de un elefante).

3 trunk puede significar baúl.

4 En inglés americano, **trunk** puede significar maletero.

⌐ En inglés británico, 'maletero' se dice **boot**.

5 trunks puede significar bañador (de hombre).

trust /trʌst/ tiene varias categorías gramaticales y varios sentidos:

> Puede ser un SUSTANTIVO:

trust significa confianza.

> Puede ser un VERBO:

1 trust somebody confiar en alguien o fiarse de alguien.

2 trust somebody with something confiar algo a alguien.

trustworthy /ˈtrʌstwɜːðɪ/ fiable o de confianza.

truth /truːθ/ verdad.

► **tell the truth** decir la verdad.

try /traɪ/ tiene varias categorías gramaticales y varios sentidos:

> Puede ser un SUSTANTIVO:

try significa intento.

> Puede ser un VERBO:

1 try something puede significar intentar algo.

► **try to do something** intentar hacer algo.

▷ Try and come tonight. Intenta venir esta noche.

2 try something o **try something out** puede significar probar algo.

3 try something puede significar poner a prueba algo.

4 try something on probarse algo (ropa o zapatos).

5 try somebody juzgar a alguien (en un tribunal).

tub /tʌb/ tiene varios sentidos:

1 tub puede significar tina o bote (de crema o helado).

2 tub puede significar bañera.

tube /tjuːb/ tiene varios sentidos:

1 tube puede significar tubo.

2 En inglés británico, **the tube** significa el metro.

⌐ En inglés americano se dice **the subway**.

Tuesday /ˈtjuːzdɪ/ martes.

► **on Tuesday** el martes.

► **on Tuesday morning** el martes por la mañana.

► **on Tuesdays** los martes.

tummy /ˈtʌmɪ/ barriga.

tuna /ˈtjuːnə/ atún.

tune /tjuːn/ tiene varias categorías gramaticales y varios sentidos:

> Puede ser un SUSTANTIVO:

1 tune puede significar melodía.

2 be in tune estar afinado (cuando te refieres a un instrumento) o afinar (cuando te refieres a un cantante).

► **be out of tune** estar desafinado o desafinar.

> Puede ser un VERBO:

1 tune an instrument afinar un instrumento.

2 tune a radio sintonizar una radio.

Tunisia /tjuːˈnɪsɪə/ Tunez (= el país).

Tunisian /tjuːˈnsɪən/ tunecino.

tunnel /ˈtʌnəl/ túnel.

Turkey /ˈtɜːkɪ/ Turquía.

turkey /ˈtɜːkɪ/ pavo.

Turkish /ˈtɜːkɪʃ/ turco.

► **the Turkish** los turcos.

turn /tɜːn/ *tiene varias categorías gramaticales y varios sentidos:*

> *Puede ser un* SUSTANTIVO:

1 turn *puede significar* turno (en un juego, por ejemplo).

▷ It's your turn. Te toca a ti.

► **take it in turns to do something** turnarse para hacer algo.

2 turn *puede significar* curva (en una carretera).

> *Puede ser un* VERBO TRANSITIVO:

1 turn something *puede significar* girar algo.

2 turn something *puede significar* dar la vuelta a algo.

3 turn something into... transformar algo en...

> *Puede ser un* VERBO INTRANSITIVO:

1 turn *puede significar* girar o dar vueltas.

▷ Turn left. Gira a la izquierda.

2 turn *puede significar* darse la vuelta o volverse.

3 turn *puede significar* ponerse o hacerse o volverse.

▷ He turned red. Se puso colorado.

4 turn into... convertirse en...

Phrasal verbs:

Al verbo **turn** *a veces le sigue una preposición como* **back** *o* **up**, *lo que puede cambiar su significado. En inglés, esto se llama un* **phrasal verb**.

TURN AROUND:

► **turn around** *puede significar* darse la vuelta o volverse.

► **turn around** *puede significar* girar o dar vueltas.

► **turn something around** dar la vuelta a algo.

TURN AWAY:

► **turn away** *puede significar* volverse o desviar la mirada.

► **turn somebody away** no dejar entrar a alguien.

TURN BACK:

► **turn back** volver.

TURN DOWN:

► **turn something down** *puede significar* rechazar algo.

► **turn something down** *puede significar* bajar algo (la música, el volumen, la tele).

TURN OFF:

► **turn something off** *puede significar* apagar algo (la luz, la radio, el motor, una máquina, etc.) o cerrar algo (el grifo o el gas).

TURN ON:

► **turn something on** *puede significar* encender algo (la luz, la radio, el motor, una máquina, etc.) o abrir algo (el grifo o el gas).

TURN OUT:

► **turn something out** *puede significar* apagar algo (la luz).

TURN OVER:

► **turn over** *puede significar* darse la vuelta (una persona en la cama) o volcarse (un coche).

► **turn over** *puede significar* pasar la página.

► **turn over** *puede significar* cambiar de canal.

► **turn something over** dar la vuelta a algo.

TURN ROUND:

► **turn round** *puede significar* darse la vuelta o volverse.

► **turn round** *puede significar* girar o dar vueltas.

► **turn something round** dar la vuelta a algo.

TURN UP:

► **turn up** aparecer o llegar.

► **turn something up** subir algo (la música, el volumen, la tele).

turnip /ˈtɜːnɪp/ nabo.

turtle /ˈtɜːtəl/ tortuga (marina).

tutor /ˈtjuːtəʳ/ profesor particular.

tuxedo /tʌkˈsiːdəʊ/ esmoquin.

TV /ˌtiːˈviː/ televisión.

► **TV set** televisor.

tweezers /ˈtwiːzəz/ pinzas.

twelfth /twelfθ/ duodécimo.

► **the twelfth of December** o **December the twelfth** el doce de diciembre.

twelve /twelv/ doce.

▷ He's twelve. Tiene doce años.

▷ It's twelve o'clock. Son las doce.

▷ There are twelve of us. Somos doce.

twenties /ˈtwentɪz/

► **the twenties** la década de los veinte.

▷ She's in her twenties. Tiene veinte y tantos años.

twentieth /ˈtwentɪəθ/ vigésimo.

► **the twentieth of July** o **July the twentieth** el veinte de julio.

twenty /ˈtwentɪ/ veinte.

▷ She's twenty. Tiene veinte años.

▷ There are twenty of us. Somos veinte.

▷ It's open twenty-four hours a day. Está abierto las veinticuatro horas.

twice /twaɪs/ dos veces.

► **twice as much** el doble.

twig /twɪg/ ramita.

twilight /ˈtwaɪlaɪt/ crepúsculo.

twin /twɪn/ gemelo o mellizo.

twinkle /ˈtwɪŋkəl/ centellear o parpadear.

twist /twɪst/ *tiene varias categorías gramaticales y varios sentidos:*

> *Puede ser un* SUSTANTIVO:

1 twist *puede significar* curva (en una carretera).

2 twist *puede significar* giro (en una historia).

> *Puede ser un* VERBO TRANSITIVO:

1 twist something *puede significar* retorcer algo.

2 twist something *puede significar* girar algo.

3 twist something *puede significar* torcerse algo (el tobillo, por ejemplo).

4 twist something *puede significar* tergiversar algo.

> *Puede ser un* VERBO INTRANSITIVO:

1 twist *puede significar* serpentear.

2 twist *puede significar* retorcerse.

twitch /twɪtʃ/ *tiene varias categorías gramaticales:*

> *Puede ser un* SUSTANTIVO:

twitch *significa* tic.

> *Puede ser un* VERBO:

twitch *significa* contraerse (los músculos, por ejemplo).

two /tuː/ dos.

▷ She's two. Tiene dos años.

▷ It's two o'clock. Son las dos.

▷ There are two of us. Somos dos.

type /taɪp/ *tiene varias categorías gramaticales y varios sentidos:*

> *Puede ser un* SUSTANTIVO:

type *significa* tipo.

> *Puede ser un* VERBO:

type *significa* escribir a máquina.

typewriter /ˈtaɪpraɪtəʳ/ máquina de escribir.

typical /ˈtɪpɪkəl/ típico.

tyre /taɪəʳ/ neumático.

> En inglés americano, esta palabra se escribe tire.

U

La letra **U** se pronuncia /juː/ en inglés.

U se pronuncia como la palabra inglesa **you**.

UFO /ˈjuːˈefˈəʊ/ ovni.

> **i** UFO es la abreviatura de **unidentified flying object**.

uglier /ˈʌɡlɪəʳ/ es el comparativo de **ugly**.
> ▷ It's even uglier now. Ahora es aún más feo.

ugliest /ˈʌɡlɪɪst/ es el superlativo de **ugly**.
> ▷ He's the ugliest boy in the class. Es el chico más feo de la clase.

ugly /ˈʌɡlɪ/ feo.

UK /juːˈkeɪ/ Reino Unido.

> **i** UK es la abreviatura de **United Kingdom**.

ultimate /ˈʌltɪmət/ tiene varios sentidos:
1 **ultimate** puede significar final o definitivo.
2 **ultimate** puede significar supremo.

umbrella /ʌmˈbrelə/ paraguas.

umpire /ˈʌmpaɪəʳ/ árbitro o juez de silla.

UN /juːˈen/ ONU.

> **i** UN es la abreviatura de **United Nations**.

unable /ʌnˈeɪbəl/
> ► **be unable to do something** no poder hacer algo o ser incapaz de hacer algo.

unanimous /juːˈnænɪməs/ unánime.

unavoidable /ʌnəˈvɔɪdəbəl/ inevitable.

unbearable /ʌnˈbeərəbəl/ insoportable.

unbeatable /ʌnˈbiːtəbəl/ imbatible o insuperable.

unbelievable /ʌnbɪˈliːvəbəl/ increíble.

unbreakable /ʌnˈbreɪkəbəl/ irrompible o inquebrantable.

uncertain /ʌnˈsɜːtən/ incierto.
> ► **be uncertain about** no estar seguro de.

uncle /ˈʌnkəl/ tío (= familiar).

unclear /ʌnˈklɪəʳ/ poco claro o confuso.

uncomfortable /ʌnˈkʌmfətəbəl/ incómodo.

uncommon /ʌnˈkɒmən/ poco frecuente o poco común.

unconscious /ʌnˈkɒnʃəs/ tiene varios sentidos:
1 **unconscious** puede significar inconsciente.
> ► **fall** o **become unconscious** perder el conocimiento.
2 **be unconscious of something** no ser consciente de algo.

uncover /ʌnˈkʌvəʳ/ descubrir.

undeniable /ʌndɪˈnaɪəbəl/ innegable.

under /ˈʌndəʳ/ tiene varias categorías gramaticales y varios sentidos:
> **>** Puede ser una PREPOSICIÓN:
1 **under** puede significar debajo de o bajo.
> ▷ The cat's under the table. El gato está debajo de la mesa.
> ▷ It's under there. Está allí abajo.
2 **under** puede significar menos de.

▶ **children under 12** los niños menores de 12 años.

3 under puede significar según.

▶ **under English law** según la legislación inglesa.

> Puede ser un ADVERBIO:

1 under puede significar debajo.

2 under puede significar menos.

▷ **10 euros and under.** 10 euros o menos.

underage /ʌndərˈeɪdʒ/ menor de edad.

underclothes /ˈʌndəkləʊðz/ ropa interior.

undergraduate /ʌndəˈgrædjʊət/ estudiante universitario (no licenciado).

underground /ˈʌndəgraʊnd/ tiene varias categorías gramaticales y varios sentidos:

> Puede ser un SUSTANTIVO:

1 En inglés británico, **underground** puede significar metro.

En inglés americano, se dice **subway**.

2 the underground puede significar la resistencia.

> Puede ser un ADJETIVO:

1 underground puede significar subterráneo.

2 underground puede significar clandestino.

undergrowth /ˈʌndəgrəʊθ/ maleza.

underline /ʌndəˈlaɪn/ subrayar.

underneath /ʌndəˈniːθ/ tiene varias categorías gramaticales:

> Puede ser una PREPOSICIÓN:

underneath significa debajo de o bajo.

▷ **They were sitting underneath a tree.** Estaban sentados bajo un árbol.

> Puede ser un ADVERBIO:

underneath significa debajo.

underpants /ˈʌndəpænts/ calzoncillos.

▶ **a pair of underpants** unos calzoncillos.

undershirt /ˈʌndəʃɜːt/ camiseta (= ropa interior).

undershirt es una palabra americana. En inglés británico se dice **vest**.

understand /ʌndəˈstænd/ entender o comprender.

understanding /ʌndəˈstændɪŋ/ tiene varias categorías gramaticales y varios sentidos:

> Puede ser un SUSTANTIVO:

1 understanding puede significar comprensión.

2 understanding puede significar acuerdo o arreglo.

> Puede ser un ADJETIVO:

understanding significa comprensivo.

understood /ʌndəˈstʊd/ es el pretérito y el participio pasado del verbo **understand**.

▷ **I understood what you said.** Comprendí lo que dijiste.

▷ **Have you understood?** ¿Has entendido?

underwater /ʌndəˈwɔːtəʳ/ tiene varias categorías gramaticales:

> Puede ser un ADJETIVO:

underwater significa submarino.

> Puede ser un ADVERBIO:

underwater significa bajo el agua.

underwear /ˈʌndəwɜːəʳ/ ropa interior.

undo /ʌnˈduː/ tiene varios sentidos:

1 undo something puede significar deshacer algo.

2 undo something puede significar desabrochar algo o desatar algo.

undone /ʌnˈdʌn/ desabrochado o desatado.

▶ **come undone** deshacerse o desabrocharse o desatarse.

undress /ʌnˈdres/ desvestir o desvestirse.

▶ **get undressed** desvestirse.

uneasy /ʌnˈiːzɪ/ inquieto.

unemployed /ʌnɪmˈplɔɪd/ tiene varias categorías gramaticales:

> Puede ser un ADJETIVO:

unemployed significa desempleado o parado.

> Puede ser un SUSTANTIVO:

▶ **the unemployed** los desempleados o los parados.

unemployment /ʌnɪmˈplɔɪmənt/ desempleo o paro.

uneven /ʌnˈiːvən/ desigual o irregular.

unexpected /ʌnɪkˈspektɪd/ ineseperado.

unexpectedly /ʌnɪksˈpektɪdlɪ/ inesperadamente.

unfair /ʌnˈfeəʳ/ injusto.

unfaithful /ʌnˈfeɪθfʊl/ infiel.

unfamiliar /ʌnfəˈmɪlɪəʳ/ desconocido.

unfashionable /ʌnˈfæʃənəbəl/ pasado de moda.

unfasten /ʌnˈfɑːsən/ desabrochar.

unfinished /ʌnˈfɪnɪʃt/ inacabado.

unfit /ʌnˈfɪt/ *tiene varios sentidos:*
1 unfit *puede significar* fuera de forma.
▷ He's unfit. No está en forma.
2 unfit *puede significar* inadecuado.

unfold /ʌnˈfəʊld/
▶ **unfold something** desplegar algo o desdoblar algo.

unforgettable /ʌnfəˈgetəbəl/ inolvidable.

unfortunate /ʌnˈfɔːtʃənət/ desafortunado o desgraciado.

unfortunately /ʌnˈfɔːtʃənətlɪ/ desafortunadamente o desgraciadamente.

unfriendly /ʌnˈfrendlɪ/ hostil o poco amistoso.

ungrateful /ʌnˈgreɪtfʊl/ ingrato.

unhappier /ʌnˈhæpɪəʳ/ *es el comparativo de* **unhappy**.
▷ Does she seem unhappier to you? ¿Te parece más triste?

unhappiest /ʌnˈhæpɪɪst/ *es el superlativo de* **unhappy**.
▷ It was the unhappiest time of my life. Fue el período más infeliz de mi vida.

unhappy /ʌnˈhæpɪ/ infeliz o descontento o triste.

unhealthy /ʌnˈhelθɪ/ *tiene varios sentidos:*
1 unhealthy *puede significar* enfermizo.
▷ He's been unhealthy recently. Últimamente ha estado mal de salud.
2 unhealthy *puede significar* poco saludable.

unidentified /ʌnaɪˈdentɪfaɪd/ no identificado.
▶ **unidentified flying object** objeto volador no identificado.

uniform /ˈjuːnɪfɔːm/ uniforme.

unimportant /ʌnɪmˈpɔːtənt/ sin importancia.

union /ˈjuːnɪən/ *tiene varios sentidos:*
1 union *puede significar* unión.
2 union *puede significar* sindicato.
3 the Union Jack la bandera del Reino Unido.

unique /juːˈniːk/ único (= excepcional).

unit /ˈjuːnɪt/ *tiene varios sentidos:*
1 unit *puede significar* unidad.
2 unit *puede significar* módulo (de cocina, por ejemplo).

unite /juːˈnaɪt/ unir o unirse.

united /juːˈnaɪtɪd/ unido.
▶ **the United Kingdom** el Reino Unido.
▶ **the United Nations** las Naciones Unidas.
▶ **the United States** los Estados Unidos.

> **i** united también es el pretérito y el participio pasado del verbo unite.
> ▷ The treaty united the two countries. El tratado unió a los dos países.

universe /ˈjuːnɪvɜːs/ universo.

universities /juːnɪˈvɜːsətɪz/ *es el plural de* **university**.

university /juːnɪˈvɜːsətɪ/ universidad.

unkind /ʌnˈkaɪnd/ antipático o cruel.

unknown /ʌnˈnəʊn/ desconocido.

unleaded /ʌnˈledɪd/ sin plomo.

unless /ənˈles/ a menos que.
▷ We'll go for a walk unless it rains. Iremos a dar un paseo a menos que llueva.
▷ He won't go unless you do. Él no irá si no vas tú.

unlike /ʌnˈlaɪk/ *tiene varios sentidos:*
1 unlike *significa* a diferencia de.
▷ Unlike her, I don't like oysters. A diferencia de ella, a mí no me gustan las ostras.
2 be unlike somebody *o* **something** no parecerse a alguien o algo.

unlikely /ʌnˈlaɪklɪ/ improbable.

unload /ʌnˈləʊd/ descargar.

unlock /ʌnˈlɒk/ abrir (una puerta cerrada con llave).

unlucky /ʌnˈlʌkɪ/ *tiene varios sentidos:*
1 unlucky *puede significar* desgraciado.
▶ **be unlucky** tener mala suerte.
2 unlucky *puede significar* de la mala suerte (un número, por ejemplo).

unnatural /ʌnˈnætʃərəl/ *tiene varios sentidos:*
1 unnatural *puede significar* poco natural.
2 unnatural *puede significar* anormal.

unnecessary /ʌnˈnesəsərɪ/ innecesario.

unpack /ʌnˈpæk/ *tiene varias categorías gramaticales:*
> *Puede ser un* VERBO TRANSITIVO:
▶ **unpack something** deshacer algo (una maleta) o desembalar algo (la ropa).
> *Puede ser un* VERBO INTRANSITIVO:
unpack *significa* deshacer las maletas.

unpleasant /ʌnˈplezənt/ desagradable.

unplug /ʌnˈplʌg/ desenchufar.

unpopular /ʌnˈpɒpjələʳ/ impopular.

unpredictable /ʌnprɪˈdɪktəbəl/ imprevisible.

unreal /ʌnˈrɪəl/ irreal.

unrealistic /ʌnrɪəˈlɪstɪk/ poco realista.

unreasonable /ʌnˈriːzənəbəl/ poco razonable.

unreliable /ʌnrɪˈlaɪəbəl/ poco fiable.

unroll /ʌnˈrəʊl/ desenrollar.

unsafe /ʌnˈseɪf/ inseguro o peligroso.

unsteady /ʌnˈstedɪ/ tiene varios sentidos:

1 **unsteady** puede significar inestable.

2 **unsteady** puede significar tembloroso.

unsuccessful /ʌnsəkˈsesfʊl/ infructuoso o fallido.

► **be unsuccessful** no tener éxito.

unsuitable /ʌnˈsuːtəbəl/ inadecuado.

unsure /ʌnˈʃʊəʳ/ inseguro.

► **be unsure of...** o **be unsure about...** no estar seguro de...

untidy /ʌnˈtaɪdɪ/ tiene varios sentidos:

1 **untidy** puede significar desordenado.

2 **untidy** puede significar desaliñado.

untie /ʌnˈtaɪ/ desatar.

until /ənˈtɪl/ tiene varios sentidos:

1 **until** puede significar hasta.

▷ Wait until tomorrow. Espera hasta mañana.

▷ I didn't know until now. No lo sabía hasta ahora.

2 **until** puede significar hasta que.

▷ Don't go until I get back. No te vayas hasta que vuelva.

▷ She won't go until he has gone to sleep. No se irá mientras él no se haya dormido.

untrue /ʌnˈtruː/ falso.

unusual /ʌnˈjuːʒʊəl/ poco común o inusual.

unusually /ʌnˈjuːʒʊəlɪ/ excepcionalmente.

unwell /ʌnˈwel/ enfermo.

▷ I feel unwell. No me siento bien.

unwrap /ʌnˈræp/ desenvolver.

up /ʌp/ tiene varias categorías gramaticales y varios sentidos:

> Puede ser una PREPOSICIÓN:

1 **up** puede indicar que algo o alguien está **en lo alto** de algo, o que está **subiendo** algo:

▷ The cat is up the tree. El gato está en lo alto del árbol.

▷ She climbed up the stairs. Subió la escalera.

2 **up** puede indicar que algo está un poco **más lejos**:

▷ The shops are up the road. Las tiendas están en la misma calle un poco más lejos.

> Puede ser un ADVERBIO:

1 **up** puede indicar que algo o alguien se mueve **hacia arriba** o que está **arriba**:

▷ They live up in the mountains. Viven en las montañas.

▷ She threw the ball up. Lanzó la pelota hacia arriba.

▷ It's up there. Está allí arriba.

▷ Hands up! ¡Manos arriba!

2 **up** puede indicar una **subida**:

▷ She put the volume up. Subió el volumen.

▷ Prices have gone up. Los precios han subido.

3 **up to** puede significar hasta.

▷ Up to now I didn't want to. Hasta ahora no quería.

▷ The water came up to here. El agua llegaba hasta aquí.

4 **be up to doing something** estar en condiciones de hacer algo.

▷ Is he up to it? ¿Es capaz de hacerlo?

5 **be up to something** puede significar estar haciendo algo o estar tramando algo.

▷ What's he up to? ¿Qué está tramando?

6 **up to** puede indicar que algo **corresponde** a alguien:

▷ It's up to him to decide. Le corresponde a él decidir.

▷ It's up to you whether you want to go. Depende de ti si quieres ir.

▷ Should I tell her? —It's up to you. ¿Se lo digo? —Como quieras.

> Puede ser un ADJETIVO:

► **be up** estar levantado.

▷ She was up early. Se levantó temprano.

upbringing /ˈʌpbrɪŋɪŋ/ educación (que te da la familia con la que te crías).

update /ʌpˈdeɪt/ actualizar.

upgrade /ʌpˈgreɪd/ actualizar o mejorar.

uphill /ʌpˈhɪl/ cuesta arriba.

upon /əˈpɒn/ sobre.

upper /ˈʌpəʳ/ superior.

upper-class /ʌpəˈklɑːs/ de clase alta.

upright /ˈʌpraɪt/ derecho o vertical.

upset /ʌpˈset/ *tiene varias categorías gramaticales y varios sentidos:*
> *Puede ser un* VERBO:
1 **upset somebody** *significa* disgustar a alguien.
2 **upset something** *significa* trastornar algo.
> *Puede ser un* ADJETIVO:
1 **upset** *significa* disgustado.
2 **have an upset stomach** estar mal del estómago.

upside down /ˈʌpsaɪd ˈdaʊn/ al revés (= con la parte de arriba abajo).

upstairs /ʌpˈsteəz/ *tiene varias categorías gramaticales:*
> *Puede ser un* ADVERBIO:
upstairs *significa* arriba (en un edificio).
► **go upstairs** subir (la escalera).
> *Puede ser un* ADJETIVO:
upstairs *significa* de arriba.
▷ The upstairs neighbours are French. Los vecinos de arriba son franceses.

up-to-date /ʌptəˈdeɪt/ *tiene varios sentidos:*
1 **up-to-date** *puede significar* moderno.
2 **up-to-date** *puede significar* actualizado.
3 **up-to-date** *puede significar* al día.
► **keep up-to-date with something** mantenerse al día de algo.

upward /ˈʌpwəd/ hacia arriba.

upwards /ˈʌpwədz/ hacia arriba.

urban /ˈɜːbən/ urbano.

urge /ɜːdʒ/ *tiene varias categorías gramaticales:*
> *Puede ser un* SUSTANTIVO:
urge *significa* impulso.
▷ I had an urge to kiss her. Me entraron ganas de besarla.
> *Puede ser un* VERBO:
► **urge somebody to do something** animar a alguien a hacer algo.

urgent /ˈɜːdʒənt/ urgente.

Uruguayan /jʊərəˈgwaɪən/ uruguayo.

US /ˈjuːˈes/ *es la abreviatura de* **United States**.

us /ʌs/ nos o nosotros
▷ He saw us. Nos vio.
▷ It's for us. Es para nosotros.

USA /ˈjuːˈesˈeɪ/ *es la abreviatura de* **United States of America**.

use *se pronuncia de dos formas diferentes y su sentido y categoría gramatical cambian en función de la pronunciación:*

◀)) /juːs/ (la **s** se pronuncia como la **s** de **sea**).
> *Es un* SUSTANTIVO:
1 **use** *puede significar* uso.
► **make use of something** utilizar algo o aprovechar algo.
2 **use** *puede significar* consumo.
3 **be of use** ser útil.
▷ It's no use. Es inútil.

◀)) /juːz/ (la **s** se pronuncia como la **z** de **zoo**).
> *Es un* VERBO:
1 **use something** usar algo o utilizar algo o aprovechar algo.
2 **use something up** agotar algo o acabar algo.
▷ He used up all the money. Gastó todo el dinero.

used /juːzd/ usado (= de segunda mano).

> **i** used también es el pretérito y el participio pasado del verbo **use**.
> ▷ He used a new method. Utilizó un nuevo método.
> ▷ I have used up all the money. He gastado todo el dinero.

used to /ˈjuːst tʊ/ *tiene varios sentidos:*
1 **used to** *indica que alguien está* **acostumbrado** *a algo.*
► **be used to doing something** estar acostumbrado a hacer algo.
▷ I'm used to getting up early. Estoy acostumbrado a levantarme temprano.
► **be used to somebody** o **something** estar acostumbrado a alguien o algo.
► **get used to something** acostumbrarse a algo.
▷ You'll get used to it. Ya te acostumbrarás.
2 **used to** *seguido de un verbo sirve para hablar de* **costumbres** *del pasado o de* **cualquier cosa que ocurrió** *en el pasado. A menudo corresponde al pretérito imperfecto en español.*
▷ I used to live in Paris. Antes vivía en París.
▷ She used to get up very late. Solía levantarse muy tarde.
▷ We used to go to the swimming pool every day. Íbamos a la piscina todos los días.

useful /ˈjuːsfʊl/ útil.

useless /ˈjuːsləs/ inútil.

user /ˈjuːzəʳ/ usuario.

user-friendly /juːzəˈfrendlɪ/ fácil de manejar.

usual /ˈjuːʒʊəl/ habitual o de siempre.
► **as usual** como de costumbre.

usually /ˈjuːʒʊəlɪ/ normalmente.

utter /ˈʌtəʳ/ *tiene varias categorías gramaticales y varios sentidos:*

> *Puede ser un* ADJETIVO:

utter *significa* completo.

> *Puede ser un* VERBO:

► **utter something** decir algo.

utterly /ˈʌtəlɪ/ completamente.

U-turn /ˈjuːtɜːn/ cambio de sentido.

V

La letra **V** se pronuncia /vi:/ en inglés.

V rima con **free**, **key** y **tea**.

vacant /ˈveɪkənt/ *tiene varios sentidos:*
1 vacant *puede significar* libre (cuando te refieres a una habitación de hotel, un asiento o un váter).
2 vacant *puede significar* vacante (cuando te refieres a un puesto).
3 vacant *puede significar* distraído (cuando te refieres a una mirada, por ejemplo).

vacation /vəˈkeɪʃən/ vacaciones.
▶ **on vacation** de vacaciones.

> **vacation** es una palabra americana. En inglés británico se dice **holiday**.

vaccinate /ˈvæksɪneɪt/ vacunar.

vacuum /ˈvækjʊəm/ *tiene varias categorías gramaticales y varios sentidos:*
> *Puede ser un* SUSTANTIVO:
1 vacuum *puede significar* vacío.
2 vacuum *puede significar* aspiradora.

> **i** También se dice **vacuum cleaner**.

> *Puede ser un* VERBO:
vacuum *significa* pasar la aspiradora.

vague /veɪg/ vago o impreciso.

vain /veɪn/ *tiene varios sentidos:*
1 vain *puede significar* vano.
▶ **in vain** en vano.
2 vain *puede significar* vanidoso.

Valentine /ˈvæləntaɪn/
▶ **Valentine card** tarjeta para el día de los enamorados.
▶ **Valentine's Day** el día de los enamorados.

valid /ˈvælɪd/ válido o en vigor.

valley /ˈvælɪ/ valle.

valuable /ˈvæljʊəbəl/ valioso.

valuables /ˈvæljʊəbəlz/ objetos de valor.

value /ˈvælju:/ *tiene varias categorías gramaticales y varios sentidos:*
> *Puede ser un* SUSTANTIVO:
value *significa* valor.
> *Puede ser un* VERBO:
1 value something *puede significar* apreciar algo.
2 value something *puede significar* valorar algo.

van /væn/ camioneta.

vandal /ˈvændəl/ gamberro.

vandalism /ˈvændəlɪzəm/ gamberrismo.

vanilla /vəˈnɪlə/ vainilla.
▶ **vanilla ice-cream** helado de vainilla.

vanish /ˈvænɪʃ/ desaparecer.

varieties /vəˈraɪətɪz/ *es el plural de* **variety**.

variety /vəˈraɪətɪ/ variedad.

various /ˈveərɪəs/ varios o diversos.

varnish /ˈvɑːnɪʃ/ *tiene varias categorías gramaticales:*
> *Puede ser un* SUSTANTIVO:
1 varnish *puede significar* barniz.
2 varnish *puede significar* esmalte de uñas.
> *Puede ser un* VERBO:
1 varnish something *puede significar* barnizar algo.

2 varnish something *puede significar* pintarse algo (las uñas).

vary /ˈveərɪ/ variar.

vase /vɑːz/ jarrón o florero

vast /vɑːst/ enorme o inmenso.

veal /viːl/ ternera.

vegetable /ˈvedʒtəbəl/ *tiene varias categorías gramaticales y varios sentidos:*
> *Puede ser un* SUSTANTIVO:
vegetable *significa* hortaliza.
► **vegetables** verdura.
> *Puede ser un* ADJETIVO:
vegetable *significa* vegetal.
► **vegetable garden** huerto.
► **vegetable soup** sopa de verduras.

vegetarian /vedʒɪˈteərɪən/ vegetariano.

vehicle /ˈviːəkəl/ vehículo.

veil /veɪl/ velo.

vein /veɪn/ vena.

velvet /ˈvelvɪt/ terciopelo.

Venezuelan /venəˈzweɪlən/ venezolano.

venue /ˈvenjuː/ lugar (donde se celebra una reunión, por ejemplo) o local.

verb /vɜːb/ verbo.

verge /vɜːdʒ/ borde.
► **be on the verge of doing something** estar a punto de hacer algo.
► **on the verge of tears** al borde de las lágrimas.

versatile /ˈvɜːsətaɪl/ polifacético o polivalente o versátil.

verse /vɜːs/ *tiene varios sentidos:*
1 verse *puede significar* estrofa.
2 verse *puede significar* poesía.

versus /ˈvɜːsəs/ contra (un equipo contra otro, por ejemplo) o frente a.

very /ˈverɪ/ *tiene varias categorías gramaticales y varios sentidos:*
> *Puede ser un* ADVERBIO:
very *significa* muy.
▷ She's **very** clever. Es muy lista.
▷ It's **very** good. Es buenísimo.
▷ I'm not **very** hungry. No tengo mucha hambre.
► **the very best** el mejor de todos.
► **very much** mucho.

▷ I like it **very much**. Me gusta mucho.
▷ Thank you **very much**. Muchas gracias.
> *Puede ser un* ADJETIVO:
2 very *se utiliza para hacer hincapié en algo:*
▷ It's the **very** thing I need. Es justo lo que necesito.
▷ It's at the **very** end of the street. Está al final del todo de la calle.

vessel /ˈvesəl/ *tiene varios sentidos:*
1 vessel *puede significar* buque.
2 vessel *puede significar* recipiente.

vest /vest/ *tiene varios sentidos:*
1 *En inglés británico,* **vest** *significa* camiseta (ropa interior).

> En inglés americano se dice **undershirt**.

2 *En inglés americano,* **vest** *significa* chaleco.

> En inglés británico se dice **waistcoat**.

vet /vet/ veterinario.

veteran /ˈvetərən/ veterano o excombatiente.

via /ˈvaɪə/ por.
▷ We went **via** London. Fuimos por Londres.

vibrate /vaɪˈbreɪt/ vibrar.

vicar /ˈvɪkəʳ/ párroco.

vice /vaɪs/ *tiene varios sentidos:*
1 vice *puede significar* vicio.
2 vice *puede significar* torno de banco.

vicious /ˈvɪʃəs/ feroz o cruel.

victim /ˈvɪktɪm/ víctima.

victories /ˈvɪktərɪz/ *es el plural de* **victory**.

victory /ˈvɪktərɪ/ victoria.

video /ˈvɪdɪəʊ/ *tiene varias categorías gramaticales y varios sentidos:*
> *Puede ser un* SUSTANTIVO:
video *significa* vídeo.
► **video camera** videocámara.
► **video game** videojuego.
► **video player** aparato de vídeo.
► **video recorder** aparato de vídeo.
► **video shop** videoclub.
> *Puede ser un* VERBO:
1 video something *puede significar* grabar algo en vídeo.
2 video something *puede significar* hacer un vídeo de algo.

view /vjuː/ *tiene varias categorías gramaticales y varios sentidos:*

> *Puede ser un* SUSTANTIVO:
1 view *puede significar* vista.
2 view *puede significar* opinión.
► **in my view** en mi opinión.
> *Puede ser un* VERBO:
1 view something visualizar algo (en el ordenador).
2 view something as... ver algo como... *o* considerar algo como...

viewer /ˈvjuːəʳ/ telespectador.

viewpoint /ˈvjuːpɔɪnt/ punto de vista.

vigorous /ˈvɪgərəs/ enérgico.

villa /ˈvɪlə/ chalé.

village /ˈvɪlɪdʒ/ aldea *o* pueblo.

vinegar /ˈvɪnɪgəʳ/ vinagre.

violence /ˈvaɪələns/ violencia.

violent /ˈvaɪələnt/ violento.

violet /ˈvaɪələt/ violeta.

virgin /ˈvɜːdʒɪn/ virgen.

Virgo /ˈvɜːgəʊ/ Virgo (= signo del zodiaco).

virtually /ˈvɜːtʃəlɪ/ prácticamente.

virtual reality /ˌvɜːtʃʊəl rɪˈælɪtɪ/ realidad virtual.

virtue /ˈvɜːtʃuː/ virtud.

vision /ˈvɪʒən/ vista (= facultad) *o* visión.

visit /ˈvɪzɪt/ *tiene varias categorías gramaticales:*

> *Puede ser un* SUSTANTIVO:
visit *significa* visita.
► **pay somebody a visit** hacer una visita a alguien.
> *Puede ser un* VERBO:
► **visit something** *o* **somebody** visitar algo *o* a alguien.

visitor /ˈvɪzɪtəʳ/ visitante *o* visita (= persona).

visor /ˈvaɪzəʳ/ visera.

vitally /ˈvaɪtəlɪ/
► **vitally important** de suma importancia.

vitamin /ˈvɪtəmɪn/ vitamina.

vivid /ˈvɪvɪd/ vívido *o* vivo (cuando te refieres a colores o la imaginación de alguien).

vocabulary /vəˈkæbjʊlərɪ/ vocabulario.

voice /vɔɪs/ voz.
► **voice mail** correo de voz.

volcano /vɒlˈkeɪnəʊ/ volcán.

volume /ˈvɒljuːm/ volumen.

voluntary /ˈvɒləntərɪ/ voluntario.

volunteer /vɒlənˈtɪəʳ/ *tiene varias categorías gramaticales:*

> *Puede ser un* SUSTANTIVO:
volunteer *significa* voluntario.
> *Puede ser un* VERBO:
► **volunteer for something** ofrecerse para algo.

vomit /ˈvɒmɪt/ vomitar.

vote /vəʊt/ *tiene varias categorías gramaticales:*

> *Puede ser un* SUSTANTIVO:
vote *significa* voto *o* votación.
> *Puede ser un* VERBO:
vote *significa* votar.

voter /ˈvəʊtəʳ/ votante.

voucher /ˈvaʊtʃəʳ/ vale (= cupón).

vow /vaʊ/ *tiene varias categorías gramaticales:*

> *Puede ser un* SUSTANTIVO:
vow *significa* voto *o* promesa.
> *Puede ser un* VERBO:
► **vow to do something** jurar hacer algo.

vowel /ˈvaʊəl/ vocal.

voyage /ˈvɔɪɪdʒ/ viaje (en barco o nave espacial).

vulture /ˈvʌltʃəʳ/ buitre.

W

La letra **W** se pronuncia /ˈdʌbəl juː/ en inglés.
W se pronuncia **double + you**.

wad /wɒd/ bola (de tabaco, algodón) o taco (de billetes de banco).

waddle /ˈwɒdəl/ andar como un pato.

wag /wæg/ menear (la cola).

wages /ˈweɪdʒɪz/ salario.

wagon /ˈwægən/ *tiene varios sentidos:*

1 wagon *puede significar* carro (de caballos).

2 *En inglés británico,* **wagon** *puede significar* vagón (de mercancías).

> En inglés americano, 'vagón de mercancías' se dice **car**.

wail /weɪl/ *tiene varias categorías gramaticales y varios sentidos:*

> *Puede ser un* SUSTANTIVO:
wail *significa* gemido o aullido.
> *Puede ser un* VERBO:
wail *significa* gemir o aullar.

waist /weɪst/ cintura.

waistcoat /ˈweɪskəʊt/ chaleco.

> Esta palabra no se utiliza en inglés americano. En Estados Unidos, se dice **vest**.

wait /weɪt/ *tiene varias categorías gramaticales y varios sentidos:*

> *Puede ser un* SUSTANTIVO:
wait *significa* espera.
> *Puede ser un* VERBO:
1 wait *puede significar* esperar.
► **wait for something** o **somebody** esperar algo o a alguien.

► **keep somebody waiting** hacer esperar a alguien.
▷ I can't wait to see you! ¡Tengo muchas ganas de verte!
▷ Wait a minute! ¡Espera un momento!
2 wait *puede significar* ser camarero.

waiter /ˈweɪtər/ camarero.

waiting /ˈweɪtɪŋ/ espera.
► **waiting list** lista de espera.
► **waiting room** sala de espera.
► **Waiting** también es una forma del verbo **wait**:
▷ I'm waiting for you. Te estoy esperando.

waitress /ˈweɪtrəs/ camarera.

wake /weɪk/ *tiene varias categorías gramaticales:*

> *Puede ser un* VERBO TRANSITIVO:
► **wake somebody** o **wake somebody up** despertar a alguien.
> *Puede ser un* VERBO INTRANSITIVO:
► **wake up** despertarse.

Wales /weɪlz/ País de Gales.

walk /wɔːk/ *tiene varias categorías gramaticales y varios sentidos:*

> *Puede ser un* SUSTANTIVO:
walk *significa* paseo o caminata.
▷ It's a five minute walk away. Está a cinco minutos andando.
► **go for a walk** dar un paseo.
► **take the dog for a walk** sacar a pasear el perro.
> *Puede ser un* VERBO INTRANSITIVO:
walk *significa* andar o caminar o pasear.

► **walk up and down** caminar de arriba a abajo.

▷ We **walked** to the station. Fuimos andando hasta la estación.

> *Puede ser un* VERBO TRANSITIVO:

1 **walk something** *puede significar* andar algo *o* caminar algo.

▷ He **walked** ten kilometres. Caminó diez kilómetros.

2 **walk the dog** pasear el perro.

3 **walk somebody home** acompañar a alguien a casa (a pie).

walker /ˈwɔːkəʳ/ caminante.

walking /ˈwɔːkɪŋ/

► I don't like **walking.** No me gusta caminar.

► **walking boots** botas para caminar.

► **walking stick** bastón.

> **i** walking también es una forma del verbo walk:
> ▷ I was **walking** in the park. Estaba paseando en el parque.

wall /wɔːl/ pared *o* muro *o* tapia *o* muralla.

wallet /ˈwɒlɪt/ cartera (para dinero).

wallpaper /ˈwɔːlpeɪpəʳ/ papel pintado.

walnut /ˈwɔːlnʌt/ *tiene varios sentidos:*

1 **walnut** *puede significar* nuez.

2 **walnut** *puede significar* nogal.

walrus /ˈwɔːlrəs/ morsa.

waltz /wɔːls/ *tiene varias categorías gramaticales:*

> *Puede ser un* SUSTANTIVO:

waltz *significa* vals.

> *Puede ser un* VERBO:

waltz *significa* bailar el vals.

wand /wɒnd/ varita mágica.

wander /ˈwɒndəʳ/ pasear *o* vagar.

want /wɒnt/ *tiene varias categorías gramaticales y varios sentidos:*

> *Puede ser un* VERBO:

► **want something** querer algo.

► **want to do something** querer hacer algo.

▷ I **want** you to wait for me. Quiero que me esperes.

> *Puede ser un* SUSTANTIVO:

1 **want** *puede significar* falta.

2 **want** *puede significar* necesidad.

wanted /ˈwɒntɪd/ buscado por la policía.

> **i** wanted también es el pretérito y el participio pasado del verbo want.
> ▷ I **wanted** to go. Quería irme.

war /wɔːʳ/ guerra.

ward /wɔːd/ sala (en un hospital).

warden /ˈwɔːdən/ guarda *o* guardián.

wardrobe /ˈwɔːdrəʊb/ armario (sin cajones).

warehouse /ˈweəhaʊs/ almacén.

warm /wɔːm/ *tiene varias categorías gramaticales y varios sentidos:*

> *Puede ser un* ADJETIVO:

1 **warm** *puede significar* caliente *o* cálido *o* templado.

▷ I'm too **warm.** Tengo mucho calor.

▷ Are you **warm** enough? No tendrás frío, ¿no?

▷ This room is nice and **warm.** Se está calentito en esta habitación.

▷ It's **warm** today. Hoy hace calor.

2 **warm** *puede significar* caluroso.

▷ They gave us a **warm** welcome. Nos dieron una bienvenida calurosa.

> *Puede ser un* VERBO:

1 **warm something up** calentar algo.

2 **warm up** calentarse *o* entrar en calor.

warmth /wɔːmθ/ calor.

warn /wɔːn/ advertir.

► **warn somebody not to do something** advertir a alguien que no haga algo.

warning /ˈwɔːnɪŋ/ advertencia *o* aviso.

> **i** warning también es una forma del verbo warn.
> ▷ I'm **warning** you! ¡Te lo advierto!

warrior /ˈwɒrɪəʳ/ guerrero.

wart /wɔːt/ verruga.

wary /ˈweərɪ/ receloso *o* cauteloso.

► **be wary of somebody** *o* **something** recelar de alguien o algo.

was /wɒz/ es el pretérito del verbo **be.**

▷ I **was** happy. Estaba contento.

▷ He **was** in a bad mood. Estaba de mal humor.

▷ She **was** a teacher. Fue profesora.

▷ It **was** a good idea. Fue una buena idea.

wash /wɒʃ/ *tiene varias categorías gramaticales y varios sentidos:*

> *Puede ser un* SUSTANTIVO:

► **have a wash** lavarse.

► **give something a wash** lavar algo.

> *Puede ser un* VERBO TRANSITIVO:
▶ **wash something** lavar algo.
▷ She washed her hands. Se lavó las manos.
▷ He's washing the dishes. Está lavando los platos.
> *Puede ser un* VERBO INTRANSITIVO:
wash *significa* lavarse.

Phrasal verbs:

Al verbo **wash** *a veces le sigue una preposición como* **away** *o* **up**, *lo que puede cambiar su significado. En inglés, esto se llama un* **phrasal verb**.

WASH AWAY:
▶ **wash something away** llevarse algo (cuando te refieres a las olas o una inundación).

WASH UP:
En inglés británico, **wash up** *significa* lavar los platos.
En inglés americano, **wash up** *significa* lavarse.

---

washbasin /ˈwɒʃbeɪsən/ lavabo.

washing /ˈwɒʃɪŋ/ colada o ropa sucia.
▶ **do the washing** lavar la ropa.
▶ **hang out the washing** tender la ropa.
▶ **washing line** cuerda para tender la ropa.
▶ **washing machine** lavadora.
▶ **washing powder** jabón en polvo.

> ℹ️ washing también es una forma del verbo wash.
▷ She's washing her hair. Se está lavando el pelo.

washing-up /wɒʃɪŋˈʌp/
▶ **do the washing-up** lavar los platos.
▶ **washing-up liquid** lavavajillas.

> ✂️ washing-up no se utiliza en inglés americano. En Estados Unidos, 'lavar los platos' se dice **wash the dishes** y 'lavavajillas' se dice **dish soap**.

wasn't /ˈwɒzənt/ es la contracción de **was not**.
▷ I wasn't there. No estaba allí.
▷ He wasn't angry. No estaba enfadado.
▷ She wasn't very nice. No fue muy amable.
▷ It wasn't fair. Fue injusto.

wasp /wɒsp/ avispa.

waste /weɪst/ *tiene varias categorías gramaticales y varios sentidos:*
> *Puede ser un* SUSTANTIVO:
1 waste *puede significar* desperdicio o derroche.
▷ It's a waste of time. Es una pérdida de tiempo.

2 waste *puede significar* desechos o residuos (tóxicos).
> *Puede ser un* VERBO:
▶ **waste something** desperdiciar o derrochar.
▷ You're wasting time. Estás perdiendo el tiempo.

wastebasket /ˈweɪstbɑːskɪt/ papelera.

wasteful /ˈweɪstfʊl/ derrochador o poco económico.

wastepaper basket /weɪstˈpeɪpə ˈbɑːskɪt/ papelera.

watch /wɒtʃ/ *tiene varias categorías gramaticales y varios sentidos:*
> *Puede ser un* SUSTANTIVO:
1 watch *puede significar* reloj (de pulsera).
▶ **watch strap** correa de reloj.
2 keep watch hacer la guardia.
▶ **keep watch on something** *o* **somebody** vigilar algo o a alguien.
> *Puede ser un* VERBO TRANSITIVO:
1 watch something *o* **somebody** *puede significar* mirar algo o a alguien.
2 watch something *o* **somebody** *puede significar* vigilar algo o a alguien.
3 watch something *puede significar* ver algo (la tele o una película, por ejemplo).
4 watch something *puede significar* tener cuidado con algo.
> *Puede ser un* VERBO INTRANSITIVO:
watch *significa* mirar.
▶ **Watch out!** ¡Cuidado!

watchdog /ˈwɒtʃdɒg/ perro guardián.

watchman /ˈwɒtʃmən/ vigilante.

water /ˈwɔːtəʳ/ *tiene varias categorías gramaticales:*
> *Puede ser un* SUSTANTIVO:
water *significa* agua.
> *Puede ser un* VERBO TRANSITIVO:
▶ **water something** regar algo.
> *Puede ser un* VERBO INTRANSITIVO:
▷ My mouth was watering. Se me hacía la boca agua.
▷ My eyes were watering. Me lloraban los ojos.

watercolour /ˈwɔːtəkʌləʳ/ acuarela.

> ✂️ En inglés americano, esta palabra se escribe **watercolor**.

watercress /ˈwɔːtkres/ berros.

waterfall /ˈwɔːtəfɔːl/ cascada o catarata.

watering can /ˈwɔːtərɪŋ kæn/ regadera.

watermelon /ˈwɔːtəmelən/ sandía.

waterproof /ˈwɔːtəpruːf/ impermeable.

water-skiing /ˈwɔːtəskiːɪŋ/ esquí acuático.
- ► **go water-skiing** hacer esquí acuático.

wave /weɪv/ *tiene varias categorías gramaticales y varios sentidos:*
> *Puede ser un* SUSTANTIVO:
1 **wave** *puede significar* ola.
2 **wave** *puede significar* onda.
3 **wave** *puede significar* oleada.
4 **wave** *puede significar* saludo con la mano.
- ▷ **He gave us a wave.** Nos saludó con la mano.
> *Puede ser un* VERBO INTRANSITIVO:
wave *significa* saludar con la mano.
- ► **wave at somebody** o **wave to somebody** saludar a alguien con la mano.
> *Puede ser un* VERBO TRANSITIVO:
- ► **wave something** agitar algo.

wavy /ˈweɪvɪ/ ondulado.

wax /wæks/ cera.

way /weɪ/ *tiene varios sentidos:*
1 **way** *puede significar* manera o modo.
- ▷ **I'll do it my way.** Lo voy a hacer a mi manera.
- ► **in the same way** de la misma manera.
- ► **in a way** en cierto modo.
- ► **this way** así.
- ► **that way** así.
- ► **do something the right way** hacer algo bien.
- ► **do something the wrong way** hacer algo mal.
- ► **find a way of doing something** encontrar la manera de hacer algo.
- ▷ **There's no way of knowing.** No hay forma de saberlo.
2 **way** *puede significar* camino.
- ► **ask the way** preguntar el camino.
- ► **lose one's way** perderse.

> ℹ️ El pronombre personal de la expresión **lose one's way** funciona de la siguiente forma en inglés: I lose **my** way, you lose **your** way, he loses **his** way, she loses **her** way, etc.

- ► **on the way** en el camino.
- ▷ **I'm on my way.** Ya voy.
- ► **the way in** la entrada.
- ► **the way out** la salida.
- ► **be in the way** estar en medio.
- ► **get out the way** quitarse de en medio.
- ► **keep out of somebody's way** mantenerse alejado de alguien.
3 **way** *puede significar* dirección.

- ▷ **Which way shall we go?** ¿Por dónde vamos?
- ▷ **She went that way.** Se fue por allí.
- ▷ **The station is this way.** La estación es por aquí.
- ▷ **She put the cup the right way up.** Puso la taza boca arriba.
- ▷ **This is the right way up.** Esta es la parte de arriba.
- ▷ **You've got your shirt on the wrong way round.** Llevas la camisa al revés.
4 **way** *puede utilizarse para hablar de* **distancias:**
- ▷ **It's a long way.** Queda muy lejos.
- ▷ **It's only a little way.** No queda muy lejos.
- ▷ **He went all the way on foot.** Hizo todo el camino a pie.
- ▷ **Christmas is a long way off.** Queda mucho tiempo para Navidad.
5 **way** *se utiliza en las siguientes expresiones:*
- ► **in some ways** en cierto sentido.
- ► **in many ways** en muchos sentidos.
- ► **by the way** por cierto.
- ► **get one's own way** salirse con la suya.

> ℹ️ El pronombre personal de la expresión **get one's own way** funciona de la siguiente forma en inglés: I get **my** own way, you get **your** own way, he gets **his** own way, she gets **her** own way, etc.

- ► **give way** ceder el paso.
- ► **go out of one's way to do something** tomarse muchas molestias para hacer algo.

> ℹ️ El pronombre personal de la expresión **go out of one's way to do something** funciona de la siguiente forma en inglés: I go out of **my** way, you go out of **your** way, he goes out of **his** way, she goes out of **her** way, etc.

- ► **make way for somebody** abrirle paso a alguien.
- ► **no way!** ¡ni hablar!
- ► **way of life** estilo de vida.

we /wiː/ nosotros.
- ▷ **We left early.** Salimos temprano.

> ℹ️ El pronombre personal **we** no suele traducirse en español, como en el ejemplo de arriba.

weak /wiːk/ *tiene varios sentidos:*
1 **weak** *puede significar* débil.
2 **weak** *puede significar* flojo.
3 **weak** *puede significar* frágil.

weaken /ˈwiːkən/ debilitar.

weakness /ˈwiːknəs/ *tiene varios sentidos:*
1 **weakness** *puede significar* debilidad o fragilidad.
2 **weakness** *puede significar* punto débil.

wealth /welθ/ riqueza.

► **a wealth of...** una gran abundancia de...

wealthier /ˈwelθɪəʳ/ es el comparativo de **wealthy**.

▷ He's wealthier than me. Es más rico que yo.

wealthiest /ˈwelθɪɪst/ es el superlativo de **wealthy**.

▷ He's the wealthiest man in town. Es el hombre más rico del pueblo.

wealthy /ˈwelθɪ/ rico.

weapon /ˈwepən/ arma.

wear /weəʳ/ tiene varias categorías gramaticales y varios sentidos:

> Puede ser un SUSTANTIVO:

1 **wear** puede significar ropa.

► **beach wear** ropa para la playa.

2 **wear** puede significar uso.

► **wear and tear** desgaste.

> Puede ser un VERBO TRANSITIVO:

1 **wear something** puede significar llevar algo (una prenda de vestir o una joya, por ejemplo).

► **be wearing make-up** estar maquillado.

2 **wear something** puede significar desgastar algo.

> Puede ser un VERBO INTRANSITIVO:

wear significa desgastarse.

Phrasal verbs:

Al verbo **wear** a veces le sigue una preposición como **off** u **out**, lo que puede cambiar su significado. En inglés, esto se llama un **phrasal verb**.

WEAR OFF:

► **wear off** pasar (cuando te refieres a un dolor) o desaparecer (cuando te refieres a un sentimiento).

WEAR OUT:

► **wear out** gastarse.

► **wear something out** gastar algo.

► **wear somebody out** agotar a alguien.

---

weary /ˈwɪərɪ/ cansado.

weather /ˈweðəʳ/ tiempo (= clima).

▷ What's the weather like? ¿Qué tiempo hace?

▷ The weather's nice. Hace buen tiempo.

► **the weather forecast** el tiempo (= el pronóstico).

weave /wiːv/ tejer.

web /web/ telaraña.

► **the Web** la Web (= Internet).

► **Web page** página web.

website /ˈwebsaɪt/ sitio web.

we'd /wiːd/ es la contracción de **we had** o **we would**.

▷ We'd (= we had) **forgotten**. Nos habíamos olvidado.

▷ We'd (= we would) **never manage it**. No lo conseguiríamos nunca.

wedding /ˈwedɪŋ/ boda.

► **wedding anniversary** aniversario de boda.

► **wedding dress** traje de novia.

► **wedding ring** alianza.

Wednesday /ˈwenzdɪ/ miércoles.

► **on Wednesday** el miércoles.

► **on Wednesday morning** el miércoles por la mañana.

► **on Wednesdays** los miércoles.

weed /wiːd/ mala hierba.

week /wiːk/ semana.

weekday /ˈwiːkdeɪ/ día laborable.

weekend /ˈwiːkend/ fin de semana.

► **at the weekend** el fin de semana.

weep /wiːp/ llorar.

weigh /weɪ/ pesar.

weight /weɪt/ tiene varios sentidos:

1 **weight** puede significar peso.

► **lose weight** adelgazar.

► **put on weight** engordar.

2 **weight** puede significar pesa.

► **weight lifting** halterofilia.

weird /wɪəd/ raro o extraño.

welcome /ˈwelkəm/ tiene varias categorías gramaticales y varios sentidos:

> Puede ser un SUSTANTIVO:

welcome significa bienvenida.

> Puede ser un ADJETIVO:

1 **welcome** puede significar bienvenido o grato.

2 **welcome** se utiliza para invitar a alguien a hacer algo:

▷ You're welcome to take it. Cógelo cuando quieras.

3 **you're welcome!** ¡de nada! o ¡no hay de qué!

> Puede ser una EXCLAMACIÓN:

welcome significa bienvenido.

▷ Welcome to England! ¡Bienvenido a Inglaterra!

> Puede ser un VERBO:

1 **welcome somebody** dar la bienvenida a alguien.

2 welcome something acoger bien algo.

welfare /ˈwelfeəʳ/ *tiene varios sentidos:*
1 welfare *puede significar* bienestar.
2 welfare *puede significar* asistencia social.

well /wel/ *tiene varias categorías gramaticales y varios sentidos:*
> *Puede ser un* ADJETIVO *o un adverbio:*
1 well *significa* bien.
▷ **How are you? —Very well, thank you.** ¿Cómo estás? —Muy bien, gracias.
▷ **I don't feel very well.** No me siento muy bien.
▷ **Everything went well.** Todo salió bien.
▷ **Well done!** ¡Bien hecho!
2 as well también.
▷ **I want some chocolate as well.** Quiero chocolate también.
▶ **as well as** además de.
> *Puede ser un* SUSTANTIVO:
well *significa* pozo.

we'll /wiːl/ *es la contracción de* **we will** *o* **we shall**.
▷ **We'll be there soon.** Llegaremos pronto.

well-behaved /ˌwelbɪˈheɪvd/ bien educado.
▶ **be well-behaved** portarse bien.

well-dressed /ˌwelˈdrest/ bien vestido.

wellingtons /ˈwelɪŋtənz/ botas de agua.

ⓘ También se dice **wellington boots**.

well-known /ˌwelˈnəʊn/ conocido.

well-made /ˌwelˈmeɪd/ bien hecho.

well-off /ˌwelˈɒf/ rico.

well-paid /ˌwelˈpeɪd/ bien pagado.

Welsh /welʃ/ galés.
▶ **the Welsh** los galeses.

went /went/ *es el pretérito del verbo* **go**.
▷ **I went for a walk.** Fui a dar un paseo.
▷ **She went to London.** Se fue a Londres.

wept /wept/ *es el pretérito y el participio pasado del verbo* **weep**.
▷ **He wept when I told him the news.** Cuando le conté la noticia, lloró.

were /wɜːʳ/ *es el pretérito del verbo* **be**.
▷ **We were late.** Llegamos tarde.
▷ **You were very patient.** Tuviste mucha paciencia.
▷ **They were angry.** Estaban enfadados.

we're /wɪəʳ/ *es la contracción de* **we are**.
▷ **We're very happy.** Estamos muy contentos.

weren't /wɜːnt/ *es la contracción de* **were not**.
▷ **You weren't supposed to be there.** No tenías que estar allí.
▷ **We weren't very happy.** No estábamos muy contentos.
▷ **They weren't there.** No estaban allí.

west /west/ oeste.
▷ **In the west of the country.** En el oeste del país.
▶ **the west wind** el viento del oeste.
▷ **Go east.** Vete hacia el este.
▷ **It's west of the city.** Se encuentra al oeste de la ciudad.
▶ **the West** Occidente.
▶ **the West Indies** las Antillas.
▶ **West Indian** antillano.

western /ˈwestən/ *tiene varias categorías gramaticales y varios sentidos:*
> *Puede ser un* ADJETIVO:
western *significa* del oeste *u* occidental.
> *Puede ser un* SUSTANTIVO:
western *significa* película del oeste.

Westerner /ˈwestənəʳ/ occidental (= persona de Occidente).

wet /wet/ *tiene varias categorías gramaticales y varios sentidos:*
> *Puede ser un* ADJETIVO:
1 wet *puede significar* mojado *o* húmedo.
▶ **be wet through** estar empapado.
▶ **get wet** mojarse.
2 wet *puede significar* fresco (cuando te refieres a pintura).
3 wet *puede significar* lluvioso.
> *Puede ser un* VERBO:
▶ **wet something** mojar algo *o* humedecer algo.

we've /wiːv/ *es la contracción de* **we have**.
▷ **We've finished.** Hemos terminado.

whale /weɪl/ ballena.

what /wɒt/ *tiene varios sentidos:*
1 what *puede significar* qué.
▷ **What are you doing?** ¿Qué estás haciendo?
▷ **What time is it?** ¿Qué hora es?
▷ **What is your name?** ¿Cómo te llamas?
▷ **What is her phone number?** ¿Cuál es su número de teléfono?
▷ **What are you talking about?** ¿De qué estas hablando?

▷ What is that for? ¿Para qué es eso?

▷ I don't know what books he wants. No sé qué libros quiere.

▷ What lovely flowers! ¡Qué flores más bonitas!

2 what *puede significar* lo que.

▷ Tell me what happened. Cuéntame lo que pasó.

▷ I saw what you did. He visto lo que has hecho.

▷ What is surprising is that he came. Lo sorprendente es que viniera.

3 what *se utiliza en las siguientes expresiones:*

▷ What about the others? Y los demás, ¿qué?

▷ What about going to the cinema? ¿Qué tal si vamos al cine?

▷ What if he doesn't come? ¿Y si no viene?

▷ What for? ¿Por qué?

whatever /wɒtˈevəʳ/

▷ Choose whatever colour you like. Escoge el color que te guste.

▷ I'll give you whatever you want. Te daré lo que quieras.

▷ Whatever he says, he's wrong. Diga lo que diga, está equivocado.

▶ **whatever the weather** haga el tiempo que haga.

▶ **whatever happens** pase lo que pase.

▶ **whatever you do** hagas lo que hagas.

wheat /wiːt/ trigo.

wheel /wiːl/ *tiene varios sentidos:*

1 wheel *puede significar* rueda.

2 wheel *puede significar* volante.

wheelbarrow /ˈwiːlbærəʊ/ carretilla.

wheelchair /ˈwiːltʃeəʳ/ silla de ruedas.

when /wen/ *tiene varios sentidos:*

1 when *puede significar* cuándo.

▷ When are we going? ¿Cuándo nos vamos?

▷ She asked me when I had arrived. Me preguntó cuándo había llegado.

2 when *puede significar* cuando.

▷ When I was young, I wanted to be a doctor. Cuando era joven, quería ser médico.

▷ When I finish, I will go home. Cuando termine, iré a casa.

▷ The day when he arrived. El día que llegó.

whenever /wenˈevəʳ/ *tiene varios sentidos:*

1 whenever you want cuando quieras.

▷ Phone me whenever you finish. Llámame cuando termines.

2 whenever *puede significar* cuando sea.

3 whenever *puede significar* cada vez que.

▷ Whenever I go there, I enjoy it. Cada vez que voy allí, lo paso bien.

where /weəʳ/ *tiene varios sentidos:*

1 where *puede significar* dónde.

▷ Where is he? ¿Dónde está?

▷ Where are you from? ¿De dónde eres?

▷ She asked me where it was. Me preguntó dónde era.

2 where *puede significar* donde.

▷ I can see where it is. Veo donde es.

▷ The town where I live. El pueblo donde vivo.

whereas /weərˈæz/ mientras que.

wherever /weərˈevəʳ/ *tiene varios sentidos:*

1 wherever you want donde quieras.

▷ Put it wherever you can. Ponlo donde puedas.

2 wherever *puede significar* en cualquier parte.

3 wherever *puede significar* dondequiera que.

▷ Wherever I go, he follows. Dondequiera que vaya, me sigue.

whether /ˈweðəʳ/ *tiene varios sentidos:*

1 whether *puede significar* si.

▷ I don't know whether it's real. No sé si es real.

2 whether you like it or not te guste o no te guste.

▷ Whether I go or you go, it makes no difference. Tanto si voy yo como si vas tú, da lo mismo.

which /wɪtʃ/ *tiene varios sentidos:*

1 which *puede significar* cuál o cuáles.

▷ Which is yours? ¿Cuál es tuyo?

▷ Which are best? ¿Cuáles son los mejores?

▷ I don't know which I prefer. No sé cuál me gusta más.

▶ **which one?** ¿cuál?

▶ **which ones?** ¿cuáles?

2 which *puede significar* qué.

▷ Which colour do you want? ¿Qué color quieres?

▷ Which team won? ¿Qué equipo ganó?

3 which *puede significar* que.

▷ The bag which is on the floor is mine. La bolsa que está en el suelo es mía.

▷ The record which I bought is very good. El disco que compré es buenísimo.

4 which *puede significar* lo cual.

▷ She said she was English, which isn't true. Dijo que era inglesa, lo cual no es verdad.

whichever /wɪtʃˈevəʳ/ *tiene varios sentidos:*

1 whichever way you go vayas por donde vayas.

▷ Whichever country you go to will be interesting. Cualquiera que sea el país al que vayas, será interesante.

2 whichever *puede significar* el que sea.

3 whichever *puede significar* el que *o* la que.

▷ Take whichever you prefer. Coge el que prefieras.

while /waɪl/ *tiene varias categorías gramaticales y varios sentidos:*

> *Puede ser una* CONJUNCIÓN:

1 while *puede significar* mientras.

▷ She slept while I worked. Ella dormía mientras yo trabajaba.

2 while *puede significar* mientras que.

▷ He's good at maths, while she's good at languages. A él se le dan bien las matemáticas mientras que a ella se le dan bien los idiomas.

3 while *puede significar* aunque.

▷ While it wasn't easy, it wasn't too difficult either. Aunque no fue fácil, tampoco fue demasiado difícil.

> *Puede ser un* SUSTANTIVO:

▶ **a while** un rato.

▷ Can you wait a while? ¿Te importaría esperar un rato?

▷ It'll take a while. Llevará bastante tiempo.

▷ I haven't phoned her for a while. Hace tiempo que no le llamo.

▶ **once in a while** de vez en cuando.

whine /waɪn/ gemir.

whip /wɪp/ *tiene varias categorías gramaticales:*

> *Puede ser un* SUSTANTIVO:

whip *significa* látigo *o* fusta.

> *Puede ser un* VERBO:

▶ **whip something** *o* **somebody** azotar algo *o* a alguien.

whipped cream /ˈwɪpt ˈkriːm/ nata montada.

whisk /wɪsk/ *tiene varias categorías gramaticales:*

> *Puede ser un* SUSTANTIVO:

whisk *significa* batidor.

> *Puede ser un* VERBO:

▶ **whisk something** batir algo (huevos o nata, por ejemplo).

whiskers /ˈwɪskəz/ bigotes (de un animal) *o* patillas (de un hombre).

whisper /ˈwɪspəʳ/ *tiene varias categorías gramaticales:*

> *Puede ser un* SUSTANTIVO:

whisper *significa* susurro.

> *Puede ser un* VERBO:

whisper *significa* susurrar.

whistle /ˈwɪsəl/ *tiene varias categorías gramaticales y varios sentidos:*

> *Puede ser un* SUSTANTIVO:

1 whistle *puede significar* silbido *o* pitido.

2 whistle *puede significar* silbato *o* pito.

> *Puede ser un* VERBO:

whistle *significa* silbar *o* pitar.

white /waɪt/ *tiene varias categorías gramaticales y varios sentidos:*

> *Puede ser un* ADJETIVO:

white *significa* blanco.

▶ **white coffee** café con leche.

> *Puede ser un* SUSTANTIVO:

1 white *puede significar* blanco.

2 white *puede significar* clara (de un huevo).

who /huː/ *tiene varios sentidos:*

1 who *puede significar* quién.

▷ Who is it? ¿Quién es?

2 who *puede significar* que.

▷ The man who she is talking to. El hombre con el que está hablando.

whoever /huːˈevəʳ/

▷ Tell whoever you like. Díselo a quien quieras.

▷ Whoever wins gets a prize. El que gane recibirá un premio.

▷ Whoever you ask will say the same. Preguntes a quien preguntes, dirá lo mismo.

whole /həʊl/ *tiene varias categorías gramaticales y varios sentidos:*

> *Puede ser un* ADJETIVO:

whole *significa* entero.

▷ I read the whole book. Leí el libro entero.

▷ They stayed three whole weeks. Se quedaron tres semanas enteras.

▶ **the whole world** todo el mundo.

> *Puede ser un* SUSTANTIVO:

1 the whole of... todo...

▷ The whole of London is talking about it. Todo Londres está hablando de ello.

2 on the whole en general.

wholemeal /ˈhəʊlmiːl/ integral (cuando te refieres a harina o pan).

whom /huːm/ quién *o* que.

whose /huːz/ *tiene varios sentidos:*

1 whose *puede significar* de quién *o* de quiénes.

▷ Whose car is this? ¿De quién es este coche?

▷ Whose are these bags? ¿De quiénes son estas bolsas?

2 whose *puede significar* cuyo.

▷ The man whose daughter he married. El hombre con cuya hija se casó.

why /waɪ/ por qué.
- ▷ Why did you leave? ¿Por qué te fuiste?
- ▷ Tell me why she came. Dime por qué vino.
- ▷ That's the reason why he left. Es la razón por la que se fue.

wicked /'wɪkɪd/ malo o malvado.

wide /waɪd/ tiene varias categorías gramaticales y varios sentidos:
> Puede ser un ADJETIVO:
1 **wide** puede significar ancho.
- ▷ How wide is the river? ¿Cuánto tiene el río de ancho?
- ▷ It's 20 metres wide. Tiene 20 metros de ancho.
2 **wide** puede significar amplio (cuando te refieres a una gama) o grande (cuando te refieres a una diferencia).
> Puede ser un ADVERBIO:
- ► **wide awake** completamente despierto.
- ► **wide open** abierto de par en par.

widen /'waɪdən/ ensanchar o ampliar.

widespread /'waɪdspred/ extendido.

widow /'wɪdəʊ/ viuda.

widower /'wɪdəʊəʳ/ viudo.

width /wɪdθ/ anchura o ancho (de una piscina).

wife /waɪf/ mujer (= esposa).

wig /wɪg/ peluca.

wild /waɪld/ tiene varias categorías gramaticales:
> Puede ser un ADJETIVO:
wild significa salvaje o silvestre.
> Puede ser un SUSTANTIVO:
- ► **in the wild** en su hábitat natural.

wildlife /'waɪldlaɪf/ flora y fauna.

will /wɪl/ tiene varias categorías gramaticales y varios sentidos:
> Puede ser un VERBO:

> **i** will es un verbo modal. Los verbos modales se emplean delante de la forma infinitiva de otros verbos (por ejemplo, he will come). La tercera persona del singular de estos verbos no tiene una -s al final (he will, she will, it will). A diferencia de otros verbos, las formas negativas e interrogativas no utilizan una construcción con do (por ejemplo, se dice will I go?, you will not o you won't). Los verbos modales no tienen infinitivo ni tampoco participio de presente o participio pasado.

1 **will** se utiliza para formar el **futuro**:
- ▷ I'll (= I will) phone you tomorrow. Te llamaré mañana.
- ▷ Will he come to the party? ¿Vendrá a la fiesta?
- ▷ We won't (= will not) tell them. No se lo diremos.
- ▷ When will he have finished? ¿Cuándo habrá terminado?
2 **will** puede describir una **costumbre**, un **estado** o una **voluntad**:
- ▷ He will keep calling me. Me está llamando todo el tiempo.
- ▷ The car won't start. El coche no arranca.
- ▷ He won't let me help him. No me deja ayudarle.
- ▷ It won't stop raining. No para de llover.
3 **will** se utiliza en **propuestas**, **peticiones** y **órdenes**:
- ▷ Will you have another coffee? ¿Quieres tomar otro café?
- ▷ Will you help me? ¿Me ayudas?
- ▷ Will you be quiet! ¿Quieres hacer el favor de callarte?
> Puede ser un SUSTANTIVO:
1 **will** puede significar voluntad.
- ▷ I did it against my will. Lo hice contra mi voluntad.
2 **will** puede significar testamento.

willing /'wɪlɪŋ/
- ► **be willing to do something** estar dispuesto a hacer algo.

willingly /'wɪlɪŋlɪ/ de buena gana.

willow /'wɪləʊ/ sauce.

willpower /'wɪlpaʊəʳ/ fuerza de voluntad.

wilt /wɪlt/ marchitarse.

win /wɪn/ tiene varias categorías gramaticales:
> Puede ser un SUSTANTIVO:
win significa victoria o triunfo.
> Puede ser un VERBO:
win significa ganar.

wind se pronuncia de dos formas diferentes y su sentido y categoría gramatical cambian en función de la pronunciación:
◄ /wɪnd/ (**wind** rima con **tinned** y **sinned**).
> Es un SUSTANTIVO:
wind significa viento.
- ► **wind power** energía eólica.
◄ /waɪnd/ (**wind** rima con **kind** y **mind**).
> Puede ser un VERBO TRANSITIVO:
1 **wind something** puede significar enrollar algo.
2 **wind something up** puede significar dar cuerda a algo.
3 **wind the window down** bajar la ventana (de un coche).

windmill

► **wind the window up** subir la ventana (de un coche).

> *Puede ser un* VERBO INTRANSITIVO:
wind *significa* serpentear.

windmill /ˈwɪndmɪl/ molino de viento.

window /ˈwɪndəʊ/ ventana o ventanilla o escaparate.

windowsill /ˈwɪndəʊsɪl/ alféizar.

windscreen /ˈwɪndskriːn/ parabrisas.

► **windscreen wiper** limpiaparabrisas.

> windscreen no se utiliza en inglés americano. En Estados Unidos, se dice windshield.

windshield /ˈwɪndʃiːld/ parabrisas.

► **windshield wiper** limpiaparabrisas.

> windshield no se utiliza en inglés británico. En Gran Bretaña, se dice windscreen.

windsurfing /ˈwɪndsɜːfɪŋ/ windsurf.

► **go windsurfing** hacer windsurf.

windy /ˈwɪndɪ/ ventoso.

▷ **It's windy today.** Hoy hace viento.
▷ **Scotland is very windy.** Hace mucho viento en Escocia.

wine /waɪn/ vino.

wing /wɪŋ/ ala.

► **the wings** los bastidores (en el teatro).

winger /ˈwɪŋəʳ/ extremo (en fútbol, por ejemplo).

wink /wɪŋk/ *tiene varias categorías gramaticales:*

> *Puede ser un* SUSTANTIVO:
wink *significa* guiño.

> *Puede ser un* VERBO:
► **wink at somebody** guiñar a alguien.

winner /ˈwɪnəʳ/ ganador.

winter /ˈwɪntəʳ/ invierno.

► **in the winter** o **in winter** en invierno.

wipe /waɪp/ *tiene varias categorías gramaticales y varios sentidos:*

> *Puede ser un* SUSTANTIVO:
► **give something a wipe** pasarle un paño a algo.

> *Puede ser un* VERBO:
1 wipe something *puede significar* pasarle un paño a algo o limpiar algo.
► **wipe one's nose** limpiarse la nariz.

i El pronombre personal de la expresión wipe one's nose funciona de la siguiente forma en inglés: I wipe my nose, you wipe your nose, he wipes his nose, she wipes her nose, etc.

2 wipe something *puede significar* borrar algo (un casete o un disquete).
3 wipe something out erradicar algo o aniquilar algo.

wire /ˈwaɪəʳ/ alambre o cable.

wisdom /ˈwɪzdəm/ sabiduría.

► **wisdom tooth** muela del juicio.

wise /waɪz/ sabio.

wish /wɪʃ/ *tiene varias categorías gramaticales y varios sentidos:*

> *Puede ser un* SUSTANTIVO:
wish *significa* deseo.
► **best wishes** un saludo (al final de una carta).

> *Puede ser un* VERBO TRANSITIVO:
1 wish to do something desear hacer algo.
▷ **I wish we could stay here!** ¡Ojalá pudiéramos quedarnos aquí!
▷ **I wish she hadn't come.** ¡Ojalá no hubiera venido!
2 wish somebody something desear a alguien algo.

> *Puede ser un* VERBO INTRANSITIVO:
wish *significa* pedir un deseo.
► **wish for something** pedir algo o desear algo.

wit /wɪt/ ingenio (= agudeza).

witch /wɪtʃ/ bruja.

with /wɪð/ *tiene varios sentidos:*

1 with *puede significar* con.
▷ **He had an argument with his parents.** Tuvo una discusión con sus padres.
▷ **She came with me.** Vino conmigo.
▷ **I'll go with you.** Iré contigo.
2 with *puede significar* de.
▷ **The girl with the blue eyes.** La chica de los ojos azules.
▷ **She was shaking with fear.** Temblaba de miedo.
3 with *se utiliza para decir que llevas algo encima:*
▷ **I don't have any money with me.** No llevo dinero encima.

withdraw /wɪðˈdrɔː/ retirar o retirarse.

withdrawal /wɪðˈdrɔːəl/ retirada.

withdrawn /wɪðˈdrɔːn/ *es el participio pasado del verbo* **withdraw**.

▷ I've withdrawn £300 from my account. He retirado 300 libras de mi cuenta.

withdrew /wɪðˈdruː/ *es el pretérito del verbo* **withdraw**.

▷ She withdrew £500 from her account. Retiró 500 libras de su cuenta.

within /wɪˈðɪn/ dentro de *o* en menos de.

▷ There are problems within the school. Hay problemas dentro de la escuela.

▷ It's within walking distance. Se puede ir andando.

▷ You must use it within twenty-four hours. Tienes que utilizarlo en el plazo de veinticuatro horas.

without /wɪˈðaʊt/ sin.

witness /ˈwɪtnəs/ *tiene varias categorías gramaticales:*

> *Puede ser un* SUSTANTIVO:
witness *significa* testigo.

> *Puede ser un* VERBO:
▶ **witness something** presenciar algo.

witty /ˈwɪtɪ/ ingenioso.

wives /waɪvz/ *es el plural de* **wife**.

wizard /ˈwɪzəd/ mago *o* brujo.

wobble /ˈwɒbəl/ tambalearse *o* temblar.

woke /wəʊk/ *es el pretérito del verbo* **wake**.

▷ She woke up early. Se despertó temprano.

woken /ˈwəʊkən/ *es el participio pasado del verbo* **wake**.

▷ He has woken up. Se ha despertado.

wolf /wʊlf/ lobo.

wolves /wʊlvz/ *es el plural de* **wolf**.

woman /ˈwʊmən/ mujer (= persona del sexo femenino).

womb /wuːm/ útero.

women /ˈwɪmɪn/ *es el plural de* **woman**.

won /wʌn/ *es el pretérito y el participio pasado del verbo* **win**.

▷ He won the game. Ganó el partido.

▷ I have won a prize. He ganado un premio.

wonder /ˈwʌndəʳ/ *tiene varias categorías gramaticales y varios sentidos:*

> *Puede ser un* SUSTANTIVO:
1 wonder *puede significar* asombro.

2 wonder *puede significar* maravilla *o* milagro.

> *Puede ser un* VERBO:
wonder *significa* preguntarse.

▷ I wonder if Susan will come. Me pregunto si vendrá Susan.

wonderful /ˈwʌndəfʊl/ maravilloso.

won't /wəʊnt/ *es la contracción de* **will not**.

▷ I won't tell her. No se lo diré.

▷ The engine won't start. El motor no arranca.

wood /wʊd/ *tiene varios sentidos:*

1 wood *puede significar* madera.

2 wood *puede significar* bosque.

wooden /ˈwʊdən/ de madera.

woodland /ˈwʊdlənd/ bosque.

woodpecker /ˈwʊdpekəʳ/ pájaro carpintero.

wool /wʊl/ lana.

woollen /ˈwʊlən/ de lana.

> En inglés americano, esta palabra se escribe **woolen**.

word /wɜːd/ palabra.

▷ He gave me his word. Me dio su palabra.

▶ **have a word with somebody** hablar con alguien.

▶ **word processor** procesador de textos.

wore /wɔːʳ/ *es el pretérito del verbo* **wear**.

▷ He wore a grey jacket. Llevaba una chaqueta gris.

work /wɜːk/ *tiene varias categorías gramaticales y varios sentidos:*

> *Puede ser un* SUSTANTIVO:
1 work *puede significar* trabajo.

▶ **go to work** ir al trabajo.

▶ **start work** comenzar a trabajar.

▶ **at work** en el trabajo.

▶ **be out of work** estar desempleado.

2 work *puede significar* obra.

▶ **a work of art** una obra de arte.

> *Puede ser un* VERBO INTRANSITIVO:
1 work *puede significar* trabajar.

2 work *puede significar* funcionar.

3 work *puede significar* surtir efecto.

> *Puede ser un* VERBO TRANSITIVO:
1 work something manejar algo *o* accionar algo.

2 work something out calcular algo (el total) *o* elaborar algo (un plan) *o* dar con algo (la solución).

worker /ˈwɜːkəʳ/ trabajador.

working /ˈwɜːkɪŋ/ *tiene varios sentidos:*

working *significa* de trabajo (ropa, horario) *o* laboral (jornada, semana, vida).

► **the working class** la clase obrera.

ℹ **working** también es una forma del verbo **work**.
▷ James is working. James está trabajando.
▷ My watch isn't working. Mi reloj no funciona.

worksheet /ˈwɔːkʃiːt/ hoja de ejercicios.

workshop /ˈwɜːkʃɒp/ taller.

world /wɜːld/ mundo.

► **all over the world** en todo el mundo o por todo el mundo.
► **world champion** campeón mundial.
► **the World Cup** el Mundial (de fútbol).
► **world record** récord mundial.
► **World War I** la Primera Guerra Mundial.
► **World War II** la Segunda Guerra Mundial.
► **the World Wide Web** la Web (= Internet).

worldwide /ˈwɜːldwaɪd/ tiene varias categorías gramaticales:

> Puede ser un ADJETIVO:
worldwide significa mundial.
> Puede ser un ADVERBIO:
worldwide significa en todo el mundo.

worm /wɜːm/ gusano o lombriz.

worn /wɔːn/ gastado (ropa, zapatos).

ℹ **worn** también es el participio pasado del verbo **wear**.
▷ Have you ever worn a dinner jacket? ¿Has llevado un esmoquin alguna vez?

worn-out /ˈwɔːnˈaʊt/ gastado (ropa, zapatos).

worried /ˈwʌrɪd/ preocupado.

► **be worried about somebody** o **something** estar preocupado por alguien o algo.

ℹ **worried** también es el pretérito y el participio pasado del verbo **worry**.
▷ The news worried him. La noticia le preocupaba.

worries /ˈwʌrɪz/ tiene varios sentidos:

1 **worries** es el plural de **worry**.
▷ They have a lot of worries. Tienen muchas preocupaciones.

2 **worries** es la tercera persona del singular del verbo **worry** en el presente indicativo.
▷ The news worries me. La noticia me preocupa.

worry /ˈwʌrɪ/ tiene varias categorías gramaticales:

> Puede ser un SUSTANTIVO:
worry significa preocupación.
> Puede ser un VERBO INTRANSITIVO:
worry significa preocuparse.
> Puede ser un VERBO TRANSITIVO:
► **worry somebody** preocupar a alguien.

worse /wɜːs/ peor.

► **get worse** empeorar.

worsen /ˈwɜːsən/ empeorar.

worship /ˈwɜːʃɪp/ adorar (en el sentido religioso).

worst /wɜːst/ peor.

► **at worst** en el peor de los casos.
► **the worst thing is that...** Lo peor es que...

worth /wɜːθ/ tiene varias categorías gramaticales y varios sentidos:

> Puede ser un SUSTANTIVO:
worth significa valor.
▷ She bought £20 worth of flowers. Compró 20 libras de flores.
> Puede ser un ADJETIVO:
1 **be worth something** valer algo.
▷ It's worth £100. Vale 100 libras.
▷ How much is it worth? ¿Cuánto vale? o ¿Qué valor tiene?
2 **It's worth it.** Vale la pena.
▷ It's worth a visit. Vale la pena visitarlo.
▷ It's worth listening to her. Vale la pena hacerle caso.

worthless /ˈwɜːθləs/ sin valor.

worthwhile /wɜːθˈwaɪl/
► **be worthwhile** valer la pena.

would /wʊd/ tiene varios sentidos:

ℹ **would** es un verbo modal. Los verbos modales se emplean delante de la forma infinitiva de otros verbos (por ejemplo, **you would be**). La tercera persona del singular de estos verbos no tiene una -s al final (**he would, she would, it would**). A diferencia de otros verbos, las formas negativas e interrogativas no utilizan una construcción con **do** (por ejemplo, se dice **would you like?, you would not** o **you wouldn't**). Los verbos modales no tienen infinitivo ni tampoco participio de presente o participio pasado.

1 **would** se utiliza para formar el **condicional**:
▷ I would help you if you asked. Te ayudaría si me lo pidieras.
▷ He wouldn't be happy here. No sería feliz aquí.
▷ It would be better to write a letter. Sería mejor escribir una carta.

2 would se utiliza en lugar de **will** en el estilo indirecto:
▷ He said he would come. Dijo que vendría.

3 would se utiliza para hacer **propuestas** y para **pedir** algo:
▷ Would you like a cup of coffee? ¿Quieres tomar un café?
▷ Would you open the window, please? ¿Te importaría abrir la ventana?

4 would se utiliza para decir que alguien **solía** hacer algo:
▷ He would get up early. Solía levantarse temprano.

5 would puede describir la **voluntad** de hacer algo:
▷ He wouldn't help me. No quería ayudarme.
▷ The window wouldn't open. La ventana no se abría.

6 would se utiliza para expresar una **preferencia**:
▷ I would rather stay at home. Prefiero quedarme en casa.

wouldn't /ˈwʊdənt/ es la contracción de **would not**.
▷ I wouldn't go if I were you. Yo en tu lugar no iría.

wound se pronuncia de dos formas diferentes y su sentido cambia en función de la pronunciación:
◀) /wuːnd/ (la **ou** se pronuncia como la **oo** de **food** y **soon**).
> Puede ser un SUSTANTIVO:
wound significa herida.
> Puede ser un VERBO:
► **wound somebody** herir a alguien.
◀) /waʊnd/ (la **ou** se pronuncia como la **ow** de **down** y **town**).
> Es un VERBO:
wound es el pretérito y el participio pasado del verbo **wind**.
▷ I wound up the clock. Di cuerda al reloj.

wove /wəʊv/ es el pretérito del verbo **weave**.
▷ She wove a rug. Tejió una alfombra.

woven /ˈwəʊvən/ es el participio pasado del verbo **weave**.
▷ He has woven a rug. Ha tejido una alfombra.

wow /waʊ/ ¡anda!

wrap /ræp/ tiene varios sentidos:
1 wrap something o **wrap something up** envolver algo.
2 wrap something round something poner algo alrededor de algo.

wrapper /ˈræpəʳ/ envoltorio (de un caramelo, por ejemplo).

wrapping paper /ˈræpɪŋ ˈpeɪpəʳ/ papel de envolver o papel de regalo.

wreck /rek/ tiene varias categorías gramaticales y varios sentidos:
> Puede ser un SUSTANTIVO:
wreck significa restos (de un naufragio o accidente).
> Puede ser un VERBO:
1 wreck something puede significar destrozar algo o dar al traste con algo.
2 wreck something puede significar hacer naufragar algo.

wrestle /ˈresəl/ luchar.

wrestling /ˈresəlɪŋ/ lucha libre.

> ℹ️ wrestling también es una forma del verbo wrestle:
> ▷ He was wrestling with the burglar. Luchaba con el ladrón.

wriggle /ˈrɪgəl/ retorcerse o deslizarse.

wrinkle /ˈrɪŋkəl/ arruga (en la piel).

wrist /rɪst/ muñeca (= parte del cuerpo).

write /raɪt/ tiene varias categorías gramaticales y varios sentidos:
> Puede ser un VERBO INTRANSITIVO:
write significa escribir.
► **write to somebody** escribir a alguien.
► **write back** contestar (por carta).
> Puede ser un VERBO TRANSITIVO:
1 write something escribir algo.
► **write something down** apuntar algo.
2 En inglés americano, **write somebody** significa escribir a alguien.

writer /ˈraɪtəʳ/ escritor o autor.

writhe /raɪð/ retorcerse.

writing /ˈraɪtɪŋ/ escritura o letra (= caligrafía).
► **writing paper** papel de carta.

> ℹ️ writing también es una forma del verbo write.
> ▷ Jerry is writing a letter. Jerry está escribiendo una carta.
> ▷ Who are you writing to? ¿A quién escribes?

written /ˈrɪtən/ es el participio pasado del verbo **write**.
▷ I have written her a letter. Le he escrito una carta.

wrong /rɒŋ/ tiene varias categorías gramaticales y varios sentidos:

> *Puede ser un* ADJETIVO:

1 be wrong *puede significar* estar equivocado *o* equivocarse.

▷ **You're wrong about him.** Te has equivocado con respecto a él.

▷ **You were wrong to tell him.** Hiciste mal en decírselo.

2 wrong *puede significar* incorrecto *o* malo.

▷ **I had the wrong key.** Me había equivocado de llave.

▷ **He went the wrong way.** Se equivocó de camino.

▷ **I got the answer wrong.** La respuesta que di fue incorrecta.

▷ **My watch is wrong.** Mi reloj anda mal.

3 wrong *puede significar* inadecuado *o* inoportuno.

▷ **This is the wrong time to tell them.** No es el momento oportuno para decírselo.

4 wrong *se utiliza para decir que algo no está bien.*

▷ **There's something wrong.** Hay algo que no está bien.

▷ **What's wrong?** ¿Qué pasa?

▷ **What's wrong with you?** ¿Qué te pasa?

5 wrong *puede significar* malo.

▷ **It's wrong to steal.** Robar está mal.

▷ **I haven't done anything wrong.** No he hecho nada malo.

> *Puede ser un* ADVERBIO:

▶ **go wrong** equivocarse (en un cálculo) *o* salir mal (un plan) *o* estropearse (una máquina).

> *Puede ser un* SUSTANTIVO:

wrong *significa* mal.

▶ **right and wrong** el bien y el mal.

wrongly /ˈrɒŋlɪ/ mal *o* equivocadamente.

wrote /rəʊt/ *es el pretérito del verbo* **write**.

▷ **He wrote to his uncle.** Escribió a su tío.

X

La letra **X** se pronuncia **/eks/** en inglés.
X rima con **sex** y **necks**.

Xmas /ˈeksməs/ Navidad.

X-ray /ˈeksreɪ/ *tiene varias categorías gramaticales y varios sentidos:*

> *Puede ser un* SUSTANTIVO:

1 **X-ray** *puede significar* radiografía.

2 **X-ray** *puede significar* rayo X.

> *Puede ser un* VERBO:

► **X-ray something** radiografiar algo.

Y

La letra **Y** se pronuncia /waʊ/ en inglés.
Y se pronuncia igual que la palabra **why**.

yacht /jɒt/ yate o velero.

yard /jɑːd/ *tiene varios sentidos:*
1 yard *puede significar* patio (de una escuela) o corral (de una granja).
2 yard *es una unidad de medida equivalente a* 91, 44 cm.
3 En inglés americano, **yard** *puede significar* jardín.

yawn /jɔːn/ *tiene varias categorías gramaticales:*
> *Puede ser un* SUSTANTIVO:
yawn *significa* bostezo.
> *Puede ser un* VERBO:
yawn *significa* bostezar.

year /jɪəːʳ/ *tiene varios sentidos:*
1 year *puede significar* año.
▷ He's nine years old. Tiene nueve años.
▶ **next year** el año que viene.
▶ **last year** el año pasado.
▶ **this year** este año.
▶ **every year** todos los años.
2 year *puede significar* curso (en el colegio).

yearly /ˈjɪəlɪ/ *tiene varias categorías gramaticales:*
> *Puede ser un* ADJETIVO:
yearly *significa* anual.
> *Puede ser un* ADVERBIO:
yearly *significa* cada año.
▶ **twice yearly** dos veces al año.

yeast /jiːst/ levadura.

yell /jel/ *tiene varias categorías gramaticales:*
> *Puede ser un* SUSTANTIVO:
yell *significa* grito.
> *Puede ser un* VERBO:
yell *significa* gritar.

yellow /ˈjeləʊ/ amarillo.

yes /jes/ sí.

yesterday /ˈjestədɪ/ ayer.
▶ **the day before yesterday** anteayer.
▶ **yesterday morning** ayer por la mañana.

yet /jet/ *tiene varias categorías gramaticales y varios sentidos:*
> *Puede ser un* ADVERBIO:
1 yet *puede significar* todavía o aún.
▷ I haven't finished yet. Aún no he terminado.
▶ **not yet** todavía no.
▶ **yet again** una vez más.
▶ **yet another** otro más.
2 yet *puede significar* ya.
▷ Have you had dinner yet? ¿Has cenado ya?
3 yet *puede significar* hasta el momento.
▷ It's the best yet. Es el mejor hasta el momento.
> *Puede ser una* CONJUNCIÓN:
yet *significa* pero.
▷ He was tired, and yet he still came. Estaba cansado, pero aún así vino.

yoghurt o **yogurt** /ˈjɒgət/ yogur.

yolk /jəʊk/ yema (de un huevo).

you /juː/ *tiene varios sentidos:*
1 you *es el pronombre personal de la segunda persona, tanto del singular como del plural, tanto como sujeto (tú, usted, vosotros, ustedes) como complemento (te, le, os, les, ti):*
▷ You are my best friend. Eres mi mejor amigo.

▷ **Could you tell me where the bank is?** ¿Me podría decir dónde está el banco?

▷ **You have all got it wrong.** Os habéis equivocado todos.

▷ **I gave it to you.** Te lo di.

▷ **We're thinking of you.** Estamos pensando en ti.

▷ **Is that you?** ¿Eres tú?

▷ **After you.** Usted primero.

> **i** En inglés, **you** sirve tanto para el singular como para el plural, y se usa tanto para el 'tú' como para el formal 'usted'.

2 you *se usa para hablar de forma impersonal:*

▷ **You never know.** Nunca se sabe.

you'd /juːd/ *es la contracción de* **you had** *o de* **you would**.

▷ **You'd already left when I phoned.** Ya te habías ido cuando llamé.

▷ **You'd never have done it without her help.** Sin su ayuda no lo habrías hecho nunca.

you'll /juːl/ *es la contracción de* **you will**.

▷ **You'll be late.** Llegarás tarde.

young /jʌŋ/ joven.

▶ **a young man** un joven.

▶ **a young lady** *o* **a young woman** una joven.

▶ **young people** los jóvenes.

youngster /ˈjʌŋstəʳ/ joven (= persona joven).

your /jɔːʳ/ tu *o* su *o* vuestro *o* tus *o* sus *o* vuestros.

▷ **Your brother is younger than mine.** Tu/su hermano es más joven que el mío.

▷ **Your books are on the table.** Tus/sus/vuestros libros están sobre la mesa.

▷ **Is this your house?** ¿Esta es vuestra/su casa?

▷ **Are you going to wash your hair?** ¿Te vas a lavar el pelo?/¿Os váis a lavar el pelo?/¿Se van a lavar el pelo?

> **i** En inglés, **your** sirve tanto para el singular como para el plural, y no diferencia entre la forma 'tu' y el trato formal con 'su'.

you're /jɔːʳ/ *es la contracción de* **you are**.

▷ **You're not supposed to do that.** No debes hacer eso.

yours /jɔːz/ tuyo *o* suyo *o* vuestro *o* tuyos *o* suyos *o* vuestros.

▷ **Which book is yours?** ¿Cuál de los libros es tuyo/suyo/vuestro?

▷ **Are these books yours?** ¿Estos libros son tuyos/suyos/vuestros?

▷ **My car is old but yours is new.** Mi coche es viejo pero el tuyo/el suyo/el vuestro es nuevo.

> **i** En inglés, **yours** sirve tanto para el singular como para el plural, y se usa tanto para el 'tuyo' como para el formal 'suyo'.

yourself /jɔːˈself/ *tiene varios sentidos:*

1 yourself *es el pronombre personal de la segunda persona del singular, usado como complemento de un verbo reflexivo:*

▷ **You've cut yourself.** Te has cortado/Se ha cortado.

▷ **Did you enjoy yourself?** ¿Lo pasaste bien?/¿Lo pasó bien?

2 yourself *puede significar* tú mismo *o* usted mismo.

▷ **You phoned me yourself.** Me llamaste tú mismo/Me llamó usted mismo.

3 yourself *puede venir después de una preposición:*

▷ **You did it for yourself.** Lo hiciste para ti/Lo hizo para usted.

▷ **You were talking about youself.** Estabas hablando de ti mismo/Estaba hablando de usted mismo.

4 by yourself tú solo *o* usted solo.

▷ **You did it by yourself.** Lo hiciste tú solo/Lo hizo usted solo.

> **i** En inglés, **yourself** se usa tanto para el 'te' como para el formal 'se'.

yourselves /jɔːˈselvz/ *tiene varios sentidos:*

1 yourselves *es el pronombre personal de la segunda persona del plural, usado como complemento de un verbo reflexivo:*

▷ **You've cut yourselves.** Os habéis cortado/Se han cortado.

▷ **Did you enjoy yourselves?** ¿Lo pasastéis bien?/¿Lo pasaron bien?

2 yourselves *puede significar* vosotros mismos *o* ustedes mismos.

▷ **You phoned me yourselves.** Me llamastéis vosotros mismos/Me llamaron ustedes mismos.

3 yourselves *puede venir después de una preposición:*

▷ **You did it for yourselves.** Lo hicistéis para vosotros/Lo hicieron para ustedes.

▷ **You were talking about youselves.** Estabáis hablando de vosotros mismos/Estaban hablando de ustedes mismos.

4 by yourselves vosotros solos *o* ustedes solos.

▷ **You did it by yourselves.** Lo hicistéis vosotros solos/Lo hicieron ustedes solos.

> **i** En inglés, **yourselves** se usa tanto para el 'os' como para el formal 'se'.

youth /juːθ/ *tiene varios sentidos:*

1 youth *puede significar* juventud.

2 youth *puede significar* joven (= persona joven).
- ► **youth club** club juvenil.
- ► **youth hostel** albergue juvenil.

you've /juːv/ *es la contracción de* **you have**.

▷ You've told me already. Ya me lo has dicho.

yuck! /jʌk/ ¡puaj!

yum! o **yummy!** /jʌm/ ¡ñam, ñam!

Z

La letra **Z** se pronuncia /zed/ en inglés británico, y rima con **bed** y **red**.
En inglés americano, se pronuncia /ziː/ y rima con **free**, **key** y **tea**.

zebra /ˈziːbrə/ cebra.
► **zebra crossing** paso de cebra.

> **zebra crossing** no se utiliza en inglés americano. En Estados Unidos, se dice **pedestrian crossing**.

zero /ˈzɪərəʊ/ cero.

zigzag /ˈzɪgzæg/ *tiene varias categorías gramaticales:*
> *Puede ser un* SUSTANTIVO:
zigzag *significa* zigzag.
> *Puede ser un* VERBO:
zigzag *significa* zigzaguear.

zip /zɪp/ *tiene varias categorías gramaticales:*
> *Puede ser un* SUSTANTIVO:
zip *significa* cremallera.

> **zip** no se utiliza en inglés americano. En Estados Unidos, se dice **zipper**.

> *Puede ser un* VERBO:
► **zip something up** cerrar la cremallera de algo.

zip code /zɪp kəʊd/ código postal.

> **zip code** es una palabra americana. En inglés británico, se dice **postcode**.

zipper /ˈzɪpəʳ/ cremallera.

> **zipper** es una palabra americana. En inglés británico, se dice **zip**.

zodiac /ˈzəʊdɪæk/ zodiaco.
zone /zəʊn/ zona.